U0739415

百年梅香

家史钩沉

上卷

王曦◎编著

上海三联书店

部家史的目的，一方面在于搜集、整理本家族前辈的史料，纪念和宏扬家族前辈之荣光，并将之传给后人；另一方面在于探索有关事迹背后的道理，发现其启示，并将之传播给社会。

这部家史的搜集和整理，始于父亲王燊生前的回忆和整理。他大约在1999年从民办九州大学校长岗位上退下来之后(78岁)才真正开始休息。从那时起，他开始根据自己的回忆，陆陆续续地撰写一些有关家史的文字并清理一生中留下的各种文字资料(主要是我国改革开放以后的资料。改革开放之前的资料，早在历次政治运动中被清理干净了)。他所写的有关家世的文字材料中最重要的一篇，是他亲手所写、给每个自然段标有序号(共有60个自然段)的那篇回忆文章(由于原文没有标题，我将其命名为"家世回忆")。由于那时家用电脑不普及，父亲用复写纸把那篇材料复写了好几份，给我们三兄弟每人一份。虽然他没有明说，但此行动表明了他对家族的热爱和希望将家史流传下去的殷切愿望。在他去世的前几年，每逢节假日或其他的家庭成员团聚的日子，他总会回忆起我的祖父等前辈以及他本人的一些故事。

在父亲去世(2013年10月21日)之后，悲痛的母亲在整理父亲的遗物时发现父亲生前已经做了大量的文献资料整理工作。父亲将他认为可以留传的个人传记材料、文章、照片、书籍、信函、笔记本等都做了初步的归类。母亲以近90岁的高龄，满怀挚爱和怀念，用了两年的时间，对父亲留下来的所有资料逐一阅读，从中挑选出她认为最值得留传给后人的资料，一共有好几大包。这项工作费时费力。母亲阅读之仔细，挑选之精当，令我感叹！2014年4月我回家探视母亲期间，她郑重地对我说："这些资料很有价值，从中可见你父亲的高尚人品，应当流传给后人。"此前我早就有整理家史的想法并开始了初步的工作(如及时记录父亲的谈话，包括用摄像机记录)。母亲的这一嘱托与我的想法不谋而合。

必须一提的是，由于父母在1957年反右运动和1966—1976年文化大革命中所遭受的冤屈和苦难，他们一直对家世讳莫如深，从不谈及，以至于多年来我和我的兄弟对王家和吴家前辈的事迹，几乎一无所知。个中原因，或因我们年幼，说了也听不懂；或因政治环境不允许；或因心有余悸，不敢说。总之，说了无益，甚至有害，不如不说。在历次政治运动中，父母及他们的前辈被归为政治上的异类(地主、右派分子等)。面对天真而稚嫩的孩子，他们无法对他们解释他们及其前辈的政治身份，因而只有保持沉默。他们希望这种沉默能给孩子们带来平安。但实际上并非如此。不仅通过文革中的大字报、游行人群的口号声，而且通过下乡务农和工厂招工等许多经历，我们开始从侧面知晓或感觉前辈的一些信息。这种沉默给父母的内心带来多么沉重的痛苦啊！反人性的政治运动对人性的压迫、摧残和扭曲由此可见一斑。在这些运动中，知识分子的人格尊严荡然无存。不幸的是，这种现象曾发生在千千万万个中国知识分子家庭。优秀文化、道德和家风的断裂就是在这样的心理压迫下发生的。一直到了父亲退休之后，他和母亲才陆陆续续给我们三兄弟讲一些过去的事。但他们仍然讲的不多、不深、不全，也许他们不愿回忆那些令他们伤痛的往事。过去我们少不更事，对父母之心体会不深。如今我们也为人父，才

总　序

这不是一部完整的家史，只是一部残缺不全的家史材料汇编，所以只能称之为"家史钩沉"。这部家史分为四编。由远及近，每编记载一代人。第一编记载高祖王泰和和外高祖吴湘泉。第二编记载曾祖王源海、曾祖母唐氏和太姥爷(外曾外公)严献章。第三编记载两组主人公。一组是我的祖父王毅立、祖母郑定芳、继祖母杨紫英和继祖母程冬青。另外一组是我的外祖父吴均芳和外祖母严溪云。第四编记载我的父亲王燊和母亲吴锦琛。每编的开头都有一篇导言，记录我对该章主人公的回忆与感怀。由于篇幅巨大，本书分为上卷、下卷(上)、下卷(下)三册。上卷包括全书要目、总序和第一至三编，下卷(上)包括第四编第一章第一至三节，下卷(下)包括第四编第一章第四至十节和第二、三章。

将"钩沉"一语用于本书名，十分合适。有人考证"钩沉"一语出自《易经·系辞》第十一章的"探赜索隐，钩深致远，以定天下之吉凶，成天下之亹亹者，莫大乎蓍龟"一语。这句话翻译成白话文就是"探求繁杂的物象，索求幽隐的事理，钩求深远的道术，使人获致远大的前途，以决定天下的吉凶，成就天下勤勉的事业的，没有比卜筮所用的"蓍草"和"龟甲"更伟大的了"。据此，"钩沉"指的是"探索深奥的道理或散失的内容"或"搜集、发掘资料和义理"。

本书所记载的四代前辈之中，的确不乏值得"钩沉"的人和事。这四代前辈深受儒家文化之浸染，笃信"修身齐家治国平天下"之古训，不仅心存高远，而且行于足下，在不同时期，以不同方式，对国家和社会做出了贡献。这当中有筚路蓝缕、含辛茹苦创办惠泽家乡一方土地的"聚安和"商号，后为拯救家乡饥荒而献身的外高祖父吴湘泉；民国四年因在湖北陆军小学校教学业绩卓越而获国民政府二等嘉禾奖章，后在北洋政府吏治整顿运动中考取"知事"，一身正气的曾祖父王源海；晚清被朝廷选派日本攻读首届法政预科班，后留学早稻田大学法科，有《民法总则》、《战时国际公法》、《江河万古流》等著作传世的太姥爷严献章；早年毕业于北京大学农学院，参加过"五四运动"，后被打成"右派分子"而过早失去公职的祖父王毅立(寿刚)；由家族自费送日本留学电机，学有所成，回国服务于国家(武汉)电力事业，不幸英年早逝的外祖父吴均芳；以及我们的父亲王燊，他青年时在科学研究上脱颖而出，中年时因被打成"右派分子"而被迫荒废专业，在步入老年时临危受命为武汉大学电离层和电波传播专业的承前启后和创新发展做出重要贡献。我编写这

献给亲爱的父亲王燊和母亲吴锦琛

王曦、王曙、王照

二零一八年八月五日

编者简介

王曦，湖北武汉人，祖籍襄阳，法学博士。原武汉大学法学院教授，现任上海交通大学法学院环境资源法研究所所长，教授，博士生导师。专攻环境法原理、美国环境法、国际环境法。主要学术主张：改进制度，以法律规范和制约有关环境的政府行为，减少或消除环保领域里的“政府失灵”。

对父母当时的痛苦有深切的体会。在这个意义上，这部家史可以算是我们对“反右”、“文革”等政治运动对父母和他们的前辈以及对我们自己带来的心灵伤害和扭曲的一种救助、补偿、纠正和抚慰。我们兄弟三人都是“50后”，分别出生于1952、1953和1954年。我们属于中国历史上空前绝后的特殊一代——“老三届”(1968、1969届的初中生)和“知识青年”。在我们年轻的时候，我们经历了“文化大革命”运动和“上山下乡”运动。在我们中年的时候，我们遇到了“拨乱反正”和改革开放。现在，当我们进入老年的时候，我们遇到了建设小康社会的好时光。我们应当把家族的历史收集起来，连贯起来，并传递下去。

这部家史所记录的时间段不长。它记录的时间段从清朝道光年间(1840年左右)至今，共约170年。这170年是危机重重、国运坎坷并最终走向复兴的170年。仅就政治而言，在这170年中，中国经历了自秦始皇以来两千年中最复杂、最深刻的变化。西方列强入侵、一系列不平等条约、辛亥革命、民国初年的政治动荡和军阀混战、北伐战争、国共内战、日寇入侵和抗日战争、国共再次内战、新中国成立、资本主义工商业改造、三反五反运动、反右运动、大跃进运动、“三年自然灾害”、文化大革命、拨乱反正、改革开放……这些名词，对于这部家史记载的四代人来说，无不刻骨铭心。在这170多年里，这四代人虽奋斗不已，但其命运就像在汪洋大海上漂泊的扁舟，随着无法预测的政治风云而跌宕起伏，无法控制。

知识分子命运之不测凸显制度选择的至关重要。在这170多年里，在西方列强入侵的强大压力下，我国有过一次制度选择，那就是辛亥革命。然而那个选择只完成了前一半，即抛弃了建立在小农经济基础之上的君主制度。后一半，即所选择的民主共和制度，至今仍在探索的过程中。诚如孙中山先生所说，“革命尚未成功，同志仍需努力”。这部家史记载的四代知识分子的经历，一再告诉我们国家治理体系和治理能力现代化的重要性。如果执政者不能代表大多数人民的根本利益从而在人民的支持下有效地治理国家，社会必然出现分裂和动乱，社会财富的积累和增长过程必然中断，中产阶级必然陨落，社会下层的上升通道必然被堵塞。如果出现这种状况，依附在社会财富之上的知识分子阶层的命运就可想而知了。据我观察，父母晚年生活虽安，但心未定。心未定的原因是制度前景不明。当下之政治，虽较文革等政治运动时期开明，但未非民主、共和之理想状态。值此此书付梓之时，美国突然向我国打响了贸易大战的第一枪，宣布对我国出口美国的产品增收高额关税。我国政府慨然对等回击之。一场不可避免制度选择之争由此摆上台面。这种局面令人陡生忧虑。但我坚信，以中华民族之智慧，加上改革开放以来积累的国力，我们定能转“危”为“机”，走出一条民族复兴、世界共荣之康庄大道。

这部家史虽然不完整，但由于它的历史背景是中华民族从衰落走向复兴的一个特殊时间段，它包含的信息量不仅大，而且重，发人深思。翻开它，就像走入了一个有关近代中国知识分子命运的展览馆，满眼都是引起共鸣的史料。我相信，对于任何一个关心晚清以来中国知识分子命运的读者，这部家史会引起严肃思考并激起思想火花。不同的读者可从中鉴别出不同的价值(政治的、历史的、文学的,……),读出不同的味道(甜的、苦的、快乐的、悲伤的,……)。在某种意义上,这部家史是一部关于晚清以来中国知识分子命运的小百科全书。它的价值远远超出了王吴两家家史的范围。随着时光流逝,它的价值会与日俱增。

对于我的家庭来说,这部家史是传家之宝。王吴两家乃书香世家。两家辈出德高望重之人,他们修身齐家,经世致用,堪称中国传统知识分子的典范。这部家史虽不完整,却集中而鲜明地体现了两家的淳良家风。在2002年教师节的时候,父亲有感而发,写下以下这段堪称经典的文字:

德重于智。
启智靠言传,崇德靠身教。
增智须攻,修德唯守。
智的成果,随时更新;德的典范,永垂不朽。
以智彰德,以德促智,循环往复,持续发展。

这段文字不仅是对王吴两家先人的高贵品德的最好总结和评价,更可以作为家训而流传。

这部家史的编成,得到了很多亲属和友人的鼎力协助。因篇幅所限,我无法一一叙述其贡献。只能借此机会,对以下各位和其他被遗漏者一并致以衷心的感谢:

湖北省竹山县吴锦海堂舅、吴锦华、吴建平、胡学菊
湖北省竹山县城关镇南关街杜甲科及其嫂
湖北省竹山县城关镇南关街王胜利
湖北省襄阳市严培林表叔
日本京都龙谷大学法律系北川秀树教授
武汉大学数学系刘怀俊教授
中国农业科学研究院朱建国副教授
台北大学法律系吴嘉生教授
上海市图书馆夏磊馆员和徐凡馆员
上海交通大学法学院2014级法学硕士研究生张岩
上海交通大学法学院2015级法律硕士生王盼
上海交通大学法学院2011级法学博士研究生卢锟

我要特别感谢两个弟弟——王曙、王照和两个弟媳——赵华、雷晓欣。这些年,他们除了照顾各自的家庭,还在武汉轮流陪伴母亲,确保母亲安度晚年。他们劳苦功高。

我要感谢我的妻子史苏豫。长期以来，她默默地承担了几乎所有家务，为我腾出了大量的时间和精力，使我能心无旁骛，专心致力于这部家史的整理工作。她是这部家史背后的无名英雄。

现在，这部家史的编写基本告成，我如释重负，十分高兴，在感到对上对下做了件应当做的大事之余，还感到接受了一次深刻的精神洗礼。高兴之余，吟得以下几句，为此总序画上句号：

百年坎坷存追求，前辈修齐争上游。
经世致用无悔怨，代有梅开老枝头。

王　曦
2018年8月5日

全书要目

上　卷

下卷（上）

下卷（下）

目 录

上 卷

第三编 王毅立 吴均芳 严溪云

第一编　王泰和　吴湘泉

导 言

本编的主人公是我的高祖王泰和和外高祖吴湘泉。他们生活于清朝道光和咸丰年间。那是大清国国运不济，由盛转衰的年代。

据推算，高祖王泰和应出生在1856年前后。据父亲回忆，高祖王泰和和其兄弟数人在襄阳城南六十里处下王家集(现襄阳市宜城)经营店铺为生。从高祖王泰和的儿子王源海(字纳川，1876—1928)年轻时考取秀才并在民国初期考取知事和其为人、为学看，高祖王泰和应是教子有方之人。没有他的培养，家里不可能出王源海这个人才。

外高祖吴湘泉，人称“湘泉公”，是一位颇具传奇色彩之人物。他出生于1840年(清道光二十年)。那一年爆发了鸦片战争。他逝世于1902年(清光绪二十八年)。他逝世九年之后，辛亥革命爆发。他生活的这60多年，正好是大清国国运急剧衰落的时刻。青年时，外高祖吴湘泉毅然决然携幼子和夫人从湖北麻城移居鄂西北大山中的竹山。在那里他和夫人先以开豆腐店站稳脚跟，后创办杂货店“聚安和”商号。“聚安和”商号抓住商机，利用汉江水道，通过武汉向外地和外国出口竹山的山货并向竹山回贩日用生活品，迅速发展成为竹山一带的一家大商。用当下的话说就是“聚安和”商号有力地带动了竹山一带山区经济的发展。更难能可贵的是，外高祖不仅富甲一方，而且具有深厚的社会公益心并最终将其生命奉献给了家乡。1901年，为拯救家乡于因旱灾而引发的饥荒，他以身作则，自愿出资购粮，亲自督运赈灾用粮，不幸落水而亡。

外高祖吴湘泉的报国之志亦难能可贵。他少年初识文字和国学，不满朝廷腐败。青年时在武汉、麻城一带感受张之洞等新派人物的革新运动，遂立志送子弟到国外留学，以求为国家振兴贡献人材。这一愿望虽然在他生前没有实现，但在他的接班人、三儿子吴复良经营“聚安和”商号期间得到了实现。1904年(光绪三十年)，吴复良夫妇远渡东洋，亲送一个弟弟和五个侄儿共六个吴家子弟赴日本东京自费留学。这一举动不仅在竹山县是第一次，而且在湖北省乃至全国都少见。这六个吴家子弟留学回国后，有两个事业有成，为国家做出了较大贡献。其一是吴均惠(我的外叔祖)。他在抗战期间任国民政府第二十一兵工厂(重庆)机枪厂厂长，领中将衔。他领导军工厂为国军抗战源源不断提供新式机关枪，因而受到国民政府国防部的通令嘉奖。他领导改进了从德国引进的马克沁重机枪，因而在中国兵器工业史上留下了自己的名字。其二是吴均芳(即我的外祖父)。

他担任湖北省建设厅电政股长和当时武昌唯一的国营电厂的厂长，在抗日战争武汉会战期间为维持武昌三镇的电力供应，不顾虚弱身体，操劳致病而亡。他逝世后受到湖北省政府的隆重追仪。

从历史的角度看，外高祖吴湘泉的一生中至少有四大贡献影响深远，值得铭记。其一是创办"聚安和"商号，带动山区的对外开放和地方经济。这个商号将闭塞的鄂西北山区与繁荣的汉口联系起来，带动了地方经济的发展，给当地百姓带来了福祉。甚至他在竹山县城关镇主要街道留下的房产，在1949年以后也在长时间里被县里用作邮局和商店等公用设施。其二是自费资助子弟出国留学，为国家培养和贡献优秀人才。靠一己之财力，送6位年轻人出国留学，这在今天都少有人做得到。在110多年前的清末民初，一位身处鄂西北大山中的商人，有此广阔胸怀、远大眼光、高尚情操，令人敬仰！其三是他坚忍不拔的创业精神。他拖家带口，筚路蓝缕，从麻城来到竹山，含辛茹苦，从零做起，成功开创"聚安和"商号，其间经历了多少艰辛，后人无从知晓。他那种坚忍不拔的创业精神将永远激励着后人。其四是他富而不忘回馈社会的大义之举。他在家乡遭遇饥荒时，带头捐资购粮，纾解民困，及至为督运家乡的救灾粮而献身。他的声名不朽，永远值得后人学习。

由此看来，高祖王泰和和外高祖吴湘泉在他们所处的时代都是人之佼佼和社会精英。他们不仅修身齐家，而且经世济国。他们为后代树立了优秀的榜样并深刻地影响了后代。当然，他们的成功背后还有高祖母、外高祖母和子女的支持。我为有他们这样的前辈感到无比的骄傲。在此，我向他们的在天之灵遥致我的崇高敬意！

王　曦

2017年10月30日

第一章

王泰和

王曦按(2016 年 12 月 29 日):

高祖王泰和(字号与生卒年月不详。假设其 20 岁得子,据其子、我的曾祖王源海(字纳川)的生年(1876,清光绪二年)推算,其出生年份当是 1856 年(清咸丰六年)左右。因此,高祖王泰和生活的年代是十九世纪后半期。在这个时期,西欧和北美的工业和资本主义高速发展,而中国逐步沦为半殖民地。

有关高祖王泰和身世的唯一文字

王曦按(2017 年 2 月 2 日):

以下这段文字摘自父亲晚年亲笔所写的材料"家世回忆"(编号:家史·吴·1.14)。父亲曾说过,我家祖辈系从湖北麻城迁往襄阳一带。假设王泰和兄弟数人于 25 岁迁往襄阳,当时应当是 1881 年即清朝光绪七年。是年共同垂帘听政的慈安皇太后病逝,慈禧皇太后一人垂帘听政。当时清朝政府对内平定了太平天国起义,洋务运动方兴未艾;对外与英法媾和,有一段短暂的安定时期。但从总的趋势上看,国运仍在衰微之中。

王泰和兄弟数人为什么从湖北麻城迁往襄阳?有待查考。从他们能够在襄阳城南开店铺来看,他们应当是出自殷实之家,且襄阳当地对年轻人来说有发展空间。

"曾祖父王泰和,弟兄数人,在襄阳城南 60 里的下王家集开个什么店铺。"(摘自"家史·吴·1.14",第 1 段)

第二章

吴湘泉

吴湘泉(1840 年,清道光二十年——1902 年,清光绪二十八年,享年 63 岁)

百年“聚安和”

吴锦海

王曦按(2016 年 10 月 5 日):

此材料是关于母亲家世的极其宝贵的史料。我每每读到此文,都为吴家先辈的奋斗精神感叹不已!

感谢吴锦海(我母亲吴锦琛的堂兄,我的堂舅)写下此材料。这份材料的原件是 Word 文档,上面有吴锦海和我母亲的少许更正。母亲在材料的第一页下方注“2010. 3. 16 收到”,在材料的末尾注:“以上为党员吴锦海的记叙,他土生土长于竹山,解放后为竹山中学语文老师,现已去世。吴锦琛 2010. 3. 19”。

从这份材料可见,在十九世纪下半期,尽管国家总的趋势是走弱,但在湖北的麻城、竹山一带,乃至整个湖北和中国,有过一段短暂的安定,因而社会的底层人士通过勤劳可以致富,读书人通过读书也可有上升之途。我的高祖王泰和和外高祖吴湘泉,在一定意义上说,是幸运的,赶上了改善命运的上升之车。然而,由总的衰微之国运所决定,他们的上升之路必然走不远。念此不由感叹!

我家原籍为湖北麻城。曾祖父湘泉公于咸丰年间由麻城县中驿王集上夹洲迁至竹山至今已历六世。湘泉公在竹山从事经商贸易。创办了“聚安和”商号。业务发展下至武汉,上至陕西,发展之盛,声名远播。事业之繁荣,资金之雄厚一时成为竹山第一家。历经百年,不仅祖辈早已亡故,至上世纪五十年代父辈诸公亦先后逝世,“聚安和”百年历史后人知之甚少。余(吴锦海)今已年届八十,对曾祖艰难创业历史虽有知,但知之不详。我虽已年老体衰,记忆大为减退,但这一承上启下的历史责任自然落在肩上,现勉力为之,把这一段历史记叙下来留给后世子孙。

寻根

湖北荆州武昌郡是隋唐时期吴姓的故里，吴氏居当地九大姓之首。吴季子的四十一代孙于南齐时迁至武昌，隐居耕读。其子孙人丁兴旺。到南朝梁时出了个大将军、大司马吴盾，吴盾死后其家族迁至江陵。盾的儿子吴奎，隋文帝时任中书令，吴奎的孙子吴若远，唐太宗时中进士及第，任中书舍人，后升户部侍郎，银青光禄大夫。吴若远的儿子吴世伟，娶唐太宗之女为妻，拜司法都尉，封新封侯，赠普国公。吴世伟的儿子吴可博唐时进士及第。宋代著名铁御史吴中复迁居武昌，为武昌吴氏之始祖。武昌吴氏在全国吴氏十二大宗中属“字”宗。其子孙繁衍昌盛。后有部分吴氏族人迁居麻城县中驿王集上夹村。清咸丰年间吴湘泉携妻儿迁至湖北竹山为吴氏宗族中又一分支。一九八〇年麻城老家寄来“锦”字辈以后二十代宗谱，现附录于后：建树思光显，崇修在立承；敬宗登孝友，继庶庆昌荣。

“聚安和”

竹山县为鄂西北的大山区，境内高山险阻，文化闭塞。明崇祯时张献忠曾两次攻占县城。罗汝才、郝摇旗曾长期占据竹山。经过明朝政府长期镇压，大肆杀戮，田园一片荒芜，百姓流离失所，文化、商业受到彻底破坏。清同治、光绪时期社会秩序逐渐稳定。湘泉公正在此时来到竹山。湘泉公在麻城老家，少年时入私塾上学，青年时边从事田间劳动边攻读学业。但累试不中，常受到社会嘲笑，加之弟兄不和，因而发愤离开麻城老家。走时挑着担子，一头是儿子复初，一头是行李。偕同郑太夫人，来到不为人知的大山区竹山创业。临离家时为了表示自己的决心，抱着一个大石头，丢在门前水塘里，表示石头不浮起来不回老家。石头自然不能浮出水面，因此终生没有再回到麻城老家。

湘泉公来到竹山县，当时竹山有黄州会馆。黄州府辖三黄两蕲、罗、广共八县。凡此八县的人，会馆尽可能提供帮助，供应食宿。湘泉公来到这样一个举目无亲完全陌生的地方，只好暂时寄居在黄州会馆以图寻找谋生的门径。会馆内住有同样到竹山寻找生计的麻城人，千里之外相见倍感亲切。有一中年老乡建议湘泉公到距县城三十里的田家坝，那里有不少的麻城老乡。距田家坝十里的两河口已有王三盛创立了相当的基业。与其在县城苦无门路不如到田家坝去看看。湘泉公听从了老乡的劝告，偕郑太夫人来到田家坝。田家坝位于堵水之滨，生产桐油、生漆、木耳，有大量未开伐的原始森林。湘泉公租住了三间房屋，暂时在田家坝居住下来。他发现当地人十分喜欢吃豆腐。恰好郑太夫人有一手磨豆腐的手艺，于是两人开了一个豆腐铺。当时田家坝是官渡到竹山的水路中转站，当地商业有所发展。许多黄州人喜欢吃豆腐、臭豆腐干、臭豆腐皮。太夫人百般调制，这些食品大受当地人欢迎。夫妻二人十分下力，人又厚道，货真价实，童叟无欺。此外郑太夫人纺线织布，经常劳累到凌晨鸡叫三遍。这样经过两年多超出体力的劳动，百般节约，生意发展很快，手上逐渐有了积蓄。据说当时夫妻二人用的扇子，一把用了十五年，一把用了十二年。后人常以此事来教育子孙。先代创业之艰难，节约持家到了如何程度。蒲扇一般是一年一换的用品，而夫妻二人竟连续使用十余年，其爱惜物品和节俭持家的程度可想而知。

田家坝在县城南隅，发展空间不大。光绪初年，湘泉公迁至竹山县城，在南关租了三间门面，开了一个小杂货铺，经营日用商品，同时经营一些桐油、木耳、生漆，取字号为"聚安和"，由此开始了"聚安和"在竹山的创业。由于业务面的不断扩大，湘泉公意识到：竹山虽然自然环境优越，群山环抱，堵水横贯全县，雨量适宜，竹木密集，盛产桐油、生漆、木耳、肚倍；但交通闭塞，堵河上下舟楫甚少，且载货量仅千余斤，无法进行长途运输。大量土特产品无法从产地流向集镇，任其自生自灭。湘泉公来自武汉附近的黄州，对市场贸易较为了解。当时海运已通，桐油、肚倍成为出口的抢手货。日、德商人对山区的土特产倍感兴趣，认为这些原始山村的产品，成色好，质量高。湘泉公看准了这一商机，准备大量收购土特产品经堵河、汉江直销武汉。要把大量的货物运到武汉，首先要解决运输问题。这时湘泉公已具有一定的财力。经过一年多的筹措，建造了三只装载二万至三万斤的堵河当时最大的木船。他付出比别人高得多的工资聘请了经验丰富的船太公和技术娴熟的船工。他经常关心船工的生活和安全。他所营造的三只木船常年行驶在堵河的险滩恶水中，但却极少发生事故。

土特产品的外销使闭塞的村民从十足的自然经济中走向了商品经济。一时之间，肩挑背扛土特产的村民从四乡涌入南关"聚安和"。对这些来出售山货的村民湘泉公都热情接待。村民们因山货变成了银元而心满意足。这张无声而有巨大力量的广告传遍了许多山村，大大刺激了村民的生产积极性。

大量的山货涌入城关。湘泉公考虑到四乡的山民肩挑背扛到县城卖货极不方便，如能就地收购，就地加工，不仅会给山民带来了方便，同时也为自己的商业发展提供了更大的空间，因而在盛产山货的村镇筹建货栈。"聚安和"极盛时期曾在四乡设货栈多处，主要有北乡的汪家庙，东边的界山，西乡的潘口、宝丰等处。这些货栈均建有大小不等的库房，储存各乡收购的山货。货物转运至县城"聚安和"，用木船运至老河口，有的经老河口运至武汉。随着业务的发展，"聚安和"聘请了一个管事，两个营业员，两个徒工。请来的管事姓曹，背部微驼。曹管事来时有四十多岁，精明能干，业务娴熟，记忆力特强，而且忠诚老实，双手打算盘。不论多复杂的账目，曹一次成功绝无反复，而且从无差错。湘泉视曹为臂膀，来往贸易任其独立处理。老河口和汉口的结算也出自曹一人之手。后来"聚安和"与老四房分家，曹管事在南关独自设立了一个颇具实力的商号名曰"镇昌福"。祖辈均说"聚安和"的兴盛发展实得力于这个曹管事。

"聚安和"的大批山货运抵汉口，回程带回大量的日用生活品如煤油、布匹等。这不仅繁荣了市场，也提高了山区农民的生活质量。"聚安和"的财力越积越大，但竹山市场狭小，经营的空间不大。积累的财富除了建造"聚安和"老字号的房屋外，就是购买土地。当时最重要的是购买南关的房屋。这是因为面临堵河，货物卸载南关。"聚安和"后来在南关、西关辕门街及其他街道购有房屋五十余院。

购买房屋还不是“聚安和”投资的主要方面，主要投资用在购买土地。湘泉公购买土地时有两个标准——一个是这些土地最好在村镇附近，二是以水田为主。购买的水田大都集中在宝丰上、下坝，滥水及潘口塘及潘口河。此外北乡的汪家庙、龙滩石，县城附近的卢家湾、青竹坝、深河等。收买土地远至房县的长峪、三教堂等地。这些土地大都是水田坝。这和两河口的“王三盛”不同，“王三盛”占有的土地虽然在数量上大大超过了“聚安和”，但多为山坡贫瘠的旱地，质量上相差甚远。

建造“聚安和”老字号也是湘泉公的力作。该房屋坐落在南关街中段，面积近三亩。全部砖木结构，选用茶盘溪的红杉木。这种杉木曾是清室皇家选用的优质木材。“聚安和”老字号大门有楼，内有花厅，花厅达五百平方米，包括部分仓库。花厅后面有正房三重，大小房屋数十间，两侧建有围屋、厨房、碾米房、猪栏及其他杂屋。湘泉公的主要精力用于对外的各种经营活动，家中内外由郑太夫人主持。到竹山时仅有大儿复初。光绪年间接着二儿、三儿、四儿出世，相继长大成人，娶妻生育子女。这样一个众多人口的大家庭经郑太夫人料理得井井有条。她对儿孙要求十分严格。特别告诫儿孙要珍惜粮食，吃饭时不准有一粒米掉在地上。

随着土地的增加，湘泉公寻找了一位专门管理收租结算的管事。管事名叫张海波。平时随身带一根三尺长的旱烟袋，全身着粗蓝布衣裤，活脱像一个老年农民。他秉承湘泉公的意旨，对佃户的租额定的不高，以水田为主的佃户附带的旱地一般很少或不计租。天旱雨涝再根据情况减租。因此有许多老佃户祖孙几代租种“聚安和”的土地不变。

湘泉公有四子一女，大儿复初有一男二女。男，吴均方（字孟颖）。二儿复信（吴子钊）生二儿三女，子均化、均赋。三儿吴复良，生二儿五女，子均泽、均惠，四儿幼林无子女。四个儿子他安排为大儿、三儿经商，二儿、四儿上学攻读以求发展。他是一个较有眼光的商人，加之幼年读书，文化上有一定的造诣。他出生在武汉的附近。当时许多知识分子亲眼目睹了满清的腐朽，国人深受列强的欺凌。当时两湖地区由李鸿章、张之洞推行洋务运动。湘泉公意在待条件成熟时派送子弟到国外留学以求强国富民之道。不料遭突然变故，这一愿望生前未能实现。光绪二十七年(1901)，竹山全境春旱伏旱，各种粮食作物颗粒无收，赤地千里，加之前两年屡遭旱涝，粮食收成大减。因此光绪二十八年春，树皮草根都被吃光，常有饥民饿死在路旁。因而许多饥民涌进县城寻找活路。湘泉公就此召集城内商户商议如何救灾。当时竹山已无粮食可买。他倡议由商户集资赴老河口、襄阳一带购买粮食回竹山救灾。当时他在竹山较为富有，自愿出资外出购粮。他已年逾六十，身体孱弱，费尽周折购回五船粮食。船抵竹山对峙河时他不幸落水而亡。他为救灾而捐躯的行为受到府、县政府的大力表扬，并送来大匾以资褒扬。在他这种牺牲精神的感召下，县城士绅纷纷出资救灾，共同度过了光绪二十八年这一大灾难。

湘泉公逝世后，“聚安和”商号的发展仍在继续。主持全家事务的责任落在三子吴复良肩上。吴复良人称吴三爷，为人精明能干熟悉商贸经验。（这时大儿复初，二儿子钊不幸壮年早逝）三爷一方面经营土产百货，一方面大量收购房产土地。最盛时拥有土地二千余石(农村习俗,佃户交租不以土地面积计算,而以交租的租额计算,租额二千石,土地面积约在五千亩以上)。

"聚安和"人口较多,湘泉公有四个儿媳,五个孙儿,十个孙女,还有众多的女仆和营业人员等。为这个大家庭服务的有大小厨房、磨房、轧米磨面房。郑太夫人一人操持家务,安排得井井有条。凡雇佣人员依其不同的工作和能力,分别按年领取工资,家人等按等级每月到账房领取月俸。月俸的多少按男女辈分的不同有别。有的姑娘由于生长阶段不同需要添置衣物或零星物品总是找到曹管事,捋着曹管事的胡子向其撒娇要钱,对这些额外的零星开支要求,曹管事一般都能予以满足。这些规矩在郑老夫人逝世后仍能继续。

湘泉公去世后,家事由复良公主持,仍秉承先人的遗愿。当时这个家庭一共有吴幼林叔侄六人赴日自费留学。光绪三十年(1904 年),吴三爷夫妻亲自送四弟及其子侄六人赴日本。这是竹山第一批赴日本留学的学生。当时交通闭塞,不用说在鄂西北大山区,就是湖北全省能成批送子弟赴日本留学的家庭也是极其少见的。

三爷夫妻及留学人员共八人出国到日本并不是一件容易的事。三爷首先派曹管事到汉口、上海了解情况,诸如出国的手续,货币的兑换,费用的多少。曹管事是汉口附近的人,到"聚安和"担任管事职务以后因业务的需要不时来往于沪、汉之间,对外面的事较为熟悉,加之本人精明能干,在三个月之内基本办好了出国留学的事。八个人到日本,其中六人留日自费留学,需要很大的财力支撑,由此可见"聚安和"在竹山财力积累的雄厚。

当时到日本留学的六人中有三爷之弟吴幼林,子吴均泽、吴均惠,侄吴均化、吴均赋,吴均芳。当时吴幼林二十多岁,参加科举考试已取得生员资格。他们到日本后首先参加补习,学习日文,日文有了一定的程度后才能正式进入日本学校。他们到日本时传统文化已有了相当造诣。在日本经过三至五年奋斗后大都能考取官费留学生。当时正处在辛亥革命前夕,革命党人大都集中在日本。吴幼林参加了同盟会,与孙中山、黄兴等革命先驱有来往。因为他个子长得不高,人又很胖,孙中山戏称为"肉蛋"。辛亥革命后,孙中山当选为临时大总统,曾电召吴幼林到南京共事。几年以后,赴日留学的吴氏叔侄六人先后学成回国。

湘泉公有孙女十人。大孙女不详。二孙女适西关熊子善,三孙女适官渡唐明阶,四孙女适竹溪黄家山黄化,五孙女适田家坝魏松樵,六孙女适房县解某,七孙女适房县程松卓,八孙女适田家坝王瑞甫,九孙女适宝丰周东美,十孙女适城关杜振族。

这时候"聚安和"发生了一件大事。二孙儿吴均化在日本早稻田大学学成回国,在日本三井洋行担任高级职务,任三井洋行业务经理。当时有许多知识分子看到国家贫弱,屡受帝国主义欺凌,多怀有实业救国的壮志。他因而说动日本三井洋行在汉口的负责人开发竹山县的水电及木材。竹山与竹溪交界的茶盘溪,为原始森林,盛产红杉。这种木材不仅质地细密且经久耐用。慈禧太后大修颐和园时需要大量质地上乘的木材。当时任顺天府尹兼管颐和园工程的王立清向慈禧推荐了茶盘溪的红杉,被清皇室选用。吴均化为王立清的侄孙女婿，熟知这一情况，向三井洋行大力举荐，经三井洋行高层研究决定派人到竹山开发。当时派有田川、高尾二人偕同吴均化去竹山进行开发，并随带银元四万元为初期经费。由于汉口以上无国家银行和私人钱庄，大量银元无法汇兑，只好雇请人力搬运。老河口至竹山多为崇山峻岭，山路崎岖，沿途时有土匪出没。田川、高尾得到地方政府的同意，派军警护送安全抵达竹山。两名日本人得知"聚安和"是一个人口众多的大家庭，因此随之带有大宗礼品如鱼翅、燕窝、苏杭绸缎及刺绣品。这本是一件好事，但却引起一场家庭纠纷并由此葬送了吴均化的一生。当时"聚安和"的当家仍然是三爷吴复良，管理和操持整个家务的主持人是吴复良的夫人吴三奶。按照封建家族的家规，对内对外收送礼物应由吴三爷当家的夫人主持。吴均化一个留学回来的青年人不懂这一家规，错误地将日本人送来的礼物全部交给了自己的母亲吴二奶，并由其母向各房分送礼物。这本是一件小事，但违犯了家规。吴三爷、吴三奶勃然大怒，因而各房对吴二奶送的礼物均表示不满。各房上下视吴均化和日本人大逆不道。这两个日本人在"聚安和"实在住不下去，只好迁到西关熊家安身。不久日本人的四万大洋被"聚安和"各房洗劫一空。两名日本人愤然要求州府解决。当时正是义和团事件不久，政府为保护外国人利益，事情到了要查抄"聚安和"商号的地步。吴复良、吴幼林商量后认为此事惊动官府，查抄"聚安和"的后果将不可设想。为了避免对整个家族的伤害，他们决定将吴均化逐出家门，并向县政府备案申明以上发生的一切都是吴均化个人所为，和全家无任何关系。吴三爷知道这样做也不一定能保证全家人的安全，但也只能如此。整个家族都在惊恐中度日。但事情的发展出乎意外，日本人田川、高尾不久先后死去，三井洋行也没有追究此事。吴均化生性谨慎，性格内向，这场滔天大祸使他受到了毁灭性打击。在巨大的压力下，他精神失常，最后导致严重的精神分裂症，终身不愈。

新建的"聚安和"老号房屋，前一部分为大门楼及花厅仓库。花厅门窗一律为花木雕花，当时请来技术精湛的四川工人历时一年余才完成。椅垫及窗帘均为苏州彩色软缎所制。进入厅内给人一种豪华、富丽的感受。厅内前一部分为接待客人洽谈业务的地方，后部为储藏较为贵重物品的仓库。

光绪末年民国初年，赴日留学的吴氏子侄亦先后学成回国。吴三爷送兄弟子侄及赴日游览后，先期回国继续商业活动。三寸金莲小脚的吴三奶当时到日本东京陪同游玩。许多日本人只听说中国妇女缠小脚，及至真的小脚来了，引来许多日本人去看三奶的小脚。

吴幼林没有听从孙中山电召去南京共事的原因是他自民国元年回到竹山老家后逐渐染上吸食鸦片的恶习。当时他担任竹山县财务委员会主任。民国二十八年（1937年），竹山迭遭旱灾，真是赤地千里，哀鸿遍野，许多乡村颗粒无收。第二年春天，竹山发生了饿死人的现象。大批饥民涌入县城，住在火神庙，晚上有人饿死。有的饥民饿极了就用刀割下尸体上的肉煮食。吴幼林以财务委员会主任的身份，组织地方富户捐粮捐钱救助灾民。

吴幼林连娶四妻不能生育。其兄吴复良已五十余岁，两个儿子均已成人，又讨一王氏小妾。王氏后生两个儿子，名均泰、均安。见其弟无出，吴复良将均泰过继给吴幼林为子。

复良的大儿子吴均泽，回国后过着典型的富家子弟生活，后又吸食鸦片。其妻赵氏的胞弟长期住在家中，同时吸食鸦片。吴均泽不事经营，以变卖房屋为生。生有三子四女。子锦堂、锦斌、锦荣。

吴复初儿吴均芳(字孟颖)生于光绪二十二年，初入竹山高等小学堂甲班，十二岁考入武汉某中学，受革命影响，立志实业救国。后东渡日本，自费就读于东京大学预科班，后考入东京高等工业大学电机系，获电机工程学士学位，回国后先后担任武汉泰安纱厂工程师和武汉电厂厂长职务。该厂当时是武汉唯一一家国营工厂。1935年任武昌市筹备处负责人，据说曾代理省建设厅厅长。因工作负责，管理有方，深受各界好评。因终日奔波操劳，积劳成疾。1937年日寇飞机轰炸武汉市区时受强烈刺激，病急发，医治无效于1937年10月去世。当时武汉市举行了盛大追悼会。时任湖北省主席的何成濬在其致吴孟颖的挽联中有“临危输血有孤儿“之句。吴孟颖有儿子锦衡、锦桓，一女锦琛。

吴复良儿子吴均惠，少年时入竹山高等小学堂，聪慧可达，成绩各科甲等。幼年时赴日留学，后公费进入日本帝国大学，成绩优良。八年后回国，途经武汉时，被湖北某高级将领选中，指为门婿。他与唐氏结婚后，被武汉某厂聘为高级工程师，后入汉阳兵工厂任工程师。该厂为国内较大的兵工企业。后又任兵工厂副厂长兼总工程师，授少将军衔。当日寇侵占东北试图灭亡中国之际，他总揽设计制造工作，制造了许多精良武器以提高部队的战斗力，有力地支持了抗战工作。武汉沦陷前，他负责组织兵工厂迁移到重庆。他冒着敌机轰炸，用木船和轮船将工厂主要设备安全运抵重庆，在重庆江北建立第二十一兵工厂(现在的长安厂)。二十一兵工厂是全国最大的兵工厂。他任副厂长、中将衔。他领导全厂的设计和制造工作，成为国内著名的兵工专家。在抗战紧张时，一天能生产出二百挺轻、重机枪。新中国建立后仍从事兵工设计工作，为保密对外称“重庆西南工业学校”。五十年代退休，负责从事英、法、日文的军事著作翻译工作。文革时被打成反动学术权威。八十年代病逝于重庆。他有儿子锦涛、锦略，二女锦文、锦章。

均惠先生在日本留学八年，在武汉工作四年。十二年后回到故乡“聚安和”老家，其母吴三奶奶问他想吃点什么，他说还是老家的臭豆颗和豆渣好吃。臭豆颗是将黄豆淘尽煮熟，放在容器内任其发酵，长出连丝有臭味，晒干后用五花腊肉煎炒。豆渣是将黄豆用清水浸泡后磨成豆渣，加青菜煮熟和以红烧猪蹄。这两种菜味醇香鲜美，入口生津，回味无穷，这和湘泉公上竹山开豆腐店、卖豆制品有关。至今后世子孙仍特喜这两种菜，视为“聚安和”的传统家菜。

子钊公二子吴禹九回国后，过着富家郎生活，夫妻均吸食鸦片，晚年以中医为业。

民国十二年(1923年)春季一天，有一缝工在侧室内缝纫，不慎打翻了煤油灯。当时正值深夜，全家老幼正在熟睡，燃起的大火无人抢救。火势逐渐延伸至前厅，厅内装满易燃物资，尤其是仓库内存有千余桶煤油（每桶约 15—20 公斤）。霎时煤油燃烧爆炸，有些煤油桶被炸起飞入空中。“聚安和”成一片火海，周围数十里能看见火光。待家人发现、附近居民赶来救火，无奈火势已成，无法施救，直到烧至第二天中午，厅内可燃之物俱已烧尽，火势才逐渐熄灭。仓库物资及部分房屋俱已化成灰烬，一名缝工也被烧死。“聚安和”老字号在这次大火中遭受到了巨大损失。

“聚安和”在遭受一场大火以后，接着多次货船下驶老河口时失事，船毁人亡，祸不单行。下驶的货船都是满载桐油、木耳、生漆等山货，沿途经过几十处险滩，一旦失事就船毁人亡。木船失事后不仅货物损失殆尽，还需安抚蒙难的船工家属。

民国初期，竹山为地方豪强所把持。历任知县有的听命于地方豪强，有的被地方豪强所驱逐。各地土匪蜂起。1918 年初乱兵首领王天纵过境，所过之处抢劫一空。1928 年川鄂边区“神兵武装黄马褂”数千人逼近竹山县城。1930 年牛育春、王奎等土匪盘踞竹山。这些大股土匪占据县城，小股土匪多如牛毛，骚乱地方，几无宁日。“聚安和”老字号的木船上行时装有满船的日用百货，行驶的木船及各乡的货栈屡遭大小土匪抢劫，根本无法进行正常的商业活动。而吴复良秉承湘泉公的遗愿，夫妻二人送子侄六人赴日自费留学并在日本游玩一年有余。留学子侄在日本少则六至十年，多则八至十二年，开始全部为自费。六人赴日时均为竹山高等小学堂毕业，完全不懂英语、日语，需要补习英语、日语和全部中学课程，四至六年以后大都考取公费留日进入日本高等学堂。这么多人在日本生活需要大量的经济支持。当时竹山无法通汇，银元要从竹山带入上海，再从上海汇往日本。此时竹山至老河口一段完全靠人力搬运，处处是驻军，随时可能发生抢劫，而土匪更是出没无定。为了供驻日学生所需，运送银元的队伍还需要强大的人力、物力支撑。这些巨大的支出加之大火及沉船事故的多次发生，大大地损耗了“聚安和”的元气。“聚安和”老字号的情景一天不如一天了。更有甚者，从吴复良到在老家的诸子孙包括其妻室大都染上了吸食鸦片的恶习。两代人中先后吸食鸦片的男女共九人。吴复良此时又娶有小妾王氏，王氏也吸食鸦片。他当年驰骋商场的豪气已消磨殆尽。这时商业活动已完全停顿，虽有大量地租收入，但人口众多，支出浩繁，大有入不敷出、捉襟见肘的困境。因而民国十二年（1923 年）吴复良、吴幼林计议分家，各房独立门户。以复字辈分为四家，大房吴复初仍沿用“聚安和”为号，二房取名“聚安隆”，三房为“聚大成”。四房和大房共用“聚安和”。

湘泉公于咸丰年间从原籍麻城至竹山创立“聚安和”老号前后约百年。百年来“聚安和”经历了从兴盛到衰败的过程。湘泉公创业之初已经考虑到了后世子孙的问题。他四个儿子中两个儿子经商，两个儿子求学，五个孙子均送日本求学。这是一种十分周详而有远见的安排，但最后仍然逃不脱家族走向衰败的结果。竹山民间多年来流行几句谚语为：“庸山对孤洲，堵水向东流。发财无三代，做官不到头”。

孟子说“君子之泽，五世而斩”，也说明同一个道理。大凡创业的第一代人多是奋发努力，艰苦创业，一旦积累了大量财富以后就为子孙着想。有的大量购买田地房屋，有的开办各种实业。第二代和第一代一起生活，不思进取，甚至缺乏生存生活能力，逐渐走向衰败，成为中国历史带有普遍性的问题。唐人魏征谏唐太宗曾说创业难守业更难。这说明古之先贤哲人早已见此。这种现象到现在依然存在。人们为儿孙大量积累财富和金钱，但往往忽视了培养他们的竞争意识和进取精神以及独立生活的能力。千千万万个家族问题演变成社会痼疾，“聚安和”也毫无例外。但愿后世子孙能从“聚安和”的百年兴衰历史中多少吸取一点教训。

（编号：家史·王·2.1）

关于吴家田地和老宅

王曦按(2016 年 8 月 6 日)：

吴家在竹山的田地，在 20 世纪 50 年代的土改运动中分掉了，现在只剩下一些房产由吴家在竹山的后人居住。

吴家在竹山县城关镇的房产于 1925 年由吴复初、吴复信、吴复良和吴幼林四家分掉。解放后被县政府收去，交县邮局、蔬菜公司等国营单位占用。在 1986 年至 1988 年间，根据国家有关政策发还祖房产权的政策，吴家在竹山的后人如吴锦海、吴锦诚、吴锦熙、吴锦华等都通过一番周折，拿到产权证并搬进祖屋居住。不在竹山的吴家后人如吴锦衡、吴锦琛、吴锦桓等，数经交涉，最终忍痛同意将自己名下的祖屋(房屋约二十余间，坐落城关南关街中段)以相当低的价格卖给了当地政府。这也算是吴家先辈对家乡的最后一点贡献吧！

吴锦海 1986 年 12 月 6 日给吴锦衡的信：“……两家(指吴锦海与吴锦衡)房产情况相同，均为先人遗产，世代居住，依据现行法律和政策本无问题，但县里落实政策态度消极。据了解兄之房产，解放初期由房管部门售于商业部门，一经落实即涉及赔偿责任。此类问题，县里一般采取拖延时日之办法。虽如此，房产权最终仍能合理解决。据了解弟处房产有可能近日解决，为时已经两年。对兄处房产提出以下意见，供参考。一是兄暂不回竹。可给竹山县长杨宗政写一信，提出要求，同时写一委托书委托竹山法律顾问处和竹山公证处代理解决。……委托书内容说明房屋沿革。基本情况是房屋为曾祖吴永隆(即吴湘泉。——王曦注)所建，1925 年，四房分家。该处房屋为大叔祖复初公(兄祖父)和四叔祖幼林所共有。由于三叔祖(即吴均芳。——王曦注)在武汉工作，房屋由四叔祖代管。一九三八年三叔由武汉迁回，一直由三婶母(即严溪云。——王曦注)直接管理。解放后由县贸易公司占住，现为蔬菜公司占住。房屋约二十余间(属兄家部分)，坐落城关南关街中段。”另据母亲说，大约在 1987 年，吴锦衡和吴锦桓与竹山县政府协商，以数万元(三万至五万元。参见材料“家史·王·2.5”。——王曦注)的价格将上述房产卖给了竹山县政府有关部门。吴锦桓 1991 年 2 月 3 日给吴锦琛的信中说道：“……

我们的房产问题，现在一切很清楚，再一次证实：过去已由竹山县南关移民指挥部做了赔偿，其赔偿费(已知一笔是12万)全部由竹山县财政局直接收缴所得，其理由是我房产属公房代管性质。那么现在落实发还私房房产政策，必须由得款单位(县财政局)全部如数退赔终结我们的房产案。……现寄来我们房屋未被拆毁的仅有的一层5间临街的照片一套三张。有一张是移民指挥部新建的一栋'移民大楼'(还有另外一栋)。"关于吴家房产返回情况，详见吴锦衡、吴锦海、吴锦桓等人的信件("家史·王·2.5、2.6、2.7、2.8、2.9、2.20、2.11")。

吴家先辈创业的成功和后来的败落，固然有自身的原因，但当时社会制度的落后无疑也是一个重要的原因。土匪横行，鸦片祸害，无不是制度落后的恶果。当前，国人搭上了改革开放的快车，正在快速地积累私有财产。吴家先辈的故事提醒我们千万不要忘了制度改革和制度建设。要下功夫建设适合我国国情和广大人民根本利益的好制度。这是一个"元规则"选择或根本制度选择问题。制度事关有恒产者之恒心。元规则错误的社会代价最为巨大。这也许是我们可以从"聚安和"商号的兴衰中得出的一个重要教训。

以下照片，头两张是湖北省竹山县地方志编纂委员会编撰的《竹山县志》(方志出版社，2002年版)中的湖北省竹山县城关镇示意图和城关镇鸟瞰图。接着的两张是我弟弟王照根据母亲的回忆绘制的分给吴复初(即我的太姥爷)和吴均芳(我的姥爷)居住的一

湖北省竹山县城关镇平面示意图

部分吴家祖宅的草图。由于年代久远，母亲年事已高(90高龄)，记忆不清，这个草图只是一个大致模样。再接着的三张为吴锦桓(我的小舅舅)1991年1月12日在竹山县城所摄的这部分吴家祖宅的当时情况的照片。

从《竹山县志》上的城关镇鸟瞰图看，城关镇真是一个山清水秀、水路交通便利的地方。它三面被堵河围绕，为镇上提供水路交通之便利。我的外高祖吴湘泉发现了城关镇的这个独特地理优势，成功地利用它的山区物资集散地的功能，创办商船队，将鄂西北的这个大山区与当时作为长江中部对外通商口岸的汉口联系起来，从而不仅个人发家致富，而且极大地带动了当地经济的发展。竹山县城关镇沉淀着外高祖吴湘泉的巨大贡献。

结合城关镇平面示意图来看城关镇鸟瞰图，可以看到南关街仍然保留着大片的老民宅。吴家老宅就位于这一片。其中吴家老宅(吴锦衡、吴锦琛名下)就在南关街中段。在鸟瞰图所示城关镇的南端，到2002年仍然保留有大片的老式黑瓦民宅。按照当年"聚安和"商号的规模，这片民房中应当有相当一部分属于吴家。我惊喜地看到，在南端中部西侧，这一大片民宅中，醒目地矗立着前后排列的两栋有三个门洞的五层楼的现代钢筋水泥住宅楼。它们与我小舅舅吴锦桓1991年1月12日回城关镇时拍摄的盖在吴家祖宅地基上的两栋移民宿舍楼一模一样。吴家祖宅就在这里！感谢这张鸟瞰图。它使我第一次看到了著名的"聚安和"商号的核心所在地。

竹山县城关镇鸟瞰图

以下草图为分到吴家长子吴复初名下的房产的草图，由王照于2016年2月根据91岁母亲的回忆绘制。这份房产就是"聚安和"商号创始人、我的外高祖吴湘泉的私宅和老字号所在地。我的堂舅吴锦海曾回忆说："建造'聚安和'老字号也是湘泉公的力作。该房屋坐落在南关街中段，面积近三亩。全部砖木结构，选用茶盘溪的红杉木。这种杉木曾是清室皇家选用的优质木材，大门有楼，内有花厅，花厅达五百平方米，包括部分仓库，花厅后面有正房三重，大小房屋数十间，两侧建有围屋、厨房、碾米房、猪栏及其他杂屋。”这个草图与堂舅的回忆基本一致。这份房产位于城关镇南关街中段，解放后由县贸易公司、蔬菜公司占用。20 世纪 90 年代，政府落实政策发还私房房产时，吴复初的直系后人中已经无人在竹山居住。吴复初的长孙吴锦衡（我的大舅舅，原四川省交通厅总工）出面，代表吴家这一支，与县有关部门协商，终以较低价格（据说 3 万元）卖给了县政府。

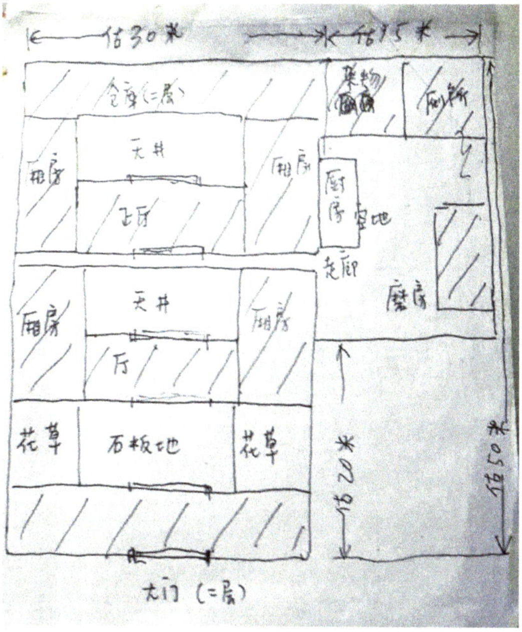

吴家老宅（南关街中段街北）平面草图
（王照根据母亲的回忆绘制，2016 年 2 月）

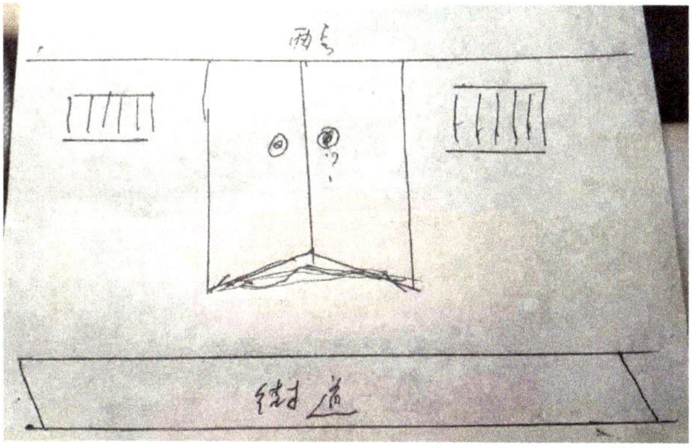

吴家祖宅（南关街中段街北）大门草图
（王照根据母亲的回忆绘制，2016 年 2 月）

竹山县城关镇寻根记

王曦按(2018年8月5日):

2018年7月15至25日,我和夫人史苏豫探访了竹山县城关镇。这次探访大大加深了对吴家前辈在城关镇的生活和奋斗的体会。回沪后,写得以下“寻根记”,留作纪念。

王曦

2018年8月6日

2018年7月15至25日,我和夫人史苏豫首次探访竹山县城关镇。在那里,我用几天的时间查访了吴家房产比较集中的南关街一带。母亲的回忆、舅舅吴锦衡和吴锦桓的信件和堂舅吴锦海留下的题为“百年聚安和”的文字材料,不但引起了我对南关街上吴家前辈的兴趣,而且为我提供了初步的南关街人文地理信息。

竹山县城关镇是个十分有魅力的古城。城关镇不大,坐落在龙背山向南伸向堵河的一片U型坡地上。它的北面是高耸的龙背山,南面是堵河。在1949年以前,城关镇有大街(现名“施洋路”)与后街、东门街交叉的老十字街;有文庙;有内城和外城两道城墙(现在基本不存在了);有东南西北四个方向上的城门。现在,从十字街一带狭窄而密集的街道和繁华的集贸市场以及仍然健在的坐落在老城中心地带的文庙等来看,古代的城关镇曾经繁华并是个崇文重教之地。

堵河又名“陡河”、“武陵水”、“孔阳水”、“庸水”,是汉江第一大支流。它的西源是川陕交界的云盘山。它的南源是大巴山神农架的大九湖。堵河在竹山城关镇处汇集上游山区里大大小小数不清的支流,然后在下游不远的十堰市汇入汉江。堵河河水清澈。在20世纪60年代以前,由于堵河上没有水电工程,因此其河水保留着原始状态,不仅流量大,而且流速快,在夏季还有洪水。现在,由于堵河水系的水电梯级开发和鄂西北山区的公路、铁路建设,堵河已经基本丧失了货物水运之功能,河水的流量受到各级水电站及其水库的调节。堵河在竹山县城关镇处接纳另一支流——霍河。这两条河在因龙背山的山势而形成的U字型的急转弯处合为一流,向东北而去。

竹山县城关镇自古以来是鄂西北山区的一个重要的货物集散地,人称“小汉口”。在古代,堵河为鄂西北山区提供舟楫交通之利。鄂西北山区的各种山货通过堵河经汉江销往汉口乃至更远的地方,而汉口的工业品和新式日用百货则由舟船溯河而上,经竹山城关镇转销于鄂西北山区各地。由于地势,堵河在城关镇一侧(U字形的底部,北岸)形成一条河滩。从河滩上岸就是南关街。在过去,这条河滩是城关镇的主要码头和对外通商口岸。

我重点探访的南关街位于城关镇南门外东侧,从向东延伸到民族街(原名“回民街”)，长约两到三里。南关街的北面是城关镇内城墙，南面是堵河。它坐落在城关镇的内城墙之外和堵河河岸上的外城墙之内。外城墙在20世纪80年代被夷为沿河大道。

南关街因河而兴。在清末民初，南关街是城关镇的一个重要商业和运输中心。它的南北两侧布满商铺、货栈和商家住宅，热闹非凡，是一条典型的商业街。在《竹山县志》(方志出版社，2002年版)上，有一张竹山城关镇的鸟瞰图。这张照片为我实地考察南关街提供了重要的坐标参照系。在这张照片上，可以看到南关街的旧貌。除了少量现代钢筋水泥建筑物以外，大量的老式江南黑瓦青砖木结构的房屋仍然存在。其中包括南关街中段南侧的吴家老宅。但是南关街中段北侧的吴家老宅已经不在了，代之而起的是两栋五层、四个门洞的火柴盒形状的“移民楼”。

据我的实地考察，南关街的西段(靠近城关镇南门的一段)现已布满钢筋水泥住宅楼。

南关街的中段早在20世纪60年代后期因堵河下游修建黄龙滩水电枢纽而被划为移民区，拆迁了一部分老式平房，其中包括坐落在南关街中段北侧的吴家祖产“聚安和商号”的房屋。这种移民实际上只是就地拆迁平房，改建称为“移民楼”的住宅楼，让本地居民集中住进楼房而已。在南关街中段北侧的分给吴家大房的房屋(即我母亲小时候住过六年(从初中到高中)的“豪华”老宅)的地基上，现在可以看到的是两栋上述“移民楼”(每栋五层)和它们与南面对面的吉安花园大楼之间的一片三角形花园绿地。这两栋移民楼已被围入拆迁区域，人去楼空，等待着第二次拆迁，不知将来在这个位置上会出现什么建筑物。据接受我访问的老居民说，在60年代和70年代，这两栋移民楼曾经是南关街乃至城关镇最高的房子。由此可见竹山县城的现代化开发和建设发生的比较晚。根据我的现场步测，每栋移民楼的南北厚度大约是14大步(约14米)，楼的东西长度大约是64大步(约64米)，合计大约896平方米(大约1.3亩)。两栋楼加上楼四周的空地，总面积应当是3亩左右。这就是南关街中段北侧吴家老宅的面积。它和我母亲和弟弟王照估算的面积(3亩)差不多。据吴锦华回忆，当年对这部分的赔偿价格是每平方米15元。据我访问的吴家后人和南关街上的吴家邻居说，在1949年以后，吴家这片房产一直被政府用作食品公司(包括蔬菜、肉食、酱园等)。据当地居民告诉我，在早期(20世纪50—60年代)，城关镇的居民都到这里来买菜。南关街中段南侧(靠河一侧)分给吴家二房(吴锦海的祖父)的房子也不在了(但在2002年《竹山县志》的城关镇鸟瞰图上隐约可见该房子的全貌)。在那片地基上耸立着一栋巨大的、下部五层是商铺，五层以上是五翼14层居住楼的巨大的商住楼综合体，叫做“吉安花园”大楼。这座大楼大概修建于2014年。简而言之，在南关街中段北、南两侧的“聚安和商号”故址上，现在耸立着两栋移民楼和一栋巨大的吉安花园大楼。原聚安和商号的房产现已荡然无存。

南关街的东段正在经历拆迁。我看到，移民楼的北边(直到东门街)，东边(即南关街东段直到民族街(俗称“回民街”)和东南边(直到堵河)的一大片范围已经被围墙围了起来，围墙里面的居民都已搬迁，两台挖掘机正在工作，老房子大部分都被夷为平地。其中东边靠回民街一侧，有一段低矮的老城墙拐角仍然可见。它应当是内城墙的东南角。希望它会被保留下来。

也许是天意所致，我在城关镇就吴家房产故址作的人物探访进行得比较顺利(虽然那几天天气很闷热)。

头一次探访是在两栋移民楼的大门前(朝北)。到竹山的当天傍晚，经施洋路上居民指点，我从东门街上朝南边(向河)拆迁区中的那两栋移民楼走过去。途中遇见几位在楼下乘凉的长者。我向他们询问南关街和移民楼。他们热情地介绍了拆迁区的情况，给我指出了南关街的方位。

第二次探访是在后街的集贸市场上。我询问一位临街商铺的男性年长老板是否知道吴锦海这个人。他说知道，说他以前是竹山一中的老师。

第三探访是在南关街北侧移民楼西边一家南关街老住户里，主人姓杜。他家是一片包含着一个小天井的老式黑瓦青砖木结构房屋。我贸然走到其旁门，看到一位老太太在天井里洗菜。我向她打招呼，询问南关街的情况。她和蔼地请我进屋坐下，给我倒了茶水，回答了我关于聚安和商号和吴家房产的许多问题。她说她18岁那年(大概在1948年)嫁到此地(杜家)。杜家也是当地一家大户人家。她记得“吴三奶”(即聚安和商号在创始人吴湘泉(湘泉公)去世之后的掌门人吴复良(吴三爷)的夫人)坐在大门口的模样。说她皮肤白皙，头发全白。她还记得又一次曾扶着吴三奶回屋去。她对房屋的雕花窗户留有印象。这次采访有一个细节令我惊异和伤感。当我离开她家时，这位老太太不放心地问我为什么要了解老宅的情况。她担心我是来收集情况以便向政府交涉房产权益，怕因此给她带来麻烦。我向他解释说，我此行仅为了解吴家前辈的生活和事迹而已，别无他意。听我这样说，她老人家的神情才放松了。由此可见历次政治运动对人们的伤害之深！我记得在2002年版的《竹山县志》上，在记载我的外祖父吴均芳(吴孟颖)的词条之后，紧接着的是一个记载这个杜家的某位前辈的词条。想来她家前辈中定有地方上出类拔萃之人。以后有空，可找《竹山县志》查阅一下。

第四次探访是在南关街西头的吴锦华家。那一天傍晚，我走出城关镇临河的南门，走到到南关街西头，看到街北侧的楼房下面有一个大棚子，里面坐了好几桌人打麻将。我走过去，向招呼麻将客人的麻将棚老板打听吴家的情况。不巧这个老板就是吴锦华，吴家四房之后，竹山城关镇现在健在的唯一的吴家“锦”字辈！他告诉我，在文革中，他母亲带着他下放到竹山县德胜乡务农，一去就是三十年，到80年代中期其母亲逝世于乡下之后才得以回城。回城后没有工作，靠拉板车搞搬运为业。他现已66岁，在家靠开这个麻将场的微薄收入(一桌八元)为生。他因年幼下乡，回城时南关街已经大变，因此对南关街的情况记忆模糊。

第五次探访还是在吴锦华家。上次偶遇，我没带笔记本电脑。这次我特意带去了笔记本电脑，向他显示了电脑上保存的《竹山县志》上的竹山城关镇鸟瞰图。遗憾的是他记忆模糊，不能从图片上指认处吴家房产。但值得庆幸的是，当时旁边有一位邻居，叫王胜利，50多岁，认出了图片上的吴家房屋所在地。这给我莫大鼓舞。吴锦华虽难以指认，但他说他手上有城关镇另一“锦”字辈——吴锦珍的女儿胡学菊的电话。当晚，他用王胜利的手机(他自己没有手机)与胡联系上了，并请王胜利用手机给我发短信告知次日再次见面。

第六次探访还是在吴锦华家。在那里我见到了胡雪菊夫妇。吴锦华邀请我们一起到河对岸的一家农家饭馆共进晚餐。席间胡学菊的丈夫(忘了问其名字，只记得他是施洋路的街道负责人)，做出了与王胜利相同的辨认。这再次增强了我的信心。

第七次探访还是在杜家。在第一次探访他家之后几天，我再次访问这位杜家老太太。这次恰好她丈夫的弟弟来访。他叫杜甲科，年轻时(文革期间)下到竹山县的山区农村10年，后回城做了一辈子的篾匠。我打开笔记本电脑，请他看竹山城关镇鸟瞰图，说出了我的辨认，并请他辨认。他对南关街的情况十分熟悉。对南关街中段的老住户，他如数家珍，一一道来。因为一时找不到纸和笔，我就用她家洗脸盆里的水蘸水为笔，在堂屋的水泥地面上一一画出各家住户，然后趁水印未干，用手机照下来。他的介绍使我获益匪浅。据他介绍，在首次移民拆迁和吉安花园拆迁之前，南关街中段的住户情况如下：在南关街北侧，从南关街中段东边与南关街交叉的小巷“上巷”往西起算，分别坐落着针织厂、木材公司、黄家、食品公司(即原吴家大房和四房所有的“聚安和”商号老宅)、王家、易家、杜家(即我访谈的杜家)、武昌庙(武昌人的会馆，后曾用作邮局)和曾家；在南关街南侧，从上巷对面的下巷往西起算，分别坐落着杜家(杜家另一房产)、张家、吴家(聚安和商号的房产分到吴锦海的父亲名下)、芦家、冯家、余家和齐家。其中的吴家(吴锦海名下)的街对面就是另一个吴家即吴家大房之后吴锦衡、吴锦琛、吴锦桓和吴家四房之后吴锦海名下的房产。两片吴家房产面对面。杜甲科的辨认和介绍给我以莫大的鼓舞！

第八次探访是在人民路上一家地方餐馆，由胡学菊夫妇宴请。但胡的丈夫因工作忙而缺席。席间胡学菊说可以联系上吴锦海的子女。我于是拜托她将他们的手机号码告诉我。次日，我和夫人史苏豫返回上海。到上海后，胡学菊来电告诉我吴锦海之子吴建平和吴锦海之女吴建辉的电话。

后来的探访主要通过我与吴锦海之子吴建平之间的电话和微信进行。回沪后，我与吴建平有多次电话和微信交流。我根据在竹山城关镇的探访了解到的各种信息，画了一幅吴家房产故址示意图，通过微信请吴建平辨认。通过反复辨认，我们确定了吴家在城关镇南关街一带的房产故址如下：一、聚安和商号故址即南关街中段南北两侧门对门的两处房产，总面积大约有五、六亩地。北侧的约3亩，分给了吴家大房和四房；南侧的约2.5亩，分给了吴家二房(吴建平的祖父)。二、南关街西头靠南门外的一处房产，可能是分给了吴家三房。三、吴家祠堂，坐落在南门外西侧的河边，面朝堵河，大门外不远处即为陡峭的河崖。据吴建平说那里过去曾是城关镇的居民观看河中洪水的观景台。吴建平自小在南关街居住和生活，他的记忆对我的确认提供了莫大的帮助。

最后，根据上述各次实地探访和电话、微信交流，综合从中获得的各种信息，我画出吴家老宅（聚安和商号）故址示意图如下。吴建平认为它是准确的。这张图是我和夫人史苏豫这次竹山之行的最重要的收获。

走在城关镇上，我的心里常常涌起一阵阵感慨。当我穿梭于南关街一带的街道和在堵河河边漫步之时，脑海里每每浮现这样一个念头：这里曾经是吴家前辈辛勤劳作、精心经营、发家致富并回报社会的地方；站在城关镇小学的大门口凝望对面巍峨的文庙时，我想到这就是我的外祖父吴均芳（吴孟颖）儿时读书的地方。谁能想到，在这远离大城市的鄂西北大山里，竟然会有这样一个商贸和文化颇为发达、人才辈出的小镇！沧海桑田，抚今思昔，看着这张图，我不禁感慨万千！

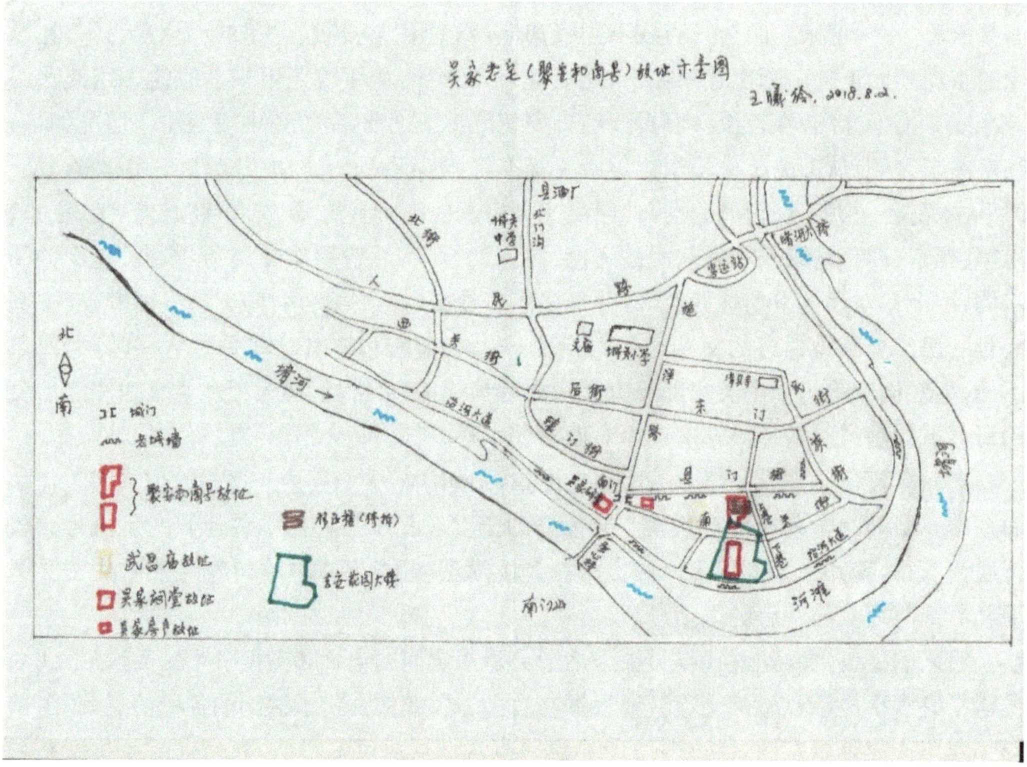

竹山县城关镇南门凭吊

王曦按（2018年8月5日）：

在竹山城关镇探访期间，感触颇多。以下诗表达了我于7月20日凭吊城关镇南门时的心情。

秦巴堵河接汉江，竹山南门锯河旁。
百年曾看船贸兴，如今空对碧水茫。
城楼不在青草长，城门唯余洞一腔。
前人建设后人毁，后人之后为之伤！

王曦在城关镇南门

王曦按（2018 年 8 月 5 日）：

以下照片为我于 2018 年 7 月下旬在探访城关镇南门时所摄。从照片上看，门内街边的一些老房子还存在着。据居民说，这些房子已划入拆迁范围。但愿拆迁后，政府能重建南门一带，使其复原古城特色。

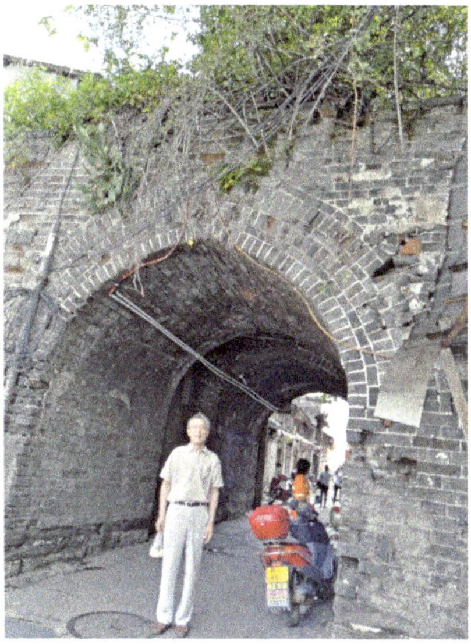

王曦在南门

现在的南关街

王曦按（2018 年 8 月 5 日）：

以下照片是我于 2018 年 7 月 18 日从城关镇南门堵河对岸的南门上拍的。在照片左下方的桥是一座步行桥，叫“圣心桥”。从它的北端桥头所对台阶拾级而上，在两颗绿树的下面就是南门。可惜照片上看不清楚。桥的下面是堵河。堵河的河岸是沿河大道，即原来的外城墙所在之处。从圣心桥往右（实景中往东），在沿河大道边上依次排列着三栋大的商住楼。在第一栋和第二栋之间，可见一条岔路从沿河大道上插入第二栋楼房的后面。这条岔路就是南关街的西端。照片上右下角的那栋巨大的建筑综合体，就是吉安花园大楼（其正面左端有一个巨大的红色广告牌，上书“掌上明珠”）。它就建在吴家前辈创立的聚安和商号的故址之上。南关街中段在它的后面。南关街中段待拆的两栋移民楼被它挡住了，在这个照片上看不见。

现在的南关街

第二编 王源海 唐氏 严献章

导 言

本编的主人公是我的曾祖王源海、曾祖母唐氏和太姥爷严献章。

曾祖王源海生活于1876至1928年，时值清末民初。他经历了辛亥革命即从清朝到民国的转折。

据父亲回忆，1956年父亲与武大中文系资深教授刘博平(1891—1978，著名训诂学家，章[太炎]黄[侃]训诂学派的继承人，武汉大学老校门牌坊背面“文法理工农医”六个篆体字的题写者)共住珞珈山一区十一号时，曾偶遇徐行可先生(1890—1959，著名文献学家、收藏大家)来访刘老。当他听刘老介绍说王燊是王源海之孙时，“大惊大喜，对王源海的道德文章倍加赞誉和追思”。由此可见曾祖王源海的为人和学问在当时知识界为人称道。

曾祖王源海具有典型的中国士大夫刚正性格。这从他早年在知事(民国初年的县长)的岗位上拒贿并辞职一事中可见一斑。他的名号“倦翁”也许表达了他对腐败之世的厌倦。曾祖王源海的刚正之气，传给了他的儿子(即我的祖父王毅立)和他的孙子王燊(我的父亲)。

曾祖王源海从我父亲幼年起就亲自教他认字和国学。这对父亲的启蒙和人格养成起了重要作用。父亲直到晚年仍可背诵《陈情表》和《道德经》等古文，这不能不归功于他的祖父的培养。从父亲的回忆文字中可见曾祖王源海还是一位可亲可爱的“老顽童”。这也对父亲乐观、幽默、豁达的性格有影响。曾祖王源海的书法好。这个优点为我的爷爷王毅立所继承。

关于曾祖王源海，有一点需要特别说明。鉴于徐行可老先生对曾祖王源海的赞许，我请上海图书馆的专业人士帮助查询王源海(纳川)的文章。不出所料，在1914年至1917年在京沪流行的文学刊物上，发现了一批署名为“纳川”的文学作品，有小说、散文、文学评论等共十篇。虽然可以从很多方面推论这些作品是王源海的作品，但遗憾的是，这些文学作品仅有“纳川”之署名，没有作者简介之类的进一步信息，因此无法识别这位“纳川”先生的大名。到目前为止，尚未找到这位“纳川”就是“王源海”的直接证据。为了今后继续查找和验证，我把查找到的署名为“纳川”的文学作品都作为附录置于本章第一节之末。如果今后证明这位“纳川”就是王源海，那么我们就可以称曾祖王源海是一位在我国清末民初的文坛上有影响的文学家。

曾祖母唐氏(1881—1948)为人善良,知书达礼,贤慧,勤劳,节俭,善持家。我父亲出生当天丧母,得亏他的祖母唐氏和善良的继母杨紫英将他从小养大。父亲儿时初识写信,就是其祖母唐氏亲口所教。父亲对他的祖母怀有深厚的爱。在他保留的为数极少的家族遗传物中,有一本1946年版的精装英英大词典。在词典的扉页上,父亲王燊题道:"纪念我最亲爱的祖母"。他对她的爱由此可见一斑。

太姥爷严献章(1876—1936)是一位中国近代史上的知名人物。他青年时考中举人。1904年他28岁时被湖广总督张之洞选中,进入日本东京法政大学专为大清国举办的法政速成科(第一期)学习法律。一年以后,他考入早稻田大学法学本科。他1910年学成回国。1911辛亥革命以后,他除长时间担任湖北省立武昌图书馆馆长以外,一直从事学术研究、翻译和写作。在民国初年,他曾担任北洋政府时期的"副总统府参议"。

严献章著述颇丰,范围较广,涵盖政治、经济、法学、国际关系、教育、历史、水利等领域。其中对后世影响较大的是他的法学著述。他作为第一署名人编撰的《民法总则》被学界认为是我国最早的一部关于现代民法的教材,至今仍有影响。他翻译的《战时国际法》由民国初年的民国政府教育部向政府各部门和各省督军推荐。因此,他对我国法制现代化做出了不可磨灭的贡献,堪称我国近代法学的先驱之一。他的其他一些著作,至今仍可以在北京中国国家图书馆古籍馆中查到。他所写的《塞上陈说》和《江河万古流》等文章,不仅是关于旗人土地分配和大江大河水患治理等重大国家事务的政策建言,也曾被当时学人誉为具有《古文观止》文章水准之佳文。

严献章拥护辛亥革命。这在其《塞上陈说》可见相关表达。同盟会内务部负责人匡一是他所编教材《民法总则》的合著者。他又与康有为(1858—1927)多有交往。康来汉活动,每每与严献章叙谈并住在当时的湖北省立武昌图书馆。严献章二儿子严绥之曾保留有康有为多幅题字,可惜后来在文革中遗失了。由此可见严献章与革命派和保皇派都有交往。太姥爷的爱国情怀令人感叹。据他的孙子严培林回忆,1936年他临终时用最后一口气喊出:"国难,救国!"那一幕感人至深!严献章年轻时蒙恩于晚清朝廷,被派往日本留学;后拥护共和,积极为民国政府建言献策;晚年眼见日寇入侵,国运日衰,最终在绝望中离世。这不仅是他个人的悲剧,也是国家的悲剧。

从严献章东洋留学到现在,一百年过去了。他决不会想到百年之后他会有一个曾外孙王曦,其先学中国语言文学后学法律而且是改革开放后较早出国留学的学子,与他在经历和学业上颇有相似之处!这大概是冥冥之中上天的安排吧!尽管我不可能见过他,但每当我翻开他留下的《塞上陈说》、《江河万古流》、《民法总则》、《战时国际法》,脑海里就与他有神交之感。

曾祖王源海和曾祖母唐氏不仅含辛茹苦,培养了我的祖父和父亲两代优秀书生,更通过他们向后代传递了淳良家风。正派、善良、宽容、勤恳、坚韧、乐善好施、节俭、好学等美德在他们身上有鲜明的体现。太姥爷严献章不仅有佳作传世,更以爱女严溪云许配我的外高祖吴湘泉的长孙、我的外祖父吴均芳,从而吴严联姻。吴严联姻遂有我母亲吴锦琛。母亲与高祖王泰和的曾孙王燊的结合，遂有我和两位兄弟。王、吴、严三个书香之家门当户对，就这样连在一起了！

王 曦

2017年9月25日

第一章

王源海、唐氏

王源海(1876年,清光绪二年——1928年,中华民国十七年,享年52岁)

第一节　王源海

王源海之风骨

王曦按(2016年12月29日):

以下是父亲写于1989年的一篇文字。以上标题是我起的。在这段文字中,父亲以精炼的文笔介绍了他的祖父、我的曾祖父王源海先生。其中关于曾祖父在段祺瑞执政期间从法院推事职位上辞职而去一段,文字不多,却尽显曾祖之风骨。

寄安·吴.3.11

武漢大学

先祖王公，讳源海，字纳川，晚号倦翁，1876年生于故乡蒙城王家下集，1929年病逝北京。青年时代在乡中举秀才，旋携眷去武昌，先在陆军小学堂执教地理，后曾在段祺瑞政府任法院推事，初次出庭之日，即有人前来两封银元，婉谢之余，未久即离职赴京，在交通部作科员，直至辞世。

先祖勤诚俭实，刚正善良，工书法，尤以魏碑见长，所遗手迹本不多，更因连年战乱，至今荡然。犹忆蒙城南门外十余里小桥右侧，40年代尚有先祖所书石碑一口，"貞孝之門"四个大字，系指西街窦毅斋先生府。据说该碑在解放初期曾被列为查处文物，而今何在，不得而知。

王槃谨记 1984年

1701725(88.2)

15×20＝300　　第　页

正文系王槃亲笔。（王曦注）

父亲记忆中的王源海

王曦按(2017年2月2日):

以下文字出自父亲所写材料“家世回忆”(原文无标题,此标题为我取;编号:家史·吴·1.14)。字里行间,它渗透着父亲对其祖父的爱,读来十分感人。从这份材料中,除了可见曾祖王源海之高尚人品之外,还可见他对其年幼之孙的人格养成之深厚影响。

文中所说“一区十一号”乃武汉大学的教工住宅区一区十一号,位于林木茂密的珞珈山上。小楼共有两层,两层之下为两家分别之厨房。我家住一层,刘博平老住二层。楼下为珞珈山南麓之主要下山坡道。我记得父亲称刘老为“刘博老”,对他恭敬有加。

文中所说雷韵午先生即《襄樊著述志》中记载的雷炳焜先生。父亲生前与我谈到《襄樊著述志》书中的“雷炳焜”词条时,告诉我雷炳焜是祖父王毅立的姨爹。《襄樊著述志》(内部发行,李翼鹏编著,湖北襄樊市新华书店,湖北襄樊印刷二厂印刷,1987年6月第1次印刷)中记载:雷炳焜,“字韵午,襄阳县人,湖北武备学堂肄业。后官费赴德习工兵五年,归国后授工兵科举人,任陆军部制司工兵科科长。后历任袁世凯部工兵教练官兼官长班第一区队长,北洋军阀政府陆军部科长等职。一九二四年,段祺瑞执政,授陆军中将。一九二八年,任国民党襄、宜、安、谷四县监督处监督,选任国民党第四军团办公室主任。一九二九年后,办理湖北航政事务。解放后曾任襄樊市各界人民代表。”雷韵午先生是辛亥首义有功人员。中华雷氏族人经济文化促进会官方网站记载:“雷炳焜(1875—1956),字韵午,襄阳人,民国时期曾任陆军中将。据《襄樊市志》和相关档案记载,清末时他考入湖北武备学堂、武昌高等学堂学习。1905年官费赴德国留学,学习陆军工兵专业。1909年毕业回国,入陆军部任职。后参加留学生考试,被赐为工兵科举人,任军制司工兵科长、参事、顾问。1923年,雷炳焜被授陆军少将加中将衔,派驻汉阳兵工厂。1926年北伐期间,曾促使驻防襄(阳)、郧(阳)的襄郧镇守使张联升易帜。1929年退出军界。1933年,雷炳焜回到襄樊任中国红十字会襄阳分会名誉会长,曾在1935年襄阳大水灾时倡导救济难民。新中国成立后,雷以开明绅士被聘为当时的襄阳县各界人民代表大会代表,后在湖北文史馆襄阳工作组工作,负责整理文物古籍,并译著了《要塞战术》、《爆破教范》、《工兵突击教范》、《工兵辑要》等书。”(http://www.leishi.org/article-673-1.html,王曦2017年3月24日访问)

2. 祖父王源海,字纳川(1876—1928),晚清秀才,在家乡考举人时,被向主考官行贿者挤占名额而落第,一气之下,携妻唐氏、子毅立、女爱云离家到武昌,曾在“陆军小学堂”(阅马场附近)教过地理等课。段祺瑞当政时,祖父被选任法官(祖父与段曾同寝室);第一次审案前即有人往家里送红纸包的银元,祖父拒收以后,立即坚辞此职,且为此携家北上,到北京谋生。

3. 祖父工书法，尤长于魏体，当时在武汉与一位名杨守敬的前辈齐名；据说“陆军小学堂”校匾即祖父亲笔。我1956年与刘博平老前辈共住一区十一号时，一位徐行可老前辈来访博老，听说我是“纳川先生”的孙子，大惊大喜，对祖父的道德文章倍加赞誉和追思。

4. 爱云姑在武昌病逝，当时只16岁。

5. 祖父在京任“交通部”机要室科员，主要担任寿幛挽联之类礼仪性文字的撰稿与书写。科长傅子如(润章，满族)对祖父非常尊重，多有照顾。

6. 祖父正直刚毅，爱憎分明，凡知友求书，无不尽心尽力；每次作书，都是祖母研墨引纸。权贵倚势送来的纸墨全被弃置。我听说，有一次，纸墨和“红包”全被祖父从墙头抛到了紧闭的大门的外面。

7. 祖父身材不高，圆脸，小胡子，慈祥而严肃，五十岁就用了拐杖，每天天刚亮就起来，在微弱的晨光下读古书，能背诵的诗文很多，有时走路也在哼着。

8. 我小时住在北京元宝胡同四号(西四，今仍在)。当时买米，由米店包送，祖父总把撒在地上的米粒一颗颗地捡起来，从屋里一直捡到胡同口；吃饭时掉在桌上的饭菜，也都捡了喂到嘴里。

9. 祖父兼精中医。继母杨紫英(雯、霖、震妹亲母)有轻度羊癫疯病，有一次带我到西山去玩，回时病发从人力车上摔了下来。听说祖父开了个处方就治好了，以后再没发过。继母的中耳炎据说也是经祖父治过便不流脓了，当然听觉还是不好。没听说他给别人看过病；他的医道大概别人也不知道。

10. 祖父不抽烟，不喝酒，不打麻将，也不许家人打麻将；不信教，但不干涉人家信教。祖母信观音菩萨，他不参加，也不管。母亲郑定芳信基督教，吃饭时先做祷告，他也不管，当然更不参加。他喜欢吃猪脑、甲鱼和“窝骨筋”(牛膝部位的筋)，那时这些东西好买，三天两头就吃一次，主要是他和我两人，一人一小碗。我现在七八十了，脑、腿都还可以，说不定跟这有关——上了“底肥”。

11. 大概因为我是长孙，而且出生当天就失去了母亲，所以祖父非常喜欢我。常常让我坐在他腿上“骑马”不说，还往往让我骑在他背上“放牛”；他趴在地上爬，我揪一揪他的耳朵，他就“Muang, Muang!”地叫。冬天家里生着铁火炉，祖父常常教我把火柴头贴在炉上，火一燃即吹灭。这样，一支支火柴贴了一大片。他说，这叫“孔明借箭”。

12. 我三岁时，祖父就教我认字。他把白色的厚吸墨纸裁成小方块，用毛笔在两面写上字；有的一面写“一”，另一面写“壹”；有的一面写“大”，另一面写“小”。祖父经常穿一件灰色长袍，大袖口。教我认字时，先在袖筒里藏一根香蕉，等我认字完毕，便举手向空中挥动，说“琵琶哥，琵琶哥，大狗子(我的小名)认字认得好。”然后就“招”来了香蕉。一部分字块我一直带着(北京—武昌—襄阳—乐山—武汉)，住一区时还在，后来不知下落了。

13. 我一岁时(按旧算法为两岁)祖父把我弄去照了一张像。我穿长袍马褂，戴瓜皮帽，手里拿一本书，“站”在假山布景前面，父亲躲在假山后面扶着我。祖父在照片边缘亲笔题有“此桑孙照片也，孙庚申年生甫坠地而母逝因雇乳以养之今孙已两岁而孙母之死亦两载念尔身世不胜惘然——倦翁识”(文字记忆容有误)。此照片八十年代托韩怡君拿到汉口复制，现已无处追寻，实堪痛惜。

14. 祖父还为雷炳焜(韵午，留德学工兵，中将，祖父的连襟)家题写过一块一人多高的大石碑，“贞孝之门”四个大字，原立在襄阳南门处一座小桥旁，我三十年代曾经看过；据父亲说，人民政府已将此碑作为文物保存，现不知是何情况。

15. 我认了一些字块以后，祖父就教我念书。那时我大概是三到四岁。先读《三字经》，认、读、背，接着读《论语》。我1927年上小学时背到了“宪问第十四”，以后就没再读了。

16. 祖父是1928年“中风”病逝的，那天早上，他站在凳子上卷窗帘纸，一下摔了下来，大约3—5天就去世了。那时条件较好的雷(韵午)家，傅(子如)家都多方关心，帮助，还请过一位叫迪波尔的德国医生，都没能治好。

17. 祖父的灵柩在龙泉寺暂厝了一些时(母亲灵柩原也厝此)，家里后来在西直门外白石桥买了一小块墓地，就将祖父和母亲的灵柩都移葬在这里的一棵大松树旁，各立了一面石碑。当时看坟人叫于得水。50年代初期，我和霖妹还去过，地方找到了，在当时中央民族学院围墙南边，棺木已由政府移往别处，无从查找；于得水及其家人也不知去向。时至今日，那一带高楼林立，连旧址也找不到了。

(编号“家史·吴·1.14”)

湖北陆军小学校地理教员王源海

王曦按(2017年3月20日)：

在整理这份家史材料过程当中，我最为高兴的一件事是找到了曾祖王源海的实证资料。这些资料不仅佐证父亲的相关回忆，而且进一步展示了曾祖的人品和学问。

以下是我于本月通过上海图书馆徐凡馆员找到的曾祖王源海在湖北陆军小学校任教时的获奖文件。文件刊登在民国四年《政府公报》(二月十九日第九百九十九号)上。文件包括两份。一份是当时的国务卿徐世昌呈当时民国大总统袁世凯的请示和袁世凯的批复。另一份是作为徐世昌请示文附件的获奖名单。徐世昌在请示中说，湖北督军段芝贵报告湖北陆军小学校开办三年，人才蔚起，到上年(民国三年，1914年)共毕业学生290名，经核鉴皆功课、试验、兵操甚为可观，请对该校教职员给予奖励，以表成劳。经到校核查，该职员等勤劳隶著，自未便听其淹没，拟给予奖励，请大总统鉴核训示。大总统袁世凯的批示是“批令准如所拟给奖单存此批”。落款日期为中华民国四年(1915年)二月十六日。在获奖名单中“地理教员王源海”豁然在列。他获得二等嘉禾奖章。

以下为上述《政府公报》的封面和两份文件的原件扫描版。

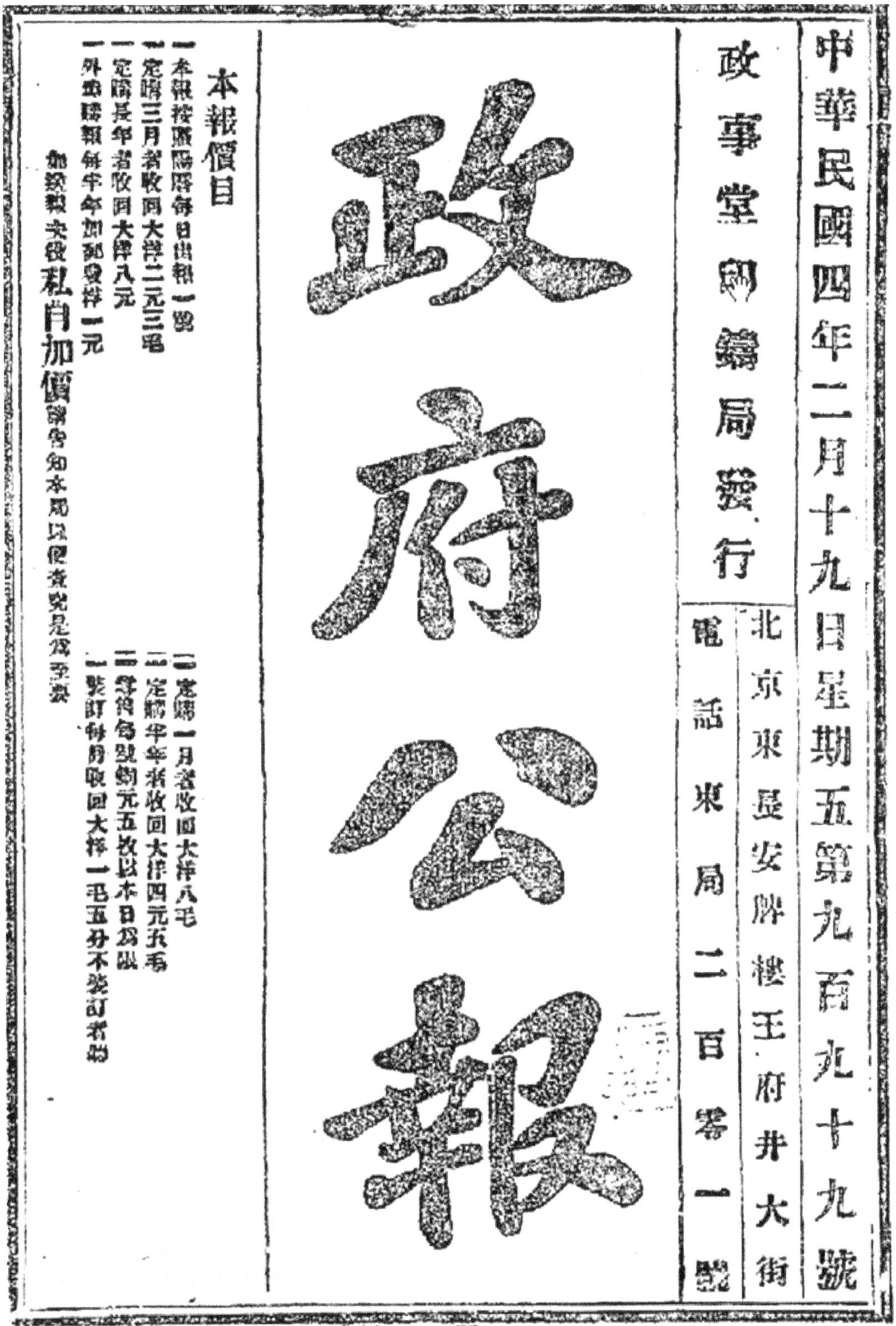

中華民國四年二月十九日星期五第九百九十九號

政事堂印鑄局發行

北京東長安牌樓王府井大街

電話東局二百零一號

政府公報

本報價目

一本報按照陽曆每日出報一號
一定購一月者收回大洋八毛
一定購三月者收回大洋二元三毛
一定購半年者收回大洋四元五毛
一定購長年者收回大洋八元
一零售每號銅元五枚以本日爲限
一外埠購報每半年加郵費洋一元
一裝訂每月收回大洋一毛五分不裝訂者[illegible]

如發覺有發私自加價請告知本局以便查究是爲至要

1第 50 册 125

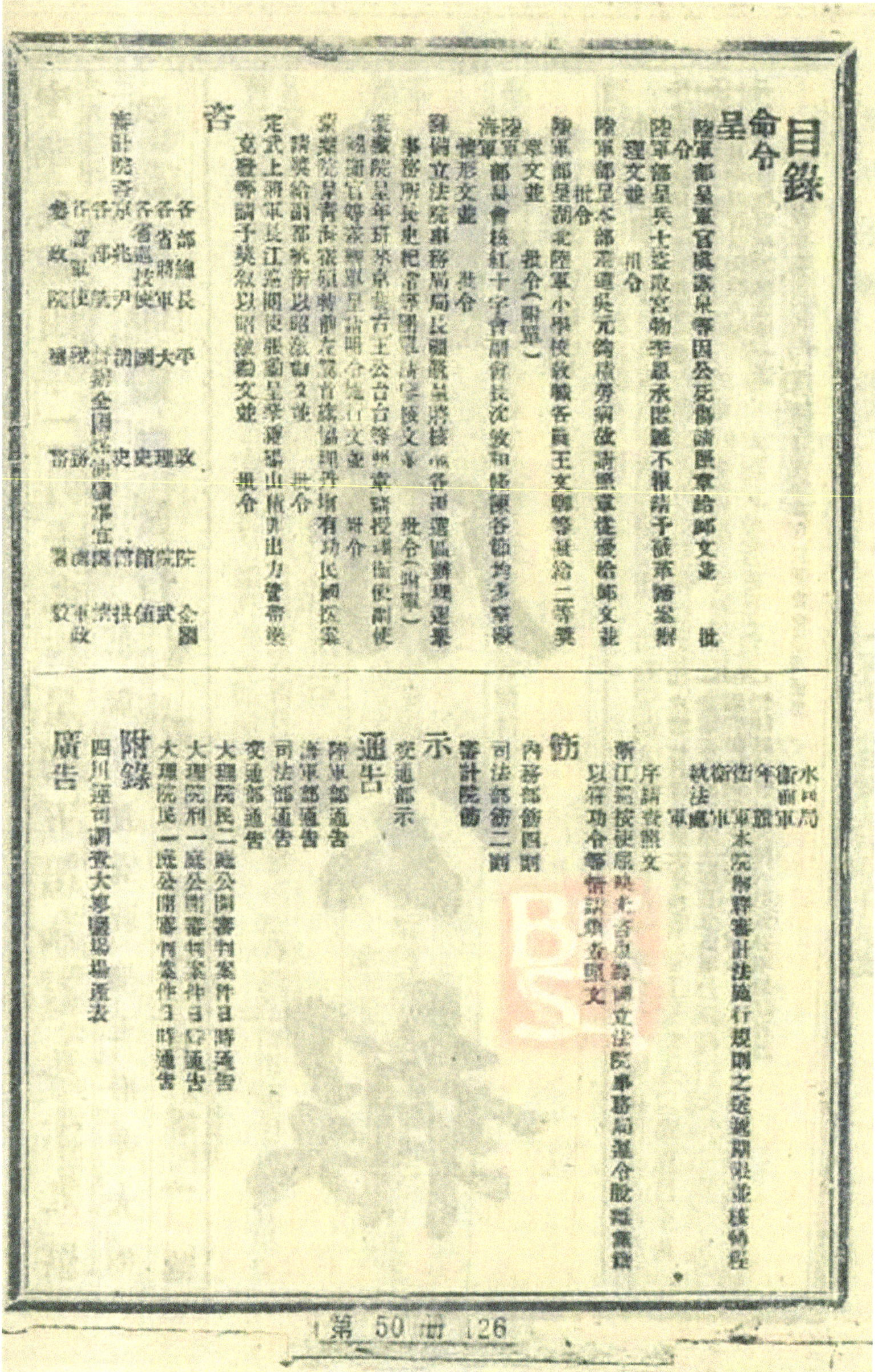

目錄

命令

呈

陸軍部呈董官儀蕭泉等因公死傷請照章給䘏文並批令

陸軍部呈兵士姜殿宮物李恩永陳鑑不報請予褫革備案辦理文並指令

陸軍部呈本部羌選兵元錡積勞病故請照章從優給䘏文並批令

陸軍部呈湖北陸軍小學校教職各員王文鄉等請給二等獎章文並批令(附單)

陸軍部呈會核紅十字會副會長沈敦和請獎各節尚多窒礙情形文並批令

海軍

籌備立法院事務局局長顧鰲呈請核准各選區籌辦選舉事務所長吏紀金等聞請給獎文並批令(附單)

蒙藏院呈年班來京喀喇沁王公台吉等照章請授職銜使副使禮節官暨藏區呈請明令施行文並批令

蒙藏院呈青海蒙古郡王羌集前左翼首旗協理台吉有功呈請給獎以昭激勵文並批令

定武上將軍長江巡閱使張勳呈舉薦協力出力人員請予獎敘以昭激勵文並批令

咨

審計院咨各部總長平政院

各省將軍大總統府

各省巡按使國史館

京兆尹

各都統

審計院

廣告

附錄

四川運司調查大寧鹽場產表

語遂於二十九日戌時身故查該故員自爲學以至服官孜孜黽勉殫精竭慮功在民國茲因積勞病歿旅居會館身後蕭條幾至無以爲殮本唐等追念前勳同深痛悼伏讀陸軍平時邮賞簡章第四條內載陸軍官佐士兵在軍營立功之後或戍邊徼或防守要隘或在各機關辦理公務勤勞卓著染病身故者照平時邮賞表第二號分別辦理等語該故員勳績卓著核與此例實屬相符惟查該故員生前曾充軍參謀長及校長等職均與少將相當且副總統兼任鄂督時曾經咨請補授陸軍少將合無仰懇俯念前勞援照成案以該故員吳元鈞追贈陸軍少將銜照陸軍少將銜給邮出自逾格鴻施是否有當理合具稟謹乞部長鑒核批示祗遵等情據此查該故員歷任要職成績懋著改革以來歷建殊勳茲因積勞病故深用悼惜經一再覆核適與定例相符擬請准如所請從優照邮賞表第二號陸軍少將階級給與一次邮金六百元以示褒崇理合具呈謹乞　大總統鈞鑒訓示施行謹　呈

批令准如所擬給邮此批

大總統印

中華民國四年二月十六日

國務卿徐世昌

陸軍部呈湖北陸軍小學校職教各員王文卿等擬給二等獎章文並　批令（附單）

爲請給獎章仰祈鑒核事准彰武上將軍督理湖北軍務段芝貴咨陳開稱湖北陸軍小學校開辦三年人材蔚起上年十月該校畢業計二百九十名經本上將軍稽核功課試驗兵操甚爲可觀請將教職各員給予獎勵以表成勞等語並開具清單擬定獎勵到部查該校開辦已歷三年之久該職員等勤勞聿著自未便聽其湮沒除校長周錚一員原請給四等嘉禾章應移交政事堂銓敘局核辦外其餘各員擬照原請酌改擬一律給予二等獎章是否有當理合開單呈請　大總統鑒核訓示施行謹　呈

批令准如所擬給獎單存此批

大總統印

中華民國四年二月十六日　國務卿徐世昌

謹將湖北陸軍小學校職教各員王文稱等擬給二等獎章開單呈請鑒核

計開

術科長王文爾　教育長余維濤　管理長潘亘卿　兵學教員陳　穀　國文教員虞龍驅　地理教員王源海　歷史教員方立鈞　一排排長劉本元　二排排長王殿佐

以上九員原請給一等獎章擬請一律改給二等獎章

國文教員藍馨一　算學教員涂茂閎　英文教員姚家鳳　國文教員甯豫英　博物教員黃嗣艾　軍醫官魏紹端　庶務員陳世桓

以上七員原請給二等獎章擬請照准

陸軍海軍部呈會核紅十字會副會長沈敦和條陳各節均多窒礙情形文並　批令

為會核紅十字會副會長沈敦和條陳各節均多窒礙情形仰祈鈞鑒事一月十七日承准政事堂發交紅十字會副會長沈敦和條陳一件奉　大總統批令交陸海軍兩部核議等因奉此遵即會同詳細核議竊以紅十字會之設原為恤兵救災以私人之力輔國家之不足其意至美其願至宏國家但有餘力本宜予以提倡設法贊助使日臻完善而合實用惟該條陳第一條內稱一醫隊亟應改組也本會醫隊出發向照歐洲舊法以全隊精力臨陣救療今歲據本會赴歐觀戰員報告今年德俄英法諸國其行軍衛生隊大加整頓綜計陸軍萬人必支配衛生隊擔架隊六百人皆選兵士練成但諳初級救傷手法其療治則專歸紅會所設固定

1915年《申报》刊登的知事甄录试揭晓名单

王曦按(2017年3月20日):

在父亲的回忆中,曾祖王源海曾经与段祺瑞有过交往(同住一寝室),并在段祺瑞执政时期担任"法院推事"即法官。他的这个记忆,得到了民国四年(1915年)五月五日《申报》第六版上公布的知事甄录试上榜名单的证实。《申报》上用的是"知事"一词。这与父亲所称"法院推事"不太一致。我认为,曾祖考取的知事就是县知事即当时的县行政长官。当时的县知事拥有行政、立法和司法权。曾祖参加的那个知事甄录试是北洋政府在当时开展的一次吏治整顿运动的一个关键部分。清末科举制废除后,文官选任制度紊乱。民国初年,北洋政府通过建立知事试验制度来规范基层官吏——县知事的任用资格。(信息来源: http://mall.cnki.net/magazine/Article/SXSK200604028.htm,2017年4月2日王曦访问)1913年1月8日,北京政府规定把凡有直辖地方的府、直隶厅、直隶州和厅、州等地方,一律改称县,并明确规定,"县置知事,隶属道尹,为县行政长官"。1914年2月至1915年5月,北洋政府举行了四届县知事考试,选拔了一批基层官员。自此以后的整个北洋政府时期,"县知事"就成为县的行政长官。(信息来源: http://www.xuehuile.com/thesis/cf3d940873fa44b29c2fb16367a35e3f.html,2017年4月2日王曦访问)曾祖参加的就是第四届知事甄录试(用今日话说叫"县长竞聘考试")。

县知事的任用资格,一般有两种方式:一种是考试,另一种是保荐。考试选官是中国传统知县选拔的"正途"。北洋政府时期,考试依然是选拔官吏的有效手段,考试的资格要具备下列条件之一:"(一)国内外大专学校学习法律、政治、经济毕业,或修业一年半以上并历办行政事务满三年以上;(二)曾任简任或荐任文官满三年以上,或具有同上相当资格并在前项学校修业一年半,曾办行政事务满二年以上;(三)具有上项文官的相当资格并在前项学校修业一年半,办行政事务满一年以上;(四)无上述各项资格,由国务总理、各部总长、各地方最高行政长官特选的"。至于曾祖系因符合以上那一条件而得以达到参考资格,现不得而知。我推测应为符合以上第四条。

考试由县知事试验委员会主持,县知事试验委员会由委员长一人、主试委员若干人、监视委员二至四人组成。考试分甄录试、第一试、第二试、口试四个程序。甄录试论文一篇,不及格的不再应第一试。第一试的考试科目有现行法令解释、国际条约大要等。第二试的科目有地方行政的策问、设案判断、草拟文牍等。口试的主要内容是就当地的民情风俗、行政经验设问。从父亲关于曾祖担任"推事"并愤而辞职的记忆来看,曾祖当时应当通过了这四个阶段的考试。

1915年5月5日的《申报》第六版刊登了第四届考试的甄录试的上榜名单。以下是我在上海图书馆查到的该页报纸的扫描件。该上榜名单很长,共计439人,在《申报》版面上方占了一大块。由此新闻看,这次知事甄录考试在当时的确是一件大事。以下是该

中華民國四年五月五日星期三 （申報） 舊曆乙卯三月二十一日 第六版

要聞二

◎答復案正式提出

◎諮議法官命令之由來

◎教育部最近兩難題

◎直隸女子師範學校第九次紀念會

◎續紀湘省之救國儲金

◎鄂商會開募債會紀詳

京師要人之賭興

◎山東驅匪擾之近信

◎第六日知事甄錄試揭曉

咳嗽病根

唯一症救命藥

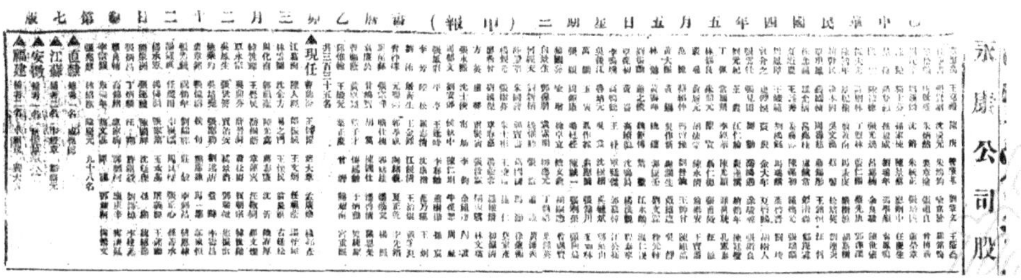

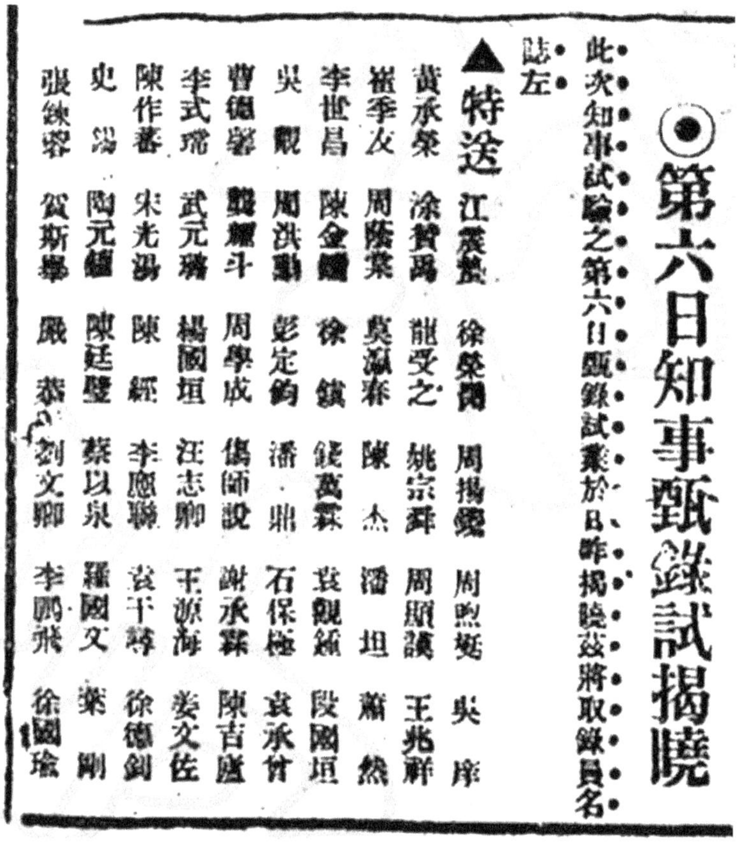

◉第六日知事甄錄試揭曉

此次知事試驗之第六日甄錄試業於日昨揭曉茲將取錄員名誌左

▲特送

江炎鏊 徐榮爵 周揚鑾 周煦挺 吳庠

黃承棨 涂贊禹 龍受之 姚宗舜 周顯謨 王兆祥

崔季友 周蔭棠 莫灝森 陳杰 潘坦 蕭然

李世昌 陳金鏞 徐鎮 錢萬霖 袁觀瀛 段國垣

吳觀 周洪勳 彭定鈞 潘鼎 石保極 袁承甫

曹德馨 魏耀斗 周學成 傅師說 謝承霖 陳吉廬

李式璠 武元璐 楊國垣 汪志卿 王源海 姜文佐

陳作蕃 宋光湯 陳經 李應聯 袁干尋 徐德釗

史湯 陶元鎔 陳廷璧 蔡以泉 羅國文 樂剛

張鍊容 賀斯舉 嚴恭 劉文卿 李鵬飛 徐國琛

日报纸第六版左下角该则新闻的标题和部分名单。该标题是“第六日知事甄录试揭晓”，其中倒数第二行第七列“王源海”豁然在列。该日报纸第七版上方接着登载了其余的名单。为方便阅读，我将第六版左下角的新闻报道放大了一份列于此。

附录：纳川先生的文学作品

王曦按(2017年3月20日)：

种种迹象表明，我从上海图书馆查到的一些署名为“纳川”的文学或其他作品，应当是曾祖王源海的作品。但这尚需证实。

首先，父亲曾经忆及著名文献学者和收藏大家徐行可先生当着武汉大学中文系老教授刘博平先生和父亲的面，对王纳川的道德和文章大加赞赏。由此可以推论徐先生熟悉纳川的为人和文章。从时间上看，纳川与徐行可先生有较长的时间交集。纳川比徐先生年长14岁，比刘先生年长15岁，在纳川于1928年去世前，他们有38年的交集时间。除去20年从幼儿到成人的时间，他们至少有18年的成人交集时间。因此徐先生和刘先生对纳川应当相当了解，甚至见过面。上海图书馆徐凡馆员发现在1914年至1917年(当时纳川正当壮年，38至41岁)之间的一些文学刊物上有署名“纳川”者发表的文艺、政论文章。而在那个时候，徐行可先生已经年方24岁，应当从流行的文学刊物上读过纳川先生的文章。徐行可先生只有读过并喜欢纳川的作品，才会如此称颂他。而已发现的署名为纳川的文学作品看，无论是从体裁和题材的丰富，还是从作品的内容和写作功力来看，都是值得徐行可这样的大学问家称道的。在我看来，纳川所著“小说丛话”就属这类当时引起文坛重视的文章。

其次，据父亲在“家世回忆”文中的回忆，王源海在北京得到一些名人的尊重，这从侧面可以证明他当时是一位有影响的人物，而这个影响应当来自于他的文学作品。例如王源海在北京任交通部机要室科员时，颇得当时的科长傅子如(润章)的尊重。据查，“傅子如”(字润章)，满族人，清末任邮传部郎中，曾赴日本考察邮政，民国后任胶济铁路局长等职，是我国晚清民初年间发展国家交通事业的一个重要人物。又如，父亲的生母产后去世一年或二年之后，祖父续弦杨紫英。杨紫英的父亲是北京的一位法官。父亲还记得他的住处是一栋朱漆门楼的房子，“颇有些气派”。王源海的为人、学识和文章，一定是他放心将女儿嫁到王家的原因之一。

再次，经查，1928年王源海逝世以后，同样的文学刊物上再没有出现署名为“纳川”的作品。我请上海图书馆徐凡馆员检索在1928年之后，这些刊物上是否还有“纳川”的作品。她查了后告诉我：没有。这可从另一个方面证明纳川即为王源海。至于为什么查不到纳川在1918年至1928年之间的作品，不得而知。也许是因为当时的国内局势严重动荡(军阀混战、北伐战争、1927年“四·一二”事变)或他身体不好(据父亲回忆，他50岁就用上了拐杖)的原因吧。

再再次，这些纳川作品的风格比较符合父亲对曾祖的记叙——博学、幽默、刚正。这也可从侧面证明纳川即王源海。

最后，纳川的作品中不乏与王源海身世背景相关的信息。例如，在“易箦语”开头对夏天之炎热的描写可能与王源海曾在夏天炎热的武汉生活和工作有关；“红楼梦道情”的体裁“道情”可能与王源海在襄阳和武汉接触湖北渔鼓或沔阳渔鼓有关；“兰州名胜记”中两次提到北京，这可能与王源海长期生活在北京有关；“梦京录”中对北京风土人情和掌故的记载，亦如此。这些信息似乎都可证明纳川即王源海。

以下是在上海图书馆查到的在1914年至1917年间刊登在一些文学刊物上的署名为“纳川”的作品。这些作品体裁各异，用今天的语言来说，有短篇小说、游戏文字（类似“脑筋急转弯”）、地方名胜游记、评论、杂记、文艺、文学理论等。其中在中国近代文学史上留下印记的是1916年发表在《中华小说界》上的“小说丛话”一文。这些作品大都在上海交通大学图书馆所藏《字林洋行中英文报纸（1850—1951）和〈新闻报〉全文数据库》中可以查到。字林洋行是十九世纪英商在上海创办的最主要的新闻出版机构，也是当时英商在华最大的报业印刷出版集团。

遗憾的是，虽然做出了很大的努力，我至今没有查到这位纳川先生的尊姓大名。也就是说，我缺乏这位纳川就是王源海的直接证据。因此，我将这部分内容作为附录，刊登在这部分的末尾，以资继续查证。我期待将来有一天有某位人士能够解决这个悬案。

附录一：革命外史之三——易箦语

王曦按（2017年4月7日）：

这是一篇短篇小说，登载在《小说丛报》，1914年第4期，第1—4页上。据1915年5月曾祖在武昌湖北陆军小学校任地理教员推知，曾祖写此文时应在武汉居住。

箦（zé），竹席。易箦，病重将亡。易箦语，临终遗言。

这篇短篇小说所属的栏目“革命外史”可见，它是一篇与革命或革命者有关的野史、杂史或小说。这篇小说以“纳川”本人的口吻，向世人详细透露了他的老朋友“投笔生”之妻“绡君”在病重临终之时对“投笔生”的殷切期望和谆谆激励。她期望他立大志，做华盛顿、拿破仑、波兰之哥修士、孤脱兰斯之克鲁耶、高丽之安重根那样的英雄。在她的激励下，而后“投笔生”投身辛亥革命，“丰功伟绩，声施灿然”。因纳川系“投笔生”之好友，知“投笔生”家事甚详，故“投笔生”曾委托纳川记其家事。“投笔生”功成名就之后，纳川感叹于“绡君”之激励，将这一段故事投稿于《小说丛报》，以不负老友“投笔生”之望。

文中“绡君”乃深明大义之女子，令人钦佩。她说道：“人世间闺房之福，艳称之曰‘百年偕老’。然此百年之内无一事焉可以久存于世，虽百年亦不过须臾。大丈夫之生志在不朽。所恃以永久于世者，固在彼，不在此也。”她还说道：“君春秋鼎盛，展望前途靡有穷极。英雄造时势。君能储其伟大之才，异时旋乾转坤，特意中事尔。第大而国家则有对内对外之分，小而一身则有近利近名之别。辩之不容不明。不知此而意气用事，倒行逆施，才虽大适以济其恶耳。当代目为蟊贼，千古号曰罪人，后虽有孝子慈孙不能改也。”

在这篇文章之后,《小说丛报》的编辑"仪鄦"注道:"此系来稿。所谓投笔生者,不知指何人。原注云'生之事迹,于新闻纸中求其蛛丝马迹,不难了然。'然暗中殊摸索,未易得其梗概。以其文笔不俗,情节颇佳,故稍加润色而登载之。"文中故事是人有所指,还是纯属虚构,现在不得而知。我倾向于人有所指。然这需要做一番考证才能证实。不论如何,这是一篇短小精悍的励志佳作。

小說叢報
第四期
Yang age 17

小說叢報

小說叢報第四期目錄

目錄

革命外史之三

易簀語

（納川）

時當炎夏。火繖張空。一室端居。猶揮汗如雨。行人憚暑。道途間車馬之跡殊稀。蘊隆蟲蟲。眞夏日之可畏矣。

時有一少年。年在二十左右。披細葛之衫。手提小革囊。傍人家簷際而行。額上汗涔涔下。神色忽遽。一似重有憂者。低頭不語。向前疾行。有物焉。裹以方巾。自衣袖中遺落於地。彼心慌意亂。渾然不覺也。道旁人見而拾之。喚之回。從而與之。少年人稱謝聲聲而去。

未幾。行至一小巷中。路之左側。有一敝廬焉。白版作扉。一垂髫婢佇門首。左右瞻顧。若有所俟。見少年來。急呼曰。君歸乎。娘子之病。瀕於危。方忍死待君歸。君何珊珊。其來遲也。少年聞是。不暇問訊。急趨入門。

少年爲誰。自號投筆生。產自湘鄉。本世家子。其室中人曰綃君。同邑名家媛也。方其結縭之始。鶼鰈偕飛。玉鏡一臺。雙波注笑。金釭二等。兩影呈研。璧玉一雙。人皆爭羨。謂夫佳人難得。好事多乖。窈窕如綃君。得投筆生與之配合。聲調琴瑟。伉儷情深。眞人世間豔福無雙矣。孰意好月易虧。情天莫補。名花吐蕚。豔色爭誇。風雨忽來。頓遭摧折。豈生人之事。大抵美滿者少。而缺陷者多耶。

綃君生而羸弱。疾病時嬰。秾李多姿。當風骨瘦。蘭桂播馥。入火心空。荼鐺藥竈。時與相親。近者忽染腸窒扶斯之病。沈綿牀席者彙旬。藥石無靈。攻砭乏術。羣醫束手。莫能驅二豎之凶。投筆生奔走東西。訪求和緩。聞有西醫某。術頗精良。治人多效。因走求之。西醫以自病故。不能出診。因詢其病狀。以藥末付之。復教之以治法生無如何也遂受藥而出歸途默計謂吾婦之病瀕於危今又作此無益之行思之得毋憤恨然使藥而有效庶不負此一行第出門而後吾婦之病不知何若至其盼望之情又不知若何淒楚瞻望家門恨不能飛步即至思潮起落意緒紛紜故天氣之炎熱袖物之遺失彼竟冥然罔覺孰意足甫及門閨中人正在彌留之際也

蘭閨寂寂繡幕沈沈投筆生惰然入見綃君身卧錦被中兩目微閉氣僅如絲生為泫然出涕喚之曰綃君醒來余歸矣連喚數四綃君徐啓兩目略轉側作呻吟狀見生在側曰君歸來何時妾盼君久矣語未已嬌喘不止氣息若不甚屬者然

生曰卿病體若何吾出門延醫醫有病不得來彼與我藥末少許卿試服之或當有效綃君曰君尚望我有生機乎然生機絕矣頃者我之魂靈似已離我軀殼但未與君訣別故勉延殘喘忍死以待君歸意緒千端情瀾不竭今將畢吾有限之精力為君一傾吐

綃君曰妾與君相愛久矣小人之愛人以姑息君子愛人則以德妾命告終祗在此俄頃間妾欲留語以勗君君不許我言令我區區之心不能攄以相示妾死不瞑目矣君可扶我起坐君為妾故冒暑出門乞藥意良厚妾當飲此庶不負君盛情生不得已掖之起令倚身衾枕遂將西醫之藥用水溶解之奉巵以進綃君顫手接之復置之身旁小几定目視投筆生握其手泣而言曰傷心哉妾與君行將永別矣妾之病自知不起滿腔心事早向君言恐傷君心今已至此不暇顧君心之悲痛矣容我盡情言之

猶憶妾在家未字時有星士至門謂能知人祿命家人多迷信令遍推其命都無大異復以妾之生年月

日告之星士曰此命當配貴人所恨者壽不永耳妾心以爲妄相與一笑置之自與君結褵見君卓犖多姿頓憶星士言君其爲貴人乎第妾之壽命未知何如耳兩年來無災無害情好甚深私幸星士之言不驗孰意一病至此遂令星士之言竟成讖語乎然妾雖死妾無恨也妾與君肫摯之愛情可表天日雖至海枯石爛而此情不磨人世間閨房之福豔稱之曰百年偕老然此百年之內無一事焉可以久存於世雖百年亦不過須臾丈夫之生志在不朽所恃以永久於世者固在彼不在此也

君春秋鼎盛瞻望前途靡有窮極英雄造時勢君能儲其偉大之才異時旋乾轉坤特意中事耳第大而國家則有對內對外之分小而一身則有近利近名之別辨之不容不明不知此而意氣用事倒行逆施才雖大適以濟其惡耳當代目爲蟊賊千古號曰罪人後雖有孝子慈孫不能改矣

邇來美雨驕吹歐風橫集將欲立國於二十世紀之世界國之中必有一二偉人締造而經營之苟有其人雖成敗利鈍事未可知千載下猶崇拜而瞻仰之猶太云亡耶教日盛印度淪滅釋教長存波蘭之哥修士孤脫蘭斯法勒之克魯耶高麗之安重根較之華盛頓拿破崙雖不可同日語其爲世界之英雄一也彼夫醉生夢死以金錢爲主義以快樂爲前提其愚眞不可及矣

君果有志努力前進業建當時聲施後世異日人有見妾之名者咸想望曰此此某偉人之室人也妾其榮幸多矣君善自爲之妾雖死猶欣幸於地下

妾幼讀詩書性耽翰墨所作詩文若干卷其中思想言論自謂能闢女界之荆榛君能刊布則妾身雖死妾名永留妾其可無恨矣妾之言已盡於此君能識之勿忘妾死之日猶生之年也妾與君倡隨久誓與

君子偕老從今一別夫復何言明年此日墓前之松楸滿望矣君記取白楊蕭蕭明月之下有唱鮑家詩者妾之魂也君臨風一酎酒妾受賜多矣言至此聲已微復續言曰君其自愛隨手舉几上藥盞向地一擲厥聲瑝瑝

綃君言時投筆生心如錐刺悲苦不勝陡聞擲盞聲驚魂爲之飛越驚猶未已轉瞬視綃君已瞑目而長逝矣烏乎花開並蒂遽爾分離結是同心無端扭斷未免有情誰能遣此然投筆生自此深自刻勵常歎而言曰言猶在耳我若忘懷我其負綃君矣時時以綃君言鏤諸胸臆間厥後騰踔奮發事業炳然蓋皆爲綃君易簀數語所激云

納川曰余投筆生之故人知綃君事甚悉生嘗謂余曰君可爲我記其事余曰此君閨閫事余烏能記之生曰人各有能有不能操筆染翰摩繪事情此子之長技余之志殊不在此蓋在大者遠者余曰君所謂大者遠者其將乘飛行艇而翱翔霄漢乎相與撫掌大笑辛亥之後余與生音耗遂梗然於報紙上時見生之名豐功偉績聲施爛然生蓋師閫內之良言激勵以成此業也偉哉綃君死而不死矣泚筆記之所以不負故人

此係來稿所謂投筆生者不知指何人原注云生之事跡於新聞紙中求其蛛絲馬跡不難了然然暗中殊摸索未易得其梗概以其文筆不俗情節頗佳故稍加潤色而登載之（儀鄦附誌）

附录二：小说丛话

王曦按：（2017 年 4 月 7 日）：

这是一篇我国早期文学评论佳作。后人对之评价很好，经常引用。例如，复旦大学中国古代文学研究中心孙超在其博士学位论文“民初‘兴味派’小说家”中写道：

“明初介绍西方小说及进行中西小说比较研究的论著主要有孙毓修的《欧美小说丛谈》（1913—1914）、纳川的《小说丛话》（1916）……纳川的《小说丛话》也有一些论述中西小说的文字。这些评述显示出他初步具备了世界文学的眼光。如，他认为“小说进化之迹，必先由神话小说，渐趋于事实小说，征诸古今中外莫不皆然”；“中国之《西游记》，阿拉伯之《天方夜谭》，其体例皆可一不可再，因小说中不可不备此一格，效颦则无谓矣”。这些都是在世界文学格局中讨论中外文学的一些特点。他还认识到中西文化不同导致了审美趣味不同，比如当时出现了“泰西‘笑林’译成中文”，不能引起中国人发笑的现象。据此，他认为“读泰西小说，必先明其历史地理、风俗习惯，然后始能贯串，否则不知其妙”。于是，从中国的国情出发，他主张对西方小说要有所辨别的吸收。他并不认为所有的西方小说对我们都有价值。他说“泰西小说有不可不读者。如《鲁滨逊漂流记》、《黑奴吁天录》、《茶花女遗事》之类，余如幽晦冗长之侦探，千人一面之言情，虽终生不看，亦无懵矣”。虽然他对不同小说类型的价值认定体现了个人趣味，但对西方小说有区别的借鉴的态度较之晚清不加分析的臆断，无疑是一种进步，也是五四新文学建议精选世界名著进行翻译的先声。他还在中西小说比较中谈及各自的优点。如他认为中国小说的结尾胜于西方，而西方小说开头有独特之处，所谓“泰西小说多奇峰突起，令人捉摸不定，渐入渐平，终局则嚼腊矣。中国小说则重结局，必有‘曲终人不见，江上数峰青’之妙，始称合作。整体上看，纳川对中西文学的上述见解有利于时人开拓文学视野，加深对二者特点的认识，有一定的积极意义。”（孙超：《民初“兴味派”小说家研究》，2011 年 10 月 10 日，第 120—121 页）

在我看来，非文学功底深厚，无以写出此文学评论佳作。

此文虽然不长，但所评论的中外小说的面却很广，涵盖了几乎所有古今中外的代表性或经典作品。疏略看来，这篇文论所评小说，古有先秦战国的《山海经》、庄子寓言等，近有《聊斋》、《官场现形记》等，外有“泰西小说”如《天方夜谭》、《鲁滨逊漂流记》、《黑奴吁天录》等。这样大视野的小说评论，在当时国人刚刚睁开眼睛向外看的那个时代，实为难能可贵。

作者用语精炼，评价精当，往往寥寥数语即点出所论小说之精华或特点所在。例如，对《镜花缘》，作者的评论是“旧小说有思想者，唯《镜花缘》第一。书中详叙海上贸易，提倡女权，注重科学，皆能言人所未言，而笔墨尤雅洁可喜。”在文中作者还表达了自己对批小说和写小说的体会和观点。这些评论也十分精当。例如：“批小说较著小说尤难”、“小说好处，以能少用冠首字样为佳（如张甲曰、李乙曰之类）”、“人有十分笔力，只用八分则绝矣”，如此等等。

在文章末尾，作者自问自答，表达了中国文人典型的超然心态，颇耐人寻味：“或曰：‘观子所论，足见深嗜。然子之小说事业何在耶？’余曰：‘余之拙作，散见各报，皆不佳。唯其不佳，故学然后知不足。’东坡诗云：‘我虽不善书，晓书莫如我。’‘世容有以余言为然者乎？余窃用以自多矣！’”

中華小說界
第三卷第六期
費丹旭畫
上海中華書局印行
中華民國郵務局特准掛號認為新聞紙類

談叢

小說叢話

納川

中國舊所謂小說。皆筆記小說也。今所謂小說。皆評話小說也。筆記小說始於兩晉六朝。若武皇外傳十洲記神異經等。雖標名漢人。實六朝人僞託。評話小說則始於宋仁宗時。

泰西小說篇幅多短。故格奇氣促。中國小說卷帙繁重。故包括一切。不專名一體。

宇宙間林林總總。無不可編爲小說。雖一草一木。摹擬其物理情狀。莫不栩栩如生。是在小說家留心體會。則萬物皆爲我用矣。

凡以文章作寓言者。皆可謂之小說。如山海經穆天子傳。無論矣。卽戰國諸子。皆未脫小說窠臼。而莊子自謂寓言十九。尤昭然若揭。故莊子可稱寓言小說之祖。

小說筆墨。宜尖刻新穎。過事鍛鍊。非所尙也。

古人小說。何常不老鍊。但老處只覺其新。鍊處只覺其巧。不似笨伯爲之。有如纏夫脚跟。惡僧藜杖也。

小說難處。在摹擬書中人口吻。必令惟妙惟肖。始稱合作。不可千人一面。妍媸不分。

批小說較著小說尤難。著者任筆爲之。無往不宜。後人一一尋其微言大義而發表之。斯勞矣。況古今程度。逈不相及。批者之所喜。未必卽著者之精髓也。孔子作春秋。左氏公穀各爲之傳。而各有出入。此卽批者難於著者之明證也。

批小說宜批其文法意旨。不可攙雜書中插科打諢。嘗見書中有詰問處。便批云我也要問。此等處該打。

小說中標目最難。如查伊璜一則。觚賸題曰雪遘。此二字已至毘盧頂。聊齋易爲大力將軍。便覺減色。今或題曰記吳六奇將軍事。直點金成鐵矣。又傳奇之雪中人。童話之風雪英雄。皆脫化雪遘。究弗如也。

聊齋之金和尙。卽石揆也。(金字暗射石字。)其孝廉卽沈端恪公近思也。案石揆與諦暉爲清初兩大和尙。一以沈端恪爲弟子。一以惲南田爲弟子。各書多記載其事。但未悟及金和尙卽石揆耳。

花月痕之韋癡珠。卽湯海秋鵬。書中所謂韋之文集。卽浮邱子。平倭十策。卽湯所上夷務三十事也。

李南亭之官場現形記。其筆法純仿儒林外史。

不可說小說。仿李南亭而有出藍之譽者。惜其書僅叙至汪精衛行刺而止。蓋以後忌諱愈多。遺詞愈難耳。

中國之西遊記阿拉伯之天方夜譚。其體例皆可一不可再。因小說中不可不備此一格。效顰則無謂矣。

舊小說有新思想者。惟鏡花緣第一。書中詳叙海上貿易。提倡女權。注重科學。皆能言人所未言。而筆墨尤雅潔可喜。書係北平李松石汝貞所撰。李清乾隆時人。精詩文善弈（著有受子譜二卷行世）與其兄李佛雲一時有雙丁二陸之目。

著小說者。其文章學識。必高出此小說數倍。始能揮灑自如。如梁任公之新中國未來記。樊樊山之琴樓夢。雖一時游戲之作。然氣度終竟不凡。

桃花扇有駢文後序一篇。將全書事跡略述無遺。後人仿其意。有蟫史燕山外史之作。通體以四六爲小說。可供儉腹撏撦。

孽海花筆墨。與李南亭相伯仲。其中所指。皆清季人物。小說時報一一爲之拈出。可資參考。茲不復贅。

通行虞初志有四。即屠赤水湯若士評本虞初志及新志續志近志也。四書以張山來虞初新志收羅最富。而屠湯評本批點最精。

唐代叢書不專以小說標名。故不妨兼收並蓄。後人選小說者乃亦一仍其舊。不知茶經水志。固與小說無涉也。

泰西小說至十七世紀始盛。

小說進化之跡。必先由神話小說。漸趨於事實小說。徵諸古今中外。莫不皆然。

欲讀舊小說。當於清人所刻諸叢書中覓之。（如黃丕烈鮑廷博伍崇曜錢熙祚潘世誠所刻之叢書。）多善本精校。明人所刻者。喜點竄刪改。最爲庸妄。

筆記小說。能選自各書。必註明出處。始合體例。太平廣記首倡此體。不害爲高。今人多展轉相抄。攘爲己有。識者笑之。

每一種著名小說。必有爲之續貂者。大是惡習。所謂本欲愛之。適足害之。觀續紅樓三種。豈不令寶黛短氣耶。

評話小說。皆當時通行言語。非有意爲之也。如三國水滸爲元人手筆口吻。西遊金瓶梅爲明人手筆口吻。後俞仲華作蕩寇志。以清人而摹仿元人口吻。費力不淺。但蕩寇志係繼水滸而作。不得不爾。若今人作評話小說。以各用其當時言語爲正。吳人而仿秦腔。燕人而唱粵調。徒討苦喫耳。

小說之逐句批評。即宜寫於是句之下。（刻古籍其註語必小字雙行。不可用括弧。）不可眉批旁註。

回目最工者爲金瓶梅。筆記標目最工者爲諧鐸。其前後二則標目必相對。後鄒瘦鶴著理憂集。其標目法亦仿諧鐸。

俠義小說求之舊籍中。惟三俠五義最好。後起紛紛。無一佳者。是書又經俞蔭甫重訂。改名七俠五義。

水滸施耐庵自序。係聖歎僞撰。

人皆知金聖歎倡批小說一派。不知明人多喜爲之。初不始於聖歎也。其最有名者。如李卓吾贄。鍾伯敬惺。袁石公宏道。屠赤水隆。楊升庵愼。湯若士顯祖。王百穀穉登。可按也。

小說好處。以能少用冠首字樣爲佳。(如張甲曰李乙曰之類)卽以西游一節而論。行者將八戒揪住問道。甚麼山。八戒道。石頭山。甚麼洞。石頭洞。甚麼門。釘釘鐵葉門。此節後四句不必加以冠首字樣。而讀者便知爲行者問八戒答也。若俗手爲之。便加許多行者問道。八戒答道字樣。豈非累贅。此惟水滸西游金瓶梅紅樓夢有之。其餘殊不多覯。案此種翦裁法。不獨言語時用之。卽一舉一動。亦須去其冠首字樣。試取左傳國策史記等讀之。可悟。後人於此等處不知刪汰。致令一部小說。所刻人名。占全書三分之一。大是弊病。

舊小說之大病。在令書之主人翁爲萬寶囊。如野叟曝言之文素臣。詩則李杜。文則班馬。勇則賁育。智則良平。以至雕蟲小技。神仙劍術。無不精通。以千萬人難能者而一人兼之。其然豈其然乎。

魏泰之東軒筆記。梅聖俞之碧雲騢。王嗣徽之東林點將錄。皆小說中極有關係之作。惜流傳絕少。世不多見。舒位之乾嘉點將錄有刻本見李南亭塵海妙品中。

偵探小說。多係倒敍法。如某甲爲某癸所殺。本一言可了。而著者姑不道破。遙懸一某癸爲暗標。先從某甲疑及某乙。由某乙推及某丙。自此遞演至某癸。而案始明。故其用心愈細。斧鑿愈顯。

明人馮夢龍著智囊二十八卷。智囊補二十八卷。是書卽呼爲中國舊有之偵探小說。亦無不宜。蓋偵探祇是一個智耳。

讀泰西小說。必先明其歷史地理風俗習慣。然後始能貫串。否則不知其妙。

泰西小說有不可不讀者。如魯濱孫漂流記。黑奴籲天錄。茶花女遺事之類。餘如幽晦冗長之偵探。千人一面之言情。雖終身不看。亦無憎焉。

著小說於無事時竭力鋪張。喫緊處便拖泥帶水。其病在弱。

楊升庵僞撰秘辛。袁子才僞撰控鶴監記。必託諸古人。此其知體處。泰西小說尤重此意。如埃及金塔剖尸記。託諸塔內之貝葉書。其明證也。

笑林以不雜方言者爲妙。如北京上海廣東之方言笑林。他處人讀之。索然無謂。

小說中詩詞最難。且易露出馬腳。與其抄襲拼湊。不如刪去。反覺大雅。

作小說能於人難言之者。我易言之。人正言之者。我反言之。便覺壁壘一新。

作小說能於人喫力處。我不喫力。其小說便高。

天雨花再生緣筆生花十粒金丹等書。筆墨明顯。命意正大。舊日女界賴受其賜者不少。且其書數百萬言。皆有韻之文。較之荷馬彌兒敦索士比亞諸人所著長詩。未遑多讓。(泰西詩不過壓韻之文。故多長篇。若以其例推之。則中國傳奇彈詞。皆可謂之長詩。是中國長詩固甚多也。)

李笠翁十種曲。實傳奇中之錚錚者。後人多輕視之。何耶。詆笠翁者以隨園爲最。然隨園之爲人。與笠翁亦不過五十步百步之分耳。笠翁著有評話小說名十二樓。仿今古奇觀體例。而書甚佳。可與十種曲參觀。又俗傳耶蒲緣亦笠翁手筆。余讀之良然。

徐仁長之四聲猿。其詞曲之妙。在臨川四夢以上。鄭板橋最服膺此書。有刻章曰徐青藤門下走狗。其傾倒如此。

老殘遊記。爲洪都百鍊生所著。輓近最有名之評話小說也。書之主人翁名鐵英。字老殘。即著者自況也。

袁子才之子不語。最不精。其中有直錄五種筆記夜談隨錄者。其書恐係門弟子隨手拼湊。子才略爲點定而已。

小說之妙。祇一味描寫其褒貶自見。後人每逢不能明顯處。便加以聲明原來此人如之何云云。此卽筆力弱也。

選刻小說叢書。宜將原書全帙刻入。以存其眞。不可摘錄數條。便充一種。蓋叢書不在名目繁多在乎足本精校耳。

人有十分筆力。祇用八分。則絕佳矣。用到十分反劣。蒲留仙紀曉嵐最知此意。後王紫詮著淞隱漫錄。專仿聊齋。俞曲園著右台仙館筆記。專仿閱微草堂。竭盡伎倆。終不見佳。其病在筆力已窮。故覺毫無餘味。

聊齋之胭脂。與祝枝山野記丁四官一則。事跡相似。

繼聊齋而起者。諧鐸得其工緻。西青散記得其清靈。夜談隨錄得其神似。其餘等諸自鄶以下矣。

筆記小說。以專載狐鬼神怪。遺聞軼事者爲正。若或言詩詞。或談經史。或考訂字句之異同。如阮葵生茶餘客話。梁紹壬兩般秋雨盦隨筆等書。皆雜考。非小說也。

聖歎謂西遊記。每到弄不來時。便是南海觀音救了。余謂偵探小說亦然。每到弄不來時。便須化裝。

泰西小說。多奇峯突起。令人捉摸不定。漸入漸平。終局則嚼蠟矣。

中國小說則重結局。必有曲終人不見。江上數峯青之妙。始稱合作。

古人筆記小說。多不標題。頂格直書。最爲大雅。

評話小說每回之總評。宜置於篇末。以淸眉目。因讀完正文。始能領略評語也。三國列國等書。其總評多置於每回之前。雖係古法。不便讀者。近日所刻舊小說。爲省篇幅起見。將每回總評。置於眉端。顚倒錯落。更可勿論。

泰西笑林。譯成中文。有極無謂者。如丹麥皇后問冰洲富翁有幾子。答以數千。詰其故。羊也。蓋丹語羊字之音與子旣相近。不覺誤聽耳。若我國人讀之。則不能發笑。其餘如此類者頗多。

花月痕。平山冷燕等書。每逢飲酒。必行酒令。遇好景。必要作詩。屢屢爲之。令人生厭。

德林女士所著淸季宮闈秘史。可資談助。又美國卡爾女士所著慈禧寫照記。爲秘史之聯屬品。文尤典雅可誦。

紅樓夢。世家現形記也。品花寶鑑。紈袴現形記也。儒林外史。名士現形記也。不可說。偉人現形記也。

或曰。觀子所論。足見深嗜。然子之小說事業何在耶。余曰。余之拙作。散見各報。皆不佳。惟其不佳。故學然後知不足。東坡詩云。我雖不善書。曉書莫如我。世容有以余言爲然者乎。余竊用以自多矣。

甲曰。某政治家。登台演說時。聽者有歎笑鼓舞者乎。乙曰。歎笑鼓舞者則無之。惟時。有。人。相視。掩。口。而。笑。耳。

乙女向甲女曰。某衣肆門口所懸鏡。頗不靈礦。今日忽幻余影爲醜怪之狀。甲女曰。如是。則其。鏡。誠。靈。礦。矣。

附录三：谈名录

王曦按(2017 年 4 月 8 日)：

此文刊登于《余兴》，1916 年第 14 期，第 71—75 页。《余兴》是民国初年著名报纸《时报》副刊，由上海有正书局出版发行。据查，有正书局(1904～1943 年)是位于上海福州路山东路口(望平街)《时报》馆的附属机构。《时报》曾是与《申报》《新闻报》鼎足而立的上海三大报纸之一。《时报》及有正书局由江苏溧阳人狄楚青(葆贤、平子)所创办。狄楚青系康有为、梁启超的弟子和同事。《时报》在中国首开报纸副刊之先河。“《时报》副刊创立之前，报纸上所刊登的小说、诗词、杂文、小品文之类的文艺作品，都刊登在专电新闻之后。外埠新闻编辑包天笑先生，看到许多喜欢文学艺术的朋友，常弄笔投稿于《时报》，弃之不用甚为可惜。便创议别开一个栏目，名字叫做‘余兴’，专门刊登新闻、论说以外的杂著。包天笑先生将这一创议向狄楚青提出后，他非常赞同，即命包天笑担任主编。此栏目一开，投稿者非常踊跃，生活小品、游戏文章、幽默笑话、讽刺歌曲，可谓庄陈杂谐，五彩缤纷，矜奇斗巧，趣味盎然。近代文学史上有名的范烟桥、周瘦鹃，即在此时涌现出来的。《时报》首开‘余兴’副刊的先河，《申报》《新闻报》自不甘落伍。《申报》开辟了副刊‘自由谈’，《新闻报》的副刊则称为‘快活林’。”有正书局在中国首先引入珂罗版影印技术，影印各种书、画、碑、帖，于传播艺术，保存国粹，贡献颇大。狄楚青擅长绘画。《余兴》各期之封面皆出自其手笔，颇具独特品味。(信息来源：http：//baike. baidu. com/item/%E7%8B%84%E8%91%86%E8%B4%A4/3904416，2017 年 4 月 8 日王曦登录)

从《余兴》的目录可见，《余兴》栏目众多，形式多样，适合各色人群。“谈名录”是其栏目之一，专注于谈名论姓。这篇小品文可分为三个部分看，一是中国古人命名所遵循的原则；二是对专制时代和共和时代在命名的风俗上发生的一些变化的批评；三是介绍中、外人士命名上的一些特点；四是对一些姓名读音的矫正。此文文风活泼，作者的思想和观点借着对姓名的分析和评论而自然地流露。其中对咸丰、同治、光绪和宣统的名字的评论，颇具幽默感，读来忍俊不已。

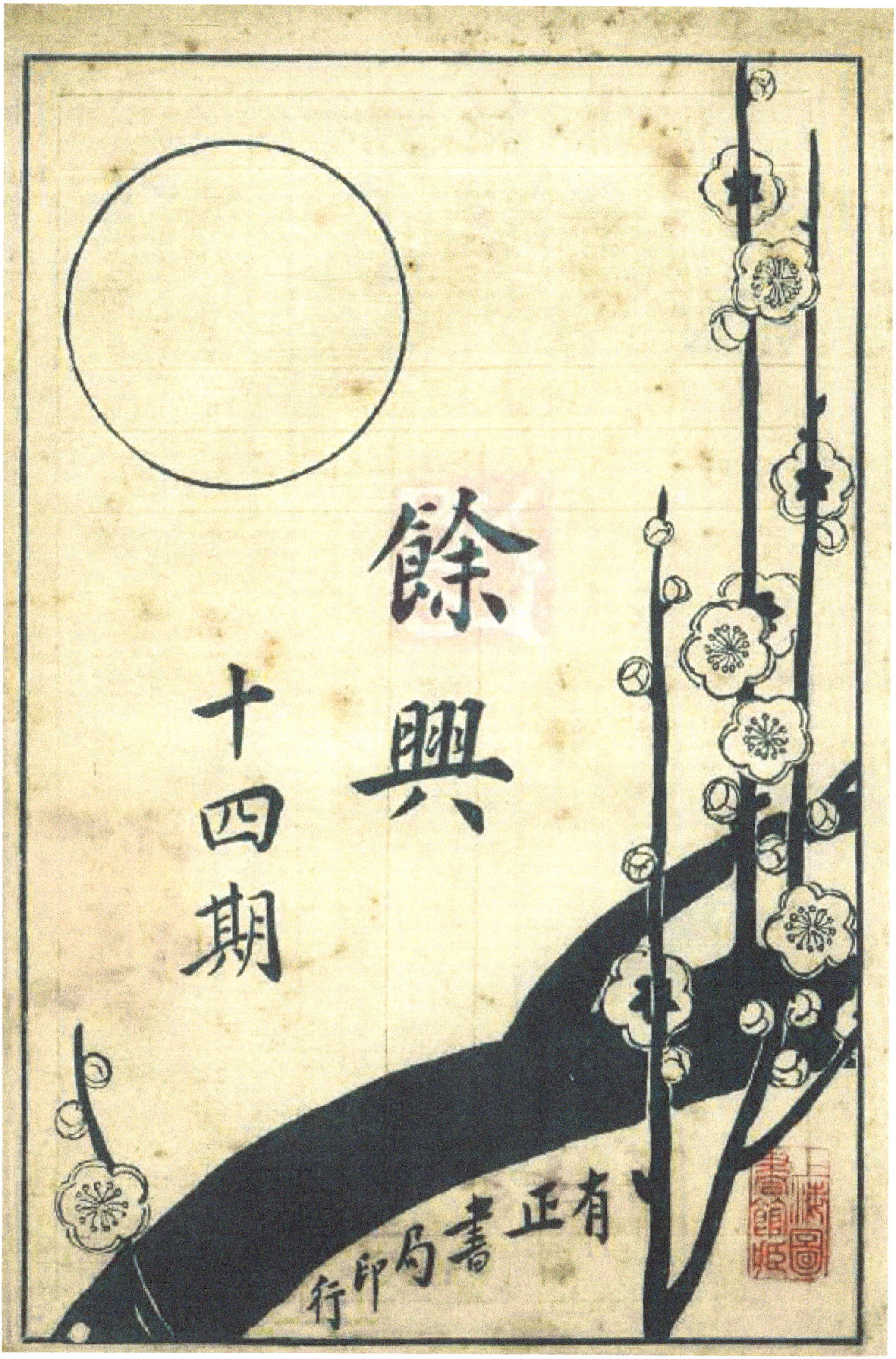
餘興
十四期
有正書局印行

餘興第十四期目錄

手。工夫。事。萬難。紛投。花樣。逐時。看。鴛鴦。幾許。金針。刺。勿用。牢牢。罵。試。官夫壻。長貧。老。歲華生。憎。名字。滿。天涯。妾身。絕似。霜梅。核。歲歲。酸。心。件。桂花。傳聞。婦。到。寒露。桂花。發時。聞香。必。心酸。自中秋。至九月。十。五。一。月。謂之。醋心節。有婢。名。阿黛。嫁於。王家溪夫婦相得。其夫。一。邨兒。三年。夫死。阿黛。守志。不改。嫁。仍來。婦家。相幫中。饋。每到。清明。梨花開。放白雪迷。離。時候。阿黛。亦要。心酸。問其故。不。言但。黯然。神傷。而已。知之者。竊語。人曰。其夫。鬍鬍頭。覩物。懷人。有如。是。花。園中。聞之。則。又破。涕。爲笑。云。

右稿。兩。篇。余得之。故紙中。不見。著者。姓氏。以其。清麗。故。錄。存之。

悲觀識

談名錄

（納川）

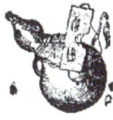

鴻。喜。留迹人。喜留。名。流傳。千。古。河嶽。日。星。昔人。云。三代。以下。惟。恐。不好。名。西人。云。名。譽。者。人。之。第。二。生命。也。故名。可。名。非常。名。著。談名錄。

古。命名。之。義。有。五。曰信。曰義。曰象。曰假。曰類。以名。生。爲信。德命。爲義。類命。爲象。取於物。爲假。取於。父。爲。類。不以國。不以官。不以。山川。不以。隱疾。不以。畜牲。不以。器幣。此。古命。名。之。大凡。也

專。制時代。命名。多取。忠孝。字樣。失之。腐。共和時。代多取。激。烈。字。樣。失之。怪。淺人。多取。吉。祥。字樣。失之。俗。

避諱。之。說。後世。始。甚。乃。陋儒。之見。帝王。取之。以示。尊。崇。不過。爲。興。文字。獄。材料。耳。所謂。避諱。者。乃人。民。之。弗。忍。非。禁。人民。之。弗。許。也。今。有。名。釋迦。耶穌。者。人。必。嗤。其。狂妄。豈。政府。禁令。從之。乎。故。命名。者。不取。聖賢。之名。重用。之。斯可。矣。非。併。其字。而避。也。如。顏姓。者。不可。名回。曾姓。者。不可。名參。然。回字。參字。固。不。妨。寫。其字。而道。其音。也。

古。昔。自三代。以迄。六朝。多。二字。名。李唐。以。後。始。多。

三七　　異　　錄

三字名

上古多一字名如禹契夔龍朱虎熊羆之類今不通行

古人有一字者如項籍字羽劉邦字季袁盎字絲有三字者如張天錫字公純嘏高歡字賀六渾有字與名同者如孔安國郭子儀孟浩然田承嗣今皆不通行

書畫家喜多立別號最足混人耳目鄭板橋常識釋道濟別號太多其名反致不彰旨哉斯言故別號有一足矣其喜多而屢易者皆通客行邀識者無取焉

泰西人多以爵名稱其所傳者非其姓名也如孟德斯鳩等類是也

泰西元首之名庶人亦可取用人之名亦可施之禽獸或極猥褻之物如女人下部肉腺亦以人名名之其通脫處可羨亦可笑

譯西人來華之名當以曾見於公牘及其自譯名刺為正如英人司代諾(即發見敦煌古物者)其名刺及公牘中皆作此三字今書報中多作史泰音稍誤法人伯希和曾云司代諾乃德語非英文也

俄國居北方與蒙古相近故其名多脣音而且濁

日本音硬故其名多平聲

日本皇帝近皆名仁輪船皆名丸女人皆名子此日俗也晉王右軍父子祖孫皆名之其日本所仿乎

古人命名喜用龜字如陸龜蒙李龜年王龜齡之類今人用之必遭譏笑

安邱張在辛先生字卯君號兔公書法篆刻為清代冠若其號感取義明視匪獨今人所少即古人亦不多見也

清咸豐名詝同治名淳光緒名湉各缺末筆遂成缺丁少子短口之識至宣統名儀余曾戲謂友人曰此字無論缺某筆皆不佳如缺旁則無人缺首

則無頭缺尾則無我故凡避諱缺筆悉代云云皆天下本無事庸人自擾之也又孝欽后召見時忌說儀注二字因與御名之音相近故耳

金聖歎初名喟取夫子喟然歎曰之義後更名人瑞亦取義於聖也

劉可毅大魁時題名錄刻成劉可殺羣以爲不祥無何爲拳匪所斃

謝威鳳觀察善書法其題款時鳳字每作一○案○古鳳字也不識者多讀成卵字或蛋字可謂作法自斃

有名錫茶壺者其音與楊圖坤相近或讀爲錫茶壺

何彥昇中丞字秋盦某留學生致書乃作秋輦一時傳以爲笑并有諸語二聯紀其事各報章雜誌咸載其文茲不復贅按中丞爲項城所器重開藩隴上旋擢新撫行至永昌一夕暴卒惜哉

人飲食有以名者東坡肉是也卒急聽之似非家之肉而爲東坡之肉矣不圖今乃有李鴻章雜碎可謂每況愈下

陳眉公製供馬桶最佳風行一時遂名曰眉公馬桶李笠翁常引以爲笑謂馬桶何物而可冠以高人雅士之名乎故溷廁中之一物余未嘗不新其製但著之於家而不敢取以示人尤不敢筆之於書蓋慮爲眉公之續也其語殊雋永

古人名號多奇僻難識且不讀本音非積學之士鮮不貽笑通方常見金壺字考一書於古人名號異音註之綦詳茲仿其例擇今人名號若干註之如下

藍橋別墅(註)墅上聲讀如暑讀野者非

康長素(註)長字讀掌

薩鎮冰(註)冰字讀凝

慈禧太后(註)禧字係平聲讀喜者非

梁任公(註)任字讀去聲如認

左杕周(註)杕字音第從木從大或從犬非讀丈

者非
張汝祥(註)汝字音問讀文者非
安重根(註)重字讀平聲
端浭陽(註)浭字音庚讀梗者非
張曾敭(註)曾敭二字音層揚讀增義者非
嚴幾道(註)幾字從人不從田今人多作幾道先生曾登報更正見今年正月半報
載摶(註)摶字即古扶字也
張國淦(註)淦字音紺與金字之音遠甚
王璟芳(註)璟字音影讀景者非
李開侁(註)侁字音莘讀先者非
趙倜(註)倜字音惕讀綢者非
[illegible]賚奎(註)任命農林總長時報章多刻成梁賚奎宜更正
嶲不安(註)嶲字音灑
黎澍(註)澍字音注讀樹究非正音
吳重憙(註)重字讀去聲憙字許旣切
易哭厂(註)厂字音漢今借爲庵字非
劉廷琛(註)琛字音棽
冷遹(註)遹字音聿
張鳳翽(註)翽字苦會切如快
范皕誨(註)皕字音逼
胡旡悶(註)旡字音巫通無
胡儀鄦(註)鄦字音許即通許

天生情種

（習齋）

辛亥光復之秋蓬萊半島有十里都督焉雖非正統之封疆大吏然亦較勝於一般穿破洋裝之新志士聲威赫赫門下逢迎者頗不寂寞且都督時方盛年雖不貌似潘安却也面團團的温文爾雅滿口科白大有孔明氣象部下一小官聞都督並

附录四：红楼梦道情

王曦按(2017 年 4 月 8 日)：

此文刊登于《余兴》，1916 年第 23 期(第 71—72 页)的“道情”专栏。

道情是中国传统曲艺的一个类别，渊源于唐代的《承天》、《九真》等道曲。南宋始用渔鼓、筒板伴奏，故又称道情渔鼓。至清代，道情同各地传统民间音乐结合形成了同源异流的多种形式，如陕北道情、江西道情、湖北渔鼓、四川竹琴等。道情多以唱为主，以说为辅。有坐唱、站唱、单口、对口等表演形式。

作者在这篇作品中，用道情的形式对《红楼梦》中的十二金钗逐一做了精当的评论。在作品的开头，作者戏说道：“日月驰驱似掷梭，荣华富贵等南柯。廿年未醒红楼梦，不料人间梦更多。自家纳川道人是也。懒读青史，喜看红楼。朝朝想象的潇湘馆中，日日神游于大观园里。因随口编了几句俚词，无非情里言情，不免梦中说梦，且唱于诸君聊当一笑。”在道情的开头，作者以“书中美女皆如玉，镜内鲜花总是空。从来此意无人懂，编几句渔鼓樵唱，当做它暮鼓晨钟”表达了自己对人世的看法。作品不仅各段押韵，读起来朗朗上口，而且精辟地表达了作者对金陵十二钗的评价。

餘興
第二十三號
有正書局印行

餘 興

餘興第廿三期目錄

一七　　餘

可嘆你心似石堅可嘆你力弱如棉可嘆你有情精衛空填海可嘆你多事媧皇亂補天好似那夸父追日不辭遠好似那漁人欲得驪珠下九淵明知孤注偏一擲嘆雞肋何能敵老拳前蹟後起殊無怨豈玉碎寧甘不瓦全祇落得萇血化碧英魂叫鵑眞面目難逢東市見好頭顱多向藁街懸可憐也麼哥可惜也麼哥到不如島中自刎田橫客海畔蹈來魯仲連請平心一聽旁人勸不須逐鹿中原鑄錯年年邀二三知已覓一個世外桃源洞裡天左挹浮邱袂右拍洪崖肩任他白衣蒼狗如何變把一點雄心盡棄擲殊知英雄功蓋世到後來總不過白骨青燐蔓草間何事苦纏綿冀那餘灰更再燃

紅樓夢道情

（納川）

日月馳驅似擲梭榮華富貴等南柯廿年未醒紅樓夢不料人間夢更多自家納川道人是也懶讀青史喜看紅樓朝朝想像的瀟湘館中日日神遊於大觀園裏因隨口編了幾句俚詞無非情裏言情不免夢中說夢且唱與諸君聊當一笑

稗官中趣味濃說興亡點染工古今第一紅樓夢書中美女皆如玉鏡內鮮花總是空從來此意無人懂編幾句漁歌樵唱當作他暮鼓晨鐘

賈怡紅品貌奇佳繁華目不迷意淫二字原游戲花殘柳謝歸宜早漏盡鐘鳴去已遲一生無限纏綿意因尊爲人間情聖傳千古色界良師

嘆蘅蕪泣瀟湘結奇緣惹恨長鶯猜燕妒成惆悵春來秋去空拋淚帳冷燈昏枉斷腸紅顏薄命仍依樣可憐他林花早落最無聊雪色淒涼

賈元春福最優著宮袍戴冕旒天香占得三春首名園臨幸瞻鸞輅幻境先歸冷鳳樓榮華富貴何能久一霎時省親別墅變成了老圃荒邱

擅才華玫瑰花姊妹中最堪誇胸懷不在男兒下持螯詠菊會開社除弊興財親理家一帆風雨天涯嫁待歸來門庭寥落猛抬頭華表棲鴉

史湘雲善吟哦蘆雪亭得句多中秋影渡寒塘鶴麒麟暗兆雙星識芍藥酣眠春夢婆文君早寡福仍薄

最堪思閨中絮語聽一聲叫愛哥哥
說清流濫外人氣如蘭美絕倫孤高引得人皆恨飄
萍墜絮歸何處佛火青燈誤此身一生結果無須問
務虛聲招災惹禍到不如混俗同塵
賈迎春薄命妹既無才性又愚平生却被東風誤一
朝錯嫁中山獸半載旋成枯肆魚恩倏遺孽非無故
積陰功休行險阽養女兒始不塗糊
賈惜春見解超剪青絲著碧綃道高那顧旁人笑書
中參透盈虛理棋裡深明生死條皈依淨土窺玄妙
任人問悲歡離合終讓他世外逍遙
鳳中雌何翩翩擅淫威攬大權奸心司馬行人見持
籌提算心徒苦罵燕嗔鶯味每酸到頭落得天人怨
請看他蓋棺時候也無非赤手空拳
怎如他李宮裁守柏舟畫荻灰慈祥愷惻人爭愛仙
郎有志高攀桂姊妹如花淡似梅名標彤管殊冠戴
終不斷半生辛苦這也是天道應該
敗家聲秦可卿貌如花擅風情夭桃不過初春景病
中喜聽稱無恙夢裏驚聞喚小名優曇一現仍無影
結多少生前孽果空有那死後虛榮
詠天孫巧姐嫻萱幃冷春色闌平生喜讀賢良傳朱
門有難依劉去白玉無瑕奉趙還不堪回首桑田變
遭家禍流離身苦嫁鄉人淡泊心安
金釵十二人間少個個多煩惱無限夢中人須要知
機早我唱完這道情兒看書去了

彈詞

情海波瀾（事見本報鄂省政界兩宗冤孽案之一）

（老彭）

話說湖北武昌城官僚現相出新聞武昌新街李姓
老向充稿書在公門家財積蓄頗稱富一子娶媳已
生孫無端子病竟身故李老傷心哭喪明媳婦胡氏
甚賢德柏舟矢志奉雙親侍奉堂上頗盡孝撫養幼
兒漸成人李老持家本勤儉屋多分租四川人川人
姓廖名益二合居文姓是同鄉文姓伯珉佛達子向
充政界佐理員曾見胡氏姿色美私心想結露水緣
廖妻出身是土娼幫同伯珉巧貪緣皮條手段果高
妙文胡暗中已團圓雙宿雙飛愛情篤朝朝倒鳳與

附录五：子虚子说比王假道（新国策）

王曦按(2017 年 4 月 8 日)：

此文刊登于《余兴》，1917 年第 25 期，第 18—19 页，属于该期的“游戏文”专栏。作者借古喻今，假借虚拟的“子虚子”之口，以《资治通鉴》记载的第一个典故“三家分晋”，喻当时之比利时宜“弃中立之小节，免覆亡之巨祸”。在文末附有一段评论，说此文“取左国之精华，作游戏之三味。俊辨痛快，无复滞碍。其纵横家之苗裔。惜呼！比王不用其说也。”

这里的“三味”，指前人对读书感受的一种比喻，“读经味如稻粱，读史味如肴馔，读诸子百家味如醯醢。”三种体验合称为“三味。

餘興
第貳拾伍號
時報館編輯
有正書局發行

餘　　　　　　興

餘興第廿五期目錄

一八 餘興

歆而我武維揚亦不爭帝王之號苟無愧聰明正直固何損顯赫威靈如謂祀典從新謬躋武穆應諒廟貌依舊仍合文昌幸割席之未曾喜稱觴之有自用特遣小兒關平以單用飛行艇敬迓文駕辱臨故宮謹當沽酒百壺椎牛一隻爲公上壽藉我微忱耑肅祇請降鑒勿却爲盼陰歷二月初三日某啓

梓潼君復謝關夫子啓（冽泉）

文士無行競作美新之論神靈不昧敢存尙享之心是以携手魁星告辭廟祝潔身引去姑聽世界之文明洗耳無聞不管窮途之考試茲值花朝剛過正媿余初乃蒙桃義相推辱承君貺撫私衷而繾綣感高誼之殷勤本擬來前藉圖醉飽無奈欲進未免趦趄一則因蜀道方難一則怕飛機不穩既欲趨避以遠害更恐隕越以遺羞空勞公子之行敢辭盛饌或俟觀音之渡式食餕餘（今年二月十九日祭關岳）合附魚函恭謝燕飲三爵使者而退諸維諒鑒陰歷二月初四日某啓

烏龜解（拈芝）

客有問予而言曰龜爲四靈古人所重其命名取龜年龜齡龜蒙龜山之屬未嘗諱嫌之也今世俗稱妓女之匹曰龜平人之妻妾有外遇者亦私號其夫爲龜不知始自何時至今傳爲口實請求其說予曰龜不能交蛇交焉雄者惡之濺溺爲圈蛇觸之輒潰爛雌乃盤蛇於蓋負之而出雄則無可如何故以此爲比客曰然爾雅所謂大腰無雄又云龜以目交而孕則君說猶未當也予曰然則殆龜形善縮妓女之匹但求得鈔便縮首不問外事而有此稱乎抑取汚人閨壼之意乃係汚閨二字之誤乎客聞之相與一笑而去

子虛子說比王假道（新國策）（納川）

德將侵法窺英假道於比比弗許子虛子乃往見比王曰聞德將侵法窺英假道於比比弗許有諸王曰有之子虛子曰王何爲弗許王曰不穀拒德者嚴守中立也今許之異日何以謝英法乎子虛子曰有是哉王之迂也昔智伯求地於魏桓子桓子弗欲與之

任章曰無故求地鄰國必恐重與無厭天下必懼君與之地智伯必驕驕則輕敵鄰國懼而相親以相親之兵待輕敵之國智氏之命不長矣且智氏之强威行於天下求地而弗與是爲諸侯先受禍也不如與之以驕智氏君何釋以天下圖智氏而獨以吾國爲智氏資乎桓子裂地而授之又求地于韓康子康子欲勿與之段規曰彼請地於魏魏與之請地於韓韓勿與是韓內自强而外怒智伯也必措兵於韓矣君其與之彼狃又將請地於他國他國不聽必鄰之以兵然則韓可免于患難而待事之變康子曰善與之又求地于趙襄子襄子弗與於是智伯從韓魏圍襄子於晉陽而水之城不沒者三板後雖免於難而趙幾不國故謂襄子之智遠出韓魏下可也今王若弗許德假道德必怒移師加我我必殆是德有智伯之威而比先受晉陽之禍也縱異日求報於英法奈天下蒼生何於王竊有所不取也不如許之驅德與英法戰德勝則隨之而西敗則邀其歸途而禦之殽陵之師可以再見故王宜棄中立之小節免覆亡之亙禍秣馬厲兵以待其變此策之上也惟王實利圖之王弗聽子虛子出而歎曰比其沼乎在此役也德不更舉矣

古文選政家評曰取左國之精華作游戲之三昧俊辯痛快無復滯礙其縱橫家之苗裔歟惜乎比王之不用其說也

▲書翰文▼

共和留別中國書

（喚亞）

中國同胞鈞鑒僕本周產一介寒儒自厲王奔彘辱承周召二公拔擢登朝畀以重任越十有三年稍効微勞尚幸史册之可考後宣王踐祚信用遂微而專制大家排斥焉不遺餘力除我版籍誣我罪名放諸四夷不與同中國嗟嗟祖國僕豈忘情惜留行無人不得不飄然遠引卜宅蠻夷身長禮義之鄉遽入蠻

附录六：兰州名胜记

王曦按(2017 年 4 月 9 日)：

此文刊登于《余兴》1917 年第 26 期，第 125—127 页上，属于名胜记栏目。

有趣的是，纳川在此文中说他曾在嘛呢寺墙上题诗一首："年方十五最玲珑，缠上云鬟便不同。夜雨初晴山路滑，阿娘扶过石桥东。"嘛呢寺建于甘肃省兰州市五泉山内，又称五泉山嘛呢寺。此寺始建于清同治年间，後毁于火灾，清光绪年间在原址重建，属藏传佛教格鲁派寺院，现为藏传佛教寺院。

另外，他在文中还提到曾与一位名叫"石厂"的先生在金山寺联句作诗。文中写道："余秋日登金山寺，与石厂联句云：'夕阳下翠微，疎柳挂斜晖(纳川)。云静依禅榻，松寒映客衣(石厂)。持斋山衲瘦，拾果野猨肥(纳川)。领略闲中趣，长吟带月归(石厂)'。"

在这篇游记中，纳川以简明语言记叙了兰州市的十八处名胜，如五泉山、第一桥、白塔山、金山寺、王宝宝城等。在记叙中，他每每援引他人流传下来的诗句，使得这篇游记充满了文人情趣。

我注意到，纳川在这篇游记中两次提到北京，这证明他对北京很熟。在记叙"卧桥"一景时，他写道："卧桥在西门外，跨阿干河上。其形作弧线，式略如北京玉带桥，上覆以亭，画桥乘虹。"在记叙"金天观"一景时，他写道："每岁八月祭祀，庙中偏悬名人书画求售，尤之北京正月之琉璃厂也。"

餘興
第貳拾陸號
時報館編輯
有正書局發行

百一四　　餘　　興

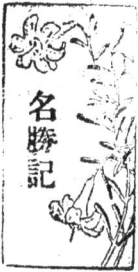

如果有心時事關懷大局侯籌安會大功告成之後照你老人家的資格起碼一個關道還不是教育部的參議禮制館的顧問這幾座位子一定是有份的老者滿面愁容此時始漸漸露出一種豫悅之色

旁有一衣服麗都之少年忽插口問中年人道皇帝幾時可有的這銜牌執事究可沿用的嗎那中年人答道看來閣下是一位新選縣知事了少年人急道不是不是不過家父三月裏要娶續絃如果可以照舊用的家父一定照前清格式熱鬧熱鬧的所以問問你老人家便了那中年人道皇帝幾時有是說不定的你家裡銜牌不用銜牌還是問你的爺倒來得着實否則到三月裡問你的娘亦好予正在吃蛋炒飯鮑魚湯聽到這裏不禁嗤的一笑把一件簇新鮮花緞馬褂噴得兩袖淋漓此時無名火直冒起來正要與他理論賠償馬褂仔細一想是不是他叫你笑的當然與他無干即請律師告起狀來這件官司恐防要輸的只好忍氣吞聲自己認了悔氣以後立誓不再去聽此種論調罷了

倏忽之間那火車已到了龍華寺地方了但見多少良民房屋有穿墻洞的有折屋頂的敗壁頹垣煞是淒愴誦滿目河山新戰壘側身天地一浮漚之句不禁感慨係之矣自不得僅謂他人爲傷心人也

名勝記

蘭州名勝記

（納川）

五泉山　山在城南二里即皐蘭山山有泉五故名五泉其主寺曰崇慶古刹自寺門拾級而登山半係武侯祠爲上下必經之處有左文襄題一覽二字稍左經青雲直上牌坊西則文昌宮昭忠祠東則臥佛殿千佛閣地藏寺而三教洞據其巔乃全山最高處自武侯祠而右度石橋一則嘛呢寺矗其西（余寺中題壁云年方十五最玲瓏纔上雲鬟便不同夜雨初晴山路滑阿娘扶過石橋東）自武侯祠左下臨東龍口則水月村在焉其餘紅楯碧瓦隱現於山坳林杪者不可勝數每夏日游人極盛而各廟皆設有酒肆可隨意飲食尤稱便利云明段堅重遊五泉詩曰又向城南覓故蹤嵯峨宮殿聳晴空水流東澗來西澗坐倚南峯對北峯千尺松杉欺晚雪一番桃李媚春風逢僧借問登高處笑指雲山有路通

第一橋　緊鄰城北下爲黃河橫長百數十步鐵質歐式髹以紅色遠望如天際長虹橫亘水上爲往新疆寧夏西寧甘凉孔道

白塔山　度黃河北岸即白塔山自下至上爲殿者十而浮圖居其頂與第一橋適相對两两映帶風景如畫明李文白塔山詩曰金城關外寺殿宇枕巖阿地僻飛塵少山高怪石多鐘聲聞紫塞塔影浸黃河最愛談禪處何妨載酒過

金山寺　在白塔山迤西半里許寺據半山中俯瞰黃河其下波濤極壯名龍堆浪勢稱蘭州八景之一山中有禹王廟及岣嶁碑余秋日登金山寺與石厂聯句云夕陽下翠微疎柳挂斜暉(納川)雲靜依禪榻松寒映客衣（石厂）持齋山衲瘦拾果野猨肥(納川)領畧閒中趣長吟帶月歸(石厂)

王保保城　在白塔山迤東爲元王保保所築僅餘土阜數四而一般弔古者猶想像英雄遺跡於荒烟蔓草間也

臥橋　在西門外跨阿干河上其形作弧線式略如北京玉帶橋上覆以亭畫橋垂虹稱蘭州八景之一東方雜誌（十二卷九號）曾載其影惟標名旱橋不知其下固有水但夏季爲盛餘三季則淺耳

金天觀　在臥橋西緊瀕阿干河又名雷壇觀中有長廊廊壁繪老子聖蹟圖左右長數百步謂出自名手所書或不誣也東爲阿文成公專祠祠內松伯蓊鬱輪奐輝煌每歲八月祭祀廟中徧懸名人書畫求售猶之北京正月之琉璃廠也清沈青崖金天觀詩曰左控華林右龍尾仙袖翩翩拂雲起銀潢遠洩星宿源奔流直到蒼海止金城西畔少濚洄灘頭爭注阿干水貝闕瓊樓縹緲間關門望之氣常紫招遙劉阮恣探奇凌虛先度仙梁始雲生小洞潤芝苗風過空庭落松子半日煩囂甕滌除試欵元關揖道士……君不見九陽山上憑高望黃河白日流行駛

小西湖　在城西二里許湖瀦於左文襄今改爲農事試驗場中有來青閣臨池仙館螺亭諸勝遊其地者恍如置身六橋三竺間也茶陵譚雲觀制軍（鍾麟）聯云水深魚識游時樂春去花留過後香其跋語謂二句得自夢中云

彭澤墓　在小西湖迤南爲明彭濟物尚書墓有石翁仲數事及明帝御碑今巋然尚存

華林山 在金天觀迤西隨山建樓作斜角形廟後有叚堅狐妾塚明肅靖王華林寺詩曰閒登傑閣倚危欄多少輪蹄去復還籬落連綿秋色裡園林高下夕陽間雨餘船繫臨沙柳風順鐘聞隔岸山無限壯懷吟不盡盛遊到此暫開顏

梨花館 在西郭外龍尾山側廟宇十餘其下遍植梨樹每逢春季携酒爲梨花洗妝者踵相接也

水東樓 在城東里許瀕黃河南岸爲高台一樓築其上連亘十餘間爲夏日遊燕之所俗名水洞樓趙芝山都督題詩謂洞字不典當係東字之訛今因之

後五泉 在皐蘭山陽距城約十里恰與五泉相對故曰後五泉廟宇在兩山懸厓上中爲巨澗通之以橋雖不如前五泉闊大然山環水繞別饒勝趣清牛空山(運震)游後五泉詩曰巖谷殊堪人清秋興未闌水明天一色峰嵴月同寒野鶴閒相語孤雲定裏看夕陽猶在地倚杖且盤桓

莊嚴寺 在城內西街俗名三絕寺中有顏魯公書敕大莊嚴禪院六字吳道子觀音畫像及古塑像故稱三絕(書絕畫絕塑絕)今尚存

督署花園 在署後建于明肅藩代有增修中有拂雲樓(又名望河樓) 幽風堂塔影簃迎曦臺挹爽亭養樹山房碑洞槎亭碧血碑烈妃墓烈妃祠諸勝烈妃者明肅邸妃李自成破蘭州妃觸碑死至今其碑猶作殷紅色故曰碧血碑(碑在拂雲樓下西北)妃葬園中幷爲祠祀之左文襄烈妃祠聯云一坏荒土蒼梧淚百尺高樓碧血碑

政務廳花園 在署後即舊日布政使署花園中有四照亭蔬香館諸勝皆張溫和公(祥河)題額蓋溫和曾爲甘藩也

山子石 在城內東街凝熙觀後乃明肅藩凝熙園舊址石疊爲山高數丈上建殿宇數楹曲折有致

椒山樓 即東門甕城外戌樓談者謂明楊忠愍死後曾懸首其處而雙目不瞑時鄒蘭谷猶爲諸生祝曰如助我成名當爲公報仇目果瞑後鄒爲御史劾嚴嵩死之相傳以爲佳話

附录七：尺牍丛话

王曦按(2017 年 4 月 9 日)：

此文刊登于《余兴》1917 年第 28 期(第 118—121 页)的"尺牍"栏目。

此文尽显纳川的乐观、幽默和博学。在作品的开头，他说："诗话、联话，作者多矣，独无作尺牍话者。余不敏，爰辟此门，或大雅所不弃乎？但所採限于滑稽之作，以免干辣少味也。"

尺牍即信件。纳川在这篇作品里抖出了古今中外很多书信笑料。这种题材的作品在清末民初的文学刊物中颇为盛行。

餘興
第貳拾捌號
時報館編輯
有正書局發行

餘興第廿八期目錄

嘶其馬所繫之繩斷之馬起立目擊其主人之困若甚悲者忽俯其首攫海孫所繫皮帶而嚙之狂奔出寨履巉巖越溪澗所經者大都多人跡所不至倏忽間遂抵海孫家矣則輕置其主於女主人之前而此忠信可敬之駿馬遂以精疲力竭死矣海孫之親族皆爲之揮淚不置云

恩遂羅葛爾司之馬

恩遂羅葛爾司者略舍其人也獨于人受其主之虐待遂決意私逃薄暮匿人深林中蓋離其主之居已數里於茲矣愈行愈深徘徊維谷頗覺困頓遂倒臥深谷中睡興方濃忽聞一大聲山谷震動恩氏立驚醒即出視之不禁大懼蓋一巨獅當道而立也恩氏至此更無別望惟祈速死耳而事乃有大謬不然者蓋獅行漸近察其貌至溫柔略無怒容復屢屢發出其可憐之音浪如有所求于恩氏者恩氏膽始壯因細察之則獅之足赤腫蓋已受傷者矣恩氏遽起撫其足緩之至周細大類醫士之治疾久之始知其受傷之因蓋獅之足心有一極大之刺也乃即拔出之白色之膿亦流出獅之痛遂霍然若失矣於是獅遂顯出其百般感激之衷狂跳如犬搖其尾復出其舌獨舐恩氏之手及足儼然一雙賓主獅早晚必出覓食以供其客恩氏以無家可歸遂亦安之逾數月恩氏偶出林間以呼吸新鮮空氣而彼之仇人至矣蓋其主自失恩氏即偵騎四出衙數月不得端倪偵探方懼遭譴今乃得之不啻獲至寶遂捕歸警吏以逃奴論罪法當使其與獅角力勝則生負則爲所食焉及期恩氏立於廣大之門場中以待死時袖手作壁上觀者亦爲之心悸而一極兇猛之巨獅自地洞躍出矣怒目張牙而前矣觀客方厲聲以呼則見此獅立變其可畏之形而爲可親之態俯伏恩氏之足旁搖尾獻媚如犬焉衆驚奇欲絕警吏立召恩氏至而問之恩氏乃語以山谷中冒險之舉而此獅即昔時被救者也於是觀者咸爲代求警吏請赦恩氏之罪警吏亦首肯復以此獅贈恩氏云

義犬

牧童某牧羊入山忽聞嗚嗚聲耳之如狐犬吠因訪其所在果見一犬狀至怪異狂躍於鳳尾草上牧童大奇之意者此海爾肥銀山之中心歷夏秋而不消雪者也且峭壁在前深潭在後何由得犬正驚間犬見牧童搖尾如迎故主向前行頻回顧如有所求者牧童會意因尾之履危石度深澗不可勝數至一懸壁下乃止犬即棲息其側視之則二三枯骨也牧童有所觸忽憶三月前曾有一行客偕其犬經此山是必迷於霧墜絕壁以殞其命矣而其可敬之犬竟能保守其骨至三月之久不亦奇哉遂瘞之英人華茲華士詩家曾有詩詠其事

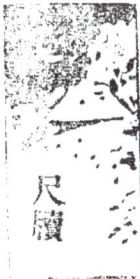

尺牘

尺牘叢話

（納川）

詩話聯話作者夥矣獨無作尺牘話者余不敏爰闢此門或大雅所不棄乎但所採限於滑稽之作以免乾辣少味也

鄭板橋詩不如詞詞又不如尺牘集中所存家書十餘通爲古今絕調惟信末必書哥哥墨三字令人欲笑

金聖歎死之前一日以一札給其子獄吏疑有他語拆視之札云字付大兒子看醃菜與黃豆同嚼大有胡桃風味此方一傳我無遺恨矣獄吏笑曰金先生死且侮人

某君患痔瘡新痊友人遺一函云聞尊臀大愈不勝雀躍先此敬賀容當奉訪雀躍二字一時傳爲典實謹恪者幾至不敢復用

毛海客妻某氏寄毛家書有云出門七年寄銀八兩兒要穿衣女要首飾巧婦不能爲無米之炊此之謂也至於年年被放妾面增羞此皆妾命不齊累卿如此夫復何言語語調侃難乎其爲秦嘉矣後海客仕至郡伯或稍晚蓋前讐乎海客名大瀛

有人代其岳母賣房房既成議久不付價乃以一函催之云岳母房事刻下萬分吃緊望速濟飢渴感同身受切盼切盼此函不倫不類遂傳爲笑柄

袁石公與陶石簣云弟謂諸兄純是人參甘草藥中之至醇者若弟直是巴豆大黃腹中飽悶時亦有些功効也其語殊雋永

湯若士與王觀生云世人如鰲山燈纔有暖氣手足便動吾弟可不一發憤耶此語不知調侃多少

有人號老漁或於尺牘中誤沿俗例以翁字代漁字遂成老翁二字其人答云尊稱實不敢當

有寄妻信誤封白紙者妻以一詩答之中有想是郎君懷別意憶人都在不言中之句世以爲佳

左文襄自稱老亮見八賢手札常曰此老亮之所以爲老也或譏之曰此諸葛之所以爲諸也

趙次帥授東督陶齋賀之曰恭喜帖子寫好否問何故曰謹具三省伏乞笑納也

紅樓夢有賈芸致寶玉一書摹擬俗人手筆極佳林西仲批國策謂蘇秦說秦王是描寫下第人文字吾

百二十　　餘　　興

於此書亦然案紅樓係習見之書故不復錄

郵局招領信件其封面如僅寫父親台啓兒子開拆之類極多此種函件縱一萬年恐亦難投到也

有人上福康安書牘偶用恭叩福安字樣福於福安之中批一康字還之

沈方舟客京師久不歸其妻朱柔則寄沈家書不作一字祇故鄉風景圖一幀沈覽之不解紅蘭主人爲之題曰應憐夫壻無歸信翻畫家山遠寄來沈即日襆被出都一時傳爲佳話

李笠翁託顧碩甫購硯其開首數句云硯無美惡發墨者佳所貴乎端溪者以其能受墨也若徒有端溪之名無發墨之實是西子而石女潘安而寺人矣奇想未經人道世有硯癖者可取茲語爲龜鑑

又售裘與趙介山云售輕裘必於肥馬之門而貴鄉之馬多蓄瘦者恐其以蓄馬之法蓄裘則難乎其爲售矣舌鋒尖刻雖東方淳于不能置喙

某女士寄人云密司忒某某鑒妾與君愛情已達沸點縱至地球末日記其吸引力弗懈茲擬來復日在公園與吾愛正式訂婚臨時祈照規定時間早至以求末後之解决而享人生最大多數最大幸福至要至要聞此信係油墨印成同時發出至數十封之多云

梁晉竹曾代親串婦人作寄夫書口授云猢兒們俱利腮(猶言解事也)新買小丫頭倒是個活脚蟾兒作事且是溜煞(猶言快)惟雇工某人係原來頭(初次也)週身僵爬兒風(左右不是也)梁問可改竄否曰依我寫遂別字連篇寄去

某巨公哲嗣留學西洋於家書中稱其父爲仁兄巨公答書尤妙乃稱其子爲仁弟談者謂某巨公機鋒相對善於應付云

今年上巳北京諸名士修禊於十剎海與會者百數十人詩酒風流稱一時之盛聞夏日又聚於陶然亭席間忽接一無名信僅書唐詩二句云商女不知亡國恨隔江猶唱後庭花諸公高興頓受一打擊如投函者可謂謔而虐矣

西國某女士忽以極豔之言情書呈於其母其母大

怒頗加呵責女曰此係昨日於篋中檢得阿母與阿父書也兒愛其文故抄一副本留之母何健忘耶其母大窘

此次歐戰某軍人家書有云……至於我之駐所不便明言因此事須守秘密如云現在恩德華則此信便難達到……此信措辭殊巧後卒被檢察者扣留

●封面 五彩珂羅版印北京名伶黃潤卿化裝旗女

●插畫 五彩珂羅版印北京名妓筱鳳仙小影 北京名妓黃文卿小影 杭州名伶粉菊花之化裝種種 北京名妓王金福小影 北京名妓筱翠小影

●短篇 律師(天笑毅漢) 何以報之(瘦鵑) 文明(半儂) 情鏡(究竟) 情歟仇歟(小青) 紅別墅中之聖節(小青) 七月十六日(春蠶)

●長篇 社會寫眞(太常仙蝶)

●筆記 貫索樓瑣錄(觀奕) 烟靄晴暉都好齋筆記(王小隱)

●補白 海外新詩(一之) 尊邊短記(倚虹)

●定價 每册大洋三角

上海有正書局發行

附录八：醇亲王

王曦按(2017 年 4 月 9 日)：

这是一段杂谈，刊登在《小说大观》1916 年第 7 期第 8 页上，属于该刊物的“北平璅谭”栏目。“璅谭”即杂谈。这段文字系作为补白使用的。由此看来，纳川可能参与了该刊物的编辑。这段话虽短，但表达的意思是有深意的：

“醇亲王奕淙，性抗爽，无贵族气。尝乘敞轿行甬道上，遇老妇坐破车当前，王乃令舆夫下甬道让之。至今传为佳话。”

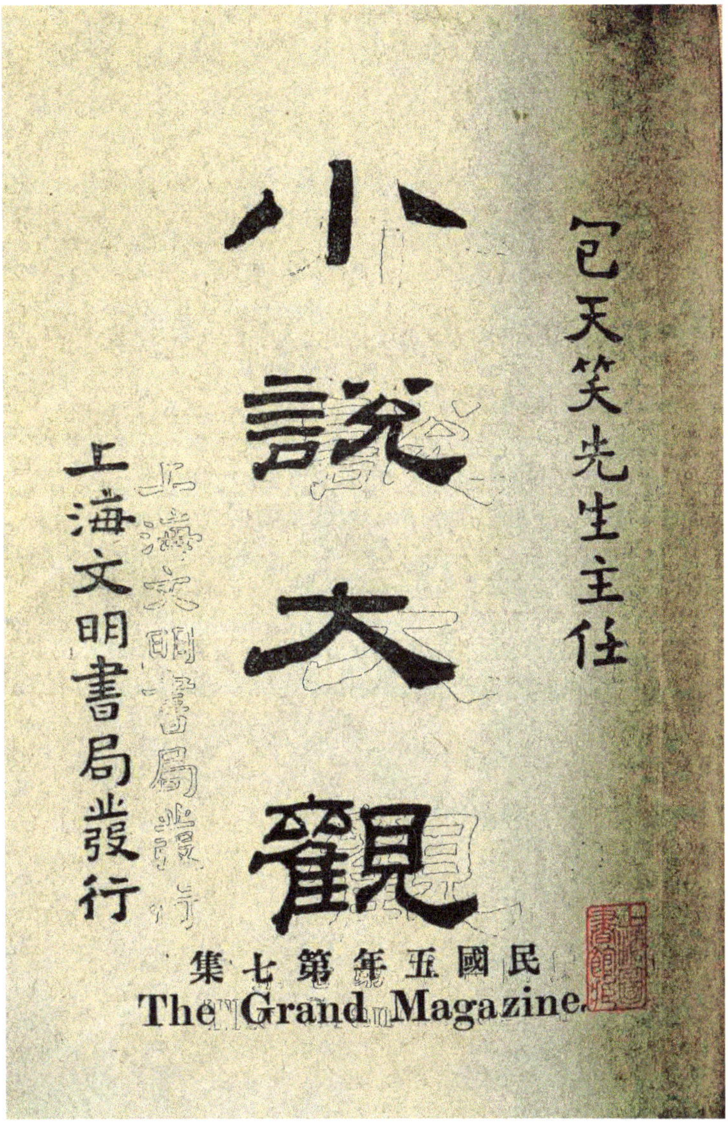

小說大觀第七集目錄

插圖

(上海)靈芸英花迴風舞雪小影

(上海)素娟之化身

(上海)雲華　鑑冰　雲華老五合影

(上海)王巧雲與黃妹妹

(上海)謝麗娟　蘭雲閣

(上海)花惜春　蓮亭

(上海)葵青雲

(上海)無名之花(老二與老三)

最新之覆額裝(上海)怡紅(北京)余

梅仙

(北京)蘇佩秋最新攝影

梅蘭芳之挑華車

孫桂秋男裝小影

(北京)花翠英　金白梅

(奉天)詩妓田素貞

西洋名畫之一(老年家庭愉樂圖)

西洋名畫之二(海濱孤眺圖)

巴拿馬賽會石像裸體美人三幅

短篇

言情小說　情驗　天笑

哀情小說　西子湖底　瘦鵑

戰爭小說　血腥餘載　無爲合我

社會小說　柳原學校　半儂

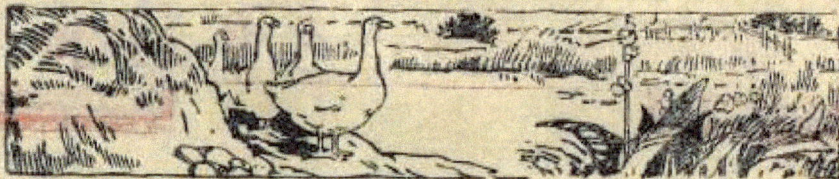

長篇

言情小說 井中人 秋星 毅漢

外交小說 雪茄匣 天風 無我

哀情小說 看護婦 半儂

歷史小說 嫁衣記 天笑 瘦鵑

社會小說 如此京華（二集下卷） 小鳳

社會小說 金錢魔力 天虛我生

偵探小說 領鈕 小青

社會小說 金錢歟愛情歟 大拙山人 彭年

學校小說 化裝之學生 茗狂

慘情小說 妬情記 [illegible]

苦情小說 孤雛淚史 無愁

筆記

睇嚮齋聞見錄 陳灨一

夢燕錄 納川

劇本

悲劇 熱淚 卓呆

日記

庫倫旅行日記 梁掌卿

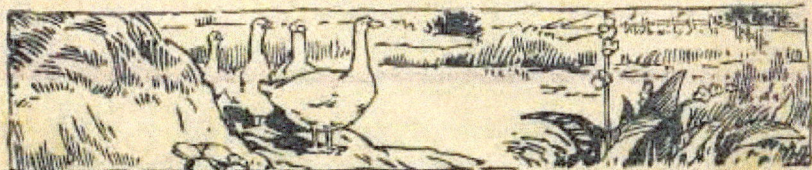

北平瑣譚

汪侍郎

汪柳門侍郎鳴鑾。不修邊幅。冬日戴貂帽。以帽之後端置前。而喜用手向後拂拭。拂拭愈勤。其毛愈逆。觀者欲笑。

惇親王

惇親王奕誴性抗爽。無貴族氣。嘗乘敞轎行甬道上。過老婦坐破車當前。王乃令與夫下甬道讓之。至今傳爲佳話。

（納川）

附录九：梦燕录

王曦按(2017 年 4 月 9 日)：

此文刊登于《小说大观》1916 年第 7 期第 1—5 页上。纳川开章明义地指出："暇日仿《梦华录》、《梦粱录》大义，追述若干条，名《梦京录》逸闻琐事，以为识小之助……"《梦华录》、《梦粱录》为宋人记载开封、临安城市风貌之书。纳川在此文中记叙了一些鲜为人知的北京掌故，例如炸酱面与都市混混的联系、北京的钱庄、官仓银库职员之势利、喇嘛庙打鬼之典、报纸、弦技、叫卖、绝技八大怪、北京城的风水等等。从此文可见纳川对北京之了解甚详，是个"老北京"。

夢燕錄

納川

都門舊事、可紀者頗夥、時賢鴻著、半出報章陳籍、讀者憾之、暇日仿夢華錄夢粱錄大義、追述若干條、名夢燕錄、所載皆佚聞瑣事、以爲識小之助、若其疆域建置之沿革、衙署廟宇之名數、則有日下舊聞宸垣識略等書在、固無須余之覼縷也、

京語謂詐爲炸醬。匪人爲混混。故混混多業炸醬。其勢然也。相傳二事。爲炸醬術中美譚。因並記之。貝勒載澂。好冶遊。朝野側目。莫敢誰何。混混王某。思有以折之。一日伺於娼寮。索其價値千金之翡翠搬指。澂懼勢孤不敵。即脫與之。迨訴諸內庭。明旨嚴拿。而王逸矣。又御史張觀準。伺察嚴。喜擾民。巡城時。因細故杖混混劉某。劉乃用計劫張去。閉置廢圃小屋中。施以錦繡。食以珍羞。但不給滴水。時當溽暑。室中復燃以火爐。未終日。張已汗出如漿。困苦萬狀。後劉令署銀劵一紙。始釋之。張歸。銀已取去。急命人往捕。祇賸破屋而已。

北京舊日無國家銀行。其執銀錢牛耳者。東城則四恆。（恆興、恆利、恆和、恆源、俗呼四大恆、）西城則泰元。而泰元尤爲殷實。四恆倘退避三舍。可異者。泰元乃布肆。雖貿易發達。後仍老屋兩楹。售布如常云。（庚子之役、泰元歇業、四恆去其三、只恆利倘苟延殘喘、）

庚子以前。在社會最占勢利者。爲各倉之花戶。戶部銀庫之庫兵。其居處服御。闊綽異常。故爲一般人所豔羨。凡男兒好身手。咸思於此兩方面占一席地。而其黑幕中勢利之偉大。尤有令人足詫者。如該管大

臣過於認眞。彼輩卽能買囑御史彈劾。或運動當軸。擯而去之。必令爲其傀儡而後已。

與倉庫丁役鼎足者。則爲六部經承。類皆讀書識字。程度較高。而秩肥多金。不讓倉庫。其中尤以吏兵二部爲最優。因有核準天下官吏之權也。自長少白(庚)掌兵部。首倡化私爲公之舉。六部次第仿行。而此輩乃全行裁汰。改爲司員辦事矣。

北京舊日新聞紙。祇京報一種。係用木刻活字排印。其中所載。除每日宮門鈔。尙有可觀。其餘皆前半年之奏摺。所謂破爛朝報。豈止明日黃花而已。辛丑後。英人之北京日報。日人之順天時報。彭翼仲之京話日報等。始漸漸出板。强學會之中外公報。雖在庚子之前。因未久旋禁。都人多不知名。

每年春二月。喇嘛廟有打鬼之典。蓋跳神類也。如城內雍和宮。城外黑寺黃寺。皆舉行。爲一時盛會。雍和宮者。乃雍正藩邸改建。今人筆記皆載其中藏有歡喜佛者也。實則歡喜佛乃蒙番習見之品。不爲希奇。宮前最惹人注目者。爲銅獅二。神采之精。色澤之古。無以過之。西人往遊者。咸攝其影而去。而民間謠傳謂二獅不受西人拍照。每照必獅頭向下。此亦太無普通知識矣。又相傳宮後有隧道一。可通熱河。即承德府。此則今人所罕知。特表出之。

語云。絲不如竹。竹不如肉。亦不盡然。如琴師王玉峰。誠能以絲代肉者也。王玉峰於丙午丁未間。以三絃鳴於京師。摹擬各種聲調。無不逼肖。尤善仿名伶戲劇。如鬚生譚鑫培。老旦龔雲甫。青衣姜妙香。彼時姜係青衣。近日始改小生。大淨金秀山。皆所擅長。使人閉目聽之。宛似其人奏曲於前。不知其以絲代肉也。余曾親聆之。定絃極高。置碼極低。按指極下。

京師售牛肉者。其叫賣曰。牛肉臜了二斤。蓋舊日有屠牛之禁。每人每日。只許售肉二斤。後禁雖弛。其語未改。又售物叫賣。有始終不點題者。如賣柿子云。三大錢兩個。六大錢四個。澀了管換。玩其語氣。並未表明其所賣爲何物也。

夏日售冰水者。以兩銅盌相擊爲號。其物俗名冰盞盌。朝市叢載謂之忒兒。當以其音相近也。乃康南海遊記。載埃及售冰水者。以兩銅鉢相擊。與北京殆相似。夫以東西二土。遠隔重洋。而能若合符節。斯誠異矣。

道咸間。京師衣服尙窄。（凡舊家所藏者可考）自經洪楊之役。鑒於湘淮軍之肥袍大袖。遂一變而尙寬。自庚子後。乃漸成今式。蓋自光緒以前。衣服皆窄而不寬。研究風尙者。不可不知。

每屆嚴冬。繞郭河流。及城內十剎海。皆冰厚數尺。故有冰鞋冰牀之戲。冰鞋之製。與西洋畧同。惟鞋下係單軌。故靈速而難學。冰牀乃平方矮牀。下施以鐵軌。使一人拖之。俟其極速。拖者亦可坐於牀上。牀尙前行不已。西苑三海亦有之。大臣尙有明諭之賜。惟受此榮寵者。須賄其拖牀之內監。否則故意傾跌。或遭滅頂。董東山(邦達)詩云。極目疑飛鶻。翔身類聳鸞。縱橫鵝鸛陣。馳驟雨雲壇。二聯形容如畫。非親見冰嬉者。不知其妙。

海王村售石印書者。舊祇一家。在火神廟內。生涯極冷落。因當日謠傳。謂閱洋板書最傷目力。故相戒褁足。拳匪之亂。凡藏石印書者。謂之洋書。一律焚燬。否則指爲教友證據。而石印書至此乃遭一大厄。

北城柏林寺。爲京師第一僧寺。相傳先有柏林寺。後有北京城。至今南郊道旁有照壁一。卽該寺物也。故有走馬關山門之謠。不審確否。寺中藏有佛經板片。各省刷印者。年必數起。每印一次。除工價外。須以五百金爲方丈壽。可見經部之多。聯軍進京各部院既爲西人駐兵。凡留守各官皆以柏林寺爲辦公之所。是該寺曾居中央政治重要地位也。

舊日京師各門。鷄入城無稅。鷄蛋則有稅。相傳劉石菴(墉)侍高宗夜讌。更深矣。忽聞鷄唱。上曰。鷄無睡乎。劉卽下而謝恩。上駭問。劉曰。上免鷄無稅。故謝。北方睡稅同音、上不便反汗。遂笑而允之曰。然則鷄蛋有稅可也。

鼓樓在地安門北。極宏偉。其鼓槌用畢。則抛擲樓上。下次仍在。若置於鼓旁。用時則徧覓弗得矣。鐘樓在鼓樓迤北。尤高大。其鐘之尾聲。與北方所念鞋字之音相似。淸夜可聞至通州。在京東四十里、

同光間有絕技八人。爲社會歡迎。謂之八大怪。茲記其名於下。子弟書之隨緣樂。口技之百鳥張。名丑之劉趕三。評講西遊記之猴兒安。乞兒數來寶。鼓兒詞之郭東。相聲之窮不怕。什不閑之鬆髻趙。盤槓子之田瘸子。

三官廟在東城。終年關閉。無入廟燒香者。相傳明末崇禎帝曾求一籤。籤語不祥。帝怒而貶去三官香火。故京諺有窮三官富關帝之語。余曾戲曰關帝隨劉張居三官廟、則終年寂寞、另居關帝廟則非常興盛此人所以貴乎獨立也、

京師地名。無奇不有。且有因之成語讖者。豈大將怕犯地名耶。有屬虎者。寓扁擔廠。遇事輒不利。往問於人。詢其年歲居址。具告之。人笑曰。君屬虎而寓扁擔廠。其不利宜哉。又有隆姓者。寓趙家樓。或曰。君豈不聞趙家樓拿華雲龍耶。隆曰。此事出稗官。乃無稽之談。況隆龍不同。庸何傷。無何宅妖大作。乃懼而遷去。

二事雖迷信。亦笑柄也。

堪輿家言北京城形如哪吒。風水最佳。自電線設。哪吒受縛。正陽門災。哪吒無頭。庚子後。改道路。闢便門。遷市場。百孔千瘡。破壞無遺。則哪吒死矣。而淸社亦隨之以屋。按諸說近附會。姑存之以備軼聞。

舊日東城多巨商富戶。西城多閥閱顯宦。故諺云東富西貴。

京師風景。乃在西郊。而西山八刹林壑猶美。若各種園囿。窮極富麗。究係人力。而非天然。降至廟會市場。不過男女擁擠。車馬馳逐。以云熱鬧則可。謂之風景則未也。

京師有一種匾額書家。書法佳否未可知。而商人喜之。凡舖肆匾額。類出其手。庚子以前。試遊街衢。觸目皆蔣乃勳。李鍾豫。戴彬元。劉恩溥。陸潤庠。壽耆。崇勳。所書者。（崇曾因寫字、爲彈劾被議）自遭兵燹。門榜多燬。而華世奎。王垿。佛尼音布。又嶄然露頭角。其中以王垿所書者尤多。故曰有字皆爲垿。無腔不是譚也。

京中舊諺云。明末修廟。淸末修道。又曰明末無靑草。淸末無白丁。觀於晚淸之建築馬路鐵路。及名器之濫。抑何吻合。

附录十：滑稽问答

王曦按(2017 年 3 月 24 日)：

此文刊登在 1917 年(民国六年)二月二十三号的《小铎》上。《小铎》是民国初年的一种文学刊物。此文刊登于该刊的“游戏文章”专栏之中。此文类似于当代所说“脑筋急转弯”之类的文字游戏，具幽默感。

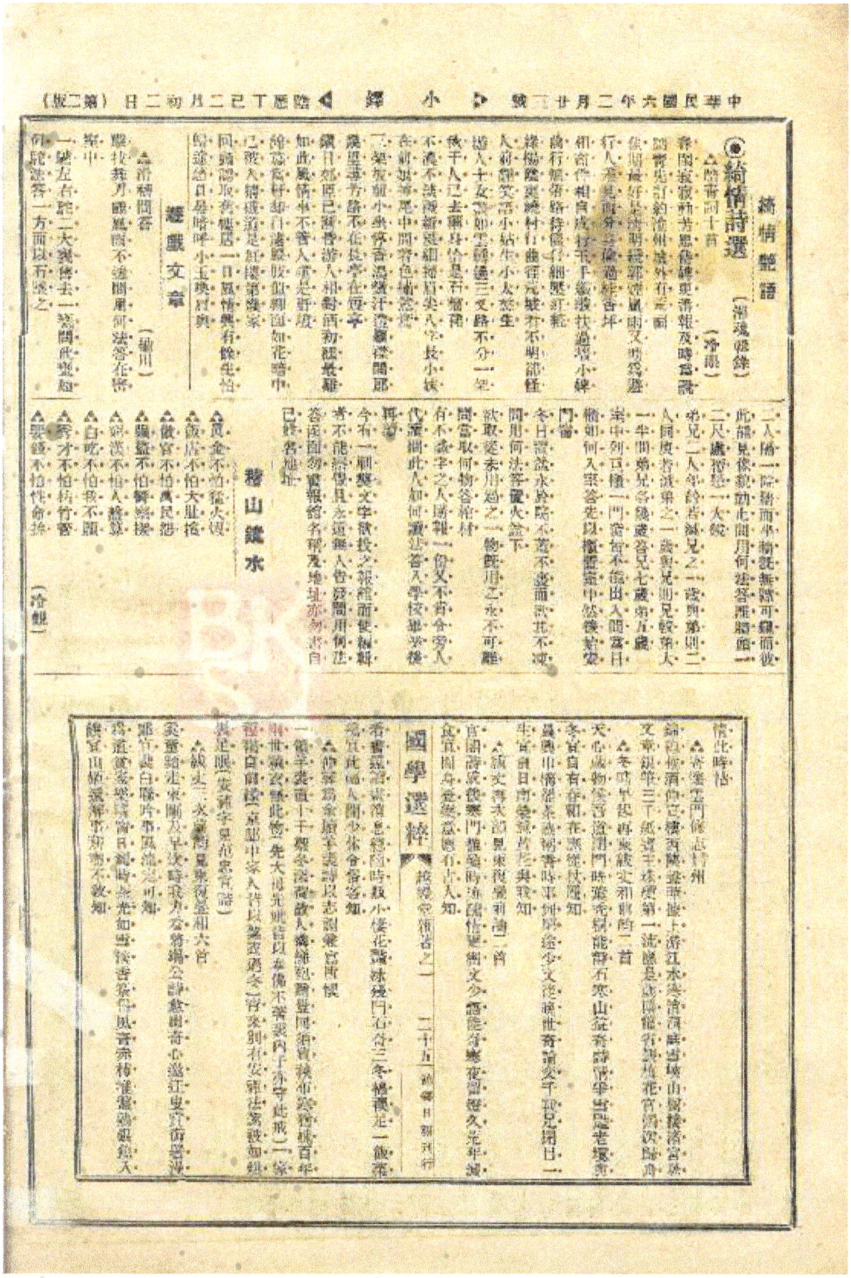

第二节　唐氏

王曦按(2017 年 2 月 2 日)：

曾祖母唐氏对父亲的成长也影响至深。这从父亲所撰“家世回忆”一文中可见。识文博记、能干要强、善为人想、勤俭持家、关爱儿孙、整洁体面……这些都是她老人家留给父亲的印象。以下为“家世回忆”一文中有关唐氏的记载。

18. 祖母唐氏(1881—1948)，我不知道她的名字，也不知她家的情况，只知道是樊城人，仅此而已。她没上过学，认得的字不多；但是，脑子里的真东西却不少：一些名言成语，随时可以很贴切的说出来。1929 年前后，我给父亲写信“父亲大人膝下，敬禀者：……”，从头到尾都是她念着我写的。

19. 祖母一直主持家务，这可不是个好挑的担子，因为就我所知，几十年来，这个家一直是在一个“紧”字下面捱过的。她白天前前后后地干活，夜里内内外外的操心，用她自己的话说，“无论如何要把王家的门户撑住”。亲戚朋友异口同声地称赞她“能干”“傲强”。我受教育最深的，就是她总在为人着想。家里来了客人，她总是拿最好的东西招待人家；自家有什么困难，从不轻易地麻烦别人，受了人家的好处，她总记在心上，念念不忘。雷(韵午)家、傅(子如)家、郑(倬甫，我的外祖父)家给我家的帮助，很多都是她说给我们听的。

20. 我是祖母一手带大的。母亲去世后，请了位奶妈，主要是喂奶，洗洗衣物。我的其他一切，统统由祖母亲手照管。除了上学，或上同学家玩(如陈家琰家)，简直就是她上哪儿我跟到哪儿，我上哪儿她也跟到哪儿。我在荆南中学上初二、初三时，晚上要到学校上自习，9—10 点回来路上已没多少人，我就大声唱歌壮胆，她老早站在门口喊我，二人有问有答，都放了心。

21. 祖母也是非常爱惜粮食的，饭里边的米虫，别人都挑出来放到桌上，她却不挑，也不让别人帮她挑；她说“这些虫不也是吃米长大的吗?”饭里的谷子，她总是一颗颗的“嗑”出来。她很讲究整洁，尽管一天到晚忙出忙进，衣服总是整整齐齐，头发、髻子总是梳理得光光的。

22. 由于操劳过度，祖母后来得了青光眼或白内障，正式医生和江湖医生都试过，没能治好。记得有一个和尚，说用珍珠磨粉可以治疗。那时便去雷家要了珍珠给他，他把珍珠往口袋里一装，从此就去云游天下了。

(编号“家史・吴・1.14”)

王源海与陈氏

王曦按(2016 年 8 月 7 日)：

在清理、阅读父亲留下的文字资料时，发现以下纸条。根据此纸条，曾祖王源海应有两位夫人。其中陈氏应为王毅立之生母(即王燊的亲祖母)，唐氏应为第二位夫人。但在王燊所写的其他家史材料中，都没有提到陈氏，仅提到唐氏。父亲和我的三个姑妈，也从未提到过陈氏。个种原因，不得而知。

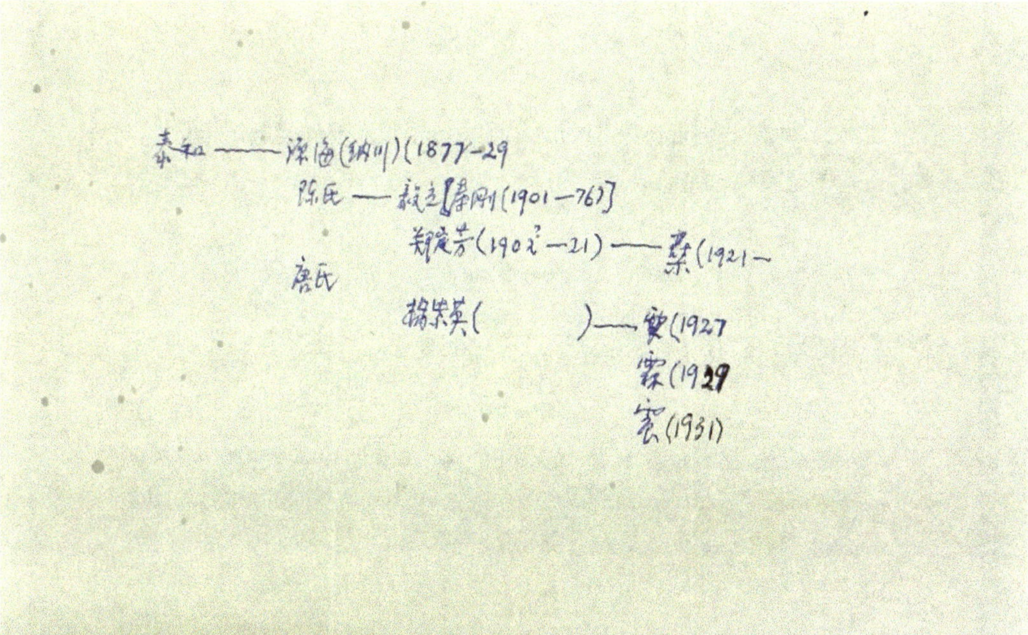

2016年5月，在清理经王燊生前清理并留下的文字材料时，发现此王燊亲笔所写纸条。王曦，2016年8月7日。编号：家史·吴·1·16。

祖父和父亲留下的精装英文词典

王寿刚亲手修幀经王燊传王曦的原版精装英英辞典1946年版，内插页上隐约可见王燊手书“纪念我最亲爱的祖母，燊”等字（蓝色）。黑色铅笔字系王曦所写。王曦注，2016.2.17

第二章

严献章

严献章(字尺生,号汉岘、山民,1876 年,清光绪二年——1936 年,中华民国二十五年)

我的祖父严献章

严培林

王曦按(2016 年 10 月 20 日):

此文是严献章的孙子、我的表叔严培林登载在天涯社区上的一篇文章。它是对我的太姥爷严献章的权威记载。

在国内一些主要网站上输入严献章的名字搜索一下,就会出现十多页上百条相关内容。然而,关于严献章的生平,却是一片空白。作为严献章的孙儿,有责任和义务把自己知道的情况介绍给大家,以便多少弥补一下这一缺憾,并为今后的研究工作提供些帮助。需要说明的是:由于长期战乱以及文革等原因,家中原存的大量书籍、文稿、书信、墨迹、照片、早稻田大学毕业生同学录以及坟茔墓碑等都荡然无存了。因此,以下所写的内容并不详尽和完整,多是靠幼时的记忆、长兄们的口传、家谱、网上资料、图书等汇集而成。尤其是要感谢《襄樊著述志》的作者李翼鹏先生和上海交通大学法学院资源法研究所所长、博士生导师王曦教授。他们做了大量的工作,付出了艰辛的努力。没有他们的帮助,本文也难以完成。

严献章(1876—1936)字尺生,号汉岘、山民。原籍襄阳市谷城县,后随父严廷斌(星衢)迁至襄阳定居。清朝末年以诸生肄业于江汉、经心、两湖书院。光绪三十年(1904年)初奉张之洞派遣赴日本留学(薛氏家谱记述以举人身份选派)。先后就读于东京法政大学速成科和早稻田大学,历时七年于 1910 年学成回国。1913 年应热河省实业厅厅长杨仁山之请,赴塞上各地考查,提出庄田改革事宜。辛亥革命后,除一段时间任湖北省图书馆馆长外,一直从事学术研究、翻译、编撰工作。因过度辛劳,积劳成疾,加之“九一八”事变后日本帝国主义侵略野心暴露无余,忧国忧民之心日盛,身体每况愈下,于 1936 年在襄阳家中病逝,享年 60 岁。弥留之际,用尽最后一点力气呼喊:“国难,救国!”

主要著作有《汉岘丛书》六册、《教育译案》四篇(1904年省官书局出版)、《蒙养教育学》(1904年出版)、《民法总则》(严献章、匡一等人编辑,湖北法政编辑社1905年印)、《战时国际公法》(东京清国留学生会馆1907年版)、《币制管见》(1908年出版)、《重译经济原论》六册(1913年出版)、《塞上陈说》(1915年出版)、《国际事例汇纂》(1919年出版)、《重译财政学》六册(1919年出版)、《左氏春秋》(1919年出版)、《江河万古流》(1933年出版)。从上述著作可以看出:涉及的领域极其广泛,包括政治、经济、法学(民法、商法)、国际法和国际关系、教育、水利等。

据严氏宗谱记载,祖父留日期间曾参加同盟会(有待进一步证实)。但有据可查的是《民法总则》第二署名人匡一在1905年8月22日同盟会成立时与朱炳麟一起是内务部负责人。祖父的政治态度是鲜明的、对辛亥革命是积极拥护的。《塞上陈说》第三页写道:"当兹民国新造,五族平等,此等偏私之政(指清政府施行的旗户庄头地政策)断不复容于共和之世,固属地义天经质之五洲而共识者也。"他对国内的战难(军阀混战)和官场的腐败是十分厌恶的,除任湖北省图书馆馆长外,从未谋求任何官职。不仅如此,他约束家族成员远离官场。比如他的二侄严绥之(家福)曾被派往某地任县长,被他阻拦当了图书馆馆员。他所交往的名人大都是学者,主要有康有为(1858—1927)、吴稚晖(1865—1953)、于右任(1879—1964)等。辛亥革命以后,康氏途经武汉即要停下来与祖父叙谈叙谈。原家藏康有为的条幅、于右任为祖父逝世书写的挽联,以及《皇清经解》全套古籍书等等通通失落。他积极主张抗日,直到咽气时还喊出:"国难,救国!"就是证明。

祖父洁身自好,两袖清风,忧国忧民。在《塞上陈说》中建议:"第一、请分配旗户庄头地,统改组民田,以纾塞外民困也";建议五:"宜对筹办人员严定赏罚,杜绝贿赂而务使弊绝清风也。"他一生收入微薄,告老返乡时,除了几个硕大的书柜外,所有甚少。庆幸靠朋友赠送的三百块银元购置了田地维持家庭生计。1931年,长江淮河爆发大洪水,人民生命财产遭受重大损失,他果断涉足陌生领域研究,撰写了《江河万古流》一书,包括导河、疏江、引淮三篇。在《江河万古流》附"上国民政府书中"写道:"沿江沿河两流域为吾国政治中心,施政命脉所托寄,而今岁洪涛溃决,陆沉数十余州县,荡析百千万人民"云云。在复吴稚晖先生书中也道:"献章负笈中外四十年,庚戌归国后,雅不欲多言,今者避地入都,濡滞半载,国事不谈一字,政局不问一言。"然而就是这个国事不谈一字、政局不问一言的文人,为了避免沿江沿河百千万人民的生命财产再遭洪灾威胁,毅然上书国民政府献计献策、呼吁解决,并向国民党元老级的人物吴稚晖求助。1935年汉江洪灾再次证明当时上书的及时性和紧迫性。此外,对家族中成员也严加训诫和管束,教导他们远离旧社会的痼疾:黄、赌、毒。

总上可知,我的祖父严献章是一个博学多才的学者型文人。他爱国忧民,勤奋治学;他乐于实践,深入调查研究;他洁身自好,两袖清风;他品格正直,勇于进言。

严培林

2013年5月写于襄阳,10月修改于武汉;2017年10月修改于襄阳。

参考资料：

1. 襄阳严氏宗谱
2. 华中师范大学原外语系主任薛诚之教授（祖父与薛教授的父亲在东京相识且成莫逆之交）家谱
3. 李翼鹏著《襄樊著述志》
4. 王曦教授提供国家图书馆藏《塞上陈说》、《江河万古流》复印本
5. 法政大学清国留学生法政速成科第一班照片（照片中二排左起第 12 人为严献章）

http://bbs.tianya.cn/m/post-law-614819-1.shtml，2014 年 2 月 11 日访问

日本东京法政大学清国留学生法政速成科特集

王曦按（2016 年 8 月 3 日）：

关于清国留学生法政速成科，详见《法政大学史资料集——第十一集（法政大学清国留学生法政速成科特集）》（日文版）（家史·王·1.6.1、1.6.3）。该书由日本法政大学史资料委员会芥川龙南（第二教养部）、饭田泰三（法学部）、高桥彦博（社会学部）编写，1988 年（昭和 63 年）由法政大学出版发行。日本京都龙谷大学社会学部北川秀树教授于 2012 年 8 月帮我从法政大学觅得该书。该书第 137—138 页所载"明治 38 年（1905 年）法政速成科第一班毕业生姓名"中有"湖北（官）严献章"。此处"官"指官费生。该书后由裴敬伟等译成中文，取名《清国留学生法政速成科纪事》在中国出版。（《清国留学生法政速成科纪事》，裴敬伟译，李贵连校订，孙家红参订，广西大学出版社，2015 年 9 月第 1 版）该书亦在第 137—138 页所载"明治 38 年（1905 年）法政速成科第一班毕业生姓名"中有"湖北（官）严献章"。这本特集的中文版后作为附录被收入《法政速成科讲义录》（第十一卷）（李贵连、孙家红编，广西师范大学出版社，2015 年 5 月第 1 版）。以下为这本特集的日文版和中文版的封面图：

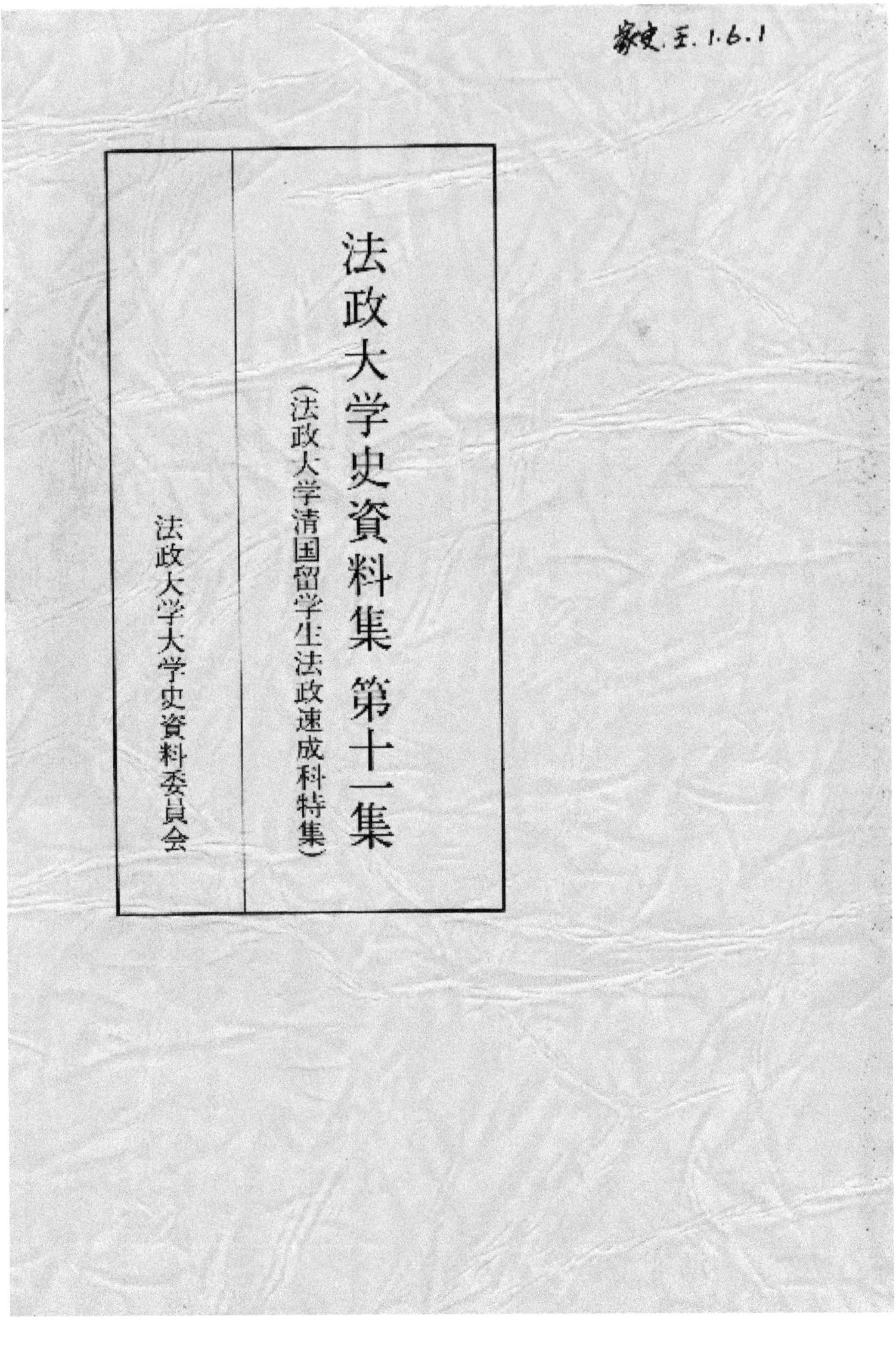

法政大学史資料集 第十一集

（法政大学清国留学生法政速成科特集）

法政大学大学史資料委員会

清国留学生

法政速成科纪事

日本法政大学大学史资料委员会　编
裴敬伟　译
李贵连　校订
孙家红　参订

GUANGXI NORMAL UNIVERSITY PRESS
广西师范大学出版社

日本东京法政大学清国留学生法政速成科第一班毕业照(1905年,明治38年)

王曦按(2016年10月20日):

以下为日本京都龙谷大学法学系北川秀树教授帮我在东京法政大学校史馆查找到的照片的复印件。照片系从校史馆收藏的当时的报纸《法律新闻》(第300期,明治38年[1905年]8月30日)上复印而来。

大清国留学生法政速成科第一届毕业考试成绩榜

王曦按(2017 年 4 月 9 日):

这是 1905 年 7 月 1 日的《申报》第三版上刊登的“大清国留学生法政速成科第一届毕业考试成绩榜”。此页名单的倒数第二人为“湖北严献章”。上了《申报》,可见是当时的一件大事。

申報　第三版

大清國留學生法政速成科第一回卒業試驗成績榜（明治三十八年五月施行）

湖南 羅采紹	湖北 王運錫	湖北 吳柏年
湖南 胡子清	湖南 彭兆璜	湖北 陳武
湖北 朱寶璧	湖北 劉變臣	湖北 葉開瓊
湖南 劉澤熙	湖北 何福麟	四川 周先登
湖南 陳嘉會	湖北 歐陽葆真	湖南 瞿宗鐸
湖北 周仲曾	湖北 易奉乾	安徽 呂均
湖南 蕭仲祁	湖北 謝炳樸	雲南 孫志曾
湖北 李碧	湖南 畢厚	直隸 高俊彤
湖北 劉蕃	江蘇 吳前樞	湖北 王崇銘
湖南 陶煦	湖北 朱友共	湖北 彭樹棠
廣東 鍾銑	江蘇 瞿鉞	江蘇 金殿章
湖南 廖維勳	湖南 陶思曾	湖北 班吉本
湖北 陳弼球	江蘇 瞿世瑮	湖南 羅傑
江蘇 王家駒	湖北 張昉	湖北 樊樹勳
湖北 徐志繹	安徽 劉通弼	湖北 鄒斌
貴州 蹇先榘	江西 賀國昌	湖北 張鵬先
湖南 周聲漢	湖南 石潤金	湖北 張知本
湖北 王榮田	湖南 陶懋頤	江蘇 薛宜琠
湖北 王立猷	四川 唐寶	江蘇 宗孔文
湖南 滕鑾	湖北 鄒麟書	湖南 李穆
湖北 顧恩瀚	湖南 雷光宇	湖北 嚴獻章
湖北 向國榮	湖北 魁續	湖北 曾履貞

严献章著作情况

王曦按(2017年4月10日)：

太姥爷严献章一生著作颇丰。现仅在北京文津街中国国家图书馆古籍馆查得《塞上陈说》和《江河万古流》，在旧书网上购得《民法总则》，其余皆仅查到书目(中国国家图书馆古籍馆、湖北省图书馆)而不见原书。其中《战时国际公法》一书，据太姥爷之孙严培林介绍，有人告诉他在台湾中央研究院存有清国驻日大使胡某写给朝廷军机处的一份文书，上面提到《战时国际公法》。不久前，我在上海图书馆查到了该书1915年(癸丑年)的修订重印版(线装书)。《襄樊著述志》中附有《重译财政学》和《蒙养教育学》二书的封面图片，可惜模糊不清。鉴于太姥爷曾在省立武昌图书馆任馆长多年，应当在湖北省图书馆可以查找到《汉岘丛书》所列书籍。

根据《襄樊著述志》的记载，《江河万古流》《塞上陈说》和《战时国际公法》(1915年修订重印版)书后所附“汉岘丛录汇目”，以及我在互联网上的查询，得到太姥爷的主要著述情况如下：

1.《教育译案》(全四编)，湖北官书局刊行，光绪三十年(甲辰年，1904年)。

2.《蒙养教育学》，原著者不详，严献章译，湖北译官书局刊印，光绪三十年(甲辰年，1904年)。《襄樊著述志》中附有该书的照片。

3.《民法总则》，严献章、匡一、王运震编辑，湖北法政编辑社，光绪三十一年(1905年)出版。据我国近代法制史学者的研究，此书可能是经由日本将欧洲大陆(德国)的民法引入中国的第一部中文民法教材，对我国现代法制的形成做出了重要贡献，在我国的近代法制史上有一定的地位。

4.《战时国际公法》(全十册)，有贺长雄博士著，严献章译，光绪三十四年(戊申年，1908年)初版。据严培林“我的祖父严献章”文记载，初版者是东京清国留学生会馆。中华民国四年(乙卯年，1915年)增订重刊，由长沙宏文印刷社印刷，宏文图书社发售，总发行兼总发售湖北官书局及其在上海及各省商务印书馆、中华书局的分店。此书可能是将近代战时国际公法引入中国的第一部中文教材，对我国的现代国际公法的形成做出了重要贡献，在我国的近代法制史上有一定的地位。我在上海图书馆复制了一套1915年的增订重印版。

5.《币制管见》(一册)，严献章著，光绪三十四年(戊申年，1908年)呈政府，1909年自费铅印。

6.《塞上陈说》，严献章著，作于中华民国二年(癸丑年，1913年)，中华民国四年(乙卯年，1915年)随《战时国际公法》刊印，书上注为“《汉岘丛录》之一”。

7.《江河万古流》，严献章著，初为癸酉年(中华民国二十二年，1933年)秋天写的关于我国江河水患防治的一系列文章，并于该年合订成册。

8.《左氏春秋国际事例汇纂》(全八卷),中华民国八年(1919年),抄本。在《战时国际公法》(1915年)书末所附《汉岘丛录汇目》上标注为“编纂中”。

9.《重译财政学》(全八册),英国巴斯熙夫著,高野岩三郎译,严献章译,在《战时国际公法》(1915年)书末所附《汉岘丛录汇目》上标注为“写定待刊”。《襄樊著述志》中附有《重译财政学》的封面图片,并记为民国八年(1919)湖北省官书局出版,湖北省图书馆存。

10.《重译经济原论》(全六册),英国马德夫烈著,日本井上辰九郎译,严献章译,在《襄樊著述志》中记为中华民国二年(1913年)抄本。在《战时国际公法》(1915年)书末所附《汉岘丛录汇目》上标注为“写定待刊”。

另外,《襄樊著述志》和严培林“我的祖父严献章”文中将《左氏春秋国际事例汇纂》一书分为《左氏春秋》和《国际事例汇纂》两书记载,有误。根据《战时国际公法》、《塞上陈说》和《江河万古流》所附“汉岘丛录汇目”,两者实为一书即《左氏春秋国际事例汇纂》。

从这个列表可见,太姥爷所写、所译之著作都是当时国家和社会发展急需的著作。他的经世济国之志,由此可见一斑。遗憾的是,这个列表中很多书至今未找到其文本。从书名来看,它们是一些至今仍然具有重要学术价值的书。例如《教育译案》、《蒙养教育学》、《币制管见》、《左氏春秋国际事例汇纂》、《重译财政学》和《重译经济原论》。

从《战时国际公法》及《塞上陈说》、《江河万古流》所附的《汉岘丛书汇目》来看,太姥爷曾将其主要著述汇编成《汉岘丛书》,并出版了其中的一些。如《塞上陈说》、《江河万古流》分别是其之一和之六。

严献章著作照片

王曦按(2017 年 2 月 3 日):

以下为我收藏的太姥爷所著《江河万古流》、《民法总则》二书的照片。其中《江河万古流》从北京中国国家图书馆古籍馆查得,《民法总则》从网上古旧书商手上购得。

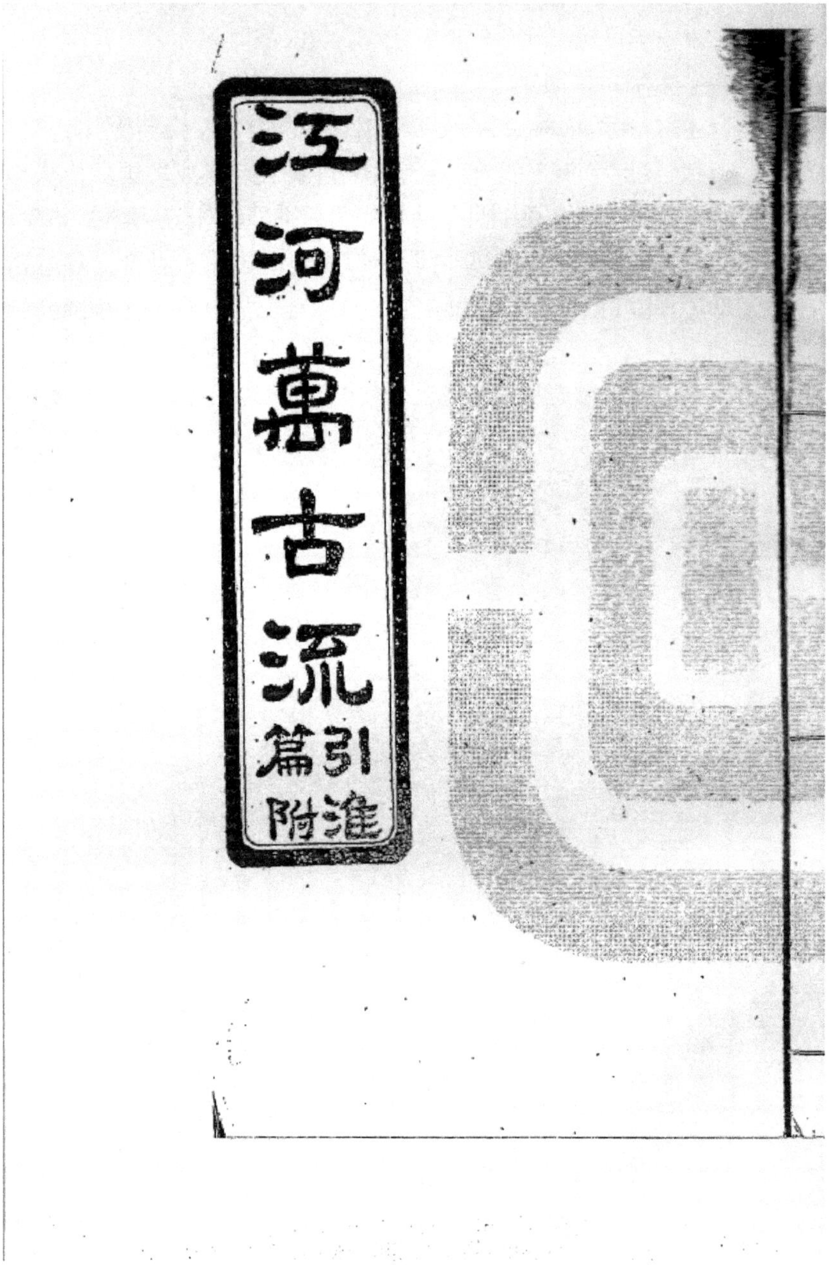

民法總則

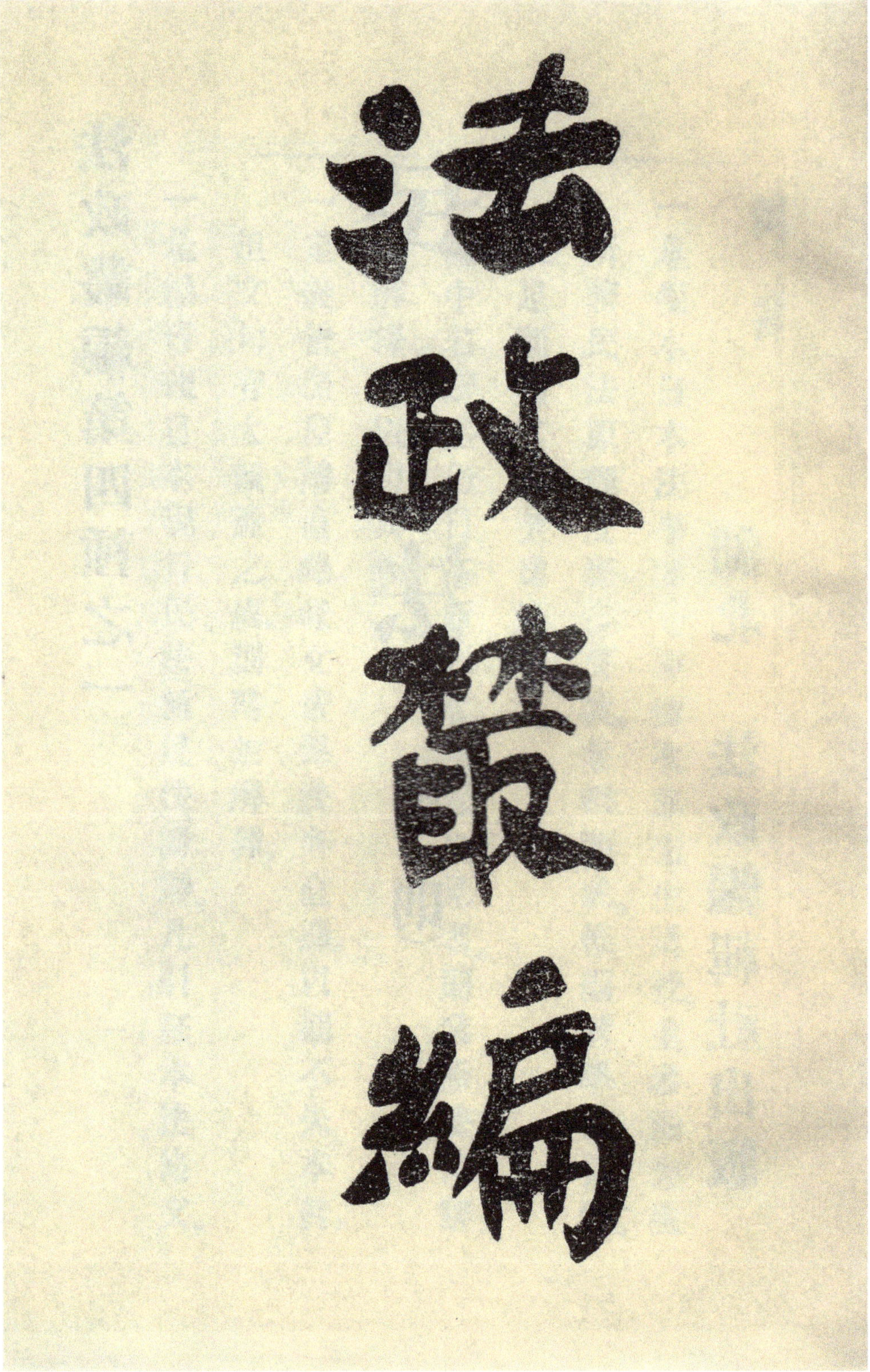
法政叢編

法政叢編第四種之一

民法（總則）

湖北法政編輯社出版

例言

一是編本日本法學博士梅謙次郎先生講授。並參酌先生所著民法原理及民法要義。彙輯而成。惟編者學淺晷促。未足闡明其義。至爲遺憾。

一編中名辭。悉仍日本所固有。凡屬初見者。則參照法律辭典解釋之。以明其義。

一定義皆照原講直錄。條文皆照法典直譯。以期不失本眞。但文句有太艱澁之處。則略加解釋。

一是編皆據日本現行民法(新民法)講釋。凡引証本法條文。

則直稱第某條。不標明民法二字。其引証舊民法。或他國民法。及其他法條文。則必標明某法第某條。以示區別。

一凡註中言見第某條。或他法第某條。皆指日本現行法典。近坊間已有譯本。閱者當購此書參觀之。

民法總則目次

民法

穀城　嚴獻章
羅田　匡一　編輯

第一編　總則

緒論

萬類緣集。厥有社會。社會所積。遂成國家。國家者一般人民所結合而構成者也。野蠻及半開化之國。無完全之社會。亦無强固之國家。雖復政教異途。文野殊轍。要皆儆害相尋。而所謂神權帝政。羇束拘攣之命令。無一足以維持人民之秩叙。保全社會之安寧者。此禍亂所以相乘而無已也。欲救斯害。舍法無由。立法階梯。國內法爲先。而民法乃國內法大宗也。世界各國。其民族性質。歷史慣習。各不同一。故其民法之範圍亦不同一。日本民法。與歐米各國相較。其性質雖同。而編別亦不無少異者。玆分二則言之。曰民法之性質。曰民法之編別。

光緒卅一年十二月十九日發行
明治三十九年一月十三日發行

法政叢編第四種之上
民法總則

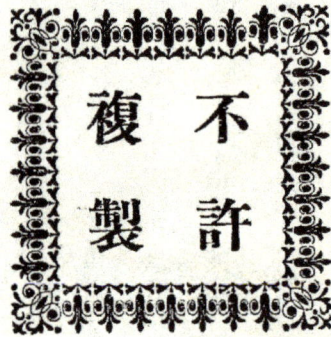

編輯者
穀城 嚴獻章
羅田 匡一
松滋 王運震

印刷者 池田宗平
日本東京淺草區黑船町廿八番地

印刷所 東京並木活版所
日本東京淺草區黑船町廿八番地

不許複製

發行所 湖北法政編輯社

發賣所
內國 各大書肆
日本 清國留學生會館
東京神田區駿河臺鈴木町

汉岘丛书汇目

王曦按(2017 年 4 月 11 日)：

下面分别是《塞上陈说》和《江河万古流》的封底内面所载太姥爷撰写的“汉岘丛书汇目”扫描件。好友中国农科院朱建国先生曾于 2016 年 8 月 31 日在北京国家图书馆古籍馆查到该二书的原件。

漢峴叢書彙目

教育譯案 全四編 光緒甲辰年秋九月刊行

幣制管見 全一册 光緒戊申年春方國家議改幣制徵意見於各直省特 日京郵呈疆吏不報至是年秋而政府籌議尚未解决

出原稿呈之星使胡公深荷獎許咨送會議政務處亦不省遂付手民刊印成 質同志而供商榷滬漢各報曾經衆旬登載現倘多請重登者以時過境猶未

漢譯戰時國際公法 全十册 日本 有賀博士著 戊申年秋八月初 乙卯年夏六月再

重譯財政學 全八册 英國 巴斯熙夫先生原著 日本 井上辰九郎博士 高野岩三郎博士譯 寫定待刊

重譯經濟原論 全六册 英國 馬德夫烈先生原著 日本 井上辰九郎博士譯 寫定待刊

以上兩譯稿共六十餘萬言民國二年冬曾將全稿呈 總統府上書 大總統請款刊印旋厄於經費不果

塞上陳說 癸丑夏初漫遊塞上關於壯佃改組事宜曾據管見面爲當道陳說 因熱河實業廳長楊仁山先生之閱遂於都門旅次匆匆草就以報

左氏春秋國際事例彙纂 全八卷（編纂中）

漢峴叢書彙目

教育譯案　全四編　光緒甲辰年秋九月刊行

幣制管見　全一冊　光緒戊申年春方國家議改幣制徵意見於各直省特起草日京鄉呈釐吏不報至是年秋而政府籌議尚未解決乃復出原稿呈之星使胡公深荷獎許咨送會議政務處亦不省遂付手民刊印成冊藉質同志而供商榷滬漢各報曾經兼旬登載現尚多請重登者以時過境猶未遷也

漢譯戰時國際公法　全十冊　日本　有賀博士著　戊申年秋八月初版　乙卯年夏六月再版

重譯財政學　全八冊　英國　巴斯照夫先生原著　日本、井上辰九郎　高野岩三郎　博士譯　民國八年湖北省政府印行

重譯經濟原論　全六冊　英國　馬德夫烈先生原著　日本　井上辰九郎博士譯　寫定待刊

上兩譯共七十餘萬言清季荷星使胡公咨商度支部撥帑刊印已邀允准旋破壞於司員以恐人援例二字尼之民初上書大總統發交國務院轉行教育部終尼於費不果遲至民八財政學始獲刊刻

塞上陳說　癸丑夏初漫遊塞上關於莊佃改組事宜曾擬管見而為當道陳說嗣因熱河實業廳長楊仁山先生之屬遂於鄉門旅次匆匆草就以報

左氏春秋國際事例彙纂　全八卷（編纂中）

塞上陈说

王曦按(2016年9月1日):

以下是太姥爷所著长文"塞上陈说",现藏于北京文津街国家图书馆古籍馆。我于2012年6月通过网上查询国家图书馆古籍馆,得以复制该文的全文。复制件上有"松坡图书馆藏"[①]、"北平图书馆藏"印章。湖北省图书馆应当也有收藏。书上注明此书为《汉岘丛录》之一。

太姥爷于光绪三十年(1904)初由两湖总督张之洞选荐,公费赴日本东京法政大学清国法政速成科第一届留学,速成科毕业后考入早稻田大学法律系本科,于1910年学成回国。1913年曾奉热河省实业厅厅长杨仁山之邀请赴热河一带考察政务并提出建议。辛亥革命之后,任武昌省立图书馆(后湖北省图书馆)馆长,一直从事学术研究、翻译、写作。

该文写于1913年(癸丑年),时值辛亥革命后的第二年,即中华民国二年。该文标题中"热河熊都护"系指时任热河都统的熊希龄。[②] 文后所附信件中所提"杨仁山"系清末官员杨道霖;[③]所提"谢炳朴"系清末官员。[④]

从该文和文后所附信件可见,该文写于熊希龄担任热河省都统期间,其内容系在热河与熊希龄会面时提出的三条资政建议(即"分配旗户庄头地,统改组民田,以纾塞外民困""推诚蒙古诸人物时痛陈利害使知自为警惕""辟热河故宫址为万国避暑公园用藉保存国粹")中的第一条建议。太姥爷建议由政府清理塞上清代旗人名下的土地并将其分配给当地农民,并为之提出了五条详细办法,包括防止办事官员贪污受贿的办法。太姥爷在文末对当政者恳切地呼吁道:"出塞民于水火,登塞民于衽席,是所望于先生之有以英断出之及时为民造福耳!"

太姥爷请时任热河省实业厅厅长的杨仁山将此文转呈熊希龄。适逢熊希龄以"首位民选总理"身份因赴京就职,因而未收到此文。后熊希龄给严献章来函索取此文。文中所提分配土地一事由于熊希龄离开热河而未付诸实施。1915年(乙卯年),谢炳朴在武昌黄鹤楼原址读到该文并写下赞语。关于三条建议中的另外两条,太姥爷在文末说"容缓续呈",是否成文,不得而知。

---

① 现北京文津街中国国家图书馆古籍馆馆址的前身是民国政府为纪念蔡锷(字松坡)将军而建之"松坡图书馆"。蔡锷将军1916年11月8日病逝于日本福冈医院。1923年梁启超上书民国大总统黎元洪请建松坡图书馆。11月3日,黎元洪下总统令,将北海公园快雪堂(原为慈禧赏雪处)拨为馆址。松坡图书馆内有三个进间,图书馆在一、二进间,三进间为蔡公祠。梁启超是蔡锷的老师,后为松坡图书馆首任馆长。王曦注,2016年12月12日。

② 熊希龄(字秉三,1870.7.23—1937.12.25),湖南湘西凤凰县人,著名的教育家、社会活动家、实业家、慈善家和杰出的爱国主义者。1913年当选民国第一任民选总理。

③ 杨道霖(字仁山,1856—1932年),江苏无锡人,光绪十八年(1892)进士。光绪三十三年(1907)出任柳州知府。

④ 谢炳朴(字虎文,?—1913年),据网上记载,他是湖北潜江人,以秀才留学日本。吴禄贞督办延吉边务时,任秘书兼延吉地方监察厅厅长,为捍卫我国领土做出了贡献。

我尝试为此文加注了标点符号。在此忆及 1977 年参加高考进入武汉师范学院汉口分院中文系，跟随几位从旧社会过来的令人尊敬的老先生学过古代文学和古代汉语，有过初步的古文断句之训练。不想几十年后的今日得以用上。对我的标注和断句如有疑问，以原始文本为准。

塞上陳説

癸丑夏漫遊塞上返都與熱河熊都護言莊佃改組事宜書

嚴獻章(尺生)

某再拜。奉書某先生閣下。竊某春暮入都，適宋案借欵相繼發生，南北惡感日甚，而某客冬在都，與各部稟商之件俱不能繼續磋商，顧瞻四方蹙蹙糜騁。聞先生坐鎮北陲整理政務，乃驅車出塞企藉瞻韓。及抵熱河，謬承記注殷拳實深慙感。顧旅居經旬，伏察治下，各方面類皆愛戴，保艾安堵逾恒北門鎖鑰之寄。先生可以臥治出之，無庸樗散駑鈍奔走後先為也。又因寒門有感傷之觸(六月一號晨由都府宴罷歸寓適接京友轉到家函，悼聞第三女子文生於陰歷四月十六日寅刻殤亡)，遂仍南旋，伏維臨行辭別帥，曾經面陳三策計。第一，請分配旗户莊頭地，統改組民田，以紓塞外民困也。第二，請推誠蒙古諸人物時痛陳利害，使知自為警惕也。第三，請闢熱河故宮址為萬國避暑公園用藉保存國粹也。雖第一條陳已早在碩某擘畫之中，然既違左右猶不能已於言者，則以企仰之深，感觸之切，故不惜再為筆述之，抑亦野人獻曝之意。云爾用特郵達，唯先生之賜覽焉如左。

第一、請分配旗戶莊頭地，統改組民田，以紓塞外民困也。

此條事繁情賾，試分理由與辦法為甲乙二項陳述之，以備萬一擇焉。

甲、理由 伏維熱河地方承德府屬數百里，南自古北北抵赤峰。除署攙雜蒙古地及民地外。類皆旗户莊頭地。查此地亦分數種，曰恩賞亦曰皇糧莊頭，曰王府公府莊頭，曰園頭莊頭，曰公差地莊頭。要皆前清官地，分領少數旗籍，使之分配佃户，坐收其租。大者分佃數十家，小者亦或十餘家。而莊頭之家則除每年署納官租外，不耕不織，坐食豢養近三百年矣。雖迄今日莊頭之家亦多有流於苦困鄰於餓殍者，然此皆前清一代偏私秕政有以驅之使然。蓋彼等逸樂遊情驕奢易生，積久成性愈積愈深，遂致入不敷出屢議加租。加之不已，轇轕百出，甚或虞虧官課。不得已急救燃眉押租外人，聽人包攬，因之承佃之户又受二次魚肉，遂成今日莊佃皆病，訟案如鱗，而為蠹國病民一大秕政。當茲民國新造，五族平等，此等偏私之政斷不復容於共和之世，固屬地義天經質之五洲而共認者也。而其中為害尤烈者首恩賞。以其莊地面積最廣而莊頭散布各地，與佃户雜處直接管領枝節横生故也。次王府，此則其他面積稍狹而遠居京都，分派管家間接遙領署責徵租即不過問故也。但管家把持鄉莊亦多有甚為民害。又次則為公差，園頭所領面積尤狹，且園頭多係自耕，故弊害獨少。而公差承租官家情形亦異，事實既有區分，斯整理不無各别，其條理於後，辦法詳之。

乙、辦法 此中情事多端，頭緒紛繁，謹分析為五條件，依次而遞述之

一、宜設臨時籌備處,先調查莊佃戶口及丈量地畝而為根據也。

此舉宜設專處,籌畫一切。而入手辦法非先調查莊佃戶口、丈量地畝無以為異日分配永業之根據。特調查丈量頗非易事。竊以為從事調查須先張布文告,遍揭通衢,剴切示諭,俾眾周知,務使咸曉。然於與民更始一視同仁之至意,然後慎派妥員分路出發。每於莊佃所在市村,齊集莊佃各户各來家長一人,令其依次面積、籍貫、丁口及承種田畝多寡、歷年久暫並有無押租,畢書於冊。但於使自陳述之時,宜先嚴申誥誡,倘有不實不盡,異日覺露或由人訐出或丈量不孚,即將該佃所種田畝取消另行分配於人。繼乃按冊丈量,隨標畛域,裒多益寡,指揮可定,惟此中最要。田畝宜分等第。但只宜分為上中下三等即可,不宜過多。過多則費手續且易起紛爭。而丈量亦隨有詳畧。如田分三田,上等丈量宜詳;中田即可稍畧;下田更宜從畧也。如此則事既易舉而民亦不病苛細一處。如是他所復然。一俟統告完竣,然後根據以分田制租,可坐而定。此所以為此舉入手之第一著步也。

謹案,現在莊佃所訂稞租多寡有無,毫不足為異日分田制賦之根據。緣莊佃舊納稞租三百年間,久已任意增減。至今日則詢之土著,種地多者不必納租多,種地少者不必納租寡,緣納租之重輕恒視押租之多寡增損為比例,且地愈膏腴押租愈形倍蓰,增之逾量甚至無租者有之。故欲以今日現租之輕重有無,藉以測田地肥瘠,訂賦稞征收,咸不足為據也。此所以丈量之手續萬不可省,但須處處以寬大出之自然可免騷擾耳。

二、宜按莊戶丁口及現承佃戶分配地畝,責令稅契納租而為永業也。

夫此等田畝在前清既為官地,今議改歸民業,斯承為永業之人不可不有以限定,否則必至起爭而限定奈何?曰:須以現時與此等田畝有直接關係之人為斷。而此種人約計有四,王府公府之管家不與焉。一曰嫡系承接莊頭之人。二曰莊頭分支坐領莊稞而不認官租之人。聞此中亦有幫租者、有領田自種者,但屬最少數。三曰押資莊頭包攬領種之人。聞此中有包領全莊或全莊幾分之幾者。按此種人情形最為複雜。有由始開墾而領種者,有中途出資而領種者,又有將所領田畝若干分佃於人,若干留為自種者。四曰承佃耕種之人。此中有直接領種於莊頭者或間接領種於包攬人者。而四者之中又宜分主體與客體。何謂主體?即現行實在耕種田畝之人是也。何謂客體?即現未耕種田畝而與此田畝有關係之人是也。主體之人當然為分承永業之户,此固毫無疑義。緣彼等對於田畝有開墾之功、胼胝之勞,自為仁政所先施。而客體之人,既有種植關繫自不能全令向隅,是又宜酌量情事劃分田畝使與主體之人一同稅契納租,固為至當之術。而如此則既免偏枯亦自無怨咨在途也。抑主體之人既云當然為分承永業之户,勢必以現所耕種田畝為所得永業之限度,則客體之人將何從而得田畝以與之斟酌劃分乎?曰:是不然。雖主體之人當然為分承永業之户,然其所得田畝究亦不可無限。制限奈何?至多不可過一頃即百畝,至少宜規定十畝。下田二十畝,過則損之,不及則益之。一損一益之中則羡田生焉。羡田不足以分配即酌割其承業田畝之最多者以畀之。此亦屬至仁至義之用心而為至均至平之辦法也，何慮客體之人或至無田分配乎？而第一條件中所言之衰多益寡指揮可定者，此也。特分配田畝既如是，而責令契租又如何？曰：是更不難夫！田既分為三等，斯稅契與賦租即可隨之比例而一定，如規定上田一畝，責納稅契二元，令出年租一斗；中田一元，年租五升；下田五毫，年租二升。以此例推，則十畝百畝可坐而定。執簡馭煩，如操左券，其此之謂矣。

謹案，恩賞莊頭原始為百二十八家。迄今宗支分出約計總不下數百千家。以其為害民間三百年，有謂此等旗戶今議改組，宜一律抹煞者。此不達政體之論，無論不合民國寬大之仁。亦實無此辦法。且其罪在前清偏私政教之非，於彼蚩蚩旗氓無與焉。惟此輩遊惰性成，分配田畝不宜過多。但為之按丁授畝，使儕齊民，令自力耕，克贍身家足矣。準此一夫授田十畝，下田二十畝為宜。如其人口過多則酌量增撥可也。

又案，熱河食公差皇糧之旗民若現聽差於帥府及各公署并避暑宮中之門禁役夫等，亦不下數百千家。而此數百千家之生計亦早有奄奄待斃之虞，至今日則彼輩更自日慮流歸餓殍矣。間遇其人，偶一詢其生計，不曰待大帥恩典則曰望大帥賞飯喫也。聞之令人愍然。誠使莊戶改組，此等旗籍正宜按皇糧莊佃分配之例，分配於公差園頭兩項下可謂名正言順。而鴻恩所沛，所施亦甚溥矣。至王府公府所領莊地似宜一筆鉤銷，悉與分配於現承耕種之佃戶。其有餘則可分潤於口外無業之旗民而使承永業。緣彼等信任家丁為害民間數百年而毫無覺察，其罪固不容逭矣。一筆鉤銷初無半點刻薄，且彼等固亦不甚介意，蓋彼等雖現在尚各坐擁厚貲也。

三、宜斬斷莊戶舊有葛藤，銷除一切訟案，寬其既往而永定厥將來也。

莊戶佃戶歷年以來頻歲有議增租稞之事、更易佃種之煩。因之轇轕百出、訟案繁興，雖十之八九類皆莊壓佃戶，而亦不無一二反出佃凌莊頭者。此又以押租過多，籽稞減少，積重難返久而彌甚，遂有變而為尾大不掉之勢。以故此等訟案，莊控佃戶者有之，佃控莊頭者有之，莊佃互控者亦有之，而積弊近三百年至今日，遂成莊佃交病之局。而官府之理訟案者對於此等案件蝟集如鱗亦有大憂首疾額之概。當茲邦基肇造，百度維新，舉國家一切大政事事與民更始之際，此等蠹國病民最大秕政自當一掃而空之。然欲除此秕政，非將莊佃舊有一切葛藤如課租之輕重、押租之多寡、有無加減增損等情事及舊有一切訟案無論新案陳案及情節輕重是非曲直等，一刀斬斷，一筆鉤銷。而悉與一旦廓清之，必永無改絃更張之一日。是可斷言或疑如此辦理無乃近於武斷乎？曰：不然。此非武斷，實乃仁術。謂之英斷則可，謂之武斷不可也。蓋莊佃舊有葛藤已過者，既不足視為十分苦痛，如歷年之增課加租及無名之借貸等事。而目前轇轕將來者，方且長，憂為切膚病災，如已成新舊未結之訟案。及此秕政一日不改，斯此轇轕一日方長而未艾。果一舉以英斷出之，則所謂莊佃皆病者一轉移間將使咸與蒙休。雖其中如此辦理保無一二畧感一時微痛，而要之計及後此長亨萬年永業則此微痛固不足言矣，又誰不譁訟而樂從也乎？矧此田畝原是官產,所有莊佃一切交涉類皆私相授受,按之法律二者皆譏。是雙方主張理由本無一是可言,惟然果以英斷出之則實屬為國袪弊、為民造福,應無絲毫疑義也。哀此三百年莊佃皆病之民,一旦使之出水火、登衽席,是所望於今日之秉鈞軸者。

謹案,此條件極有關係,亦頗費躊躇。乍現之似屬無理,細按之真正仁術。倘不如此而或慮不均平,必枝枝節節而辨其曲直、理其是非,勢將至愈釋愈紛、愈解愈結而日言整理且日趨棼紮矣!是煦仁孑義之姑息,民間未獲受絲毫恩施而猛獸洪水之遺流地方且長蒙無疆鉅患也。此固智者所不出,而尤辦國家大事者所未遑瑣瑣細顧者矣。矧此一細顧而大事即辦不去乎?吾有以知其必不然矣。然此可為知者道難一二。為世人言異日恐梗斯議者即在執此之一條。故反覆辨論不憚求詳,而亦遂不自覺其言之贅而辭之費也。尚希有以垂察之。

四、宜規定莊佃改組,初次契租所入專留為熱河地方開闢利源,不許挪作別用也。

取之於民者復用之於民,此為古今中外文明理財通例而亦國家用財正軌。此議莊佃改組本專在為國袪弊、為民造福而初無絲毫圖斂民財別資挹注之意。然一整理間而理財之道寓焉,經濟之途生焉,所謂取之於民而民不病、用之於民而民生裕者,意在斯乎?意在斯乎何言理財之道寓?曰:此次改組既議劃分田畝、分配莊佃,使咸承為永業,自必責令投官領契以為萬年永業之據。尤必依之按畝起租以定經常賦課之入。而因改組二者初次所得收入約畧如第二條件所假定,平均以中等田畝計之,若得田畝十萬頃,則可稅收契千萬元。此平均以中等每畝一元計算,租賦五十萬石。此平均以中等每畝五升計算,若折銀則每石規定四元可得二百萬元。若得田畝二十萬頃,則可收稅契二千萬元、租賦百萬石折銀四百萬元。想莊頭地蔓延塞外數百里,異日仗量清楚確得田畝約總在十萬、二十萬頃以上應屬意中之事。惜現無詳細調查耳!果使如願以償,則合租契二者初次所入至少亦總不下二千萬元。以上之預算固不可不謂鉅欵。當茲司農仰屋之際,為國家驟增此財源而復涓滴悉用於為民生利之途,謂非理財寓焉乎?何謂經濟之途生?曰:既言取之於民者仍用之於民矣!則此項所入自宜昭昭揭諸國門規定,專留為熱河地方開闢利源,不許挪作別用。此固屬一定不易之辦法。而開闢利源則首要莫急於京赤鐵路之開通,以貫輸朔漠之百貨計。由北京至赤峯,軌程不能逾八百里,再由赤峯東接京奉,西達京張,而熱河交通即四通八達矣!次要莫急於開拓毡鐵工廠,以收集塞上毛物而獎勵畜牧。再次莫急於設農林試驗場以提倡山林種植之學。誠使從實講求,積極進行,將不出十稔今日口外數百里山之一望皆童者且盡成濃蔭密布茂林遍嶺矣!而地之半含沙石,旱則赤地千里,潦則汪洋一片者,必知盡力溝洫,化分土宜而漸轉石田為膏腴,變瘠磽為肥美矣!信如是也,則貨之滯於途者通;利之棄餘地者出;而民間之生計阨於困者蘇;又何一不關於經濟謂非經濟生焉乎?一舉而數善兼備,殆無逾此莊佃改組規定收入用途之政策者矣!

謹案此,條件亦屬至要,必如此規定收入用途始可昭大信於塞民,止謠諑之繁興。據一路所聞,現在凡關係此種旗民咸早自知彼等生計不穩,然又不知將來當道如何處分，常杞杞憂慮或出於盡絕彼等生機，因之杯弓蛇影，疑竇叢生。以故熱河地方時起謠言大抵半屬此輩為之。且此舉於蒙古方面亦有至要關係。誠使辦到如此則不但旗户釋疑，漢民謳頌，而蒙古地隨在與之犬牙相錯，斯蒙古人亦且因之觀感而興起矣。是又可以斷言也。

又案，莊地既改為永業則宜規定經過一年以後可聽自由賣買，另責契租。而此二者常年收入屬於租賦者宜劃為熱河地方經常行政經費之支出，屬於稅契者宜撥歸熱河地方興辦公益事業隨時之補助。如此辦理其庶乎不朽之建樹歟！

五、宜對於籌辦人員嚴定賞罰，杜絕賄賂而務使弊絕風清也。

莊佃改組須以調查户口、丈量田畝為入手。辦法前已詳陳之矣。第此等辦事人員非由官府慎選幹才五七人或七八人至多不宜過十名，否則糜費。分路出發，各專責成，刻期急進，固不足以周事。然僅恃此等官派人員與民間情形隔閡，底蘊茫漠，言語亦多歧異，是又每於至一地，方非先期責令各由土著推舉三二名通曉事理、了知地方情偽者為之曉諭即關於宣布當道整理此舉一番德意，為之通欵即關於代述民間一切下情及疾苦，為之指揮嚮導即關於道路出發、迂直丈量分等詳畧等事；為之諏諮訪詢即關於土質肥磽、生產饒薄、旱潦平均比較等等；則必不能辦到事事圓滿、一切完善。是可斷言：惟然則此等推舉之人亦宜指定名額，核給薪水，多則三人，少則二人。一地如是，他所復然。倘遇有十分精明幹材亦可令其長隨左右以資臂助。但凡屬此等辦事之人，無論官紳，咸宜一律嚴定賞罰，杜絕賄賂，倘有違犯，為首斬決。同惡流徒知情不舉者撤，委自愛者統。俟舉辦告竣，或按月酌奬、倍薪，或量材另與擢用。如此則勸戒森然，奉公者自昭激勵矣。不然，稍一姑息，通賄難禁，賄賂一行，百竇叢生。此不但豪暴桀黠得者遂壟斷之私，貧弱良懦者半歸向隅之途，而且因之土田之等第可以任意顛倒，計畝之多寡可以自由造報，則國庫之收入亦將受其影響矣！故斬決之議，在今日共和之世，乍聆之似屬駭聞，實則辟以止辟，不如此不足以厲行，固亦仁人君子之用心矣。國僑相鄭、武侯治蜀其亦有見於此夫！

附錄：塞上筆記一則

某於本月由熱河驅車南旋，阻雨三道梁。適值舊歷蒲節，承旅店主人(是該地土著紳者，出資與人領東營業)欵洽殷勤，飽餐角黍，復與之縱談山間習俗、地方疾苦，於旗民莊頭一事詢之尤詳。而其家即領種王府莊地百數十畝。聞某詳述當道有意為民造福將如何改組如何布置云云，渠不禁雀躍歡欣，大有立待恩施，望若雲霓之概。既而某復正色與之詼談，曰：實則此事大帥不辦。渠聞此言不覺失色吞聲，逡巡而起立，曰：先生說了半晌，何以又言如此？曰：大帥不忍辦也。渠曰：大帥何以不忍，恐或有害旗人乎？曰：非也。此事果辦，完善於旗人之困苦顛連者，且為各覓生路矣，又何有害旗人乎？曰？然則何言不忍也？曰：大帥以為辦此事異日必須殺兩人。渠聞某出此言不敢復贅半語矣。乃為之剖析其義。曰：大帥以為辦此事必須多派委員乃足集事。然委員既非一人則異日於實地調查，著手仗量之時，保無一二不知自愛者或有私通賄賂情事。

一經察出,定須立殺一人以為眾委員中辦事者戒。然此事僅恃官派委員不能洞悉民間底蘊,勢必隨在於地方土著之明事理如君等其人者非遴選派充幫委若干人出而幫同辦理亦難期事之完濟。然此幫委中亦實繁有徒異日於共同任事之際亦保無一二不識輕重者,致出等類情弊。一有發覺,又必須立辦一人,以為眾幫委中辦事者戒。不然,斷難期弊絕風清,不遺地方以鉅害。惟然,則是欲造福必須先殺人。此大帥之所以不忍也。言未已,主人親出洗盞,為某進茶一杯,改容振襟危坐,曰:如先生所言,則今日大帥得非聖人乎?何見事如是之神也?吾家王府歷年派來查莊之人,無一不受厚賄而後去。某復頷笑之,曰:總是欲為君等眾百姓造福之大人物也。談至此,時已嚮晦,遂別就寢。次晨破曉即行,謹錄之以備哂覽。

綜以上詳述理由與辦法,是莊佃改組之舉在所不容緩矣!聞前清光緒初年有循吏廷先生者,守承德時曾已議及規劃改組之事。惜尚未著手即更調他適。瀕行百姓遮道挽留,有墮淚者。至今塞上父老言之猶深甘棠遺愛之思!夫廷先生偉矣!以旗員而發憤及此,不其難乎?且在專制之時尤難之難矣!雖其規畫不可得聞,然視由今日為之,其時移勢殊,難易較然矣!抑某猶有慮者,以此舉在今日即不及遽行,後此大抵無慮於不行,以已成輿論故也。第恐行之而領袖一易其人,則必不免滋流弊,即必不能無騷擾。緣此中內容多端、頭緒紛繁。如其人,則批郤倒窾,若庖丁之解牛。非其人,則揚厲鋪張,聽美錦之割製。此不但所傷實多,且恐中途致出困難而又畏難輒止,則所害為尤烈矣!此某之所以剌剌不休也。出塞民於水火,登塞民於衽席,是所望於先生之有以英斷出之及時為民造福耳!若然,則先生於塞外樹不朽之業,而塞民萬家生佛之頌當與邊城萬里同垂千古矣(致第二、第三兩條陳此時不願以冗詞聒尊聽,容緩續呈。某自注。)

民國二年六月二十六號,都中旅次申。

右稿郵達熱河,越旬日未見寄到。(實已早到都府。其遲達之故,見楊仁山先生覆函中。)熊公專函索取,想亦有意造福塞民者。惜二次再寄原稿,而熊公入閣已提出通過兩院矣。原函錄左。

敬復者:展誦華翰,甚感高誼。閣下經歷深富,籌畫莊佃改組事宜定能悉臻妥善。承寄大著,刻尚未能收到。殊為渴望也。耑肅祇頌日祺云云　　某頓首七月八號

癸丑蒲節熱河南旋行抵古北口致楊仁山先生函

仁山先生前輩:揖別次晨,驅車南旋。甫過廣仁嶺,細雨濛濛。抵三道梁,大下如注且終宵未或稍息。因思陸放翁作客臨安饒"小樓一夜聽春雨"之趣,獻章漫遊塞外,亦賞竟夕溪聲潺湲之樂。其中感時撫事,慷慨悲歌,似視放翁吟弄風月尤覺壯濶十倍,質之尊翁信乎否耶?今日以阻雨故,又值舊歷蒲節,荷館主欵洽殷勤,飽餐角粽,復與縱談山居習俗、地方疾苦,於旗民莊頭一事詢之尤詳。所言種種情弊實為前清三百年蠹政。擬至

京師，稍留時日，定如尊屬妥籌辦法。第前在都府對都統陳說，據云已籌及之。惟所言從緩入手恐茲流弊與。與獻章實地調查稍有不合，異日於條陳詳之。望尊翁同壽趙諸君卒佐成之，則萬家生佛之頌都統坐受之矣！而尊翁諸執事亦同造福無量焉！旦此舉宜速不宜遲，遲恐都府為今日物望中央政地，必不任其久鎮邊陲。倘領袖一非，其人則即不可輕議更張。不然，弊未去而騷擾先起，斯首議更張者不免為喜之罪人也。蓋此舉內容多端，頭緒紛繁。如其人，則批卻導窾若庖丁之解牛。非其人，則揚厲鋪張，同棼絲之亂釋。此不但騷擾易起而美錦學製所傷實多。是否有當，尚望於都統。前時有以先入之庶，異日條陳到時或不盡河漢視之也。酌之途次，匆匆。諸希諒恕云云

熱河實業廳長楊仁山先生覆函

尺生老兄閣下：別來卒卒，馳糸良殷。累奉手書，恍同晤對。拜讀大策，閎規碩畫皆從饑溺斯民之心踴躍流出。加以歷年精練，篤摯周詳，可言可行。昔左文襄持論，凡人士條陳有可行者，必任是人為之事，必有濟，最是名論。塞外民庶望幸德政，掃除粃弊久矣。安得如執事者，數人從容擘畫，利國利民，表彰成績耶？因覓書手未得，遲數日，輒即代呈都統並示壽趙劉公。此時局面少異，都統已允入京，一去未必即回。大眾已無堅志。弟等去留亦未定。塞外地氣寒冷，長年氣體終是非宜，不勝越鳥思南之志。南北惡感，強力差可壓平。然不能如此之易。北陲互有小勝。負老師糜餉，時抱杞憂。竊意執事宜就京權棲一位置，靜觀時變，不必急返家園。竊不自外，貢其愚忱，未知當否。專覆。敬候。興居珍衛。不宣。

弟道霖謹啓，七月九號

是書縷陳莊佃改組利弊，如聚米為山，掌上觀紋。籌辦法則細析秋豪，權治理則胸拓萬古。炳樸反復數過，於借箸處服其智；於恤下處服其仁；於斷制防弊處服其勇；自非具三達德而又富於經世學術不能為此言，非具三達德而又有權位不能舉此言。見之實事，中外偉人往往有立一說於此，而遲之數十百年後始成為事實。雖有間世豪桀無以易之者，為其適合輿情，通達治體也。此文亦如是矣。惜當時熊公內用，未及施行。異日守邊有人，邊民有福，此文終不虛作。願書萬本香花供養以為造福生靈之左券。

乙卯四月，學弟謝炳樸讀於黃鵠磯頭謹注。

右所陳說，衹就古北口外熱河統治範圍內旗户莊地情形言之。實則畿疆附近及東三省此等地畝所在皆有。惟歷年既久沿習，互異輿言，整理非可執一。客歲杜門，里閈關塞，友人多索原稿。茲於重刊公法之餘便印成冊。異日有欲造福塞民者乎？聊作芻蕘之獻，或不無一二之可採歟。漢峴謹識。

乙卯中秋前十日，嶽麓旅次。

（家史・吴・1・4－2）

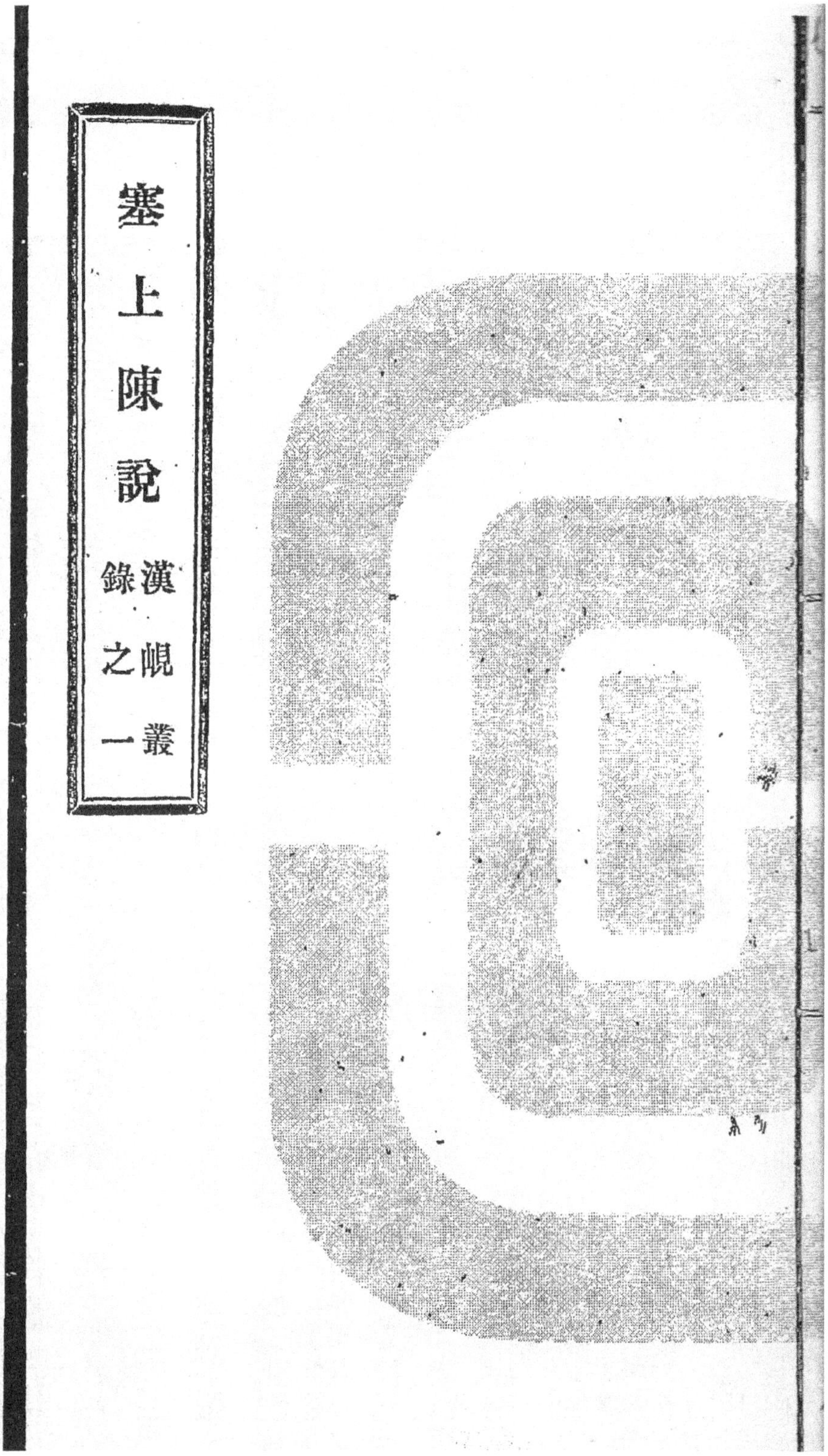

《塞上陈说》书照片

癸丑夏漫遊塞上返都與熱河熊都護言莊佃事宜書

嚴獻章尺生

某再拜奉書某先生閣下竊某春暮入都適宋案借欵相繼發生南北惡感日甚而某客冬在都與各部禀商之件俱不能繼續磋商顧瞻四方蹙蹙靡騁聞先生坐鎮北陲整理政務乃驅車出塞企藉瞻韓及抵熱河謬承記注殷拳實深慙感顧旅居經旬伏察治下各方面類皆愛戴保艾安堵逾恒北門鎖鑰之寄先生可以臥治出之無庸樗散駑鈍奔走後先爲也又因寒門有感傷之觸（六月一號晨由都府宴罷歸寓適接京友轉到家函悼聞第三女子文生於陰歷四月十六日寅刻殤亡）遂仍南旋伏維臨行辭別帥府嘗經面陳三策計第一請分配旗戶莊頭地統改組民田以紓塞外民困也第二請推誠蒙古諸人物時痛陳利害使知自爲警惕也第三請闢熱河故宮址爲萬國避暑公園用藉保存國粹也雖第一條陳已早在碩謀擘畫之中然既達左右猶不能已於言者則以企仰之深感觸之切故不惜再爲筆述之抑亦野人獻曝

函京内外各行政机关送严献章所译战时国际公法一部

王曦按(2017 年 4 月 15 日)：

这份材料是民国初期中华民国政府教育部发行的《教育公报》上的一份公函。我从上海交通大学图书馆“字林洋行中英文报纸与《新闻报》全文数据库”中查到。从目录上看，这份《教育公报》包括命令、法规、专电、公牍、报告、记载、译述和附录几个部分。太姥爷的名字出现在公牍部分一份题为“函京内外各行政机关送严献章所译战时国际公法一部”的公函之中。该公函的日期是中华民国六年九月十五日，即 1917 年 9 月 15 日。当时，民国总统黎元洪因张勋复辟一事辞职，总统由冯国璋代理。这份公函由教育部发出，通知京内外各行政机关接收严献章所译《战时国际公法》。

这份公函含有重要而又丰富的信息。

其一，它记载太姥爷严献章曾经担任中华民国初期的“副总统府参议”。这是我的一个新发现。这说明他 1910 年从日留学回国后，参与了中华民国初期的国事活动，能够接触政府高层人士。

其二，他留学日本期间，有意为国家挑选、翻译了一批法律、经济等方面的著名著作。《战时国际公法》就是其一。这份公函转述了太姥爷写给教育部的信：“献章负笈中外廿余载，自愧毫无建白。前在海外所译日本有贺博士《战时国际法》一书，虽清季早荷湖广督部赵公筹拨官币付梓，然初版区区千部转瞬告罄。民国四年又荷将军汤公、巡按刘公合资再梓，详加修订。凡关于第二次平和会议军事诸新条约无不搜入增纂完善，殊改旧观。窃维此书关系陆海军，现值实行宣战，切尤为切要急需。献章介一书生，无所抱称，仰体当道胃肝惕励之勤，敢效匹夫兴亡与责之义，谨愿捐呈重刊公法百部，敬祈鈞部俯赐咨行京内外各部院、各督军省长并各特别行政区域各一部，永存档案，以备参考。庶于军事、国际前途不无涓埃之助。”好一句“仰体当道胃肝惕励之勤，敢效匹夫兴亡与责之义”！太姥爷的拳拳报国之心，由此可见一斑。

其三，教育部对太姥爷的这个义举，给予高度赞赏。公函中说道：“严献章君留学东瀛，勤于译著。兹复应时势之需要，乐捐所著书百部，热诚爱国，深可嘉佩。”

其四，《战时国际公法》初版千册在光绪三十四年(戊申年，1908 年)由湖广总督赵尔巽拨官款印刷发行。此版为增订重刊版，由海军次长汤芗铭、巡按刘某资助印刷。

中國郵務局特准掛號認為新聞紙類

電話西局一千二百三十三號

中華民國六年十一月三十日出版

教育公報

第四年第十五期

教育部發行

批中華書局新式學生字典一冊准作學生用書簽出各條再版時校正送部 第八百六十八號 六年九月二十九日

據呈及新式學生字典一冊均悉是書選字大抵以教科書及教授書所載爲根據注釋淺顯適合學生自習之用其檢定之法以橫起直起撇起點起四類分別之尤便初學檢查應准作爲學生用書惟誤字尚多略爲簽出再版時詳加校正送部備案可也原書發還此

批

函京內外各行政機關送嚴獻章所譯戰時國際公法一部 第二百二十一號 六年九月十五日

逕啟者據前副總統府參議嚴獻章呈稱獻章負笈中外廿餘載自愧毫無建白前在海外所譯日本有賀博士戰時國際公法一書雖清季呈蒙湖廣督部趙公讐撥官帑付梓然初版區區千部轉瞬告罄民國四年又荷將軍湯公巡按劉公合資再梓詳加修訂凡關於第二次平和會議軍事諸新條約無不搜入增纂完善殊改舊觀竊維此書關係陸海軍現值實行宣戰尤爲切要急需獻章一介書生無所報稱仰體當道宵旰惕勵之勤敢効匹夫興亡與責之義謹願捐呈重刊公法百部敬祈鈞部俯賜咨行京內外各部院各督軍省長並各特別行政區域各一部永存檔案以備參考庶於軍事國際前途不無涓埃之助等因到部查嚴獻章君留學東瀛勤於譯著茲復應時勢之需要樂捐所著書百部熱誠愛國深可嘉佩爲此據情函達並附送戰時國際公法一部用備參考即希察收此致

函北京大學擬給津貼各員分別准駁 第二百二十二號 六年九月十五日

逕啟者接准來函關於任職五年人員應否給予津貼一節查理科學長夏元瑮一員應按照本年五月部頒國立大學職員任用及薪俸規程酌予進級以符定章教授俞同奎馮祖荀二員任職期內曾改充講師且均有中斷情事不能接續計算應無庸加給津貼教授溫宗禹一員任職既滿五年應准援照預科學長徐崇欽之例給予一次津貼六百元以示鼓勵嗣後均應按照新規程辦理此項津貼本部不再加給相應函請貴校查照辦理此致

函外交部敵國人教授宣講隨時由地方警吏嚴密查禁辦法極表贊同 第二百二十五號 六年九月十八日

《战时国际公法》

王曦按(2017年4月17日):

以下是我在上海图书馆查看到的《战时国际公法》的1915年版。

为此版题写封面并作序的,是汤芗铭(字铸新,1883—1975年,湖北浠水人),一位经历复杂的民国著名人物。太姥爷请他为此书作序时,他担任中华民国海军次长。在序言中,汤芗铭高度评价这部书和太姥爷的治学之道。他说:"余留学法京,见彼都海陆军大学莫不有国际公法之一科。硕儒巨子约分大陆、英美二派。就中以大陆派学者福持津所著《国际法》最为宏备……谷城严君尺生感于世变,取旧译日本有贺长雄所著《战时国际法》,重加厘定以应时用。览其序例,知有贺氏之著乃取英法各公法大家之学说与东方战役之事实,合一炉而冶之,较福氏所著尤称完美。严君以历年研求所得,分析、叙述,冀便于实际之运用。亮哉!严君之劬于学而心乎于国之如是,其诚也!……余感念及此,故愈信严君是书之有裨于世用,并望治斯学者之引为良导师也。"

太姥爷在"译序"中道明了政府和国家之军队懂晓国际法之重要性。他说:"吾国今日处列强环伺之秋、文明竞争之会,既已知汲汲从事于入万国赤十字会矣、加盟于万国和平会议矣、且年费数千百万国币以养海陆军人备国防矣。而言战时公法者,寂寂无闻。战时公法所讲皆国立军队要素。军人不明军队要素,一旦有事,集数十百万无教育之军人于战地,则直是厝火于积薪之下,恐将不戢自焚,非仅等诸行军黑夜、入队山林,处处皆荆棘陷阱已也。欲用以靖内斗而不扰民,欲恃以为国防而不偾事,欲藉以与列强角胜而不来万国指摘,余愚不知其可也。"

在"译事例言"中,太姥爷说道:"本译三历寒暑甫告成书。下笔之始,每于中引证欧美公法学者及诸将家精深之论、宏伟之谈,必三复沉吟,潜究其命意之所在、神会之所存,然后融贯述之,务期与立言本旨不遗毫发剩义。脱稿后复详加讨论,稿凡三易……"由此可见太姥爷的严谨学风。

增訂重刊
戰時國際公法
戰時國際公法
8　520224-31

戰時國際公法
8　520224-31

增訂重刊
戰時國際公法
上卷
一

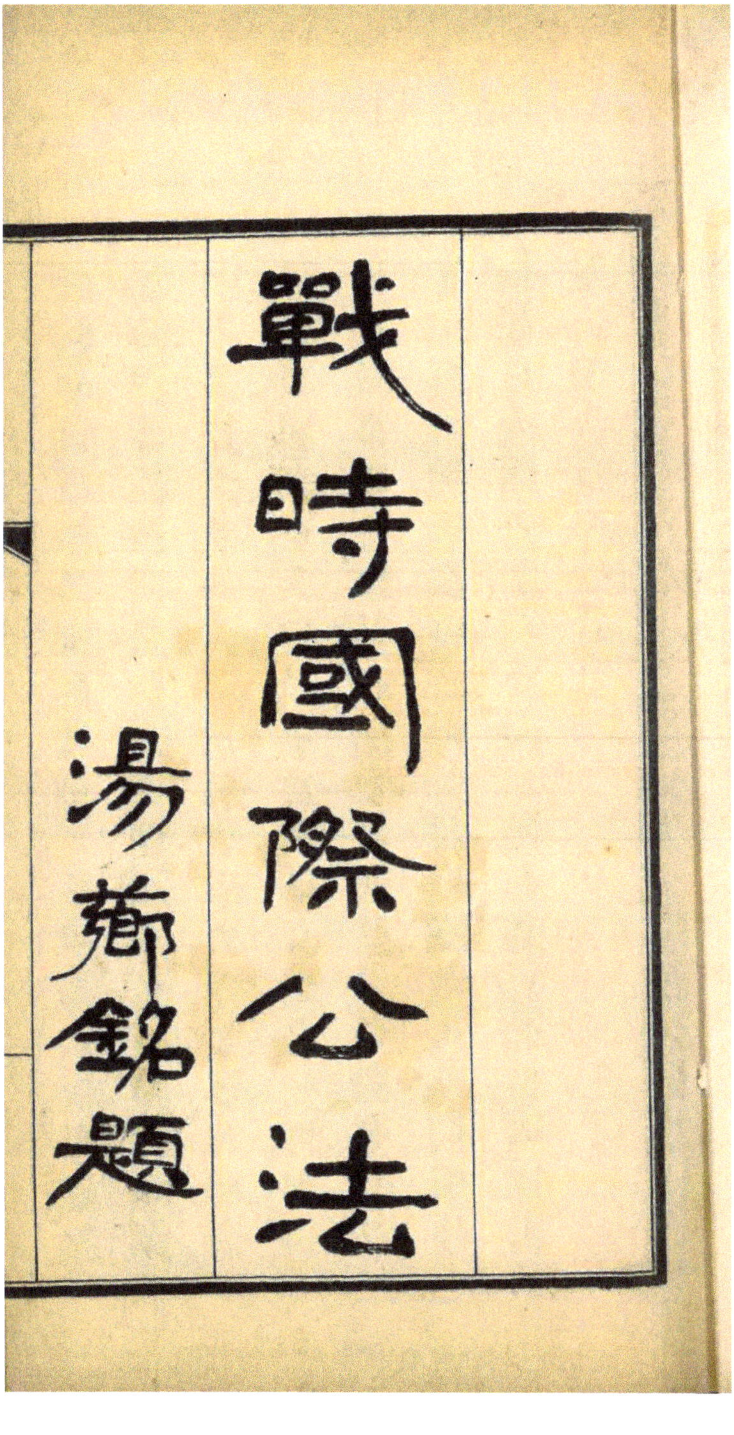
戰時國際公法

湯薌銘題

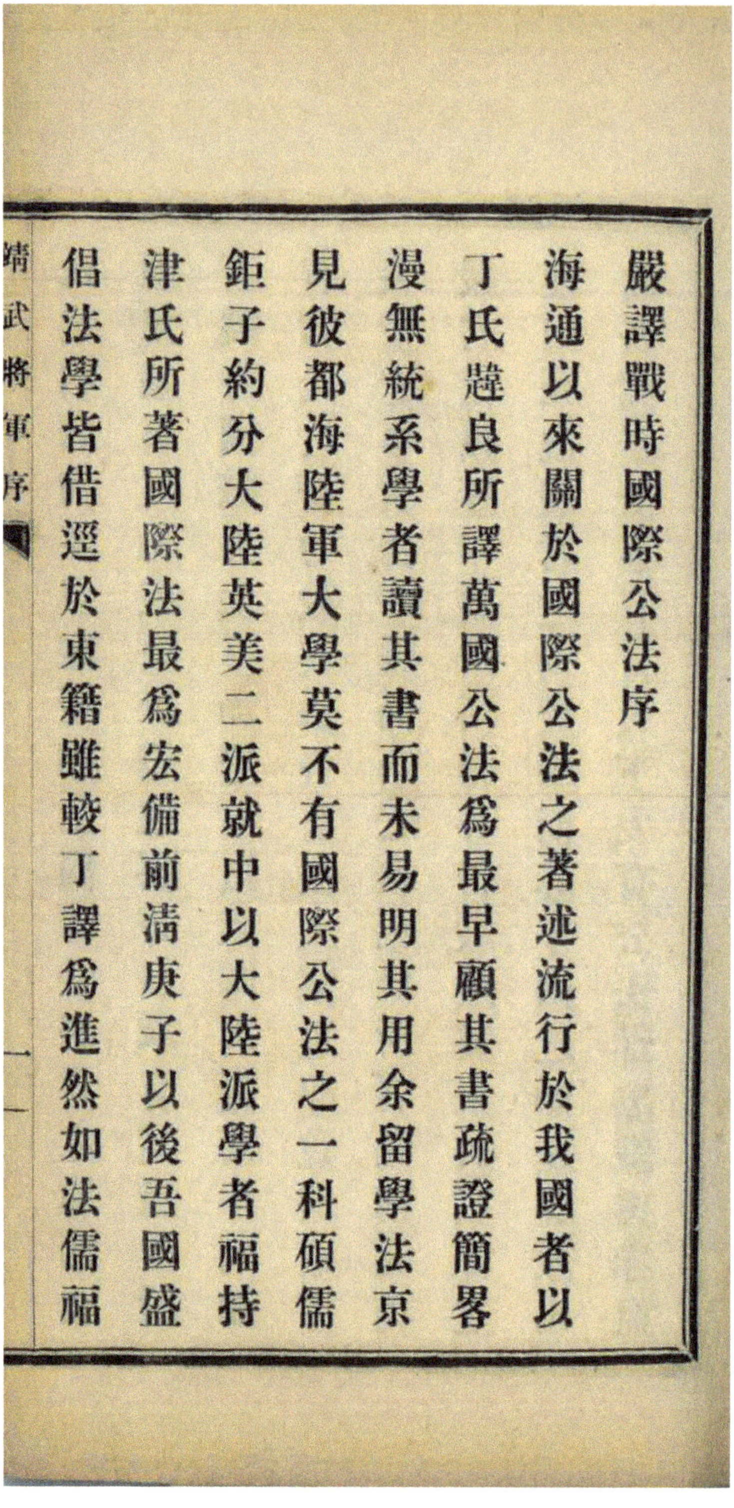

嚴譯戰時國際公法序

海通以來關於國際公法之著述流行於我國者以丁氏韙良所譯萬國公法爲最早顧其書疏證簡畧漫無統系學者讀其書而未易明其用余留學法京見彼都海陸軍大學莫不有國際公法之一科碩儒鉅子約分大陸英美二派就中以大陸派學者福持津氏所著國際法最爲宏備前清庚子以後吾國盛倡法學皆借逕於東籍雖較丁譯爲進然如法儒福

靖武將軍序 一

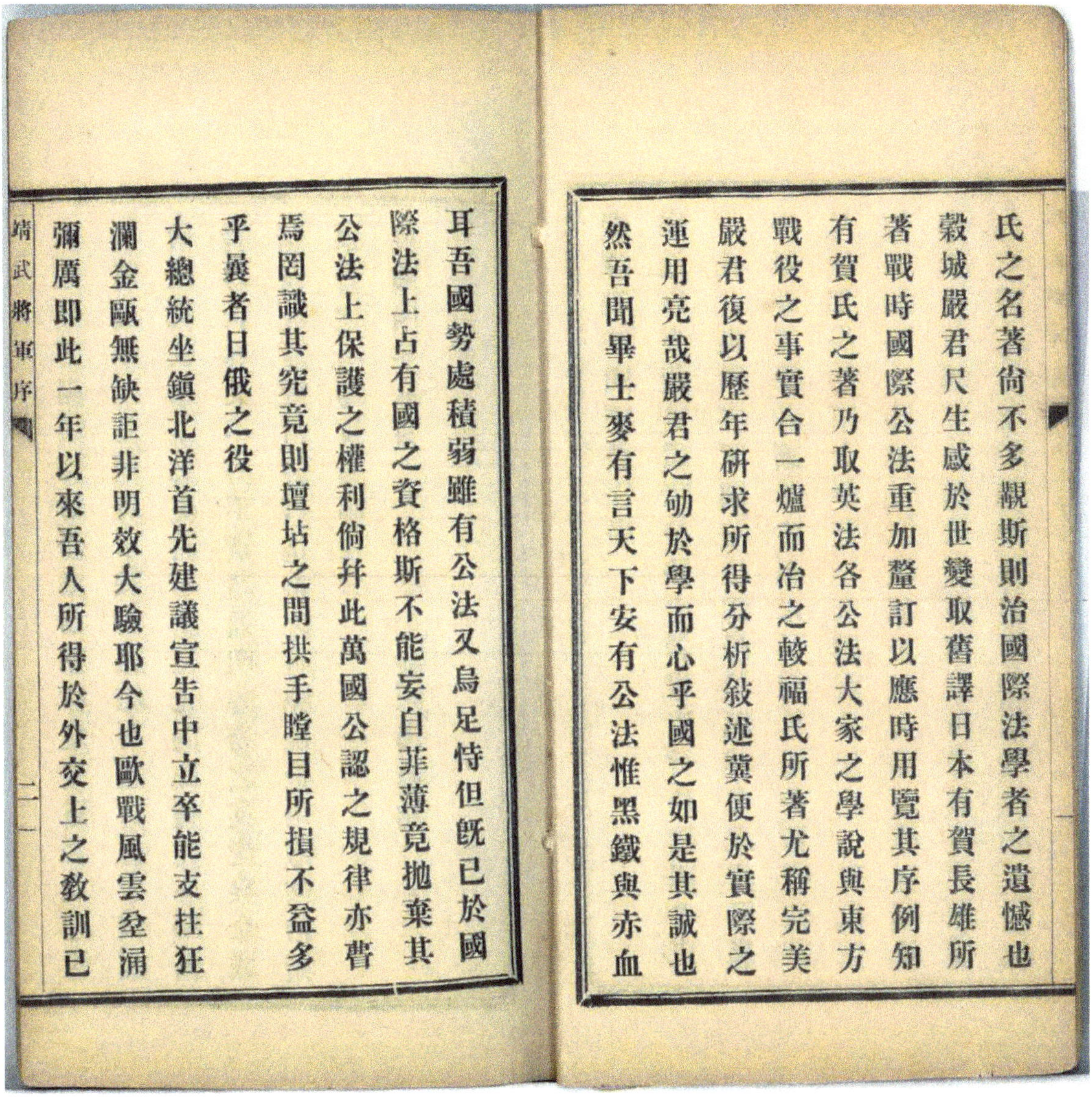

氏之名著尙不多覯斯則治國際法學者之遺憾也轂城嚴君尺生感於世變取舊譯日本有賀長雄所著戰時國際公法重加釐訂以應時用覽其序例知有賀氏之著乃取英法各公法大家之學說與東方戰役之事實合一爐而冶之較福氏所著尤稱完美嚴君復以歷年研求所得分析敍述冀便於實際之運用亮哉嚴君之劬於學而心乎國之如是其誠也然吾聞畢士麥有言天下安有公法惟黑鐵與赤血耳吾國勢處積弱雖有公法又烏足恃但既已於國際法上占有國之資格斯不能妄自菲薄竟拋棄其公法上保護之權利倘幷此萬國公認之規律亦胥焉罔識其究竟則壇坫之間拱手瞠目所損不益多乎曩者日俄之役

大總統坐鎭北洋首先建議宣告中立卒能支拄狂瀾金甌無缺詎非明效大驗耶今也歐戰風雲坌涌彌厲即此一年以來吾人所得於外交上之教訓已

靖武將軍序　二

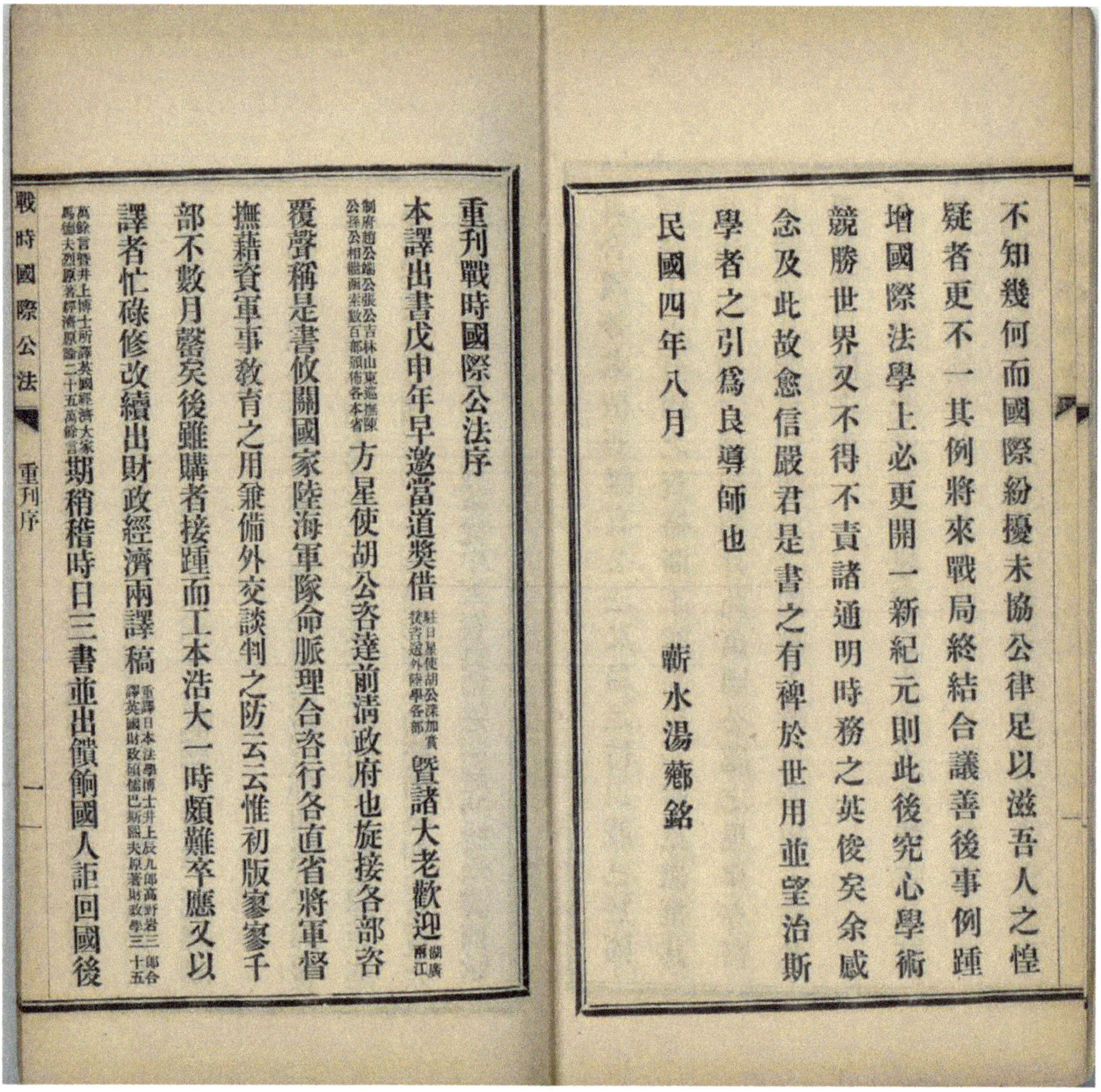

不知幾何而國際紛擾未協公律足以滋吾人之惶疑者更不一其例將來戰局終結合議善後事例踵增國際法學上必更開一新紀元則此後究心學術競勝世界又不得不責諸通明時務之英俊矣余感念及此故愈信嚴君是書之有裨於世用並望治斯學者之引爲良導師也

民國四年八月　蘄水湯薌銘

重刊戰時國際公法序

本譯出書戊申年早邀當道獎借（駐日星使胡公深加賞拔咨送外陸學各部）暨諸大老歡迎（湖廣兩江制府趙公端公張公吉林山東巡撫陳公孫公相繼函索數百部頒佈各本省）方星使胡公咨達前清政府也旋接各部咨覆聲稱是書攸關國家陸海軍隊命脈理合咨行各直省將軍督撫藉資軍事教育之用兼備外交談判之防云云惟初版寥寥千部不數月罄矣後雖購者接踵而工本浩大一時頗難卒應又以譯者忙碌修改續出財政經濟兩譯稿（重譯日本法學博士井上辰九郎高野岩三郎合譯英國財政碩儒巴斯臘夫原著財政學三十五萬餘言暨井上博士所譯英國經濟大家馬儒夫烈原著經濟原論二十五萬餘言）期稍稽時日三書並出饋餉國人詎回國後

戰時國際公法　重刊序　一

大局鼎革南北奔馳栖栖徒勞齎志十載願卒莫酬元年秋擬先
重刊本譯謀之前教育總長范公荷正式咨商陸海軍部而未久
范公去位譯者亦卒卒南旋中止二年再履燕台捧呈三部譯述
百萬餘言上書
大總統徵抒愛國熱忱嗣交國務院封送教育部而終厄於經費
不果昌黎謂中朝大官老于事諒哉客歲杜門里閈伏處經年迺
者歐戰方酣五洲震撼將來結局影響不知變相奚如而遠東大
勢正復岌岌盱衡時局感從中來春莫南遊洞庭乃將本譯商承

靖武將軍湯公大力提倡巡按劉公雅意贊成遂付剞劂蓋將軍
於海軍任內夙籌及之今日此舉固公素心也而范公三年前爲
國玉成之美亦於是見諸實施矣不日書出遍傳西達秦晉隴新
東漸徐揚淮泗北燕趙而南閩粵或胥將不脛而走庶於我國軍
事教育前途不無壤流之一助則諸公所賜又詎唯區區感激已
也用特重加修正並將最近關於軍事萬國會議議決之國際諸
新條約分別加案增纂於上下各編章之末視初版尤稱完善茲
際全帙告成而財政經濟兩譯稿亦行將次第付梓我國軍學政

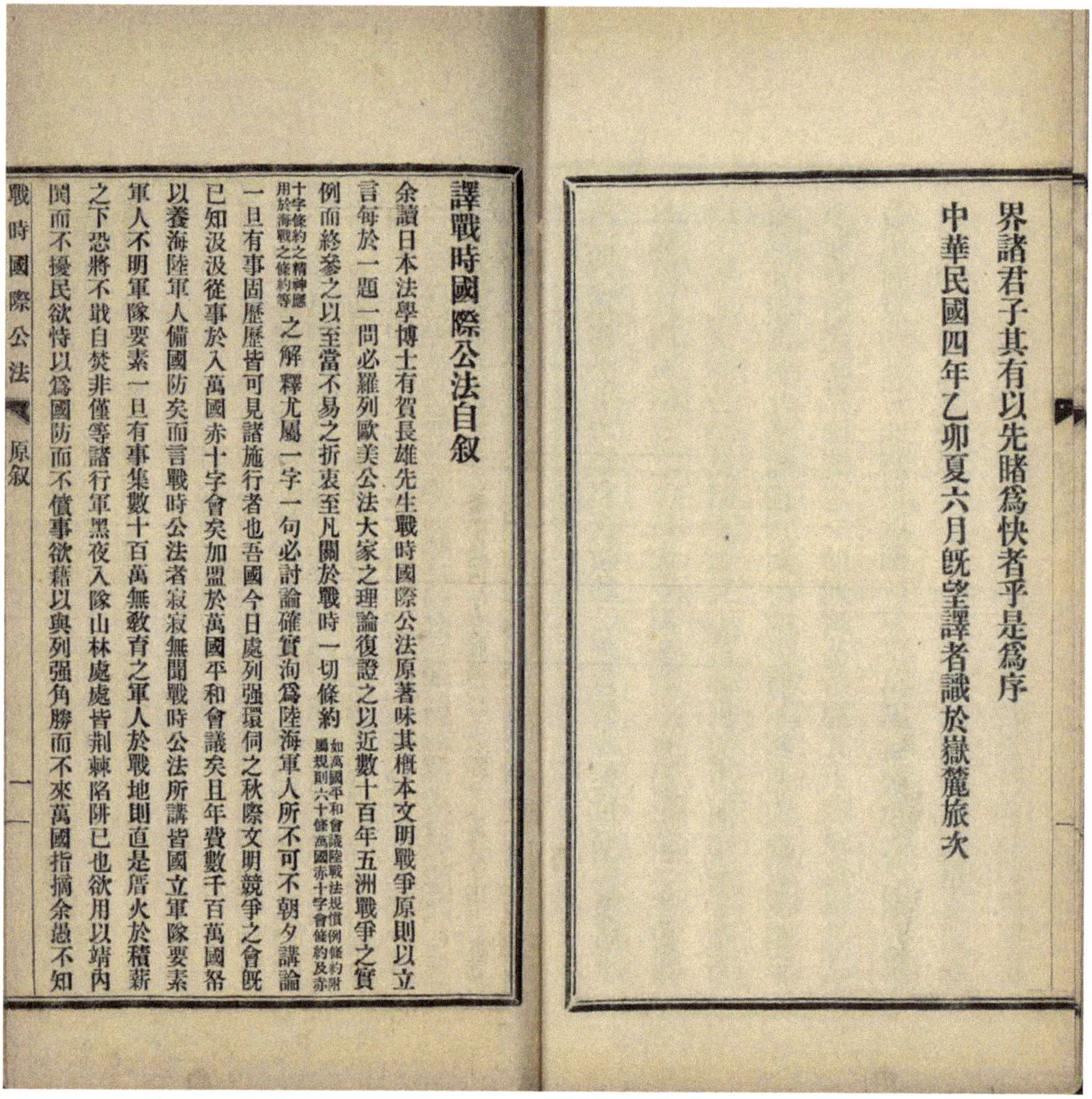

界諸君子其有以先睹爲快者乎是爲序

中華民國四年乙卯夏六月既望譯者識於嶽麓旅次

譯戰時國際公法自叙

余讀日本法學博士有賀長雄先生戰時國際公法原著味其概本文明戰爭原則以立言每於一題一問必羅列歐美公法大家之理論復證之以近數十百年五洲戰爭之實例而終參之以至當不易之折衷至凡關於戰時一切條約（如萬國平和會議陸戰法規慣例條約附屬規則六十條萬國赤十字會條約及赤十字條約之精神應用於海戰之條約等）之解釋尤屬一字一句必討論確實洵爲陸海軍人所不可不朝夕講論一旦有事固歷歷皆可見諸施行者也吾國今日處列强環伺之秋際文明競爭之會既已知汲汲從事於入萬國赤十字會矣加盟於萬國平和會議矣且年費數千百萬國帑以養海陸軍人備國防矣而言戰時公法者寂寂無聞戰時公法所講皆國立軍隊要素軍人不明軍隊要素一旦有事集數十百萬無教育之軍人於戰地則直是厝火於積薪之下恐將不戰自焚非僅等諸行軍黑夜入隊山林處處皆荆棘陷阱已也欲用以靖內閧而不擾民欲恃以爲國防而不僨事欲藉以與列强角勝而不來萬國指摘余恐不知

戰時國際公法 原叙 一

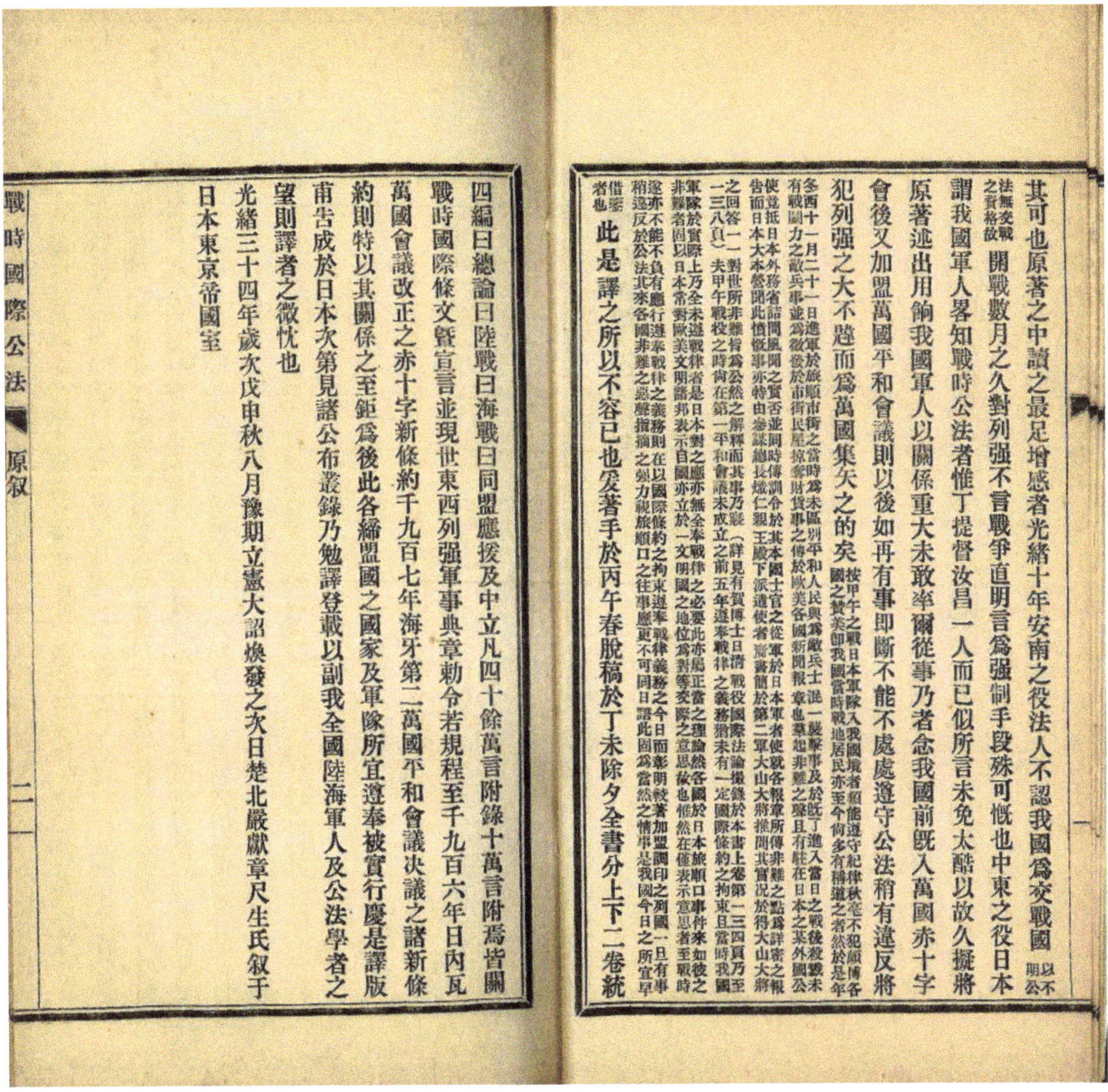

其可也原著之中讀之最足增感者光緒十年安南之役法人不認我國爲交戰國（以不明公法無交戰之資格故）開戰數月之久對列强不言戰爭直明言爲强制手段殊可慨也中東之役日本謂我國軍人畧知戰時公法者惟丁提督汝昌一人而已似所言未免太酷以故久擬將原著迻出用餉我國軍人以關係重大未敢率爾從事乃者念我國前既入萬國赤十字會後又加盟萬國平和會議則以後如再有事即斷不能不處處遵守公法稍有違反將犯列强之大不韙而爲萬國集矢之的矣（按甲午之戰日本軍隊入我國境者頗能遵守紀律秋毫不犯頗博各國之贊美卽我國當時戰地居民亦至今尚多有稱道之者然於是年冬西十一月二十一日進軍於旅順市街之當時爲未區別平和人民與爲敵兵士混一殺戮事及於既丁進入當日之戰後殺戮未有戰鬪力之敵兵事並爲放縱於市街民屋掠奪財貨事之傳於歐美各國新聞報章也羣起非難之聲且有駐在日本之某外國公使竟抵日本外務省詰問風聞之實否並同時傳訓令於其本國士官之從軍於日本軍者使就各報章所傳非難之點爲詳審之報告而日本大本營聞此憤慨事亦特由參謀總長熾仁親王殿下派遣使者齎書簡於第二軍大山大將推問其實況於得大山大將之回答一一對世所非難皆爲公然之解釋而其事乃寢（詳見有賀博士日淸戰役國際法論撮錄於本書上卷第一三四頁乃至一三八頁）夫甲午戰役之時尚在第一平和會議未成立之前五年遵奉戰律之義務猶未有一定國際條約之拘束且當時我國軍隊於實際上乃全未遵戰律者是日本對之應亦無全奉戰律之必要此亦屬正當之理論然各國於日本旅順口事件來如彼之非難者固以日本常對歐美文明諸邦表示自國亦立於一文明國之地位爲對等交際之意思故也惟然在僅表示意思者至戰時遂亦不能不負有應行遵奉戰律之義務則在以國際條約之拘束遵奉戰律義務之今日而彰明較著加盟調印之列國一旦有事稍違反於公法其來各國非難之聲指摘之强力視旅順口之往事應更不可同日語此固爲當然之情事是我國今日之所宜早借鑒者也）此是譯之所以不容已也爰著手於丙午春脫稿於丁未除夕全書分上下二卷統

一

四編曰總論曰陸戰曰海戰曰同盟應援及中立凡四十餘萬言附錄十萬言附焉皆關戰時國際條文暨宣言並現世東西列强軍事典章勅令若規程至千九百六年日內瓦萬國會議改正之赤十字新條約千九百七年海牙第二萬國平和會議决議之諸新條約則特以其關係之至鉅爲後此各締盟國之國家及軍隊所宜遵奉被實行慶是譯版甫告成於日本次第見諸公布叢錄乃勉譯登載以副我全國陸海軍人及公法學者之望則譯者之微忱也

光緒三十四年歲次戊申秋八月豫期立憲大詔煥發之次日楚北嚴獻章尺生氏叙于

日本東京帝國室

戰時國際公法　原叙　二

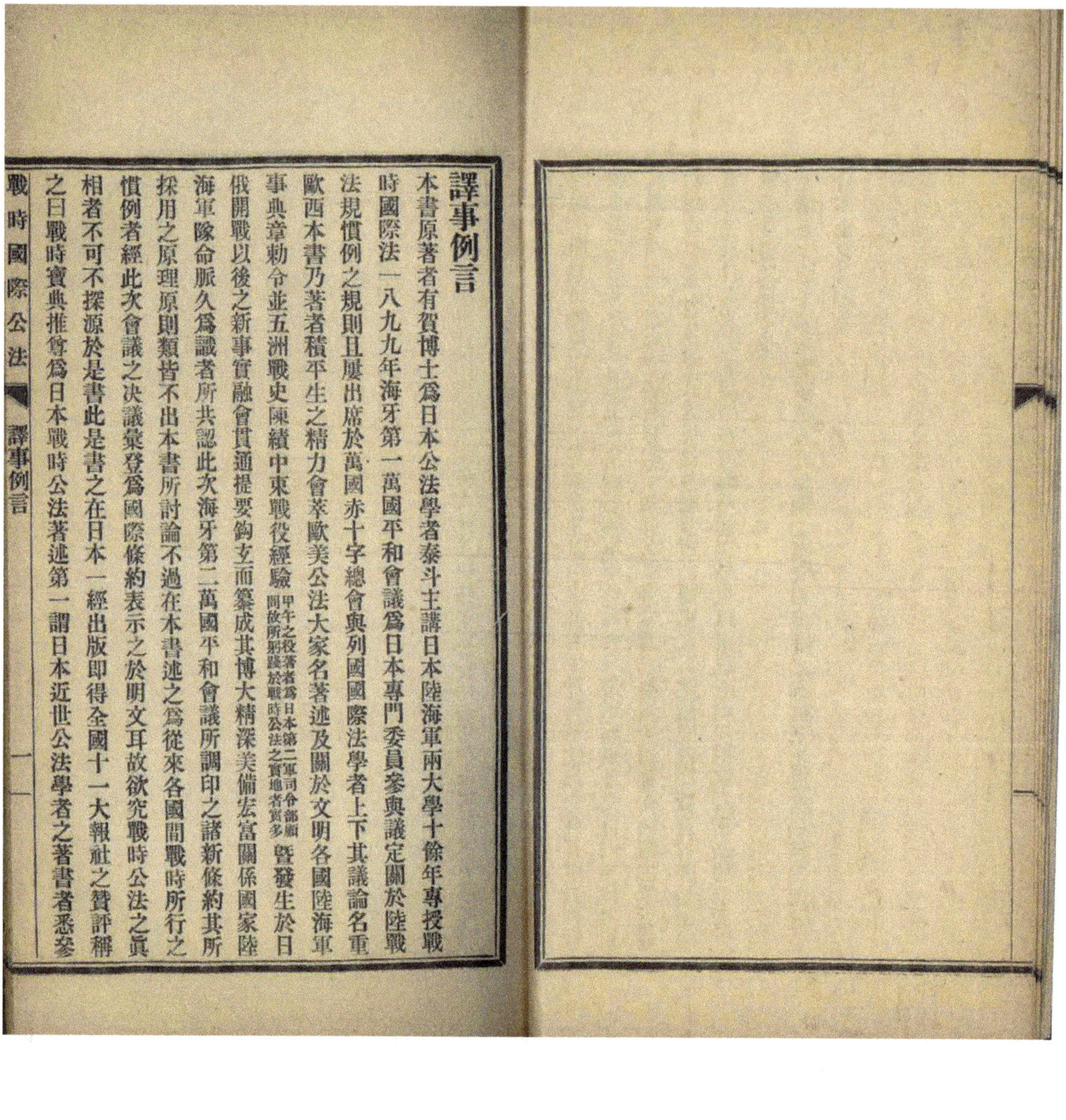

譯事例言

本書原著者有賀博士爲日本公法學者泰斗主講日本陸海軍兩大學十餘年專授戰時國際法一八九九年海牙第一萬國平和會議爲日本專門委員參與議定關於陸戰法規慣例之規則且屢出席於萬國赤十字總會與列國國際法學者上下其議論名重歐西本書乃著者積平生之精力會萃歐美公法大家名著述及關於文明各國陸海軍事典章勅令並五洲戰史陳績中東戰役經驗（甲午之役著者爲日本第二軍司令部顧問故所躬踐於戰時公法之實地者實多）暨發生於日俄開戰以後之新事實融會貫通提要鉤玄而纂成其博大精深美備宏富關係國家陸海軍隊命脈久爲識者所共認此次海牙第二萬國平和會議所調印之諸新條約其所採用之原理原則類皆不出本書所討論不過在本書述之爲從來各國間戰時所行之慣例者經此次會議之決議彙登爲國際條約表示之於明文耳故欲究戰時公法之眞相者不可不探源於是書此是書之在日本一經出版即得全國十一大報社之贊評稱之曰戰時寶典推尊爲日本戰時公法著述第一謂日本近世公法學者之著書者悉參

戰時國際公法　譯事例言　一

照之非過言也

戰時公法起源於西洋在西洋上古之戰爭爲民族與民族生存競爭敗走者一方之土地人民財產悉爲勝者之所獲雖不從事於戰爭之老幼婦女咸被殺傷擒捕焉即所謂撲滅戰爭者是也殆與我國自秦漢以降四夷擾邊專從事侵領殘殺掠奪者無異降自中古基督教義之發生及封建習俗之養成乃開戰時公法之遠源蓋該教義之最精者以凡屬人類性命固有之深旨雖國家不可侵犯之而封建習俗之最貴者在與鄰國協議限交戰之範圍雖或干戈相見時互避無用之加害且以重名譽惡卑劣爲武士本來之氣風使知於戰爭不立於欺罔之行爲至進入於敵地時尤必發法令戒兵士勿得或害其良民恣其掠奪焉

迄近古至第十八世紀則性法學說之著明於戰時公法之發達實呈長足之進步自格羅低氏所著之戰和法論出世以來闡明於戰爭所應消滅者不過在國家與國家間人定之準則耳而外此固猶有所謂依人性之自然而定之性法在焉由此性法學說之遞嬗而立憲國家之主義以明斯戰爭之目的亦遂隨之而一定即今之所謂戰爭目的者在所以解決國家與國家間各爲謀國民之發達被障害有萬不得已之情事所起二國以上之紛爭最後之手段也固知戰爭者乃國家間一時之事端初不可以一時事端所起紛爭結果之戰爭盡廢棄一切人道固有之彝則於是乎有所謂文明戰爭之原則以立

文明戰爭之原則有賀博士括之爲五端一於戰爭可視爲敵者乃國家非國民其主旨即在於戰爭總以不加危害於敵國平和之人民及其財產爲文明戰爭之定法一於戰爭之範圍在破敵强力即在滅敵戰鬬力而於軍人之已失戰鬬力（即已負傷或爲俘虜者）物件之非團組成敵之戰鬬力（如關於美術技藝學術及歷史上之紀念物品等非關於戰具及堡壘砲台建築之用者）者斯不可或再加害之若破壞之也一於戰爭之既失戰鬬力者則彼我之間宜離敵對之關係以一般人類相交際此則爲博愛主義所由生而最含文明戰爭之元素者也一於戰爭凡不加入之國家對於交戰國有避與一方以利益行爲之義務代之於不背此之義務範圍外有不妨與雙方繼續

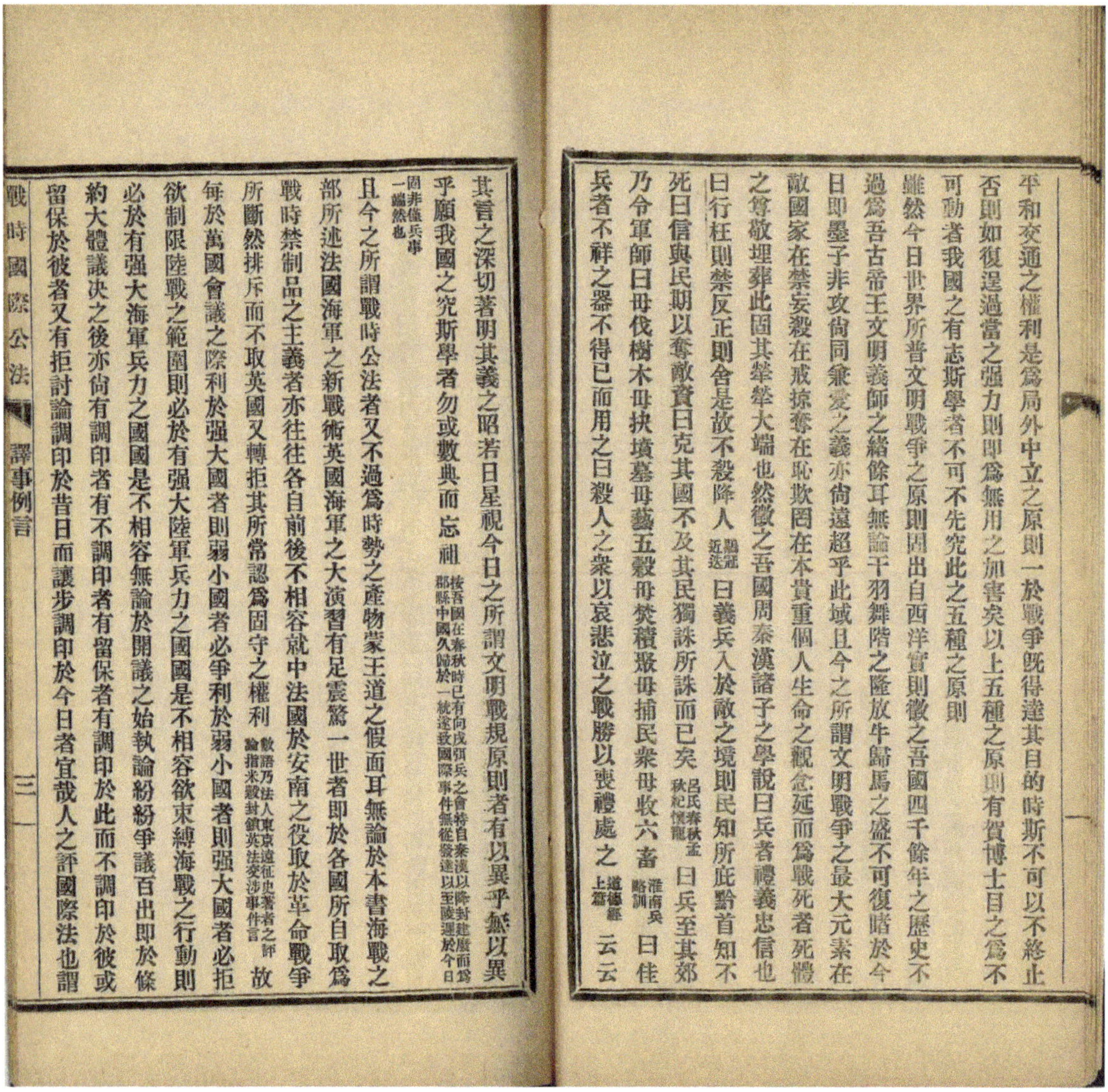

平和交通之權利是爲局外中立之原則一於戰爭既得達其目的時斯不可以不終止否則如復逞過當之强力則即爲無用之加害矣以上五種之原則有賀博士目之爲不可動者我國之有志斯學者不可不先究此之五種之原則

雖然今日世界所普文明戰爭之原則固出自西洋實則徵之吾國四千餘年之歷史不過爲吾古帝王文明義師之緒餘耳無論干羽舞階之隆放牛歸馬之盛不可復睹於今日即墨子非攻倘同兼愛之義亦倘遠超乎此域且今之所謂文明戰爭之最大元素在敵國家在禁妄殺在戒掠奪在恥欺罔在本貴重個人生命之觀念延而爲戰死者死體之尊敬埋葬此固其犖犖大端也然徵之吾國周秦漢諸子之學說曰兵者禮義忠信也曰行枉則禁反正則舍是故不殺降人鶡冠近迭曰義兵入於敵之境則民知所庇黔首知不死曰信與民期以奪敵資曰克其國不及其民獨誅所誅而已矣呂氏春秋孟秋紀懷寵曰兵至其郊乃令軍師曰毋伐樹木毋抉墳墓毋爇五穀毋焚積聚毋捕民衆毋收六畜淮南兵略訓曰佳兵者不祥之器不得已而用之曰殺人之衆以哀悲泣之戰勝以喪禮處之道德經上篇云云其言之深切著明其義之昭若日星視今日之所謂文明戰規原則者有以異乎無以異乎願我國之究斯學者勿或數典而忘祖按吾國在春秋時已有向戌弭兵之會特自秦漢以降封建廢而爲郡縣中國久歸於一統遂致國際事件無從發達以至陵遲於今日固非僅兵事一端然也

且今之所謂戰時公法者又不過爲時勢之產物蒙王道之假面耳無論於本書海戰之部所述法國海軍之新戰術英國海軍之大演習有足震驚一世者即於各國所自取爲戰時禁制品之主義者亦往往各自前後不相容就中法國於安南之役取於革命戰爭所斷然排斥而不取英國又轉拒其所常認爲固守之權利數語乃法人東京遠征史著者之評論指米穀封鎖英法交涉事件言故每於萬國會議之際利於强大國者則弱小國者必爭利於弱小國者則强大國者必拒欲制限陸戰之範圍則必於有强大陸軍兵力之國國是不相容欲束縛海戰之行動則必於有强大海軍兵力之國國是不相容無論於開議之始執論紛紛爭議百出即於條約大體議決之後亦倘有調印者有不調印者有留保者有調印於此而不調印於彼或留保於彼者又有拒討論調印於昔日而讓步調印於今日者宜哉人之評國際法也謂

戰時國際公法 譯事例言 三一

與一國一時之利益共遷轉無確固不動之基礎諒然至所謂信賴萬國公法者愚者之事也誰能擔保其遵奉云云雖不免於過激要吾國今日之欲究斯學者不可不先知今日各國所遵奉國際公法之情實否則懼鄰趙括之讀書矣

衡之春秋三世之義今日之所謂文明殆適據亂之世乎升平猶未也太平則遠矣特方當據亂之世羣雄竝立鷹瞵虎視既無有能獨居其上宰配雙方使列國不出於戰鬭則於爭殺無已之際而藉今日所謂文明戰規者以範圍之冀減戰爭慘害誠仁者之用心也雖曰在今日之奉公法者不過屬隨時勢思潮蒙王道假面然揚子雲有言假儒衣書服而讀之三月不歸孰曰非儒誠於吾今日之所謂假面王道者久假不歸固可知從此由據亂而進升平由升平而抵太平胥將於此文明戰規之賜焉階之矣

特關於戰時公法之適用其已規定明文者則互相遵奉之事易在放任於慣例者則互認義務之事難普魯士參謀本部陸戰慣例之序言善表白關於此點軍人之思想曰戰時慣例隨時勢而變遷曰不可不本於軍隊育成戰時慣例之精神曰近時之戰時慣例乃動於今日之思潮感時勢之產物也又曰將校亦時勢之子也故無不動支配其國民思潮之事蓋學識益廣斯危險隨之益大因之關於戰爭之爲何常至有誤懷想念之虞而終歸於謂凡爲將校者宜深究戰史依其被稱爲戰時慣例者之次第分別其爲公正者與非然者辨知其爲宜改正者與宜保存者以垂教於軍人焉（見本書上卷第一二七頁）云云可知戰時公法之實施其在屬於慣例者端任將校之所取及軍事教育之普及惟然非豫講之於數年十數年之前一旦有事則公法不爲我用矣而運用之妙存乎一心非惟用兵爲然要知公法慣例之適用亦莫不然是在國家之爲將領者

戰時公法與兵略異與政略尤異政略者由政治上之目的所施行之方策乃一國內部之事也兵略者由防戰之方便達攻取之目的乃將家運籌帷幄決勝千里之術也而戰時公法者則本戰爭根本之義蘊由戰史之陳蹟演而爲戰時之法規慣例列國互約制限其範圍減輕其慘害於戰時爲所共被遵奉者也故不可以不區分

特又有時由政略上或兵略上不無影響及於戰時公法之適用事即所謂有由政略上

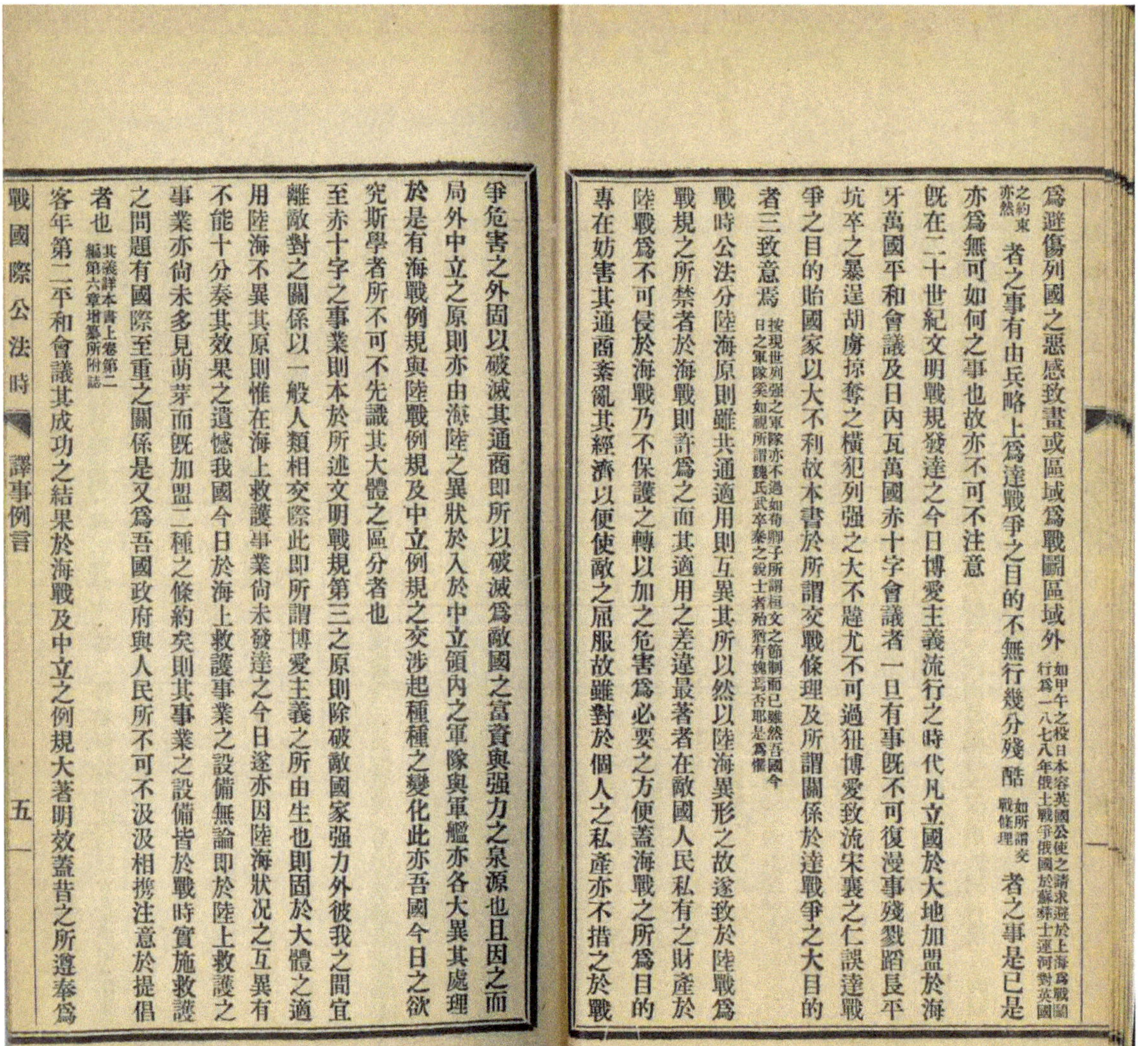

爲避傷列國之惡感致晝或區域爲戰鬭區域外（如甲午之役日本容英國公使之請求避於上海爲戰鬭行爲一八七八年俄土戰爭俄國於蘇彝士運河對英國之約束亦然）者之事有由兵略上爲達戰爭之目的不無行幾分殘酷（如所謂交戰條理）者之事是已是亦爲無可如何之事也故亦不可不注意

既在二十世紀文明戰規發達之今日博愛主義流行之時代凡立國於大地加盟於海牙萬國平和會議及日内瓦萬國赤十字會議者一旦有事既不可復漫事殘戮蹈長平坑卒之暴逞胡虜掠奪之横犯列强之大不韙尤不可過狃博愛致流宋襄之仁誤達戰爭之目的貽國家以大不利故本書於所謂交戰條理及所謂關係於達戰爭之大目的者三致意焉（按現世列强之軍隊亦不過如荀卿子所謂桓文之節制而已雖然吾國今日之軍隊奚如視所謂魏氏武卒秦之鋭士者殆猶有愧焉否耶是爲懼）

戰時公法分陸海原則雖共通適用則互異其所以然以陸海異形之故遂致於陸戰爲戰規之所禁者於海戰則許爲之而其適用之差違最著者在敵國人民私有之財産於陸戰爲不可侵於海戰乃不保護之轉以加之危害爲必要之方便蓋海戰之所爲目的專在妨害其通商紊亂其經濟以便使敵之屈服故雖對於個人之私産亦不措之於戰爭危害之外固以破滅其通商即所以破滅爲敵國之富資與强力之泉源也且因之而局外中立之原則亦由海陸之異狀於入於中立領内之軍隊與軍艦亦各大異其處理於是有海戰例規與陸戰例規及中立例規之交涉起種種之變化此亦吾國今日之欲究斯學者所不可不先識其大體之區分者也

至赤十字之事業則本於所述文明戰規第三之原則除破敵國家强力外彼我之間宜離敵對之關係以一般人類相交際此即所謂博愛主義之所由生也則固於大體之適用陸海不異其原則惟在海上救護事業尚未發達之今日遂亦因陸海狀況之互異有不能十分奏其效果之遺憾我國今日於海上救護事業之設備無論即於陸上救護之事業亦尚未多見萌芽而既加盟二種之條約矣則其事業之設備皆於戰時實施救護之問題有國際至重之關係是又爲吾國政府與人民所不可不汲汲相携注意於提倡者也（其義詳本書上卷第二編第六章增纂所附誌）

客年第二平和會議其成功之結果於海戰及中立之例規大著明效蓋昔之所遵奉爲

戰時國際公法　譯事例言　五一

戰時慣例者類舉而登諸國際條文矣而千九百六年改正赤十字條約其關係出師軍隊病傷狀態改善之事件亦稱備臻完美是二者之條約皆於後此戰時軍隊之關係如星辰經天江河緯地不可不進退與之爲轉移者也謹勉廣事蒐集詳愼增譯先行分別登錄於上下二卷之末以副我國人爭先快睹之懷

本譯三歷寒暑甫告成書下筆之始每於中所引證歐美公法學者及諸將家精深之論雄偉之談必三復沈吟潛究其命意之所在神會之所存然後融貫述之務期與立言本旨不遺毫髮剩義脫稿後復詳加討論稿凡三易乃於本年春二月肅稟繕懇楊石漁先生代呈當道蒙調任湖廣總督部堂趙鑒定並經發交提學司詳核詳稱本書取材宏富討論精詳實爲陸海軍人所必須講求洵可施諸實用云云旋於三月接奉督部堂公文飭撥鉅欵命速付刊仰感官師裁成之德培植之厚謹勉迅將全稿重加修整一過刻期刊印適版行將告成於上述二種重要戰時國際條約復次第出世用特並行增纂期臻完善

本譯文義字句之間多沿用日本新名詞非好奇也蓋以此書之關係重大往往因一字之誤解足制國家之死命如原赤十字條約第六條第四項原文（西文）得送還三字日本譯作宜送還第五項後送二字日本譯作退去有賀博士歎爲誤譯貽誤之大不幸事此殆所謂毫釐之差千里之謬者也譯者有戒於此謹竭盡其心力之所堪自信者易之更之務期閱者易解其有可不必盡改者（如場合手續取締等字義爲吾國所習見）則間姑仍之其有絕對不可輕易者（如國際條文及所援引各國軍事典章勅令中之諸名詞）則概原存之不敢牽强附會强索解人蓋與其妄逞武斷或致貽誤於家國無寗於萬不得已者一仍其舊尚可藉待博學按圖以索驥也

且日本立一新名詞亦必設辭典以解釋之不然雖日本人亦有不能盡釋而所設立新名詞類皆經輩出名儒融會中西文義比較詳審而創立亦决非出偶然故吾國有政教昌明之一日大集羣儒修造吾國各種新名詞辭典之舉當爲不日文教昌明第一問題非淺學者今日所敢作聰明也

本書所用人名地名概依寗波新學會社所譯日本坂本健一氏所編之外國人名地名

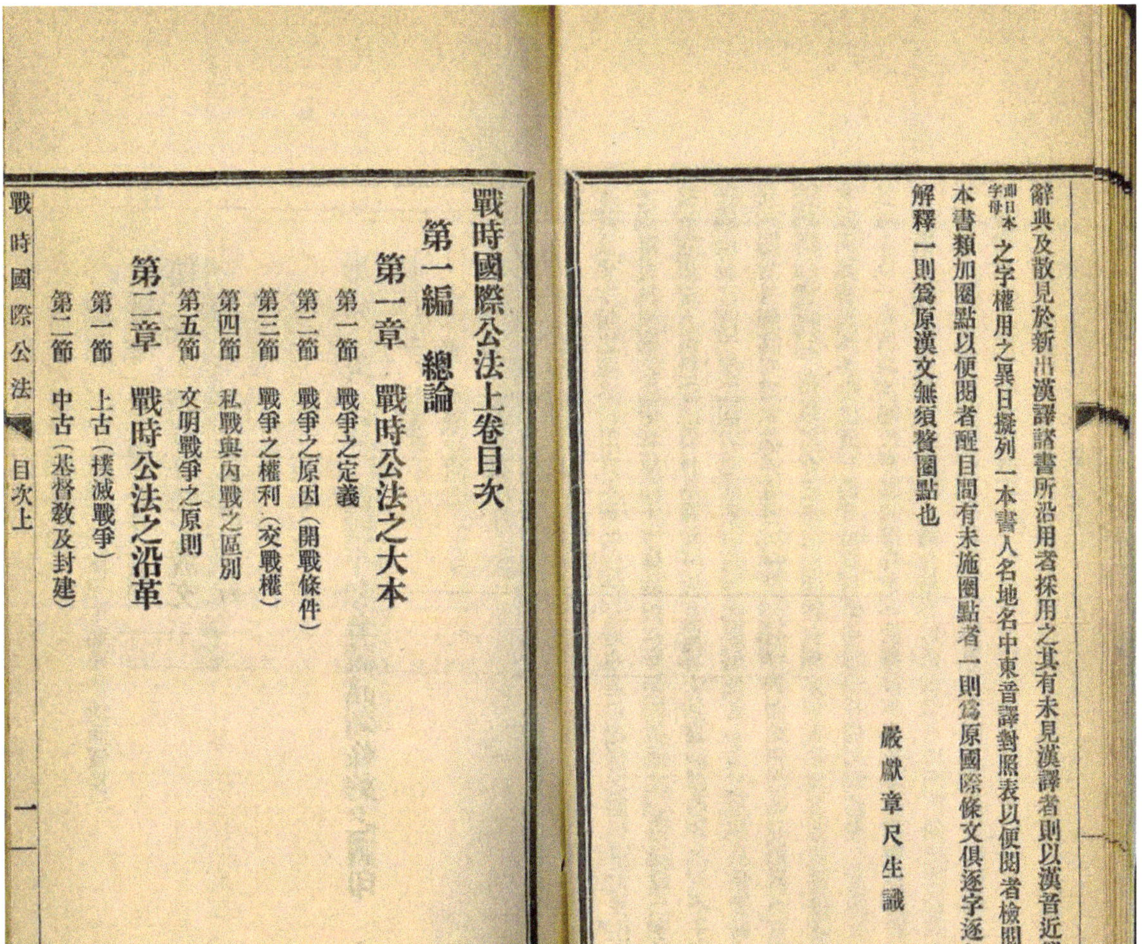

辭典及散見於新出漢譯諸書所沿用者採用之其有未見漢譯者則以漢音近似假名(即日本字母)之字權用之異日擬列一本書人名地名中東音譯對照表以便閱者檢閱

本書類加圈點以便閱者醒目間有未施圈點者一則爲原國際條文俱逐字逐句詳加解釋一則爲原漢文無須贅圈點也

嚴獻章尺生識

戰時國際公法上卷目次

第一編　總論

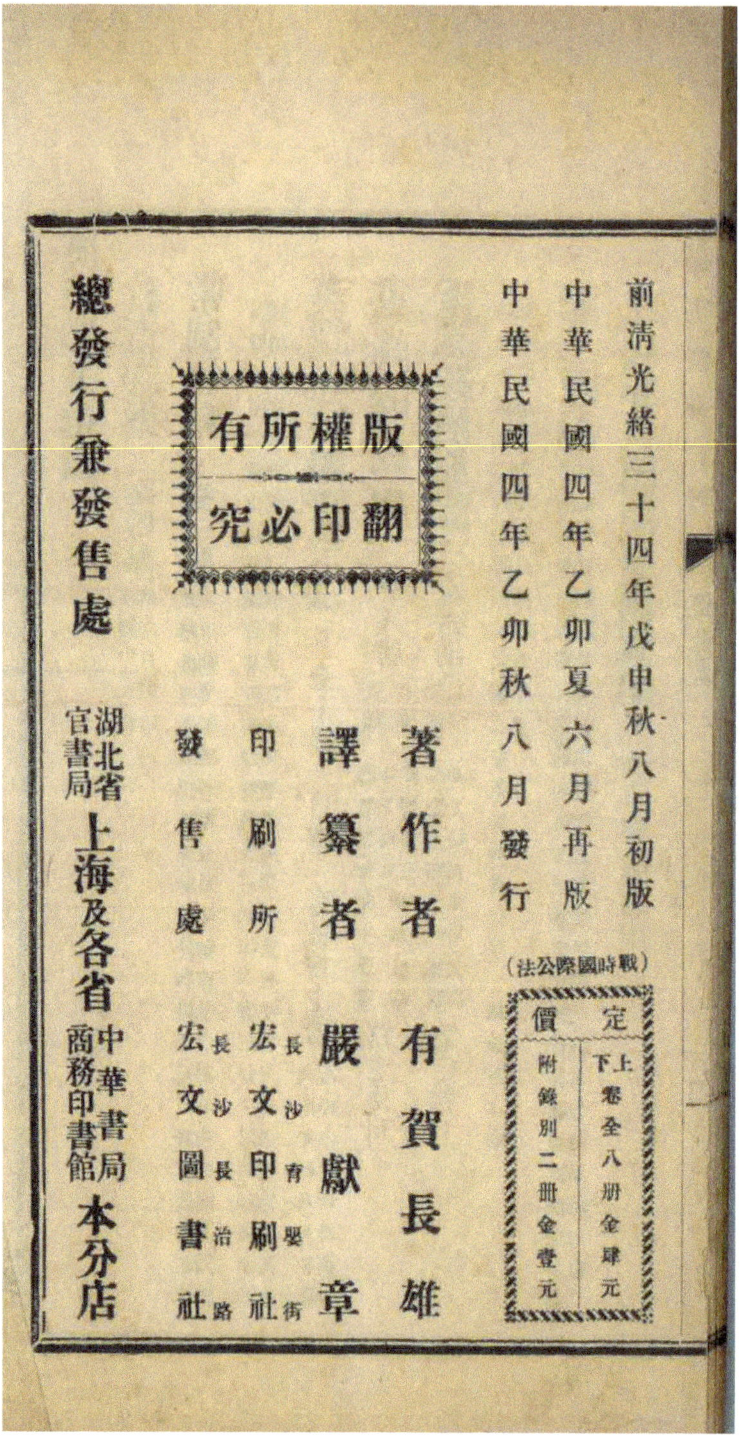
前清光緒三十四年戊申秋八月初版
中華民國四年乙卯夏六月再版
中華民國四年乙卯秋八月發行

（戰時國際公法）

定價
上下卷全八册金肆元
附錄別二册金壹元

版權所有 翻印必究

著作者 有賀長雄
譯纂者 嚴獻章
印刷所 長沙育嬰街 宏文印刷社
發售處 長沙長治路 宏文圖書社

總發行兼發售處 湖北省官書局 上海及各省 中華書局 商務印書館 本分店

《江河万古流》

王曦按(2106 年 10 月 20 日)：

这是太姥爷严献章留下的一篇传世之作，在北京中国国家图书馆古籍馆有藏。它是《汉岘丛录》之六。

文中“李梦彪”，字啸风，1879—1952 年，陕西洵阳人，系原国民政府陕西政务厅厅长、代理陕西省长，1946 年任陕西省参议会副议长、中华民国第一届行宪监察院监察委员，1952 年病逝于台湾。

文中“刘德全”，字心斋，1858—1936 年，湖北谷城县人，光绪二十一年(1895)进士，曾任陕西洵阳、咸宁、富平、渭南等地县令，后因事被贬至黑龙江，补授巴彦州知州、黑龙江道员补用知府，辛亥革命后还乡闲居。因刘德全是严献章的亲家，所以文中称之为“刘姻世仗心斋”。

光绪二十八年(1902)洵阳知县刘德全续修光绪《洵阳县志》时，李梦彪被聘为记录，因而刘德全对其有知遇之恩。也许是因为刘德全和严献章的姻亲关系，李梦彪得以读到严献章此文并作跋。

文中“石蘅青”系石瑛，字蘅青，1879—1943 年，祖籍湖北省阳新县王英镇，被人誉为“民国第一清官”，曾任国立武昌大学校长，国民党一大中央委员、南京市市长。

文中“疏江篇”即“疏江根本计划书”一章曾经刊登在《三楚周刊》1935 年第 27 期第 5—8 页上。该文可在上海交通大学图书馆所藏“字林洋行中英文报纸和《新闻报》全文数据库”中查到。

原著无标点符号。曾托台北大学法律系吴嘉生教授在台将原著(中文繁体、文言文版)制成电子版。当时录入员作了断句并补加了标点符号。我在此特致谢意！我对这个电子版的文字、断句和标点符号做了补充和修改。

《江河万古流》是一篇下了大功夫的鸿篇巨制。全书分为“导河篇”“疏江篇”和“引淮篇”三篇。“导河篇”含“师禹导河说”和附件“上国民政府书”、“复吴稚晖先生书”。“疏江篇”含“疏江根本计划书”和“癸酉仲夏请决武昌樊口刍议”。“引淮篇”含“导淮入江辩”、“淮只宜复故道说”、“结论”和“附论淮水流域之形势利病及变迁”。在正文之前，有李梦彪先生所作之跋和作者自作之“江河万古流叙目”。在这部作品中，太姥爷既引经据典，又密切联系长江、黄河和淮河的实际情况，对治理长江、黄河和淮河提出了系统而详细的建议。从作文的角度看，此文思路清晰，论证有力，要言不烦，句句精湛，堪与《古文观止》中的文章相媲美，值得后人好好学习。

太姥爷在《江河万古流叙目》中为这部作品的标题做了解释，即借杜甫“不费江河万古流”一句中的“江河万古流”，“意取江决壅滞宣泄有地，河除盲障分行地中，庶几永幸安流”之意。

全书的主旨是贯彻大禹治水的根本指导思想即以通泄为主。在《师禹导河说》中，太姥爷回顾了自己学习大禹治水思想的体会："三復經訓，惟疏之、濬之、豬之、流之，迂迴迂徐以導之，鑿山析闕以通之，為大禹行水萬世不易之精義。根本求治，固在此而不在彼"、"獻章冥會有年，百思不解，繼乃恍然曰：'治河有道矣！'道維何，曰：'師大禹導河行水遺意是已！'"

李夢彪先生对太姥爷的这篇著作给予极高的评价。他说："若尺髯者則真善讀書者矣！夫天下無一成不變之法而有千古不易之理，在用之者師其意而不泥其迹耳。苟泥其迹，刻舟求劍一事不可行矣。不泥其迹，則舉一反三、無往而不通矣！吾以是推之則尺髯所謂疏也、濬也、導也、瀦也，通其意雖治天下可也，豈僅治水云乎哉？"此外，从他"余雖未識面曩者，曾讀其决樊口議矣！"一句中，可见太姥爷的"决樊口"之建议在当时颇有影响。

江河萬古流(引淮篇附)

李嘯風先生跋　　　　（漢峴叢錄之六）

書嚴尺髯師禹導河後

黃河為中國患自漢以來二千餘年矣！國家歲費鉅帑，徒事後補苴之功耳！正本探源之論，則未之聞也。今歲河決豫、魯、徐、冀間，被災者數十縣。襄陽嚴尺髯先生盡焉憂之。著"師禹導河說"為當事者示之徑涂。立論不煩，而根本治法盡在是矣。余於河防水利素未講求，而水性就下之理，固已知之。水在大地猶人身之血脈，血脈流通則無病而身強；其機苟窒則有瘕於癰疽之患。惟水亦然，順自然之勢而利導之，則瀾安而流暢。逆自然之勢，則壅塞之，則激盪而衝決。其性使然也！尺髯謂禹治水有疏濬而無隄障，誠哉！誠哉！得禹之意矣！昔人治學，以通經為本、通經以致用為的。學而不通經，是欲方圓而不知求規矩也！通經而不致用，是徒積穀帛而不能為衣食也！二者悉失之。後世之人，不善讀書謂經為無用而譏儒者泥古鮮通。苟有告以通經致用者，恒目笑而心非之。又近人立論以新奇相尚，稍涉陳言則尤眾所譁笑而況久為土苴之經義乎？今尺髯獨於眾所不治之經，毅然標一義以為的，而又徵引古今得失之迹以證吾說之可行，此豈泥古鮮通者耶？若尺髯者則真善讀書者矣！夫天下無一成不變之法而有千古不易之理，在用之者師其意而不泥其迹耳。苟泥其迹，刻舟求劍一事不可行矣。不泥其迹，則舉一反三、無往而不通矣！吾以是推之則尺髯所謂疏也、濬也、導也、瀦也，通其意雖治天下可也，豈僅治水云乎哉？

憶光緒壬寅秋闈報罷，吾師劉心齋先生招余居咸寧。署中有李君者自河工來。一日談及河患，李君謂："黃河挾泥沙俱下，遇平緩則淤。左右以隄束之，土性疏散，漸衝漸隤，亦淤於河。因而河心愈墊愈高，隄外民居皆低於水，一有橫溢則傾注而下，故近河州邑盡成澤國。"余謂："何不排去其淤，使河心低於平地乎？"李君亦未有應也。後雖略取諸家之言觀之，立論各歧，余益茫然莫知所從，乃不復究。今讀尺髯之說，始知天下固有至當之理在先聖遺經中，不煩外求，而愧余之不知從事於此也爽然久之。尺髯於劉先生為戚屬。

余雖未識面曩者，曾讀其決樊口議矣！今又得是篇讀之，心益嚮往，因書於後，以當縞紵。尺髯其尚有以益我乎？

中華民國二十二年冬十二月洵陽李夢彪作于北平

江河萬古流敍目　（漢峴叢錄之六）

"不廢江河萬古流"，此杜工部詠唐四傑也。癸酉避地首都，適江汎河決，先後抒發意見，指陳利弊，各自成篇。其導河一説，關係尤鉅。刊成就正吾友。吾友曰："説可矣！不宜贅上當事書，殊減文章價值也！"後晤石蘅青市長。市長曰："不然！我輩以救人為事，他非所計耳！"迨返鄂质之劉姻丈心齋先生。先生吾鄂老名宿也。閲數過，喟然曰："天下安危，匹夫有責！況江河潰決，非一人之事，亦非一代之患。惟在朝者司其政，在野者發其言，言之而行耶。完吾策不行耶，亦留吾言焉。自古作者難，識者亦不易。此文如此分刊，恐效力等新聞紙耳！宜合成帙，當可存之歲年以待其人云云。"老輩好善，意同石公。遂合訂成册，無以名之，名曰《江河萬古流》。意取江決壅滯宣洩有地，河除盲障分行地中，庶幾永幸安流乎？此則私心所蘄嚮，非曰是諓諓者江河萬古流也。而引淮河篇附焉，以淮居江河之間，天時人事亦多有觸類旁通，引伸互證之雅云爾。　漢峴謹識

江河萬古流敍目終

江河萬古流

導河篇

師禹導河説　襄陽嚴獻章[①]

世言河，禹導自積石，源發自崑崙虛，色白。伏流千餘里，石水六斗泥。所渠拜千七

---

① 尺髯癸酉孟秋之望，首都旅次。

百一川，色黄。蓋伏流地中，汩潄沙壤，所受渠多，衆水溷淆，宜其濁黄，百里一小曲、千里一曲一直。唐人云“黄河之水天上來”“黄河遠上白雲間”，皆言其源遠流長，高踞建瓴，沙泥渾濁，浩瀚洶湧，大有一瀉千里，莫有遏止之概耳。實則河在龍門之上，瀠洄萬里，經由之地，非高原，即沙磧，微有氾濫，絕無潰决。龍門而下，折而東之，直至滎陽汜水，雖來勢奔湃，以夾岸山勢限之，故亦不為災。自此而後，則一望平原，南而徐揚淮泗，北而趙魏齊魯，在在可肆其衝撞，恣其横决。故胡氏東樵謂河自大伾以東，古兖青徐揚四州之域，皆為其縱横糜亂之區。徵之歷史，河自禹告成功，下迄宋元明清，凡六大變。一徙於周定王五年，自宿胥口東漯川，至長津與漯别行，而東北合漳水，至章武入海。再决於王莽始建國三年，自魏郡泛清河平原濟南，至千乘入海。三宋仁宗時，决於商胡，分為二派：一北流合永濟渠，至今青縣入海；一東流合馬頰河，至今海豐入海。而二流時迭為開閉。四决於金明昌五年[①]，由陽武故隄，灌封丘而東注梁山濼，分為二派：一由北清河[②]入海，一由南清河[③]入淮。五徙於元世祖至元中。河徙出武陽縣南，新鄉之流絕。直至會通河成，北派漸微。及明宏治中，築斷黄陵岡支渠，遂以一淮受全河之水。河患至此，即所謂大亂極亂時代。六至咸豐四年，决於銅瓦廂。遂改而東之，而壽張，而濟南，直至牡蠣嘴入海，及今黄河所經由之道是也。而既决復塞者不與焉。獻章少讀盤庚三篇，憫殷民盪析離居之苦於瓠子之詩，悲漢代十數郡久罹沈災之阨於河渠書。服太史公好學深思，悲河患，三致意焉，且精神獨與禹會。謂禹以河所從來者高，水湍悍，難以行平地，數為敗，乃廝為二渠，以引其河，北載之高地，過洚水，至於大陸，播為九河，同為逆河入於海云云。播為九河，載之禹貢。廝為二渠，雖不見經，然漢猶近古，史公之言必可徵信於溝洫志。服班固達識，備錄賈讓策，詳引溝洫制，得古聖引水以奠民居，厚生以前民用遺意，明以引水之利，即隱以殺水之害之鴻規，可為萬世師法也。他如細繹平當之奏。賈讓之策，不能不服古人善讀書，均克具隻眼，探經訓奧義，言人所不知言，所不敢言。當之言曰：按經義治水，又决深川，而無隄防壅塞之文。讓之言曰：大川無防，今隄防陿去水數百步，遠者數里。於故大隄之內，復有數重民居其間。此皆前世所排也。又言：今行上策，徙冀州之民當水衝者，决黎陽遮害亭，放河使北入海，斯勢不能遠泛濫，期月自定云云。獻章冥會有年，百思不解，繼乃恍然曰：“治河有道矣！”道維何，曰：“師大禹導河行水遺意是已！”後世謂治河無善策，此讏言也。蓋凡事本經訓而變通之，變亦通也。違經訓而鞏逞私智以奔赴之，智皆愚也。師禹行水遺意奈何？曰：一請開通黄河兩故道[④]，析三道入海　以殺河流之趨勢，而闢流量之尾閭；一請申令廢止河道舊隄防、永禁新建築，免盲障横流，而繼釀鉅患，重演奇災；一請沿三河兩岸，相地勢、辨土宜，立水門以引河流，開溝渠以資灌溉

① 實宋紹熙五年。
② 即大清河。
③ 即泗水。
④ 一老道、一淤道。

是也。其利病關係、程工計畫、理由與辦法,試分甲、乙、丙三項提綱扼要言之:

甲　請開通黃河兩故道[①]析三道入海以殺河流之趨勢而闢流量之尾閭

理由　河之患,在湍悍。河之决,在平原。湍悍其性,平原土鬆也。禹之厮為二河,分其流,殺其勢,即以制其湍悍也。載之高地,不使急轉直下,化險為夷,且轉害為利也。緣水就下,載之高行,其下自可收引渠灌溉之利。兼之高地近山,土必堅結,可期久而不敗也。播為九河,隨地勢而暢其支也。兼藉以施播種,資灌溉也。同為逆河入於海,王介甫曰:"逆河者,逆設之河,非並時分流也!"羅泌曰:"聖人於冀兗間,逆設為河,以防暴至之患。"程珌曰:"禹因地之形而逆設為九河,九河之道,則不建都邑,不為聚落,不耕不牧,故謂之逆河。"董鼎曰:"《格言》云:逆河是開渠通海,以泄河之溢,春冬則涸,夏秋則泄云云。"可知逆河之設,皆為預防,均所以先事以助大河泄暴漲,備非常也。師禹遺意,載之高地,今固未易言,特禹既可厮為二,播為九,今請開故道,析而三之以入海,在此河流大亂無象時代,應亦不二法門矣。或云蘇子由有言:"黃河之性,急則通流,緩則淤澱,既為東西皆急之勢,安有兩河並行之理,更何析而三之乎?"曰析而三之,乃所以分其流,殺其勢,正所謂先事以助大河泄暴漲,備非常耳。既析之後,冬春之間,流其二,涸其一,可也;流其一,涸其二,亦無不可也。此與禹之厮播,同為逆河,無二義也。且此舉循兩河故道,實因而非創,費省而功宏,視禹施功之難易,又有間矣! 此所謂師禹遺意者一也。[②]

辦法　宜請國家設立統一全國水利機關,一事權而專責成,派充精通水利幹員及測量專員,分道巡行兩河故道,測量查勘,劃出河道兩岸流域,曉諭民眾,周知利病,各自嚴守例禁。淤河故道全存,舊迹多湮,然考之志乘,詢之父老,應亦不難按圖以索。如此辦理,雖不無多得實施培濬[③]之功,要可期永收安瀾捍患之益。且凡於三道相通之支流、聯貫之渠道,一切宜疏之濬之、修之培之,以暢其支,以導其流,而不可或壅塞之也。

乙　請廢止河道舊隄防永禁新建築免蹈盲障橫流而繼釀鉅患重演奇災

理由　經義治水,有决河深川,無隄防壅塞,平當言之矣。大川無防。隄防之作,近起戰國,壅防百川,各以自利。賈讓斥之矣。又謂大隄之內,復有數重,民居其間,此皆前世所排。今瀕河十郡,治隄歲費且萬萬,及其大决,所殘無數云云。傷之,實危之也。漢明帝詔謂:"左隄彊,則右隄傷。左右皆彊,則下方傷。"意又謂隄防之害,利此弊病彼,障上必禍下也。矧隄防之在河流,又有不可以恒情論者。蓋河流渾濁,泥沙並下,所謂"石水六斗泥,夏秋且八斗"。隄愈高,水愈急,岸益逼,流益怒,年愈久,淤彌深。嘗極度河流,據測量家言,水面有高出兩岸平地三四丈、七八丈不等者,一旦潰决,烏得不數縣、數十縣一片汪洋人? 民之少數未隨波濤去者,又烏得不棲息樹梢耶?[④] 此不可逃之數也,

---

① 一老道、一淤道。

② 謹按:此段理由為本文立論之張本。

③ 培兩河舊岸之全頹圮者,濬兩黃故道之全湮塞者。

④ 據近日報載,今歲河患,魯西一片汪洋,人民棲息樹梢。

獨天心之不仁愛哉？當其未決，兩岸之民，如古人言，皆無異築垣而水居也，亦至可哀已！禹治水，聞疏、聞濬、聞排、聞决、聞瀹、聞導、聞播，未聞一言防，此所謂師禹遺意者二也。①

辦法 沿河有舊隄，有用者留之，無用者仍之，無用而有害者毀之，兼可隨地相其地勢，測其高下，因之以張水門，引渠道，尤為事半功倍、善之又善。

丙 請沿三河兩岸相地勢辨土宜張水門以引河流闢溝渠以資灌溉

理由 河開蕩渠，厥時最古，規模亦大。班《志》(指：班固，《漢書》—地理志。台灣繁體文本錄入者注)稱："河南滎陽縣狼蕩渠甚大，東南自陳入潁，過郡四，行七百八十里。"《禹貢錐指》曰："自滎陽引河後，遞加疏導，枝津交絡。"今綜其大略，以蕩渠為主。王景治河，直截溝澗，防遏衝要，疏決壅積，十里立一水門，令其更相洄注，無覆患其潰漏云云。田梓琴導河根本計畫書釋之曰："直接溝澗者，縱横入港，取棋盤格式，以河為經，以溝澗為緯，絡繹於山東之野，如江南溝恤之現狀之謂也。水門者，閘也，更相洄注，一蓄一洩之道，如荷蘭人之在爪哇之謂也。無使潰漏者，潦不使其决，旱不使其漏之謂也。"賈讓《中策》謂"若多漕渠於冀州地，使民得以溉田，分殺水怒。雖非聖人法，然亦救敗術也！"胡三省注贊稱其中策，謂"平實合宜而可用，且讓於通渠三利，不通三害之義，尤為言之至盡也。"審此，是河可引渠以灌田，固彰彰也。乃近世謂河水不能溉田，想亦因流之湍悍，未易引渠，水之泥濁，未易灌溉耳！亦由後世苟且偷安之謀，執政者半漠視民瘼之術智所致也。果克析為三道，水勢已緩，大開陂堰，豬為蓄流，又安見不可灌溉也？且禹厮為二渠，載之高地，其下必有引以灌田者。是可斷言，緣聖人重粒食，絕不棄利於地也。播為九河，竊謂播兼有播種之義。殆以河至大陸，地既低平，河流眾多，因而播之，兼以施播種，資灌溉也。不然，河既北遇洚水，至大陸，水已不患湍悍，地亦未聞數敗，何事過施工力，而必播之為九哉？想導河至此，必有因勢利導，相其土田，度其隰原，引河為九，因以收播種灌溉之利者也。孔子贊禹盡力溝洫，溝洫何在？應在此所矣。河析為三道，各道沿河兩岸數千里，隨在可因其地勢，相其土宜，若者高原，若者下隰，若者可開為渠蕩，若者可豬為陂澤、若者可溝以通津，若者可引以灌溉。是皆在當道之以擘劃，人民之努力耳。此所謂師禹遺意三者也。②

辦法 宜徵召中外水利治渠專家，從事規劃，自有良善辦法。

謹按：顧氏景范曰："河自鞏洛以東，已出險就平，大伾以北，地勢益廣衍，大陸則又鐘水之區也，乘建瓴之勢，注沮洳之鄉，奔騰横溢，必不能免。禹因而疏之，順其性之所便，從其地之所近，而九河以名。"又云："既而横流益殺，更復冬春消减，或盈或涸，或通或湮，亦理所必有。爲時既久，但見安瀾之效，而忘其弭患之功，遂置九河於度外，壅遏愈遠，淫潦乘之，河於是起而發大難之端矣。凡九河之壞也，非一朝一夕之故。則九河之興

① 謹案：此段理由為三代下治河致患之大病。

② 謹按：此段理由為師禹遺意之旁通。

也，抑豈一手一足之烈哉？故曰：神禹也！”旨哉言乎！錄之以為留心治河者知河患之所從來皆原本九河之壞也。而九河，實逆河也，即均為大禹所逆設，先事以助大河泄暴漲、備非常之河也！故曰：“同為逆河入於海”。

嗟乎！九河之湮久矣！河患之在今日已極矣！而隄防之增，日益重疊。隄防之固，日益高拱。自古河有三患，曰徙、曰決、曰溢。然徙之害，數百千年，不一二見。溢之害，時有，而不甚大。決之害，則大且深，而不忍言。今歲之害，僅氾水一縣，聞全縣人傷五分之四，而廬墓財產之蕩然不計矣！至魯西數十縣一片汪洋，人民棲息樹梢，當途方迭派查勘籌賑而未有已也。悲夫！然一究禍所從來，何一非隄防階之厲哉？雖溢似無與隄防，然隄防障下流斯上游不得不溢也。故竊謂三代下治河之書可以刪，一言蔽之，不過隄防紀錄耳。三復經訓，惟疏之、濬之、豬之、流之，迂迴迂徐以導之，鑿山析闕以通之，為大禹行水萬世不易之精義。根本求治，固在此而不在彼。

附：上國民政府書　　民國二十二年九月二十二日

主席閣下：謹上言者竊疊呈書函，想早邀垂鑒矣。厥後關於長江洪氾抒發芻言。近因河決橫流再陳意見。《禮》云：“上焉者，雖善無徵，無徵不信。下焉者，雖善不尊，不尊不信。”不信民均弗從也。凡大利病，關係國家安危，知而不言，下之過也；言而不用，上之失也。沿江、沿河兩流域為吾國政治中心，施政命脈所托寄。而今歲洪濤潰決，陸沈數十餘州縣，蕩析百千萬人民。想公之盛德，應早痛感切膚，其慈航大願、賑濟苦心必更有十百倍蓰於下之人者。謹恭錄兩原稿，希賜閱覽，並請可否正式提交政府，會議有無迂謬。如或可行，則兩流域居民幸甚！即國是前途幸甚！國家阽為至此，人民顛沛如是，故敢不揣冒昧上瀆尊嚴。是否有當，不勝屏營待命之至云云。

復吳稚暉先生書

稚老先生前輩：在都捧呈書等件，無緣瞻韓，至抱遺憾。返鄂接轉手諭，敬紉謙光下賁，如親德容，乃知老輩居平本漆園之天，放標玩世之高踪間，亦一語妙天下，醒眾生迷夢。固以舉世不可與莊語，不如此即無以救世之汩汩、挽劫之浩蕩也！獻章負笈中外四十年，庚戌歸國後，雅不欲多言。今避地入都，濡滯半載，國事不談一字、政局不問一言，懍出位之思，守不倍之訓也。不幸適值江汎，又感河決，乃抒臆說兩篇，上之政府。不報公之輿論，不登質之袞袞者流，亦俱若見若不見、若聞若不聞。他不具言，惟導河一篇關係至鉅。獻章冥會有年，論破三千年舊貫，事救百十世沈災。脫稿後，三復沈吟，討論至再，似駭俗而實平易，似迂謬而實直質，似大費而實至減。省以因而非創，事半而功宏故也。希老輩賜閱一遇。如期可行，敢藉重河嶽重望，便登蘇頂一嘯，必邀來群壑齊鳴。此事到達目的，則老輩真萬家生佛，昭垂奕世矣云云。

後學某肅復上　十月十四日鄂垣郵呈

導河篇終

疏江篇

疏江根本計畫書　　　　襄陽嚴獻章[1]

溯自岷山導江、嶓冢導漾，江漢朝宗、合流入海。故言江者必及漢，實則江水自川入楚，由巴東至黃梅，歷十八州縣，始交江西之九江。漢水自陝入楚，由鄖縣至漢陽，歷十州縣，始出漢口，而與江匯。除上游依山不必隄防外，江自荊州以下，兩岸設防，幾及三十萬丈，不獨導四川之水，並湖南廣西貴州諸水，凡注於洞庭者，無不入江，即無不賴隄防為障。漢自襄陽而下，兩岸設防，幾及十七萬丈，亦不獨導陝西之水，凡豫省西南一帶，匯入唐河白河諸水，無不赴襄陽、入漢水，故統謂之襄河。且水性善曲，泥沙尤多，灘嘴易生，河形屢變。考其志乘，此塞彼潰，幾無虛歲。總由來源多而水勢驟，沙泥積而河底高。田廬有較水面低數丈者。是以蟻穴之漏若建瓴，而波及之區同仰釜，一處潰而横波四溢，一年潰則積水長淹。財賦民命，所關非淺。

荊襄一帶，為江漢上游之咽喉。江漢袤延千餘里，一遇異漲，必藉餘地，以資容納。考之宋孟珙知江陵時，曾修三海八櫃以瀦水，後豪右咸據為田疇。又荊州舊有九穴十三口，以疏江流，會漢水。自滄桑變易，故迹久湮。現大江南岸，止有虎渡、調絃、黃金等口，疏江流入洞庭，漲時可稍殺其勢。至漢水由大澤口分派入荊，夏秋汎漲，又上承荊門當陽諸山之水，匯入長湖，下達潛監、彌漫無際。所恃以為蓄洩者，譬一人之身：江邑之長湖、桑湖、紅馬、白鷺等湖，胸膈也；監潛沔陽諸湖，下達沌口，尾閭也；其間瀠迴盤折支河港汊，四肢血脈也。胸膈欲其寬，尾閭欲其通，四肢欲其周流無滯。無如漢水之性，汎漲多沙最易淤積。有力者因之趨利如鶩，始則岸脚湖心，多方截流以成淤。繼則藉水課糧，四圍築隄以成垸。在小民計圖謀生，惟恐不廣，而不知人與水爭地為利，水必與人爭地為殃。川壅而潰，有自來矣。

在昔湖泊廣大，水有容納之區。久而淤墊，懸為阡陌。各築隄障，大者數十里，小者十餘里，名之曰垸。濱江濱漢濱湖之地，一州縣多者數十百垸，少亦數垸、十數垸，悉佔水道為田。而支河口門又節節淤塞，既無瀦蓄，復阻歸墟。無論江漢隄絕，動有其魚之憂，即雨澇暴漲，亦巨浸彌天，且積潦無宣洩，十年久災，未可悉委之天意也。

湖北之水，江漢為大。江漢之患，亦俱至湖北而肆虐。故欲治江漢之水，必以疏通支河為要策。聞近來沙漲浸增、支河益淤，以致横流衝決，雖有隄防，難資捍禦，果克於江面南岸。若采穴、虎渡、楊林、宋穴、調絃諸口，皆疏通之以達洞庭，則洞庭增長一寸，即可減江水四五尺，減則江陵、公安、石首、監利、華容等處，俱可高枕。此客歲於決江篇，請決樊口以資急救。所以有既決之後，倘仍屬繼漲，則決之；繼漲一寸二寸者，不決，必一尺二尺未已也。決之，而他處或仍治横潰，災及一縣兩縣者。不決，必十縣二十縣未巳之說也。

又於漢水北岸，若操家口及鍾祥縣之鐵牛關、獅子口等處古河，並天門縣牛蹄支河，俱可疏通之，使漢水分支北流，匯于三臺、龍骨諸大湖。其地曠衍足以容水，迂緩可免衝

[1] 尺髯甲戌孟夏。

決。然後與江水會，不致助江為災。

又潛江縣北垸之大澤口，支港縱横交錯，即江北之雲夢，其間有白泥、赤野、斧頭等湖，皆有支港以通江漢。近日支河淤塞，諸湖洲渚，亦被民間侵佔，以致數千里之漢，直行達江，江不能受，倒溢為災。

南皮張文襄亦言："江陵上下，舊有九穴十三口。"所以使江漢湖澤，呼吸均輸，不致漲落懸絕為害。宋元及明，湮塞殆盡。公安、石首、華容一帶，民排水澤而居，圩隄交錯，沙泥壅塞，江無經流，消洩愈緩，上流愈甚。故今日荊州大隄，岌岌可危。竊謂武昌為江漢河流，川湘鄂支川河蕩匯歸之咽喉。當兹江心淤澱，上下壅滯之秋，一遇汎漲，其危亦甚於累卵。

治水之道，宣洩重於隄防，前已言之矣。查湖南洞庭一湖，為川黔楚粵諸水匯宿之區，自應使湖面寬闊，旁無壅塞，則諸水易於消納，上游不致汎溢。然數百年來，瀕湖居民各就湖邊荒地，築圍成田，於是長沙、湘陰、益陽、武陵、龍陽、沅江、澧州、安鄉、巴陵、華容等十州縣，有發帑修復之官圍，復有陸續圈築之民圍，嗣因居民增築無已。佔湖愈多、湖面愈狹。乾隆年間湘撫有請嚴禁瀕河私築之奏，得廷諭。洞庭一湖，為川黔粵楚衆流之總匯，必使湖面廣闊，方足以容納百川，永無潰礙。乃瀕湖居民，狃於目前之利，圍築汙田、侵佔湖地。而地方官吏，又往往意存姑息、不行禁止。若湖地漸就湮鬱，則夏秋水發，勢必漫衍衝決，為澤國田廬之患。利小害大，灼然可見。皇皇諭告，洞見癥結。雖嚴申禁令，如遇水漲衝潰，不准復修。然小民趨利，既不肯聽其坍塌，不行補築。而近來地方官，復多蒙隱，凡有私築，不肯究辦。間派一二委員查勘，亦第受規費，飽橐而去。此堤垸之在今日，瀕江瀕漢各州縣，新淤舊垸，鱗次櫛比，又不僅洞庭一湖濱湖之地為然也。

且川陝楚，江漢經流上流所經之地，隨在皆山。山民生齒日繁、老林隨在開墾。山陡土鬆，每遇大雨，沙石俱流，河身日見淤塞。漢自襄陽而下，潛江、天門以上；江自九江以上，江陵、石首而下，河心墊高，幾與岸等。而洞庭一湖，且新淤兩縣。所謂君山湖內翠者，今一入冬令，杖履直登巔頂矣。

凡此皆江漢河流以上，江身自病之情形。數十百年、數千百年來，宣洩支港湖汊，強半湮塞，濱江濱漢濱湖瀠迴瀦續之隙地，類皆侵佔、圈築圩垸。兩岸之隄防，加高培厚、愈緊愈束，以致經流淤墊、水無所容，故近歲每屆汎漲之期，動凛潰決之虞。

憂時者，咸謂為今之計，惟有疏江水支河，南使匯於洞庭；疏漢水支河，北使匯於三臺等湖；疏江漢支河，使匯於雲夢七澤間。一切圩垸，聽廢不興、禁罰私築，然後江漢隄防可固，水患可息。

慨自清季政綱改紐，民國地盤割據，經國遠謀，均未暇計。民十以後，吾鄂蕭督珩珊之長厚，宵小肆毒，竟將江漢河流以後，武昌容水巨量咽喉之樊口，杜筑横壩。樊口內通梁子湖，其形勢踞江夏以南、通山以北、咸甯以東、武昌大冶以西，羣山環之。周圍八百餘里，其中有名之湖港三十六，無名之港汊九十九，容水之量，等於洞庭。一旦悍然湮築，斯江水頓失此八百里渟瀦之地，自不得不如張文襄言，必別求八百里之地以容之。此消彼息，事璀甚明。此客歲避地首都，於汎期甫屆，洪流奔來之際，有請速決武昌樊口以資急救之芻議也。不但此也，樊口築後，遂有李某效尤，繼起而塞黃崗某港口矣！哈某援例，繼起而築漢陽某隄垸矣！國人之趨利忘害如此，夫復何言？

江漢合流以後，容納江漢巨浸，除樊口內之東西梁子湖外，則又即禹貢所謂東匯澤為彭蠡，東迤北會于匯之鄱陽湖是也。鄱陽，古彭澤也。彭澤流江西十三郡之水，聚而為東西鄱陽湖。東湖之水，由徽饒、廣信、南康而來；西湖之水，由南贛、吉臨、南昌而來。其合流，在吳城之灌子口；其出路，則惟湖口。湖口之水阻於洲，則將逆流散漫，而無所歸，恐江西之水災亦亟矣！夫豫章各郡之所以淺，由山土開墾之日淤。而其源，則海口狹而江水壅。江水高而湖水滯，近湖口，又生洲數里矣！

石鐘山臨水為高，石皆峭骨玲瓏，水則穿穴激蕩，風湧呼吸有聲，此石鐘之所以名也。近則冬過湖口，山皆矻立平地，水鏡不至其足。緣近年傍山漲出一洲，與西岸土勘相植，水流漸滯，則此洲之繼長增高，而石鐘竟絕響矣！此猶腸胃間生一大毒，上之飲食不能容、下之大小便亦不通利也！近年東南所以屢受水害者，非江水年盛一年也，其弊在下流積河成灘，歲增數十區。而所以歲增之故，半由湖廣等處無業窮民私墾山林，一遇霪潦，沙石俱流；又以下流蘇松居民，河田易種茭蘆，小則數十里、大則百餘里，與水爭地。無怪水之橫潰四溢而為害也！與湖廣之圈築為垸，有同慨焉。

李祖陶先生言之矣，大江為東南之紀，凡四川、兩湖、江西、江南六省之水，皆流入於江以入海。此如人身之有腸胃，腸胃通利，則上可納飲食、下可以通大小便，而人無病。否則積之於中，其人必脹塞死矣！又謂南紀之有大江，猶北紀之有黃河，黃河水挾泥沙，性善怒，惟有以隄束水、以水攻沙，庶可保全旦夕；南方則厥土塗泥，又處處山石高聳，沿江綿亙，以禦其暴，故患雖時有，民不致蕩析離居。乃數十年以前，水患未劇。近歲則頻頻告災，無異於河，其故何也？則以大江兩岸，處處圍地為田，洞庭鄱陽，淤澱日高，江心上下，洲渚錯立，以致汎期一至，江水無所容瀦，無所宣洩而流通故也！

且江西之進頻水患者，皆由於鄱陽湖口之不能消。湖水之所以不能消者，由於江水一與湖平，阻遏湖水，使不能遽洩。甚或水高於湖，則且乘隙以倒灌。此黃河所為以濁流而淤運道也。如能由海口以上，節節疏通，傍岸為田者，盡皆廢棄；中流起洲者，並即剗除，則江水皆滔滔東下，鄱陽湖水與洞庭湖水，即隨之而行；則東南之水患除，而江西之水患亦除矣！

又大江既治，以餘力並治鄱陽湖、洞庭湖及漢水大為民患者，並加疏濬，俾沙泥皆得隨之入海，則湖河以長江為會歸、長江以大海為歸宿，而後各郡之通川小港，及田間畝澮溝洫之水，皆不致橫溢為患。夫而後猶人身腸胃通達，血脈周流，而上之咽喉可通，而下之尾閭得以洩，則誠東南數千里之福，亦東南數千年之福也！

以上所述，皆江自身之大病及醫治方術也！

癸酉仲夏請決武昌樊口芻議

春暮避地入都，鎮日無事。聞長江洪汎，繼漲增高，來勢洶湧，視辛未夏猶過之。繼閱報章，見載全國經濟委員會擬定江漢幹隄防汎辦法，暨省府夏主席電總部請示防汎辦法。一則曰鄂境入夏以後，暴雨連朝、江流陡漲，較二十年今月水位，尤高尺餘。再則曰查經委會所擬定江漢幹防汎辦法，規定防汎事宜，與前水利局呈准之防護章程、防汎辦法，工程由隄工局負責、經費由隄工局籌發之原則，完全相反；又謂江漢工程局，為隄工唯一主管機關，事到臨頭，乃竟卸責云云。似有相互責難之意，非鄙人所宜贊一詞。鄙人所切切介懷者，固以汎期甫屆、洪濤奔來，南北兩岸數千里之長江，在在堪虞。際茲千鈞一髮、稍縱即逝之危機，無論相互推諉、相互卸責無當也！即雙方和衷共濟，通力合作，晝夜搶險，杜塞罅漏，亦恐無當萬一也！證之辛未武漢臨時防水工作，勞人夫數千百人，擲金錢數十百萬，終無若何補救。可知，蓋長江萬里，高踞建瓴，夏秋漲汎、萬壑齊歸，奔濤駭浪、排山倒海，此起彼竄、此杜彼流，而且愈塞愈激、愈杜愈怒，不潰於此、必决於彼，兼弱攻昧、毒逾潛師。一念及此，而興言急救，捨大闢巨量容水尾閭以殺洪流不可。尾閭為何？曰速决樊口，開納容水故道是也！謹按之輿圖、徵之歷史、考之經訓，慨既往而慮將來，有不能不博采輿論，參之臆說，以備當道采擇，供邦人君子討論焉。

案之輿圖，武昌樊口內通東西梁子湖，六州縣環之，周圍八百餘里，有名之湖港三十六、無名之港汊九十九，容水之量，等於洞庭，咸於一口通江，以時吐納。蓋湖北之水，江漢為大。江水自巴東入境，漢水自鄖西入境，分流千餘里，至漢口而合流。其勢浩大，外則之河港口、內則巨澤重湖，足為分殺停瀦之地，使之紆徐委曲、逐漸東趨。而樊川一口，實為容納江漲巨量之咽喉。慨自民十以後，蕭督珩珊之長厚，將軍團之肆惡，吳某盲動，遂將此口壅塞，築城隄壩，以故頻年江漲，而沿江數十百州縣、數千萬生靈，時懔陸沈其魚之患，此其宜請速决者一也。

徵之歷史，合肥李制府謂樊川一口，載在大清會典一統志明史地理等書，數千年從無議建閘壩之事，以此隄一築，大江兩岸，必別有衝决之患。又謂前史所載，水患希見。自後世與水爭地，設隄防以禦之，水道日窄，然沿江沿湖，亦祇有順水直隄，從無堵水橫壩。歷考名臣奏議，僉以疏濬支河為妥。凡宣洩積水之路，被居民堵塞者，從嚴治罪；凡濱江濱湖地方，如有壅遏水道之處，必當設法查禁使漲水得資宣洩，則害除而利興。樊口外江內湖，為古來洩水要道，山川如故、並無遷變，壅塞其流，為害茲大。又謂江水經由之道，譬之人身，湖河港汊，猶四肢之脈絡，所以宣行氣血也！今堵塞湖口，是截去支體，僅留胸膈也！胸膈不開，頭足皆病。口不能洩，則尾閭洩之。沿江各隄，雖不能指定南岸北岸，要之川壅必潰，理有固然。嘉慶年間，建利之水港口、沔江之茅江口，皆因横堵一隄，上遊石首江陵，大受其害。近日修吳家改口，遂溢於天門之岳口，是其明證。樊口為江漢合流以後，南岸洩水首區。一經築塞，上下隄防皆有岌岌可危之勢。南皮張文襄亦言：樊口之名，自三國志後，歷見史傳。九十九澤之名，見於古圖經太平寰宇記等書。數千年來無人議及障塞，誠以此口乃宣洩江水之常道，不得例以他處外水倒灌之變局。又漢賈氏有言（見漢書・溝洫志。此為台灣繁體文本錄入者插注）：立國居民，必遺川澤之分，使秋水有所休息、游波藉以寬緩。沼水而防其川,猶啼而塞其口。樊口一塞,斯江水暨失其八百里之地,自必別求八百里之地以容之,此消彼息,事理甚明。西人近日測量漢口江水,夏令極漲時,高於臘月極涸時西尺三丈六尺、九江二丈四尺、金陵一丈二尺、岳州上游亦二丈四尺。緣江漢始合,洪流暴橫,故以下漸緩漸殺,倘復加壅遏,則此盛漲分數,移之何處?江自團風鎮,南至於樊口,折而東趨,轉成直角,南岸無所洩,則激射東北。黃岡以下,將成頂衝。溢於下游,則江西之湖口,壅於上游,而漢陽、黃陂、漢川、沔陽必有受其害者。故今日荊州大隄,岌岌可危,不知洪波巨患,當在何時?上游之患,已苦無策,何乃於下游復自生一患哉!文襄意謂若塞樊口,則必以鄰國為壑矣!二公偉識偉論,徹貫古今。吳某何人,悍然湮築。個人之利慾薰心,萬眾之財命所繫,小人貽誤國家,其害顧可勝言,易曰:"開國成家,小人勿用",旨哉聖訓,垂戒深矣!此其宜請速決者二也。

考之經訓,禹貢治水,曰導、曰過、曰至、曰入,即河川之經流,行水之常道,所謂水由地中行是也。曰豬、曰會、曰匯,即河川之旁通,隨地勢而停蓄,以殺汎濫之趨勢,所謂大野既豬、滎波既豬,東匯澤為彭蠡,東迤北會于匯是也。周禮職方辨九州之國,必舉澤藪,必詳川浸,故重水有所鍾而成澤,水積成淵而為浸,均所以消息氾濫,蓄瀉洪流也。考工行水,必因地勢,所謂樊溝逆地防,謂之不行、水屬[①]不理孫[②]謂之不行,又謂凡溝壁必因水勢,防必因地勢。樊口隄壩之築,其不因水勢,不因地勢,逆地防,不理孫,孰有逾此者乎?文襄考據楚詞之言鄂渚,謂即今之樊口內之梁子湖無疑。想文襄博雅,正自不誣,雖不經見於禹貢,想在當時,其為巨浸,應僅次於雲夢,等于洞庭耳。故此時極宜恢復其道,藉殺洪流,以資急救。舍此應別無他術。此誠萬不可緩、萬不必疑,以誤此稍縱即逝之時機也!此其宜請速決者三也。

或謂信如所言,及其所節名論,是樊口之宜速決,事理不辯而已明、利益不權而已判。但既決之後,江漲之期尚遠,可憂潰決之地猶多,能保遂無他虞乎?曰不能也。蓋可憑者常,不可憑者變。可必者人事,不可必者天心。然但使人事之不爽,或天亦無權,要之既決之後,倘仍屬繼漲,則決之繼漲一寸二寸者,不決必一尺二尺未已也。決之而他處或仍致橫潰,災及一縣二縣者,不決必十縣二十縣未已也。是所可斷言,此無他以有無容納洞庭水量之巨浸故也。

或又謂樊口之宜速決,既聞之矣。其如築壩已十年,新移土著,倍蓰增殖於昔日。一旦決之,此輩不悉被殃及池魚乎?曰固已。然若惜此而不決,則橫潰他所,將災及一縣或數縣,甚或數十百縣時,其利害關係之懸殊,奚啻百千萬一哉!兩利相權取其重,兩害相權取其輕,此固無待討論矣!矧決之而出於預計,自必早為之所。所謂凡事預則立,又何慮此區區乎?案辛未江漲極度,在孟秋望後一夕陡退尺許,而次晨樊口附近,告潰決矣。夫附近一決,極度江流,頃減尺許,後遂亦以漸平瀾。是可知其容水之量與殺洪之力。抑

① 讀如「注」。
② 讀如「遜」。

此乃天决，已至幸。視人决宜又有間耳。不但此也，即前此航魚商農之互鬥、彭公奏議之偏執，亦俱無討論價值。蓋一屬小民無知，一則意氣用事，均無當國家大計，經久通識也！[①]

抑猶有慨，蓋非常之爭，必待非常之人。鄙人辛未歲，避地漢上，身罹單洞門潰决之厄。繼遷省垣，江流泛溢，日漸增長，目擊横流，惄焉如焚。談及此議，告之當途，褎如充耳；述之友朋，咥其相笑，不目之迂，即病為狂。實則不過請仍千年之舊貫，述老生之常談而已。真所謂非但能言人不可得，正索解人亦不得，亦可慨已。事關數千里長江南北兩岸之安危、濱江數十百州縣生命財產之託寄，用敢貢其愚瞽，邦人君子，幸辱教之，唯當道之垂譽焉。

再，此議如荷采納，宜請著為千年例禁，並凡關於沿江沿漢沿湖各支津港口，有類如此情形者，亦宜請一律嚴禁堵塞。庶不致如前篇所言，每届汎漲之期，動凜潰决泛濫之虞。　六月二十六日漢峴附記

疏江篇終

引淮篇

導淮入江辯　　　　襄陽　嚴獻章[②]

禹貢導淮自桐治，東會于泗沂、東入于海。爾雅江河淮濟為四瀆。四瀆者，發源注海也。釋名天下大水四，謂之四瀆，江河淮濟是也。瀆獨也，各瀆出其所而入海也。白虎通瀆者，濁也。中國垢濁，發源東注海，其功著大，故稱瀆也。風俗通江河淮濟為四瀆。瀆者通也，所以通中國濁也。管子度地篇謂："水之出於山而流入於海者，命曰經水。水別於他水，入於大水及海者，命曰枝水。"然則四瀆者，經流也，狹眾枝流而注於海者也。可知淮之發源桐柏胎簪山，潛出大腹山南。自禹迹奠定而後，挾七十二溪之枝流，會汝穎泗沂之巨浸，獨自東驅以赴海，數千年偕江河之衛地，早已並行地中矣。决汝漢排淮泗而注之江，乃子輿氏之誤記，前賢辨之詳矣，從未聞有導淮入江之說。有之，自大河南徙，黃過淮始流。然彼亦自有故，非今日之言導淮入江也。

淮，清流也。河，濁流也。清流浸潤之地，可萬事利賴而無患，以故淮自奠定以來，數千年上而鳳穎盱泗，下而徐揚淮海，未聞有潰决及氾濫成災之事。無所謂蓄清敵黃也，無所謂束清刷沙也，無所謂增築高堰也，無所謂競修減水、滾水閘壩也，更無所謂挑挖運河、禦黃如禦敵、繕完運隄、增卑而倍薄也。至下河積水之宣洩，分南路中路北路之分疏，徐揚水利之籌策，剖上流中流下流之兼治，胥無事矣。而沂泗之安流如故，六塘河之新開，劉老澗之啟閉，亦無自而生矣。所以然者，以爾時河未奪淮故也。既奪之後，則沂泗居運河之中，下河居運河之下，而運河又居淮湖之下，洪澤隄岸不固，則淮納七十二山河之水，建瓴東注而運隄壞。運隄壞，而江興、泰高、寶山、塩七州縣濱海之民，如魚遊釜底，沂泗

① 彭李二公之原奏、文襄之書後，人民連年爭鬥之歷史，均詳見湖北新通志暨舊武昌縣志。

② 尺髯癸酉孟冬。

不予淮會。而昭陽、微山、馬騇、碩項等湖之水，一有汎漲，而邳宿郯沭海安一帶，盡成澤國，其勢然也。

夫淮南，古澤國也。禹貢曰淮海惟揚州，田下下，賦下上，以其地多沮洳，為水所宅也。然在上古，祇淮而已。至元，益之以黃，遏奪其溜，而淮之形勢一變。洎明，益之以運，挖引諸流，而淮之形勢又一變。迨築斷黃陵崗支渠，復以一淮授全河之水，淮於是起而發大亂之端矣。而淮揚徐海之患，遂愈演愈烈矣。

然至清咸豐四年，天心厭亂，河決銅瓦廂，黃復北徙，乃淮水流域之一大轉機。及海運大通而漕運廢，而運河之情形亦易，又復為淮水流域之一大轉機。居今日而興言導淮，舍引清流復故道入海，故莫屬矣。而忽聞有主張導淮入江之議者，此中利病，關係東南半壁，是不可不辨。

攷之載籍，吳開刊溝，以通上國。隋復廣之，以利龍舟。周世宗自楚州北神堰，鑿老灌河通戰艦以入大江，南唐遂失兩淮之地，此江淮溝通之事歷也。然此多屬軍謀，非關水利也。前清河帥張鵬翮，雖有遷淮讓河，欲於盱眙溜淮套等處，鑿山開道，由六合縣南引淮入江之議，適聖祖仁皇帝南巡，鑒其決不可行，議遂寢。然其時不過以黃遏洪流，欲由別道，以為淮水之尾閭，此無法時代之一法，而亦卒屬幻想也。

又有嵇相國璜者，籌上河歸江事宜疏，謂詳勘淮揚運河東隄，減入下河之水，自邵伯以北者宜歸海，以南者宜歸江。迨邵伯迤東，地脈高阜，天然限制，各有分途，若欲使之向若歸墟，必使順其就下之性。又謂查湖河水勢，歸江近而歸海遠，歸海紆迴，而歸江逕直，多一分入江之路，即少一分歸海之水。云云。

又葉知州機者，發洩湖入江之議，謂洪澤湖水，洩於寶應、高郵、邵伯等湖，由運河各壩，淹及下河州縣。高郵地勢，適當其衝。運河東隄五壩，而高郵居四。是以受水最先最甚。溯自黃河奪淮，淮水盡歸洪澤。而黃河各閘壩，盛漲減洩，又趨洪澤，淮黃同入洪澤之患滋大，不得不開兩壩三河，合淮黃而入高寶等湖。每逢壩水暴至，湖面與運河一片，漕隄民命，節節危險，為今之計，不能入海。惟有導之入江。入江，即入海也。云云。

然以上又皆局部之利害，一時一地之言也。且又皆淮為黃踞，黃奪淮流時之言也。外此亦未聞有導淮入江說者。且江淮自身之大病，至今日已自成沈痾，而復導淮以入江，是江淮俱成並病矣。

淮本清流，東會泗沂，東會於海。而泗更清於淮，皆流之百代，有利無患者也。而淮之並，實自河亂淮流，奪淮入海故道始。遂一病於濁流、再病於運河、三病於沂泗之不與會通。蓋自淮遏於黃，而清口之齟齬生、而淮之百病出、而運河之大亂，亦因之起矣。胥黃河南來，階之厲也。

自昔江行於南、河行於北、淮行其中，各自達海。黃與淮會，變也。宋元以後，黃淮始合，資黃濟運、用淮刷黃，昔取其分，今取其合。淮不與黃會，又變也。大抵淮與黃合，其勢必強；與黃離，其勢必弱。數年來黃淮失軌，運口淤為平陸，又變之變也。運口者，清口也，運河入黃之口，即淮水所從出之口也。前代未有黃河，為泗水逕角城，從西北來與之會，同入于海，皆清流也，無石水六泥之濁以滓之。故唐宋以前，不聞清口齟齬之患。清口之患自有黄河始也。黄河之為清口患，又自淮水奪堰東注，不能敵黄始也。

黄流何以使之深？清流何以使之出？為清帝指授治河方略之格言。蓋黄不深，則攔入運口，清不出，則漫入下河。而欲深黄，其必先開口；欲出清，其必先塞六壩。又河臣慘淡經營之籌策，且深黄出清，其途似殊，其實相為用。夫黄不深，則常慮倒灌，而清不可出，是治河即所以治淮也。清不出，則無由沖刷，而黄不能深，是導淮即所以導河也。此明季潘公季馴之治河，所以有東去祇宜疏海口，西來切莫放周橋之格言。時人治河，又有"水向東，海口通；水向西，天然閉"之諺語也。然此皆黄踞淮後，河未北徙以前之利病情形也。

迨至清咸豐五年，河决銅瓦廂，改由壽張、濟南直達牡蠣嘴海，而奪淮入海之路，空矣；蓄清刷黄之水，止矣；借黄濟運之術，休矣；防黄如防敵之説，廢矣；遏沂泗不能與淮合之局勢，亦大變矣。是淮之病應早瘳，淮之患亦應早除矣。而何以數千年來，淮南北鳳潁盱泗汎濫之災，未能免；海沭安等五邑之患，時有聞；而下河高寶泰興江七邑之害，且加甚？何也？則皆人事之過也。

何言乎人事之過？曰：河既北徙，淮宜早復故道。復故道則百病皆除，仍舊貫則百病叢生。遲之逆年，積重難返。一言復故，視為畏途，而舍此實無别辦法。不禁令人矍然驚，悚然懼，戚然慮者。

江淮自身之大病，已各早自成沈痾，將於後痛述其癥結。試撮江之病，概括言之，雖曰江心淤墊也、支津壅塞也、隄垸鲫比也，而歸總于水無地容，且金陵京焦上下，洲渚多錯立，海口亦齟齬，水未易以下海也。撮淮之病，概括言之，雖曰害及徐揚也、禍及淮海也，甚或因沂泗之旁流，波及徐海也，而歸總於淮之無出路，未循故道以入海也。

張長沙醫中之聖，其咎庸工誤投方治也。曰：一逆尚引日，再逆促命期，旨哉斯言。竊謂江淮自身之大病，一逆也。導淮以入之，再逆也。蓋江淮自身之病，已各自苦於無術，若復加之以併病，江無幸，淮亦無幸也。蓋淮不入江，江早不能暢流以歸墟。再益以淮，江不致脹胸鼓腹，立見横决腰膂也。必無之事矣，雖苟延，其可哉。且淮自身之病亦無瘳。緣一流尚難下，並流何以堪。此並非以鄰為壑，不過速江之禍也。而淮恐亦難幸免。故曰人事之過也。

淮祇宜復故道説

居今日而興言導淮，舍復故道會沂泗以入海外，固别無善策。復故道奈何？曰：前賢籌之審矣。而要以丁先生顯之規畫為盡善。其立論精微而有條理，坐而言，可以起而行，舉而措之裕如也，謹節錄如左：

嘗思不一勞者不永逸、不暫費者不久省。成規相襲，而未策萬全，不可以除積世之害；機勢可乘，而或惑浮言，不可以建萬世之利，即如今之淮水是也。淮水發源於河南平氏縣，其在禹貢曰："導淮自桐柏，東會于泗、沂，東入于海"。淮，即今日之桐柏縣淮河，歷安徽鳳潁、盱泗，並逕江蘇桃源、清河而東者是。泗，即今山東泗水縣泗河，歷曲阜、滋陽、濟甯、鄒縣、魚臺，經流南陽湖、微山湖，迄八閘而東南行，逮清口入淮者是。沂，即今山東沂水縣沂河，歷蘭鄉、郯城，經駱馬湖，迄舊邳州，會中河入淮者是。入海之處，即江蘇安東縣雲梯關地。此神禹之故道也。其時水分為南北條，四瀆安流，各不相併。自漢及宋，遂有河患，衝决遷移，靡有定地。或决而復塞，仍歸一道；或决而分行，匯為兩渠；或决而由鉅野入泗，而不日仍歸故道；或决而奪汴入淮，而不久即歸故道。此數千年中，傾灌城邑、衍溢田疇，咎悉由於黃河而淮水安流如故。然俱為害於豫兖，未嘗危害於徐揚。及宋神宗時，大决澶州曹村，而河淮遂成一瀆。彼其時，淮揚猶未遽被其害者，緣黃河猶分為二派：一合北清河入海、一合南清河入淮。水有所分，黃水亦未甚強。淮水之清，足以刷黃河之沙而行。且黃河經行未久，淮流淤墊，猶未甚高；海口深通，猶未遽壅，是以二瀆並流、暢行入海，尚不致為害。乃至明宏治中，劉大夏築斷黃陵岡，河北之流絕，而黃河全遂奪淮而行，今日清口以東之舊黃河，即禹以來淮水之尾閭也。自是淮揚之害，遂靡有已時（下歷敘潰决之害，略。案客避歲避地首都，於導河篇關於黃淮分合之歷史言之甚悉，可參閱）。

又謂黃河日強，淤墊日高，淮水欲由故道而行，則黃河已扼其吭。是以夏秋之交，一經盛漲，削減則支派無自而開，宣洩則尾閭已為黃佔，欲其不决而為害也。雖神禹治之，亦不易為力。幸賴靳文襄公神明獨運，設法補苴。於湖隄，則設仁、義、理、智等壩，以減全湖水勢；於運隄，則設車、邏、昭、關等壩，以洩運河之異漲。伏秋盛汎，啟閉以時，終公之任，未嘗有潰决之患。

乃自咸豐初年，豐工再决，黃河北徙，而河道又一變。自此淮安之地，永絕河患，淮揚之民，私相慶曰："從此河自為河，淮自為淮，二瀆分流，各不相妨。"出水火而衽席，易昏墊為平成，此其時矣。誠能於此疏闢引河，大浚海口，以復禹故道，則積世之害於此去，即萬事之利於此興，其功當不在禹下。

又謂洪澤湖，於高堰五壩，為建瓴之勢；於運隄五壩，又為建瓴之勢。霪雨盛汎，無歲無之。今歲塞而明歲復决，其害不可勝言，不决於此而或决於彼，其害猶不可勝言。不决於運隄，而或决於盱堰，其害更不可勝言。間嘗私相討議，與其勞費無已，為懲湯止沸謀，曷如扼要以圖，為釜底抽薪之術。術何在？亦在闢清口，引水入黃，以復舊淮河尾閭而已矣。

且清口不闢之害，又不獨淮揚而已也。淮水發源於河南，迄鳳潁而始大，合七十二道山河之水，悉瀦於洪澤湖。每際桃汎秋防，潁鳳盱泗，壽亳懷霍之交，悉成巨浸，决隄潰岸，害亦相仍。則盱堰閘壩，為淮河漫溢之隄防，即為皖水宣洩之門戶。是故三河未啟，則皖省濱懷州縣被其患；運隄既决，則廣陵瀕海州縣被其害。惟水性趨下，裏下河之害，常十九也。

況乎清口之不闢，害之在於淮揚者，猶可防閑。而害之在於徐海者，更難補救。沂泗雨水舊俱会淮入海。后則黃河高仰，横截中流，沂泗之不能入清口，猶淮水之不能入引河。而南陽、昭陽、微山等湖水，又從韓莊閘奔騰澎湃，灌入運河。夏秋盛汎，巨浪彌大，豐沛邳郯桃宿之區,悉成澤國。幸而高寶水勢不旺,則穿貫淮渠,借道南運,併由運隄五壩,氾濫東流,以裏下河為壑。不幸而高寶兩湖,水勢飽漲,則惟有常開劉老澗,由六塘河入海,波流漫溢,海贛沭安,秋成絕望。以是知海口不闢,徐海之害,等於淮揚。而今則黄河已徙,復故較易,仍由清口入海,實禹王遺迹,其法甚因。誠能不惜經費,堵塞三河、疏濬海口,俾淮水悉由故道,東會泗沂,暢行入海,庶水有所歸,漕隄以東,永弭水患,則淮揚之害去矣。清口既闢,皖省七十二道山河之水,奔騰東注,悉以海為壑,上游永弭漫溢之患,則潁鳳之害去矣。而海口既闢,淤墊以消,東省下注之水,自能暢出清口,會淮於海,劉老澗即可永閉,則徐海之害亦去矣。故不獨遠害已也,而利即由此興(其陳利有九略,舉一二於左)。

- 洪澤一湖,舊係民田。自黄河南徙,淮水停蓄,膏腴之產,俱付洪流。今清口既闢,水復歸漕,填淤肥美。湖田萬頃,召佃耕種,即以秋收之租錢,濟歲修之經費。
- 高寶兩湖,亦稱沃壤。自洪湖南洩日久,田疇胥成澤國。今淮水逕由清口入海,則白馬、甓杜、氾光等湖,除舊有湖源外,淤出良田,可數萬頃,即用廣為開墾。
- 山清兩岸民田,俱資湖水灌溉,一自引河淤塞,水無來源,栽插之時,往往借水東省。今引河既闢、清口既開,淮水暢入運河,足資灌溉。
- 高寶江泰漕隄以來,周圍千里,約田三十萬頃。近因頻年壩水為災,盱凹之田,多成荒廢。今洪湖由清口入海,則壩水永絕,該處田畝,即可廣為種藝。
- 安阜瀕河兩岸,舊因黄河濁浪,難開支河以資灌溉,田畝俱種旱穀。今淮河既復,清流灌注,兩岸俱可多開支河,設立涵洞,改為秧麥田,獲益良多。

又謂仍舊之害如彼,復舊之利如此,而卒未毅然行之者,直以非常之舉,國帑支絀,經費無所出耳。殊不知為民除百世之害者,即役民力而不為勞;為民見百世之利者,即資民財而不為虐。堵三河、闢清口、濬淮河,挑雲梯關尾閭,經費非數百萬緡不可。而淮揚鳳潁徐海,從此獲益者,有四十州縣。誠能於四十州縣,設法勸捐,兼籌鉅款,相機試行,勞者一時,而安瀾可以永慶;費者一日,而鉅工不復再興。長治久安,在此時矣。(下有靖浮言者六略之)

最終謂堵三河、闢清口、濬淮渠、挑雲梯關尾閭,四項工程,缺一不可。而或難于經費,小為補救,僅堵三河,而不開引河,則上游之水不能洩、鳳潁之害不能除;僅開引河,而不大挑清口,則洪湖之水不暢出、盱泗之害不能除;僅挑清口,而不寬濬淮渠,大闢雲梯關尾閭,則水不注海,揚莊王營一帶,必憂漫溢,安東阜甯,水行地上,設經汛漲,易於潰決,桃清安阜之害不能除。今則天心厭亂,黄河遠遷,千載一時,會逢其適,乘此施功,事逸功倍,則千百世之害於此去,即數千里之利於此興,豈不懿哉?

右丁先生之名言也,所謂坐而言,可以起而行者也。或謂何不抒己見,乃抄襲人言?曰:丁先生之所謂復故道,復黄奪淮流入海之故道也,即復禹導淮入海之故道也,雖百世無可易者也,又奚取復贅詞為耶?且衛櫟齋先生撰禮記集說,其自序謂"人著書,惟恐其言不出於己。吾之著書,惟恐其言不出於人"。胡氏東樵謂此語可為天下法。曾文正嗚原堂論文,錄孫文定公三習一弊疏,謂此疏上之純廟者。厥後嘉慶道光初元,臣僚皆抄以進呈。逮文宗登極,壽陽祁相國又抄以進呈。子又何說耶?矧吾並非著書乎?果當道有人,取而用之,則丁先生尚有擬復淮水故道章程,及導淮捷議、補議並別議,全文具在,覆而案之可也,子又何以病為?

結論

漢現民曰:"天地以萬物養萬民,國家以大烹養聖賢,聖人以美利利天下"。南紀江、北紀河,長淮二千里,清流浸灌其中,東南財賦,于是乎出。芒芒宇宙,美哉禹功。山河奠定,四瀆分流,洵萬世利賴者也。不幸而淮黃失軌,河遏淮流,氾濫四注,萃於洪澤。障高堰、禍盱泗、破周橋、灌高江,大潰運隄,而瀕海七邑其魚矣。沂泗横湧,而邳宿桃清安阜一帶瀰漫矣。淮揚徐海,慘罹昏墊之災,殆六七百歲於茲矣。乃至清季,天心厭亂,河復北旋,淮之復故,千載一時也。而人事又復荏苒數十年,卒莫出而振捄之,則當國者責也。而必盡歸之天意,天不任咎也。或謂淮宜復故,無疑義矣。其如清口達海四百里,始至雲梯關,故道填游、隄岸頹圮、田廬冢墓,所在皆有,一言復故,談何容易?曰:丁先生不言乎?不一勞者不永逸、不暫廢者不久省。且昔大禹治水,山陵當路者毀之,故鑿龍門、闢伊闕、析底柱、破碣石,墮斷天地之性不足惜,矧此區區數百里,浮沙填淤,故道開濬之勞乎?想當道必有以處之。果舉丁先生之言,毅然見諸實施,則真淮揚徐海四十州縣無疆之福,亦即國家萬世利賴無疆之休也。否或喜事赴功、剛愎違眾,卒致以天地之所以養民者害民,聖人之所以利天下者害天下,禍斯烈矣!又或與世委蛇、莫衷一是,年復一年,泄沓如故,亦無取焉,均非國家優禮賢豪、寵之祿位、重以事權,希幸為國與民,造福瀹災,興利除害之本意矣。

附論淮水流域之形式利病及變遷

欲知淮之病,須先知淮水流域,徐揚淮海之形勢。考揚州府志,載高郵州境之西南聯郡中,以滁泗天長諸山地勢為高。東北諸湖蕩,與山陽寶應鹽城相接,地勢最下。其高者水之所出,其源有七十二澗。下者水之所歸,凡七十二澗之水,皆匯於三十六湖,汪洋浩蕩,方三百里。循湖而東,有河曰運河,有隄曰平津堰,凡田地在堰西者,曰上西河;在堰東者,曰南下河,以西高於東也。南北下河之間,又有河曰運鹽河,其隄曰東河塘。凡田地在塘南者,曰南上河;塘北者,曰北下河。以南高於北,故南不曰下河,而亦曰上河也。堰有閘數座、塘有斗門石墶涵洞數處。遇水,則西河藉南河北河以為之洩;遇旱,則南河北河藉西河以為之溉。然郵之上流有淮黄,恃高堰周橋翟壩為之障;下流有海,恃廟灣白駒丁谿等口為之洩。且運河西當湖衝,東鄰於城,今隄益高,水益上,始則田低於河,繼則城處隄下,郵民休戚,係於此焉。

興化,環縣皆水也,而城郭居其中;寶應,繞城西為運河,其西南西北,亦皆水鄉也。自郡城灣頭折而東者,為上河;自高郵邵伯灌注於東北下鄉者,為下河。上田之高田常苦旱,下田之低田常苦澇,而不講開濬,以為瀦蓄。苦於澇者,輒轉瞬而亦苦旱。故言江都之河渠，有關河防水利者，惟運河為大。北接高郵、南至大江，一縣漕隄，與河俱長。計隄以西曰上河，自朱家湖黄子湖迤西，地勢漸高，常憂旱。隄以東曰下河，自隄迤東，地勢漸低，常憂澇。昔晉謝太傅安，始築邵伯隄以界之。至明季高堰失修，翟壩衝決，水勢直灌高江，此江都漕隄之所以屢决，而民胥為魚也。

然患雖忠於江都，而所以受患之故，則有來源去路，不僅在江都也。須分三路之水而治之。三路者何？曰：上流、中流、下流也。上流不治，則來水無窮，雖日治中流無益也；中流不治，則蓄洩無方，雖日治下流無益也；下流不治，則水無去路，雖日治中流、下流，亦無益也。

所謂上流者，高堰、周橋、翟壩是矣。高堰宜幫闊也，周橋不可開也，翟壩宜堅築也。則淮水不致旁洩，得以全力沖出清口。上而清口不淤，下而高江不溺，則來源既少，而上流治矣。

所謂中流者，自淮至揚，運河漕隄是也。舊制多開閘壩，旱則蓄、澇則洩。隄西諸河，霪雨非常，及清江埔之上，通濟閘水下注，與盱眙、天長、高良澗水徒發，運河不能容受。於是在山陽、高寶、江都開各閘以洩之，使運河水勢，南北分洩，蓄洩有方，而中流治矣。

所謂下流者，則范隄各場之海口是也。雲梯關在昔止為淮水一瀆之尾閭，故能容受，而無沙淤之患。自宋神宗熙甯間，黄河南徙，黄始入淮。濁流夾沙而行，稍一旁决，則勢緩沙停而河塞。愈塞愈决、愈决愈塞，而雲梯關大淤，正坐此病。是雲梯關後又為黄淮兩水之尾閭，乃第一要緊海口，其外若山陽之廟灣海口、鹽城之石𡎚天妃廟海口、興化之劉莊青龍橋口、白駒之鬭龍港口、草堰之滷河口、小海之小海團口、泰州丁谿之龍開港口、河垛車兒壩之滔子港口，凡此皆所以洩隄東七邑之水以入海也。年來非不開放，而究竟田廬不免渰沒，人不免漂溺，一則因各海離漕三四百里而遙，紆迴曲折，不能直達。一則因下河七邑，四高中窪，地形如釜。必須在淮河黄浦之下，則射陽湖一路。子嬰溝之下，則鹽城舊官河一路。清水潭之下，則泰山廟東河一路。以及興化之海溝河白望河，邵伯之下，則顔家莊、楊家莊以達樊汊。及泰州西谿河，併各場之串場河，與范隄東達海之河路，俱開通深闊，則水有去路，下流治矣。

揚州瀕河諸邑，惟江都地勢稍高，寶應次之，高郵為中窪，泰州亞於高郵。至興化直如釜底矣，其沿海各場，地勢南高而北窪，故鹽城又居興化之下流，而羣水皆趨東北，職此由也。或謂沿海高於內地，殆不其然，大抵各場與高江地勢畧相等，察水平可見，衹因興泰二邑，獨處窪下，故聚水而不能減，其害較其他州縣更深且久。又謂人以高寶、邵伯河隄，為下河州縣之門户。高堰翟壩，又上河之藩籬，藩籬不固，門户因之失守，固也。殊不知射陽諸湖，喉也。高寶諸土田，腹也。海口，尾閭也。灌於喉而漲腹，所必至者。況多其入、少其出，大於口、小於尾閭，一遇汎漲，而能不浲洞滔天也乎？故淮水之患，以淮揚七邑為最甚，上游之盱泗次之，而徐海因沂泗不會之波及，又次之。其變遷已詳於導淮入江辯，不復贅。

引淮篇終

（家史・吴・1・4－1）

《三楚周刊》上的“疏江根本计划书”

王曦按(2017 年 4 月 14 日):

此文是发表于 19337 年的《江河万古流》的“疏江篇”。1935 年,太姥爷将它从《江河万古流》中摘出,再次发表。此文源自上海交通大学图书馆《字林洋行中英文报纸与《新闻报》全文数据库》。

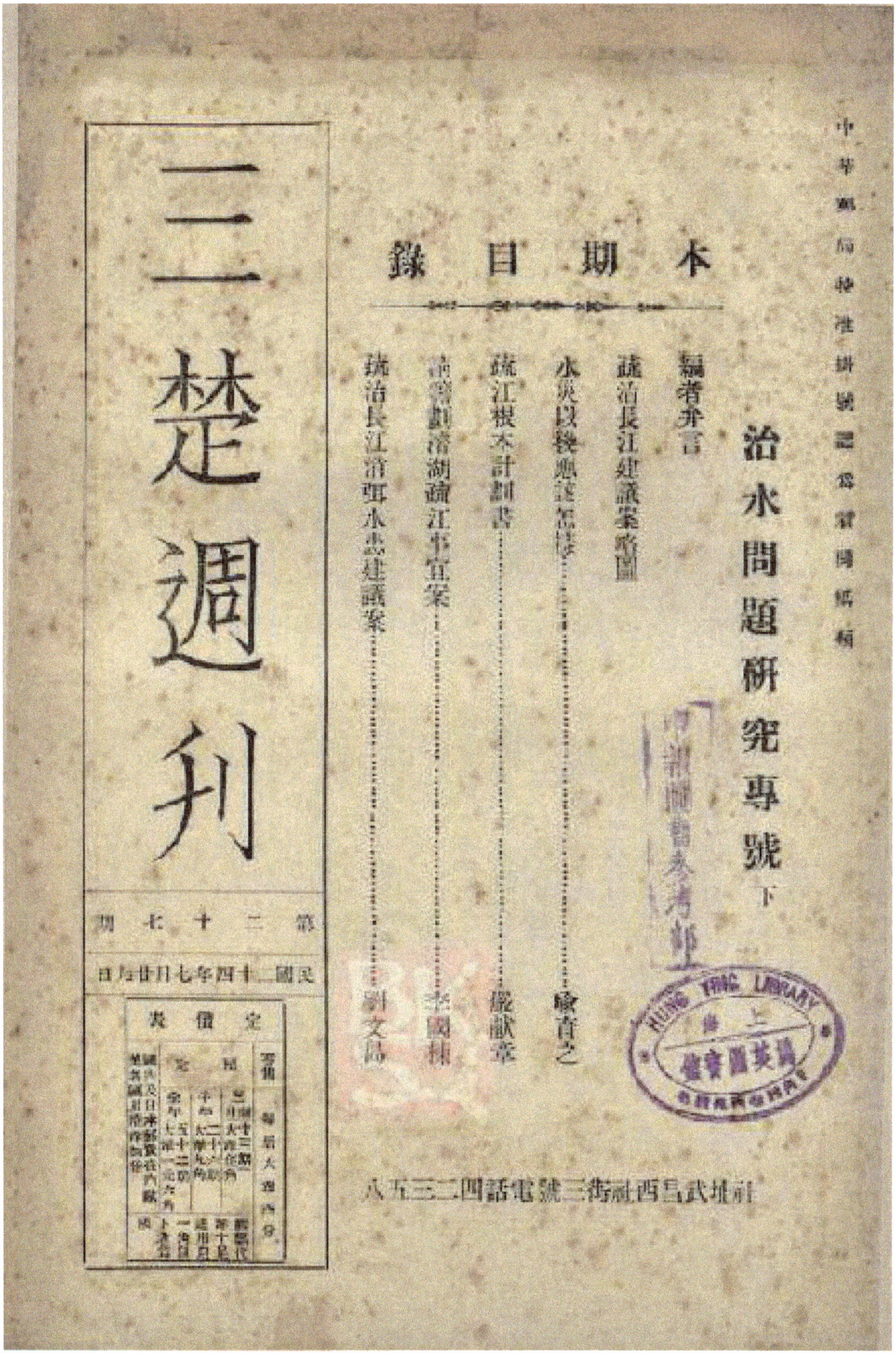

中華郵局特准掛號認爲新聞紙類

三楚週刊

第二十七期

民國二十四年七月廿日

治水問題研究專號（下）

本期目錄

編者弁言

疏治長江建議案略圖

水災後幾點意見……喻育之

疏江根本計劃書……嚴獻章

請籌劃浚湖疏江事宜案……李國棟

疏治長江消弭水患建議案……劉文島

社址武昌西社街三號電話四二三五八

編者弁言

關於治水問題，本刊在上一期中，已經出過了一個專號，這一期所蒐集的稿子，也仍然是討論着這個問題，所以把其他性質的稿子都暫時擱在了，這是要聲明而且要請讀者原諒的。

上一期的稿子，是偏重於理論方面的爲多，而這一期可說都是屬於具體的計劃；內中尤以李國棟先生的那一篇最爲切實，凡舉沿洞庭湖各縣的淤塞處所以及長江沿岸水流的速度，江身的灣曲，不但能毫不含混的列舉其地段之所在，而且對於水流的深淺，淤塞的高低長寬，都有確實的數目字可査，此在留心水利工程者，固可資爲借鏡，卽偶爾涉獵者，亦可增益常識不少，在這裡我們一方面欽服李先生爲學態度的踐履篤實，他方面又希望讀者能夠對於兩湖水利事宜有一個根本的認識。此外嚴獻章先生那篇疏江根本計劃書，其辦法雖僅列舉大綱，但對於歷代以來的治水方策，能一一指明，如數家珍，是非對此道深究有得者，不能道其隻字。劉文島先生那篇疏治長江消弭水患建議案，本是民國二十年大水災後向國民會議所發表，但到現在却依然沒有失掉它的重要性，因其所列舉的辦法，都是爲消弭水患所必須實行的，過去的機會，已經是敷衍因循的過去了，以致先後相隔僅四年，而瀰天漫地的災禍又復重至，今後要想消弭巨浸，却依然祇有實行疏濬的辦法，語云，「甯未雨而綢繆，無臨渴而掘井」，我國人最大的毛病，是無有過於懶惰，舉凡應付任何一件事，總是存着一種僥倖的心理，以爲這一次過去了，將來也許不會再來，卽使來吧，也須在幾十年以後，決不會接二連三地發生的，殊不知可必者人事，不可必者天意，不從人事去努力，而要靠天意以求苟全，那是最危險沒有的事，經過了這幾回嚴重的教訓以後，我們如果還不能根本覺悟，則前途就眞沒有救藥了。

疏江根本計畫書

嚴獻章

溯自岷山導江，沱潛尋源，江漢朝宗，合流歸海。故言江者必兼漢，實則江水自川入楚，由巴東至黃梅，歷十八州縣，始交江西之九江。漢水自陝入楚，由鄖縣至漢陽，歷十州縣，始出漢口，而與江匯。除上游依山不必隄防外，江自荊州以下，兩岸設防，幾及三十萬丈，不獨專四川之水，並湖南廣西貴州諸水，凡注於洞庭者，無不入江，即無不賴隄防為障。漢自襄陽而下，兩岸設防，幾及十七萬丈，亦不獨專陝西之水，凡豫省西南一帶，匯入唐河白河諸水，無不趨襄陽，入漢水，故諺謂之襄河，且水性湍曲，泥沙尤多，灘嘴易生，河形屢變，考之志乘，此宋後潰，幾無虛歲，總由來源多而水勢驟，沙泥積而河底高，因隄有較水面低數丈者，是以蟻穴之漏若建瓴，而波及之區同仰釜，一處潰而橫波四溢，一年潰則積水長淹，世賦民命，所關非淺。

計襄一帶，為江漢上游之咽喉，江漢交匯千餘里，一遇漲溢，必賴餘地，以資容納，考之宋孟珙知江陵時，曾修三海八匱以儲水，後蒙古成據為田疇，又荊州舊有九穴十三口，以疏江流會漢水，自消長變易，故道久湮，現大江南岸，止有虎渡調絃黃金等口，疏江流入洞庭，漲時可稍殺其勢，至漢水由大澤口分流入湖，夏秋汛漲，又上承荊門當陽諸山之水，匯入長湖，下達潛監，彌漫無際，所恃以為蓄洩者，譬一人之身，江陵之長湖，桑湖，紅馬，白鷺等湖胸腹也，監潛沔陽諸湖，下達沌口，尾閭也。其間縈迴蓋所之支河港汊，四肢血脈也。胸腹欲其寬，尾閭欲其通，四肢欲其周流無滯，無如漢水之性，汛漲多沙，湖易淤積，有力者因之趨利如鶩，始則於岸腳湖心，多方截流以成淤，繼則借水課糧，四圍築隄以成垸，在小民計圖營生，惟恐不廣，而不知人與水爭地為利，水必與人爭地為殃，川壅而潰，有自來矣。

查昔湖沼廣大，水有容納之區，久而淤墊，遂其阡陌，各築堤障，大者數十里，小者十餘里，名之曰垸，濱江濱漢濱湖之地，一州縣多者數十百垸，少亦數垸，十數垸，悉佔水道為田，而支河口門，又節節淤塞，既無瀦蓄，復阻歸墟，無論江漢隄決，勢有其魚之憂，即雨潦暴漲，亦巨浸彌天，且積潦無宣洩，十年九災，未可悉委之天意也。

湖北之水，江漢為大，江漢之患，亦俱至湖北而肆虐，故欲治江漢之水，必以疏通支河為要策，聞近來沙淤漫增，支河益淤，以致橫流衝決，雖有隄防，難資捍禦，果克於江面南岸，若采穴虎渡楊林宋穴調弦諸口，使江通之以達洞庭，則洞庭增長一寸，即可減江水四五尺，彼則江陵公安石首監利華容等處，俱可高枕，此因於洩江流，請決舊口以資宣洩，所以未敢決之後，倘仍照舊，則決之，積以一寸二寸者，不決，必一尺二尺未已也。決之，而他處或仍致潰溢，異及一縣兩縣者，不決，必十縣二十縣未已之說也。

又於漢水北岸，若操家口，及鐘祥縣之鐵牛關獅子口等處古河，並天門縣牛蹄支河，俱可疏通之，使漢水分支北流，匯於三臺龍骨諸大湖，其地曠衍足以容水，籽粒可免潰決，然後與江水會，不致助江為暴。

又澪江縣北岸之大澤口，支港縱橫交錯，即江北之雲夢，其間有白泥赤野斧頭等湖，皆有支港以通江漢，近日支河淤塞，諸湖湖港，亦被民間堵截，以致數千里之藪，直行達江，江不能受，倒灌為災。

南皮張文襄亦言：江漢上下，舊有九穴十三口，所以使江漢湖澤，時洩均輸，不致泛濫橫溢為害，宋元及明，淤塞殆盡，公安石首華容一帶，民排水淤而居，於是變遷，泥沙淤塞，江無匯流，漸見愈從，上流愈甚，故今日荊州大隄，岌岌可危，竊謂武昌為江漢合流，川湘鄂支川湖蕩匯注之咽喉，會茲江漢險，上下一帶潰之秋，一遇汛漲，其危亦甚於荊郢。

治水之道，宜洩重於隄防，前已言之矣。查湖南洞庭一湖，為川黔楚四諸水匯宿之區，自應使湖面寬闊，勞無壅滯，則時水易於宣納，上游不致汛溢，然數百年來，湖湖居民，各就湖邊荒埔，築圍墾田，於是長沙湘陰岳陽武陵龍陽沅江澧州安鄉巴陵華容等十州縣，有發給執照之官圍，復有陸續圍築之民圍，圍圍居民搭築無已，佔湖愈多，湖面愈狹，乾隆年間，湘撫有請嚴禁濱河私築之奏，得廷諭：「洞庭一湖，為川黔粵楚眾流之總匯，必使湖面廣闊，方足以容納百川，永無潰溢，乃濱湖居民，每於日漸之利，圍築垸田，侵佔湖地，而地方官吏，又往往意存姑息，不行禁止，若湖地漸就淤墊，則夏秋水發，勢必漫衍衝決，為澤國田廬之患，利小害大，灼然可見」上皇查滋告，湖見積精，雖飭申禁令，加遇水勢潰，不准復修，然小民惑利，不肯毀其堤垸，不行補築，而近來地方官復多擬隱，凡有私築不肯究辦，間有一二發見查拘，亦皆受規費，徇縱而去，此隄垸之在今日，關江漢湘各州縣，新舊錯雜，蠶食鱗比，更不僅洞庭一湖淤溜之境為然矣。

且川陝楚，江漢經流上流所經之地，随在皆山，山民生齒日繁，老林盡行開墾，山陡土鬆，每遇大雨，沙石俱流，河身日見淤墊，漢自襄陽而下，荊江自荊門以上，江自九江以上，江陵石首而下，河心淤高，幾與岸等，而洞庭一湖，且為湘南驛，所謂若山湖內翠窖，今一又冬令，枯則直迄湖頂矣。

凡昔年江漢合流以上，江身自有之情形，數十百年，數百千年來，宣洩之支港湖汊，幾半湮塞，慘江漢蓄洩湖瀦蓄之際地，悉將侵佔，隆築圩垸，兩岸之隄防，加高培厚，益緊急束，以致經流泛溢，水無所容，故江漢每屆汛漲之期，動潰潰決之虞。

爰時者咸謂爲今之計，惟有疏江水支河，南使匯於洞庭，疏漢水支河，北使匯於三臺等湖，疏江漢支河，使匯於雲夢七澤間，一切圩垸，悉廢不興，然後江漢隄防可固，水患可息。

慨自清季政綱廢弛，民國戰禍頻仍，經國無謀，爲未雨計，民十以後，吾鄂諸督府卻之長隄，省小隄，竟將江漢合流之後，武昌鄂水巨堵閘唯之樊口，杜塞構壩，樊口內通梁子湖，其形勢踞江夏以南，通山以北，咸寧以東，武昌大冶以西，羣山環之，周圍八百餘里，其中有名之湖港三十六，無名之溝汊九十九，容水之量等於洞庭，一旦懵然湮築，斷江水咽其此八百里容洩之地，自不得不如張文襄言，必別求八百里之地以容之，此淸彼息，事理甚明，此容彼絀地首鄂，於汛期甫屆，其流奔來之際，有欲遏淡武昌樊口以昔詩微之舉談也。不但此也，樊口築後，後有李其教尤，繼起而爲黃岡某港口矣。嗣是繼倒，繼起而築漢陽某隄垸矣。國人之謀利忘害如此，夫復何言。

江漢合流以後，容納江流巨浸，除樊口內之東西梁子湖外，則又即禹貢所謂東匯澤爲彭蠡，東爲北會于匯之鄱陽湖是也，鄱陽，古彭澤也，彭澤匯江西三十二屬之水，聚而爲東西鄱陽湖，東湖之水，由饒州廣信南康而來，西湖之水，由南瑞吉臨南昌而來，其合流在吳城之蘆子口，其出路，則惟湖口，湖口之水阻於湖，則彎逆流散漫而無所歸，恐江西之水患亦甚矣，夫鄱陽各部之所以淺，由山土開墾之日深，而其源，則海口狹而水乘，江水高而倒水滯，近湖口，又生洲數里矣。

石鐘山臨水爲高，石皆嵌骨鼎峙，水則穿穴激蕩，風湧呼吸有聲，此石鐘之所以名也。近歲冬過湖口，山脊祇立平地，水竟不至其足，緣江年傍山漲出一洲，與西岸士勸相植，水流漸滯，則此洲之繼長增高，而石鐘竟絕響矣。此猶腸胃附生一大瘤，上之飲食不能容，下之大小便亦不通利也。近年東南所以屢受水害者，非江水年甚一年也，其勢在下流積河成灘。歲增無十區，而所以識留之故，半由湖底等處，無業游民，私墾山林，一遇霖潦，沙石俱流，又以下流蘇松居民，河田爲業流，小則數十里，大則數百餘里，與水爭地，卻怪水之衝潰四溢而爲害也，與湖廣之圍築圩垸，有同慨焉。

李祖詒先生言之矣，大江爲東南之紀，凡四川兩湖江西江南六省之水，皆流於江以入海，此如人身之有腸胃，務留通利，則上可納飲食，下可以通大小便，而人無病，否則病之於中，甚人終脹塞死矣，又謂南紀之有大江，猶北紀之有黃河，黃河水挾泥沙，性善怒，惟有以隄束水，以水攻沙，庶可保全旦夕，

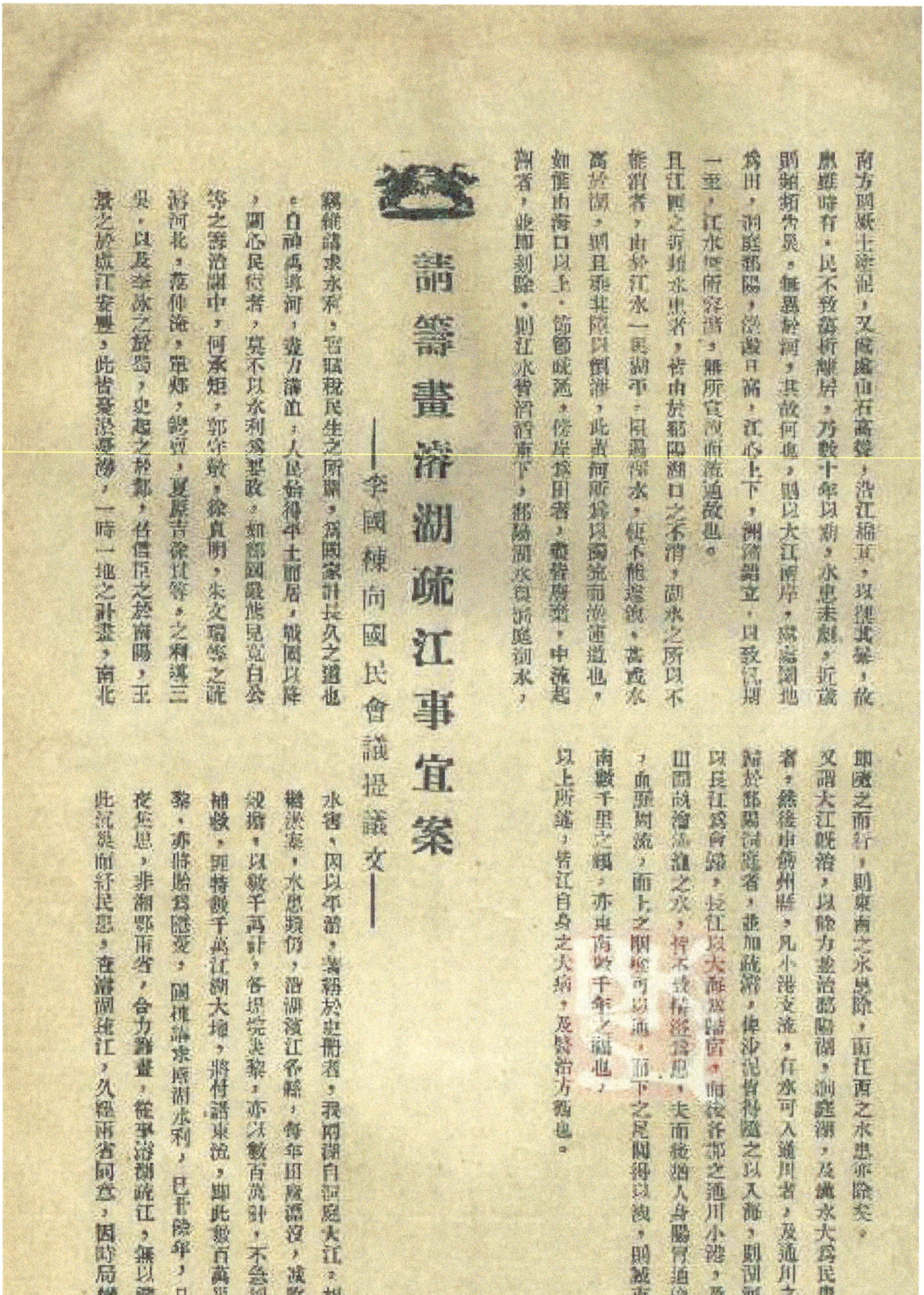

南方圖厥土塗泥，又處處由石高聳，沿江縮直，以捍其暴，故患雖時有，民不致蕩析離居，乃數十年以來，水患未減，近歲則頻頻告災，無歲無河，其故何也，則以大江南岸，瀕臨湖地爲田，洞庭鄱陽，淤墊日高，江心上下，洲渚錯立，以致汛期一至，江水無所容蓄，無所宣洩而流通故也。

且江西之所謂水患者，皆由於鄱陽湖口之不清，湖水之所以不能消者，由於江水一漲湖平，因遇停水，使不能遂洩，高處水高於湖，則且乘其隙以倒灌，此爲湖所以爲患而流通道也，如催由海口以上，節節疏濬，傍岸淤田者，概皆廢除，中流起淤者，此即剗除，則江水暢滔而下，鄱陽湖水自將隨江水，即隨之而行，則東南之水患除，而江西之水患亦除矣。

又謂大江既治，以餘力兼治鄱陽湖，洞庭湖，及鐵水大爲民患者，然後再及各州縣，凡小港支流，有水可入通川者，及通川之歸於鄱陽洞庭者，並加疏濬，俾沙泥皆得隨之以入海，則謂河以長江爲尾閭，長江以大海爲歸宿，而後各部之通川小港，及山間谿澗溝渠之水，皆不致積淤爲患，夫而後猶人身腸胃通達，血脈周流，而上之咽喉可以通，而下之尾閭得以洩，則誠東南數千里之福，亦東南數千年之福也，

以上所述，皆江自身之大病，及醫治方藥也。

請籌畫濬湖疏江事宜案

——李國棟向國民會議提議文——

竊維講求水利，實關係民生之所關，爲國家計長久之道也，自神禹導河，盡力溝洫，人民始得平土而居，故國以降，關心民瘼者，莫不以水利爲要政，如鄭國與白公等之鑿渠關中，何承矩，郭守敬，徐貞明，朱文璣等之疏濬河北，潘季馴，靳輔，陳潢，夏原吉徐貫等，之利導三吳，以及李冰之鑿蜀，史起之鑿鄴，召信臣之於南陽，王景之於廬江安豐，此皆發憑導濬，一時一地之計畫，南北水害，因以平治，著稱於史冊者，我兩湖自洞庭大江，相繼淤塞，水患頻仍，沿湖濱江各縣，每年田廬淹沒，被敗殘損，以數千萬計，各堤垸洪黎，亦以數百萬計，不急阿補救，即特數千萬江湖大地，將付諸東流，即此數百萬災黎，亦將貽爲隱憂，國棟講求兩湖水利，已廿餘年，日夜焦思，非湘鄂兩省，合力籌畫，從事濬湖疏江，無以蘇此沉疴而紓民患，查濬湖疏江，久經兩省同意，因時局變

中华图书馆协会成立大会

王曦按(2017 年 4 月 26 日)：

据我在上海图书馆查到的资料，1925 年 6 月 2 日，太姥爷曾经作为武昌省立图书馆的代表出席在北京举行的中华图书馆协会成立大会。会议地点在北京南河沿欧美同学会礼堂。以下为《浙江公立图书馆第十期年报》的附录部分刊登的“中华图书馆协会成立会纪”的有关页面。

这个成立大会应当是我国图书馆学历史上的一件大事。从材料上看，出席者多为民国著名学者。

中華民國十四年七月終編印

浙江公立圖書館年報第十期

中華圖書館協會成立會紀

中華圖書館協會於二日下午三時在北京南河沿歐美同學會禮堂開成立會各省代表到會者有山西公立圖書館代表侯與炳上海圖書館協會代表南洋大學圖書館館長王永禮上海羣治大學圖書館代表何憲琦國立廣東大學圖書館代表袁同福武昌華中大學文華公書林代表沈祖榮胡慶生南京圖書館協會江蘇圖書館協會金陵大學圖書館代表小緣直隸省立圖書館代表何日章中州大學圖書館代表李燕亭武昌省立圖書館表代嚴獻章無錫縣圖書館代表孫子遠等十二人北京方面除梁啟超顏惠慶及鮑士偉韋棣華等外教育界到者約一百五十餘人禮堂頗呈人滿之象宣告開會後首由主席顏惠慶致開會辭略謂今日中華圖書館協會開成立會鄙人對於圖書館有二感想（一）中國書籍甚多中國古書之富對西洋實無愧色（二）中國人愛好書此事於中國街道上之敬惜字紙即可見之但由此二優點連帶即生兩缺點（一）不知保存書籍方法（二）中國人之愛書係貴族的非平民的不能普遍我對本會有兩大希望（一）研究如何保存古書（二）研究如何發展中國人民愛書之精神顏致開會辭畢即由教育次長呂復代表教長致辭大意謂一切事業須先由社會提倡官廳方能辦好

严献章与康有为

王曦按(2016 年 8 月 2 日)：

据严献章之孙严培林先生回忆，严献章系清末政治家康有为(1858 年 3 月 19 日—1927 年 3 月 31 日)好友。康有为来汉活动，每每造访在武昌省立图书馆工作的严献章叙谈并留宿他家或图书馆附近的旅馆。严家曾保留有康有为的字幅。严献章二儿子严家福(又名严绥之)系湖北省图书馆馆员，曾请康有为题字至少两幅，文革前常拿出来供家人欣赏。可惜这些字迹后因文革红卫兵抄家等原因全部遗失。

严献章与薛诚之父子

王曦按(2016 年 8 月 6 日)：

薛诚之(1907—1988)，湖北江陵人，曾用名薛何为。华中师范大学英语系教授。曾先后担任原华中师范学院(现华中师范大学)外语系主任，中华世界语协会理事，湖北省世界语协会理事长，中国外国文学学会理事，湖北省外国文学学会顾问，民盟湖北省委常委，湖北省政协委员，湖北省语文学会副会长等职。1936 年毕业于燕京大学研究院。曾参加过“一二九”爱国学生运动。1945 年 7 月经闻一多、吴晗先生介绍成为民盟首批成员。1956 午 7 月加入中国共产党。在西南联合大学执教期间，受闻一多先生的影响，积极从事进步文学创作，发表杂文 30 多篇，并出版文集《波浪》、《三盘鼓》(闻一多先生为该书作序)和一部英文诗集。他掌握英语、世界语、法语、德语、俄语等多种语言，尤其擅长英汉、汉英对译和修辞文体教学及研究。他的《英文修辞学》一书受到国内外专家学者的好评，认为该书是“为英美学者之书所不能替代的”。晚年，发表《英诗修辞语法探索》、《闻一多后期学术活动》、《闻一多烈士早期及晚年学术活动考干事》、《忆闻一多——闻一多先生学术评传》。(根据百度网站上的信息整理。王曦，2016.8.6)

严献章与薛诚之的父亲薛祖义(待确定。——王曦注)是好朋友。据严献章孙子严培林介绍(2016 年 8 月 2 日与王曦电话和微信)，严献章与薛祖义在东京相识(可能同住清国留学生住的山崎旅馆)，成为莫逆之交的好友。严献章后认薛祖义之子薛诚之为干儿子并为之取名严家麟(属严家的“家”字辈)。关于薛诚之之父的姓名，严培林的微信说：“薛诚之的父亲叫什么，我也不能肯定。只知道有一个叫薛祖义的人当时在日本行医，且给蔡锷的老师樊锥看病。另外有个叫薛鸿的人与祖父同为法政大学学生。两个姓薛的我估计前者的可能较大。所谓‘松坡图书馆藏’中的‘松坡’即为蔡锷的号也。”2016 年 8 月 6 日严培林在电话里告诉我说，薛诚之在世时，他曾经拜访过他。薛诚之拿出其父亲用毛笔亲书的家谱，给严培林看过其上关于严献章和薛祖义的关系的片段。该片段也提到“薛鸿”。严培林认为该片段“似乎非薛鸿所写”。

薛诚之与吴锦琛、王曦

王曦按(2016 年 8 月 6 日):

2015 年 3 月某日,在回答我问吴家与华中师范大学外语系原系主任薛诚之先生的渊源问题时,母亲吴锦琛回忆说:她 1945 年高中毕业,1946 年夏季在武汉大学参加全国高考统一考试时,考场上有一监考老师认出了吴锦琛,并问之是否吴均芳的女儿。后得知此监考老师是薛诚之先生。薛诚之系母亲的外祖父严献章先生的干儿子。后母亲多次去薛先生处玩,还一起照过相。

我于 1977 年参加了我国恢复高考招生后的第一次考试并考取武汉师范学院汉口分院(汉口赵家条)。在读书期间,经母亲父母介绍,我曾去过华师拜见薛诚之先生。当时他年事已高,在热情接待之余,还赠我一本英文版的《英文书信写作》。由于十年"文革",当时市面上买不到这种书,我对其十分珍爱。

薛诚之夫妇与母亲、大舅合影

王曦按(2017 年 2 月 9 日):

以下这张照片是母亲保留的,甚为宝贵。1984 年,大舅舅吴锦衡从成都来汉,与母亲一起去看望薛诚之先生。这是他们与薛诚之夫妇在华中师范大学薛家楼下的合影。薛先生时任华中师大外语系主任。从照片上看,他们似乎都若有所思,可能因为在会面时不禁回忆起薛吴两家的故旧而唏嘘不已吧。

吴锦琛薛舅妈薛诚之吴锦衡 1984 年夏天合影于华中师大薛家楼下

严献章篇后记

王曦教授数年如一日，锲而不舍收集挖掘整理严献章著作和有关经历，迄今已达到十分全面系统的高度。作为严献章的后人，我们对王教授付出巨大努力及取得的丰硕成果，表示由衷地敬佩并致以诚挚的谢意。总览全文有以下几个特点：

1. 对严献章的著作进行了全面的收集梳理与介绍，包括已查找到的书目版本和尚未查到的都一一详细说明。

2.《塞上陈说》、《江河万古流》两书原为文言文，为方便阅读，王教授进行了断句且加注标点符号，对书中涉及的重要人物也做了考证介绍。

3.《战时国际公法》出版后，引起了一定的社会反响和评价，文中都予以詳述。

4. 首次批露严献章曾任副总统府参议一事，我们以前未知。

5. 对尚未证实的人和事均予以明告。这充分体现了王教授实事求是的学风和严谨治学态度。

严培林(永光)

2017 年 10 月于襄阳

第三编

王毅立　吴均芳　严溪云

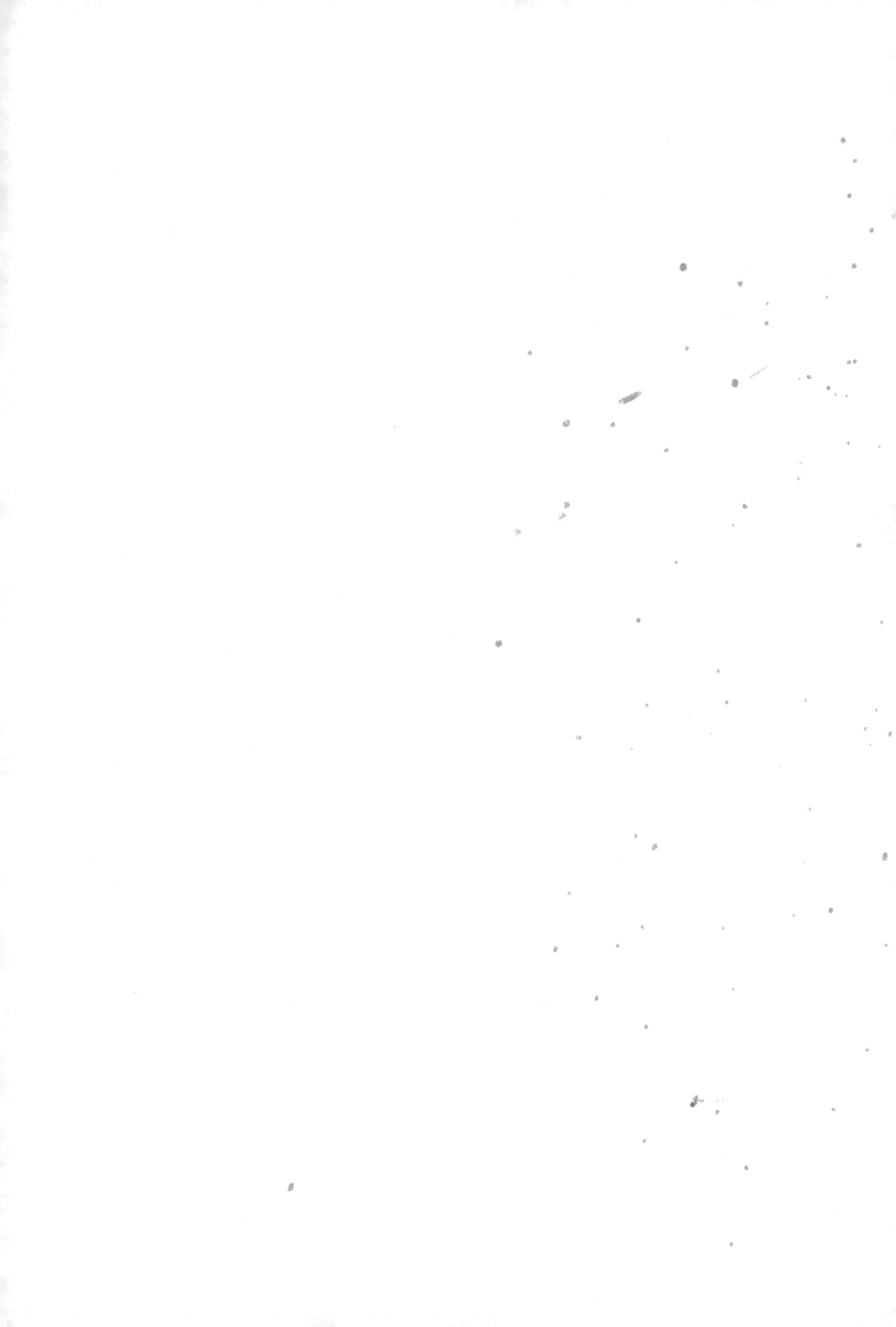

导言

本编有两组主人公。一组是我的祖父王毅立(字寿刚)和三位祖母即祖母郑定芳、继祖母杨紫英和继祖母程冬青。另外一组是我的外祖父吴均芳(字孟颖)和外祖母严溪云。他们的生命(除祖母郑定芳、继祖母杨紫英、外祖父吴均芳以外)均跨越民国和新中国两个时代,基本上在动荡中度过。

在这几位前辈之中,祖父王毅立和外祖母严溪云在我小的时候与我共同生活过较长时间,因此我对他们留有比较深的印象。

祖父王毅立相貌堂堂,身材魁梧,眉宇间透露出刚毅之气。早年毕业于北京大学农学系,参加过"五四运动",是个农学和生物学专家。

他是个悲剧性人物。我父亲说他属牛,"真的跟牛一样,忍辱负重,四方奔走,劳累了一辈子"。在旧社会,为了养家糊口,他曾在京汉两地做过不同的小职员。在1948年到1957年这段期间,他终于从漂泊中稳定下来,在襄阳一带的国立高中和农业专科学校受到重用。他是一位深得学生爱戴的高中和职专教师。他当年的学生有不少人在文革后或以文章或口头称赞和怀念他。在1957年反右运动中,他因言获罪,从农校校长的职位上被"一撸到底",连公职都没保住。从此他成了无业居民,直到1976年含冤去世。他于1979年得到改正。1984年,当继祖母程冬青接到当地党委关于他的改正、平反文件时,他已含冤离世八年了。一个学有所专的人才就这样被埋没了后半生!

大约在1974年,那时我在湖北公安县插队,他老人家突然给我寄来了一封信。信很短,其核心内容是希望我早日谈女朋友,结婚成家。可见他盼望我这个长孙能在他有生之年给他带来曾孙。可当时我根本没有心思谈婚论嫁,一心盼望的是离开农村。1976年,祖父去世了。我没有在他的有生之年满足他这个愿望。

为看望爷爷,我去过两次襄阳。在1968年文革中武斗之风最凶之时,一位樊姓老高中生带我去随县、枣阳"串连"。我趁机只身去了一趟襄阳。那是我第一次到爷爷家去。我找到了襄阳城南民主街35号爷爷的住所。爷爷看到我来了,喜出望外,连忙出去到水井打水,到街上买菜,给我做饭吃。那天晚上,我跟爷爷一起睡,睡在他那一间徒有四壁、昏暗的厢房里。我睡得很安稳。第二天,他特地带我到到襄阳西门外,在他的一个开小饭馆的老朋友那里,吃了一顿香喷喷的大葱炒牛筋。我至今对那顿饭记忆犹新。他还带我到城里的照相馆和他一起照了相。这张相片我至今保留着。那时他年事已高。他的“工作”是帮助我继祖母的儿子运筹叔喂养一头驴子。运筹叔靠它拉板车维持全家生计。看到爷爷在后院里用割来的草喂驴子的身影,我感到纳闷不解:“爷爷怎么不像是做这种事的人呢?”

第一次去襄阳,印象深刻的还有爷爷带我游隆中。记得我们是从山外走进隆中的。那时的隆中几乎没有游客,就是一片寂静的山林。记得在靠近隆中的山路上,我惊奇地看到我们的脚步和谈话惊动起几只肥胖的野禽,扑拉扑拉地在茂密的茅草丛中奔跑。我问:“那是什么?”爷爷告诉我那是野鸡。那是我第一次在野外看到野鸡。隆中给我留下的第二个深刻的印象是它的山前写着“淡泊以明志,宁静以致远”字样的那个石头牌坊。牌坊并不高大,其下的山路也很窄。爷爷告诉我那两句话是诸葛亮的话。出于对诸葛亮的崇拜,我记住了这两句话。10 年以后,我有幸考上武汉师范学院汉口分院的中文系。在学习中国文学的课程中,我再次遇到了这两句话。到这时我才真正明白了它们的意思,也终于明白了爷爷当时为什么如此欣赏这两句话。它们一定是爷爷心中的座右铭。

我第二次去襄阳的时间记不准了,应当在 1978 年前后。当时爷爷去世不久。运筹叔带我去祭拜爷爷。爷爷的坟在城外西南一处山坡上。(现在那个地方已成为襄阳的森林公园)那个地点居高临下,视野开阔,长满小松树,很安静。我们拔去坟上和周围的茅草,清理了一下坟地,做了简单的祭拜。我站在坟前,在心里喊着:“爷爷!我来看您了!”堂堂北京大学农学系的毕业生、省农业专科学校的校长,带着沉重的冤屈,默默躺在城外山坡林地里。每每想到那个小松树丛中的坟丘,我心中不禁唏嘘不已。2007 年,父亲和母亲回到襄阳,将爷爷的坟墓迁到了襄阳最大最好的公墓——归山陵公墓的福山区第 5 排,爷爷终于有了一个与之身份相称的安身之地。

祖父王毅立继承了曾祖王源海的书法之功,毛笔字写得好。记得小时候,小学里有毛笔字课。爷爷曾亲自在我的毛笔字作业上画圆圈,挑出写得好的字并给予表扬。为了让三个孙子学好毛笔字,他在细黄纸上工整地画好米字格,亲手用楷体(柳体)写了几首唐诗,装订成册,供我们兄弟三人用作字帖。我记得这个字帖上的第一首诗是“春眠不觉晓,处处闻啼鸟。夜来风雨声,花落知多少。”文革中下乡插队时我把这个墨宝带到了农村,后在碾转中不幸遗失,甚为可惜!爷爷的墨宝,留存下来的,一是 1951 年他在一位参加军干校的学生的照片的背后题的四个字:“国家干城”。这四个字写得刚劲有力,可见当时爷爷意气风发,心情很好。二是他在弟弟王照保存的《水浒传》书皮上写的“水浒”二字(楷书和小篆)。爷爷还亲手用小篆体为我们兄弟三人分别题写印章,并托襄阳的老友用牛角刻制成章,连同牛角制的印章盒送给我们。这些印章始终伴随着我们。

记得小时候,爷爷喜欢给我们讲《西游记》和《水浒传》中的故事。还记得爷爷送给我林汉达先生主编的《中国历史故事丛书》。林先生是他的同代人。我记得爷爷对林先生十分推崇。

1964年，在我小学5年级的暑假，爷爷和继祖母程冬青带我去过一次北京。那是我第一次出远门，是一次终生难忘的旅行。在北京我们住在解放军政治学院王霖姑妈家。故地重游，在北京爷爷心情特好。记得我们去了天安门和故宫。故宫珍宝馆里那些有小人儿出来报时的西洋闹钟，让我惊奇不已。我们还去了颐和园。我至今记得万寿山的亭阁和昆明湖畔铜铸的大牛。记得有一次，我们从政治学院所在的玉泉路，沿西长安街一直向东走到天安门。一路上我们兴致勃勃，爷爷跟我讲了很多北京的掌故。带着孙子游北京，爷爷心里一定特高兴！

我最后一次见到爷爷是在1975年，当时我刚离开农村，来到地方国营湖北省沙市棉纺织印染厂细沙车间当工人。在那一年，爷爷与因国共内战离散27年的大姑妈在珞珈山父亲的寓所首次团聚。我从沙市赶回武汉参加团聚。记得在那次团聚时，爷爷看我消瘦不堪，甚为心疼，亲手给我开了一个中药方。这个药方我一直保留着。

三位祖母中，郑定芳是祖父的原配夫人。她身体弱，在20岁那年生下头胎即我父亲的当日不幸逝世。祖母郑定芳去世一年后，祖父在北京取官宦人家之女杨紫英为妻。继祖母杨紫英于1948年逝世于襄阳。她与祖父共同生活了26年。继祖母杨紫英出生于书香之家，聪明贤慧。她对年幼的王燊视同己出，从小呵护有加。父亲视她如亲母，十分爱戴。继祖母楊紫英与祖父王毅立生有三个女儿，她们是我的姑妈王雯(定居美国)、王霖和王震。继祖母楊紫英去世8年后，在1956年，祖父王毅立与襄阳医生程冬青结合。他们共同生活19年。这19年是祖父王毅立政治上遭受厄运的19年。继祖母程冬青不离不弃，陪他走过这段艰难时光，难能可贵。

2018年7月11日，我和夫人史苏豫冒着酷热，来到襄阳。次日，我们找到归山陵园，祭拜了爷爷。当晚，我心潮起伏，睡不踏实，感觉白天在爷爷陵前的汇报言尤未尽，决定次日再去祭拜和报告。第二天，我再次来到爷爷墓前，手扶墓碑，将家庭状况向爷爷作了详细报告，并请他老人家放心，在那边过得开开心心的，多给我们以福佑。陵园很大，当时除了我，没有别的人。我的述说很尽兴。当晚，我睡得安稳。那也许是爷爷的嘉许所致吧。

一晃爷爷已去世40年了。我们兄弟三人现在也做了爷爷。爷爷在旧社会为养家糊口而奔波忙碌。在新社会，他刚刚有稳定工作并发挥专長不久，就遭遇政治厄运，从此再无起色。这样一个善良、正直、学有专攻的人在旧、新两个社会都生活得不愉快。像他那样的老知识分子不止他一个。他们的命运为何如此？这是一个需要人们研究并解释的课题。

本编的第二组主人公是我的外祖父吴均芳和外祖母严溪云。

从照片上看，外祖父吴均芳眉清目秀，一介书生。他的成长除了个人素质外，得益于他的祖父吴湘泉的培养。凭借吴湘泉所创立的“聚安和”商号的巨大经济实力，他的叔父吴复良于1913年亲送他去日本东京大学预科班留学。1916年他以公费留学身份考入日本东京高等工业大学电机工程系，并于1920年毕业获电机工程学士学位回国。他回国后，曾任武汉泰安纱厂工程师，后被新成立的汉口特别市公用局任命为技士并兼管公共汽车管理处。我在上海图书馆查到了汉口特别市公用局的《公用汇刊》第一期，上面有大量的关于外祖父在该局工作的记录。大约在1931年，他调任湖北省建设厅二科任电政股长。我在上海图书馆查到了国民政府建设委员会的《建设委员会公报》，上面有关于外祖父在湖北省建设厅工作的记录。1933年，他调湖北省公用局任科长。1934年，他任武昌唯一的国营电厂——武昌电厂的厂长，负责武昌地区电力供应。1935年武昌市建市时，任武昌市政筹备处（以后武昌市政府的前身）科长。他积劳成疾，得了肺病。在1937年夏季日寇飞机轰炸武汉市区时他受强烈刺激，病急发，医治无效，于同年10月去世。据我的母亲回忆，当时国民政府为他举行了隆重的葬礼。为他题赠挽联的人士包括吴稚晖、吴铁城、何成濬、李书城等民国政府和新中国政府的重要人物。何成濬（时任国民政府湖北省省长）的挽联上说“临危输血有孤儿”。李书城（国民党元老、新中国首任农业部部长、全国人大常委、全国政协常委）的挽联借用《金刚经》叹道：“一切有为法，如梦幻泡影，如露亦如电，应作如是观。”可见他们对外祖父的器重和高度评价。外祖父是当时国家紧缺的技术型管理人才，无奈劳累和疾病无情地摧毁了他的身体，使他过早地离开了人世。外祖父自费留学日本，本欲师日之技以强祖国。没想到学成归国之后不久，祖国即遭日本之侵略与蹂躏。他去世于日本对他努力服务的武汉市狂轰滥炸之时，当时内心之痛苦的愤怒定然无与伦比。

外祖父不但是个政府官员，而且是个学者。我在上海图书馆查到了他在《电气工业杂志》创刊号上发表的长文“火力发电厂之设计大要”。该刊还表明他担任该刊电气部的编辑。我还在上海图书馆查到了国民政府实业部的《实业公报》，上面有外祖父和同事作为湖北省工学会常务委员向政府报批的关于成立湖北省工学会的文件。文件由当时任实业部部长的孔祥熙批准。

我的外祖母严溪云是一个慈祥而坚强的老人。1937年10月外公吴均芳在汉口逝世时她才38岁。当年11月份，她拖家带口扶灵欲返回竹山吴家老家，终因战火烽烟，交通不便，不得以将外公安葬在襄阳。在襄阳居住约一年后，她于1938年8月份携子女返回竹山，住在由外公继承的吴家祖宅（位于南关街中段的“聚安和”商号）。从此她一人撑起了全家，靠老家的地租和积蓄养活自己并抚养六个子女，直至他们成人，实为不易。她是“聚安和”商号创始人吴湘泉的长孙媳，在1938年以后直接管理吴家祖宅——“聚安和”商号（城关镇南关街中段）的房产。她在那里一直住到1954年。她是“聚安和”商号的最后消亡和转换的见证人。

外祖母出生于书香世家，自幼受到良好教育，年轻时曾当过小学教师。与我的外公结婚后，她一直在家相夫教子，操持家务。大约在1954年，她从竹山来到武汉，帮助母亲抚养我们三兄弟，一直住到1962年。那时我们住在武汉水利电力学院（现武汉大学的一部分）的职工宿舍。那个宿舍的后面不远就是东湖，湖对面是东湖客舍。

我的脑海里依稀留有外祖母的一些印象。一是睡她的脚头。冬天的时候，她喜欢我睡在她的脚头，夸我给她暖脚。二是她的水烟壶（又叫水烟袋）。它比较精致，有一根细长的烟嘴，抽起烟来咕咕作响。这个水烟壶可能遗失在竹山老家了。三是她的小脚。她的小脚时称“文明脚”或“解放脚”，即裹过但没有最终完成的小脚。变了形的脚让我感到好奇。据母亲说，当年外祖父从日本留学回来，立即让外祖母放脚。四是她的竹山口音。也许因她在我的幼儿时代与我共同生活过，我的内心中存在着对她的亲近感。我隐约记得她用竹山口音喊我的名字的腔调：“王曦！王曦！”有一次，当我与母亲谈到她的竹山口音时，母亲回想起她抱着弟弟王照，用竹山话念着歌谣，哄其睡觉的情景——“王照照（小弟名王照），睡觉觉……”据母亲回忆，她照看最多的是小弟王照。王照出生下来就由她帮着抚养，连续好几年。

外祖母于1962年赴襄阳亲戚家居住。据母亲吴锦琛说，她晚年在竹山多亏吴家亲戚如吴锦海夫妇的照料。自那以后，母亲每月给她寄钱，接济其生活。不幸的是，1966年文革爆发后，由于她的地主成分，她被竹山县城关镇的红卫兵勒令从襄阳返回竹山，接受“监督改造”，直至1976年病世。据母亲回忆，接到外祖母病危电报，她立即赶赴竹山探视。次日外祖母去世。母亲说，从外婆住的一间偏屋看，外婆晚年的生活十分凄惨。说到这里，她连叹“惨，惨，惨！”摇头哽咽无法继续说下去。外祖母系书香世家的大家闺秀，一辈子与世无争。然晚年遇上“文革”，蒙受冤屈，悲惨去世。每念及此，心中不禁唏嘘不已！

外祖父吴均芳是吴家自费为国培养贡献的专业人才，乃吴家之骄傲。外祖母乃一平凡家庭妇女。但对这二位至亲的情况，我的父母多年保持沉默。个中原因，一可能外祖父去世得早，在父母的生活中没有留下很多印记。二可能是他的留洋和在国民政府中服务的经历在解放后的历次政治运动中有被打为“有历史问题”，甚至“历史反革命”之虞。三可能是外祖母的“地主”成分。所以，为保平安，父母皆保持沉默。久而久之，这两位至亲几近从我们的家族记忆中消失。此真乃人间悲剧！好在父母在他们的晚年遇上了太平年代，终于敢对后代叙说其前辈，才使吴、王两家的家史不至于在我们这一代的记忆中消失，实乃万幸。

本编主人公中的男性即我的祖父王毅立和外祖父吴均芳，都是善良、正派、勤劳、有志向、有抱负之士；女性即我的三位祖母和外祖母，都是贤妻良母。他们身上体现了中国知识分子和中国女性的传统美德，永远都是后人的楷模。

王 曦

2017年9月25日

第一章

王毅立

王毅立(字寿刚,1901 年,清光绪二十七年——1976 年),享年 75 岁。

王寿刚先生

王毅立年谱

王曦按(2017 年 9 月 25 日):

以下是我根据已有资料整理的祖父王毅立年谱。祖父可谓生不逢时。他的政治生命和职业工作到 1957 年戛然而止。那时他才 56 岁。这样的经历和命运,知之者无不扼腕叹息。

1901 年(清光绪 27 年),出生于湖北省襄阳城南 60 里下王家集。

1905 年(清光绪 31 年),随父亲王源海迁往武汉。

1912 年(民国元年),就读于武汉商业学堂和汉阳工业学堂。

1916 年(民国 5 年),随父亲王源海迁往北京。

1917 年(民国 6 年),考取北京大学农学系。

1919年(民国8年),取郑定芳为妻。

1921年(民国10年),北京大学农学系毕业。在北大读书期间,参加过1919年的"五四运动"。毕业后,在北京京汉铁路局任会计。住北京西四元宝胡同四号。得子王燊,其妻郑定芳不幸产后即逝。

1923年(民国12年),续取杨紫英为妻。

1926年(民国15年),得女王雯。

1929年(民国18年),1928年父亲王源海病逝后,举家迁回武昌。经在湖北省建设厅任职的姨夫雷韵午(即雷炳焜)先生介绍,在武汉轮渡事务所任庶务员。住察院坡,现今司门口东北厢近旁。

1930年(民国19年),得女王震(又名王振)

1932年(民国21年),应聘到湖北省第六中学(黄冈中学)任教。

1933年(民国22年),在武汉几所中学任教。得女王霖。

1935年(民国24年),任湖北省立农学院宝积庵农场场长。

1937年(民国26年),抗战爆发。举家迁往襄阳。在湖北省襄阳第五师范学校任教。

1938年(民国27年),襄阳高中、襄阳第五师范学校并入郧阳联合中学。在郧阳联合中学任教。

大约1948年(民国37年),杨紫英因病去世。享年46岁。

1949年(民国38年),襄阳联合中学成立。任该校高中部生物学教员。

1952年,奉调湖北省襄阳农业学校(现襄阳职业技术学院),担任教导主任,同时讲授生物学、植物学和农艺学等课程。

1956年,续取程冬青为妻。

1957年,因对"外行不能领导内行"观点的共鸣而被划为"极右"的右派分子。后遭单位开除公职,发回"原处"襄阳城内府街(襄城区民主路35号,现已拆迁),成为无业的"五类分子(地主、富农、反革命、坏分子、右派分子)"之一。

1976年,含冤去世。葬于襄阳城西南一山坡上。

1984年,当地有关党政机关对其"平反改正",终获昭雪。

2007年,其子王燊回襄阳,会同程冬青,将其坟墓迁往襄阳归山陵公墓福安区第五排。

忆先父王寿刚先生

王曦按(2017年2月2日):

以下为父亲所写回忆祖父王毅立先生的一篇文字。一个在高级知识分子极其缺乏的时代毕业于我国最好高等学府的大学生,解放前为养家糊口而四处劳碌奔波,解放后在刚得安定可为国家效力之时，被“莫须有”地被打成“右派分子”，失去了公职。真是生不逢时，读来令人惋惜不已。此文于 1997 年刻在了祖父王毅立墓碑的背面。

先父王毅立，字寿刚，一九〇一年生，自幼随先祖王源海（字纳川）暨全家由襄阳王家集迁居武昌、北京，并在二地就读，一九二〇年毕业于北京大学农学系。[①] 迫于当时社会条件，先父在二十年代只得先后供职于北京京汉铁路局、北京广安门税所、汉口武汉轮渡事务所等单位，脱离专业，难展所长。直到三十年代，先父始得略用所学，辗转在黄冈、武昌等多所中学执教生物学，并一度担任湖北省立农学院宝积庵农场场长。三十年代抗战爆发，先父携眷返襄，服务于襄阳中学、均县联中、襄阳师范、襄阳农高等校。五十年代后期，先父以“莫须有”罪名被错划为右派分子（当时任襄阳农高校长），终于在一九七六年三月三日在故乡含冤病逝。

先父为人真诚和善，治学刻苦严谨，工作勤恳负责，生活节俭清朴，深受友人的信爱和学子的敬佩。先父专业农学，兼工书画，为学校或乡里所题匾额对联，刚劲端庄，正气凛然；为教学所绘大量动植物挂图，惟妙惟肖，栩栩如生。晚年受黜在家，或青灯一盏、珠笔一支，夜以继日地钻研中医、中药，所读专著，批注琳琅，切中肯綮，推陈出新；或蒲扇一柄、布履一双，为邻闾公益而左右奔走。乡亲异口同声地赞其“有求必应，笑口常开”。

沧浪清清，岘峰郁郁，先父跻身荆襄前贤之列，实缘地灵而人杰；谨志以表对故乡的热爱与倚恋和对诸前辈的崇敬与追思。

王　燊

一九九七年

（编号：家史·吴·1.10）

---

① “北京大学农学系”，又称“北京大学农学院”，其历史源自于 1905 年成立的京师大学堂农科大学，是中国现代农业教育的起源地。1949 年与清华大学农学院、华北大学农学院合并为北京农业大学，现为中国农业大学。王曦注，2016 年 8 月 7 日。

毅安·吴.1.10

武漢大学

憶先父王寿刚先生

先父王毅立，字寿刚，一九〇一年生，自幼随先祖王源海（字纳川）暨全家由襄阳王家集迁居武昌、北京，并在二地就读，一九二〇年毕业于北京农业大学。迫于当时社会条件，先父在二十年代只得先后供职于北京京汉铁路局、北京广安门税所、汉口武汉轮渡事务所等单位，脱离专业，难展所长。直到三十年代，先父始得略用所学，辗转在黄冈、武昌等多所中学执教生物学，并一度担任湖北省立农学院宝积庵农场场长。三十年代抗战爆发，先父携眷返襄，服务于襄阳中学、均县联中、襄阳师范、襄阳农高专校。五十年代后期，先父以"莫须有"罪名被错划为右派分子（当时任襄阳农高校长），终于一九七六年三月三日在故鄉

1701722.93.4

正文系王燊亲笔。（王曦注）

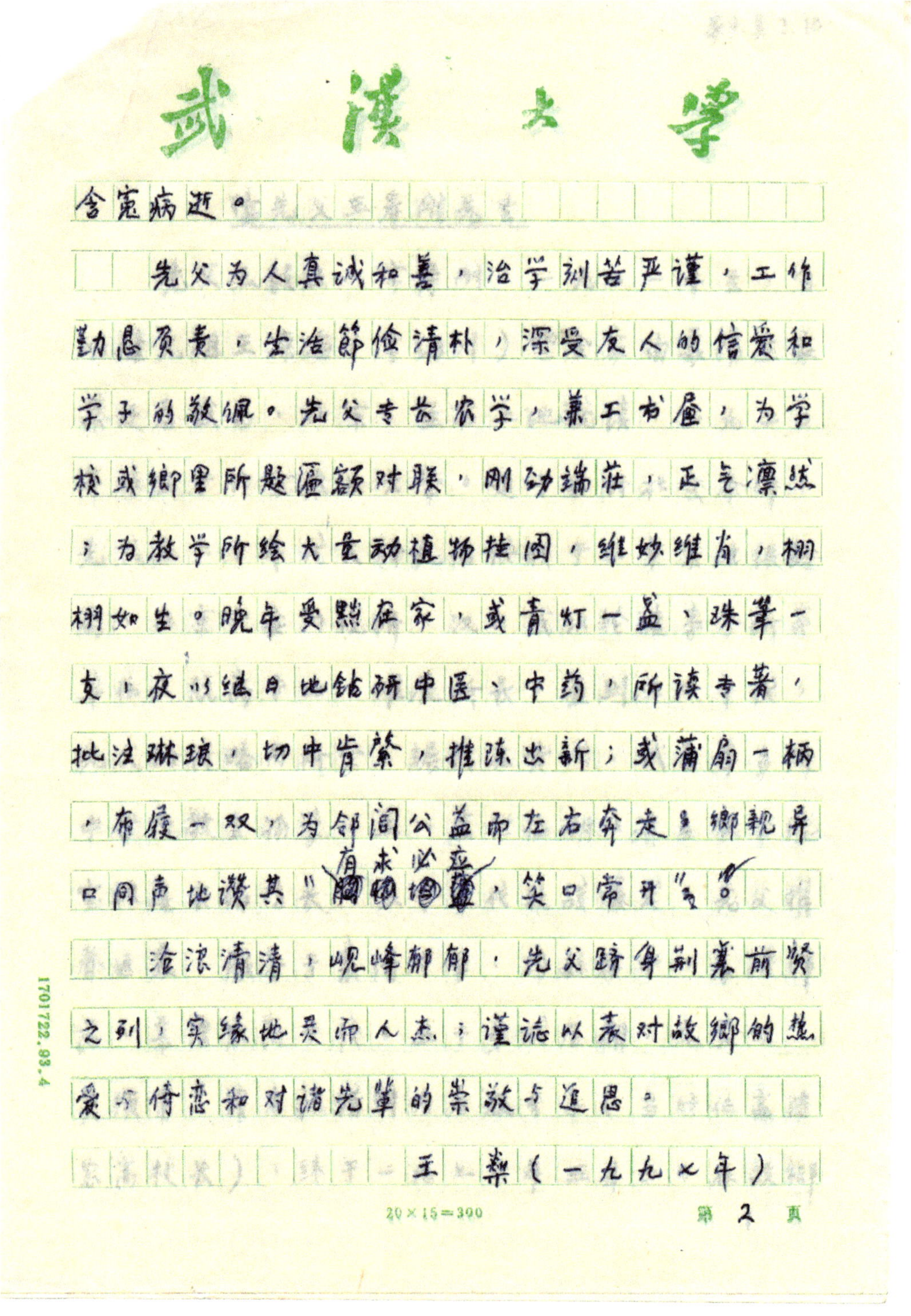
武漢大学

含冤病逝。

先父为人真诚和善，治学刻苦严谨，工作勤恳负责，生活節俭清朴，深受友人的信爱和学子的敬佩。先父专长农学，兼工书画，为学校或鄉里所题匾额对联，刚劲端莊，正气凛然；为教学所绘大量动植物挂图，维妙维肖，栩栩如生。晚年受黜在家，或青灯一盏、珠笔一支，夜以继日地钻研中医、中药，所读专著，批注琳琅，切中肯綮，推陈出新；或蒲扇一柄，布履一双，为邻閭公益而左右奔走。鄉亲异口同声地赞其“有求必应，笑口常开”。

沧浪清清，岘峰郁郁，先父跻身荆襄前贤之列，实缘地灵而人杰；谨志以表对故鄉的热爱、依恋和对诸先辈的崇敬与追思。

王燊（一九九七年）

1701722.93.4　20×15=300　第2页

正文系王燊亲笔。(王曦注)

1922年唐氏、王毅立、王燊等合影

王曦按(2017年2月2日)：

以下是父亲留下的一张宝贵的照片。母亲说父亲称之为“传家之宝”。母亲曾说，父亲曾经保存有大量的家庭照片，装了几大盒子。可惜在文革中自己烧的烧、上交的上交(上交的后虽有返还，但所剩无几)，都荡然无存，仅剩数张残留。“文化大革命”真是中国知识分子的一场巨大的灾难！

在这张照片背后，王燊亲笔注：
“此照片可能于1922年摄于北京。从左起，依次为：我祖母、我父亲、我、我舅母、我外祖母。王燊，2003.2.9”
(据吴锦琛说，王燊身左座位空，系留给已故亲母郑定芳之故。王曦注，2016.2.14)

祖父王毅立墨迹

王曦按(2017年2月2日):

以下是家里仅存的两份祖父的墨迹。

其一是祖父在一张照片的背后的题词——“国家干城”,题于1951年1月,照片上是一群与我姑妈王霖一起参加军事干校的青年学生,都着腰鼓服,一派朝气蓬勃,生动地体现了新社会的气象。看到这个墨迹,我倍感亲切。它虽然字不多,但字的风格与我小时候祖父亲手为我们兄弟三人写的字帖一模一样。记得那份字帖都是唐诗。开篇第一首是“春眠不觉晓,……”。每个字都写在祖父用铅笔画的米字格中。1969年1月,我和大弟王曙作为知识青年下到湖北省公安县农村。我们在那里生活了六年,后辗转至沙市市的工厂工作。那份字帖不幸遗失在这段颠沛转辗之中,甚为可惜!

其二是小弟王照保存的一套《水浒传》(三册)的书皮上的”水浒“二字,分别为楷体、魏体和小篆,皆为爷爷所题。

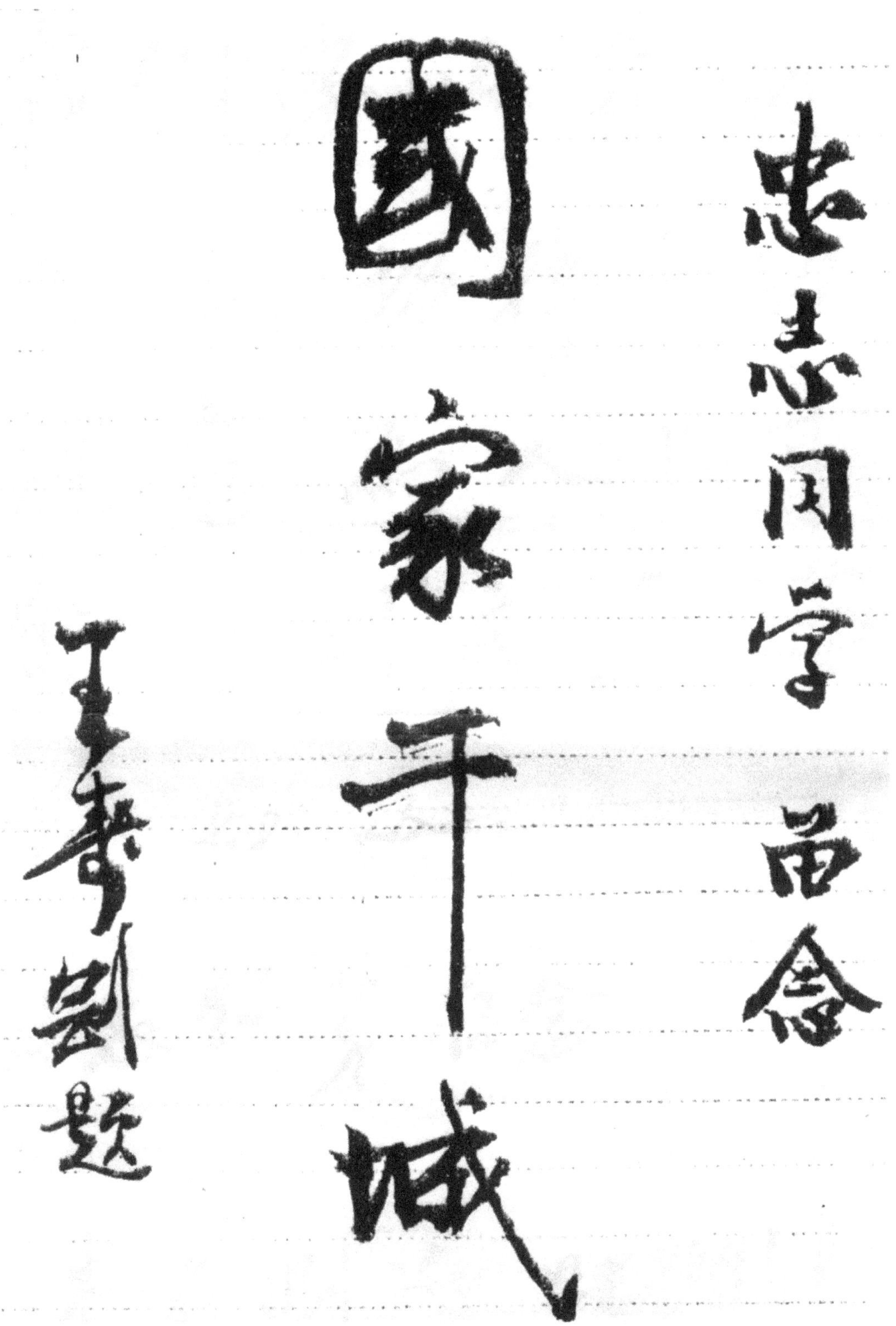

王寿刚为参加军事干校的学生的题词,1951 年 1 月

歡送參加軍幹校同學
襄高全體腰鼓隊員留影 1951.1.8。

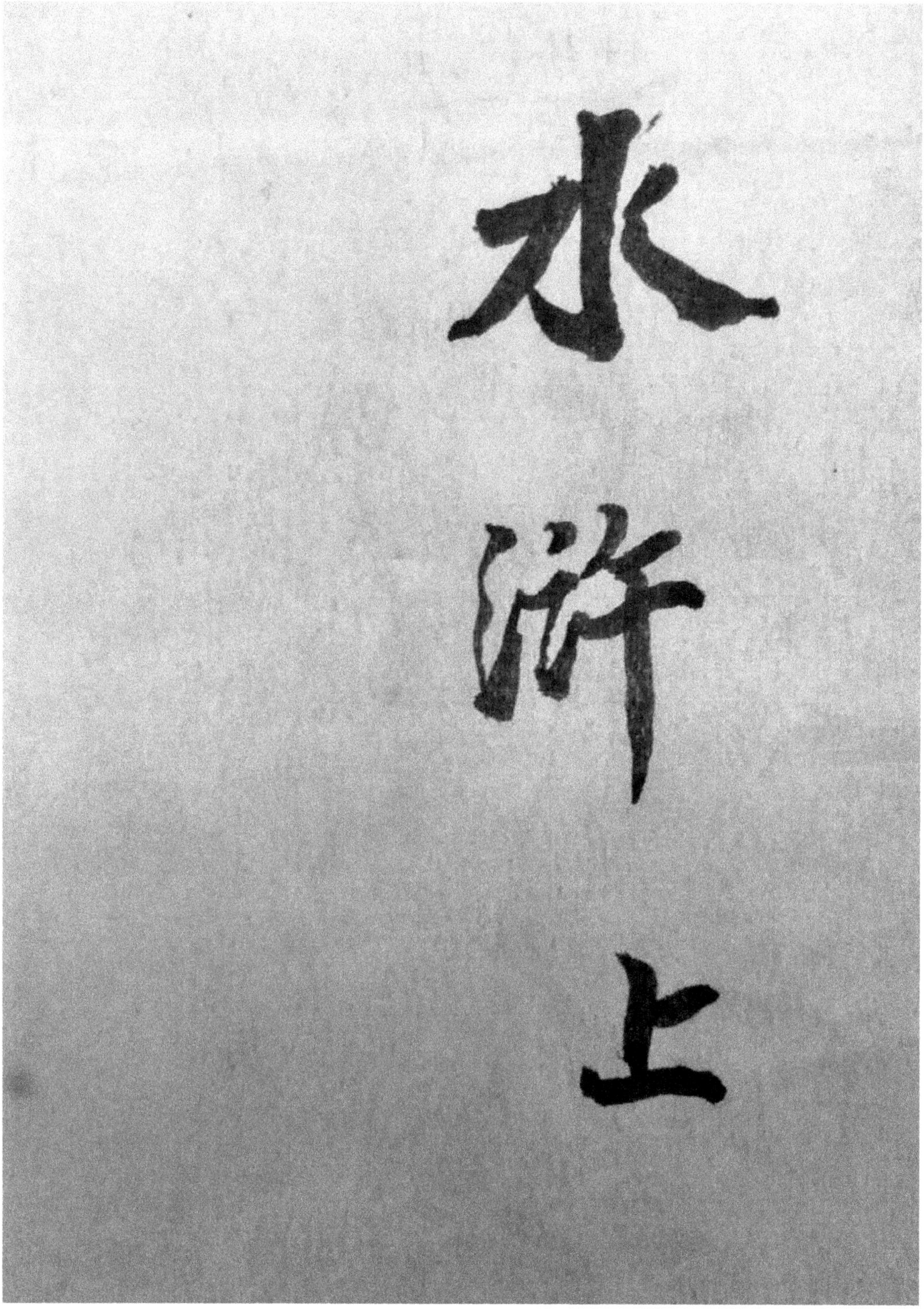
水浒上

水滸中

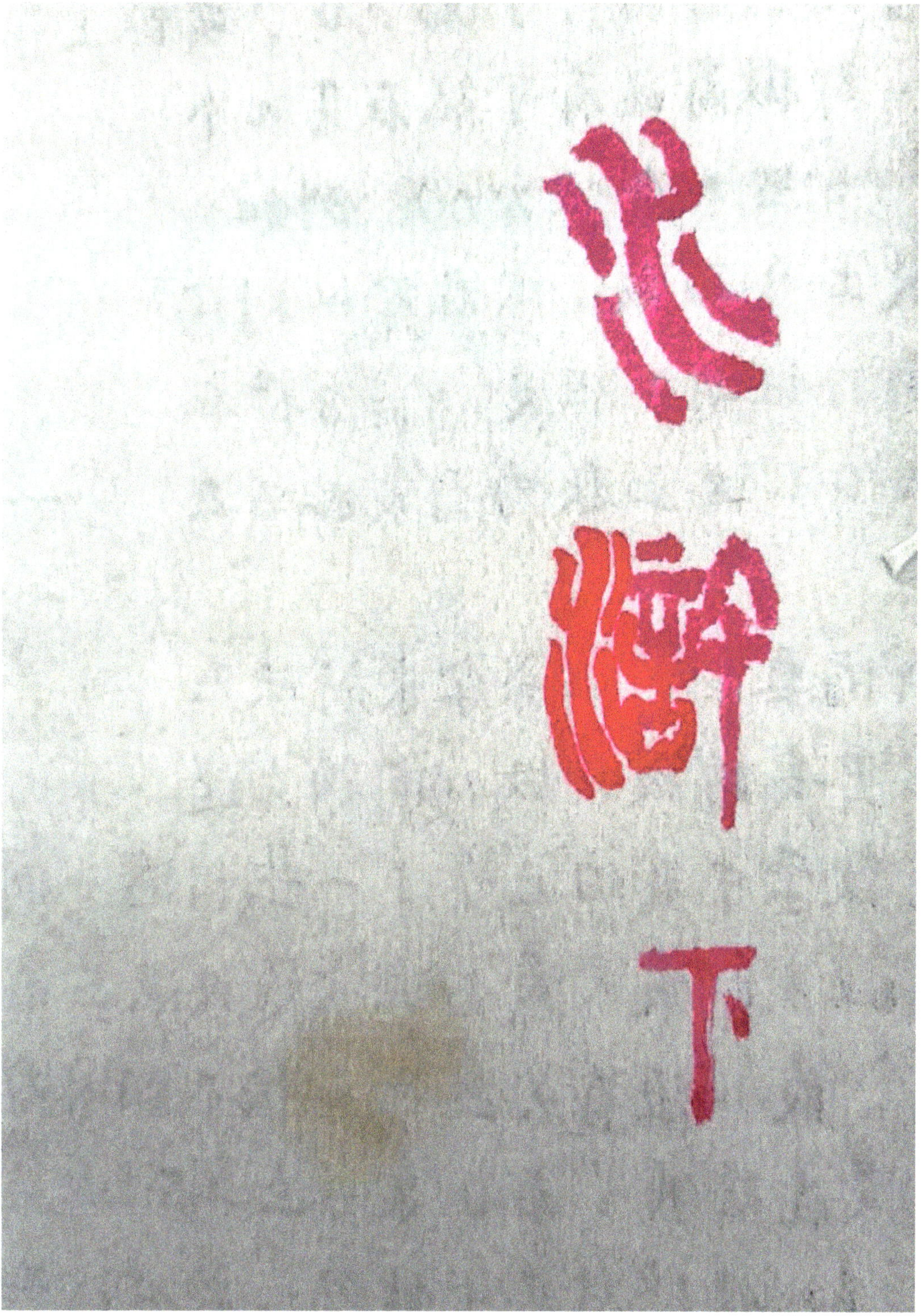

中药方

王曦按(2017年4月20日):

大约在1975年的时候,祖父来武汉与离别27年的旅居美国的大姑妈王雯团聚。当时他看到我身体有些虚弱,为我写下以下这个药方。今日在清理文件时,终于又见到它(左边的一个)。十分高兴。至于以下右边这个药方是为谁开的,不甚清楚,可能是为我母亲开的吧?她一直说腿痛。

祖父晚年研究中医中药,颇有心得,常为邻居开药方,常得邻居称赞。这也许一方面是继承曾祖之长,另一方面发挥他本人北京农业大学农科(植物学)专业特长之故吧。

此外,这也是祖父留下来的手迹。见字如面,看到它们,爷爷慈祥的音容笑貌顿时涌上我的心头!

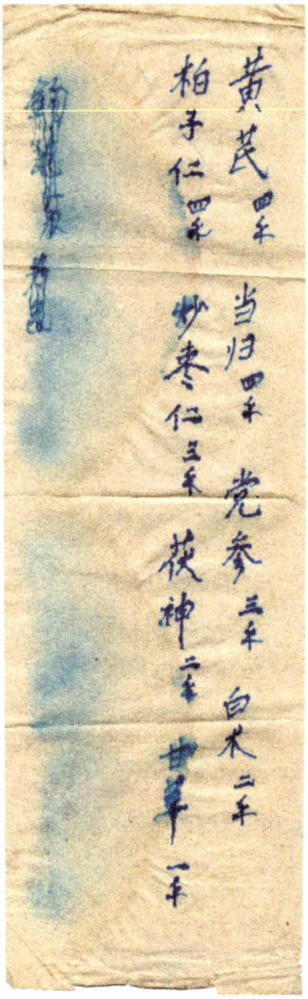

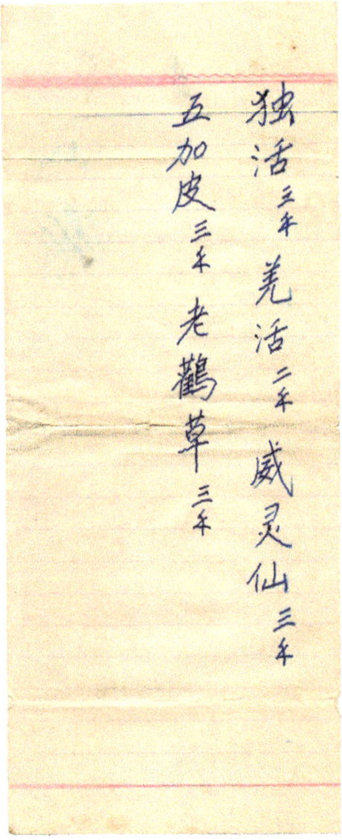

父亲的回忆

王曦按(2017 年 2 月 3 日):

下面这篇文字节选自父亲所撰“家世回忆“一文。在这段文字里,父亲不仅回忆了我的祖父王毅立,而且回忆了我的曾祖母唐氏、祖母郑定芳和继祖母杨紫英。对我的祖父,他说他“是属牛的,真的跟牛一样,忍辱负重,四方奔走,劳累了一辈子”、“为人正直,刚正不阿,与家人、朋友和学生相处,谦和融洽,而对待权贵,则既不趋奉,又不屈从”、“一年四季在外面东奔西走,挣一点工资,维持家用”。对我的曾祖母唐氏,他说她“里里外外,千思百虑,精打细算,既要家人不挨冻饿,又要整个王家不落人后”。对我的祖母,他说她“性情极好,斯斯文文,在大夹街一带某一教会学校上过学,成绩极好,又是唱诗班的主角,老一辈人都喜欢她”。对我的继祖母杨紫英,他说她“大概没上过学,识字不多,为人极其忠厚善良,不但极能吃苦,而且极能受气。人们都说他是我的后娘,但她待我极好;我跟妹妹们有矛盾时(主要是雯妹),她总是护着我。这倒不是她怕祖母,而真是出于真情实感,可以看得出”、她“是具体执行人,七个人的饭菜,由她亲手做;七个人的衣服,由她亲手洗,还有屋里屋外的清洁,(她)总是一声不吭地一天忙到晚。有时祖母要求高,嘀咕几句,(她)也不予计较”。这些描述,虽文字不多,但栩栩如生,让祖父一家人的生活和性格跃然纸上!

23. 父亲王毅立(寿刚,1901—1976),幼年在武昌时曾进过商校和汉阳的工校,后来在北京大学农学系毕业,真正是一专多能。他的字也写得很好,也是隶书,襄中(或均中)的“校政厅”大匾就是他题写的。他还画工笔画,画花鸟,画昆虫,他教植物学、生物学、农艺学的挂图,许多都是他自己画的。说不定有些学校还保存得有。他看书真是仔细认真,随处可见他的改正和诠释。每本书都用牛皮纸包了封面,破损的书修补的平平整整的。我“线装”的手艺就是从他那儿学来的。

24. 父亲是属牛的,真的跟牛一样,忍辱负重,四方奔走,劳累了一辈子。最初在北京京汉铁路局,大概是当会计,因为我见过一些又大又厚的账本。后来经傅(子如)老先生举荐,当过短时的广安门税务局局长。在武汉时,先在武汉轮渡事务所当庶务员(采购员),后来在农科所的宝积庵农场(今湖北大学校址)当场长,中间的几年都在中学任教(如黄冈六中)。此外,向北跑过承德,向东到过莆田,为了一家人的生活,只要有点工资,什么都干,哪里都跑。最后是在鄂北各校教书(均中、五师等)直到担任襄阳农高校长。反右时因说了“外行不能领导内行”而被打“右派”(后“改正”)。1976 年在襄阳因肝病去世。

25. 父亲为人正直,刚正不阿,与家人、朋友和学生相处,谦和融洽,而对待权贵,则既不趋奉,又不屈从。在那个不平的社会,要不是有老一辈的照顾,尤其他过硬的本事和吃苦耐劳的工作态度,恐怕很难找到谋生的门路。

26. 父亲和母亲郑定芳(1901—1921)结婚大概是 1919 或 1920 年,那时父亲还在上大学。外祖父郑倬甫，南京人，在汉口小夹街经营“同复公号栈”，为人善良，讲义气，讲信用，所以生意兴隆。母亲出生在汉口，由于外祖父、外祖母都信基督教，所以母亲很小就受过了洗礼。听外祖母说，母亲的性情极好，斯斯文文，在大夹街一带某一教会学校上过学，成绩极好，又是唱诗班的主角，老一辈人都喜欢她。

27. 听外祖母说，母亲身体比较弱，怀着我的时候，长期生病，临产前一两个月就已卧床不起，靠稀饭、米汤、莲子、桂元、红枣等煮的水维持生命。我是在家里，也就是在元宝胡同四号出生的，按旧历说是庚申年腊月初一，也就是1921年1月9日。那天母亲还在发烧，生下我就昏了过去。隔一段时间醒来后，她问产婆是男是女，产婆向她道喜，说是个儿子，她笑了笑，一句话也没说，产后八小时就去世了。

28. 父亲和继母杨紫英结婚大概是1922年或1923年。外祖父的名字我不知道，他是什么样子我也没一点印象，很可能我从未见过。外祖父也是襄阳人，到北京的时间比我家早得多，所以没听说襄阳有什么人。外祖父是位法官，有一定的地位，家在太平桥，自己有一栋房子，朱漆门楼，颇有点气派。1987年跟震、霖妹一起去找过一次，有一家有点像，不能确认。后来和霖妹又找过，我每经太平桥都留心，迄无收获。

29. 舅舅叫杨志远(守庸)，跟父亲同龄，弄不清是学什么的，也是东奔西走，为谋生而到处跑，来过武汉，去过莆田，1945年在西安，雯妹曾在他那儿住了些时，那时外祖母也在那儿。舅舅有两个女儿，都比我略小几岁，大的叫杨如瑾，小的叫杨如琼，名字都是父亲给她们取的。杨如琼1943年在兰州某银行工作，和我通过一次信，以后就失去了联系。舅舅还有个妹妹，比继母小，叫杨紫玉，听说中学毕业以后就早逝了。舅舅曾到山西，在阎锡山的势力圈里干过事；还听说他参加过什么“敢死队”，搞不清楚。

30. 继母大概没上过学，识字不多，为人极其忠厚善良，不但极能吃苦，而且极能受气。人们都说他是我的后娘，但她待我极好；我跟妹妹们有矛盾时(主要是雯妹)；她总是护着我。这倒不是她怕祖母，而真是出于真情实感，可以看得出。除夕守岁，一家老小一起掷骰子，只要我输了，她就悄悄把自己的钱塞给我，或者叫我跟她“碰蚕豆”而故意“输”给我。我喊她“妈”，而不是像流行的那样叫“娘”。顺便说一句：我以“伯伯”称呼父亲，那时因为祖母和她的老朋友们以为，我先母去世得早，喊“伯伯”可以躲过灾难。

31. 我们这个家，三个老的，四个小的(都在上学)，撑下来可真不容易。父亲一年四季在外面东奔西走，挣一点工资，维持家用。祖母里里外外，千思百虑，精打细算，既要家人不挨冻饿，又要整个王家不落人后。而妈则是具体执行人，七个人的饭菜，由她亲手做；七个人的衣服，由她亲手洗，还有屋里屋外的清洁，妈总是一声不吭地一天忙到晚。有时祖母要求高，嘀咕几句，妈也不予计较。总之，三位老人都是我们敬重和缅怀的先人，都是我们终生崇仰和学习的榜样。

(摘自材料编号：家史·吴·1.14，第23—31段)

襄阳教育名宿王寿刚

刘怀俊

王曦按（2017 年 2 月 3 日）：

以下这篇文章是我祖父的学生、武汉大学数学系教授、襄阳人刘怀俊先生写的。文章对我祖父王毅立有比较详细的介绍和回忆。他与我的祖父既是师生，又是同乡。在此我感谢刘先生。

文中有一张照片，上面是祖父王毅立、继祖母程冬青和我，摄于 1963 年夏天。记得那年我上小学五年级，暑假时与爷爷、奶奶去住在北京的姑妈王霖家玩。那是我第一次坐火车，第一次出远门，第一次去北京……很多很多的第一次。记得在北京，爷爷带我游览了天安门、故宫（太和殿的雄伟、故宫珍宝馆里有小人出来报时的西洋钟、故宫内镀金大水缸上的刮痕——爷爷告诉我系八国联军所为，令我印象深刻）、颐和园（万寿台的高大、万寿山上的暗道、昆明湖畔的石舫和大铜牛，亦印象深刻）。爷爷在北京长大、读大学，对北京很熟。每玩一处，他都可以讲出该处的故事和典故。记得有一次，爷爷带我从玉泉山沿西长安街一直往东，走到天安门，一路上爷爷兴致盎然。记得他曾告诉我，天安门旁的北京饭店的旧楼曾经是早期民国政府的交通部，他曾经在里面当过职员。

爷爷那次去北京，很可能是他自年轻时离开北京几十年后首次返京。因此，那次旅行，故地重游，他格外高兴。但在那之后不久，文化大革命于 1966 年爆发，爷爷在郁郁寡欢中又生活了十年，于 1976 年去世。现在想来，不胜唏嘘！

王寿刚（1901—1976），湖北襄阳人，原名毅立，字寿刚，毕业于北京大学农学系，生物学者、教育家，襄阳市和鄂北地区文化教育界知名人士。

一、出生门第

王寿刚先生出身于书香门第、学者世家。父亲王源海（1876—1928），字纳川，著名书法家、文史学者，家住湖北襄阳城南六十里“下王家集”（现属襄阳宜城），幼入私塾，专心朗背四书五经，十年寒窗，熟读“经史子集”。1892（壬辰）年，纳川先生参加童子试，一举得中秀才，年方一十六岁。纳川先生天生一副爱读书品性，中秀才后，依然好学不倦，养成“黎明即起”乘借晨曦光照勤读诗文的良好习惯。平日总见他手不释卷，细声朗读古典史籍，他能背诵很多诗文，认定“经不离口”乃为学之道，有时走路也念念有词地哼着，在襄南一带闻名遐迩。1903

年(癸卯科)大比之年“秋闱”,也是中国历史上最后一届科举考试(次年“春闱”殿试选拔历史上最后一届进士之后,1905 年光绪皇帝下诏颁布废除千年“科举”制度),王纳川来到省城参加选拔举人的乡试,却不曾想“有向主考官行贿者偷梁换柱挤占名额”而落选。当下王纳川匆匆返回襄阳,便立即向家人表明要出外闯荡世界之决心,并向家人告别,然后携带妻子唐氏、四岁女儿爱云和两岁爱子毅立(寿刚)一行四口来到武昌,在阅马场近旁的陆军小学堂任教职,教地理、文史等科目。因其博学多识,讲课内涵丰富多彩,工作出色,极受学生和家长欢迎。加上他善书法,自成一家,尤精魏体,在武昌任教十余年,请索墨宝者络绎不绝,名动江城。

纳川先生于民国五年(1916)举家由武昌迁往北京,在交通部任机要室科员,司寿幛挽联等礼仪性文字撰稿书写事宜。

纳川先生是一位典型的老学究,个子不高,圆脸、小胡子,精明干练,慈祥和蔼,平易近人,口碑甚好。他不抽烟,不喝酒,不打麻将,亦不许家人打。他不信教,但不干涉家人信教;寿刚母亲拜观音菩萨,他不反对;寿刚夫人定芳每天饭前做祷告,他更是不闻不问。

鉴于王寿刚先生忙于读书、工作,平时很少有时间陪同儿子游戏,教育其子王燊之责,便自然由爷爷代劳了。纳川先生对孙儿的关爱之情,无以复加,他喜欢吃猪脑、甲鱼、牛膝窝骨筋,总爱和孙儿一起一人一小碗吃小灶。2012 年已届 92 高龄的王燊教授仍旧坚持每天散步珞珈山前,他风趣地说这与爷爷当年和他吃小灶、上了“底肥”不无关系。

“天有不测风云、人有旦夕祸福”。1928 年王纳川先生突患“中风”,虽经多方救治,还请了一位名叫迪波耳的德国医生,都没能治好,享年五十二岁。后在西直门外白石桥买了一小块墓地,纳川先生灵柩就葬在此处一株大松树旁,墓前还竖立了一块石碑,当时还有一位看坟人叫于得水。解放后,王燊和二妹王霖还去寻找过祖父当年的墓地,地方倒是找到了,是在当时中央民族学院围墙的南边,但棺木和墓碑已因城市发展建设征地的需要由政府移往他处,无从查找,看墓的于得水先生也不知去向。如今那里已是高楼林立,一派繁华景象,旧址再也找不到了。

二、成长经历

王寿刚先生从小随父来武昌后,不久即进入私塾学堂,诵读大量儒家经典、并做大量书法练习,养成好学不倦、读书钻研的性格,初步奠定知识与书画基础。寿刚先生十岁时,爆发辛亥革命武昌首义,次年便从私塾转入新学,先后在武昌商业学堂和汉阳工业学堂就读。由于他勤奋好学而又耐心细致,其学习成绩十分优秀,学业知识广博而扎实,传承乃父笃学慎思之风。

正是王纳川先生教子有方,寿刚先生于 1917 年考取北京大学农学系,年仅十六岁。寿刚先生在大学学习期间继续爱好书法,笔记与作业中行、楷小字写得隽秀清丽,班级出“板报”和“壁报”时都有他的书写墨迹,其隶书尤见特长;同时他还逐渐爱上工笔画,大概是所学农艺专业的缘故吧!他爱画花鸟、昆虫、动植物,无论写字或作画,每幅作品都认真仔细、力求工整。这对他后来在襄阳中学和在襄阳农业学校担任教学工作期间自制生物学挂图奠定了良好的书画基础。

1921 年暑期，王寿刚先生自北京大学农学系毕业，经过亲友介绍在北京京汉铁路局谋得一职位，由于京汉铁路局属于半军事化性质单位，工作十分繁忙紧张。

1929 年王寿刚先生从北京回到武昌，由当时在湖北省建设厅的姨父介绍，在武汉轮渡事务所任庶务员，大概相当于现今采购人员。其子王燊教授回忆，当时一家人住在察院坡，现今司门口东北厢近旁。

三、献身教育

1932 年夏，王寿刚先生应聘到黄岗中学(时称湖北省第六中学)任教。在黄岗中学任教一年后，寿刚先生爱子心切，便转回武昌的几所中学兼课；1935 年王寿刚先生任湖北省立农学院宝积庵农场场长。

1937 年抗日战争爆发，王寿刚先生携眷返回故乡襄阳，在襄阳师范任教。1938 年抗日战争吃紧，襄高、襄师迁至郧阳，并入郧阳联合中学，寿刚先生便在郧阳联中任教。1949 年襄阳联合中学成立，包括高中部、初中部、师范部。王寿刚先生在高中部专任生物学课程，他学识渊博，备课认真，讲课时富有知识内涵的叙说，娓娓道来，引起同学的广泛兴趣，每次下课后仍有不少同学围着老师问个不停。

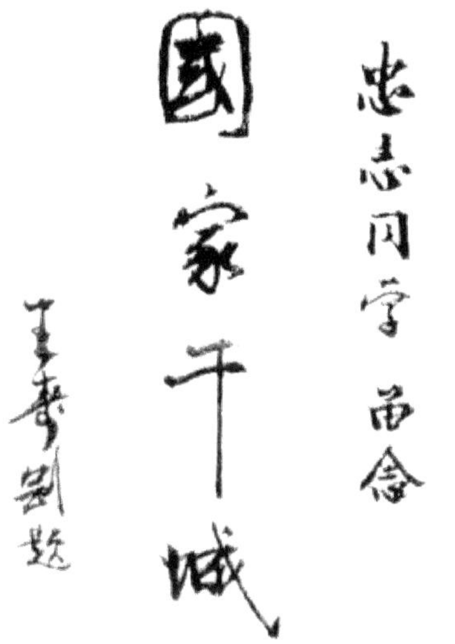

王寿刚先生在他任教过的襄阳师范(省五师)、郧阳中学(省八高)还应邀为学校题写过“校政厅”牌匾，可惜战乱时期毁于一旦，如今难以寻觅原物踪迹。这里唯一能找见的是：1951 年 1 月襄阳中学同学响应抗美援朝参加“军事干部学校”时，王寿刚先生为参加“军干校”的同学皮忠志(寿刚老师的学生、太原中北大学退休干部)题词：“国家干城”。苍劲挺拔、尽显其书法艺术功底与魅力，令人赏心悦目，散发着鼓舞士气之神韵(见右图)。

王寿刚从事教育工作数十年如一日，在鄂北、襄阳地区耕耘杏坛四十年，那可是一段“桑梓情深，终生无悔”，值得永久珍藏与回忆的辉煌时期，特别在襄阳中学和襄阳农校时期所做的贡献，让曾经受过先生教育熏陶的故乡学子深受教益、难以忘怀。

就说 1949 年秋季吧，开学后，王寿刚先生便给襄阳联合中学(包括高中部、初中部、师范部)高中二、三年级学生上生物课，以后又接续为下一年级讲授该课程，因此新中国成立初期襄阳中学高中学生无不受到先生教诲的，他那平易近人、亲如父兄般的态度给同学们留下了极为深刻的印象。在高中学习阶段，同学们觉得王寿刚先生和蔼可亲，师生关系极好，甚至敢于和老师面对面坦然讨论生育、生理、两性各种“敏感”问题。忆及六十年前往事，寿刚先生的音容笑貌至今仍然历历在目，恍如昨天。学生们始终觉得：王寿刚先生确是一位平易近人的慈祥长者，他诲人不倦、普及生物生理知识，关心并指导女生青春期生理卫生常识，师生关系融洽，是一位深受学生爱戴而又让学生难以忘怀的好老师。

1952年王寿刚先生奉调担任湖北省襄阳农业学校（现襄阳职业技术学院的一部分）教导主任，从此离开了襄中。在农业学校任职期间一直保持兼任植物学、农艺学课程教学。可以说在襄阳农校，最是王寿刚先生发挥所长、报效国家的大好时期。他意气风发、精心敬业，满腔热情地为学校教学及各项工作贡献其所学，学校教育质量稳步提高、成绩斐然。他在农校工作教学双肩挑，一直担任生物学、植物学、农艺学等课程，从未离开三尺讲坛。他授课历来认真细致，每堂课都要使用简明形象的教学挂图，当时又难以购置配套，他就因陋就简、自力更生地自己动手，运用大量工余时间，亲手精心绘画制作了大量针对各章节内容的课堂挂图。以他颇具功底的书画艺术，倾心专注、精雕细琢，陆续制成种种农作物、草木花卉（足以乱真），蜂蝶虫甬（栩栩如生），件件皆是弥足珍贵的艺术品，如今历经六十年后，不知几许尚存。

与王寿刚几乎同时进入农校的还有一位后来成为他好友的事务科科长刘书秀[①]，他热爱工作、廉洁奉公，在学校领导支持下，利用学校农场粮食蔬菜生产基地兼办畜禽副业，把学校伙食管理得井井有条，物美价廉，深受全体师生员工的欢迎。襄阳的同学们常在一起聊天时称："襄中读书风气浓厚，不愧鄂北最高学府；襄师穷学生多，俗语谓'家有二斗粮，不当孩子王'；农校伙食好，全校师生可真有口福。"当时襄阳农校与襄阳中学、襄阳师范已成为襄阳地区鼎足而立三所名校。王寿刚先生亦成为当时鄂北地区知名学者、襄阳教育界之翘楚。

1957年初春，毛泽东同志在最高国务会议上做了《关于正确处理人民内部矛盾的问题》报告，4月下旬中共中央发出在全国范围开展整风运动的指示，号召广大人民群众帮助党整风，要"知无不言"、"言无不尽"。6月6日钱伟长、费孝通等六教授建言："教授治校"、"外行不能领导内行"。6月8日《人民日报》发表了《这是为什么》的社论，说是"别有用心"的人散布"右派言论"，随之而来便发起了"反对右派分子"的斗争。在农校"反右"斗争中，王寿刚先生因为"外行不能领导内行"的观点共鸣而被划为"右派"。寿刚先生心胸坦荡表明：提意见是真心实意帮助党整风，决无丝毫"别有用心"之意。谁知不表则已，愈表愈"右"，竟然莫名其妙地被定为"极右分子"。实在令人匪夷所思。学校立即撤销他的教导主任职务，交由群众监督劳动，随时接受师生员工的批判。在劳动中为了更好"帮助""改造"他，有人从野外采集各种草木花卉让他辨识，稍有迟疑便说他这生物专家是"冒牌货"、"大草包"，如此这般遭受屈辱。反"右"后期对"右派分子"进行处理，王寿刚先生被开除公职，发回"原处"襄阳城内府街（现襄城区民主路）居住，实际是对他这个"内行"扫地出门，直到1976年含冤去世。如果先生能够再多活几年，就能看到为他平

---

① 刘书秀（1914—2006），襄阳程河人，抗战初期加入中共地下党，曾在襄枣随边区地委余益庵部下任财政科长。

反昭雪了，然而当了一、二十年“五类分子”的典型学者——襄阳地区寥寥无几的有识之士就这样默默无闻的居家闲住……他盼望着能有一天再有机会能够以其所学报效国家、服务社会……却又有谁能料到：受人尊敬、让人怀念的王寿刚老先生竟然永无“恢复公职”的那一天。直到1984年对他的改正、平反文件方始送达其家属程冬青女士手中。但愿寿刚先生地下有知。

四、和谐家庭

王寿刚先生一生中有幸与三位极其优秀、素雅的女士结缘，尽享世间温馨，从某种意义上说，也可算是“吉人天相”了。

1919年寿刚先生与同龄的贤淑女子郑家小姐喜结良缘。郑定芳女士（1901—1921），出身南京名门，其父郑倬甫与王纳川先生因热爱书画艺术结缘，交谊甚厚。倬甫先生早年在汉口小夹街经营“货栈”生意，夫妇信奉基督教，自幼就让女儿受了洗礼，进入教会学校接受西方教育。定芳女士性情温和，聪慧娴雅，在校学习成绩上佳，又是“唱诗班”的主角，深得长辈人的疼爱。当时寿刚先生还在北大求学，他们已属典型的晚婚，他们夫妻和睦，相互关爱，令人钦羡。婆婆唐氏（1881—1948，樊城人）对儿子视若生命，对媳妇同样疼爱有加。可喜，民国十年即庚申（1921年）腊月初一日寿刚先生长子王燊出生在北京“西四”元宝胡同4号一所四合院内；可叹，定芳女士生育后八个小时因病撒手人寰，令人悲恸不已。

三年后（1924年），王寿刚先生续弦再娶，新婚妻子杨紫英虽是大家闺秀，其生性却极其贤慧温柔，为人十分善良忠厚，毫无千金小姐架子。岳父杨公（名讳不详）为仕宦之家，职刑事法官，家住太平桥，朱漆门楼，画栋雕梁，四合大院，整肃庄严。杨家亦原籍是襄阳，长女紫英行二，十分聪颖，幼染天花，却清丽依然，为父母掌上明珠；其兄志远，1901年出生，长紫英二岁，曾在阎锡山麾下做事，后来走南闯北四处谋生，到过武汉、莆田，后定居西安；小妹紫玉，中学毕业，花季年华过早凋谢。

紫英女士不但特别能吃苦，而且尤其能够“任劳任怨”。人说她是王燊后娘，她却自始至终对孩儿王燊极好！数十年如一日，其贤德淑慧闻名遐迩。王燊教授后来深情地回忆说：有时兄妹闹别扭，她竟然总是护着小哥，这倒不是她怕婆婆，而是出于真情实意地痛爱！除夕守岁，一家老小一起掷骰子，只要燊儿输了，她便把自己的钱悄悄塞给燊儿；再不就是娘儿俩“碰蚕豆”而故意输给儿子。王燊亲切地喊她“妈”，而不像通常传统那样叫“娘”。紫英妈妈这种“不是亲生胜似亲生”的舐犊之行，实是一种难能可贵的高尚情操，在王燊的幼小心灵留下了深切难忘的美好记忆。

寿刚先生任教襄阳师范（五师）期间，杨紫英女士不幸病逝，使他感情上受到沉重打击，很长一段时间沉浸在巨大痛苦之中，不能自拔。他白天“传道、授业、解惑”，晚间备课后还要照顾儿女生活起居，如此大约八年后，他才终于遇到一位陪伴后半生的天赐佳偶程冬青女士。

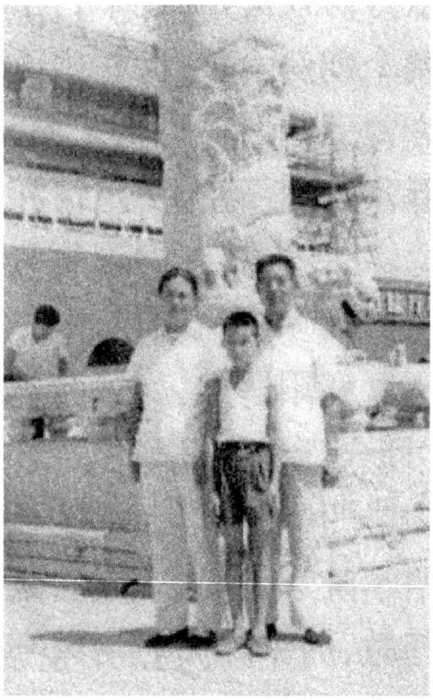
王寿刚、程冬青及长孙王曦（1963 年）

程冬青女士（1917—1995），襄阳人，出身名门，其父亲程功善先生曾是襄城福音堂牧师；冬青女士于1935 年毕业于同济医院（襄阳西门外铁佛寺）医士学校，曾在国民党军 153 后方医院任医生多年，1942 年与她丈夫谭文峰[①]离开军队，回到老家襄阳，夫妻二人开办私家医务所以维持生计，这就是四十年代襄阳新街的襄雅诊所。由于他们两位是同济医校毕业又在军队战地医院锻炼七八年的医生，医疗诊治技术熟练，街坊邻里备受其惠，小小“湘雅”，以医道精纯而闻名遐迩，在襄阳樊城可谓有口皆碑。解放后，夫妇二人一同在宜城县医院任职，程冬青任妇产科医生，丈夫谭文峰任医院副院长。1955 年肃反运动中丈夫因历史问题“够线”被定为“历史反革命”而不幸离开人世。冬青女士便返回家乡襄阳府街居住。她为人诚挚热情，乐于助人，在街道幼儿园帮忙，极受儿童与家长欢迎，不久后她就成了实际上的园长，有良好的人缘。对于这位十分能干的冬青老师，街坊有关心她个人生活者，欲在知识界、文化教育界寻觅……；另一方面，寿刚先生久居襄阳城区一二十年，且独居已七八载，经邻居友人介绍双方均觉似曾相识，一见如故。其实在冬青医生开诊所时期，寿刚先生已到诊所去过，亦见过谭、程二位大夫，现以各自事业经历、为人处世，一经交流即便释然。双方了无异议，就于 1956 年进行登记，正式结为夫妻，宴请邻居亲友，喜酒喜糖，见证良缘。婚后寿刚、冬青伉俪情挚，二人相互关心、相互体贴，共同珍惜今世之偶缘巧合，倍感生活充实、精神愉快！然而这来之不易的幸福刚过了一年，寿刚先生就被打成了“右派”中之“极右分子”，并被开除公职，遣送回“老家”。有道是“夫妻本是同林鸟，患难之际见真情”。冬青女士一如既往、毫无二致，在生活方面关心照顾、在情感方面理解劝慰，一心一意与夫君同甘共苦、同度难关，尤其显得难能可贵。这里记起“琴台知音”传奇故事诗句：“春风满面皆朋友，欲觅知音难上难。”尝言：人生得一知己足矣！而王寿刚先生一生竟然得遇三位红颜，真可谓三生有幸。

王寿刚先生慈祥儒雅、程冬青女士贤慧豁达，她对王老的学生视若亲人，家住襄阳的几位同学郑懋勤（住襄阳荆州街）、陈炳炎（住襄阳绿影壁）、陈载扬（住樊城建华路）等曾常到府上看望二位老人，即使在那“史无前例”的动乱年代，先生亦淡泊世事，甘之如饴。

---

① 谭文峰（1913—1955），均县人，与程冬青女士是同济医院医士学校的同学，曾在 153 后方医院任上尉医生。

1976年寿刚先生去世后，冬青女士哀伤不已；其长子谭运筹[①]、长媳曹建华[②]悉心照料母亲，安享天伦，直至1995年溘然仙逝。

五、教子有方

寿刚先生的道德风范、学术文章处处教育着学生，更影响着子孙后辈；其子孙后辈多从事教育事业，在各自领域都取得了无愧于先生、无愧于时代的骄人成就。

王燊，王寿刚先生长子，郑定芳女士所生。曾就读于襄阳县中心小学（襄阳昭明小学前身）、中华大学附小、黄岗中学（时称湖北省第六中学）、荆南中学、汉口江汉中学等校。王燊对父亲王寿刚的称呼亦与众不同，不叫“爸爸”而称“伯伯”，这是因为祖母和长辈们认为：燊母去世得早，喊“伯伯”可以“躲过灾难”。王燊1940年考取西迁乐山的国立武汉大学物理系，毕业后任助教，成为武汉大学空间物理学开创者桂质廷教授的首位研究生。1948年毕业留校，历任讲师、副教授、教授。1980年担任空间物理系主任，在他的带领下，电子信息学院空间物理专业成为首批获准设立博士点专业并被认定为国家重点学科，其“中、低纬电离层及电离层电波传播的研究”等多项成果获得国家教委科技进步一等奖和国家自然科学三等奖，“电离层实验室”获准为国家重点专业实验室。王燊教授严谨治学，数十年来一直投身一线教学，为空间物理和电波传播学科建设和人才培养做出了重要贡献。他为人谦和，提携后学，循循善诱，严慈相融，深受广大师生爱戴。如今已是桃李芬芳，遍及寰宇，许多受过他教诲的学生已经成为所在学术领域内科研教学的中坚力量。他的学生、1982年毕业于武汉大学空间物理系电波传播专业的万卫星，现为中国科学院地质与地球物理研究所研究员，主要研究领域为空间物理、电离层电波传播，2011年当选为中国科学院院士，万卫星现已被遴选荣膺武汉大学杰出校友。

王曦，王寿刚先生长孙、王燊教授长子，1952年生于武昌，武汉大学法学院环境法学专业毕业，获武汉大学法学博士学位，现为上海交通大学教授、法学院环境资源法研究所所长、博士生导师，已被遴选为上海市人民政府参事、全国政协委员。

王沙，王寿刚先生曾孙女，王燊教授长孙女儿（次子王曙之女），1982年出生于荆州市沙市区，2004年毕业于武汉大学生物系、并保送中国科学院硕博连读，毕业后进入清华大学博士后流动站从事研究工作，已于今年（2012年）暑期留校任教。王寿刚老师自父亲王纳川先生到曾孙女儿王沙已有五代从事教育事业，堪称教育世家，应是当之无愧。

王雯，王寿刚先生大女儿，杨紫英女士所生，1926年出生于北京协和医院，抗日战争时期襄阳五高肄业，与空军飞行员陈明辉结婚，1949年随夫去了台湾。由于多年未有生育，而丈夫又是家中独子，后经双方协议离婚，还举行了离婚宴，作为知心朋友“好合好散”。王雯不久后去了美国，与“小方”结婚，收养两个朝鲜女孩：大姑娘无子女，二姑娘

---

① 谭运筹，1951年在襄中初三参加军干校，参加过抗美援朝，现住襄城区胜利街。

② 曹建华，襄中54届，北京农大毕业，曾在襄阳市农业局工作。

育有二子一女。2000 年丈夫“小方”病逝后，王雯居美国老年公寓，亦常回国看望哥哥王燊和两位妹妹王霖、王震。兄妹四人每两三年便在武汉哥哥王燊家或在北京二妹王霖家欢聚一堂，手足情深，其乐融融。

王霖，王寿刚先生次女，杨紫英女士所生，庚午年(1930 年)生，在武昌度过快乐童年，七岁时随父亲返回故乡，在襄阳读书小学、初中、湖北省第五高级中学(当时号称鄂北“最高学府”的襄阳五高)。1948 年夏襄阳解放，王霖随学校迁往江陵——称“省三临中”，分高中、初中二部，后来襄高又转移到了蒲圻县(即今赤壁市)茶庵岭，不久蒲圻解放，她随即参加了中国人民解放军，当时部队中学生极少，更不用说高中毕业生了，不久后她被调入总参三部，一度和家人中断了联系。20 世纪 50 年代，由部队选送到北京外语学院学俄语，毕业后跟随苏联专家做翻译，到祖国大西北工作。苏联专家撤离后，她到兰州大学外语系任教，后来随夫君洛风①调解放军政治学院工作，离休后在北京复兴路学院家属大院居住。

王震，王寿刚先生三女，杨紫英女士所生，癸酉(1933)年出生于武昌，四岁随父母回到襄阳。1946 年襄阳昭明中心小学毕业，1946 年考入襄阳县女中，1949 年考取襄阳联合中学高中部。1951 年 7 月参加中国人民解放军“军事干部学校”，后随部队到广州，不久便调锦州铁路技术学校学习铁路管理，冬季又到北京参加铁路审计管理的学习，1952 年分配到衡阳参加铁路军管运输处工作，1953 年调广州工作。1955 年转业在广铁二小任教，担任语文、数学教学工作；次年与随军南下干部王新山②同志结婚，1963 年随夫转业回到王兴山的吉林老家，现住吉林省蛟河市，育一子一女。

六、桃李满园

新中国成立初期襄阳中学名师除王寿刚先生外，还有刘应光(叔远，数学、物理)、郑嘉玉(解析几何)、阎平章(数学、副校长)、曹云程(化学)、夏征远(语文)、袁树华(语文)、邓槜先(政治，邓稼先胞弟)、傅如励(历史)、王宜之(地理)、宋桐生(地矿)、李存照(体育)、李启悟(音乐)、梅先芬(音乐美术)、孙朴珊(守贞，文史、外语)、何子余(教导主任)、刘鹏搏(高中部主任)等先生，他们培养了数以百计的学生，以下仅以 1949—1950 年入校的高中生为例列举部分学生，不免“挂一漏万”。

赵明亮，1952 届，襄阳人，襄阳中学学生会原主席，武昌中原革命大学毕业，曾任襄阳地区知青办主任、襄阳市人大常委会教科文卫主任。

严永渊，1951 届，襄阳人，华中师范大学美术系毕业，襄阳市展览馆美术工艺设计高级工程师，在襄阳隆中风景名胜区撰写碑刻两处：《重修小虹桥记》——严永渊撰文，王树人题碑(1983)；《重修卧龙深处碑记》(1984)。著有《隆中诗情》——严永渊绘画，赵淑

---

① 洛风，原名李泰豫，一位 16 岁就到延安的“红小鬼”，后曾任中国人民政治学院营房部长。

② 王新山，1927 年出生，吉林人。

文撰文(2000);《严永渊版画选》(2011)。

李吉兴,1952届,襄阳人,武汉大学历史系毕业,襄阳市文化局文史学者,曾在襄阳隆中风景名胜区撰写碑刻两处:《重修隆中诸葛亮草庐碑记》(1987),《重修隆中书院碑记》(1993)。

刘炳,1952届,襄阳人,曾在武汉大学历史系文物考古专修班学习,襄阳市文物局专业工作者,曾对“世界第八奇迹”——随县擂鼓墩曾侯乙墓葬出土的编钟编磬发掘与保护有着十分关键的贡献。

李大义,1952届,襄阳东津人,哈尔滨工业大学电机系毕业,分配清华大学电机系,历任实验员、助教、讲师、副教授,自动化系教授。

李奠国,1952届,襄阳南漳人,考入清华大学测绘系,一年后经全国高校院系调整转入武汉测绘学院,毕业后分配大连工学院,现为大连理工大学土木建筑系教授。

宋德龄,1952届,襄阳人,女,北京外国语大学毕业,历任大连理工大学外语系俄语、英语副教授。

陆彬彬,1952届,襄阳人,女,1951年1月参加军干校,后转入中国人民大学学习,毕业分配到华中农业大学马克思列宁主义教研室工作。

杨述仁,1952届,襄阳南漳人,华南工学院暨华南理工大学毕业,担任云南水电设计院高级工程师、教授。

董礼恭,1952届,襄阳南漳人,曾任中国人民解放军总参谋部外事处处长、王府井饭店总经理。

李泽皋,1952届,襄阳南漳人,由清华大学水利系选拔留苏,归国后在“文革”中以“苏修特务”罪入狱,出狱后定居乌克兰,担任克拉玛托尔斯克经济人文学院院长。

邓光礼,1952届,襄阳人,华南师范大学中文系毕业,任古文献研究所副所长,学者、诗人。

皮忠志,1952届,襄阳人,1951年参加军干校,入南京军事学院学习,毕业分配到兵器工业部太原工学院——现中北大学,历任团委、组织部、后勤部负责人。

庞建鼎,1952届,襄阳人,曾任国务院外国专家组组长、中国核工业部第七研究设计院情报室主任。

夏顺荫,1952届,襄阳人,武汉大学历史系毕业,武汉14中语文高级教师、学者,笔名禾火,发表诗词、书画、篆刻、散文、小说等百余篇。

李咏梅,1951届,襄阳光化人,女,校文娱宣传队演员,曾主演《白毛女》《王秀兰》《五女拜寿》等歌剧,毕业分配到中国人民解放军总政治部文工团,曾在电影《党的女儿》中饰演小寡妇。后转业到青岛远洋船员学院任工会干部。

陈天华,1952届,襄阳人,女,是学校文娱宣传队主演之一,她和王震、李咏梅、黄玉清、孙幼梅一起被誉为襄阳中学的“五朵金花”。1951年7月参加军干校,转业后随丈夫、武汉铁路法院院长顾达夫一起来到武汉铁路局工作,担任纪委干部。

杨有唐，1952届，襄阳人，襄阳中学文娱宣传队主要演员，曾在《白毛女》中饰演黄世仁等“反角”，遭群众喊“打！”在襄阳地区名噪一时。华南理工大学土木建筑系毕业，国家冶金部湖北黄石第15冶第5建筑工程处高级工程师。

刘怀俊，1952届，襄阳人，武汉大学数学系教授。

王同策，1952届，襄阳人，武汉大学历史系毕业，吉林大学历史系教授，古籍研究所所长，吉林大学图书馆馆长、历史文献整理研究室主任。主要研究方向为《历史文献学》，重点为古籍整理的理论研究。陆续在国家一级专业学术杂志上发表论文六十余篇，出版著述包括主编大型历史文献共计十余部。现任中国历史文献研究会常务理事，中国索引学会副理事长。

沈天霞，1952届，襄阳人，女，武汉大学水利学院毕业，黄河水利委员会勘察设计院高级工程师。

赵淑惠，1952届，河北人，女，调干学习，曾任湖北省经委干部、处长，离休干部。

陈蕴华，1952届，襄阳人，女，北京师范大学中文系研究生毕业，分配陕西师范大学中文系。

陈锡昌，1953届，襄阳人，武汉大学医学院解剖学教授。

曹学德，1953届，襄阳人，武汉大学工学院教授。

熊传铭，1954届，襄阳人，武汉大学物理系教授。

刘道玉，1953届，襄阳枣阳人，武汉大学教授。曾任留苏学生会主席，后任武汉大学讲师，1977年调教育部任高教司长。1981年8月21日被任命为武汉大学校长，第二天的《人民日报》头版报道了国务院对他的任命，并说刘道玉“是我国解放后自己培养的大学生中第一个担任大学校长的人，也是全国重点大学中最年轻的校长”。由于种种原因，1988年3月6日刘道玉被免去武汉大学校长职务，但刘道玉却被广大知识分子和人民群众誉为“永远的校长”，甚至有网友予以崇高称誉“武汉大学的蔡元培”。

Wang Shougang：A Famous Person in Xiangyang Education Field

Liu Huai-jun

（School of Mathematics and Statistics，Wuhan University，Wuhan 430072，China）

Key words. Wang Shougang；Xiangyang；History of Education

（此文发表于湖北省襄樊市《湖北文理学院学报》，2012年第9期，第28—34页）

（编号：家史・王・2.3）

五四运动

王曦按(2016 年 8 月 7 日)：

祖父王毅立年轻时在北京大学农学系读书期间，曾参加过五四运动。

父亲保留着“建民”(估计是王毅立在襄阳的学生。——王曦注)1990 年(据建民同年 2 月 8 日封来信[编号・吴・1.22－2]推论为 1990 年。——王曦注)的两份来信。该信都写在“国家医药管理局武汉物资供应站便函”信笺上。建民在信中说到“上次与大哥(指王燊，王曦注)通电话以后，我已写一信县政协文史资料委员会提及‘王寿刚先生是我所知襄阳唯一在北京参加了五四运动的人，并曾担任县立三中校长，似应在史志中占一定篇幅。”(该信原件编号：家史・吴・1.22－1)

父亲王燊“忆先父王寿刚先生”一文的草稿(手写稿，无标题和落款时间)写道：“先父王毅立，字寿刚，……1920 年毕业于北京农业大学农学系，曾参加“五四”游行，受水柱冲击，并以窗帘蔽体，与同学踡痳于某校教室。”(该原件编号：家史・吴・1.20)该文的 1990 年誊正稿有同样记叙。(该原件编号：家史・吴・1.21)从该原件为复写件看，原件应当交出去了。去了何处，不得而知。

以下为父亲 1990 年的“忆先父王寿刚先生”文的草稿、誊正稿和建民 1990 年 1 月 21 日的来信。

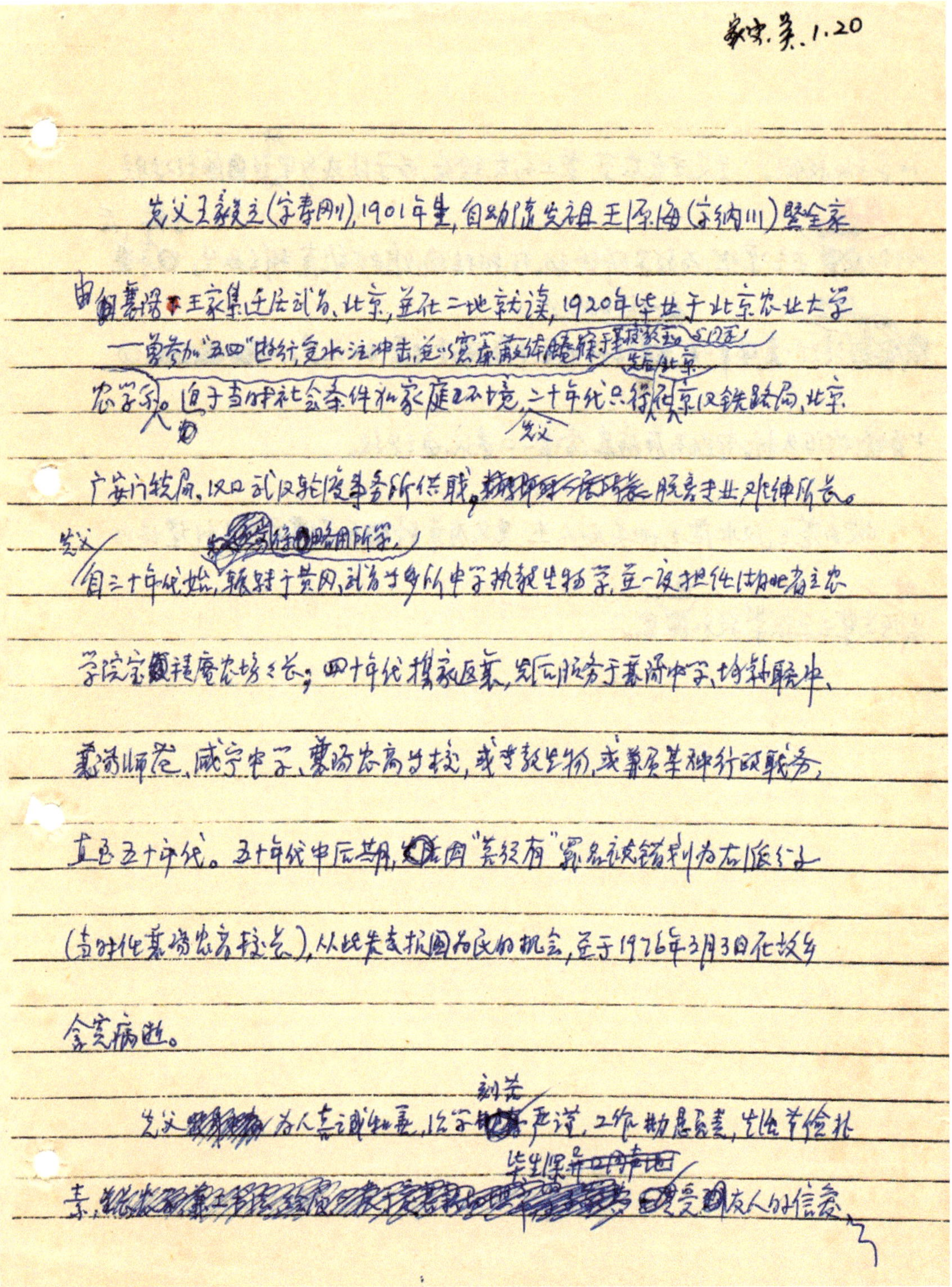

家安.美.1.20

先父王毅之（字孝刚），1901年生，自幼随先祖王保海（字纳川）暨全家由襄阳王家集迁居武昌、北京，并在二地就读，1920年毕业于北京农业大学农学系。曾参加"五四"游行，受水注冲击，[illegible]。迫于当时社会条件和家庭环境，二十年代先父只得先后在北京京汉铁路局、北京广安门铁局、汉口武汉轮渡事务所供职，脱离专业，非伸所长。

先父自三十年代始，辗转于贵州、武昌等多所中学执教生物学，并一度担任湖北省立农学院宝积庵农场场长；四十年代携家返里，先后服务于襄阳中学、均县联中、襄阳师范、咸宁中学、襄阳农高学校，或专教生物，或兼负某种行政职务，直至五十年代。五十年代中后期，先父因"莫须有"罪名被错划为右派分子（当时任襄阳农高校长），从此失去报国为民的机会，並于1976年3月3日在故乡含冤病逝。

先父为人豪诚和善，治学刻苦严谨，工作勤恳负责，生活节俭朴素，毕生保养……受到友人的信爱，和学子的敬佩。先父专长农学，兼工书法、绘画，为学校或乡里所题匾额、对联，刚劲端庄、正气凛然；为教学所绘动、植物挂图，维妙维肖，栩栩如生；古稀之后，仍坚持清灯一盏，毛笔一支，夜以继日地钻研中医中药，所读之书，批注累累，切中肯綮，推陈出新，邻里偶有病患，常作一二建议，每每见效。

皖山苍苍，汉水茫茫，地灵而人杰，先父有幸跻身于荆襄前贤之列，谨志以寄对先辈之无限崇敬和追思。

家史.吴.1.21

忆先父王寿刚先生

先父王毅立，字寿刚，一九〇一年生，自幼随先祖王源海（字纳川）暨全家由襄阳王家集迁居武昌、北京，并在二地就读，一九二〇年毕业于北京农业大学农学系——曾参加"五四"游行，受水法冲击，并以写篇献体，与同学蜷寐于某校教室。

迫于当时社会环境和家庭条件，先父在二十年代只得先后供职于北京京汉铁路局、北京广安门税局、汉口武汉轮渡事务所等单位，脱离专业，难伸所长。直到三十年代，先父始得略用所学，辗转在黄冈、武昌等多所中学执教生物学，并一度担任湖北省立农学院宝积庵农场场长。三十年代后期抗战爆发，先父携眷返襄，服务于襄阳中学、均县联中、襄阳师范、襄阳农高等校，或专教生物，或兼负某项行政职务，直至五十年代。五十年代后期，先父因"莫须有"罪名被错划为右派分子（当时任襄阳农高校长），从此失去报国为民的机会，终于一九七六年三月三日在故乡含冤病逝。

先父为人真诚和善，治学刻苦严谨，工作勤恳负责，生活节俭朴素，毕生深受友人的信爱和学子的敬佩。先父专长农学，兼工书法、绘画，为学校或乡里所题匾额对联，刚劲端庄，正气凛然；为教学所绘大量动植物挂图，维

20×25=500　市文（前进）80.7　第 1 页

妙维肖，栩栩如生。晚年安憩在家，或青灯一盏、残笔一支，夜以继日地钻研中医、中药，所读专著，批注琳琅，切中肯綮，推陈出新；或蒲扇一柄，布鞋一双，为邻闾公益而左右奔走。老者、少者，莫不敬之、近之，异口同声地赞其"笑口常开，有求必应"；亦足见其胸怀坦然、泰然。

沧浪清清，蛇峰郁郁，先父有幸跻于荆襄前贤之列，实因地灵而人杰，谨志以表对故乡的无限热爱与依恋和对诸先辈的无限崇敬和追思。

王燊

一九九〇年初于武昌

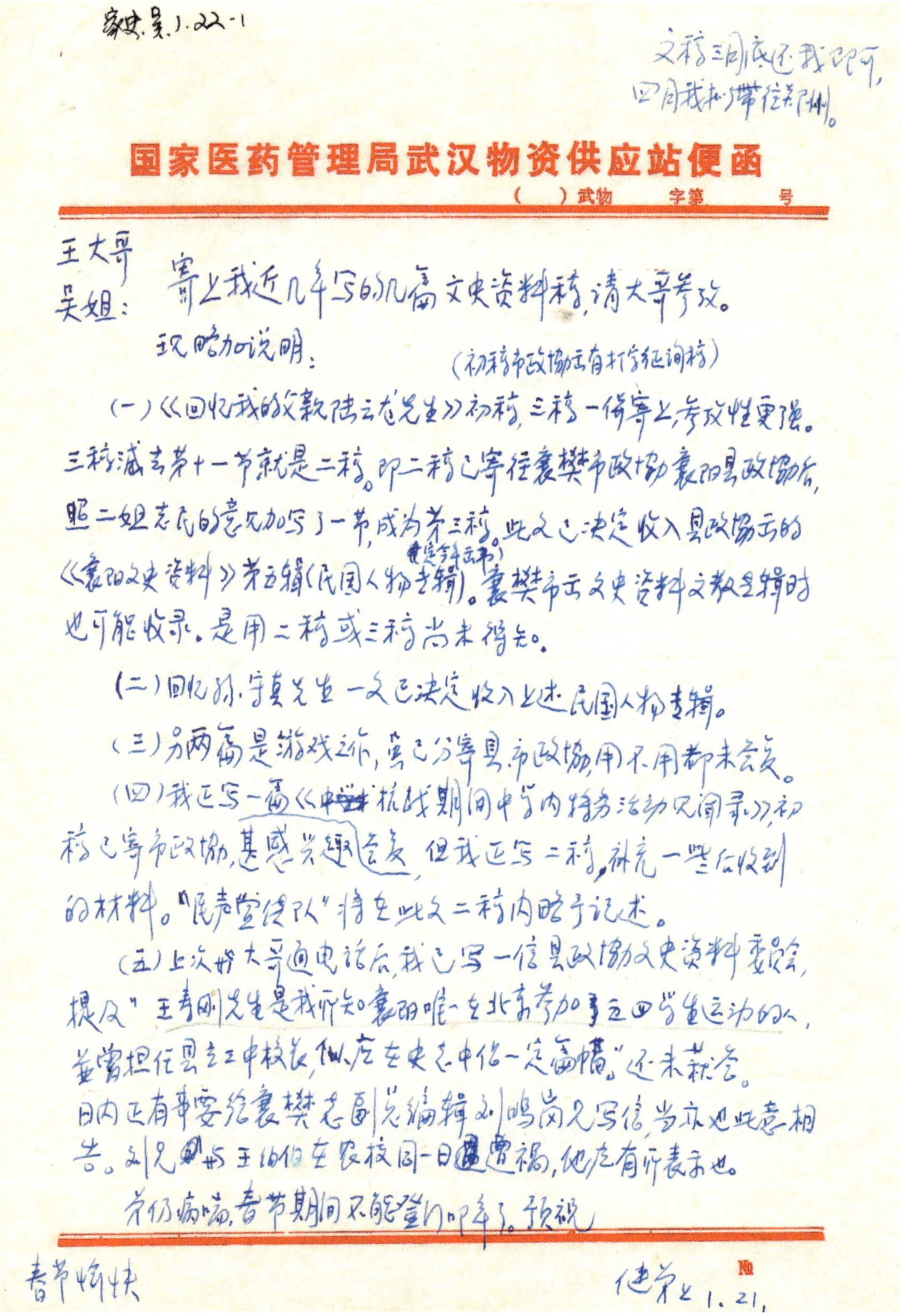

家史.吴.1.22-1

文稿三月底还我即可，四月我将带往郑州。

国家医药管理局武汉物资供应站便函

（　）武物　字第　号

王大哥
吴姐：
寄上我近几年写的几篇文史资料稿，请大哥参考。

现略加说明：

（初稿市政协有打字征询稿）

（一）《回忆我的父亲陆云逵先生》初稿，三稿一份寄上，参考性更强。三稿减去第十一节就是二稿。即二稿已寄往襄樊市政协、襄阳县政协后，照二姐夫人的意见加写了一节，成为第三稿。此文已决定收入县政协主编的《襄阳文史资料》第五辑（民国人物专辑）（预定今年出书）。襄樊市出文史资料文教专辑时也可能收录。是用二稿或三稿尚未得知。

（二）回忆孙宇真先生一文已决定收入上述民国人物专辑。

（三）另两篇是游戏之作，虽已分寄县、市政协，用不用都未答复。

（四）我正写一篇《抗战期间中学内特务活动见闻录》，初稿已寄市政协，甚感兴趣，答复但我正写二稿，补充一些后收到的材料。"民声宣传队"将在此文二稿内略予记述。

（五）上次和大哥通电话后，我已写一信县政协文史资料委员会，提及"王寿刚先生是我所知襄阳唯一在北京参加过五四学生运动的人，并曾担任县立二中校长，似应在史志中给一定篇幅。"还未获答。日内正有事要给襄樊志副总编辑刘鸣岗兄写信，当亦以此意相告。刘兄与王伯伯在农校同一日遭遇祸，他应有所表示也。

弟仍病病，春节期间不能登门叩年了。预祝

春节愉快

徒弟 1.21.

祖父遗留的书籍

王曦按(2017年2月3日)：

以下照片中的书籍，都是祖父留下来的，连书皮都是祖父亲手包的。这些书籍除了两部英文词典以外，还有一批中医中药书籍。父亲完全退休后，时常翻阅这些书籍，因此有些书中有父亲留下的字迹或纸条。

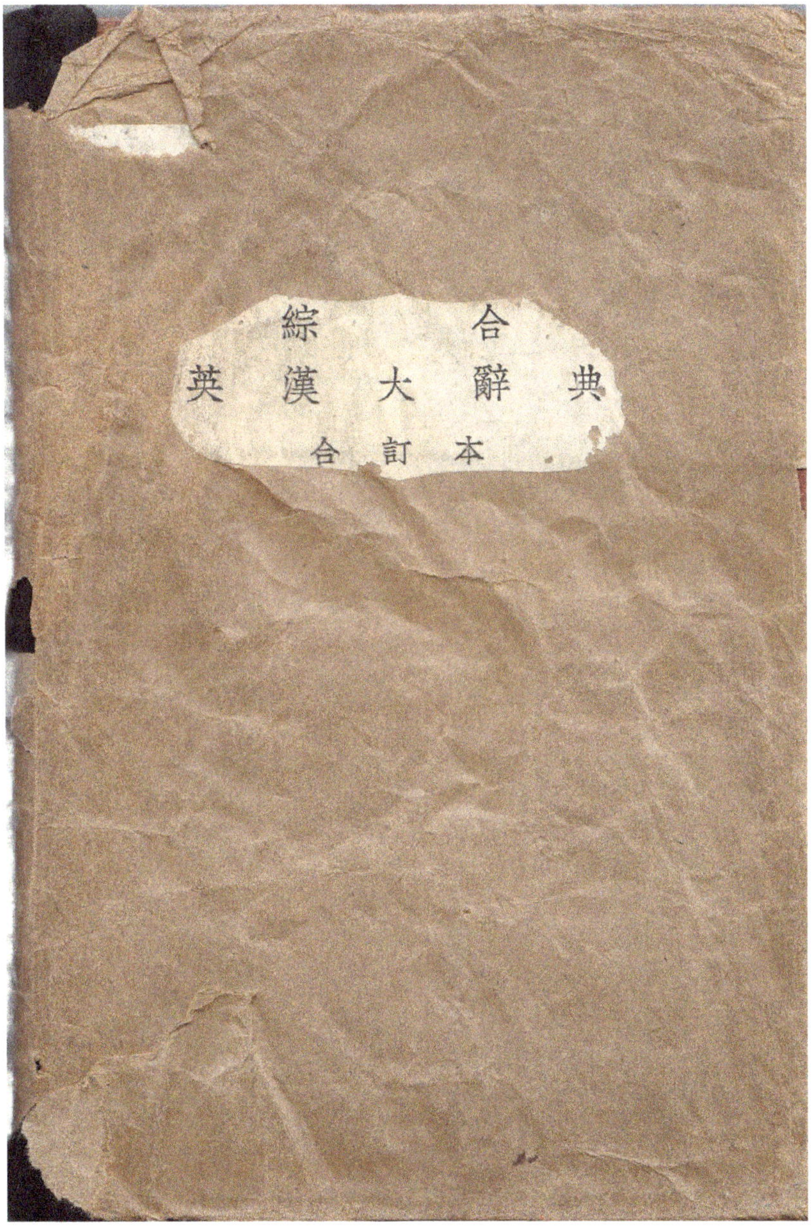

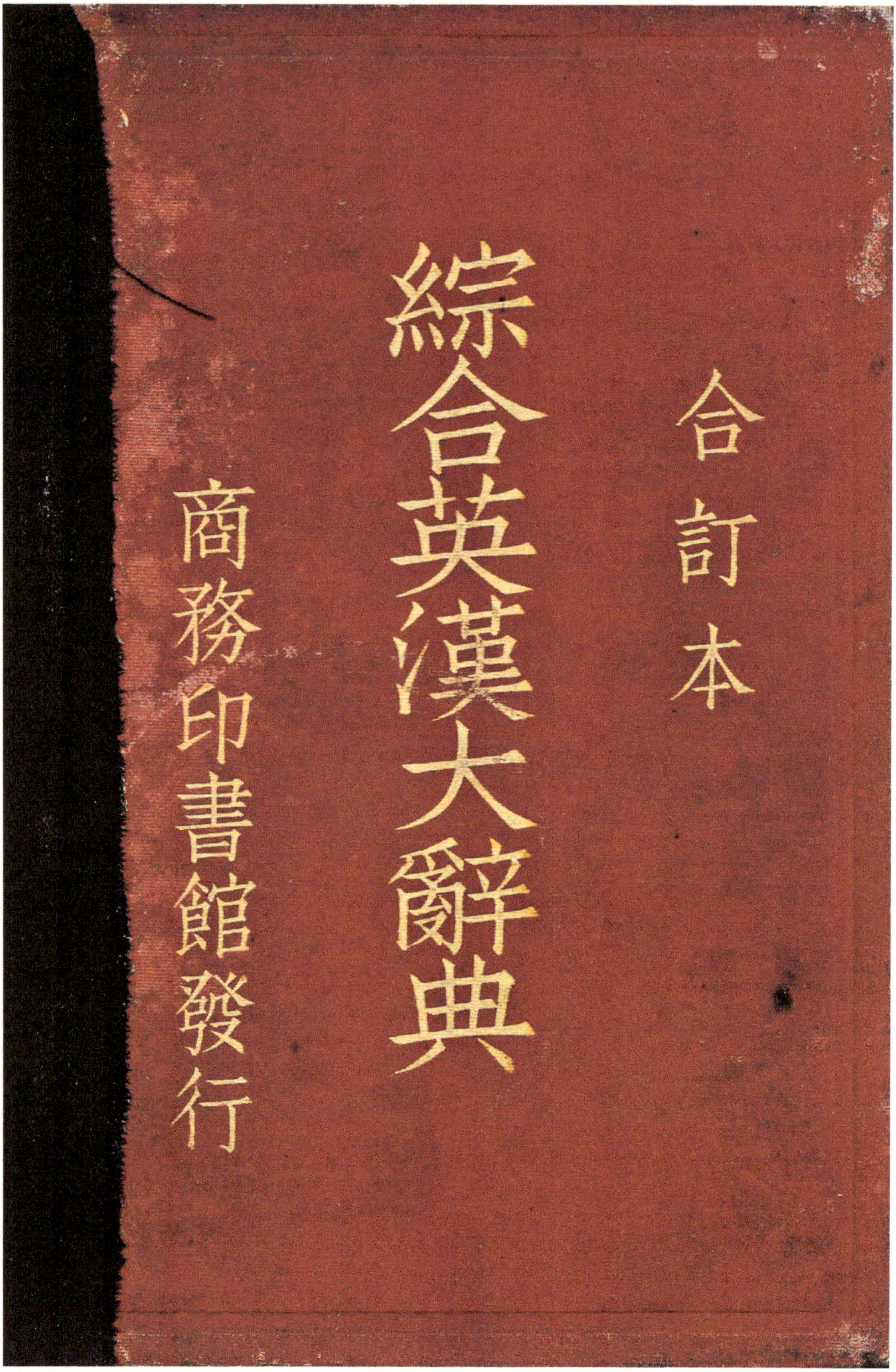
合訂本
綜合英漢大辭典
商務印書館發行

FUNK & WAGNALLS
COLLEGE
STANDARD
DICTIONARY

COPYRIGHT, 1946 BY
FUNK & WAGNALLS COMPANY

PREVIOUS EDITIONS COPYRIGHT,
1922, 1923, 1924, 1925, 1926, 1927, 1928, 1929, 1931, 1933, 1934, 1936,
1937, 1938, 1939, 1940, 1941, 1942, AND 1943

BY

FUNK & WAGNALLS COMPANY
[Printed in the United States of America]

Copyright Under the Articles of the Copyright Convention
of the Pan-American Republics and the United States

襄阳王寿刚之墓

王曦按(2018 年 8 月 5 日)：

2018 年 7 月，我和夫人史苏豫赴襄阳给爷爷扫墓。以下为当时拍摄的爷爷的墓地。墓地环境很好。我们很欣慰。

襄阳王寿刚之墓

第二章

吴均芳　严溪云

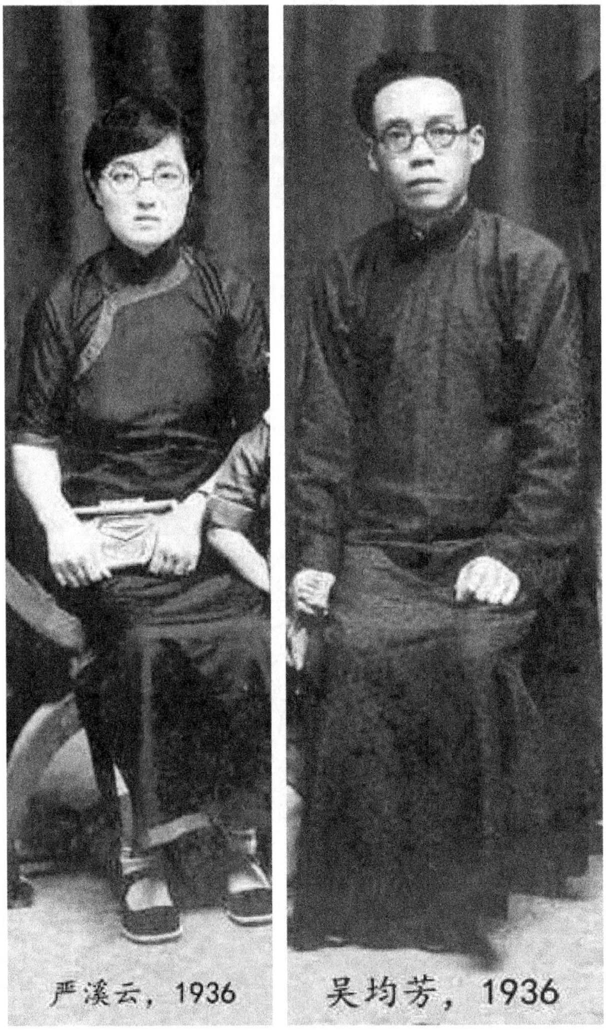

（此二照片系王曦从吴均芳严溪云全家福照片剪裁而来。——王曦注。2016.2.26）

第一节　吴均芳

吴均芳年谱

王曦按(2017 年 9 月 24 日)：

以下是我根据收集到的各种信息整理的外祖父吴均芳年谱。

吴均芳(字孟颖，1896 年，清光绪二十二年——1937，享年 41 岁)

1896 年(清光绪 22 年)，出生于湖北省竹山县城关镇。父亲吴复初，吴湘泉之长子。有二姊妹，姓名不详。

1905 年(清光绪 31 年)，考入竹山高等小学堂甲班，为该校首届学生。

1908 年(清光绪 34 年)，考入武汉中学。

1913 年(民国 2 年)，由吴复良(吴均芳三叔，人称“吴三爷”)夫妇亲送日本自费留学。同去留学的还有其叔父吴幼林及堂兄弟吴均泽、吴均惠、吴均化、吴均赋。在日期间，吴幼林参加同盟会，与孙中山、黄兴有来往。到日本后，吴均芳就读于东京大学预科班。

1916 年(民国 5 年)，考入东京高等工业大学电机系。

1920 年(民国 9 年)，东京高等工业大学毕业，获电机工程学士学位。担任北京电气工业学校主办的《电气工业杂志》电气部编辑。同年在该杂志创刊号上发表论文“火力发电厂设计之大要”(分三期连载)。同年，经同去日本留学的郭锦堂(曾任武汉市议会议长)介绍，与严献章之女严溪云结婚。严献章曾经湖广总督张之洞推荐为清国首批赴日公费法科预备生，赴东京法政大学和早稻田大学留学。

1924 年(民国 13 年)，婚后回竹山以谢家乡父老。

1925—1929 年(民国 14—18 年)，担任汉口泰安纱厂电力工程师。

1929 年(民国 18 年)7 月 1 日，被汉口特别市公用局聘为技士，由汉口特别市公用局首任局长张斐然任命，担任该局第三科公共汽车管理处管理员兼车务主任。

1931—1933 年(民国 20—22 年)，任湖北省建设厅第二科，电政股长。

1931 年(民国 20 年)，任湖北省建设厅报请国民政府建设部孔祥熙部长批准成立的湖北省工学会的常务委员。

1933—1934 年(民国 22—23 年)，任湖北省公用局，科长。

1934—1935年(民国23—24年),任武昌电厂厂长。

1935年(民国24年),武昌市市政筹备处,科长。

1937年(民国26年)10月,在武昌因肺病逝世。享年41岁。

1937年(民国26年)年底,安葬于襄阳城外阳虎山(又名周公山)南面潘家湾。

《竹山县志》的吴均芳词条

王曦按(2017年2月3日):

湖北省竹山县地方志编纂委员会《竹山县志》(方志出版社,2002年)第821页上对外祖父吴均芳的记载有误。据我考证,他是1937年10月去世的。因此我对该县志上的吴均芳词条做了修改并登载于此。

吴孟颖

吴孟颖(1896—1937年),又名吴均芳,竹山县城关人。

1905年(光绪三十一年)考入竹山高等小学堂甲班,为该校首届学生;12岁考入武汉中学,受革命影响,立志实业救国。1913年,随其叔父吴幼林及堂兄弟等东渡日本,自费就读于东京大学预科班。1916年公费留学于日本东京高等工业大学电机工程系。1920年毕业获电机工程学士学位。回国后任武汉泰安纱厂工程师。1930年,调汉口市政府公用局负责公用市政建设。次年,调湖北省建设厅二科任电政股长。1933年,任湖北省公用局科长。1934年,调任武昌电厂厂长。该厂为当时武汉唯一的国营电厂。担任整个武昌的动力和照明用电。因工作认真负责,管理有方,电厂很有起色,受到当时各界好评。

1935年武昌建市时,任预先成立的武昌市政筹备处(为以后的武昌市政府的前身)科长。当时该处人少事多,吴终日奔波操劳,致使积劳成疾。1937年武汉遭到日寇的狂轰滥炸,一次敌机轰炸武昌市区时吴受到强烈刺激,病情急发,医治无效于1937年10月辞世。

吴均芳先生生前事迹追记

王曦按(2017年2月3日):

以下为我的两位舅舅和母亲所写的对他们的父亲、我的外祖父吴均芳的回忆。

吴均芳,字孟颖,湖北省竹山县人,生于1896年,卒于1937年10月,享年41岁。

幼年时代在家乡诵读幼学四书,稍长读经史,接受孔孟思想熏陶。当时处于满清末年,国家政治上腐败,经济上落后,文化上守旧,倍受帝国主义侵略,老百姓处于水深火热之中。有识之士要求维新变革,推翻帝制,建立民主政体。1913年他年仅十七岁,目睹家园的悲惨景象,又受到新学思想的影响,尤感家乡地处边隘山区,交通闭塞,老百姓贫穷疾苦，但见山明水秀之古域，民风淳朴之乡风，使他无限感慨，激起了他一腔科学救国、实业救国热忱，立下报国之壮志，又得到父辈们的支持，毅然远离家乡，东渡日本求学。先自费就读于东京大学预科班，学习大学预备各学科，不仅加紧学习日语，还兼习英语。由于天资聪慧，更是勤奋好学，成绩优异，于1916年以公费留学生身份考入日本东京高等工业大学，攻读电机工程学系。1920年毕业，获电机工程学士学位。同年回国，经上海到武汉又至襄阳，经和他一同去日本留学的同学郭锦堂先生介绍(郭回国后曾任武汉市议会议长)与襄阳严献章先生之长女严溪云结婚。严献章先生熟读经史，具有维新思想，曾被湖广总督张之洞推荐到朝廷，作为清国首批赴日公费法科预备生班之学生，派往日本东京法政大学和早稻田大学攻读法学，与康有为结为好友。严公回国后曾任湖北省立武昌图书馆(湖北省图书馆前身)馆长等职。严公治学严谨，从政廉洁，对吴均芳先生影响甚大，他很佩服和尊重严公为人。

吴均芳婚后于1924年回竹山，这是他学成回国后立即先回家乡以谢乡亲父老。

1925年—1929年在汉口市泰安纱厂任电力工程师。

1929年调汉口特别市公用局第三科，担任公共汽车管理处管理员并管理处务。

1931年—1933年调湖北省建设厅第二科任电政股长，工作成效显著，深受建设厅厅长李书诚和同仁等的赞赏。

1933年—1934年升任湖北省公用局科长。

1934年—1935年调武昌电厂任厂长。

武昌电厂是当时武昌唯一的国营电厂，为整个武昌提供动力和照明用电。在他担任电厂厂长期间，由于他工作认真负责，勤勤恳恳任劳任怨，廉洁奉公，以身作则，带领全厂职工在艰苦条件下努力工作，电厂很有起色，受到各界好评，并常以电厂之重要告诫全体职工，常讲：电厂之事非同一般，是关系到整个武昌工厂、机关和老百姓的用电大事，一定要万无一失，做什么工作都要认真负责。

因工作出色，在1935年武昌准备建市，成立武昌市政筹备处时(为以后武昌市政府前身)，被上级调往筹备处任科长。作为市政筹备处处长程文勋先生的主要助手之一。吴均芳长子吴锦衡处尚存有程文勋赠送给筹备处职工的一件纪念品：打有程文勋赠四个篆体字钢印的皮包一个。吴均芳参加武昌市政建市筹备处工作以后，为早日建成武昌市，加快市政建设，终日奔波，终至积劳成疾，患上肺病。但他仍不顾病情恶化，勤奋工作。1937年7月7日日本侵略者制造了震惊中外的卢沟桥事件，开始了全面侵华。日军在侵占了上海、南京之后，于1937年8月开始连续轰炸武汉。在一次日军轰炸武昌中心地区时，吴均芳坚持工作，由于受到轰炸的涉及，他病情突发，当即送进武昌原同仁医院医治。市政筹备处并派专人护理。他住院月余，终因医治无效，于1937年10月与世长辞。病逝后武昌市政筹备处同仁和湖北省有关领导无不为之惋惜。民国名人吴稚晖、吴铁城(国民党政府行政院副院长、外交部长)、湖北省政府主席何成濬、建设厅长李书诚、武昌市政筹备处程文勋等送挽联，对他英年早逝深表哀悼。时任湖北省主席的何成澹在其致吴孟颖的挽联中有“临危输血有孤儿”之句。李书诚厅长送的挽联用了《金刚经》里的四句话：一切有为法，如梦幻泡影，如露亦如电，应作如是观。高度评价他如闪电一般高效而短暂的一生和他对建设湖北和武昌的贡献。据与他共过事和接触过的人回忆，一致评价其谦虚谨慎，廉洁奉公，平易近人，忠于职守。他去世后留下的财物就是一些书籍和留学日本时的一些笔记本。惜几经搬迁和动乱，现已荡然无存。他真乃鞠躬尽瘁，死而后已，当时的同事都感他壮志未成，大业未就，无不怀念再三。

1938 年底吴公灵柩装船，溯汉水而上，准备安葬于故里竹山。一路由专人护送抵襄阳后，抗日烽火熊熊燃起，交通极不方便，不得已安葬于襄阳城外阳虎山（又名周公山）南面潘家湾。

吴均芳先生有子吴锦衡、吴锦震、吴锦恒、女吴锦琛。

整理人：吴锦衡、吴锦恒、吴锦琛

1986 年 7 月 15 日整理

吴均芳外孙、上海交通大学法学院王曦教授编辑此词条（2017. 4. 18）

天涯社区网站，http：//bbs. tianya. cn/post-113-543173-1. shtml，2016. 8. 2 访问。

火力发电厂设计之大要

王曦按（2017 年 2 月 3 日）：

在上海图书馆近代文献部，我打开该馆收藏的出版于中华民国九年（1920 年）的《电气工业杂志》的创刊号（第一卷、第一期），目录上首篇论文“火力发电厂设计之大要”及其作者“吴均芳”跃入眼帘。我高兴万分！终于找到外祖父的文字作品了！

这篇文章在《电气工业杂志》分三期连载。文章的标题是“火力发电厂设计大要”。它详细而清楚地论述了火力发电厂的设计要点，由此可见外祖父对火力发电厂的设计十分熟悉。外祖父多年后担任电厂厂长和政府电政股长可谓专业对口，学以致用。文章中含有一些图表，图表上的字迹也许是外祖父的手迹。

从时间上看，这篇文章发表于外祖父留学回国之年。

从文字上看，文章中含有大量的英文。可见外祖父当年在日本东京工业大学学的是先进的英美技术。

从这期刊物所载“本杂志各门主任及职员表”上看，该杂志分为数理、电气、机械和化学四门，各门有编辑一至三人不等，外祖父担任电气部的编辑。从他担任编辑一职可以推测他在回国之前就与国内专业同行有联系并在行内享有一定的声誉。

从《电气工业杂志》封面看，该杂志是由当时位于北京市司法部街的电气工业学校杂志部主办的正式刊物。外祖父担任该杂志的编辑，是否属于该校的正式职员，现不得而知。

以下是我在上海图书馆获得的这份杂志的相关页面的扫描件。其中有若干集体照片，其中也许有外祖父，可惜我辨认不出。

中華民國郵務局特准掛號認爲新聞紙類

The Electrical Magazine

電氣工業雜誌

北京司法部街電氣工業學校雜誌部發行

中華民國九年十月一日出版

第一卷 第一期

本期目錄

本雜誌啓事

本雜誌爲同人互相研究電气學術自由發表之機關凡關於電气上之投稿均極歡迎惟出版伊始未臻完善尙祈高明隨時賜教以匡不逮無任盼禱之至

投稿簡章

1. 投稿以關於電氣事項者爲限無論何種體裁皆所歡迎一經登載卽奉酬本期雜誌兩本
2. 來稿務須載明作者姓名及住址
3. 來稿務請繕寫淸楚以免錯誤
4. 來稿登載與否概不退還如預先聲明須退還者亦可照辦
5. 來稿如係譯自東西文者請將原文一併寄下
6. 所有來稿如本雜誌認爲必要時得由編輯人斟酌增減
7. 來稿請逕寄本雜誌編輯部

本雜誌各門主任及職員表

經理……………………………………鄧子安

編輯主任………………………………馮子安

漢文部…………………………………李子仁

編　輯　員

數理部…………………………………王瑞蓀

電氣部…………………………………史思九　羅如平　吳鈞芳

機械部…………………………………郭道謙

化學部…………………………………張輝如　蔣沅樑

事務主任………………………………劉和民

事務部辦事員…………………………周青石

學生研究欄之編輯員

本校第一班學生……………………葛家偉…方在新…鄧玉昆…常靖華

京師電氣工業學校開校紀念攝影

本校職教員全體攝影

本校職教員及學生全體攝影

發刊詞

馬子安

近世各國。莫不注意於科學應用。及工業發達。此世人之所共知也。就中關係最要而發達最速者。不得不首推電气工業一門。蓋電學一門。其理論與實際之懸隔。既較他科爲少。而電气工業者。又將學理與應用翕合爲一。昨日研究之結果。隨成今日之應用。今日應用之經驗。又可爲後日研究之基礎。因果相承。每進益新。此吾人對於此種科學。不得不努力研究而求其發達者也。且一國之富強。維工商之發達是賴。而工商之發達。實因於普通國民之科學知識。故欲增高國富。必先思普及科學知識於國民。普及科學知識之法。約有數端。發刊書籍。創辦學校等皆是也。然學校只可教授少數之學生。而書籍僅可供專門家之繙閱。决難達普及之目的。同人等有鑒於茲。特發刊一種電气工業雜誌。專述電气科學之應用。及簡單理論。以備同胞之共同研究。藉以普及科學知識。發達工業思想。使國民心理。日趨於電气應用一途。或可以爲逐追歐美工業先進國之一助乎。同人等自審學識淺陋。經驗缺乏。第以前述之理由。不忍坐視泰西諸國之獨佔優勝。用敢不揣愚昧。竭盡綿薄。以爲國人研究電气工業之一助。海內大雅。有以教之。幸莫大焉。

論說

今日中國經營電氣事業之研究（鄧子安）

自電氣發明。爲增進人民幸福之一特色。吾國追蹤歐美。繼起直前。國民知電力之功效。不惟遠勝人工。且駕蒸汽勢力而上之。故凡有電氣動作。或煥發異彩者（如電氣化學及電熱電燈之類）國民無不耳目一新。聳動觀聽。於此可占一般社會傾心電業之趨向。一望而知其然也。雖然。我國利用電氣之速度。較前固蒸蒸日上矣。若欲與歐美等量齊觀。而程序之差。猶有不可以道里計者。此則無可諱言。推原其故。果何在耶。記者嘗以審密之觀察。及實地所得之經驗。而下一確切的批判曰。非國人利用電氣之思想。甘遜外人。乃電氣公司及工場之組織。或學校教育及交通機關各方面。未能適合世界之趨勢。措置多所失宜。實事上與理想上。不相符合者有之。反乎電業原則。貿貿然背道而馳者亦有之。是吾國電業前途。不能一日千里。臻於優絕之域者。皆由不得經營之良法。致此妙奪天工的事業。不能進行無阻。實可爲太息長歎者也。

夫電業之現狀既如此。其影響所及。豈只電業一途耶。抑有連類旁及之事耶。大抵廿世紀之百種事業。借電氣之力。以資發達者。爲數甚多。凡電氣化學及工業製造等不一而足。俱與電氣有莫大之關係。電業腐敗。不堪用矣。則凡維新改革之事。不但不能收效。且因根本的錯亂。以遺害一般社會。此事之無足怪者。就近年來電業往事之蛛絲馬跡。尋而

0039338

縛之。其受病淵源不皆在是耶。故欲我國電氣發展之程度。日進改良。非研究經營之良法不可。

茲將我國電業進步。不能增加速度之原因。略舉數端。開列於左。

一、昔日創辦電業。只顧目前事業之成立。不問合法與否。更不能放大眼光。以圖將來發展之預備

一受商賈之愚弄。及外人無專門學識者之支配。所用機器。非上等材料。建築設置。不適於應用。電業或工程大權。一概旁落。致當時企業家。只知外人之尊。已身毫無治理之能力。久則事出兩歧。權力與利權並受損失。

一公司內外。缺少有統系之組織。使人浮於事。並失經濟調度之方。

一不知參照各國營業狀況。聘用高等技術人才。而歐美新發明之利器。亦未能爭先購用。

一不由必要技術上注重。專於普通事務上着眼。以致崇尙虛文。而不得實在利益。

上列數條。凡已成各電氣事業。不能日有進步之原因。其種種弊端。略具於是。即經着手。未告成功之電業。亦未能一往直前。早成企業的組織者。暗中無不蹈以上所述之覆轍。此後投資電業者。固須詳究利害。以謀企業安全。凡我電界同人。尤宜愼重將事。一趨於正當軌道。博資本家之信任。相互提携。以企電業之日進也

據上所言。爲電氣前途發達與否之關鍵。國人若從此加意審察。辦電業者。愼擇才學兼優之士。應用機械。俱爲新式精利品。於歐美之電氣文明。雖不能一蹴而幾。然接其步武。以圖與彼並駕齊驅。絕非難事也。

工　藝

火力發電廠設計之大要　（吳均芳）

第一章　概論

一、火力發電廠之種類、

發電廠依其(用途之性質及其他方面之關係故其所用之原動力具、皆不定有用蒸汽力、瓦斯力或石油力以其)所用之原動力不同而分類之則有蒸汽發電廠（Steam Electric Power Plant）瓦斯(或石油)發電廠（Gas or Oil Electric Power Plant）之別茲瓦斯(或石油)發電廠暫且不論只就蒸汽發電廠設計畧爲述之以供參考、

二、發電廠之位置、

發電廠之地點位置是否得當則與發電廠將來之發展及其事務營業上頗有重大之關係所以創辦當時對於地點位置必要經詳細調查然後再進行工事一切之計畫爲要茲將關於擇定發電廠之位置所必須注意條件試列如下、

一、燃料供給之難易、　在火力發電廠燃料爲每日消耗品之一大宗故其運搬之便與否則與發電廠之運轉經費（Running Charge）甚有關係故吾人擇定位置時不得不注意於此也

二、水可否豐富、　發電廠鍋爐給水（Feed water）之外尙有凝縮器（Condenser）用之循環水（Cir Culating water）其需用量甚巨因有用水之關係發電廠宜設在河川之附近但涸水期時亦要有能供給使用量之處

三、鍋爐給水之性質、　預先調查水之性質是否可宜於鍋爐給水之用因水中多含有酸性或加利性最易腐蝕鍋板倘用此種水爲給水時則必要施澄清方法方可此澄清方法有二種在次章給水裝置內述之、

四、發電廠與電气需用地之關係、　發電廠若設在需用地之附近時則電綫路之經費因之可以減少且電綫路中之電气的

損失亦可減少所以在理想設在需用地之中央爲最經濟

五、將來可否有擴充之餘地面、凡創辦事業皆宜小而大決不可設一時之盛不立牢固基礎倘少有失敗則易於瓦解不但對於個人不利然對於國家經濟界上亦生出多大之搖動電气事業亦然所以設發電廠時必先預備相當之餘地面以便爲將來擴充之用、

六、周圍之狀況、由發電廠發生之煤煙音響及振動等是否有妨害附近人民衛生生活、

以上各條乃舉其一般所論之者此外須應調查項目甚多不遑詳舉皆由主任技師實地斟酌定之、

三、發電廠之構造、

發電廠建築式樣皆由土地之價額及利用面積之大小而定有發電廠全部皆設在地面上或有築成二層者然建築材料以防火爲目的牆壁以煉磚屋頂架用鐵骨地盤皆混凝土（Conrret）築之茲將米國建築發電廠屋宇之價額列於第一表但對於原動機一馬力之價額也、

第一表 發電廠屋宇之價額表

Single non-Condensing Engines:									
Engine horse power	10	12	14	15	20	30	40	50	75
Boiler house, cost per hp	$37.15	$33.00	$30.00	$20.50	$24.50	$20.50	$18.00	$16.00	$13.00
Engine house, cost per hp	5.80	4.35	4.00	3.90	3.30	2.75	2.50	2.30	2.15
Coal pocket, Cost per hp	20.00	18.00	16.00	15.00	13.70	11.00	9.80	8.30	6.00
Single Condensing Engine;									
Engine horsepower	10	12	14	15	20	30			
Boiler house, Cost per hp	$33.70	$29.60	$27.50	$26.20	$21.60	$18.20			
Engine house, cost per hp	14.40	12.60	11.30	10.90	8.60	7.70			
Coal pocket, cost per hp	19.00	16.00	17.90	15.80	13.60	11.00			

Engine horse power	40	50	70	100						
Boiler house cost per hp	$16.00	$14.80	$11.30	$9.70						
Engine house, cost per hp	6.40	5.35	4.90	4.30						
Coal pocket cost per hp	8.70	8.50	6.30	5.70						
compound Condensing Engines										
Engine horse, power	1.00	2.00	300	400	500	600				
Boiler house, cost per hp	$28.50	$24.00	$11.20	$8.00	$6.40	$5.70				
Engine house, Cost per hp			11.20	9.35	8.50	7.50				
Coal pocket, Cost per hp	5.70	4.00	3.10	2.60	2.40	2.25				
Engine horse power	700	8.00	900	1.000	1.500	2.000				
Boiler house, cost per hp	$5.35	$5.00	$4.70	$4.55	$4.10	$.395				
Engine house Cost per hp	6.30	5.60	5.35	5.00	4.75	4.55				
Coal pocket, Cost per hp	2.10	2.05	1.95	7.80	1.75	1.60				

四、發電廠之容量

欲設發電廠爲供給電燈電力之用則必預先調查需用地之人口戶數及其工業狀況其調查結果電燈需用數及動力之馬力數大致可以預定然後將燈數換爲十燭光計算數若干瓩與動力計要若干電力再加以散荷率之關係則需用電力之數可定然後再加上配電線變壓器及發電機等之損失則發電廠之容量可定矣、

散荷率者或稱謂不等率(Diversity factor)設計發電廠時必要注意者也此率(factor)乃因需用者使用之時間各不相同有專在晝間使用或有在夜間使用於夜間使用亦時刻不同有自六時至八時者有八時至十時者各需用時間各不相同因有此種關係故發電廠之容量可以減少不必設實際需用者之總需用容量(卽需用者同時全部使用時之容量)而可以減少經費也此率實卽全需用者之總需用容量與實際發

電廠發生電力之比也

五、發電廠之負荷率

在發電廠每日運轉所負載之荷(load)之多寡時時變動不能一定如負荷為電燈時則晝間全部停止或僅一小部分自夕時需用漸(即負荷)漸漸增加至八時為最大自此以後負荷漸漸減少至曉又稍增加如此時時變動之荷負狀態對于時間繪出之曲線謂之負荷線圖(load diagram)此曲線之形狀全由發電廠所負之荷之性質而定以其曲線形狀之如何則與選定發電廠之容量及發電機個數甚有密切之關係故發電廠設立以前必預先考察需用者之性質作一適當之負荷曲線為緊要也若知其負荷線圖之形狀測定此曲線所包之面積則知發電廠一日內所出之總出力(total out put)此總出力對于發電廠之規定容量與運轉時間之相乘積(product)之比謂發電廠之負荷率(Station load factor)又此全出力對于發電機運轉中之最大負荷與運轉時間相乘積之比謂之發電機負荷率(Generator load factor)是也即

$$\text{發電廠負荷率}=\frac{\text{一日中全出力(啓羅瓦特時)}}{\text{規定發電機容量}\times\text{運轉時間}}\times 100\%$$

$$\text{發電機負荷率}=\frac{\text{一日中全出力(啓羅瓦特時)}}{\text{一日中最大負荷}\times\text{運轉時間}}\times 100\%$$

而在此負荷率對于一日即二十四時間之關係不明故有用下記之表示法而單稱之謂負荷率以區別發電廠負荷率或發電機負荷率也即

$$\text{負荷率}=\frac{\text{一日中全出力(啓羅瓦特時)}}{\text{一日中最大負荷}\times 24}\times 100\%$$

而此負荷率之値

電燈專營	15%~25%
電燈及動力兼營	30%~50%
動力專營	50%~80%

負荷率之有大小者即表示同等之設備而電力使用之有多寡也即以同等之設備之出力對于同等之資本金而所販賣之電力數有多少則單位電力之價因之而高低又往往表示原動機或發電機以低能率或高能率運轉即對于單位電力之運轉費而有高低故此負荷率之

第一圖　電灯負荷線圖

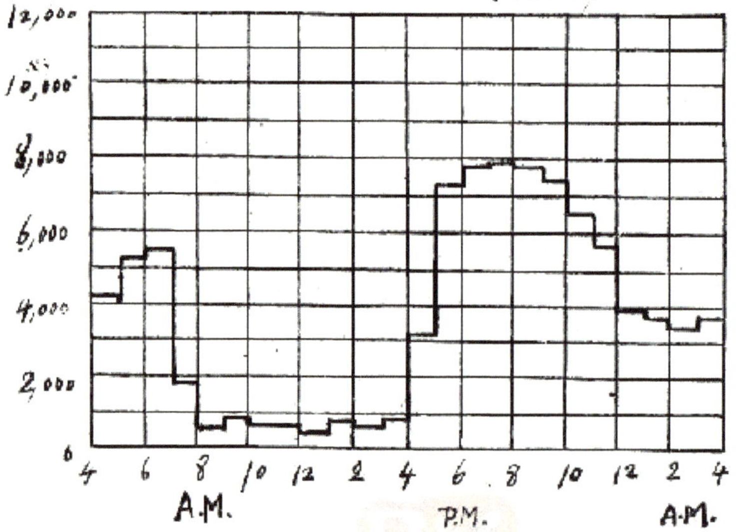

第二圖　電力負荷線圖

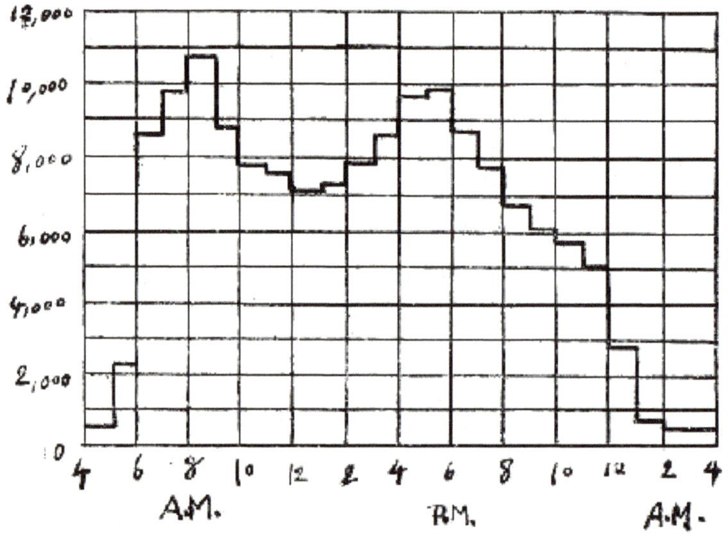

對于發電廠經濟上頗有重大之關係其數近于100%爲最良不待言也

六. 燃料(Fuels)

普通吾人使用之燃料大概可分爲三種

一、 固體燃料……石炭,木炭,木等

二、 液體燃料……原油,重油,Coaltor,石油等

三、 氣體燃料……天然瓦斯,石炭瓦斯,餾餾爐瓦斯等

以上三者之中而石炭用途最廣今將各種石炭內所含之揮發分及骸炭分之量列于第二表

第二表　各種石炭成分及熱量表

種類	揮發分(%)	骸炭 (%)	一磅之發熱量(B.T.U)
無煙炭 Anthracite	3—7.5	97—92.5	14600 14800
半無煙炭 Semi-anthracite	7.5—12.5	92.5—87.5	14700 15500
半有煙炭 Semi bituminous	12.5—25	87.5—75	15000 16000
有煙炭 Bituminous coal	25—50	75—50	13500 15500
褐炭 Broun coal or lignite	50 以上	50 以下	11000 13500

(未完)

THE SCIENCE SOCIETY OF CHINA
LIBRARY

The Electrical Magazine

中華民國郵務局特准掛號認爲新聞紙類

電氣工業雜誌

北京司法部街電氣工業學校雜誌部發行

中華民國九年十一月一日出版

第一卷　第二期

本期目錄

本雜誌啓事

本雜誌爲同人互相研究電气學術自由發表之機關凡關於电气上之投稿均極歡迎惟出版伊始未臻完善倘祈高明隨時賜教以匡不逮無任盼禱之至

投稿簡章

1. 投稿以關於電氣事項者爲限無論何種體裁皆所歡迎
2. 來稿務須載明作者姓名及住址
3. 來稿務請繕寫清楚以免錯誤
4. 來稿登載與否概不退還如預先聲明須退還者亦可照辦
5. 來稿如係譯自東西文者請將原文一併寄下
6. 所有來稿如本雜誌認爲必要時得由編輯人斟酌增減
7. 來稿請逕寄本雜誌編輯部

本雜誌各門主任及職員表

經理……………………………………鄧子安

編輯主任………………………………馬子安

編輯員

漢文部…………………………………李子仁

數理部…………………………………王瑞森

電氣部…………………………………史思九　羅如平　吳均芳

機械部…………………………………郭道讓

化學部…………………………………張曉如　蔣沅謨

事務主任………………………………劉和民

事務部辦事員…………………………周青石

事務部司事……………………………程雅㝵

學生研究欄之編輯員

本校第一班學生………………………葛家偉…方在新…鄧玉昆…洛靖華

本校第二班學生………………………胡學政…李讓庶…趙承煦 胡廷樑

學藝

火力發電廠設計之大要(續)

吳鈞芳

第二章 鍋爐及煙筒

七 鍋爐之種類

鍋爐者密閉金屬製之器內。盛之以水。由外部燃燒燃料。利用所生之熱瓦斯之熱。傳導于鍋內之水。使水變爲高壓之蒸汽也。鍋內全部容積。不能使水盈滿。其上一部分爲所生之蒸汽占領。謂之蒸汽室。(Steam space)下部謂之水室(Water space)。水室與蒸汽室相接之水面。謂之蒸發面(evaporating surface)與熱瓦斯接觸之部分。謂加熱面(heating surface)。燃燒燃料之處。謂之火爐(furnace)是也。一般鍋爐之種類甚多。其構造上各不相同。而其原理則一也。鍋爐現今尚在改良進步中。故不完全分類之。就其用途上可分爲三種。

A. 陸上鍋爐(land boiler)

B. 舶用鍋爐(marine boiler)

C. 火車用鍋爐(Locomotive boiler)

陸上鍋爐。使用於陸地上。發電廠。皆用此種鍋爐。第二種只限於船舶。第三種只用於火車上之機關車。故此二種不在此問題之內。可以不論。而第一種鍋爐之內。發電廠最多用之型式。不外乎下記各種。

A. 圓筒形鍋爐(Cylindrical boiler)

(1) Cornish boiler

(2) Lancarshire boler

B. 多管式鍋爐(Mulitubular boiler)

(3) Return tube boiler

C. 水管式鍋爐(Water tube boiler)

(4) Babcock and Wilcox boiler

(5) Heine boiler

(6) Stirling boiler

(7) Garbe boiler

(8) Woodeson boiler

(9) Kestner boiler

八 鍋爐之比較

如上之種種鍋爐。皆各有一得一失。不能絕對的定其孰優孰劣。然而負載之種類。使用之處所。管理人之巧拙。及鄰近工業之盛否。則有適與不適在焉。故先必詳其各種鍋爐之得失。選定最適當者。茲將各種鍋爐之主要點列舉數則。略比較其優劣也。

(1)蒸發(Evaporation) 水管式鍋爐比較圓筒形鍋爐。貯蓄之水量少。而加熱面積(heating Surface)大。故開始燒鍋爐。以最短時間。可達使用壓力。(Working pressure) 即水管式鍋爐者。能敏速蒸發(quick evaporation)也。所以預備鍋爐。宜備 quick evaporation 之鍋爐。以應負載臨時變動時。可能迅速發生適當之蒸汽。故如電氣鐵道。負載之變化激烈之發電所。皆用此式也。

(2)蒸發面(Evaporating Surface) 蒸汽於加熱面發生。而成氣泡。混入鍋爐水中。在蒸發面始與水分離。若蒸發面小時。蒸汽與水分離之際。沸騰異常激烈。蒸汽多含水分。此所謂之 priming 現象。因蒸發面小而生此現象也。大圓筒之鍋爐。因蒸發面大。發生之蒸汽比較乾燥。且飽和也。

(3)熱勢力(Heat Energy) 含水量多之鍋爐。貯藏熱勢力大。故對於負載小變化時。汽壓水位可以不必變動。能直接應需。然鍋爐破裂時。貯熱勢力大者。受損愈大也。

(4)加熱面(Heating Surface) 在水管式加熱面積比較的可大。加熱面之80%為水管之面積也。火爐之火焰。是否直角對衝加熱面。抑或使平行通過。此兩種方法各有得失。頗難定其可否。要之高熱瓦斯要接觸加熱面多得為良法也。

(5)鍋水循環(Circulation of water) 一旦熱過之水及尚未熱之水。要迅速的交代循環。不可停滯也。又發生之汽泡。長久附粘於加熱面內部時。則不免有過熱此部分。以致於成破裂之原因。故欲迅速消去此汽泡。鍋水之循環為必要也。鍋水之循環。由於水溫度之差及蒸汽泡之發生而起者也。於直立水管，其循環最迅速。若水之循環確實，而且迅速之鍋爐，多吸收熱量，加熱面之成績良好。

(6)汽壓(Steam Pressure)　水管式鍋爐各部分之直徑比較小，所以能耐高壓，現今多使用高壓之蒸汽，故水管式重用也。

(7)安全(Safety)　水管式能耐高壓，且貯藏之勢力小，危險發生尚少。

(8)水管(Water tube)　水管直徑普通 $3\frac{1}{2}''$ 乃至 $4''$。較此小之水管，對於曲管之伸縮，尚覺有利，而易於閉塞，水管之掃除不甚便也。

(9)構造(Construction)　取其構造簡單管理容易者為宜，附近工業不甚發達之處，尤其甚焉。

(10)能率(Efficiency)　鍋爐之能率，雖不關其型式之如何，然加熱面之效果，依鍋爐之型式，多少有相差之處，故取同樣加熱面積之鍋爐，同樣的使用，型式之不同，則能率亦有高低也。

(11)價額(Cost)　欲論鍋爐之價額，其自身之價額外，尚不能不比較其安置費修理費等。

九　鍋爐之選擇

如上所述種種鍋爐，各有一得一失，故吾人選擇時，未免不生躊躇，取何種型式比較經濟利益，亦尚有之事也。但無論何種鍋爐，在發電廠皆可得相當之成績，雖分其左右，固然有適與不適，若易得熟練管理者，而且在鐵工場附近時，如何複雜之鍋爐，亦易於處理也。不然則宜肯取障害少，構造簡單者，能率方面，多少附於犧牲也。

鍋爐之壓力，皆由原動機方面而定，然近時之原動機，多取高壓，故鍋爐以水管式為最宜，負載變動激烈之發電廠，尤宜取此型也。現水管式之內，以其蒸發蒸汽迅速，管理上簡單，多採用 Babcock and Wilcox water tube boiler 也，第三表 Babcock and Wilcox 水管式鍋爐之標準型也。

第三表　Babcock & Wilcox 水管式鍋爐標準型

傳熱面積(平方呎)	一時間蒸發量(磅)	火床面積(平方呎)	地面積 單一鍋爐 磚外(長)	地面積 單一鍋爐 磚外(寬)	地面積 單一鍋爐 工人給炭時之高	地面積 二爐併時(寬)	重量(噸)
119	360	5.20	9′ 6″	× 4′ 5″	× 9′ 11 1/8″	8′ 0″	3 1/2
150	460	6.25	11′ 6″	× 4′ 5″	× 9′ 11 1/8″	8′ 0″	4
181	520	7.28	11′ 6″	× 4′ 5″	× 10′ 5 1/8″	8′ 0″	4 1/2
219	660	8.33	13′ 6″	× 4′ 5″	× 10′ 5 1/8″	8′ 0″	4 3/4
293	890	10.64	13′ 6″	× 5′ 0″	× 10′ 11 1/8″	9′ 2″	5 1/2
343	1,050	10.64	15′ 6″	× 5′ 0″	× 10′ 11 1/8″	9′ 2″	5 3/4
410	1,200	11.97	16′ 0″	× 5′ 8″	× 12′ 5 5/8″	9′ 10″	6
460	1,380	13.30	19′ 0″	× 5′ 8″	× 12′ 5 5/8″	9′ 10″	6 1/2
526	1,600	13.30	19′ 0″	× 5′ 8″	× 12′ 11 5/8″	9′ 10″	7
593	1,800	13.30	19′ 0″	× 5′ 8″	× 13′ 5 5/8″	9′ 10″	7 1/2
735	2,250	16.33	19′ 0″	× 6′ 3″	× 13′ 11 5/8″	11′ 0″	8 1/2
870	2,650	19.15	21′ 0″	× 6′ 10″	× 13′ 5 5/8″	12′ 2″	10 1/2
983	3,000	19.15	21′ 0″	× 6′ 10″	× 14′ 0 7/8″	12′ 2″	10 3/4
1098	3,350	23.00	21′ 0″	× 6′ 10″	× 14′ 6 7/8″	12′ 2″	11 1/2
1218	3,700	23.00	23′ 0″	× 6′ 10″	× 15′ 0 7/8″	12′ 2″	12 3/4
1265	3,850	26.50	23′ 0″	× 7′ 5″	× 14′ 6 7/8″	13′ 4″	13 1/4
1411	4,300	26.50	23′ 0″	× 7′ 5″	× 15′ 0 7/8″	13′ 4″	14
1425	4,350	26.50	23′ 0″	× 7′ 5″	× 15′ 7″	13′ 4″	14 1/4
1619	4,900	30.00	23′ 0″	× 8′ 0″	× 15′ 7 3/4″	14′ 6″	14 3/4
1741	5,300	36.65	21′ 0″	× 10′ 4″	× 15′ 0 7/8″	19′ 2″	17 1/4
1790	5,400	35.00	23′ 0″	× 8′ 0″	× 16′ 1 3/4″	14′ 6″	16 1/4
1827	5,600	33.50	23′ 0″	× 8′ 7″	× 16′ 1 3/4″	15′ 8″	17
1966	6,000	36.65	21′ 0″	× 10′ 4″	× 15′ 6 7/8″	19′ 2″	19
2010	6,100	39.00	23′ 0″	× 8′ 7″	× 16′ 7 3/4″	15′ 8″	19 1/4
2197	6,700	44.00	21′ 0″	× 10′ 4″	× 16′ 0 7/8″	19′ 2″	20 1/4
2255	6,800	40.00	23′ 0″	× 9′ 2″	× 17′ 3 1/8″	16′ 10″	20 3/4
2437	7,400	44.00	23′ 0″	× 10′ 4″	× 16′ 2 1/8″	19′ 2″	22
2531	7,700	51.00	23′ 0″	× 11′ 6″	× 15′ 8 1/8″	21′ 6″	24 1/4
2690	8,200	51.00	23′ 0″	× 11′ 4″	× 16′ 8 1/8″	19′ 2″	24 3/4
2823	8,600	51.00	23′ 0″	× 11′ 6″	× 16′ 8 1/8″	21′ 6″	25 1/4

十　鍋爐之容量及個數

鍋爐最注意者。其蒸發量是也。鍋爐之蒸發量。以其所用燃料之種類。火爐之構造等而異。然鍋爐多與加熱面有關係。故蒸發量常以加熱面積之多少計算。在水管式鍋爐。加熱面積每一平方呎。一時間約可蒸發三磅之能力。表示鍋爐蒸發量之單位。有以鍋爐馬力(boiler horse power)者。即一馬力云者。由華氏100度之給水。變爲70磅壓力之蒸汽。即昇至華氏316度。且汽壓70磅一時間可蒸發水70磅之謂也。但此不能謂之確實的名稱。因其蒸發量。以燃燒狀態。概不相同。在設計良好之鍋爐。一時間可蒸發75～100磅之蒸汽。故表示鍋爐之容量。以其加熱面積之多少定之。似覺適當。鍋爐一馬力所要之加熱面積。固不能一概言之。然在水管式鍋爐。普通以10平方呎爲標準。

發電廠鍋爐之總容量者。荷重最重時。全部汽機皆在全負載運轉時所必要之容量。此外尚加鍋爐之預備容量也。現今對於發電機之容量一基羅(K.W.)。鍋爐要0.4馬力作爲預備。近來之大發電廠。發電機一基羅(K.W.)。鍋爐預備0.2乃至0.3馬力可也。故規定鍋爐之容量。必先知發電廠所要全蒸汽量。蓋其蒸汽量者。以其主要汽機及補助機之種類容量等而異。故設計發電廠時。先決定汽機。然後決定鍋爐也。已知一時間所要之全蒸汽量之後。再定對於此所要之鍋爐之加熱面積也。在水管式鍋爐。普通其加熱面。一平方呎。每一小時可蒸發約3磅之蒸汽。但石炭之價額與利息高時。可以設計能蒸發5磅乃至6磅。故若使用水管式鍋爐時。發電廠所要之全蒸汽量以3除之。則得所要之加熱面積。而此加熱面積分爲幾台鍋爐使用。則吾人必須研究之問題也。蓋鍋爐使用時期過多。必要洗掃。故因此關係。或另設預備鍋爐。或不另設備。將其他之鍋爐。暫以過負載使用。內只休止一台輪流洗掃也。另設預備鍋爐。固屬適當。然而費用過大。資本不甚充足時。亦難實行也。而停止一台洗掃。其他之鍋爐。皆受過負載。此過負載之程度。與鍋爐台數。甚有關係。譬如二台鍋爐內。停止一台。則他台受100%之過負載。若3台中停止一台。則未停止之鍋爐。一台受50%之過負載。若4台中停一台。則一台只受$33\frac{1}{3}$%之過負荷。若5台中停止一台。則一台僅受25%之過負載。如斯鍋爐當洗掃之時。有過負載之關係。故規定台數。尚不可不注意。以其種種情況，不能一概而論。普通 3 或 4 台爲最宜也。

第四表 水管式鍋爐平均價額表

H.P.	Total Cost	Cost per HP
100	$ 1.360	$ 13.60
125	1.540	12.30
150	1.730	11.50
175	1.950	11.15
200	2.200	11.00
250	2.600	10.40
300	3.100	10.30
400	4.100	10.20
500	5.000	10.00

十一 給水之選擇

純粹之水，在化學分子式爲 H_2O，水素與酸素化合而成，其外未含有別物。然水有溶解物之性質，故自然存在之水中，必溶解有他不純物於其內也。在鍋爐之給水(feed water)，以純粹之水爲最宜，而其需用甚巨，實際上有所不能者。故吾人不得不用自然存在之水以代之。夫自然存在之水，分爲海水淡水兩種。海水內含有多量鹽分及其他不純物，對於鍋爐給水，絕對不能適用。而淡水中帶酸性或亞爾利加性者，易於腐蝕鍋爐，故不能不採其中性者。然即中性之淡水中，亦多含有泥沙、炭酸石灰、硫酸石灰、炭酸鎂、鹽化物、油等種種不純物。若以此種水供給鍋爐時，純粹之水蒸發，而此等不純物，遂成水鏽(scale)，固着於鍋爐之內面，不但使熱之傳導不良，因之鍋爐之能率減低，而鍋爐破裂亦此因也。又水鏽之對於燃料影響，以第五表觀之，亦可知矣。

第五表 水鏽對於燃料之影響

入

水鏽厚	$\frac{1''}{50}$	$\frac{1''}{25}$	$\frac{1''}{16}$	$\frac{1''}{8}$	$\frac{1''}{4}$	$\frac{1''}{2}$
燃料之增加	5%	10%	15%	30%	66%	150%

十二 給水澄清裝置

鍋爐給水問題，如上所述，純粹之水，既不易得，而自然存在之水又不免含有不純物。所以無論何種鍋爐。皆不免生水鏽。依吾人不能不研究減少此水鏽之方法。即鍋爐隨時洗掃。或將給水濾過一次。再供給鍋爐。以減輕此害也。此洗爐之期限。以給水之良否不定。但兩三月間。必施行一次。將爐火消滅節气門(damper)閉鎖。不使冷空气急浸入爐內。鍋爐自然冷却後。去出鍋水。man hole, hand hole 等放開。以冰水洗刷內部也。或在鍋外施行。將給水中之不純物。利用溫度之高低。分爲兩種方法。一溫水澄清法(hot treatment)將給水以適當之溫度溫熱。使礦類大部分沉澱。二冷水澄清法(Cold treatment)不利用熱。加以石灰澄清也。

十三　鍋爐管理之注意

鍋爐之在火力發電廠。其重要不待贅言。可以知之。而其管理之良否。對於資本上甚有密切之關係。因其注意不周。鍋爐之壽命(life)減少。耗費燃料。甚至於往往有破裂(Explosion)之虞。故管理鍋爐者。不可不綿密注意也。茲將須注意數則試舉如下。

(1)時常注意鍋爐內之水。要保持一定之高。

(2)鍋爐之安全瓣(Safety Valve)時時檢查是否確實動作。

(3)水面表(Water gauge)可否正確。因塵埃閉塞鍋爐與水面表之通路。往往有誤示也。

(4)萬一鍋爐內之水減少一部分受赤熱時。則決不能急將安全瓣放開。送冷水入其內。必先將落灰門(ash pit door)關閉。遮斷空气進入。使火勢漸弱可也。

(5)因給水不潔之關係。鍋內起(priming)現象。此時漸弱其火勢。且送給水同時將噴出孔塞子(brow off cork)放開。使其一部分噴出也。

(6)給水不純時。每隔二星期或三星期。將鍋內之水排出。內部以冷水洗滌。更換新水。或每日噴出少量排出沉澱物也。

(7)新送入水時。亦要待鍋爐十分冷却之後方可。不然鍋爐未冷定。急送入水時。鍋板因之突然收縮易於受損也。

(8)鍋爐時時要洗掃內部之泥土(mud)水鏽(Scale)。同時掃除外部之煤烟爲要。

(9)鍋爐之外面。不要結有水分。若發見水漏洩處要急時修理。

十四　煙筒(Chimney)

使用煙筒之目的。不外乎使空氣流通良好。燃料可得十分燃燒。而其燃燒所生之瓦斯。能排出遠外也。其構造對於風壓(Wind preisure)地震(earth quake)等要能耐力。一般圓形煙筒。較角形煙筒對於風壓較強也。

普通使用之煙筒有三種。

1.磚製煙筒 (Brick Chimney)

2.鋼鐵製煙筒 (Steel Chimney)

3.混凝土製煙筒 (Concrete chimney)

磚製煙筒。以磚築成之四角六角八角或圓形。由底部至上面小。其內部煙之通路。普通上下皆取同樣之大。煙筒之厚。在頂上約磚一塊之厚。於底部約二或三塊之厚。煙筒之底部。內側用耐火磚一塊或半塊嵌成此壁與煙筒外部之磚。因膨脹之情形不同。稍留間隙。此種煙筒通風甚好。且能耐久建設費稍巨也。

鋼鐵製煙筒。鋼鐵板以鉚釘(rivet)連結。其形小者以支線支持。其形大者。底部擴大自立。所謂耐震煙筒即此也。煙筒底部之內側。亦用火磚築之。此種煙筒建設費較比廉。故一般常用之。第六表 Colum bus machine Co. 製煙筒。

第六表　鋼鐵製煙筒

直徑(吋)	長(呎)	厚	重量(磅)	直徑(吋)	長(呎)	厚	重量(磅)
10	20	No.16	160	30	40	15	190
15	20	〃	240	32	40	15	1020
20	20	〃	320	34	〃	14	1170
22	20	〃	350	36	〃	14	1240
24	40	〃	380	38	〃	12	1800
26	40	〃	400	40	〃	12	1890
28	40	No.15					

混凝土製煙筒者鐵筋混凝土(reinforced concrete)將混凝土注入模型內。而成者價廉且堅牢近時多用此種也。

第七表　磚製煙筒之價額表

煙筒馬力(HP)	高(呎)	煙道直徑(吋)	煙筒底面	煙筒用磚 磚數	磚價 一千塊($14)	火磚價額(全高$\frac{1}{2}$)	基礎混凝土之價額	總計
85	80	25″	7′ 5″	32,000	$448	$60	$90	$598
135	90	30″	8′ 3″	40,000	560	82	144	786
200	100	35″	9′10″	65,000	910	113	198	1,226
300	110	43″	10′ 2″	75,000	1,050	190	252	1,492
400	120	51″	11′ 2″	87,000	1,218	261	306	1,785
750	130	61″	12′ 6″	131,000	1,834	334	360	2,528
1,000	140	74″	13′11″	151,000	2,114	432	414	3,060
1,650	150	88″	15′ 1″	200,000	2,800	482	468	3,750
2,500	160	110″	17′10″	275,000	3,850	720	525	5,095

十五　煙筒之通風

煙筒之生通風力(draft power)者。以其內部之瓦斯較外部空氣之溫度高。而生壓力之差故也。所以瓦斯之溫度及煙筒之身愈高。則通風力愈增加。然而瓦斯之溫度高時。則鍋爐之能率(efficiency)減低又煙筒愈高建設費愈增因有此矛盾。不能隨意增高。必有一定之程度為止。故另用通風機也。

測煙筒之通風力。如第三圖以玻璃製u字管盛之以水。其一端插入煙筒內。他端則露出外氣因外氣壓比煙筒內部之壓力大。則內面因之有高低以其水平之差幾吋表示通風力之大小也。

(第三圖)(請參觀後面彙圖)

如上所述。煙筒之通風。以其內外溫度之差而生。然縱使內部溫度常保一定。而外部溫度依四時殊異。在冬季通風良好。在夏季通風極不良。此常有之例也。故當事者。亦要注意於此也。

今就煙筒之高100呎。理論上之通風力。如第七表所示。而此通風力者。與煙筒之高成正比例變動也。

第八表 高100呎煙筒之理論上之通風力

煙筒內之溫度(華氏)	外氣溫度(標準氣壓時)華氏										
	0°	10°	20°	30°	40°	50°	60°	70°	80°	90°	100°
220°	.453	.419	.384	.353	.321	.292	.263	.234	.209	.182	.157
230°	.486	.453	.419	.388	.355	.326	.298	.269	.244	.217	.192
240°	.520	.488	.451	.421	.388	.359	.330	.301	.276	.250	.225
260°	.550	.528	.484	.453	.420	.392	.363	.334	.309	.282	.257
280°	.584	.549	.515	.482	.451	.422	.394	.365	.34[illegible]	.313	.288
300°	.611	.576	.541	.511	.478	.449	.420	.392	.367	.340	.315
320°	.637	.603	.568	.538	.505	.476	.447	.419	.394	.367	.342
340°	.662	.638	.593	.563	.53[illegible]	.5[illegible]1	.472	.443	.419	.392	.367
360°	.687	.653	.618	.588	.555	.526	.497	.468	.444	.417	.392
380°	.710	.676	.641	.611	.578	.549	.52[illegible]	.492	.467	.440	.415
400°	.732	.697	.662	.632	.598	.570	.541	.513	.488	.461	.436
420°	.753	.718	.634	.653	.620	.591	.563	.534	.509	.482	.457
440°	.774	.739	.705	.674	.641	.612	.584	.555	.530	.503	.478
460°	.793	.758	.724	.694	.660	.632	.603	.574	.549	.522	.497
480°	.781	.776	.741	.710	.678	.649	.620	.591	.566	.540	.515
500°	.829	.791	.760	.730	.697	.669	.639	.610	.586	.559	.534

燃燒必要之通風力。以所用之燃料之種類而異。如所用之燃料爲藁時通風力要0.2吋以上。爲木時。0.3吋以上。爲石炭時0.4乃至1.8吋是也。煙筒接近鍋爐設建時甚便益。而對多數之鍋爐。只設一個煙筒或豎管。若臨有特別制限時。則不僅不離遠鍋爐。建設以煙道(flue)連絡煙筒與鍋爐也。於普通之設計。在火床(fire grate)之通風力爲0.6吋。給瓦斯通過加熱面時。0.2吋。在煙道0.1吋之損失。於煙筒之下有0.9吋之通風力。若此時煙筒之內部溫度500°F。外氣之溫度60°F。則煙筒之高約140呎也。

十六 煙筒之容量

煙筒之容量。以其切斷面積及高而定之。其通風力與高爲正比例。若高一定時。在一定範圍內。與其切斷面積成正比例也。按kent氏之公式

$$W = 16.6E\sqrt{H} \cdots\cdots(1)$$

W = 一時間燃燒石炭之總量(磅)

H = 煙筒之高(呎)

E = 煙筒之有効面積(平方呎)

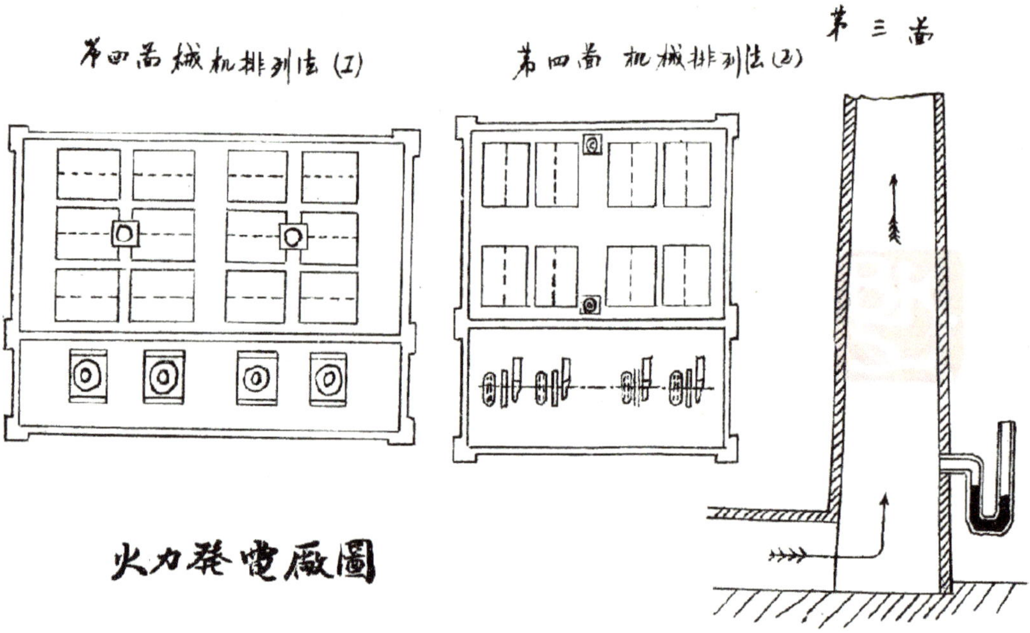

火力發電廠圖

$$= A - 0.6\sqrt{A} \quad \text{(圓形煙筒時)}$$

$$= A - \frac{2}{3}\sqrt{A} \quad \text{(角形煙筒時)}$$

A＝煙筒之切斷面積(平方呎)

或又 $H.P. = 3.33E\sqrt{H}$ ……………………………(2)

上第(2)式假定鍋爐能率約65％。一馬力一時間燒5磅石炭時。由第(1)式而得者。第九表依此式計算。所得欲决定圓煙筒形煙筒之容量。甚便利也。若一馬力一時間消費之石炭量、不爲5磅時、則馬力數乘一時間一馬力消費之石炭量(即一時間消費之總石炭量)以5除得之數爲本表中之馬力數。决定煙筒之高及切斷面積可也。

第九表 Kent氏之煙筒寸法表

直徑(吋)	A(平方呎)	E(平方呎)	煙筒高(呎)										
			50	60	70	80	90	100	110	125	150	175	220
			馬力數										
18	1.77	.97	23	25	27	29							
21	2.41	1.47	35	38	14	44							
24	3.14	2.08	49	54	58	62	66						
27	3.98	2.78	65	72	78	83	88						
30	4.91	3.58	84	92	100	107	113	119					
33	5.94	4.48		115	125	133	141	149	156				
36	7.07	5.47		141	152	163	173	182	191	204			
39	8.30	6.57			183	196	208	219	229	245	268		
42	9.62	7.76			215	231	245	258	271	289	316	342	
48	12.57	10.44				311	330	348	365	389	426	460	
54	15.90	13.51					427	449	472	503	551	595	636
60	19.64	16.98					536	565	593	632	692	748	800
66	23.76	20.83						694	728	776	849	918	981
72	28.27	25.08						835	876	934	1023	1105	1181
78	33.18	29.73							1038	1107	1212	1310	1400
84	38.48	34.76							1214	1294	1418	1530	1637
90	44.18	40.19								1496	16.39	1770	1893
96	5[illegible].27	46.01								1712	18.76	2027	2167
102	56.75	52.23								1944	21.30	2300	2459
108	63.62	58.83								2090	2399	2592	2771

煙筒在其構造上口徑增大其高亦因之增加。第九表示其一例也。

第十表 耐震煙筒

口徑(呎)	高(呎)	鍋爐馬力
3	80	160
4	95	340
5	110	550
6	125	900
7	140	1300
8	150	1800
9	160	2500
10	170	3000
11	185	4000
12	200	5000

十七 鍋爐之排列及煙道之位置

機械排列之巧拙。與運轉上大有便與不便。故吾人設計時。不可不深注意者也。現今最流行之排列法。如第四圖機器房(engine room)鍋爐房(boiler room)以磚壁隔之。機關之汽筒接近鍋爐後部。互相併列安置。於是不但由鍋爐至汽機(engine)之蒸汽管之配置可以簡單。而且增設時亦可同樣排列也。

鍋爐排列法有二種。一與機器房平行設爲一列或二列。二與機器房直角設數列。在大發電廠。各主要汽機設專屬鍋爐。依後者之排列法甚便也。

普通鍋爐以二罐爲一組。各組之間。隔5呎以上。又鍋爐之後面。要除5呎以上之空隙。使便修理掃除。若主要汽管或煙道設於此處時。要留8呎以上可也。

在水管式鍋爐前面要留十分之餘地。以便能更換水管。其上部亦要有十分之餘地。安置汽管及汽瓣不使有妨碍也。

(第四圖)(請參閱後面插圖)

煙道之位置。普通設在鍋爐後部上面。有時或設在鍋爐後部之地下。或鍋爐之上部。在地下之煙道皆以磚築爲隧道(tunnel)其他皆以鋼鐵板成之圓筒形或四角形。以火磚嵌其內面。煙道宜短而直。且不使空氣洩漏煙道之斷面積於鍋爐加熱面積1000平方呎要建設2.75乃至3.5平方呎。鍋爐與煙道之間。設有節氣門(damper)。以此之開放關閉。可任意調整鍋爐之通風也。

THE SCIENCE SOCIETY OF CHINA
LIBRARY

The Electrical Magazine

中華民國郵務局特准掛號認爲新聞紙類

電氣工業雜誌

北京司法部街電氣工業學校雜誌部發行

中華民國九年十二月一日出版

第一卷 第三期

本期目錄

本雜誌啓事

本雜誌爲同人互相研究電气學術自由發表之機關凡關於電气上之投稿均極歡迎惟出版伊始未臻完善尚所尚明隨時賜教以匡不逮無任盼禱之至

投稿簡章

1. 投稿以關於電氣事項者爲限無論何種體裁皆所歡迎
2. 來稿務須載明作者姓名及住址
3. 來稿務請繕寫清楚以免錯誤
4. 來稿登載與否概不退還如預先聲明須退還者亦可照辦
5. 來稿如係譯自東西文者請將原文一併寄下
6. 所有來稿如本雜誌認爲必要時得由編輯人斟酌增減
7. 來稿請逕寄本雜誌編輯部

本雜誌各門主任及職員表

經理……………………………………鄧子安

編輯主任………………………………馮子安

編輯員

漢文部…………………………………李子仁

數理部…………………………………王瑞㩀

電氣部…………………………………史恩九　羅如平　吳均芳

機械部…………………………………郭道謙

化學部…………………………………張爵如　蔣沅霖

事務主任………………………………劉和民

事務部辦事員…………………………周清石

事務部司事……………………………程雅言

學生研究欄之編輯員

本校第一班學生………………………葛家偉…方在新…鄧玉崑…雷靖華

本校第二班學生………………………胡學政…李讓源…趙承煦…胡廷樑

民國九年十二月一日發刊 VoL. 1. No. 3. 151

電氣工業雜誌

第一卷 第三期

論說

中國實業不發達全在技術家之缺乏

李子仁

我國自古以農立國。近鑒於世界潮流。遂亦注重工商。汲汲焉以振興實業爲急務。然振興實業之聲。日聒耳鼓。資本家與企業家。莫不慘淡經營。殫盡心力。以期物質文明之進化。至今實業界仍不能一往直前。進行無阻者。則有九州鑄錯之點在也。錯點維何。非資本之不甚充足。職工之不勤厥職。揆其大錯所在。全屬技術員缺乏故耳。蓋資本者。死財也。必賴自然人活動之。酌盈劑虛。乃能獲利倍蓰。況工業組織。其第一要義。端在製品精良。欲求製品精良。非廣攬技術人才。莫能爲力。吾國習慣。於資本之集合。重視如山。而於工業要素。不可須臾或離之技術員。多忽焉漫不加察。欲其營業之蒸蒸日上。猶南轅而北其轍。不亦愈去愈遠耶。

夫技術之優劣。關乎公司營業之盛衰。不待智者而知其當然。今歐美列強。以實業發展。主盟牛耳矣。試推其制勝基因。不能外技術之精。而別求他種方法。吾國則不然。自海禁大開以來。數十稔於茲。實業之未能勃興。雖云政府倡導無方。不能日見發達。而國民不知注重技術人才。以明眞理之所在。影響於實業前途者。亦非淺鮮。動言歸咎政府之提倡不力。何其巧於卸過。而厚責於人耶。

前此我國之各種實業。既認資本與技術。重輕倒置。方針錯定矣。尤有可惜者。公司執事人多趨重外觀。而於內部之逐漸改良。不甚措意。以致今日各項實業公司。非外人之所經營。則不能永久存在。非含有外資者。則不能日臻進步。溯其原委。大有研究之價值。蓋吾國經營事業者。既無相當之學術。復無遠大之眼光。只以個人平庸見解。作爲營業準繩。今何時也。學術競爭時也。欲以個人之見解。奮鬥於學術競爭劇烈之場。其屢試屢敗。營業數十年。不能握經濟勝算者。何足怪也。

以記者觀之。吾國實業之不得良好結果。其責任果何在耶。其在資本家耶。抑在企業家耶。故曰。俱非確當之論。實在技術家缺乏故也。試觀吾國技術家。與全體人民之比較。寥寥晨星。殆如太倉之一粟。其不能盡力指導於社會也。亦固其宜。記者從事實業有年矣。以現在事實論之。確有以上所述之情況。吾國不欲實業之發達則已。如欲增進國民幸福。追踪歐美實業之先軌。則培養技術人才。實不可一日緩者。我熱心實業家。聆此芻議。當具有同情之感覺。不河漢斯言也。

學　藝

火力發電廠設計之大要(續)

吳均芳

第三章　鍋爐附屬機

十八　送炭機

一般鍋爐內之送炭。有兩種方法。一爲人工送炭法。(hand firing) 一爲機械的送炭法。(Mech anical firing) 依前之方法鍋爐房之設備簡單。火夫(fire man)啟開火門。(firing door) 間斷的送炭。鍋爐房之石炭消費量不甚多時。一般皆採用此法。所以火夫之職務。在發電廠經營上甚重要。其送炭操縱之良否。對於發電廠經費上。甚有關係。熟練火夫可以隨其負載之輕重。送炭有多寡。加減節氣門。(damper) 使通風得適。燃料能完全燃燒。若火夫不熟練。石炭送入之度。不得其當。鍋爐之壓力搖動。不保一定。或通風之度失其當。燃料則不能完全燃燒。因之不獨易出障碍。並且使鍋爐之能率低下也。如斯因火夫之不良。人工送炭法。生種種缺點。在大發電廠使用火夫人數甚多。欲得熟練之火夫益更困難。故此考案出不要熟練火夫。機械的連續的送炭裝置。所謂之送炭機(Mechanical stoker) 是也。

送炭機其種類甚多。而其構造亦各不同。普通常使用者。

1. Chain grate stoker
2. Inclined grate stoker
3. Underfeed stoker

送炭機未十分發達之時代。多出障碍。修理費甚巨。迄今日既得十分經驗。構造上亦長足進步。所用之材料。亦能耐高熱。故現今之稍大發電廠皆設有送炭機。而知其有利也。石炭之燃燒。不能在送炭機火爐格(fire grate)全面上。因其一端爲未燃石炭。終端爲炭灰。故火爐格之有効面積。在其中間部分。故此送炭機之火爐格面積。較人工送炭時之面積要多取20%乃至50%。在送炭機只將石炭送入漏斗形之 hopper 內。以機械力連續的送入火爐格上。若鍋爐房上部設有石炭貯藏室時。(Coal bunber) 時。以鐵管連絡貯藏室與 hopper 可也。鍋爐一馬力送炭機之價格 \$3.50 乃至 \$6.50 左右也。

十九　通風方法及其種類

鍋爐火爐格上之石炭。欲使其完全燃燒。則須供給此燃燒必要之空氣。而此所必要之空氣量。在石炭之種類。自然不同。在理論上石炭一磅欲完全燃燒。必要 10 磅乃至 20 磅之空氣。然實際上必須之空氣量較此稍大也。如斯通空氣於爐格上。助其燃燒。名之曰通風。(draft) 此通風方法有兩種。

1. 自然通風(Natural draft)

2. 機械通風(Mechanical draft)或人工的通風(Artificial draft)

所謂自然通風者。以煙筒內排出之熱瓦斯與外氣之溫度差。而其壓力不同。則生流通。吸收空氣。助其燃燒。最簡單且便利之方法。但在大容量之發電廠。即設有多數大容量之鍋爐時。僅藉煙筒。欲生十分充足之通風力。則烟筒不能不建高。因之設備費用過巨。故此烟筒之高。以相當程度爲止。再使用扇風機。(fan) 機械的使其得滿足通風。所謂之機械通風是也。

機械通風有兩種方式

1. 加壓式(forced system)

2. 吸入式(induced system)

加壓式以扇風機由鍋爐火爐格下部。送入空氣。其壓力普通水柱 2 吋。吸入式在烟道內設扇風機。將排出瓦斯送入烟筒內。空氣由火爐格下吸入。其吸入力水柱 $1\frac{1}{2}$ 吋。若使用節炭器時 $2\frac{1}{2}$ 吋。第五圖示其兩種方式之設備方法也。

二十　機械通風之得失

在機械通風。其管理手數稍爲複雜。不及自然通風之簡單容易。若其管理不法。反不能得良好結果。故不能不十分留意也。茲將其主要之利點。試舉如下：

(1) 固定資本減少　在大容量之發電廠。必要大烟筒。則要多大建設費。若烟筒之容量。以相當之程度爲止。用加壓通風裝置時。則建設大烟筒費用之 $\frac{3}{4}$ 若用吸入通風裝置烟筒之 $\frac{1}{2}$ 可也。

(2)燃燒率增加　因以小額之費用。可能得高通風力。燃燒率亦容易增加。不僅燃燒可以完全燃燒。雖惡質之燃料。亦可十分有効的燃燒也。燃燒率增加。則蒸發量增加。故此較小型之鍋爐。亦可抵燃燒率不良之大鍋爐用也。

(3)廢瓦斯之利用　凡欲使烟筒之自然通風良好。則由鍋爐排出廢瓦斯(waste gas)之溫度。要500度乃至600度。(華氏)若機械通風。不必要高溫度之瓦斯。故此熱瓦斯內裝置節炭器。利用其熱勢力。溫鍋爐之給水。不致于耗費熱量。由此所得之熱量。可達燃料熱量之10%以上。

(4)通風力可自由加減　在自然通風。僅以節氣門(damper)之關閉。調整通風力。極不完全。在機械通風。以扇風機速度之急緩。容易得所要之通風力。與節氣門並用。益更完全也。

(5)通風力與外氣無關係　烟筒之通風力。由於內外溫度之差而起。內部狀態。雖可保一定。外氣溫度。四季晝夜殊異。故通風力亦生差異。調整上甚困難。機械通風。則與溫度上毫無關係也。

設機械通風法。既有此等之利益。現今之大發電廠。皆依此法。在外國通風力全依扇風機。烟筒高不過數呎。若洗滌煤烟之方法發達。亦無須用高烟筒也。

第十一表加壓通風時之扇風機容量迴轉數及馬力數。第十二表吸入通風時之扇風機容量等。此不過示其一例。由此表觀之。同一扇風機迴轉數增加時。則通風力亦增加。於是通風量及馬力數皆增加也。

第十一表 加壓通風之扇風機容量

通風力(水柱高)吋	一分鐘通風量立方呎70°F	一分鐘迴轉數	所要之馬力數	一分鐘通風量立方呎70°F	一分鐘迴轉數	所要之馬力數
	直徑36"寬15 3/8"扇風機			直徑60"寬23 3/4"扇風機		
1/2"	5,475	393	1.25	14,050	236	3.21
1	7,740	555	3.53	19,850	333	9.05
1 1/2	9,460	681	6.49	24,300	409	16.65
2	10,900	786	9.94	28,000	473	25.60
2 1/2	12,250	880	14.00	31,450	529	35.95
	直徑48"寬18 1/4"扇風機			直徑72"寬29 3/8"扇風機		
1/2	8,640	294	1.97	20,300	196	4.62
1	12,200	416	5.57	28,700	273	13.10
1 1/2	14,950	511	10.20	35,100	340	24.00
2	17,200	590	15.71	40,500	394	37.00
2 1/2	19,350	660	22.10	45,500	440	52.00

第十二表 吸入通風之扇風機容量

通風力(水柱高)吋	一分鐘通風量立方呎62°F	一分鐘通風量立方呎550°F	一分鐘迴轉數	所要之馬力數	一分鐘通風量立方呎62°F	一分鐘通風量立方呎550°F	一分鐘迴轉數	所要之馬力數
	直徑31"寬15 3/8"扇風機				直徑48"寬18 1/4"扇風機			
1/2"	2,400	5,300	435	1.1	3,800	8,500	825	1.7
1	3,406	7,500	615	3.0	5,400	12,000	460	4.8
1 1/2	4,150	9,200	765	5.5	6,600	14,700	560	8.8
2	4,800	10,600	870	8.5	7,700	17,000	650	13.5
1 1/2	5,400	11,800	980	9.0	8,600	19,000	730	15.1
	直徑60"寬23 3/4"扇風機				直徑72"寬29 3/8"扇風機			
1/2	4,500	10,000	260	2.7	9,000	20,000	220	3.8
1	8,500	19,000	370	7.6	12,600	28,000	310	10.8
1 1/2	10,500	23,300	455	14.0	15,500	34,300	380	19.4
2	12,200	27,000	525	21.5	17,800	39,500	440	30.0
2 1/2	13,600	30,000	590	24.0	19,800	44,000	490	32.0

二十一 節炭器(economizer)

冰水直接送入鍋爐時。鍋爐內之高溫部。突然收縮頗受機械的歪力。(stress)故給水預先要加熱方可。且水中之不純物。亦可藉此除去若干也。其溫水方法。利用烟筒排出之瓦斯之溫度。與蒸汽機排出之廢汽(exhaust steam)兩種。節炭器即利用廢瓦斯之溫度。溫給水之法。裝於爐道內。以多數之鐵管而成。四條乃至十二條爲一組。以數組合爲一羣。連于二條母管。給水由一條母管入。平行通過全部水管。加熱之後。再由他母管出也。

普通所用節炭器。爲姑林節炭器(Green economizer)最多。其水管之外徑$4\frac{5}{8}$吋。長約9呎。水管一條之加熱面積約11平方呎。而此管一條可貯藏62.5磅之給水量。故定節炭器之容量。以一時間能全部交代之水量而定。水管一條可相當2鍋爐馬力。其加熱面積。對于鍋爐一馬力約6平方呎。故鍋爐之容量既定。則節炭器之使用管數亦可定也。

二十二 溫水器(heater)

溫水器者利用汽機排出之廢蒸汽。(exhaust steam)溫鍋爐之給水。故一名廢汽溫水器(exhaust heater)其形式有兩種。

(1)開放式溫水器(Open heater)

(2)閉塞式溫水器(Closed heater)

第一種開放式溫水器。因給水與廢蒸汽直接混合加熱。能率甚高。若廢汽含有油分。則混入給水中。對于鍋爐不宜故用此種溫水器時。廢汽之入口。必設油分離器。(Oil separator)分離之。但亦不能絕對的分離。故現今用此型甚少。

閉塞式溫水器將給水注入銅或黃銅製多數小管中廢汽間接的由外部加熱也。溫水器所要之加熱面積。以其給水之速度。管之大小。形狀及廢汽之量。雖不能一定。普通一鍋爐馬力要0.4平方呎。此種溫水器。70°F之給水可加至200°F。廢汽量只要給水量約20%。其價格一鍋爐馬力約75cts～$1。第十三表對于各種蒸汽機一馬力裝置溫水器所要之價格也。

第十三表 凝水器之價格

Single non-Condensing:									
Engine horse power	10	12	14	15	20	30	40	50	75
Cost per horse power	$2.95	$2.75	$2.75	$2.60	$2.50	$2.20	$2.15	$2.05	$1.90
Single condensing:									
Engine horse power	10	12	14	15	20	30			
Costper horse power	$2.95	$2.75	$2.70	$2.65	$2.50	$2.30			
Engine horse power	40	50	75	100					
Cost per horse power	$2.15	$2.10	$2.00	$1.80					
Compound condensing:									
Engine horsepower	100	200	300	400	500	600	700	800	
Cost per horsepower	$2.85	$2.55	$2.25	$2.00	$1.75	$1.40	$1.10	$1.10	
Engine horse power	900	1,000	1,500	2,000					
Cost per horse power	$1.00	$1.00	$0.95	$0.95					

二十三 給水機(Feed water pump)

逆抗鍋爐內蒸汽壓力。將給水送入鍋爐內所用之唧筒。謂之給水機。其原動力用蒸汽機或電動機運轉。以汽機運轉者。多用複式唧筒。(duplex pump) 今

p = 鍋爐內蒸壓之表壓表壓力(每平方吋磅)

w = 每一時間送入鍋爐內之給水量(磅)

h = 給水源至鍋爐之高(呎)

此 w 磅之給水。送入鍋爐內所要之理論上馬力。如下求之。今將 p 磅(每平方吋)之壓力。換算爲水頭高。此相當水頭爲 H 呎

$$H = \frac{144p}{62.4} = 2.308p$$

則全相當水頭爲

$$H + h = 2.308p + h$$

故此W磅之給水昇至2.308p+b呎高所要之工作量爲

$$(2.308p + b)w \text{ 呎磅}$$

∴所要之馬力

$$\text{馬力} = \frac{(2.308p + b)w}{60 \times 33{,}000}$$

上式乃理論上之馬力，以唧筒之能率除之。則得實際運轉所要之馬力。此外給水與管內面摩擦所生之水頭損失。亦要加入算內也。

唧筒之容量。當由鍋爐之容量定之大略可以下式求之。

$$D = \sqrt{\frac{W}{136}}$$

W = 一時間之給水量(磅)

D = 汽筒之直徑(吋)

第十四表華爾頓型複式給水機之容量

第十四表 複式給水機之容量

汽筒直徑(吋)	水筒直徑(吋)	衝程(吋)	鍋爐馬力	一分鐘衝程數
3	2	3	60	100—250
$4\frac{1}{2}$	$2\frac{3}{4}$	4	150	100—200
$5\frac{1}{4}$	$3\frac{1}{2}$	5	300	100—200
6	4	6	400	100—150
$7\frac{1}{2}$	5	6	600	100—150
$7\frac{1}{2}$	$5\frac{1}{4}$	10	1000	75—125
8	6	10	1200	75—125
10	7	12	1600	65—105

給水唧筒宜設二台以上，內一台爲預備。若以一台供給多數鍋爐時。各鍋爐之給水口，裝置瓣門。(Valve)可以自由供給也。

第十五表對于各種蒸汽機一馬力裝置給水機所要之價格

第十五表 給水機之價格

Single non-Condensing:									
Engine horsepower	10	12	14	15	20	30	40	50	75
Cost per horsepower	$5.70	$5.50	$5.70	$5.40	$4.50	$3.80	$3.15	$2.75	$2.10
Single Condensing:									
Engine horsepower	10	12	14	15	20	30			
Cost per horsepower	$5.70	$5.79	$5.70	$5.70	$5.40	$3.80			
Engine horsepower	40	75	50	100					
Cost per horsepower	$3.10	$2.75	$2.10	$1.70					
Compound condensing:									
Engine horsepower	100	200	300	400	500	600	700	800	
Cost per horsepower	$0.95	$0.60	$0.45	$0.40	$0.30	$0.30	$0.30	$0.25	
Engine horsepower	900	1,000	1,510	2,000					
Cost per horsepower	$0.25	$0.25	$0.25	$0.20					

第四章 蒸汽機關(Steam engine)

二十四 蒸汽機關之種類

機關之種類極多。欲詳細分類，亦頗不容易。其最要分類法如下。

甲 迴轉數多少上之分類

(1)高速度蒸汽機關(high speed steam engine)

(2)中速度蒸汽機關(medium speed steam engine)

(3)低速度蒸汽機關(low speed steam engine)

一分間之迴轉數，300以上者爲高速度。150以下者爲低速度。其中間者爲中速度。此乃比較的用語，不能確實區別也。

乙 型式上之分類

(1)横型蒸汽機關(horizontal steam engine)

(2)縱型蒸汽機關(Vertical steam engine)

(3)斜型蒸汽機關(Inclined steam engine)

上三種皆以塞子桿(piston rod)之位置。在水平者謂橫型。占地面積稍寬。管理上甚便利。在垂直位置者謂縱型。其占地面積甚少。船舶上多用之。在斜位置者謂斜型。一般少用之。

丙 蒸汽機膨脹數上之分類

(1)單筒蒸汽機關(Single cylinder steam engine)

(2)複式蒸氣機關(Compound steam engine)

(3)三聯式蒸汽機關(Triple expansion steam engine)

(4)四聯式蒸汽機關(Quadruple expansion steam engine)

單筒蒸汽機關。只有一個汽筒。構造簡單。容易管理。蒸汽消費量稍多。複式構造較前複雜。三聯式四聯式益更複雜。管理亦不易。蒸汽消費量却減少也。蒸汽消費量之多少及管理之難易。在設計發電廠第一要研究者。現今既設之發電廠。採用複式蒸汽機較多。此機關分爲兩種。

(1)直聯複式(Tandem compound)

(2)橫聯複式(Cross compound)

直聯複式蒸汽機關爲複式中之最簡單者。高壓及低壓之二汽筒直列連結。共通一塞子桿(piston rod)。橫聯複式之構造稍複雜。高壓低壓兩汽筒相併立。其短柄(Crank)互成直角

丁 運轉狀態上之分類

(1)凝縮蒸汽機關(Condensing steam engine)

(2)不凝縮蒸汽機關(non-Condensing steam engine)

凝汽機連結於蒸汽機關時。則可以減少其背壓。(back pressure)所以蒸汽機關爲凝縮蒸汽機關使用時。甚有効力。但冰水缺乏之處。或小型之蒸汽機關。反管理上繁雜。設備費過重。故爲不凝縮蒸汽關使用。反有利也。現今發電廠之蒸汽機關。皆取複式凝縮蒸汽機關。

二十五 蒸汽消費量(steam Consumption)

依其種類構造及運轉狀態。機關所消費之蒸汽量不同。單筒機關較複式消費量多。複式又較三聯式消費量多。構造不精細者。蒸汽漏洩並凝

縮量多。故蒸汽消費量多。又於同一機關凝縮式使用時與不凝縮式使用時。其消費量亦不相同。且在輕負载與全負戴時亦不同也。

現今各所用之各種蒸汽機關。在全負載時之蒸汽消費量。大約如第十六表所示。

第十六表　蒸汽機關之蒸汽消費量

機關種類	一馬力一時間消費蒸汽量（單位磅）		使用汽壓
	凝縮式	不凝縮式	（單位磅）
單筒機關	25—40	30—50	80—120
複式機關	18—35	25—40	100—150
三聯式機關	15—25	—	120—180
Corliss單筒	23—35	28—40	80—120
Corliss複式	16—25	23—30	100—150

第十七表就現今最多用之複式蒸汽機關。在凝縮式運轉時所消費之蒸汽量。但使用壓力爲120磅之飽和蒸汽。眞空爲26吋。

第十七表　複式蒸汽機關蒸汽消費量

容量（馬力）	高速度汽機		中速度汽機		低速度汽機	
	一分鐘迴轉數	一馬力一時間蒸汽消費量	一分鐘迴轉數	一馬力一時間蒸汽消費量	一分鐘迴轉數	一馬力一時間蒸汽消費量
50	600	34磅	300	28磅	150	24磅
75	560	32.5	280	27	140	23
100	520	31	260	26	130	22
150	480	29.5	240	25	120	21
200	440	28	220	24	110	20
300	400	26.5	200	23	100	19
500	360	25	180	22	90	18

二十六　機關之選定

凡發電廠務宜以最經濟的狀態運轉爲要。然而蒸汽機關於規定負载運轉爲最經濟。故機關之擇定。先十分了解各種機關之性質及周圍之情形。然後選其最與之合宜者。以一台大容量機關。常在輕負载運轉。不如近於其平均馬力設二台或三台。各機皆以全負載運轉爲上策。設如所要最大馬力400。其不均馬力爲200時。使用400馬力之機關一台。與用200馬力二台平時運轉一台。需用400馬力時。運轉二台。經費減少。各機關皆以最經濟的運轉也。

機關之容量。以其負荷之種類。周圍之情形。難一概言之。第十八表示其普通一般選定法之一例也。

第十八表 蒸汽機容量之選定

所要最大馬力數	機關台數（內一台爲預備）	各機容量
200	2	200
400	3	200
600	3	300
1000	3	500
1500	4	500
2000	4	750
5000	I	1000
20000	6	2000

選定機關之種類。先察燃料之價額。修理之難易。利息之高低。及四圍之情形等種種之條件相符與否。不能單對於蒸汽消費量注意。取其極複雜機關。蒸汽消費量固然能減少。多出障害。反爲不經濟也。燃料價廉地方。取管理簡單之單筒蒸汽機關。比較有利。又石炭山等地方。取不凝縮式尚經濟。又蒸汽機用冷卻水不易得之處。或排汽利用於他方面有利之處。不問燃料價格如何。反用不凝縮式。若石炭價格高之地方。關於蒸汽消費甚要注意。因一般發電廠運轉費之 $\frac{9}{10}$ 皆石炭費。所以不取單筒式也。

二十七 渦輪(Turbine)

甲 蒸汽作用之分類

(1) 衝動渦輪(Impulse turbine)

(2) 反動渦輪(Reaction turbine)

(3)衝動反動共用渦輪(Combined impulse and reaction turbine)

乙　蒸汽流出方向之分類

(1) Radial flow turbine

(2) Axial flow turbine

(3) Mixed flow turbine

(4) Tangential flow turbine

丙　蒸汽壓力之分類

(1)高壓渦輪(high-pressure turbine)

(2)低壓渦輪(low-pressure turbine)

(3)混壓渦輪(mixed-pressure turbine)

(4)背壓渦輪(back-pressure turbine)

丁　發明者或製造者之分類

(1) De Laval turbine

(2) Terry turbine

(3) Rateau turbine

(4) Zoelly turbine

(5) Curtis turbine

(6) Parsons turbine

二十八　渦輪之迴轉數及其蒸汽消費量

蒸汽渦輪之迴轉數。型式上之差異及製造之巧拙。不能一定。而其蒸汽消費量。亦由各製造者及迴轉數而異。現今所用之迴轉數及蒸汽消費量大略如第十九表所示。凡蒸汽渦輪大半與發電機直接連結使用。故對於發電機之出力表示其蒸汽消費量。則更便利也

第十九表 De Laval其他小容量渦輪

容量(啓羅瓦特)	一分鐘廻轉數	蒸汽壓力(磅)	眞空(吋)	一啓羅所消費之蒸汽量
25	2000—3600	150	28	60磅
50	1200—3000	〃	〃	50
75	1000—2800	〃	〃	45
100	900—2400	〃	〃	40
150	800—2200	〃	〃	35
200	700—2000	〃	〃	30
300	700—2000	〃	〃	35

第十九表 高壓蒸汽渦輪

容量	一分鐘廻轉數		蒸汽壓力	眞空	一啓羅所消
(啓羅瓦特)	50周波數	60周波數	(磅)	(吋)	費之蒸汽量
300	3000	3600	150	28	22磅
500	3000	3600	〃	〃	21
750	3000	3600	〃	〃	70
1000	3000	3600	〃	〃	19
1500	1500	1800	〃	〃	18
2000	1500	1800	〃	〃	17
3000	1500	1800	〃	〃	16
5000	1000	1200	〃	〃	15

第十九表 低壓蒸汽渦輪

容量	一分鐘廻轉數		蒸汽壓力	眞空	一啓羅所消
(啓羅瓦特)	50周波數	60周波數	(磅)	(吋)	費之蒸汽量
500	3000	3600	16	28	36
750	3000	3600	〃	〃	34
1000	3000	3600	〃	〃	32
1500	1500	1800	〃	〃	30

蒸汽消費量與負載甚有關係。卽全負載時之蒸汽消費量最少。全負載以外時。漸次增加。其關係如第六圖示之則更明瞭。卽全蒸汽使用量與負載成一直線增加。消費量於全負載時最少。全負載以下或以上運轉時。皆增加也。一般表渦輪之容量。常以消費量最少最高能率時之出力示之。有時亦有以其最大出力表示其容量者。在此時80% 之負載時。蒸汽消費量最少。故購入之際。擇其負載狀態最合宜最高能率者爲要也。

二十九 蒸汽渦輪之選定

以往復運動。變爲迴轉運動者。蒸汽機關之作用。自始起迴轉運動者。渦輪之作用。故由力學上觀之。渦輪亦優于蒸汽機關。且運轉中之速度一定。蒸汽消費量極少。故近時發電廠所用之原動機。皆不取蒸汽機關者也。

發電廠用渦輪之容量。負載之種類及周圍之情形不定。今示其大要如第二十表。但小容量者。能率不甚良好。300 基羅以下之發電廠可以不必用此也。

第二十表 蒸汽渦輪容量之選定

所要之啓羅瓦特	500	1000	1500	2000	3000	5000	7500	10000	20000	30000
渦輪台數	2	3	4	3	3	3	4	3	3	4
各渦輪之容量	500	500	500	1000	1500	2500	2500	5000	10000	10000

三十 渦輪運轉上之注意

渦輪之構造。極爲精細。故運轉中對於各部。須要特別注意。茲列其主要數則如下。

(1)運轉渦輪時。先檢查各部分。

(2)清淨油管。不使塵埃等閉塞。軸承亦然。

(3)各部送油。注意不要混塵埃。若油中稍有塵埃時。必要以布類濾過。在加壓送油式。油壓要3磅內外。

(4)檢查各蒸汽管之連結。先少通蒸汽。試其完否。各水管之連結亦然。

(5)渦輪運轉之前。將瓣門少開。通蒸汽徐徐加溫。然後緩開始迴轉。

(6)既達規定迴轉數。再開動凝汽機。與此連結。或初使凝汽機作若干真空。再運轉渦輪亦可。因渦輪達規定迴轉數。稍費時間。如此方法。可能速達規定迴轉數也。

(7)渦輪各有專屬凝汽機時。先運轉循環唧筒。(circulating pump)次運轉渦輪。再運轉空氣唧筒。(air pump)等之順序。若共用凝汽機。且此在運轉狀態時。密閉渦輪與凝汽機間之瓣門。以緩瓣(relief valve)排氣。達十分迴轉之後。始連結凝汽機。

(8)於無負載檢查調速機。(governor)銳敏之程度。其動作確實時。始全開蒸汽入口之瓣門。以調速機自動的加減蒸汽量。過速安全裝置亦得檢查。

(9)軸承放出之油溫度。華氏120度爲最普通。不能超過160度以上。

(10)運轉中除去凝汽機時。其變化不能使其急烈。得漸次除去之。由不凝結狀態入凝結狀態時亦然。

(11)運轉中時時監視各部分狀態。調速機之動作狀態。尤要注意。若汽瓣(Vane)有障礙時。必發一種音響。急停止運轉。

(12)停止渦輪時。漸次減少其負載。無負載之後。始關閉蒸汽入口。同時停止凝汽機。

(13)渦輪長不運轉時。內部要十分乾燥。以防汽瓣之腐蝕。

三十一　蒸汽渦輪之重量及其價格

蒸汽渦輪之形狀小。重量輕。凡他之火力原動機所不及者也。由重量上觀之。同容量之蒸汽機關之$\frac{1}{2}$乃至$\frac{1}{4}$。瓦斯機關之$\frac{1}{8}$乃至$\frac{1}{15}$。其容量與重量之關係。如第七圖所示。但其迴轉數3600及1800兩種渦輪之平均值。直結之發電機及凝汽機裝置等皆在內也。

就其價格上觀之。因近時渦輪製造上發達結果。非常低廉。從來之30%乃至40%低下也。第八圖美國市場之蒸汽渦輪平均價格及容量之關係。直結發電機及凝汽機等皆含在內也。

汉口特别市政府《公用汇刊》上的吴均芳

王曦按(2017 年 3 月 19 日):

《公用汇刊》是中华民国汉口特别市政府公用局的公文汇编。其栏目有照片、题词、论著、法规、法规草案、命令、公牍、会议录、大事摘要、业务报告、特载等。

目前我查找到的是《公用汇刊》的创刊号,发表于中华民国十八年(1929 年)。它汇集了从 1929 年 6 月 27 日至 9 月 29 日期间新设立的公用局的所有公文。上海交通大学图书馆"字林洋行中英文报纸和《新闻报》全文数据库"收藏有这个文件的电子版。这期《公文汇刊》的电子版共有 238 个页面。这个文件载有大量有关外祖父的信息,主要是关于他在公用局公共汽车管理处工作期间的工作信息。据我的阅读统计,其提到"吴均芳"的页面在"命令"栏目中有 7 个、"公牍"栏目中有 1 个、"会议录"栏目中有 8 个、"大事摘要"栏目中有 3 个、"职员录"栏目中有 1 个。全书共约有 30 个页面提到"吴均芳"。

在这期《公用汇刊》所载《汉口特别市市政府公用局职员表》上,吴均芳(孟颖)的名字赫然在列。该表上记载着吴均芳的职别是"技士",年龄 34 岁,籍贯湖北竹山。据该刊所载《汉口特别市公用局组织细则》,技士由局长呈请市长核准,分别荐任。据该刊所载局务《会议录》,技士具有列席局务会议的资格。据该刊所载《武汉特别市政府公用局令》(1929 年 7 月 1 日),局长张斐然呈请委任吴均芳等人为本局技士。局长并于 7 月 4 日"暂派本局技士吴均芳兼任公共汽车管理处管理员并兼该处车务主任"。局长后于 8 月 6 日批准了吴均芳辞去兼职的公共汽车管理员的要求,使他得以专注于局本部的工作。

作为新设立的公用局的一个骨干,外祖父的工作相当忙。从《公用汇刊》可见,他的工作所涉及的事项包括湖北省政府有关部门租用公共汽车、扣发汽车修理商汽车修理费、公共汽车棚架改造预算、改造停车场、接收工务局、增加修理工、派兵保护公共汽车处的批示等。外祖父深得局长信任。该刊的《大事摘要》记载,新成立的公用局在开始办公(7 月 1 日)的第二天就"派技士吴均芳等接收公共汽车管理处并委吴均芳兼任公共汽车管理处管理员。"在 7 月 8 日,"局长张斐然偕技士吴均芳等赴硚口视察自来水厂,刘家庙视察电厂。"据该刊的"会议录"记载,外祖父几乎列席了各次局务会议。8 月 6 日,张斐然局长对外祖父的一份请辞报告批示道:"查该员供职以来,对于局务力图整顿,本局长正资倚畀。一旦骤然辞去处务,前途难免不无窒碍。仰仍勉为其难,安心服务。所请辞去兼职,着毋庸议。此令。"在外祖父后来调任湖北省建设厅二科任电政股长和武昌电厂厂长,定是由于他在市公用局工作出色之故。我今日在电话里就此询问远在武汉的母亲。她说记得外祖父在公用局工作过,但不知做什么工作,只记得他公务很忙,常有人来家里找他。

据网上资料,早期汉口市的沿革如下:1926 年 10 月,北伐军占领汉口,12 月改夏口县为汉口市,并辖汉阳县城区。1927 年 1 月,国共合作的国民政府自广州迁至武汉,划武汉为京兆区。1929年4月27日,国民政府下令武汉为特别市,因故未果。又于6月11日设汉口特别市,划汉阳城区归汉口市辖,隶国民政府行政院。汉口特别市的成立是现武汉市的市政历史上的一座重要里程碑。外祖父所服务的,就是这个汉口特别市。他为现武汉早期的市政建设(主要是公共汽车事业)做了大量工作。

值得一提的是,在这个《公用汇刊》中,有"汉口特别市公用局全体职员撮影"和"汉口特别市公用局公共汽车管理处全体职员撮影"两张照片。作为出席局务会议的高级职员和公共汽车管理处的负责人,外祖父应当在这两张照片之中。经母亲和我们兄弟三人的反复辨认,我们认为"汉口特别市公用局公共汽车管理处全体职员撮影"这张照片中前排右起第三人最可能是吴均芳。当然,这需要进一步确认。

以下登载的文件皆与吴均芳有关,其中很多含有他的名字。以下排列这些文件的顺序是:目次、集体照、法规(规定职权)、命令(委任令)、训令(具体工作授权)、指令(批示)、会议录(局务会议)、大事摘要、薪金预算书、职员表。

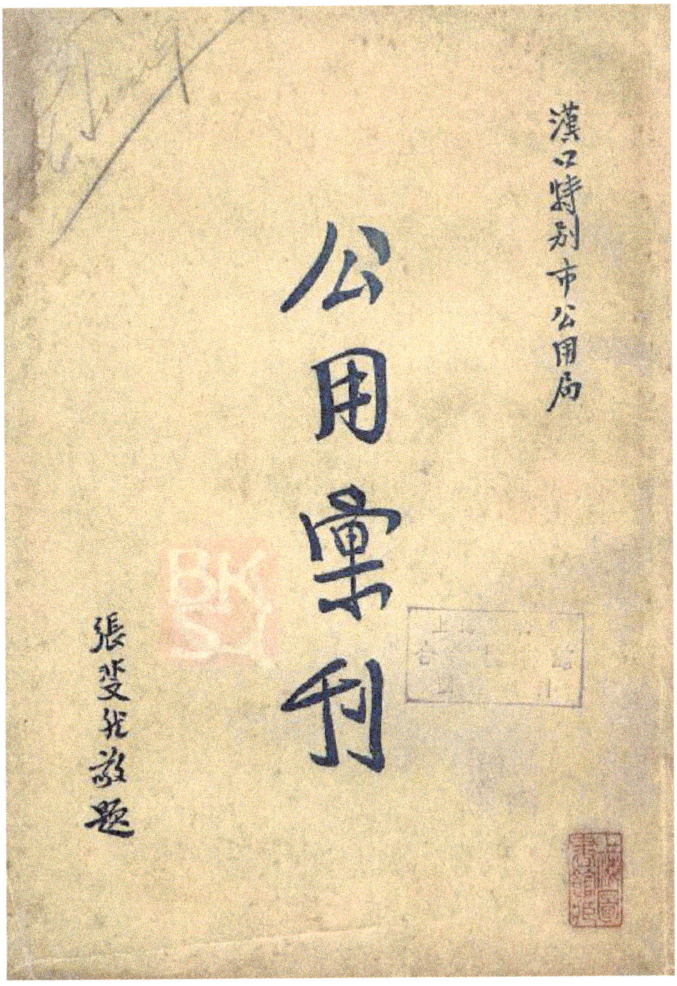

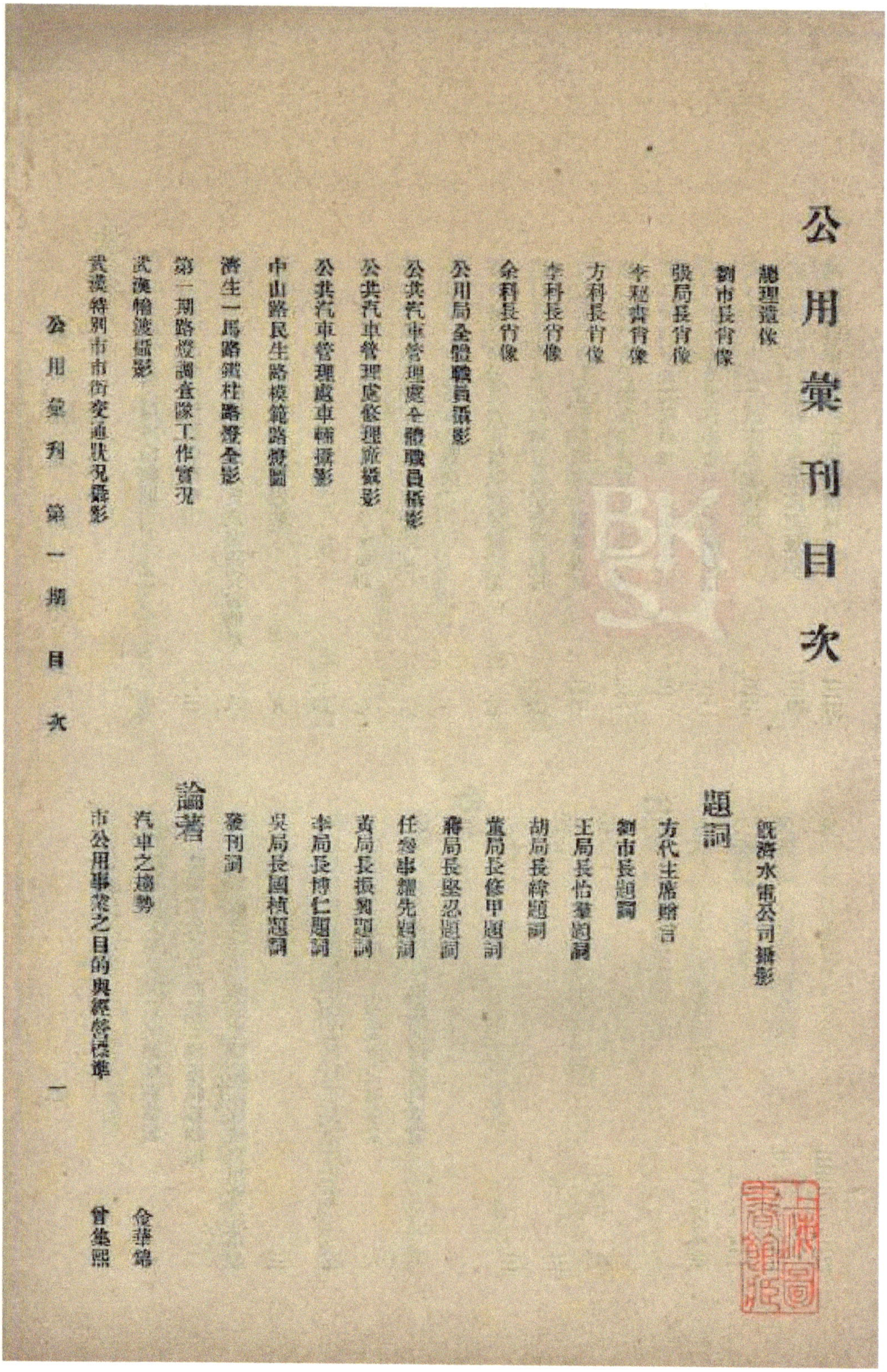

公用彙刊目次

題詞

論著

公用彙刊第一期目次

法規

二

法規草案

命令

公牘

會議錄

大事摘要

業務報告

公用彙刊　第一期　目次

特載

漢口特別市公用局全體職員撮影

漢口特別市公用局公共汽車管理處全體職員撮影

七　關於度量衡之檢查及取締事項

八　關於公共廣告場所之管理及一切廣告之取締事項

九　關於除交通外其他公用事業之經營監督管理及取締事項

（丙）第三科職掌如左

一　關於市內各交通事業之經營管理或監督取締事項

二　關於各項車輛船舶及其他交通器具之登記檢驗事項

三　關於一切交通器具製造廠及營業廠之監督取締事項

四　關於車輛駕駛人之考驗給照事項

五　關於電話事業之經營及監督事項

六　關於其他交通事項

第五條　本局設科長三人科員十人至十五人承長官之命辦理各科事務設技正四人至六人技士八人至十二人技佐八人至十五人承長官之命辦理技術事務

前項科長得由秘書技正兼任之

第六條　本局視事務之繁簡得酌用辦事員及僱員

第七條　本局各職員除秘書科長技正技士科員由局長呈請市長核准分別薦任委任外其餘人員由局長委任或僱用之

第八條　本局為辦理主管事務有設立附屬機關之必要時得呈請特別市政府核准組織之

第九條　本局為討論局務之進行及改良得召集局務會議由局長秘書科長技正組織之

為討論工程計劃及審查技術事項得召集技術會議由局長技正技士組織之

第十條　本局辦事細則另訂之

第十一條　本細則如有未盡事宜得依特別市組織法修正之

第十二條　本細則自特別市政府呈奉國民政府核准之日施行

第十條 第三科職掌如左

甲 公共汽車及電話電車

一 關於公共汽車之設計整理事項

二 關於公共電話之設計改良擴充事項

三 關於電車之設計創辦事項

乙 輪渡船舶及碼頭

一 關於輪渡船舶碼頭等之調查登記檢驗事項

二 關於輪渡船舶碼頭等之經營管理事項

三 關於妨碍或危害輪渡船舶碼頭進行上之取締事項

丙 商辦汽車馬車及人力車

一 關於商辦汽車之調查登記取締檢驗事項

二 關於人力車馬車之調查登記取締檢驗事項

三 關於一切車輛及駕駛人員之發給執照事項

第十一條 各科互相關聯之事由主管科科長陳明局長會同辦理之

第三章 紀律

第十二條 本局辦公時間遵照市政府規定凡本局職員均應按時到局不得遲到早退違背至三次者以曠職一日論

第十三條 本局設考勤簿各職員每日到局均應親自簽到

第十四條 在辦公時間非有重要事件不得會客會客不得過五分鐘

第十五條 凡來賓接洽公務應一律在會客室延見不得引至辦公處及各科晤談

第十六條 凡未經發佈之文件各職員須持慎密不得洩漏

第四章 處理文件

第十七條 本局收到文電由收發員登入收文簿並註明時日編號摘由彙送秘書分別最要次要送請局長核閱後再由秘書分交各科擬辦

第十八條 各科辦稿人員應隨到隨辦不得遲延文稿擬辦後應在稿面簽名遞送主管科長秘書審核呈送局長判行發繕

第十九條 文件繕正後應將正本及原稿檢送校對員校對再送由監印員用印並登入用印簿送收發員封發

第九條之規定組織之

第三十五條 局務會議暫定每星期三下午為常會時間遇必要時得由局長召集臨時會議或經秘書科長技正請求由局長臨時召集之

第三十六條 局務會議由局長秘書科長技正組織之遇必要時並得指派其他職員列席陳述意見

第三十七條 局務會議應議事項如左

一 報告本週工作狀况

二 市長或局長交議事項

三 秘書科長技正提議事項

四 各種報告事項

第三十八條 局務會議事項須於每星期一上午十二時以前交由秘書室彙編議事日程如不及彙編時得臨時動議

第三十九條 如提議事項應特別研究者須於三日前將議案交由秘書室印發出席人員以資考量

第四十條 局務會議以局長為主席局長因事不能出席時得指定一人為臨時主席或公推之

第四十一條 每次議案之表決以出席人員過半數為通過可否同數由主席取決之

第四十二條 會議事項及開會次數時間地點出席缺席請假員名人數須分別詳載於議事錄

第四十三條 每次會議完畢時由紀錄員將議事錄送由秘書轉呈主席核閱簽記然後繕印分發歸檔存查

第四十四條 本局技術會議例會暫定每星期五下午二時舉行遇必要時由局長召集臨時會議或技術人員三人以上之請求由局長臨時召集之

第四十五條 技術會議由局長技正技士組織之遇必要時得指派其他有關係職員列席陳述意見

第四十六條 技術會議以局長為主席局長因事不能出席時得指定一人為臨時主席或公推之

第四十七條 技術會議應議事項如左

一 由局長交議之技術事項

二 技正提議事項

三 全市公用設計及審核技術事項

四 關於其他技術事項

委令

武漢特別市政府任命令（六月二十七日）

茲任命張斐然代理本特別市公用局局長除請簡外合行令仰該員遵照此令

劉文島

國民政府簡任狀（八月十日）

任命張斐然為漢口特別市政府公用局局長此狀

主　席蔣中正
行政院院長譚延闓
立法院院長胡漢民
司法院院長王寵惠
考試院院長戴傳賢
監察院院長蔡元培

武漢特別市政府公用局局令

茲呈請薦任李蔭渤為本局秘書方祖樂為本局第一科科長李師洛余伯傑郭鏧若朱士圭為本局技正除呈請轉呈薦任外均仰先行到局任事此令　七・一・

茲派技正李師洛暫兼本局第二科科長技正余伯傑暫兼本局第三科科長此令　七・一・

茲呈請委任吳均芳余華錦林啟賢邱秉銓蕭理紛唐沐為本局技士唐一韋定勛周劍秋毛書齋蕭甫翀李元為本局科員除呈委外均仰先行到局任事此令　七・一・

茲委任柳維華張識夫為本局技佐傅登銘劉作楷鄒羅民謝金羅毅余揚吉充本局辦事員程邁芬鄧展程李光毅侯臣郭燦謝育淳劉先璠黃仲玉李鴻嘉鄒統桂充本局雇員此令

茲委王鏞灝充本局辦事員石笑侯王堃充本局雇員此令

茲暫派本局技士吳均芳兼公共汽車管理處管理員並兼該處

車務主任技士金華錦兼公共汽車管理處機務主任此令　七·四·

茲委任金錫康爲本局辦事員着在公共汽車管理處服務此令　七·四·

茲呈請委任張友三廖體吾習文選爲本局試用科員均仰先行到局任事派萬世珍充本局試用辦事員此令　七·四·

茲呈請委任汪聯松夏鼎代理本局技士張振雲代理本局科員均仰先行到局任事派況之藩劉兆棠充本局試用辦事員此令　七·四·

茲呈請委任徐汝梅爲本局科員着先行到局任事派歐陽日鍒劉績熙充本局試用辦事員此令　七·九·

茲呈請委任謝鼎爲本局技士仰先行到局任事派石承鼎充本局辦事員此令　七·十·

茲委任陳鏞亭代理本局公共汽車管理處車務主任吳均芳着毋庸兼任車務主任此令　七·十·

茲派嚴綬之試充本局辦事員此令　七·十三·

茲派龔仲達充本局辦事員此令　七·十五·

茲委任陳浩麟朱鼓民爲本局技佐此令　七·十五·

茲派王智照充本局試用雇員此令　七·十五·

茲派柳芹甫孫昆充本局雇員此令　七·十九·

茲委任陳其平李作民爲本局技佐派毛建邦王其焕楊仁孜黃自如充本局辦事員此令　七·二十五·

茲委任劉承基爲本局辦事員此令　七·二十六·

茲委任朱頌堯爲本局技佐派胡徽選爲本局雇員此令　七·二十九·

茲呈請委任劉榮照爲本局科員仰先行到局任事此令　七·二十九·

茲呈請委任田汝衡爲本局科員仰先行到局任事雇員石笑侯提升爲辦事員此令　七·三十·

茲委任鍾烈鉅爲本局技佐此令

兼公共汽車管理處管理員吳均芳呈辭兼職應照准派本局技士金華錦代理公共汽車管理處管理員此令　八·六·

茲委任崔學濤爲本局技佐兼公共汽車管理處副機務主任此令　八·六·

茲派趙友孝充本局辦事員此令　八·十三·

茲派張青充本局雇員此令　八·十六·

面商妥據報稱指定菜場建築地點及取締菜廠內之陳列售品均應由公用局辦理關於審查圖樣取締建築仍歸工務局辦理等語據此相應將該商戶副呈及說明書各一件函檢貴局請煩查照派員勘定該商商擬建菜場地點是否適宜有無建設必要並希賜覆為荷等由准除此函復外合亟檢齊副呈說明書圖樣等件派該員前往工務局接洽會同派員前往查勘具復切切此令

計發副呈一件說明書一件圖樣一件仍繳

局長張斐然　七·二五·

漢口特別市公用局訓令

令辦事員甯鑫

為令遵事查本市新修各處柏油馬路油質石沙甫經鋪竣亟應加意保養以期堅固又查鐵輪車載量甚重最易損壞新鋪路面本局業經出示佈告嚴禁鐵輪貨車行走柏油新路在案本局言之諄諄而不肖車夫聽之藐藐故意損壞新路殊屬不合為此令仰該員即便遵照親赴各路隨時查察嚴厲取締如有不服阻止者准予指揮崗警將車夫一併帶送來局以憑核辦切切此令

局長張斐然　一七·二六·

漢口特別市公用局訓令

令公共汽車處兼管理吳均芳

為令遵事案准工務土地兩局函開敝局等奉令派員會同湖北省政府四廳委員勘定省市劃分界限事宜惟環繞一週路途數十里且值溽暑職員往返殊感不便用特專函奉商擬請貴局撥借公共汽車一乘應用兩天茲派吳技士煥炎前來即希查照賜予接洽為荷等因准此除函復外合行令仰該管理員遵照暫行借車一輛以資應用此令

代理局長張斐然　七·二十七·

漢口特別市公用局訓令

為令遵事案奉市府審字第三四零號訓令開為令飭事案准審計院咨開為咨請事查各機關所送計算書類附屬單據中多有僅具商號店名而無詳細地址者間有正式發票雖刊印地址而木戳字跡糢糊不清者敝院審核各機關送來單據有時須派員抽查或實地調查或通訊查詢遇有此種單據往往發生困難

指令

漢口特別市公用局指令

令公共汽車管理處吳均芳

呈一件　懇請辭兼職由

呈悉該員兼管之第二科科務業經改派方科長爾緩負責兼理仰即勉為其難專任處務所請辭去管理員兼職一節著無庸議此令

局長張斐然　七・十六・

漢口特別市公用局指令

令代理公共汽車管理處車務主任陳鄉亭

呈一件　因病呈請辭職由

呈悉該員因病請准辭職情詞懇摯應即照准此令

局長張斐然　七・十六・

漢口特別市公用局指令

令公共汽車管理處前代處長王世圻

呈一件　准工務局移交該處長補造四月份收入計算書請轉呈備案由

呈齊均悉已轉呈

市府鑒核矣仰即知照此令

局長張斐然　七・十八・

漢口特別市公用局指令

令公共汽車管理員吳均芳

據前處長畢蔚如呈據機務員劉汝境報稱

呈一件　承包人柳發記不遵約履行修理汽車擬收尾欠五十元扣發另招商修理請備案由

呈悉據稱擬以應給該柳發記修整車輛包工洋尾數五十元扣作罰金以為違約者懲殊不合法礙難照准惟車輛修理不固應如約責令該記照修倘敢違約抗不照修據實呈報來局定當依法勒令修理也仰即遵照此令

局長張斐然　七・十七・

漢口特別市公用局指令

令公共汽車管理處前處長畢蔚如

呈一件　准工務局移交該處長呈造六月份支付預算書請轉呈備案由

呈悉准予轉呈

市府鑒核備案仰即知照此令

局長張斐然　七・十八・

漢口特別市公用局指令

令公共汽車管理處管理員吳均芳

呈一件　准工務局移交該處前處長畢蔚如造送改良十一十二兩號汽車棚架臨時預算書請核備案由

呈書均悉已轉呈

市府鑒核俟奉到　指令再行飭遵仰即知照此令

局長張斐然　七・二十二・

漢口特別市公用局指令

令公共汽車管理處管理員吳均芳

呈一件　准工務局移交該處前畢處長呈送改造建築停車廠及宿舍預算書請轉呈備案由

呈書均悉准予轉呈

市府鑒核備案此令

局長張斐然　七・二十二・

漢口特別市公用局指令

令公共汽車管理處管理員吳均芳

呈一件　呈報接收情形及繕呈各項清冊木質鈐記一顆處長小印一方請鑒核由

呈悉已轉呈

市府矣此令

局長張斐然　七・二十七・

漢口特別市公用局指令

令公共汽車管理處管理員吳均芳

呈一件　請增加修理匠一名以資應用由

呈悉查本本預雖業經呈送

市府鑒核在案所請增加修理匠一名着從緩議仰即知照此令

局長張斐然　七・二十七・

漢口特別市公用局指令

令公共汽車管理員吳均芳

呈一件　請函公安局酌派衛兵保護該處由

呈悉據稱軍人乘車發生滋鬧不過偶然之事該處辦事人員儘可善意勸喻若以衛兵攔阻反足引起惡感仰候從緩妥籌辦法可也此令

局長張斐然　八・二・

漢口特別市公用局指令

令公共汽車管理員吳均芳

呈一件 呈請辭去管理員兼職調回本局服務由

呈悉查該員供職以來對於處務力圖整頓本局長正資倚畀一旦驟然辭去處務誠恐難免不無窒礙仰仍勉為其難安心服務所請辭去兼職着毋庸議此令

局長張斐然 八・六・

漢口特別市公用局指令

令代理公共汽車管理員畢爵如

呈一件 呈請轉呈該處十八年六月份臨時支付預算書由

呈悉已轉呈市府矣仰即知照此令

局長張斐然

漢口特別市公用局指令

令漢口乞丐收容所所長文宗祥

呈一件 呈據處記德記兩車行報稱承租之人力車係沒收逆產車照被前車主携去請免驗車照准予登記由

呈悉查核終稟內據該所長呈報處記德記兩車行承租該所之人力車二十三乘因係沒收逆產車照均被前車主携去各節經派員調查確係實情仰即該所長轉飭該處記德記兩行准予免驗車照即日來局登記毋再藉故延宕切切此令

局長張斐然 七・二十五・

會議錄

漢口特別市公用局第一次局務會議紀錄

日期　七月二十四日（期星三）下午二時

地點　本局會議室

出席人　張斐然　李滋澍　李師洛　方祖鞭

列席人　金華錦　汪聯松　謝鼎　蕭理紛　吳均芳

主席　張斐然

紀錄　唐一

開會如儀

主席　略謂本局雖成立了三個星期，因種種的籌備，欲開次一會有一次的結果，故今天始開第一次局務會議，局務會議的精神，在共同研究，共同討論，以求進行方法的妥善，亦就是本黨的民主制，實行總理的民權初步，本局管理公用事業，希望大家秉大道爲公的宗旨，黽勉從公，使本市的公用事業，日新月異，爲全國各特別市之模範，大凡普通一班人，對於自己個人的事肯稍門，用錢亦肯節省，兄弟覺得我們替公家辦事，也應該這樣，辦公家的事，當看作辦個人的私事一般，所以本局的經費，預算規定極少，用人亦不多，這就是兄弟覺得辦公事，應該和辦個人私事一樣的一點意見，亦就是　市長所說的，「要以極經濟的方法，來用人用錢，能夠用一錢得兩錢之益；用一人收兩人之功；即是用人要用得其當，使能盡其所長；用錢亦要用得其當，使其能得最大的效用；」的意思，現在本局內部事務，均已籌備就緒，一切事業以後應積極進行了，如本市公共汽車的整理，自來水的化驗，電力廠的調查，以及輪渡市輛菜場浴堂等等，均亟須計劃設備與改良，故目前本局一切工作，極形緊張，務望大家努力，如同做個人私事一般，以期有益黨國，是所至幸

討論事項

一、漢口特別市公用局公共汽車乘車須知草案（局長提出）

議決　照修正通過

二、漢口特別市公共汽車傷人處理章程草案（局長提出）

議決　照修正通過

三、漢口特別市公用局公共汽車行車規程草案（局長提出）

議決　照修正通過

四、漢口特別市公用局公共汽車管理處辦事程序草案（局

長提出）

議決　照修正通過

五・漢口特別市公用局公共汽車管理處司機生服務規程草案（局長提出）

六・漢口特別市公用局公共汽車管理處司機生開車須知草案（局長提出）

議決　五六兩案由第三科合併修正提出第二次局務會議再議

七・漢口市菜場調查表

漢口市浴堂調查表

漢口市電力廠調查表

漢口市電料店調查表

漢口市路燈調查表

漢口市度量衡製造廠調查表

漢口市通用度量衡比較表

漢口市自來水調查表

議決　上列各項公用事業之調查表格由一二兩科分別擬訂呈請　局長核定

漢口特別市公用局第二次局務會議紀錄

日　期　七月三十日（星期二）下午一時

地　點　本局會議室

出席人　張斐然　李盛澍　方祖穠　李師洛　余伯傑

列席人　吳均芳　謝鼎　汪鑑松　金華錦　丘秉銓

主　席　張斐然

紀　錄　唐　一

開會如儀

報告事項

主席報告執行上次議決案之經過

議決事項

一・關於本局各種會議規則應請確定案（余伯傑提出）

二・本局組織系統應請確定案（余伯傑提出）

議決　右二案由第一科擬定本局辦事程序局務會議程序技術會議程序草案

三・派員赴各水電公司實行調查案（李師洛提出）

議決　由局長於第二科派員調查

四・繼續完成工務局移交路燈整理案（李師洛提出）

主席張斐然因出席市政會議退席李盛澍代理主席

議決　由局長派員繼續分別調查依調查結果由第二科擬定整理辦法再行提出局務會議討論

五・按照所定表格分派人員調查菜場浴堂電料行案（李師洛提出）

議決　由局長派員依照表式分別調查

六・整理廣告案（李師洛提出）

議決　由第二科擬定取締廣告辦法下次提出局務會議討論

七・關於成立氣象研究會推定人員負責案（方祖穠提出）

議決　推李秘書滋澍方科長組赬余科長伯傑謝技士鼎
府科員一爲籌備員負責積極籌備
八・本局獎懲條例草案請討論公決案（方祖赬提出）
議決　由第一二三科科長審查後抄呈
局長批准施行
臨時動議
一・本局職員不得寄宿局中案（李滋澍提出）
議決　除　市府規定住宿八人外其餘人員一律遷出
主席報告在本局辦事規則未訂定以前暫定每星期三下午二
時開局務會議

漢口特別市公用局第三次局務會議

日　期　八月七日下午五時
地　點　公用局會議廳
出席人　張斐然　李滋澍　方祖赬　李師洛　余伯傑
列席人　謝　鼎　金華錦　吳均芳　汪聯松
主　席　張斐然
紀　錄　田紫衡
開會如儀
報告事項
主席　報告上次會議議案執行情形　上次議案（一）（二）
兩案之會議規則與本局組織系統已經辦好（三）案調查水
電因步驟關係尚未開始（四）案整理路燈已着手而未竣事
（五）案調查菜場設置資料行在進行中（六）案整理廣告
其辦法下次會議提出（七）案組織設計研究會現在簡
章已擬就（八）本局職員獎懲條例已詳加審查本次提議又
職員寄宿之限制辦法已照行
討論事項
一・公共汽車營業應切實整理案（余伯傑提附營業報告表
及整理項目各一紙）
議決　（一）新擬營業報告表交三科科長參酌現在報
告表修正後再議
（二）以後公共汽車管理處去留員司須先開單
送經　局長核定
（三）其他二三各條由第三科秉承局長辦理之
二・擬訂漢口特別市公用局辦事程序草案請公決案（方祖
赬提附程序草案）
議決　交李秘書李科長余科長審查後提出下次局務會
議通過
三・修正漢口特別市公用局職員獎懲條例請通過施行案
（方祖赬李師洛余伯傑提附條例）
議決　修正通過
獎懲條例「條例」二字改「規則」第四條一等
獎改爲「一」升級「二」加薪第五條二等獎改爲
「一」記功「二」嘉獎第六條一種懲戒之「三」改爲
減薪第七條二種懲戒改爲「一」記過「二」申斥
第十一條一項放蕩二字改爲不檢二字又三項刪
致字添弛字於廢字之下第十七條加提出局務會
議六字第十八條加由局長呈請市政府核准十字

四・擬訂漢口特別市公用局公共汽車管理處司機生服務規則請公決案（余伯傑提出）

議決　修正通過

第一條加本規則之四字於規定之上第三十六條加提出局務會議六字第三十七條加局務會議通過由局長呈請市政府核准十六字

五・擬訂行路須知請公決案（余伯傑提出）

議決　照原文通過佈告週知並函請公安局查照

六・請通過本局工作人員黨義研究會簡章案（方祖韓提出）

議決　照原文通過

臨時動議

一・近來電氣用具日多可否另覓小房一間以便安置而免損失案（李師洛提）

議決　由第科照辦

漢口特別市公用局第四次局務會議紀錄

日期　八月十四日（星期三）下午二時

地點　公用局會議室

出席人　張斐然　方祖韓　李師洛　謝鼎代　余伯傑

列席人　謝鼎　吳均芳　金華錦　邱秉鈴

主席　張斐然

紀錄　唐一

開會如儀

報告事項

主席報告執行上次議決案情形

討論事項

一・漢口特別市公用局廣告規則草案（李師洛提出）

議決　交李秘書滋澍余科長伯傑李科長師洛唐技士沐謝技士鼎汪技士聯松審查由李科長召集開會

二・漢口特別市公用局第一次檢驗人力車規則草案（余伯傑提出）

三・漢口特別市公用局例期檢驗人力車規則草案（余伯傑提出）

四・漢口特別市公用局稽查人力車暫行罰則草案（余伯傑提出）

五・漢口特別市公用局管理市街交通規則草案（余伯傑提出）

議決　以上四案交李秘書滋澍方科長祖韓李科長師洛余科長伯傑汪技士聯松吳技士均芳金技士華錦審查由余科長召集開會

六・漢口特別市公用局公共汽車管理處營業情況報告表

議決　照修正通過

審查報告

一・審查漢口特別市公用局辦事程序案報告書（李師洛余伯傑提出）

議決　照審查報告通過

臨時動議

推定黨義研究會各組委員案（方祖韓提出）

議決　交李秘書滋澍方科長祖韡李科長師洛余科長伯傑唐技士沐汪技士聯松審查由李科長師洛召集開會

四・漢口特別市公用局取締電桿規則草案（李師洛提出）

議決　交李秘書滋澍方科長祖韡李科長師洛余科長伯傑唐技士審沐查由李科長師洛召集開會

五・漢口特別市公用局監理商辦電氣公司規則草案（李師洛提出）

議決　交第二科調查本市各電氣公司情形後再議

六・漢口特別市公用局取締車輛罰則草案（余伯傑提出）

議決　交李秘書滋澍方科長祖韡李科長師洛余科長伯傑審查由余科長伯傑召集開會

漢口特別市公用局第一次臨時局務會議紀錄

日期　八月三十一日（星期六）上午十二時

地點　公用局會議室

出席人　張斐然　李滋澍　方祖韡　李師洛　余伯傑

列席人　唐　沐　汪聯松

主席　張斐然

紀錄　唐　一

開會如儀

討論議事程序

一・漢口特別市公用局機械電氣工程師登記規則草案（李師洛提）

議決　交李秘書滋澍方科長祖韡李科長師洛余科長伯傑唐技士沐汪技士聯松參照國府工商部等所頒條例會同審查由李科長師洛召集開會

審查報告

一・審查漢口特別車公用局取締電桿規則草案（審查人李滋澍方祖韡李師洛余伯傑唐沐汪聯松報告）

議決　照審查修正通過

二・審查漢口特別市公用局管理路燈規則草案（審查人李滋澍方祖韡李師洛余伯傑唐沐汪聯松報告）

議決　照審查修正通過

三・審查漢口特別市公用局取締市輛罰則草案（審查人李滋澍方祖韡李師洛余伯傑唐沐汪聯松報告）

議決　照審查修正通過

漢口特別市公用局第七次局務會議紀錄

日期　九月四日（星期三）下午二時

地點　公用局會議室

出席人　張斐然　李滋澍　方祖韡　李師洛　余伯傑

列席人　李定勛　孫眉裕　田策衡　汪聯松　吳均芳

甯理紛

主席　張斐然

紀錄　唐　一

開會如儀

報告事項

一、局長報告執行第六次例會議決案之經過及本週工作狀況

二、余科長報告遵照第六次局務會議擴充漢陽人力車案調查經過情形

議決 不准擴充

審查報告

審查漢口特別市公用局機械電氣工程師登記規則草案（審查人李滋澍李師洛余伯傑唐沐汪聯松報告）

議決 交原審查人再行審查

討論事項

一、為既濟水電公司違抗命令應如何處理案（李滋澍李師洛提出）

議決 再令限期呈報倘仍違抗命令依法懲辦

二、規定門牌式樣案（李師洛提出）

議決 採用局長提出之橢圓形式樣

三、各種車輛號牌已製成圖樣請公決採用案（余伯傑提出）

議決 照提出原圖樣採用

四、為據劉國華陳明在漢陽有領車照優先權請討論辦法案（余伯傑提出）

議決 不准

漢口特別市公用局第八次局務會議紀錄

日期 九月十、日（星期三）下午二時

地點 本局會議室

出席人 李滋澍 李師洛 方訓驥 余伯傑

列席人 蕭璵紛 吳均芳 陸紹鄂 李元 蘇眉楷

請假人 張斐然

主席 李滋澍

紀錄 唐一

開會如儀

報告事項

一、主席報告執行第七次例會議決案之經過及本週工作概況

二、主席報告左列三案

1. 漢口特別市公用局機械電氣工程師登記規則草案
2. 漢口特別市公用局路燈管理處組織細則草案
3. 漢口特別市公用局路燈管理處徵收路燈捐章程草案

係上次局務會議交審查者業經審查完畢局長許可先行繕發請求本次局務會議追認

議決 通過追認

三、主席報告本局執行上次局務會議議決限定既濟水電公司於五日內呈復迄已逾限尚未見復似此違抗命令應如何處理案

議決　呈請　市府依法懲辦

討論事項

一．府令據第三特別區市政管理局呈請擬定期舉行汽車檢查仰即妥速議複案（李滋澍提出）

議決　該呈爲清查盜匪以防未然用意至善但發給汽車牌照本局已擬訂章程一俟市府公佈即可舉行檢驗發換新牌照茲該局擬定二十二日檢驗各處汽車更換牌照應否准行仍請市府核奪

二．英商漢口電燈公司爲奉本局訓令答複失當應如何處理案（李滋澍提出）

議決　呈請　市府核辦

三．漢口特別市公用局菜場及臨時菜場管理規則草案（李師洛提出）

議決　交方科長祖鞭李科長師洛余科長伯傑陸科員紹鄂蘇科員眉裕審查由李科長師洛召集開會

漢口特別市政府公用局第九次局務會議紀錄

日期　九月十八日（星期三）上午十時

地點　本局會議室

出席人　李滋澍　余伯傑　李師洛　方祖鞭

列席人　李定勛　滿理紛　陸紹鄂　蘇眉裕　李元

吳均芳　金華錦

請假人　張斐然

主席　李滋澍

紀錄　唐一

開會如儀

報告事項

一．主席報告執行第八次議決案之經過

二．主席報告本週工作概況

三．主席報告本局公用彙刊亟須付印關於編輯方法搜集材料等項應請各負責編輯人特別注意

討論議事程序

一．市長檢閱本局時面諭辦事員薪微不易生活宜酌予增加應如何辦理案（李滋澍提出）

議決　本局辦事員薪水一律由五十五元起支原支五十五元以上者各加月薪五元

二．度量衡如何製造案（李師洛提出）

議決　由第二科李科長會商社會局及總商會暫行指定市上通行某種適當量器以應目前急需至度量衡應如何製造交技術會議討論

三．府令據職員劉兆棠呈請准予回復原職仰即查核具復案（余伯傑提出）

議決　呈復　市府依照該員呈文准予請調他局

漢口特別市政府公用局第十次局務會議紀錄

日期　九月二十六日（星期四）上午十時

地點　本局會議室

出席人　李滋澍　方祖鞭　李師洛　余伯傑

列席人　吳均芳　毛壽齋　蘇眉裕　田策衡　金華錦

周劍秋　李元

請假人　張斐然

主席　李滋澍

大事摘要

六月廿七日 市政府命令張斐然為漢口特別市公用局局長奉頒木質鈐記一顆文曰漢口特別市公用局印牙質章一顆文曰漢口特別市公用局局長

本頒漢口特別市公用局組織細則

廿八日 張局長開始組織局務

七月一日 啟用印信

令委任各項職員并着先行到局任事

本局正式成立開始辦公

二日 派科員庸一等向工務局接收有關公用事業文卷

五日 派技士吳均芳等接收公共汽車管理處

委吳均芳兼任公共汽車管理處管理員

實行裁去公共汽車管理處巡長股長等職員節省開支

八日 張局長偕技士吳均芳等赴橋口視察自來水廠劉家廟刷新電廠

九日 制定公共汽車管理處組織細則

十五日 令公共汽車管理處力加整頓和改良并發辦法一份

十六日 令本局職員因公乘車亦應購買車票

頒發公共汽車管理處組織細則

十七日 派技士邱秉銓赴水廠化驗水質（化驗表另附）

開始檢驗營業人力車

制定公共汽車管理處制服號數符號

十九日 派技士謝鼎汪聯松調查特區及租界水電公司營業情況

二十日 呈 市政府請添設中山公園起至劉家花園止路燈（預算附）

廿二日 令管理處備車四輛歡迎法飛行家

廿四日 開始舉行局務會議

制定公共汽車管理處辦事程序

制定公共汽車行車規程

制定公共汽車傷人處理規程

制定公共汽車乘車須知

制定市民行路須知

漢口特別市公用局民國十八年八月份支付預算書

支出經常門

科目	全年度預算數	本月份預算數	備考
第一款 漢口特別市公用局經費	一一三・四〇〇・〇〇	九・四五〇・〇〇	
第一項 俸給	九三・〇〇〇・〇〇	七・七五〇・〇〇	
第一目 長官俸給	五・四〇〇・〇〇	四五〇・〇〇	
第一節 局長俸給	五・四〇〇・〇〇	四五〇・〇〇	局長一員月支如上數
第二目 職員俸給	八七・六〇〇・〇〇	七・三〇〇・〇〇	
第一節 秘書俸給	三・六〇〇・〇〇	三〇〇・〇〇	秘書一員月支如上數
第二節 科長俸給	九・〇〇〇・〇〇	七五〇・〇〇	科長三人平均每人月支二百五十元共支如上數
第三節 技正俸給	一二・〇〇〇・〇〇	一・〇〇〇・〇〇	技正四人平均每人月支二百五十元共計月支如上數
第四節 技士俸給	一九・二〇〇・〇〇	一・六〇〇・〇〇	技士十人平均每人月支一百六十元共計月支如上數
第五節 科員俸給	一四・四〇〇・〇〇	一・二〇〇・〇〇	科員十人平均每人月支一百二十元共計月支如上數
第六節 技佐薪水	九・六〇〇・〇〇	八〇〇・〇〇	技佐十人平均每人月支八十元共計月支如上數
第七節 辦事員薪水	一四・四〇〇・〇〇	一・二〇〇・〇〇	辦事員二十人平均每人月支六十元共計月支如上數
第八節 雇員薪水	五・四〇〇・〇〇	四五〇・〇〇	雇員十人平均每人月支四十五元共計月支如上數
第二項 工餉	四・八〇〇・〇〇	四〇〇・〇〇	
第一目 各項工餉	四・八〇〇・〇〇	四〇〇・〇〇	

職別	姓名	年歲	別號	籍貫
科員	田頌衡	鼎哉	二四	湖南平江
技士	陸紹鄂	字行	三九	廣西桂林
	江聯松	柏泉	二八	湖北應城
	鄧秉銓	字行	三四	江西興國
	林啓賢	天昂	三二	福建閩侯
技佐	謝鼎	冶民	二六	江蘇吳縣
	朱崇梁	字行	二六	江西南昌
	顧其平	字行	三〇	湖北京山
	朱鼓民	字行	三二	江西臨川
	陳浩麟	字行	三〇	廣東潮安
辦事員	羅駿	灝寰	三四	湖南寧鄉
	嚴毅之	字行	三〇	湖北襄陽
	蘇瀛珂	詩鑒	二七	湖南湘陰
	毛建邦	字行	四一	江西永新
	俞錫康	少伯	三一	江蘇上海
	王其煥	字行	二八	湖北孝感
技正（兼代第三科科長）	余伯傑	字行	三九	湖南保靖

職別	姓名	年歲	別號	籍貫
技正	朱士圭	字行	二四	江蘇無錫
科員	柳維華	棣閣	三八	湖北黃陂
技士	蔣潛	字行	四〇	湖南武岡
	吳均芳	孟穎	三四	湖北竹山
	蕭運紛	平章	二六	江西南昌
技佐	俞萃鏘	字行	二九	湖北黃陂
	張謙夫	字行	二八	湖南桃源
	李作民	字行	三〇	南北竹山
	崔學海	字行	三〇	湖北竹山
辦事員	鍾烈鉅	覺心	三九	江西贛縣
	劉承基	字行	三五	湖南長沙
	王鐘漢	字行	四九	湖南長沙
	南銜	主心	二八	湖北蘄水
	劉兆棠	公甍	三八	湖北咸寧
	况之潘	字行	三四	湖北武昌
	黃自如	字行	二八	湖北石首
	趙友琴	字行	三二	廣西古化

湖北工学会常务委员吴均芳

王曦按(2017 年 4 月 26 日):

以下为湖北省政府《实业公报》(中华民国二十年,1931 年,第十四期)上刊登的一篇由孔祥熙签发的文件。其内容为对湖北省建设厅所呈关于成立湖北省工学会的批示。此文件的上报者为湖北省工学会的三位常务委员,其中之一是吴均芳。由此可见外祖父除了履行公职以外,在学术界颇为活跃,是个学者型官员。

中華民國二十年四月十六日

實業公報

第十四期

實業部總務司印行

中華民國二十年四月六日

●咨湖北省政府　工字第八二七號

准咨轉據湖北工學會呈送章程等件咨請查核備案一節茲檢附工業團體登記規則一份復請轉飭遵照呈部登記由

爲咨復事接准

貴府統字第一三七五號咨據建設廳轉據湖北工學會常務委員陳彰琯朱樹馨吳均芳呈報該會組織經過情形並檢同該會章程會員錄職員表咨請查核備案等因附送原章程會員錄職員表各一份准此案查前工商部爲明瞭國內各工業團體內容藉便監督起見曾於十九年五月公布一種工業團體登記規則並經檢同該項規則一份於工字第三〇七六號咨請

貴府查照令行主管官署轉飭所屬遵照並布告周知在案查核該會之性質係屬工業團體範圍應依照該項規則向本部呈請登記毋庸備案准咨前因相應檢同工業團體登記規則一份復請

查照轉飭遵照依法進行至紉公誼此咨

湖北省政府

附工業團體登記規則一份

部長孔祥熙

中華民國二十年四月六日

●咨各省市政府　工字第八二八號

中华民国《建设委员会公报》上的吴均芳

王曦按(2017 年 2 月 3 日)：

2016 年 12 月 22 日(周四)，上海市政府参事室与上海图书馆联合举行了一次学习活动。会后，我向出席会议的上海图书馆会展部夏磊女士询问查找先辈文献一事。她答应请馆员协助查找并要我提供线索。当晚，我向她提供了外祖父的姓名、籍贯、教育等信息。几天后，她告诉我查到一些资料，请我前去确认。我们约好于 2017 年 1 月 5 日下午在上海图书馆近代文献部会面。那天天下小雨，我上午出席位于巨鹿路的参事室的活动，下午冒雨步行前往位于淮海中路的上海图书馆。在近代文献部的阅览室，夏磊女士和近代文献部的徐凡女士拿出了她们查到的四条信息：官方文件中华民国《建设委员会公报》、官方文件汉口特别市政府《公用汇刊》、学术杂志《电气工业杂志》和图书《民国名人图鉴》。记得那天看到徐凡女士从书库里抱着这些书籍走过来时，我的心不禁怦怦地跳了起来。我似乎感到外祖父离我越来越近！这四份资料，从不同侧面(为官、为学、声望)印证了外祖父吴均芳作为民国一位比较重要的技术官员的存在和贡献。

《建设委员会公报》是国民政府建设委员会发布的公文汇编，包括委员会的命令、文书等。《公报》的封面由张人杰题写。张人杰，字静江，1877—1950，国民党元老；1907 年，加入"同盟会"；1911 年辛亥革命后回国；历任国民党中央执行委员、中央监察委员、中央执委会常务委员会主席、浙江省临时政府主席、国民党特别委员会委员、全国建设委员会主席等职。全国建设委员会主管全国的电力建设事业。在民国二十二年(1933 年)一月出版的《建设委员会公报》第二十六期第 113—114 页上，载有由张人杰签发的"建设委员会指令第 1026 号"。该指令令湖北省建设厅"呈报遵派股长吴均芳先行视察附近各电厂，检送该员履历，祈鉴核备案由"。建设委员会委员长张人杰于民国二十一年(1932 年)十一月二十一日批示："呈件均悉，应准备案。兹检发电事业取缔规则一份、报告须知一册、调查表二纸，仰即转发该员收执备用。履历表存。此令。"张人杰委员长在这个指令里，批准湖北省建设厅关于派吴均芳视察各电厂决定的备案。从此文件可见，一、外祖父吴均芳当时在湖北省建设厅担任电政股长；二、他深得省建设厅的信任和赏识。

以下为该《公报》的封面、内封面、扉页和有关信息页的扫描件。

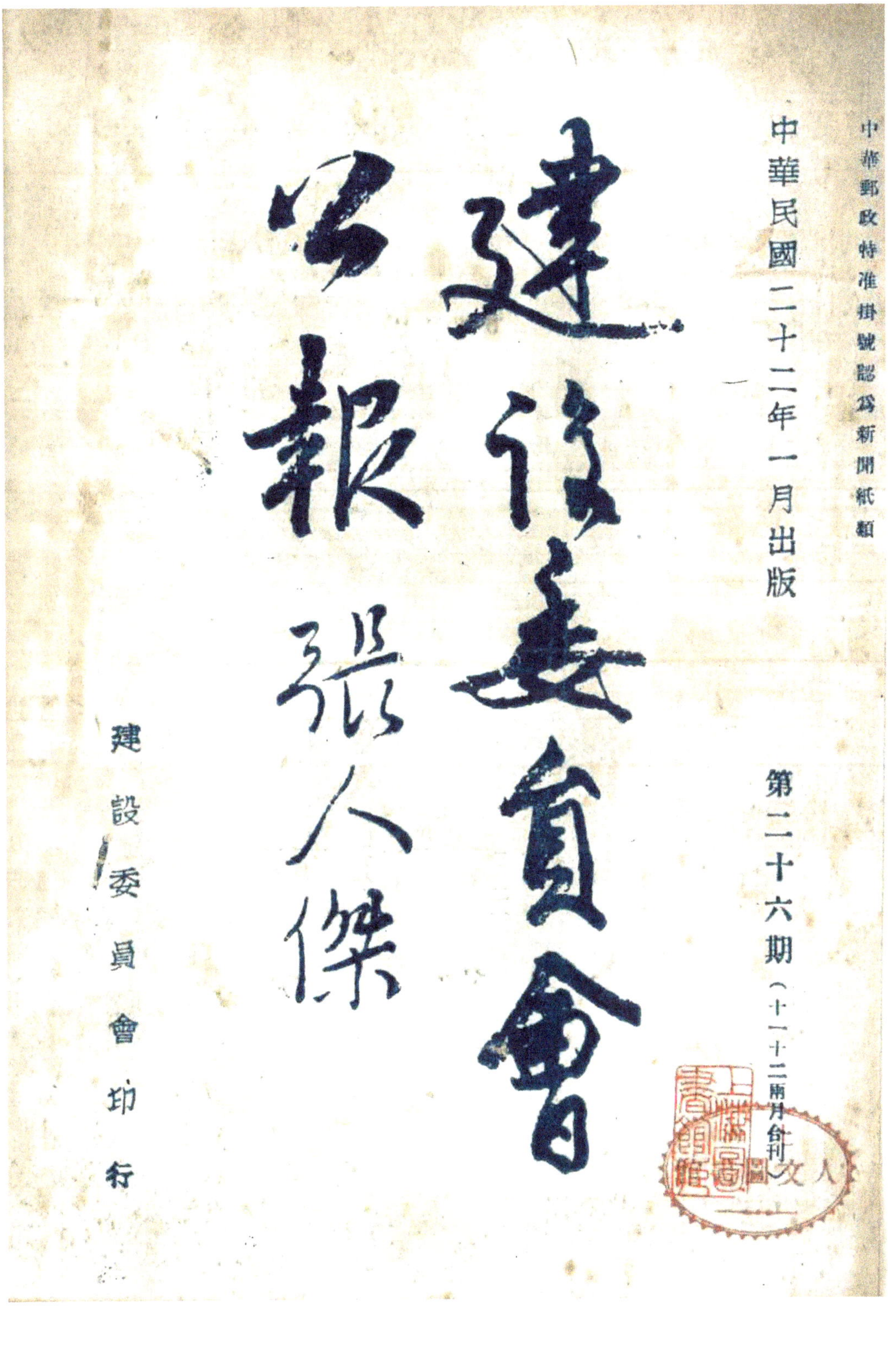
中華郵政特准掛號認爲新聞紙類

中華民國二十二年一月出版

建設委員會公報

張人傑

第二十六期（十一十二兩月合刊）

建設委員會印行

總理遺像

革命尚未成功

同志仍須努力

總理遺囑

余致力國民革命凡四十年其目的在求中國之自由平等積四十年之經驗深知欲達到此目的必須喚起民衆及聯合世界上以平等待我之民族共同奮鬥

現在革命尚未成功凡我同志務須依照余所著建國方略建國大綱三民主義及第一次全國代表大會宣言繼續努力以求貫澈最近主張開國民會議及廢除不平等條約尤須於最短期間促其實現是所至囑

建設委員會公報第二十六期目錄 二十一年十一十二兩月合刊

一 命令

二 文書

建設委員會批第一一三號

具呈人浙江臨海縣海門恆利泰記電氣公司

電呈營業困難請俯賜復查核准仍繼續照收增加電費以維業務由

眞代電悉查該公司擅自增加電價違反電氣事業取締規則第三十六條之規定業經迭令浙江建設廳飭縣制止幷依限執行在案所請應毋庸議仰即知照此批

中華民國二十一年十一月十九日

委員長張

建設委員會批第一一四號

具呈人浙江臨海縣海門鎭商會

電呈恆利泰記電氣公司酌加燈費經過情形可否免予制止以維業務由

灰代電悉據呈各節已於該公司呈內明白批示矣仰即知照此批

中華民國二十一年十一月十九日

委員長張

建設委員會指令第一〇二六號

令湖北建設廳

呈報遵派股長吳均芳先行視察附近各電廠檢送該員履歷祈鑒核備案由

呈件均悉應准備案茲檢發電氣事業取締規則一份報告須知一冊調查表二紙仰即轉發該員收執備用履歷表存此令

附發取締規則一份報告須知一冊調查表二紙

中華民國二十一年十一月二十一日

委員長張人傑

建設委員會批第二一五號

具呈人全國民營電業聯合會

呈爲籌辦電業學校函授部檢呈招生章程廣告及入學志願書祈鑒核備案由

呈件均悉准予備案仰即知照附件存此批

中華民國二十一年十一月二十一日

委員長張

建設委員會指令第一〇二八號

令江蘇建設廳

呈爲遵令派員查明青浦縣珠浦電燈廠工程狀況幷轉據該廠聲復各點報請鑒核示遵由

呈件均悉查所送圖表改善辦法及聲復各點除單開各條應再飭改進外其餘尚無不合准予註冊給

杨家骆著《民国名人图鉴》中的吴均芳

王曦按(2017 年 2 月 4 日):

在上海图书馆的近代文献部,馆员徐凡女士找到了一部杨家骆著《民国名人图鉴》,其中有关于外祖父的一则信息。该书第 8—127 页的下半部中央,记有“吴均芳”词条。该词条的全文是“【吴均芳(471)】孟颖。电机工程师。居武昌明桥十八号。”该书残破不齐,难以翻阅。据我在网上查询,该书共有四册。第一、二册出版于 1937 年,第三、四册由于战乱未出版。该书所记人物都有姓名、传记和相片三部分。但在我看到的这一册上,只有以上这些信息,没有吴均芳的传记和照片。在词条“吴均芳”的“均芳”二字旁,有数字“471”,不知何意,这有待查证。

该书作者杨家骆(1912～1991 年),江苏南京人,著名目录学家,1948 年去台湾。主编出版有《四库大辞典》、《世界学典》、《古今图书集成学典》、《四库全书学典》、《续四库全书学典》、《先秦著述学典》、《汉代著作学典》、《魏晋南北朝著述学典》、《清代著述学典》、《民国著述学典》、《民国以来出版新书提要》、《中华大辞典》、《中国文学百科全书》、《丛书大辞典》、《群经大辞典》、《历代经籍志》等大型工具书。

民國名人圖鑑草創本卷第七

楊家駱著民國史稿副刊之一

[2022]【喬立志】陸軍第七十四師師長。

[0022]【喬方】礮兵第七旅旅長。

[0028]【喬賡雲】漢章。興城人。一八七六生。初任陸軍第二十七師執法官。五年八月任奉天督軍署上校參謀。八年九月任東三省巡閱使署軍務處長。九年十二月任奉天督軍署參謀長。十年一月任東三省航空處少將處長。

[05]【喬靖華】孟縣教育局局長。

[10]【喬一凡】南京鍾南中學校校長。江蘇人。一八九五生。東南大學文學士。十三年八月任現職。

[15]【喬建才】曲阜人。二年十二月任察哈爾多倫鎮守副使。六年十二月任察哈爾鎮守使。

[20]【喬秉華】克英。綏遠省黨部執行委員會常務委員。歸綏人。居歸綏市城隍廟後水磨一號。一九〇四生。曾任歸綏縣黨部監察委員。歸綏市黨務整理委員。綏遠省黨務指導委員會組織部指導科總幹事。

[25]【喬純修】懋卿。號卷楠逸人。原武修志館館長兼總纂。原武人。居原武縣城內南街路西。一八六七生。

[26]【喬保元】仲三。綏遠歸綏市商會常務委員。一八八〇生。

[28]【喬作棟】河南省立民衆教育館館長。

[30]【喬家鐸】學劬。私立廣東國民大學教授。番禺人。居廣州市西關匯龍西十六號。清附生。廣雅書院肄業。廣東高等學校文科畢業。在廣雅書院肄業時。好研究聲音文字之學。著有訓詁學。般虛文字考二書。般虛文字考未成。

[382]【喬裕昌】季眉。河南大學法學院教授。天津人。居開封城隍廟街十三號。一八九五生。香港大學文科學士。曾任北平法政大學教授。河南焦作交涉局長。河南省政府祕書。民政廳科長。

師範大學教授二年。著有運動學。

【吳蘊初】[3]天廚味精廠常務董事兼廠務經理。天原電化廠天利淡氣製品廠董事兼經理。熾昌新製膠股份有限公司。開成造酸股份有限公司董事。中華工業化學研究所董事長。中華工業總聯合會委員。中華化學工業會副會長。大公職業學校校董。嘉定人。一八九一生。居上海菜市路一七六號天廚味精廠。陸軍兵工專門學校畢業。曾任漢冶萍煤鐵礦公司化驗師。漢陽兵工廠理化科科長。

【吳塿梅】[451]女士。中國大學教授。崇德人。居北平西安門內酒醋局十號。一九〇〇生。十年渡美入支加哥(Chicags)大學專攻教育。十五年。得教育學士位。旋於十六年。得教育碩士位。是年回國。任北平師範大學。北平大學農學院。及北平中國大學英文及教育教授。

【吳棣之】[459]廣東人。倫敦劍橋大學畢業。十一年三月曾任廣西省立第二中學校長。

【吳旭丹】[460]國立上海醫學院副教授。吳縣人。居上海愚園路一四〇七弄二號。美哈佛大學醫學博士。曾任協和醫科學校教員。

【吳坦】[461]旦平。導淮委員會工程師。

【吳觀光】[462]侑三。涇縣人。前清安徽高等法政學校預科畢業。宣統二年赴藏任洋務局委員。三年昇爲隨員。使理文案。繼任郵電科參事。民四任京兆尹署機要科員。六年十二月任國務院祕書廳主事。

【吳韞珍】[465]振聲。清華大學生物學系教授。青浦人。居北平該校西院四十三號。一八九九生。美康奈爾大學哲學博士。

【吳均芳】[471]孟穎。電機工程師。居武昌明橋十八號。

【吳郁生】[47227]吳縣人。一八六八生。光緒丁丑科進士。歷任民政部右侍郎。郵傳部左侍郎。軍機大臣。弼德院顧問大臣。

【吳鶴齡】[47227]梅軒。蒙藏委員會委員。蒙古地方自治政務委員會委員兼參事長。卓索圖盟人。居南京太平路蒙古辦事處。一八九四生。曾任蒙藏委員會參事。蒙藏委員會蒙事處長。

上海图书馆藏书
A541 212 0022 3124B

本書因爲是第一次編印，資料的搜集極其困難，編製的經驗也嫌不夠，再加以「時間」、「經濟」、「人手」等等方面的限制，雖自己相信已是「實幹」「猛幹」「苦幹」之最大的收獲，但當呈獻於社會時，仍深深感覺到萬分的慚愧！祗有熱烈的期望着，那不可逃避的「指摘」與「批評」，因爲這是可以給我作爲重編本書的南鍼！不過，我希望一切「指摘」者，「批評」者，能深切的了解我，數年來我無時不想把本書作到極合理想 地步，祗是受於「資料」、「時間」、「經濟」、「人手」的束縛太多，使我無法將我的理想與能力完全展佈出來！這「草創本」所以敢大膽出版的原因：一方面是爲彌補出版界的缺陷，以應社會之急切的需要；一方面是爲想以分佈區域的廣大，來求取大量的「指摘」、「批評」與「資料供給」的機會。如果你們能承認這是一個極其龐大而又極其繁重的工程，那你們一定不會評我「這是文過之辭」吧！

本書的出版，並不是我七年來從事「當代人物研究」的結束，而是我對「當代人物研究」的開始！這雖祗是我的終身事業中的一小部分，但我實始終臨以努力不懈的精神去進行他！現在我已在着手編撰「民國名人圖鑑二編」、「當代名人年譜彙編」，以期補正本書的闕誤；同時又在着手編撰「民國婦女名人圖鑑」，「當代華僑名人圖鑑」，「當代僑華名人圖鑑」，以期與本書相輔而行。至我十餘年來所纂修的「民國史稿」其中「地理人物志」一部份，也已塑定了雛型，將來寫定出版，可供讀本書者作進一步參考之用。他如我所編撰的「全國機關公團名錄」可考見當代人物在職業界分佈的狀況；「叢書大辭典」、「民國以來出版新書總目提要」，可考見當代人物著作出版的情形；「民國制度大辭書」、「國史年鑑」，前者對民國以來所有因襲的與創立的各項制度，加以解釋，後者對時代的動態，加以分析，也是從事「當代人物研究」的主要參考書！讀者如翻閱本書有不能滿足的情形時，上列十一種書，或者可以彌補他的缺陷！這十一種書，除「全國機關公團名錄」，「叢書大辭典」，「民國以來出版新書總目提要」三書，已出版外，其他八種，將於民國二十六年下半年起，開始印行，約於民國二十七年底，可以完全出版。謹以告於本書的讀者：

楊家駱　二十五年八月一日

第二节　严溪云

严溪云(1898年,清光绪二十四年——1976年4月3日,享年78岁)

王曦按(2017年2月4日):

以下这张照片,是我从她老人家与我的小舅舅吴锦桓的一张合照上剪辑下来的。据母亲说,这张相片大约拍摄于1959年。外祖母时年61岁。从照片上看,她老人家身体不错。那时她在武汉与我家同住,住在武汉水利电力学院的教工宿舍。她于1962年(当时我上小学四年级)回竹山老家居住。从那以后,我再也没有见到她老人家。

外祖母的一生,先甜后苦。小时候,作为襄阳名儒严献章的二小姐,衣食无忧,解放缠脚,上新式学堂,受到良好教育。与外祖父成婚之后,作为国民政府所倚重的留洋回国服务的技术性官僚的夫人,在武昌城里相夫教子,贤妻良母。抗战期间,外祖父不幸英年早逝,她独挑家庭重担,携年幼子女回竹山老家,靠地租生活,供养子女读书成人。解放后,地租没了,她靠子女接济为生,帮女儿带孩子,与世无争。直到1966年文化大革命爆发,她因"地主婆"身份,被竹山当地红卫兵揪斗,后身体健康日下,惨淡煎熬十年后去世。如果没有遇到文化大革命,她老人家的一生还是比较平顺的。"革命"一来,她在偏远的鄂北大山区也难逃厄运。

全家福(1931年)

王曦按(2017年2月4日):

这张全家福照片上的人物,从左到右依次为秋子(小名,吴均芳与严溪云的长女,早逝)、吴锦衡(吴、严的长子,我的大舅)、吴锦琛(我的母亲)、严溪云(吴均芳之妻,我的外祖母)、吴锦震(我的二舅)、吴均芳(严溪云之夫,我的外祖父)。其中吴锦衡后毕业于中央大学,解放后为四川省交通厅总工程师。吴锦震后为国民政府第21兵工厂机枪厂厂长,曾因在抗战期间成功改造德国重机枪而受国民政府表彰;解放后在重庆钢铁厂等国营单位工作,文革受到冲击。

全家福(1936 年)

王曦按(2017 年 2 月 4 日)：

以下这张全家福照片上的人物，从左到右依次为：吴锦震(吴均芳严溪云的二子，我的二舅)、吴锦琛(吴、严的二女，我的母亲)、严溪云(我的外祖母)、吴锦琳(吴、严的三女，早逝)、严梅岭(严溪云的弟弟、严献章的儿子)、吴锦桓(吴、严的三子，我的小舅舅)、吴均芳、吴锦衡(吴、严的长子，我的大舅舅)。可叹两年之后，在抗战烽火之中，我外祖父英年早逝，这个家庭的“天”一时间塌了下来。唯外祖母一人撑起这个大家庭，何其艰难也！

外祖母与小舅舅吴锦桓合影(1959年)

王曦按(2017年2月4日):

以下照片上的人物是我的外祖母严溪云和小舅舅吴锦桓。在我小时候,小舅舅常来看我们。他年轻时毕业于武汉水利电力学院,后分配到湖北省水利厅工作。在单位上,年轻气盛,得罪了领导,在1959年被单位领导枉指有财务问题,虽未被戴上“右派分子”帽子,但被打成“右倾”分子,下放到长江修防总段湖北石首段工作。他一直不服这个决定,一直上诉,是个老“上访户”。文革结束后,他的问题得到解决,组织上撤销了对他的错误决定,恢复了他的名誉。但他认为应当让他回到省水利厅工作,仍然申诉不已。但上访每每让他碰软钉子,甚至到北京上访,也没有用。最后他郁郁寡欢,在石首去世。他的儿子吴亚平学业有成,毕业于西安邮电科技大学,后自己创业,在广西桂林开了个设计、生产电子器件的公司,经营状况不错。他生有双胞胎一对。

严溪云、吴锦桓,武汉,大约1959年

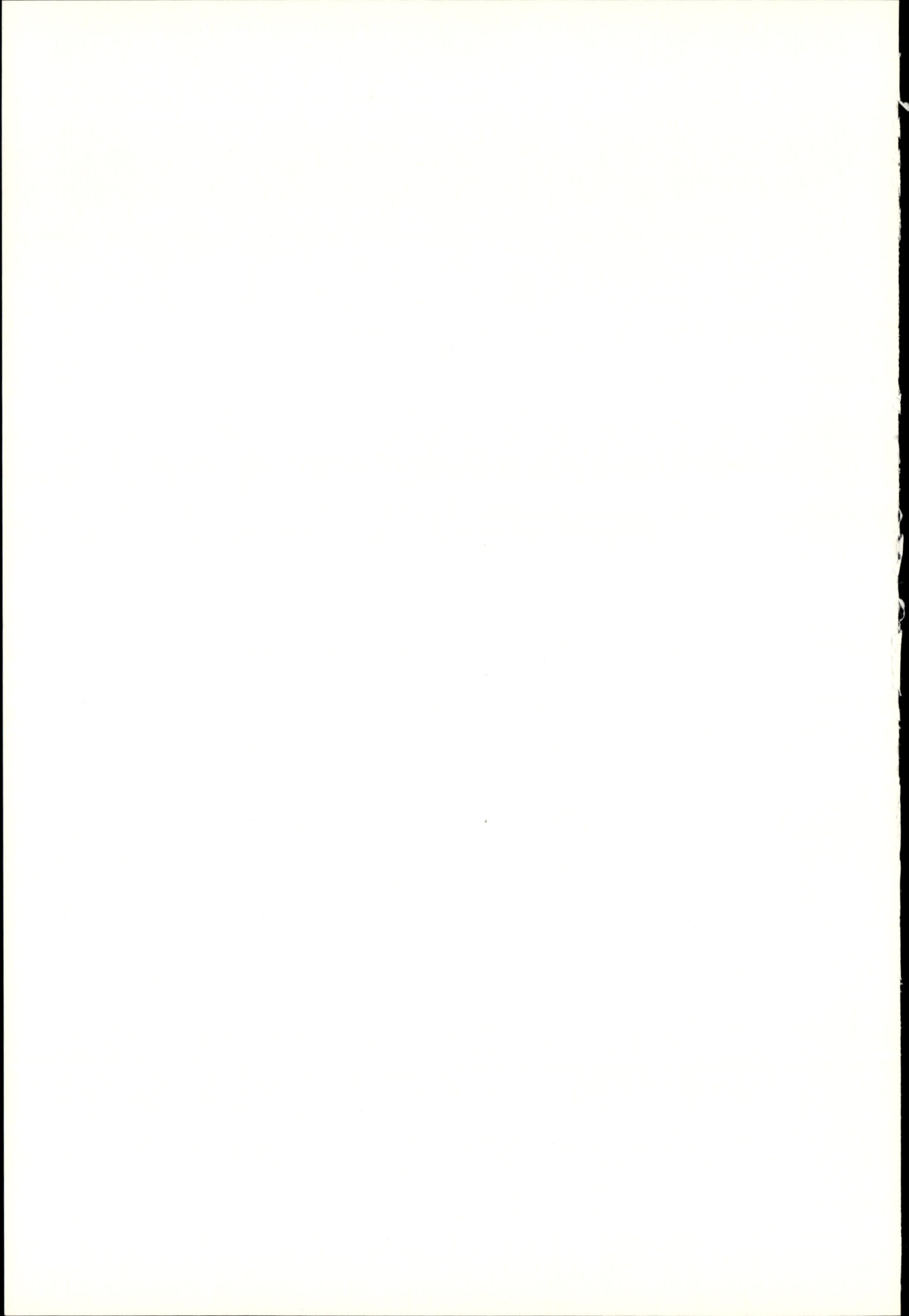

百年梅香

家史钩沉

下卷 上

王曦◎编著

上海三联书店

目 录

下卷（上）

第四编 王燊 吴锦琛

第四编　王粲　吴锦琛

导 言

第四编的主人公是我的父亲王燊和母亲吴锦琛。本编分为三章。第一章记载我的父亲王燊。第二章记载我的母亲吴锦琛。第三章的内容是家庭照片和家谱。

按遭遇和心情划分，父亲王燊的一生可分悲、喜、悲、喜、喜五个阶段。

父亲刚来到人世就失去生母，此为一悲。因此父亲终生不提庆祝生日，因为其生日即为其母的祭日。然父亲的祖父、祖母和继母从小对他呵护有加，使他有了一个快乐的童年并接受了良好的启蒙教育，实乃不幸中的万幸。

父亲在小学、中学、大学和参加工作的头些年中，虽有漂泊辗转，但总体来看是快乐的。这段时间从1921年他出生到1956年，共35年。此为父亲人生中的“第一喜”阶段。在这个阶段，他由一个聪明、顽皮、学业好的小学生，成长为一位活泼开朗、在专业领域开始做出开创性贡献的青年科学家。

不幸的是，从1957年被打成“右派分子”直到1978年“改正”，父亲有整整21年离开自己心爱的电离层研究，而这21年正值他的壮年时期！此为父亲人生中的“第二悲”阶段。在这个阶段，父亲经历了“反右”时期的降薪三级和农村劳动改造、经历了文革时期的禁闭、批斗和武大“沙洋分校”的务农。被迫离开自己发展势头正旺的科学研究工作，无疑是父亲这段时间最大的悲哀。

1978年获“改正”后，父亲终于得以重返自己心仪的专业研究岗位。他不负众望，挑起了系、所领导重任并圆满地完成了承前启后的任务，直至退休。这段时间从1978年到1993年，共15年。此为父亲人生中的“第二喜”阶段。这段时间是父亲一生中最为忙碌而心情最为舒畅的时期。在这段时间里，父亲终于得以再次与自己的导师桂质廷先生和其他前辈学者合作，在武汉大学发展壮大我国的电离层研究事业。他努力恢复学业，追赶专业前沿并成功指导研究生；他发表了十余篇专业论文；他团结同事，一起奋斗，终于夙愿以偿，把电离层研究在武汉大学继承、巩固、发展、壮大，使武汉大学的电离层研究和空间物理研究成为该专业在我国的一方重镇并享有国际声誉。而这一切，都始于父亲57岁之后。

退休后，父亲先有一段时间继续“发挥余热”担任社会工作，后来完全休息，共度过了22个年头。此为父亲人生中的“第三喜”阶段。在这段时间的头几年里，父亲受自己的组织——中国民主促进会湖北省委员会之托，拿出吃奶的劲，创办民办九州大学，试图在社会力量办学方面做出成就。但终因种种原因，九州大学最后并入公立大学。父亲以七十高龄，为创办九州大学而奋不顾身，其热爱教育的精神令人感叹。完全休息之后，父亲其实也没闲着。他经常写些杂文，发表于长江日报和武汉民进会刊《武汉民讯》。到了近90岁时，父亲才因右手颤抖无法写字而停笔。在这个阶段，他的三个儿子不仅学有专攻，自食其力，还给他带来了一个孙子、两个孙女、二个重孙女和一个重外孙。父亲的晚年幸福而快乐。

二悲三喜，大起大落；先悲后喜，苦尽甜来，父亲的一生就是这样走过来的。当然，这二悲三喜，是我个人的看法。实际上，父亲从小是个快乐的人。1957年的厄运，虽然给他很大的打击，他仍然保持了乐观的性格。我认为，如果说五七年以前父亲的乐观是天性的话，那么五七年以后他之所以能够保持了这个性格，可能归因于他的从小受到书香世家的深厚影响。父亲晚年对《道德经》津津乐道，常提起其中一些句子，如“道可道，非常道；名可名，非常名”。还记得父亲曾将京剧《捉放曹》中一句台词“宁教我负天下人，休教天下人负我”改为“宁可天下人负我，不可我负天下人”。这或许透露他终生保持乐观的秘籍。

在科研上，父亲最为看重的成就是作为首届研究生和第一批实验员，在1946年协助导师桂质廷先生等前辈创建中国第一个电离层观测台。这项观测从1946年至今，从未中断，为人类认识电离层积累了宝贵的连续观测数据。我清楚地记得，2010年在学院为父亲举行的90大寿庆祝会上，父亲在致答谢词时，提高嗓门，大声说道：“请同学们记住这个时刻：1946年1月1号零点。从这个时刻开始，我国在四川乐山开始了游离层连续观测！”接着父亲重复了一遍此话，可见他对此事的强调。父亲为什么要重说一遍呢？我认为他一是为我国电离层研究事业的开创者、他的恩师桂质廷教授和梁百先教授而说，二是为自己和当时一同创办电离层观测台的其他同事(其中包括父亲终身的同事和难友舒声先生(我从小称之为“舒叔叔”)等人而说。这些人都先父亲而去。当时在武汉大学已经找不到在这项事业的开创时期跟父亲一道工作的人了。父亲感到有责任向后人强调这个重要的历史时刻，希望后人记住他们，嘱托后人把这项事业继续下去。

在恩师桂质廷、梁百先两位先生的精心培养和指导下，父亲在26岁时(1947年)就在专业研究上初露头角，为我国的电离层观测和研究的开创做出了重要贡献。在武汉大学电离层研究的初创时期(基本上就是中国电离层研究的初创时期)，他除了与恩师联名发表学术论文之外，还在本专业主要刊物上独立发表论文。几十年之后，父亲的同事们对他在这段时期取得的研究成果有这样的评论：“在参加电离层垂直观测的基础上，他利用各电离层垂直探测台站的数据资料，分析研究桂质廷先生当时所称的“经度效应”，发现在纬度大致相同的各站台在同一当地地方时的电离层电子密度(以临界频率表征)不尽相同，有的差别显著。这实际上就是后来人们称为的“地磁控制”现象。与此同时，他在偶发E层(ES)的观测研究中，着重探讨了ES层游离量、极光和地磁纬度的关系。他发现武昌 ES 层出现率较高;ES 层出现率和截止率也有纬度差异,并于 1947 年向国际无线电科学联盟(URSI)提交了一份书面建议,建议"分高、中、低纬三片对 ES 层进行观测分析"。这实际上提出了电离层电子密度极大值随磁纬分布的新思想。他在日食电离层效应研究中,得出了 F2 层电子密度复合系数为 4x10－10cm－3/s,发现日食时 ES 层为日光所产生。40 年以后,这些研究成果作为武汉大学"中、低纬电离层和电离层电波传播的研究"项目的重要部分,获 1987 年国家教委科技进步一等奖和 1988 年国家自然科学三等奖。

在 1978 年重返科研岗位后,尤其是在担任空间物理研究所所長和空间物理系系主任之后,父亲把全部身心扑在工作上。1978 年至 2002 年,我在武汉读书和在武汉大学工作期间,看到父亲不顾高龄,每天都在忙,很少休息。父亲经常在周末还同党总支书记等人一起研究系、所的工作。那时,空间物理研究所设在珞珈山西山头的那栋屋顶有一个很大的锅状天线的独立建筑物里。父亲每天吃完早饭就沿珞珈山南坡的山路和台阶攀到那里去工作。母亲说"他一天到晚往那里跑"。由于父亲和他的同事的努力工作,当时武汉大学空间物理系成为武汉大学高考录取分数最高的专业,为无数优秀的莘莘学子所向往。在那些年里,父亲为巩固和发展武汉大学的电离层研究和空间物理专业,倾注了全力。一股强烈的责任感支撑着父亲这样做。这个责任感,就是要把他协助其导师一起创立的电离层研究事业发展、壮大并传下去。尽管父亲有 20 多年的时间被迫离开了这项研究,但幸运的是,历史让他在晚年承担了学科建设承前启后的重大任务。父亲很好地完成了这项任务,以一个发展壮大了的电离层研究和空间物理专业告慰他的恩师和培养了他的武汉大学。这应当是父亲一生中最为欣慰的一件事。

父亲于 1955 年加入中国民主促进会,是中国民主促进会的一个老会员。改革开放后,父亲长期在民进湖北省委员会和武汉市委员会担任一部分领导工作。为了恢复和发展中国民主促进会在武汉市和湖北省的工作,父亲做出了很大的努力。我看到中国民主促进会湖北省委员会主委、武汉大学历史系教授石泉先生经常到我家来商量工作。父亲也经常到他家去。当时民进武汉市委的主委身体不好,父亲身为副主委,实际上做了很多具体的会务领导工作。父亲对中国民主促进会很有感情。退休之后,他还经常兴致勃勃地远赴汉口,参加中国民主促进会武汉市委员会组织的一些活动。父亲在晚年为民进武汉市委员会会刊《武汉民讯》写的一些小品文,短小精悍,不仅表达了他的思想,也体现了他对武汉民进的感情。

创办九州大学可谓父亲人生的"最后一搏"。他以 70 高龄,受命披挂上阵,从零开始,创办九州大学。为了九州大学父亲可谓呕心沥血,鞠躬尽瘁。有一次,父亲去九州大学上班,劳累过度,晕倒于讲台,被急救车送回家中。母亲于 2016 年 7 月 4 日的回忆写道:"当时(1994 年)民进会内有一会员准备投资,由民进办学。民进就要王燊担任校长。他答应了。从此便早出晚归,很辛苦,很辛苦!当时他已 74 岁了。他们当时用的是农科所的房子。好像自己还盖了一栋教学楼。我有一次还去参观了一下。我觉得还是井井有条，像一所民办大学的样子！特别是都是请名教授给学生上课。学生会、团组织都成立了，学校财务方面是由一副校长负责。后来九州大学合并到其他大学了……”我记得当时父亲还联系祖父的学生、王霖姑妈的同班同学周光斗先生对新成立的九州大学提供图书资料。周先生解放前去台湾，曾任台湾《新生报》副社长、副主编、中兴大学教授。他从台湾为九州大学捐了一批数量可观的图书。父亲出自书香之家，对教育有自己的想法。他试图通过九州大学来实现自己的教育理想，创办出一所新型的民办大学。从九州大学初期的毕业生的质量看，父亲的办学思路是正确的，他的办学理想在昙花一现的九州大学中初步得到了实现。这部家史中收录的父亲关于九州大学的种种文字，堪为办学者启。父亲在办学中体现出的智慧、勇气和奋不顾身的精神，令人钦佩！

对自己的恩师，父亲终生尊敬不已。我看到，不论是校园路遇，还是电话交谈，父亲对他的恩师梁百先教授和恩师桂质廷先生的夫人许海兰教授都是毕恭毕敬。不论在文化大革命前，文化大革命中，还是在文化大革命后，父亲一贯如此。这一点我印象很深。梁、桂两家也住一区。我看到，每每父亲在珞珈山的林间小路上邂逅梁百先教授或许海兰教授，他都恭敬地主动问候、交谈，然后谦让于路旁，让先生先走。在父亲为数不多的回忆文章中，除了写家史的以外，主要是回忆他的恩师桂质廷教授和梁百先教授的文章。在恩师去世后，父亲同他们的夫人和子女一直保持着真挚的情谊。

父亲珍爱友情。他与几个难兄难弟终身保持着友谊。他们中有物理系毕达教授和舒声教授、原物理系张子敬老师、法律系何华辉教授、历史系潘天恩教授、原物理系实验员徐耀贵等。其中毕达、舒声、张子敬、徐耀贵是我们家的常客。我记得，在文革中他们常来我家，一起交换对局势的看法。他们很喜欢我们三兄弟。每次来都和我们说说笑话，很热闹。我还记得小时候有一次在武大南一楼背后面对的那栋单身职工宿舍里，父亲和潘天恩等就自己组装的电子管收音机切磋技艺，谈笑风生。我小时候曾一度对组装矿石收音机和半导体收音机有兴趣，也许是受了他们的影响吧！父亲人缘好。他在武大的朋友，既有资深教授，又有普通职工，人们都对他交口称赞，称他为“好人”。

父亲爱好英语研究并颇有心得。父亲小时候上过教会学校，因而英语基础较好。在协助导师创立武汉大学电离层观测台之间，作为研究助理，父亲曾与美国专家一起工作。由于他英语基础好，在被迫离开科研岗位之后，很长时间承担了武汉大学理科学生的英语教学和外语系资料室工作。文革中，父亲在沙洋分校“工作”的后期，参加了武汉大学沙洋分校与荆州师范学院联合举办的湖北省中学师资班的英语教学，一同担任英语培训工作的有武汉大学韩德培教授等英语好的教授。我国重返联合国之后，武汉大学承担了大量联合国资料的翻译工作。父亲参加了这项翻译工作。关于父亲的英语研究，我有三件事印象很深。一是在文革中父亲常读《毛泽东选集》的英文版。父亲曾对我说，这样做一举两得，既学习了毛泽东思想，又学习了英语。二是父亲的英语功底深。在改革开放后的头些年里，有一次系里迎来了一位关于南极研究的著名外国专家，当时武汉大学找不到合适的专业翻译人员，父亲临危受命，给这个专家的学术演讲做翻译。那次演讲我去听了。父亲翻译的很成功。外国专家对他的翻译给予很高的评价。我在台下深深为父亲的英语功底所折服。三是父亲在编写英汉词典的词条时所表现出的一丝不苟。改革开放以后,父亲参加了若干个大型英汉词典的编写工作。父亲的书架和书桌上,一度堆满了词条卡片。我曾看过他桌上的卡片。父亲对每个单词,包括相关俚语的翻译,逐字逐句地做了认真的辨析。其认真和仔细的程度令我感叹。从那些卡片可见,父亲撰写和修改的词条一定是可靠的。

父亲终生喜爱京剧。在大学读书时,他是学生京剧剧团的主角之一。父亲扮演青衣,难度很大。在80到90年代,在武汉大学统战部每年举行的党外人士春节茶话会上,父亲每每应邀要出来唱几句,深受欢迎。在父亲的90大寿庆祝会上,有老师提议他唱一段京戏。父亲很高兴,整理了一下嗓子,无奈心有余而力不足,提不起足够气力,唱不出来。他认真地说:“要是唱得出来,我肯定唱!……唱不出来,怎么办呢?那我就走两步吧!”他微笑着后退几步,然后以颇为专业的青衣步子向前走来并做了一个垂袖造型,得到了满堂喝彩。父亲对京剧的爱好和乐观的性格,由此可见一斑。记得小时候父亲曾经带我们到汉口的剧场去看京剧。有一次看了《挑滑车》。高宠连挑几个铁滑车的英雄气概,给我留下了深刻的印象。

父亲一贯乐于助人。据母亲说,文革以前尽管自己的工资收入微薄,父亲在同事和朋友有困难时仍然毫不犹豫地借钱给他们。我记得,在文革时,每当父亲在武昌流芳岭接受劳动改造时结识的农民朋友们进城来访,父亲都给他们一些粮票。父亲有一个爱好是修手表。在改革开放前的商品匮乏年代,手表是贵重物品。父亲修手表不但免费,而且态度好,质量好。因此有不少老师把自己的名牌手表拿来给他修。父亲人品好,老师们把名表交给他修,放心。

父亲在文革中的遭遇给我留下了一些记忆。文革中,有一次我在南一楼门前的上坡处往行政大楼走,一辆满载上街游行的人卡车从我身后开过来。车上的人喊着口号。在从我身边经过时,车上一个武大校工和他的妻子认出了我。他们突然领头对着我喊:“打倒右派分子王燊!”他们那副嘴脸我至今记忆犹新。大约在1967年的某一天,我看到武汉大学的大字报栏上突然出现“打倒美蒋特务桂质廷、梁百先、王燊、舒声!”的标语。我感到不解,怎么他们成了美蒋特务?我没问父母。他们也没对我和兄弟解释。因有1957年前车之鉴,父亲和舒声等人在文革中一直谨言慎行,生怕引火烧身。不料这次又有火上身。后来才知道,这些人说他们是美蒋特务,是因为他们早年创办武汉大学游离层观测台的时候得到了美国海军的资助。很多年以后,听说周恩来总理当时说武汉大学游离层实验室不过是一个科研机构,才使父亲他们脱离了与“美蒋特务”的干系。否则他们可能会有牢狱之灾。记得在文革中父亲曾经被关在武大四区的工农楼(后来做过外语学院大楼)里好几天。关在里边为“外调”来访者写材料。母亲每天让我用饭盒子给他送饭。父亲是武大的老人,从1942年起就在武大,因此对武大的人和事比较了解。父亲晚年曾对我们说,他在文革中接待过不少外调来访者。但每次都是据实而说,不知道就是不知道，从未说过不实之词。父亲还特别指出，这是来武汉大学做过外调工作的有关部门的领导在文革之后对他的评价。在那个没有是非、人性扭曲的年代，父亲秉持了王家的刚正之气，难能可贵！

1957 年的反右运动，对父亲来说，不啻于晴天霹雳和当头一棒。当时父亲兼任武汉大学工会的一名骨干(宣传部长)，已经被发展成为入党积极分子，即将入党。父亲一辈子也没搞清楚自己为什么被打成右派分子。多年之后，当年主持父亲的右派改正工作的系总支书记(也是父亲的同事和朋友)告诉他：当年他和复查组的同志，在武大老图书馆的顶楼(当时用作校档案馆)，把父亲的全部档案材料摊开在两个大阅览桌上，逐一审查，没有发现父亲反党反社会主义的言行的任何证据！在父亲的晚年，我问过他到底为什么被打为“右派”。父亲说他自己也搞不清楚。但父亲告诉我过这样一个故事。在当时，流行的是党员教职员工之间互称“同志”，他们对非党员教师称“先生”。父亲认为这种称谓不利于党内人士与党外人士的团结。在一次学校党委召集的教授座谈会上，父亲在发言时直呼党委某领导为“先生”。该领导听后十分不悦，当时虽未说话但脸相难看。散会以后，在走下行政大楼外面的台阶时，父亲的一位朋友、经济系一位姓曾的教授碰了他一下说：“老王啊，你有麻烦了！”这个情节透露当时政治环境的险恶，而父亲显然对那种险恶认识不足。

父亲很爱母亲和我们三兄弟。记得小时候父母带着我们在东湖游泳。我们已经会游了，但母亲还不会游，游的样子比较笨拙，引起我们哈哈大笑。在文革中武斗最重的那段时间里，父亲让我带着弟弟每天傍晚出去迎接骑车下班的母亲。当时，武汉大学南三区珞珈山山脚下通往武大九区的那一条路被高大浓密的法国梧桐所覆盖(现在有一段路仍然如此，虽然两边已盖满楼房)。路的南侧是珞珈山浓密的树林，北侧是东湖村的农田。路灯都被人打坏。太阳落山后，这条路行人很少，给人以黝黑阴森的感觉。在这条路东边的尽头是个三岔路口。一岔往上，通往珞珈山东山头；一岔往下，通往东湖村；中间那一岔，通往武汉大学印刷厂(武汉大学最初的附属小学所在地)和九区即我家所在地。那个三岔路口旁原是沿山势而下的一个陡坎，陡坎上有一块很大的岩石。在岩石上向西可以眺望那条梧桐树覆盖的马路。我和弟弟就在这个大岩石上坐着，翘首向西眺望，直到看见母亲骑着自行车由远而近。我至今对这个场景记忆犹新。

尽管父亲从未明说，但我感觉他对晚清名臣张之洞很有好感。记得在我们上小学时，有一次祖父到武汉来，我们全家祖孙三代一起上蛇山抱冰堂玩。我们在那里喝茶，游览，甚是高兴。我当时并不知道“抱冰堂”的含义，以为它是一个喝凉茶、吃冰棒的地方。因觉得这个名字很怪，所以记住了它。现在我猜想，当时全家去抱冰堂玩，一定是祖父和父亲的主意。张之洞晚年自号“抱冰老人”。抱冰堂是他的故旧和学生为纪念他而修的生祠。张之洞可能不知道，他在湖北实施的新政曾经恩泽我的前辈王、吴、严三家。我的祖父王毅立曾经在他创办的湖北农学堂(地点在武昌武胜门宝积庵，现湖北大学)工作过。我家在五十年代初期就住那里，而且我出生在那里。而我母亲的姥爷即我的太姥爷严献章系他推荐留学日本的第一批清国学子之一！

父亲深得同事的尊敬和爱戴。父亲去世以后，他在武汉大学空间物理系的老同事赵修冼教授到家里来吊唁并代表同事们赠送一幅挽联。上联是："寡欲则刚身体力行亦师亦友谆谆教导耀祖光宗担正道俯首研究磁脉动"，下联是："知足常乐宽人律己无怨无悔耿耿丹心淡名泊利谢神州哀声直达电离层"。这副挽联不仅精辟地从为人和做事两方面很好地总结了父亲的一生，而且深切地表达了同事们对他的尊崇和怀念。

对为之奋斗一生的武汉大学而言，父亲的离去可以算是一个标志。它标志着在解放前受过系统的中华传统教育和现代西式教育并为武汉大学的开创贡献了一生的武汉大学第一代学者的自然消亡过程基本结束。这一代人又可分为老中青三代。父亲的恩师桂质廷先生属于这一代学者当中的年长者，另一恩师梁百先先生属中间代，而父亲属于这代人中的年轻者。这第一代珞珈人的自然消亡对于武汉大学乃至中国教育事业意味着什么？他们在武汉大学经历了什么？他们给武汉大学留下了什么？武汉大学应当如何认识他们的贡献？后代人如何向他们学习？这些问题值得现在的和以后的关心中国教育事业的人们认真思考。

我的母亲吴锦琛坚强而伟大。她 13 岁丧父后随母亲返回鄂西北的大山区竹山县和郧阳县读完初中和高中。在抗战期间她辗转求学于重庆、武昌等地的大学。1945 年母亲经我的大舅舅介绍结识我的父亲——风华正茂的青年学子王燊，并于 1950 年秋与之结婚。母亲一生中工作时间比较长的单位主要有两个，一个是武汉水利电力学院，另一个是武汉市马房山中学。她曾回忆说，在武汉水利电力学院"经历了各次运动（如"肃反"、"反右"、"三面红旗"、"反右倾"、下乡、下厂等），还有"向苏联学习劳工制"、"超英赶美"等活动。她说道："那时教学任务重，活动多，三个儿子都很小，但我年轻，也不觉得劳累，只是默默无闻地、毫无怨言地尽自己最大的努力干着，干着。"这一段简短的语言，包含着多少辛劳、汗水和苦难！去年十月我去武汉探望母亲时，她骄傲地回忆起她当年在武汉水利电力学院的大阶梯教室给一百多名学生上俄语课的情景。我隐约记得小时候在武汉水利电力学院母亲辅助指导的几位年轻的、喜欢与我们三兄弟逗乐的越南留学生。

在马房山中学教书时，母亲经历了文化大革命。这是母亲一生中心最苦、最累的十年。母亲在马房山中学担任英语教学组的组长，工作任务繁重。因交通不便，母亲每天要骑行一个小时去上班。路上在街道口那里还有令她发怵的一个长长的上坡要推行。母亲就这样冒着酷暑严寒风雨无阻地在马房山中学工作了二十多年。母亲的英语课教得好，深受学生爱戴。我记得改革开放以后，母亲当年的学生中有人在武昌区教育局担任领导。谈起吴老师，他充满了感激之情。由于文革，我们这个温馨的五口之家，曾在多年里一度被拆散到四处。父亲去了武汉大学沙洋分校（三年），我和大弟王曙去了湖北省公安县乡下（六年）、小弟王照去了湖北省江陵县（二年）乡下。只有母亲一人留在武汉。当时散居外地的几个人都前途未卜。母亲孤守武汉，日日为远在外地的丈夫和孩子担忧。我记得，大约在1973年，出于对我和大弟的担心并想为我们争取回城的机会，母亲曾千里迢迢、风尘仆仆地从武汉找到我们下乡插队的那个偏僻的村子（湖北省公安县玉湖区大同公社红旗大队第11生产队）。后来她曾对我大弟弟说，当她远远看到我们住的那间上不遮雨、下不挡风的茅草屋时，眼泪不由得夺眶而出。然而在那个年代，父亲头上的一顶"右派"、甚至"摘帽右派"的帽子，使得母亲为子女回到身边所做的一切努力都没有结果。我们直到最后一批知青回城时才离开农村。这种亲人长期分离且前途未卜的状况，对于一个妻子和母亲而言，是何等凄凉！我记得，就是在这段时间里，母亲不到50岁，头发却迅速转白。

令人宽慰的是母亲和父亲赶上了1978年的"改正"，终于活到了平反昭雪之日。与此同时，我抓住1977年恢复高考的机遇，考上了大学。两个弟弟也考上了电视大学，学有所成。复出本专业的科研和教学以后，父亲工作得很愉快。三个儿子也都有了稳定的工作。三个儿子结婚生子，给家里带来了第三代。现在母亲又看到了第四代：两个重孙女和一个重外孙。更难能可贵的是母亲的身体状况不错。现90高龄的她还能参加武汉大学老教授协会组织的"80后"（指过了八十岁的老人）合唱队，每周去唱一次歌！真是吉人自有天佑。

母亲与父亲，相濡以沫，同甘共苦60多年。在这其中最苦的22年里，母亲不离不弃，无怨无悔，默默地分担着父亲精神上的痛苦。那时，母亲和父亲，上要赡养祖父和外祖母，下要抚养我们三个孩子，而这三个孩子的成长期正好碰上文化大革命的乱局。母亲为这个家庭真是操碎了心。

2015年5月，在我整理家史期间，父母在珞珈山寓所经年所养君子兰和茉莉花相继开花。我有感而发，作诗歌之。现录于此，以表我对父母的敬意和对家风的颂扬：

曾昔君兰突绽放，花红灼灼挂外窗。
又见茉莉开满台，沁人心扉满堂香。
勤看细养无日旷，家风淳厚有滋养。
福荫后人花匠心，珞珈陋室德馨长。

王　曦

2017年9月25日

第一章

王　燊

王燊(1921 年 1 月 9 日—2013 年 10 月 21 日,享年 92 岁。

第一节　科学研究与教学

國立武汉大学游离层实验室

王曦按(2016 年 8 月 12 日):

这篇材料是父亲保留的一份复印件。它的作者、发表的载体和背景不详。从内容看,此材料应为经武汉大学游离层实验室当时的负责人桂质廷先生审阅后发表。材料言简意赅,首先对游离层做了一个清楚的介绍,然后介绍了当时中国和武汉大学的游离层研究，最后展望了武汉大学游离层研究的未来。这份材料写于一九四九年六月即武汉解放之初。[①] 从这份材料中可见游离层实验室希望在人民政府和学校的支持下继续这项研究的愿望。父亲保存这份材料，可见他对武汉大学游离层实验室的感情之深。

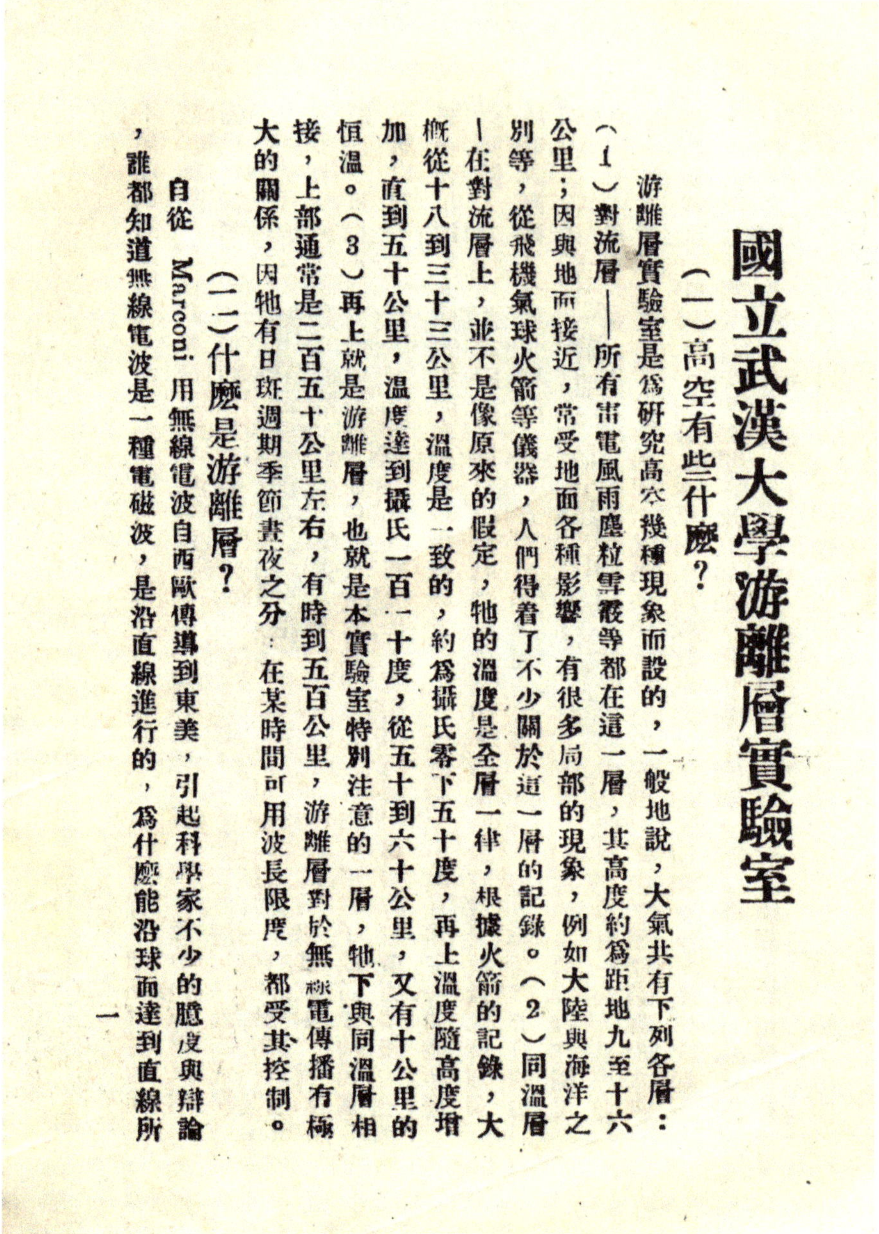

國立武漢大學游離層實驗室

(一)高空有些什麼?

游離層實驗室是爲研究高空幾種現象而設的，一般地說，大氣共有下列各層：(1)對流層——所有雷電風雨塵粒雪霰等都在這一層，其高度約爲距地九至十六公里；因與地面接近，常受地面各種影響，有很多局部的現象，例如大陸與海洋之別等，從飛機氣球火箭等儀器，人們得着了不少關於這一層的記錄。(2)同溫層—在對流層上，並不是像原來的假定，牠的溫度是全層一律，根據火箭的記錄，大概從十八到三十三公里，溫度是一致的，約爲攝氏零下五十度，再上溫度隨高度增加，直到五十公里，溫度達到攝氏一百一十度，從五十到六十公里，又有十公里的恒溫。(3)再上就是游離層，也就是本實驗室特別注意的一層，牠下與同溫層相接，上部通常是二百五十公里左右，有時到五百公里，游離層對於無線電傳播有極大的關係，因牠有日斑週期季節晝夜之分，在某時間可用波長限度，都受其控制。

(二)什麼是游離層?

自從 Marconi 用無線電波自西歐傳導到東美，引起科學家不少的臆度與辯論，誰都知道無線電波是一種電磁波，是沿直線進行的，爲什麼能沿球面達到直線所

一

---

① 这份材料的第六部分临近结尾的部分透露它写作于 1949 年 6 月。武汉解放于一九四九年五月十六日。

二

不能達到的地區呢？差不多在同時，有兩位科學家假定大氣上層有一種反射層的存在，他們解釋無線電波走的仍是直線，所以能達到地球的另一部，僅是由該層反射而已，後來為紀念他們，我們就喚該層為 Kennelly-Heaviside 層，一九二五年，英國的 Appleton 氏，美國的 Breit 同 Tuve 二氏，用無線電波，向上發射，得着反射，於是證明 Kennelly 同 Heaviside 二氏假定之正確，從發射與反射二波的時差 可推定反射層的高度，並從能反射的最短波長，算出該層電子或游子的密度，所以我們也叫牠做游離層。由當時到現在，觀測用的儀器與對游離層的認識，一天一天在進步。用類似的方法可以得到日光強度，地磁變化，與日斑多少對游離層之關係；仝時用此種結果，可以推算二據點在某種季節某時最有效之波長，所以對於電訊傳播，有很重要的貢獻。

(三) 游離層是怎樣形成的？

游離層究竟是怎樣形成的呢？這仍在全世界科學家檢討之中。原來游離層本身也有數層：有D層，不顯著，少反射，但吸收電磁波能的本領很大，約高六十公里。上有E層，高一百一十公里，反射頗強，僅出現於白晝，晚上消失。更上有F層，反射最強，高度常有改變，大抵冬季低，夏季高，牠的反射本領却正好相反，是冬季比夏季強，夏季白晝部分爲兩層，喚作F_1與F_2層，到了晚上又合做一層，冬季分F_1，F_2的時候比較少，這一層與E層不同，晚上並不消失，僅僅減弱而已，根據這一類事實，我們推論牠與太陽有直接關係，晝夜季節是日光強弱的表現，這種表現與游離層所表現的幾乎完全相同，但是晚上F層仍舊存在，這證明F層不是完全由日光產生的，於是科學家又假定太陽射出粒子來影響F層，無論日光強度或粒子都與日中黑斑數量成正比，日斑數量本身是有週期性的，約十一年爲一週，地磁改變的循環與牠同步，自然也同時影響游離層。並且有人相信宇宙線也與牠們有關係，爲着明瞭這一切的現像，科學家們把游離層，日斑，地磁，宇宙線等看作有關聯的問題去研究，現在英美法蘇及其他科學先進國家，都有這種實驗室，因爲牠是世界性的，所以無限制地交換這種科學資料。

(四)我們中國有些什麼貢獻呢？

我們雖然歷年在兵災，水災，旱災，饑饉裡面打滾，並不是毫無貢獻的。一九三一至一九三五年，桂質廷會同英人Brown，測量國內西部南部及北部各大城市之地磁恆數。一九三六年日蝕時，中央研究院的陳茂康朱恩隆及梁百先等，觀測日蝕對游離層的影響。桂質廷在一九三七到三八期間，與宋百廉在武昌作每日正午游離層之觀測。清華大學的任之恭等，也注意到這問題，並於一九四一年，作過日蝕時游離層反射係數之研究。中央電波研究所，在馮簡指導下，在重慶北平等處設有觀測台，並印有「應用週率之預測」。 四

（五）本實驗室之成立及其任務

一九四四年冬，桂質廷在美國，經卡內基學院地磁研究所及標準局之無線電波傳播實驗室等研究機關之推薦，接受美國科學研究發展局之電波傳播委員會的邀請，計劃在中國後方設立一個觀測游離層的實驗室，並且決議用中美科學合作方式；與武漢大學合作，在樂山設一實驗室，同意由美方供給儀器及裝設各費，武大負責人力，當時抗日戰爭尚未停止，經費同儀器搬運都成問題，經卡內基學院地磁所負責人商得美國海軍駐華代表團之同意，由美國海軍負責運送所需之儀器材料，並在初期協助訓練觀測人員。

一九四五年春桂質廷邀同許宗岳，去上列幾個研究機關，練習使用新式儀器的方法，九月初帶同全部儀器從美國動身，十一月到樂山。儀器大致分做兩部：一部用作游離層觀測，其他一部用作低空（對流層）實驗。一九四六年元旦，游離層儀器裝就，工作開始；低空儀器，因缺少一部份，暫時不能工作，人員由本校物理電

機兩系教員及研究生充任。五月到七月，本校復員回武昌，又由美海軍裝運儀器到珞珈山，八月二十日恢復工作，完全由本校同人担任，至今從未間斷。

從一九四六年七月起，游離層工作，由本校與美國標準局中央電波傳播實驗室合作，訂立合同，每次以一年爲限，到今天已續訂了兩次，應于本年六月三十日滿期，合同期內，本室人員每小時觀測一次，二十四小時中，晝夜不停，同期內低空實驗，因輕氣缺少，僅僅作了二十次左右的觀測。利用我們的記錄去研討各種現象，本室有梁百先，龍咸靈，王燊，周煒，葉允競，許宗岳，宋子壽等，先後在國內外發表論文數篇，並且以全體人員名義，印行一種刊物，詳載本室所得結果，同全世界各研究機關交換記錄，美國標準局因與本室有合同的關係，所以本室與他們交換記錄的次數比較多些。

(六)對於將來的展望

由(一)(二)(三)三段所談的看來，我們知道游離層同日斑，地磁等有極密切的關係，就是宇宙線也可能互相連帶。本室全體人員都有一種希望，想把本室變成一個國內研究地球物理的中心，專攻上項各種問題，曾經過多少商討擬定了進行計劃，要不是受了戰爭的影響，卡內基學院地磁所的宇宙線儀器　老早就應該運來了，

六

地磁儀與研究日斑的光學儀器也在接洽中，更因為低空實驗是與微波傳播息息相通的，所以我們也利用中國文化基金會借的一筆錢，在美國訂購了產生微波的儀器及其附屬各件，假設不因時局關係，而能全部運抵武昌，我們相信這項研究工作是可以進行的。同標準局訂的合同，在本月底（一九四九年六月三十日）期滿，候接收本校後，本室預備向人民政府和學校請示，能否繼續此種科學合作方式，藉以補充儀器與材料之不足。

本室游離層主要儀器，有游離層記錄器一部，收音機兩部，真空管核驗器，低頻震盪器，信號發生器，及陰極光震盪儀各一部，一一〇伏交流發電機兩部等，儀器材料約合美金四千元。低空部份，有實驗車一部，電池充電器一部，汽球及特製電線各若干，儀器材料約合美金四百餘元。

1946年的王燊

王曦按(2017年4月20日):

此为父亲保留的一张照片,摄于1946年,地点是武昌珞珈山武汉大学游离层观测站。

王燊,游离层观测站,1946,乐山? ——王曦注

1986 年的王燊

王曦按(2017 年 4 月 20 日)：

此为父亲保留的一张照片的放大件。它反映了父亲 1978 年复出科研后的精神状态。这张照片应当摄于珞珈山西山头的的那座空间物理系大楼。

2012 年的王燊

王曦按(2017 年 4 月 20 日)：

这张照片定格了父亲晚年的一个经常场景——坐在朝南的卧室兼书房的书桌前看书和做手工。

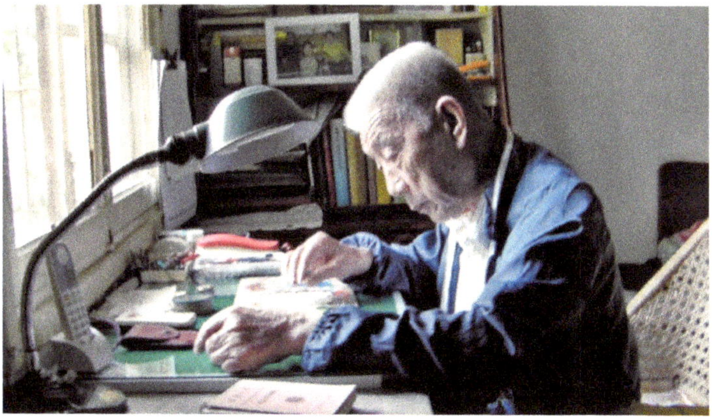

王燊在家中，2012 年 10 月珞珈山

武汉大学游离层实验室的创立

王曦按(2016 年 8 月 12 日):

以下三页材料系父亲之亲笔。他在 1984 年与梁百先先生一起整理《桂质廷先生传略》。这份材料是他做这项工作时,基于桂质廷先生的英文日记所写。

这份材料比较详细地记载了武汉大学游离层实验室(也是中国首个此类实验室)初创时的情况,有重要的史料价值。它虽然字少,但信息量极大。它详细记载了我国电离层研究的先驱桂质廷先生为创建这个实验室所做的巨大努力。从中可见,桂先生于 1943 年至 1945 年之间奔走于中美两国之间,拜访、会见了一批与在中国创立游离层实验室有关的中、外重要学者和政治家,最后终于在美国卡内基基金会的支持下,在迁至四川乐山的武汉大学创建了这个实验室。材料的末尾记载了一个历史性时刻:"1945 年 11 月 23 日电离层设备到乐山,12 月 18 日设备运转,1946 年 1 月 1 日正式观测。"父亲王燊在这段文字的旁边批注:"40 天!"这个批注文字虽少,但含义丰富而深刻。这是他作为桂质廷先生的首位研究生亲身参加游离层实验室的创建的 40 天。这 40 天奠定了他终身为之奋斗的专业方向。他怎么也不会想到在这 40 天的 10 年之后,他会因政治运动的原因而被迫在 20 多年的时间里中断这项研究。他更不会想到,后来会在中断这项研究 20 多年后恢复这项研究,并在学科传承的关键时刻临危受命,为这项研究的延续、发展和壮大做出自己独特的贡献。这短短"40 天"两个字,饱含着父亲数不清的苦与乐!

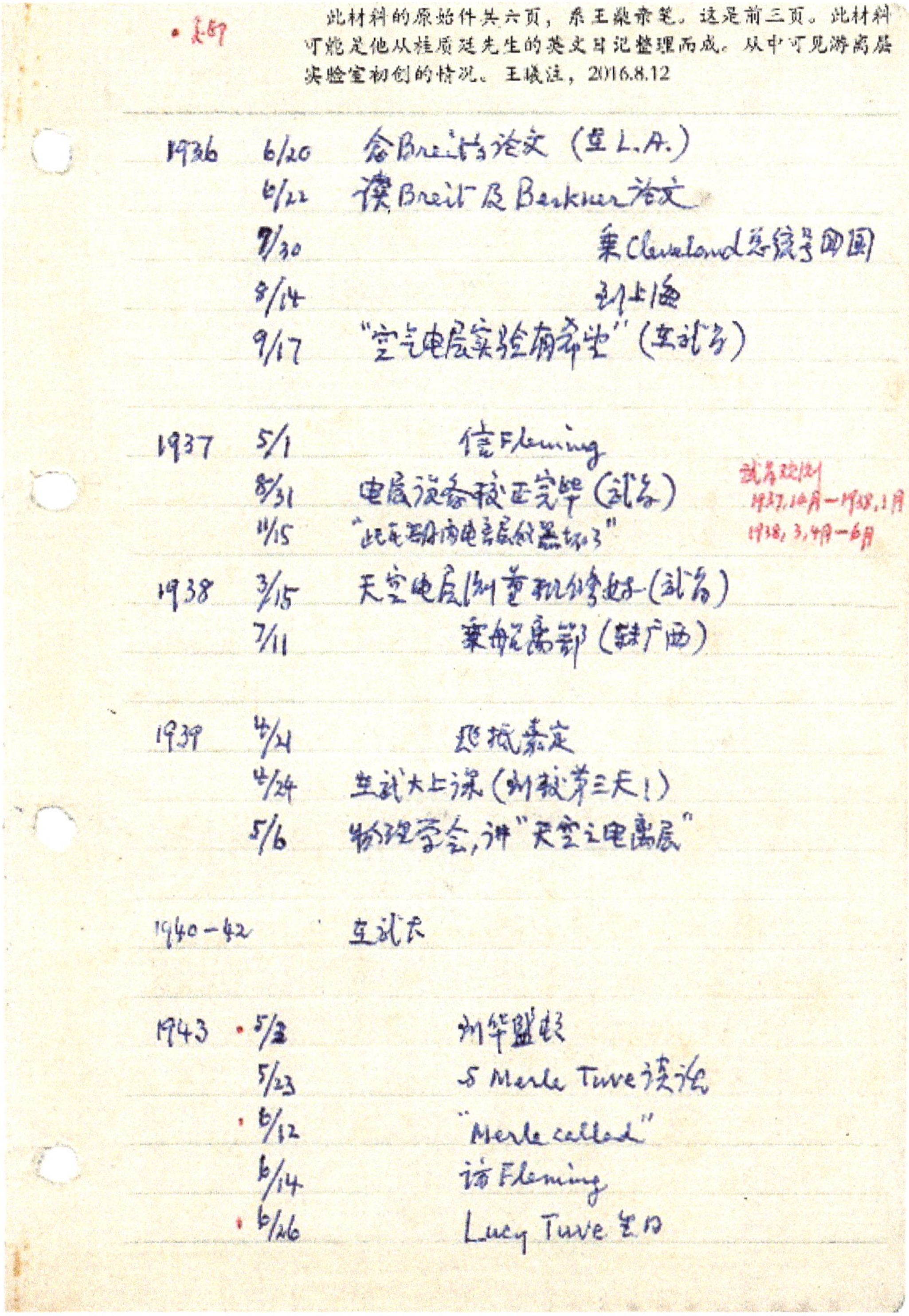

此材料的原始件共六页，系王燊亲笔。这是前三页。此材料可能是他从桂质廷先生的英文日记整理而成。从中可见游离层实验室初创的情况。王曦注，2016.8.12

1936 6/20 念Breit的论文（在L.A.）
6/22 读Breit及Berkner论文
7/30 乘Cleveland总统号回国
8/14 到上海
9/17 "空气电层实验开始"（在武昌）

1937 5/1 信Fleming
8/31 电层设备校正完毕（武昌）
11/15 "此电离层电离层仪器坏了"

武昌观测
1937，10月—1938，1月
1938，3，4月—6月

1938 3/15 天空电层测量机修好（武昌）
7/11 乘船离鄂（赴广西）

1939 4/21 抵达嘉定
4/24 在武大上课（到校第三天！）
5/6 物理学会，讲"天空之电离层"

1940–42 在武大

1943 5/2 到华盛顿
5/23 与Merle Tuve谈话
6/12 "Merle called"
6/14 访Fleming
6/26 Lucy Tuve生日

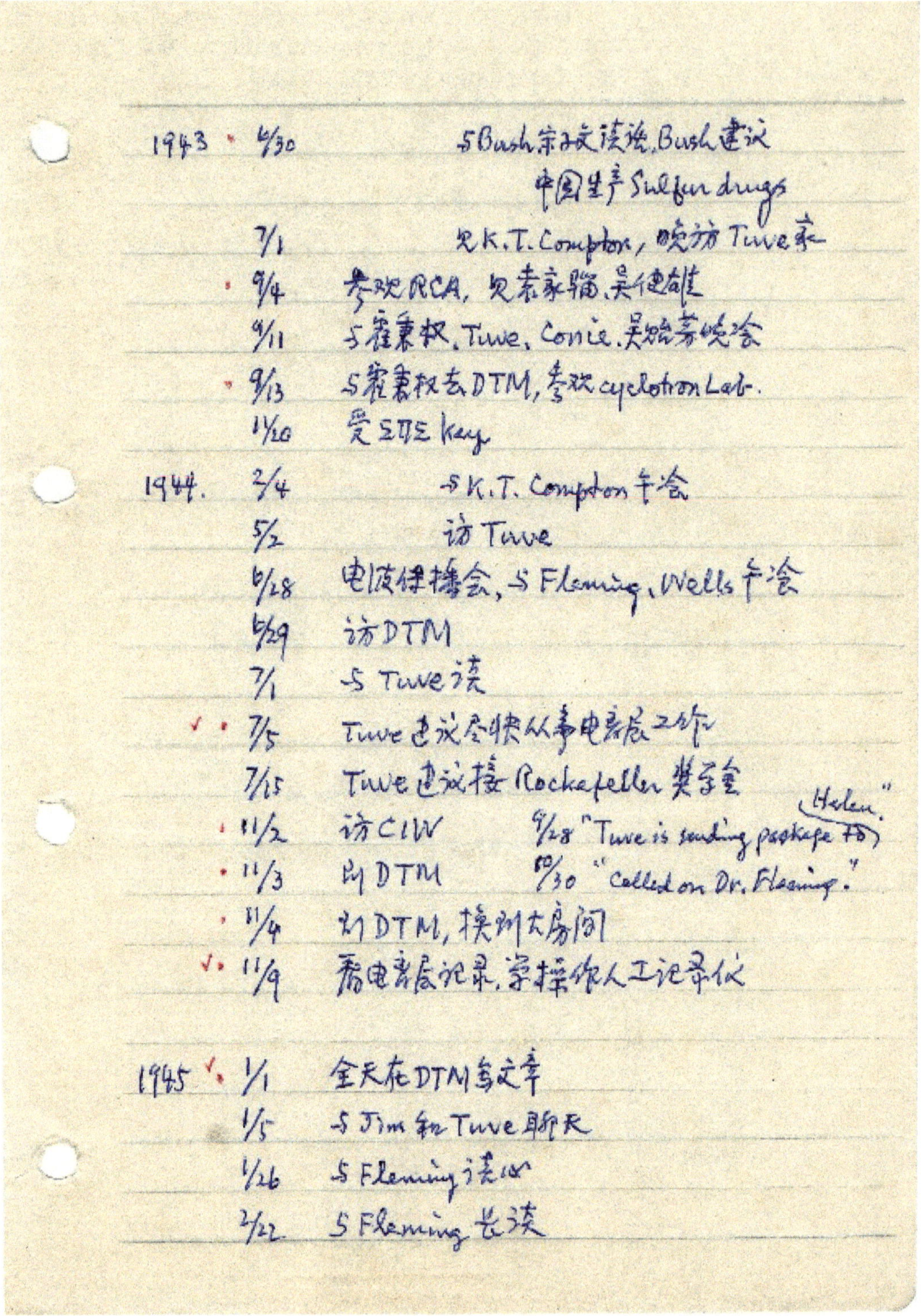

1943 6/30 与Bush宗子文谈后，Bush建议中国生产Sulfur drugs

7/1 见K.T. Compton，晚访Tuve家

9/4 参观RCA，见袁家骝、吴健雄

9/11 与霍秉权、Tuve、Conie、吴[illegible]芳晚餐

9/13 与霍秉权去DTM，参观cyclotron Lab.

11/20 受ΣΠΣ key

1944. 2/4 与K.T. Compton午餐

5/2 访Tuve

6/28 电波传播会，与Fleming、Wells午餐

6/29 访DTM

7/1 与Tuve谈

✓ 7/5 Tuve建议尽快从事电离层工作

7/15 Tuve建议接Rockefeller奖学金

11/2 访CIW　9/28 "Tuve is sending package to Helen."

11/3 到DTM　10/30 "Called on Dr. Fleming."

11/4 到DTM，换到大房间

✓ 11/9 看电离层记录，学操作人工记录仪

1945 ✓ 1/1 全天在DTM写文章

1/5 与Jim和Tuve聊天

1/26 与Fleming谈心

2/22 与Fleming长谈

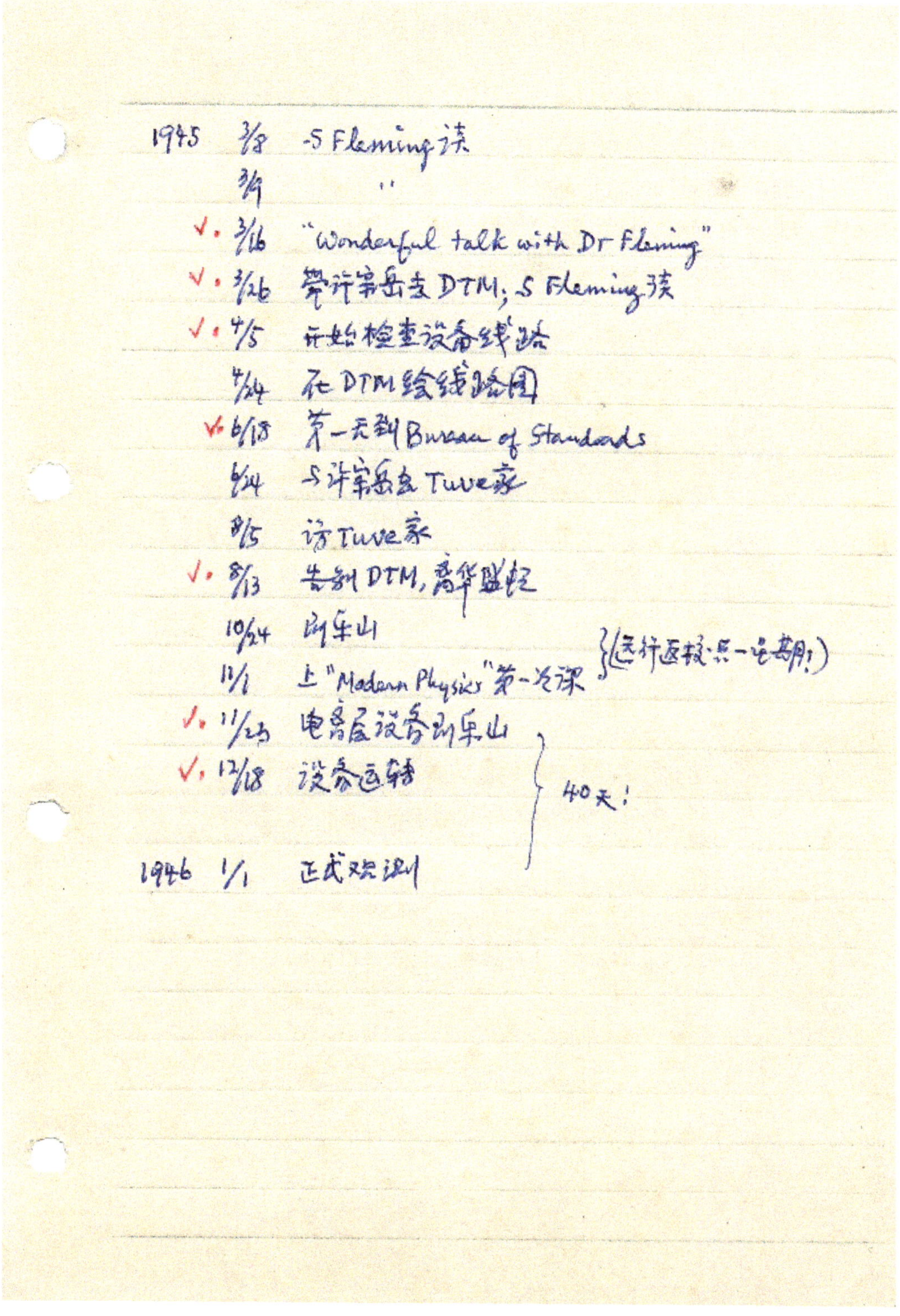

1945 3/8 与Fleming谈

3/9 "

✓. 3/16 "Wonderful talk with Dr Fleming"

✓. 3/26 带许宗岳去DTM，与Fleming谈

✓. 4/5 开始检查设备线路

4/24 在DTM绘线路图

✓ 6/18 第一天到Bureau of Standards

6/24 与许宗岳去Tuve家

8/5 访Tuve家

✓. 8/13 告别DTM，离华盛顿

10/24 到乐山

11/1 上"Modern Physics"第一堂课 }(远行返校只一星期!)

✓. 11/23 电离层设备到乐山

✓. 12/18 设备运转 } 40天!

1946 1/1 正式观测

王燊的早期科研活动

王曦按(2016 年 12 月 12 日)：

以下这张图片是父亲在整理《桂质廷先生传略》时所做笔记的一页。该笔记写在一个没有封面和封底的软抄本上，在第一页上，父亲手书英文“Abstracts from Kwei’s Diary”。在以下这张图片上，父亲从桂质廷日记中摘记了桂先生 1947 年下半年的一些科研活动。其中数次提到王燊。可见那时父亲已经是桂先生的得力助手。图片下方的黑色注文是我写的。

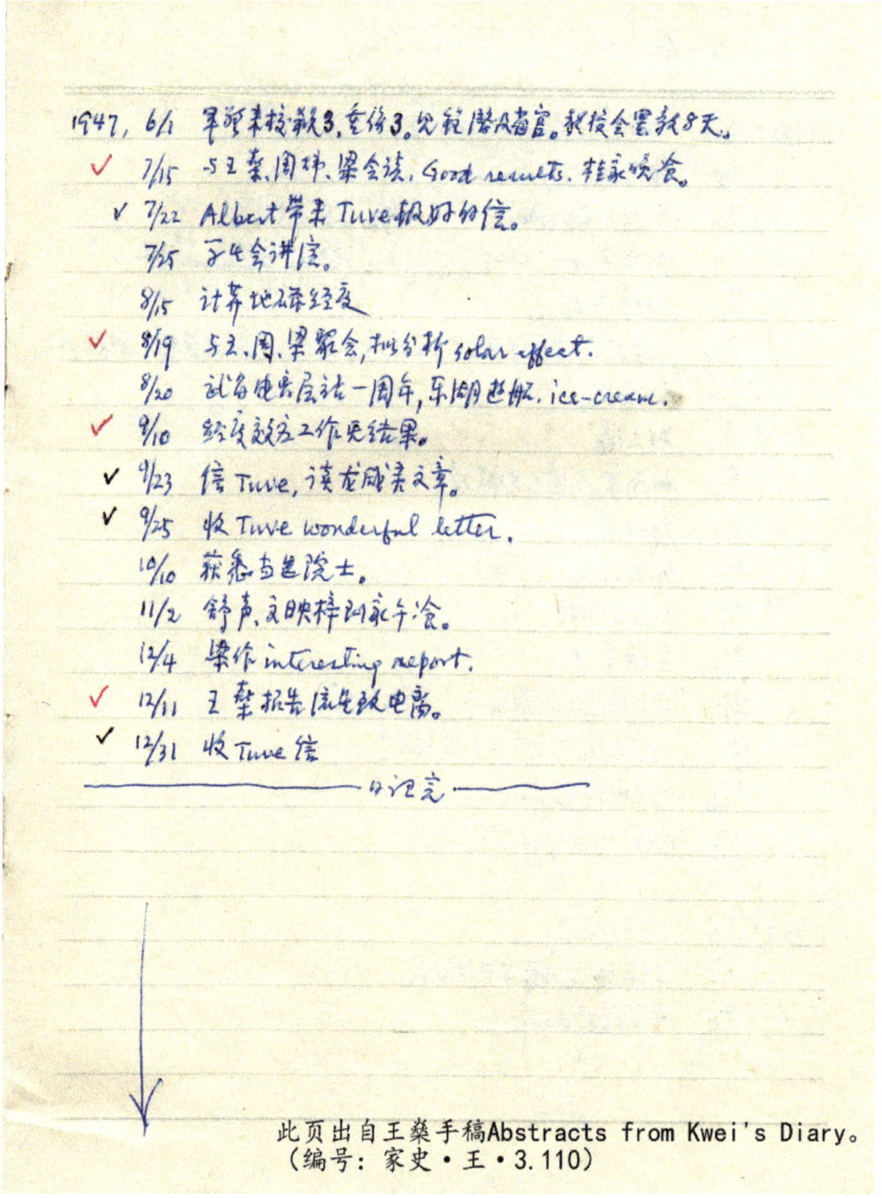
1947, 6/1 [illegible]。教授会罢教8天。
7/15 与王燊、周坤、梁会谈，Good results. 桂家晚餐。
7/22 Albert带来Tuve极好的信。
7/25 [illegible]
8/15 计算地磁经度
8/19 与王、周、梁聚会，拟分析solar effect.
8/20 武昌电离层站一周年，东湖游船，ice-cream.
9/10 [illegible]工作无结果。
9/23 信Tuve，读[illegible]文章。
9/25 收Tuve wonderful letter.
10/10 获悉当选院士。
11/2 [illegible]午餐。
12/4 梁作interesting report.
12/11 王燊报告[illegible]。
12/31 收Tuve信
——日记完——

此页出自王燊手稿Abstracts from Kwei's Diary。
（编号：家史·王·3.110）

武汉大学游离层实验室的首批研究成果

王曦按(2016 年 8 月 12 日)：

下图是父亲王燊保留的《武汉大学游离层实验室论著一览》(第一号)的复印件。这份材料记录了该实验室从 1946 年成立之初到 1949 年的研究成果。从中可见该室成立之初昂扬的精神状态和蓬勃生命力。值得注意的是，研究论文都发表于国内外一流专业刊物，包括《自然(Nature)》(英国)、《武大理科季刊》、《中国物理学报》、《国际无线电协会会刊》(Proc. U. R. S. I.)、《科学世界》、《美国无线电工程协会会刊(Proc. I. R. E.)》、《地球物理研究学报(J. G. R.)》(美国)、《中国科学与建设》等。其中包括父亲的论文。可以想象，如果后来不因政治运动而中断研究工作，父亲对电离层的研究定会达到一个很高的水平。

國立武漢大學游離層實驗室

出版品及工作人員論著一覽

第一號

(一九四六年九月至一九四九年九月)

一九四九年十一月

國立武漢大學游離層實驗室出版品及工作人員論著一覽

一九四六年九月至一九四九年九月

I. 出版品

1. 武昌天空電離層觀測報告，第一號，一九四八年六月出版.
2. 國立武漢大學游離層實驗室概況，一九四九年五月出版.
3. 武昌天空電離層觀測報告，第二號，一九四九年六月出版.

II. 工作人員論著（以發表先後爲序）

1. F2 層游離量與地磁緯度 (F2 Ionization and Geomagnetic Latitudes).
…梁百先

發表雜誌：Nature（自然界，英國出版），一九四七年十一月，第160卷，642面 本文又向國際無線電協會提出，並摘要收錄於其會刊中，見Proc. U.R.S.I.(國際科學無線電協會會刊在比利時國出版)，第7卷，250面，1949.

摘要：全球F2層游離量分佈情形，對于地磁傾角觀之，南北兩半球全部對稱，此曾由 E. V. Appleton 指出，但作者以爲不如對于地磁緯度觀之，較爲妥當。以是檢出一九四六年三，九兩月F2層之臨界頻率（f°F2）與地磁緯度及地磁傾角之曲線而比較之，得下列諸點：－

(i) 中午之f°F2值與地磁緯度及地磁傾角所繪之曲線，三，九月各各相同；其與地磁緯度關係之曲線最高點，各約在南北緯14度。

(ii) 其與地磁傾角關係之曲線，最高點各在南北緯38度，此與 Appleton所指出各在南北緯28度者稍異。

(iii) 以午夜之f°F2值所繪之曲線，在地磁赤道僅有一最大值，雖分佈情形不如中午之密集，但不失對稱形態，故仍可謂與地磁緯度有關。

(iv) 在地磁赤道所生之凹點，恐非全係由地磁驅使電子分散所致；由該處午夜之電子密度有時較中午爲高及午夜無凹點而觀之，或係受熱擴散而成，蓋此兩月適爲該處之夏季也。

2. 日出時E2層存在 (The Existence of E2-Layer in the Ionosphere Near Sunrise) …龍咸靈

發表雜誌：武大理科季刊，第九卷，第一期，一九四八年一月.
本文又向國際無線電協會提出，並摘要收錄於其會刊中，見 Proc. U.R.S.I. 第7卷，250面，1949。

摘要：作者進行觀測工作時，常發現一層在E及F層之間，經長期不斷觀察結果，證實此爲E2層，出現於日出之際，壽命不過一小時，故常被人忽略，該層在此短時間內，仍有他層之特性，惟其高度約由200公里逐漸降落至150公里，然後其臨界頻率變成E層之臨界頻率，不再單獨存在，中午及日落之時，亦偶有發現，但不如日出時清晰，易於記錄及辨別耳。

此層出現於春，冬二季，夏，秋二季尚未發現，如能有長期之觀察，對于游離層形成之研究，將甚有裨益。

3. 一九四六年九月至一九四七年十二月武昌游離層記錄之研討，(A Study of the Ionospheric Data Obtained at Wuchang from Sept. 1946 thru. Dec. 1947)……梁百先，龍咸靈，王 燊．

發表雜誌：中國物理學報，第七卷，第三期，一九四八年六月。

本文又向國際無線電協會提出，並摘要收錄於其會刊中，見 Proc. U.R.S.I. 第7卷，248面，1949。

摘要：武昌每小時記錄，開始于一九四六年八月二十日，本文僅分析一九四六年九月至一九四七年十二月之記錄，其有規律可尋，如 E, F1,F2 各層電子密度及視高度之每日，每季變化，一一繪圖叙明，其與有規律變化出入之處，則詳細討論及之。

除正常之性質外，述及特殊現象者如日出時 E₂層之出現，及兩次游離層之暴發，據觀測不正常E層之結果上半夜之出現次數較下半夜爲多，而夏季亦較他季爲甚，又由一九四六年十月十日 Giacobini-Zinner 流星羣與地球最接近時不正常E層之記錄觀之，證實流星爲發生不正常E層重要原因之一。

4. 日食時游離層之觀測…周 煒

發表雜誌：科學世界，第十七卷，第六期，一九四八年六月。

摘要：作者在本文中分述 D, E, F1 及 F2 各層形成之學說，並就過去所有日食觀測之記錄，討論太陽各部之各種輻射能量，對于各層之離化，復合等變化之關係，並簡略報告一九四八年五月九日日環食之觀測計劃。

5. 雷達電波之傳播…桂質廷，許宗岳。

發表雜誌：科學世界，第十七卷，第十，十一期合刊，一九四八年十月十一月合刊。

摘要：作者在本文中簡明叙述自由空間電波傳播，地面反射，大氣折射，球形地面之折射，導管與超折射諸現象，以解釋雷達電波傳播之原理，並就地域，氣候與超折射現象之關係，指出氣象學研究之重要。

6. 雷達之測距，測向，及定位原理，…許宗岳，桂質廷。

發表雜誌：科學世界，第十七卷，第十，十一期合刊，一九四八年十月，十一月合刊。

摘要：本文中簡單介紹頻調，幅調二種測時間方法之原理，並比較其優劣以釋雷達儀器之運用，再從富利葉綫射原則，及波能之距離平方反比定律出發，逐步導出雷達收回電力與電源電力，目標之散射剖面，天綫有效面積，及波長等之關係式，並舉實例以解釋求最大可測距離之法。

7. 收波天線所收之功率及其設計之規範。(The Received Power of a Receiving Antenna and the Criteria for Its Design).····葉允競。

發表雜誌：Proc. I.R.E.（美國無線電工程師會會刊）第三十七卷，第二期，一九四九年二月.

摘要：一個天線無論如何複雜，若用于發波，輻射功率為Pt（或平均Poynting向量So）波長為λ，波為橢圓極化，其在OP方向遠點P處之電力之二成分為$\hat{E}_\theta$及$\hat{E}_\phi$。今若用此天線於收波，來波之波長為λ，電力之二成分為$\hat{E}'_\theta$及$\hat{E}'_\phi$。則可收受之功率，以合理化 M.K.S. 制單位表之為：

$$Pr=\frac{\lambda^2}{16\pi So}\frac{E}{\mu}|\hat{E}_\theta\hat{E}'_\theta+\hat{E}_\phi\hat{E}'_\phi|^2$$

由是得一天線之收受可能最大功率為：

$$P_{r\,max\text{-}max}=\frac{\lambda^2}{4\pi}Gt\,Sn.$$

其中Gt為用于發射波時，在某一方面向天線之利益；Sn為於同方向來波之Poynting向量。

又可得二定理如下：

定理一，一來波，其方向及其$\hat{E}'_\phi/\hat{E}'_\theta$之量與相為已知；今設計一發波天線，使在一已知方向，其利益儘可能最高，且所發之$\hat{E}_\phi/\hat{E}_\theta$乃$\hat{E}'_\phi/\hat{E}'_\theta$之共軛；則此天線，若用於收波可由來波收受最大最大功率。

定理二，對二定點通訊，除在地磁場中遠距離短波通訊外，假使發波天線在所欲發射之方向，已設計得最高可得之利益；今設有一平面鏡垂直於聯收發二台之直線，且平分之；則欲收受最大最大功率，收波天線應設計使其為發波天線之像。

8. 一九四八年五月九日日偏食時觀測武昌游離層F2層所受之影響(Effect on F2 Ionization of the Partial Eclipse of May 9, 1948, as Observed at Wuchang)····梁百先及全實驗室工作人員.

發表雜誌：Proc. U.R.S.I., 第7卷, 247面, 1949.

摘要：一九四八年五月之日食，出現於中國之東南部，武昌所見者為90.6%之偏食，本室觀測注意之點在日食對于游離層之影響，因受非自動式記錄儀器限制，故僅測F2層之臨界頻率，除正常每小時各層記錄均照常進行外，其他時間約五分鐘記錄一次，在日食前後各六日亦作同樣之記錄，其平均值稱為參考記錄。

全部記錄採用時間為東經120度標準時間，因受每小時觀測各層之限制，有10分鐘之耽擱，以致最小之凹點不能確定；由插入法所得結果，其游離程度約減低36%，並發生於食甚後20分鐘，詳細分析此12日之記錄，在日食前後各一日(8日，10日)為12日中之最高值及最低值。

除日食所生之最大游離密度減低外，尚有9時8分之略小減低，此與8日發現者同。

本實驗室雖未注意及E與F1層之變化，但將9日之記錄與參考記錄比較觀之，E層之游離程度約降低60%，F1層約70%。

當日食時，Es曾發生多次，其頻率最高達12兆週/秒，而降至6.9兆週/秒；以後高低不一，以至日食終止。

9. 不規則游離量，極光，與地磁緯度 (Sporadic E-Ionization, Auroral Display, and Geomagnetic Latitude) 王 燊

發表雜誌：Proc. U.R.S.I., 第7卷，第249面，1949.

摘要：由一九四六年各月之(午夜不規則E極限頻率——地磁緯度)一組曲線中，發現不規則E游離量，極光，與地磁緯度間有下列關係：—

(i) 全年十二條曲線中有十一條，其上不規則極限頻率在北緯60度近旁顯然有甚高之值，在此等緯度，極光出現頻率幾近於100%，(根據 Terr. Mag. and Atmos. Elec. "地磁與天電"雜誌第40卷，第2期，第77頁 E. V. Vestine 之報告)。

(ii) 不規則E極限頻率自極區高緯度之漸低而急速下降，至北緯55度而達於極小值，所有有不規則E極限頻率之八條曲線，在北緯55度處均顯此等特性；在此緯度極光出現頻率絕少有高於6%者。

惜在南半球高緯度處至今尚無游離層實驗室以探討此現象之對稱性。

10. 正午及午夜全球F2層游離量之季節變化 (Seasonal Variation of World-Wide F2-Ionization for Noon and Midnight Hours.)……龍咸靈

發表雜誌：本文已經 Journal of Geophysical Research（地球物理研究學報，係國際性季刊，在美國出版）約定刊出，惟因近來尚未收到該項雜誌，刊出期數年月不詳。

摘要：由研究一九四六及一九四七兩年各月正午之F2層游離量結果，在地磁赤道有顯著之降低，其兩側約20度升至最大值，此與 Appleton 及梁百先僅討論及三月，九月者相同，但在50度地磁緯度，另有一最大值，此最大值之出現，與太陽之偏角有關，午夜之F2層游離量僅有一最大值，此最大值所在緯度，隨太陽之偏角同步移動，此現象與討論F2層之季節變化甚為重要。

11. 武大校區內低空溫度與濕度之觀測。(Low Altitude Sounding on the Campus of National Wuhan University.)……許宗岳，朱子壽.

發表雜誌：中國科學與建設，第二卷，一九四九年。

摘要：低空溫度與濕度之改變，影響微波傳播，微波沿直線進行，且其頻率極高，故不能由游離層反射，如發射處在地面，因大地為球形，則直達之點必極少，但空氣之折光率依溫度及濕度而定，此兩者之變化，若屬某種形態，大氣即與波導管相似；微波可由球面前進，遠達數百里外，溫度與濕度，因地而異，季節，氣候，均極為重要。

本文所述實驗，因氫氣缺少，僅繼續八日(自一九四八年七月五日至十二日)，除天雨外，每日於六點，十點，十四點，及十八點觀測四次，此段時間適在夏季，惜記錄不多，不能作肯定斷語，僅知反轉現象 (Inversion) 多出現於十點及十八點耳。

12. 游離層游離量之地磁控制現象. (Geomagnetic Control of Ionospheric Ionization.)····王　燊.

發表雜誌：中國科學與建設，第二卷，第一期，一九四九年二月.

摘要：F2層游離量之地磁控制現象，先後由 Appleton 及梁百先二人提出並認定，對于此現象之解釋，有 S. K. Mitra 所提出之 C. Störmer 之中性離子流學說，及E. O. Hulburt之紫外射線學說；繼後，又有 T. L. Eckersley 所提出之微差透射學說等。

作者謹就目前所得之1946 與 1947 二年世界記錄，將各層之地磁控制現象作一探討，並試論此所有之各種學說。

從一組(臨界頻率——地磁緯度)曲線中，可得下列數點：—

(i) 正午之 f°F2 受地磁赤道有對稱性，極區最低，緯度漸低而漸高，至南北緯 14 度處，得二極大值(用重量平均值)，再轉向赤道處降低，極值之位置無顯著之季節變化。

(ii) 午夜之 f°F2 無赤道低落現象。

(iii) 正午之 f°F1 在極區隨 f°E 變化，而在溫區及赤道區則隨 f°F2 變化，極大值位置約在南北緯 17 度。

(iv) 正午之 f°E, 曲線遠不如其與地理緯度關係之曲線規則。

(v) 午夜之 fEs, 一般言曲線甚不規則，但常在北緯 60 度及 55 度出現之極大與極小值，適各相應于極光出現頻率大于 90% 及小於 10% 之處。

作者之意見，以爲不如將此現象分爲三個區域（極區，溫區，與赤道區）觀測並研究。穿透能力較大之高速太陽粒子，在高空受地磁作用偏降至極區造成極光及强Es,在赤道上空萬餘公里之地球粒子(Terrestrial Particles), 受紫外線離化後，爲地磁偏降至 400 公里與 250 公里之處，形成南北緯 14 度與 17 度之 F2, F1 層極大離化密度。

1946年《自然》对武汉大学武昌电离层研究的报道

王曦按(2017年2月6日):

以下是父亲留下的1946年5月25日英国《自然》杂志第3995期的一页。父亲用黄色标出了该文章有关1937年3月中国武昌电离层F2层的观测的报道。该文标题是“电离层的两个异常”。它所报道的武昌观测就是父亲的导师桂质廷先生的观测。那是中国人最早的用现代科技手段所进行的电离层观测。由于日本对中国的侵略战争,桂先生这项研究不得不中断八年,到抗日战争获得胜利后才继续进行。父亲有幸于那个时候被桂先生收为弟子,随桂师在四川乐山重启这项研究。

英国《自然》周刊是世界上最早的国际性科技期刊,1869年创刊,其宗旨是“将科学发现的重要结果介绍给公众,让公众尽早知道全世界自然知识的每一分支中取得的所有进展”。

No. 3995 May 25, 1946 NATURE 691

LETTERS TO THE EDITORS

The Editors do not hold themselves responsible for opinions expressed by their correspondents. No notice is taken of anonymous communications

Two Anomalies in the Ionosphere

DURING the War, many new ionospheric stations were instituted in different parts of the world to serve the operational requirements of the Allied Forces. As a result, there have become available, for the first time, sufficient data to provide a rough general morphological picture of the F_2 layer of the ionosphere. A study of these data has disclosed the remarkable result that, although ionospheric events in the E and F_1 layers are similarly reproduced at the same local time on the same day at all locations on a line of constant geographic latitude, the same is by no means the case for the F_2 layer. It has also been confirmed, as was suspected earlier, that under conditions of symmetrical solar illumination, an asymmetry of ionization exists for certain

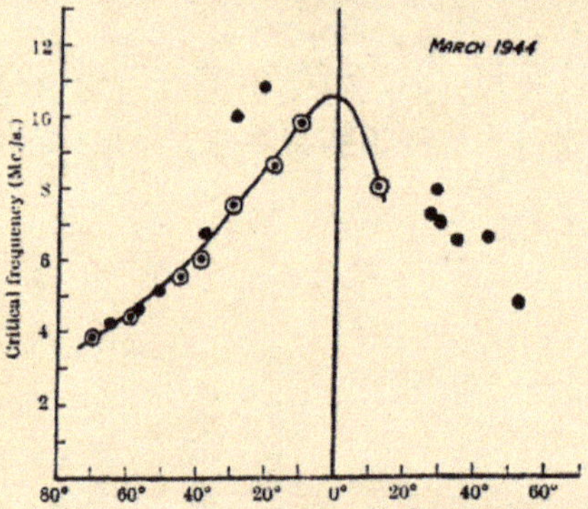

Fig. 1. VARIATION OF CRITICAL FREQUENCY WITH GEOGRAPHICAL LATITUDE

station' on the same longitude and situated at equal latitudes north and south of the equator.

These phenomena are best illustrated by considering maximum noon ionization densities in the F_2 layer at the equinoxes, when the sun's zenith distance, χ, is the same for equal latitudes north and south of the equator. From a study of this kind for March 1937, it was found that the values of critical frequency f_{F_2} for Wuchang (lat. 30·5° N.) and Tokyo (lat. 35·6° N.) were definitely higher than those for Watheroo (lat. 30·3° S.) and Sydney (lat. 35·3° S.). An asymmetry of ionization for sites of equal latitudes north and south of the equator, and of roughly the same longitude, was suspected. Many other examples of the same phenomenon have been noted in more recent results.

In 1943, a further anomaly was identified when equinox noon values for two sites of approximately the same northern latitude, but widely different longitudes, were compared. It was found that the f_{F_2} values for Delhi (lat. 28·5° N., long. 77·1° E.) were substantially higher than those for Baton Rouge (lat. 30·0° N., long. 90·0° W.), indicating a variation of noon ionization with longitude along a line of constant latitude.

These two anomalies are illustrated in Fig. 1, where all the available March 1944 values of f_{F_2} at noon are plotted as a function of geographical latitude. The values corresponding to a narrow range of longitude (60°–90° W.) are ringed, and the curve drawn through them shows clearly the asymmetry about the geographical equator. The 'longitude effect' is illustrated by the fact that the values for Delhi (lat. 28·5° N.) and for Kihei (lat. 20·8° N.) lie completely off the curve. The longitudes of these two stations are, respectively, 77·1° E. and 156·5° W.

In Fig. 2 the same values are plotted as a function of magnetic dip, and it will be seen that the above-mentioned anomalies in respect of the low-latitude stations have substantially disappeared. A geomagnetic control of f_{F_2}, for low values of sun's zenith distance, is therefore indicated. It should, however, be noted that, for higher latitudes and thus for higher values of χ, the longitude effect is practically absent, since f_{F_2} is more closely related to geographical latitude than to magnetic dip.

Later results, with a greater wealth of data, have confirmed the general shape of the continuous line drawn in Fig. 2, though it is not yet certain whether or not the two maxima reach equal values. It appears that, for noon equinox conditions, there is a belt of low values of f_{F_2} circling the earth and centred roughly on the magnetic equator. For stations situated within this belt it is found that these low values are associated with marked bifurcation of the F layer into the F_1 and F_2 strata. Such bifurcation is accompanied by the usual phenomena (for example, low noon value, evening concentration of ionization, slow electron disappearance after sunset, etc.) with which we are familiar under English summer conditions[1]. In other words, the longitude effect and the geomagnetic control are exhibited not only in the noon values of f_{F_2} but also in the whole diurnal behaviour.

I am indebted to the collaborating ionospheric authorities in America, Australia, India and New Zealand for permission to use the results of their measurements in the above figures. This work was carried out as part of the programme of the Radio Research Board of the Department of Scientific and Industrial Research.

EDWARD V. APPLETON

Department of Scientific and Industrial Research,
Park House,
24 Rutland Gate,
London, S.W.7.

[1] Appleton and Naismith, *Proc. Roy. Soc.*, A., **150**, 685 (1935).

Mesotron Intensity as a Function of Altitude

DURING July 1945, measurements of the intensity of mesotrons passing through 8 cm. of lead at various heights in the Himalayas up to an altitude of 16,800 ft. were made by me and Mela Ram[1]. During November 1945, I extended these measurements up to 33,000 ft. above sea-level in an aeroplane flight over Lahore. The apparatus used in the flight was the same as that used in the hills. The duration of the flight between 17,000 ft. and 33,000 ft. was one hour and forty minutes. The results are shown in the figure in the form of a curve in which the number of triple coincidences per minute are plotted against the pressure in millibars.

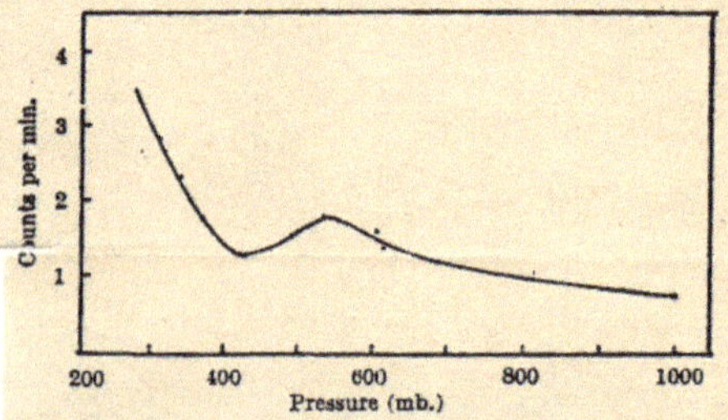

The intensity versus pressure curve for mesotrons is generally given as an exponential. The data as given here are certainly not represented by a simple exponential. In the neighbourhood of 550 millibars, there occurs a sudden break in the curve which suggests that the data can best be represented either by two exponential curves or by a continuous curve giving a hump at this pressure. Two more flights were made, extending the measurements to 35,000 ft. The data collected in these flights also indicate a similar shift in the mesotron intensity versus pressure curve at about the same altitude. This would mean that the effect is a real one. I will deal with this point in greater detail after the projected flights throughout India during April beginning from the magnetic equator to about 24° N. magnetic latitude are completed.

I am deeply indebted to Air Commodore A. H. Wheeler of the R.A.F. for putting at my disposal a 'Mosquito' in which the flights at Lahore were carried out. My thanks are also due to Wing Commander E. S. Fallick, Squadron Leader R. H. Allen, Flight Officer I. D. Gregory and other officers and men of the R.A.F. for their uniform courtesy and co-operation in these flights.

P. S. GILL

Forman Christian College,
Lahore.
March 16.

[1] Gill, P. S., and Ram, Mela, *Indian J. Phys.*, **19**, 71 (1945).

王燊武汉大学理学硕士学位论文稿(1948年7月)

王曦按(2016年8月15日):

在父亲留下的文字材料中,以下这份材料十分珍贵。它是父亲的武汉大学理学硕士学位论文稿和相关的观测记录。论文的标题是 IONOSPHERIC IONIZATION AND GEOMAGNETIC LATITUDE,翻译成汉语是“电离层的电离和地磁纬度”。

论文稿是英文打字稿,共66页。这里选取了其中14页。文稿上有五种批改笔迹:红色墨水的、绿色墨水的、铅笔较粗的、铅笔较细的、黑色墨水的。从批改的内容和批语后的署名看,红色墨水的字迹应为父亲的字迹,主要是对英文打字稿的修改,其中主要是英文语法和词汇上的修改。铅笔较粗的字迹应为桂先生的批语。铅笔较细的字迹因署名“W. S.”而可确定系王燊(Shen Wang, W. S.)的笔迹。唯一的黑色墨水字迹是在论文稿末尾处的一段文字,署名“Dr. C. T. K.”,即桂质廷博士的字迹。至于绿色笔迹是谁的笔迹,需要进一步考证。

如论文的目录所示,论文包括正文、致谢和参考文献三大部分。正文分为五章:第一章——导论,第二章——F2层电离的地磁控制,第三章——F2层电离地磁控制诸理论,第四章——F1、E和ES层电离与地磁纬度,第五章——(观测)结果讨论与结论。在致谢部分,父亲对桂质廷教授和梁百先教授的指导和一批其他中外学者的鼓励和帮助表示衷心感谢。

这篇论文是一篇具有当时国际前沿水准(包括中国的桂质廷、梁百先等电离层研究先驱人物的成就和观点)的科学论文。父亲在详细考察当时的中外已有研究成果的基础上,结合四川乐山和武汉武昌的电离层观测台所测得的数据(1946年和1947年的全年完整数据),对电离层的F1、E和ES层的电离与地磁纬度的相关关系做了比较深入的探讨,并得出了自己的认识。父亲是武汉大学游离层实验室的第一个研究生。这篇论文是该实验室创办以来的第一篇研究生论文。它也从一个侧面反映了年轻的武汉大学游离层实验室的高研究水准。它为父亲一生的电离层研究打下了牢固的基础。

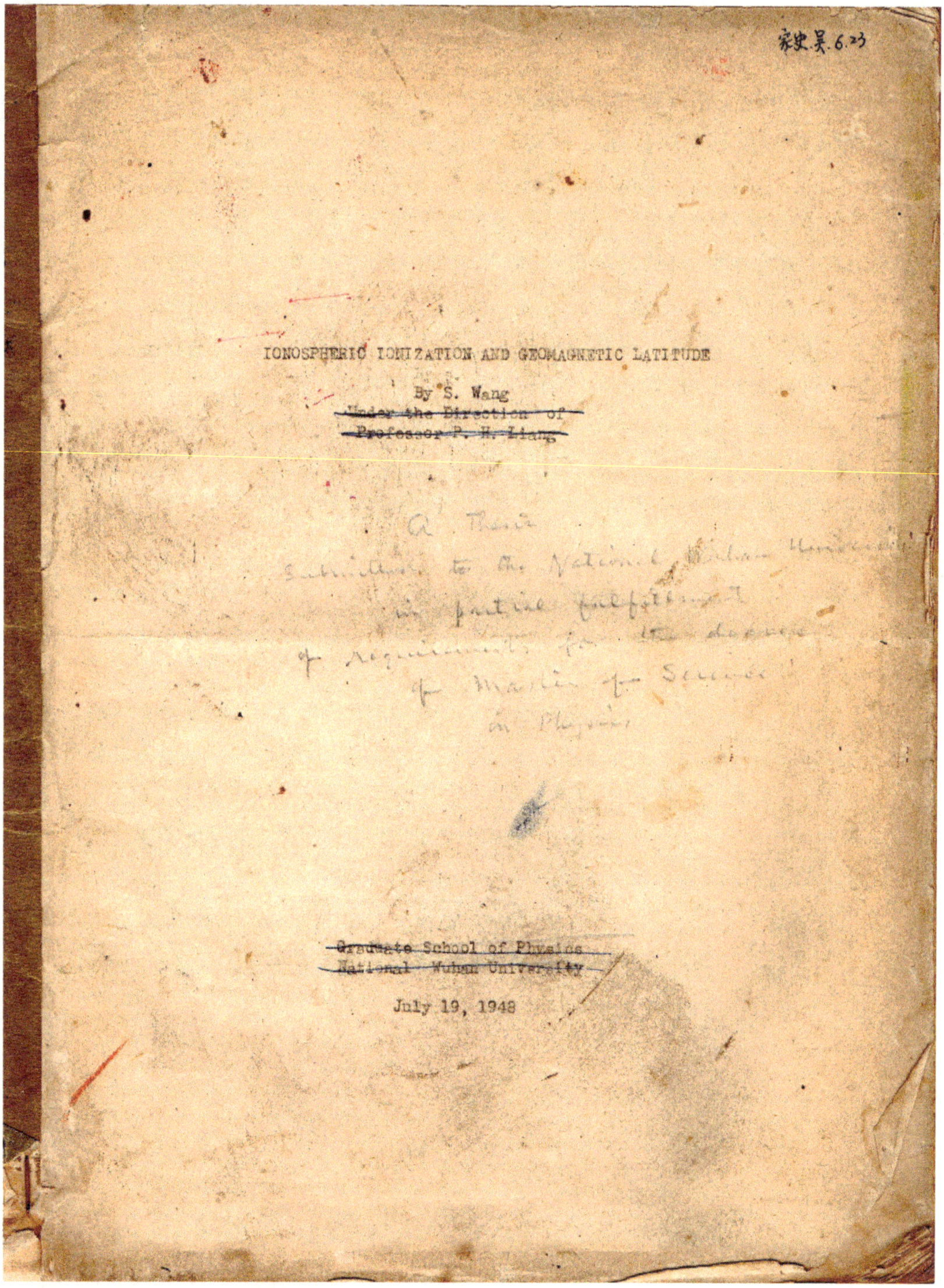

家史吴.6.23

IONOSPHERIC IONIZATION AND GEOMAGNETIC LATITUDE

By S. Wang

~~Under the Direction of~~

~~Professor P. H. Liang~~

A Thesis

Submitted to the National Wuhan University

in partial fulfillment

of requirements for the degree

of Master of Science

in Physics

~~Graduate School of Physics~~

~~National Wuhan University~~

July 19, 1948

王燊武大理学硕士论文稿(1948年)。——王曦注,2016.8.17.p1

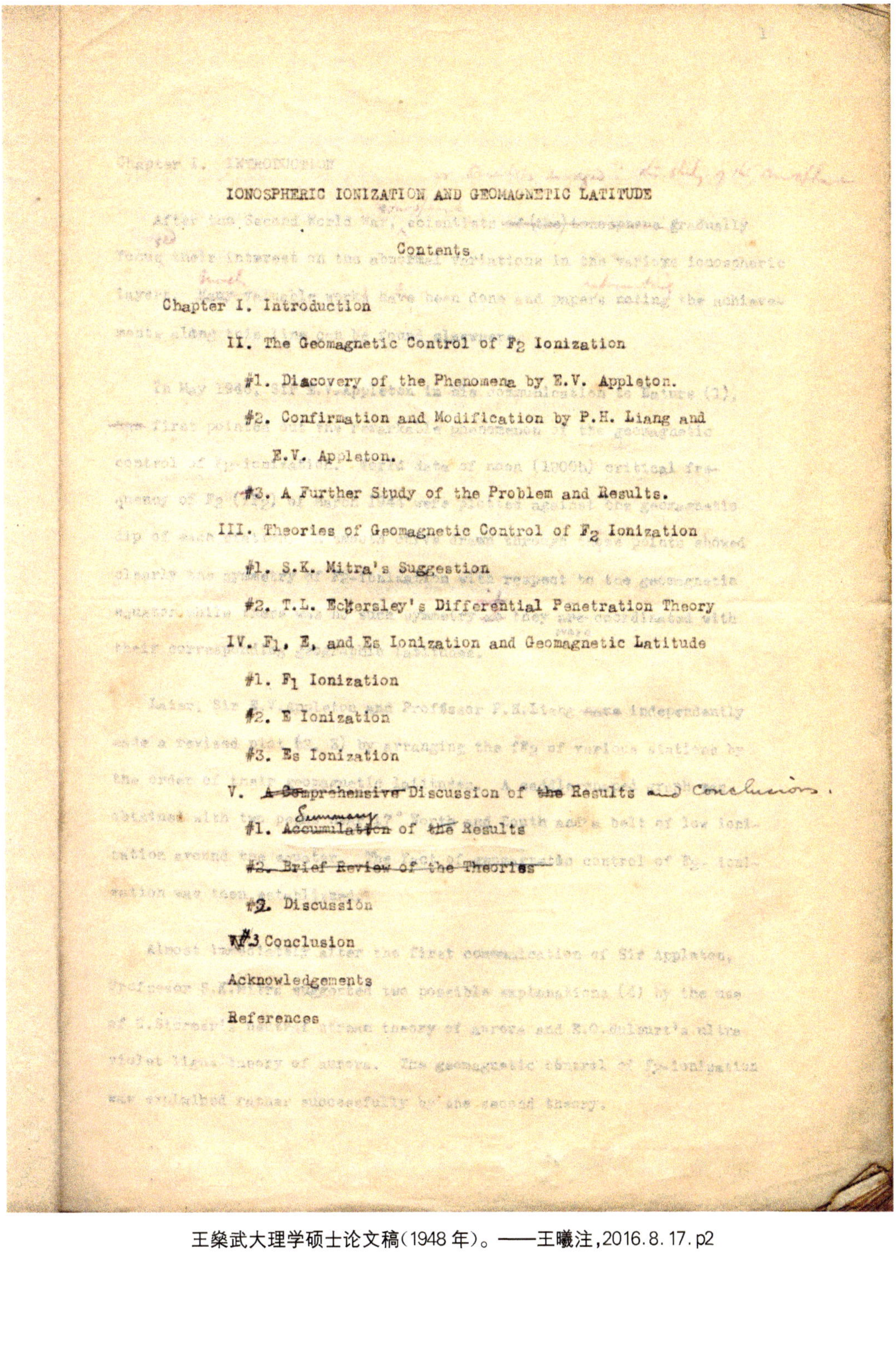

IONOSPHERIC IONIZATION AND GEOMAGNETIC LATITUDE

Contents

王燊武大理学硕士论文稿(1948 年)。——王曦注,2016.8.17.p2

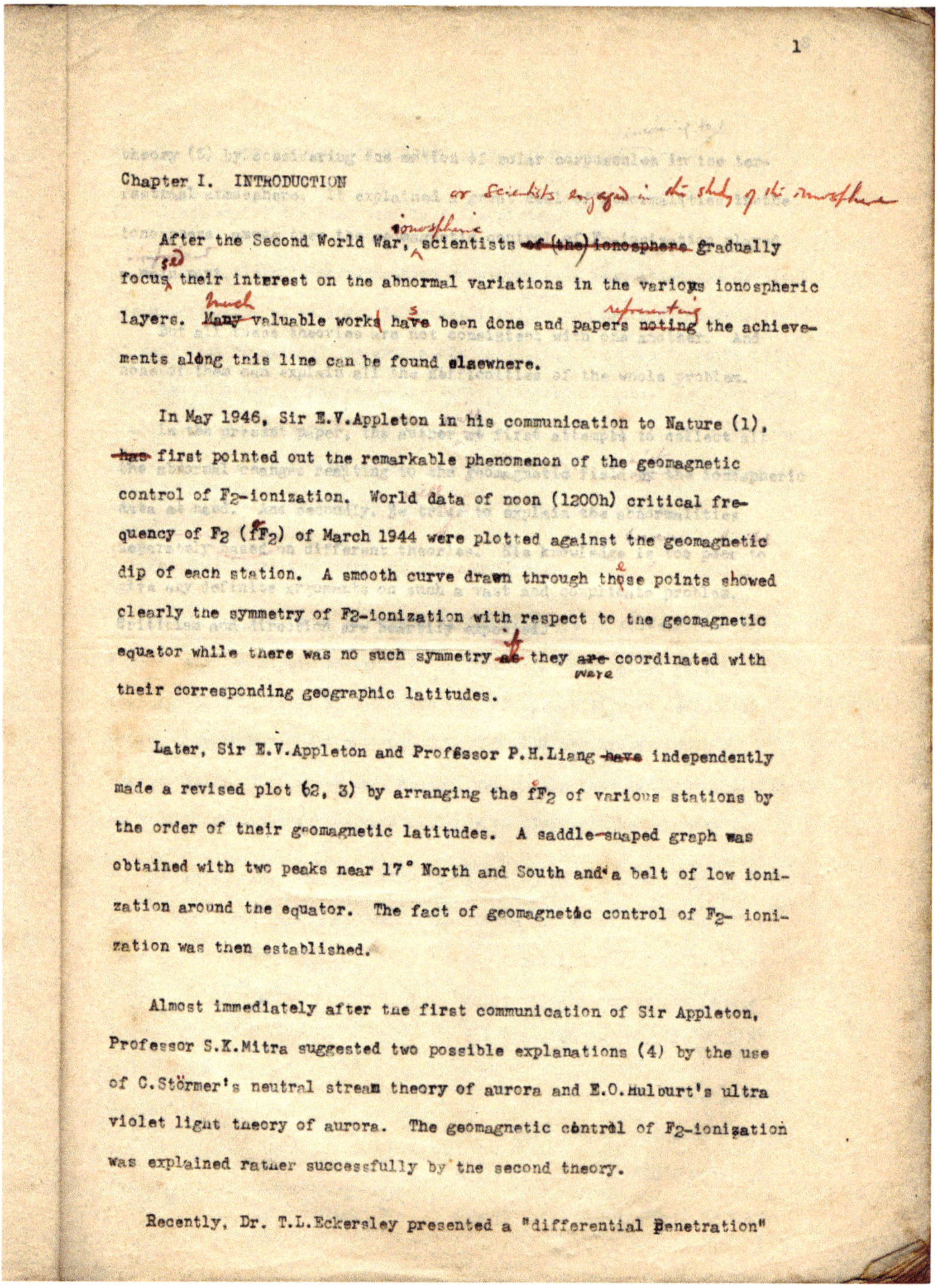

1

Chapter I. INTRODUCTION

After the Second World War, scientists ~~of (the) ionosphere~~ gradually focus their interest on the abnormal variations in the various ionospheric layers. ~~Many~~ valuable works have been done and papers ~~noting~~ the achievements along this line can be found elsewhere.

In May 1946, Sir E.V.Appleton in his communication to Nature (1), ~~has~~ first pointed out the remarkable phenomenon of the geomagnetic control of F_2-ionization. World data of noon (1200h) critical frequency of F_2 (fF_2) of March 1944 were plotted against the geomagnetic dip of each station. A smooth curve drawn through those points showed clearly the symmetry of F_2-ionization with respect to the geomagnetic equator while there was no such symmetry ~~as~~ they ~~are~~ coordinated with their corresponding geographic latitudes.

Later, Sir E.V.Appleton and Professor P.H.Liang ~~have~~ independently made a revised plot (2, 3) by arranging the fF_2 of various stations by the order of their geomagnetic latitudes. A saddle-shaped graph was obtained with two peaks near 17° North and South and a belt of low ionization around the equator. The fact of geomagnetic control of F_2- ionization was then established.

Almost immediately after the first communication of Sir Appleton, Professor S.K.Mitra suggested two possible explanations (4) by the use of C.Störmer's neutral stream theory of aurora and E.O.Hulburt's ultra violet light theory of aurora. The geomagnetic control of F_2-ionization was explained rather successfully by the second theory.

Recently, Dr. T.L.Eckersley presented a "differential penetration"

王篥武大理学硕士论文稿(1948 年)。——王曦注,2016.8.17.p3

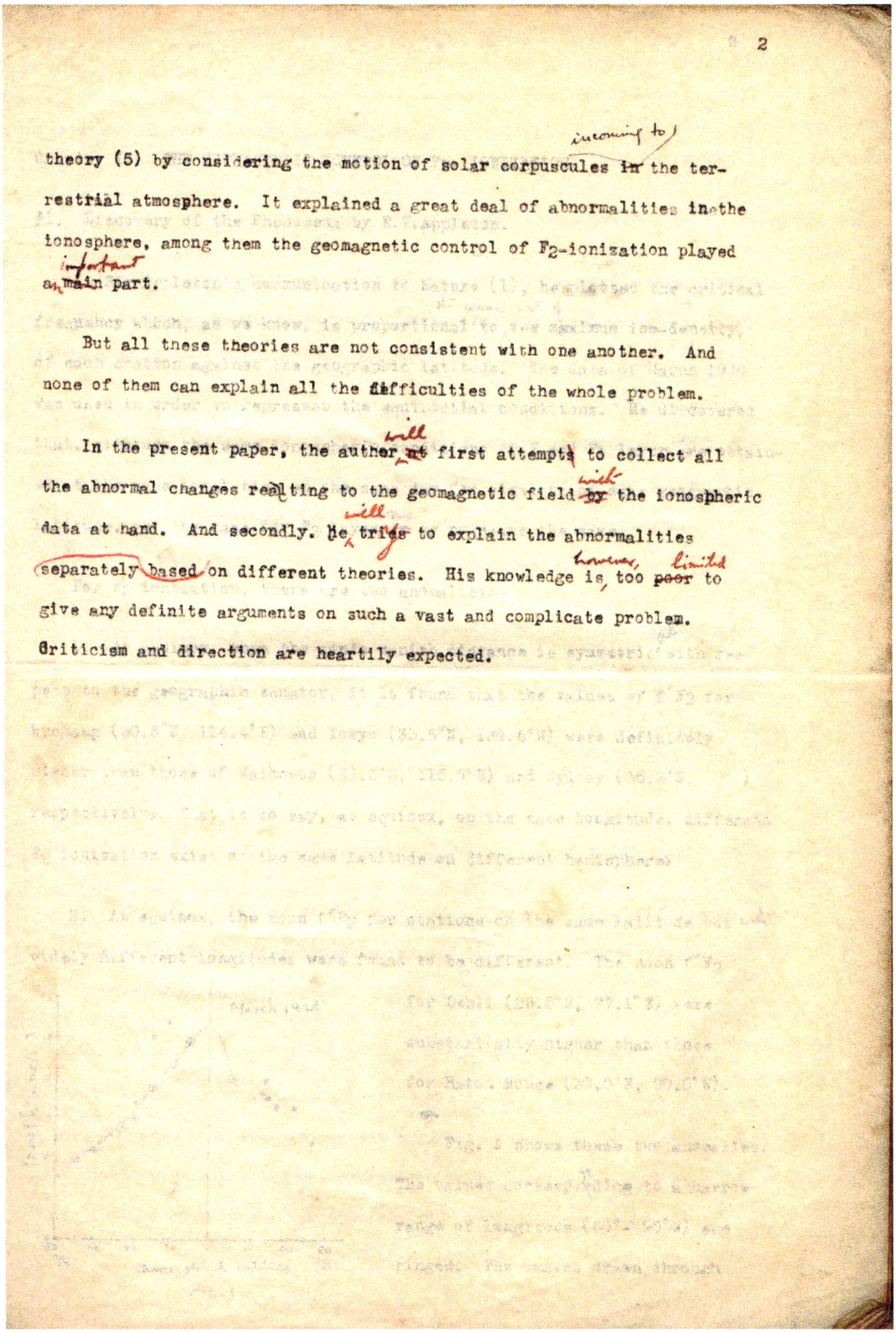

2

theory (5) by considering the motion of solar corpuscules ~~in~~ incoming to the terrestrial atmosphere. It explained a great deal of abnormalities in the ionosphere, among them the geomagnetic control of F_2-ionization played an ~~main~~ important part.

But all these theories are not consistent with one another. And none of them can explain all the difficulties of the whole problem.

In the present paper, the auther will ~~at~~ first attempt to collect all the abnormal changes relating to the geomagnetic field ~~by~~ with the ionospheric data at hand. And secondly, he will try to explain the abnormalities separately based on different theories. His knowledge is, however, too ~~poor~~ limited to give any definite arguments on such a vast and complicate problem. Criticism and direction are heartily expected.

王燊武大理学硕士论文稿(1948年)。——王曦注,2016.8.17.p4

3

Chapter II. THE GEOMAGNETIC CONTROL OF F_2- IONIZATION

#1. Discovery of the Phenomena by E.V.Appleton.

In Sir Appleton's communication to Nature (1), he plotted the critical frequency which, as we know, is proportional to the square root of the maximum ion-density, of each station against the geographic latitude. The data of March 1944 was used in order to represent the equinoctial conditions. He discovered that, although the same ionospheric conditions of E and F_1 layers were obtained at the same local time on the same day for stations of same geographic latitude, yet the case for F_2 layer was by no means the same.

For F_2 ionization, there are two anomalies:-

1. At equinox, when the sun's zenith distance is symmetrical with respect to the geographic equator, it is found that the values of $f^\circ F_2$ for Wuchang (30.6°N, 114.4°E) and Tokyo (35.6°N, 139.5°E) were definitely higher than those of Watheroo (30.3°S, 115.9°E) and Sydney (35.3°S,)
respectively. That is to say, at equinox, on the same longitude, different F_2 ionization exist on the same latitude on different hemisphere.

2. At equinox, the noon $f^\circ F_2$ for stations on the same latitude but with widely different longitudes were found to be different. The noon $f^\circ F_2$ for Dehli (28.5°N, 77.1°E) were substantially higher than those for Baton Rouge (30.0°N, 90.0°W).

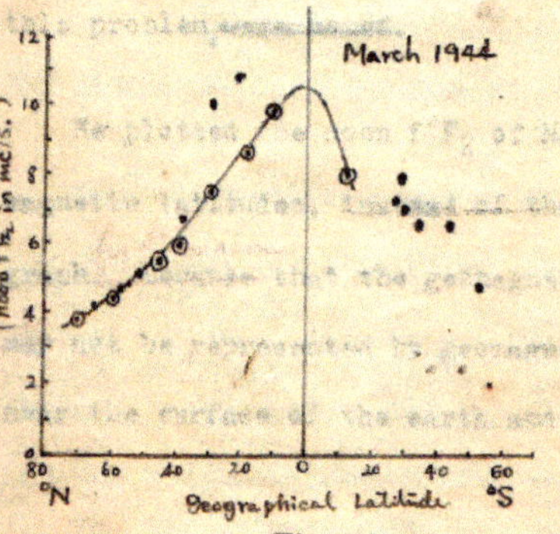

Fig. 1

Fig. 1 shows these two anomalies. The values corresponding to a narrow range of longitude (60°- 90°W) are ringed. The curves drawn through

王燊武大理学硕士论文稿(1948年)。——王曦注,2016.8.17.p5

4

those points show clearly an asymmetry about the geographic equator. And the stations which lie on longitudes widely different from ~~them~~ this range were on the points far off from the curve, e.g. Dehli and Kilei (20.8°N, 156.5°W).

The geomagnetic control of f^oF_2 was discovered on rearranging these values on a graph using geomagnetic dip as abscissa. As shown in Fig. 2, it is clear that the above mentioned anomalies disappear practically. For noon equinoctial conditions, there seem to exist two ionization maxima at nearly 28° dip North and South, and a belt of low ionization appears about the geomagnetic equator.

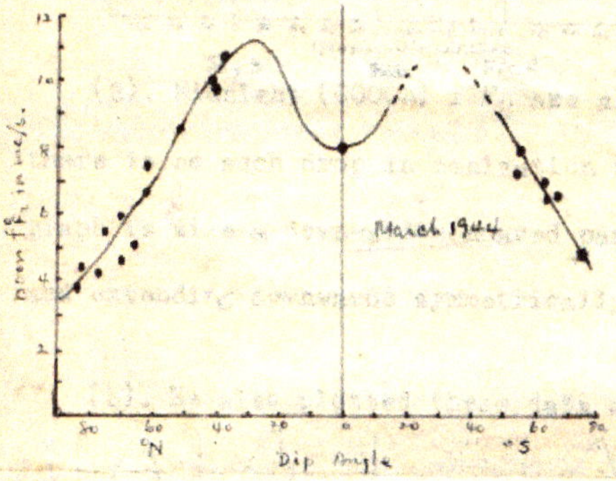

Fig. 2

He did not give any assumption to explain these phenomena at that time, but the whole problem of geomagnetic effect of the ionosphere was thus ~~far~~ brought ~~in~~to the notice of those who ~~are~~ were working in this field of science.

#2. Confirmation and Modification by P.H.Liang and E.V.Appleton.

In August 1947, Professor P.H.Liang in a letter to Nature (3), gave a confirmation of Sir Appleton's result and made some improvement in treating this problem~~, were noted~~.

He plotted the noon f^oF_2 of March and September 1946 against geomagnetic latitudes, instead of the geomagnetic dip angles as in Sir Appleton's graph, for the reason ~~Because~~ that the geomagnetic effect at such a height as F_2 region could ~~may~~ not be represented by geomagnetic dip angles as they are measured near the surface of the earth and are affected greatly by local factors.

王燊武大理学硕士论文稿(1948 年)。——王曦注,2016.8.17.p6

5

The curves, as shown in Fig.3 and Fig.4, were in general of the same shape as Sir Appleton had obtained. But, besides, there are still some interesting characteristics worthy of notice.

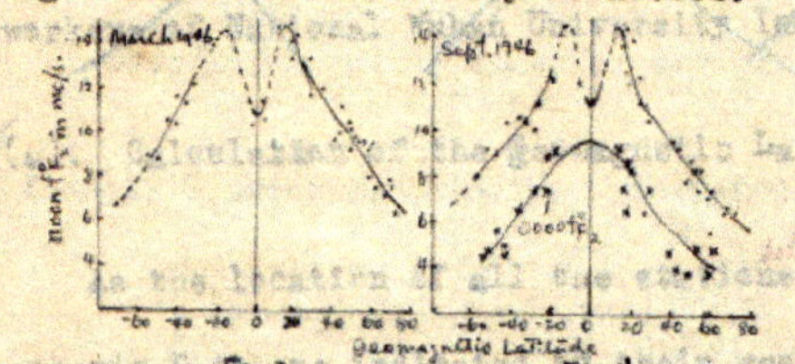

Fig.3 Fig.4

(1). The maximum ionization are located at nearly 14°N and S of geomagnetic equator.

(2). Midnight (0000h) $f^{\circ}F_2$ are also plotted. But it is found that there is no such drop in ionization near the equator. The shape of the graph is like a downward-concaved parabola, with a maximum at the equator and extending downwards symmetrically with respect to it.

(3). He also plotted these data against geomagnetic dip angles, as shown in Fig. 5 and Fig.6. It was found that the places of maximum ionization thus obtained were near 38°N and S, a result slightly different from Sir Appleton's.

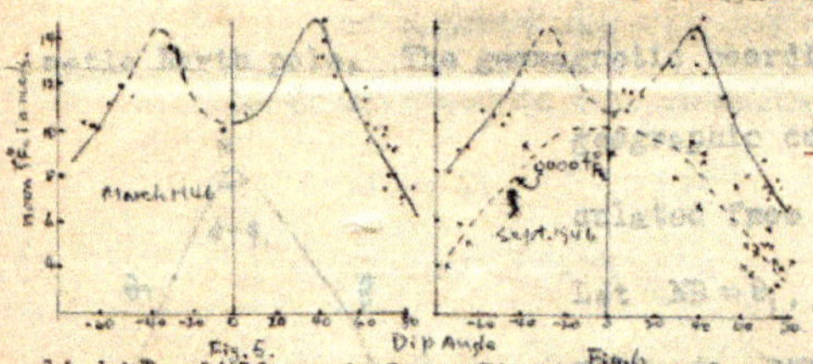

Fig.5. Fig.6

Later, it was found that Sir Appleton had also made such an improvement (2) by using the data of March 1944. The maxima were at 18°N and S geomagnetic latitude.

#3. A Further Investigation of the Problem.

From the previous results, the fact of geomagnetic control of F_2 ionization is seen to be definitely established. It is surely a very interesting and important discovery. For a further investigation of this problem, Professor Liang suggested to the author to make a general inspection of the monthly ionospheric data for 24 months 1946 and 1947 for all available stations throughout the world.

王燊武大理学硕士论文稿(1948年)。——王曦注,2016.8.17.p7

6

~~The following work was done under the direction and cooperation of Dr. Paul C.T.Kwei, Professor P.H.Liang and Mr. W.Chow and all the fellow-workers of National Wuhan University Ionosphere Laboratory.~~

(a). Calculation of the Geomagnetic Latitudes

As the location of all the stations which appeared in the CRPL World Ionospheric Data are indicated by their geographical coordinates, we ~~must~~ had to determine their corresponding ~~interpret them into~~ geomagnetic coordinates ~~for the~~ in preparation ~~of the~~ for our analysis.

The method we used was given by Schmidt (6) and McNish (7).

AS shown in Fig.7, N is the geographic North pole, B is the geomagnetic North pole. The geomagnetic coordinates Φ, Λ of a point P, whose geographic coordinates are θ, ϕ, are calculated from the spherical triangle NBP. Let $NB=\theta_1$, $NP=\theta$, $BP=\Theta$, $NBP=180°-\Lambda$, $NPB=-\psi$, $BNP=\phi-\phi_1$. We solve for Θ, Λ and ψ by ordinary formulae of spherical trignometry. Draw $PD \perp NB$, and introduce the auxiliary angle $K=ND$, then,

$\Phi = 90° - \Theta$

ϕ_1 = geographic latitude of magnetic north pole.

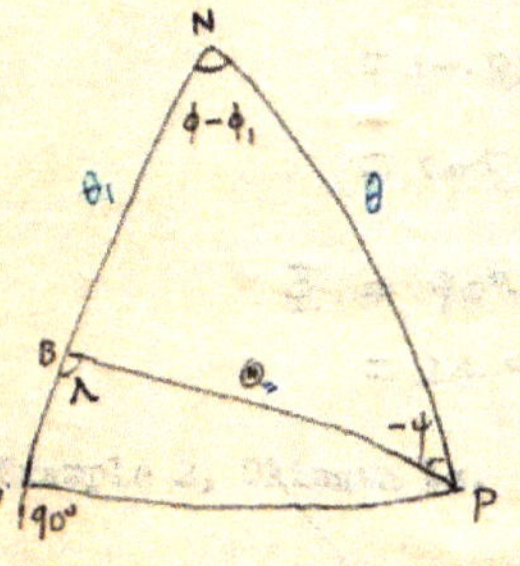

Fig.7.

$$\tan K = \tan\theta \cos(\phi-\phi_1),$$

$$\tan\Lambda = \tan(\phi-\phi_1)\sin K/\sin(K-\theta_1),$$

$$\cot\Theta = \cos\Lambda \cot(K-\theta_1),$$

$$\sin\psi = -\sin\theta_1 \sin(\phi-\phi_1)/\sin\Theta,$$
$$= -\sin\theta_1 \sin\Lambda/\sin\theta.$$

王燊武大理学硕士论文稿(1948 年)。——王曦注,2016.8.17. p8

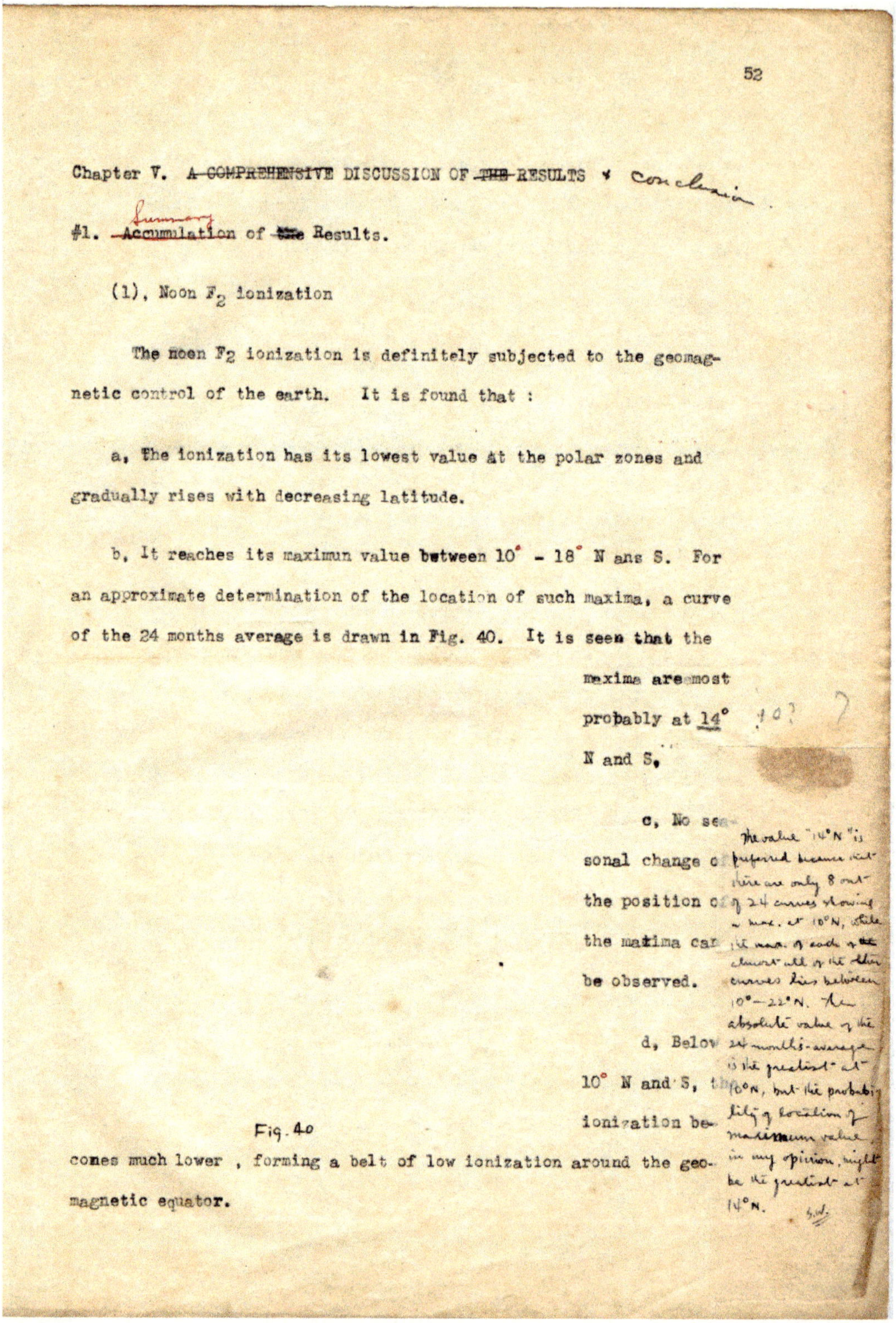

52

Chapter V. ~~A COMPREHENSIVE~~ DISCUSSION OF ~~THE~~ RESULTS & Conclusion.

#1. ~~Accumulation~~ Summary of ~~the~~ Results.

(1), Noon F_2 ionization

The noon F_2 ionization is definitely subjected to the geomagnetic control of the earth. It is found that :

a, The ionization has its lowest value at the polar zones and gradually rises with decreasing latitude.

b, It reaches its maximun value between 10° - 18° N ans S. For an approximate determination of the location of such maxima, a curve of the 24 months average is drawn in Fig. 40. It is seen that the maxima are most probably at 14° N and S. 10? ?

c, No seasonal change of the position of the maxima can be observed.

d, Below 10° N and S, the ionization becomes much lower , forming a belt of low ionization around the geomagnetic equator.

Fig. 40

The value "14°N" is preferred because that there are only 8 out of 24 curves showing a max. at 10°N, while the max. of each of almost all of the other curves lies between 10°—22°N. The absolute value of the 24 months-average is the greatest at 10°N, but the probability of location of maximum value, in my opinion, might be the greatest at 14°N. S.W.

王燊武大理学硕士论文稿，上有其导师桂质廷先生的提问和王燊的答复。（1948年）。——王曦注，2016.8.17.p9

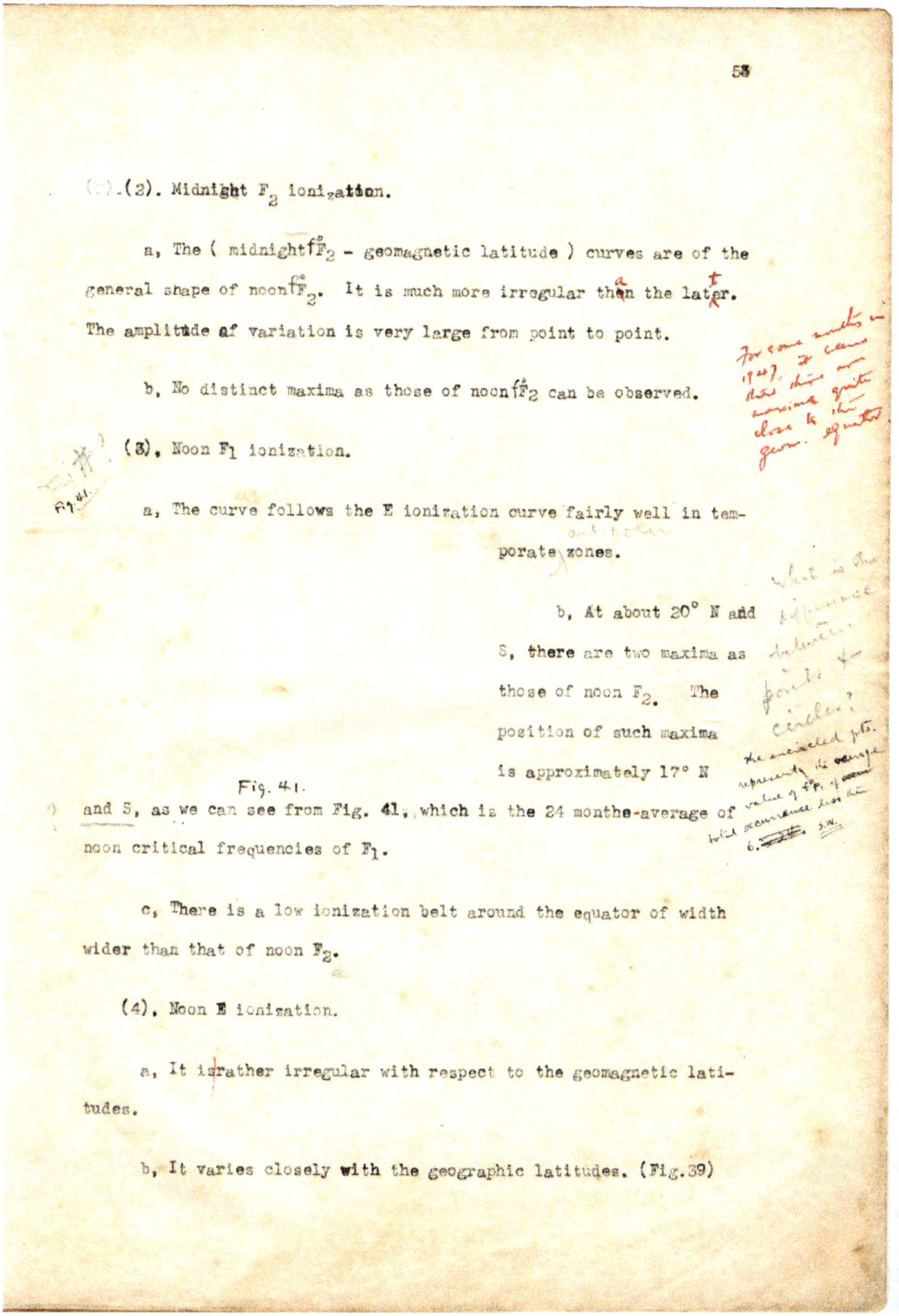

53

(2). Midnight F_2 ionizatoin.

a, The (midnight f^0F_2 - geomagnetic latitude) curves are of the general shape of noon f^0F_2. It is much more irregular then the later. The amplitude af variation is very large from point to point.

b, No distinct maxima as those of noon f^0F_2 can be observed.

(3), Noon F_1 ionization.

a, The curve follows the E ionization curve fairly well in temporate zones.

b, At about 20° N and S, there are two maxima as those of noon F_2. The position of such maxima is approximately 17° N and S, as we can see from Fig. 41, which is the 24 monthe-average of noon critical frequencies of F_1.

c, There is a low ionization belt around the equator of width wider than that of noon F_2.

(4), Noon E ionization.

a, It is rather irregular with respect to the geomagnetic latitudes.

b, It varies closely with the geographic latitudes. (Fig.39)

王燊武大理学硕士论文稿，上有其导师桂质廷先生的提问和王燊的答复。（1948 年）。——王曦注，2016.8.17. p10

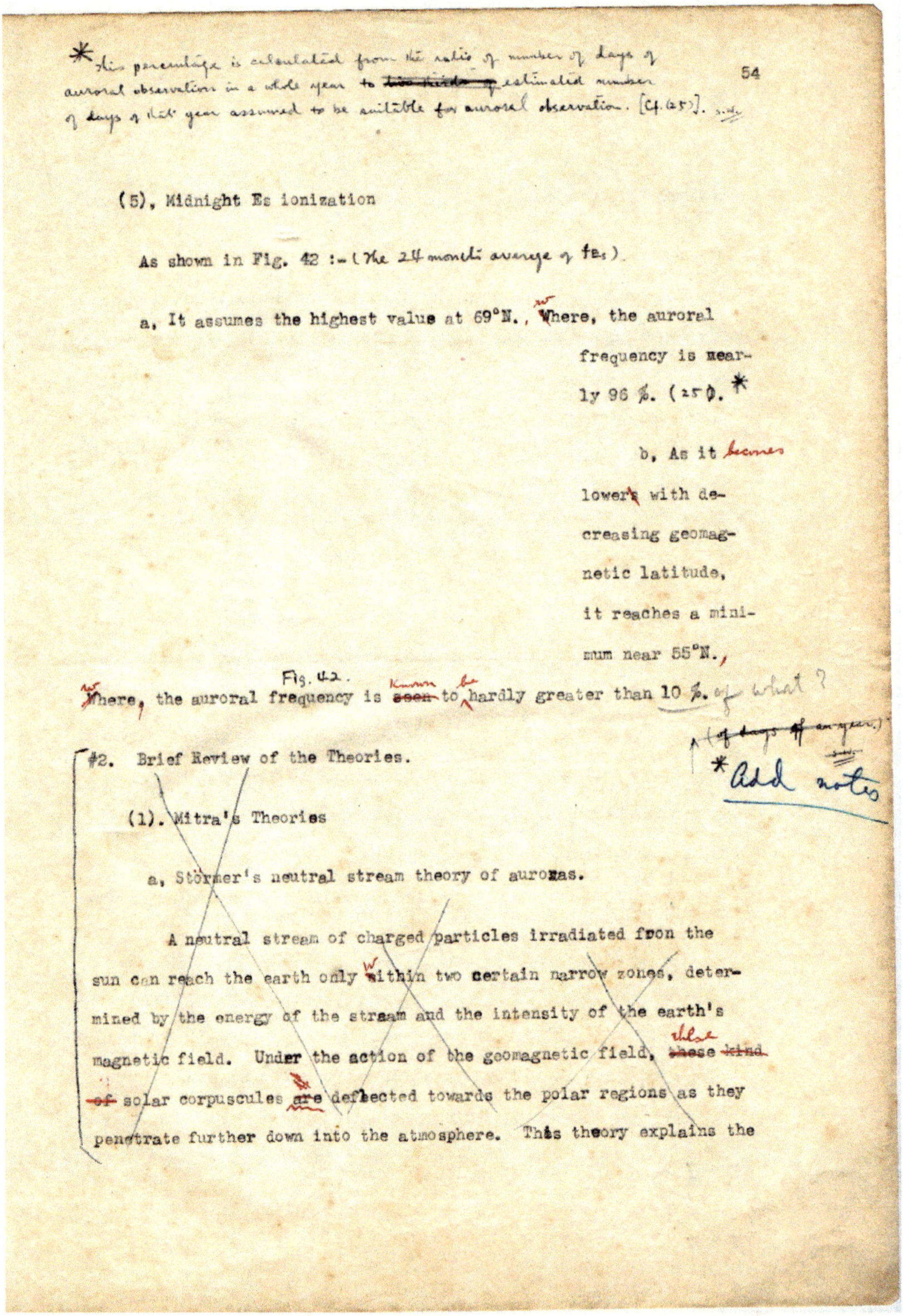

* This percentage is calculated from the ratio of number of days of auroral observation in a whole year to ~~two thirds of~~ estimated number of days of that year assumed to be suitable for auroral observation. [Cf. (25)].

54

(5), Midnight Es ionization

As shown in Fig. 42 :- (The 24 month average of fEs)

a, It assumes the highest value at 69°N., where, the auroral frequency is nearly 96 %. (25). *

b, As it becomes lower with decreasing geomagnetic latitude, it reaches a minimum near 55°N., where, the auroral frequency is ~~seen~~ known to be hardly greater than 10 %. of what?

Fig. 42.

(of days of an year.)

* Add notes

#2. Brief Review of the Theories.

(1). Mitra's Theories

a, Störmer's neutral stream theory of auroras.

A neutral stream of charged particles irradiated from the sun can reach the earth only within two certain narrow zones, determined by the energy of the stream and the intensity of the earth's magnetic field. Under the action of the geomagnetic field, ~~these kind of~~ those solar corpuscules ~~are~~ deflected towards the polar regions as they penetrate further down into the atmosphere. This theory explains the

王燊武大理学硕士论文稿,上有其导师桂质廷先生的提问和王燊的答复。(1948 年)。——王曦注,2016.8.17.p11

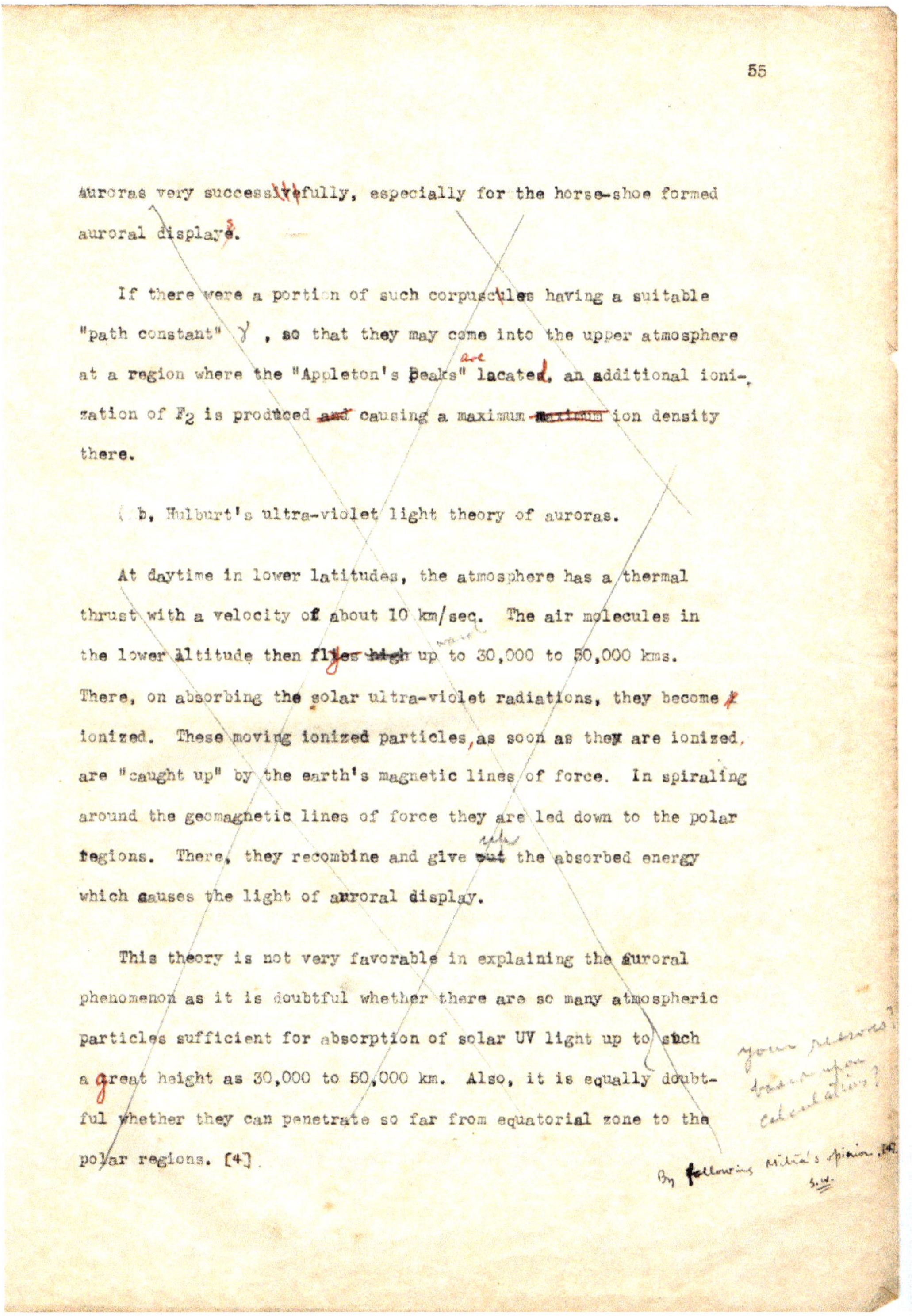

55

auroras very successfully, especially for the horse-shoe formed auroral displays.

If there were a portion of such corpuscles having a suitable "path constant" γ , so that they may come into the upper atmosphere at a region where the "Appleton's peaks" located, an additional ionization of F_2 is produced and causing a maximum maximum ion density there.

b. Hulburt's ultra-violet light theory of auroras.

At daytime in lower latitudes, the atmosphere has a thermal thrust with a velocity of about 10 km/sec. The air molecules in the lower altitude then flies high up to 30,000 to 50,000 kms. There, on absorbing the solar ultra-violet radiations, they become ionized. These moving ionized particles, as soon as they are ionized, are "caught up" by the earth's magnetic lines of force. In spiraling around the geomagnetic lines of force they are led down to the polar regions. There, they recombine and give out the absorbed energy which causes the light of auroral display.

This theory is not very favorable in explaining the auroral phenomenon as it is doubtful whether there are so many atmospheric particles sufficient for absorption of solar UV light up to such a great height as 30,000 to 50,000 km. Also, it is equally doubtful whether they can penetrate so far from equatorial zone to the polar regions. [4]

your reasons based upon calculations?

By following Mitra's opinion.

王燊武大理学硕士论文稿，上有其导师桂质廷先生的提问和王燊的答复。（1948 年）。——王曦注，2016.8.17.p12

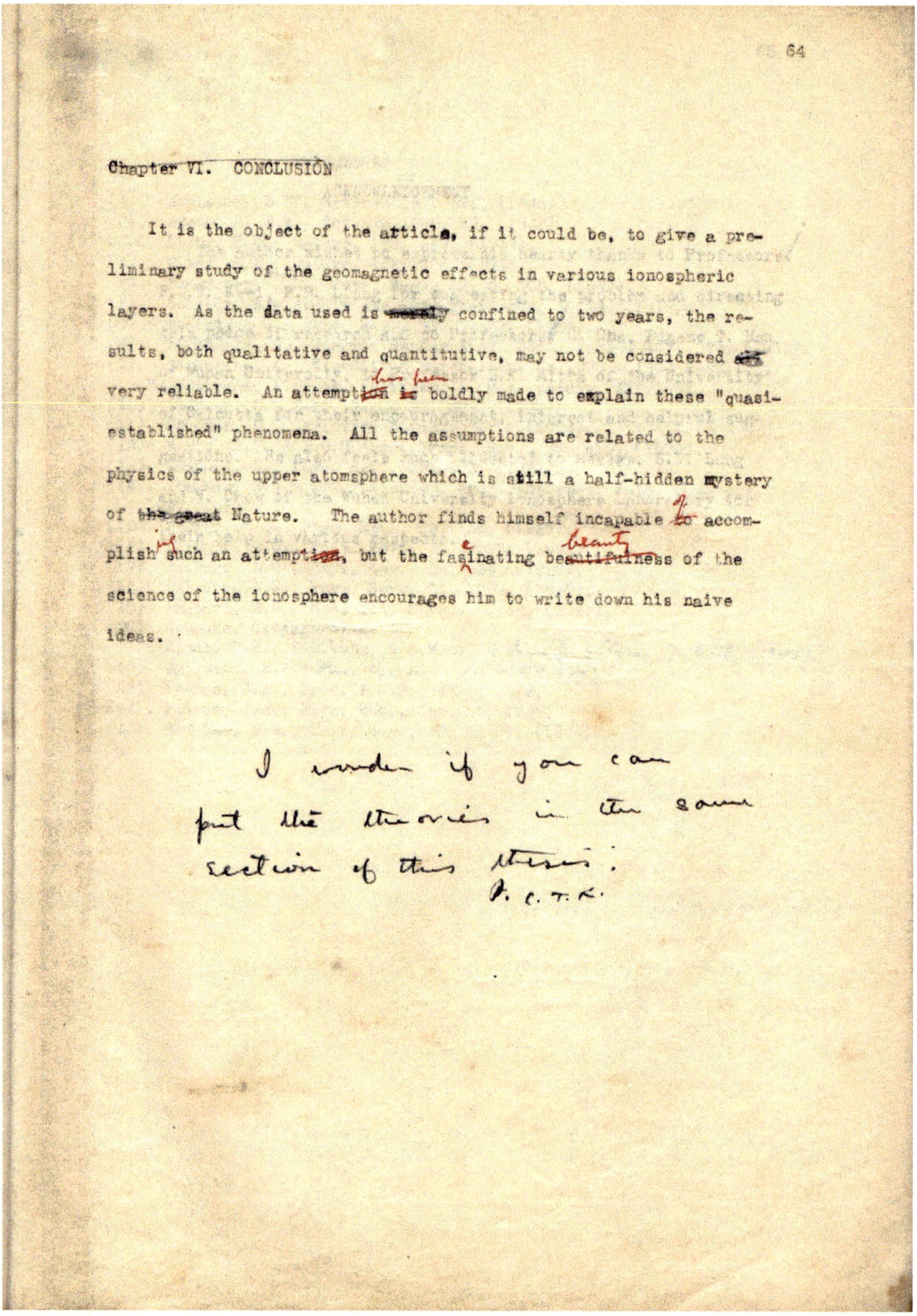
64

Chapter VI. CONCLUSION

It is the object of the article, if it could be, to give a preliminary study of the geomagnetic effects in various ionospheric layers. As the data used is ~~merely~~ confined to two years, the results, both qualitative and quantitutive, may not be considered ~~all~~ very reliable. An attempt~~ion is~~ has been boldly made to explain these "quasi-established" phenomena. All the assumptions are related to the physics of the upper atomsphere which is still a half-hidden mystery of ~~the great~~ Nature. The author finds himself incapable ~~to~~ of accomplish ing such an attempt~~ion~~, but the fas c inating ~~beautifulness~~ beauty of the science of the ionosphere encourages him to write down his naive ideas.

I wonder if you can put the theories in the same section of this thesis.

D. C. T. K.

王燊武大理学硕士论文稿(1948 年),署名 Dr. C. T. K. 的一段文字是桂质廷先生手迹。Dr. C. T. K. 即"桂质廷博士"的英文缩写。——王曦注,2016. 8. 17. p13

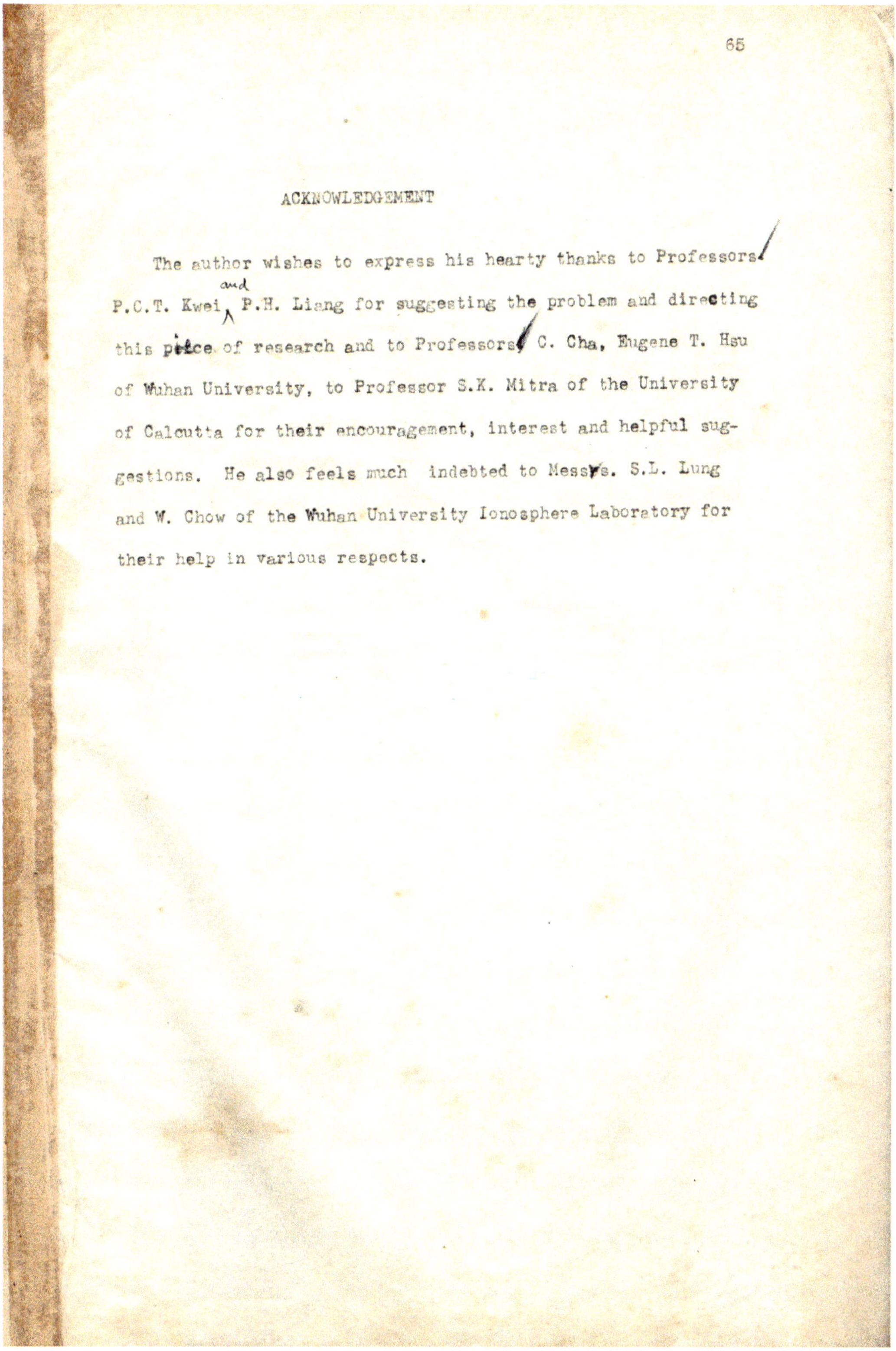

65

ACKNOWLEDGEMENT

The author wishes to express his hearty thanks to Professors P.C.T. Kwei and P.H. Liang for suggesting the problem and directing this piece of research and to Professors C. Cha, Eugene T. Hsu of Wuhan University, to Professor S.K. Mitra of the University of Calcutta for their encouragement, interest and helpful suggestions. He also feels much indebted to Messrs. S.L. Lung and W. Chow of the Wuhan University Ionosphere Laboratory for their help in various respects.

王燊武大理学硕士论文稿(1948年)的致谢部分。——王曦注,2016.8.17.p14

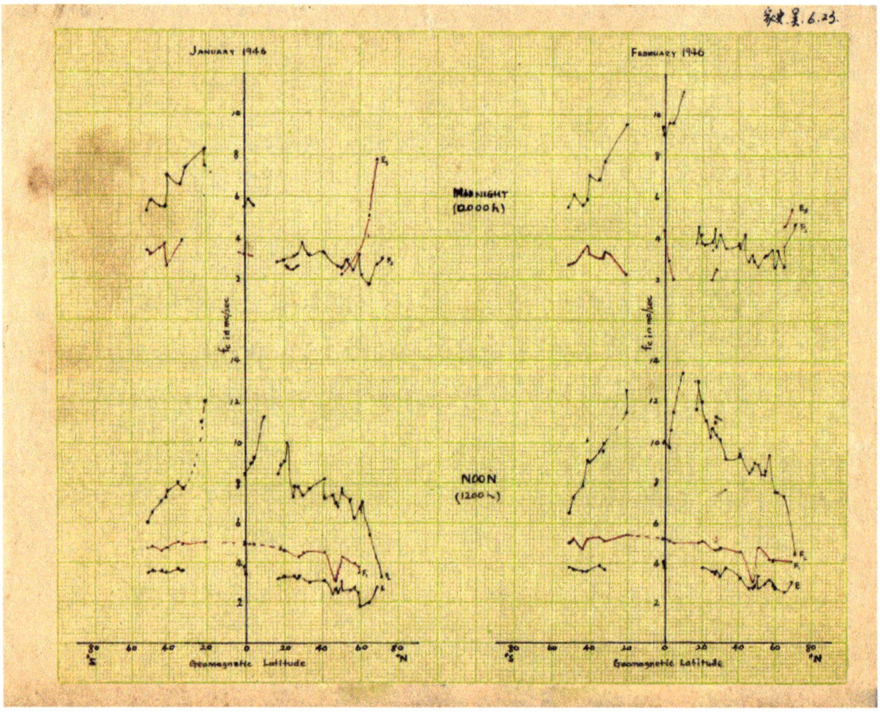

王桀理学硕士学位论文中使用的观测数据。——王曦注,2016.8.16.p1

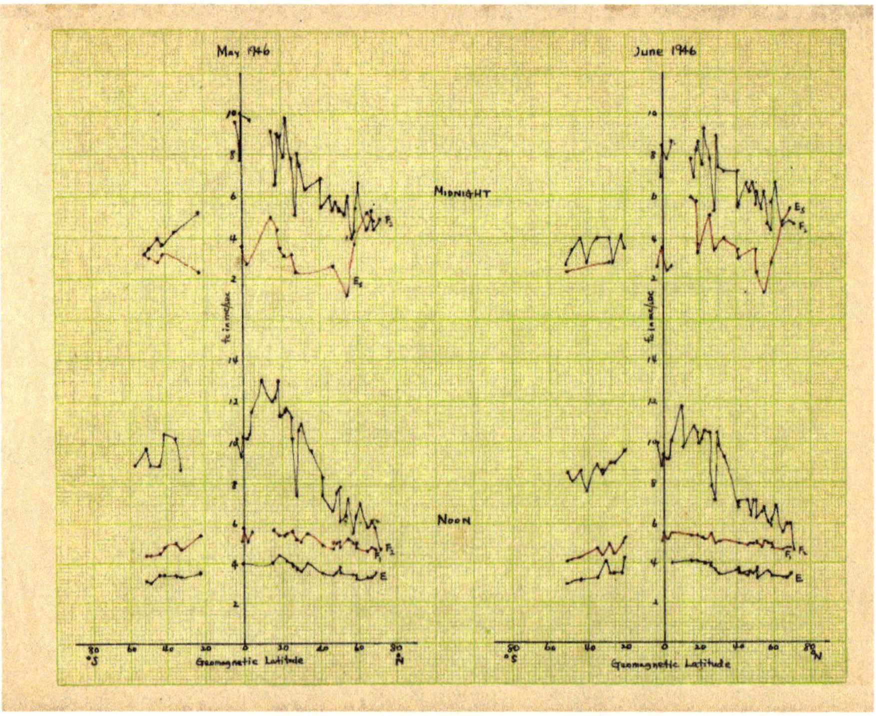

王桀理学硕士学位论文中使用的观测数据。——王曦注,2016.8.16.p2

A STUDY OF THE IONOSPHERIC DATA OBTAINED AT WUCHANG-SEPT. 1946 THRU. DEC. 1947

王曦按(2016 年 12 月 12 日):

以下是父亲与他的老师梁百先教授和龙咸灵教师合写的一篇英文论文。原件是《中国物理学报》(英文版)在发表论文后给作者赠送的论文单行本。这篇论文是武汉大学游离层实验室成立以后获得的重要研究成果之一。它对该实验室成立初年获得的武昌上空游离层观测数据做了分析,得出了一些处于该专业国际前沿的认识。鉴于这篇文章的史料价值,我将它全文扫描于此。

文件封面上的印章为"尹尧举",他是父亲晚年的老朋友,原湖北省中南医院放射科的医生。我不知道为何他的印章盖在这份材料上。也许父亲曾送过他一份,而后他又还给了父亲?

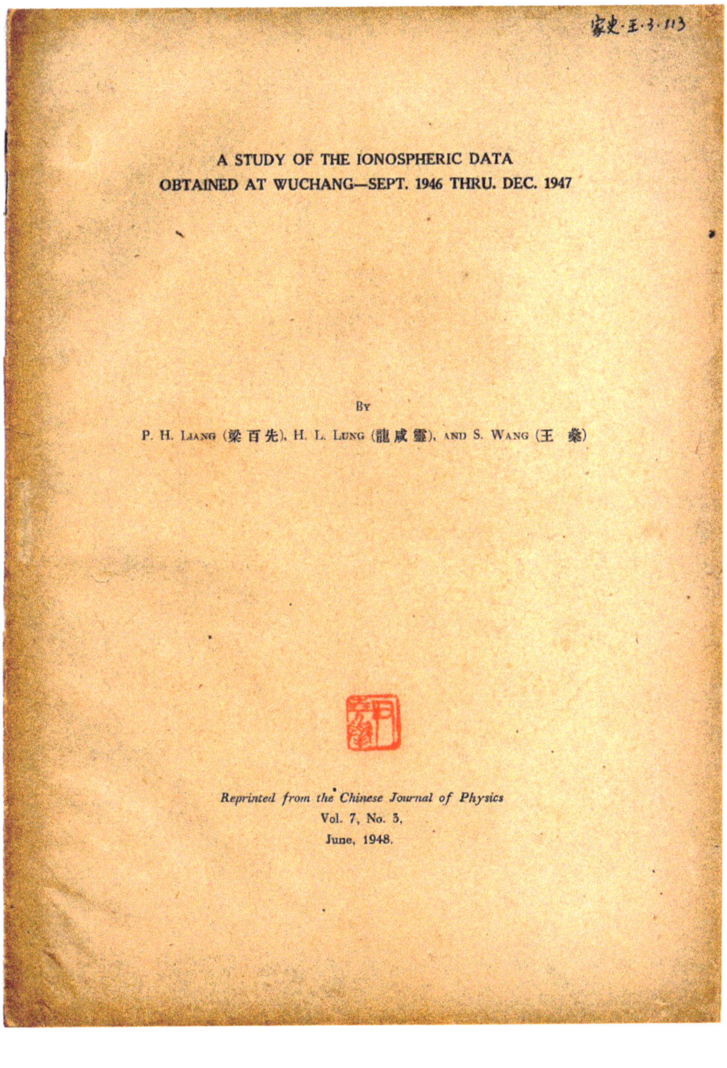
家史·王·3·113

A STUDY OF THE IONOSPHERIC DATA
OBTAINED AT WUCHANG—SEPT. 1946 THRU. DEC. 1947

By

P. H. Liang (梁百先), H. L. Lung (龍咸靈), and S. Wang (王燊)

Reprinted from the Chinese Journal of Physics
Vol. 7, No. 3,
June, 1948.

A STUDY OF THE IONOSPHERIC DATA OBTAINED AT WUCHANG—SEPT. 1946 THRU. DEC. 1947

BY P. H. LIANG (梁百先), H. L. LUNG (龍咸靈), AND S. WANG (王燊)

Ionosphere Laboratory, National Wuhan University, Wuchang

(Received January 12, 1948)

ABSTRACT

Routine hourly observations of ionospheric characteristics have been taken at Wuchang since August 20, 1946. In this paper a general analysis of the data obtained from September 1946 through December 1947 is attempted. The diurnal and seasonal variations of ionization density and virtual height for all regular layers (E, F-1, F-2) are plotted in diagrams and briefly explained. Deviations from the normally recognized characteristics are discussed in more detail.

Besides the normal characteristics, some special phenomena such as the occurrence of E_2 near Sunrise and two major ionospheric storms are briefly described. Comparatively detailed study is made on the sporadic E ionization, with the conclusion that its percentage time of occurrence before mid-night is more than that after mid-night and that it is more prevalent in autumn than in any other season. Abnormally high E_s ionization was observed on October 10, 1946 when the Giacobini-Zinner comet was nearest the Earth. These facts indicate that meteors are probably important agents in producing sporadic E ionization.

1. INTRODUCTION

The ionospheric characteristics at Wuchang, (114.°4 E; 30.°6 N.) were first observed in the years 1937-38 by Sung and Kwei.[1] After eight years of interruption due to the war in the Far East, Kwei resumed his leadership in ionospheric observations at Loshan, Szechuan, in January 1946 with the co-operation of U. S. Navy using a new manual recorder. The apparatus was moved to Wuchang after the restoration of National Wuhan University to its original site and a new observation project was supported by the Central Radio Propagation Laboratory, National Bureau of Standards, Washington, D.C. Regular continuous hourly observations were started again on August 20, 1946 and have been continued since then.

---

1. P. L. Sung and C. T. Kwei, *Terr. Mag.* **43** (1938), 453.

The apparatus is a model 3 manual multi-frequency ionospheric recorder designed and made by the Department of Terrestrial Magnetism, Carnegie Institution of Washington (DTM CIW). A pulse of about 40 microseconds' duration is made to modulate a push-pull power oscillator the frequency of which ranges from 1.2 to 19.0 megacycles/sec.. This pulse of radio-frequency energy is then radiated by means of a double-V antenna vertically upward, and its echo, together with the ground pulse, is received with a Hallicrafter SX-25 receiver, which is modified to get wider bandpass and quicker recovery than usual operation requires. The output of the receiver is fed to a 3″ cathode ray tube on which the patterns of both ground and echo pulses can be seen and their time difference in arrival is measured with the help of timing circuits. Actually, direct reading of the height representing this time difference is provided and the height-range of the instrument is from 50 to 1000 km..

At ten minutes before the hour for each hour throughout the day, recording of the virtual height is begun with the lowest possible frequency, and as the frequency is being increased, critical frequencies for various regions in the ionosphere are obtained until the pulse penetrates through the final layer. The total time spent in each observation seldom exceeds 20 minutes so that the data obtained may represent approximately the conditions at the hour. The data recorded are minimum virtual heights (h') and critical frequencies of the ordinary-wave component (f°) for E and F layers (in daytime, E, F_1, and F_2), the limiting frequency of sporadic E-reflection, and the minimum frequency at which reflection is first observed. There are a few other recordings which are not to be discussed in the present report. To discover the general variation of various items with the day and the seasons, median values for each month are computed for each hour of the day. The ion or electron densities of various layers are calculated according to the equation $\gamma = \frac{\pi m}{e^2} f^2$ where e and m represent the charge and mass of the ion or electron, f, the critical frequency for the particular layer in question. Hereafter, for the sake of simplicity, only the squares of the critical frequencies will be given as representing the densities of charged particles.

2. THE E-REGION

A. Diurnal and Seasonal Characteristics

The diurnal variation of the critical frequency for the E-region (f°E) follows simply Chapman's $\cos^{\frac{1}{2}}\psi$ law,[2] where ψ is the zenith angle of the sun at any time of the day. This characteristic is similar for all months; Fig. 1 shows the data for Aug. 1947 in comparison with the theoretical curve of $\cos^{\frac{1}{2}}\psi$. The virtual height of this region remains practically constant throughout the day with a slight increase near sunrise and sunset. Its diurnal variations for some typical months are shown in Fig. 6.

The seasonal variation of noon E-ionization, which is proportional to the square of f°E, is shown in Fig. 2. It seems to bear out clearly a

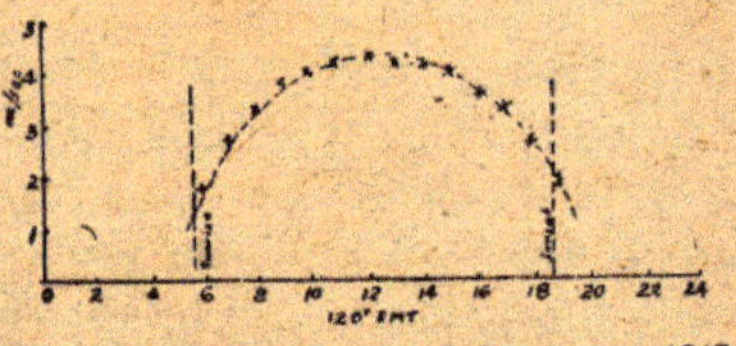

Fig. 1. Diurnal Variation of f^0_E, August 1947

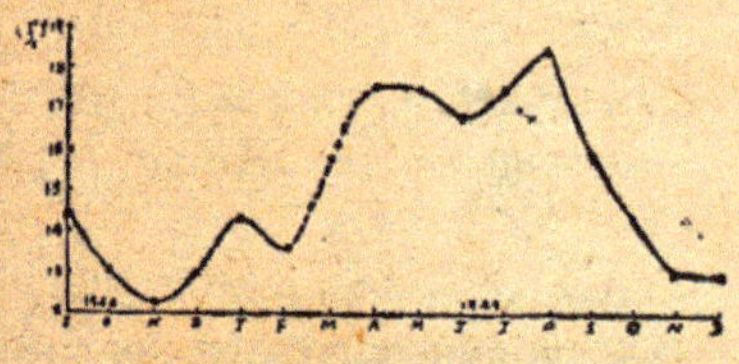

Fig. 2. Seasonal Variation of $(f^0_E)^2$

simple relation to the direction of solar radiation measured by Sun's zenith angle at noon on 15th or 16th of each month, denoted as ζ, which changes regularly with the season. The dip of ionization values at June and July, where a maximum should be expected instead, may be due to a temperature effect such as to cause the atmosphere to expand and thus decrease the ionic density.

B. Existence of E-2 Layer near Sunrise

Since November 1946 one of the authors has paid attention to the occurrence of a layer lying between E and F layers near sunrise. This so-called E-2 layer generally came into existence 10-20 minutes before sunrise and lasted for a period less than one hour. It first appeared as a

2. S. Chapman, *Proc. Phys. Soc.* **43** (1931), 26.

layer 170-200 km. in height, which gradually fell to a more or less stationary value of 140-150 km. Then normal E, or E-1, layer began to form with its critical frequency and the wave retardation after penetration to E-2 layer clearly shown. As time went on, the range of frequency in which E-2 appeared narrowed down and finally no distinction between E-1 and E-2 could be observed, the characteristic curve being then entirely of the nature of normal E. Fig. 3 gives the record obtained on February 14th, 1947.

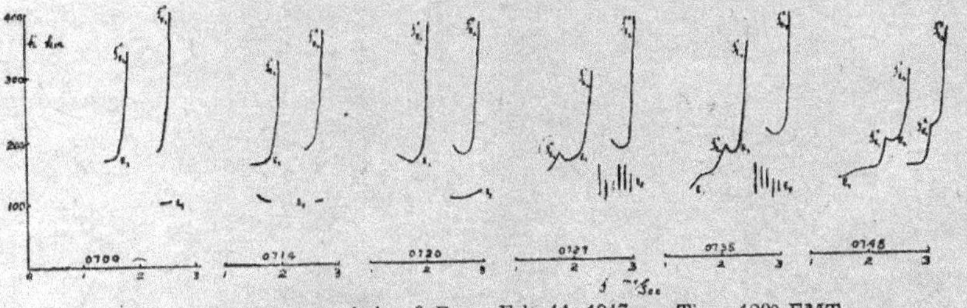

Fig. 3. $h' - f$ characteristic of E_2 on Feb. 14, 1947. Time 120° EMT

Applying some modification to E. O. Hulburt's theory, Lung[3] deduced an approximate expression for the ionization as a function of height and time suitable for use at the time near sunrise (both before and after). Graphical representation of the result proves that a maximum ion-density should occur at 140 km. and the theoretical curve derived from the solution agrees fairly well with the observed data.

3. THE F-REGION

A. F-1 Layer Ionization

In daytime the F-region is usually separated into two layers, F-1 and F-2. According to the generally recognized theory, the variation of F-1 ionization should follow a similar law as that which governs the variation of E-ionization. However, the ionization maximum characteristic of F-1 is usually not sharp enough and hence the retardation near its critical frequency is not great enough to make the separation of F-1 from F-2 very clear. This is particularly true for late fall and winter months when

3. H. L. Lung, *Quarterly Journal of Science. Nat. Wuhan Univ.*, **9** (1948).

the heights of F-1 and F-2 are only 10-30 km. in difference. With manual recorders, further difficulty is encountered due to relatively long time of observation, during which the change of condition inside F-region may cause irregular and inexplicable type of records.

The regular type of diurnal variation of f° F-1 is shown in Fig. 4 which gives the data for September 1946. This is seen to obey $\cos^{\frac{1}{4}}\psi$

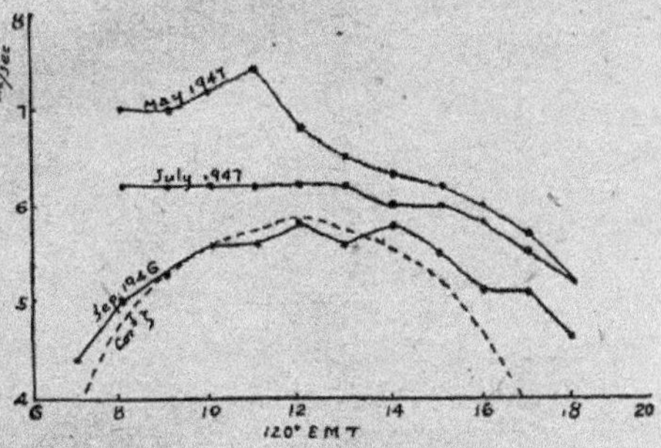

Fig. 4. Diurnal Variation of $f^0_{F_1}$

law just as f° E. However, median values for May and July 1947, for example, show definitely that the early morning values are higher than those given by $\cos^{\frac{1}{4}}\psi$ law, making half of the diurnal curve appear flat. In the authors' opinion, this is probably due to the fact that when F-1 is separated from F-2 by downward diffusion, the diffusing ions, together with the ions newly formed at a lower stratum contribute to the F-1 ionization. After the lower stratum has already become a stable F-1 layer, the ionization is then controlled solely by the ultraviolet light from the sun. In the evening when the UV ceases to produce ionization, F-1 simply disappears and F-2 becomes the night-time F-region. Similar results have been found from the "Ionospheric Data" collected by the CRPL as, for example, data from Lanchow, Chungking, Tokyo, Maui, Trinidad and other low latitude stations.

The seasonal variation of noon F-1 ionization, which is proportional to $(f^\circ F_1)^2$ is shown in Fig. 5. It seems that it does not vary according to $\cos^{\frac{1}{2}}\zeta$ because there are two minima, one in December and the other between June and July. The maxima appear to be near April and October. This characteristic, however, is usually attributed to the noon

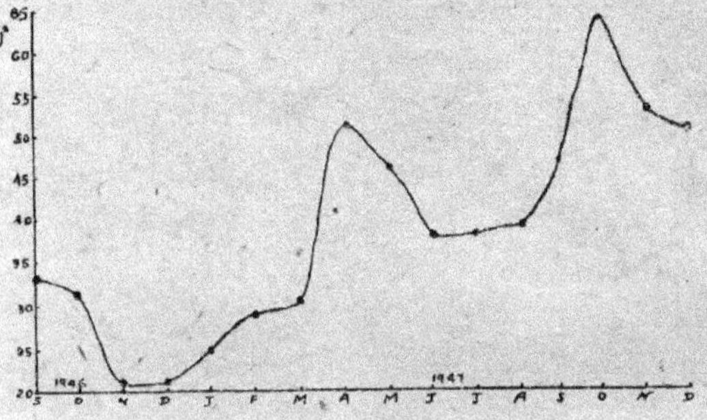

Fig. 5. Seasonal Variation of $(f^0_{F_1})^2$

F-2 ionization. Since manual recording of f°F-1 is rather difficult, there may be large observational error responsible for this abnormal result, but we found from the World Ionospheric Data that similar trends of variation seem to exist at other stations also. Whether it is due to local effects or more fundamental reason remains to be proved after further data are collected.

B. Virtual Heights of F-1, F-2, and Night F.

Fig. 6 shows the diurnal variation of the virtual heights of E, F-1, and F-2 layers in daytime and the F layer for the remainder of the day for the four months representing the four seasons. The following general comments can be made after a perusal of the curves :—

1. There are three maxima for the virtual height of F-2 (or F), occurring at a time near sunrise, near noon, and near midnight respectively. The sunrise max. coincides in time with the ionization minimum of F-2 to be discussed presently.

2. For September and June the noon value of height is greater than the value near sunrise, while the case is just opposite for the months December and March.

3. The difference between F-1 and F-2 heights near noon is largest for June and smallest for December. The interval between the separation of F-1 from F-2 and the coalescence of these layers is proportional to the time interval between surrise and sunset.

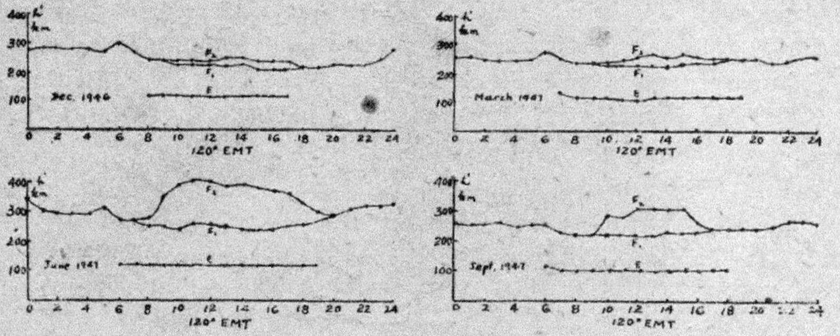

Fig. 6. Diurnal Variation of h'_{F_2}, h'_{F_1}, and h'_E.

4. From the whole year's data, it appears that the six months from April to September have common summer characteristic and the rest of the months (from October to March) have a common winter characteristic.

The seasonal variations of the noon and midnight values of h'-F_2 and the noon values of h'-F_1 aae given in Fig. 7. It is very clear that the

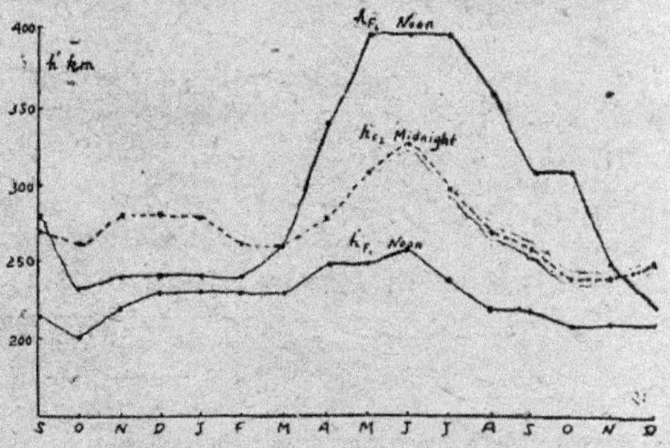

Fig. 7 Seasonal Variation of h'_{F_1} and h'_{F_2}

noon curve for F-2 has a minimum in winter and a maximum in summer, the difference between the largest and smallest values of h' amounting to 160 km. The midnight curve for h'-F_2 seems to possess two maxima, one in mid-winter and the other in mid-summer, the former being not so prominent as the latter. A curve has been drawn showing the variation of h'-F_2 at its maximum near sunrise. The result is similar to the mid-night curve, and hence omitted to avoid confusion. The noon curve for h'-F_1 bears quite similar characteristic as mid-night curve for h'-F_2, although there is no distinct minimum near March.

C. F-2 Ionization

The diurnal variation of f° F_2, the critical frequency for F-2 layer, for different seasons is given in Fig. 8. We note the following points of interest:—

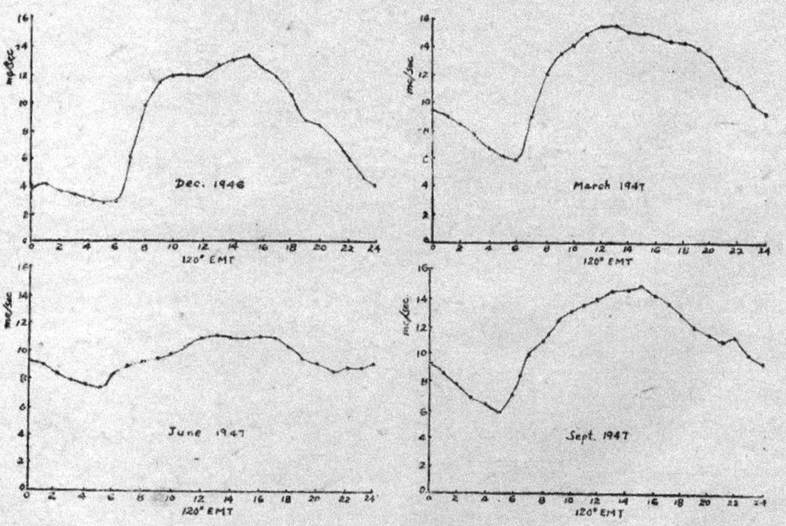

Fig. 8. Diurnal Variation of $f^o_{F_2}$ for Various Seasons

a. The characteristic common to all months is that the minimum occurs at a short time before sunrise at ground level. Fig. 9 shows the variation of this time interval with season, evidently of a regular and periodic type. Since dy/dt is zero at the minimum point, recombination theory requires that $q = ay^2$, where q is the number of ion pairs produced by ionizing radiation per sec. and a is the recombination coefficient of the ions. In winter, y is small, therefore the value of q required to satisfy the condition is small. Hence the minimum occurs earlier in winter than in summer relative to the time of sunrise.

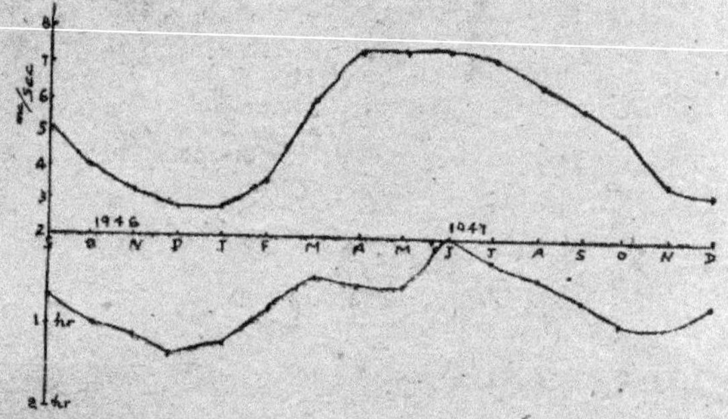

Fig. 9. Seasonal Variation of (a) minimum $f^0_{F_2}$ and (b) time of occurrence of minimum $f^0_{F_2}$ before Sunrise

b. In winter months, the rise of early morning ionization from the minimum just discussed is much more rapid than that in summer months as can be seen from the slopes of the curves in Fig. 8.

c. The difference between noon and midnight critical frequencies is small in summer and large in winter.

d. The daily maximum seems to occur at a time nearer noon in winter months than in Summer months.

e. There appears to be a slight "bite-out" effect in the morning for curves of summer months. Similar characteristics as items c, d, and e observed at Washington have been discussed by E. O. Hulburt[4] and his explanation by means of expansion of winds in the atmosphere at region F-2 seems to apply to Wuchang also.

4. E. O. Hulburt, *Terrestrial Magnetism and Electricity*, edited by J. A. Fleming pp. 509-511.

In Fig. 10 are shown four curves representing the seasonal variation of $(f^{\circ} F_2)^2$ at noon, at midnight, and at the times when maximum and minimum of the diurnal curve appear. The noon and maximum curves vary in step with each other and both show equinoctial maxima and

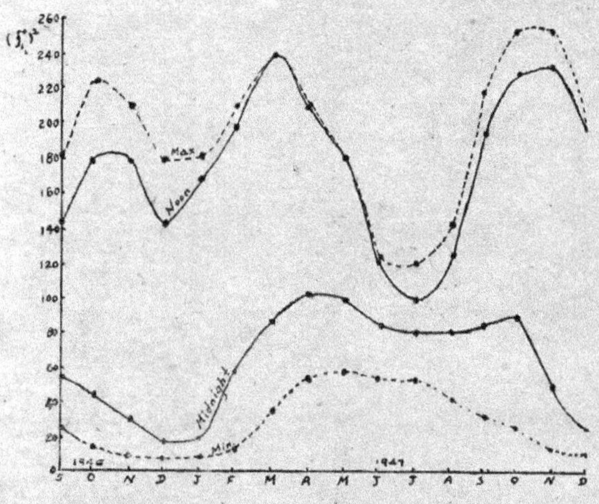

Fig. 10. Seasonal Variation of Maximum, Noon, Midnight, and Minimum Values of $(f_{F_2})^2$

solstitial minima very distinctly. This is characteristic of noon F-2 ionization for many other stations in the world and explained by the heating and expansion effect in summer atmosphere. The mid-night and "minimum" curves, however, do not follow each other in the trends of variation, the former appearing somewhat like the noon curve while the latter clearly possessing only one minimum at winter and one maximum in summer. It seems, therefore, that the mid-night values are not proportional to the minimum values of ionization and hence they cannot be used to represent the latter so far as stations like Wuchang are concerned. According to Bannon and Wood's[5] analysis, Washington's mid-night curve bears some resemblance to our mid-night curve with less prominence in the summer minimum, while the mid-night curves for Mt.

5. J. Bannon and F. W. Wood, *Terr. Mag.* **51** (1946), 89.

Stromle and Watheroo vary as our minimum curves. It seems then there are local factors in the degree and duration of the heating and expansion effect on the atmosphere at F-2 region.

Sung and Kwei[1] pointed out in 1938 the remarkable magnitude of F-2 ionization at Wuchang. Bannon and Wood in their paper quoted above also showed the fact that the F-2 ionization at Wuchang was greater than that at all other stations which they used for analysis, including Watheroo and Tokyo which are on approximately the same latitude as Wuchang. In May 1946, Sir E. V. Appleton[6] first explained this anomaly by showing the symmetry of F-2 critical frequencies for various stations with respect to the dip angles south and north of the magnetic equator. Later, Professor S. K. Mitra[7] gave reasons explaining the geomagnetic control of F-2 ionization. The senior author, in a recent communication to Nature[8] also gave a similar analysis with respect to the stations' geomagnetic latitudes. (The authors learned later that Sir Appleton had also made such a plot in an article in Science, July 1947). The result is shown in Fig. 11. Since the geomagnetic latitude of Wuchang is 19.°1 N., the high value of F-2 ionization observed is easily accounted for.

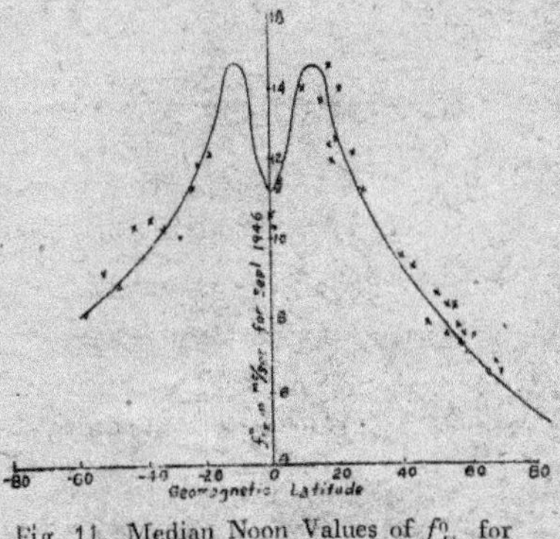

Fig. 11. Median Noon Values of f^0_{F2} for Different Stations. Sept. 1946

4. SPORADIC E IONIZATION

Frequently, after the critical frequencies of normal E have been obtained, reflections from a height corresponding to normal E are still observed, with those from upper regions also present. These partial reflections are due to sporadic E ionization (symbol-E_s) which are generally considered to be in the form of scattered ionic clouds extending a few or a few hundred

6. Sir E. V. Appleton, *Nature* **157** (1946), 691.
7. S. K. Mitra, *Nature* **158** (1946), 668.
8. P. H. Liang, *Nature* **160** (1947), 642.

square miles in area. The ionization may sometimes be so dense that all reflections from upper regions are obscured, and in that case, we say that the sporadic E is blanketing. In the following we shall discuss the data for E_s observed at Wuchang without distinguishing whether they are blanketing or not.

Fig. 12 shows the diurnal variation of $f\ E_s$, the limiting frequency of sporadic E reflection as there is usually no critical frequency for E_s. The summer average curve (average for May, June, and July) looks like a winter $f^\circ\ F_2$ curve with an early morning minimum and maxima around noon. The winter curve (average for Nov., Dec., and Jan.) looks much simpler and at least in daytime interval, varies with time just as normal E does.

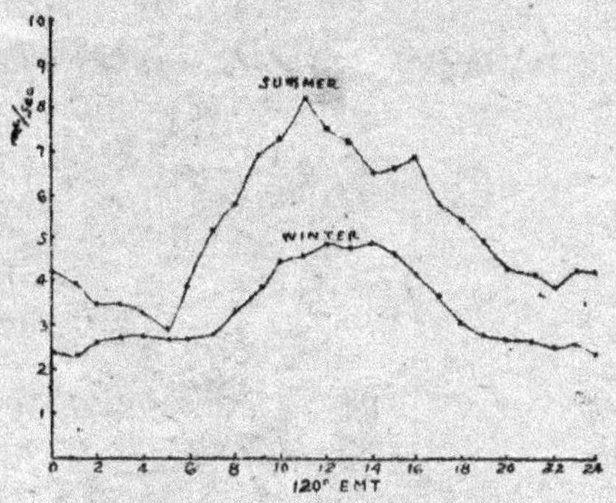

Fig. 12. Diurnal Variation of f_{E_s}

The diurnal variation of percentage time of occurrence of E_s is shown in Fig. 13 where also only averages for both summer and winter months are given. Two curves are drawn for each season, one representing $f\ E_s > 2$mc. and the other $fE_s > 3$ mc.; but apparently it does not affect the daytime distribution for, as we can see from Fig. 12, the daytime $f\ E_s$ are generally taken to be greater than the extraordinary critical frequency of normal E. A perusal of the curves shows there is a definite maximum around 19-20th hour for both seasons and also a definite minimum near sunrise for the

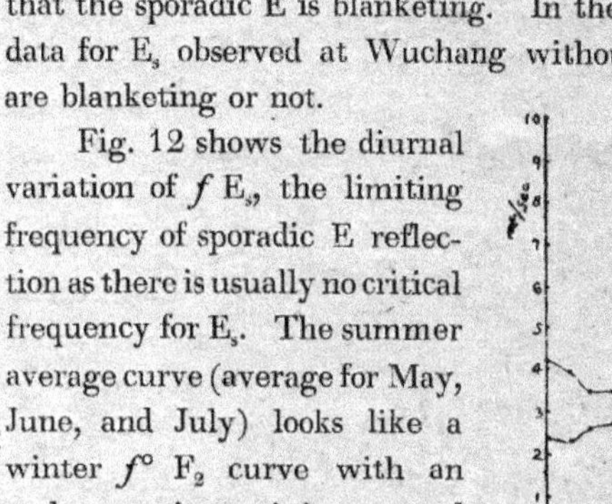

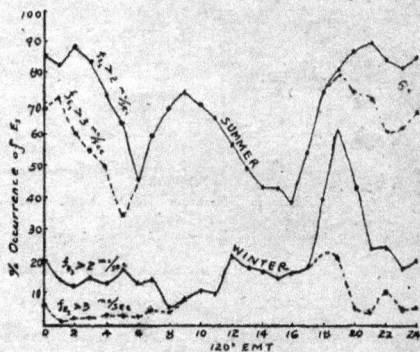

Fig. 13. Diurnal Variation of %
Occurrence of E_s

summer months. Neglecting the occurrence of E_s in daytime because of its doubtful nature, it seems that the total percentage occurrence between 18-23rd hours is much greater than that for the time between 0-6th hours. That means, in the late evening, the chance of incidence of the sources producing E_s ionization is greater than that for the early morning. This result agrees with that published by M. Lindeman Phillips.[9]

The seasonal variations of the limiting frequency for noon and midnight and the percentage time of occurrence of midnight E_s only are given in Fig. 14 and Fig. 15 respectively. Both figures show that the E_s ionization or the response of the atmosphere to it is under some sort of solar control. The percentage curve gives a maximum at June but the curve as a whole is not symmetrical about June, the total for the four months after June is much greater than that for the four months before June. This agrees with both Sir Appleton's[10] and Mrs. Philips' results.

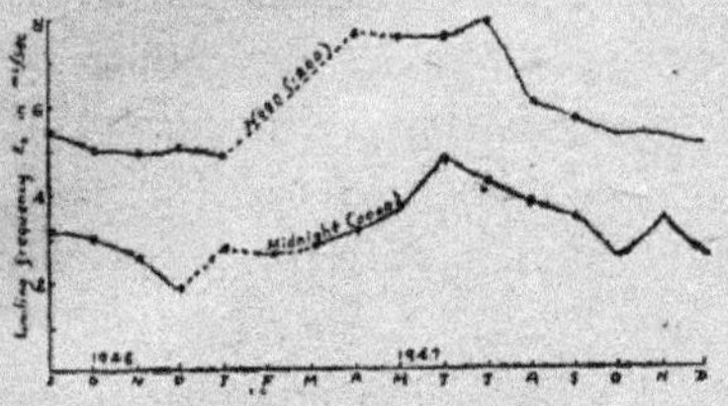

Fig. 14. Seasonal Variation of E_s (dotted part show insufficient number of occurrence)

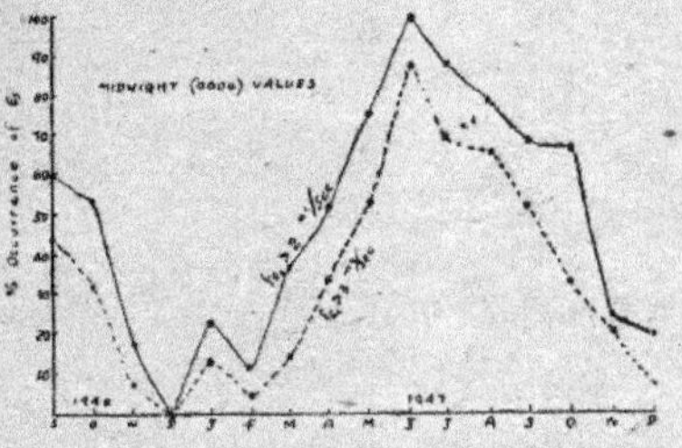

Fig. 15. Seasonal Variation of % Occurrence of E_s

That the E_s ionization is partially caused by bombardment of meteors onto the earth's atmosphere has been suggested by many and proved recently in a beautiful manner by Sir E. V. Appleton in the paper just quoted. The above results of ours agree partly with his observation of ion bursts and E_s. The fact that E_s is prevalent here before mid-night, which differs from his observation of ion bursts, indicates probably that E_s is caused also by factors other than meteors, since the

9. M. Lindeman Philllips, *Trans. Am. Geophys. U.* **28** (1947), 71.
10. Sir E. V. Appleton and R. Naismith, *Proc. Phys. Soc.* **59** (1947), 461.

ion-burst measurement is much more accurate than E_s measurement for the study of meteors. However, the correlation between the prevalence of meteors in Autumn and the prevalence of E_s in that season also is quite evident. Another convincing proof, described by both authors and others,[11] is the strong E_s ionization caused by the nearest approach to earth of the Giacobini-Zinner meteor showers on October 10, 1946. Fig. 16 shows the effect as observed in Wuchang. The record of f E_s on that day shows a marked increase over the monthly median, being 114 per cent more at the 13th hour 120° EMT. It seems therefore, that the meteors are very likely important agents in producing sporadic E.

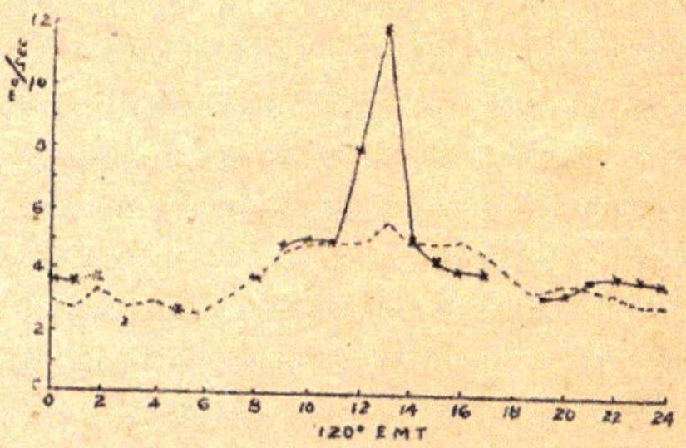

Fig. 16. Diurnal Variation of E_s
(a) Dotted Curve—Monthly Median for October 1946.
(b) Curve with Cross—Record on Oct. 1946.

5. TWO MAJOR IONOSPHERIC STORMS

During the time interval covered by this report, two major ionospheric storms which had distinct effects on F-2 region were observed. One occurred on September 23, 1946 and another on September 4, 1947. The hourly values for f° F-2 and h' F-2 on these two days in comparison with the respective monthly median values are shown in Fig. 17 and Fig. 18 respectively. It is seen that during the stormy period, f° F-2 dropped to very low values and h' F-2 rose to exceedingly high values, a characteristic which is also observed elsewhere. The first storm coincided with the heavy magnetic storm reported by M. Burgaud[12] of the Zô-Sé Observatory near Shanghai.

11. J. A. Pierce, *Phys. Rev.* **71** (1947), 88.
12. M. Burgaud, *Terr. Mag.* **52** (1947), 89.

6. CONCLUSION AND ACKNOWLEDGMENT

The above account is only a rough study of one year's data obtained at Wuchang. Other details such as the variation of actual height compared with the virtual height, the value of magnetic field in the ionosphere above Wuchang, the comparative study of Wuchang characteristics and that of other stations with respect to both geographical and geomagnetic co-ordinates, etc., which can be worked out if enough time is allowed, must be omitted for the present.

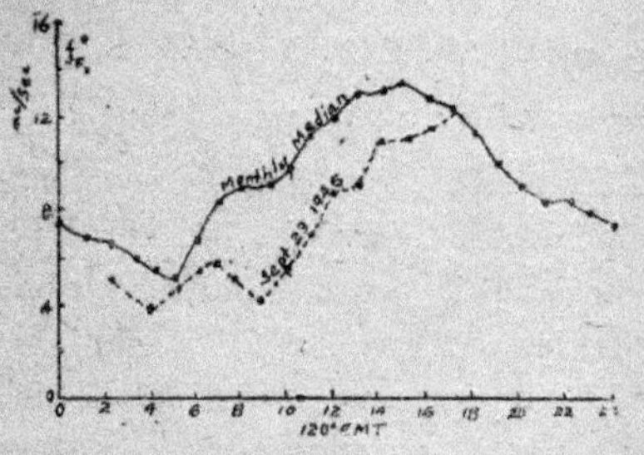

Fig. 17a. Ionospheric Storm on Sept. 23 1946

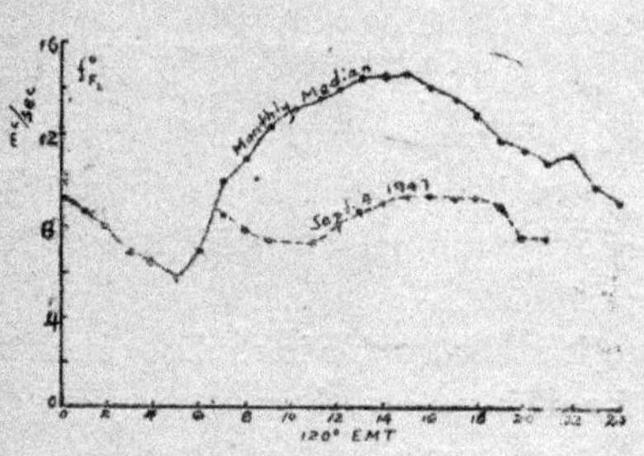

Fig. 17b. Ionospheric Storm on Sept. 4 1947

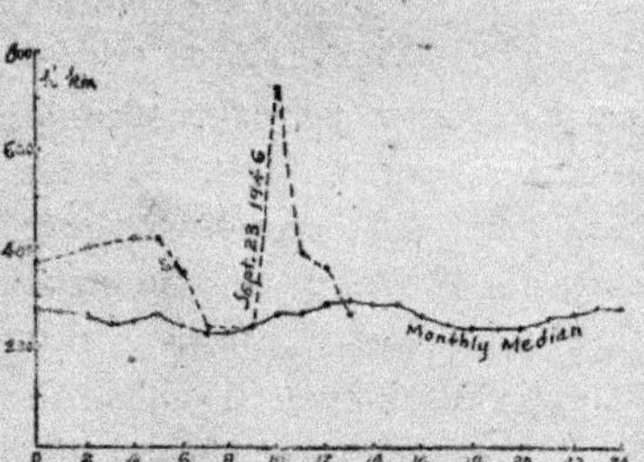

Fig. 18a. Ionospheric Storm on Sept. 23 1946

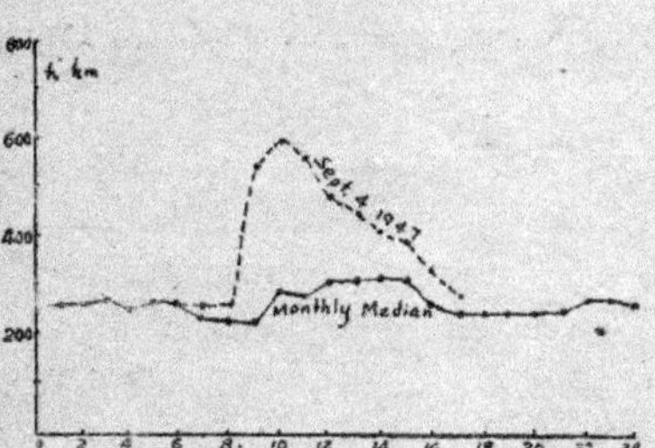

Fig. 18b. Ionospheric Storm on Sept. 4 1947

The routine project of observation at Wuchang is under contract with the CRPL of the National Bureau of Standards, Washington, D.C. To its Chief, Dr. J. H. Dellinger, the authors owe their gratitude for permission to publish this report. They wish also to express their sincere thanks to Dr. Paul C. T. Kwei, Director of the Laboratory, for his guidance in observational work and criticism on this report; to Drs. J.A. Fleming and M.A. Tuve of DTM CIW for their constant interest and encouragement toward the Wuchang project. Lastly, the work covered in this report would not be possible without the toil and care of the following personnel:—Dr. Eugene T. Hsu, assistant director; Messers. Chow Wei, T.Y. Lü, K.T. Chow, C.E. Feng, C.L. Kao, M.T. Li, P.C. Sun, P.C. Yu, T.K. Li and others who have been either full-time or part-time observers throughout the year.

Comments from Sir E.V. Appleton and Mr. L. V. Berkner.

Since the above article was submitted to this Journal for publication, the authors have received comments from Sir E.V. Appleton, Department of Scientific and Industrial Research, London, and Mr. L.V. Berkner, Department of Terrestrial Magnetism, Carnegie Institution of Washington, who took much trouble in reading the manuscript and gave helpful suggestions for which the authors are very grateful. Their comments read as follows:

Sir E.V. Appleton on the sporadic E ionization:—"I think it is important to remember that critical frequencies of sporadic E ionization are bound to be influenced by the variation of the normal E layer critical frequency. This arises from the fact that the E layer (normal) is already there and the sporadic ionization is superimposed on top of it. It is for this reason that we get curves such as your figure 12. Moreover, we think that one usually measures the sporadic E which exists at the maximum of the normal E layer, for it is only there that one can detect it easily. You will see in a paper of ours published in the Proceedings of the Physical Society, 52, 402, (1940), that we have shown a method of finding the intensity of the radiation responsible for causing sporadic E ionization. This is done by allowing for the normal ionization already there. I think it would be useful if you did similar calculations for your particular latitude."

Mr. L.V. Berkner : "The paper is helpful in providing information from an interesting area. Wuchang, like Huancayo, is one of the most interesting points of observation because of the departure of magnetic from geographic latitude in their general longitude. Some of the unexplained fluctuations can probably be explained by sunspot fluctuation since Chapman's law is $I = I_0 \cos^{\frac{1}{2}} \theta$ and you assume I_0 a constant. It is actually some function of R, (Relative Sunspot Number) or something closely related to it."

Printed by The University Press, National Peking University
50 Kuo Hwei Chieh
Peiping, China

太阳表面的黑子

王曦按(2017 年 2 月 28 日):

这是父亲收藏的他早年发表的一篇科普文章。当时他意气风发,心情很好。这从这篇文章的结尾一句可见:“向大自然进攻的人们,加油啊!”他做梦也不会想到,七年之后他的命运会发生颠覆性的变化。我注意到,他再次用这样的语气说话已经是他到了晚年的时候。同样的语气可在他晚年写的一些杂文中看到。

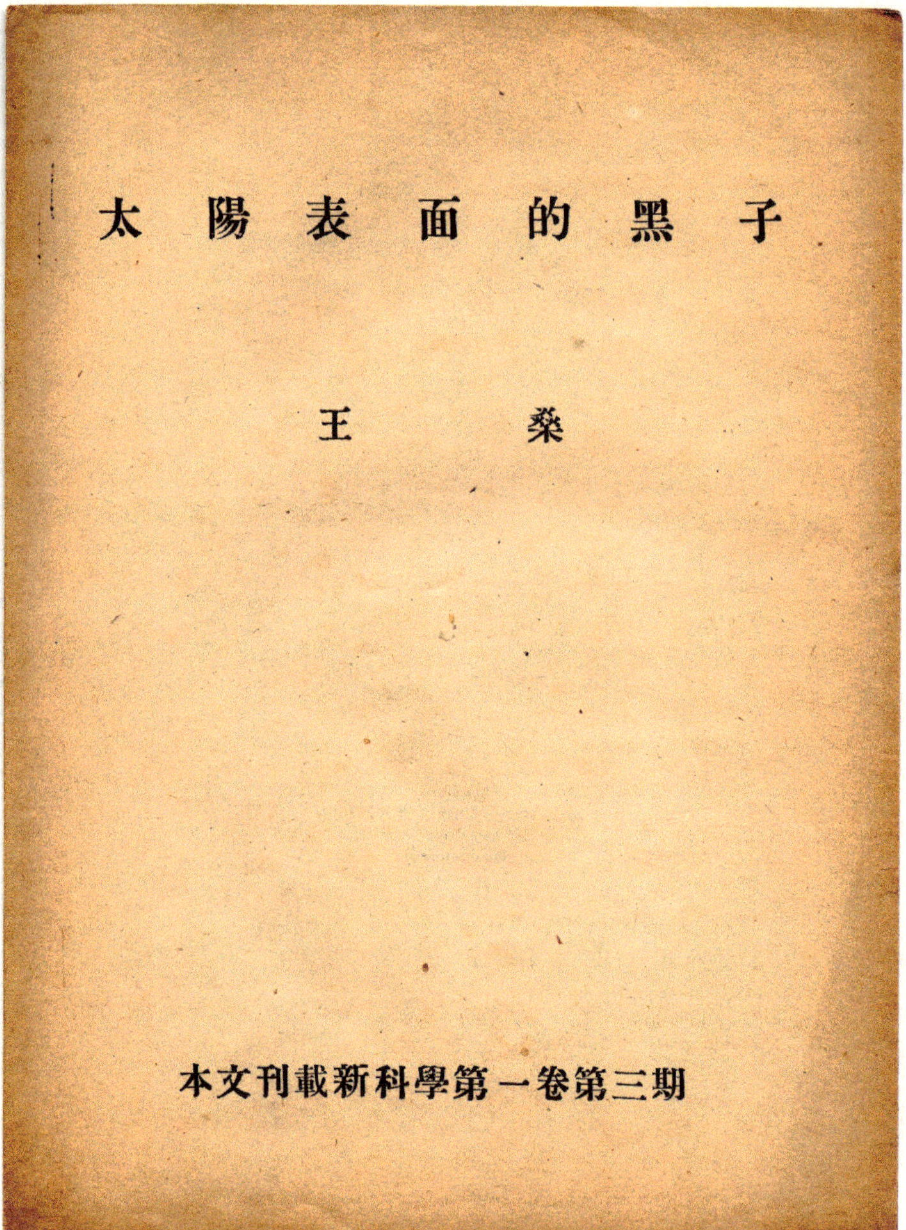
太陽表面的黑子

王　燊

本文刊載新科學第一卷第三期

太陽表面的黑子

王　燊

近來許多人表示想知道一些太陽黑子的情形，作者這方面的知識貧乏，只不過利用參考書的方便，從幾本新舊的書籍雜誌中，盡可能搜集了一些資料，略加整理，貢獻給讀者。

×　　×　　×

(一)　怎樣看黑子？

每天出沒的這顆太陽，光線太强，刺激眼睛。因此，我們不能僅用肉眼來看它。要看太陽，必須帶上一付深色的太陽鏡，或者用一兩層露了光而冲洗過了的照相底片，遮住兩眼才行。

不過，這樣是不是一定可以看得見太陽表面的黑子呢？這又要看黑子的大小如何了。黑子大的時候，這樣是可以看得見的，稍微小些的黑子，便不能看見了。

較好的辦法。還是利用望遠鏡。先在望遠鏡的物鏡前面，加一片深色的濾光玻璃。然後，我們可以在目鏡後面，直接用眼睛來看，或者，放一張平滑的白紙，在適當的地位，使太陽的像，映在紙上；再一種辦法，就是以照相機及底片，代替這張白紙，將當時太陽表面的情形，照下相來。用這些辦法，要是望遠鏡倍率很高的話，太陽各處的黑子，大大小小，差不多都可以歷歷在目，供我們研究了。

×　　×　　×

(二)　太陽表面的黑子。

假如我們在一架還好的望遠鏡後，看一看太陽，首先觸起我們奇異的景象。恐怕就要算這些所謂"黑子"的東西了，這些黑子，就像人們臉上所生的"斑"或"痣"一樣，漫無規律地分佈在太陽表面，較長時期觀測的結果，更發現這些黑子還常常起着各種各樣的變化：時而大，時而小；時而出現，時而隱沒；有的單個存在，有的擠成一羣。再加上它們形狀的變化，位置的變化，磁場的變化等，眞是花樣百出。至於再要談到它們對于十五萬萬公里以外的地球所引起的影響來，更會叫我們幾乎不敢相信。但是，這都是人們將近三百年細心觀測出來的結果，讓我們慢慢地談吧！

(1).　黑子的形狀及大小。

黑子沒有一定的形狀。不但各個黑子沒有相同的形狀，就是就某一個黑子本身來說，形狀也隨時在改變。大致說來，一個黑子，在初出現時的形狀，往往各式各樣，毫無規則，後來，隨着時間改變，漸漸趨向於一個圓形，以致於消失。

較大的黑子，就它明暗的情形來說，大致可以分成三個區域。中央部分是最暗的"核心"，核心周圍，次暗的部分，稱爲"全影"，最外一層比較光明一點的，稱爲"半影"。半影上常有許多細而長的明線，隱約地向着全影部分會集。有時，還有非常光明的粗線狀物，自太陽表面的光球部分，直伸至黑子的核心。

第一圖

第一圖是1928年6月30日大黑子羣的照相，上述黑子的各部分，都可以在這張照片上，看到一個大概的情形。

看了這張照片，很可能將黑子上明暗不同的各部，想像成在一個平面上的情形。其實，不是這樣。黑子是一個很大的漩渦。江面上不是也常常有漩渦出現嗎？從上面看下去，漩渦的中央部分，凹陷最深，光度也最暗。黑子也正是這種類似的情形。太陽表面是很高溫度的流質，而黑子就是這種流質漩渦的凹陷部份。因此，我們可以說黑子的實際形狀，很接近於一個圓錐形。

黑子有多麼大呢？這也很難說，最小可以覺察到的，(當然要看望遠鏡的倍率來定)，直徑約須五百公里左右。直徑大到四萬公里以上時，我們肉眼才可以看得見。至於最大的黑子，根據以往的記載，恐怕要算1858年所出現的一個，直徑竟大至二十三萬公里！讓我們來作一個比較：太陽直徑約爲一百四十萬公里，地球的直徑約爲一萬三千公里；面積的大小與半徑的平方成正比例。于是，這一顆大的黑子，便佔了太陽全面積的三十六分之一。與地球相比，竟有地球面積的三百二十倍！就連我們肉眼所能看見的，最小的也有地球面積的九倍。根據這個比較，我們應該不會再小看這些黑子了吧？

(2). 黑子的出沒。

黑子的出沒，也是沒有一定規則的。不過，分析以往觀測的結果，大致找到了以下幾種有趣的性質：

一般地說。黑子的壽命都不長，從它的出現到消失，有的不過祇數小時，最長的，有一顆到過一年半。而大多數黑子的壽命，常在一個星期到兩個星期之間。

黑子出現的位置，常在太陽赤道(與太陽自轉軸垂直的大圓，與地球公轉面相交約7度)南北35度的區域以內，很少在這個區域以外出現的。

黑子或黑子羣很少單獨出現，往往是成雙成對的，一個在西邊的"前鋒"，和一個在東邊的"後衛"，大致說來，西邊的一個出現較早，消失却略遲，而且比東邊約一個也稍大一點。這一對黑子——"前鋒"與"後衛"——的周圍，常有若干小的黑子環繞着，形成兩個小組，這兩個小組差不多同出同沒，形成一個黑子羣。這一對小組中間的距離，約爲太陽經度的3度到7度，不過，偶而也有相距到10度的，聯結"前鋒"與"後衛"的直線，與太陽赤道相交的角度極小。"前鋒"較近於赤道，而"後衛"則較遠，它們在較高緯的地方，傾斜度較大，約至20度。在低緯度處傾斜度漸小。甚至於與赤道平行。

(3). 黑子週期。

到目前爲止，我們還沒有談到黑子出現的總數，是不是常在改變，以及變化有沒有規律等問題，是的，這的確是非常重要的問題，而且也是被人們注意了很久，尋出了一些解答的問題。

在沒有談到問題本身之前，讓我們先談一談黑子多少的計量方法。黑子的觀測，已經有差不多三百年的歷史，在過去，計量黑子的多少，是用黑子的面積，佔太陽可見半球面面積的百萬分數來表示的。這樣計量的方法太不方便，所以後來大家都採用瑞士沮利克(Zurich)觀象台，吳弗(Wolt)氏所提倡的計量法。

方法很簡單，就是設當時在鏡中所見黑子的羣數爲g，而黑子的總個數爲f，則此時的相對黑子數目(通常稱爲吳弗數目)s，可以下式計算：

$$S=K(10g+f).$$

式中之K，爲一常數，視各觀測台所用望遠鏡之性能，及觀測者之習慣而定。標準吳弗數目，是用一個64倍，3英吋的望遠鏡，觀測所得的。這時，上式中的K爲1。

以上兩種計量的方法，彼此很相符合，大約吳弗數目的一百，相當於佔太陽可見半球表面的五百分之一。因此，我們可以將以往的結果，換算成吳弗數目，而以後所有談到黑子出現的多少，都一致用吳弗數目來表示就行了。

根據這樣的計量，知道黑子的數量常在改變，一月之中，每天有改變；一年之中，每月又有改變；而長期觀測的結果，各年的平均吳弗數目，也各有不同，在這些變化之中，日變化，月變化，都沒有什麼規律。而值得注意的，就是就各年的平均吳弗數目來看，黑子數目的增減，是有週期性的。平均週期大約是十一年。這就是說，在某年吳弗數目是極小值的時候，第二年數目便較大，第三年更大，慢慢達到一個極大值；然後，又漸次減少，以至於又落到一個極小值。這兩個極小值之間相距的時間，平均大約是十一年，稱爲一個"黑子週期"。

所謂黑子週期是十一年，只是一個平均而且大約的說法，是根據過去二百年左右的記錄計算而得的，實際上，黑子週期短的，只有七年，而長的竟至十三年不等。

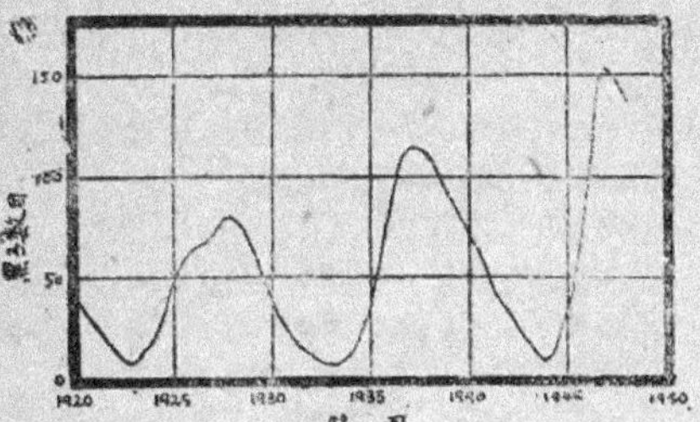

第二圖

第二圖表示近數十年來，太陽黑子數量變化的情形，最近一次極小值是在1944年4月，最大值在1947年5月。所以現在的黑子數量，是正在逐漸減少的過程裏。

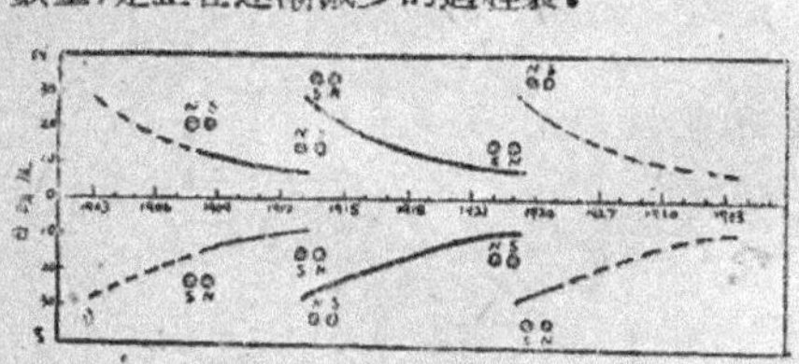

第三圖

配合着黑子數量的改變，黑子羣在太陽表面位值的分佈，也有着週期的改變，第三圖表示黑子出現的位置，與時間的關係，從圖上可以看出，在一個週期快要開始的時候（即極小值之前），黑子開始在較高緯度處出現，數目不多。以後，出現緯度漸漸降低，黑子數目也漸漸減少，一二年間，落于極小值。然後，出現緯度仍然漸漸降低；而黑子數目却漸漸增加，大約在南北緯16度的附近，黑子數目達于極大值。以後，又隨着緯度的降低而減少，以至於在10度附近，再落于極小值。同時，新的黑子羣，已經又在高緯出現，而另一個黑子週期又開始了。

（4）．黑子的溫度。

太陽表面黑子的"黑"是什麼緣故呢？前面已經提到過一部分的原因，就是因爲黑子是一個旋渦。其實，主要的原因，還是因爲它溫度較低，發光較弱的緣故。

一般物質，溫度增高以後，便會發光；而且溫度愈高，發光也愈强。太陽的表面，溫度并不是各處一樣的，有的地方溫度高，有的地方溫度低。一般人所說太陽表面溫度是約5700°C，并不是說太陽表面各處都是5700°C，而是說平均溫度約爲5700°C的意思。因此，太陽表面是有的地方熱，有的地方冷；有的地方光强，有的地方光弱。而最冷的地方，也就是光最弱的地方，便成了黑子。

大致說起來，黑子地方的溫度，比光球的溫度（5700°C），約低一千多到三千度的樣子。這就是說，最"冷"或最"黑"的黑子，溫度大約只有3000°C。當然，這裏所說的"冷"，實際上還是很熱的，試想一下：人的體溫不過37°C，發熱到42°C時，就有性命之憂。而水在100°C沸騰，連"真金不怕火"的黃金，也只在1063°C便熔成了"金液"，而在2605°C時，便燒開了，變成了"金氣"。同時，這裏所說的"黑"，也只是比較的說法，實際上還是很亮的，只不過襯在5700°C高溫的背景上，顯得"黑"一些而已。

（5）．黑子的磁性。

這實在是一般人臆想不到的性質，黑子竟和一個磁棒一樣，帶有磁性。普通測定一根磁棒的磁性，最方便的辦法，就是將它移近一個羅盤，看它對于羅盤裏面磁針的影響，便可以知道磁棒的這一端帶何種磁性，并且對于它磁力强度的大小，也可以作一個估計了。

現在呢？太陽距我們這麼遠，這種辦法自然行不通。要測知黑子的磁性，少不了要用到"分光鏡"了，在分光鏡裏所見太陽的吸收光譜，是在一條像虹一樣的彩色帶子上，劃着一條一條的黑線，在普通情况下，這些黑線的粗細，以及它們在"光譜"上的位置，都有一定的。可是，如果使光譜從很强的磁場近旁經過的時候，這些黑線便會受到影響；或者是一根分成了兩三根，或者是變粗了一些，這種現象，便是一般人所說的"蔡曼效應"，是荷蘭科學家蔡曼（Zeeman）首先發現的。

觀測黑子光譜的蔡曼效應，知道黑子帶有很强的磁力。科學上量磁力强度是以高斯（Gauss）作單位。黑子的磁力强度，和它的大小有關係，大的較强，小的較弱。通常大概是在1000到4000高斯之間。這實在是很强的一個磁石了。我們地球不也帶有磁性嗎？它的磁力强度。才不過只0.3到4.0高斯。想想看，黑子的磁力的偉大實在是夠驚人吧了？

還有，一個磁鐵的磁勢，從來不單獨出現的，有一個北極，必定同時有一個南極。黑子也正是這樣的情形，所以前面提過，黑子常常成對地出現，一個前鋒，一個後衞，如果前鋒是南極，後衞便是北極；如果前鋒是北極，後衞便是南極。第三圖上注明N的，代表北極，S代表南極。從這個圖上，我們可以看出每兩個黑子形成一對磁石的情形。同時，我們還可以看出，如果第一次在高緯度出現的前鋒是N極，第二次在高緯度出現的前鋒便是S極，而且，如果北半球的前鋒是N極，南半球的前鋒是S極，極性恰恰相反。所以，由這樣看來，兩次磁極極性的順序也要一樣時，週期正好是普通黑子週期的二倍。因此，如果嚴格地連黑子極性也算在裏面的話，一個眞正的黑子週期便是二十二年了。不過，在一般的計算研究上，仍然以十一年爲一週期，較爲方便。

× × ×

（三）黑子與地球上一些現象的關係。

黑子出現的多少，既以十一年爲一週期。而剛巧在地球上有許多現象，也以十一年爲一個週期地變化着。這顯示着黑子與一些地球上的現象中間，存在着直接或間接的關係，而這些關係，又直接或間接地影響到我們人類的生活。

（1）．黑子與地磁。

剛才提到了的，地球是一個大的磁石，它的磁力强度大約是0.3到4.0高斯。實際上，根據許多人，在許多地方，多年的觀測，知道地磁是隨時隨地在改變着。地磁的改變，影響無線電傳播。所有利用無線電的工具，如無線電報、電話，廣播、傳眞；無線電駕駛，無線電測量等。都和地磁有密切的關係；至於地磁變化與黑子數目，又有什麼樣密切的關係，請看第四圖，便可以明白了。

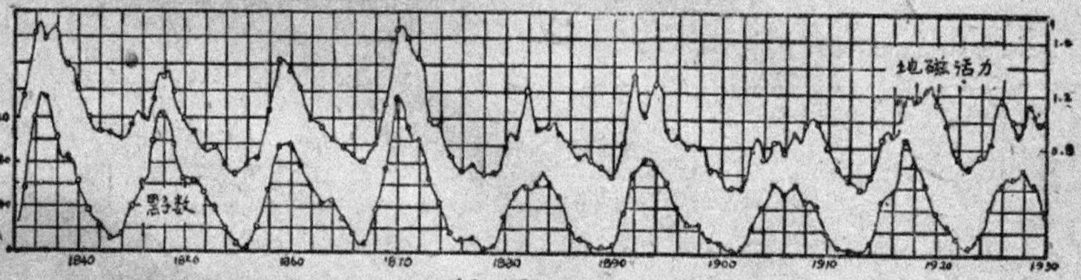

第四图

第四圖上部的曲線，代表地磁活力的變化，所謂"地磁活力"它的數值是這樣得來的：以某一個地方某天地磁水平強度的平均值，與當地前一天平均值的差，稱爲當地地磁水平強度的逐日變量。這種逐日變量的平均值，是和當地的磁緯度（連結兩磁極的直線，稱爲磁軸；垂直於磁軸的大圓，稱爲地磁赤道，磁緯即由此得來）有關係。將某地的這種平均值，利用簡單的三角公式，可以換算成在地磁赤道處的相當值。再求得一平均數。這便是第四圖上部曲線所代表的地磁活力了。在這個圖上，地磁活力是以萬分之一高斯作單位計量的。第四圖下部的曲線，便是黑子的吳弗數目。從這兩條曲線，我們可以看出，黑子多的時候，地磁活力也就大。地磁活力大的時候，也就是搞無線電的人們最傷腦筋的時候。因此，我們有時可以在報上看到，黑子數量多了的時候，無線電受阻的預告或追述，那便是這個理由。

至於是不是一定凡黑子多的時候，地磁活力就大；而且凡是地磁活力大的時候，黑子必定多呢？對于這一點，根據實際觀測的結果，大致只能這麼說：第一，地磁活力的一般變化，就大趨勢來說，的確是隨着黑子數目改變的。第二，大規模的地磁變化，就是所謂很強的"磁暴"，也的確是和近太陽中央部分的大黑子有密切的關係，至於第三，某地每天各時的磁變化，却并不與當天的黑子數有多大的關係。

(2). 黑子與游離層。

游離層就是在一百公里，二百多公里，三百多公里的高空，許多帶電的粒子所密集的大氣層，這些游離層的存在，對于遠距離無線電通信。有着決定性的作用，它可以使斜角向上發射的電波，“反射”回到地面。如果沒有這些游離層，電波便會毫無阻擋地跑到極遠的空間，以至消失。因此，我們可以說，游離層是無線電波的屋頂，有了它們，電波才不至消逸，才能夠爲爲我們帶信給遠處的人們.

我們發出一個無線電訊號，對于某一個距離來講，所應採用的頻率，有一個適當的範圍。而這個頻率範圍的決定，完全有賴於游離層的離子密度，游離層的離子密度，又是隨時隨地在變化着。根據實測，發現游離層離子密度的變化，與黑子有極密切的關係。這關係可以從第五，第六兩圖中看出來。

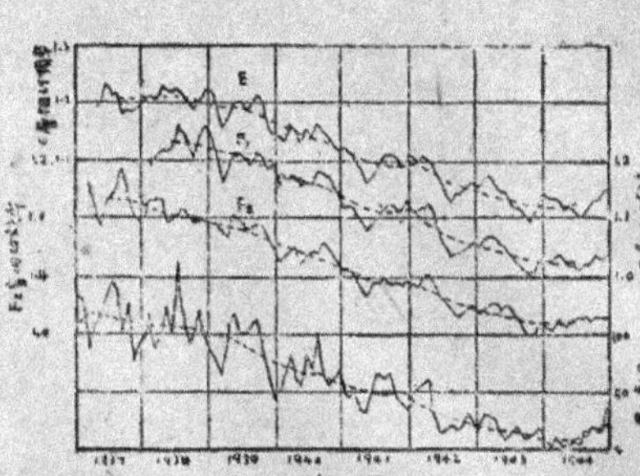

第五图

第五圖中所用的相對臨界頻率，就是當時實測的臨界頻率(與離子密度的平方根成正比例，詳見新科學一期28面)，與假設當時太陽表面無黑子出現時，所應有的臨界頻率的比值。從這個圖上，可以看出，游離層各層的臨界頻率，是大致隨着黑子數目的多少而變化的。

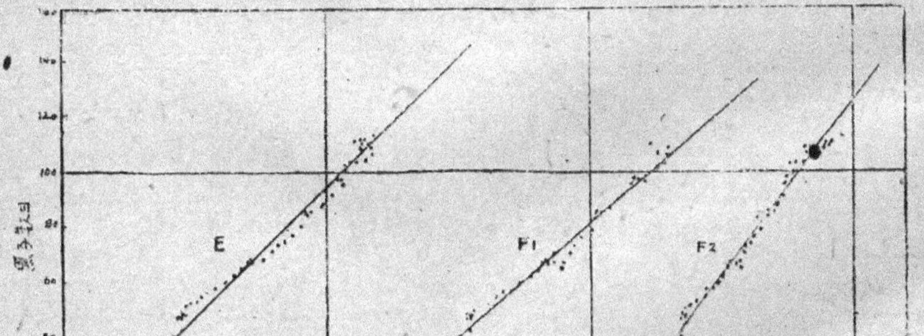

第六图

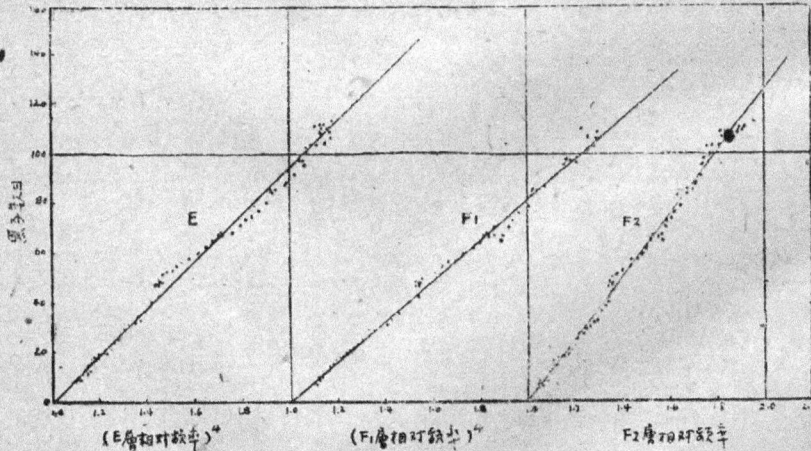

第六圖是將游離層的E層，F_1層的相對臨界頻率的四方，及F_2層的相對臨界頻率，與順序十二個月黑子數目的逐次平均值所繪成的圖。由這三條近似的直線看，我們可以更明顯地找到它們之間的關係了。

在實際通信工作中，我們常常需要預先決定，某日某時某兩地之間，應該用多大的頻率，這種預定頻率的工作，就必須需要依靠預計黑子數目來作根據。因此，配合前節所提到的地磁活力變化，我們簡直可以說，無線電通信情況的好壞，大權幾乎完全掌握在太陽表面的黑子手裏了。

(3). 黑子與溫度.

就一地一時看起來，溫度與黑子數目，沒有什麽關係可尋。但是，如果就整個地球而說，將各地溫度平均起來，作爲地球的平均溫度。這時，我們就可以看出，它與黑子數目，有着很明顯的關係．溫度的高低，適與黑子的多少相反；黑子多時溫度低，黑子少時溫度高。

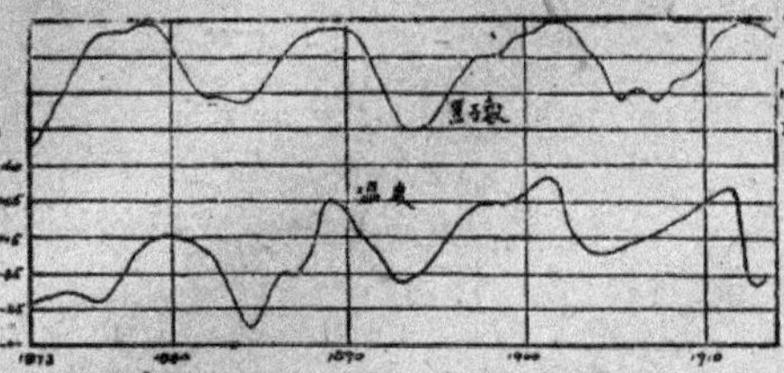

第七圖

第七圖便是地球平均溫度，與黑子吳弗數目的逐年變化情形，這兩根曲線的大趨勢是一致的——實際上是相反的，因爲黑子數目的刻度倒轉過來了的緣故——少數不一致的地方，是因爲其他的因素所引起的。

至於黑子數目與地球平均溫度，爲什麼有這樣的關係？一般人還在繼續研究，有人作過嘗試的初步解釋，然而决不足視爲圓滿的說法。因此，這裏不去提到了。

(4). 黑子與極光及其他。

在緯度比較高的地區，夜間往往可以看見空中出現各式各樣，各種彩色的光線，高度約在一百公里上下，最低的約八十五公里，最高的到過一千公里。有的作輻射狀，有的成垂幕形；有的白色，有的紅色，黃色或綠色，有的呈幾種　色，變幻動盪，煞是美麗，這就是一般人常說的"極光"。

極光出現的次數，與黑子數目有關，黑子多的時候，極光出現的次數也愈多。根據大家認爲滿意的解釋，說是因爲在黑子多的時候，太陽所射出的帶電粒子也愈多，地磁活力也愈大。這時，這些帶電的粒子，受地磁的影響，分向兩極附近運動，在高空處與氮，氧的分子，及氧原子相衝撞，而發出各色的光線來。

至於提到黑子與其他一些現象中間之關係，這就很難說了。每一個自然科學(甚至社會科學)工作者，假如都檢查一下，看他所研究的"本行"，與黑子週期是否有關的話，我們一定還可以找到不少有關的例子。比如像在高緯度(亞寒帶)地方，樹木年輪的寬度，常以十一年爲一週期，跟着黑子週期變化，有的人甚至還提到，說水旱災的出現，昆虫的飛翔，甚至麥價的漲落　也可能與黑子有關呢！

× × ×

(四) 黑子的學說。

關於黑子的學說，各人有各人的一套，而事實上，如果用來解釋所有的黑子現象，每一套都是不完全的，因此，可以說，到目前爲止，還沒有一個比較靠得住的學說。值得在這裏介紹的，恐怕只有海爾(Hale)所提出，經過傑克涅斯(Bjerknes)所修正的漩渦學說了。

這學說就是說，黑子是太陽表面上一些漏斗狀的漩渦，作漩渦運動的，是許多帶電的粒子。這種帶電粒子的漩渦運動，可以產生磁性，這就是黑子磁性的來源。同時，自漩渦的中心部分，有氣態的物質，以高速度向外噴射，這種噴射，使漩渦的中心部分冷却下來，造成黑子中心溫度較低的情形，

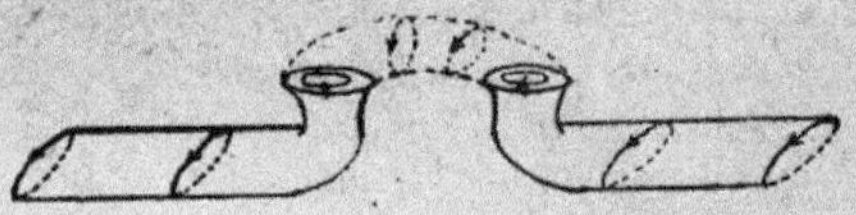

第八圖

爲了解釋黑子往往成對的出現，傑克涅斯假設所有同一個循環黑子，都是由于一個長的渦流管所形成，這個渦流管，大部分是潛伏在光球的下層，但，有時這個渦流管向上彎曲，于是，如第八圖所示，當它彎曲上升到光球部分時，漸漸擴散，形成了一對漏斗形的黑子漩渦。根據分光照相證明，一對黑子的方向，的確是相反的。因此，造成的磁性，也正好是一對。至於爲什麼有時又僅有一個黑子單獨出現呢？他們的解釋是認爲其中可能有　個擴散得太快了，在未上升到光球表面之前，已經擴散開來，所以在地球上觀測，無法找出這已經擴散了的漩渦。而在我們望遠鏡中出現的，只是一個單獨的黑子而已。

對于黑子羣常出於緯度三十餘度，而漸次降低，以至沒于十度附近的現象，他們的學說也有解釋。他們提議說在太陽表面的氣態物質，普遍地有一種對流運動，高緯度處的物質，自光球表面流向赤道；然後，再從光球低層，向赤道折回。這種對流的產生，是由於光球表面的物質，因輻射散熱而冷却所致　由於這種對流的作用，上述的渦流管也隨着光球表面物質的運動，自高緯度移向低緯度部分，造成上述的現象。

這便是黑子漩渦學說的大概。它的確爲我們說明了不少的現象，然而，整個的黑子現象并沒有完全被人們了解。向大自然進攻的人們，加油吧！

武汉大学沙洋分校

王曦按(2017 年 11 月 6 日):

在文革期间,大约在 1970 年,武汉大学先在襄阳建武汉大学襄阳分校,后在沙洋建武汉大学沙洋分校。父亲于 1971 年被“下放”到襄阳分校,后又转到沙洋分校。到这两个分校去的,都是有各种“问题”的人。右派分子或“摘帽右派”就属此类。当时,我家有一度母亲一人在武汉市马房山中学上班,父亲在襄阳和沙洋,我和大弟在湖北公安县,小弟在湖北江陵县。一家人分别在四个地方,彼此难以交流,何其惨也!父亲在那里一直待到 1974 年年底或 1975 年上半年。1975 年我的大姑妈王雯自 1948 年随大姑父(国军空军军官)去台湾后从美国首次返乡,父亲才得以从沙洋回到武汉家中与妹妹团聚。父亲在沙洋时,回城较早的小弟王照曾前往沙洋探视。

以下图片是小弟王照近日与姚珈树(武汉大学法律系教授、我国著名国际经济学家姚梅镇之二子)赴沙洋分校旧地重游时照的。当时,姚家除下乡插队在湖北公安县的姚珈树外,全家迁往沙洋。据王照说,当年沙洋分校的建筑物已基本不复存在,仅剩照片上的这一栋楼。这栋楼当年最初是供单身教职工住的。后来武大沙洋分校与荆州师范开设各种短训班(例如父亲参与的英语短训班)之后,用作短训班学员的宿舍。父亲当时在食堂当伙夫,因而住在食堂里。想想看,一大批高级知识分子,住在这里,每日在解放军“工宣队”的“领导”下,脸朝黄土背朝天,下地劳作,不干专业正事,真是荒唐至极。但历史就是这样走过来的。

英语谚语词典(征求意见稿)校正

王曦按(2016 年 12 月 13 日):

从 1957 年到 1978 年,父亲被迫离开发展势头看好的电离层研究,转做理科公共英语教学、物理系和外文系图书室资料员等工作。一做就是二十多年。在这段时间的后期,他参加了若干种英语词典的编写、校对工作。下面这部《英语谚语词典》(征求意见稿)它一直保留下来。书中有他对不少词条做的认真修改。由于十年文化大革命,当时社会上外语工具书奇缺。在这种情况下,武汉大学英语系的老师(其中包括一批父亲那样的、由于政治运动的原因脱离了原专业的老师,例如法律系的韩德培教授)正好发挥他们的英语特长,承担了英语词典的编写和校对工作。这项工作不仅需要高水平的英语,而且需要高水平的汉语表达能力。这批人在那个特定的历史时代,不能从事本专业的工作,却以这种方式默默地继续着对国家的奉献。而这种贡献是一般人所做不到的。下图中父亲的铅笔批语"捉了熊再卖熊皮"即为一例。

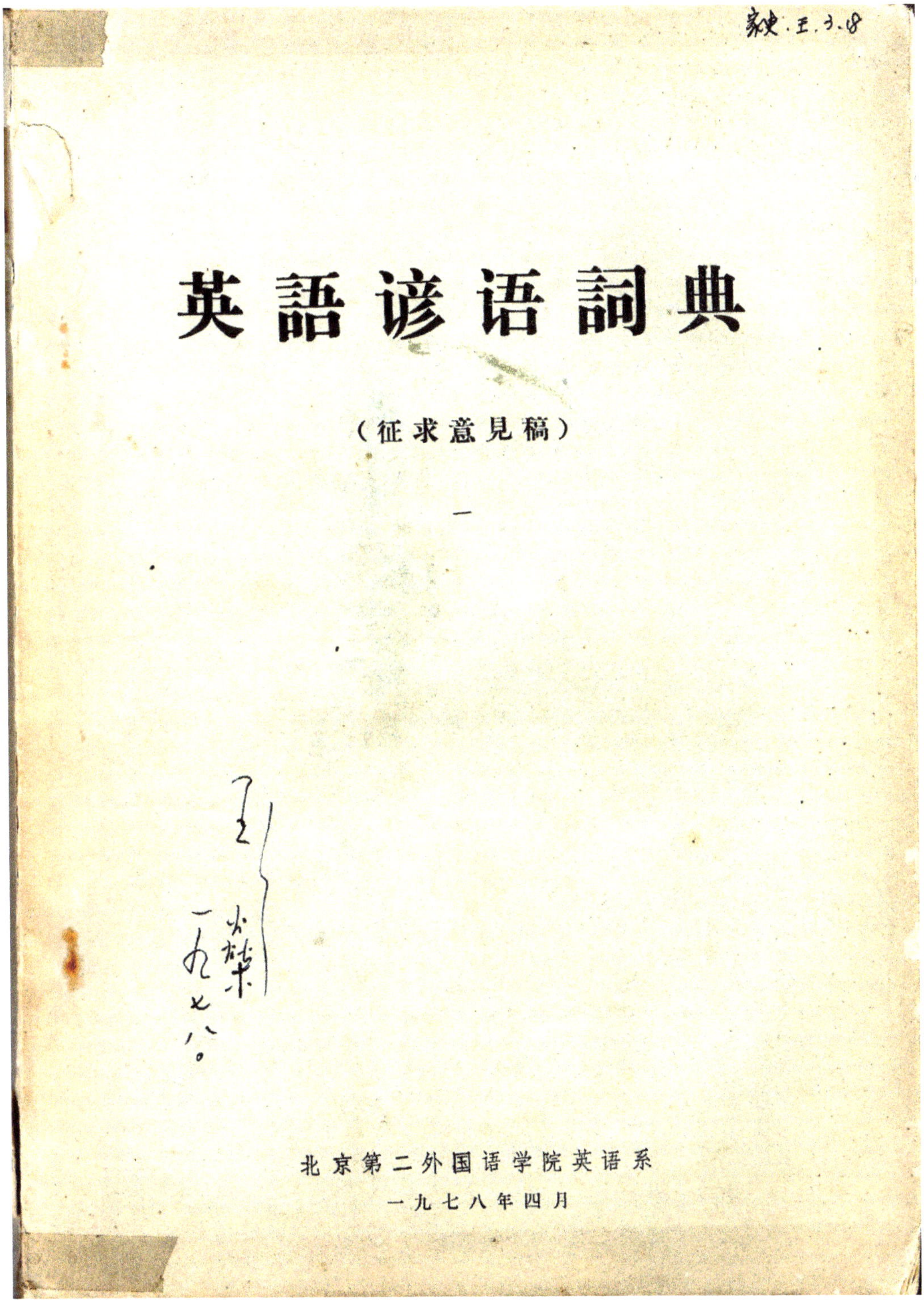

英語谚语詞典

（征求意見稿）

一

王燊
一九七八

北京第二外国语学院英语系

一九七八年四月

The cat, the rat, and lovell our dog, rule all England under an hog

（译） 公猪率领猫鼠狗，统治英国当头头。

（注） 这是讥讽英王理查三世的诗句。cat,rat,lovell影射三个大臣（即 Catisbie,Ratcliffe,Lovell）。hog 影射英王理查三世（旗号为白猪）。作者 Callingborne 为此被杀。

The cat winked when (both) her eyes were out.

（译） 猫无眼睛才打盹

Catch the bear before you sell his skin.

（译） 没有捉到熊不要先卖皮。 （捉了熊再卖熊皮。）

（≌不要画饼充饥。）

（注） 意指不要高兴得太早。

Caution is the parent of safety.

（译） 谨慎为安全之本。

Cavil will enter in any hole, and if it find none it will make one.

（译） 吹毛求疵，无孔不入，无隙可击，节外生枝。

A cent of mirth is worth a dollar of grief.

（译） 一分欢乐抵百愁。

（注） 劝人要快乐不要忧伤。

'Ch was bore at Taunton Dean; where should I be bore else.

（译） 我既生在陶顿谷，还能生在别处吗？

（注） 英国南方人，将I变成 'ch 音，此谚意指陶顿谷的农民，以生在此地为荣。

162

借用英文打字机的介绍信

王曦按(2017 年 2 月 6 日)：

以下这份介绍信是父亲留下的。父亲为什么保留它？不得而知。在我看来，它至少透露以下信息：一、当时武汉大学空间物理系的物质条件非常差，连一台可用的英文打字机都没有，得向生物系借。文化大革命的十年浩劫将堂堂国立武汉大学摧残到何等地步，由此可见一斑。正因为物质条件如此之差，父亲在 1980 年 11 月首次出国到美国奥克兰大学访问和研究之时自费购买的最重要的物品不是别的，是一台英文打字机。那台打字机在个人电脑在我国普及之前的那些年份里，发挥了重要作用。二、文化大革命的社会影响十分深刻。这个标准格式的武汉大学介绍信印制于文革期间。它上面"致无产阶级文化大革命敬礼"一语可以为证。在那个年代，类似的文字充斥于各种介质的文献，不论是官方文件还是私人信件，不论是课本还是剧本，无不含有此类文字。整个社会都弥漫着一种疯狂的"革命"气息。回顾起来，感到不可思议！如何从思想上拨乱反正、正本清源，至今仍然有大量工作要做。

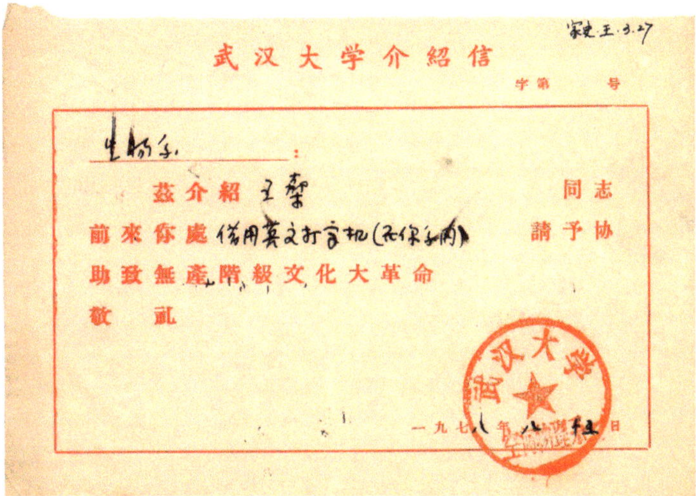

家史·王·3.27

武汉大学介紹信

字第 号

生物系：

茲介紹 王燊 同志

前來你處 借用英文打字机([illegible]) 請予协

助致無產階級文化大革命

敬 禮

武汉大学

一九七八年八月十五日

光电倍增管疲劳效应的控制

王曦按(2017 年 2 月 28 日)：

以下是父亲保留的一篇译文原件的封面、封底、内封面和目录。他发表于 1966 年 4 月。这项工作的大背景应当于 1964 年 10 月我国成功爆炸第一颗原子弹有关。父亲的专业英语特长在此发挥了作用。

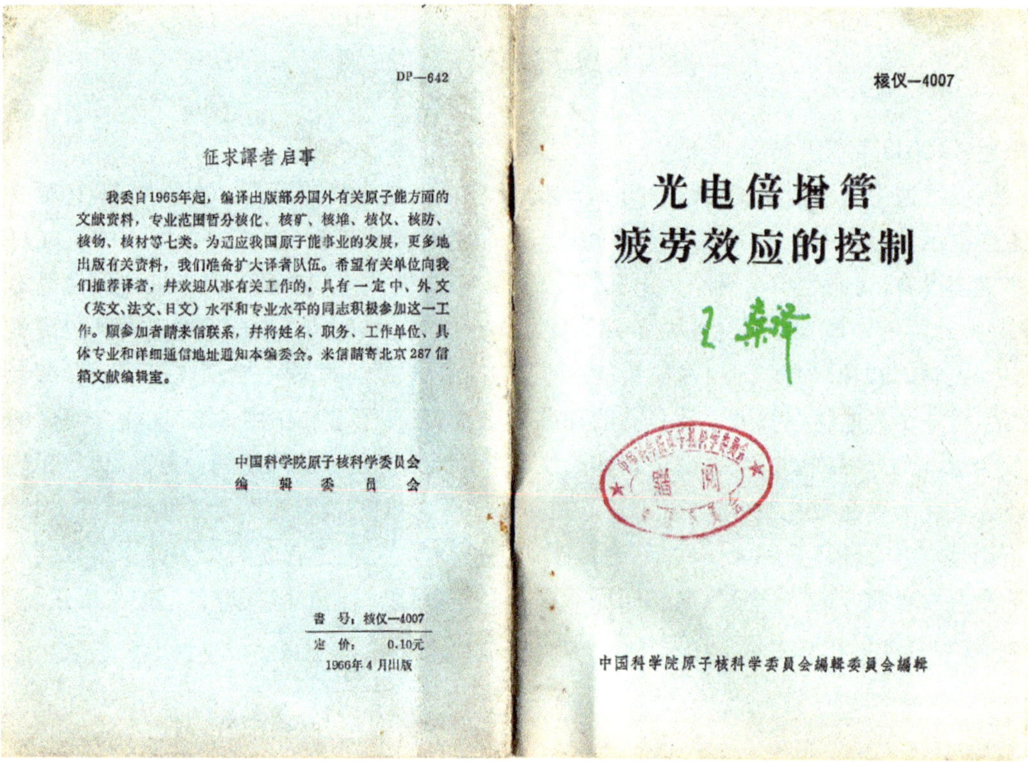
DP—642

征求譯者启事

我委自1965年起，编译出版部分国外有关原子能方面的文献资料，专业范围暂分核化、核矿、核堆、核仪、核防、核物、核材等七类。为适应我国原子能事业的发展，更多地出版有关资料，我们准备扩大译者队伍。希望有关单位向我们推荐译者，并欢迎从事有关工作的，具有一定中、外文（英文、法文、日文）水平和专业水平的同志积极参加这一工作。願参加者請来信联系，并将姓名、职务、工作单位、具体专业和详细通信地址通知本编委会。来信請寄北京287信箱文献编辑室。

中国科学院原子核科学委员会
编　辑　委　员　会

書号：核仪—4007
定价：0.10元
1966年4月出版

核仪—4007

光电倍增管
疲劳效应的控制

中国科学院原子核科学委员会编辑委員会編輯

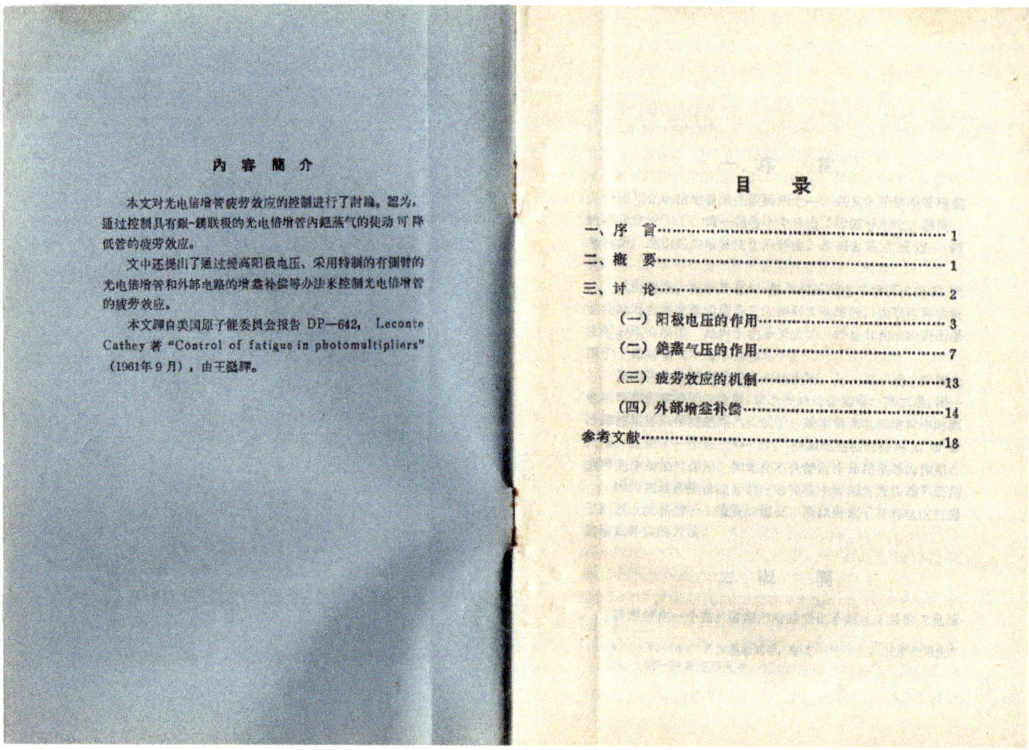
内 容 簡 介

本文对光电倍增管疲劳效应的控制进行了討論。認为，通过控制具有銀-鎂联极的光电倍增管内銫蒸气的徙动可降低管的疲劳效应。

文中还提出了通过提高阳极电压、采用特制的有側臂的光电倍增管和外部电路的增益补偿等办法来控制光电倍增管的疲劳效应。

本文譯自美国原子能委員会报告 DP—642，Leconte Cathey 著 "Control of fatigue in photomultipliers"（1961年9月），由王燊譯。

目　录

1979—1980 年教学工作量统计表

王曦按(2017 年 2 月 6 日):

这是父亲保留的一张纸片,上面记载了他 1979—1980 年的教学工作量。当时他的主要教学工作是全校理科学生的英语教学。值得注意的是,在这个时期他为空间物理系的研究生开设新课"日地关系"。那是他 20 多年后复出教学和科研岗位后开出的一门新课。

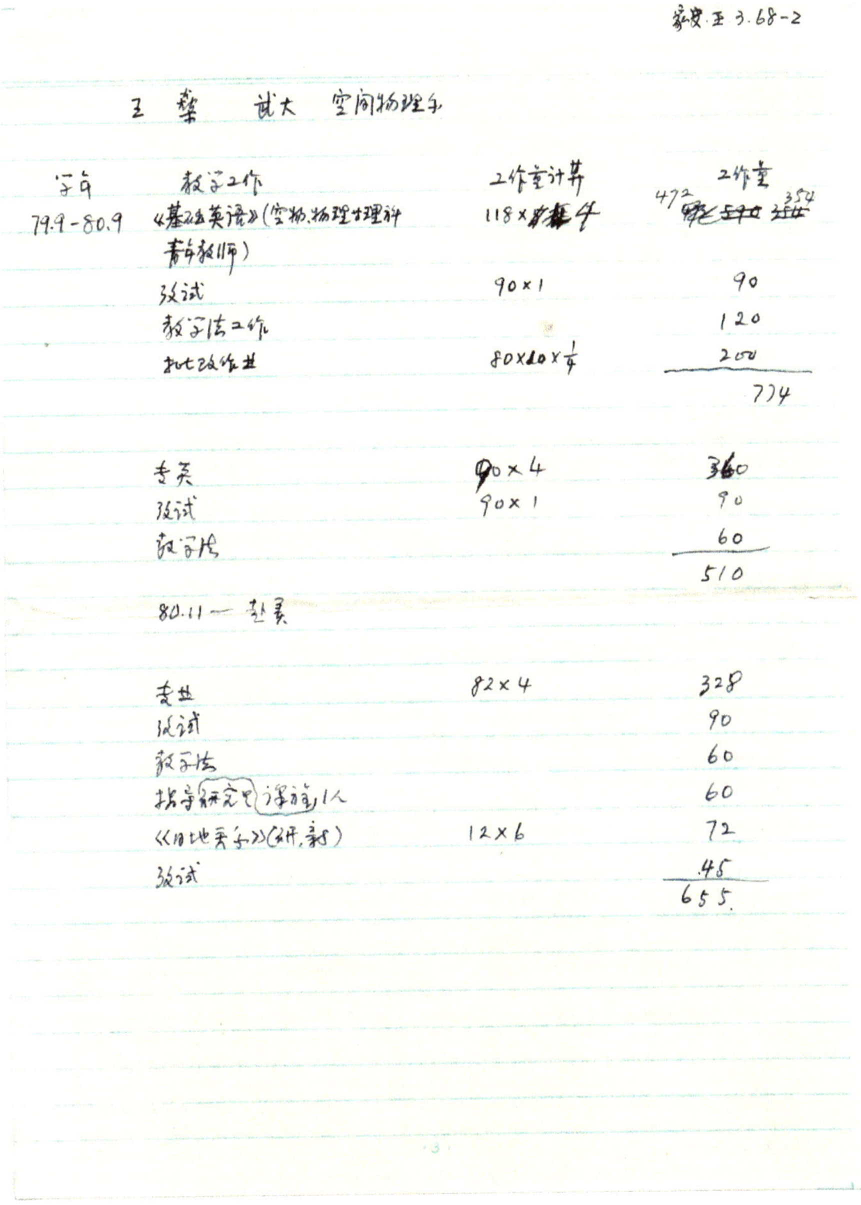
家史·王 3.68-2

王燊 武大 空间物理系

学年	教学工作	工作量计算	工作量
79.9-80.9	《基础英语》(空物、物理+理科青年教师)	118×~~[illegible]~~ 4	472 ~~[illegible]~~ ~~590~~ ~~354~~
	考试	90×1	90
	教学法工作		120
	批改作业	80×10×1/4	200
			774
	专英	90×4	360
	考试	90×1	90
	教学法		60
			510
	80.11— 赴美		
	专英	82×4	328
	考试		90
	教学法		60
	指导研究生(译注)1人		60
	《日地关系》(研、新)	12×6	72
	考试		45
			655

关于理解“专业英语”教学的一些看法

王曦按(2016 年 9 月 11 日)：

自 1957 年的反右运动之后，父亲曾在很长的时间里离开了电离层研究，转到武汉大学外语系从事全校理科英语教学工作。以下材料是他于 1982 年写的关于理科英语教学的看法和建议。材料上的“1982”字样是母亲在清理父亲遗留的文字资料时标注的。

在父亲脱离电离层研究的 20 多年里，他从事过许多工作，从农田看水、农场放牛、食堂做饭、开拖拉机，到资料室资料员、英语培训、文献翻译、英语教学等等。对每一项工作，他无不认真对待，干一行，学一行，干好一行。从这份关于英语教学的建议，可见父亲那股认真劲和责任心。

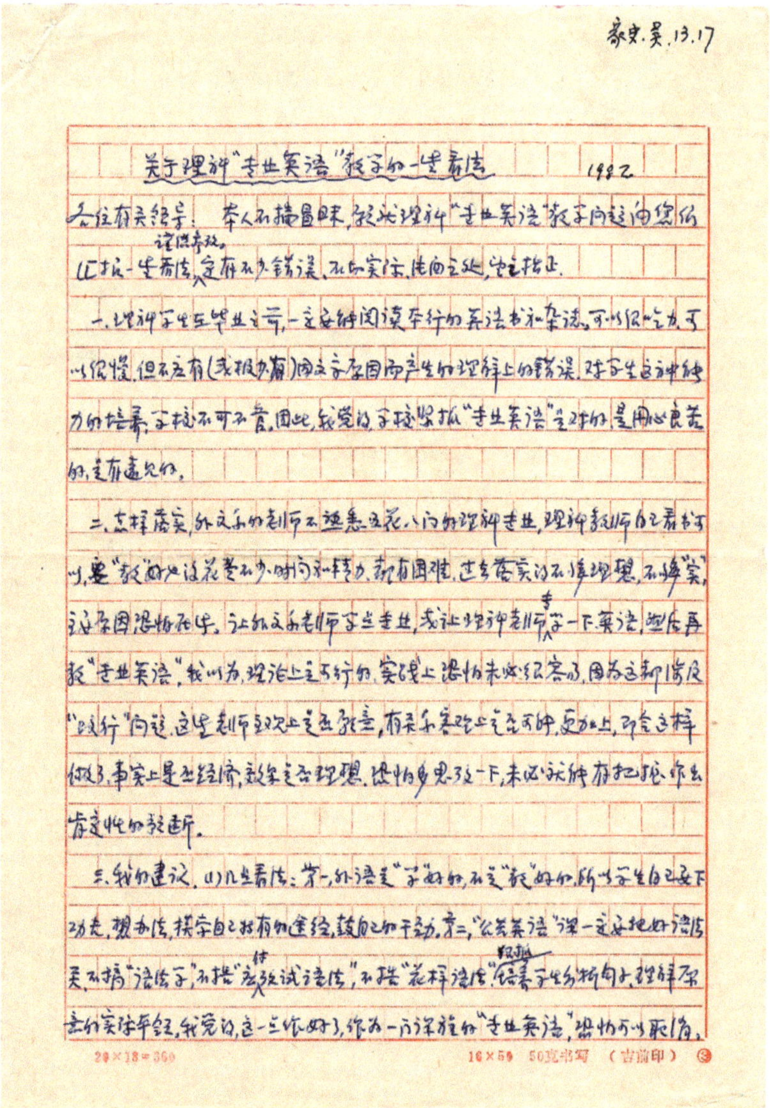

家史.吴.13.17

关于理解“专业英语”教学的一些看法　1982

各位有关领导：本人不揣冒昧，就如何理解“专业英语”教学问题向您们汇报一些看法，谨供参考。定有不少错误、不切实际、片面之处，望予指正。

一、理科学生在毕业之前，一定要能阅读本行的英语书和杂志，可以很吃力，可以很慢，但不应有（或很少有）因文字原因而产生的理解上的错误。对学生这种能力的培养，学校不可不管。因此，我觉得学校紧抓“专业英语”是对的，是用心良苦的，是有远见的。

二、怎样落实，外文系的老师不熟悉五花八门的理科专业，理科教师自己看书可以，要“教好”也得花费不少时间和精力，都有困难，这要落实得不够理想，不够实际，这原因恐怕在此。让外文系老师学些专业，或让理科老师专学一下英语，然后再教“专业英语”，我以为，理论上是可行的，实践上恐怕未必行得通，因为这都涉及“改行”问题，这些老师到头来是否愿意，有关系的各种各样的手续，更加上，即令这样做了，事实上是否经济，效果是否理想，恐怕多思考一下，未必能够有把握作出肯定性的判断。

三、我的建议，(1)几点看法：第一，外语是“学”好的，不是“教”好的，所以学生自己要下功夫，想办法，探索自己所有的途径，发挥自己的主动。第二，“公共英语”课一定要抓好语法关，不搞“语法学”，不搞“应付考试的语法”，不搞“花样语法”，积极培养学生分析句子，理解原文的实际本领，我觉得，这一点作好了，作为一门课程的“专业英语”，恐怕可以取消，

20×18=360　　16×50　50克书写　（吉庙印）　③

第三、"听、说、写、读"，阅读是核心，到了一定阶段，"听"也很要紧。"说"和"写"只是"读"和"听"的后果，水到才能渠成。（注：我知道这问题有争议，我认为"专业英语"课问题汇报自己的看法，无介入这一争议之意。）

(2)具体建议：①学生自己各人选各人的专业书进行阅读，试译，试摘笔记，试写心得。各系派1—2位专业老师，在指定时间（如每周一下午或每二周一下午）、指定地点（教室）设摊辅导。提倡定期送条提问（交系教育教学的同志转），但也欢迎临时当面提问。这样解决"读"。②每周一次或每二周一次向学生播放英语科技讲演的录象或录音（或电视）材料。来源：外国专家来校讲学科普讲演和部分专业讲演的录象、录音；兄弟院校这类材料的复制，或本校派人现场录制；中国科学院情报研究所的电视录象、录音材料；委托出国人员带回一些这类材料；委托专人录制美国之音和新闻英语节目中的科技讲演；发动教师、同学提供这类材料的原件进行复制等等。播放时，各系指派老师从旁辅导。此外，听音室平时提供这方面的服务。这样解决"听"。③工作人员计工作量，学生不计学分。

(3)问题：创业维艰，开始恐怕要一个精悍的小分队收集资料，以后转入正常要一个专门的小组播放，这都很麻烦。但我觉得，听听意见，摸摸情况，找一二个系先试一下，恐怕应该是可以的。

敬礼

空间物理系 王 燊 1982.1.8

20×18=360 16×50 50克书写 （吉前印） ⑧

教育部对王燊赴美国奥克兰大学进修的批件

王曦按(2017 年 11 月 6 日)：

以下是我二弟保存的一份教育部对武汉大学数学系教授路见可、哲学系教授江天骥、空间物理系副教授王燊赴美进修的批件。那次出国进修是父亲复出从事科研后的首次出国。

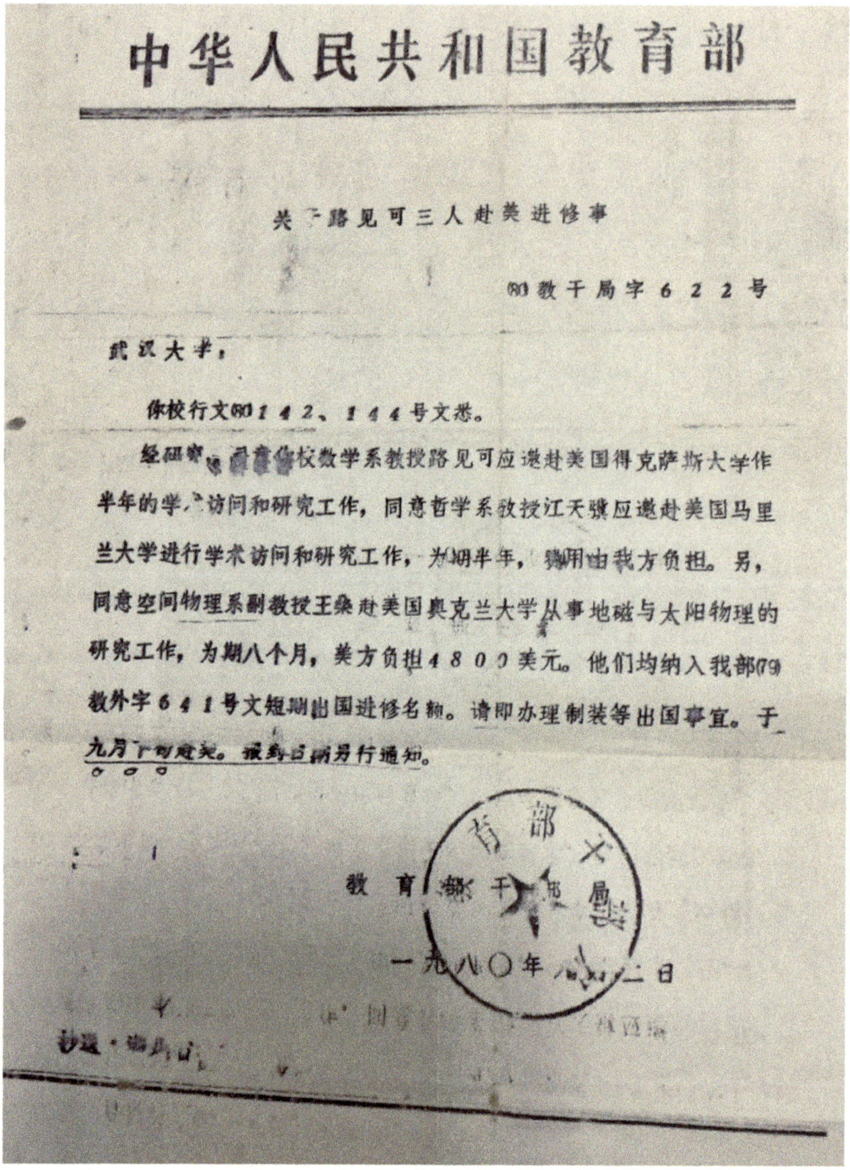

中华人民共和国教育部

关于路见可三人赴美进修事

(80)教干局字622号

武汉大学：

你校行文(80)142、144号文悉。

经研究，同意你校数学系教授路见可应邀赴美国得克萨斯大学作半年的学术访问和研究工作，同意哲学系教授江天骥应邀赴美国马里兰大学进行学术访问和研究工作，为期半年，费用由我方负担。另，同意空间物理系副教授王燊赴美国奥克兰大学从事地磁与太阳物理的研究工作，为期八个月，美方负担4800美元。他们均纳入我部(79)教外字641号文短期出国进修名额。请即办理制装等出国事宜。于九月下旬赴美。报到日期另行通知。

教育部干部局

一九八〇年八[illegible]二日

抄送：[illegible]

奥克兰大学对父亲与 Ketering 磁力研究所合作研究的报道

王曦按(2016 年 12 月 27 日):

父亲 1978 年复出从事科研。1980 年至 1981 年间,父亲首次出国访问,在美国 Auckland 大学做了 8 个月的地磁脉动研究。回国时,该校赠送他一套地磁脉动观测仪器。这段时间的研究,对于父亲迅速恢复中断了二十几年的专业科研十分重要。

以下是父亲保留的一份英文剪报。它记载了它与美国奥克兰大学 Kettering 磁力研究所的 Robert Williamson 教授合作开展的地球东西两端磁力测量研究。这份剪报应当出自奥克兰大学的某个刊物。它所记载的这项研究应当开展于父亲 1981 年从奥克兰大学访问回国之后。

Magnetics Laboratory Attracts Attention

Norman Tepley looks over a display about the lab.

Without fanfare, scientists observed the 20th anniversary of the Kettering Magnetics Laboratory on campus last week.

Their celebration, if one were to call it that, consisted of preparing for three major experiments to be conducted in the lab. The lab is unique to Michigan and is one of only a handful of such facilities in the world.

Experiments during the lab's 20-year history have brought scientists closer to understanding how and why magnetic fields affect living things.

Perhaps the best-known contribution to science was the discovery of the Scott Effect, named for the late Gifford Scott, a General Motors scientist and adjunct professor at OU. He discovered a torque effect on gas molecules in the presence of temperature changes. The importance of that is it helps scientists understand atoms and molecules in non-uniform temperatures.

The lab was built by OU, GM, and the Charles F. Kettering Foundation. Kettering was a GM scientist who was fascinated by magnetics. The lab was designed for experiments requiring low ambient magnetic fields and maximum freedom from magnetic and mechanical disturbances.

To accomplish that, the lab was built about one-quarter mile from the nearest traveled road and power lines. It sits in a wooded lot west of the main campus and was built entirely of non-magnetic materials. Even the sand and gravel used for the concrete were screened for iron content.

Norman Tepley, physics department chair, says the lab distinguishes OU from other universities. Its influence has been felt by Tepley and Robert Williamson, also of the physics department. Tepley's career began in low temperature and solid state physics, but he switched to medical physics when he saw the research possibilities with the lab. For Williamson, it meant moving from nuclear physics to magnetics.

Tepley says three major projects are either in progress or being planned. Without the lab, none of them would be possible unless one were to travel thousands of miles into space.

The first project started May 25 with Williamson and Wang Shen of Wuhan University in the Peoples Republic of China collaborating. Their six-week project will measure the East-West component of the Earth's magnetic field. Fluctuations are presumed to be caused by atmospheric phenomena. The scientists hope to understand the fluctuations by comparing their data to find the similarities and differences measured from opposite sides of the world.

'The lab is unique to Michigan and one of only a handful in the world'

In another experiment, Professor Abraham Liboff will study cell growth and division when no magnetic or electrical fields are present. This will be done using the lab's Helmholtz coils, which offset or neutralize magnetic fields from the Earth. The project's first phase involves wrapping the coil room in copper screens to eliminate radio fields and is funded by OU.

The second phase will require grant support, which is being sought. If funds are obtained, the coil room and screen will be covered with aluminum to reduce time-varying magnetic fields.

Those fields are caused by lightning, electrical devices and other phenomena which can either be shut off or are naturally of short duration. Liboff's work will help scientists understand how electrical fields affect cell growth.

Tepley is doing the third project. In his biomagnetism studies, a magnetometer is used to measure electrical fields generated by the body when all outside fields are eliminated. The magnetometer can measure the amount of blood flowing from the heart by registering electrical impulses. If perfected, such a system would allow doctors to measure blood flow without first having to insert a catheter, as is done now.

Another aspect of Tepley's work is being funded by the Office of Naval Research. He is measuring the magnetism of individual cells to see if the field of one cell can affect the growth of another.

A benefit of the on-campus lab, Tepley says, is that undergraduate students can assist with the projects. Most scientists must travel hundreds or even thousands of miles to use similar labs elsewhere, Tepley says, and student involvement is minimal. The closeness to campus has another advantage, he adds.

"This is a facility where you can do research in a realistic way; go out and come back to teach classes, and then go home for the weekend."

中国的物理学教学(英文)

王曦按(2017 年 2 月 6 日):

以下为父亲保留的一份演讲手稿。它应当是父亲在奥克兰大学访问期间起草的。这个演讲分四个部分,它对我国的物理系教学做了一个比较全面的介绍。对于研究中国物理教学历史的人来说,这份材料颇有参考价值。材料上面有各部分的演讲耗时统计,看来父亲为之搞过计时试讲。由此可见父亲的认真态度。

務·王·3·103

PHYSICS TEACHING IN CHINA

Wang shing
Department of Space Physics
Wuhan University
P. R. C.

I. General trend of Chinese educational system

(20 min)

1. ~1900 – 1949 (founding of People's Republic)
   (3-peoplism?) capitalistic democracy
   Chinese (traditional) + European + American
   (textbooks, foreign languages)
   Fine, Duff, Sterling

2. 1949 – 1960 (follow the example of the Soviet big brothers)
   Chinese + Russian
   (Фриш, Аубов …
   (Смирнов
   English — Russian (1 month.

3. 1960 – 1966 (deterioration, self-reliance)
   Chinese + Russian
   Ministry of Education accomodated recommended

4. 1966 – 1976
   anti-revisionism
   "Great Cultural Revolution" = great calamity + retrogression
   → people's commune, branch school (college) {planting, plough, drive tractor, cooking}
   (simple, primitive, physical "labourization" of intellectuals)
   (a great calamity)

5. 1976 – (death of Mao, gang 4)
   socialism of Chinese own.
   Chinese + Russian + American + European + Japanese
   (send personnel abroad, translation, Scientific American), "Scientific American"
   (a hundred flowers blossom) (chop-suey)

   (no definite, stable, self-convincing blue-print as yet?)

good / bad } influence: science, technology, democracy, management, …
~~Chinese~~ + Russian + European
easy life, murder,

young people & some leading members, know: American people live better than
Easy life comes from hard work.

II. PHYSICS TEACHING IN GENERAL

school to enter = f(age)

(5 min)

	age		
	4		
kindergarten (~50%)	5		
	6		
	7		
	8		
primary school (100%)	9		
	10		
	11	} Nature (4–5 hr/wk)	
	12		
junior middle school (~100%)	13		
	14		
	15	Physics (5–6)	
farmers, workers; soldier; stay at home			
senior middle school (<100%)	16		
	17		
	18	Physics (6–8) (+ exp.)	
workers, farmers, soldiers			
	19	General Physics (6–8)	✓
college (<10%)	20		✓
>10% { TV college, part-time, factory run	21		✓
	22		✓
		Sciences engrg; Art & Social sciences	Physics

II. PHYSICS TEACHING AT PHYSICS DEPARTMENTS

Thesis for graduation (partly)
Degrees (soon?)
Graduate students (increasing)
Foreign students (increasing)
Sending students abroad (increasing)

Entrance (examination) (super ball?)
Graduation (government appointment)
colleges
Research institutes
factories
middle schools

10 min

	1st yr		2nd yr		3rd yr		4th yr.	
Mechanics	4							
Molecular Physics		3						
Elect. + Magn.		3	2					
Optics			2	2				
Atomic Physics					4			
Theoretical Mechanics				3				
Electrodynamics					4			
Thermodynamics + Statistical physics						4		
Quantum Mechanics					2	3		
Experiments	3	3	3	3	3	3	3	3
Electronics						4		
Higher Mathematics ~~Calculus~~	6	4	4					
Physico-mathematical methods				3	2			

foreign languages
politics
gymnastics & military training

Physics Dept.
1. Theoretical Physics
2. Metals
3. Lasers
4. Semiconductors

Space Physics Dept.
1. Radio Propagation
2. Radio Electronics
3. Space physics (Aeronomy)

Ionospheric Propagation
Pulse Technique
Electronic Circuits
Microwave Propagation
Antenna
Plasma Physics
Ionospheric + Magnetospheric Physics
Hydromagnetodynamics

Experiments

Omit

IV. SOME PROBLEMS ABOUT PHYSICS TEACHING

(5 min)

1. (necessary or un-necessary) overlappings.

2. mathematics + physics

3. experimental equipments (self-make or purchase)

4. independent practice

5. individual prospect:

6. translation + money making. (special — / general — novel, adventure, science fiction . . .)

problems + difficulties — hope — confidence (we can & we shall catch up)

1. correct mistakes
2. make comments
3. raise questions
4. offer suggestions
5. welcome to visit in person

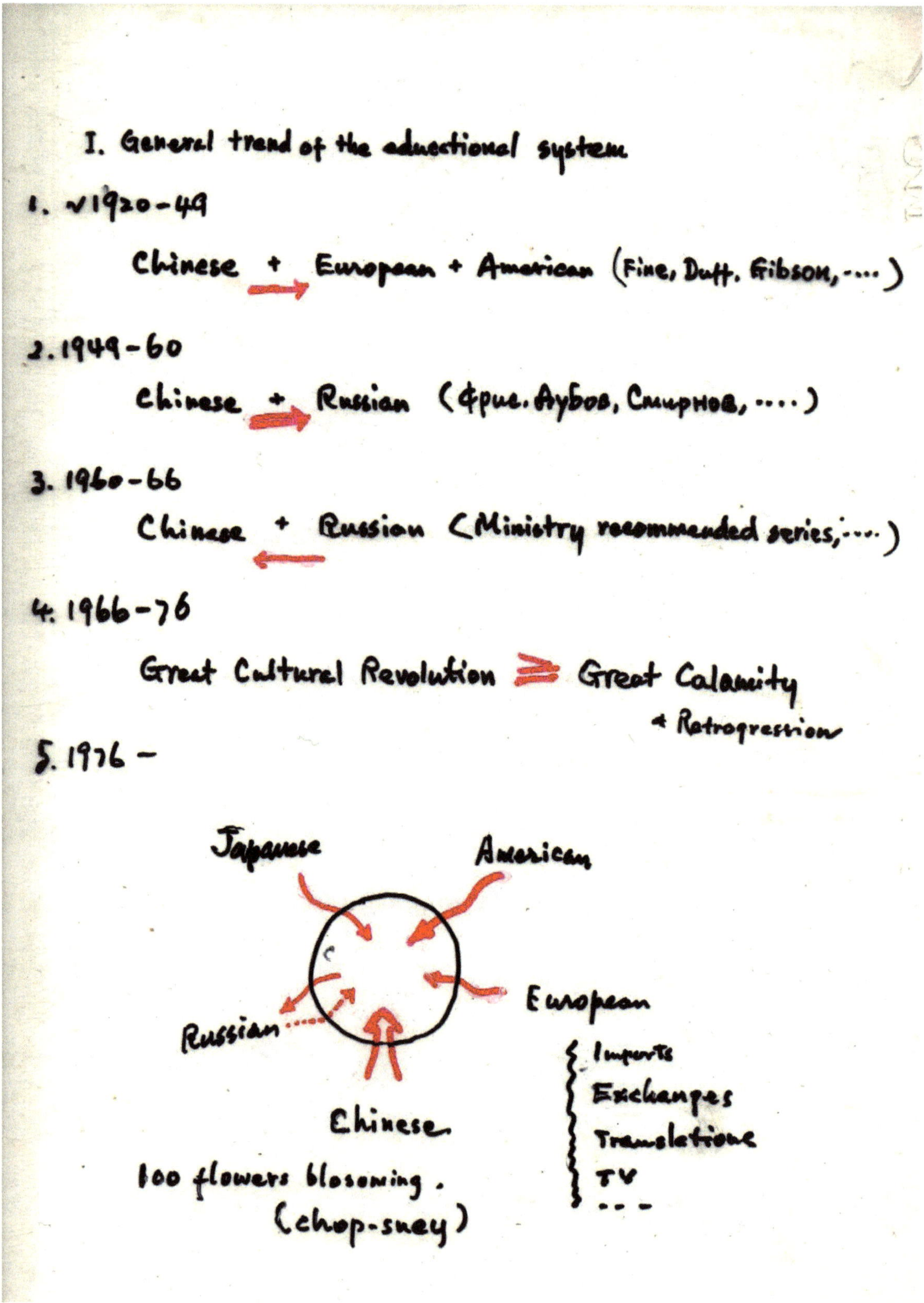

I. General trend of the aducational system

1. √1920-49

Chinese + European + American (Fine, Duff. Gibson, ...)

2. 1949-60

Chinese + Russian (Фрие. Дубов, Смирнов, ...)

3. 1960-66

Chinese + Russian (Ministry recommended series, ...)

4. 1966-76

Great Cultural Revolution ⇒ Great Calamity + Retrogression

5. 1976 -

100 flowers blossoming. (chop-suey)

Imports
Exchanges
Translations
TV
...

用地磁微脉动探测高空大气过程

王曦按(2016 年 12 月 28 日)：

1981 年从美国奥克兰大学回国后，父亲在位于珞珈山西山头的空间物理系“观象台”大楼里开始了这项研究。以下这份材料是父亲为这项研究起草的课题设计。

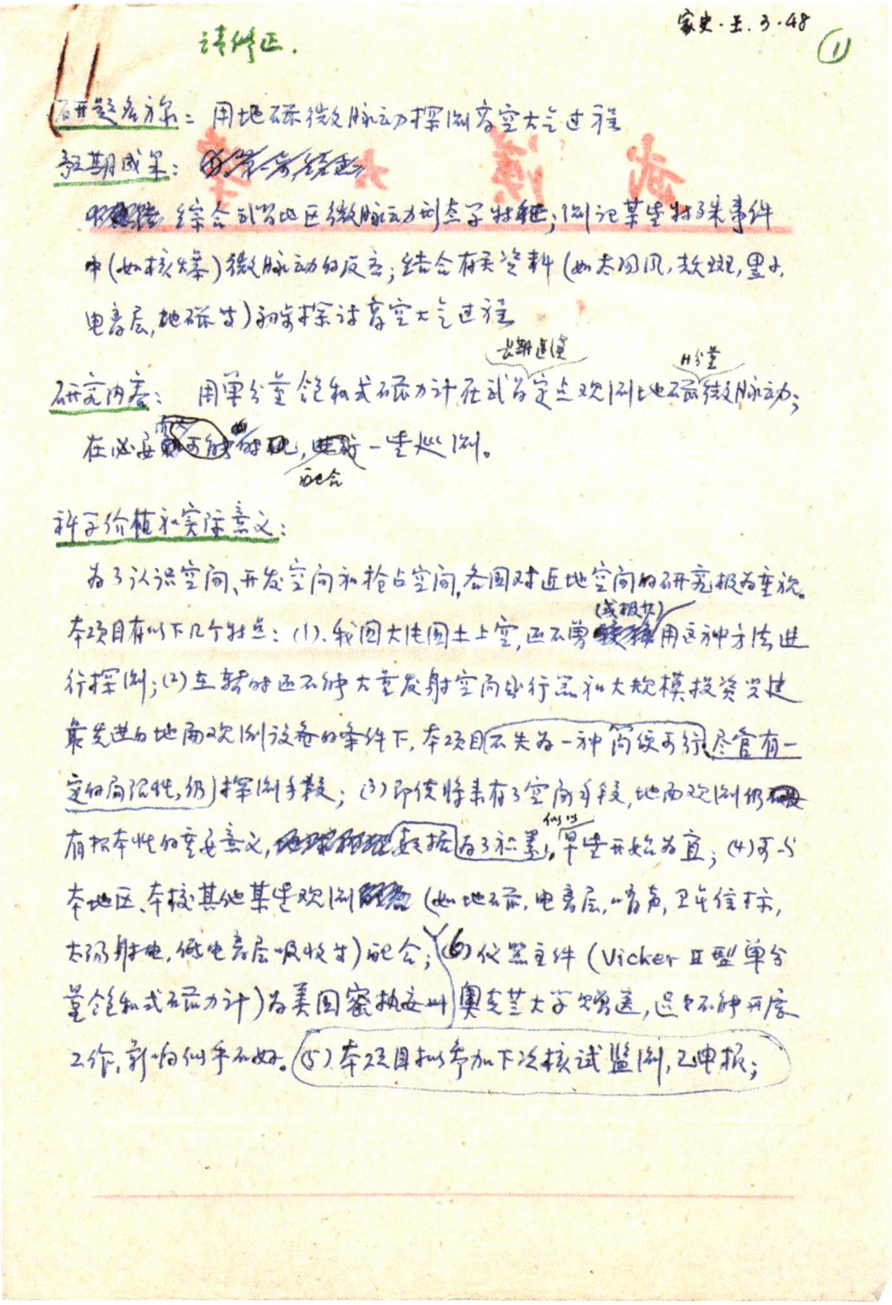
请修正.

家史·王.3·48　①

研究题名称：用地磁微脉动探测高空大气过程

预期成果：综合我国地区微脉动的基本特征，测记某些特殊事件中（如核爆）微脉动的反应；结合有关资料（如太阳风，极光，黑子，电离层，地磁等）研究探讨高空大气过程

研究内容：用单分量饱和式磁力计在我省长期连续定点观测地磁H分量微脉动；在必要时配合进行一些巡测。

科学价值和实际意义：

为了认识空间、开发空间和抢占空间，各国对近地空间的研究极为重视。本项目有以下几个特点：(1).我国大陆国土上空，还不曾（或很少）用这种方法进行探测；(2)在我们还不能大量发射空间飞行器和大规模投资兴建最先进的地面观测设备的条件下，本项目不失为一种简便可行、尽管有一定的局限性，仍是探测手段；(3)即使将来有了空间手段，地面观测仍有极其重要的意义，为了积累资料，早些开始为宜；(4)可与本地区、本校其他某些观测（如地磁、电离层、哨声、卫星信标、太阳射电、低电离层吸收等）配合；(6)仪器主件（Vicker II型单分量饱和式磁力计）为美国密执安州奥克兰大学赠送，运回即可开展工作，新购仪器手续不好。(5)本项目拟参加下次核试监测，已申报；

③

预期成果和分阶段目标：

(1).在试验进行半年—2年的观测，综合判定异常特征及其他，写出报告。(1984—86)

(2).如获准参加核试监测，则在试验后总结，写出报告。(1984)

(3).根据实测结果，作初步理论探讨（如发生机制，发生地点，传播特征等），写出报告。(1984—85)

已有的工作基础……：

(1).磁力计已作调试，曾在校内作过试测，(实验室)内安装、调试，和连续观测都存在问题，杂散信号过多，识别困难。经与地磁记录对比，说明磁力计工作正常。

(2).目前拟在别的地点试测（如近郊）。记录的3—5分和1—2，但目前近于杂散信号过多，识别困难。以从选址，调试和增加滤波等方面进行改进。

目前的科学能力：

(1).参加本项目共四人（见后）

(2).主要设备（全套和式磁力计）已具备，并已作初步试测(见前).

申请资金额，分年度数额：

15,000元(?)，一次拨给(1983)或分期拨给(1983—84)均可.

计划购置仪器设备型号规格及金额：（请该处填写）

稳压电源
岩田记录器(4笔或6笔)
记录纸
脉冲时钟
滤波器
10,000元

其他用途：

资料 参加有关记录（地震、电离层等）用费。

旅差 实地选择选址 实验设备整用 旅差 主记记录 5,000元.

③

国内外水平：(1)、加拿大、美国、日本、苏联、北欧几国这方面工作开展的早，设备先进。

(2)、日本柿岗地磁气研究所(设备先进，历史甚久)，我国台北中央大学(设备中等，新开课题)均属东亚地区，记录可以比对，曾有初步来往。

(3)、地震局地球物理所(北京)有中等水平设备，科学院地球物理所(北京)有自制设备(较我们先进)，空间物理所、合肥科大对此也感兴趣。以上各单位均有一定的人力，但地区不同，重点方面也不同。我们可以向他们学习，与他们配合。

(4)、美国密执安州奥克兰大学物理系也有一台类似的仪器，该系系主任(A.R.Liboff)和一位教授(R.M.Williamson)有意与我们配合观测(该地纬度较高，~~经度~~时差约12小时)。

拟采取的研究、技术路线：

(1)、应用现有仪器作经常记录，一面进行观测，一面改进设备(如增添滤波级)，先用光图记录器直接记录。

(2)、以后拟从两方面改进：用模数转换器将数字电压输入计算机，或用磁带记录通过声图仪描绘频谱。

但目前申请仅限第(1)条范围，~~待初步结果如何，再考虑(2)条~~。

地磁微脉动试测工作小结

王曦按（2017 年 2 月 6 日）：

以下是父亲所写地磁微脉动试测工作小结。自 1981 年回国后，父亲和他的团队（吴大传、陈松柏等）利用他从奥克兰大学带回的仪器，开始了这项工作。我记得曾经在珞珈山西头的空间物理系实验楼里见过那台仪器的工作。还记得父亲告诉我，监测的探头放在那栋楼旁边的老防炮洞里。这项工作是父亲复出科研后开展的一项重要工作。

珞珈山上有一些抗战时期留下的防空洞、防炮洞、战壕和用石头和钢筋垒筑的碉堡。防空洞深而长，防炮洞浅而短。文革期间，中学停课，我无所事事，每天在珞珈山的树林里转悠，进过一些黑黝黝的防空洞和防炮洞。

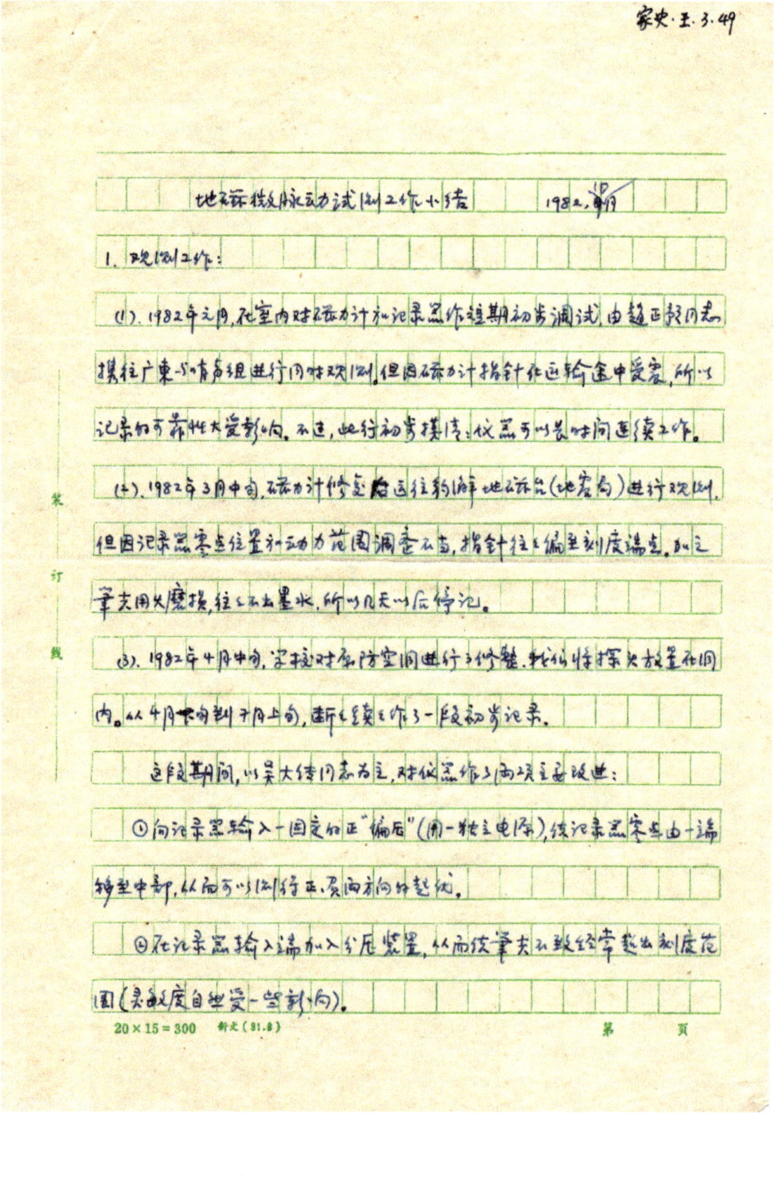
家史·王·3·49

地磁微脉动试测工作小结　1982.10

1. 观测工作：

(1). 1982年元月，在室内对磁力计和记录器作短期初步调试，由赵正毅同志携往广东从化台站组进行同时观测。但因磁力计指针在运输途中受震，所以记录的可靠性大受影响。不过，此行初步摸清了仪器可以长时间连续工作。

(2). 1982年3月中旬，磁力计修复后运往新沂地磁台（地震局）进行观测。但因记录器零点位置和动力范围调节不当，指针往往偏至刻度端边。加之笔尖用久磨损，往往不出墨水，所以几天以后停记。

(3). 1982年4月中旬，学校对原防空洞进行了修整，我们将探头放置在洞内。从4月中旬到十月上旬，断断续续作了一段初步记录。

这段期间，以吴大传同志为主，对仪器作了两项主要改进：

①向记录器输入一固定的正"偏压"（用一粒干电池），使记录器零点由一端移至中部，从而可以测得正、负两方向的起伏。

②在记录器输入端加入分压装置，从而使笔尖不致经常越出刻度范围（灵敏度自然受一些影响）。

20×15=300　新北（81.8）　第　页

2. 试测结果：

(1). 经一个月的解地磁记录比照（部分，初步），又经赵辛民先生（来访美籍华裔微脉动专家）初步鉴定，认为记录到了一些微脉动。

(2). 但存在干扰讯号太多、太强，灵敏度不够高，时标不准等重大缺点，必须设法改进。

(3). 由于仪器本身的局限性，即令作出改进，也只适于测定pc3－5，pc2等类周期的脉动。

3. 下一步打算：

(1). 根据赵辛民先生建议，将探头移至50米以外的山坡，埋入地下，接好地线。

(2). 将前述“偏压”和分压装置安装成可调单件。

(3). 在吴大律同志指导下，由王洲同志设计制作一带通滤波器，以便尽可能地消除不需要的讯号。

(4). 抽时间处理前段观测的剩余记录。

王燊、王洲、吴大律、陈松柏汇报

建议：全国合作合理布点进行地磁脉动的系统观测

王曦按（2017年2月6日）：

以下是父亲亲手所写的一项建议。时间应当是1986年。这项建议是否得到有关部门的采纳并实施，我是外行，不得而知。从我这个外行看，这是一个很好的建议。

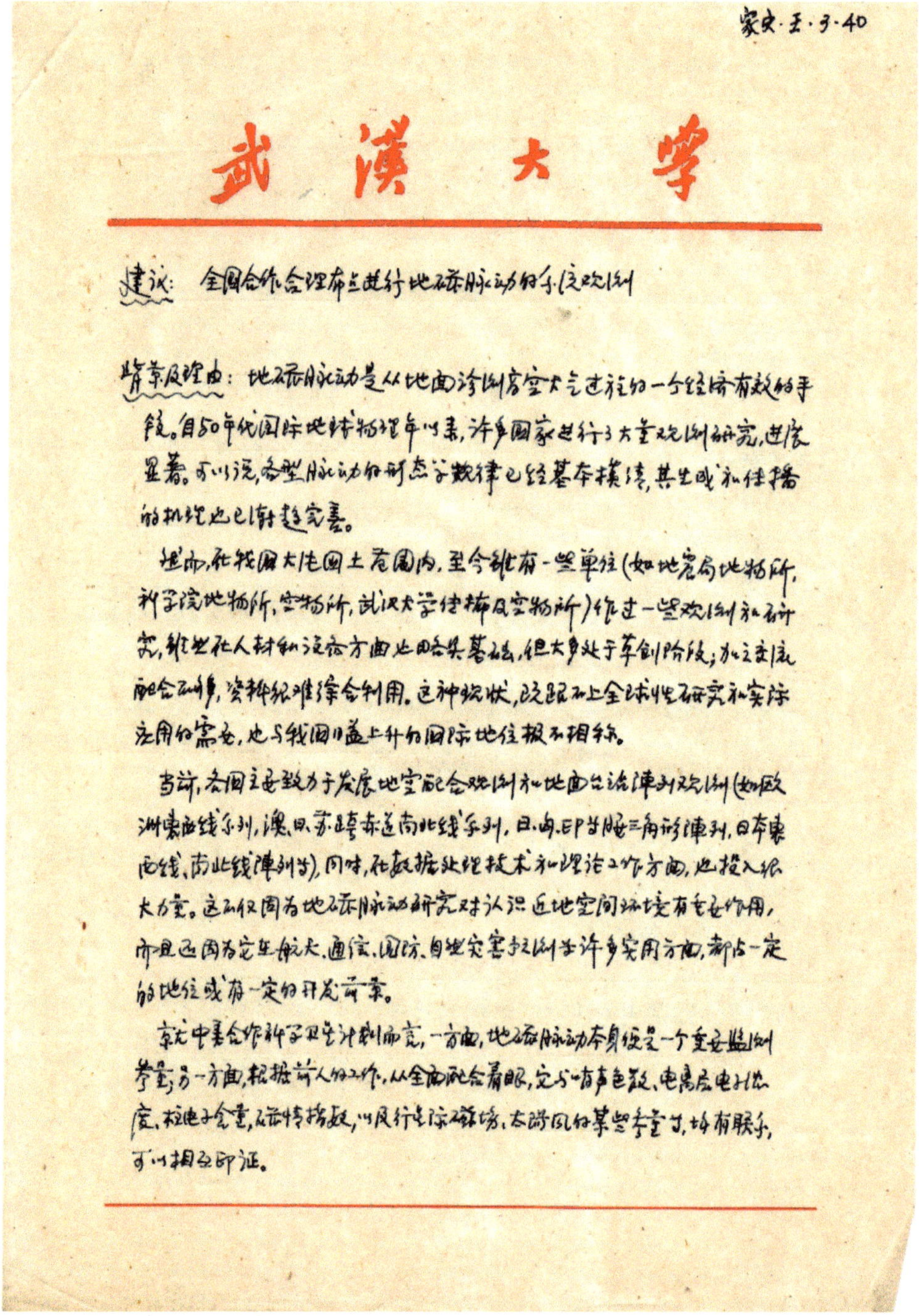

家史·王·3·40

武漢大學

建议：全国合作合理布点进行地磁脉动的系统观测

背景及理由：地磁脉动是从地面诊测高空大气过程的一个经济有效的手段。自50年代国际地球物理年以来，许多国家进行了大量观测研究，进展显著。可以说，各型脉动的形态学规律已经基本摸清，其生成和传播的机理也已渐趋完善。

然而，在我国大陆国土范围内，至今虽有一些单位（如地震局地物所、科学院地物所、空物所、武汉大学[illegible]及空物所）作过一些观测和研究，虽然在人材和设备方面也略具基础，但大多处于草创阶段；加之缺乏配合协作，资料很难综合利用。这种现状，既跟不上全球性研究和实际应用的需要，也与我国日益上升的国际地位极不相称。

当前，各国主要致力于发展地空配合观测和地面台站阵列观测（如欧洲东西线系列，澳、日、苏跨赤道南北线系列，日、南、印等国三角形阵列，日本东西线、南北线阵列等），同时，在数据处理技术和理论工作方面，也投入很大力量。这不仅因为地磁脉动研究对认识近地空间环境有重要作用，而且还因为它在航天、通信、国防、自然灾害预测等许多实用方面，都占一定的地位或有一定的开发前景。

就中美合作科学卫星计划而言，一方面，地磁脉动本身便是一个重要监测参量；另一方面，根据前人的工作，从全面配合着眼，它与哨声色散、电离层电子浓度、粒子含量、磁情指数，以及行星际磁场、太阳风的某些参量等，均有联系，可以相互印证。

武漢大學

因此，可以认为，将地球形变动力地面阵列观测纳入这次中美合作科研计划，是合理的、适宜的、可行的和经济有效的。

建议内容：1. 利用现有条件，建立6个台站，构成阵列：南北线（漠河、北京、武昌、海口），东西线（成都、武昌、上海）；适当配以巡测。

2. 站址、设备、人员各单位自行负责，以申请基金方式向总计划申请资助。各单位之间也可协商调剂。

3. 统一标定仪器，统一观测项目，统一记录报表，经审定整理，定期印发。

4. 统一课题（服从总计划）与分散课题（各自兴趣）相结合

工作步骤：1. 1986，10月：总计划执行组审批、修正建议。

2. 1986，11月：向有关单位发出通知，征求关系意见。

3. 1986，12月：组织座谈（意向说明，计划草案，课题选定，任务粗分，经费预估计）。

4. 1987，上半年：各单位自行工作（也可相互了解，磋商）。

5. 1987，三季度：仪器比测、统校，商定观测规范，任务分配。

6. 1987，四季度：申请基金，签订协议。

地磁脉动研究论文

王曦按(2016 年 8 月 16 日)：

以下是父亲和同事 1985 年发表的地磁脉动研究成果。此材料上的中英文字迹是父亲留下的。

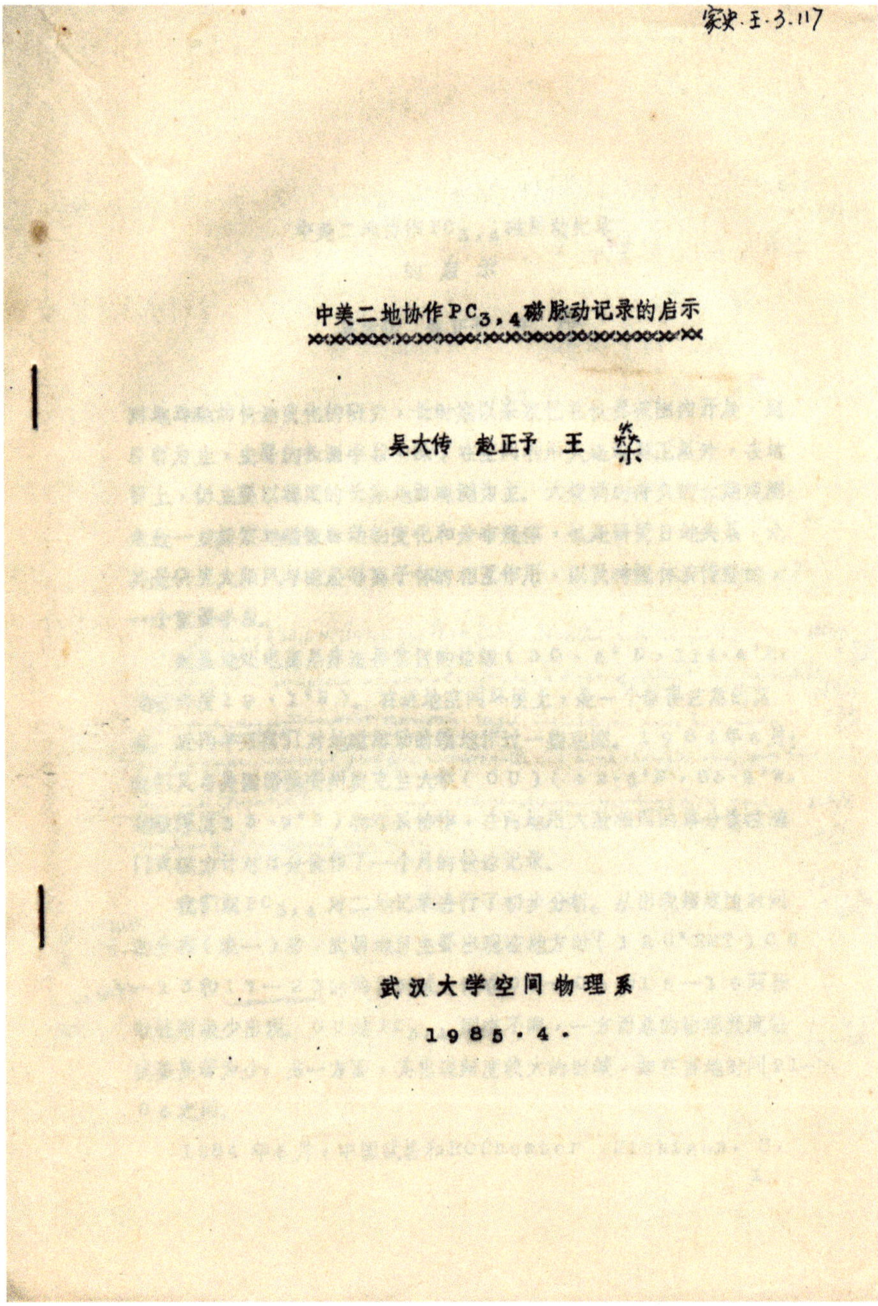

家史·王·3.117

中美二地协作 $PC_{3,4}$ 磁脉动记录的启示

吴大传　赵正予　王燊

武汉大学空间物理系

1985·4·

中美二地协作 PC$_{3,4}$ 磁脉动记录

的 启 示

吴大传 赵正予 王 燊

对地球磁场快速变化的研究，长时期以来就已在世界范围内开展，到目前为止，主要的探测手段，除了在空间利用人造地球卫星外，在地面上，仍主要以稳定的长期地面观测为主。大规模的持久的长期观测，是进一步探索地磁微脉动的变化和分布规律，也是研究日地关系，尤其是研究太阳风与磁层等离子体的相互作用，以及磁流体波传播的一个重要手段。

Wuchang (30.6N, 114.4E gg; 19.1N gm) is situated near the northern
武昌地处电离层赤道异常区的边缘（30·6°N，114·4°E，
boundary of the ionospheric equatorial anomaly, a place of interest for geophysicists.
地磁纬度19·1°N）。在近地空间环境上，是一个值得注意的区
In recent *Besides some intermittent observation Rapid magnetograms have been made*
years, 域。近两年来我们对地磁脉动断续地作过一些观测。1984年6月，
using a single component fluxgate magnetometer and some characteristic few have
我们又与美国密执安州奥克兰大学（OU）（42·6°N，83·2°W，
been *preliminary reported (1,2). In June 1984, simultaneous recordings of the rapid*
地磁纬度53·9°N）物理系协作，在两地用大致相同的单分量磁通
variation of H-component were made.
门式磁力计对H分量作了一个月的快速记录。

100/15
=8.0

114.4/15
=7.6

82.6/15
=5.6

7.6+5.6
=13.2

我们就PC$_{3,4}$对二地记录进行了初步分析。从出现频度随时间
00-05 U.T.
09-15
的分布（表一）看，武昌地区主要出现在地方时（120°EMT）08
—13和17—23的两段时域。而在00—05和15—16两段
5·高高地磁年
相关
时域则极少出现。OU站PC$_{3,4}$则有不同，一方面总的出现频度较
武昌显著为少；另一方面，其出现频度较大的时域，却在当地时间21—
U.T.
(3—12
06之间。

1984年6月，中国武昌和ROChester，Michigan，U，

表 一

$PC_{3,4}$ 出现频度按时间的统计分布

地方时间	01	02	03	04	05	06	07	08	09	10	11	12	13	14	15	16	17	18	19	20	21	22	23	24
武昌(次)	0	0	0	3	10	13	14	19	22	21	21	24	22	11	3	0	21	22	22	21	23	22	23	0
OU(次)	8	5	3	3	4	5	1	1	1	2	1	1	2	1	2	0	1	2	0	0	5	6	3	7

表 二

$PC_{3,4}$ 月平均幅度随时间分布

地方时间	01	02	03	04	05	06	07	08	09	10	11	12	13	14	15	16	17	18	19	20	21	22	23	24
武昌(γ)	0	0	0	0	0.81	0.69	1.1	1.5	1.3	1.4	1.4	1.3	1.1	0.75	0	0	1.05	1.24	1.5	1.2	1.5	1.6	1.7	0
OU(γ)	0.34	0.08	0.35	0.22	0.26	0.29	0.03	0.03	0.03	0.13	0.1	0.17	0.1	0.07	0.08	0.05	0.02	0.12	0	0	0.18	0.25	0.32	0.4

S，A的$PC_{3,4}$脉动情况：

从记录中还可以看出，武昌$PC_{3,4}$的变幅多在0·7—1·6γ之间，周期多在20—25秒之间。而OU站的变幅则大多为1—3γ，比武昌为大，周期大多为30—60秒，比武昌为长。

我们查阅了日本鹿屋（31·4°N，130·9E，磁纬20·5N）1983年6月A，B类$PC_{3,4}$的记录，发现其出现频度也在当地时间12—17时之内最高，这与武昌的情况相近。由此得到一个启示：高纬区和低纬区地面观测到的$PC_{3,4}$可能是有不同的发生机制。

图一

为武昌观测记录的典型图。

图二

为OU站观测记录的典型图。

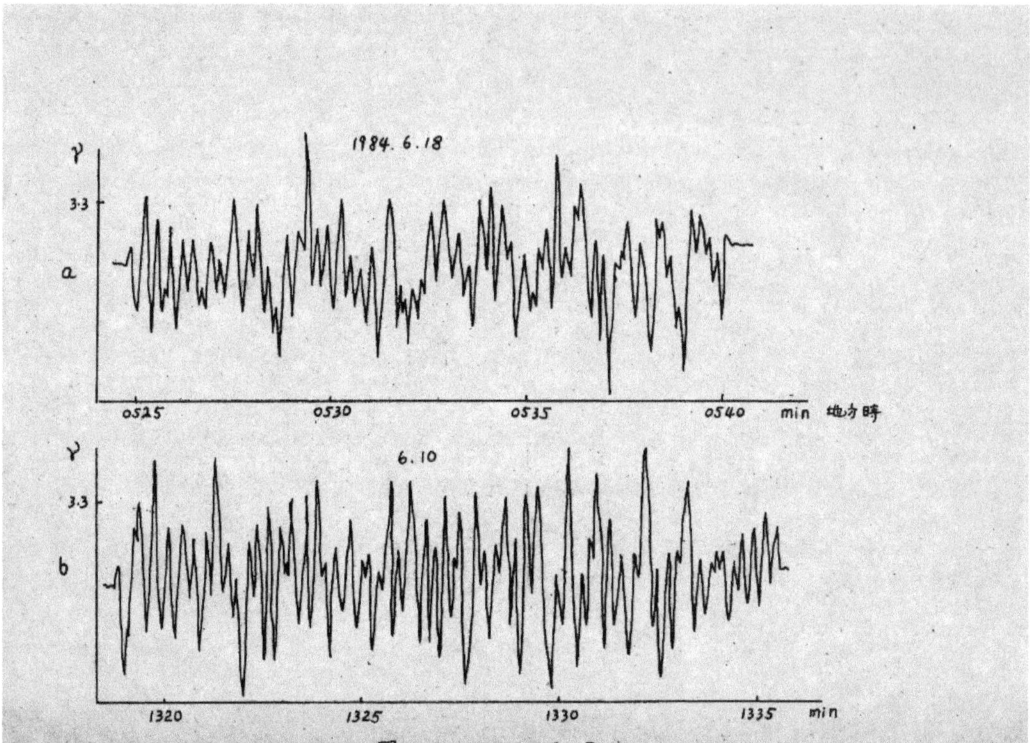

1984.6.18
γ
3.3
a
0525
0530
0535
0540
min
地方时
6.10
γ
3.3
b
1320
1325
1330
1335
min

图一 a. b. c. D.

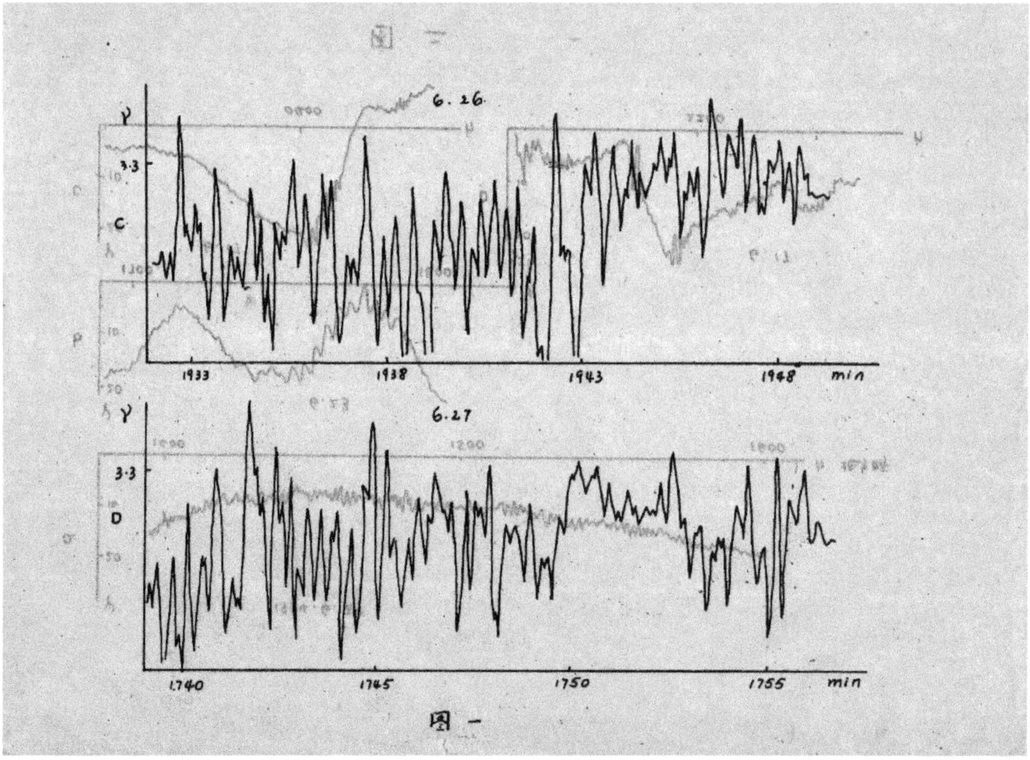

6.26
γ
3.3
C
1933
1938
1943
1948
min
6.27
γ
3.3
D
1740
1745
1750
1755
min

图一

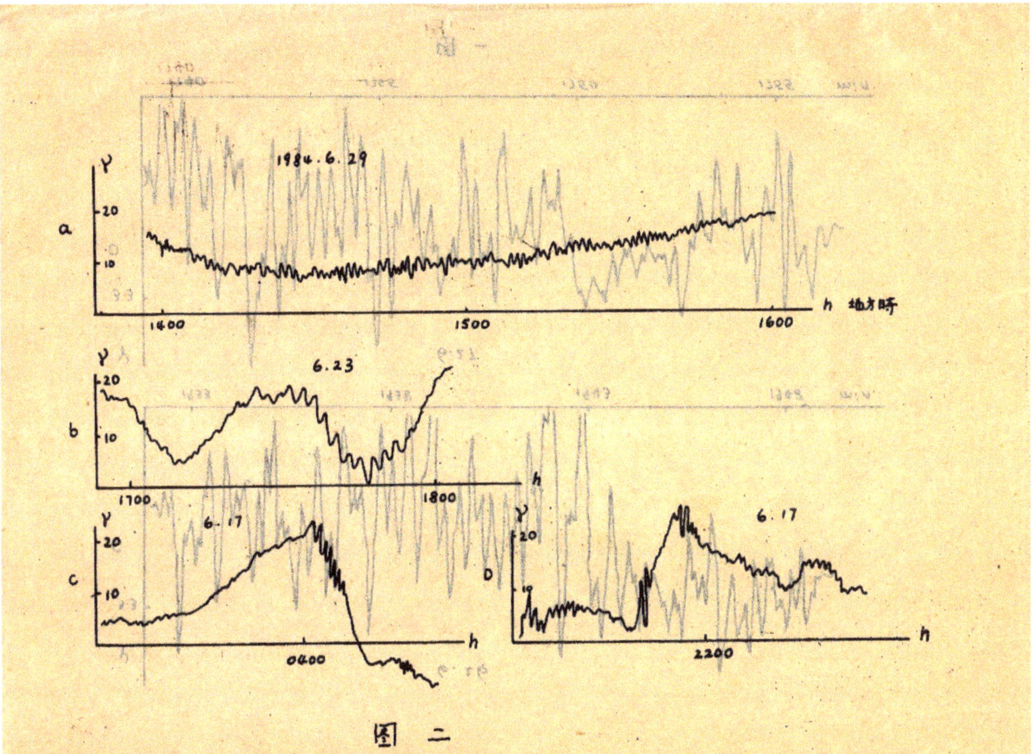
1984.6.29
a
γ
20
10
1400
1500
1600
h 地方時
b
6.23
1700
1800
c
6.17
0400
D
2200

图 二

关于在我国南极“长城站”增设地磁脉动观测的倡议

王曦按（2017 年 2 月 6 日）：

这是父亲的手迹。它是一个很好的建议。是否采纳，不得而知。

家史.王.3-44

广西人民出版社稿纸

关于在我国南极“长城站”增设地磁脉动观测的倡议

一、必要性　地磁脉动是从地面（或空间）诊测高空大气过程的一个经济有效的手段。自50年代国际地球物理年以来，许多国家进行了大量观测研究，进展显著。可以说，各型脉动的形态学规律已经基本摸清，其生成和传播的机理也已渐趋完善。

在太阳活动第22周峰年研究期间，太阳风—磁层—电离层（—中层—对流层—海洋）的耦合是一个重要的课题。而地磁脉动研究正是一条不可缺少的途径。

据我们了解（到过南极的同志当更清楚），从50年代后期开始，美国、日本、苏联、英国、澳大利亚，甚至南非，只要在南极设立了科学站的，没有一个不作磁脉动观测的。作为一个社会主义大国，我们不可不作此项观测。如果我们有条件作此项观测（具备）而又不作，势必使全国人难以理解了。

二、可行性　就我们所知，例如地震局地物所、中科院地物所、中科院空间所、武汉大学电波传播及空物所等单位，近年都作过地磁脉动观测和研究，人材和主要设备都是现成的。可以一家单独、也可以若干家联合提供设备，负责观测和采集数据，然后各家共同（或各自）进行研究。我们相信，在“中心组”的统一领导下，有关各家精诚

20×15=300　第　页

广西人民出版社稿纸

5. 南极设站计划：

①、以三分量磁力计为主探测设备（各国大体如此），连续观测

②、输出分二路（模拟记录，磁带记录）或三路（增数字化、磁盘存储）

③、可得结果：模拟图形（现成）

功率谱密度（已完成）

时频分布 }（程序已通）

偏振态分析 }

④、需解决的主要问题：长、宽、高各1米的水泥坑——埋置探头

四轨磁带机（购，租，借，合作单位提供均可）

去1－2人负责安装及观测

倡议人 王 燊 1988.3.21

20×15＝300　　第　　页

地磁脉动组简介

王曦按(2017 年 2 月 6 日)：

从父亲手书的这份材料可见父亲当时的地磁脉动研究工作状况和团队。

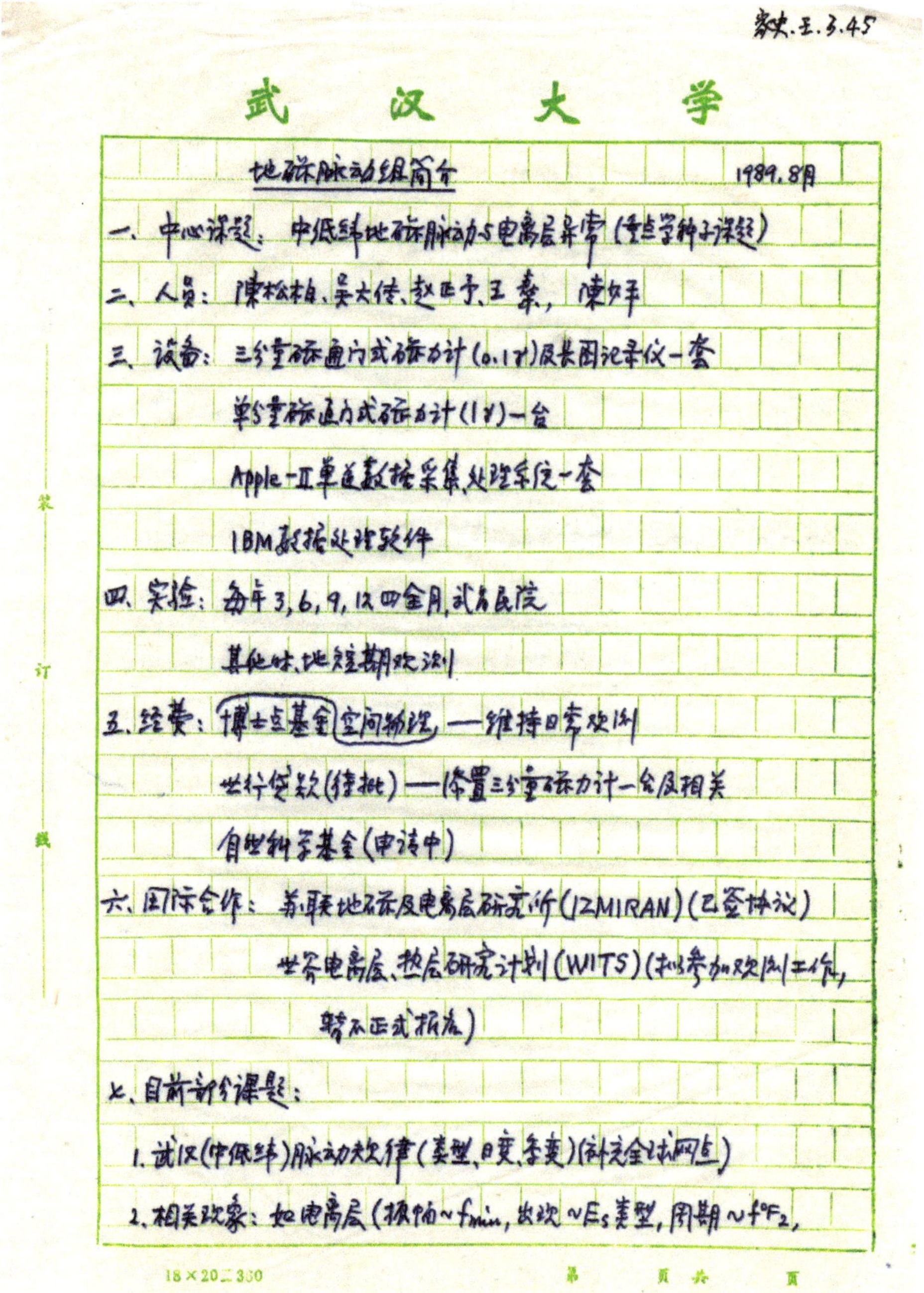
家史.王.3.45

武汉大学

地磁脉动组简介　1989.8月

一、中心课题：中低纬地磁脉动与电离层异常（重点学科子课题）

二、人员：陳松柏、吴大传、赵正予、王燊，陳少[illegible]

三、设备：三分量磁通门式磁力计（0.1γ）及长图记录仪一套

单分量磁通门式磁力计（1γ）一台

Apple-Ⅱ单道数据采集处理系统一套

IBM数据处理软件

四、实验：每年3，6，9，12四个月，武昌民院

其他时、地短期观测

五、经费：博士点基金、空间物理——维持日常观测

世行贷款（待批）——添置三分量磁力计一台及相关

自然科学基金（申请中）

六、国际合作：苏联地磁及电离层研究所（IZMIRAN）（已签协议）

世界电离层、热层研究计划（WITS）（拟参加观测工作，暂不正式报名）

七、目前部分课题：

1. 武汉（中低纬）脉动规律（类型、日变、季变）（补充全球网点）

2. 相关现象：如电离层（振幅～f_{min}，出现～E_s类型，周期～f^oF_2，

18×20＝360　第　页　共　页

武 汉 大 学

出现～SF，振幅～TEC，与Sq电流系等）

日地现象（黑子、耀斑、太阳风速、IMF方向等）

地磁现象（K_p，K，A_p，C_9，磁暴，亚暴等）

3. 进一步微机化：如三分量采集及处理（急需IBM一台，其他硬、软件已基本具备）

4. 理论工作：如与本地现象有关的定性、定量探讨，中低纬脉动源及传播机制，电离层的中介作用等

5. 应用：如核爆脉冲与雷电脉冲的区别

地震前兆、后效

强电磁扰动征兆、破坏作用

对潜通信

快速探矿（？）

装订线

18×20＝360 第 页共 页

“日地关系”教案稿

王曦按(2017 年 2 月 6 日)：

父亲复出从事专业科研和教学工作以后，根据梁百先、龙咸灵两位老先生的建议，为研究生开设了一门新课——日地关系。以下是父亲保留的两扎“日地关系”课的教学材料。从第一扎中可见“梁、龙建议”字样。这门课程是父亲对武汉大学早期电离层研究的继承和发展。

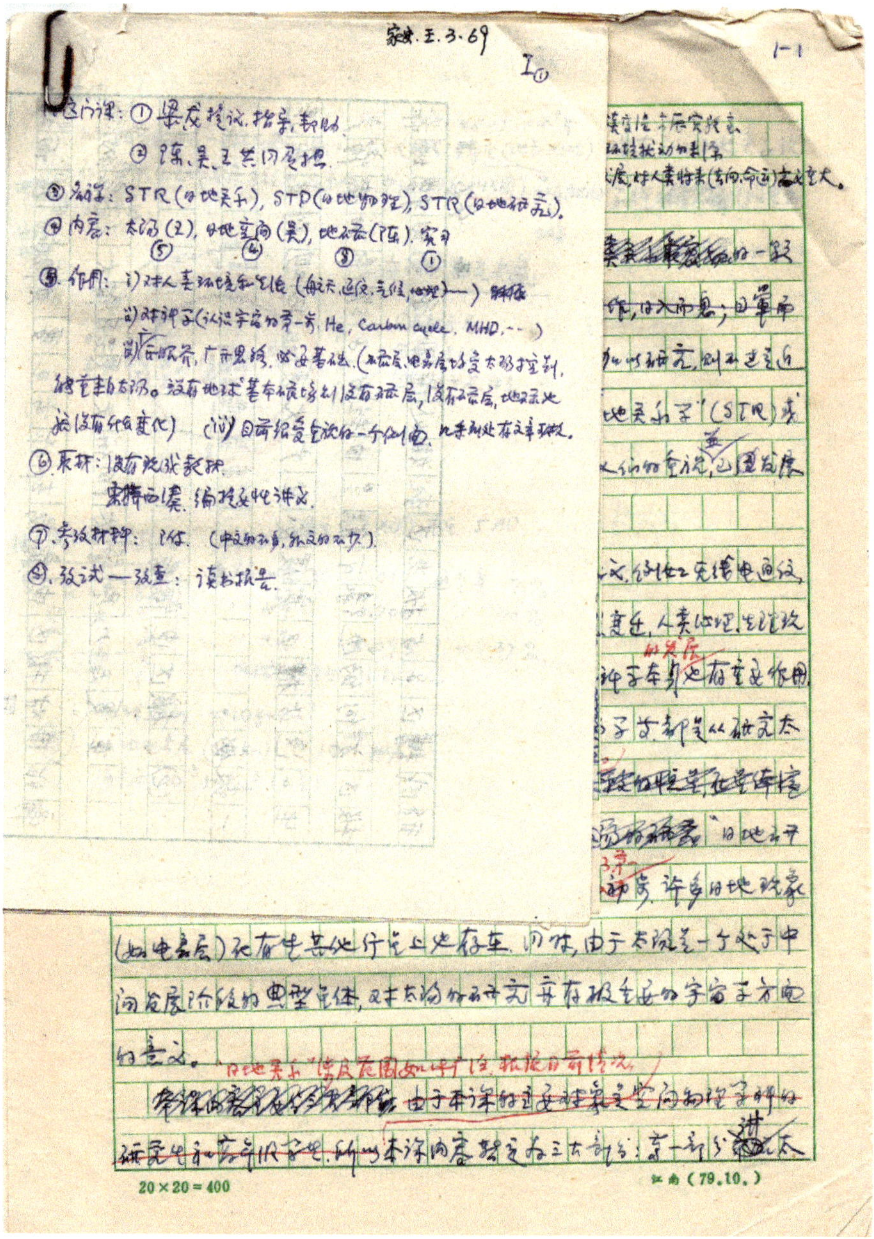

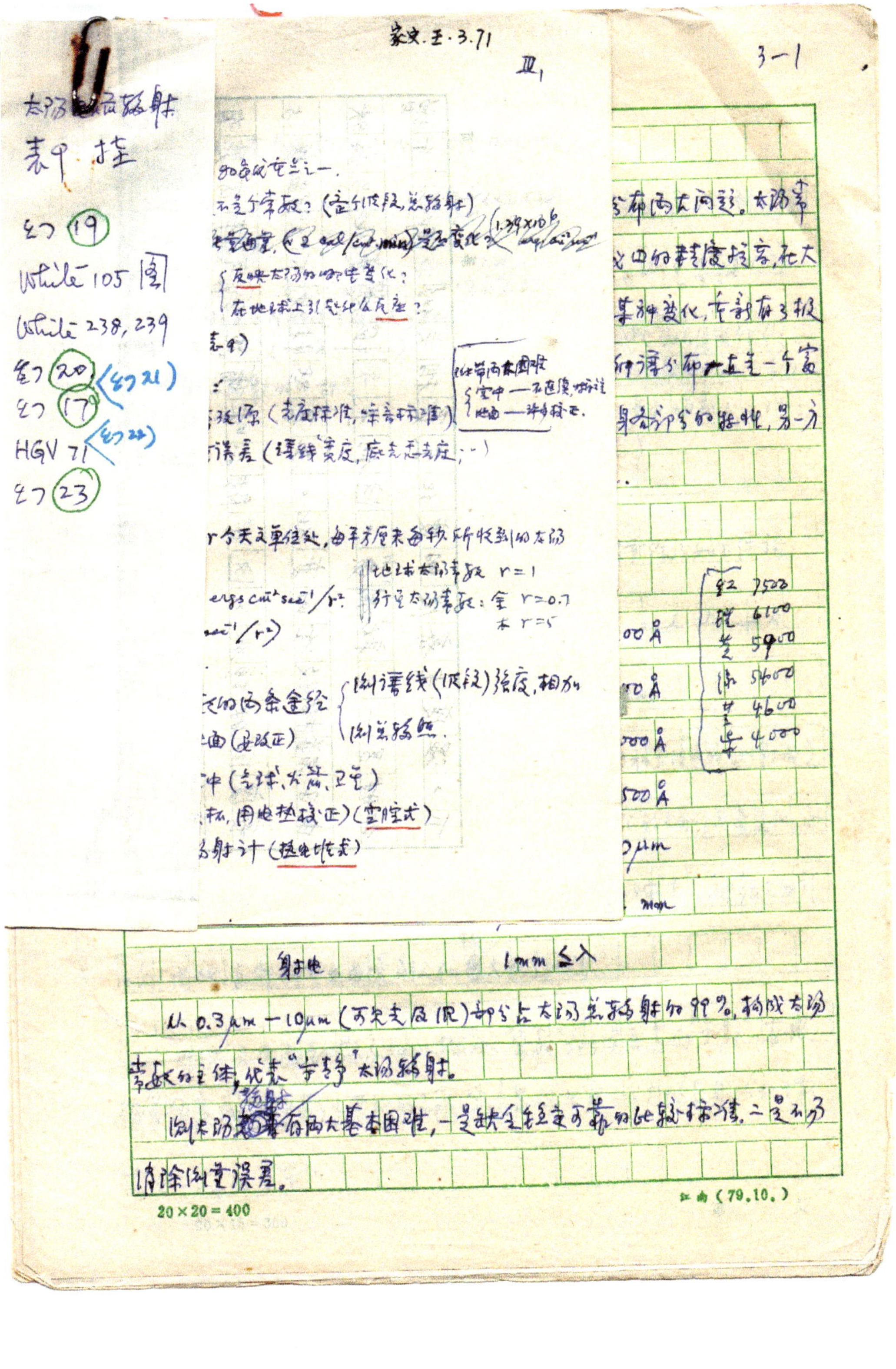
家文.王.3.71

3—1

射电 1mm 以入

从0.3μm—10μm（可见光及IR）部分占太阳总辐射的99%，构成太阳常数的主体，代表"宁静"太阳辐射。

测太阳辐射有两大基本困难，一是缺乏绝对可靠的比较标准，二是不易消除测量误差。

20×20=400

江南（79.10.）

日地关系讲课材料

王曦按(2016 年 10 月 11 日):

复出从事科研以后,父亲按照龙咸灵教授和梁百先教授(二人时任空间物理系和电波传播与空间物理研究所的负责人)的建议,为空间物理系的学生开设“日地关系”课程。以下是父亲保留的该课程部分备课材料和讲课用的投影胶片。其中第一张图片中是三本英文书的复印本。

父亲用武汉人所说的“索子线”把它们装订的整整齐齐。这个做法是从我的爷爷那里继承来的。爷爷喜欢用这种方法装订自己所保存的书籍和文献。这个方法影响了我。我年轻时也用此方法装订过自己保存的研究资料。

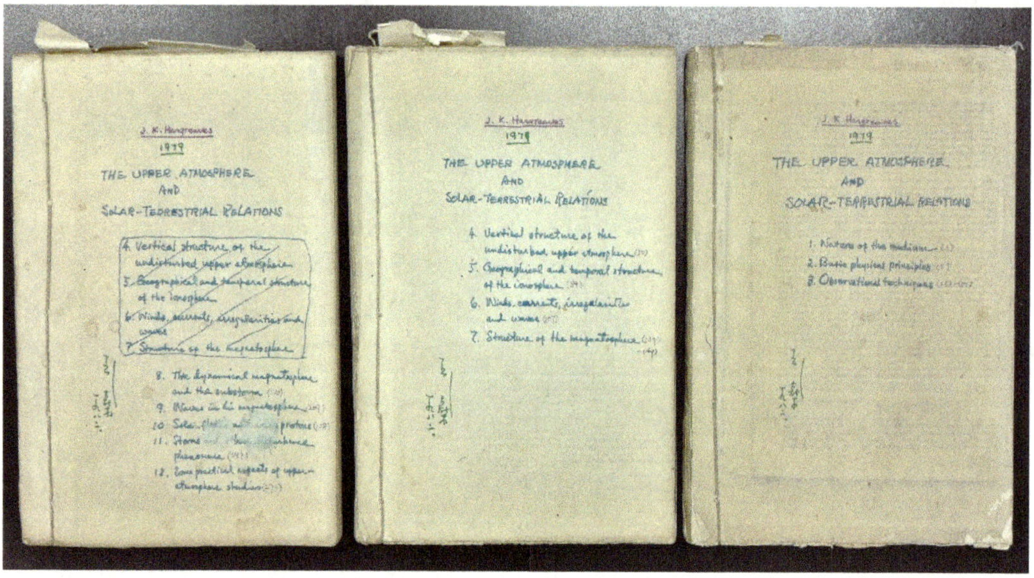

日地关系

1、太阳：①. 半径 7×10^{6} km ≐ 110 R_E　　自转 27天（25–33天）

距离 1.5×10^{8} km ≐ 23,000 R_E (8 light min)

② 质量 2×10^{27} T ≐ 330,000 M_E (great mass of hot plasmas)

core — radiation zone — convection zone — photosphere — chromosphere — corona

(— solar wind — heliosphere)

③ EM (γ–X–UV–Visible–IR–RW)(6000°K)　　Solar constant = 1.37 KW/m²

Particle (solar wind, Cosmic Rays)　　Total radiation = 3.83×10^{23} KW

Magnetic field　　(日面面积 30 kw! 1秒发输出 >> 有史来人类总耗!)

④ 扰动：黑子（低温），$R = k(10g+f)$，（光球）(solar cycle 11～22 yrs)

耀斑（色球），10^{32} erg/min? (very short time) (~10^{20} KW!)

冕洞（日冕），太阳风高速流，X-rays　(M-region — Bartels)

→ 4½ day [illegible]，27天重现

⑤ differential rotation, 25–30 days, mean 27 days

5×10^{15} T

2、地球：① 半径 6,370 km，质量 6×10^{21} T　（陆 29%，水 71%，气，生物）

② 重力，磁场，辐射　（从空间看）

③ 地面 — 对流层 — 臭氧层 — 平流层 — 电离层 — 磁层（— 行星际空间 — 太阳）

风云雨雪(对流层)　(UV screen / Greenhouse)　短波通信　卫星通信 航天

"1000 km 以上真空"(?)

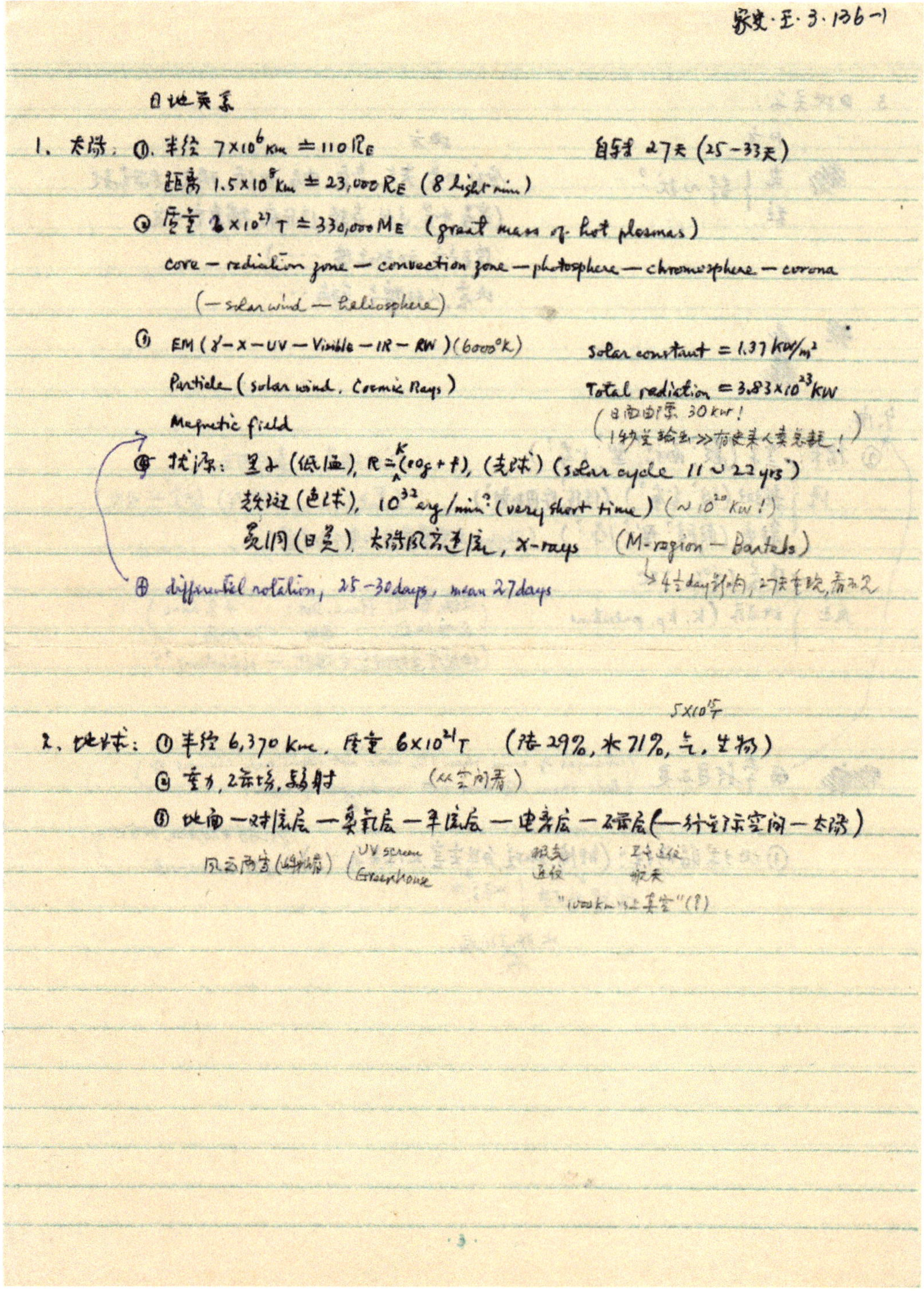

家史·丑·3·136-1

日地关系

1. 太阳：① 半径 7×10^6 Km ≐ 110 R_E　　自转 27天 (25–33天)

距离 1.5×10^8 Km ≐ 23,000 R_E (8 light min)

② 质量 2×10^{27} T ≐ 330,000 M_E (great mass of hot plasmas)

core — radiation zone — convection zone — photosphere — chromosphere — corona

(— solar wind — heliosphere)

③ EM (γ–X–UV–Visible–IR–RW)(6000°K)　　Solar constant = 1.37 KW/m²

Particle (solar wind, Cosmic Rays)　　Total radiation = 3.83×10^{23} KW

Magnetic field　　(日面面积 30kw! 1秒发输出>>有史来人类总耗!)

④ 扰源：黑子(低温), $R = k(10g + f)$, (光球) (solar cycle 11 ~ 22 yrs)

耀斑(色球), 10^{32} erg/min? (very short time) (~10^{20} KW!)

冕洞(日冕), 太阳风高速流, X-rays　(M-region — Bartels)

→ 4½ day到达, 27天重现, 看不见

⑤ differential rotation, 25–30 days, mean 27 days

2. 地球：① 半径 6,370 Km, 质量 6×10^{21} T (5×10^{15} T) (陆29%, 水71%, 气, 生物)

② 重力, 磁场, 辐射　(从空间看)

③ 地面—对流层—臭氧层—平流层—电离层—磁层(—行星际空间—太阳)

风云雨雪(晴阴)　(UV screen / Greenhouse)　短波通信　卫星通信 航天

"1000km以上真空"(?)

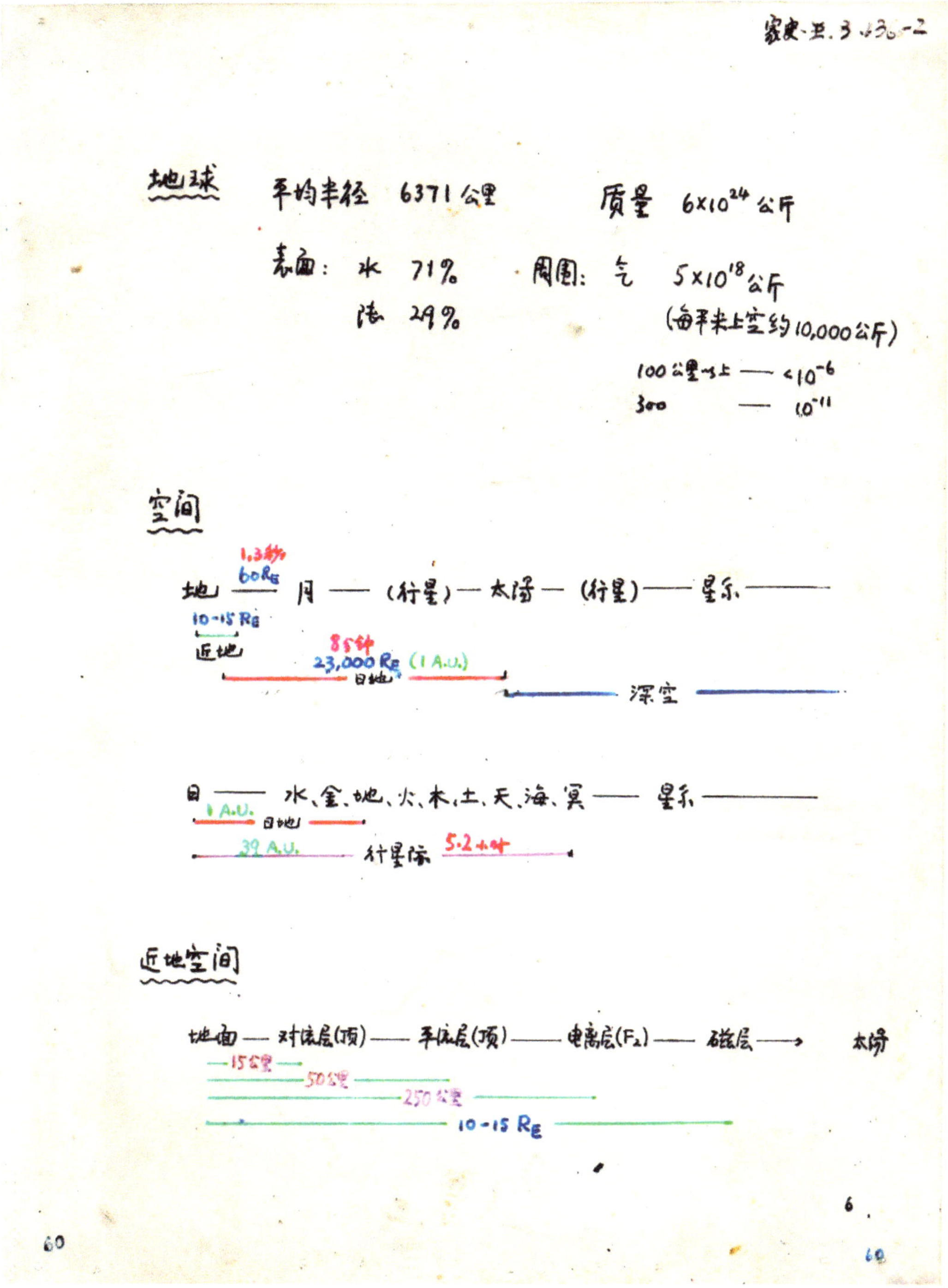

家史-丑.3.036-2

地球

平均半径 6371公里 质量 6×10^{24}公斤

表面：水 71% 周围：气 5×10^{18}公斤

陆 29% （每平米上空约10,000公斤）

100公里以上 —— $<10^{-6}$

300 —— 10^{-11}

空间

1.3秒

$60R_E$

地 —— 月 ——（行星）—— 太阳 ——（行星）—— 星系 ——

$10-15R_E$

近地

85秒

$23,000R_E$ (1 A.U.)

日地

深空

日 —— 水、金、地、火、木、土、天、海、冥 —— 星系 ——

1 A.U.

日地

39 A.U.

行星际

5.2小时

近地空间

地面 —— 对流层(顶) —— 平流层(顶) —— 电离层(F_2) —— 磁层 ——→ 太阳

15公里

50公里

250公里

$10-15R_E$

6

60 60

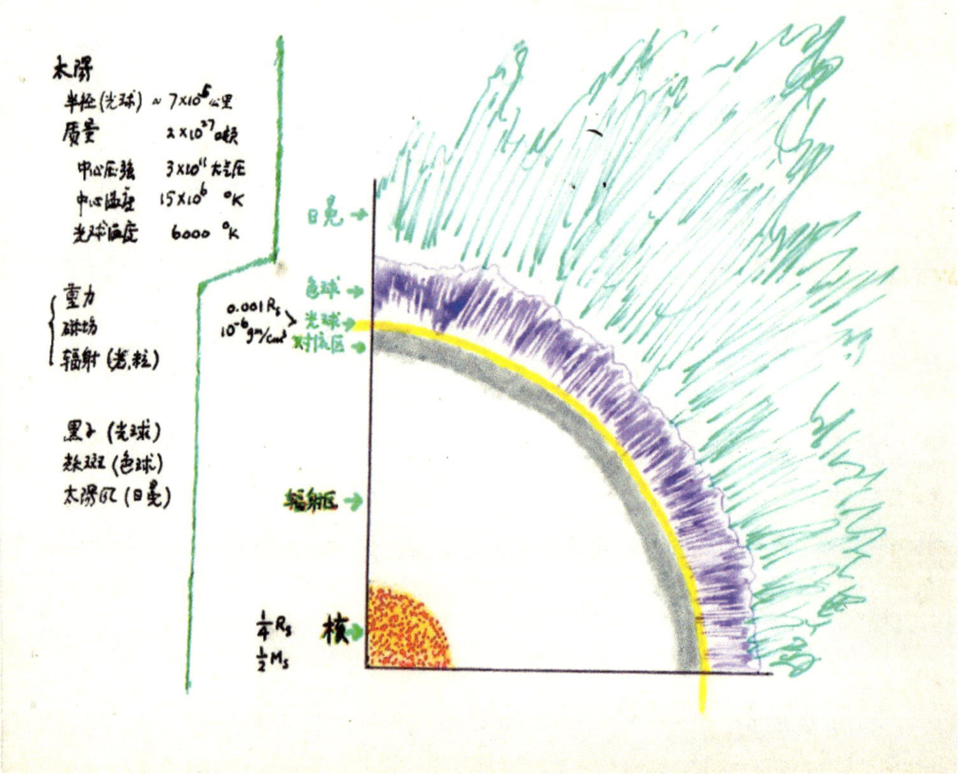
太阳
半径(光球) ~ 7×10^5 公里
质量 2×10^27 吨
中心压强 3×10^11 大气压
中心温度 15×10^6 °K
光球温度 6000 °K
重力
磁场
辐射(光,粒)
黑子(光球)
耀斑(色球)
太阳风(日冕)
日冕
色球
0.001 R_s
10^-6 gm/cm^3
光球
对流区
辐射区
1/4 R_s
1/2 M_s
核

地球

平均半径 6371 公里

质量 6×10^{24} 吨

水(表面积) 71%

陆(……) 29%

气(周围) 5×10^{15} 吨(总重)

生物(特有?)

高达数十个R_E; 100km以上 10^{-6}

300km以上 10^{-11}

每年来上空约10吨

每人几十万吨!

空间

地 — 1.3s 60R_E — 月 —(行星)— 太阳 —(行星)— 星系 —

10~15 R_E 近地

8m 23000 R_E (1AU) 日地

深空 ……

日 — 水 金 地 火 木 土 天 海 冥 — 星系 —

1AU 日地

39 AU 行星际 5.2h

近地空间

地面 — 对流层(顶) — 平流层(顶) — 电离层(F_2) — 磁层 —

15 km

50 km

250 km

10~15 R_E

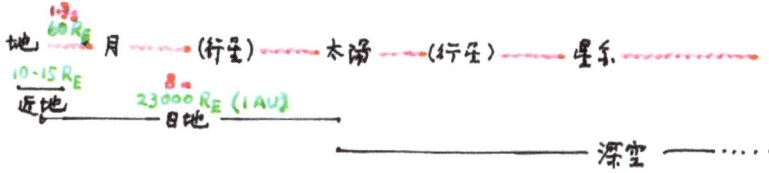

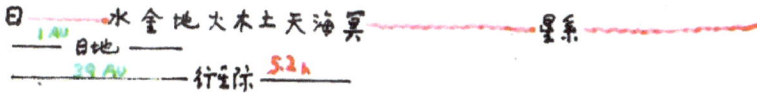

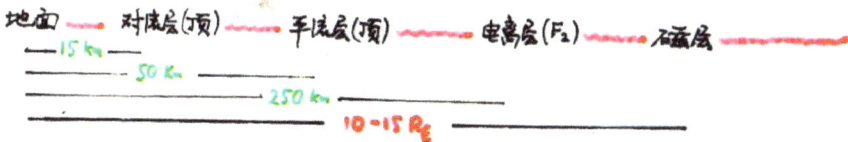

专业书籍和教学资料

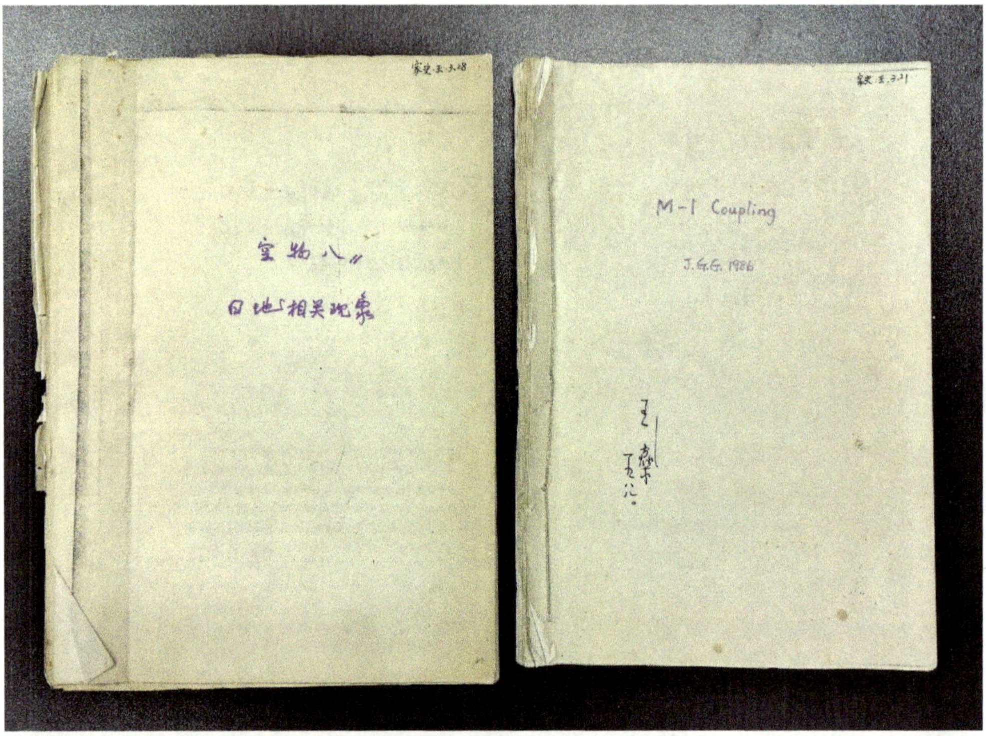
M-I Coupling
J.G.G. 1986

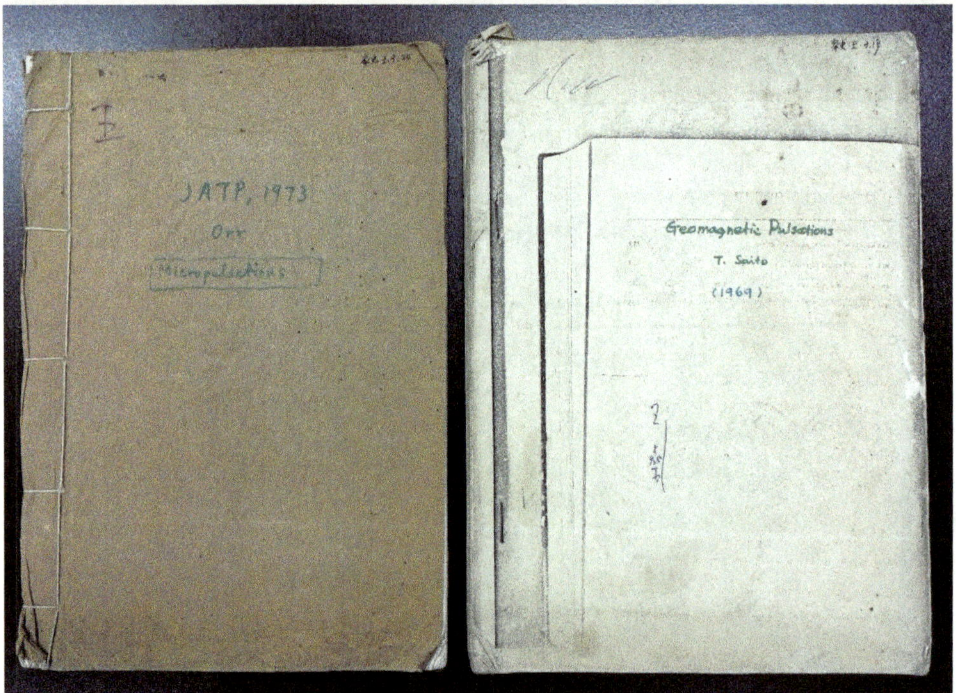
JATP, 1973
Geomagnetic Pulsations
T. Saito
(1969)

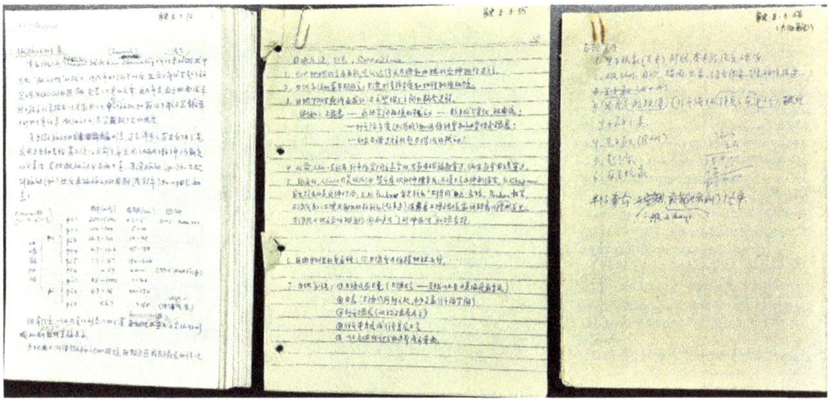

译稿《太阳风(Solar Wind)》

王曦按(2016 年 8 月 12 日):

以下图片是父亲王燊遗留的一部文稿,共有 117 页,全部是他的手迹,整整齐齐地装在一个结实的旧信封内。信封的反面写有 Solar Wind 字样,应是这部文稿的标题。从文稿内容看,这份材料像是一部译稿。这部译稿很可能是用于“日地关系”课的教学。文中的插图很多,现不知在何处。母亲吴锦琛在清理父亲遗物时发现此材料,并在信封上标注“专业底稿,保留。起码汉字体可流传”、“文如其人”。这份材料比较典型地反映了父亲的工作态度——认真、细致。117 页,每页都是如此工整!

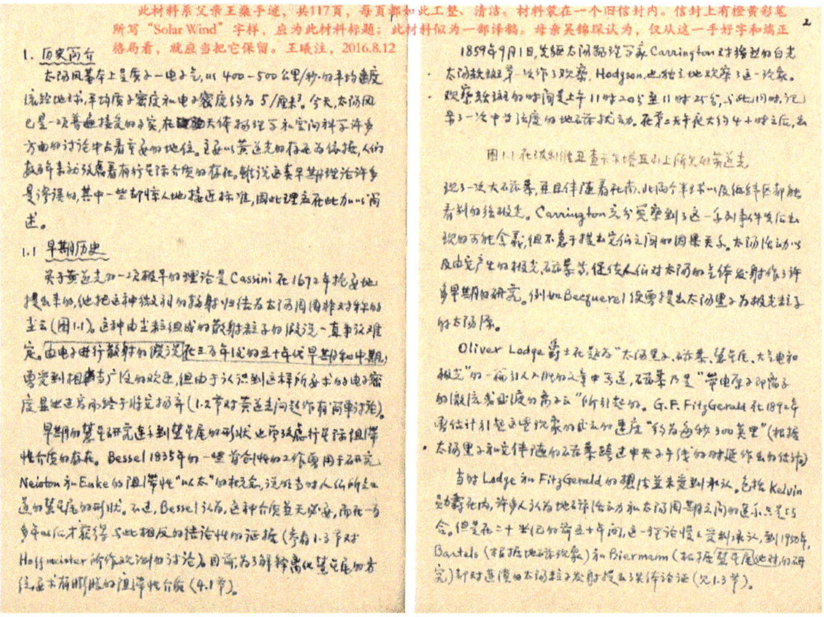

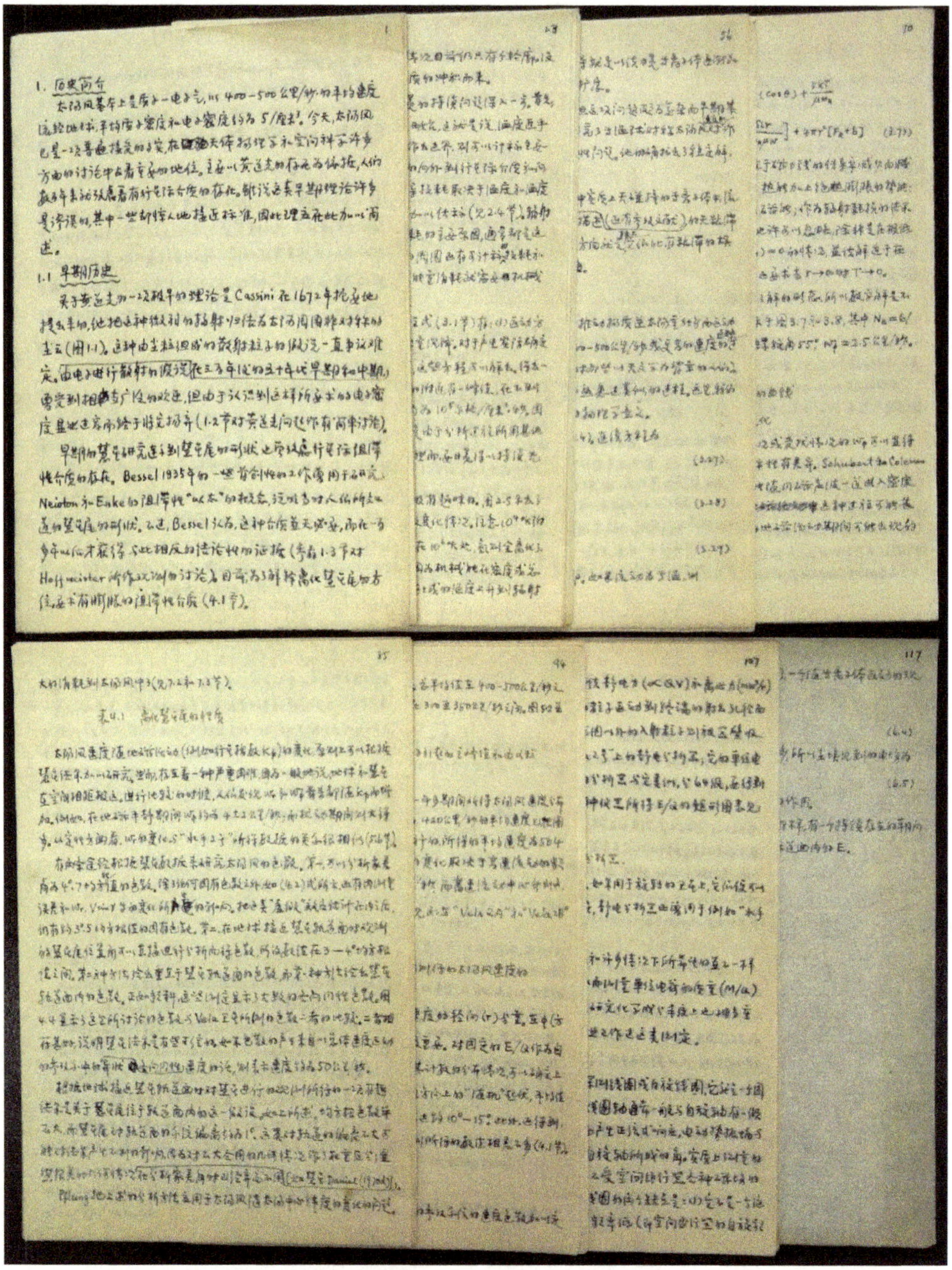

王燊译稿《太阳风》。王曦注，2016.8.13

1980 年 10 月英国电离层研究前辈 W. R. Piggot 访问武汉大学电离层实验室

王曦按(2016 年 8 月 20 日):

以下这张照片中的中排左起第四、五、六、七人分别为王燊、梁百先、W. R. Piggot 和龙咸灵。其中王、梁、龙皆为武汉大学电离层研究的早期人物。W. R. Piggot 是当时的全球电离层探测网主席。这张照片拍于 1980 年,当时父亲刚复出。照片反映了当时武汉大学电离层研究队伍的老、中、青三代。(照片中将 W. R. Piggot 名字写为"A. R. Piggot",疑误。根据父亲在《空间科学学报》上的"武昌上空 E_S-S 的形态与出现规律"一文,应为"W. R. Piggot"。——王曦注)

第二排左起四王燊,向右依次为梁百先、A.R.Piggot、龙咸灵等。王曦注。

1980 年 10 月,英国电离层研究前辈 A. R. Piggot 来校讲学

武昌上空 Es-s 的形态与出现规律

王曦按(2016 年 8 月 20 日):

以下是父亲保留的一篇研究论文。它是《空间科学学报》赠给作者的活页。此文发表于 1983 年,属于父亲复出从事科研后的早期成果。它表明父亲在复出从事科研后,仍然矢志不渝,继续他年轻时开始的武昌电离层观测和研究,并有所发展。父亲为这份材料亲笔题写了封面并保留下来,不仅显示父亲对这份材料的重视,而且表明父亲对这项研究的感情。

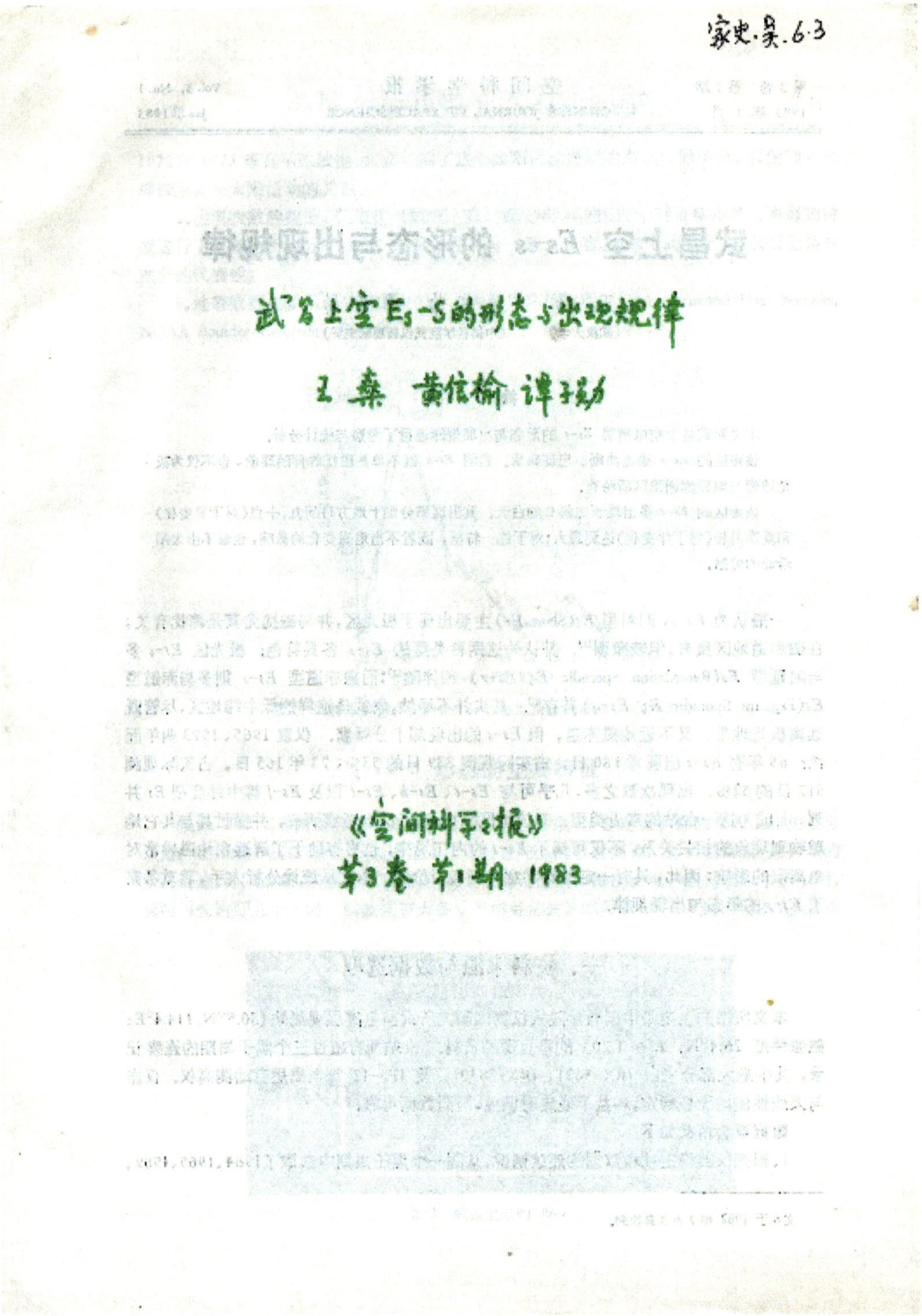
家史·吴·6·3
武昌上空Es-S的形态与出现规律
王燊 黄信榆 译
《空间科学学报》
第3卷 第1期 1983

第3卷 第1期 空间科学学报 Vol. 3, No. 1
1983年1月 CHINESE JOURNAL OF SPACE SCIENCE Jan., 1983

武昌上空 Es-s 的形态与出现规律

王 燊 黄信桧 谭子勋
(武汉大学) (中国科学院武汉物理研究所)

摘 要

本文对武昌上空电离层 Es-s 的形态与出现规律进行了考察与统计分析。

该地区的 Es-s 描迹清晰、出现频繁。表明 Es-s 既不单是磁扰的伴随现象，也不仅为极光地带与地磁赤道地区所特有。

该地区的 Es-s 多出现于磁静日的白天。其出现率分别于地方时间九、十点(对于日变化)和夏季月份(对于年变化)达到最大；对于这一特征，既看不出地磁变化的影响，也看不出太阳活动的控制。

一般认为 Es-s，即斜型 Es(Slant Es)主要出现于极光区，并与磁扰尤其是湾扰有关；在磁赤道地区虽有，但较罕见[1]。并认为这两种类型的 Es-s 各具特色：极光区 Es-s 多与时延型 Es(Retardation Sporadic E; Es-r) 相伴随[2]；而磁赤道型 Es-s 则多与赤道型 Es(Equator Sporadic E; Es-q)并存[3]。其实并不尽然，像武昌这样的低中纬地区，尽管既远离极光地带，又不近地磁赤道，但 Es-s 的出现却十分频繁。仅就 1965、1973 两年而论：65 年有 Es-s 出现者 180 日，占实际观测 339 日的 53%；73 年 165 日，占实际观测 317 日的 52%。出现次数之多，几乎可与 Es-c、Es-h、Es-l 以及 Es-f 等中纬度型 Es 并列，而成为这一台站的常见类型。对该地区 Es-s 进行深入考察研究，并探讨其与其它地球物理现象的相关关系，不仅可揭示 Es-s 的内在规律，也将有助于了解远东地磁异常对电离层的影响；因此，具有一定的科学意义与实用价值。本文从统计分析入手，着重考察了 Es-s 的形态与出现规律。

一、资料来源与数据选取

本文所用的主要是中国科学院武汉物理研究所武昌电离层观测站(30.5°N，114.4°E；磁倾纬度 26.4°N，$L \approx 1.20$)的垂直探测资料。该站拥有超过三个黑子周期的连续记录，其中绝大部分来自 IRX-5621、IRX-5830 以及 IPS-42 等电离层自动测高仪。仪器与天线性能均比较稳定，增益早晚定时调整，因而数据可靠。

数据取舍情况如下

1. 根据仪器稳定性和数据的连续情况，从同一个黑子周期中选取了1964、1965、1969、

本文于 1982 年 7 月 3 日收到。

1972 和 1973 等五年的数据，大致包括了这个太阳活动周期的高、中、低年份，以便同时抽样探求其与太阳活动的关系。

2. 出现次数的统计，仅取整点数值。我们就 1969 年的记录，对取整点值与取每刻钟值进行了对照分析，如图 1 所示，结果几乎完全一致。显然，在这个问题上，整点值已具有充分的代表性。

3. 地磁数据主要系由美国国家海洋与大气局环境数据部（Environmental Data Services, NOAA Boulder Colorada）所提供。

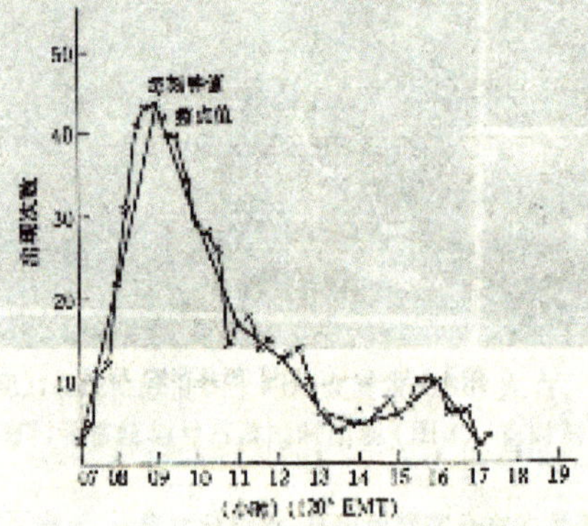

图 1　两种不同方式统计的 Es-s 出现次数的日变化（1969 年）

二、Es-s 形态的主要特征

按照 URSI《电离图解释与度量手册》的分类，斜型 Es 在垂直探测频高图上的主要特点是：在正规 E 层或某些 Es 描迹之上出现斜着向上的散射描迹。就武昌而言，这种斜的散射描迹，界限清晰，回波并不微弱，但对上层毫无遮盖。每次出现一般持续一个多小时，有时可长达好几个小时。回波描迹大多从 E 层寻常波的临界频率（f^oE）处开始，（不管频

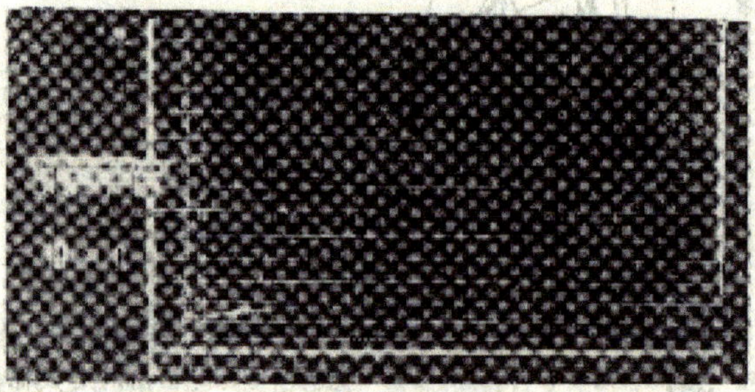

图 2　武昌上空的 Es-s

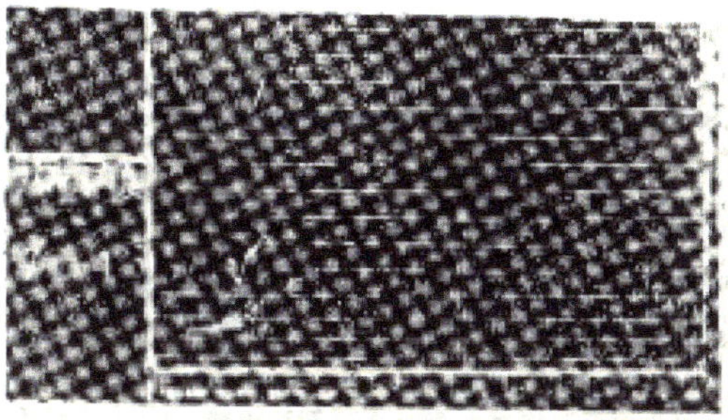

图3 [illegible]的 Es-c

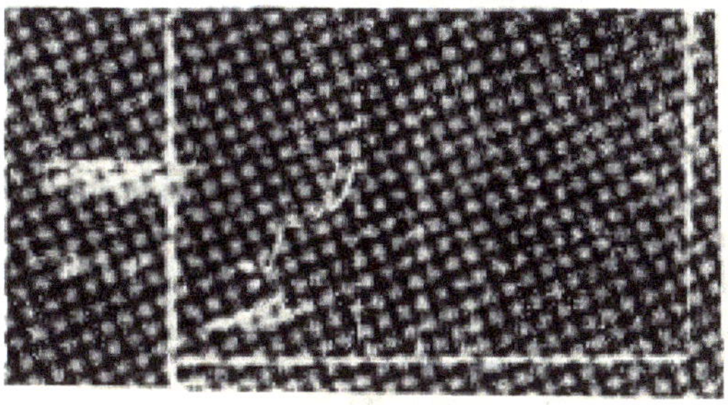

图4 与 Es-a，Es-b 等共存的 Es-s

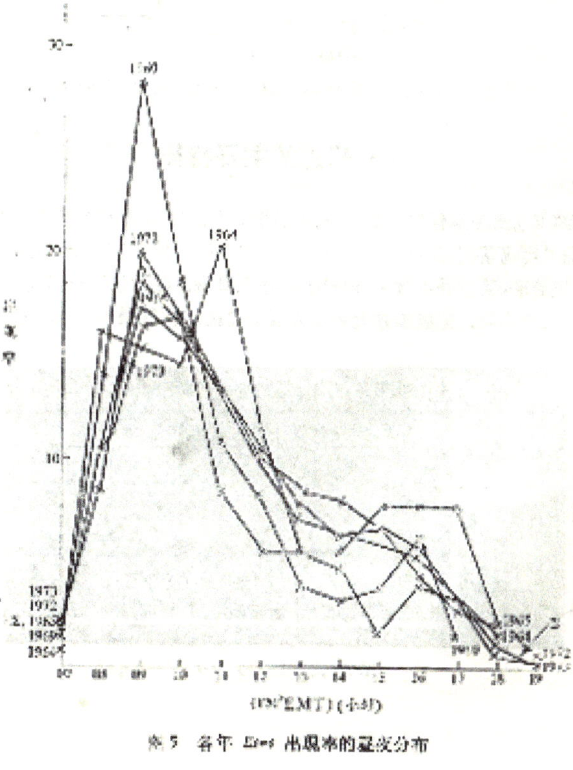

图5 各年 Es-s 出现率的日变分布

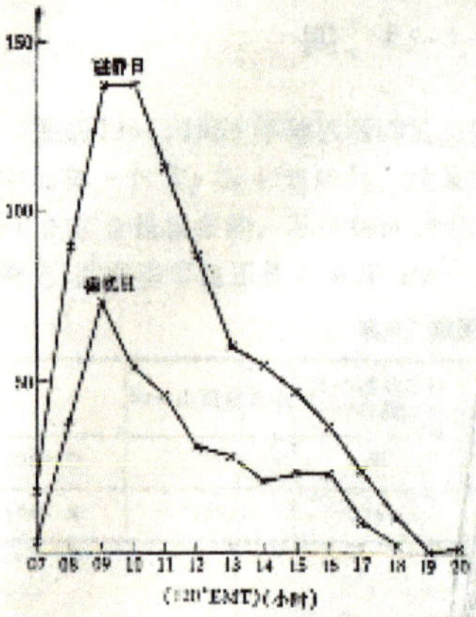

图 6　磁静日与磁扰日 Es-s 的昼夜分布

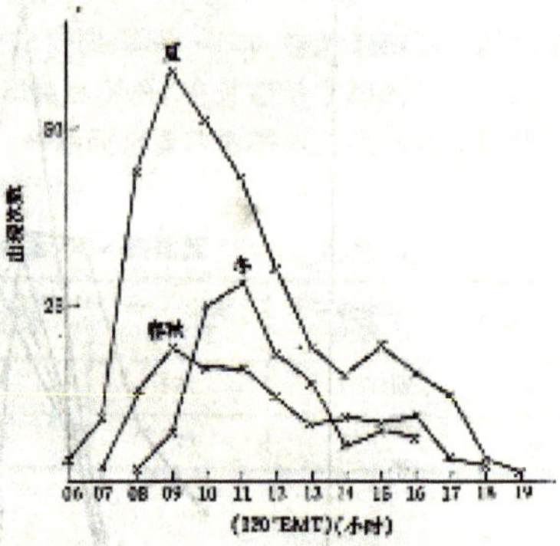

图 7　各个季节 Es-s 出现次数的昼夜分布

高图上 E 层描迹是否出现)；在线性频高图上的斜度通常为 40° 左右，上升高度范围一般为 45—55 公里（图 2）；有时非常波与寻常波同时出现（图 3），有时与 Es-l 或 Es-a 等并存（图 4）。

武昌的 Es-s 仅出现于白天，从统计分析看，其出现频度分布的显著特点是：在 9、10 点（120°EMT）邻近出现率有一最大（图 5）；此外，在 15、16 点附近，其出现率有所增加。从这一特征上，既看不出地磁变化的影响（图 6），也看不出与太阳活动的关系。但是，却表现出季节性的差异：在冬季，出现率的最大值移到 11 点附近（图 7）。

三、Es-s 出现频度的季节分布

武昌 Es-s 出现频度的年变化也具有显著的特点，即其出现率在 6、7 月份有一明显的最大，春秋两季则显著降低，在 2、9 两月更为突出（图 8）。从表 1 可见，几乎各年中百

表 1　夏季月份 Es-s 出现次数在全年中的比重

	1964 年	1965 年	1969 年	1972 年	1973 年	5 年合计
夏季出现次数	55	245	77	64	301	742
全年出现总次数	124	425	157	140	454	1300
百分比(%)	44	58	49	46	66	57

分之五十以上的 Es-s 均出现在 5、6、7 月，说明 Es-s 主要是一种夏季现象。

由图 9 可见，Es-s 出现频度年变化的这一特征，同其日变化特征一样，都看不出地磁变化与太阳活动的影响。

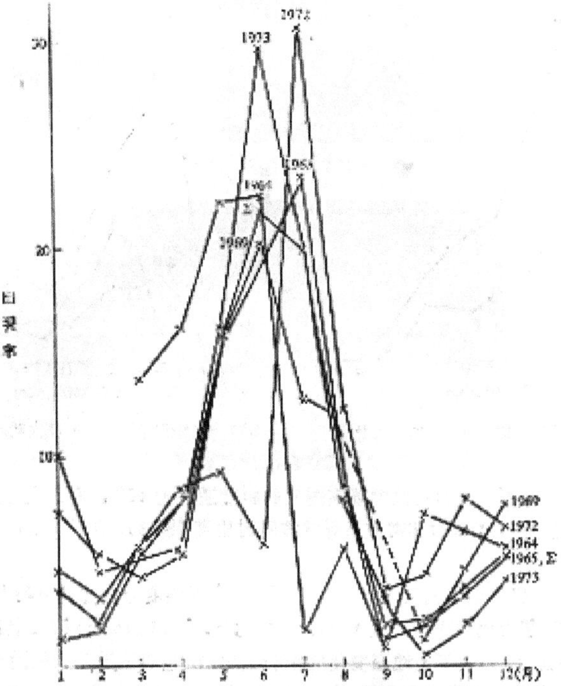

图 8 各年 Es-s 的季节分布

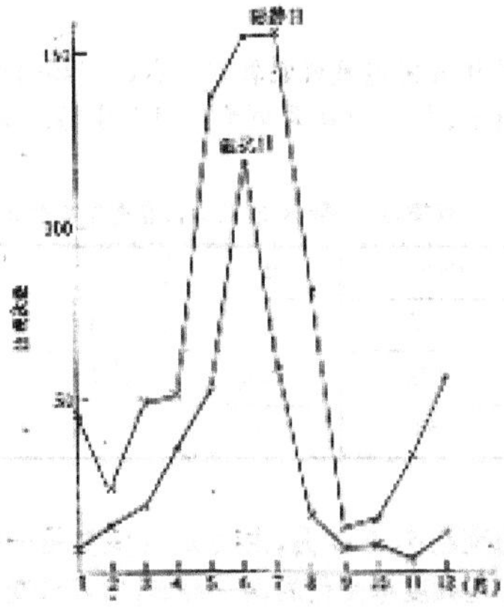

图 9 磁静日与磁扰日 Es-s 的季节分布.

四、Es-s 的出现与地磁活动

根据1964、1965年地磁活动的总情况,我们取 $\Sigma Kp < 20$ 作为地磁场宁静的条件,其中如有一个 $Kp \geq 4$ 者除外. 结果发现,如表2所示,在地磁场宁静的条件下,观测到 Es-s 的机会是极多的. 不仅如此,如所周知,一般而言春秋两季地磁扰动较为频繁,而如前所述,此两季节也正是观测到 Es-s 最少的时候.

表2 磁静日观测到 Es-s 的比重

	Es-s 出现总日数	其中磁静日的日数	百分比(%)	Es-s 出现总次数	其中磁静日的次数	百分比(%)
1964年	74	56	74	124	104	84
1965年	180	161	89	425	373	88

五、结　　论

即使仅根据对武昌上空 Es-s 几年资料的抽样分析,也可看出:

1. Es-s 既不单是磁扰尤其是湾扰的伴随现象,也不仅为极光地带与地磁赤道地区所特有;而是在武昌这样既远离极光地带又不邻近地磁赤道的低中纬度地区也频频出现.

2. 武昌 Es-s 描迹主要出现于正规 E 层临界频率之上,在线性频高图上的斜度约为40°,上升高度范围约为45—55公里.

3. 武昌 Es-s 主要是白昼和夏季现象. 其出现率分布的显著特点是:在地方时间9、10点左右达到最大;百分之五十以上的 Es-s 集中于5、6、7三个夏季月份. 而这些分布特征,既看不出地磁变化的影响,也看不出太阳活动的控制.

4. 磁静日观测到 Es-s 的次数,占总次数的百分之八十以上.

刘万堂同志所集中的一些数据,引起了作者对本问题的兴趣. 在本文写作过程中,得到全球电离层探测网委员会主席 W. R. Piggott 博士的热情指导,并与黄天锡同志作过有益的讨论;武汉物理研究所电离层垂直探测组的许多同志参加了资料的选取;金丽娟同志描绘了全部插图;金泰山同志选取并复制了部分图例,作者对此深表谢意.

参　考　文　献

[1] Beynon, W. J. G. and Brown, G. M., *Annals of the International Geophysical Year* Vol. 3, Part 1, p. 95, Pergamon Press, London, 1957.

[2] Egan, R. D. and Peterson, A. M., Backscatter Observations of Sporadic E, Pergamon Press Oxford, p. 89, 1962.

[3] Kenneth L. Bowles and Robert Cohen, A Study of Radio Wave Scattering from Sporadic E Near the Magnetic Equator, Pergamon Press Oxford, p. 51, 1962.

50 空 间 科 学 学 报 3 卷

THE MORPHOLOGY AND OCCURRENCE OF *Es-s* OVER WUCHANG, CHINA

Wang Shen
(*Wuhan University*)
Huang Xiu-yu Tan Zi-xun
(*Wuhan Physics Institute, Academia Sinica*)

Abstract

The occurrence and morphology of ionospheric *Es-s* over Wuchang, China, are examined and statistically analysed.

The *Es-s* over this area is possessed of high occurrence and clear trace. We consider that *Es-s* is neither an intrinsic companion of magnetic disturbances, nor a phenomenon existing exclusively in the auroral zones and in the geomagnetic equatorial region.

Over this area, *Es-s* occurred mostly in magnetic quiet days, and the maximum of occurrence rate is arround 09^h or 10^hLMT diurnally and in summer months seasonally. No effect on this feature due to variations of geomagnetic field or solar activity has so far been detected.

(编号：家史・吴・6.3)

武昌地磁脉动研究

王曦按(2016 年 10 月 11 日):

父亲复出从事科研后,于 1983 年在条件简陋的情况下开展了地磁脉动研究。以下为他保存的一些研究成果。

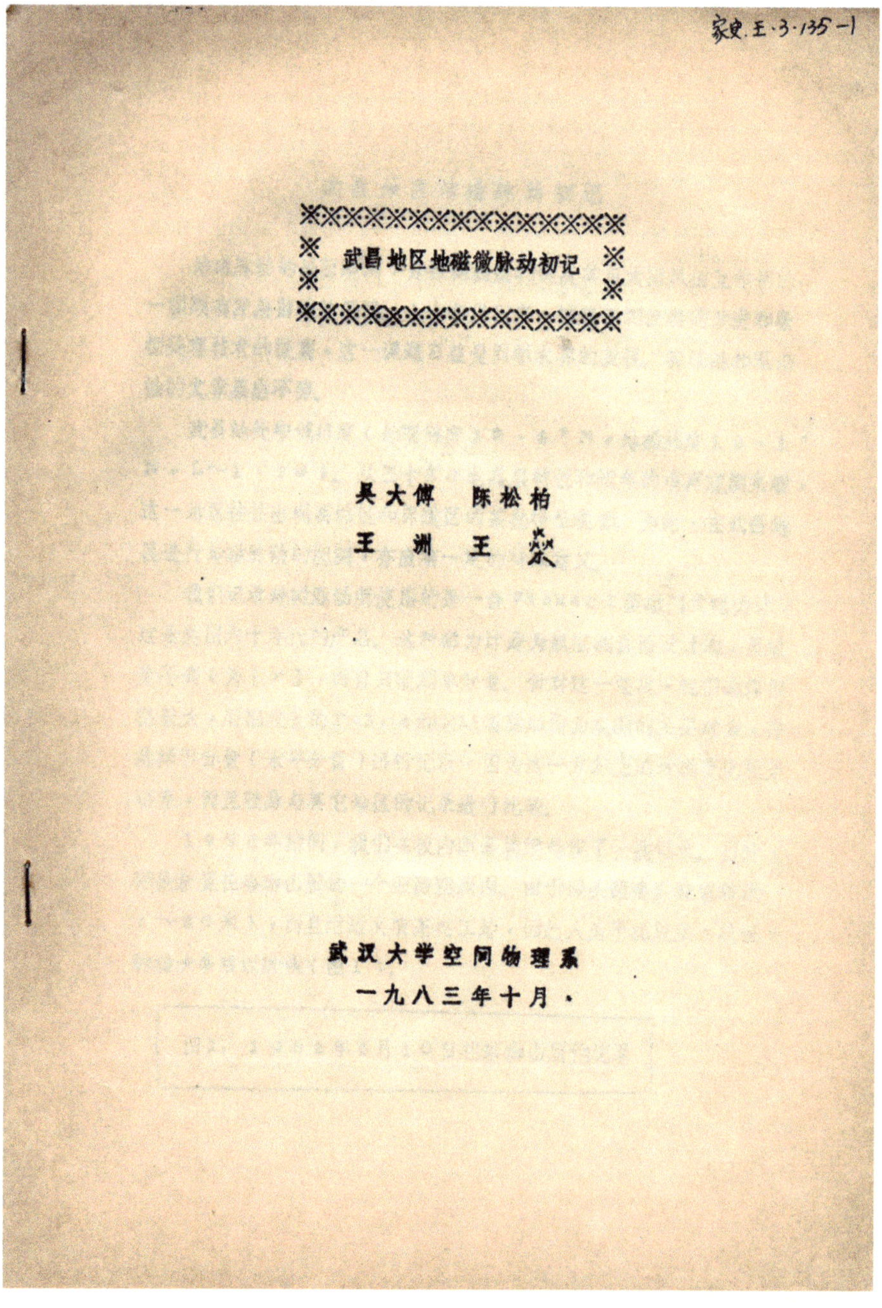
家史.王·3·135-1

武昌地区地磁微脉动初记

吴大傅 陈松柏

王 洲 王 燊

武汉大学空间物理系

一九八三年十月·

武昌地区地磁脉动初记

地磁脉动的地面观测，是探测磁层特性及其与太阳风相互作用的一项颇有发展前途的手段。七十年代以来，随着探测仪器的改进和数据处理技术的提高，这一课题日益受到学术界的重视。实验性和理论性的文章层出不穷。

武昌地处中低纬度（地理纬度30.6°N，地磁纬度19.1°N，L～1.20）。从三十多年电离层特性和近年的哨声观测来看，这一地区往往出现高纬区和赤道区的某些特征现象。为此，在武昌地区进行地磁脉动的观测，亦应有一定的特殊意义。

我们记录地磁脉动所使用的是一台Vicker I型磁通门式磁力计，这是美国六十年代的产品。这种磁力计是为航空测量而设计的，灵敏度不高（为1r），而且只能测单分量。针对这一情况，我们选择振幅较大，周期较长的Pc3，4和Pi2型脉动作为观测的主要对象，并选择H分量（水平分量）进行记录，因为这一方向上的地磁变化较为明显，而且较易与其它地区的记录进行比较。

1982年期间，我们在校内断断续续地作了一些记录。当时，探头放置在珞珈山腰的一个旧防空洞内。由于探头距离实验室较近（～20米），而且附近又有基建工地，因此人为干扰较多、较强、脉动大多难以辨认（图1）。

图1：1982年6月10日在珞珈山所作记录

家史·王·3·135-2

• max
• min

February 1987 Ry = 2.1		Dawn 03-08LT	Noon 09-14LT	Dusk 15-20LT	Night 21-02LT	Sum/Mean
Pc3	Occurrence	35	9	11	16	71
	Period	37.2s	38.3s	36.2s	35.7s	36.9s
	Amplitude	1.73nT	1.57nT	1.80nT	1.81nT	1.73nT
February 1990 Ry = 128.4						
Pc3	Occurrence	49	25	47	63	184
	Period	15.7s	13.1s	13.7s	13.9s	14.1s
	Amplitude	0.65nT	0.60nT	0.63nT	0.63nT	0.63nT

Pc3 occurrence

June 1985	Dawn	Noon	Dusk	Night	Sum

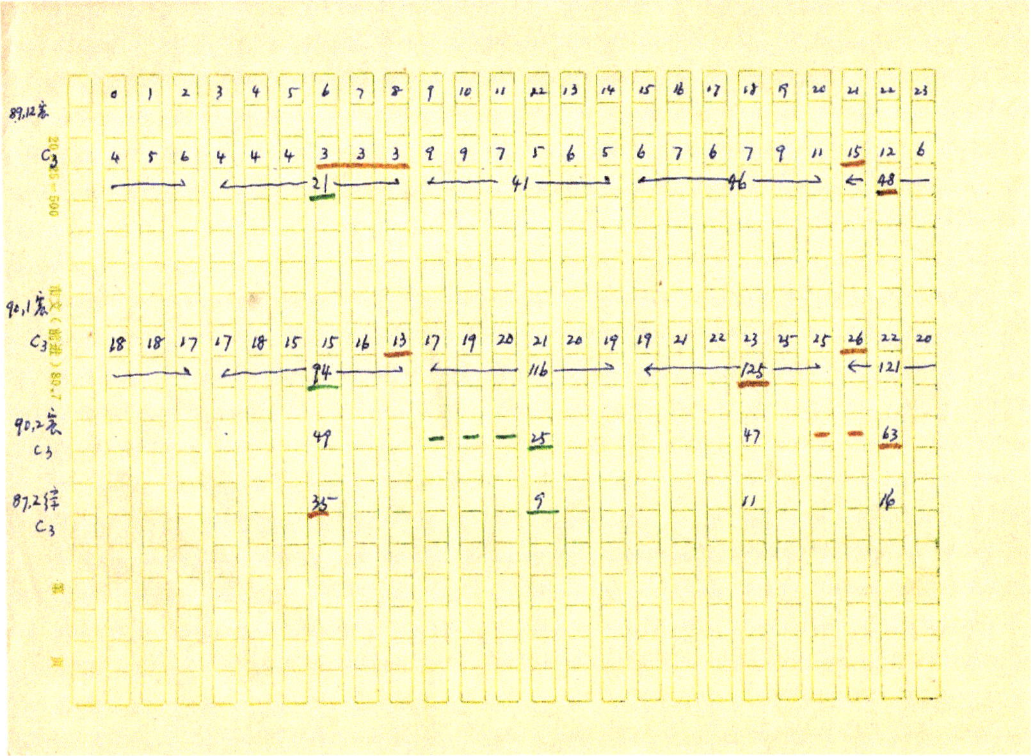
0 1 2 3 4 5 6 7 8 9 10 11 12 13 14 15 16 17 18 19 20 21 22 23
89,12衮
C3 4 5 6 4 4 4 3 3 3 9 9 7 5 6 5 6 7 6 7 9 11 15 12 6
21 41 46 48
90,1衮
C3 18 18 17 17 18 15 15 16 13 17 19 20 21 20 19 19 21 22 23 25 25 26 22 20
94 116 125 121
90,2衮
C3 49 25 47 63
87,2许
C3 35 9 11 16

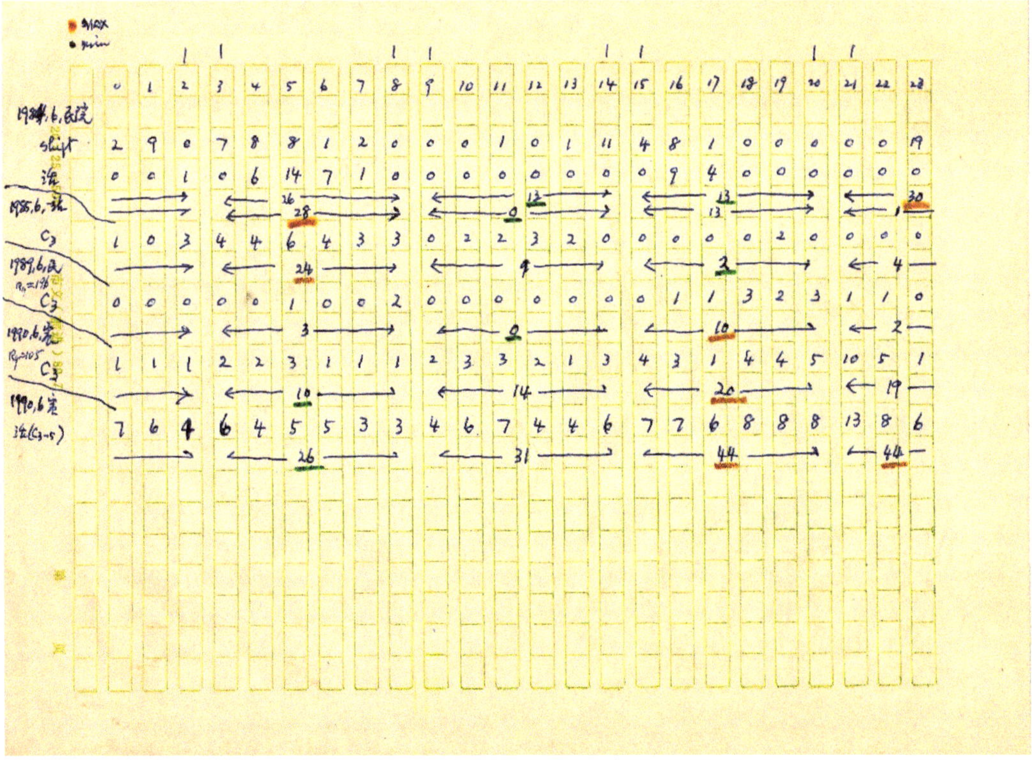
max
min
0 1 2 3 4 5 6 7 8 9 10 11 12 13 14 15 16 17 18 19 20 21 22 23
1984.6.民院
slight 2 9 0 7 8 8 1 2 0 0 0 1 0 1 11 4 8 1 0 0 0 0 0 19
浓 0 0 1 0 6 14 7 1 0 0 0 0 0 0 0 0 9 4 0 0 0 0 0 0
26 13 13 30
28 0 13 1
1985.6
C3 1 0 3 4 4 6 4 3 3 0 2 2 3 2 0 0 0 0 0 2 0 0 0 0
24 4 2 4
1989.6.民
C3 0 0 0 0 0 1 0 0 2 0 0 0 0 0 0 0 1 1 3 2 3 1 1 0
3 0 10 2
1990.6
C3 1 1 1 2 2 3 1 1 1 2 3 3 2 1 3 4 3 1 4 4 5 10 5 1
10 14 20 19
1990.6
(C3-5) 7 6 4 6 4 5 5 3 3 4 6 7 4 4 6 7 7 6 8 8 8 13 8 6
26 31 44 44

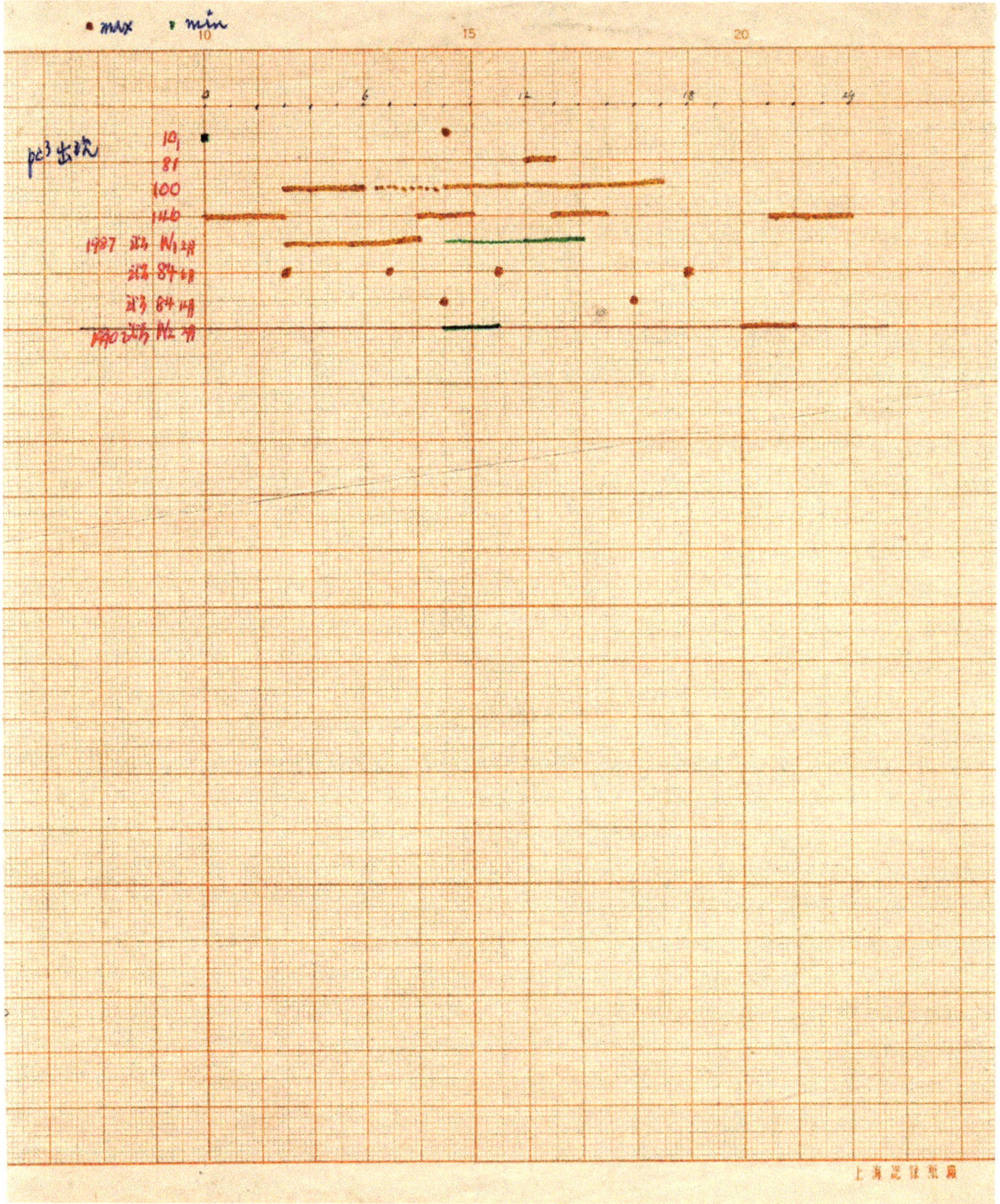
max
min
10
15
20

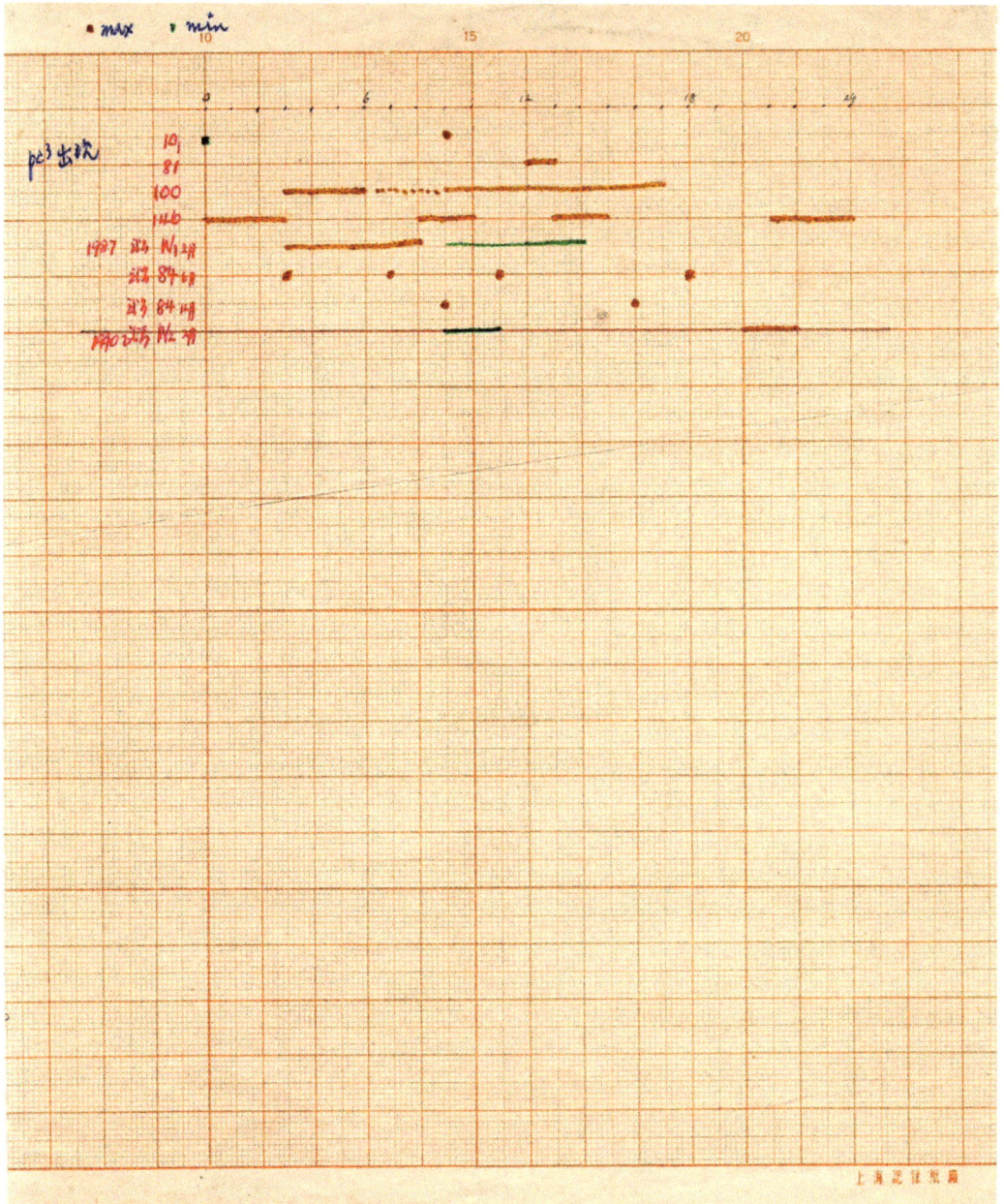

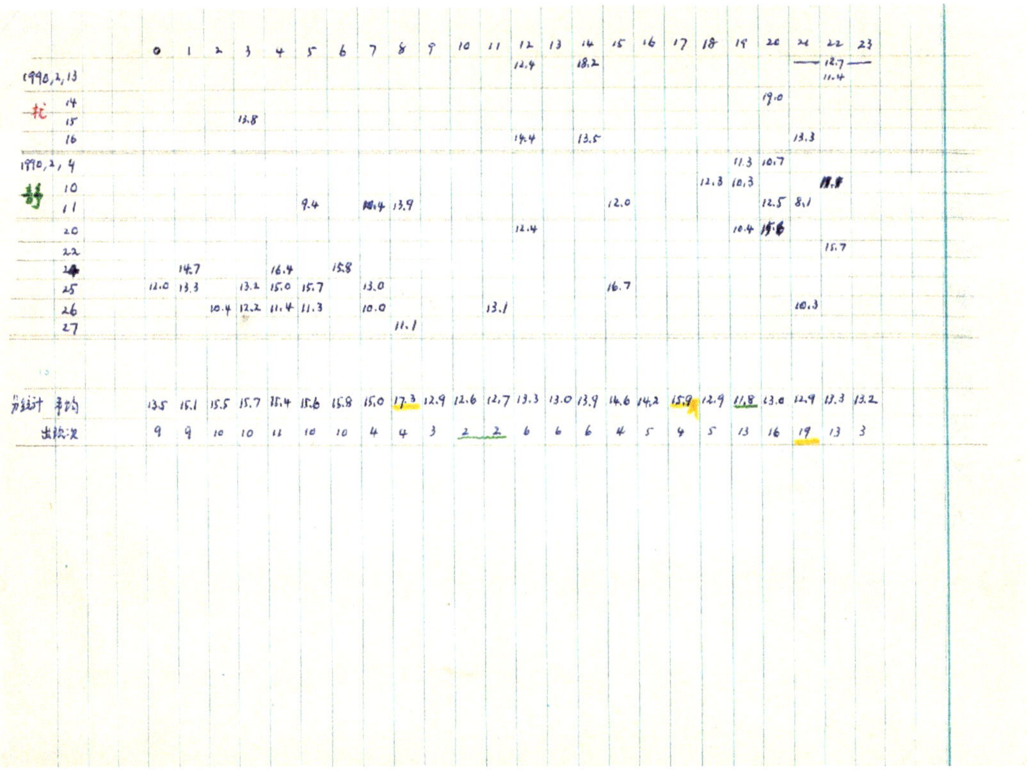

	0	1	2	3	4	5	6	7	8	9	10	11	12	13	14	15	16	17	18	19	20	21	22	23
1990,2,13													12.4		18.2								12.7 11.4	
杭 14																					19.0			
15				13.8																				
16													14.4		13.5							13.3		
1990,2,4																				11.3	10.7			
彗 10																			12.3	10.3			[illegible]	
11						9.4		10.4	13.9							12.0					12.5	8.1		
20													12.4							10.4	15.6			
22																							15.7	
24		14.7			16.4		15.8																	
25	12.0	13.3		13.2	15.0	15.7		13.0								16.7								
26			10.4	12.2	11.4	11.3		10.0				13.1										10.3		
27									11.1															
总计 平均	13.5	15.1	15.5	15.7	15.4	15.6	15.8	15.0	17.3	12.9	12.6	12.7	13.3	13.0	13.9	14.6	14.2	15.9	12.9	11.8	13.0	12.9	13.3	13.2
出现次	9	9	10	10	11	10	10	4	4	3	2	2	6	6	6	4	5	4	5	13	16	19	13	3

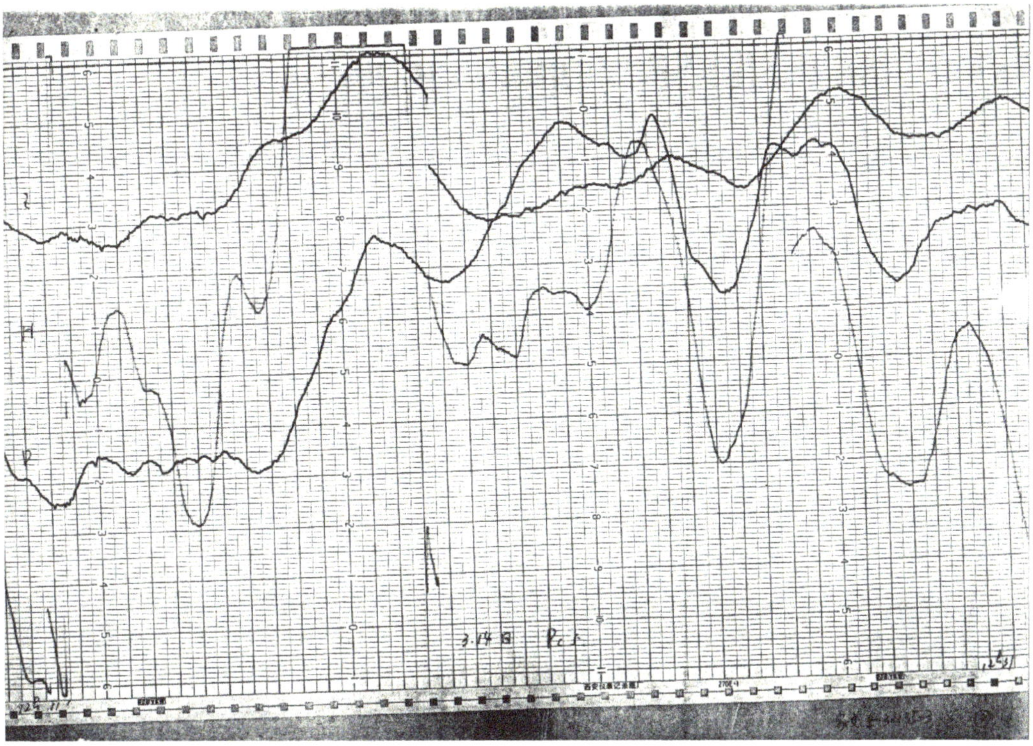

地磁脉动记录

王曦按(2017 年 2 月 6 日)：

以下是父亲保留的一扎地磁探测仪上的记录纸。我记得有一次曾在珞珈山西头的空间物理系“观象台”里看到父亲更换仪器上的记录纸。这张记录纸上除了记录仪打出的红色线条，还有父亲的亲笔分析文字。

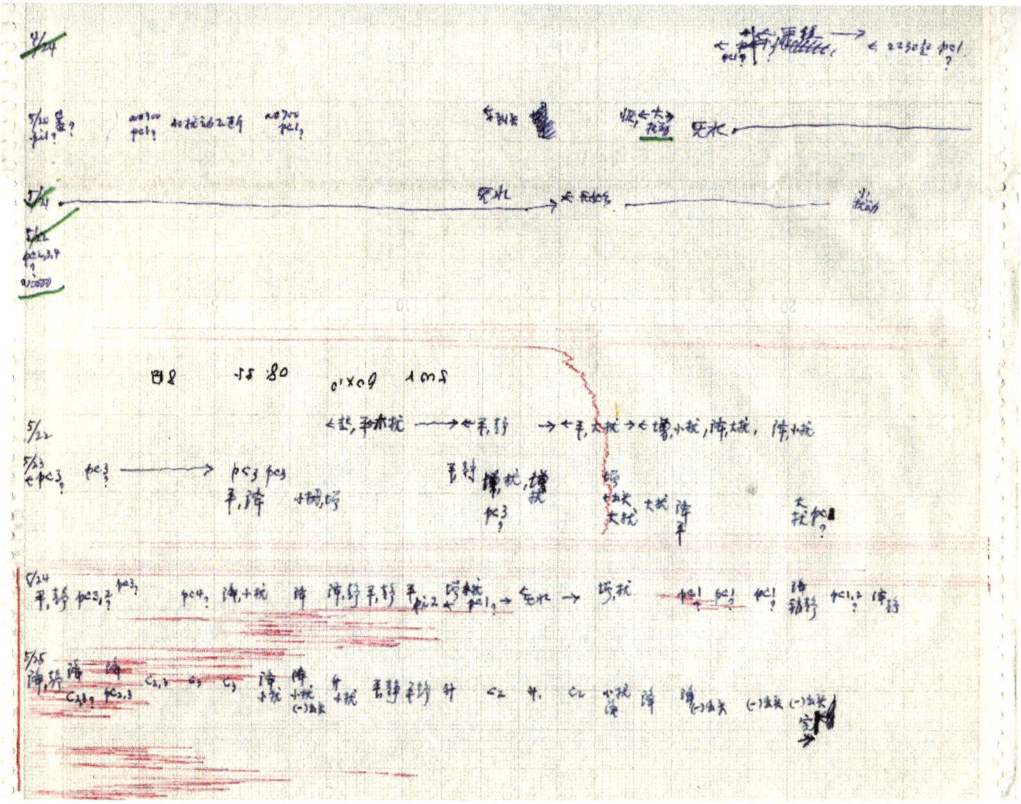

地磁脉动观测工作笔记

王曦按(2017 年 2 月 6 日)：

父亲在这个笔记的末尾写道：“不能想得更远了。‘艺高人胆大’，我从另一个方向对这句话深有感受。‘科学基金’不敢申请，因为第一步还不知站不站得住。”这体现了他严谨的工作作风。

我们的观测：

一、关于~~饱和式磁强计~~（fluxgate magnetometer）。

1. 探头为两个同样的高导磁率铁芯，励磁线圈按反方向串在铁芯上。无外加磁场时，偶输出次级为零。有外加磁场时，一铁芯磁场加强，另一铁芯磁场减少，故在次级偶分输出讯号，经磁强计放大。

2. 我们所用为Vickers，PM-1型便携式饱和磁强计，最大量程为±1G，最小量程为±50γ，这时最小刻度为1γ。此仪曾在美国时用标准线圈加以校正，刻度甚为准确，可以直接读出γ数。

3. 磁强计的输出送到笔录记录仪，作出记录曲线。(Samples)

二、几个问题：

(1)、探头：安稳（正在挂和泥石）？

指向的确定，拟定在“H”上（这只能任测平均方向）？

引线加长有无影响？

(2)、记录仪与磁强计的配合：①磁强计量程：过大，则不够灵敏；过小则笔去往往到头。②磁强计为双向（±），记录仪为单向（+），不易（不可能？）调好零点。③纸速：过慢则极值分辨不开；过快则不易检视记录，且换纸太勤。

三

(3)、记录的鉴认和数据收集。一条途径是向机构、向先进者请教，一条途径是与地磁、电离层、太阳黑子来记录比照，边走边瞧。

看来一般要求记录 fc3—5，fic2。（振幅较大，可用大量程，不易超；周期较长，可用慢纸速。）

三、今后打算：(Dreams, but not day-dreams)

(1)、摸清本仪器性能，作出稳定记录。

(2)、摸索使用计算机存储、处理数据的途径。

(3)、探求与其他地球物理、太阳物理参量（当是附近单位的）之间的关系。

(4)、设法到外地（高、低纬区）作短期测量或增设测点。

(5)、设想空间实地测量的途径。

(6)、与之相关的、各阶段、各部分的理论工作。

不能想得更远了，"艺高人胆大"，我从另一个方向对这句话实有感受，"科学基金"不敢申请，因为第一步也不知能不能站得住。

1991——1993 年科研合作计划

王曦按（2017 年 2 月 6 日）：

以下是父亲手书的与前苏联同行开展地磁脉动研究的计划。从父亲保留的其他材料看，这项计划后来得到有效实施。父亲为此访问过苏联。苏方科学家也访问过武汉大学。中苏合作是父亲担任武汉大学空间物理系主任期间的一项重要合作。

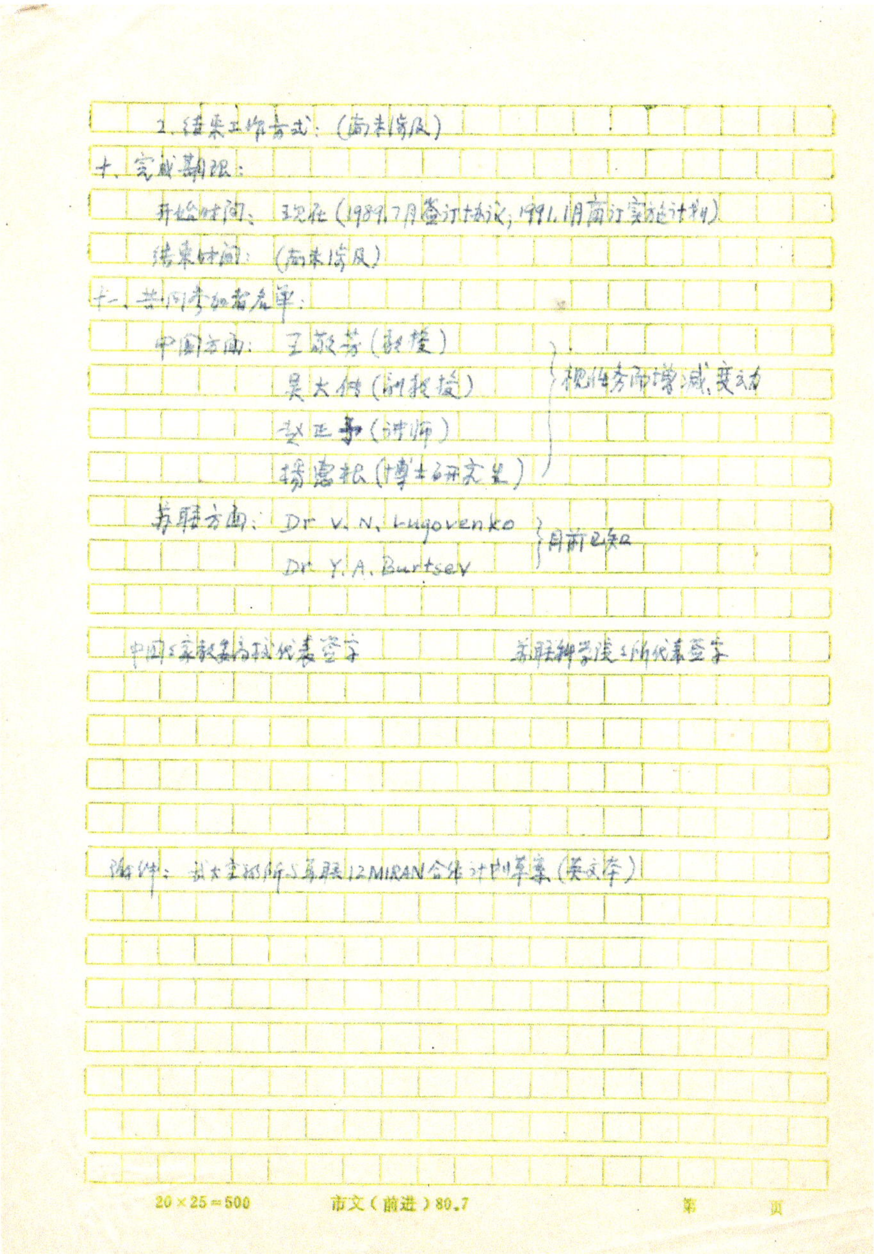
2. 结束工作方式：（尚未商定）
十、完成期限：
开始时间：现在（1989.7月签订协议；1991.1月商订实施计划）
结束时间：（尚未商定）
十一、共同参加者名单：
中国方面：王敬芳（教授）
吴大付（副教授）
赵正予（讲师）
杨惠根（博士研究生）
}视工作需要增减变动
苏联方面：Dr V. N. Lugovenko
Dr Y. A. Burtsev
}目前已知

中国武汉大学代表签字　　苏联科学院……所代表签字

附件：武大空物所与苏联IZMIRAN合作计划草案（英文本）

20×25=500　市文（前进）80.7　第　页

杨惠根南极考察来信及论文封面

王曦按(2016 年 8 月 20 日)：

在父亲复出科研和专业教学工作后，他为指导研究生付出了很多心血。杨惠根1983 年考入武汉大学空间物理系，是父亲指导的研究生。他曾担任中国第 25 次南极科学考察队领队、首席科学家。他于 2003 年 10 月被任命为中国北极黄河站首任站长，现任国家科委中国极地研究中心主任。杨惠根是我父亲和母亲的骄傲。杨惠根对我的父亲和母亲十分尊敬，逢年过节总有问候。他出差武汉时，每次都尽可能抽空来看望我的父亲和母亲。下面是父亲保留的有关杨惠根的两份材料，一是 1992 年杨惠根从南极日本昭和基地(当时我国的南极基地尚未建成)寄给父亲的信。另一是杨惠根基于 2000 年在南极中国中山站所做的研究所发表论文的封面。

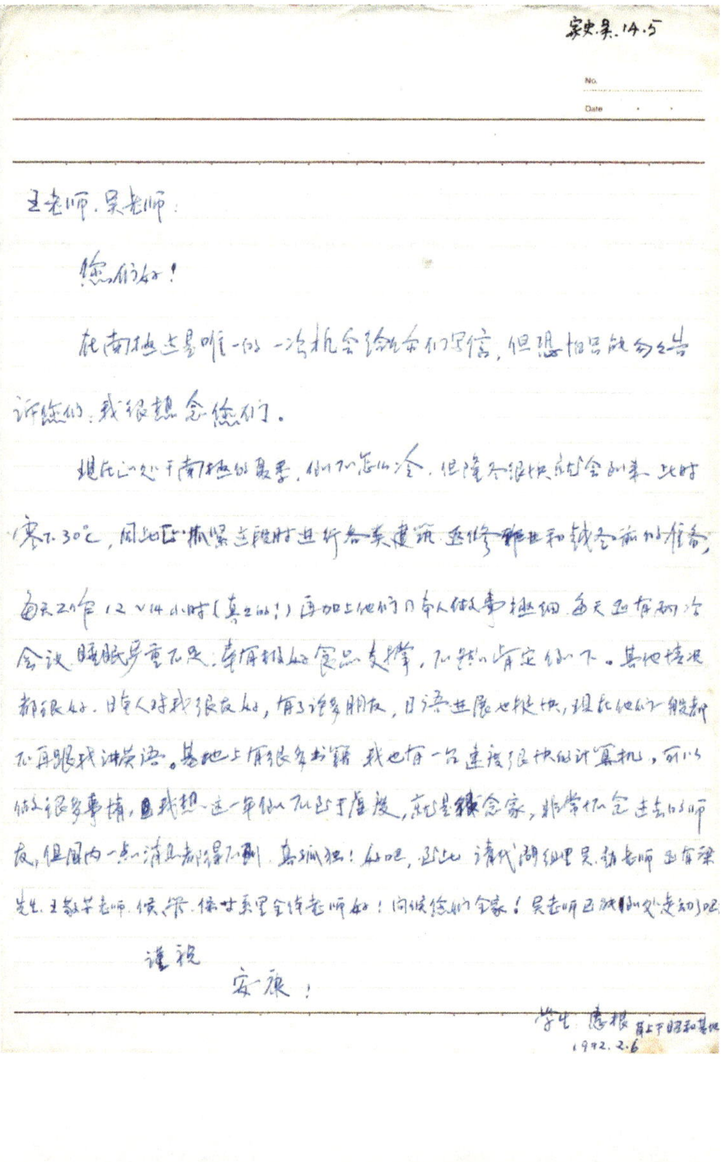

No.

Date

王老师、吴老师：

您们好！

在南极这是唯一的一次机会给你们写信，但恐怕能够告诉您们：我很想念您们。

现在正处于南极的夏季，似不怎么冷，但隆冬很快就会到来，此时寒下30℃，因此正抓紧这段时进行各类建筑、维修和越冬前的准备，每天工作12～14小时（真正的！）再加上他们日本人做事极细，每天还有两次会议，睡眠严重不足，幸有极好的食品支撑，不然的肯定顶不下。其他情况都很好，日本人对我很友好，有了许多朋友，日语进展也挺快，现在他们一般都不再跟我讲英语。基地上有很多书籍，我也有一台速度很快的计算机，可以做很多事情，但我想这一年似不会虚度，就是想念家，非常怀念过去的师友，但国内一点消息都得不到，真孤独！好吧，还是请代问组里吴、杨老师，还有梁先生、王敏华老师、侯、徐、徐世平全体老师好！问候您们全家！吴老师已从北京回来了吧。

谨祝

安康！

学生 惠根 于南极日本昭和基地

1992.2.6

家史.吴.6-4

Journal of ATMOSPHERIC AND SOLAR-TERRESTRIAL PHYSICS

PERGAMON

Journal of Atmospheric and Solar-Terrestrial Physics 62 (2000) 787–797

Synoptic observations of auroras along the postnoon oval: a survey with all-sky TV observations at Zhongshan, Antarctica

H. Yang[a,b,*], N. Sato[a], K. Makita[c], M. Kikuchi[a], A. Kadokura[a], M. Ayukawa[a], H.Q. Hu[d], R.Y. Liu[b], I. Häggström[e]

[a]*National Institute of Polar Research, Tokyo 173-8515, Japan*
[b]*Polar Research Institute of China, Shanghai 200129, People's Republic of China*
[c]*Takushoku University, Tokyo, Japan*
[d]*Wuhan University, Wuhan 430072, People's Republic of China*
[e]*Swedish Institute of Space Physics, Kiruna, Sweden*

恩师王老师指正

学生：楊惠根 2000.10.24.

闵启龙、吴向阳硕士学位论文封面

王曦按（2016 年 10 月 18 日）：

父亲复出空间物理专业工作之后，由于年事已高且需要一段时间恢复专业研究和教学，他亲自指导的研究生不多。除了上面杨惠根以外，还有王洲、闵启龙和吴向阳等。父亲一直保留着他们的学位论文。下面是父亲保留的闵、吴的硕士学位论文和杨惠根的博士学位论文的封面。

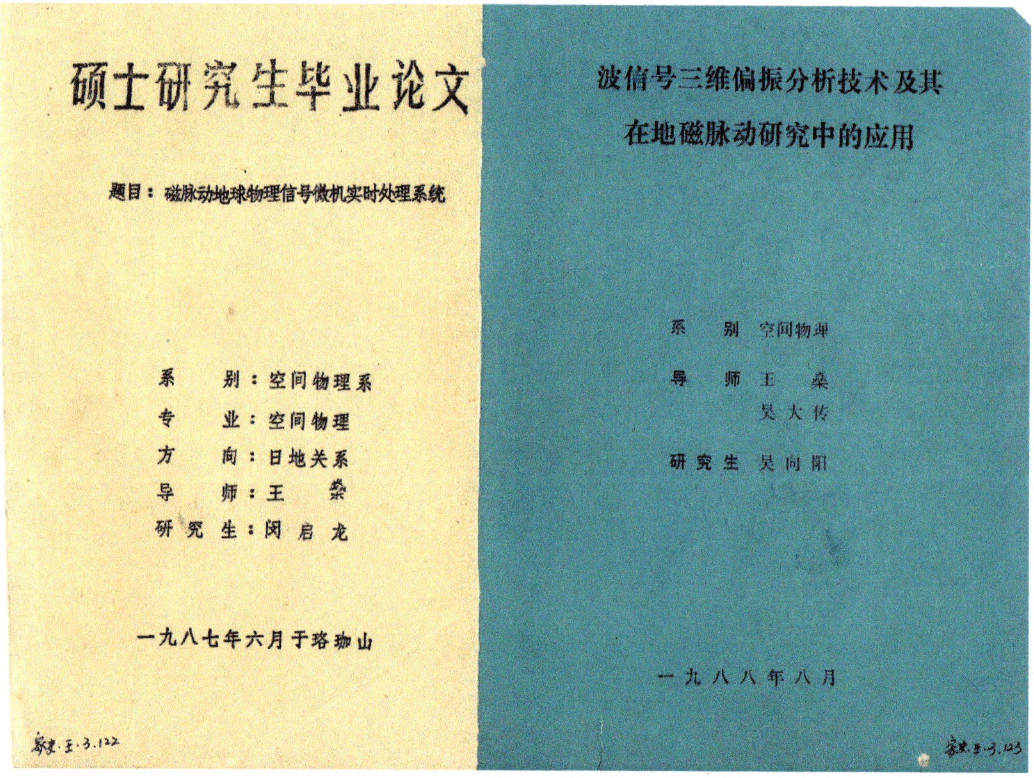

家史.王.3.79

分类号:　　　　　　　　　　　　　　　　密级:
UDC:　　　　　　　　　　　　　　　　　　编号:

武汉大学博士学位论文

磁层边界层动力学问题研究

ON SOME DYNAMIC PROBLEMS OF EARTH'S MAGNETOSPHERIC BOUNDARY LAYER

作者: 杨惠根

导师: 梁百先　王　燊

专业: 空间物理

方向: 磁层过程

系别: 空间物理与电子信息系

一九九二年八月

1987 年 9 月 23 日日环食武汉大学综合观测简介

王曦按（2016 年 8 月 21 日）：

以下是父亲亲手撰写的“1987 年 9 月 23 日日环食武汉大学综合观测简介”。这份材料写于 1988 年元旦，1988 年 1 月 5 日由父亲口头发表于“1987 年 9 月 23 日环食联合观测总结会”。日环食现象不常见。在 1987 年 9 月 23 日，国家有关部门组织全国力量对当日的日环食从不同学科的角度进行了一次综合观测。父亲 1984 年担任武汉大学空间物理系主任。这次日环食综合观测应当是父亲复出科研以后领导武汉大学空间物理系参加的一次重要的大规模多单位联合科研活动。从 1946 年 1 月 1 日协助桂质廷等前辈在我国开通电离层连续观测，到这次成功的日环食综合观测，父亲见证、亲自参与并在晚年领导和发展了武汉大学的电离层研究。他一直保留着这份材料和该总结会的有关材料，表明他对这次综合观测的成功感到欣慰。

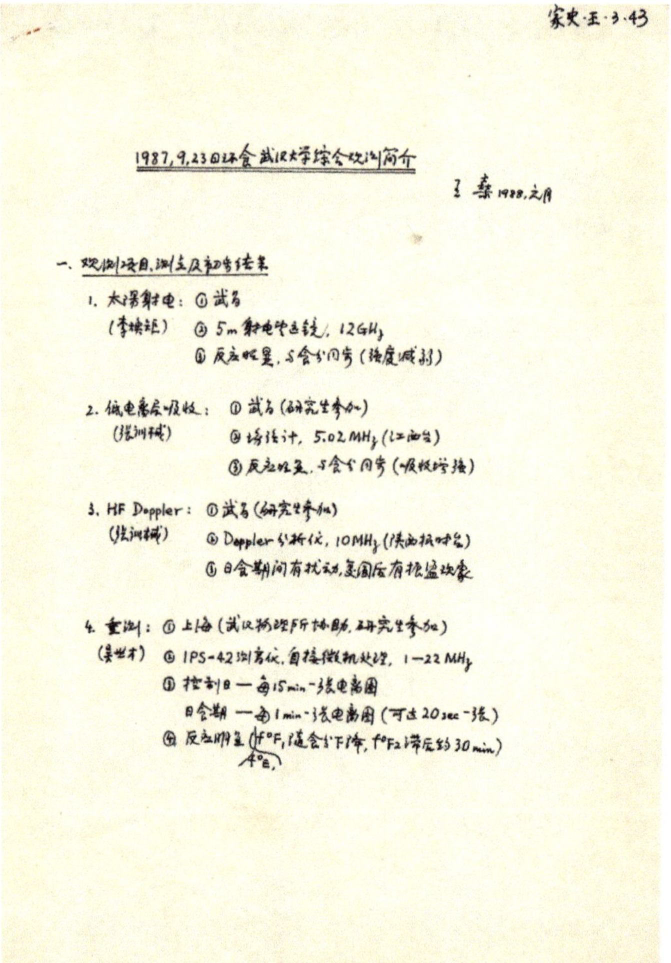
家史·王·3·43

1987，9，23日环食武汉大学综合观测简介

王燊 1988，元月

一、观测项目、测站及初步结果

1. 太阳射电：①武昌
（李焕征）②5m射电望远镜，12GHz
③反应明显，与食分同步（强度减弱）

2. 低电离层吸收：①武昌（研究生参加）
（张训械）②场强计，5.02MHz（江西台）
③反应明显，与食分同步（吸收增强）

3. HF Doppler：①武昌（研究生参加）
（张训械）②Doppler分析仪，10MHz（陕西授时台）
③日食期间有扰动，是否有振荡现象

4. 垂测：①上海（武汉物理所协助，研究生参加）
（吴世才）②IPS-42测高仪，自接微机处理，1-22MHz
③控制日—每15min一张电离图
日食期—每1min一张电离图（可达20sec一张）
④反应明显（foF1随食分下降，foF2滞后约30min）foE，

5. 返回斜测：① 黄陂

(杨子杰)　② 自制设备，1.9—31.9 MHz

③ 有反应（MOF 降—升—振荡）

6. 微分 Doppler：① 武昌

(刘选谋)　② 微分 Doppler 仪，NNSS 卫星信号 $\begin{cases} f_1 = 150\ \text{MHz} \\ f_2 = 400\ \text{MHz} \end{cases}$

③ 反应明显（过食带时 TEC 减少）

7. Faraday 旋转(Ⅰ)：① 武昌（研究生参加）

(雷险民)　② 偏振仪，ETS-2 卫星信号，136 MHz

③ 反应明显（旋转角随食分下降，滞后约 10 min）

Faraday 旋转(Ⅱ)：① 广州（广州师院合作，学生参加）

(雷险民)　② 偏振仪，ETS-2 卫星信号

③ 无明显反应

8. 哨声：① 广州（广州师院合作，学生参加）

(徐继生)　② VLF 接收机

③ 日食日及控制日观测时段（白天）均无哨声出现

9. 地磁脉动（I）：①上海崇明岛（研究生参加）
（吴大信）
②三分量磁通门磁力计（FM-105B）
③直接影响不明显
可能有次级影响

地磁脉动（II）：①武昌（地震台协助，研究生参加）
（陈松柏）
②单分量（D）磁通门磁力计（Vicker-II）
③记录欠佳（电源、干扰、出格），可作参考

10. 负离子浓度：①武昌（老师指导）
（学生 谢树梁 薛晓峰）
②空气离子浓度仪（CNF-1）
③有不明显反应（N有下降趋势）

* 小型天文望远镜：①武昌
（周启龙）
②拍影、照相
③科普

小结：
1. 10项，12个点；校内为主，有外站；约50人
2. 涉及较广（太阳 ⟶ 磁层—电离层—中层—对流层）
3. 科研—教学结合，兼及科普
4. 节约（东至上海，南达广州；1-3周；1.5万元）
5. 多方协助（广州师院，武汉物理所，崇明地磁台，武汉地震台，上海港务局，PLA等）

二、下一步

1. 课题：总目标——日地关系

太阳 ——→ 近地空间

静 }
扰 }

{ 以电离层为主，兼及各区
{ 以TEC及各层N为主，涉及其他
（电离、复合、迁移、耦合……）

（源） 多事件统计关系！ →（效）
→ 单事件对应关系？

2. 计划：① 各项目初步交流
组织交叉协作 } 进一步确定课题（1988，1，15?）
欢迎指导！

② 参加国内交流及协作

③ 为WITS，22SMM等计划创条件

3. 经费：已向科学基金会申请2.8万元，待批

武汉大学 75 周年校庆学术讨论会目录

王曦按（2017 年 2 月 6 日）：

这份材料是父亲保留的，它记载了父亲作为空间物理系主任，在这次校庆活动中主持的学术报告活动和所做的学术报告。

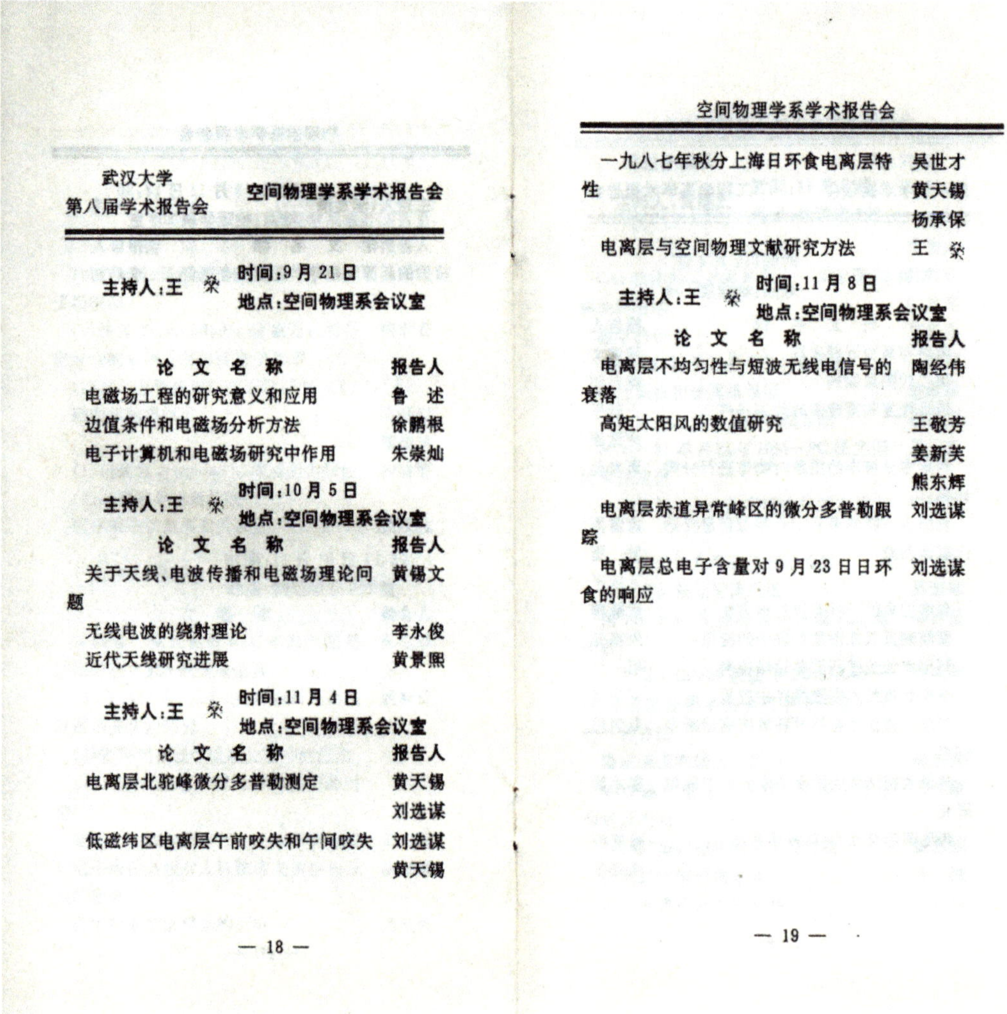

武汉大学
第八届学术报告会　　空间物理学系学术报告会

主持人：王　燊　　时间：9 月 21 日
地点：空间物理系会议室

论文名称	报告人
电磁场工程的研究意义和应用	鲁　述
边值条件和电磁场分析方法	徐鹏根
电子计算机和电磁场研究中作用	朱崇灿

主持人：王　燊　　时间：10 月 5 日
地点：空间物理系会议室

论文名称	报告人
关于天线、电波传播和电磁场理论问题	黄锡文
无线电波的绕射理论	李永俊
近代天线研究进展	黄景熙

主持人：王　燊　　时间：11 月 4 日
地点：空间物理系会议室

论文名称	报告人
电离层北驼峰微分多普勒测定	黄天锡 刘选谋
低磁纬区电离层午前咬失和午间咬失	刘选谋 黄天锡

— 18 —

空间物理学系学术报告会

论文名称	报告人
一九八七年秋分上海日环食电离层特性	吴世才 黄天锡 杨承保
电离层与空间物理文献研究方法	王　燊

主持人：王　燊　　时间：11 月 8 日
地点：空间物理系会议室

论文名称	报告人
电离层不均匀性与短波无线电信号的衰落	陶经伟
高矩太阳风的数值研究	王敬芳 姜新芙 熊东辉
电离层赤道异常峰区的微分多普勒跟踪	刘选谋
电离层总电子含量对 9 月 23 日日环食的响应	刘选谋

— 19 —

Dr. C. T. Kwei and the Carnegie in China in 1930s and 1940s

王曦按(2016年8月21日):

这是父亲保留的一篇介绍桂质廷教授在20世纪30—40年代开创中国的电离层研究和80年代的武汉大学空间物理与电波传播研究所的英文文章的原件。作者是王燊、梁百先和胡心如,1994年发表于 The Earth, the Heavens and the Carnegie Institution of Washington 一书的第5卷(地球物理史)。该书全面记录了美国华盛顿卡内基研究院的历史,是对该院成立90周年(1990年)的献礼。在原件上面,父亲亲笔注道"CIW 90大庆,6/15—17,1992"。父亲去世后,母亲又在旁边注道"CIW 90大庆)"。可见他们都重视这次活动。父亲应邀赴美出席了这个90大庆的庆祝活动。回国后,父亲在出访报告中说,他在大会发言中"宣讲了桂质廷教授在CIW的工作以及40年代武大与CIW在电离层研究方面的的合作"并"以历史材料向与会者说明:1.桂质廷教授不仅是中国近地空间物理学的先驱,而且作出了值得追忆的国际贡献。2.武大与CIW在电离层研究方面的早期合作是成功的。当时的"武汉大学游离层实验室",取得了若干开创性成果;发展至今的"武汉大学电波传播及空间物理研究所",更是欣欣向荣,前景可喜。"(详情参见父亲回国后向武汉大学提交的报告——"参加"天、地及华盛顿卡内基研究院"会议报告",编号为"家史·吴·3.16")

家史.吴.3.22

Dr. C. T. Kwei and the Carnegie in China in 1930s and 1940s

WANG SHEN, LIANG BAIXIAN, AND HU XINRU
Department of Space Physics, Wuhan University
Wuhan, Hubei 430072
People's Republic of China

CIW 90大庆, 6/15-17, 1992
CIW 90大庆

Dr. C. T. Kwei (1895-1961) was a professor of physics at Wuhan University, China. He was also one of the pioneers and founders of modern geophysical research in China. As a lifetime interest, his dedication to and contribution to this important branch of natural science was closely related to his early work in the Department of Terrestrial Magnetism (DTM), Carnegie Institution of Washington (CIW), in the 1930s and 1940s.

From 1931 to 1935, supported by the Institute of Physics, China, and the CIW, Dr. Kwei and Dr. F. C. Brown had made patrolling geomagnetic measurements in western, southern, and northern China during the summer or winter vacations. The elements measured were longitude, latitude, dip, declination, and horizontal force. For example, from July to September 1932, they had made measurements at 10 sites in northern China. The data they collected and the analysis they made comprised valuable information [Brown, 1933a and 1933b].

In 1936, when he was on sabbatical leave from the Central China College, Wuchang, China, Dr. Kwei visited the USA and worked for a period of time at DTM CIW. Upon his analysis of the geomagnetic data observed by Amundsen's Arctic Expedition from 1903 to 1905, he noted "some evidences of the dependence of diurnal variation on magnetic disturbance in the polar latitudes on longitude." A paper was published in the same year [Kwei, 1936].

During his stay in the DTM CIW in those years, under the influence of L. V. Berkner, J. A. Fleming, and M. A. Tuve, Dr. Kwei was keenly interested in ionospheric research, and some preparations for the work had been made. After he returned to Wuchang, a manual ionosonde of Berkner's design was constructed, and noon-hour observations were made from October 1937 to June 1938. He and one of his students, P. L. Sung, later reported, among others, two phenomena of interest. One is that the "critical frequencies of E- and F2-layers are higher for Wuchang than for Washington"—now known to be due to latitudinal effect and geomagnetic control. The other is "a large train of echoes closely packed together, the train itself varying in amplitude with time"—now called spread-F [Sung and Kwei, 1938; Wang, 1992].

In the spring of 1943, Dr. Kwei went to the USA again. In the winter of 1944, through his effort, a cooperative research project on the ionosphere was agreed upon between Wuhan University and CIW. A whole set of manual ionosonde was provided by DTM CIW. With assistance in transportation from the US Navy, the equipment arrived in Wuhan University, Loshan, China, on November 23, 1945. Through a strenuous effort of installation, hourly observations were started at the right beginning of the New Year's Day, i.e., 00 hr LMT of 1946. The Wuhan University Ionospheric Laboratory was then established with Dr. Kwei as the director. That was one of the earliest laboratories of this kind.

As a development of the Laboratory, the Institute of Radiowave Propagation and Space Physics was established in 1978. The Institute has now a staff of about 70 members. About 20 groups of researchers pursue about 10 projects annually. The main interest is upper atmospheric phenomena and their dynamics over mid- and low-latitudes. The existing experiments include: ionospheric vertical and oblique backscatter soundings, HF and VHF Doppler measurements, HF absorption measurements, satellite beacon measurements, low-latitude whistler observations, geomagnetic micropulsation observations, solar radio emission measurements, space plasma computer simulation experiments, and antenna measurement and design.

* * * *

Flower and fruit come from but a tiny seed. The seed sowed by Dr. Kwei and CIW grows well in China. Another spring turns up. Further prosperity should then be anticipated.

REFERENCES

Brown, F. C., The Magnetic Survey of China, *Lingnan Science Journal*, *12*, 101-104, 1933a.
Brown, F. C., and C. T. Kwei, Results of magnetic observations in North China, *Chinese Journal of Physics*, *1*, 91ff., 1933b.
Kwei, C. T., Some evidence of the dependence of diurnal variation of

The Earth, the Heavens and the Carnegie Institution of Washington
History of Geophysics Volume 5
Copyright 1994 by the American Geophysical Union.

（家史・吴・3.22、9.8）

西弗吉尼亚大学历史系国际科学合作史小组讨论会通知

王曦按(2017 年 2 月 6 日)：

以下是 1992 年 6 月 12—21 日父亲赴美国西弗吉尼亚大学历史系出席华盛顿卡内基研究院和西弗吉尼亚大学联合举行的“天、地与华盛顿卡内基研究院”专题研讨会期间的一次活动的通知。从它可见父亲是五位发言人之一。

家史·王·3·86

you are cordially invited to a

PANEL DISCUSSION

on
the history of

INTERNATIONAL COOPERATION IN SCIENCE

Mountainlair Potomac Room
Friday June 19, 1992
2 pm
Reception at 3:30 pm

Call Gregory Good at *2421
for more information

Speakers will include:

Stephen McCluskey, WVU History: Cooperation over the Centuries
W.D. Parkinson, Univ. of Hobart, Geophysics: American-Australian Cooperation at the Watheroo Magnetic Observatory
Wang Shen, Wuhan Univ., Space Physics: American-Chinese Cooperation in Ionospheric Research, 1930s
Gregory A. Good, WVU History: International Cooperation in the Geophysical Sciences
John Lankford, WVU History: International Cooperation in Astronomy in the 19th and 20th Centuries

Funded by the WVU Office of International Programs and the Institute for History of Technology and Industrial Archeology

在“天、地及华盛顿卡内基研究院”会议上的发言

王曦按(2017 年 2 月 6 日):

以下是父亲 1992 年 6 月在“天、地及华盛顿卡内基研究院”会议上的发言的底稿。在这个发言中,父亲回顾了武汉大学电离层研究的发展历程,对外有力地宣传了武汉大学的这个特色学科。

Ladies and Gentlemen,

First of all, ~~I would like~~ please allow me to take this opportunity, on behalf of the Space Physics Department, Wuhan University, China, to extend our ~~warm~~ congratulations to the General Assembly, and greetings and ~~hearty~~ thanks to you for your coming and for your support before, during and after this great event of IUGG and IAGA.

Wuhan University is situated at the southern bank of Yangtze River in central China. ~~Wuhan University~~ It is one of the oldest universities in our country. Three months later, it will celebrate its 70th anniversary in November.

In China , observation of the ionosphere was made for the first time at Shanghai in 1936 during a solar eclipse by M.K. Tsen, E.L. Chu and P.H. Liang. ~~At Wuchang, ionospheric observation had been made for a few months in 1937 and 1938 by P.L. Sung and C.T. Kwei, The later was a pioneer in geomagnetic survey in China.~~ Extraordinarily high foF2 was noted and explained at that time as an effect of the large difference between geographic and geomagnetic latitudes (30.6^{0}N gr, 19.1oN gm). ~~Shortly after the Second World War, in 1945,~~ C.T. Kwei brought back from the United States a ~~DTM-CIW~~ manual recorder and set up in 1946 an ionospheric observatory ~~in our University~~.

In the first decade from 1946 to 1957, hourly records were taken for a whole solar cycle. Morphological analyses were made such as the diurnal and seasonal variations of Wuchang data, the E2 and Es characteristics, and the phenomena of geomagnetic control. (equatorial anomaly)

This might be regarded as the very beginning of the Space Physics Dept. Nearly 4 decades have elapsed since then.

[1957-66 automatic ionosonde polarization absorption]

In 1957, the manual recorder was replaced by an automatic ionosonde, ~~And, at the same time,~~ the administrative responsibility was shifted ~~the~~ to the Geophysical Institute, and later to Wuhan Physics Institute, Academia Sinica. Mainly in two directions our work was developed during the second decade from 1957 to 1966. One ~~is~~ was to make equipments ourselves. The other was to probe a little further into the physics of the ionosphere. Polarimeters and absorption measuring equipments were designed and assembled. Polarization characteristics and amplitude fluctuation of reflected signals were studied. *[in relation to large-scale irregularities]*

[In addition to keeping vertical sounding records.]

[1966-76 Great Cultural Revolution Gravest Calamity and Regression]

Starting from 1966, the third decade witnessed the whole course of the "Great Cultural Revolution" (GCR), which, to the Chinese people, was a Gravest Calamity and Regression (GCR). In this period of time, all universities stopped enrolling students. Only a few practical experiments were made, such as oblique incidence ground backscatter for finding long distance MUF.

[1978- MUF determination Doppler shift multiple reflections D anomaly solar eclipse]

The situation began returning to normal in 1976. ~~People throughout the nation unleashed their enthusiasm for the modernization of our country. Our Department, the Space Physics Department, branched out from the Physics Department as a new entity in 1978.~~ Research groups of various sizes have been formed gradually. They fall into 4 divisions, ionospheric propagation, tropospheric propagation, electromagnetic field and antenna, and space physics.

[? Our Univ. restarted enrolling students in 1977. Re-admission of post-graduate students began in 1978]

In the first division, work has been going on in: 1/ the prediction and real-time determination of long distance MUF by oblique ~~incidence~~ sounding, 2/ acoustic gravity wave study by Doppler shift, 3/ theoretical study on multiple reflections, 4/ D region winter anomaly, and 5/ solar eclipse effects. ~~A group of people~~

2

A group of people went to Papua-New Guinea in June and did successful experiments on the total eclipse there.

In the second division, stress is mainly laid on raindrop attenuation of mm and cm waves. A suntracker was built in 1979 for monitoring the 12GHz solar radiations. Theoretical investigation of the plasma sheath is also going on. And, theoretical study of NEMP (nuclear electromagnetic pulse) has been put on their agenda recently.

In the third division, antennas of various shapes have been designed and their respective radiation fields calculated. Some experiments in this connection are also made.

In the fourth division, efforts are made in:
1/ Low latitude whistler observation. A few months ago, whistlers were recorded on the Westsand Islands; the geomagnetic latitude is as low as 5.5°N. 2/ Faraday rotation measurement by monitoring the 136MHz beacon signal from the Japanese satellite EST-2. 3/ Single component geomagnetic pulsation observation by a fluxgate magnetometer. Recently, thunderstroke analysis and solar plasma simulation have been planned and prepared by a number of people.

Ladies & Gentlemen, We have not achieved very much. We have not made much contribution to the science of ionosphere and radio propagation. Neverthe-less, organizations and scientists home and abroad have been giving us numerous valuable support. Feeling indebted to them, and aiming at an early modernization of our country, we are determined to make more efforts to do our work better. Thanks.

参加"天、地及华盛顿卡内基研究院"会议报告

王曦按(2016 年 8 月 30 日)：

这份材料是父亲的手迹，内容是他 1992 年 6 月应邀赴美出席华盛顿卡内基研究院 90 周年院庆活动的报告。

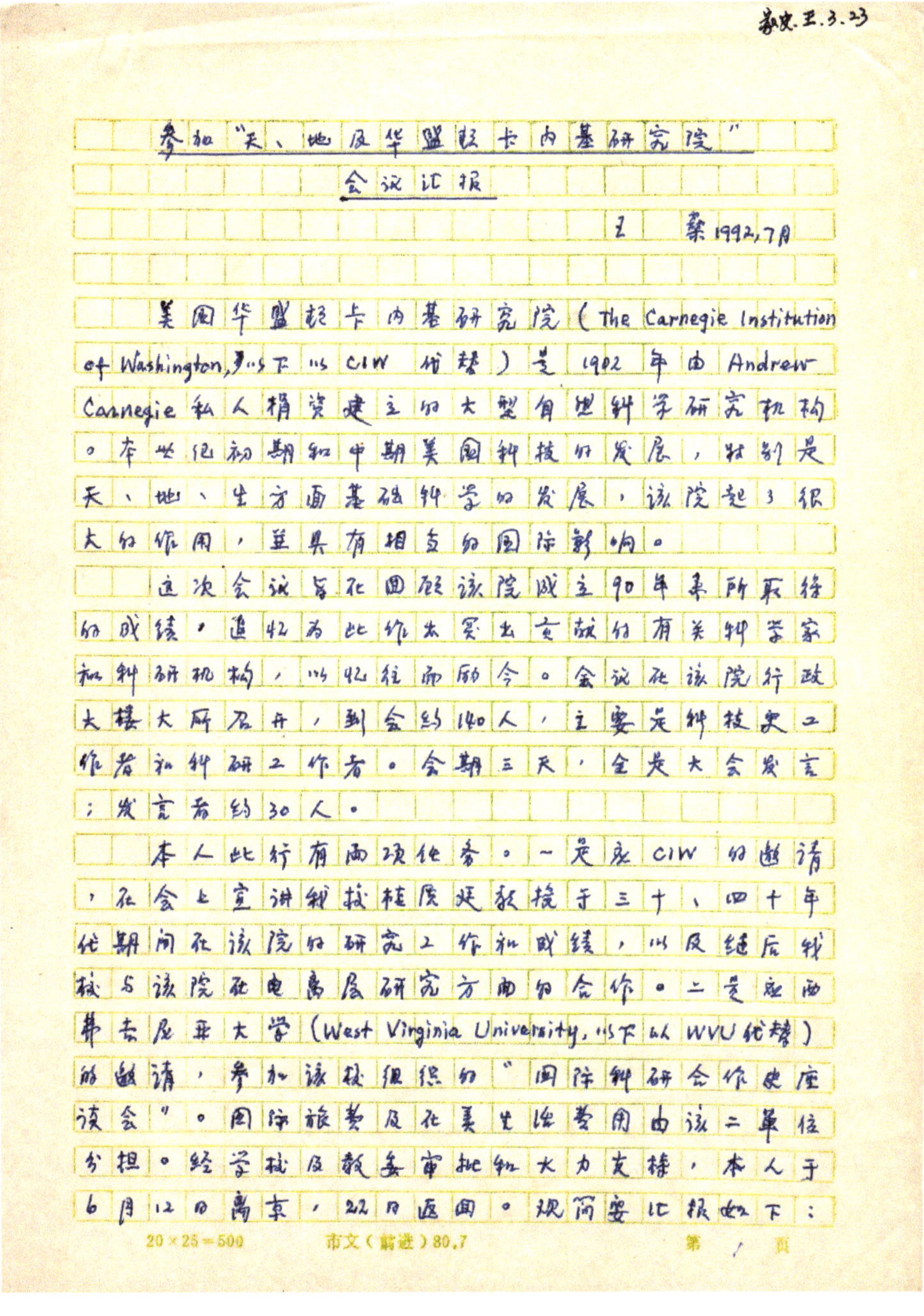
叙史.王.3.23

参加"天、地及华盛顿卡内基研究院"

会议汇报

王 燊 1992,7月

美国华盛顿卡内基研究院(The Carnegie Institution of Washington,以下以CIW代替)是1902年由Andrew Carnegie私人捐资建立的大型自然科学研究机构。本世纪初期和中期美国科技的发展，特别是天、地、生方面基础科学的发展，该院起了很大的作用，并具有相当的国际影响。

这次会议旨在回顾该院成立90年来所取得的成绩，追忆为此作出突出贡献的有关科学家和科研机构，以忆往而励今。会议在该院行政大楼大厅召开，到会约140人，主要是科技史工作者和科研工作者。会期三天，全是大会发言；发言者约30人。

本人此行有两项任务。一是应CIW的邀请，在会上宣讲我校桂质廷教授于三十、四十年代期间在该院的研究工作和成绩，以及继后我校与该院在电离层研究方面的合作。二是应西弗吉尼亚大学(West Virginia University,以下以WVU代替)的邀请，参加该校组织的"国际科研合作座谈会"。国际旅费及在美生活费用由该二单位分担。经学校及教委审批和大力支持，本人于6月12日离京，22日返回。现简要汇报如下：

20×25=500 市文(精进)80.7 第 1 页

一、宣讲了桂质廷教授在CIW的工作以及40年代武大与CIW在电离层研究方面的合作。我以历史材料向与会者说明：1．桂质廷教授不仅是中国近地空间物理学的先驱，而且作出了值得追忆的国际贡献。2．武大与CIW在电离层研究方面的早期合作是成功的。当时的"武汉大学游离层实验室"，取得了若干开创性成果；发展至今的"武汉大学电波传播及空间物理研究所"，更是欣欣向荣，前景可喜。会议主持人会后告我，讲话效果尚好，与会者反映，对桂教授和武大的工作有了进一步的了解和兴趣。

二、宣传介绍了我校电波传播及空间物理研究所。应西弗吉尼亚大学国际计划处及该校科技史研究所的邀请，在"国际科研合作史座谈会"上作为五位预约发言人之一，我介绍了我校在40年代与CIW的电离层合作研究，并着重介绍了电空所的概况和表示了进行国际合作的意向。会后与该校有关人士初步试探二校合作进行地磁脉动研究的可能性。可惜时间过于紧迫，未能深入了解情况和交换意见，只好约定今后书信联系。

总之，这次外出访问短，安排紧（在美停留二地、参加二会，总旅行程只八天），有些活动实在来不及进行。例如，原订参观访问CIW

20×25=500 市文（前进）80.7 第二页

的地磁学部和地球物理实验室，只在该学部展览室匆匆走了一圈；原订参观访问WVU物理系及工学院的安排，也未能实现。又如会后CIW档案管理人向我表示，该室存有有关桂教授的一些材料，欢迎我前去查阅。我因无法前去，只好表示感谢。不过，无论如何，主要目标还是基本达到，文章将在文集中发表，本人也被认定为CIW通讯刊物“Spectra”的长期读者，由该院免费赠阅该刊。

太阳活动第 22 周起始月武昌 Pc3,4 型地磁脉动

王曦按(2106 年 8 月 21 日)：

以下是父亲留下的一篇研究论文的手稿(中、英文)。文章报告了他在一次太阳耀斑期间在武昌观测到的地磁脉动的分析。文章写作日期不详，从文章内容看，应当在 1986 年至 1993 年(父亲正式退休)之间。

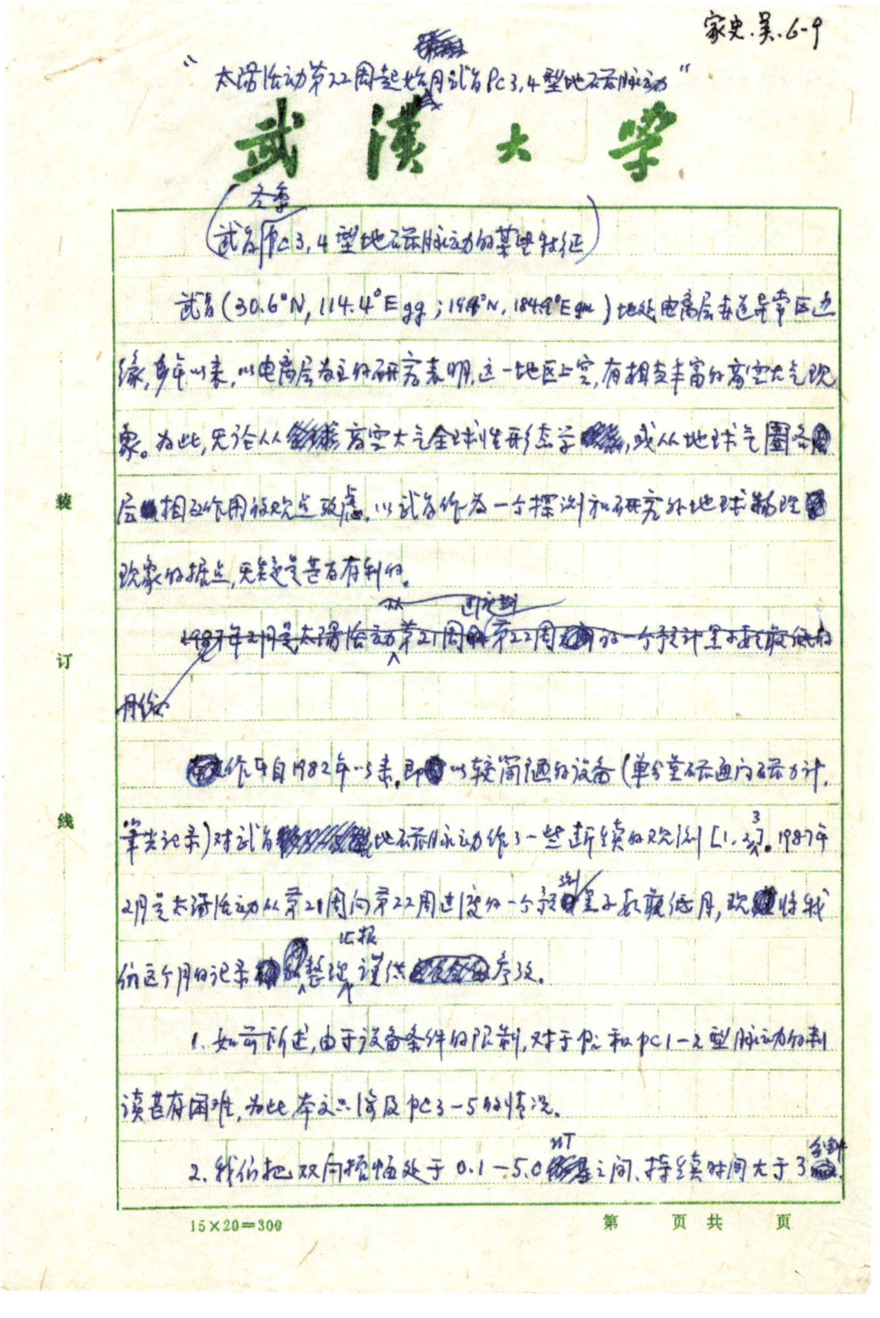

家史.吴.6-9

"太阳活动第22周起始月武昌Pc3,4型地磁脉动"

武漢大學

武昌Pc3,4型地磁脉动的某些特征

武昌(30.6°N, 114.4°E gg；19.4°N, 184.9°E gm)地处电离层赤道异常区边缘，多年以来，以电离层为主的研究表明，这一地区上空，有相当丰富的高空大气现象。为此，无论从高空大气全球性形态学，或从地球气圈各层相互作用的观点考虑，以武昌作为一个探测和研究外地球物理现象的据点，无疑是甚有利的。

~~1987年2月是太阳活动第21周向第22周过渡的一个统计意义上最低的月份~~

我们自1982年以来，即以较简陋的设备(单分量磁通门磁力计，笔式记录)对武昌地磁脉动作了一些断续的观测[1,2,3]。1987年2月是太阳活动从第21周向第22周过渡的一个统计意义上最低月，现将我们这个月的记录整理汇报，谨供参考。

1. 如前所述，由于设备条件的限制，对于Pi和Pc1-2型脉动的判读甚有困难，为此本文只涉及Pc3-5的情况。

2. 我们把双向振幅处于0.1-5.0 nT之间、持续时间大于3分钟

装订线

15×20=300　第　页共　页

武漢大學

取准正弦波作为一次pc4事件，所得出现频度如表一。将一日分为夜(21-02)、晨(03-08)、午(09-14)、昏(15-20)四个时段进行整理，从表二可以看出，pc3主要在晨段出现，pc4主要在夜段出现，pc5很少出现，pc4出现较多。

表一（原表一）出现频度（次数）——120°E地方时

表二 出现频度（次数）——时段

	总频度	夜(21-02)	晨(03-08)	午(09-14)	昏(15-20)
pc3	71	16	35	9	11
pc4	312	124	85	56	47

3. 将每10分钟作一时段，对周期、振幅进行人工读数，再对每小时的事件数取平均，记作该小时的周期和振幅，分别见表三和表四。

从表三、表四可以看出，pc3周期在晨段略短，午段稍长；pc4周期则在夜段较长。

装 订 线

武漢大學

表三 周期(秒)—120°E地方时 (原表二)

表四 周期(秒)—时段

	平均	夜(21-02)	晨(03-08)	午(09-14)	昏(15-20)
pc3	36.9	35.7	37.2	38.3	36.2
pc4	73.1	77.0	67.7	72.0	75.5

从表五(表示)可以看出，pc3振幅晨段较大，pc4振幅夜段较大。

装订线

15×20=300 第 页共 页

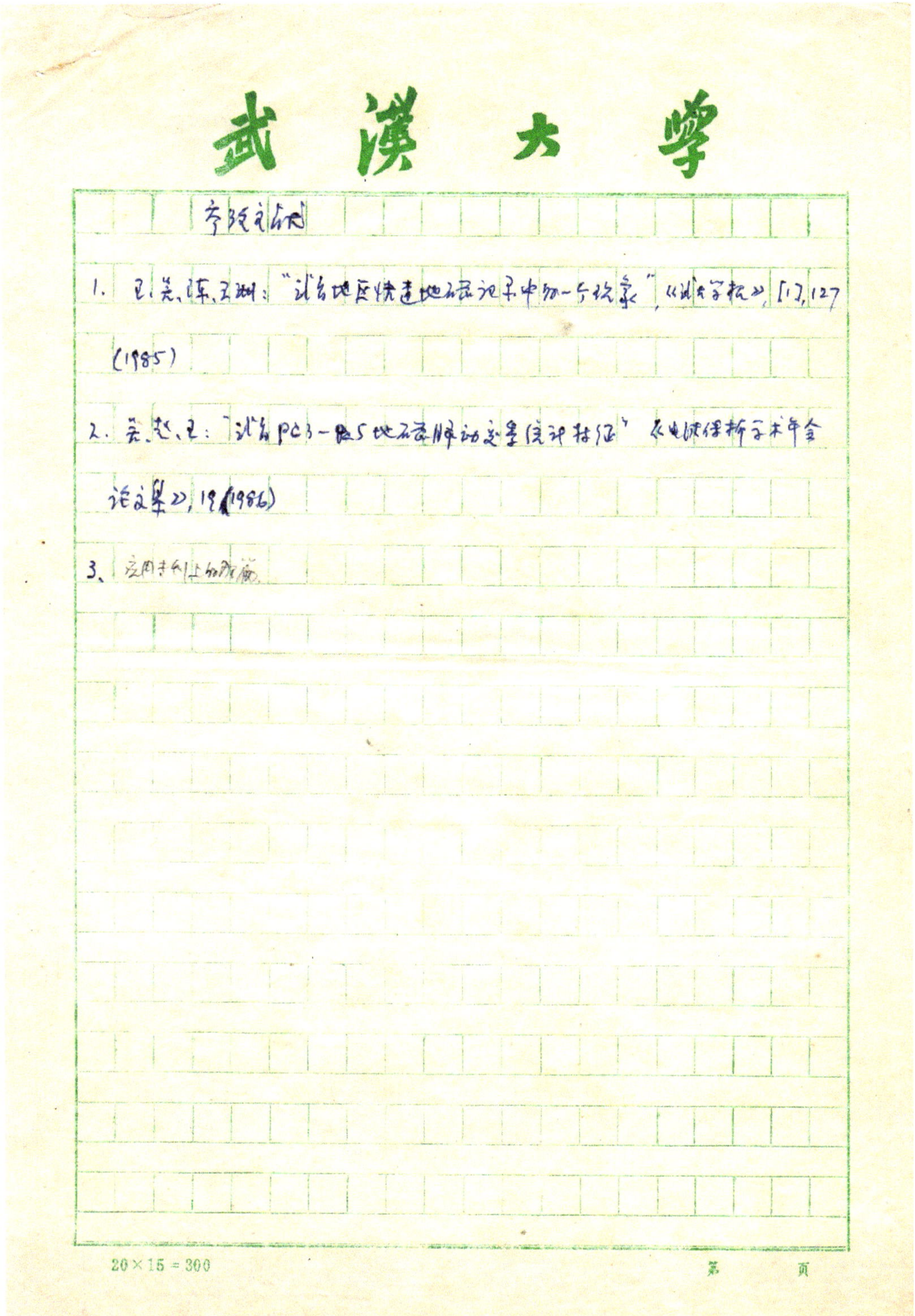

武漢大學

参考文献

1. 王、吴、陈、王渊："武昌地区快速地磁记录中的一个现象"，《武大学报》，[1]，127(1985)

2. 吴、赵、王："武昌PC3—PC5地磁脉动的统计特征"《电磁探测学术年会论文集》，19(1986)

3、应用手刊上的论文

20×15＝300　　第　页

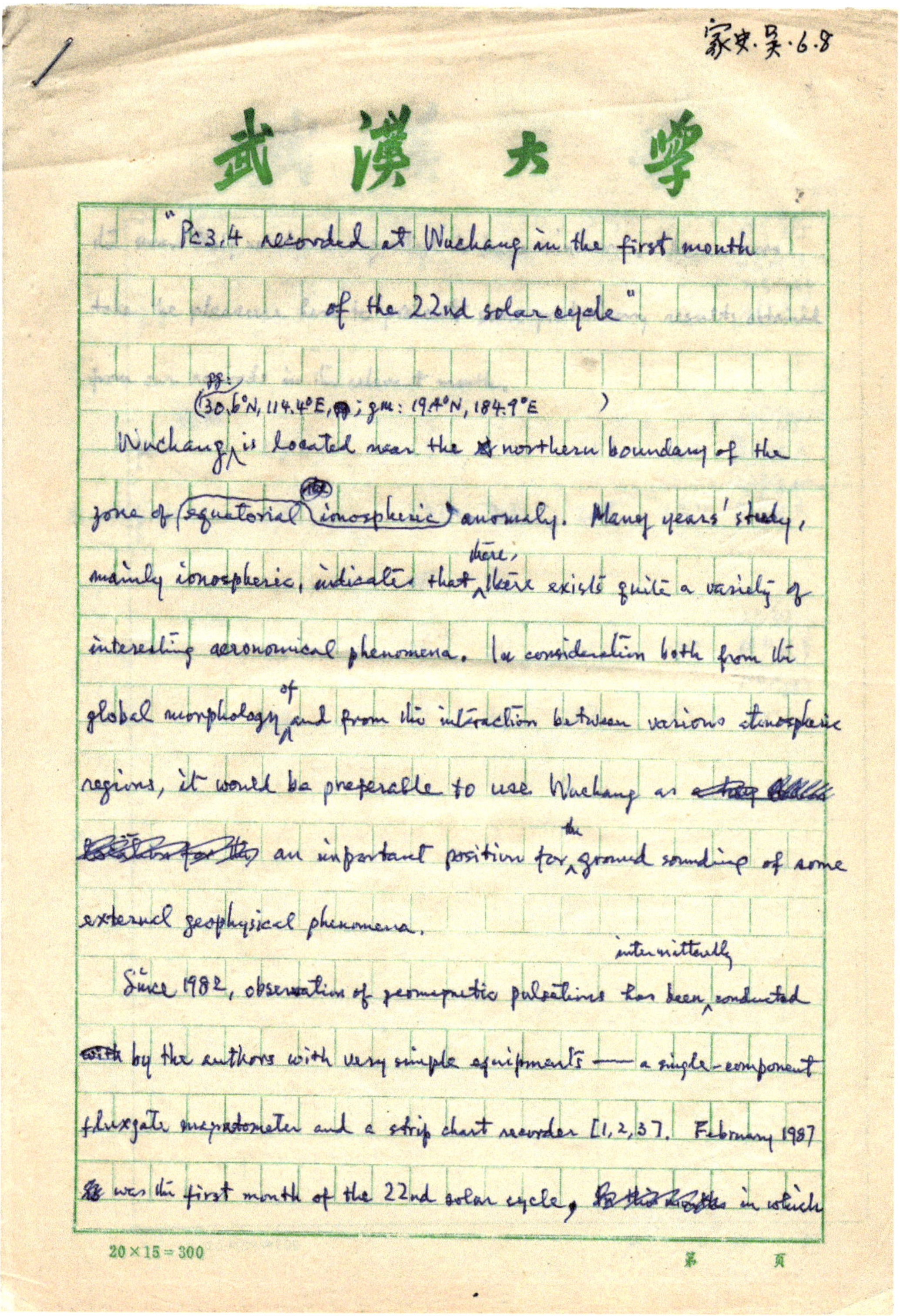

1

家史·吴·6·8

武漢大學

"Pc3,4 recorded at Wuchang in the first month of the 22nd solar cycle"

(gg: 30.6°N, 114.4°E; gm: 19.4°N, 184.9°E)

Wuchang is located near the northern boundary of the zone of (equatorial ionospheric) anomaly. Many years' study, mainly ionospheric, indicates that there exists quite a variety of interesting aeronomical phenomena. In consideration both from the global morphology of and from the interaction between various atmospheric regions, it would be preferable to use Wuchang as an important position for the ground sounding of some external geophysical phenomena.

Since 1982, observation of geomagnetic pulsations has been intermittently conducted by the authors with very simple equipments — a single-component fluxgate magnetometer and a strip chart recorder [1,2,3]. February 1987 was the first month of the 22nd solar cycle, in which

20×15=300 第 页

王燊科研文章英文手稿。王曦注

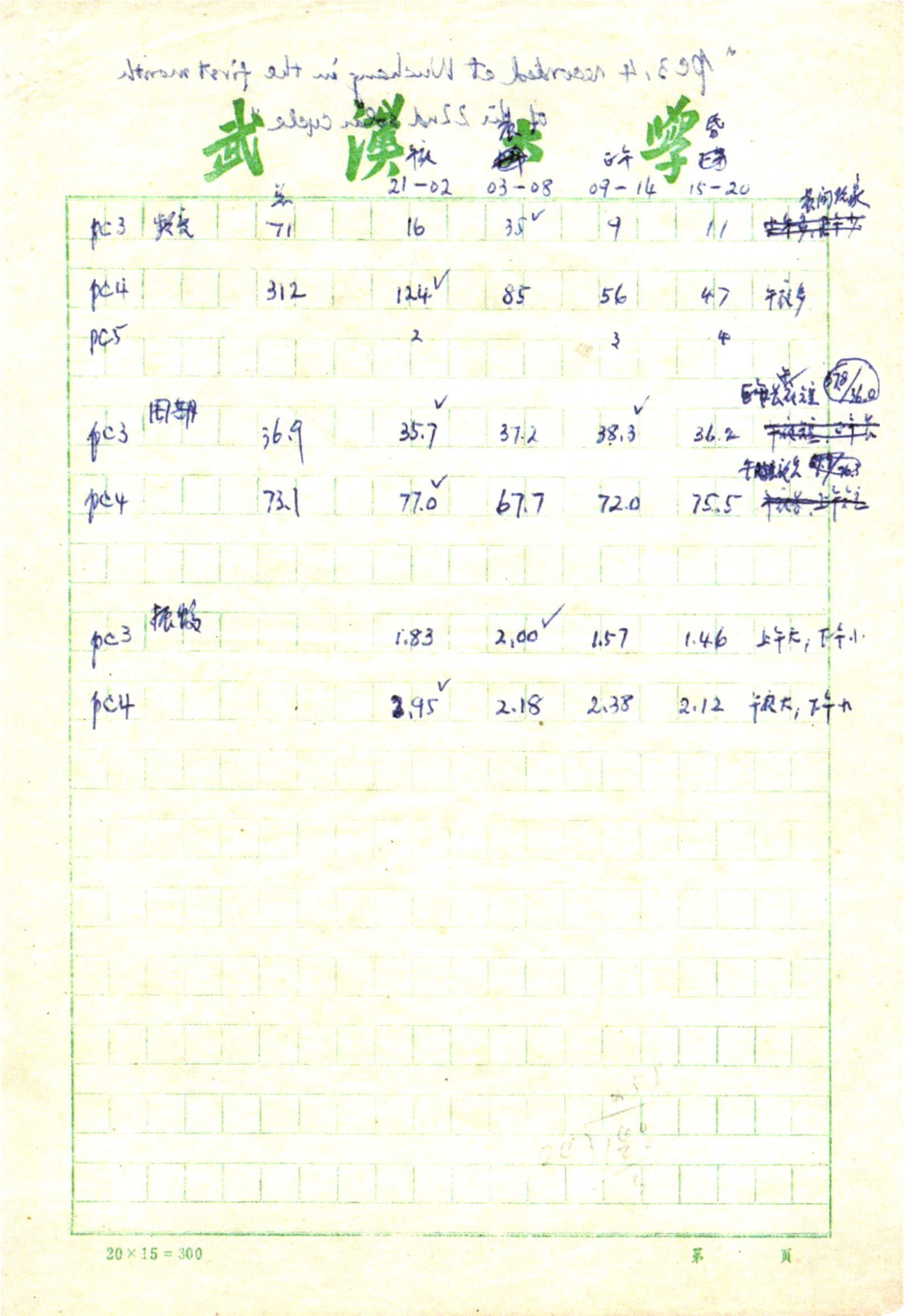

		21-02	03-08	09-14	15-20	
pc3	71	16	35	9	11	
pc4	312	124	85	56	47	
pc5		2		3	4	
pc3	36.9	35.7	37.2	38.3	36.2	
pc4	73.1	77.0	67.7	72.0	75.5	
pc3		1.83	2.00	1.57	1.46	上午大；下午小
pc4		2.95	2.18	2.38	2.12	

王燊科研文章英文手稿。王曦注

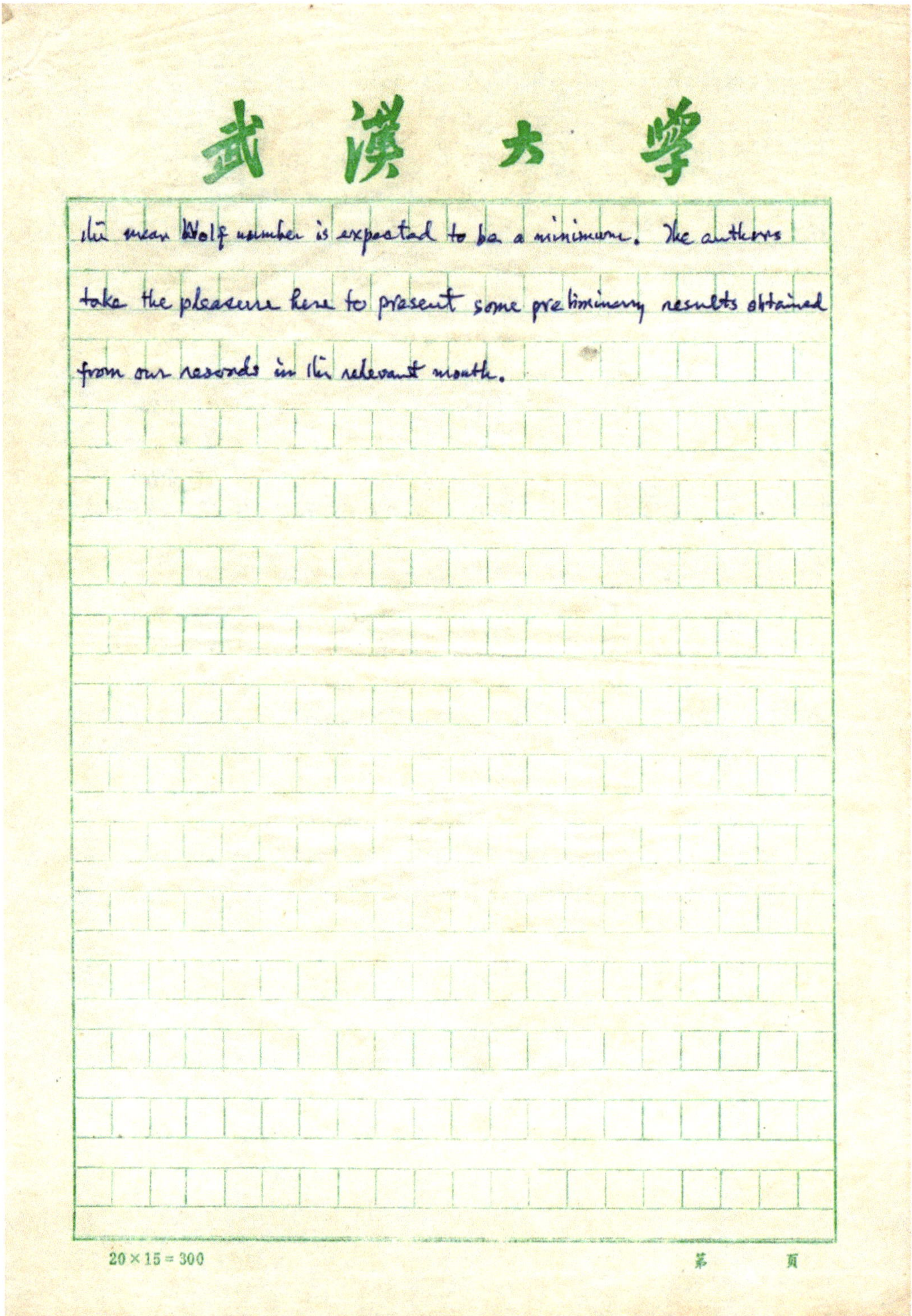
武漢大學

the mean Wolf number is expected to be a minimum. The authors take the pleasure here to present some preliminary results obtained from our records in the relevant month.

20×15=300　　第　　页

王燊科研文章英文手稿。王曦注

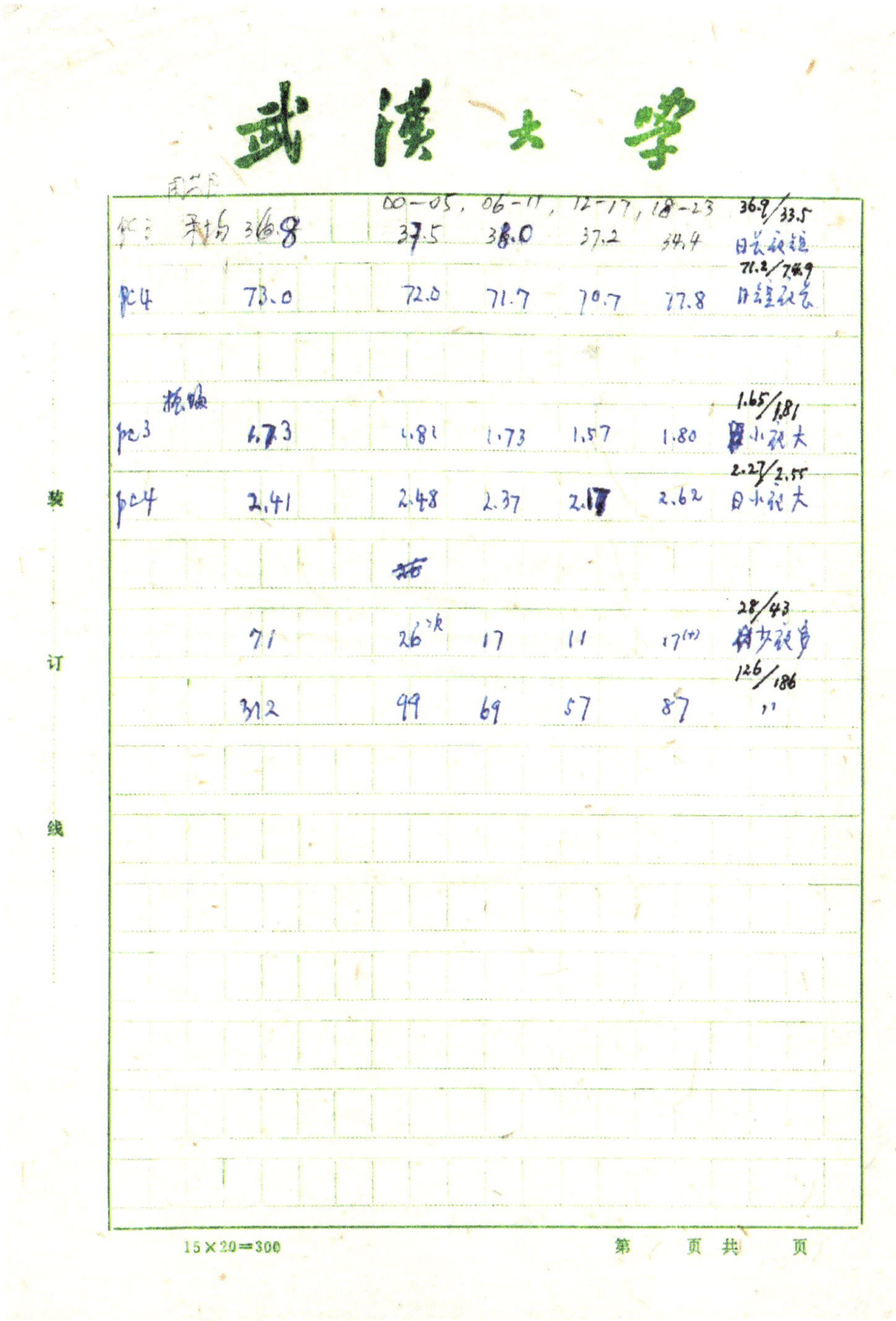

武漢大學

		00–05	06–11	12–17	18–23	
PC3	平均 36.8	37.5	38.0	37.2	34.4	36.9/33.5 日长夜短
PC4	73.0	72.0	71.7	70.7	77.8	71.2/74.9 日短夜长
振幅						
PC3	1.73	1.81	1.73	1.57	1.80	1.65/1.81 日小夜大
PC4	2.41	2.48	2.37	2.1[illegible]	2.62	2.27/2.55 日小夜大
	71	26次	17	11	17	28/43 日少夜多
	312	99	69	57	87	126/186 ”

装 订 线

15×20=300 第 页共 页

王燊科研文章英文手稿。王曦注

（家史·吴·6.8、6.9）

电离层赤道异常及其中国特色

——关于 LOLIC 计划(low—latitude Ionosphere over China)的倡议

王曦按(2016 年 8 月 21 日):

这是父亲复出科研后的一项科研倡议和倡议书草稿。他倡议继承和发扬光大我国科学家早期在电离层研究方面的历史性贡献,开展一次全国性的低纬电离层联合研究,为国际电离层研究做出新的中国贡献。这项倡议后来得到国家有关部门的支持并付诸实施。

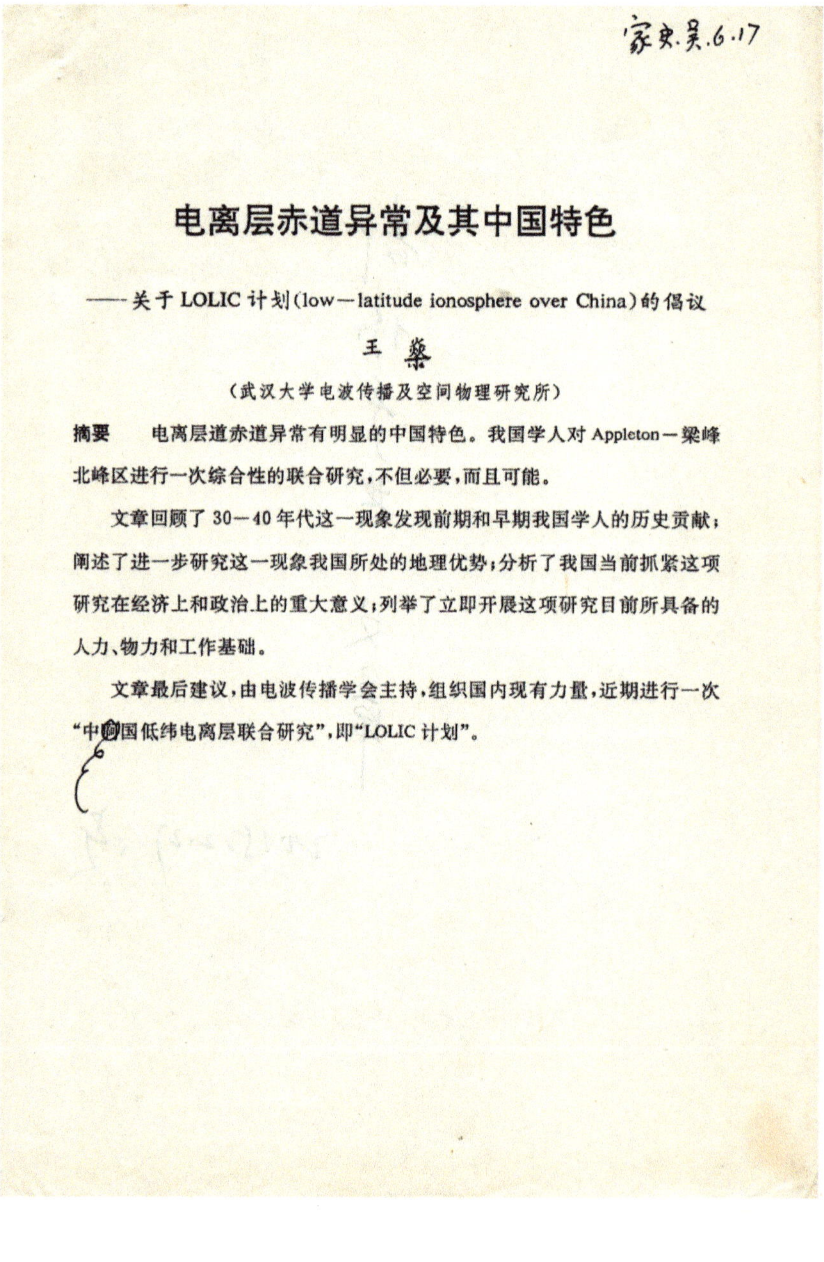

电离层赤道异常及其中国特色

——关于 LOLIC 计划(low—latitude ionosphere over China)的倡议

王 燊

(武汉大学电波传播及空间物理研究所)

摘要　电离层道赤道异常有明显的中国特色。我国学人对 Appleton—梁峰北峰区进行一次综合性的联合研究,不但必要,而且可能。

文章回顾了 30—40 年代这一现象发现前期和早期我国学人的历史贡献;阐述了进一步研究这一现象我国所处的地理优势;分析了我国当前抓紧这项研究在经济上和政治上的重大意义;列举了立即开展这项研究目前所具备的人力、物力和工作基础。

文章最后建议,由电波传播学会主持,组织国内现有力量,近期进行一次"中国低纬电离层联合研究",即"LOLIC 计划"。

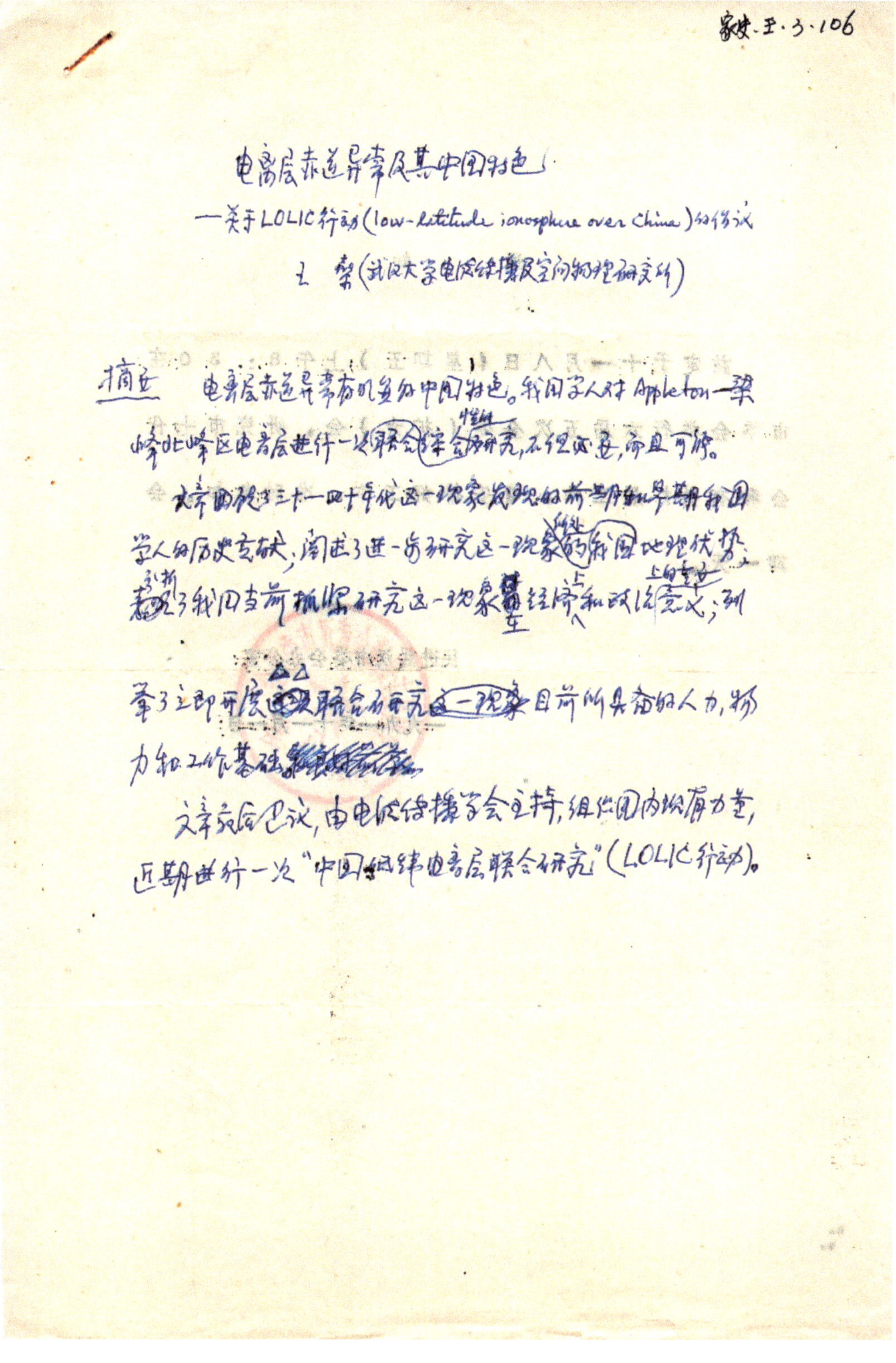

家安·王·3·106

电离层赤道异常及其中国特色

——关于LOLIC行动(low-latitude ionosphere over China)的倡议

王 燊(武汉大学电波传播及空间物理研究所)

摘要 电离层赤道异常有明显的中国特色。我国学人对Appleton一染峰北峰区电离层进行一次联合性的综合研究,不但必要,而且可能。

文章回顾了三十—四十年代这一现象发现的前期和早期我国学人的历史贡献,阐述了进一步研究这一现象的我国地理优势;分析了我国当前抓紧研究这一现象在经济上和政治上的重要意义;列举了立即开展联合研究目前所具备的人力、物力和工作基础。

文章最后建议,由电波传播学会主持,组织国内现有力量,近期进行一次"中国低纬电离层联合研究"(LOLIC行动)。

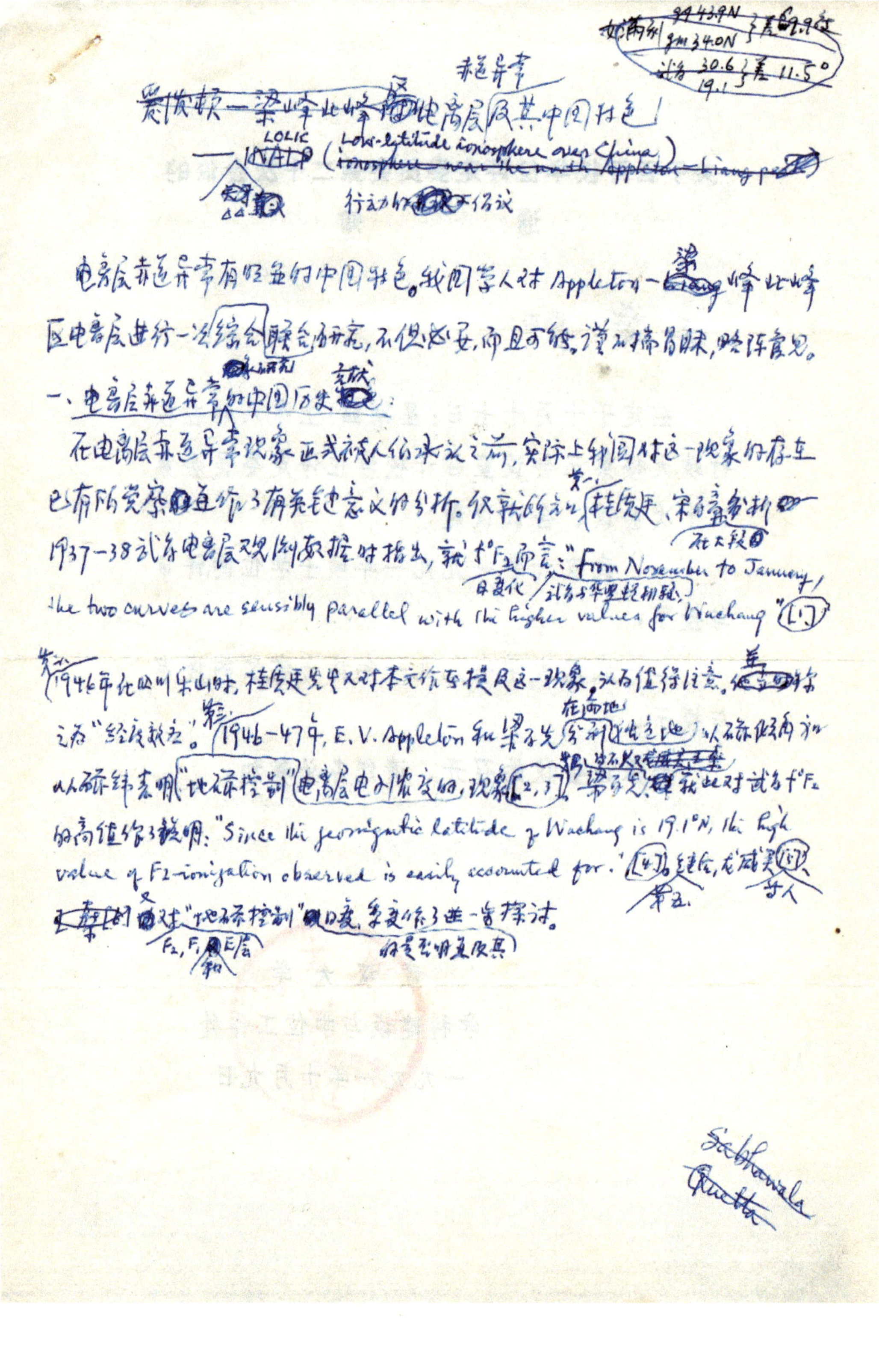

电离层赤道异常及其中国特色

——LOLIC (Low-latitude ionosphere over China)

电离层赤道异常有明显的中国特色。我国学人对Appleton—梁峰北峰区电离层进行一些综合研究，不但必要，而且可能。谨不揣冒昧，略陈愚见。

一、电离层赤道异常的中国历史文献：

在电离层赤道异常现象正式被人们承认之前，实际上我国对这一现象的存在已有所觉察并作了有关意义的分析。桂质廷、宋百廉分析1937–38武昌电离层观测数据时指出，就F2而言："From November to January, the two curves are sensibly parallel with the higher values for Wuchang"[1]

1946年在四川乐山时，桂质廷先生又对本文作者提及这一现象，认为值得注意。称之为"经度效应"。1946–47年，E.V. Appleton和梁百先以磁倾角和以磁纬表明"地磁控制"电离层电子浓度的现象[2,3]。梁百先就此对武昌F2的高值作了说明："Since the geomagnetic latitude of Wuchang is 19.1°N, the high value of F2-ionization observed is easily accounted for."[4]

又对"地磁控制"作了进一步探讨。

二、电离层赤道异常研究的中国地理优势

从地理的角度来看，电离层赤道异常区的中国部分至少有两个明显的特点。一是武汉以南大陆中国陆地处于北半球赤道异常区内，经度和纬度的跨度之大，很少有别的国家可以相比。第二个特点是，地磁纬度与地理纬度的差别恰好在中国部分最大。以武汉为例，武汉的地理纬度为30.6°N，而地磁纬度只有19.1°N，二者相距11.5°。日本的女满别，地理纬度43.9°N，地磁纬度34.0°N，二者相距9.9°。

印度的新德里

这两个得天独厚的特点就决定了：第一，大陆陆地适合于进行稳定的长期台基观测；第二，地磁纬度与地理纬度相距的大差有利于分析地磁的影响，而这一影响恰好又是赤道异常的主要因素。

小结1：从上两节的客观事实表明，从近地空间物理全球性观点出发，对电离层赤道异常现象的进一步研讨，主要宜由我国学者在我国领土上进行。这是众望所归，也是责无旁贷的。

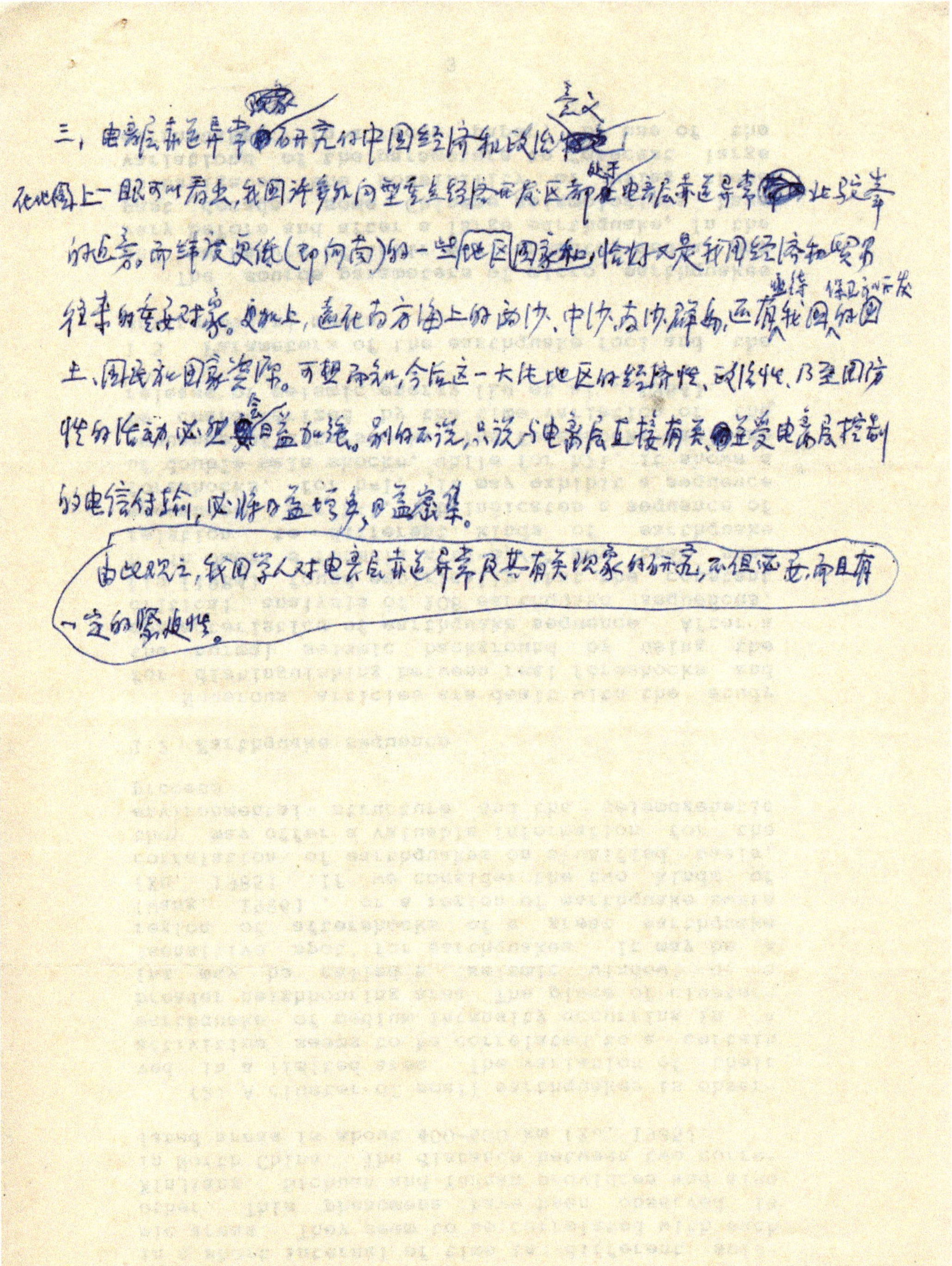

三、电离层赤道异常现象研究对中国经济和政治的意义

在地图上一眼可以看出，我国许多外向型重点经济开发区都处于电离层赤道异常北驼峰的近旁，而纬度更低（即向南）的一些地区和国家，恰好又是我国经济和贸易往来的重要对象。更加上，遥在南方海上的西沙、中沙、南沙群岛，还有亟待我国保卫和开发的国土、国民和国家资源。可想而知，今后这一大片地区的经济性、政治性、乃至国防性的活动，必然会日益加强。别的不说，只说与电离层直接有关、并受电离层控制的电信传输，必将日益增多，日益密集。

由此观之，我国学人对电离层赤道异常及其有关现象的研究，不但必要，而且有一定的紧迫性。

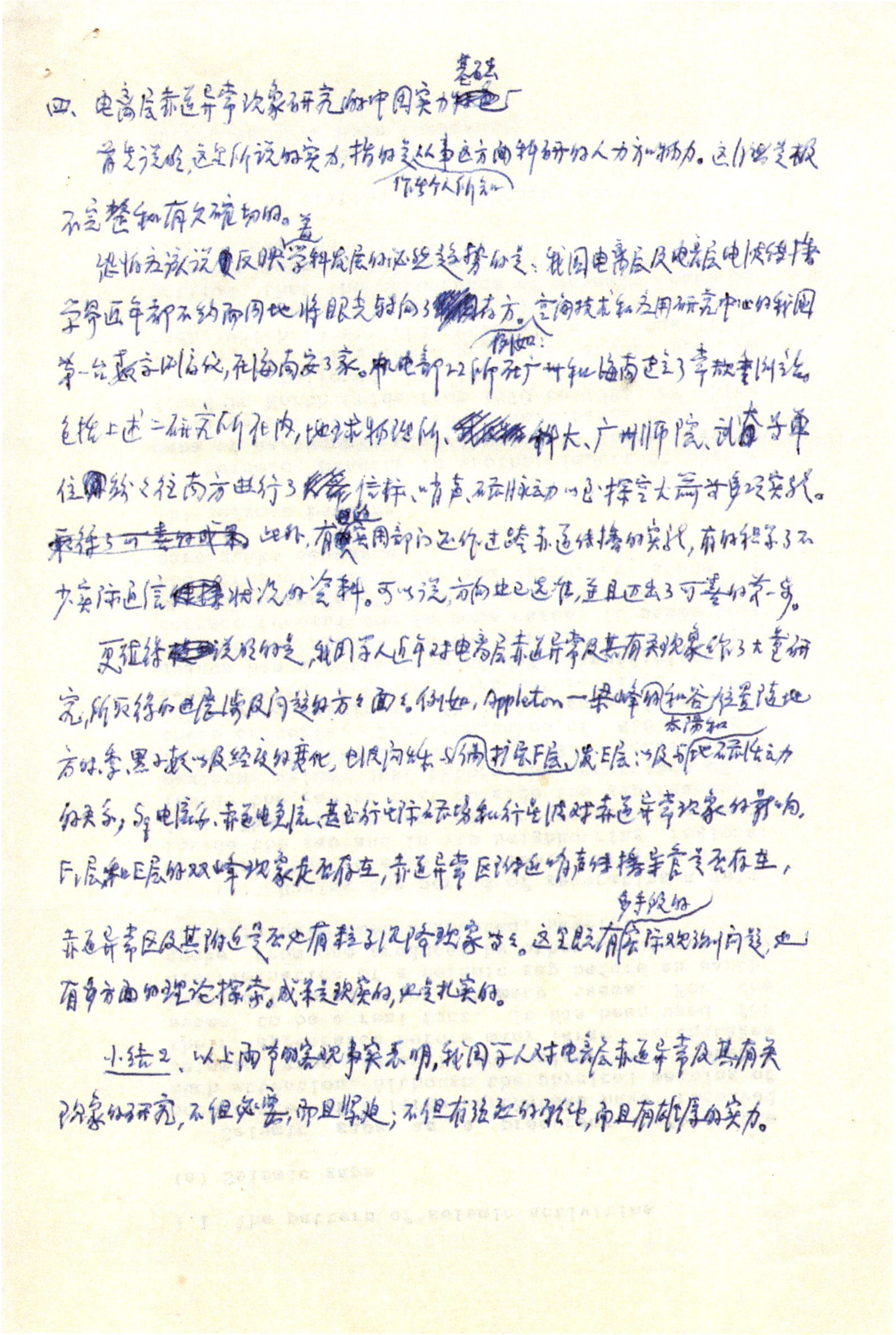

四、电离层赤道异常现象研究的中国实力基础

首先说明，这里所说的实力，指的是从事这方面科研的人力和物力。这仅仅是根据作者个人所知，不完整和有欠确切的。

总的来说，最能反映学科发展的必然趋势的是：我国电离层及电离层电波传播学界近年都不约而同地将眼光射向了南方。空间技术和应用研究中心的我国第一台数字测高仪，在海南安了家。例如：机电部22所在广州和海南建立了常规测试站。包括上述二研究所在内，地球物理所、科大、广州师院、武大等单位纷纷往南方进行了信标、哨声、磁脉动以至探空火箭等多项实验。此外，有关应用部门还作过跨赤道传播的实验，有的积累了不少实际通信状况的资料。可以说，方向已经选准，并且迈出了可喜的第一步。

更能说明问题的是，我国学人近年对电离层赤道异常及其有关现象作了大量研究，所取得的进展涉及问题的方方面面。例如，Appleton异常峰的和谷的位置随地方时、季节、黑子数以及经度的变化，电离层向北-南偏移与F层、E层以及与太阳和地磁活动的关系，Sq电流系、赤道电急流、垂直漂移运动、电场和行星波对赤道异常现象的影响，F_1层和E层的双峰现象是否存在，赤道异常区的哨声传播兼重复是否存在，赤道异常区及其附近是否也有粒子沉降现象等等。这里既有多手段的实际观测问题，也有多方面的理论探索。成果是独实的，也是扎实的。

小结2、以上两节的客观事实表明，我国学人对电离层赤道异常及其有关现象的研究，不但必要，而且紧迫；不但有强烈的兴趣，而且有雄厚的实力。

五、关于“中国低纬电离层联合研究”的建议

由电波传播学会负责主持，向国家自然科学基金和其他渠道筹措资助，欢迎有兴趣、有条件的单位和个人踊跃参加。按照1987年9月23日我国日环食联合观测的经验，参加者只需将自己的工作时间、地点和课题目标，部分或全部地纳入这一联合行动。学会的主要任务是对课题的计划协调。所谋取的少量资助主要用于成果（数据、文章）的交流（讨论会）、汇编（数据集、文集）和象征性的运转补偿。

建议将这一研究称为LOLIC行动（Low-latitude ionosphere over China）。

[1] Sung, P.L. & C.T. Kwei, TMAE, 43, 453 (1938)

[2] Appleton, E.V., Nature, 157, 691 (1946)

[3] Liang, P.H., Nature, 160, 642 (1947)

[4] Liang, P.H., H.L. Leung & S. Wang, Chin. J. of Phys., 7, 115 (1948)

[5] Leung, H.L., JGR, 54, 177 (1949)

[6] 王 燊，中国科学与技术, 2, [1], (1949)

关于引进“Digisoude—256”

王曦按(2016年8月21日)：

这是父亲留下的一份手稿，其内容是关于引进一部电离层探测设备的必要性的论证。它从一个侧面反映了父亲为继承和发展武汉大学的电离层研究事业所做的努力。

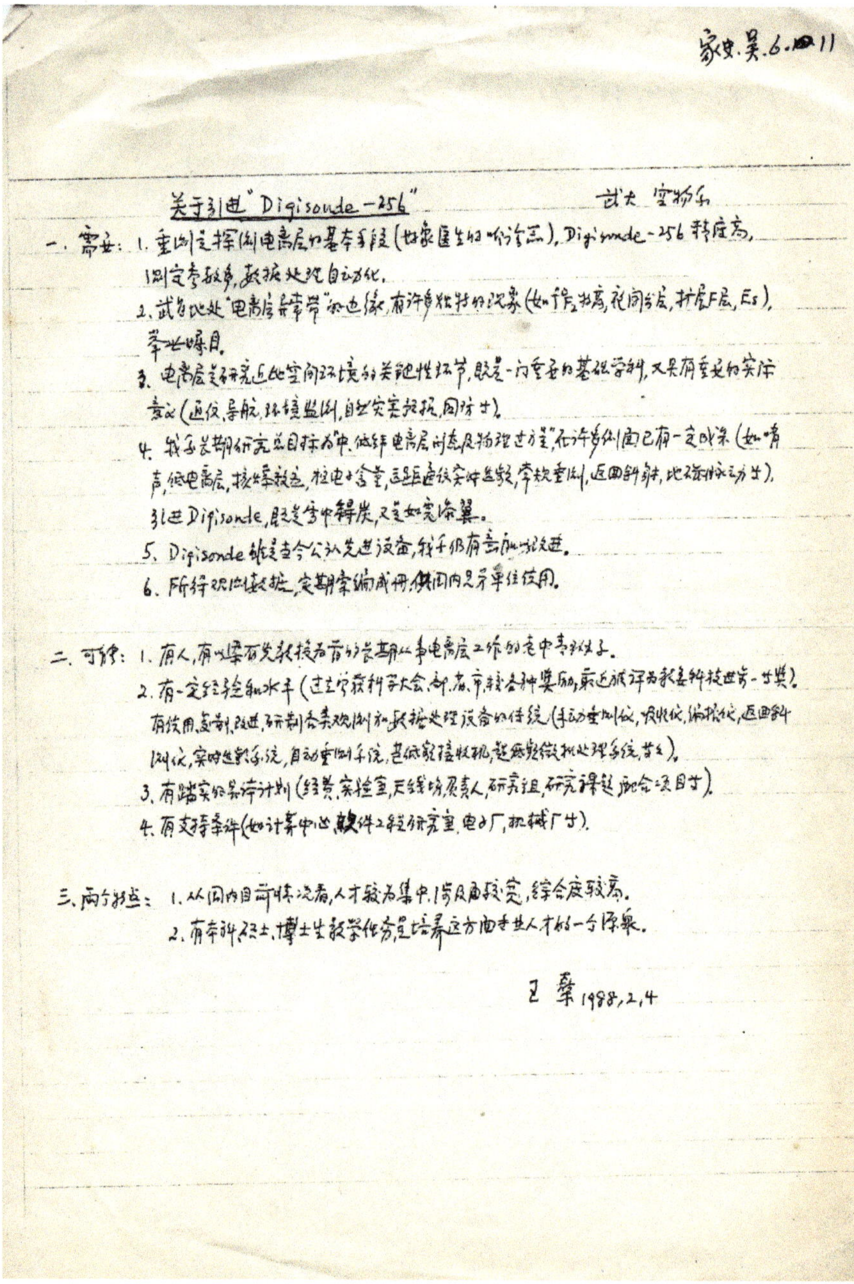

家史.吴.6.11

关于引进"Digisonde—256"　　武大 空物系

一、需要：1. 垂测是探测电离层的基本手段（好象医生的听诊器），Digisonde—256精度高，测定参数多，数据处理自动化。

2. 武昌地处"电离层异常带"的边缘，有许多独特的现象（如f_0F_2较高，夜间分层，扩展F层，Es），举世瞩目。

3. 电离层是研究近地空间环境的关键性环节，既是一门重要的基础学科，又具有重要的实际意义（通信、导航、环境监测、自然灾害预报、国防等）。

4. 我系长期研究总目标为"中低纬电离层动态及物理过程"，在许多方面已有一定成果（如哨声，低电离层，核爆效应，粒电子含量，远距离通信实时选频，参数垂测，返回斜射，电磁扰动等），引进Digisonde，既是雪中送炭，又是如虎添翼。

5. Digisonde虽是当今公认先进设备，我们仍有条件加以改进。

6. 所得观测数据，定期汇编成册，供国内各有关单位使用。

二、可能：1. 有人，有以梁百先教授为首的长期从事电离层工作的老中青队伍。

2. 有一定经验和水平（过去曾获科学大会、部、省、市、校各种奖励，最近被评为我省科技进步一等奖）。有使用、复制、改进、研制各类观测和数据处理设备的传统（手动垂测仪，快收仪，偏振仪，返回斜测仪，实时选频系统，自动垂测系统，甚低频接收机，超短波微机处理系统，等等）。

3. 有踏实的具体计划（经费，实验室，天线场，负责人，研究组，研究课题，配合项目等）。

4. 有支持条件（如计算中心，软件工程研究室，电子厂，机械厂等）。

三、两个特点：1. 从国内目前情况看，人才较为集中，涉及面较宽，综合度较高。

2. 有本科、硕士、博士生教学任务，是培养这方面专业人才的一个源泉。

王燊 1988,2,4

（编号：家史·吴·6.11）

“武汉大学电离层电波传播研究五十年”项目申请

王曦按(2016 年 8 月 21 日)：

以下是父亲装订并保留的一份写于 1988 年的项目申请书。从材料的内容看，他与同事共同倡议搞一次名为“武汉大学电离层电波传播研究五十年”的大型学术活动。这个活动旨在在总结和弘扬武汉大学的电离层和电波传播研究传统。材料中说：“如果我们不总结，看形势就会有其他同单位同志要来总结。在中国曾经出现过‘敦煌艺术在中国，敦煌艺术的研究却在日本’和‘中国古代科技的发展在中国，而最先写成中国科学技术史巨著的是英国人李约瑟’的现象。我们不能造成中国电波传播研究事业开创在武汉大学而总结却是其他单位的研究人员。”

武漢大學

科研处并呈校领导：

我校是在我國电离层电波传播学科领域最先进行科学研究和設立专业的高等学校，从开創到現在已有四十多年的历史。近五十年来，特别是新中國誕生以来，我校这一具有开創性的工作，得到了持续不断的发展。从机构看，由原来桂質廷教授創建的游离层实验室发展到目前的一系——空间物理系，一所——电波传播及空间物理研究所，两个实验基地——黄陂試验站和珞珈山电波综合观測站。就人才培育来説，已为國家培养輸送了七百余名该学科领域的研究生和本科生，現在还設立了博士点。这其中不少人已成为著名专家、学者或担任國家有关单位的重要领导职务。几十年来开展研究的主要課題有廿多个，研、复制了多種仪器設备，发表专著、论文数百篇。这些成果具有一定的國际影响，有的填补了國家空白和达到國际先进水平，曾获1978年全國科学大会奖两项，1987年國家教委科技进步一等奖和國家自然科学三等奖及有优秀科研成果奖等多项，为我國科教、通訊和國防事业作出了重要的贡献。

上述成绩是多年来党和政府重视、领导与支持的

武漢大學

结果，是几十年来武汉大学数百名教学科研人员共同劳动的结晶。这些成就已经取得举世的公认。最近，中国科学院自然科学史研究所在编撰《中国近代物理学家论文选》初拟名单中有桂质廷教授，即是因为桂在我校开创电波传播研究中起了重要作用。这一事实说明，为了回顾我校电离层电波传播研究工作几十年来的历程，为了总结我校唯一的能持续进行长达四十多年的科研课题的组织经验，为了检阅我校在这个课题上所取得的历史成就，我校电离层电波传播研究工作进行总结有其必要。很显然，如果我们不总结有形势就会有其他单位同志要来总结。在中国曾经出现过"敦煌艺术在中国，敦煌艺术的研究在日本"和"中国古代科技的发展在中国，而最先写成中国科学技术史巨著的是英国人李约瑟的现象。我们不能造成中国电波传播研究事业开创在武汉大学而总结却是其他单位的研究人员。

有鉴于此，我们几个同志共同商量，愿意承担此项工作，因而提申请批准建立"武汉大学电离层电波传播研究五十年"（暂定名）项目课题，特申请经费5000元作为调研、资料复印、照相、录音器材及参加必要学术会

武漢大學

议和发表论文之用。计划该课题在1990年完成。特此报告，妥否，请批示。

申請人：
王燊
胡心扣
管荣生
赵修鋭
一九八八年六月

（编号：家史·吴·6.14）

地磁脉动与核爆炸监测

王曦按(2018 年 8 月 30 日)：

这份材料是父亲与甘仁海先生合著的一篇论文的底稿。它从一个方面反映了父亲复出从事科研后所做的地磁脉动研究的成果。

全国第 3 届核监测学术会议论文选集
Proceeding of the 3th National Conference on Nuclear Monitoring

地磁脉动与核爆监测

王 燊 (武汉大学空电系)
甘仁海 (武汉仪表集团公司)

本文探讨应用地磁脉动的测试在地面监测高空核爆炸的可能性。
关键词：地磁脉动 核爆监测

1 前言

对于地下、地面和低空的核爆炸，可以应用地震、光辐射、冲击波、次声、核电磁脉冲等效应来实施监测。但对于在电离层以上高空的核爆炸，却比较困难来进行监测。虽然可以应用监测卫星构成空中核爆监测网，但此方案不仅技术要求高，且代价甚大。

核爆炸与自然界一些异常事件(如地震、火山爆发、磁暴、太阳耀斑等)一样，会对地磁脉动产生影响。本文拟探讨应用地磁脉动的测试在地面监测高空核爆炸的可能性。

2 地磁脉动与高空核爆炸

1861 年英国人 Balfour Stewart 在 Greenwich 的 Kew Observatory 记录的一次大磁扰中发现了“脉动式扰动”，从而发现了“地磁脉动”现象。

地磁脉动按形态分类，有连续脉动和不规则脉动两类。

连续脉动的特点是：

(a)变化较规则，持续时间较长；

(b)周期为 0.2～600s 以上，Pc1～Pc6；

(c)变幅 0.01～100nT。

不规则脉动的特点是：

(a)变化不规则，衰减较快；

(b)周期 1～150s 以上，Pi1～Pi3；

(c)变幅 0.01～100nT。

地磁脉动的来源，一般认为系太阳风与磁层顶等离子体互相作用产生磁流波，在高纬度引起磁力线振荡，而在低纬度，磁力线场向电流发生变化，从而产生地磁脉动。

下面列举美国两次高空核爆炸作业中地磁观测的情况。

2.1 Argus 作业[1]

1958 年 8 月至 9 月美国在南大西洋 480km 高空引爆了三个核装置。(当量约 1～2kt)，在此作业中，在六处进行地磁观测。

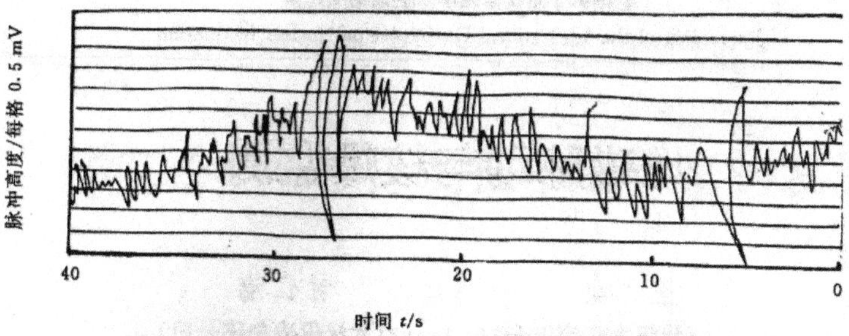

图 1　在 Argus Ⅱ 爆 炸时，在 Arizona 观测到的地磁信号

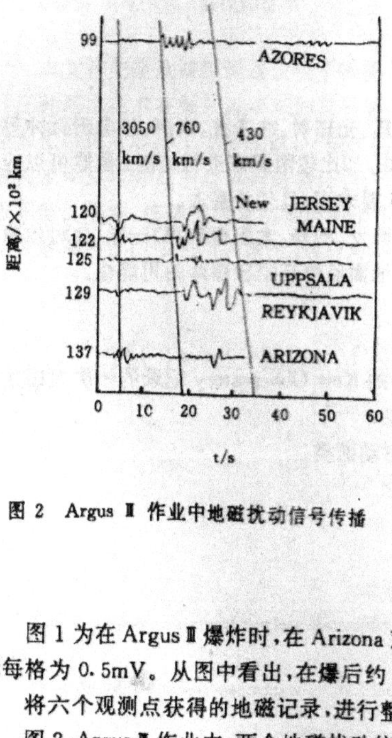

图 2　Argus Ⅱ 作业中地磁扰动信号传播

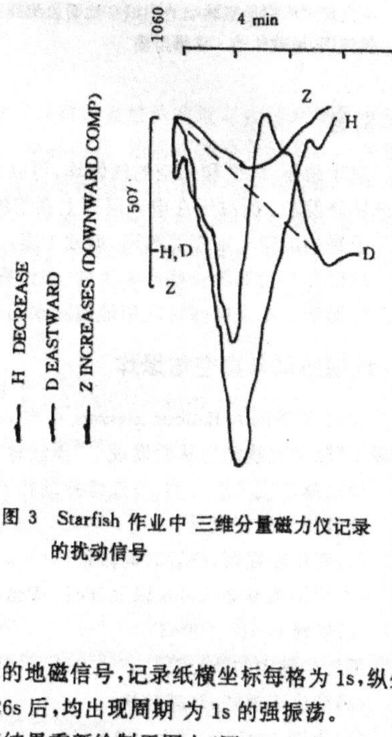

图 3　Starfish 作业中 三维分量磁力仪记录的扰动信号

图 1 为在 Argus Ⅱ 爆炸时，在 Arizona 观测到的地磁信号，记录纸横坐标每格为 1s，纵坐标每格为 0.5mV。从图中看出，在爆后约 5s 和 26s 后，均出现周期 为 1s 的强振荡。

将六个观测点获得的地磁记录，进行整理，将结果重新绘制于图上(图 2)。

图 2：Argus Ⅱ 作业中，两个地磁扰动信号的传播。从图 2 中可以看出，6 个测点均收到这两个地磁扰动信号，其中传播速度分别为 3050km/s 和 760km/s。

2.2　Starfish 作业[2]

1962 年 7 月 9 日，美国在南太平洋 Johnston Island 高空引爆了一个核装置，并在 Alaska 作了地磁观测，观测仪器采用了三分量地磁仪，在三个分量上记录了核爆炸引起的地磁扰动，见图 3。

从图 3 可以看出，H 分量最为灵敏，记录到了扰动信号的幅度变化，超过了 500nT。

对地磁仪观测数据的分析，可得到以下几点结果：

(1)引爆后 2.1s，总强度突然增加，继而有周期 2.5 至 3s 的大幅振荡。

(2)引爆后 52s，3nT 负脉冲持续约 8s。

(3)引爆后 66s，大幅度、长周期扰动。

3 结束语

(1)高空核爆炸可以引起地磁场的扰动，在地面利用地磁仪观测地磁脉冲，可以监测高空核爆炸。

(2)地磁仪配置在地震台站，进行日常的地磁观测以积累资料，众多的地震台站可构成核监测网络。

(3)进一步深入研究高空核爆炸与地磁脉动的规律，努力解决信号识别问题。

(4)高空核爆炸的监测，是战略防御中不可缺少的手段，此项研究具有重要意义。

参 考 文 献

1 Berthold W K, Harris A K. World-Wide Effect of Hydromagnetic Waves Due to Argus"J. Geophys, Research Aug. 1960.

2 Wilson C R. Hydromagnetic Waves Generated by the July g. 1962. Nuclear Weapon Test As Observed at College. Alaska"J. Geophys. Research May. 1963.

Earth Magnetical Pulse and Nuclear Explosion Monitoring

Wang Shen (Dept of Space Phys., Wuhan University)

Gan Renhai (Wuhan Instumentation and Automation Industry Co. 430014)

Abstract

This paper describes earth magnetical pulse and nuclear explosion monitoring in air.

(Key Words: Earth magnetical pulse　Nuclear explosion monitoring)

在美国奥克兰大学做的γ辐射实验研究

王曦按(2016 年 10 月 18 日)：

父亲 1978 年复出空间物理的科研和教学工作之时，已年届 57 岁。由于多年的荒废，他复出从事科研和教学后的艰难，可想而知。他真正恢复科研的活力，可能发生在 1980 到 1981 年美国奥克兰大学做访问学者期间。在奥克兰大学，他除了听课之外，还同该校的教授一起，开展了关于γ辐射和地磁脉动的研究。下面这篇是他在美期间与奥克兰大学物理系的 A. R. Liboff 教授和 Craig N. Vogeli 先生所做的关于室内γ辐射研究的论文手稿(中文手稿和英文稿首页)。

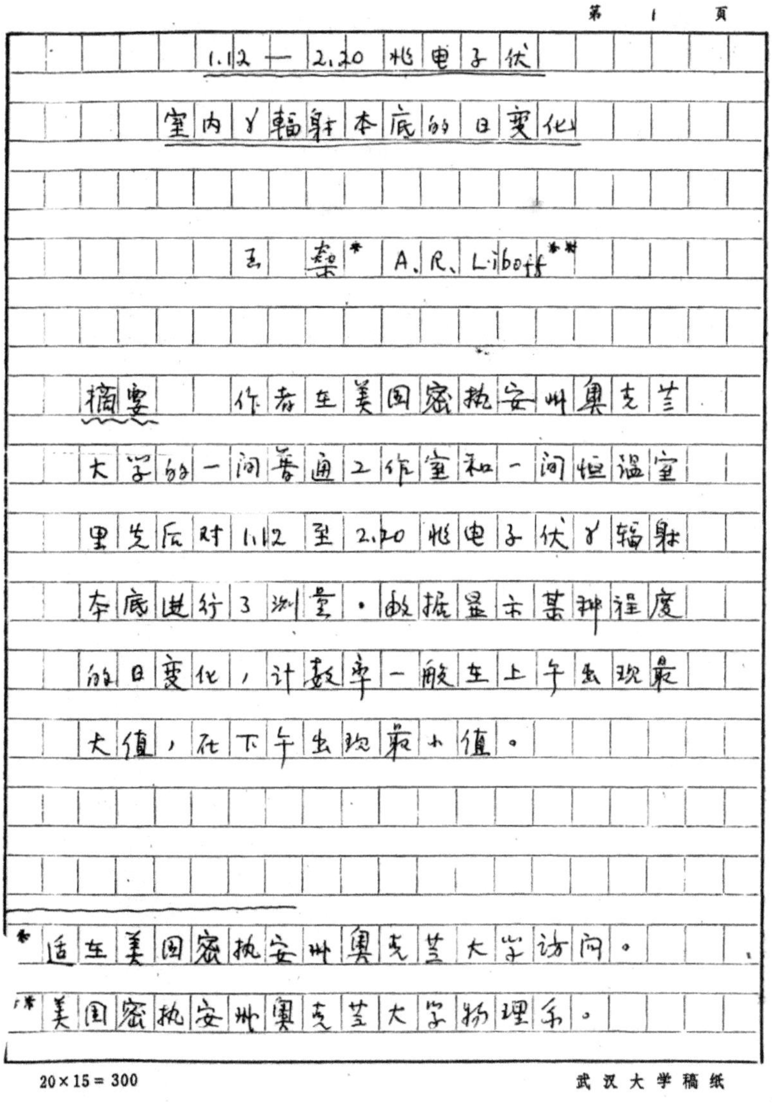
第 1 页

1.12—2.20 兆电子伏

室内γ辐射本底的日变化

王燊* A.R.Liboff**

摘要 作者在美国密执安州奥克兰大学的一间普通工作室和一间恒温室里先后对1.12至2.20兆电子伏γ辐射本底进行了测量。数据显示某种程度的日变化，计数率一般在上午出现最大值，在下午出现最小值。

* 适在美国密执安州奥克兰大学访问。

** 美国密执安州奥克兰大学物理系。

20×15=300 武汉大学稿纸

在研究地面宇宙射线[1,2]，或研究地面环境[3]方面，人们经常触及γ辐射本底周期性变化的问题。我们最近对1.12至2.20兆电子伏室内γ辐射本底的这一主要部分作了一些测量，得出了相应的日变化。

我们将一块4×4英吋 Harshaw 16MBS16型 NaI(Tl)闪烁晶体连于光电倍增器，用以拣取入射的γ光子，并将它们转换为电脉冲。再用一台Tracor TN-1750型多道脉冲高度分析仪将脉冲按能量区分并加以计数。图1所示即为我们所用脉冲高

1) Liboff, A.R., in The Natural Radiation Environment II, Vol. I, p.55, (1972)

2) Kyker, G.C. 和 A.R.Liboff, J.G.R., 83, [A12], 5539, (1978)

3) Gemesi, J., D.Szy 和 A. Toth, in The Natural Radiation Environment II., A. Lowder (ed.), Vol. II, p.751, (1972)

定分析仪屏幕上的典型γ能谱。在1.12至2.20兆电子伏的范围内有四个明显的峰（图2）。其中1.12，1.76和2.20兆电子伏的三个峰，都来自U^{238}的衰变产物Bi^{214}；而1.46兆电子伏处的峰则主要来自K^{40}这一天然放射性同位素（该峰包括某些Bi^{214}的成分）。

图1 γ辐射本底的典型能谱

图2 γ谱峰及其相应的能量

4) Eisenbud, Environmental Radioactivity, McGraw Hill, p.176, (1963)

实验地点是美国密执安州奥克兰大学物理系大楼(Hannah Hall)。该处的地理经纬度和地磁经纬度分别为42.6°N，83.2°W和53.9°N，17.8°W，海拔高度约为283米。

我们从1981年2月9日至3月26日期间先后在HH176和HH147两房间内进行实验。HH176是一间普通工作室，在我们进行实验的期间有一般的暖气供应，室内温度变化于16—25°C之间。HH147是一间室温经常控制在约20°C的实验室。两房间都在一楼。我们将闪烁晶体和光电倍增器装置埋置在一桶泡沫塑料碎屑里，用以减缓其周围的空气对流作用，并使温度变动稍现平滑。这套检测装置所处的位置与地面，天花板和墙壁都至少有1米的距离，以尽可能减低来自这些方面的影响。在计数过程中，我们把脉冲高度分析仪的死响应时间调到了最小，使响应时间与实际时间极为接近。此外，在整理数据时，我们还对死响应时间所造成的偏计数作了校正。分析器将每小时某峰下的积分计数输送到一台仪控打字机，自动按时打印。

我们在每一房间进行了三组测量，每组测量大都连续进行五天（或五天以上）。（1）测量了每小时四个峰内的总计数率，代表各该室通常的γ本底。（2）测量了每小时B峰内的计数率，一般地代表K^{40}的情况。（3）测量了每小时C峰内的计数率，一般代表Bi^{214}的情况。所得各项平均百分差的日变曲线分别示于图3—5（实线—HH176，虚线—HH147）。所得各峰内的平均计数率分别列示于表1。

图3 室内γ辐射本底平均百分差的日变化

图4 室内γ辐射本底中K^{40}分量（为主）平均百分差的日变化

图5 室内γ辐射本底中Bi^{214}分量平均百分差的日变化

表Ⅰ 平均积分计数率（计数/秒）

	HH176	HH147
(A+B+C+D)峰	41.58 ±(6.43)	40.48 ±(0.28)
B峰	19.20 ±(0.28)	17.60 ±(0.07)
C峰	4.45 ±(4.05)	4.41 ±(0.14)

根据以上图表可以看出：

（1）室内γ辐射本底的平均日变化一般不过略高于1%。但，似乎多少有一定的日变化存在，最大值出现于上午，大约在0500时附近；最小值出现于下午，大约在1500时附近（图3）*。

（2）在恒温室内，起伏幅度显著减小。

20×15=300　　武汉大学稿纸

* 图上给出最大和最小的差曲线，供参考。

同时，最大值和最小值的出现时间都向后移了3—4小时。

我们求得二室日变化的相关系数为0.394。若将恒温室日变曲线的时间向后移3小时，则二曲线的相关系数增加为0.859。

（3）Bi^{214}和K^{40}的变化都甚不规则（图4，5）。图5实线所示的特大起伏，可能是偶然因素所致，因为2月22日夜间的计数出现了异常高的现象。

致谢 在进行实验和草拟本文的过程中，承奥克兰大学物理系Bennett先生以及Daniel女士和Mckibbon女士多方协助，谨此致谢。

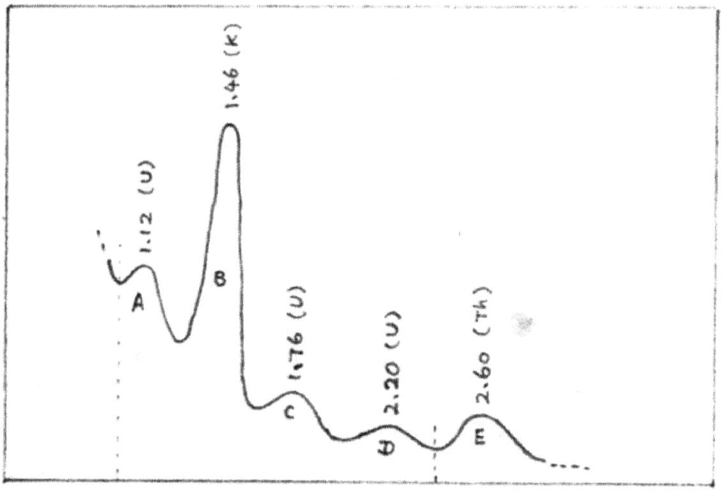

图2 γ谱峰及其相应的能量

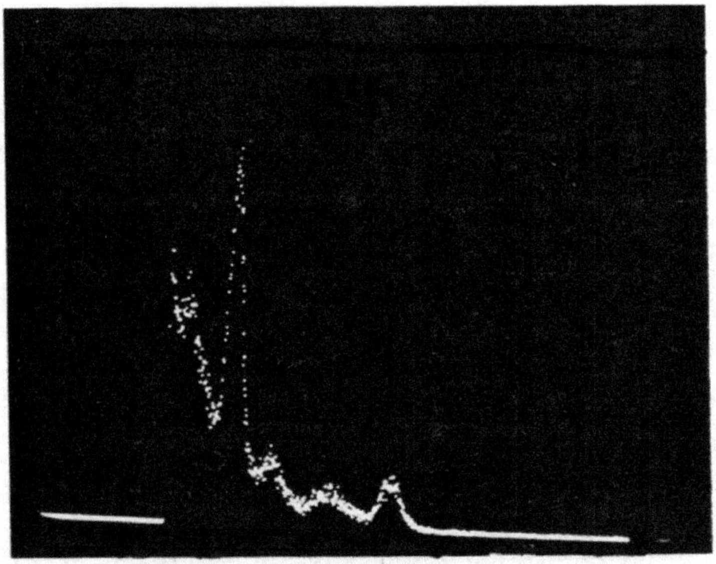

图1 γ辐射本底的典型能谱

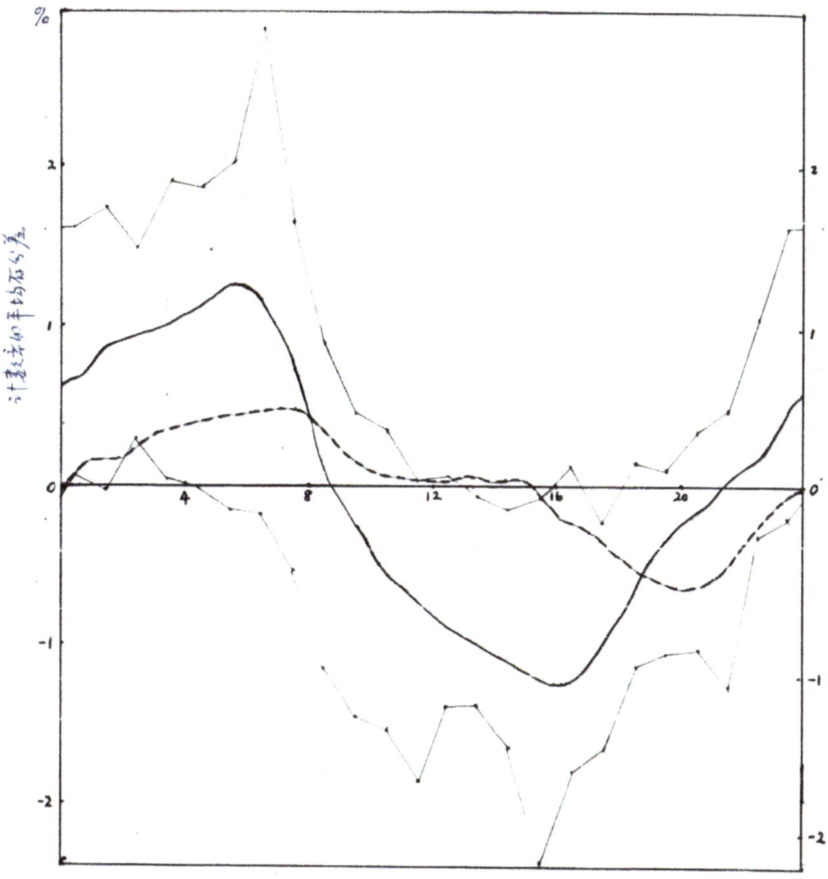

图3 室内γ辐射本底平均百分差的日变化

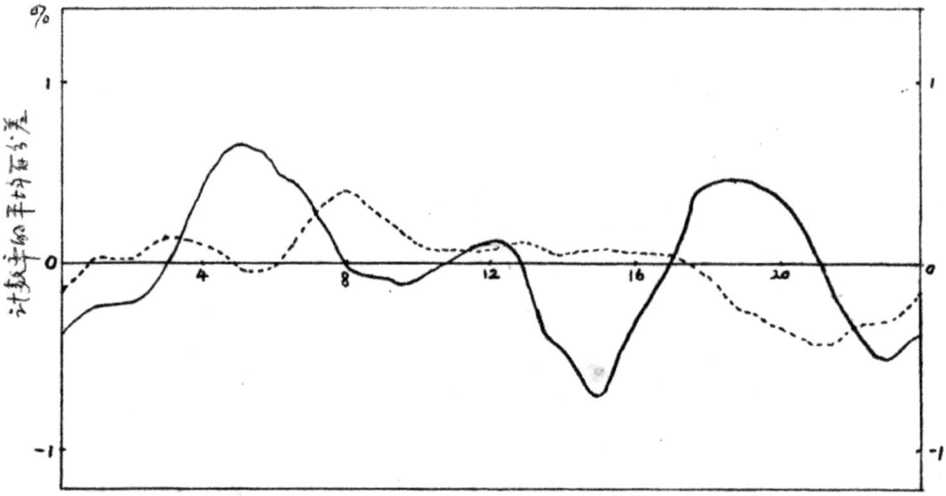

图4 室内γ辐射本底中K^{40}分量(为主)
平均百分差的日变化

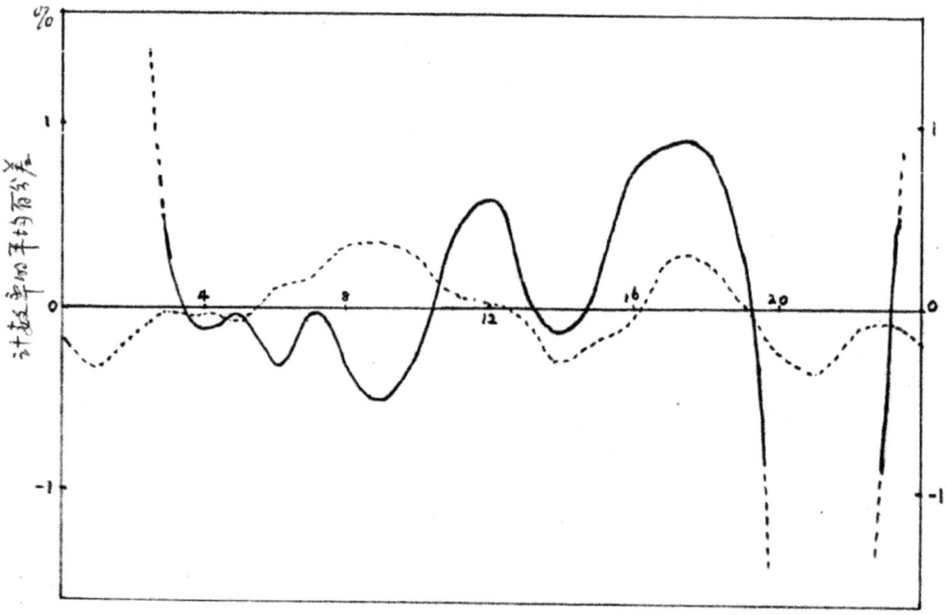

图5 室内γ辐射本底中Bi^{214}分量
平均百分差的日变化

第　　页

Diurnal Variation of 1.12–2.20 MeV Indoor γ-radiation Background

Wang Shen and A. R. Liboff

Abstract: Indoor background γ-radiation between 1.12 and 2.20 MeV peaks has been measured at Oakland University, Rochester, Michigan, U.S.A., in a common office and in a temperature-controlled room, respectively. A somewhat regular diurnal variation was obtained. It is shown that there is generally a maximum count rate in the morning and a minimum in the evening.

家史·王·3·121

A Preliminary Investigation of Ground Level Natural γ-radiation in the Vicinity of 1.46 MeV

Wang Shen*, A.R. Liboff** and Craig N. Vogeli**

Abstract: Analysis of the scintillation peak around 1.46 MeV shows that there are two main components, K^{40} and BI^{214}, making comparable contributions to this peak. Two kinds of measurements have been made for the analysis. One of them can be used as a simple and quick method for an approximate determination of overlapping components. An example is given.

Owing to the fact that K^{40} has a characteristic single γ-radiation peak at 1.46 MeV, that K^{40} is a natural radioisotope of very common occurrence, and that there is almost always a strong peak around 1.46 MeV in ground level natural γ-radiation spectrum (Figure 1), the peak at about 1.46 MeV is often referred to as the K^{40} peak(1). However, a closer examination reveals that there exists a number of sub-peaks under this peak, which, although not easily separated in the spectrum, more or less make contributions to the total number of counts in the vicinity of this peak in background γ-radiation scintillation experiments. To what extent does each component contribute to the scintillation count under the K^{40} peak? As a preliminary investigation into this problem, two kinds of measurements

---

*Wuhan University, China, now visitor to Oakland University, Rochester, Michigan, USA.
**Physics Department, Oakland University, Rochester, Michigan, USA.

(1) Hood, P. and S.H. Ward. Advances in Geophysics, V. 13, p. 82, Academic Press (1969).

武昌快速地磁脉动记录的一个现象

王曦按(2016 年 8 月 21 日)：

以下材料是父亲的一份手稿(复印件)和基于手稿正式发表的论文(首页)，以及该论文的英译文打字稿(首页，父亲亲手所打)。这份材料是父亲从奥克兰大学回国后，从 1982 至 1984 年在武昌观测到的地磁脉动现象的记录和分析。文章的同署者吴大传和陈松柏都是父亲的同事，王洲系父亲当时指导的研究生。这项研究成果是老中青三代人共同努力的结果。从父亲保留这份材料可见，他不仅重视这项研究，而且珍惜他与青年同事的合作之情。

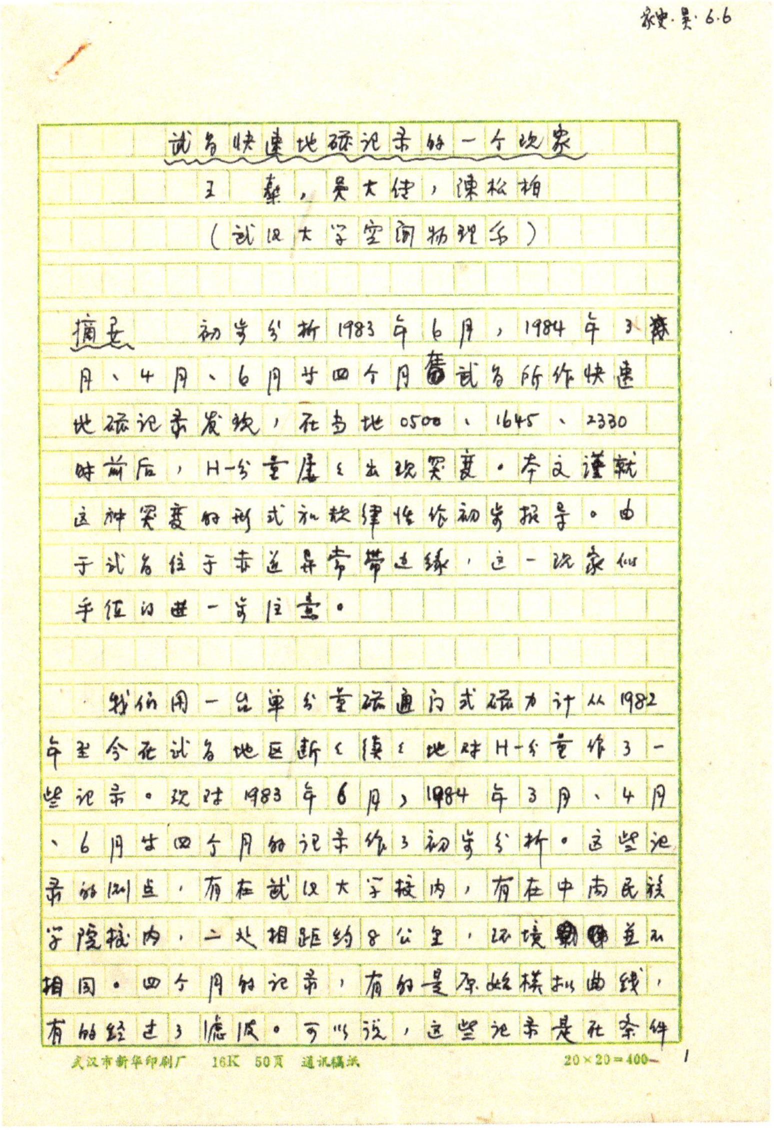

武昌快速地磁记录的一个现象

王燊，吴大传，陈松柏

（武汉大学空间物理系）

摘要 初步分析1983年6月，1984年3月、4月、6月共四个月在武昌所作快速地磁记录发现，在当地0500、1645、2330时前后，H-分量屡屡出现突变。本文谨就这种突变的形式和规律作初步报导。由于武昌位于赤道异常带边缘，这一现象似乎值得进一步注意。

我们用一台单分量磁通门式磁力计从1982年至今在武昌地区断断续续地对H-分量作了一些记录。现对1983年6月，1984年3月、4月、6月共四个月的记录作了初步分析。这些记录的测点，有在武汉大学校内，有在中南民族学院校内，二处相距约8公里，环境并不相同。四个月的记录，有的是原始模拟曲线，有的经过了滤波。可以说，这些记录是在条件

武汉市新华印刷厂 16K 50页 通讯稿纸 20×20=400 1

不尽相同的情况下取得的。

但是，检视这些记录发现，在东经120°时间0500、1645和2330前后，屡屡有曲线形状非常相似的变化，现将其特点分述如下：

(1) 未用滤波器时，在0500和1645前后，曲线有向H增大方向上的移动，在2330前后则表现为向H减小方向上的移动，如图1。

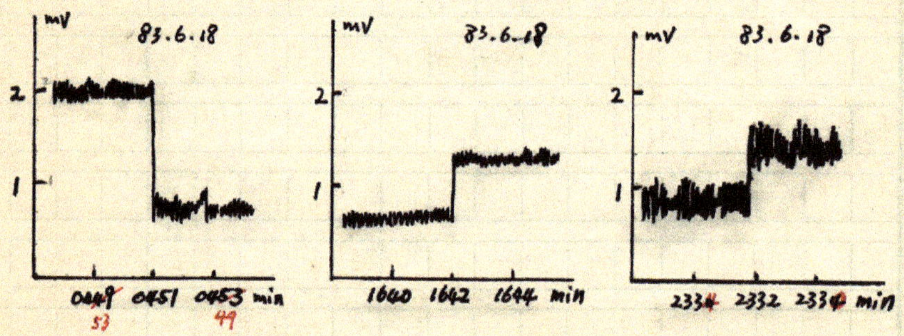

(2) 采用滤波器后，在0500和1645前后，有约两个半循环的突出的大幅度振荡，振幅衰减甚快，"周期"明显增长。在2330前后的情况恰恰相反，振幅递增甚快，"周期"逐渐缩短，然后突然回到"正常"，如图2。两个半循环的持续时间，一般约5分钟。

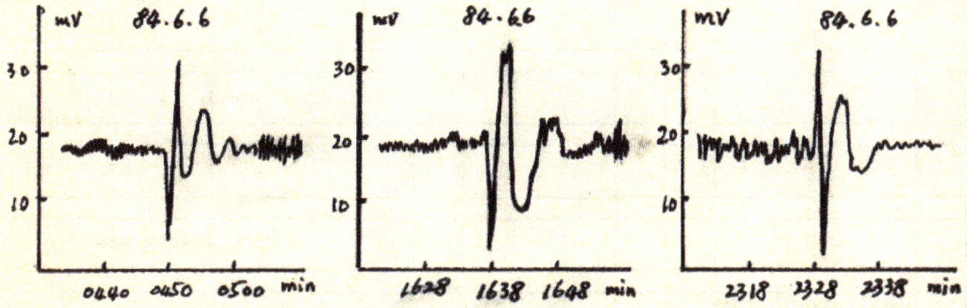

(3) 在不同日期，各套H曲线的总特征并不相同，但上述各种明显变化，却一一对应地甚为相似，有的甚至极为相似。现举例如图3。

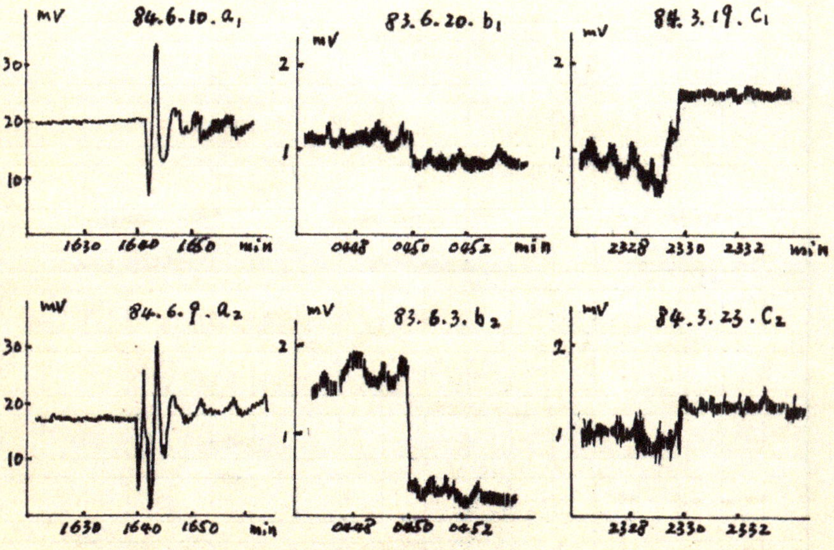

图3

(4) 设以 t_1、t_2、t_3 分别代表上述各种突变发生在0500、1645和2330时附近的具体时间，将它们的出现频度、出现时间分布范围、均值和中值列于表下。由表看出，这类现象出现频度极大，出现时间甚为集中。

年月	测点	t	频度	均值/中值	分布范围
1983, 6	医院	t_1	17/19	0448/0451	0442-0453
		t_2	12/13	1639/1641	1630-1644
		t_3	20/21	2330/2330	2326-2335
1984, 6	武大	t_1	12/12	0452/0450	0446-0502
		t_2	15/15	1644/1642	1638-1654
		t_3	17/18	2332/2331	2326-2348
1984, 4	武大	t_1	6/7	0500/0501	0455-0501
		t_2	9/11	1652/1651	1650-1658
		t_3	8/8	2329/2329	2326-2332
1984, 3	武大	t_1	21/23	0500/0501	0448-0511
		t_2	24/26	1651/1651	1645-1701
		t_3	21/23	2331/2331	2326-2341

武汉市新华印刷厂 16K 50页 通讯稿纸 20×20=400

4

(5) 此外，一方面，在14—15时附近，以及02时附近，往往也有上述现象发生，幅度较小，时间分布也较分散；另一方面，上述现象的细微结构，也有一些值得注意之处。

讨论

从曲线形状看，特别是从经滤波后的曲线形状看，这一现象与SI、SSC、Sfe和pi2都有些相似之处；但是，仔细检视，也都有不同。加之后者都与扰动有关，时间规律不强。因此，这一现象应不属于SI、SSC、Sfe或pi2。

从现象发生的周日性规律看，它很可能与Sq有关。至于是否有赤道激流的影响，也是值得考虑的问题。

(1984年8月)

武汉市新华印刷厂　16K　50页　通讯稿纸　20×20=400

家史·吴·6.19

武汉大学学报
（自然科学版）
一九八五年第一期

JOURNAL OF WUHAN UNIVERSITY
(Natural Science Edition)
No. 1 1985

研究简报

武昌快速地磁脉动记录的一个现象

王 燊 吴大伟 陈松柏 王 洲

用一台单分量磁通门式磁力计，从1982年至今在武汉大学校区和中南民族学院区内，对 H 分量（南北方向）所作的观测记录表明，在东经120°，时间0500、1645 和 2330前后，屡屡有曲线形状非常相似的变化。

（一） 未用滤波器时，在0500 和 1645 前后曲线常有向 H 增大方向上的移动；在2330前后，情况恰恰相反，如图1。

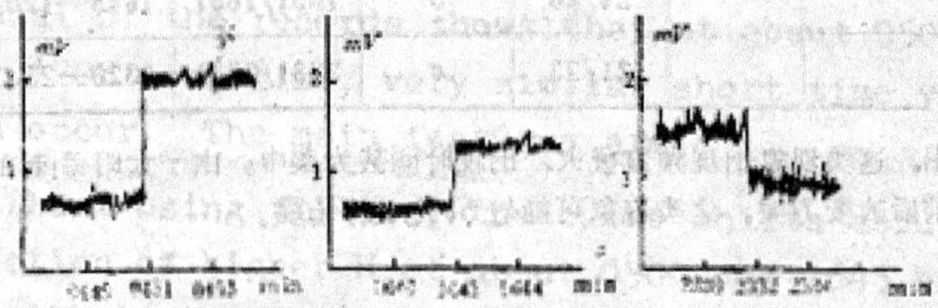

图1 1983年6月18日记录（中南民院测点）

（二） 采用滤波器后，在0500和1645前后，有约两个半“周期”的突出的大幅度振荡，其振幅衰减甚快，“周期”则逐渐增长。在2330前后的振荡相位恰恰相反。两个半“周期”的持续时间一般约5分钟，如图2。

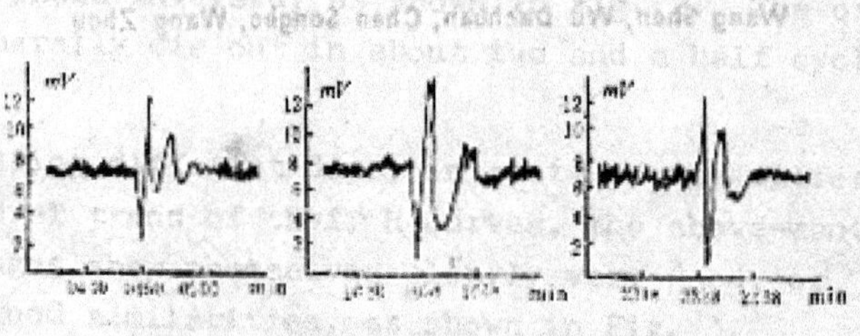

图2 1984年6月6日记录（武大测点）

（三） 设以 a, b, c 分别代表发生在0500，1645和2330时附近的变化类型，现将它们的出现频度，出现时间的均值和中值，及出现时间分布范围，列表如下：

A PHENOMENON READ IN RAPID MAGNETOGRAM
AT WUCHANG, CHINA

Wang Shen, Wu Dachuan, Chen Songbo, Wang Zhou
Space Physics Department, Wuhan University, China

Since 1982, a single component fluxgate magnetometer has been intermittently used to record the H-component of the geomagnetic field at Wuchang (30.6N, 114.4E gg; 19.1N gm). Rapid magnetograms were taken respectively at The South-east National Minority College (Site I) and at Wuhan University (Site II). The two sites are at some 8kms apart, with different magnetical environments to some extent.

A perusal of the records shows that at about 0500,1645 and 2330 hr 120E mean time, very similar short time variations often occur. The main features are:

1) Without using filters, the curve shifts abruptly in the direction of higher H at about 0500 and 1645 hr, and shifts abruptly in the direction of lower H at about 2330 hr, as shown in Fig. 1.

2) When filters are used, abrupt changes often occur as strong oscillations at about 0500, 1645 and 2330 hr, the last being phase inversed, as shown in Fig. 2. The oscillations generally die out in about two and a half cycles (5 mins).

3) During different days, in spite of the difference in the general trend of their H curves, the above-mentioned abrupt changes show themselves clearly very good, or even extremely good similarities, as shown in Fig. 3.

4) Let t1, t2 and t3 represent respectively the actual time of occurrence of each event near 0500, 1645 and 2330 hr, the corresponding percentage frequency of occurrence(f), mean

（编号：家史·吴·6.6、6.19）

地磁与高空物理研究的进展

王曦按(2016 年 8 月 30 日)：

此文是父亲与几位学者合著并于 1987 年提交国际大地测量和地球物理学联合会(IUGG)第十九届大会的报告。它综述了我国的地磁和高空物理研究工作在 1983—1987 年间的进展。这是这篇文章的首页。

家史·王·3·81

第31卷 专辑
1988年

地 球 物 理 学 报
ACTA GEOPHYSICA SINICA

Vol. 31
1988

地磁与高空物理研究的进展*

王 燊 (武汉大学空间物理系)
邓兴惠 (云南省地震局，昆明)
刘传薪 (中国科学院空间物理所，北京)
孙枋友 (中国科学院地球物理研究所，北京)
周国成 (中国科学院空间物理所，北京)

摘 要

本文综述了地磁和高空物理研究工作在过去 4 年中的进展，叙述顺序如下：

1. 地球内部磁场；
2. 高层大气物理学；
3. 磁层；
4. 太阳风和行星际磁场；
5. 地磁台站、仪器等。

关键词 地磁，高空物理，中国，进展。

一、地球内部磁场

1. 基本磁场及其长期变化

在研究地球的基本磁场时，常常使用球谐方法。使用这种方法时，地球表面上的观测点必须有适当的分布，才能使离散球谐分析函数满足正交条件，独立地算出各级高斯系数。在研究某些问题时，球谐函数所反映的最短波长仍嫌太长，故讨论了应用离散方法于分析局部地区地磁场的可能性[1—4]，以及如何用各种函数来表达局部地区地磁场的空间分布和时间变化[5,6]。1981 年 L.R.Alldredge 提出用矩谐分析来表达局部地区的磁位和磁场，这种矩谐分析方法也可以区分内、外源磁场[7,8]，计算过中国地磁场的三维结构和其长期变化[9]，以及中国和其邻区地磁网络模型，得出嵌套式磁场模式[10]，也得到中国各地磁台处平均磁场的异常值[11,18]。用比较地磁场变化趋势的方法检验过 GSFC (9／80) 模型，结果说明这个模型是适用的。

研究了华北地区磁场的长期变化及其与唐山地震的关系[12]，分析了东亚地磁场非偶极部分的长期变化。这部分非偶极子地磁场的特点和由 IGRF[13,14] 导出的结果类似，但是长期变化的情况却有所不同。东亚地磁场的 X 分量何以会产生突变，其原因认为是在

---

* 在国际大地测量和地球物理学联合会(IUGG)第十九届大会上的报告，1987。

本文 1987 年 6 月 1 日收到。

1989 年 3 月武昌地区的耀斑地球物理效应

王曦按（2016 年 8 月 30 日）：

1989 年 3 月 10—13 日的太阳耀斑事件引起了全世界空间物理学家的高度关注和积极观测。父亲领导的研究组也在武昌对太阳耀斑期间的电离层和地磁进行了多种观测，并在武汉大学学报（自然科学版）上发表了观测结果。以下是这篇文章的首页。

家史.吴.6.2

武汉大学学报
（自然科学版）
1991年第1期

JOURNAL OF WUHAN UNIVERSITY
(Natural Science Edition)
No. 1 1991

1989年3月武昌地区的耀斑地球物理效应

赵正予 杨惠根 吴大传 王 燊

（空间物理系）

摘要 1989年3月10～13日太阳耀斑事件产生了丰富的地球物理效应。本文介绍在武昌地区，耀斑期间对电离层及地磁进行多手段同步观测，并对耀斑效应进行初步分析。结果表明，出现D区电离陡增，F_2层虚高陡升，层描迹破坏和夜间E事件等明显电离层扰动现象；同时，暴时TEC变化剧烈，磁脉动呈现高纬特征。

关键词 太阳耀斑事件；磁暴；电离层扰动；夜间E层；TEC变化；地磁脉动

0 引 言

1989年3月上旬，太阳活动剧烈。在太阳北半球33°N处出现一个罕见的超级活动区，多次发生特大耀斑（云南天文台，太阳活动月报，Vol 9, No 4, 1989）。耀斑激波和耀斑粒子流引起强烈地磁暴群。其中，最强烈的磁暴发生在3月13日。在武昌地区（$\Phi=19.4°N$，$L=1.19$），3月13日的强烈磁暴包括了多个急始和主相。第一个急始发生在地方时09h30min. H分量变幅达70nT，急始后高频扰动强烈。13日19h 20min开始第一强烈主相，K指数为9^-。主相期持续期为13h（3月13日19h 20min～3月14日08h 10min），至3月16日始恢复$K\leqslant 5$的水平。

根据耀斑与地磁扰动的统计规律[1,2]，可以筛选出作为3月13～14日强磁暴的候选源耀斑如表1所示。由表1可见，3月13～14日强磁暴的最合理的源耀斑应是10日1858UT开始的，发生在22°E处的特强耀斑。其持续时间近7h，并伴有Ⅱ、Ⅳ型爆发。特别是，其日地行驶时间长达50余h，超乎寻常。但3月11日的X1.3/2B级耀斑（1933～2018 UT）和3月13日的X1.2/3N级耀斑（0257～0423UT），射电暴流量大，日面位置有利，亦有可能对3月13～3月14日的强烈磁暴作出贡献；即此次强磁暴可能受多个源耀斑的影响。由于这些耀斑相对于地球的位置不同，耀斑能量在日地空间的传输状态以及到达地球时的扰动结构也会有一定差异。因此，在此期间耀斑引起的地球物理效应亦很复杂。

此次太阳耀斑事件发生在太阳峰年期间，意义重大。在武昌地区，有多种观测资料反映出此次耀斑产生的地球物理效应，包括电离层垂测记录，低电离层电波吸收测量，日本ETSⅡ

收稿日期：1990-09-20

接待苏联科学院鲁戈文卡教授的初步安排

王曦按(2017 年 2 月 6 日)：

父亲担任空间物理系主任以后，开辟了武汉大学空间物理系与苏联科学院在电离层和地磁观测方面的合作。以下图片是父亲亲手所写接待苏联科学院鲁戈文卡教授的初步安排。

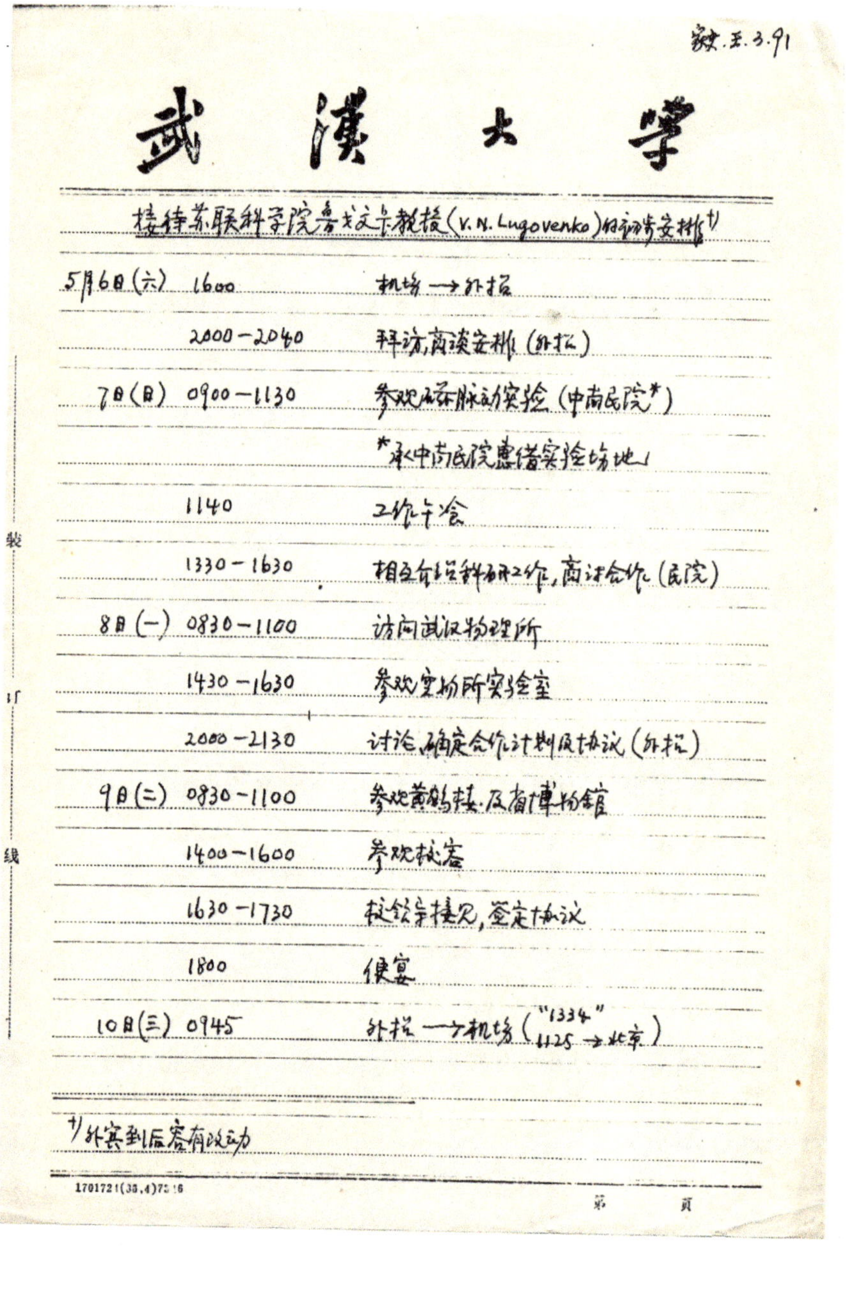

武漢大學

接待苏联科学院鲁戈文卡教授(V. N. Lugovenko)的初步安排[1]

5月6日(六)	1600	机场 → 外招
	2000－2040	拜访，商谈安排(外招)
7日(日)	0900－1130	参观磁脉动实验(中南民院*)
		*承中南民院惠借实验场地
	1140	工作午餐
	1330－1630	相互介绍科研工作，商讨合作(民院)
8日(一)	0830－1100	访问武汉物理所
	1430－1630	参观空物所实验室
	2000－2130	讨论、确定合作计划及协议(外招)
9日(二)	0830－1100	参观黄鹤楼、及省博物馆
	1400－1600	参观校容
	1630－1730	校领导接见，签定协议
	1800	便宴
10日(三)	0945	外招 → 机场("1334" 1125 → 北京)

[1] 外宾到后容有改动

装 订 线

1701721(35,4)75.16

第　　页

豪發.王.3.12

Академия наук СССР
Институт земного магнетизма, ионосферы и распространения радиоволн
(ИЗМИРАН)
142092, г. Троицк, Московской обл., телекс 412623 CSCTP CU
Institute of Terrestrial Magnetism, Ionosphere and Radio Wave Propagation
(IZMIRAN)
USSR Academy of Sciences
142092, Troitsk, Moscow region, USSR.
Telex: 412623 SCSTP SU Telephone: 232-19-21

от 18 10 88 № 143

Prof. Wang Shen, Director
Institute of Radio Propagation
and Space Physics
Wuhang, Hubei
The People's Republic of China

Dear Prof. Wang Shen,

After my talk with Dr. Kopytenko, IZMIRAN vice-director in Leningrad, I found that they have good data on short-period variations for comparison between several observation stations. There are stations that worked simultaneously in the period of 4-15 August, 1988 in Bulgary (Sophia), in Georgia (Tbilisi) and in Kazakhstan (Alma-Ata). The oscillations Pc-3, Pc-4, Pi-2 were recorded. Dr. Kopytenko suggests that you choose the most interesting data for an hour interval over these oscillations for 4-15 August period and change them for short-period oscillations Pc-3, Pc-4, Pi-2. We might prepare a publication using these data. If you like this proposal please inform me and Dr.Kopytenko, his address is:

Leningrad, Vasilievsky island
2d line, 21 IZMIRAN Leningrad Department
Dr. Yu.N.Kopytenko

Best regards,

Dr. V.N.Lugovenko

与苏联科学院地磁电离层及电波传播研究所(IZMIRAN)的合作

王曦按(2016 年 8 月 13 日):

在担任武汉大学空间物理系主任和电波传播及空间物理研究所所长期间,父亲不遗余力地开拓该所的国际学术交流与合作。下图是父亲于 1989 年签署的与苏联科学院地磁电离层及电波传播研究所(IZMIRAN)的合作协议(复印件)、出访报告和合作计划,以及 1996 年俄罗斯 IZMIRAN 两位教授的来信。

THEMATICAL PLAN OF SCIENTIFIC COOPERATION
BETWEEN IZMIRAN AND IRPSP, 1990 - 1993

Theme	Aims and Expected results	Collaborated Institutes USSR	CHINA
1	2	3	4
Geomagnetic pulsations	1/ to create a geomagnetic station to record pulsations 2/ exchange data observed at chains of stations: Sofia--Caucas--Tashkent--Wuhan, and Irkutsk--Ulan-bator--Wuhan--(Hainan) 3/ to collaborate in data processing 4/ to investigate earth conductivity in different regions in USSR and PRC for studying composition of the crust 5/ to investigate solar flare effect on geomagnetism 6/ to study correlation between ionospheric anomalies and geomagnetic variations	IZMIRAN, Acad. of Sci.	IRPSP, Wuhan Univ.

signature

王 燊 (Wang Shen)

Prof. V.N. Oraevsky
Director, IZMIRAN
3.07.198[illegible]

Prof. Wang Shen
Director, IRPSP
May 9, 1989

1989, 11, 24 收

1

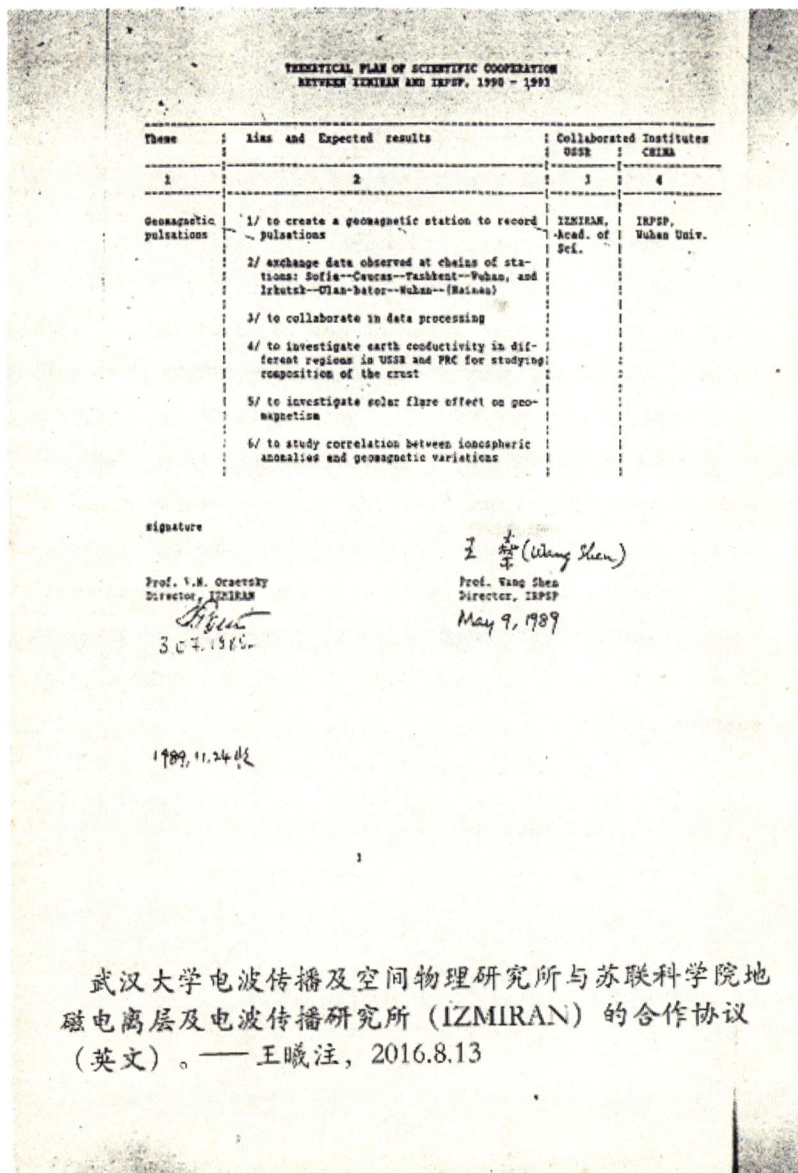

武汉大学电波传播及空间物理研究所与苏联科学院地磁电离层及电波传播研究所(IZMIRAN)的合作协议(英文)。——王曦注,2016.8.13

IZMIRAN与IRPSP科研合作课题计划，1990—1993

一、主题：

地磁微脉动

二、目标及预期成果：

1、创建地磁脉动观测站，作地磁脉动观测记录

2、交换下述二链站观测数据：

索菲亚－高加索－塔什干－武汉

伊尔库茨克－乌兰巴托－武汉－（海南）

3、共同处理数据

4、研究中、苏境内各地区大地导电率，探索地壳成分

5、研究太阳耀斑的地磁效应

6、研究电离层异常与地磁变化的相关

三、合作单位：

苏方 苏联科学院地磁、电离层及电波传播研究所（IZMIRAN）

中方 中国国家教委武汉大学电波传播及空间物理研究所（IRPSP）

四、签字：

苏方	中方
IZMIRAN所长	IRPSP所长
V.N.Oraevsky教授	王燊教授
1989.7.3	1989.5.9

武汉大学电波传播及空间物理研究所与苏联科学院地磁电离层及电波传播研究所（IZMIRAN）的合作协议（中文）。——王曦注，2016.8.13

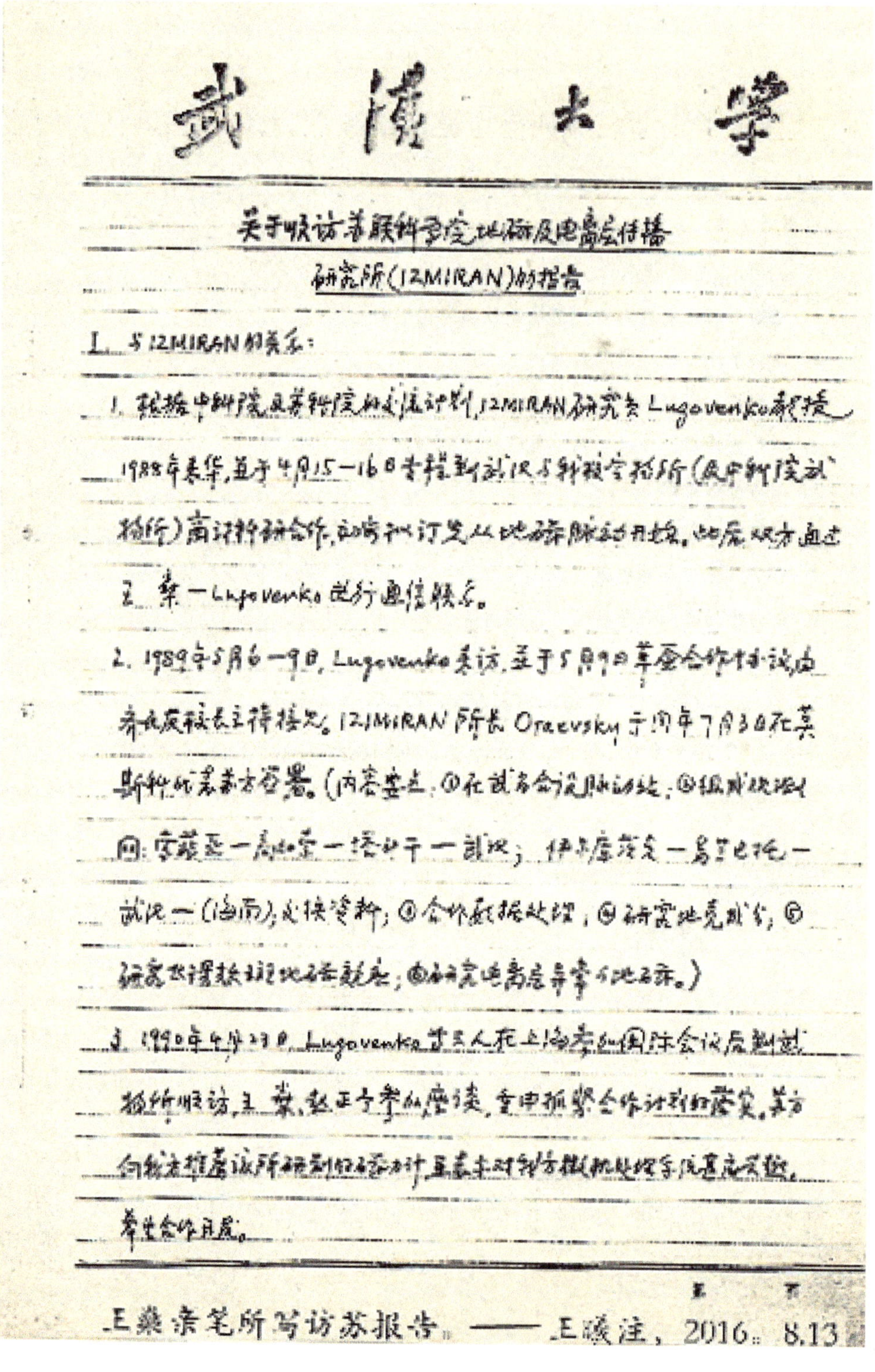

武漢大學

关于出访苏联科学院地磁及电离层传播研究所(IZMIRAN)的报告

I. 与IZMIRAN的关系：

1. 根据中科院及苏科院的交流计划，IZMIRAN研究员Lugovenko教授1988年来华，并于4月15—16日专程到武汉与科教空物所（原中科院武物所）商讨科研合作，初步拟订定点地磁脉动观测。此后双方通过王燊—Lugovenko进行通信联系。

2. 1989年5月6—9日，Lugovenko来访，并于5月9日草签合作协议，由齐民友校长主持签字。IZMIRAN所长Oraevsky于同年7月3日在莫斯科正式签署。（内容要点：①在武昌合设脉动站；②组成观测网：安蒂亚—高加索—塔什干—武汉；伊尔库茨克—马加丹—武汉—(海南)，交换资料；③合作数据处理；④研究地震前兆；⑤研究太阳粒子对地磁的影响；⑥研究电离层异常与地震。）

3. 1990年4月23日，Lugovenko等三人在上海参加国际会议后到武汉地物所回访，王燊、赵正予参加座谈，重申抓紧合作计划的落实。苏方向我方推荐该所研制的磁力计，且表示对我方提供数据处理软件很感兴趣。希望合作开展。

王燊

王燊亲笔所写访苏报告。——王曦注，2016.8.13

（家史·吴·3.34）

TO: Prof. Wang Shen,
Dept. Space Physics,
Wuhan University, Wuhan 430072, R.P.C.
FROM: Prof. V. Lugovenko and Dr. Y. Sizov,
IZMIRAN, Troitsk 142092,
Moscow region, Russian Federation.

Dear prof. Wang Shen,

We have received your letter dated July 18, 1996. Thank you. We are sincerely pleased by your scientific succeses in Geomagnetism and instruments and systems designing.

As you are aware we have many years experience in Geomagnetic investigations as well as in geomagnetic instruments designing and creation.

Thus if we could to joint and coordinate our scientific and designing efforts in the field above mentioned, this might to further the creation more perfect measuring systems, to achiev new scientific results, to improve the effectiveness of results for practical uses of them in industry and science as well as in the brain product market in the business aims.

Concrete embodyment of such a strategy of colaboration should to be started from the first joint work after discussion of Perspective and Working colaboration Plans.

The places of first meeting to descuss the problems mentioned above are may be the IZMIRAN, Troitsk, R.F. or the Wuhan University, Wuhan, R.P.C. to your choice.

Good bye!

P.S. It would be more convenient and faster to use InterNet. If you have e-mail, please contact us by them. The e-mail of of Dr. Youry Sizov is: sizov@izmiran.rssi.ru

Sincerely yours

Prof. V. Lugovenko
Dr. Y. Sizov

August 28, 1996.

1996.9.18收到 2

中法合作项目“武汉——巴黎信道特性的研究”简况

王曦按(2016 年 8 月 30 日)：

下图是父亲保留的一份介绍武汉大学电波传播与空间物理研究所与巴黎十一大之间的一个科研项目的材料封面。

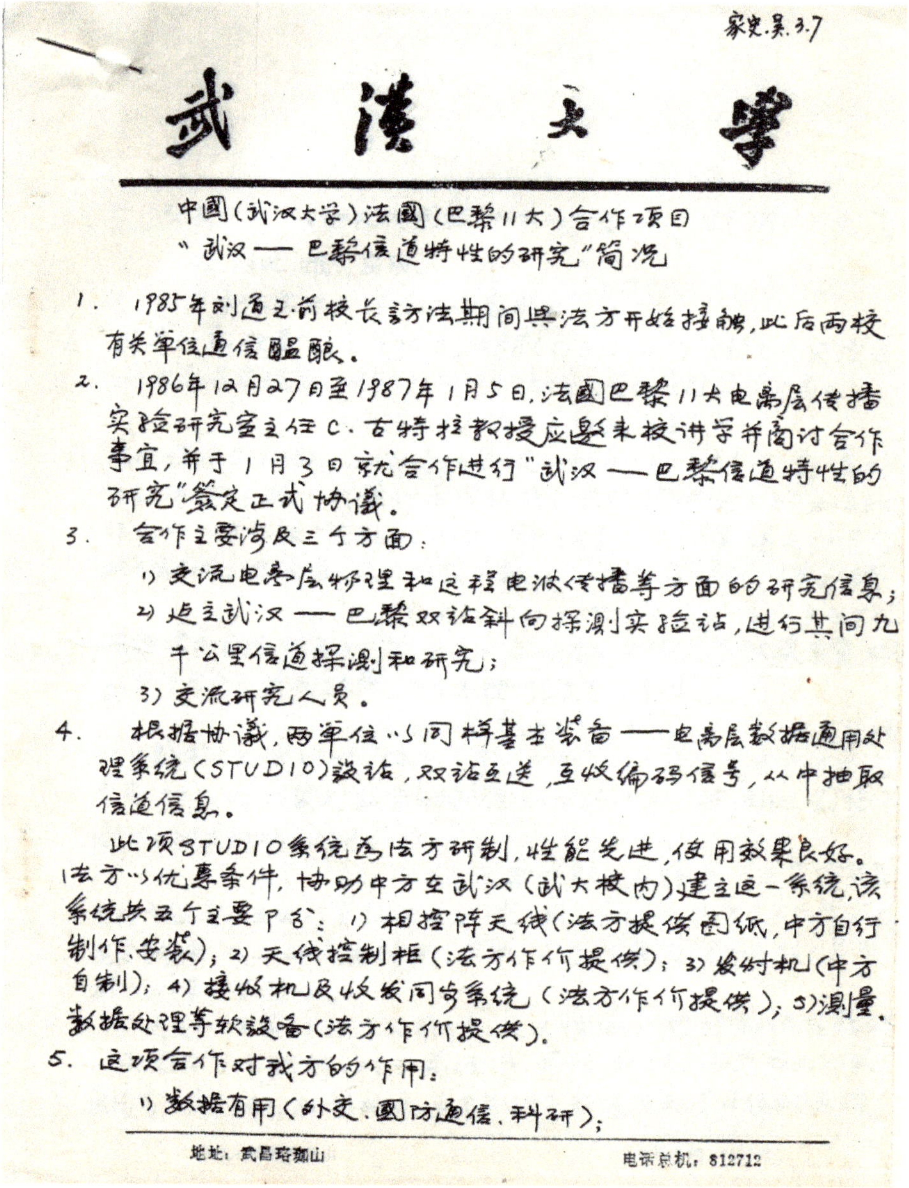

家史.吴.3.7

武漢大學

中國(武汉大学)法國(巴黎11大)合作项目

“武汉——巴黎信道特性的研究”简况

1. 1985年刘道玉前校长访法期间與法方开始接触，此后两校有关单位通信酝酿。

2. 1986年12月27日至1987年1月5日，法國巴黎11大电离层传播实验研究室主任C.古特拉教授应邀来校讲学并商讨合作事宜，并于1月3日就合作进行“武汉——巴黎信道特性的研究”签定正式协议。

3. 合作主要涉及三个方面：

1) 交流电离层物理和远程电波传播等方面的研究信息；

2) 建立武汉——巴黎双站斜向探测实验站，进行其间九千公里信道探测和研究；

3) 交流研究人员。

4. 根据协议，两单位以同样基本装备——电离层数据通用处理系统(STUD10)设站，双站互送，互收编码信号，从中抽取信道信息。

此项STUD10系统为法方研制，性能先进，使用效果良好。法方以优惠条件，协助中方在武汉(武大校内)建立这一系统，该系统共五个主要部分：1) 相控阵天线(法方提供图纸，中方自行制作、安装)；2) 天线控制柜(法方作价提供)；3) 发射机(中方自制)；4) 接收机及收发同步系统(法方作价提供)；5) 测量数据处理等软设备(法方作价提供)。

5. 这项合作对我方的作用：

1) 数据有用(外交、國防通信、科研)；

地址：武昌珞珈山　　电话总机：812712

(编号：家史・吴・3.7)

武汉大学和南巴黎大学电离层合作研究项目

王曦按(2016 年 8 月 30 日)：

下图是 1987 年 1 月 3 日父亲与法国南巴黎大学电离层电波传播研究实验室主任 C. 古特拉教授共同签署的武汉大学和法国南巴黎大学电离层合作研究的协议文本的封面。

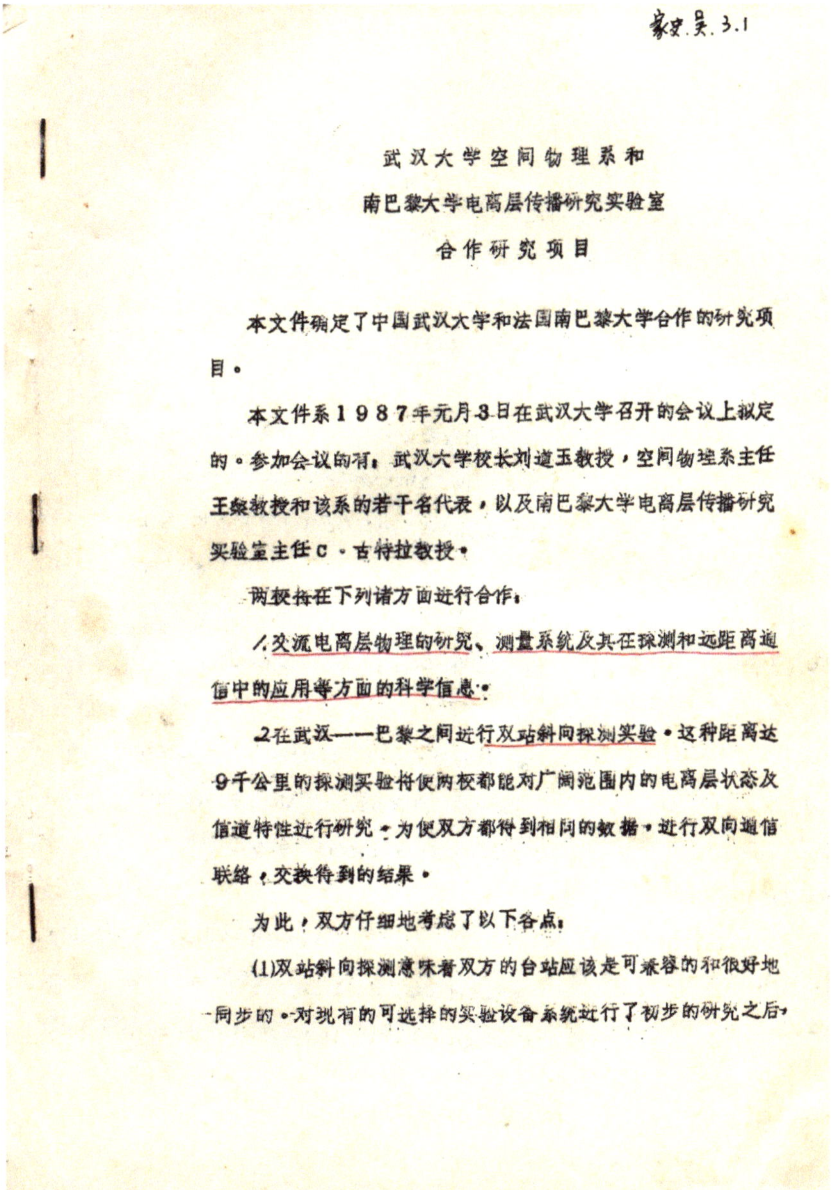

家史．吴．3.1

武汉大学空间物理系和

南巴黎大学电离层传播研究实验室

合作研究项目

本文件确定了中国武汉大学和法国南巴黎大学合作的研究项目。

本文件系1987年元月3日在武汉大学召开的会议上拟定的。参加会议的有：武汉大学校长刘道玉教授，空间物理系主任王燊教授和该系的若干名代表，以及南巴黎大学电离层传播研究实验室主任C·古特拉教授。

两校将在下列诸方面进行合作：

1.交流电离层物理的研究、测量系统及其在探测和远距离通信中的应用等方面的科学信息。

2.在武汉——巴黎之间进行双站斜向探测实验。这种距离达9千公里的探测实验将使两校都能对广阔范围内的电离层状态及信道特性进行研究。为使双方都得到相同的数据，进行双向通信联络，交换得到的结果。

为此，双方仔细地考虑了以下各点：

(1)双站斜向探测意味着双方的台站应该是可兼容的和很好地同步的。对现有的可选择的实验设备系统进行了初步的研究之后，

(编号：家史・吴・3.1)

访美纪事

王曦按(2016 年 8 月 30 日):

下面是父亲写的“访美纪事”一文。父亲于 1980 年 11 月至 1981 年 8 月在美国密执安州的奥克兰大学做了八个月的访问学者。那是父亲第一次出国。那时候我国刚刚开始实行改革开放。那也是父亲同分离 30 多年的大姑妈王雯长时间团聚的一次。父亲对这八个月的访问感触很深。回国后,父亲写了这篇“访美纪事”,详细记录了他在美国的学习、研究和生活。这篇文章分五期刊登在 1981 年 12 月至 1982 年 2 月的《武汉大学报》上。这篇文章记录了在那个特殊的历史时刻一位在旧中国成长、新中国工作的中国高级知识分子的访美见闻,具有一定的史学价值。其中很多细节饶有回味。可惜父亲没有留下这篇文章的手稿。留下的只有三张《武汉大学报》的剪报,上面分别刊登着这篇文章的第一、四、五、六、七部分,缺第二、三和第七部分以后的部分。我于 2016 年 8 月 31 日在上海通过电话向武汉大学档案馆询问该报,得到答复说可以找到并复印寄来。9 月 4 日拿到武汉大学档案馆通过邮局快件寄来的该文全文复印件。在此对武汉大学档案馆的协助表示衷心感谢!

访美纪事

空间物理系副教授　王　燊

去年十一月二十五日,我去美国访问。在美国共呆了近八个月时间。今年八月十四日,我回到了珞珈山。在美国期间,我主要是在密执安(Michigan)州的奥克兰(Oakland)大学一边工作,一边进修学习。下面分几个方面谈谈我个人在美国的所见所闻。

一

奥克兰大学是一九五七年新成立的一所中型公立大学,现在学生约一万二千人,研究生二千五百人,教师四百人,分十七个系,五个专科。它的特点是,文科面向东亚,对中国很感兴趣。有许多中文课程,如古汉语、现代汉语、诗词、中国文学、中国政论文、中国报纸阅读、汉语会话等等。我碰到一位女副教授,美国人,古汉语很好,对中国历史很熟,哪个朝代相当于公元多少年,她稍加思索就能说出。(当然,我不知道她说得对不对,因为我一个也说不出)我也碰到一位青年教师,美国人,汉语说的非常漂亮。还碰到一个历史系毕业生,美国人,他在研究“物理学与老子”。他的中国话也说得很不错。他的女朋友学哲学,也懂一点中文,听和说就都不大行。今年七月底,该校组织了一个二十多人的自费旅游团,他们自己起了个中文名字,叫“求知访华团”,到我国几个大城市参观访问二十七天,出发前有人专门作了一些报告,介绍我国各方面的情况,途中也有人讲解,回去后学生可以写心得，拿学分，理科则面向医学。医生在美国是最发财的职业，医院是美国的有钱单位，他们面向医学，大概就是这个道理吧！不但生物系、化学系与医学联系，物理系也尽量向医学靠拢。

学校有一所图书馆，藏书三十六万册，期刊四万多册，四十多万套显微胶片，八千多件唱片和录音带，十多万份政府报告。它有专线与美国资料中心联系，你给值班员几个 Key words(关键词)，马上就能查出有关课题参考文献的题目和出处。经过筛选一两天就可拿到打好字的文献摘要。如需全文，一般两个星期就可得到数十篇。查询人要付钱，我查过三次，都是他们系里出的钱。书库任人自由出入，可以带书包，可以带吃的、喝的。里面有一些小房间，可以讨论问题。借书账目由计算机管理，过期罚款，真是“铁”而无私。不过，也有差错，我就碰过两次。一次是四月某日到期的书，它三月某日就催还，还要罚金；一次是书已还馆，并且放在架上，它却来信叫我还书并交罚金。馆内附设复印服务，楼上楼下好几台，无人管理，自动交钱复印。教师可以到免费的地方复制，只要到系办公室拿钥匙，钥匙上附有记数器，复印了多少，将来由系里结账。

二

物理系是个小系，学生五十到六十人，三个研究生，十位教师(教授六人，副教授一人，助理教授三人)，其中一人轮休一年(每人七年一次)，二人短期应聘其他单位。没有专职助教，也没有专职实验员、助理员。许多工作如批改作业、摆设实验、协助保管仪器、协助作科研实验、协助办公室打字、接电话等等，都雇用高年级学生担任。教师工作量彼此相差不多，一般教学(上课)三十周，其余二十二周自由支配(包括假期)。多半都是同时上两门课，有的还加上一门实验，总共两周大约六到十学时。只有系主任，只教一门课。每人都要作科研，长期没有文章，就要倒霉。他们流行一句话，叫“Publish or perish”(要么出版，要么完蛋)。许多人还要担任一些“社会工作”。就我的理解，就是让系主任拉差做一些“无偿劳动”，如写教材计划，做买器材的预算，组织一下讨论会，或出差参加什么活动等等。

他们开设的主要课程大致与我们的差不多，总的水平比我们稍低一些，如普通物理、力学、电磁学、光学、热力学、原子物理、量子力学、相对论、电子学、近代物理等等。开的选修课程则多种多样，如天文学、地球科学、人文物理学、乐音物理学、感觉系统物理学、科学幻想小说物理学、卫生物理学、天体物理学、地球物理学、医药物理学、放射物理学等等。这些选修课并不同时开，大多数都是外来短期讲学教师或专家开设的。也有一些实验课程。我看了看他们的普通物理实验，好像都是基本训练性质的，如测量重力和速度、测量热功当量、测量透视焦距等等。

三

他们的科研工作初看起来似乎很杂很乱，后来我想了一下，总的目标大概就是一个“向钱看”。据物理系主任告诉我，最有钱的是医院，其次是军方，第三是工厂。他们理科面向医，大概就是这个道理。具体情况是这样：系主任L教授，长期搞宇宙射线，近来一面继续搞宇宙射线，一面搞医学物理。他用静电帮助骨折愈合，据说已有某种成效。我告诉他中医治骨折有神效。他极感兴趣。现在他离休到华盛顿一个海军医学研究所的眼科室工作。我问他搞什么，他只说与眼睛无关，未作正面回答。W教授教普通物理，对演示实验很感兴趣，办法也很多，常常拉我去看他的表演。他在研究乐音，搞一个有名的竖琴的声图。他总说带我去看他的实验，但我离开美国前没有带我去过。他对音乐史很感兴趣。我向他介绍了我校吴南薰老先生的遗作《律学会通》。他很想读一读，现已约好与前面提到的那位古汉语好的女副教授合作，将那本书译成英文出版。助理教授B女士，应聘在外单位，她在那里研究“宇宙最初的几秒钟”。助理教授C先生，教原子物理，在附近一所医院的动物实验室搞科研。他向我讲了一大套病名，我听不懂，只知道与血压有关。助理教授D先生，是MIT的毕业生，教地球物理，现在的科研是模拟火星大气。今年9月开始轮休一年，到斯坦福(Stanford)大学用激光研究火焰。预计回校后为通用汽车公司研究改进气缸点火。他们科研经费的来源，小部分靠学校，大部分靠外单位。学校预算拨到系里以后，各个教师大概也是争着要。我就见到两位教师找系主任诉苦要钱。

关于科研，我想还得谈以下四点。一是仪器使用。大致是这样：专门仪器属专门实验室，由教师负责保管；一般仪器属总仓库，由一位总管保管，谁要用就去拿，用完自动归还。许多东西都是扯来扯去，大家都不在意。不过也有独霸某件仪器，不愿意给别人使用的情况。二是仪器修理。系里有一位电子工程师，专管仪器修理。这位C先生，手脑很灵巧，哪里仪器有毛病人们就找他到哪里去。三是系里有两台台式计算机，在计算机中心连有终端，人人可以使用。但是，要自己会编程。他们那里许多年轻教师和学生都会，老年教师好像都不会或不大会。我也学过若干次，依然是个门外汉。四是系里每周一次的Seminar，即“习明纳尔”，或译作“研讨会”。每次大约一小时。一般报告人讲40—50分钟，然后稍事讨论，按时结束。讲的内容多系科普性质。我参加了大约二十来次(包括到别校参加的)。尽管许多课题很专，但都讲的很浅，让大家都能听懂。而且时间掌握很紧，据我所忆，只有两次超过了时间。一次报告人为此说了道歉的话；一次报告人连道歉的话都没有说，这个人就是我。我是经他们软拉硬逼，向他们讲了一次“中国物理教学”，他们听来倒有很大的兴趣。

四

他们上课的情况也很有趣。系主任答应我，只要是物理系的课，我可以自由进出。

因此,我就零零碎碎地"观光"了许多上课的情况。老师在课堂上,有的很严肃;有的很随便;有的既严肃,又随便。至于学生,那就更是多种多样,有的专心注意听讲、记笔记,有的则跟邻座的同学谈话,随随便便,课堂纪律松弛。一般地说,老师多注意效果。每告一小段落,便让学生提问题。提问题的也很踊跃,老师当场回答,有的则约定课后个别交谈。老师也向学生提问,学生也是当场回答,别的学生有时也插话,所以空气较活跃。另一个特点就是比较注意演示实验,注意放一些幻灯片。有时有好的幻灯片(如火星照片),别系师生也来旁观,济济一堂。学生作业要批改,要打分数,有的公布标准答案。老师课后辅导花时间很多,我经过 W 副教授或 W 教授门口时,常常看到他们在接待学生谈话。有的老师说,他简直不敢到系里来,来了就难脱身。低年级学生往往出钱请高年级学生辅导。选一门课就要交一门课的学费(相当高),所以学生总想考及格,拿到学分。

学生不学外语,他们认为英语书已经够他们读的了。他们听我说我国学生初中甚至小学就学外语,不禁大为惊讶。其实,就我看,他们的本国语似乎也不怎么样。这里有两个例子。一个是跟我工作的那位同学,是应届毕业生,毕业后要补修两门课,一门是化学,一门是英语。我问他英语课学些什么,他说学点语法,主要是学写文章。另一个例子发生在系办公室里,一位心理学副教授 M 先生问一位物理学教授 Ti 博士,"incredible"(难以置信)一词怎么拼,Ti 说不知道,转而问那位正在打字的女秘书,女秘书的回答是:"让我查查字典。"真是 incredible。

五

至于谈到学生生活,我就不大熟悉了。我想先谈谈学费问题。他们的小学、中学都是免费的。大学则收学费,而且很贵。按照他们的风俗,小孩高中毕业就算成了人,就要自立了。因此,上大学的学费,多数是学生自己课余做工挣得来的。家里即使有钱,学生也不愿用,父母也不愿给。有一位女警察,一家三口,母亲有养老金,自己的工资相当高,家里很有点钱。儿子上学是自筹学费。这孩子在学土木工程,现在上三年级。在这几年的课余时间里,他卖报,做烧饼,教跳舞,教游泳,当救生员等等,干过许多临时工。每天一大早上学,晚上十一二点放工回家,有时还要搞一阵子功课。现在他不但自己买了汽车,而且据说结婚的物质准备也都差不多了。那些大学生听说我国上大学只交那么一点象征性的学费,而且毕业以后又可以不为求职发愁时,都不免既惊又羡慕。我认为他们通过对比,应该多少发现了一些社会主义制度的优越性。说到学生的精神状态,L 教授向我多次诉苦,说美国青年太懒。他非常欢迎多去一些中国留学生,这样可以改变他们的校风。另一个问题就是吸毒,据说相当普遍。吸毒之后,什么坏事都能干得出来。就在今年春天,奥克兰大学就有女学生在宿舍遭到强奸。今年夏天,附近的密执安大学就有学生在宿舍走廊里被另一学生枪杀。奥克兰大学的女生指导为此号召女学生学习打拳。L 教授为此给他刚上大学的女儿买了喷射催泪瓦斯的

"手枪",用作防身武器。

六

我第一次到奥克兰大学报到时,系主任不在,由代理系主任和一位教授接待,领我参观了一下物理系。接待虽然热情,工作问题则得由系主任解决。过了几天,通过系秘书与系主任约好了时间。他先带我参观整个学校。到了餐馆,教我如何拿食物和付款;到了书店,教我如何买书籍文具,怎样签名结账;到了图书馆,教我如何查卡片和借书还书。系主任带我到楼上楼下各个书库走了一圈。当天下午,他又叫系实验室主任,也就是仪器总管,给我送来几把钥匙,这样,我就随时可以进出系里各个房间。

过了几天,系主任亲自推个手车给我送来一台一九八〇年二月才出厂的脉冲高度分析仪。我用它对地面伽玛射线的相对强度作了一些测量。那位系主任是搞海平面宇宙射线强度测量的专家。他搞了一二十年,每一二年测一次,每次都作些改进。他用电离室测量电压或电流的变化,从而确定宇宙射线强度。我所作的测量,是他的总结果中应当消除掉的一项,因此,从这个意义上说,是他的实验的一个部分。我们计划作两次实测,一次在大湖边的船坞进行,业已完成。一次在大湖面上进行,我们按计划去了,但因风暴没有做成。从另一个角度看,根据一些文献和我自己的初步试探,这一实验还可以跟环境监测、地震预报、天气变化、建筑材料等一些方面有某些关系。东欧、北欧一些国家开始做了许多工作。

这个学校有一个 Kettering 磁学实验室,是从通用汽车公司接收过来的,是一个小而精的地磁台和铁磁学实验室。由于人手不够,许多工作都停了下来。在负责这实验室的 W 教授协助下,我们恢复了一台磁变仪和一台通量门式磁力计的观测。这后一仪器是便携式的,可以用于飞机上面做航测。他们把这台仪器送给了我校,已经由我带了回来。

七

我在那里和许多人有过许多交往。除了参加婚礼宴会、生日宴会、集体野游等活动以外,通常有两种活动。一种是"共进午餐",一起去餐馆,坐在一桌。他们平时在工作室不谈闲话,所以利用吃午餐时谈谈,可以谈正事,也可以谈家常。另一种方式是应邀到别人家里做客,多数是吃晚餐。这样可以和他们的家人见面,谈话时间也长得多。有时晚了就不回家。我就在 D 老师家住过两晚。人们都说中国人好客,大概是他们受到感染,在好客的中国人面前也表现得非常好客了。我们谈话都随便,什么都谈,谈到哪里是哪里。现在举一些例子。比如,有人问:"中国人是不是个个都是共产党员?"我说:"九亿多人,只有三千多万共产党员。"他们大吃一惊。有人问:"中国人有没有私人财产?"我说:"有,多得很。只有自然资源和大工商业归公。"他们又问:"私人可不可以有土地、有房屋?"我说:"不能有土地,可以有房屋。"他们问我有没有房屋,我说:"没有。"我告诉他们绝大多数人都住公家的房子,房租很低。我的房租每月只合 3 美元。美国房租贵极了，他们听了称羡不已。有人问："中国有没有人信基督教？"我说："有，但不多。信什么教都行，自愿。"有人叫我谈谈对基督教的看法，我说我不懂，也不信，但叫人为善总是好的，我尊重别人的信仰。有人问："听说你们吃饭由政府配给是不是？"我说："政府发给每人若干买米买面的票，凭票拿钱买米买面。我每月约30磅，学生约40磅。这样可以使人人有饭吃，使粮食不涨价。"我跟他们算了个账，我说："我们国家负责填饱了世界上四分之一人口的肚子，只就这么一点看，贡献就不小了。"他们很同意。有人问："文化大革命时你在干什么？"我说："种田，教过英语。"他们问："你的看法如何？"我说："教师种一种田，有好处，我喜欢。不过强迫教师种一辈子田则是大错。"有人问："你到美国以后，给你印象最深的是什么？"我说："两国条件如此不同，而两国人民却如此相似。"

我也问过他们一些问题。如问他们对中美关系的看法。他们认为中国爱好和平，不向外侵略，中美搞好关系有利于世界和平。我问他们对里根政府的看法。他们认为里根不应只顾军备不顾教育（奥克兰大学1981年第一批削减经费就达到一百多万美元）。我问他们对中国统一的看法。他们有的说："这是你们国家的事，美国绝不应干预。"有的说："不要相信里根的竞选演说。竞选时为了拉票，什么话都可以说，上了台就得面对现实，历届总统个个如此。"

总之，美国人民对中国的了解很少，而对中国兴趣都很大。我想，随着两国人民交往增多，相互了解必然加深，这对发展我国社会主义事业和保卫世界和平，一定能起重大的作用。

（编号：家史·吴·3.28）

武汉大学外事简报

王曦按（2016年8月31日）：

以下是1981年的一期武汉大学外事简报。它简要报道了父亲1981年11月至1982年8月访美的情况，字里行间透露出那个时代的气息。文件是用当时流行的鸡子啄米式的老式中文打字机打的。

档史.吴3.32

空物3

武漢大学

外事简报

外事处编 (14) 81 年 9 月 24 日

18

我校空间物理系付教授王燊同志于1980年11月25日至1981年8月7日赴美国奥克兰大学物理系访问，工作八个月。时间不长，但业务成果不小，态受至深。现将基本情况简要概括如下。

一、业务活动情况，王燊同志在美期间主要进行了以下四项工作：

(1) 由奥克兰大学提供设备，以王燊同志为主同该系主任李波夫教授和一名应届毕业生沃格利合作对地百上射线本底强度作了一些实测和分析，写了两篇外文。经向美国情报中心查询，有关1.46 MeV附近射线源的分析方法尚属初见，但限于实测时间过短，具体数据仍待改善。

1.

(2) 参加了李波夫教授主持的对海平面宇宙射线强度标准值的实验和研究。在美国地球物理杂志上共同发表了一篇通讯和一篇文章。

(3) 在马克麦斯（McMath）观象台主任、密执安大学退休教师莫勒（Moller）和奥克兰大学开特林（Kettering）地磁台主任威廉逊（Williamson）的协助下恢复了该处的三台地磁磁力计的连续记录，可为两处的太阳耀斑和宇宙射线的研究提供参考。

(4) 以观摩为目的，零散地听了一些物理课。以备课为目的，利用该校图书，收集了一些有关地磁和太阳物理的资料。以了解科研发展为目的，利用该校图书馆的设备，向美国科技情报中心查询了三个课题的情报。

二、学术往来活动：

(1) 在奥克兰大学物理系科学讨论会上作了有关"中国的物理教学"的报告，主要介绍了武汉大学物理系和空间物理系的教学情况，回答了听众提出的有关教学等方面的许多问题。

(2) 该校以"长期借用为名，向我校赠送了一台便携式通量门磁力计和部分书籍，并表示今后愿在地球物理研究方面与我校合作。

(3) 联系落实了在奥克兰大学物理系和附近一所医院担任教

学和科研工作的两个名额。由美方提供每人每年5000美元的资助。我方派两名教师前往教学、研究工作一年。

(4) 与奥克兰大学几位教师对今后互译文献、互派英语教学人员等协作项目作了酝酿性、但很具体的会谈。

(4) 在美期间与一般美国人、美籍华人、台湾来的华侨和旅游者(故友)作了一些交谈，向他们介绍了国内的实况和政策，增加了他们的了解，消除了一些顾虑。有的人计划到祖国观光，有的决定返乡探亲，有的业已与家人恢复了中断三十多年的联系。

三、在美期间接触到的一些反应：

(1) 认为中国来的人勤奋刻苦，认真负责，欢迎中国人来"改变学风"。

(2) 相信中国爱好和平，认为中美加强联系是正确的，也是必然的。

(3) 各种人提了各种问题，如，有的问"如果送书给你，是否都要上交？"我说，不。除非你自愿。有的问："中国人是不是个个都是共产党员？"我说："九亿人只有三千二百万党员"。他们大吃一惊。有的问："还有没有人信基督教？"我说："有，不多，信什么教都行，自愿"。有的问："你们在国内是否可以随便旅游？"我说"可以。只要你有兴趣，有时间，有钱。"有的问："文化革命时你在干什么"？我说"种田为主，教过英语。"

3.

有的问："你的看法如何？"我说："教师种一下田有好处，我喜欢。但我认为强迫教师种一辈子的田则大错。"有的问："你来美后，给你印象最深的是什么？"我说："两国条件如此不同而两国人民都如此相似"。

四、个人的几点感想。通过八个月的访问，王燊同志认识到：

(1) 在美国所受各种热情接待主要因为自己背后有巍巍峨峨的喜马拉雅高峰，有千年不朽的万里长城，有勤劳勇敢的十亿人民，有迎风招展的五星红旗。感到作个中国人的光荣。

(2) 由于政治水平低，业务基础差，力不从心，没有取得应有的收获，感到惭愧。

(3) 王燊同志表示，此行正值四化关键时刻，感到意义重大，责任重大，今后只有鞠躬尽瘁，以报人民。

4

（编号：家史·吴·3.32）

出席 IUGG 第十八届全会的汇报提纲

王曦按(2016 年 9 月 4 日)：

以下是父亲复出从事科研后，于 1983 年 8 月 15—27 日出席在德国汉堡举行的国际测地与地球物理学联合会(IUGG)全会和该联合会下属一个分会——国际地磁及高层大气物理协会(IAGA)的汇报提纲。基于这个提纲，父亲起草了一份详细的“参加国际测地及地球物理联盟(IUGG)第 18 届全体会议情况汇报”(见后)

出席这次国际学术活动，对于武汉大学的电离层研究意义重大。如果说 1945—1946 年间桂质廷教授及其团队与美国华盛顿卡内基研究院合作在我国开辟电离层研究实验室，是我国电离层研究界与国际同行的第一次重要对接的话，出席 IUGG 这次全会则堪称我国实行改革开放政策之后武汉大学的电波传播与空间物理研究与国际同行的第二次重要对接。作为第一次重要对接的亲历者，父亲能够在四十年之后作为该研究的负责人亲身参与第二次重要对接，这足以告慰以桂质廷教授为首的我国电离层研究的先驱者!

家史.吴 3.25

1. IUGG，1919成立，七个协会，四年一次全会：科学讨论，组织改选，行政会议等。
18届，汉堡，8/15-27；总统访问，纪念邮票。
中国为会员国，科协领导，国内去~70人（科院30，教部8，海洋，地震，气象……）台湾也有人，都列"中国"。
Cole在IAGA和IUGG闭幕会上两次点到中国代表增加之喜。
各国总人数~3020，同时几个会，选择参加，有的大字报原稿。（登记3078人）
此外，厂商书商参展览；大会组织参观游览；有的团体如INAG也趁此开会。

2. 做了三件事：

(1) 两篇文章：梁王"中日武汉电离层闪烁研究"（HE），30人，19.1°N，重测，研究生，博士，JATP。
徐、黄、王"武汉 E_s"（ZQ），大字报，lat. 清晰，30多人，教学科研，研究生，[illegible]，一刻钟，十来个讨论。
印度发火箭测站，增加观测。

(2) 一般了解了学科动态：

① 重视区域性现象，其特点、精细结构，运动及在全球模式中的作用。

极区：极光（全天空照相，光度，光谱，雷达，无线电）——软X线，UV全天监测（卫星））
（白日极光，黑极光）（极光统计出现为卵区，现发现，瞬时轨迹亦为卵形；极光过程时间尺度）
（苏，北欧，加）（粒子沉降类型，能量，高能电子引起极光，低能（现发现）电子引起D区电离，吸收增大（过去说，PCA是质子沉降引起）
亚暴（磁力计，卫星测粒子类型密度，脉动pc 5-6，pi 2-3，初相）
（脉动式极光与磁脉动相关，都是高能电子脉冲式沉降的产物）
（等离子体注入，加速机制，电流系统，磁层重连）

Alaska，Chatanika的非相干散射雷达搬到Greenland，研究极盖。

赤道区：扩展F层（ESF）（重测为主，火箭释放钡测F区风，夜天光谱线展宽测温，卫星（信标闪烁）测电子密度，电场，测离子漂移，VHF雷达）（ESF与亚暴之相相关）
（印6，美6，中2）
（F层底部形成空泡，成为大尺度不稳定性，引起闪烁和扩展F现象）

中纬区：似乎仍是地区性的热门课题。依我看，有的[illegible] 1)指中纬极区现象（中纬极光，沉降带，磁脉动（pc3-4,5）），有的2)指赤道和中纬处的（扩展F），[illegible]似有综合差异进行整体连系的趋势。

② 重视上下左右的连系。

一种是大范围甚至全球性模式的探讨（主要利用数字模拟，如电离层电流体系，导电率分布，电势面的运动）

一种是各高度区域之间的联系和相互作用（如1)太阳风与磁层的相互作用，根据ISEE（International Sun-Earth Explorer）数据，拼凑经验公式，主要解决能量传输问题；过去重视南向IMF，现开始重视北向IMF，即封闭磁层。2)磁层与电离层的相互作用（场向电流等现象，成分变化，扩散，磁流体传播，哨声等。寿命一般认为需数天扩散，而现在有人测到寿命只约30分钟）。3)中层大气（由IAGA与IAMAP［International Association of Meteorology and Atmospheric Physics］联合组成专门讨论会（为期6天，报告129篇，大字报56篇，共185篇；包括太阳紫外通量，光化学作用，动力学过程，平流层—中层—热层耦合，中层大气的组分，重力波，扰动，中层大气模式，离子及水合物（物理、化学等方面）颇引人注意。

此外，大气与海洋的相互作用也甚重视，在IAPSO（International Association of Physical Sciences of the Ocean）组织了专门讨论，较为热烈。

③ 一个新发展（行星大气），四个老课题（太阳活动，内外地磁场，古地磁，历史事件）。

行星大气（根据旅行者等宇宙飞船发回的信息，研究行星磁层和电离层）

太阳活动（太阳常数；数理冲击相；太阳黑子周期升快降慢，现有人认为是大黑子和小黑子起的作用所致）

[illegible]

历史事件（19世纪极光彩色照片？"ionosphere"命名 Dieminger — Appleton, Bynnon — Watson Watt）

总之，这次IAGA反映的新动态可归纳为三个"四个字"：

"声光热电"——多种手段配合，而不是单打一

"天罗地网"——卫星星座，地面台站网（Rulfmeters），空空，地地，空地配合，而不是单打一

"神机妙算"——计算机数字模拟。

武汉大学试卷

此外，我觉得，这次会还有如下特点：①几乎没有直接涉及"生产""应用"的，②缺少观测和仪器方面的

③没见有重大理论性突破。

以上是一个极其粗略、肤浅的一般介绍，由于知识和外语的限制（看图，读论）。

有个总的感觉：中国是个大国，有人，有工作，有成果，有文章，但缺乏特色，没形成"势力"，没成"山头"。好象只有刘庆余先生一人进了领导班子（IAGA，发展中国家工作委员会）。需要加油，需要团结。

(3). 进行了一些业务上和社交上的连系：

Cole：驻渠位，忘谢大，介绍简。

Piggott：明年香港会后（四月初—月底）访武大。

赵素范：明年四国探秘，顺访武大。

黄XX：认识，照相？纪念IAGA闭幕，送文章

Schroder：想来，我推荐文章、人，可能资助。

Fukushima, Raghvarao, Rosenbauer, Rishbeth, Byunon, Inan (U.S.)

Kuwashima（东京），Zeitzev

下届IAGA，1985，Prague　　三个论文摘要，五本资料

IUGG，1987，？

出席国际测地及地球物理联盟(IUGG)第18届全体会议情况汇报

王曦按：(2016年9月5日)：

这份材料是基于“1983年8月出席IUGG第十八届全会的汇报提纲”起草的汇报稿。父亲保留着这份汇报稿的复印件，可见他对这次国际学术活动的重视。这份汇报十分详细，字里行间透露着父亲对继承和发展武汉大学电离层研究事业的历史责任感。他在会上发表的两篇文章，一篇介绍武汉大学电离层研究的历史和现状，另一篇报告武昌上空电离层研究的一个理论成果。两篇文章，一篇是“面”，另一篇是“点”，“面”与“点”结合，很好地体现了武汉大学电离层研究的特色。父亲还比较详细地介绍了会上其他国家的学者所报告的研究思路、方法、观点和成果。这些介绍有利于读者体会这个学科的前沿研究。这份汇报还表明父亲在会上做了大量的联络工作。他想抓住每一个可能的机会开辟或增强国内学者与外国同行的联系。这份材料的字里行间透露出一个中国学者在1983年那个特定的时期出国访问的观感。其中不少观感具有重要的参考价值。在这份材料之后，我附上了这份材料的手稿复印件的第一页。

参加国际测地及地球物理联盟(IUGG)第18届全体会议情况汇报

王　燊，1983.9月

国际测地及地球物理联盟(IUGG)是1919年成立的一个大型国际科学组织，目前包括七个协会，涉及地球本身及近地空间等各方面。联盟每四年召开一次全体会议，以科学讨论为主，同时进行组织改选及一些行政性的会议。本届全会从8月15日至27日在西德汉堡召开，由西德政府及有关学术团体组成筹备委员会进行准备。东道国对此次会议极为重视，联邦政府总统亲自过问此事，并为此发行纪念邮票。

我国是IUGG的一个会员国，由科协领导。此次从国内各有关单位共派出代表约70人(科学院30余人，教育部8人，其余如海洋与地震局等等)。台湾也有学者参加，人数不详(我不知道)，均由大会列入“中国(CHINA)”一栏。也有不少在西欧或其他国家学习或工作的同行前来参加，因此，各项活动常常可以见到一些熟悉的面孔。大会领导成员之一的国际地磁及高层大气物理协会(IAGA)主席K. D. Cole也在IAGA闭幕式和IUGG闭幕式上连连提到中国学者的增多是这一次大会的一个可喜特点。

会议地点在汉堡议会大厦和汉堡大学，各种层次、各种内容和各种形式的大小会议同时穿插进行。有协会全会、分会全会、各课题分组讨论会、联合讨论会、大型专题报告会、大字报展览和讨论，以及各种工作会议。每个代表自己选择参加，可以中途入场和退场。大会举行了一次别致的露天招待会和一次盛大的宴会；此外，还组织了多种多样的专业性参观访问和市容名胜的游览，自由参加、收费，也有一点优待。会议期间，一些仪器厂商、书商趁此举办展览，有的科学团体（不属IUGG），如电离层网顾问组（INAG），也趁此开了个碰头会。

我不知道总的到会人数，大会主席在闭幕式上说了一句，我不是没有听清楚，就是没有记住。我是会前约一个月通信登记的，登记号是1972；事实上，不少人到会时现场登记，还有会议过了一半才参加的，所以估计大约有3000人。我主要参加国际地磁与高层大气协会这个分会的活动，它是IUGG最大的一个分会。IAGA主席宣布，共收到800多篇文章，涉及1900多位作者，从这一个侧面也能说明会议规模的确不小。

我觉得，两星期的会议开得很扎实、很紧凑。蔡司（Zeiss）公司给每个代表赠送了一个印有厂名的麻袋式书包，那几天，在那一带，随时看到提着这种书包的各种肤色、各种服饰的男男女女，匆匆忙忙地在各个大楼、各个会场之间走出走进。我不知道他们是否会有和我一样的感觉：紧张、兴奋、时间过得很快。

我承校系组织委派参加大会，个人得益不浅；但因知识及外语的限制，未能很好完成任务。总的说来，只做了以下三件事：

1. 向大会提出了两篇文章。一篇是梁百先老师所写“中国武汉大学空间物理系电离层及电波传播方面的研究工作”，主要介绍了我校从40年代设立游离层实验室以来这方面科研的发展，着重谈到1989年建系以来的科研内容、成果和现状。这篇文章是8月17日在“历史事件”（HE）这一分组讨论会上口头提出的，到会约30人，他们可能甚感兴趣。报告以后提了三个问题：①武昌地磁纬度是多少？（19.1°N）②垂测是否仍在进行？（是，由武汉物理所进行）③有没有研究生？（有，十多人）有博士研究生吗？（有，目前只有一名）会后数天小组召集人告我，准备将文章推荐到英国“大气及地球物理杂志”（JATP）。

另一篇是武汉物理所谭子勋、黄信榆二位为主所写的“武昌上空的Es-s”，主要是形态学分析，并提出了一个估算出现率的经验式。这篇文章是以大字报的形式张贴在会场墙壁上的，归类在“赤道不规则性”（2Q）小组。小组召集人印度的Raghavarao博士对此很感兴趣，他称赞频高图很清晰，噪音压得很低，并且在大字报上给我添了几个“纬度”（Lat.）的字样。他提了一连串的问题：你们从事电离层科研的有多少人？（30多位）都是专职？（也有些教学任务）有没有研究生？（有）测高仪是什么型号的？（是1956年从匈牙利进口的）多少时间观测一次？（一刻钟）中国一共有几个电离层台站？（我提不出准确的数目，大概是十来个）他说希望和我保持联系，打算在印度发射探测火箭时提前通知我，我们好增加观测班次。台湾电离层学者、电信研究所所长黄胤年先生也看了大字报（他的大字报贴在我的旁边），也称赞频高图漂亮。

2. 一般地了解了学科现状及动态。由于一般常常有5—7个专题小组会议同时进行，所以只是有选择地参加了其中的一小部分，幸好借助IAGA所发的文章摘要和张贴出来的大字报，三者结合，一般地了解到以下一些情况：

① 各国均根据自己的地理特点，着重研究具有其地区特色的某些现象，尤其是这些现象中的精细结构，如不规则性、成分、浓度的变化以及运动（水平、垂直、场向）的情况。

例如对极区和高纬区而言,文章较多地集中在极光和亚暴这两个问题。对于极光的观测,除了一般的可见光部分光谱光度学和雷达探测以外,近来很注意用 X 线谱的分析;亚暴则通过磁脉动和质谱仪等手段分析极区的电场分布、粒子流及磁尾的重连等现象。这方面的文章多出自苏联和北欧国家。对赤道地区而言,ESF(equatorial spread F,赤道扩展 F 层)是一个热门、有出现率和时空变化规则率等形态学分析的文章,也有电离层空洞(bubbles)形成和运动方面的文章。印度是研究这一问题的主力,大部分文章是他们的,美国也有一些文章。中纬地区似乎没有什么特色,讨论不太集中,较集中的可算是 D 区异常吸收和声重力波。也有文章涉及中纬极光和中纬的亚暴反应(磁脉动),以及赤道异常峰值的纬度移动等。中层大气科学是作为一个专题连续组织了几天的报告,其中不少中纬地区的文章,我因时间冲突而不能去。

② 各高度区域之间的联系和相互作用,也是这次会议注意的一个重点。例如太阳风和行星际磁场对磁层的作用、能量的输送、粒子的入侵与逃逸、磁脉动的研究占了很大的比重。在中低纬地区,pc3—5,尤其是 pc3 的研究很热,大字报文章很多,赵正予同志的导师、法国 Gleanguard 博士等人就有一篇这方面的文章(他本人未出席会议)。美国的 Southwood 是一位专家,很年轻,很活跃,我同他谈了几句。我说我们的仪器很简陋,又没有经验。他说"凡事总要有个起点",并表示愿意联系帮助。磁层与电离层的相互作用也受重视,其实如各种场向现象、成分的变化、导电率的变化、剪切风和电离层对磁流波的控制等方面都有文章。电离层与中层的耦合、热平衡、热槽、潮汐、风和漂移以及能量交换等也都是大家较有兴趣的题目。地球内外磁场的区分与相关,是一个早为人们注意的课题,这次有一个专门小组加以讨论。朱岗崑先生是召集人之一,他本人未能到会。在这次会上,大气与海洋之间的相互作用已提到日常上来,也为此组织了联合讨论。

③ 对行星大气的研究兴趣高涨和对太阳常数的研究再度热衷,可以说是这次大会的两个明显的新动向。文章大多出自美国,主要是利用许多空间飞行器所发回的大气数据,研究各个行星的电离层、极光以及气象条件。太阳常数的研究则集中在测量的精度和频谱覆盖展宽方面,联系到太阳的活动性,特别是注意耀斑。

④ 会议对史料有很大的兴趣,这是我事先没有想到的。刘庆龄先生在会上放映了我国古代匙形和鱼形指南针的图片,使到会人同声赞羡。德国 Diminger 和英国 Bennon 两位电离层权威就"ionosphere"一词是谁首先提出的这一问题,发表了不同的看法。前者认为是 Appleton 首先提出的,而后者却引经据典,认为首先提出的应是 Watson Watt。另外会上还有人放映了一连串 19 世纪的极光彩色照片,我弄不清它们是怎么来的,由于讲的话有些我没听懂,所以我又不好意思发问。

⑤ 最后还要汇报的是,我觉得,从这些报告和文章中反映了当前这方面科研的几个总的趋势。第一,大家比较注意各种探测手段和各个地区的纵横配合,特别是许多文章都采用地面观测和空间实地观测相结合的资料。许多国家有自己的地球物理卫星和火箭,许多文章可引用世界资料中心(WDC)的卫星、火箭和地面台站的数据,许多国家自

己或与有关国家联合建立了沿同一子午线或经圈范围的台站网。在这种形势下，单单一个台站的数据已显得软弱无力。第二个趋势是数据处理计算机化。文章根据的数据量一般都是很多的，公布的曲线几乎都是计算机描绘的。同样用手描制的曲线，不免令人产生粗糙的感觉。第三个趋势是，这次会上提出的纯物理机制的理论性文章很少，A-H公式，Chapman-Ferraro理论，Vlasov方程仍然是基本依据，这是一个方面；另一方面，不少文章用数字模拟与实测数据对照的方法拼凑经验公式，有的结果吻合得很好。我想，这恐怕也是发展的规律，也许新的理论突破正在酝酿之中。另一个发展趋势是IAGA主席Cole（澳大利亚）在闭幕式上提出来的，他说"IAGA科学家应成为环境研究的主力"。我想，他这话可以从两方面理解，一方面是要研究人类赖以生存的地球本身的环境，另一方面是要研究近地空间较大范围的环境。而这二者之间的关系所达到的密切程度，已使人们不得不对两方面都要注意，任何侧重都会流于片面。

此外，我想汇报一个总的感受。中国是一个大国，参加大会的代表不少，清一色的灰西装，到处可以碰见；但是，在会议上，在科学上，没有形成一股"势力"。高纬现象归苏联和挪威包了，赤道现象让印度"霸占"了，而美国（和日本、英国）则几乎无孔不入，尤其是囊括了各种空间手段。我们中国，有工作，有成果，有不少文章，但缺乏特色，没有看家本领，用文化大革命的话说，不能占一个山头。我衷心地希望系校和有关领导以及广大师生同志们关注这一情况，卧薪尝胆，奋发图强，在党的领导下打一个翻身仗。

3. 进行了一些工作上、业务上和社交上的联系。代表们的旅馆都是自己找的，谁也不知道谁住在何处，开会又是几个会同时在几处进行，所以找人非常困难。但是，在大字报栏，在信箱室，在大厅的出入口，碰人却变得相对容易了。就这样，连找带碰，或我十分主动，或对方主动，进行了以下一些联系：

① 见到IAGA主席、澳大利亚K. D. Cole，转呈了梁百先老师给他的信，感谢他的帮助（赠书给系、给我）。我们具体而较详细谈了陶经纬老师去他们学校访问的事项。他问了陶老师的年龄、学历、经历、专长和外语水平。他说，陶的访问必将给他们的工作起到很好的作用，他深表欢迎。他问陶何时可以到澳，我说，早则1983年9月，可能性很小；最大可能是1984年2月；也有更晚的可能。他说，没有关系，都方便。顺便谈了一下磁脉动，他说他们用的是苏联探头。宴会上我向他告别，他说朱（岗崐先生）没有来，很遗憾，要我向朱、梁问好。

② 见到INAG主席、英国W. R. Piggott，谈了一两个小时，他对"武昌上空Es-s"那篇文章补充了两点意见。另外，比较具体而详细地讨论了他访问我校的计划：(1)希望在11月以前收到我校的正式邀请信，以便连同香港"赤道电离层异常"会议一道，向英国皇家学会申请国际旅费。(2)入境时间，最好香港会议一完（3月27日）就离港到穗，他希望我参加香港的会，并一路陪他到校，我说我大概不会去。我要他放心，我系一定有人要去，一定有更合适的人陪他到校。(3)内容范围已定的报告有：关于电离层吸收问题，一次；关于欧亚以及武汉Es问题，一次；关于南极科研介绍，一次；关于南极风光，一次。(4)关于电离层研究的基础讲演2—4次，内容待定。他说从未搞过教学，多年没搞具体

工作，连文章都看得少，不能担任这一工作。经我再次要求，他才初步同意。(5)到武汉物理所指导科研，他愿意带好几个题目。他还说，在他修订的“电离层手册”中，想把武汉情况独立为一章。(6)他希望决不远于5月5日离开广州，他希望6日人在伦敦，因为9日有一个报告。北大的肖佐老师说，希望Piggott能抽2—3天时间到北大一行，我说回国后保持联系，好商量。

在INAG的会上，澳大利亚做测高仪的“Kel”公司总工程师兼老板放了一系列录像，宣传他们新生产的DBD-43系统，可用Apple式的台式计算机自动遥控测高仪网。他给了我一套说明书，说可以来人协助设站，负责指导使用。Piggott对此也有推荐之意，但是我想，事关重大，我一点也没表态。我估计，明年香港会议上还会提到此事，Piggott将来访问我校大概也会提到。

③ 见到美籍磁脉动专家赵寄民先生。他明年夏天可能回国探亲。我请他再来我校顺访。他答应了，表示保持联系。

经赵寄民先生介绍，认识了台湾电离层学者，现任电信总局电信研究所所长黄胤年先生。见面之前，赵先生大概向他介绍了我的情况，而我也从文献上知道台湾有个Y. N. Huang。所以二人似有一见如故的味道，黄的大字报刚好又和我的贴在一块墙上，他也有些倾向，因此交谈甚频。黄是台湾出生的，是“中央广播电台”台长冯简介先生(桂质廷老师的朋友)的研究生。宴会时，他过来向我祝酒，谈了一气。我问他，IAGA闭幕式他怎么没参加，他说他以为是首席代表(中国——刘庆龄先生)的事。我说，很多人都参加了，讨论决议很热烈、很有趣。他问提没提出“台湾”问题。我说“没有，这不是一个问题。”我们都笑了。我问他有没有访问大陆的可能。他说“根本谈不上。”他听说我们有人对HF Doppler感兴趣，临走前赠给我一份他在台湾发表的文章，要我不说是他送的，只说是我在会上拿的。

④ “历史事件”组召集人，德国(西德)地球物理观测台的Schroder找我谈了两次，内容有：(1)对中国和中国科学史很感兴趣。(2)对刘庆龄先生和梁老师的文章很感兴趣。他希望中国多出席有关历史方面的会议。他说作为IAGA历史事件组的召集人，他可以推荐、邀请以及适当地资助我们参加在任何地方召开的这类会议。他希望我推荐人和文章。(3)他说想访华，费用完全自理，只是在入境出境手续和食宿交通等问题上不知该怎么做(我看他似有疑虑)。我说，这些方面你都不用担心，我们以后联系，都好办。我向刘庆龄先生谈了这一情况。我们两人决定各自向自己的组织汇报，是否由武大和空间物理所两家合邀他访华。

⑤ 此外，见到了IAGA的秘书长日本Fukushima，向他表示感谢，并转达梁老师对他的问候；在Lindau高层大气研究所参观时，见到所长Rosenbauer，他表示欢迎中国人去工作；经肖佐老师介绍，认识了英国Rishbeth，寒暄了几句，他说拟访华，我欢迎他到武大来；见到英国Bennon博士，他问到黄天锡同志的工作和身体情况，要我向他问好；偶然地认识了从Stanford来的U. S. Inan，他说跟保宗悌老师共事过，叫我向保问好，我也

请他向 da Rosa，Carpenter 和 Helliwell 问好；日本布岗地磁台研究所的 Kuwashima 展出了大字报，我找他谈了几句，请他向 Kawamura 表示感谢，他们多年不断地给我系寄资料，也和我通过信；经刘庆龄先生介绍，认识了苏联的 Zaitsev，他同 Tycel 很熟，他说他知道 Tycel 到过中国，我请他向 Tycel 带去一张名片向他问好。还有些关系不大的，就不一一汇报了。总之，所见各国的同行，都互相尊重和友好。

以上汇报均系个人见闻和认识，片面和错误之处，敬希指正。

（编号：家史·吴·3.31）

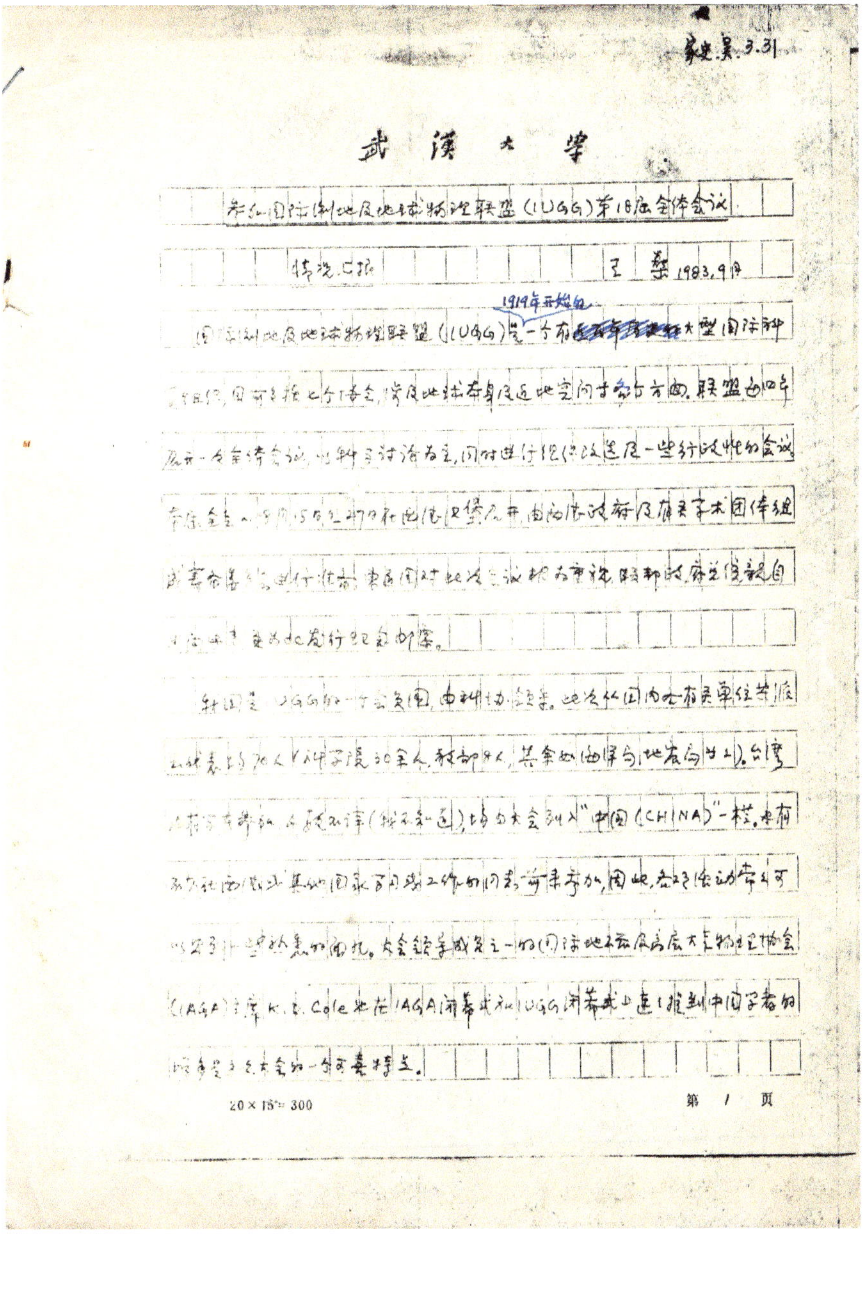
家史·吴3.31

武漢大學

参加国际测地及地球物理联盟(IUGG)第18届全体会议

情况汇报　　王 燊 1983.9月

国际测地及地球物理联盟(IUGG)是一个(1919年开始的)大型国际科学组织，因下设七个协会，涉及地球本身及近地空间的各个方面。联盟每四年召开一次全体会议，以科学讨论为主，同时进行组织改选及一些行政性的会议。本届全会于8月15日至27日在西德汉堡召开，由西德政府及有关学术团体组成筹备委员会进行准备。东道国对此次会议极为重视，联邦总统亲自出席开幕式，并为此发行纪念邮票。

我国是IUGG的一个会员国，由科协领导。此次从国内各有关单位等派出代表约70人……台湾……"中国(CHINA)"一栏……大会……(IAGA)主席K. L. Cole也在IAGA闭幕式和IUGG闭幕式上连续提到中国学者的……

20×15=300　　第 1 页

IUGG 第 18 届大会 IAGA 地磁研究历史委员会论文集

王曦按(2016 年 12 月 24 日):

以下是父亲保留的,德国 Wilfried Schroder 教授所赠 IUGG 第 18 届大会 IAGA 地磁研究历史委员会论文集——《地球科学中的人与历史事件》一书的封面和目录的复印件。书中载有父亲与梁百先先生合写的"中国武汉大学的电波传播与电离层研究"一文。材料上的字迹和记号为父亲所写。

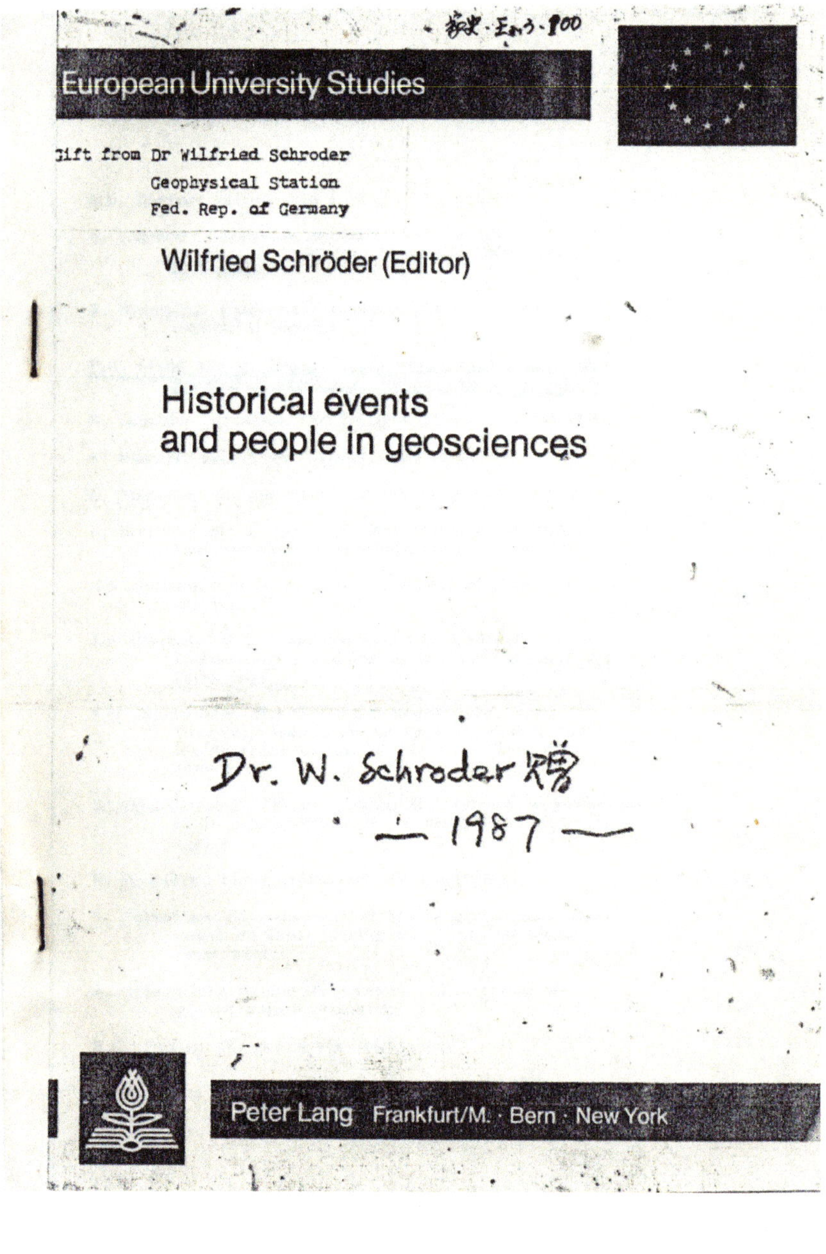

European University Studies

Gift from Dr Wilfried Schroder
Geophysical Station
Fed. Rep. of Germany

Wilfried Schröder (Editor)

Historical events
and people in geosciences

Dr. W. Schroder 赠
— 1987 —

Peter Lang Frankfurt/M. · Bern · New York

TABLE OF CONTENTS

中国武汉大学空间物理系电离层及电波传播方面的研究工作(英文)

王曦按(2017 年 2 月 6 日):

这是父亲保留的一份英文打字稿。它由梁百先先生和父亲共同署名。内容是对武汉大学的电离层研究和空间物理系的介绍。看来是提交给某个国际学术会议的。

家史.王.3.92

RADIO WAVE PROPAGATION AND IONOSPHERE
STUDIES AT WUHAN UNIVERSITY, CHINA

B.H. Liang and Wang Shen
~~for the~~ Space Physics Department,
Wuhan University, China

Wuhan University, situated at the southern bank of Yangtze River in central China, is one of the oldest institutions of higher learning in the great country. The 70th anniversary of its establishment will soon be celebrated in November this year. Regarding to the natural and technical sciences, Wuhan University is known to have a comparatively long history in studying ~~the~~ radio wave propagation and the ionosphere. Upon this, a brief report in chronological order is given here.

1. 1946 - 57

Before the Second World War, there were only a few people in China engaged in the study of ionosphere. For example, solar eclipse effect on the E and F layers were observed at Shanghai (~~M.K.~~ Tseng et al, 1936) and Kunming (~~T.K.~~ Jen et al, 1944). At Wuhan, Prof. C.T.Kwei, who contributed much in geomagnetic survey, then the Head of the Department of Physics of Central China College, began doing vertical sounding of the ionosphere in 1937 with a set of self-made equipments. The extraordinary high electron density characteristics observed for the F2 layer were explained at that time as due to the low geomagnetic latitude (19.1°N) of Wuhan compared to its geographic latitude (30.6°N) (Sung and Kwei, 1938).

Shortly after the ending of the Second World War, encouraged and supported by Drs J.A. Fleming and M.A. Tuve, and the Department of Terrestrial Magnetism of

Carnegie Institution of Washington, Prof. Kwei brought back from the United States a DTM-CIW manual recorder and resumed his leadership in ionospheric observation and research at Wuhan University in 1946. Since then, hourly observations have been continued without interruption. Ionograms of nearly a whole solar cycle had been accumulated by 1957. During this period, Kwei and his colleagues made a more detailed analysis of the Wuhan data (Liang et al, 1948), studied the geomagnetic control of the global F2 ionization and its seasonal variations (Liang, 1947; Wang, 1948; Lung, 1949), noted the existence of E2 around sunrise (Lung, 1948), and calculated the recombination coefficients of the E and F regions using the solar eclipse data of May 9, 1948 (Chow, 1948; Kwei et al, 1951). In 1955, under the direction of Profs.Kwei and Liang, a teaching group was formed for the specialty of ionospheric physics and radio wave propagation.

2. 1957 - 65

As a step of closer cooperation between Academia Sinica and our University, and for a better preparation for the IGY, a geophysical observatory was established in 1957 in the University compus, which was administrated by the Institute of Geophysics, Academia Sinica (later by Wuhan Institute of Physics), and under the directorship of Profs. Kwei and Liang. The manual ionospheric recorder was replaced by an automatic ionosonde at the same time. Observations on ozonosphere and cosmic rays had also been made for a short period. Meantime, our University invited a Soviet scientist, Dr V.D. Gusev from the UNiversity of Moscow to work with us for one and a half years in developing research on ionospheric propagation.

2

Into two directions our work was developed during this period (although we had not become awared of that until some time later). We made experimental apparatus ourselves, and with them we started probing a little further into the physics of the ionosphere. One group studied the polarization characteristics of radio waves reflected from the overhead ionosphere with a self-made polarimeter (Bao,1957, 1959; Wang and Bao, 1959; Bao, 1960, 1963; Bao ~~et al~~ and Feng, 1963). Another group studied the ionospheric absorption both theoretically and experimentally, again equipped with self-made apparatus (Gusev and Lung, 1959; Radio Propagation Group, 1959; Lung, 1960, 1963; Huang, 1964, Hou, 1964). A third group studied some irregularity parameters using statistical ~~and mathematical~~ and analytical methods (Li, 1959; Gusev and Li, 1959; Gusev, Huang and Li, 1959; Huang and Li, 1963~~; Huang, 1964; Hou, 1964~~). Alongside, some statistical studies on UHF propagation were also made (~~Gemenov and~~ Chen, 1962)

3. 1966 -76

The catastrophic "Great Cultural Revolution" covering the years 1966 - 76 stopped virtually all fundemental research work in our University. Nevertheless, we still strived to make equipments and carry on some experiments useful in practical radio communication. In order to improve the reliability of long distance short wave communication, an oblique incidence backscatter ionosonde was designed and built for the purpose of making predictions of MUF over a path of 4000 or 8000 km (Wave Propagation Group, 1975). Through subsequent improvements, this equipment assumed a more practicable automatic version (Wave Propagation Group, 1976a). Some experiments such as that on trans-equatorial HF propagation were made with this equipment. At the same time, some kinds of antenna were designed and their radiation fields studied (Wave Propagation Group, 1976a, b).

4. 1977 -

Since the downfall of the "gang of four" in 1976, the whole nation has become re-unified and stable, and endeavoured to accelerate the modernization of our country. Education and scientific research are now emphasized more than ever. Under this situation, in 1978, the Department of Space Physics branched out from the Physics Department as a new entity and the Research Institute of Radio Propagation and Space Physics was established. Research groups of various sizes have gradually been formed. They fall generally into 4 divisions, ionospheric propagation, tropospheric propagation, EM field and antenna, and space physics.

In the first division, a group of people headed by Prof. Lung goes on improving the oblique incidence sounding equipment. Another group headed by Prof. Hou Jiechang is doing a further theoretical study on the physics of doubly reflected echoes from the ionosphere (Hou, 1982).

A third group is experimenting with a self-made equipment for studying acoustic gravity waves by measuring the Doppler frequency shift and phase change due to artificial or natural enhancement or diminition of ionization in the upper atmosphere. They observed solar eclipse effects upon the lower ionosphere on February 16, 1980 in Yunnan Province and on July 31, 1981 in Wuhan. The instability of E region caused by these eclipses has been noted and analyzed (Zhang et al, 1981). This group went to New Guinea in the summer and played its part successfully in a joimt observation organized by ~~the Academy of Sciences.~~ Academia Sinica. Moreover, this group has been carrying out observations on non-linear phenomena in the lower ionosphere, using a high power broadcasting station as the heating source since 1981.

In the second division, a group is studying the atmospheric absorption and rain-drop attenuation of mm and cm waves. A paper on raindrop size distribution ~~in some pa parts of China~~ and their effect on microwave propagation was presented in May 1980 in Canada and published some time later (Li and Zhang, 1980). Recently, this group has built a 12 GHz signal receiving station as sun-tracker to study the attenuation and depolarization effects of raindrops on cm waves emitted from the sun or transmitted from a geostationary satellite.

Besides, in this division, theoretical work has also been going on concerning the properties of the plasma sheath formed by the re-entry of a space vehicle (Tao, 1981).

The third division continues to devote itself to the study of antenna and electromagnetic field. Antennas of various shape have been designed and their radiation fields studied (Lu, 1980).

In the fourth division, one group studies low latitute whistlers. They have made sets of observational equipment and have successfully obtained whistler records at various sites of very low latitude, e.g., Zhangjiang, Yuling, and Westsand Islands (Bao, Chen and Wang, 1980; Bao et al, 1980; Wang, et al, 1982). Comprehensive reports were presented to the COSPAR symposium at Ottawa, Canada in May 1982 and the ISSS symposium at Kyoto, Japan in November 1982. The lowest latitude site (5.5°N, gm) at which whistlers were recorded recently is on the Westsand Islands.

Another group of this division is monitoring the Faraday rotation of beacon signals from the Japanese satellite EST-2 with a self-made equipment. A third group is trying to observe geomagnetic pulsations with a single component fluxgate magnetometer. Both these groups are newly formed. Some preliminary results have only been obtained. There are also a few members in this division paying attention to various topics without having formed into groups. J.F. Wang is interested in solar plasma simulation. S.X. Liu is interested in the analysis of thunderstrokes. They have respectively studied for a couple of years in the United States and in Federal Germany. They are now striving for conditions to re-start their work at home. As a whole, the fourth division has an ultimate goal of study the coupling between the ionosphere and magnetosphere by correlating the fruits of research from the above groups.

The above is a brief overview of what we have done in these 40 years of time. It should be emphasized here that since the recording of the first piece of our ionograms, our work has been doing with the assistance from many friendly institutions and persons home and abroad. Among them, the following should be mentioned with special appreciation: Wuhan Physics Institute, Geophysical Institute, and Space Physics Institute , of the Chinese Academy of Sciences; Chinese Research Institute of Radiowave Propagation; Beijing University; Chinese College of Science and Technology; Sian College of Telecommunication Engineering; Communication Research Center, Canada; West Ontario University, Canada; Carnegie Institution of Washington, Central Radiio Propagation Laboratory, University of Alabama, UCSD, UCLA, Stanford University, Syracuse University, and Oakland University, U.S.A.; La Trobe University, Australia; Tohoku University, Kyoto University, Kakioka Magnetic Observatory, Japan; H.G. Booker, A.V. da Rosa, K.C. Yeh, D.L. Carpenter, S.T. Wu, D.K. Chang, Y.C. Huang, R.J. Hung, C.Y. Fan, and Jerry Chao, U.S.A.; R.E. Barrington, P.A. Forsyth, K.S. McCormac, G. DeWitt, Canada; N. Fukushima, O. Kimura, K. Matsumoto, Japan; W.R. Piggott, U.K.; K. Rawer, F.R.G.; K.D. Cole, Australia; O. Holt, O.I. Ronning, Norway; and W. Reidler, Austria;

F. Glangeaud, J.L. Lacoume, France

出席 IUGG 第 18 届大会教育部审批件

王曦按(2017 年 2 月 6 日)：

以下是父亲保留的教育部对他 1983 年那次出国的批件。武汉大学是教育部直属高校，当时其教师出国访问需要教育部的批准。现在，这项审批权力已经下放到武汉大学。学校自己就可以审批教师出国访问。

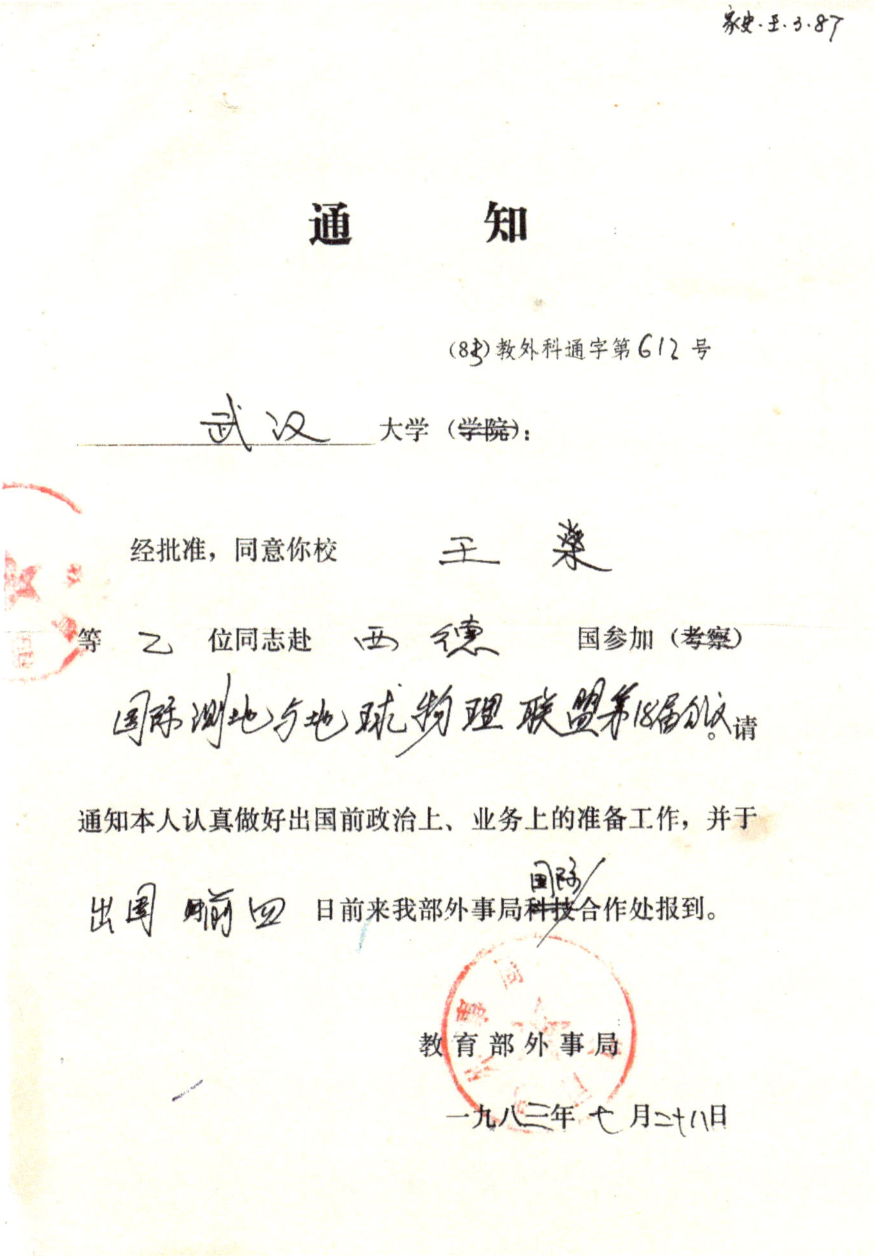

家史·王·3·87

通　　知

(83)教外科通字第612号

武汉大学（~~学院~~）：

经批准，同意你校王燊等2位同志赴西德国参加（~~考察~~）国际测地与地球物理联盟第18届大会。请通知本人认真做好出国前政治上、业务上的准备工作，并于出国前四日前来我部外事局~~科技~~国际合作处报到。

教育部外事局

一九八三年七月二十八日

德国汉堡 IUGG 第 18 届大会期间的照片和票证

王曦按(2017 年 2 月 6 日):

1983 年的那次国际测地与地球物理联盟(IUGG)第 18 届大会,对于新成立的武汉大学空间物理系十分重要。当时,空间物理系的梁百先、龙咸灵等老先生年事已高,不便出国访问。在当时那种情况下,武汉大学中既经历了武汉大学电离层研究的初期创业,又具备从事国际交流所需要的外语和专业能力,同时又能够耐受国际旅行的长途劳顿之苦的人,可能只有父亲了。因而父亲那次出席 IUGG 第 18 届大会,在某种意义上具有临危受命,为改革开放后新生的武汉大学电离层与空间物理学研究恢复和开辟国际渠道和国际联系的重任。从父亲保留的出席那次会议的种种资料来看,父亲很好地完成了这个重大任务。

王燊,IUGG 第 18 届大会。1983 年,汉堡。——王曦注,2016,9.10

XVIII GENERAL ASSEMBLY HAMBURG
Union Géodésique et Géophysique Internationale
International Union of Geodesy and Geophysics
Voucher
IUGG Dinner
Thursday, August 25, 1983 · 20.00 h
CCH3
1277

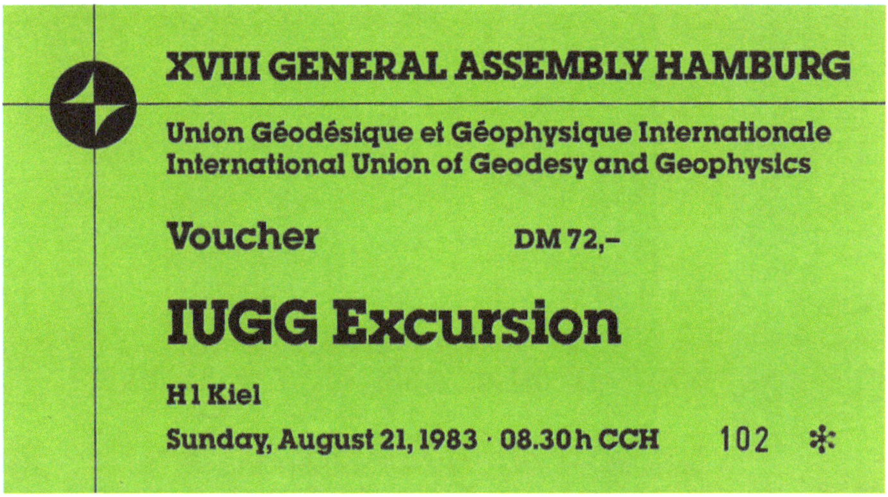
XVIII GENERAL ASSEMBLY HAMBURG
Union Géodésique et Géophysique Internationale
International Union of Geodesy and Geophysics
Voucher
DM 72,-
IUGG Excursion
H1 Kiel
Sunday, August 21, 1983 · 08.30 h CCH
102

XVIII GENERAL ASSEMBLY HAMBURG

Union Géodésique et Géophysique Internationale
International Union of Geodesy and Geophysics

TICKET

Saturday, 20th August 1983

Lindau (Harz): Aeronomy

Departure: 8.30 a.m.
Congress Centrum Hamburg
Entrance Groundfloor

DM 35,–

000031

CTS CONGRESS & TOURISTIK SERVICE GMBH

XVIII GENERAL ASSEMBLY HAMBURG

Union Géodésique et Géophysique Internationale
International Union of Geodesy and Geophysics

TICKET

Tuesday, 16th August 1983

Sightseeing Tour of the City

Departure: 10.00 a.m.
Congress Centrum Hamburg
Entrance Groundfloor

DM 22,–

000102

CTS CONGRESS & TOURISTIK SERVICE GMBH

XVIII GENERAL ASSEMBLY HAMBURG

Union Géodésique et Géophysique Internationale
International Union of Geodesy and Geophysics

TICKET

Thursday, 25th August 1983

Excursion to Lüneburger Heath

Departure: 9.00 a.m.
Congress Centrum Hamburg
Entrance Groundfloor

DM 68,–

000024

CTS CONGRESS & TOURISTIK SERVICE GMBH

1985 年德国地球物理学会主席 Wilfred Schroder 教授的来信

王曦按(2017 年 2 月 6 日):

在 1983 年的德国汉堡 IUGG 大会上,父亲结识德国地球物理学会主席 Wilfred Schroder 教授。他俩成为好友并保持了很长时间的联系。通过 Wilfred Schroder 教授和他领导的 IUGG 历史委员会,父亲使我国早期的电离层研究在我国实行改革开放以后再次得到国际同行的承认。

W. Schröder
Hechelstrasse 8
D-2820 Bremen-Rönnebeck
Fed. Rep. of Germany

1985, July 31

Professor Dr. Wang Shen
Space Physicsis Department
Wuhan University
Wuchang, Hubei, People's Republic of China

My dear Professor Wang Shen,

thank you very much for your last letter and the interesting note on the translation of my aurora book. If it printed, please send me a copy.

As you know, the paper has been accepted for the IAGA meeting.

Now, I'll tell you something on the visit next year. It seems to me a good time between March (ca. 24.) to April (ca. 8.); this are ca. 14-16 days.

With regard to our earlier letters I'll compensate my travel to China. What is the reason during my visit in China?

With regard to your letter of 14 Nov. 1984, it was a very good draft plan, because as a co-chairman of the IAGA History commission, I'm very interested in science history - and also in the history and archaeology of your famous country.

During the stay I'm able to spend several lectures on the topics of upper atmosphere physics, aurora, noctilucent clouds and upper atmospheric circulation, solar-terrestrial physics and history. A popular lecture may be useful in the connection between the history of our science, including the important scientific achievement of Chinese science in the history of science for the development of our disciplines in Europe (e.g. auroral research, sunspots discovery etc.) All the lectures are with slides (color and black/white slides).

Under seperate cover I'm sending you a paper on the Göttingen Academy of Sciences (sorry, in German).

With my best wishes to your famous country, I'm, dear Professor Wang Shen,

with kind regards,

Yours sincerely

(in German: mit herzlichen Grüßen)

1987 年德国地球物理学会主席 Wilfred Schroder 教授的来信

王曦按：(2016 年 9 月 10 日)：

以下是德国地球物理学会主席 Wilfred Schroder 教授给父亲并抄送马克斯普朗克高层物理研究所所长 Roseebauer 教授的一封信(原件)，从中可见父亲为推荐武汉大学的学者访问德国马克斯普朗克高层物理研究所的努力。信上所贴红色纸条，是德国邮政的快件标签，应为父亲从信封上取下来贴在这儿的。

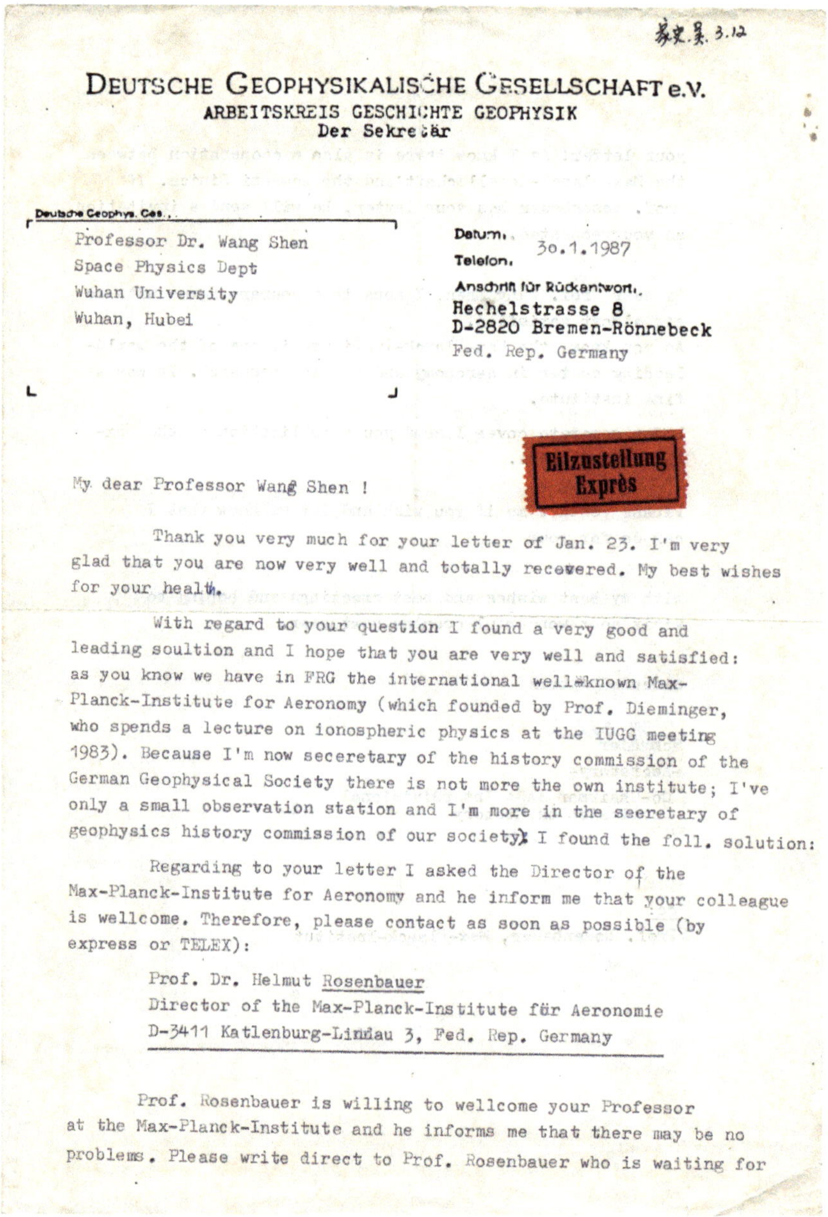

DEUTSCHE GEOPHYSIKALISCHE GESELLSCHAFT e.V.
ARBEITSKREIS GESCHICHTE GEOPHYSIK
Der Sekretär

Deutsche Geophys. Ges.

Professor Dr. Wang Shen
Space Physics Dept
Wuhan University
Wuhan, Hubei

Datum: 30.1.1987
Telefon:
Anschrift für Rückantwort:
Hechelstrasse 8
D-2820 Bremen-Rönnebeck
Fed. Rep. Germany

Eilzustellung
Exprès

My dear Professor Wang Shen !

Thank you very much for your letter of Jan. 23. I'm very glad that you are now very well and totally recevered. My best wishes for your health.

With regard to your question I found a very good and leading soultion and I hope that you are very well and satisfied: as you know we have in FRG the international well-known Max-Planck-Institute for Aeronomy (which founded by Prof. Dieminger, who spends a lecture on ionospheric physics at the IUGG meeting 1983). Because I'm now seceretary of the history commission of the German Geophysical Society there is not more the own institute; I've only a small observation station and I'm more in the seeretary of geophysics history commission of our society: I found the foll. solution:

Regarding to your letter I asked the Director of the Max-Planck-Institute for Aeronomy and he inform me that your colleague is wellcome. Therefore, please contact as soon as possible (by express or TELEX):

Prof. Dr. Helmut Rosenbauer
Director of the Max-Planck-Institute für Aeronomie
D-3411 Katlenburg-Lindau 3, Fed. Rep. Germany

Prof. Rosenbauer is willing to wellcome your Professor at the Max-Planck-Institute and he informs me that there may be no problems. Please write direct to Prof. Rosenbauer who is waiting for your letter! As I know there is also a cooperation between the Max-Planck-Gesellschaft and the Academi Sindca. If Prof. Rosenbauer has your letter, he will send a invitation as you requested.

My dear Prof. Wang Shen, I hope that you are agree with me and almost satisfied.
As you know, the Max-Planck-Institute is one of the world-leading center in aeronomy and related research. It was a fine institute.

Under seperate cover I send you a publication on the Max-Planck-Institute.

Please contact me if you wish and let me know what I can do for you.

With my best wishes and best greetings and hoping to visit your wonderful country next year.

Sincerely yours

Schröder
-secretary-
Co-Chairman IAGA Interdivisional
Commission on History

cc:
Prof. Rosenbauer, Max-Planck-Institut

鲁戈文卡(Lugovenko)教授的点滴

王曦按(2017 年 2 月 7 日):

以下是父亲留下的材料,内容为介绍与前苏联科学院地磁电离层及电波传播研究所(IZMIRAN)鲁戈文卡教授的合作。这项合作是父亲担任空间物理系主任之后重点开展的对外合作工作之一。从父亲保存的各种资料看,父亲为之花费了不少心血。

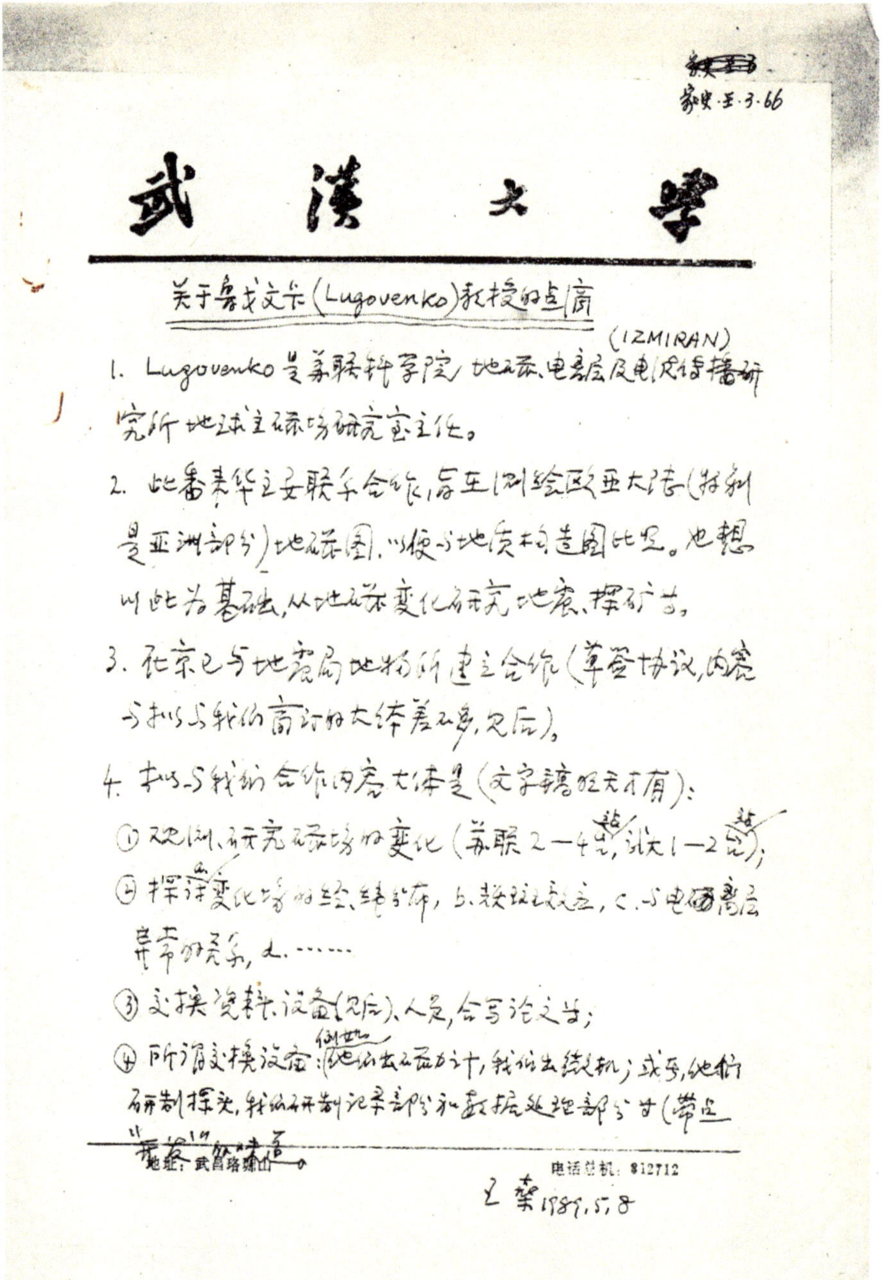

家史·王·3·66

武漢大學

关于鲁戈文卡(Lugovenko)教授的点滴

1. Lugovenko是苏联科学院地磁、电离层及电波传播研究所(IZMIRAN)地球主磁场研究室主任。

2. 此番来华主要联系合作,旨在测绘欧亚大陆(特别是亚洲部分)地磁图,以便与地质构造图比照。也想以此为基础,从地磁变化研究地震、探矿等。

3. 在京已与地震局地物所建立合作(草签协议,内容与他们与我们商讨的大体差不多,见后)。

4. 他们与我们合作内容大体是(文字稿[illegible]):

① 观测、研究磁场的变化(苏联2—4站,武大1—2站);

② 探讨 a. 变化场的经、纬分布,b. 数据处理,c. 与电离层异常的关系,d. ……

③ 交换资料、设备(见后)、人员,合写论文等;

④ 所谓交换设备:例如他们出磁力计,我们出微机;或者,他们研制探头,我们研制记录部分和数据处理部分等(带回……

地址:武昌珞珈山　　电话总机:812712

王燊 1989.5.8

出席国际地磁学及高空大气学联合会(IAGA)资料

王曦按(2016 年 9 月 10 日):

以下为父亲保留的 1991 年 8 月出席国际测地及地球物理联合会(IUGG)下属的国际地磁学及高空大气学联合会(IAGA)资料,包括邀请信(邀请人是德国 Wilfred Schroder 教授,上面的绿色记号为父亲所写)、出国申请书、出国审批文件、会议发表文件、回国后的报告和会议期间在维也纳拍的照片等。

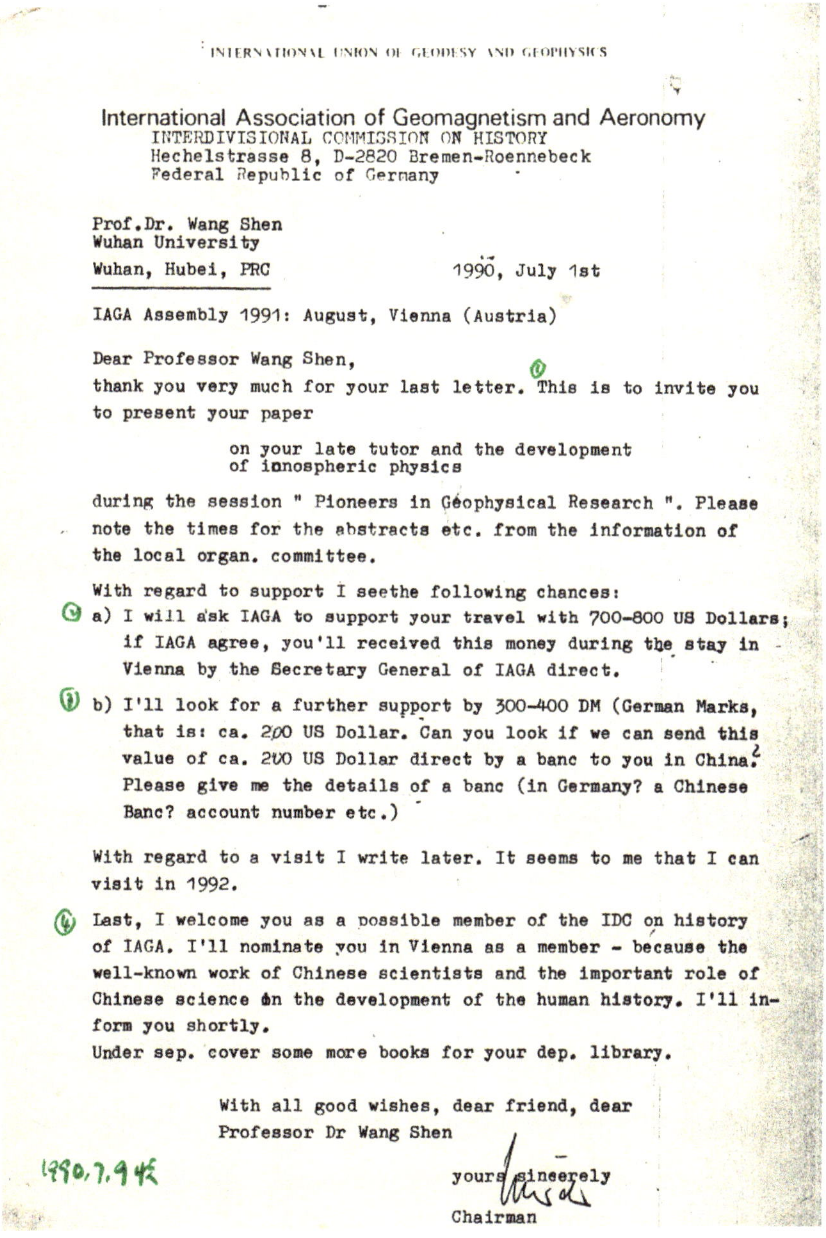

INTERNATIONAL UNION OF GEODESY AND GEOPHYSICS

International Association of Geomagnetism and Aeronomy
INTERDIVISIONAL COMMISSION ON HISTORY
Hechelstrasse 8, D-2820 Bremen-Roennebeck
Federal Republic of Germany

Prof.Dr. Wang Shen
Wuhan University
Wuhan, Hubei, PRC

1990, July 1st

IAGA Assembly 1991: August, Vienna (Austria)

Dear Professor Wang Shen,
thank you very much for your last letter. This is to invite you to present your paper

on your late tutor and the development of ionospheric physics

during the session " Pioneers in Geophysical Research ". Please note the times for the abstracts etc. from the information of the local organ. committee.

With regard to support I seethe following chances:
a) I will ask IAGA to support your travel with 700-800 US Dollars; if IAGA agree, you'll received this money during the stay in Vienna by the Secretary General of IAGA direct.

b) I'll look for a further support by 300-400 DM (German Marks, that is: ca. 200 US Dollar. Can you look if we can send this value of ca. 200 US Dollar direct by a banc to you in China? Please give me the details of a banc (in Germany? a Chinese Banc? account number etc.)

With regard to a visit I write later. It seems to me that I can visit in 1992.

Last, I welcome you as a possible member of the IDC on history of IAGA. I'll nominate you in Vienna as a member - because the well-known work of Chinese scientists and the important role of Chinese science on the development of the human history. I'll inform you shortly.
Under sep. cover some more books for your dep. library.

With all good wishes, dear friend, dear Professor Dr Wang Shen

1990.7.9收

yours sincerely
Chairman

教.吴. 3.18

武漢大學

申请参加国际会议

系、外事处及有关领导：

国际地磁学及高空大气学联合会（IAGA, International Association of Geomagnetism and Aeronomy）将于1991年8月在维也纳召开二年一度的学术讨论会。该会是该领域第一位的权威组织。经该会地球物理科学史部门负责人W. Schroder博士（西德人）鼓励，我曾表示愿为"地球物理研究先驱"讨论会提供我校桂质廷老师的有关事迹，以唤起国际有关人士对我国、我校和先师的应有重视。

现得Schroder来信：①邀请我赴会宣读该文；②转请IAGA资助旅费700—800美元（前此表示甚有把握）；③拟即另资助300—400西德马克，可汇来（要我告知银行帐号）；④拟提名我担任历史部门顾问委员会委员。

Schroder博士对我国很向往，对我校很友好。从1983年起，不断寄赠图书（实物及其他均存系资料室）。我系孙富宇老师访德，也曾得他帮助。

根据以上情况，我想：①寄去文章（或摘要）1—2篇；②按IAGA程序申请资助（优待第三世界人士）；③通知帐号；④表示感谢他的提名。

未尽事宜，请批示。

敬礼

空物系 王燊 1990.7.24

装 订 线

1701724(86.4)7346

第 页

[illegible]·王·3.133-7

出国参加国际学术会议人员登记表

1991 年 5 月 28 日填

姓名	汉字	王燊	性别	男	出生日期	1921 年 1 月 9 日		
	拼音	Wang Shen	民族	汉	健康状况	一般		
籍贯	湖北 襄阳		职称	教授		职务	所长	
何时何地取得何学位	1948，武汉，理硕士				何时何地参加何党派	武汉，1955 民盟，1984 中共		
配偶姓名、工作单位、职务	吴锦珠，武汉市马房山中学教员（退休）							
简历	1944，武大物理系毕业 1948，武大理科研究所毕业 1946—47，武大游离层实验室 观测员 1949—，武大助教—讲师—“右派分子”—资料员—讲师 —副教授—教授							
专业特长	空间物理							
懂何种外语，水平及熟练程度	英—基本“四会” 俄、法语 } 借助字典阅读专业文献							
历次出国情况	1. 1980—81，美，访问学者；2. 1983，西德，IUGG 18届大会； 3. 1985，中国CUSPEA代表团，美；4. 1991，法—苏，专业实验室和研究合作考察）1993 {[illegible] 20天，访问[illegible]							
有何重要著作、发明，受过何种奖励	1987，教委科技进步一等奖（参加者） 1987，自然科学三等奖（参加者）							

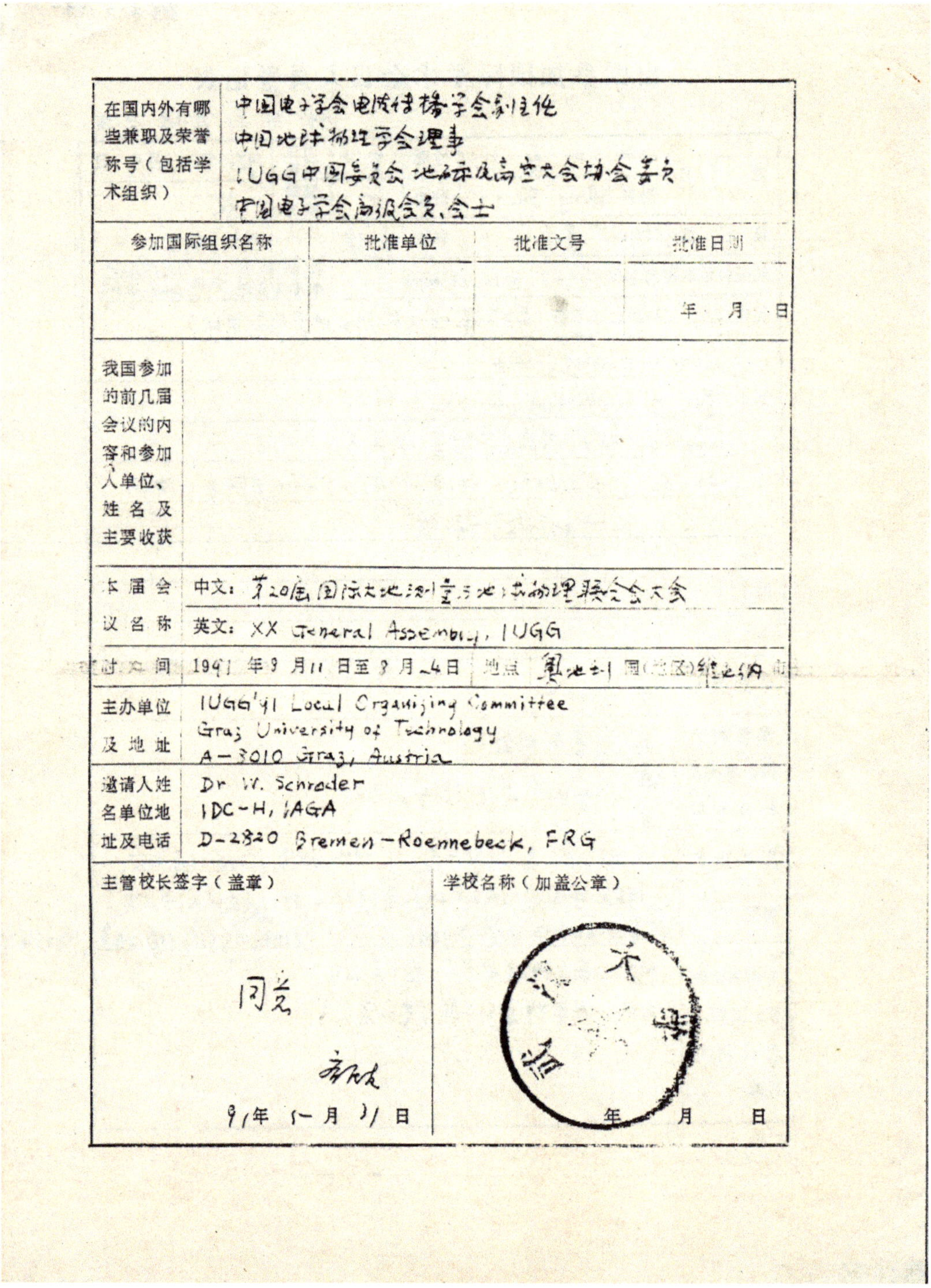

在国内外有哪些兼职及荣誉称号（包括学术组织）	中国电子学会电波传播学会副主任 中国地球物理学会理事 IUGG中国委员会 地磁及高空大气协会委员 中国电子学会高级会员、会士		
参加国际组织名称	批准单位	批准文号	批准日期
			年 月 日

我国参加的前几届会议的内容和参加人单位、姓名及主要收获	
本届会议名称	中文：第20届国际大地测量与地球物理联合会大会 英文：XX General Assembly, IUGG
会议时间	1991年8月11日至8月24日 地点 奥地利 国（地区）维也纳 市
主办单位及地址	IUGG'91 Local Organizing Committee Graz University of Technology A-8010 Graz, Austria
邀请人姓名单位地址及电话	Dr W. Schroder IDC-H, IAGA D-2820 Bremen-Roennebeck, FRG

主管校长签字（盖章）	学校名称（加盖公章）
同意 [illegible] 91年5月31日	年 月 日

收91198　　　　　　　　　　　　家史·王·3·133-1

武汉大学公文处理单

编号：91-652

文件标题	关于王燊出国参加国际会议事						
主题词							
来文字号	教外□〔1991〕16797号		密级		份数	1	
来文单位	国家教委	收文日期	91年6月17日17时		紧急程度	91.8.	
拟办意见	请清明同志阅示。送外事处阅处。　校办 [illegible] 18/6-91						
领导批示	外事处办理。张清明 17/6　[illegible]						
运转记载	受文单位（姓名） 送文日期 应退日期 实退日期 运转时间	已送外办理[illegible] [illegible] 6.21					
处理结果	转外事处。 经办人签名 郭晓昭 91年6月19日						

注：领导批阅时，请用毛笔或钢笔，并签署姓名，以便存档。

家安.吴 3.11

国家教育委员会直属高等院校出国人员(不含校级领导)申报表

学校名称：武汉大学　　文号：武大外侨(91)117号　　总No.(　　)　0001765

姓名	王燊	性别	男	出生日期	1921年1月9日	健康状况	一般	出国类别
政治面貌	民盟/中共	学科	物理	职称	教授			☑国际会议 □合作研究 □访问考察 □长期任教 □短期讲学 □实习培训 □其他
职务	所长	外语语种	英	外语水平	□一般 ☑良好 □熟练			
出访国家(地区)	奥地利、联邦德国							
出访任务	1. 参加第20届国联大地测量及地球物理联合会大会，宣读论文"桂质廷教授与电离层扩展F层"，参加主持小组会议；(教外出[1991]16797号批准) 2. 顺访Max-Planck高空大气研究所，参观座谈，作一讲话(内容待定)。 (附纸补充)							
邀请人的姓名职务单位(外文)	1. Dr W. Schroder, Chairman, IDC-H, IAGA, D-2820 Bremen-Roenneback, FRG 2. Dr H. Rosenbauer, Director, Max-Planck Institute of Aeronomy, W-3411 Katlenburg-Lindau, FRG				学校领导签字　学校盖章 1991年6月28日			
出访期限	自1991年8月10日至1991年9月2日计24天(月)							
出访费用	见附件说明　教委（□全额提供 □三联单 □分配名额） 自筹（□学校经费 □外单位经费 □国外资助）				外事处经办人 电话	高志明 812140		

使　用　说　明

一、委属院校人员出国（不含校级领导及兼任省级领导职务者）一律填写此表上报审批，每表一人，不必另写申请报告。

二、此表由学校外事部门负责填写，要求字迹工整，并统一编号上报。

三、此表要求由学校主管外事的校级领导（若该同志不在家，由另一指定校级领导）签字后盖学校公章。

四、不论那一类出国人员，报送申报表时必须附对方邀请信或其它有关材料。

五、表内栏目填写要求的说明：

1、学科：指本人目前从事的专业所属的一级学科。

2、职称：包括硕士、博士、教授、工程师等技术职称，含荣誉职称。

3、职务：包括系主任以上等行政职务

4、外语水平：凡出国需直接使用外语进行交流者，必须具有良好的外语水平。

5、出国任务：不同类别的出国人员其出访任务不同，现分别规定如下：

(1)、访问考察：包括访问考察具体内容、欲达到的目标。

(2)、合作研究：包括填写对方合作研究人员的姓名、合作研究的题目、欲达到的目标等。

(3)、国际会议：国际会议的名称和简要内容；申请参加人员被接收的论文题目；有无"一中一台"问题。赴未建交国家及地区，除填写此表外尚需写出详细的专门报告。

(4)、长期任教：包括任教课目和简要内容，在国外教学对象。

(5)、短期讲学：三个月以内属短期讲学，要说明讲学的题目和简要内容，讲学对象。

(6)、实习培训：包括实习培训内容、欲达到的目标。

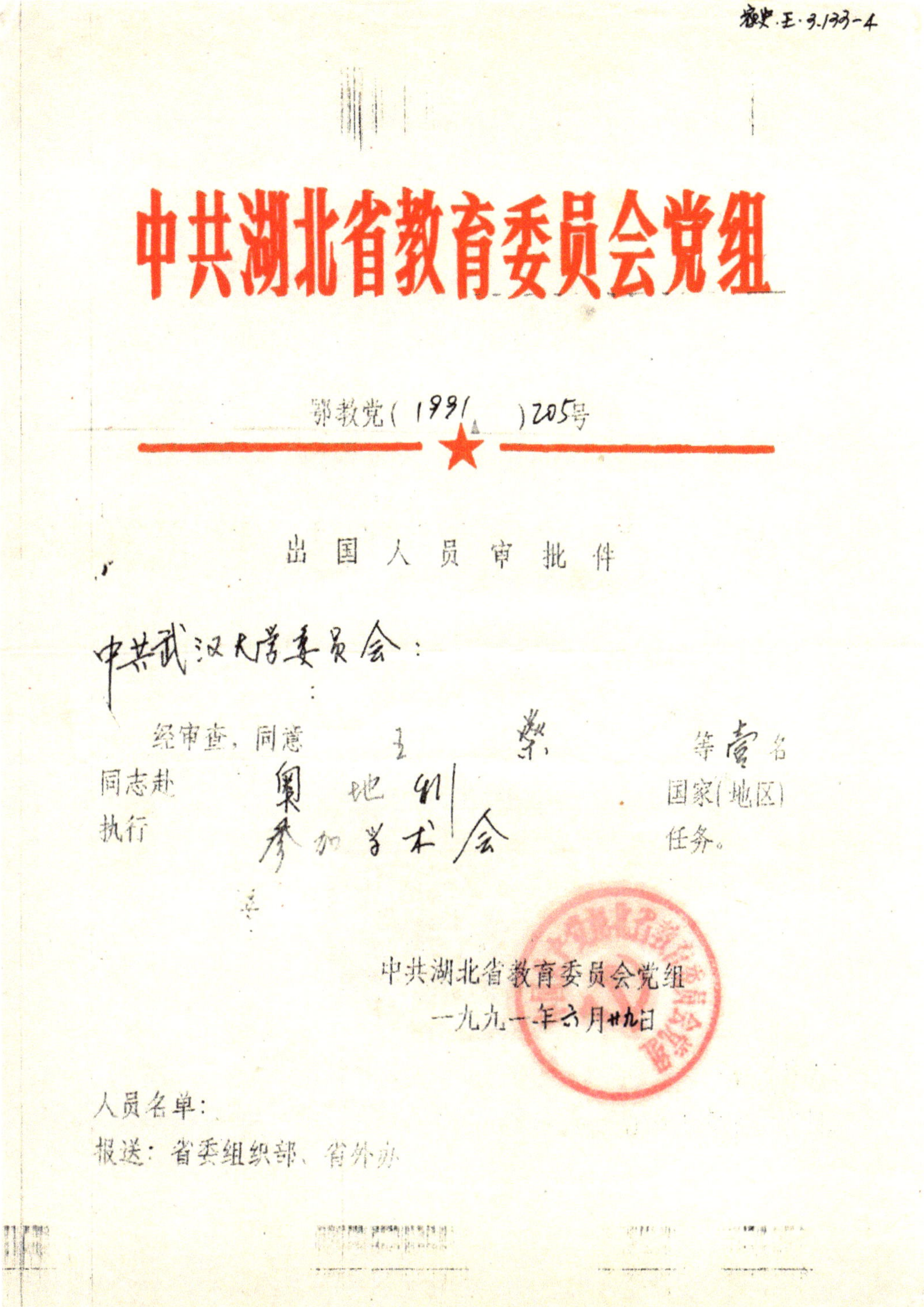

档案·王·3.133-4

中共湖北省教育委员会党组

鄂教党（1991）205号

出　国　人　员　审　批　件

中共武汉大学委员会：

经审查，同意　王　燊　等壹名同志赴　奥地利　国家（地区）执行　参加学术会　任务。

中共湖北省教育委员会党组

一九九一年六月廿九日

人员名单：

报送：省委组织部、省外办

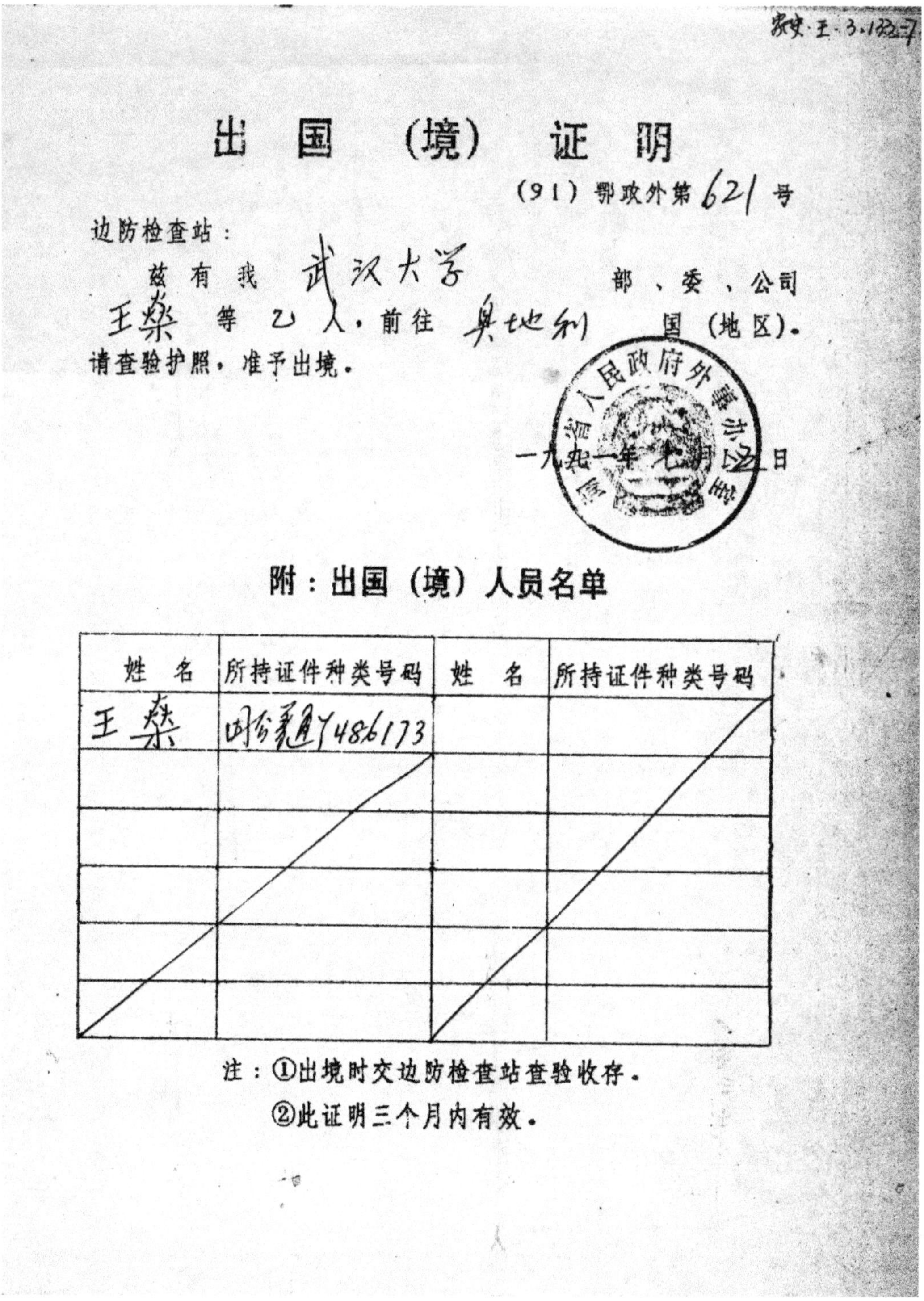

家史·王·3·1322-7

出国（境）证明

（91）鄂政外第621号

边防检查站：

兹有我 武汉大学 部、委、公司 王燊 等乙人，前往 奥地利 国（地区）。请查验护照，准予出境。

一九九一年七月22日

附：出国（境）人员名单

姓名	所持证件种类号码	姓名	所持证件种类号码
王燊	因公普通Y486173		

注：①出境时交边防检查站查验收存。

②此证明三个月内有效。

家史·王·3·133-5

-1-

International Association of Geomagnetism and Aeronomy
-Interdivisonal Commission History -

Hechelstrasse 8
D-2820 Bremen-Roennebeck
Fed. Rep. of Germany

NEWSLETTER N° 10 (1991)
======================

Ref.: IAGA General Assembly, Vienna, August 1991

IDC History dates:

GAM 6.1. PIONEERS IN GEOPHYSICAL RESEARCH

Tuesday, August 13, morning session (lectures/Poster)

GAM 6.2. HISTORICAL DATA FOR VARIABILITY OF SOLAR AND GEOMAGNETIC ACTIVITY

Tuesday, August 13, afternoon session (lectures/Poster)

Buisness Meeting: Tuesday, August 13,

20^{00} with a lecture (with colour slide)
by L. Mersich " Scientific Places in Austri

21^{00}- ??'HISTORY'in A HEURIGEN RESTAURANT

The BOOK with lectures etc. : to be appear 1992.

Have a nice trip and a good meeting
Yours sincerely
W.Schröder, Chairman

-2- 叙史·王·3.133-5

International Association Geomagnetism and Aeronomy (IAGA)
Interd Commission on History

PROGRAMME

GAM 6.1.: Pioneers in Geophysical Research, Tuesday,12.Aug.,Morning
Conveners: W.Schröder, M. Colacino and GP Gregori

Chairmen: M.Colacino/ N. Skinner

HANS ERTEL AND HIS POTENTIAL VORTICITY

9^{00}- 9^{15}	P. Kahlig, On ERTELs hydrodynamic commutation relation
9^{15}- 9^{30}	P. Müller, ERTEL's potential vorticity
9^{30}- 9^{45}	B. Saint-Guily, The conservation theorems of H. ERTEL and a general identity
9^{45}- 9^{50}	H.-J. Treder, Hans Ertel and relativistic vorticity theory
9^{50}-10^{05}	R.S. Harwood, ERTEL's legacy to studies of the middle atmosphere; insights from potenatial vorticity
10^{05}-10^{15}	M. Cadez, ERTEL and theoretical meteorology and geophysical hydrodynamics
10^{15}-10^{30}	H. Laitko, The emergence of interdisciplinary communities in meteorology: German-Austrian interrelation

Break

Chairmen: LM Barretò / A. Udias

10^{45}-11^{00}	O.M. Burkhard: Ionospheric research in Graz/Austria
11^{00}-11^{15}	N. Skinner, JA Broun and the Maharajahs observatory
11^{15}-11^{25}	Wang Shen/L. Baixian, C T Kwei and the Spread F
11^{25}-11^{40}	S. Debarbat, Astronomy, Geophysics and Women
11^{40}-11^{55}	A. Udias, Jesuit geophysical observatories

Break

Chairmen: A. Oroszco / P. Kahlig

12^{00}-12^{20}	C.O. Hines, Early days of gravity waves revisited
12^{20}-12^{35}	LM Barreto, Geomagnetism - a short story about the national observatory of Brazil
12^{35}-12^{45}	W. Mundt, G Fanselau - a life in geomagnetism
12^{45}-12^{55}	M. Colacino, The 'Academia del Cimento' and the development of atmospheric science in Italy
12^{55}-13^{05}	P. Màrton, Geomagnetic investigations of L Eötvös
13^{05}-13^{15}	J. Boavida, The isostatic institute of the IAG
13^{15}-13^{30}	M. Colacino/R. Valensise, The climate in the historiography of the 18th century: The essay by F Algarotti
13^{30}-13^{40}	R. Erdelyi/M. Marik, In memoriam R Köveslihethly
20-21^{00}	Buisness Meeting, Slide lecture " Scientific Places in Austria by L. Mersich
21^{00}- ??	History in a "HEURIGEN LOCAL"

家史·王·3·133-6

SUGGESTIONS TO IUGG

The terms "high-latitude", "mid-latitude" and "low-latitude" can be seen quite often in geophysical articles, especially in their titles. Two questions might occur in the minds of the readers: (1) Which kind of latitude does the word "latitude" refer to, the geographic latitude or the geomagnetic latitude? (2) What are the higher and the lower boundaries of the high-, the mid- and the low-latitude regions?

The SUGGESTIONS might be a simple way to answer the above questions.

Suggestion I

To keep(restrict) the words LATITUDE and LONGITUDE for geographic latitude and longitude only, and to create the words MATITUDE and MONGITUDE for geomagnetic latitude and longitude.

Then, correspondingly, to use $^{o}N_{l}$ for $^{o}N_{gg}$ and $^{o}N_{m}$ for $^{o}N_{gm}$, etc.

Suggestion II

To define, roughly but clearly, the demarcation lines between the adjacent geophysical zones:

Geographic	90°--66.5°	66.5°--23.5°	23.5°--0°
	frigid zone	temperate zone	torrid zone
	high-latitudes	mid-latitudes	low-latitudes

Geomagnetic	90°--65°	65°--20°	20°--0°
	polar region	intermediate region	equatorial region
	high-matitudes	mid-matitudes	low-matitudes

Example

Ionospheric Lab., Wuhan University, Wuchang, China:

30.5°N_l, 114.6°E_l; 19.3°N_m, 184.8°E_m

It locates in the {mid-latitude, low-matitude} region.

April 29, 1991

王燊 (Wang Shen)

Wang Shen
Wuhan University
China

Wilfred Schroder
Geophysical Station
Bremen-Roennebeck
F. R. G.

1991.4.19 寄 Schroder

家史.吴.3.10

武漢大學

关于王燊教授出席参加国际学术会议所作工作及其效益的情况

王燊，男，1921年出生，1948年毕业于武汉大学理科研究所，获理硕士学位，长期从事电离层及地磁的研究。

1、王燊教授1983年去汉堡参加国际大地测量及地球物理联合会大会，提交了二篇文章，使部分与会者对武昌电离层特性和武大的电离层研究工作有一定的了解和兴趣，与一些学者建立了联系。例如法国地球物理观测台的Schroder博士，八年来一直不断寄赠图书资料，至今累计书籍、期刊、文章抽印本已共达三、四百件，均存系图书室供阅览。

2、王燊教授1988年参加了在北京召开的"国际电波传播学术讨论会"，担任学术

1701725(88.2)

武漢大學

委员会的共同主席（另一共同主席为美籍华裔学者叶公节教授）。会议效果较好，不少人要求会后顺访武大；但因校、系承受能力所限，只接待了少数几位。

3、最近三次IUGG大会（1983，西德；1987，加拿大；1991，奥地利—即本次）我国提交的"国家报告"中，"地磁及高空大气"卷的第二部分（高空大气），王 燊教授都参加了编写和英文稿的校阅。

4、此次会议，王 燊教授被邀请参加主持小组会议；将被提名为地球科学史专业委员会委员或共同主席的候选人。

1701725(88.2)

15×20=300　　第 2 页

家史．吴.3.17

1992，4，18寄22党局张全荣
《IUGG第20届大会调研报告文集》

广西人民出版社稿纸

IAGA地球科学史研究动态

武汉大学 王燊

这次IAGA地球科学史分会总共宣讲和张贴约60篇文章，主要集中在以下四方面：

一、地球科学先驱人物 例如，分组召办人（主席）有计划地组织了德人Hans Ertel（1904－71）及其流体势涡旋理论的六篇文章；有人介绍了匈牙利人Lorand Eötvös（1848－1910）在地球仪表方面的贡献；有人介绍了英人William Thomson，即Lord Kelvin在研究地球形状、潮汐、章动、进动等方面鲜为人知的工作；有人介绍了德人Gerhard Fanselau（1904－82）在Fanselau线圈、K_2指数、以及在IAGA活动方面的贡献；有人还专门历数了17－20世纪欧洲地球的女科学先驱；等等。本人则代表梁百先先生和本人在会上展示

广西人民出版社稿纸

证据，说明我国桂质廷先生（1895-1961）1938年首先在武昌发现并报导了北半球电离层扩展F这一重要现象。

二、地球科学研究机构　　例如，有人介绍巴西国立观象台150年来对南美地磁研究的情况；有人介绍意大利17世纪Cimento科学院的气象观测和研究；有人介绍19世纪柏林大学的大气物理研究，特别提到当时即注意到生物圈与大气圈的相互作用；有人介绍Graz大学40年代开始的电离层研究及其现状；有人综述了1838-1930的百年间基督教会在世界各地建立的50多个大小台站，涉及天文、气象、地磁、地震等许多方面，其中提到了上海的徐家汇地磁台。

三、地球科学历史资料的发掘和利用

广西人民出版社稿纸

例如，有人根据2500万年前古木化石年轮发现太阳活动曾有一段时间周期约为7年（而不是11年）；有人根据中欧日照的历史记录发现，黑子活动与日照时间长度都显示有80年的周期；有人用极区冰层的^{10}Be证实11年周期和Maunder minimum的存在；有人从250年黑子记录的无黑子期发现，无黑子期愈长、愈频，则该周的极大值就愈低；等等。这里有两件与我国特别有关的事。一是有位意大利人（而不是中国人）对我国500年来12地区水旱灾情作了时、地的统计分析；一是一位日本人（也不是中国人）专门介绍了北京天文台最近编辑的《中国古天象总集》。说也凑巧，我刚好带去了两本，按原计划分赠给了分会两位主席。遗憾的是，我竟没想到把重要部分译成英文。他们尽

广西人民出版社稿纸

管很有兴趣，用起来也定有很大困难。

四、地球科学的国际合作　会上着重介绍了GISEH（全球环境史多学科综合研究计划）的创建。该计划主要负责人之一的G. P. Gregory在会上汇报了这一国际合作计划的概况，号召各国历史学家和地球科学家积极参与，共同发掘和利用各种各样的有关数据、记录和记载，从许多例由总结和探讨地球环境的变化。这次会上，许多文章可以作为这项工作的例证。例如，有人收集了17世纪末期欧洲所见40次极光记载，发现其中竟只一次与太阳黑子对应；有人根据拉丁碑文追溯地震和洪水；有人研究溶洞石钟乳的^{14}C确认Maunder minimum的存在；有人从罗马寺院藏书中的有关材料追溯南欧河道变迁和气候变化；等等。

20×15=300　第4页

广西人民出版社稿纸

根据以上情况，本人有两点体会：第一，所谓"史"，并不止是忆古议古，更重要的是古为今用；第二，我国历史悠久，前辈工作扎实，我们应该大力发掘发扬，为中华文化的发展和人类世界的进步作出贡献。

20×15=300　　第5页

参加第 20 届 IUGG 大会的感受

王曦按(2016 年 9 月 10 日):

以下这份材料是父亲出席第 20 届 IUGG(国际测地及地球物理联合会)后写的,刊登在当时的国家教育委员会主编的《国际学术动态》1992 年第 3 期上。

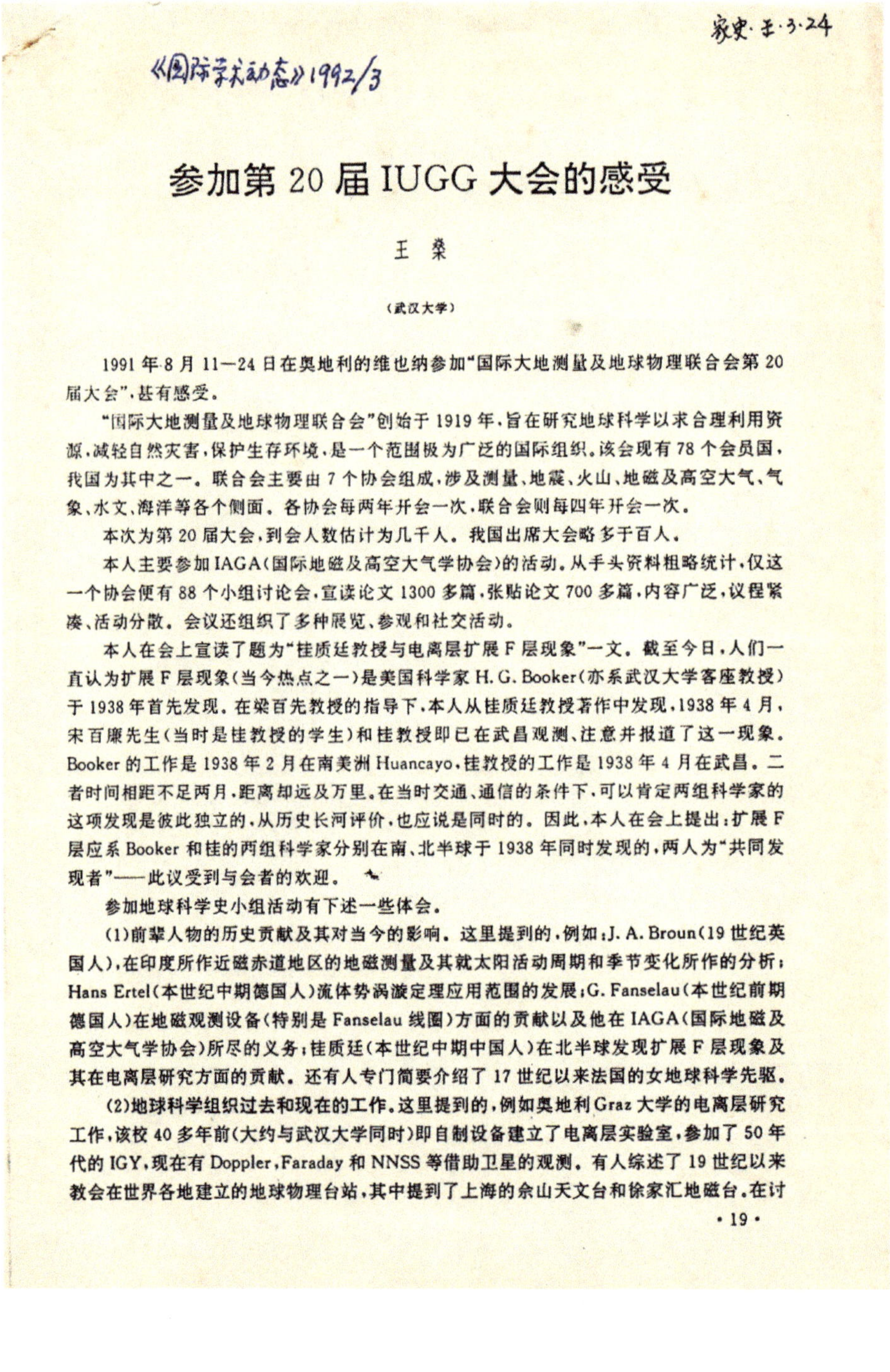

家史·王·3·24

《国际学术动态》1992/3

参加第 20 届 IUGG 大会的感受

王 燊

(武汉大学)

1991 年 8 月 11—24 日在奥地利的维也纳参加"国际大地测量及地球物理联合会第 20 届大会",甚有感受。

"国际大地测量及地球物理联合会"创始于 1919 年,旨在研究地球科学以求合理利用资源,减轻自然灾害,保护生存环境,是一个范围极为广泛的国际组织。该会现有 78 个会员国,我国为其中之一。联合会主要由 7 个协会组成,涉及测量、地震、火山、地磁及高空大气、气象、水文、海洋等各个侧面。各协会每两年开会一次,联合会则每四年开会一次。

本次为第 20 届大会,到会人数估计为几千人。我国出席大会略多于百人。

本人主要参加 IAGA(国际地磁及高空大气学协会)的活动。从手头资料粗略统计,仅这一个协会便有 88 个小组讨论会,宣读论文 1300 多篇,张贴论文 700 多篇,内容广泛,议程紧凑、活动分散。会议还组织了多种展览、参观和社交活动。

本人在会上宣读了题为"桂质廷教授与电离层扩展 F 层现象"一文。截至今日,人们一直认为扩展 F 层现象(当今热点之一)是美国科学家 H. G. Booker(亦系武汉大学客座教授)于 1938 年首先发现。在梁百先教授的指导下,本人从桂质廷教授著作中发现,1938 年 4 月,宋百廉先生(当时是桂教授的学生)和桂教授即已在武昌观测、注意并报道了这一现象。Booker 的工作是 1938 年 2 月在南美洲 Huancayo,桂教授的工作是 1938 年 4 月在武昌。二者时间相距不足两月,距离却远及万里。在当时交通、通信的条件下,可以肯定两组科学家的这项发现是彼此独立的,从历史长河评价,也应说是同时的。因此,本人在会上提出:扩展 F 层应系 Booker 和桂的两组科学家分别在南、北半球于 1938 年同时发现的,两人为"共同发现者"——此议受到与会者的欢迎。

参加地球科学史小组活动有下述一些体会。

(1)前辈人物的历史贡献及其对当今的影响。这里提到的,例如:J. A. Broun(19 世纪英国人),在印度所作近磁赤道地区的地磁测量及其就太阳活动周期和季节变化所作的分析;Hans Ertel(本世纪中期德国人)流体势涡漩定理应用范围的发展;G. Fanselau(本世纪前期德国人)在地磁观测设备(特别是 Fanselau 线圈)方面的贡献以及他在 IAGA(国际地磁及高空大气学协会)所尽的义务;桂质廷(本世纪中期中国人)在北半球发现扩展 F 层现象及其在电离层研究方面的贡献。还有人专门简要介绍了 17 世纪以来法国的女地球科学先驱。

(2)地球科学组织过去和现在的工作。这里提到的,例如奥地利 Graz 大学的电离层研究工作,该校 40 多年前(大约与武汉大学同时)即自制设备建立了电离层实验室,参加了 50 年代的 IGY,现在有 Doppler,Faraday 和 NNSS 等借助卫星的观测。有人综述了 19 世纪以来教会在世界各地建立的地球物理台站,其中提到了上海的佘山天文台和徐家汇地磁台。在讨论时作者以询问的眼光看着我，我向他们说到这两台站在50年代曾与武大合作观测电离层和太阳黑子。有人介绍了柏林大学近百年在生物圈和大气圈相互作用方面的工作。

(3)**地球物理现象历史记录(及记载)的收集和应用**。这方面一个长期受到注意的问题仍然是太阳黑子周期的确定。例如：有人用极地冰盖各深度冰核中的^{12}Be验证11年周期和Maunder Minimum的存在；有人用2500万年以前古木化石的年轮发现太阳活动也有过7年的周期；有人用无黑子期(或极小期)的长短推断黑子周期和该周的极大值。黑子数与极光出现率的相关也是一个早已受到注意的问题。这次有人进一步发现，黑子数不仅与极光出现和极光卵区相关，而且与地磁极的迁移，甚至与大气环流也有影响。可是，也有人指出，在Maunder Minimum期间的约40次极光，竟无一次与黑子现象相应。此外，有埃及人提到北非地震与黑子数的相关，有意大利人提到中国500年来水旱灾害与黑子数的相关。这里特别值到一提的是，日内瓦、莫斯科、北京三处建立的ICSC世界实验室。关于这个实验室的来龙去脉我一无所知，也没追问，只知道其下设立了一个GISEH(Global Interdisciplinary Study on Environmental History)，旨在促进环境科学家与历史学家的合作，发掘历史环境记录和记载，共同研究环境变迁趋势。

(4)**我国应该而且必能在地球科学史领域作出极大的贡献**。这次会上，日本的福岛直教授专题介绍了我国北京天文台编辑出版的《中国古天象总集》。这是一部从许多史书、志书中选编的巨著，覆盖的时间长，涉及的范围广，是一部极有价值的科学史料。该书如译成英文，或分类选译出版，必能获得更大影响。从这一件事看来，我国历史悠久，前辈工作扎实，只要我们发掘，必能对弘扬中华文化和扩大中国影响作出极大贡献。又如，前述意大利科学家所作中国历史水旱灾害规律的研究，仅就本人所知，我国黄河水利委员会前数年即已有人作出成果，只不过由于信息不及时和没受应有的重视，所以让外人抢了先。总之，本人深切感到，发掘祖国地球科学宝藏，古为今用，不仅大有可为，而且迫不及待。

(上接第18页)

要对象。在这次会议上报告的“中国琥珀的剖析”就是研究工作的一部分。关于有机古文物的剖析在国内外都不如无机文物那么成功，主要的原因是有机文物的剖析不是单纯测定其成分，更重要的是要测定结构，譬如测定琥珀的年代只分析C，H，O，N等元素成分是不够的，必须测定其基团的特性和含量。为此，要运用固体高分辨NMR方法。目前正在进行古代漆器和古墨的剖析工作，虽然得到一些结果，如果能得到更多的结构信息则结论会更加完善。在研究古墨制作的工艺过程中，用EPR方法可以测定锻打过程中自由基浓度的变化，若用上EPR成像技术，从三度空间的图像中就可以对随时间的结构变化了解得更清楚。关于古漆器的剖析，我们也运用了GC-IR方法以确定古漆中的添加成分，这次会议上也有用GC-IR方法的报告。

我们认为，尽管提高分析方法的选择性可以相应的降低对分离的要求，但是就复杂体系而言，分离过程是不可缺少的，即使分解成几个简单的体系也会降低分析的难度。在古漆器剖析中，我们对体系进行模拟技术的尝试，这样可以更有效的分析复杂体系。

武昌在全球电离层观测中的特殊位置

王曦按(2016 年 8 月 13 日):

父亲留下的学术材料中,有一份坐标图,上面标出了武昌的地理纬度、地磁纬度、磁倾斜纬度和经度,它说明武昌在全球电离层观测体系中的特殊地位。这份坐标图为父亲亲手所绘。父亲复出科研后,担任了国际测地及地球物理联合会(IUGG)下的国际地磁及高空大气学协会的地球科学史专业委员会共同主席。1991 年 8 月份他在奥地利出席 IUGG 大会时用到此图。他发言的题目是"桂质廷教授与电离层扩展 F 层现象"。在这次发言中,他提出扩展 F 层现象应系美国科学家 H. G. Booker 与中国科学家桂质廷的研究团队于 1938 年分别在地球的南、北半球发现,两人应为"共同发现者"。[①] 他的发言雄辩地介绍了中国科学家的对地球电离层研究的贡献,得到与会者的欢迎。

---

① 参见王燊:参加第 20 届 IUGG 大会的感受。编号:家史·吴·3.14。

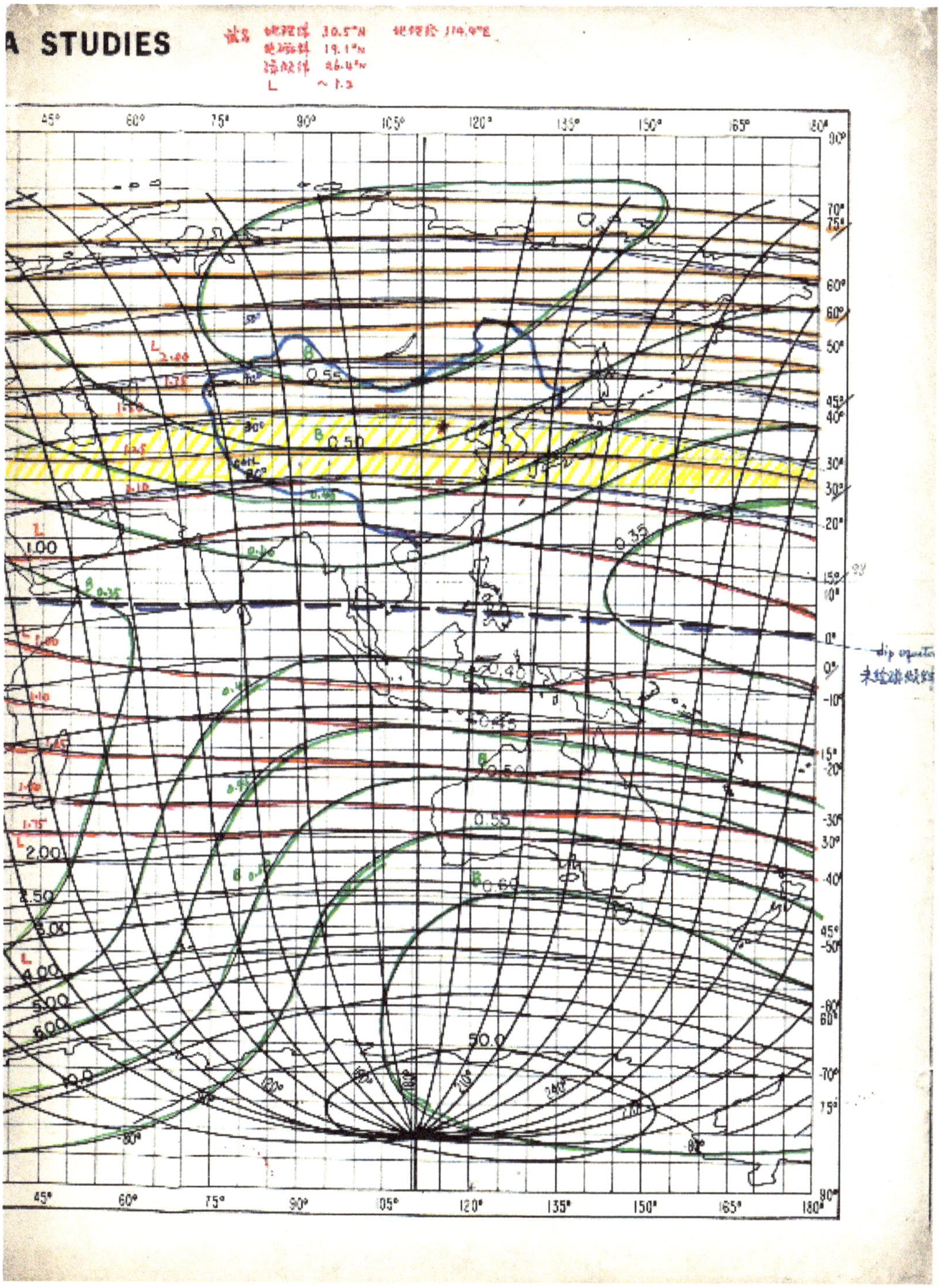

武昌电离层观测地理特殊性(王燊手绘)。王曦注,2016.8.15.P1

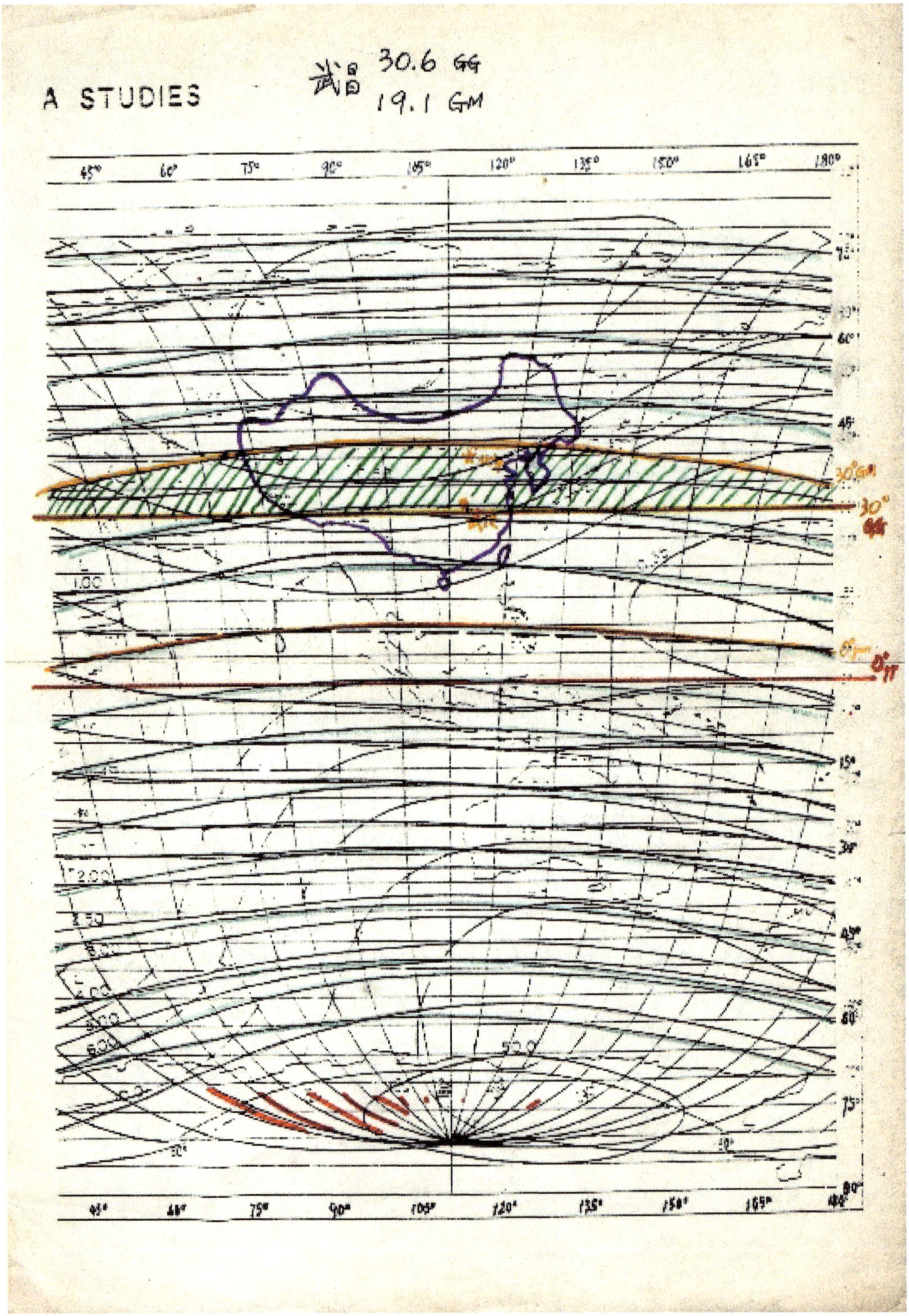
A STUDIES
武昌 30.6 GG
19.1 GM
45° 60° 75° 90° 105° 120° 135° 150° 165° 180°
30°GM
30° GG
0°GM
0°GG
45° 60° 75° 90° 105° 120° 135° 150° 165° 180°

出席 IUGG 第 20 届大会照片

王曦按(2017 年 2 月 7 日):

以下是父亲保留的他于 1991 年出席 IUGG 第 20 届大会时在维也纳照的照片。父亲一生除了喜欢京剧,还喜欢中国民乐和西洋古典音乐。此为父亲在维也纳莫扎特塑像前的留影。

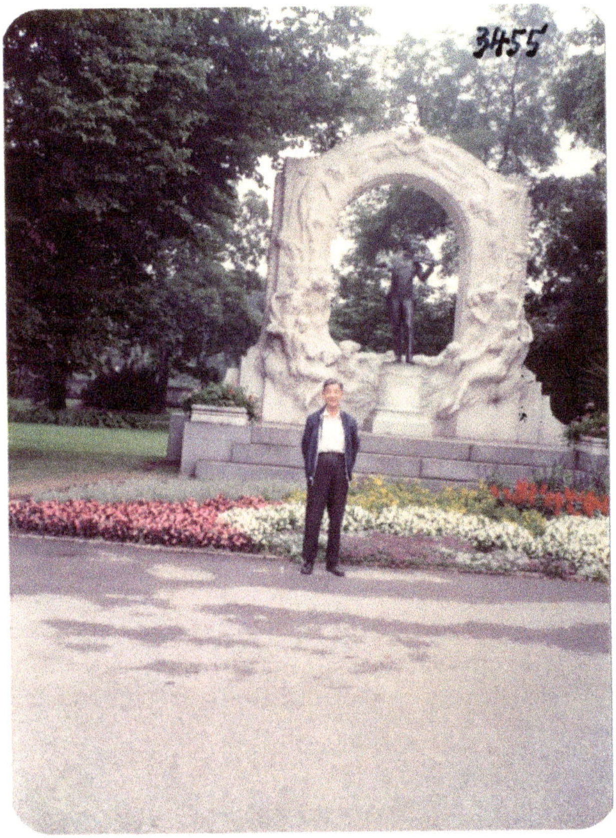

王燊,IUGG 第 20 届大会。1991 年,维也纳。王曦注,2016.9.10

1991 年访欧汇报

王曦按(2016 年 9 月 10 日):

以下材料是父亲 1991 年 11 月向武汉大学提交的访欧汇报手稿。父亲分别简要汇报了访问巴黎、莫斯科和维也纳期间的工作和观感。三地分属资本主义国家和社会主义国家,且适逢苏联“8·19”事件,父亲的观感,值得回味。

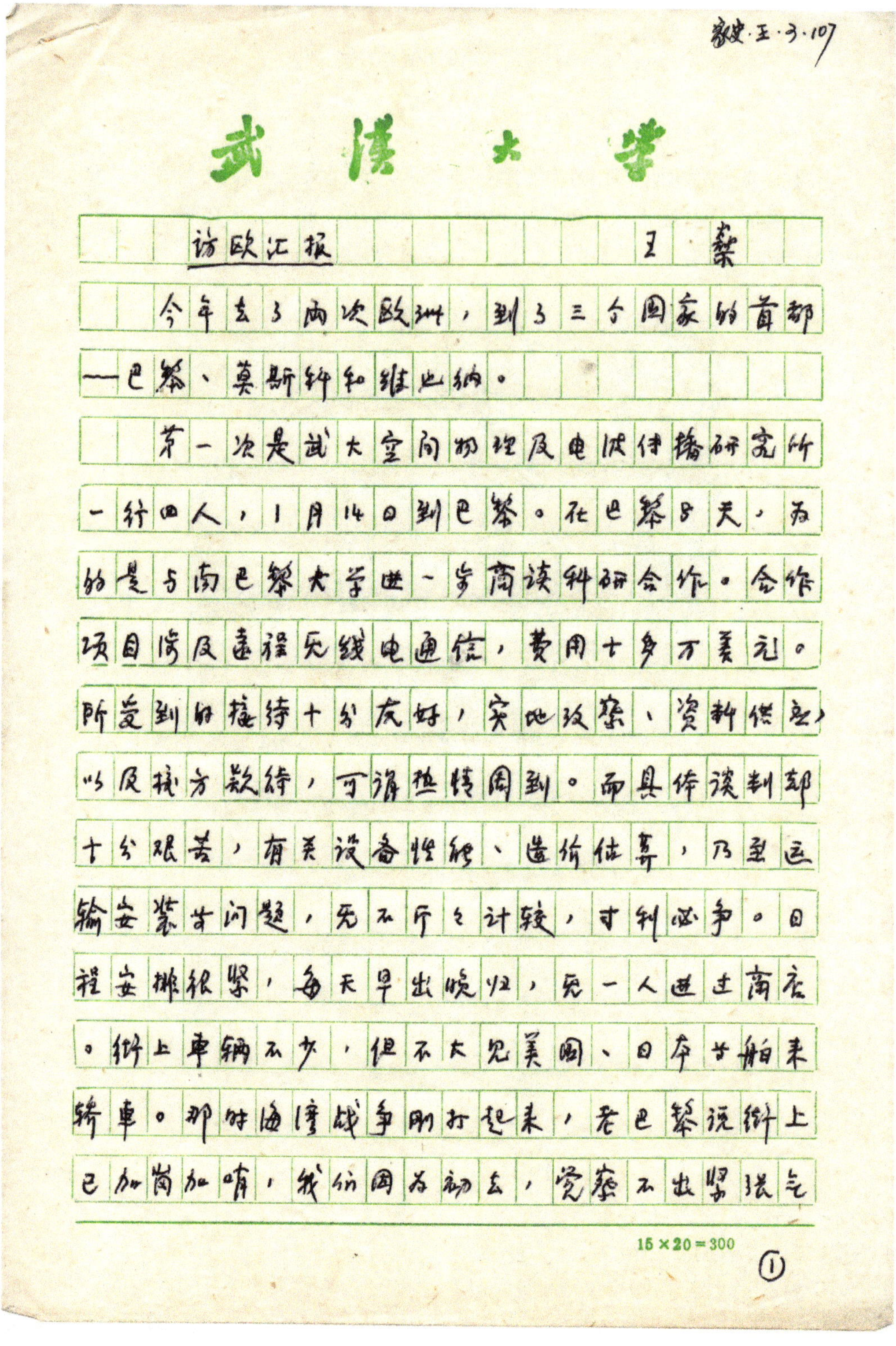

家史·王·3·107

武汉大学

访欧汇报　　　　王燊

今年去了两次欧洲，到了三个国家的首都——巴黎、莫斯科和维也纳。

第一次是武大空间物理及电波传播研究所一行四人，1月14日到巴黎。在巴黎8天，为的是与南巴黎大学进一步商谈科研合作。合作项目涉及远程无线电通信，费用十多万美元。所受到的接待十分友好，实地考察、资料供应，以及校方款待，可谓热情周到。而具体谈判却十分艰苦，有关设备性能、造价估算，乃至运输安装等问题，无不斤斤计较，寸利必争。日程安排很紧，每天早出晚归，无一人进过商店。街上车辆不少，但不太见美国、日本等舶来轿车。那时海湾战争刚打起来，老巴黎说街上已加岗加哨，我们因为初去，觉察不出紧张气

15×20=300

①

武汉大学

氛。

1月23日到莫斯科，呆了4天，与苏联科学院地磁、电离层及电波传播研究所商谈一个小项目：苏方出磁力计，我方出微机和软件，配成一套自动检测和分析地磁微小变化的设备。所受接待也十分友好，所长介绍情况，实验室参观，课题座谈，乃至生活照顾，均极热情周到。至于谈判，却和与法国的大不一样，双方对各自对方的意愿都能理解和接受，所以一拍即合。日程也很紧，但仍匆匆拜访了第一流的百货大楼。货架不空，但不对路；看的人不少，买的人不多。人们衣着确实讲究，从老到小，莫不大衣皮帽，整整齐齐。公共汽车拥而不挤，没见到吵架的。我们住科学院招待所，内部食堂，吃的不贵，稍觉单调。外面是何情

15×20＝300

②

武漢大學

况，未曾问津。归途乘坐火車，一路冰天雪地，哪个站也没有卖小吃的，真是冷冷清清。但是，往西去的列車都多是满载木材、石油和煤的长龙，迎风奔驰，呼啸而过。

第二次是我一人，8月10日到维也纳，参加第20届国际大地测量与地球物理联合会大会。这是一个有70多年历史的大型国际学术组织，每次大会都有几千人。这次我国大约一共去了一百来人。我在小组会上扼要宣读了一篇文章，用事实说明当前电离层学界热门课题之一的扩展F层现象，应该被认为是由美国学者H. G. Booker和我的老师桂质廷先生各自的研究小组分别在南美的Huancayo和中国的武昌于1938年春季同时发现的。这一结论受到了与会者的承认。我应邀主持了一次小组会。在一次我来伊

武漢大學

出席的小组工作会议上，德国的Schroder先生和我被选为共同主席，分管1991—95期间的事务。会期14天，刚好碰上苏联的"8·19"事件。会议照常进行，未见异样。据说苏联、东欧的有点紧张，也有提早回去的。我们中国人的反应是：还没来得及弄清是怎么一回事，事情就过去了。当然，它的影响，以及我们从中应得的启示，远不是一朝一夕的事。

总之，见闻极零碎、极肤浅，只觉得他们这些国家、这些人，都各有各的一套——这就算是他们各自的特色吧。而我们的社会主义，有消灭压迫、消灭剥削、消灭贫困、消灭愚昧的崇高理想，有五千年灿烂文化的雄厚基础，这一特色，必然更加绚丽。

（一九九一年十一月）

15×20＝300 ④

1992年德国施罗德(Wilfred Schroder)教授的来信

王曦按(2017年2月7日):

以下是德国施罗德(Wilfred Schroder)教授给父亲的一封信。从中可见他给父亲寄了10公斤科学书籍和四本载有父亲所写关于桂质廷教授事迹的文章的书。

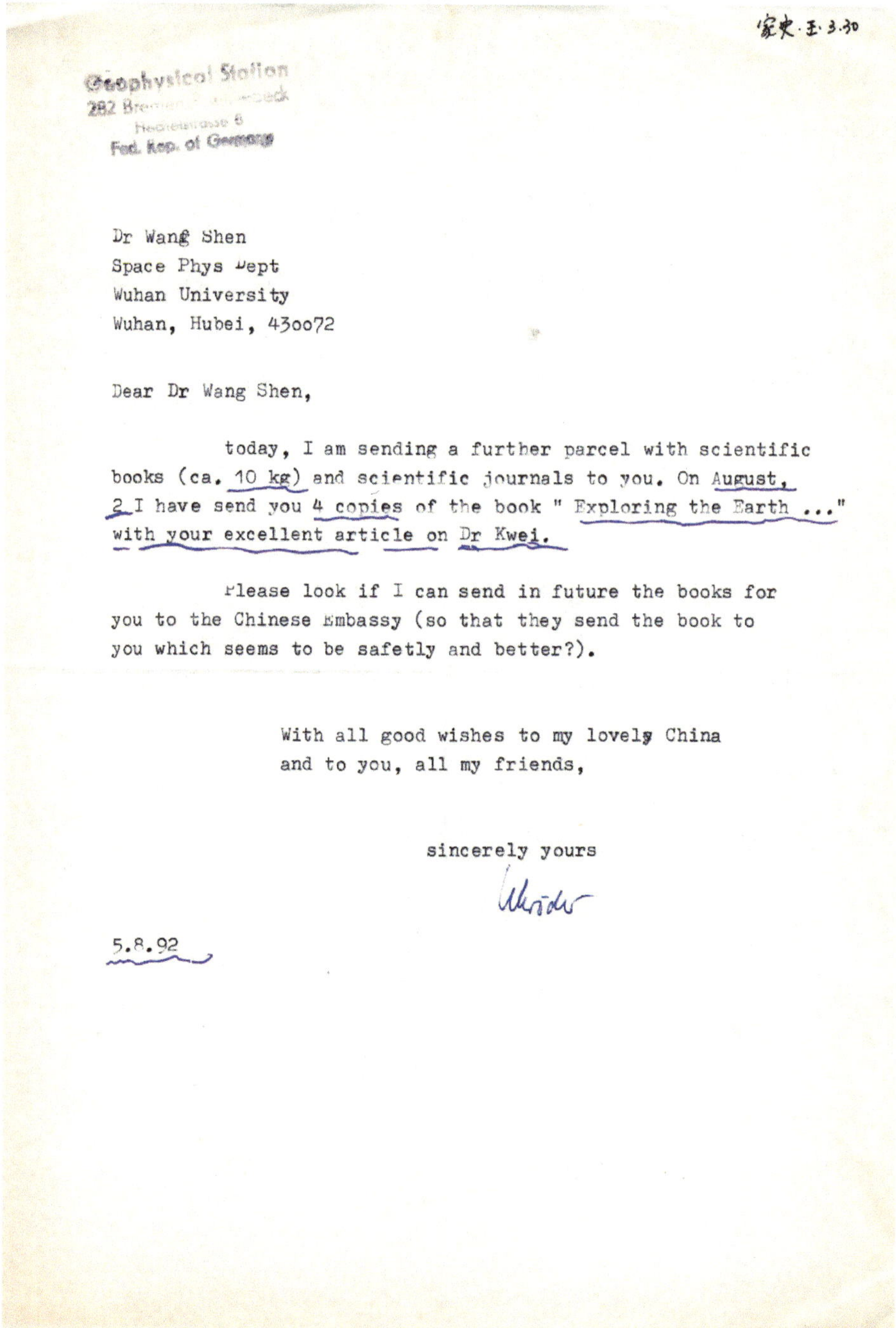

家史·王·3.30

Geophysical Station
282 Bremen-[illegible]
Hechelstrasse 8
Fed. Rep. of Germany

Dr Wang Shen
Space Phys Dept
Wuhan University
Wuhan, Hubei, 430072

Dear Dr Wang Shen,

today, I am sending a further parcel with scientific books (ca. 10 kg) and scientific journals to you. On August, 2 I have send you 4 copies of the book " Exploring the Earth ..." with your excellent article on Dr Kwei.

Please look if I can send in future the books for you to the Chinese Embassy (so that they send the book to you which seems to be safetly and better?).

With all good wishes to my lovely China
and to you, all my friends,

sincerely yours

Schröder

5.8.92

1993 年邀请施罗德教授来访报告

王曦按：(2017 年 2 月 7 日)：

以下是父亲保留的一封他和梁百先先生为邀请德国施罗德(Wilfred Schroder)教授来访的请示报告。

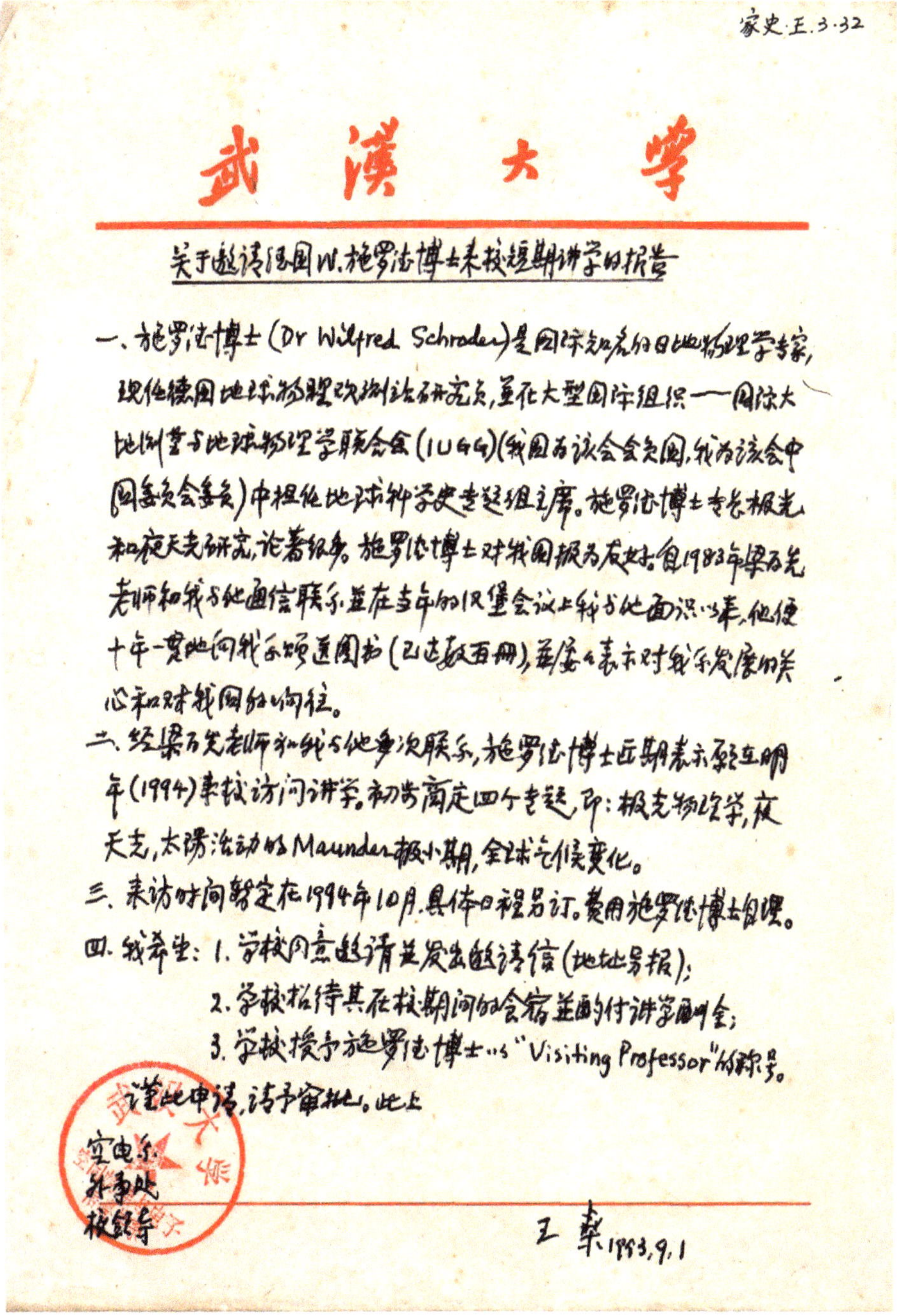
家史.王.3.32

武漢大學

关于邀请德国W.施罗德博士来校短期讲学的报告

一、施罗德博士(Dr Wilfred Schroder)是国际知名的日地物理学专家，现任德国地球物理观测站研究员，并在大型国际组织——国际大地测量与地球物理学联合会(IUGG)(我国为该会会员国，我为该会中国委员会委员)中担任地球科学史专题组主席。施罗德博士专长极光和夜天光研究，论著很多。施罗德博士对我国极为友好。自1983年梁百先老师和我与他通信联系并在当年的汉堡会议上我与他面识以来，他便十年一贯地向我系赠送图书(已达数百册)，并屡屡表示对我系发展的关心和对我国的向往。

二、经梁百先老师和我与他多次联系，施罗德博士近期表示愿在明年(1994)来校访问讲学。初步商定四个专题，即：极光物理学，夜天光，太阳活动的Maunder极小期，全球气候变化。

三、来访时间暂定在1994年10月，具体日程另订。费用施罗德博士自理。

四、我希望：1. 学校同意邀请并发出邀请信(地址另报)；
2. 学校招待其在校期间的食宿并酌付讲学酬金；
3. 学校授予施罗德博士以"Visiting Professor"的称号。

谨此申请，请予审批。此上

空电系
外事处
校领导

王燊 1993.9.1

1991—1994 年 IUGG 地磁与空间中国国家报告

王曦按(2017 年 2 月 6 日)：

以下为父亲提交 IUGG 第 21 届大会的中国报告。会议于 1995 年在美国科罗拉多举行。该报告所附参考文献很长，共有六页，这里只登出了其开头部分，其余的五页没有登出。

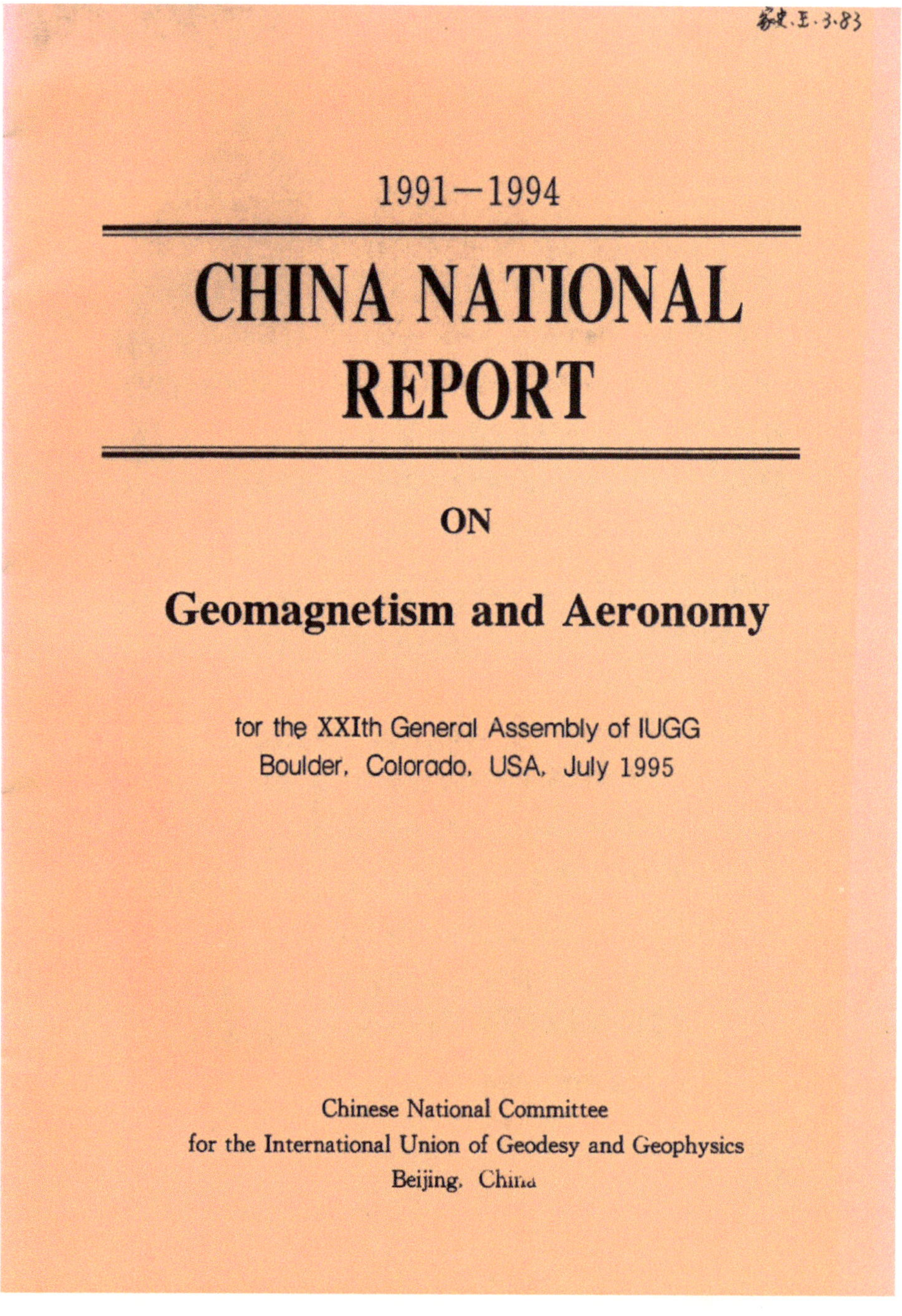
1991—1994

CHINA NATIONAL REPORT

ON

Geomagnetism and Aeronomy

for the XXIth General Assembly of IUGG
Boulder, Colorado, USA, July 1995

Chinese National Committee
for the International Union of Geodesy and Geophysics
Beijing, China

AERONOMY

WANG Shen

Department of Space Physics and Electronic Information, Wuhan University, Wuhan 720042, China

and *XIAO Zuo*

Department of Geophysics, Peking University, Beijing 100871, China

Ionograms from both vertical and back scattering soundings have been further studied. The variation of equatorial anomaly was monitored at Xinxiang, a mid-latitude station, through the reduction of P-f curves. Methods for inversion and modification of both types of ionograms have been proposed. Si and Jiao (1991a; 1991b; 1993a; 1993b), Jiao and Si (1991), Jiao et al. (1991) studied the effects of equatorial anomaly on the back-scatter ionograms. Cheng and Guo (1994) suggested a method to remove the interferences and noise from the back-scatter ionograms (see also Li and Jiao, 1991; Zheng, 1994; Ning et al., 1994; and He et al., 1993).

Mid- and low-latitude aeronomical phenomena have long been one of the special interests for Chinese scientists. During these few years, papers on various topics, e. g., the general structure, the variation, the irregularities and instabilities in the ionospheric region have been published. Among them, papers on spread-F and on the quasi-biannual oscillation of equatorial ionization might be of particular interests. Governing equations on spread-F evolution were established with electric field included and computer simulations conducted and role of electric field investigated in some details by Xiao and Xie (1994), Xie and Xiao (1993), Huang and Li (1992; 1993), and Wu (1993). Response of equatorial ionosphere to the quasi-biennial oscillations (QBO) and two day oscillations of equatorial anomaly was found and the influence of QBO on planetary waves were investigated from both observations and theories by Chen (1992a—d; 1993), Luo and Chen (1993a—c; 1994), Ma and Chen (1994), and Ma et al. (1992). Some sounding technique and method were developed and model established (Guo et al., 1992; 1993a—c; 1994; Zhang and Guo, 1993a—b; Guo and Zheng, 1992a; 1992b; Zhang and Huang, 1994). Dynamo equations, Sq current system and related magnetic phenomena were discussed, and a numerical solution was given (Xu and Li, 1994; Xu et al., 1994; Gao 1992; Shen et al., 1992). Lower ionospheric electron density was analyzed with Mu radar data and numerical simulation of structures below F-region, a physical F1 model, 100—200 km electron density were given (Zhang et al., 1991; Zhang et al., 1992; Zhang and Huang, 1994; Gao and Xiao, 1992; Chen 1992; Xu and Chen et al., 1992). Many other works related to radio wave propagation, whistler, and other topics can be found in Suo (1993), Tang et al. (1993), Tian (1993), Liu (1992), Jiang et al. (1993a), Ma and Long (1992), Li (1992), Li (1992), Huang et al. (1993), Ruan et al. (1991), Bao (1992), Tian and Xu (1993), and Tian et al. (1991a; 1991b).

Ionospheric scintillation measurement has been carried out at a number of stations, mainly located at mid- and low-latitudes. Comparative and statistical studies have been made. For example, Xu and Yeh (1993) showed a correlation of total electron contents with VHF scintillations. He and Zhang (1993), Zhen and Liu (1992), Long (1994) and others made spectra analysis on the features of ionospheric scintillations. Chen et al. (1992) and Chen and Zhou (1994) pointed out the possibility in studying scintillations using cosmic noise data. (See also Lei et al., 1991; Wang, 1992).

Scientists working at the Chinese Great Wall Station, Antarctica, have made detailed analysis of their long term experimental data of ionospheric soundings and comparisons of the ionospheric features between the Great Wall Station and those over the neighboring stations have also been made. (Cao, 1992; 1993; Luo et al., 1994).

Using local data mainly in China, comparisons of various ionospheric parameters between the actually observed ones and those predicted by international models have been made. Some modification and practical suggestions have been proposed. Dai et al. (1993), Shen and Xiao (1993) gave such comparisons mainly on F-region data of China with IRI90 and showed an obvious difference in certain seasons. Comparisons of F2-region data of Asia and oceanic area with CCIR method prediction were also made by Dai and Ma (1994), Dai et al. (1992), Quan et al. (1992; 1993), and Li and Sun (1992a; 1992b). Other related papers can be found in Jiang et al. (1994), Feng et al. (1993), and Suo (1993b).

Much work has been done about acoustic gravity waves (AGWS), mainly theoretical work on their generation and propagation as well as some analyses, inversions and simulations of the observational data. Yi and Li (1991), Zhang and Ruan (1993) discussed the wave generation in a dissipative atmosphere. Yi and Xiao (1993, 1994) and Yi et al. (1993) further discussed nonlinear interaction equations of GW in such dissipative atmosphere. Yeh, Xu, et al. (1991) discussed wave packets propagation in a dispersive and anisotropic atmosphere. Much attention has focused on the nonlinear processes of AGWS, Huang and Li (1991a; 1992b) introduced nonlinear Schrodinger equations for LF AGWS, while Xiong et al. (1994) discussed theoretically the nonlinear interactions of forced Rossby wave packets in the middle atmosphere. Huang and Li (1991b; 1992c) also showed an interaction of AGW with ion-acoustic solitary waves in F-region. Xiao and Xie (1994) made a computer simulation showing a fully developed equatorial spread-F bubble initiated by AGWS. Li and Wan (1991), Wan and Li (1993), and Wan et al. (1993) made a number of inversions of ionospheric data to show some detailed behaviors of AGW disturbances in the ionosphere and developed some inversion methods. Ma and Schlegel (1993) gave a case study of the ionospheric response to the AGWs and suggested a method of inversion of ionospheric GW parameters. Other related works can be found in Jiao and Shen (1991), Tu (1993), Han et al. (1994).

Global and local ionospheric effects accompanying geomagnetic storms have been investigated statistically or for individual cases. Extensive data have been used and interesting results obtained, such as global morphology of ionospheric storms (Jiang, 1993b; 1993c), response of mid- and low- latitude ionosphere to geomagnetic storms (Zhang et al., 1993c; Huang, 1992; 1993), relation between solar flares and polar region lower ionosphere (Zhao, 1992), effects of solar flares on low latitude ionosphere and low latitude whistles (Bao et al. , 1993), mid-latitude model study during geomagnetic storms (Zhang et al. , 1993d; 1993e; 1994). For case study, Yeh, Ma et al. (1994) analyzed extensively the global ionospheric effects of the magnetic storm of Oct. 1989, Wang (1994) discussed the relation between the onset times of ionospheric negative storms and the main phase of magnetic storms.

Thanks to the help and cooperation of our European colleagues, based on data obtained by EISVAT and SABRE radars, analytical, theoretical and simulation papers have been published on the composition and their variation, polar region gravity waves, polar wind, Pc-5 pulsation and other corresponding high-latitude phenomena. (Ma and Schlegel, 1993b; Ma, et al. (1993), Tian and Zhao, 1993; Yeoman, Mao et al. , 1992; Tian et al. , 1991c; 1992; Taieb and Wu, 1991; Wu and Taieb, 1993a; 1993b; Wu et al. , 1992; 1993).

There are also papers concerning the couplings of ionosphere with thermosphere, magnetosphere, solar wind and lower atmosphere, in view of the ionosphere as the key link. (Shen and Zi, 1991; 1993; 1994; Zi and Shen, 1991a; 1991b; Wu et al. , 1991; Hu and Zhang, 1992; and Lastovicka, 1990).

REFERENCES

Bao Zongdi, (1992), Low latitude whistler and low latitude ionosphere, *Chinese Journal of Radio Science*, 7: 9.

Bao Zongti, Wu Xiangyang, Yu Shaohua, Wu Sifang, Chen Hanlin, (1993), Effect of magnetic storms on the low-latitude ionosphere and low-latitude whistlers, *Journal of Wuhan University*, 6(49).

Cao Chong, (1993), A comparison of ionospheric characteristic at two stations with similar geomagnetic latitudes, *Chinese Journal of Radio Science*, 8: 84.

Cao Chong, Wang Shenli, Xi Dilong, (1992), Analysis of the ionospheric data from 1986 to 1988 obtained at the Great Wall Station of China, Antarctic, *Chinese Journal of Radio Science*, 7: 39.

Chen Peiren, (1992a), Measurement of zonal wave number of the westward traveling 2-day wave by data of ionosonde network at low latitude and equatorial zone, *Acta Geophysica Sinica*, 35: 422.

Chen Peiren, (1992b), The ionospheric response to the atmospheric quasi-biennial oscillation, *Acta Geophysica Sinica*, 35: 288.

Chen Peiren, (1992c), Two-day oscillation of the equatorial Ionization anomaly, *JGR*, 97: 6343.

Chen Peiren, (1992d), Evidence of the ionospheric response to the QBO, *Geophys. Res. Let.* , 19: 1089.

Chen Peiren, (1993), Equatorial plasma bubbles/range spread F irregularities and the QBO, *Geophys. Res. Let.* , 20: 2351.

Chen Yaowu, Xu Xiujuan, R. J. Hung, (1992), Effects of solar activity on EUV absorption processed in the upper atmosphere, *Chinese J. Space Science*, 12: 111.

Chen Zhongsheng, Zhao Faxin, Ma Jun, (1992), Ionospheric scintillation of cosmic radio noise, *Chinese J. Space Science*, 12: 192.

Chen Zhongsheng, Zhou Yong, (1994), The effects of equivalent thickness and drift velocity on scintillation power spectrum in ionospheric irregular structure, *Chinese J. Space Science*, 14: 109.

Cheng Xiao-mei, Guo Pao-hua, (1994), A method for removing the interference and noise on backscatter ionogram, *Chinese Journal of Space Science*, 14: 160.

关于顺访苏联科学院地磁及电离层传播研究所(IZMIRAN)的报告

王曦按(2016年9月11日)：

父亲复出从事科研并担任武汉大学电波传播与空间物理研究所所长和空间物理系主任期间，非常重视拓展国际学术联系。与苏联科学院地磁及电离层传播研究所(IZMIRAN)的合作是他倾力推动的一件工作。下面是他保留的关于顺访IZMIRAN的报告和他与IZMIRAN所长共同签署的合作协议。

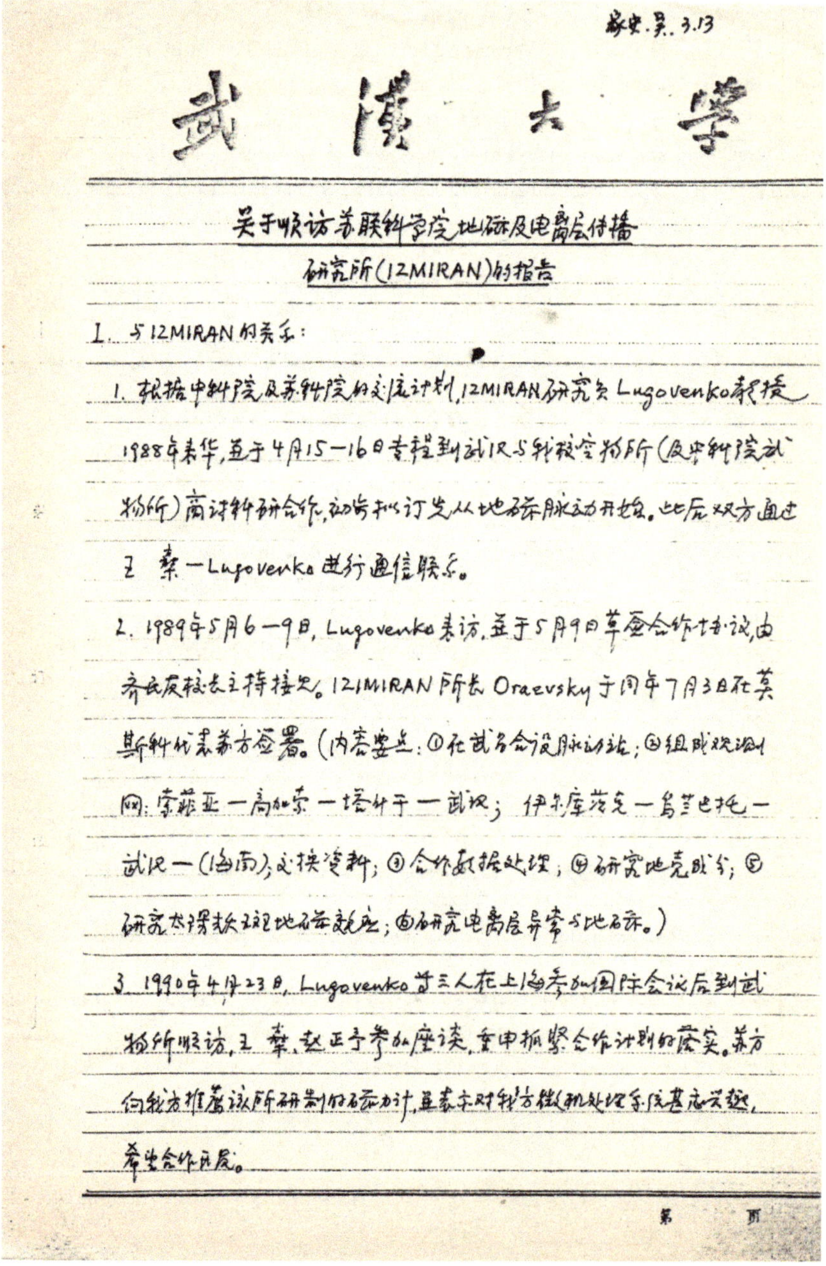

家史.吴.3.13

武漢大學

关于顺访苏联科学院地磁及电离层传播研究所(IZMIRAN)的报告

I. 与IZMIRAN的关系：

1. 根据中科院及苏科院的交流计划，IZMIRAN研究员Lugovenko教授1988年来华，并于4月15—16日专程到武汉与我校空物所(及中科院武物所)商讨科研合作，初步拟订先从地磁脉动开始。此后双方通过王 燊—Lugovenko进行通信联系。

2. 1989年5月6—9日，Lugovenko来访，并于5月9日草签合作协议，由齐民友校长主持接见。IZMIRAN所长Oraevsky于同年7月3日在莫斯科代表苏方签署。(内容要点：①在武昌合设脉动站；②组成欧亚观测网：索菲亚—高加索—塔什干—武汉；伊尔库茨克—乌兰巴托—武汉—(海南)；交换资料；③合作数据处理；④研究地壳成分；⑤研究太阳耀斑地磁效应；⑥研究电离层异常与地震。)

3. 1990年4月23日，Lugovenko等三人在上海参加国际会议后到武物所顺访，王 燊、赵正予参加座谈，重申抓紧合作计划的落实。苏方向我方推荐该所研制的磁力计，并表示对我方微机处理手段甚感兴趣，希望合作开展。

第 页

豪史吴.3.9

IZMIRAN与IRPSP科研合作课题计划，1990—1993

一、主题：

地磁微脉动

二、目标及预期成果：

1、创建地磁脉动观测站，作地磁脉动观测记录

2、交换下述二链站观测数据：

索菲亚－高加索－塔什干－武汉

伊尔库茨克－乌兰巴托－武汉－（海南）

3、共同处理数据

4、研究中、苏境内各地区大地导电率，探索地壳成分

5、研究太阳耀斑的地磁效应

6、研究电离层异常与地磁变化的相关

三、合作单位：

苏方 苏联科学院地磁、电离层及电波传播研究所（IZMIRAN）

中方 中国国家教委武汉大学电波传播及空间物理研究所（IRPSP）

四、签字：

苏方	中方
IZMIRAN所长	IRPSP所长
V.N.Oraevsky教授	王 燊教授
1989.7.3	1989.5.9

科研笔记

王曦按(2016 年 8 月 21 日)：

此材料为父亲手迹。原件没有标题，只是在每页的右上角注有“Discussion Meeting on STP(1980)”字样。

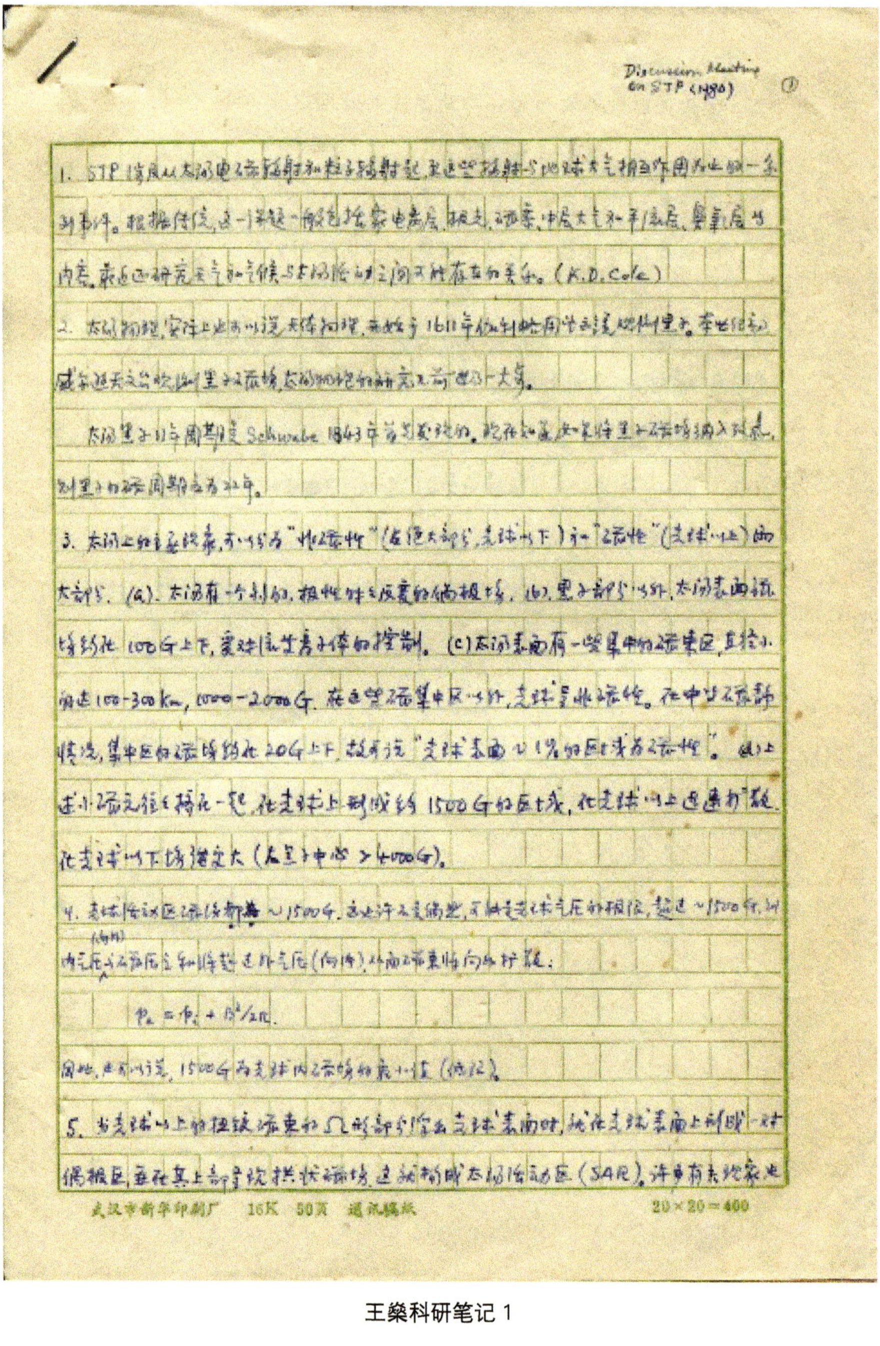
Discussion Meeting on STP (1980) ①

1. STP涉及从太阳电磁辐射和粒子辐射起，直到它们辐射与地球大气相互作用为止的一系列事件。根据传统，这一课题一般包括象电离层、极光、磁暴、中层大气和平流层、臭氧层等内容。最近还研究天气和气候与太阳活动之间可能存在的关系。(K.D.Cole)

2. 太阳物理，实际上也可以说天体物理，开始于1611年伽利略用望远镜观测黑子。本世纪初，威尔逊天文台观测黑子磁场，太阳物理的研究又前进了一大步。

太阳黑子11年周期是Schwabe 1843年首先发现的。后来如果把黑子磁场极性考虑进去，则黑子的磁周期应为22年。

3. 太阳上的主要现象，可以分为“非磁性”(大部分，光球以下)和“磁性”(光球以上)两大部分。(a). 太阳有一个弱的，极性相反的偶极场。(b). 黑子部分以外，太阳表面磁场约在100G上下，受对流发展子体的控制。(c)太阳表面有一些集中的磁束区，直径小的达100–300 km，1000–2000 G。在这些磁集中区以外，光球是非磁性。在中等磁活动情况，集中区的磁场约在20G上下，故可说“光球表面~1%的区域为磁性”。(d)上述小磁元往往挤在一起，在光球上形成约1500 G的区域，在光球以上迅速扩散，在光球以下场强变大(黑子中心>4000G)。

4. 光球活动区磁场都是~1500G，这也许不是偶然，可能是光球气压的极限，超过~1500G，则内气压(向外)加磁压之和将超过外气压(向内)，从而磁束将向外扩散：

$$p_e = p_i + B^2/2\mu$$

因此，也可以说，1500G为光球内磁场的最小值(临界)。

5. 当光球以上的极缺磁束和Ω形部分浮出光球表面时，就在光球表面上形成一对偶极区，并在其上部产生拱状磁场，这就构成太阳活动区(SAR)。许多有关现象也

武汉市新华印刷厂 16K 50页 通讯稿纸 20×20=400

王燊科研笔记 1

Discussion Meeting on STP (1980) ③

律活动现象，如活动区，暗条，日珥，黑子等。活动区寿命可能有数个自转周期，在这期间有黑子出没。冻结的等离子体温度可达数万度，粒子可加速至宇宙线能量级。太阳风的速度可达～100—1000 km s^{-1}。活动区因表面磁场的扩散而衰退消逝。

6. 扭绞磁束构成"磁束索"，磁束索又由许多"磁束纤"扭绞而成，如同绳索。"磁束索"隆起部分浮出太阳表面时，"磁束纤"发断裂呈现一对小黑子，然后扩大，以此为基础而出现黑子群。由于磁束纤有扭绞，所以初现时与东西方向成θ角，磁束纤断裂后，扭绞渐松，所以θ角逐渐小，以致最后使一对黑子呈东西方向。

7. "扭绞磁束—索—纤"模型可以说明"许多"现象，如磁场与网络结构的关系，诸日珥暗条，X射线亮点，全太阳磁场结构和冕洞或非冕洞的开放磁场等。

存周的图 p.36,37.

Discussion Meeting on STP (1980) ③

关于日冕：

1. 人们对日冕的认识，主要是二十世纪后半叶的事。40年代认识到，日冕为温度达百万度的高电离气体。（强大）是辐射电源；五十年代发现，射电爆发往往伴随着穿过日冕冲出的电子流和冲击波；六十年代观察到太阳风，从而肯定日冕大气并非处于流体静力学平衡状态；七十年代才认识到，太阳风变化尤其高速流与冕洞有关，在地面引起磁暴；八十年代则通过SMM卫星（1984年4月12日修复）和一些航天飞机观测，首先企图对扰动和日冕瞬态扰动进行研究；计划在九十年代发射SPM（solar polar mission）卫星，以便研究黄道面以外日冕的情况。在地面，射电望远镜仍很重要。

2. 冕流的形成。① 太阳偶极磁力线被太阳风拉出，同时被压缩等离子体形成密度很大的冕流。② 开放力线以下为闭合力线，这是活动区。③ 冕流两侧有开放力线，太阳高速流流出，形成冕洞。

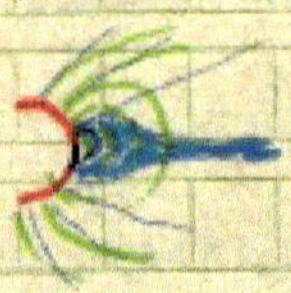

3. 冕洞的发生与由南活动区（闭合力线）的发生和衰亡有关，地面往往出现再现性磁暴，极光区将向低纬扩展（<60°）。

武汉市新华印刷厂 16K 50页 通讯稿纸 20×20=400

王燊科研笔记3

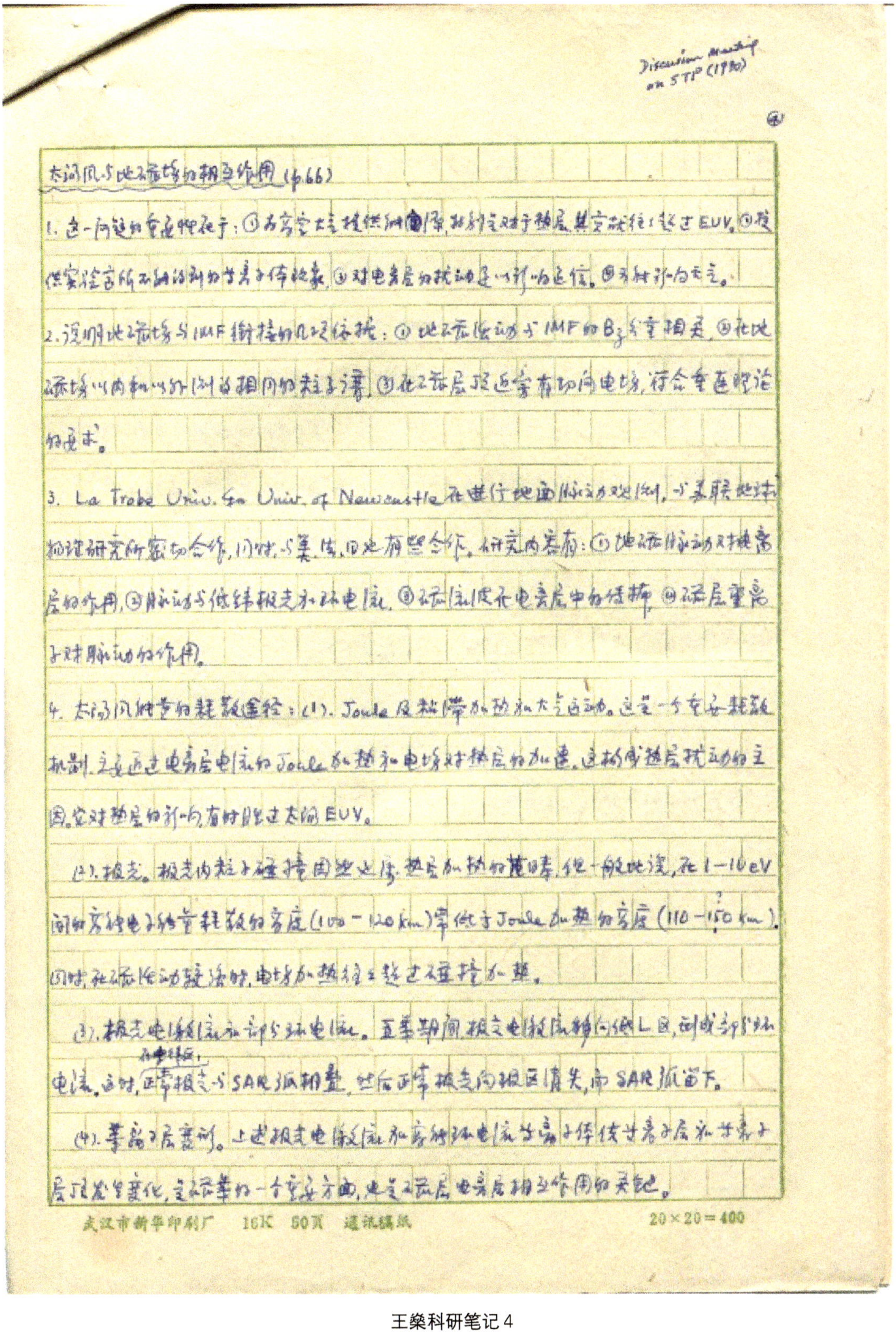

Discussion meeting on STP (1980)

④

太阳风与地磁场的相互作用 (p.66)

1. 这一问题的重要性在于：① 为高空大气提供外部能源，特别是对于热层，其重要性往往超过EUV。② 提供实验室所不能得到的等离子体现象。③ 对电离层的扰动足以影响通信。④ 可能影响天气。

2. 说明地磁场与IMF衔接的几何结构：① 地磁活动与IMF的B_z分量相关，② 在地磁场以内和以外测得相同的粒子谱，③ 在磁层顶边界存在切向电场，符合重联理论的要求。

3. La Trobe Univ. 和 Univ. of Newcastle 在进行地面脉动观测，与美联邦地球物理研究所密切合作，同时与美、法、日也有些合作。研究内容有：① 地磁脉动对电离层的作用，② 脉动与低能极光和环电流，③ 磁流波在电离层中的传播，④ 磁层重离子对脉动的作用。

4. 太阳风能量的耗散途径：(1). Joule 及粒子加热和大气运动。这是一个重要耗散机制。主要通过电离层电流的Joule加热和电场对热层的加速。这构成热层扰动的主因。它对热层的影响有时胜过太阳EUV。

(2). 极光。极光内粒子碰撞固然也使热层加热和电离，但一般地说，在1－10 eV间的高能电子能量耗散的高度(100－120 km)常低于Joule加热的高度(110－150 km)。同时，在磁层活动较活跃时，电场加热往往超过碰撞加热。

(3). 极光电喷流和部分环电流。亚暴期间，极光电喷流转向低L区，构成部分环电流。这时，（和电喷流，）亚暴极光与SAR弧相叠，然后亚暴极光向极区消失，而SAR弧留下。

(4). 等离子层变化。上述极光电喷流和高能环电流使离子体传至等离子层和等离子层顶发生变化，这是磁层的一个重要方面，也是磁层与电离层相互作用的关键。

武汉市新华印刷厂 16K 50页 通讯稿纸 20×20＝400

王燊科研笔记4

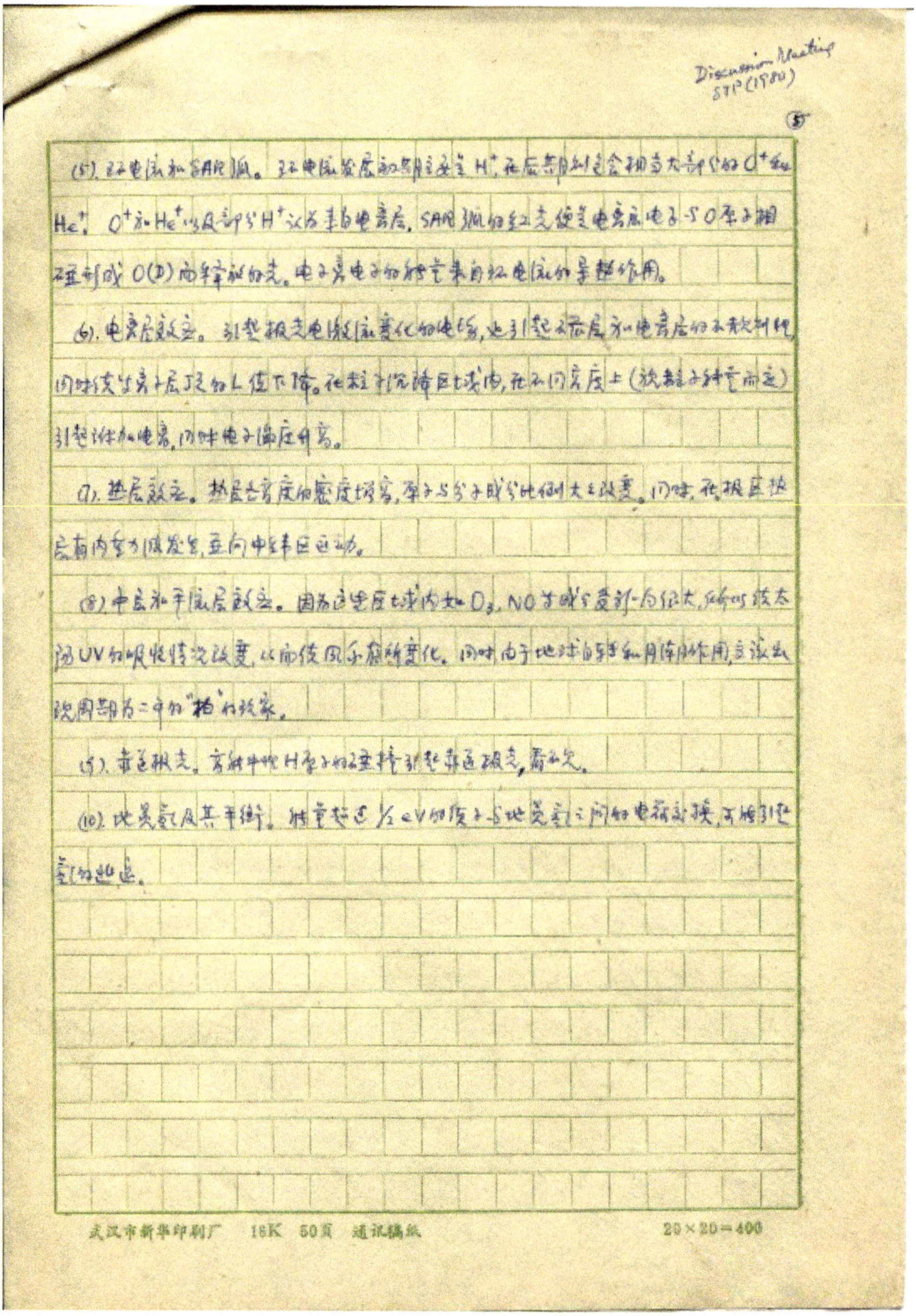

Discussion Meeting
STP (1980)

⑤

(5). 环电流和SAR弧。环电流粒子的主要是H^+，在磁暴期间包含相当大部分的O^+和He^+。O^+和He^+以及部分H^+认为来自电离层。SAR弧的红光是由电离层电子与O原子相碰生成O(¹D)而释放的光。电子的能量来自环电流的导热作用。

(6). 电离层效应。引起极光电激流变化的电场，也引起低层和电离层的不规则性，同时发生离子层顶的L值下降。在粒子沉降区域内，在不同高度上（決定于能量而定）引起附加电离，同时电子温度升高。

(7). 热层效应。热层各高度的密度增高，原子与分子成分比例大大改变。同时，在极区热层有内重力波发生，并向中纬区运动。

(8). 中层和平流层效应。因为这些区域内如O_3，NO等成分受到一定的影响，所以对太阳UV的吸收情况改变，从而使风系有所变化。同时由于地球自转和月球的作用，产生出现周期为二年的"拍"的现象。

(9). 赤道极光。高能中性H原子的沉降引起赤道极光，需研究。

(10). 地氢及其平衡。能量超过1/2 eV的质子与地氢之间的电荷交换，可能引起氢的逃逸。

武汉市新华印刷厂 16K 50页 通讯稿纸 20×20=400

王燊科研笔记5

（原件无题，王曦按）

（编号：家史·吴·6.10）

复出从事科研后的地磁脉动观测数据和分析底稿

王曦按(2017 年 2 月 7 日):

此为父亲保留的一些关于地磁脉动的观测数据和分析材料,上面凝结着父亲的思考。

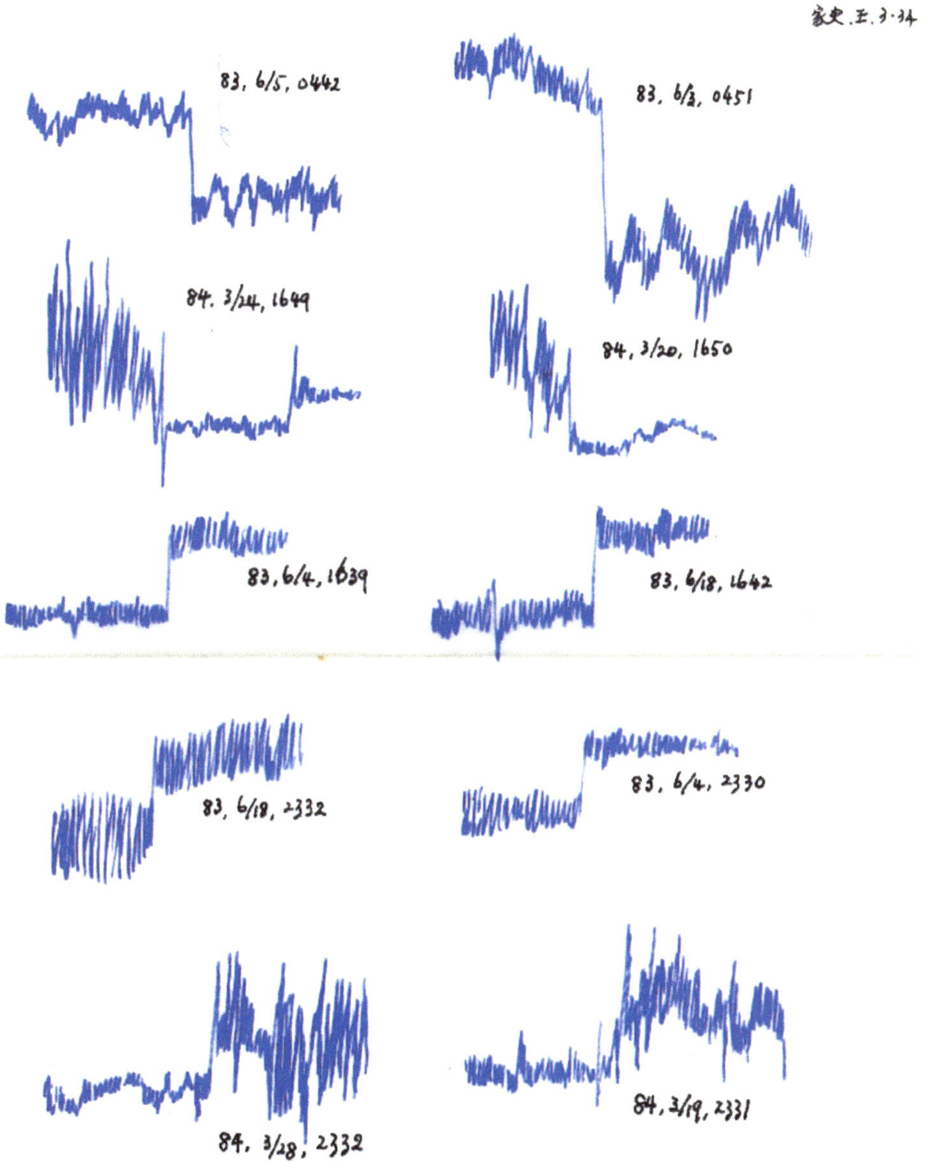

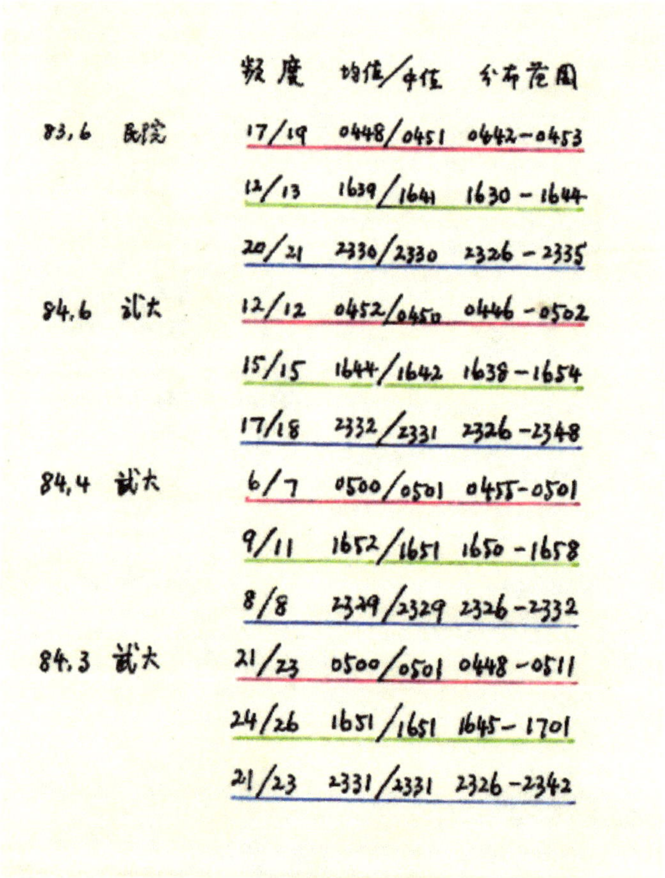

		频度	均值/中值	分布范围
83.6	民院	17/19	0448/0451	0442-0453
		12/13	1639/1641	1630-1644
		20/21	2330/2330	2326-2335
84.6	武大	12/12	0452/0450	0446-0502
		15/15	1644/1642	1638-1654
		17/18	2332/2331	2326-2348
84.4	武大	6/7	0500/0501	0455-0501
		9/11	1652/1651	1650-1658
		8/8	2329/2329	2326-2332
84.3	武大	21/23	0500/0501	0448-0511
		24/26	1651/1651	1645-1701
		21/23	2331/2331	2326-2342

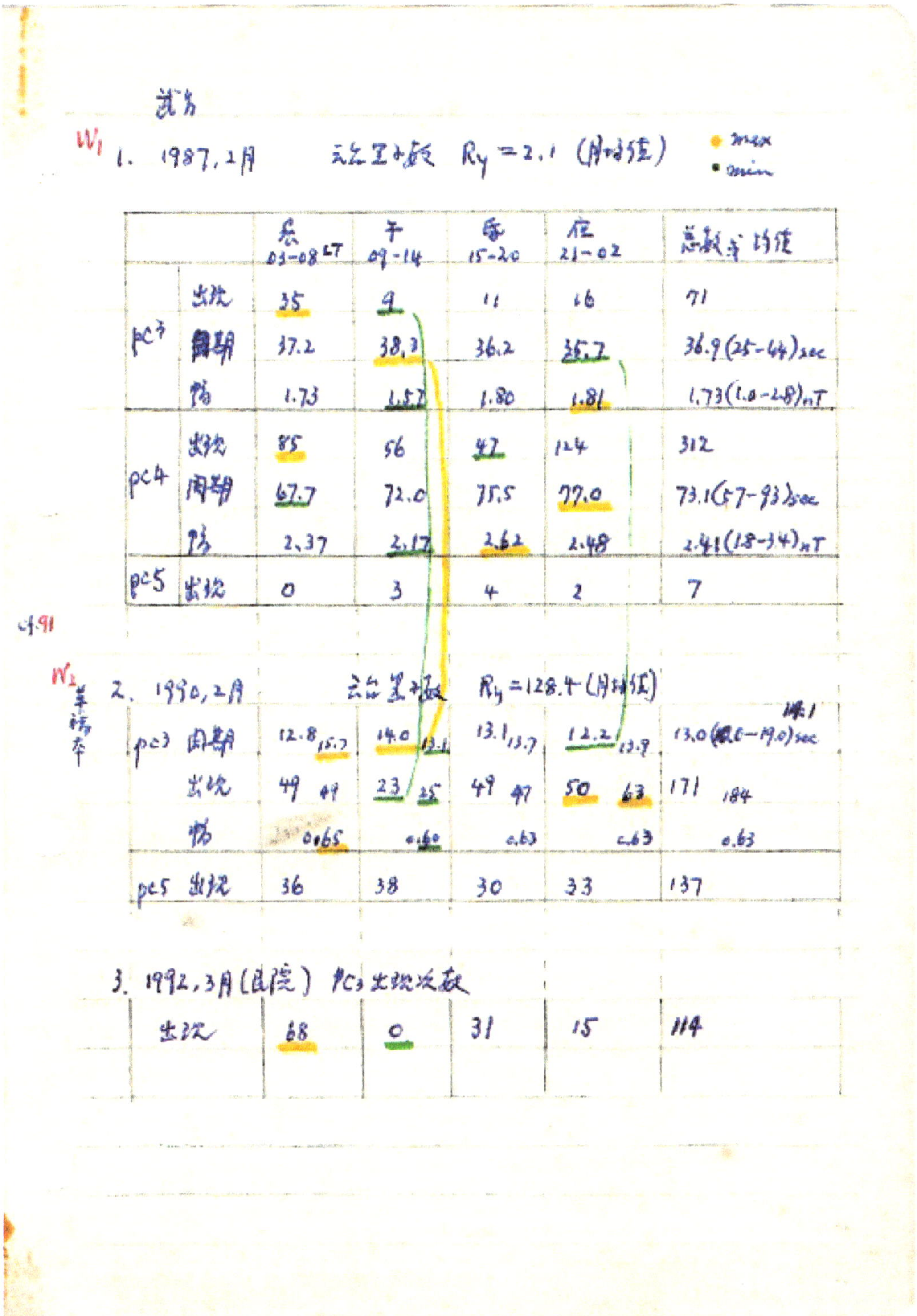

武昌

W1 1. 1987，2月 太阳黑子数 $R_y=2.1$（月均值） max min

		晨 03-08 LT	午 09-14	昏 15-20	夜 21-02	总数或均值
pc3	出现	35	9	11	16	71
	周期	37.2	38.3	36.2	35.7	36.9(25-44)sec
	振幅	1.73	1.57	1.80	1.81	1.73(1.0-2.8)nT
pc4	出现	85	56	47	124	312
	周期	67.7	72.0	75.5	77.0	73.1(57-93)sec
	振幅	2.37	2.17	2.62	2.48	2.41(1.8-3.4)nT
pc5	出现	0	3	4	2	7

91

W2 草稿本 2. 1990，2月 太阳黑子数 $R_y=128.4$（月均值）

						微1
pc3	周期	12.8 15.7	14.0 13.1	13.1 13.7	12.2 13.9	13.0([illegible]-19.0)sec
	出现	49 49	23 25	49 47	50 63	171 184
	振幅	0.65	0.60	0.63	0.63	0.63
pc5	出现	36	38	30	33	137

3. 1992，3月（医院）Pc3出现次数

出现	68	0	31	15	114

王燊复出科研之后的地磁脉动数据分析，系王燊手书。王曦注，2016.8.15.P1

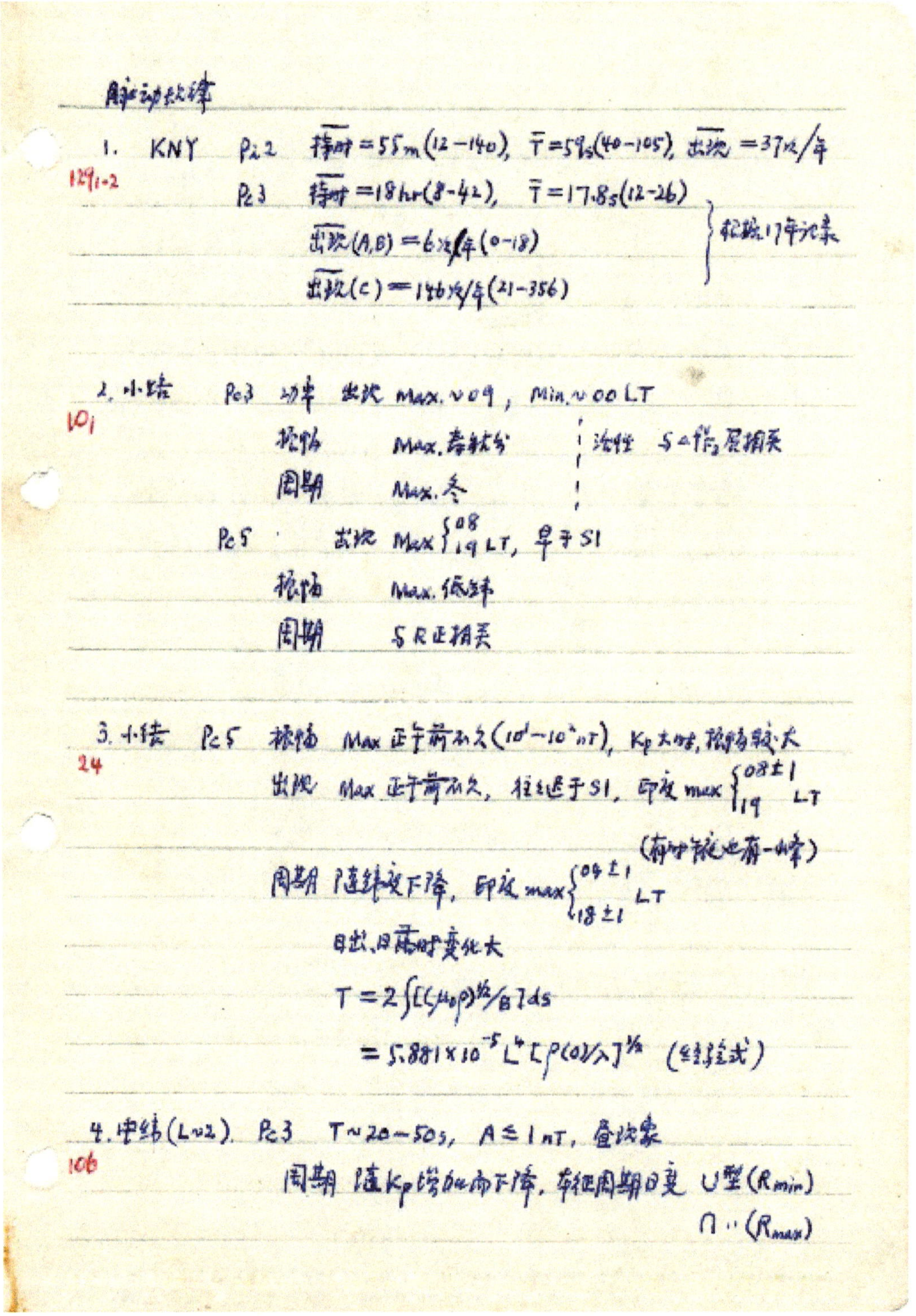

脉动规律

1. KNY Pi2 $\overline{持时}=55m(12-140)$，$\bar{T}=59s(40-105)$，$\overline{出现}=37次/年$

129₁₋₂ Pc3 $\overline{持时}=18hr(8-42)$，$\bar{T}=17.8s(12-26)$

$\overline{出现}(A,B)=6次/年(0-18)$ } 根据17年记录

$\overline{出现}(C)=146次/年(21-356)$

2. 小陆 Pc3 功率 出现 Max.~09，Min.~00 LT

10₁ 振幅 Max.春秋分 ⋮ 活性 与△fF_2层相关

周期 Max.冬

Pc5 出现 Max $\begin{cases}08\\19\end{cases}$ LT，早于SI

振幅 Max.低纬

周期 与R正相关

3. 小结 Pc5 振幅 Max 正午前不久（10^1-10^2 nT），Kp大时，振幅较大

24 出现 Max 正午前不久，往往迟于SI，印度 max $\begin{cases}08\pm1\\19\end{cases}$ LT

（有时傍晚也有一峰）

周期 随纬度下降，印度 max $\begin{cases}04\pm1\\18\pm1\end{cases}$ LT

日出、日落时变化大

$$T=2\int[(\mu_0\rho)^{1/2}/B]ds$$

$$=5.881\times10^{-5}L^4[\rho(0)/\lambda]^{1/2}$$ （经验公式）

4. 中纬（L~2）. Pc3 T~20–50s，A≤1nT，叠次象

106 周期 随Kp增加而下降，平征周期日变 U型（R_{min}）

∩〃（R_{max}）

王槃复出科研之后的地磁脉动数据分析，系王槃手书。王曦注，2016.8.15.P2

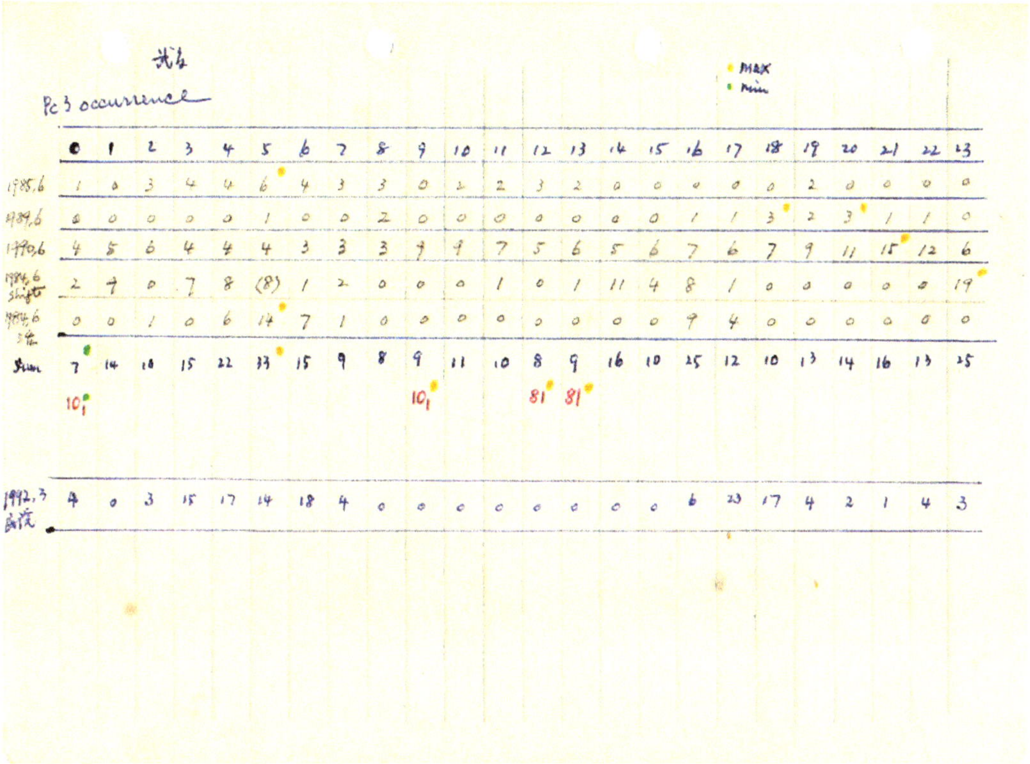

	0	1	2	3	4	5	6	7	8	9	10	11	12	13	14	15	16	17	18	19	20	21	22	23
1985.6	1	0	3	4	4	6	4	3	3	0	2	2	3	2	0	0	0	0	0	2	0	0	0	0
1989.6	0	0	0	0	0	1	0	0	2	0	0	0	0	0	0	0	1	1	3	2	3	1	1	0
1990.6	4	5	6	4	4	4	3	3	3	9	9	7	5	6	5	6	7	6	7	9	11	15	12	6
1984.6 shift	2	7	0	7	8	(8)	1	2	0	0	0	1	0	1	11	4	8	1	0	0	0	0	0	19
1984.6 3…	0	0	1	0	6	14	7	1	0	0	0	0	0	0	0	0	9	4	0	0	0	0	0	0
Sum	7	14	10	15	22	33	15	9	8	9	11	10	8	9	16	10	25	12	10	13	14	16	13	25
	10₁									10₁			81	81										
1992.3 [illegible]	4	0	3	15	17	14	18	4	0	0	0	0	0	0	0	0	6	23	17	4	2	1	4	3

王燊复出科研之后的地磁脉动数据分析，系王燊手书。——王曦注，2016.8.15.p3

科研数据分析笔记

王曦按（2016 年 10 月 18 日）：

就我这个外行来看，父亲从事的工作属于基础科学研究，研究的目的是认识电离层及日地关系。这种研究依赖于观测手段的进步和对观测数据的分析、认识能力。不论是从父亲年轻时的研究看，还是从他年老时的研究看，父亲都堪称一位这个领域里的佼佼者。以下是父亲保留的一些关于电离层观测数据分析的底稿。

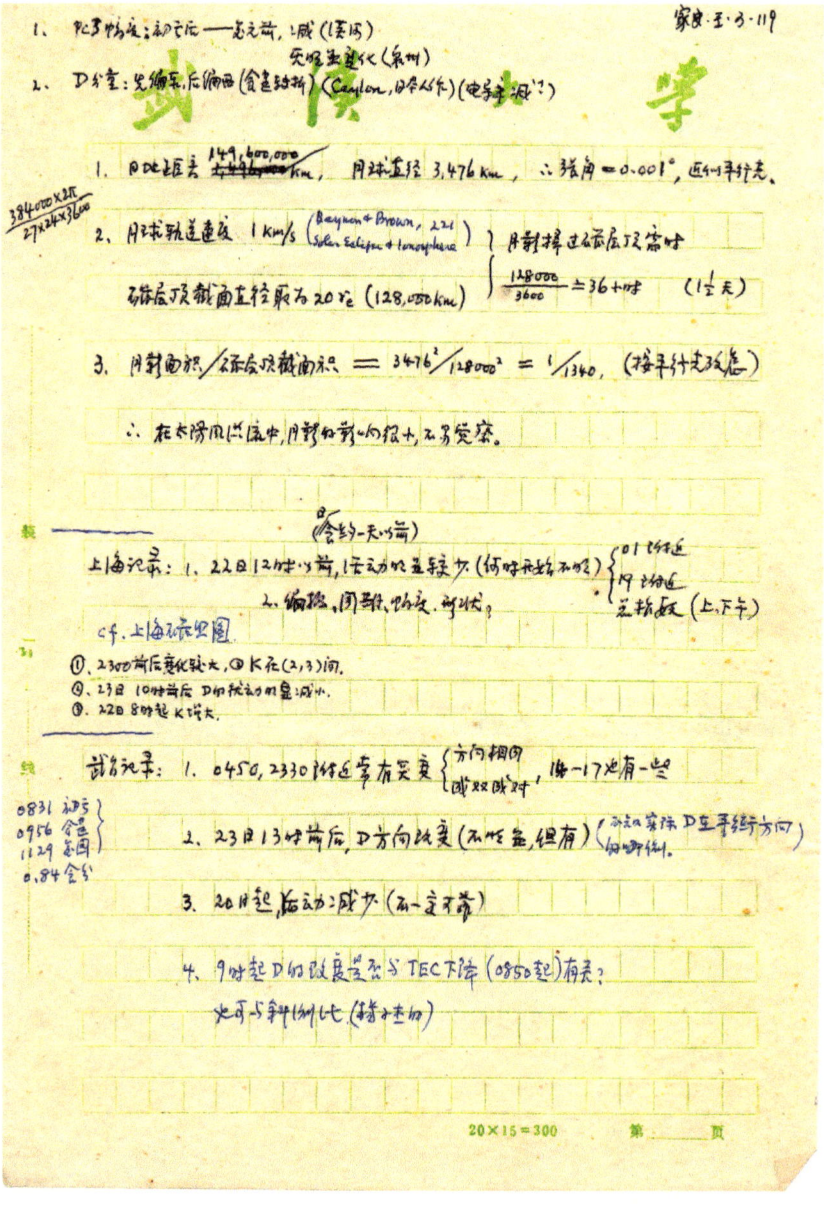
[illegible]

1、纪录特点：初亏后——复元前，[illegible]

2、D分量：先偏东，后偏西（食甚时转折）（Ceylon，日本人作）（电子浓度？）

1. 日地距离 149,600,000 km，月球直径 3,476 km，∴张角＝0.001°，近似平行光。

$\frac{384000\times 2\pi}{27\times 24\times 3600}$

2. 月球轨道速度 1 km/s（Baynon + Brown, 221 Solar Eclipse + Ionosphere）｝月影掠过磁层顶需时 $\frac{128000}{3600}\doteq 36$ 小时（$1\frac{1}{2}$ 天）

磁层顶截面直径取为 20 r_e（128,000 km）

3. 月影面积/磁层顶截面积 ＝ $3476^2/128000^2$ ＝ 1/1340，（按平行光考虑）

∴ 在太阳风粒子流中，月影的影响很小，不易觉察。

（食约一天以前）

上海记录：1. 22日12时以前，扰动的量较少（何时开始不明）｛01时附近、19时附近、[illegible]（上、下午）

2. 偏移、周期、特点、形状。

cf. 上海磁照图

①、2300前后变化较大，② K在(2,3)间。

③、23日 10时前后 D的扰动的量减小。

④、22日 8时起 K增大。

武昌记录：1. 0450，2330附近常有突变｛方向相同、或双双成对｝，16–17也有一些

0831 初亏
0956 食甚
1129 复圆
0.84 食分

2. 23日13时前后，D方向改变（不明显，但有）（不知实际D在平行方向的影响。）

3. 20日起，扰动减少（不一定可靠）

4. 9时起D的改变是否与TEC下降（0850起）有关？

也可与斜测比（待查看）

20×15＝300　第＿＿页

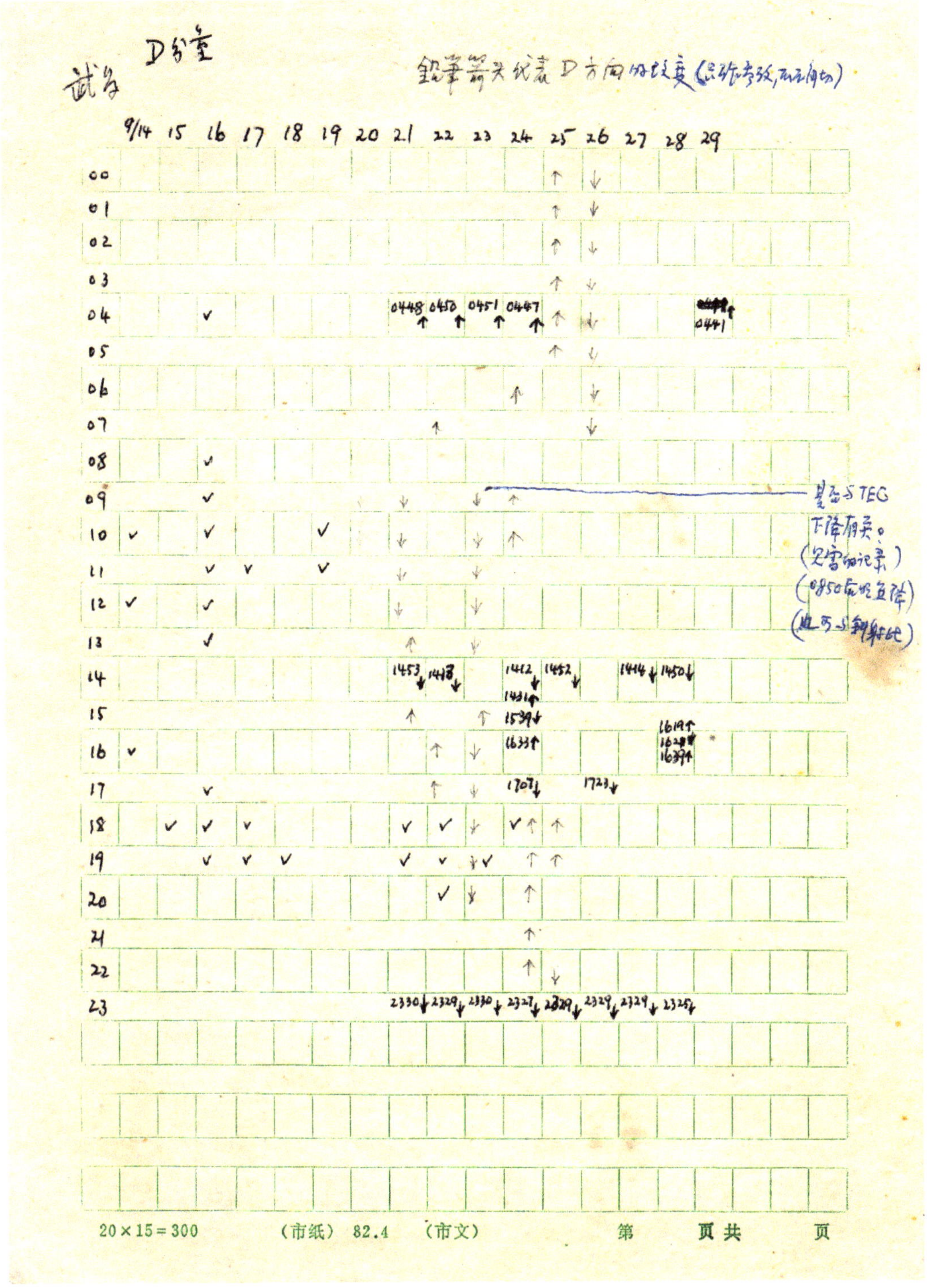
武当
D分量
铅笔箭头代表D方向的改变
9/14 15 16 17 18 19 20 21 22 23 24 25 26 27 28 29
是否与TEC
下降有关。
（只写的记录）
20×15=300 （市纸） 82.4 （市文） 第 页共 页

梅

0923—1008—

武漢大學

	20	21	22	23	24	25	26			20	21	22	23	24	25	26		
00		6		7		18	6	37	25				7	4	18		29	25
01	5	4	2	6	2	18	10	47	47	6	7	3	12	3	18	5	54	54
02	2	4	1		5	7	12	31	31	2	2	2		5	11	8	30	30
03					13	4	6	23	23					17	6	6	29	29
04				3	6	5	3	17	17			1	6	11	1	1	20	19
05					3	4		7	7			1		2	1		4	3
06			1				1	2	1			1	6				7	1
07	1			4	1		1	7	0			3					3	0
08						1	8	9	9			1			1	5	7	6
09	5	2		1	2		6	16	13	4	3	1				2	10	9
10	2	1	1		4	5	4	17	16	1	1		4	6	2	3	17	13
11	6		1	2	6	9		24	24	1		5	2	7	1		16	16
12	2	3	1	5	7	12		30	25			3	5	8	6		22	22
13		1	7	5	8	10		31	30			1	3	6	1		11	11
14	1		5	4	3	6		19	8	1			5	4			10	10
15			5	1		7		13	13			5	1	1	5		12	11
16		1	4	8	6	8		27	26			3	2	3	5		13	13
17	2	2	8	4	1	10		27	26	1	2	8	4		1		16	16
18		2	14	15	13	8		52	50			17	15	14	7		53	53
19		3	15	13	18	8		56	56		7	17	15	18	8		65	65
20	2	1	2	10	12	16		43	43	1	2	2	7	17	17		46	46
21	3		9	4	1	17		34	33	2		11	4		18		35	35
22	1		3	3	3	6		19	12			4	8		5		17	17
23	3			3	11	4		21	14			2	3	12			17	15
	35	30	79	48	125	183	57			19	24	91	109	138	132	30		
	28	17	73	93	117	173	49			19	24	82	99	133	132	30		

23/12　20/10　上午7/下午72　28/70　49/76　83/100

装订线

20×15=300　第　页

上海

武汉大学

	20,21 平均	22 平均	23 平均	24,25,26 平均
00			7.0	6.0
01	5.5	2.5	9.0	9.3
02	2.5	1.5		8.0
03				8.7
04			4.5	4.5
05				1.7
06		1.0		
07				
08				2.5
09	3.5			1.3
10	1.3			4.0
11	1.8	3.0	2.0	5.8
12		2.0	5.0	8.3
13		4.0	4.0	6.3
14	1.0		4.5	1.8
15		5.0	1.0	3.0
16		3.5	5.0	5.5
17	1.8	8.0	4.0	2.8
18		15.5	15.0	10.5
19	2.5	16.0	14.0	13.0
20	1.5	2.0	8.5	15.5
21	1.3	10.0	4.0	8.8
22		3.5	5.5	2.8
23			3.0	5.8

装 订 线

20×15=300 第＿＿页

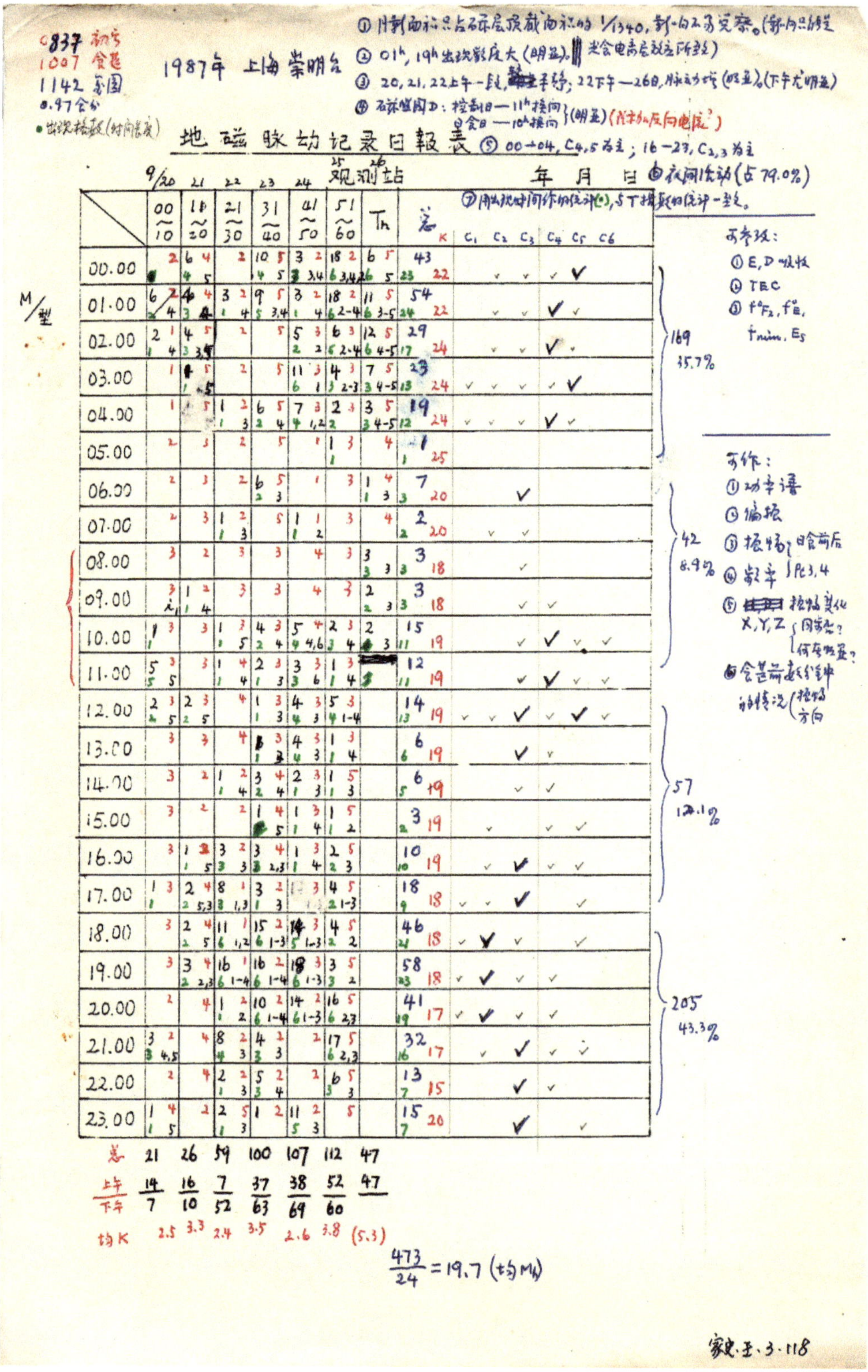

0837 初亏
1007 食甚
1142 复圆
0.97 食分
• 出现振幅(时间长度)

1987年 上海崇明台

① 月影面积只占磁层顶截面积的 1/1340，影响不易觉察。(影响只明显
② 01ʰ，19ʰ 出现影响大(明显)。(‖) 光食电离层效应所致)
③ 20，21，22上午一段，平静；22下午—26日，脉动增(明显)。(下午尤明显)
④ 磁偏角D：控制日—11ʰ 换向，日食日—10ʰ 换向 }(明显)(感应加反向电流？)
⑤ 00→04，C4,5为主；16—23，C2,3为主
⑥ 夜间活动(占79.0%)
⑦ 用出现时间作的统计(·)，5 T 振幅的统计一致。

地磁脉动记录日報表

观测站　　年　月　日

M/型

	9/20 00~10	21 11~20	22 21~30	23 31~40	24 41~50	25 51~60	26 Th	总 K	C1	C2	C3	C4	C5	C6
00.00	2	6 4 / 4 5	2	10 5 / 4 5	3 2 / 3 3,4	18 2 / 6 3,4	6 5 / 6 5	43 / 23 22		✓	✓	✓	✓	
01.00	6 2 / 2 4	4 4 / 3 4	3 2 / 1 4	9 5 / 5 3,4	3 2 / 1 4	18 2 / 6 2-4	11 5 / 6 3-5	54 / 24 22		✓	✓	✓	✓	
02.00	2 1 / 1 4	4 5 / 3 3,5	2	5	5 3 / 2 2	6 3 / 6 2-4	12 5 / 6 4-5	29 / 17 24		✓	✓	✓	✓	
03.00	1	1 5 / 1 5	2	5	11 3 / 6 1	4 3 / 3 2-3	7 5 / 3 4-5	23 / 13 24	✓	✓	✓	✓	✓	
04.00	1	5	1 2 / 1 3	6 5 / 2 4	7 3 / 4 1,2	2 3 / 2	3 5 / 3 4-5	19 / 12 24	✓	✓	✓	✓	✓	
05.00	2	3	2	5	1	1 3 / 1	4	1 / 1 25						
06.00	2	3	2	6 5 / 2 3	1	3	1 4 / 1 3	7 / 3 20			✓			
07.00	2	3	1 2 / 1 3	5	1 1 / 1 2	3	4	2 / 2 20		✓	✓			
08.00	3	2	3	3	4	3	3 / 3 3	3 / 3 18			✓			
09.00	3 / 2,1	1 2 / 1 4	3	3	4	3	2 / 2 3	3 / 3 18			✓	✓		
10.00	1 3 / 1	3	1 3 / 1 5	4 3 / 2 4	5 4 / 4 4,6	2 3 / 3 4	2 / 4 3	15 / 11 19			✓	✓	✓	✓
11.00	5 3 / 5 5	3	1 4 / 1 4	2 3 / 1 3	3 3 / 3 6	1 3 / 1 4	3	12 / 11 19			✓	✓	✓	✓
12.00	2 3 / 2 5	2 3 / 2 5	4	1 3 / 1 3	4 3 / 4 3	5 3 / 4 1-4		14 / 13 19	✓	✓	✓	✓	✓	✓
13.00	3	3	4	1 3 / 1 3	4 3 / 4 3	1 3 / 1 4		6 / 6 19			✓	✓		
14.00	3	2	1 2 / 1 4	3 4 / 2 4	2 3 / 1 3	1 5 / 1 3		6 / 5 19			✓	✓		
15.00	3	2	2	1 4 / 5	1 3 / 1 4	1 5 / 1 2		3 / 2 19		✓		✓	✓	
16.00	3	1 3 / 1 5	3 2 / 3 3	3 4 / 3 2,3	1 3 / 1 4	2 5 / 2 3		10 / 10 19		✓	✓	✓	✓	
17.00	1 3 / 1	2 4 / 2 5,3	8 1 / 3 1,3	3 2 / 1 3	3	4 5 / 2 1-3		18 / 9 18	✓	✓	✓		✓	
18.00	3	2 4 / 2 5	11 1 / 6 1,2	15 2 / 6 1-3	14 3 / 5 1-3	4 5 / 2 2		46 / 21 18	✓	✓	✓		✓	
19.00	3	3 4 / 2 2,3	16 1 / 6 1-4	16 2 / 6 1-4	18 3 / 6 1-3	3 5 / 3 2		58 / 23 18	✓	✓	✓	✓		
20.00	2	4	1 2 / 1 2	10 2 / 6 1-4	14 2 / 6 1-3	16 5 / 6 2,3		41 / 19 17	✓	✓	✓	✓		
21.00	3 2 / 3 4,5	4	8 2 / 4 3	4 2 / 3 3	2	17 5 / 6 2,3		32 / 16 17		✓	✓	✓	✓	
22.00	2	4	2 2 / 1 3	5 2 / 3 4	2	6 5 / 3 3		13 / 7 15			✓	✓		
23.00	1 4 / 1 5	2	2 5 / 1 3	1 2	11 2 / 5 3	5		15 / 7 20			✓		✓	
总	21	26	59	100	107	112	47							
上午/下午	14/7	16/10	7/52	37/63	38/69	52/60	47/							
均K	2.5	3.3	2.4	3.5	2.6	3.8	(5.3)							

00.00—05.00：169，35.7%
06.00—11.00：42，8.9%
12.00—17.00：57，12.1%
18.00—23.00：205，43.3%

可参考：
① E，D 吸收
② TEC
③ f^oF_2，f^oE，f_{min}，E_s

可作：
① 功率谱
② 偏振
③ 振幅 { 日食前后
④ 频率 } Pc3，4
⑤ 振幅变化 X，Y，Z { 同步否？何种性质？
⑥ 食甚前数分钟的情况 (振幅 方向

$\frac{473}{24}$ = 19.7 (均 M_h)

家史·王·3·118

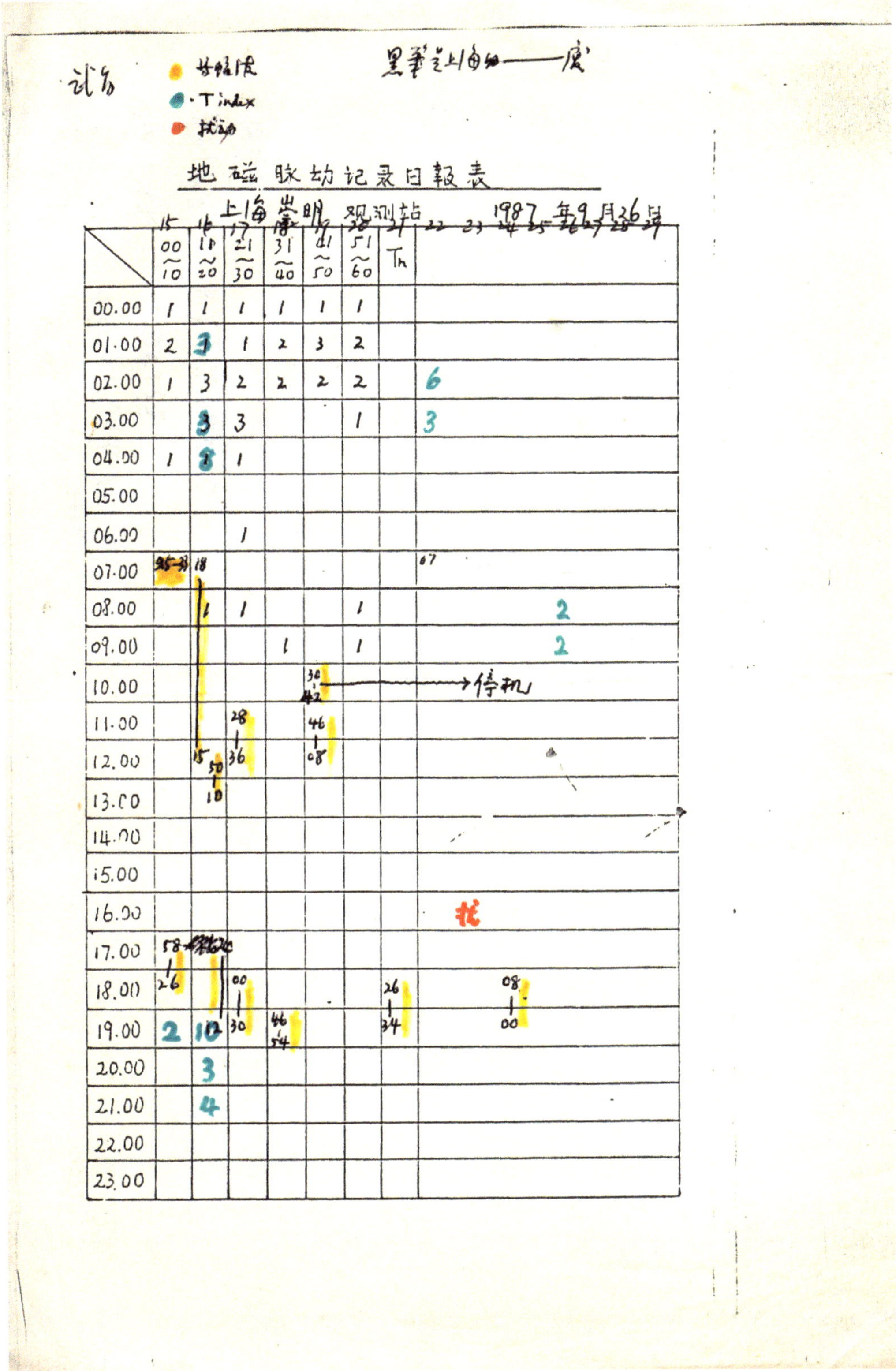

T index

扰动

地磁脉动记录日報表

上海崇明观测站 1987年9月26日

	00~10	11~20	21~30	31~40	41~50	51~60	Th	
00.00	1	1	1	1	1	1		
01.00	2	3	1	2	3	2		
02.00	1	3	2	2	2	2		6
03.00		3	3			1		3
04.00	1	3	1					
05.00								
06.00			1					
07.00	25-33	18						07
08.00		1	1			1		2
09.00				1		1		2
10.00					30-42			→停机
11.00			28		46			
12.00		15 50	36		08			
13.00		10						
14.00								
15.00								
16.00								扰
17.00	58							
18.00	26		00				26	08
19.00	2	10 12	30	46-54			34	00
20.00		3						
21.00		4						
22.00								
23.00								

赴美考察中美 CUSPEA 计划执行情况

王曦按(2016 年 8 月 13 日):

1985 年 1 月 23 日至 2 月 25 日,来自全国不同大学的 8 名资深教授受教育部的委托,组团赴美国考察李政道先生倡议的"中美联合培养物理类研究生计划"(CUSPEA, China-U. S. Physics Examination and Application)。父亲参加了这项工作并留下了有关此次考察的书面材料。这些书面材料有以下七种:

一、有关的教育部文件。

二、李政道教授(1957 年与杨振宁教授同获诺贝尔物理学奖)为教育部代表团 C 组安排的详细访问日程,包括日期、行程、住宿、学生协调人、学院代表、备注等栏目,共 13 页,系其手书(由其可见李政道教授严谨的工作作风)。另外还有 8 页用打字机打印的行程表,由于篇幅所限,未登于此。

三、父亲的工作汇报(手稿)。父亲还保留有龚昌德、张雪箩、吴塘的赴美工作汇报,因篇幅所限,未登于此。

四、CUSPEA 留学生名单(共 491 人。因篇幅所限,在此仅登头两页)。

五、父亲亲笔所写关于这次考察的一张便条。

六、CUSPEA 代表团访美总结汇报(初稿)

鉴于这些材料的史学价值,我把其中的大部分加以扫描并刊登于此。

所有这些材料都记载着我国改革开放初期教育领域里的一个重要开放措施——即选派优秀学生赴美国学习物理学的"中美联合培养物理类研究生计划"。据百度百科介绍,"中美联合培养物理类研究生计划(CUSPEA, China-U. S. Physics Examination and Application)是 1979 年—1989 年间中国用来选拔派遣学生到美国攻读物理专业研究生的考试。CUSPEA 由李政道和中国物理学界合作创立。当时中国大陆文化大革命刚结束不久,高等教育还在重建之中。美国招生使用的成绩单、介绍信等手段在中国高校不常见,其可信性很难评估,TOEFL、GRE 也没有在中国开展。在李政道的游说下,美国和加拿大的一些大学改用 CUSPEA 选拔中国留学生。1989 年,CUSPEA 项目正式结束。至今,风格类似而规模大为缩小的 Mini-CUSPEA 考试仍在举行中。"[①]"为了了解和评价 CUSPEA 项目进展情况,1985 年 1 月教育部和中国科学院联合派出访美代表团。代表团与美国大学的教授接触,并与来自 57 所大学的 450 名 CUSPEA 学生面谈。绝大多数学生学习勤奋,学业优秀,获得好评。"[②]这次考察工作对教育部进一步做好留学生外派工作具有重要参考价值。

---

① 百度百科,http://baike.baidu.com/view/33434.htm,2016.8.13 访问。

② 百度百科,http://baike.baidu.com/view/33434.htm,2016.8.13 访问。

由于 CUSPEA 留学生数量大，而且散布于美国各地的大学，这个代表团除了全团共同访问一些大学以外，还分成四人、二人甚至一人小组分头探望各地的 CUSPEA 留学生。父亲和复旦大学的王兆永（复旦大学物理系系主任）组成 C 组，沿波士顿、印第安纳伯明顿、洛杉矶一线探望了很多大学的 CUSPEA 留学生。在一张行程单的背后，父亲亲笔记下了他们在一个月的时间里所走的路线："1/23，NY—(New Heaven)；1/30，Philadephia；1/31，Maryland；2/3 Boston；2/5，Detriot；2/7，Lafayette；2/8，Bloomington；2/9，Chicago；2/11，Evanstone；2/12，Bozeman；2/14，Seattle；2/17，Eugene；2/19，LA；2/23 SFC；2/25，北京。"除了频繁的旅行以外，每到一地，都要探望 CUSPEA 留学生，而且要与每个留学生交谈至少 15 分钟以上。有的大学为每个留学生安排了 30 分钟的会见时间。那个时候在美国的中国留学生都属于我国改革开放后最先出国的一批留学生。他们都面临着与当时的国内截然不同的文化和生活，十分需要国内的关怀。父亲及其同行的访问，给众多的中国留学生带来了祖国的关怀和温暖。以 64 岁的高龄，忍受着跨洋时差反应，做如此高强度的工作旅行，用现在的话说，父亲真是"蛮拼的"！

父亲及龚昌德、张雪箩、吴塘的工作汇报详细地记录了他们访谈 CUSPEA 留学生的感想和对教育部的相关建议，对于后人认识那个特定时期的中国留学生情况，很有参考价值。

那份 39 页 491 人的 CUSPEA 留学生名单，记录了他们每个人的姓名、性别、年龄、选派学校和年届，是一份珍贵的历史资料。这些学生的年龄绝大多数在 20 至 25 岁之间，有不少仅 18、19 岁。这里仅呈现其中的头两页。

鉴于这批材料的史料价值，我拟将它们捐赠给上海交通大学李政道图书馆。

（一）有关的教育部文件

教育部文件

84教外出字1167号

关于物理研究生工作小组赴美考察事

中国科学院教育局，中央党校，北京大学、南京大学、武汉大学、复旦大学：

一九八五年，我派往美国的部分李政道物理研究生即将结业，获得博士学位。有些人可能在结业以后即回国参加工作，也有些人可能申请延长时间，在美国做一段博士后工作。目前这些人很关心他们取得博士学位以后国内怎样安排他们。为了做好这些研究生以及其他研究生的思想工作和回国以后的安排，我们决定派一个工作小组赴美开展工作。

经研究，决定请下列同志参加该小组工作：

北京大学：沈克琦、赵凯华同志

中国科技大学北京研究生院：吴　塘同志

南京大学：龚昌德同志

武汉大学：王　燊同志

复旦大学：王兆永同志

中国科技大学：管惟炎同志

中央党校：张曾驹同志

工作小组定于一九八五年一月二十五日启程，往返国际旅费和在美费用由我部负责，制装费由各单位支付。

请各单位即办理上述人员出国报审手续，于一月十五日前报我部外事局。

中华人民共和国教育部

一九八四年十二月廿六日

抄送：中国科技大学，中国科技大学北京研究生院，江苏省高教局，湖北、安徽省教育厅

— 2 —

（编号：家史·吴·3.21）

（二）李政道教授为教育部代表团C组安排的详细访问日程(手稿)

教育部中美CUSPEA计划赴美考察C组（王粲王兆永）安排表（李政道手书）1985年。——王曦注，2016.8.15，p1

C

Columbia University in the City of New York | New York, N.Y. 10027

DEPARTMENT OF PHYSICS 538 West 120th Street

1. 从纽约至 Philadelphia, Baltimore 及至 College Park 均细则安排。

2. 离 Washington 後至 Boston, Pittsburgh 及 Charlottesville 的细则安排，拟明天（1/28 星期一）办妥。

3. 以后各校之 faculty rep 和 student coordinator 均会收到我的信，告知他们那组、何时到达、需何帮助。（信将於明、后天寄出）。

4. 我 2/19 搭 PA 811, 6:44 pm. 抵 L.A.
   2/22 由 PA 90 11:00 am 离 LA 返纽约

5. 如路上有紧急事，请 call (212) 280 3335 co

敬祝一路顺风

李政道

附：LA为终站，如因路上有意外需更改，务请call 该站的faculty rep James Lee，或学生张哲。 八五、一、廿七

教育部中美CUSPEA计划赴美考察C组
（王檠王兆永）安排表（李政道手书）
1985年。王懐注，2016.8.15，p2

Key to notations:
no marking - suggested arrangemen
o - contact made
oo - contacted again
✓ - all details confirmed

DATE	TRAVEL	LODGING	STUDENT COORDINATOR	FACULTY REPRESENTATIVE	REMARKS
1/23 (W)	CAAC 981, arr. N.Y. 7:10 pm ✓		庞阳 Pang Yang (CU) (212) 866 8098 (H) " 280 3801 (O)		met at the airport by T. D. Lee N. P. Chang ✓
1/24 Th	noon Rm 829 + Rm 828 Pupin			11:00 am 庞阳 王、钦館 ✓	noon sandwich lunch with TDLee 3-4 with students ✓ 5 pm Cocktail + buffet dinner at Lee's
1/25 F	split into 3 groups: 3 to Princeton } 王檠 (邱建偉陪同) 3 " Rutgers } 王兆永 9 am, by bus, accompanied by 任涵偉 & 邱建偉		任涵偉 (Princeton) (研大) (609) 734 8021 孫能寧(武大) 梁 敢 Liang, Gan (北大) (201) 932 0736 (Rutgers)	o Sam Treiman (Princeton) (609) 452 4402 (O) " 924 0592 (H) o Charles Glashausser (201) 932 2526 (O)	lunch with Princeton } ✓ Rutgers } ✓ faculty

教育部中美CUSPEA计划赴美考察C组
（王檠王兆永）安排表（李政道手书）
1985年，王懐注，2016.8.15，p3

2

Key to notations:
no marking - suggested arrangemen
o - contact made
oo - contacted again
✓ - all details confirmed

DATE	TRAVEL	LODGING	STUDENT COORDINATOR	FACULTY REPRESENTATIVE	REMARKS
1/25 F	2 to Stevens 王檠 Prof. Emil Koller will come to N.Y. hotel in the morning ✓ return to N.Y. by car from Princeton by bus from Rutgers & Stevens		o 陈持平 Chen, Chiping Stevens (201) 420 9288 (H) " 420 5651 (O)	o Emil Koller (201) 420 5634 (O) " 246 3687 (H) alternate office phone at Rutgers (201) 932 2531 9 Bernard Road E. Brunswick N.J 08816	lunch with Stevens ✓ faculty
1/26 Sat	to Columbia, CCNY NYU for meeting with CUSPEA students (including those from SUNY Albany + U. of Connecticut)		Pang Yang (CU) 陆建平 (CCNY) Lu Jian Ping 方祖云 (NYU) Fang Zhuyuen (212) 663-1063 (H)		10 am 庞，陆，方 王、钦館 ✓

教育部中美CUSPEA计划赴美考察C组（王桑王兆永）安排表（李政道手书）
1985年。王曦注。2016.8.15，p3

2

Key to notations:
no marking - suggested arrangemer
o - contact made
oo - contacted again
✓ - all details confirmed

DATE	TRAVEL	LODGING	STUDENT COORDINATOR	FACULTY REPRESENTATIVE	REMARKS
1/25 F	2 to Stevens Prof. Earl Koller will come to N.Y. hotel in the morning ✓ return to N.Y. by car from Princeton by bus from Rutgers + Stevens		o 陈祈平 Chen, Chiping Stevens (201) 420 9288 (H) " 420 5551 (O)	o Earl Koller (201) 420 5634 (O) " 246 3687 (H) alternate office phone at Rutgers (201) 932 2531 9 Bernard Road E. Brunswick N.J. 08816	lunch with Stevens faculty ✓
1/26 Sat	to Columbia, CCNY NYU for meeting with CUSPEA students (including those from SUNY Albany + U. of Connecticut)		Pang Yang (CU) 陆建平 (CCNY) Lu Jian Ping 方祖云 (NYU) Fang Zhuyun (212) 663-1063 (H)		10 am 庞, 陆, 方 王钦馆 ✓

教育部中美CUSPEA计划赴美考察G组（王桑王兆永）安排表（李政道手书）
1985年。王曦注。2016.8.15，p4

Key to notations:
no marking - suggested arrangemer
o - contact made
oo - contacted again
✓ - all details confirmed

DATE	TRAVEL	LODGING	STUDENT COORDINATOR	FACULTY REPRESENTATIVE	REMARKS
1/27 Sun	sightseeing accompanied by CUSPEA students 6 pm dinner with TDLee				
1/28 M grand central station	split into two groups A+B A to New Haven by train lv 9:05 am, arr 10:45 am from grand central station return to N.Y. ———— pm B visit CCNY in the morning afternoon free		o 匡宇南 Kuang, Yunan (Yale) (203) 773 0021	o Jack Sandweiss (203) 436 1581 (O) " 562 2894 (H) o N. P. Chang (212) 690 6884 (O)	lunch with Yale faculty ✓ lunch with CCNY faculty ✓
1/29 Tu	B to Stony brook A visit N.Y.U. in the morning afternoon free			o John Lowenstein (212) 598 7736 (O) " 260 5921 (H)	lunch with NYU faculty ✓

所有旅館均保定一人一房

Key to notations:
no marking - suggested arrangem[ents]
o - contact made
oo - contacted again
✓ - all details confirme[d]

教育部中美CUSPEA计划赴美考察C组（王檠王兆永）安排表（李政道手书）1985年，王檠注，2016.8.15，p5

DATE	TRAVEL	LODGING	STUDENT COORDINATOR	FACULTY REPRESENTATIVE	REMARKS
1/30 Wed	全团同时 8:30 train 由 Penn station 离纽约		o Yan Xiao 尹晓 (Penn) (215) 898 4438 (O) 1054 (Lab)		廃 PQ
	I 9:51 am arrive: 30th St Philadelphia 站 沈,龚,崔,王檠	Divine Tracy Hotel, Phil. (近 U. Penn) ✓ (lighter than ... ~ $35/房 no smoking)	o Ji Xiang Dong 季向东 (Drexel) (215) 895 2985 (O) 382 8843 (H)	o David Balamuth (Penn) (215) 898 8144 (O)	中午向 U. Penn faculty 午乡 ✓
	II 11:16 am arrive: Baltimore 吴,彭,张,王兆永	arranged by 钱致榕 will be told by 肖刚	肖刚 (Hopkins) % Dept of Physics (") (301) 338 7344	Lloyd Armstrong Jr. (Hopkins chairman) (301) 338 7375 (O) 钱致榕 (Hopkins) (301) 338 8092 (O)	Will all be met at the station 中午向 Hopkins faculty 午乡
1/31 Th	I 9:51 am 离 Philadelphia 11:49 am 抵 New Carrollton Station (College Park)				
	II 11:16 am 离 Baltimore join I 组	Adult Education Center (U. Maryland) ✓ $35/房 (订八房,三晚)	Yan Li 尹立 (301) 779 7570 (H) 454 6832 (O)	o 吴锦镛 (U. Maryland) (301) 454 4894 (O)	向 U. Maryland faculty 午乡 ✓

教育部中美CUSPEA计划赴美考察C组（王檠王兆永）安排表（李政道手书）1985年，王檠注，2016.8.15，p6

Key to notations:
no marking - suggested arrangem[ents]
o - contact made
oo - contacted again
✓ - all details confirme[d]

DATE	TRAVEL	LODGING	STUDENT COORDINATOR	FACULTY REPRESENTATIVE	REMARKS
1/30 Wed	A to Philadelphia by train, lv. ___ am	需 hotel reservation	o Yan Xiao 尹晓 (Penn) (215) 898 4438 (O) 1054 (Lab)	David Balamuth (Penn) (215) 898 8144 (O)	李为 Phil 的负责人
	B to Baltimore by train, lv. ___ am		oo 季向东 Ji, Xiangdong (Drexel) (215) 895-2785 (O) 382-8843 (H) o 王健 (Penn) (215) 898 5988 (O)	B. H. Wildenthal (Drexel) (215) 895 2707 (O) Lloyd Armstrong Jr. (Hopkins chairman) (301) 338 7375 Chih-Yung Chien 钱致榕 (Hopkins) (301) 338 7359	刘为 Balt 的负责人
1/31 Thu	A to Washington by train lv. ___ pm		o 刘宾 (Hopkins) (301) 243 5079 (H)		
	B to College Park by car lv. ___ pm				
2/1 Fri	B to Washington by car lv. ___ pm				

教育部中美CUSPEA计划赴美考察C组
（王淦王兆永）安排表（李政道手书）
1985年。王曦注，2016.8.15，p7

Key to notations:
no marking - suggested arrangemen[t]
o - contact made
oo - contacted again
✓ - all details confirmed

DATE	TRAVEL	LODGING	STUDENT COORDINATOR	FACULTY REPRESENTATIVE	REMARKS
2/1 (F) 2/2 (Sat)		住 U. Maryland Same address		任之恭 (301) 439 9440 (H) 10203 Lariston Lane Silver Spring Md. 20903	已委托任 coord. sight-seeing ✓ 董秀美 2/3 送至机场

C 行 U 程

教育部中美CUSPEA计划赴美考察C组
（王淦王兆永）安排表（李政道手书）
1985年。王曦注，2016.8.15，p8

no marking - suggested arrangemen[t]
o - contact made
oo - contacted again
✓ - all details confirmed

DATE	TRAVEL	LODGING	STUDENT COORDINATOR	FACULTY REPRESENTATIVE	REMARKS
2/3 (Sun)	NW 304 lv Washington (← National air port) 12:05 ar Boston 1:20	arranged by Prof. Grodzins	Xiao Yue-Ming (617) 253 3165 (O) 661 2667 (H)	Lee Grodzins (MIT) (617) 861 1155 (H) " 253 4244 (O)	Will be met at the air port 2/3 下午3:30 meet 全 Boston area 和 Brown 的 CUSPEA 学生
2/4 - 2/5 (M)					2/4 下午 与 MIT faculty 午餐 2/5 与 Harvard 或 Brandeis faculty 午餐 ([illegible])

C

教育部中美CUSPEA计划赴美考察C组
（王淦王兆永）安排表（李政道手书）
1985年。王垠注，2016.8.15，p9

Key to notations:
no marking – suggested arrangement
o – contact made
oo – contacted again
✓ – all details confirmed

DATE	TRAVEL	LODGING	STUDENT COORDINATOR	FACULTY REPRESENTATIVE	REMARKS
2/5 Tu	NW 49 lv. Boston 6:10 pm ar. Detroit 8:05 "		o夏維拉 Xia Weizhu (517) 355 8041 (H) " 0230 (O) Michigan State	o J. S. Kovacs Ass. Chairman & Rep (517) 353 9276	
2/6 W			o沈毅 Shen, Yi (313) 994 3137 (H) U Michigan	o L. W. Jones Chairman (313) 764 4437 o 姚若鹏 (313) 764 4486	
2/7 Th	ZW (Air Wisconsin) 601 lv Detroit 8:51 am ar Lafayette 11 am		o張子平 (317) 743 6521 Purdue	o Robert L. Michael Chairman (317) 494 3000	
2/8 F	can go to Bloomington & back or ask Indiana U students to come to Lafayette			o D. B. Lichtenberg Chairman Bloomington	

C

教育部中美CUSPEA计划赴美考察C组
（王淦王兆永）安排表（李政道手书）
1985年。王垠注，2016.8.15，p10

Key to notations:
no marking – suggested arrangement
o – contact made
oo – contacted again
✓ – all details confirmed

DATE	TRAVEL	LODGING	STUDENT COORDINATOR	FACULTY REPRESENTATIVE	REMARKS
2/9 Sat	RV (Britt Airways) 224 lv. 12 noon (Lafayette) ar Chicago 11:45 am (1 hr. time diff. in between)		o湯超 Tang, Chao (312) 955 4951 (H) 962 7219 (O) (U. Chicago)	o S. H. Krasner (Rep) (312) 962 7007	
2/10 – 2/11 Sun M				o Wu Ki Tung Rep 312 567 3389 Ill. Inst. of Tech o Laurie Brown Rep (312) 491 3236 Northwestern	
2/12 Tu	NW 71 lv Chicago 2:05 pm ar Bozeman 4:53 pm		o陳宇 Chen, Yu (406) 586 2743 (H) 994 6162 (O) U Montana	o Robert J. Swenson 406 994 3617	
2/13 W					

C

教育部中美CUSPEA计划赴美考察C组
（王淦王兆永）安排表（李政道手书）
1985年，王曦注，2016.8.15，p11

Key to notations:
no marking - suggested arrangement
o - contact made
oo - contacted again
✓ - all details confirmed

DATE	TRAVEL	LODGING	STUDENT COORDINATOR	FACULTY REPRESENTATIVE	REMARKS
2/14 Th	NW 71 lv Bozeman 5:13 pm arr Seattle 7:35 "		o CUI, Jinhe 崔锦河 (206) 543 5729 U Washington	Mark McDermott 206 543 2442	
2/15 - 2/16 F Sat					
2/17 Sun	QX (Horizon Air) 317 lv. Seattle 5:55 pm arr Eugene 7:05 pm Oregon		o陈伟 Chen, Wei (503) 345 7702 U Oregon	o) Rudolph Hwa 503 686 5202	
2/18 M					

教育部中美CUSPEA计划赴美考察C组
（王淦王兆永）安排表（李政道手书）
1985年，王曦注，2016.8.15，p12

Key to notations:
no marking - suggested arrangement
o - contact made
oo - contacted again
✓ - all details confirmed

DATE	TRAVEL	LODGING	STUDENT COORDINATOR	FACULTY REPRESENTATIVE	REMARKS
2/19 Tu	UA 1123 lv Eugene 3:10 pm arr Los Angeles 6:12 pm				

教育部中美CUSPEA计划赴美考察C组（王燊王兆永）安排表（李政道手书）1985年。王燊注，2016.8.15，p13

Key to notations:
no marking - suggested arrangemen
o - contact made
oo - contacted again
✓ - all details confirmed

DATE	TRAVEL	LODGING	STUDENT COORDINATOR	FACULTY REPRESENTATIVE	REMARKS
2/19 (Th)	United Air UA 1107 lv. San Francisco 10 am arr Los Angeles 11:12 am	Athenaeum (Cal Tech faculty club) 551 South Hill Ave Pasadena (818) 793 6146	張哲 (818) 796 6831 (H) 356 4711 (O)	James Lee 李中倩 (818) 797 3551 (H) 356 4273 (O)	Will be met at the LA airport
2/20 (W)					
2/21 (Th)					2/21 5:30 欢迎 cocktail party 2369 Highland Ave, Altadena

（三）父亲的赴美工作汇报（手稿）

家史·王.3.11

参加中国CUSPEA代表团赴美工作汇报　　王燊 1985，3月

一、组团　　代表团成员8人（团长沈克琦，北大校基金会副主任；副团长吴塘，科院研究生院副院长；团员管维炎，科大校长；赵凯华，北大物理系主任；王兆永，复旦物理系主任；蔡建华，南大物理系教授；张雪梦，原科院研究生院秘书；王燊），由教育部组派，作为李政道先生的客人，作非官方的访问。

自从79年开始选派CUSPEA留学生以来，迄今共6届6批，总数480多人，除已有二人回国工作而外，其余分散在美国30个州的70多所大学攻读博士学位。

此次组团赴美，一是看望他们；二是向他们介绍国内近年的变化，特别是12届3中全会以来，在城市经济体制改革的前提下，科技文教事业的发展形势；三是了解他们的学习、工作和生活情况，听取他们对国内工作，特别是对他们回国后工作的意见和建议。要求尽可能见到每一位同学，并有一定时间的个别交谈。

在京期间，教育部副部长黄辛白同志向代表团讲话，85岁高龄的严济慈老先生也兴致勃勃地同我们作了一个上午的交谈。教育部为此向各有关派出单位发出了解情况和意见。全团也多次聚会，学习有关政策，分析情况，草拟工作计划，以及作一些有关的物质准备。

我校对此极为重视，校长亲自主持召开准备工作会议，校办、研究生院、教务处、科研处、外事处、人事处、物理系和空间物理系为此提供了情况、资料和支持。

二、访问活动　　代表团于2月23日到达纽约，3月25日返京。在美期间，有时全团8人一起活动，有时4人或2人一组，有时也分作2个人单独进行访问。我们的路线是从东部经北部到西部，一共访问了13个城市，32所学校，会见了180多位CUSPEA学生以及一些非CUSPEA的留学生和访问学者。武大出去的23位CUSPEA学生中，我见到了其中10位（这是可能会见到大学生最多的路线）。

我们一到纽约，李政道先生就请我们和他一道商量了大致日程。此后的行程，无论是集中还是分散的，事无巨细，统统都是李先生亲自安排的。在我们到达之前，他已为此发出了150多次信电，这一个月期间，我们无论走到哪里，食宿接送，一站一站有条不紊，都在李先生的"遥控"之下，错有

20×25=500　　市文（前进）80.7　　第 1 页

2. 我的观察

①普遍关心祖国，关心时事，读报认真仔细。例如元月7日《人民日报》评论员文章，他们差不多都读了，而且关心了各方面的反应。又如《剑道上的较量》，不仅科大的读了，许多非科大的也读了，纷纷向我询问科大的变化（而我都没细谈）。

②学习和工作负担不重，语言和生活也多能适应，有的也很紧张。和教师的关系一般很好，但也有闹翻吵架的。

③经济上不拮据，生活上较简朴，不少人买了旧车。彼此尚团结，甚关心，一些港台同学相处相当好。但有些个别同学之间也有矛盾。

④拟在87年以前回国的很少，有的打算继续在美国做一段博士后工作，有的打算向工业界转移，有的已把配偶接到美国，有不少正在进行或跃跃欲试。我认为，他们绝大多数是从事业发展的角度考虑的，实出好意，并无二心。也有跟美国人或港台同胞结婚或恋爱的，我认为，存在的情况，不能妄下推断。

总之，我认为，CUSPEA计划是成功的，学生表现是好的，所在学校反应是好的，这些学生在外取得了进步，为祖国争得了荣誉，是值得重视和培养的一代优秀。当然，如何做好这项工作还有许多工作要做。

四、学生关心的一些问题

1. 目前国内改革的成绩多大？改革是否能够长期继续？反对改革的是些什么论点？

2. 报纸报导的真实性有多大？

3. 教育和科研投资增加了多少？由什么人支配使用？

4. 人事、户口流动的自由有多大？"博士后流动站"什么时候开始办？办多少个？哪些单位办？可以容纳多少人？待遇如何？如果留在美国做博士后工作，国家是否支持？延长在美居留期的手续如何办？

5. 国内物理人才需求与分布，以及各大学、院校各学科的人力物力的情况，是否能汇编一本简介，公开发表？

疑问，他们电话就来了。许多华裔教授（如伦之荣、黄云峰、吴京生、吴锦铭、郭均华、董天根、华家然、邓昌黎，……）和大批CUSPEA学生从各方面热情协助，而有关校系的领导和部分教授也都和我们座谈，举行午晚餐、带我们参观。美国办事的高效率，特别是电话，更给我们以很深的印象。

每到一个学校，一见面就给我们每人一份日程表，征求我们的意见。一般总包括这样一些活动：与学生集体座谈，个别交谈，与系领导及部分教师座谈或共进午、晚餐，参观实验室及校园等。日程都是很紧的，一项接一项，一环扣一环。平均每两天半左右转移一个城市，在一个城市往往又不止跑一个学校。每到一处总有人关心地问我"累不累"，我总是说"累也有点累，但更多的是欣慰、新鲜和兴奋。"

三、CUSPEA学生情况

1. 所在校系和教师的反映

①几乎没有例外地普遍反映，CUSPEA学生成绩优秀。有的说他们包揽了高分，有的说美国学生差了一大截，有的说给学校带来了好学风，有的说给教师造成了不得不加深教学内容的压力。至于做研究工作，由于不少学生还未正式进入课题，缺少作出明确判断的事实根据，他们一般认为不会有多大问题，说他们学起来快（如用计算机）。也有人说，在书本知识方面，美中学生相差很大，在做实验上和做研究工作上，这一差距不会太大。

②也是较普遍的反映，CUSPEA学生外语准备不够，到校第一年（有时还更长）往往只能担任一些批改作业或准备实验等不与本科生直接打交道的工作。这给学校工作带来困难。有人建议到校前先学好英语，有人建议提前二、三个月到校，先学英语和适应生活。有的学校还表示可以考虑为此提供少量资助。

③有少数人对助教工作不负责，有人到时不上课，有人批改不认真，有人不愿接受他们认为是额外负担。

④与美国学生交往少，自己人聚在一起。课堂上不敢发表意见，但课后找老师讨论。

⑤有的转学、转系、转课题、转导师，学校似乎不太高兴，特别是有的一度转成风，给校系工作造成困难。

6. 有的学生想转学、转系，又怕引起"关系"问题，他们问，象这类事找谁请教？

7. CUSPEA学生信上是称为由"教育部"派出的，与原毕业学校和原工作单位已无任何关系。他们问，对于一些有关业务的事，究竟找哪个单位连系？有人想利用回国探亲的机会进行一些参观访问，应怎么办？

总之，这次访问是有收获的，增进了与留学访问人员的联系，特别是对CUSPEA学生的直接了解和共同生活，增强了他们对国内的了解和向心力，了解了他们的情况、需要和想法。全团在洛杉矶与李政道先生一起在大年初二座谈总结了一番，回后由团长沈克琦先生向教育部作了书面和口头的汇报。

以上仅系个人见解，谨供参考。

(四) CUSPEA 留学生名单(共 491 人)(头两页)

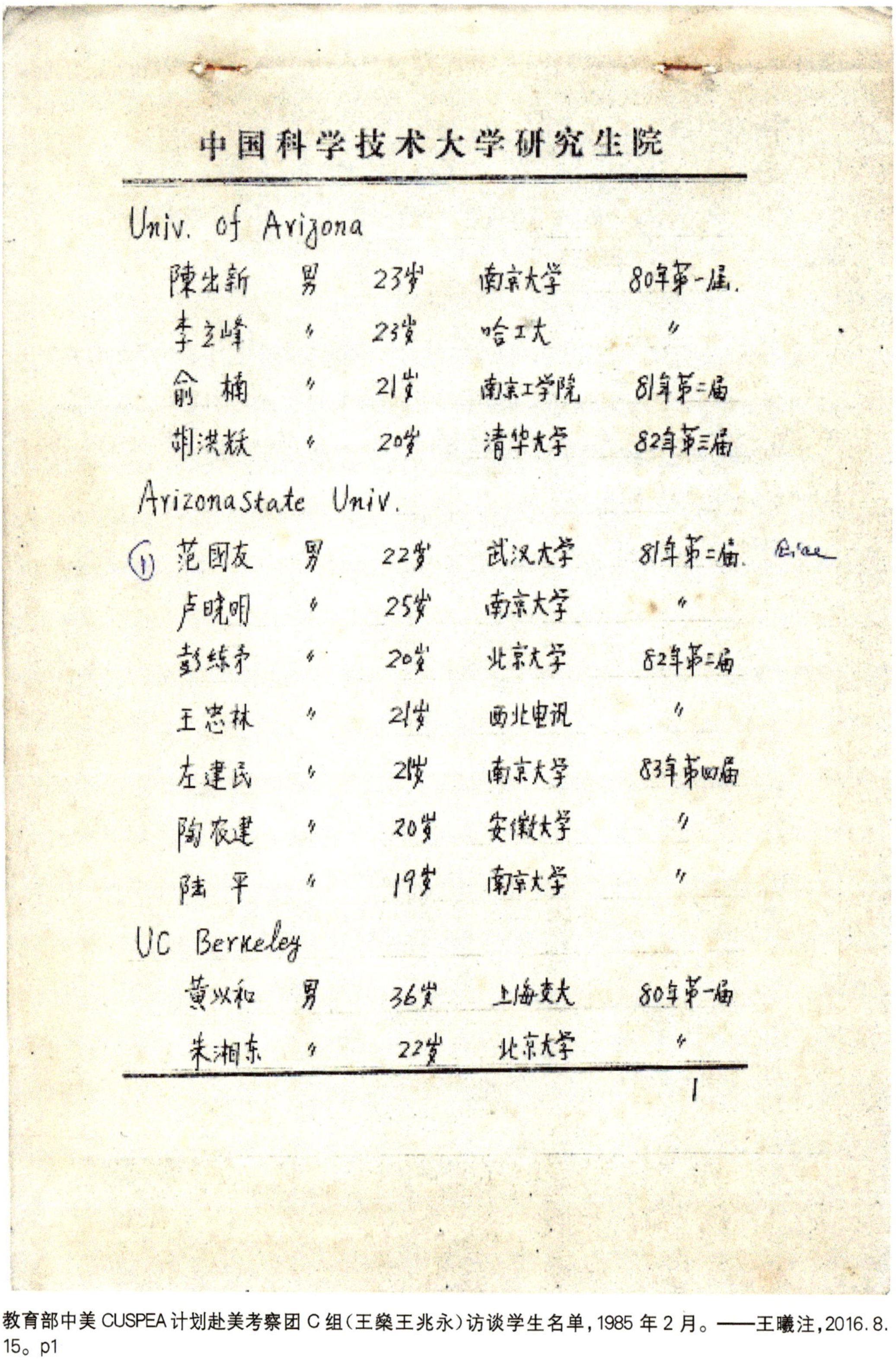

中国科学技术大学研究生院

Univ. of Arizona

陳出新	男	23岁	南京大学	80年第一届.
李之峰	〃	23岁	哈工大	〃
俞 楠	〃	21岁	南京工学院	81年第二届
胡洪烋	〃	20岁	清华大学	82年第三届

Arizonastate Univ.

①	范国友	男	22岁	武汉大学	81年第二届.
	卢晓明	〃	25岁	南京大学	〃
	彭练矛	〃	20岁	北京大学	82年第三届
	王忠林	〃	21岁	西北电讯	〃
	左建民	〃	21岁	南京大学	83年第四届
	陶农建	〃	20岁	安徽大学	〃
	陆 平	〃	19岁	南京大学	〃

UC Berkeley

黄以和	男	36岁	上海交大	80年第一届
朱湘东	〃	22岁	北京大学	〃

1

教育部中美 CUSPEA 计划赴美考察团 C 组(王檠王兆永)访谈学生名单,1985 年 2 月。——王曦注,2016.8.15。p1

中国科学技术大学研究生院

	王建青	男	20岁	長沙工大	80年第一届
	張绳百	〃	26岁	吉林大学	81年第二届
	吴　彦	〃	18岁	中国科大	〃
	范滚瑞	〃	20岁	复旦大学	82年第三届
	陳　巍	〃	20岁	复旦大学	83年第四届
	王　宁	女	20岁	北京大学	〃
	叶焕春	男	19岁	北京大学	〃
Boston College					
✓	周国平	男	20岁	复旦大学	83年第四届
✓	顾晓悦	女	35岁	复旦大学	80年第一届
✓	章杨忠	男	39岁	西南物理所	〃
② ✓	陶志超	〃	19岁	武汉大学	82年第三届
✓	岑述敏	男	22岁	北京师范大学	〃
✓	章　宏	〃	20岁	浙江大学	〃
Boston Univ					
✓	郝　炘	女	22岁	北京大学	82年第三届

2

教育部中美 CUSPEA 计划赴美考察团 C 组（王燊王兆永）访谈学生名单，1985 年 2 月。——王曦注，2016.8.15。p2

（编号：家史・吴・3.24）

（五）父亲亲笔所写关于这次考察的一张便条

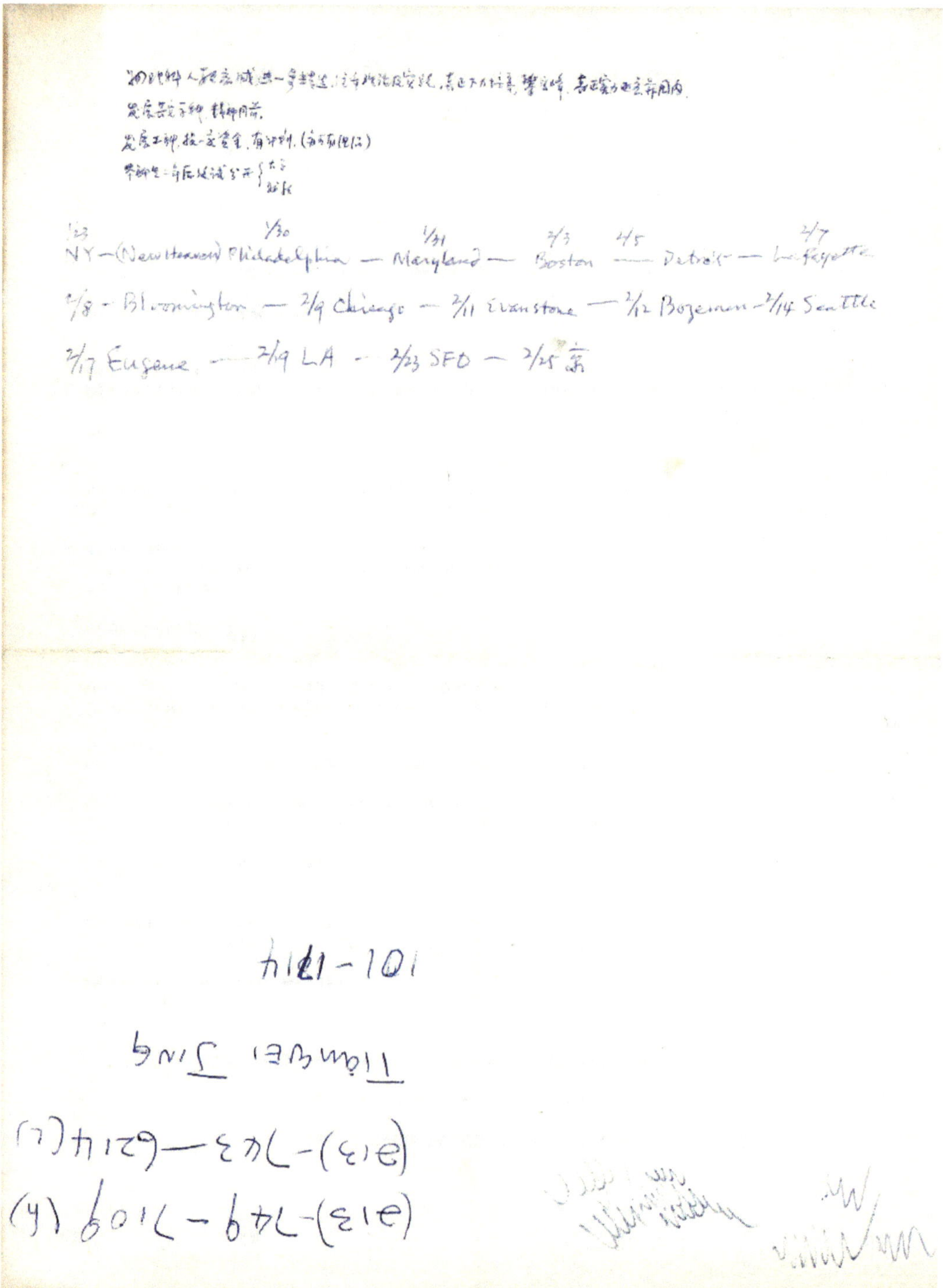

教育部中美 CUSPEA 计划赴美考察 C 组（王菜王兆永）王菜手记，1985 年 2 月。——王曦注，2016. 8. 15

(六)《CUSPEA代表团访美总结汇报》(初稿)(打字稿)

CUSPEA代表团访美总结汇报

(初稿)

我团一行八人(名单见附件)由教育部、中国科学院派遣于一九八五年一月二十三日至二月二十四日在美访问三十二天，会见CUSPEA学生，与学生进行个别交谈，并与美国教授、系主任等就CUSPEA项目事进行交谈。由于CUSPEA学生分布在七十一所美国大学和一所加拿大大学(不列颠·哥伦比亚大学)，我们大部分时间分成四个小组活动，既使这样，仍有少数学生未能见到。我们共访问了四十五个城市，五十三所美国大学，会见了五十七所大学的CUSPEA学生约450人。此外，代表团还访问了杨振宁教授所在的纽约州立大学石溪分校，会见了在该校学习的留学生及访问学者80多人。(石溪分校未参加CUSPEA项目)

此行由于李政道教授的悉心安排，和我驻美各使领馆教育组同志的大力协助，全部活动基本上按计划进行，十分顺利。这次时间不长，要访问的地方很多，且分四路进行，情况十分复杂。李先生多次用电话及信件同各校学生、教授及物理系负责人分别联系落实有关事项，沿途各站均有CUSPEA学生迎送及教授、系主任出面接待。李先生并为全团予订美国内机票。在我们抵纽约后，李先生在家举行招待会，驻联合国大使凌青、参赞方燕、哥伦比亚大学副校长、诺贝尔物理奖获得者拉比(Rabi)、吴健雄、王浩、章义朋教授等三十余人出席。在华盛顿，章文晋大使还专门会见了代表团的全体成员。最后李李先生专程到洛杉矶和我们一起进行总结。他的儿子李中清（加州理工学院教授）举行了规模较大的告别招待会，加州理工学院院长哥登贝格（Goldberger）及许多教授参加。各地华裔教授如任之恭、陈省身、沈元壤、吴锦泓、吴京生、黄云潮、钱嘉陵、章礼南、刘克非、范章云、王宇、闫同茂、董无极、华家照、唐淑贤、黄克逊、林家翘、王正鼎、范绪筠、吴耀祖、张国藩、邓昌黎、朱经武、黄惠文、田长霖、葛守仁、项武义等均热情参与接待工作或出面宴请代表团，有的还邀请代表团成员到他们家中住宿，不少人对CUSPEA工作提出了具体建议。临行前沈元壤先生在旧金山宴请了全团。

这次活动比较深入地了解了CUSPEA学生的学习、生活和思想情况。我们向大家介绍了国内进行改革的情况和建立科研流动站的计划，并充分听取他们的想法、意见和建议，同时还和绝大多数人进行了个别交谈。由于代表团成员大多来自各个学校的物理系，这些学校的学生占CUSPEA总学生数的60%以上，到处都有熟人，很亲切自然，交谈比较深入，效果较好；对于个别在生活、学习和思想情绪上有较大问题的学生都着重做了个别工作。我们在与美国教授接触中，表示了感谢，听取了他们对CUSPEA学生的反映。总的来说，CUSPEA项目在美国大学中建立起很高的信誉。他们普遍赞扬CUSPEA学生，认为学习优秀，有的还表示为他们带来了好的学风，为美国学生树立了好的榜样。有些学校希望以后更多地接收

CUS PEA学生，听说以后总人数减少就担心收不到学生。另外双方就国内要建立相当于美国博士后制度的科研流动站和CUS PEA学生毕业后可能在美国做博士后的问题交换了意见。这些接触对于今后CUS PEA项目的实施也是有利的。

下面就CUS PEA学生的基本情况，今后CUS PEA项目选派中的几个问题，有关CUS PEA学生学成回国的几个问题以及其他问题等四个方面进行汇报，同时提出我们的建议。

一、CUS PEA学生的基本情况

绝大多数CUS PEA学生学习成绩优秀，考试成绩名列前茅。有的学校，中国学生几乎包揽了攻读博士学位资格考试的前几名。从已进入课题研究的学生的情况看，实验技能并不比美国学生差，不过美国学生胆子大，敢于动手，计算机方面比我们强。但中国学生学习计算机进步相当快，并不难掌握。研究能力方面，CUS PEA学生表现也很好，不比一般美国学生差，在理论和实验上能提出自己的意见和方案，有的已写出提交学术会议的学术论文。英语水平方面，很多学生头半年至一年比较困难，不能胜任助教的工作，但大多数人能很快适应。有的学生第一学期就面对学生上辅导课，能应付下来，也有个别学生（康乃尔大学）的教学成绩受到了赞扬。但是，哈佛等对教学要求高的学校不让面对学生，认为语言能力差会影响学生和教师、学生和学生之间的交流，影响到优秀人才的培养，学的东西往往是死的东西。看来CUS PEA学生在听、说方面多数确实是弱点。总的估计是，这批学生的业务水平与同班美国学生相比，包括一流大学在内，具有竞争能力，将来会从中产生出一些杰出的物理学家。

他们的思想情况，从多数和主流来看，是好的。他们非常关心国内的建设与改革，很仔细地阅读人民日报，绝大多数在选专业时都考虑到国家发展的需要，很多人选了凝聚态物理、固体物理、激光等方向。第一、二届学生在打听国内各单位的情况和去的可能性。虽然他们对国内工作存在着一些意见与疑虑，当港、台同学提出某些指责时，绝大多数会异口同声地同他们进行辩论。芝加哥访问学者反映，奥运会上女排战胜美国女排后，中国同学兴奋万状，不爱讲话的也跳跃欢呼，电视上尚未升旗时，他们就自己指挥唱起了国歌。

第一届ＣＵＳＰＥＡ学生（１９８１年夏赴美）中极少数人今年可得博士学位，多数要到明年或后年取得学位。因为美国获得物理博士，平均要５．５年以上。但多数学生已在考虑以后的事，大多数人希望能在美国做“博士后”，进一步提高水平，出成果，在经济上也可有所积蓄，解除“后顾之忧”。在交谈中，不少人担心回国后无工作条件，想到工作条件好的学校或研究所，又怕论资排辈压人，发挥不了作用。他们虽想在美国做博士后，但绝大多数还是要回国的。只有个别人想长期停留在美国，并有意回避与我代团见面。据了解，美国1/3少的物理博士可能做博士后，而只有３０％的“博士后”有可能在学校获得工作职位。因此即使有的ＣＵＳＰＥＡ学生想要留在美国，找到适当工作也是不容易的。

—4—

一部分CUS PE A学生在美国较差的大学学习，由于有的教授学术水平不是很高，因而学生学习情绪不太高，怕回国后不如一流大学的博士吃香。有一部分学生对科研方向不大满意，但要转学校或转系就要重考资格考试，延长学习时间。

一些年纪较大、家在国内、有孩子的学生，一般都打算取得学位后立即回国工作。

代表团经过一个月的考察了解，以及从我访美学生和美籍华人教授听到的反映，我们认为：这批青年中的绝大多数是热爱祖国，心向祖国的，对他们要给以足够的信任。他们当中既使出现这样那样的问题，也要热情帮助，积极引导，不可轻易动摇对他们的信任。在业务上，他们中的绝大多数也是刻苦努力的，会取得比较好的成绩。其中有少数人，有希望成长为具有国际水平的著名物理学家。

二、今后CUS PE A项目选派中的几个问题

根据这次了解的情况，建议作以下几点改进：

1、教育部与李先生已商定今后适当减少每年派出人数，这一意见是正确的。这样可以争取绝大多数留学生能到美国最好的大学和最好的物理系科去学习。美国大学物理系接受中国学生一般都有一定的控制比例。现在看来以后不可能大量增加。因为派出学生数量过多，只能去稍差的大学学习。如果条件不很好，还不如留在国内当研究生。但学生为了出国，往往不管好不好，想先出去；出去后发现不合适，也没办法。另一方面出去的人太多，影响国内研究生的质量，对国内

教学不利。当然在一些稍差的大学中也有某些方向和某些教授可能是一流水平，只要摸准了，也应该申请，如Iowa大学的空间物理和等离子体物理，Arizona州立大学的电子显微镜学等。

2、在专业分布方面要作适当调整。现在参加CUSPEA项目的都是美国大学的物理系，而有些在国内属于物理系的应用物理学科在美国是属于应用物理系、电机工程系、材料科学系等。这次已与李政道教授商定，准备把CUSPEA扩大，包括耶鲁、斯坦福、哈佛、哥伦比亚、康乃尔、加州理工学院、贝克莱等校的应用物理系或电机系、力学系，按美国的制度，也可以学生仍属物理系，到电机系或其他工科系去做论文。另外，田长霖、葛守仁教授都讲到，国内的工科教育与国外工科教育差距较大，不仅数、理基础不够，专业基础也陈旧，以致国内来的研究生都不理想，今后他们要减少接收人数。但是田、葛都同意接收学物理的学生去学工科，他们愿意试一试。如何通过CUSPEA项目选拔一些人去学工程科学，可以同李政道先生进一步研究一个办法。

3、有的学生提出想学两个专业，如经济或管理，还有的想争取进大公司和国家实验室。我们认为，这些意见都可以同意，并积极予以支持。

（接下页）

4、对美国各大学的学科优势可通过CUSPEA学生全面调查，汇集成册，以便更好地指导所派出的学生选择学校与专业，避免盲目性。即使某校某学科很强，也不能同时派去很多学生，以致实际上无法容纳，形成CUSPEA的学生自己相互竞争。

5、加强出国留学生的英语训练。这批学生都是学有余力者，可以采取下列措施：在平时加强口语训练；专门录制一些与出国留学生活有关的录象带；应届毕业生提前结束学业，出国前进行外语短期集训；由外籍教师担任教学；提前两个月到美国学习英语，有的大学(如印第安那大学、芝加哥大学、康乃尔大学等)愿意接收并提供资助。这些将大大有助于改善目前英语情况。我驻纽约领事馆教育组的同志反映，有一与我友好的美国教授录制了一套比"Follow Me"要好的录象带，建议国内购买。我们认为，可以考虑。

6、加强实验训练问题，CUSPEA考试对国内本科物理教学有相当大的冲击。虽然一些学习成绩好的学生更为用功，但注意力过多集中在CUSPEA考试的科目上，影响全面学习，对实验课程的冲击更大。美国各大学普遍欢迎CUSPEA计划，认为这个考试比GRE好，真正反映出物理基础。但在讨论中，他们也意识到其局限性。建议在笔试及面试中增加实验的内容，或者要求已被推荐者在出国前比较独立地完成一定量的实验。

7、有的学生年龄过小，比较幼稚，缺乏独立生活的经验。或者推迟一年出国，或者按照李先生的建议由派出学校联系一位所在学校

—7—

的华裔学者请他代为照料。

从总的情况看，CUSPEA项目的执行是顺利的、正常的。存在的这些问题，采取措施加以改进，可以收到更好的效果。今后并可适当扩大到与物理关系密切的应用方面的学科专业。

三、有关CUSPEA学生学成回国的几个问题

1、在美国做博士后的问题

在美国，博士后制度已成为培养高级专门人才的一个重要环节。博士后阶段的训练与读Ph·D·学位阶段的学习有很大不同。做研究生是导师教你如何做研究，直到有了独立工作能力才让你毕业，博士后则要求你能独当一面地完成研究课题，而且做博士后一般不能在原单位，必须换一个单位，也不是原来的课题，扩大了研究领域，得到更全面的锻炼，可成为一名学术领导人。美国许多大学及研究所在培养博士后方面有丰富的经验和良好的工作条件，一部分人在美做博士后，对于培养我国高级研究人才是有利的，如能有一部分人进入国家实验室或公司研究机构做博士后则更是很好的机会。问题是先回国工作一段时间再去美国做博士后，还是得博士学位后接着就在美国做博士后。二者各有利弊，我们认为都应采取积极支持和加以指导的态度，采取措施趋利避害，争取更多人能成为优秀人才，并为我所用。具体分析如下：

取得学位后就在美国做博士后的好处是：(1)趁热打铁，迅速提高(2)由美国教授推荐，有竞争能力，可以去培养锻炼条件较好的单位。

美国教授表示，如果回国一段时间，教授对你这一段的表现不大了解，没有强有力的推荐，竞争能力就差。我们曾表示，通过美国教授访华、我们出国参加国际学术会议以及交流予印本等可以有所了解，他们口头上没有表示反对，但实际上问题未完全解决。缺点是：(1)做博士后的研究方向决定于那个学校接收，可能与国内的需要不一致。深入下去以后，如果国内没有这个方向，就对回国更有顾虑。因此，需要及早与留学生取得联系，在他申请时就加以指导。方向与国内发展要求一致，最好。如不能一致，只要方向相近，回国后稍转一下是没有问题的。有的方向虽然目前国内没有，如属需要发展的方向，就可在留学生的配合下早点在国内为开展这方面的研究创造条件。我国是一个大国，少数人作点科学储备工作是完全必要的。(2)在外连续时间很长，有的人思想有可能发生变化，对西方生活更为习惯，因而影响回国。对这个问题，积极的措施是加强联系与教育，同时在他们回国时认真组织好座谈、报告与参观，增进感情，沟通思想，帮助他们了解国内情况。总的说，还要相信大多数人是爱国的，中国人是富有民族感情的，有为国家作贡献的事业心。国内工作搞好了，绝大多数人是会回国服务的。反过来说，如果不准在美做博士后，他们会觉得对他们不信任。有些人还是要做，而这些人从此与我们隔了一堵墙。那些原来想做博士后而勉强回来的人，心里也有意见。如果国家勉强地表示同意也会使人感到自己做了一件国家不太愿意的事，从而在感情上和我们有所疏远。所以还是采取正确的政策，积极支持和指导为宜。据说，法国的学者，基本上没有留在美国。日本人五十年代有些人留在美国，后来国内情况好了，大多数人都回去了。

（接下页）

2、国内设立科研流动站（相当于我国的博士后制度）问题。

李政道先生非常关心此事，并将有关材料印发给代表团成员每人一份。在这次会见中，留学生对科研流动站绝大多数都赞成。但是有以下一些疑问和意见。(1)是否真正具有工作条件？能否独立开课题？对国内各单位的情况不了解，不好抉择。（我们已说明，以后会寄给他们有关情况的资料）实际上，有的人把国内条件与美国相比，自然更愿意在美国做博士后。但不少人对流动站是很有兴趣的。有的愿意早些回国工作，有的想留，但在美国获得博士后位置并不容易。(2)到流动站以后能否再出来做一段博士后？我们认为先回国工作一段时间，再根据需要有目的地到国外进修提高是好的，应该支持。这样的人，他的根子基本上扎在国内，思想比较稳定，工作基础也在国内。如果采取这种能进能出的政策，可以吸引更多的人到流动站。(3)多数人愿意到条件较好的北京、上海工作，也有一部分人愿去新建单位，独立开创局面，条件是要能得充分的支持。我们认为第一批回国者的安排很重要，各流动站要早日与愿回来的留学生，取得联系，并依靠他们的力量，尽快把仪器设备等建设起来，使他们回国后很快就能开展工作。这对后来者有很大影响。例如，山西大学访问学者彭堃墀从美国奥斯汀的德克萨斯大学进修回来后，学校给他们三十万元建激光实验室，他写信回去邀请留学生去他那里工作，在留学生中有很好影响。(4)有的人愿意早日就位，怕在流动站时，好的位子为别人所占，以后进去不了。据说，台湾有这种情况，开始回去的并不是学得好的，他们占了台大、清华、成功大学等好的位子，后来学得较好的人就由于没有好的工作岗位而不肯回去了。当然，中国很大，且在迅速发展，与台湾情况不同，但这种情况仍值得注意。

估计，科研流动站刚建立时，留美学生回来的不会很多，因为大多数尚未念完，可以先从国内博士及欧洲、日本等国博士开始，做出榜样，为今后吸收大量博士后作好准备。

3、拔尖人才的特殊安排问题。

在CUSPEA学生中肯定会出一批优秀的物理学家，大家最关心的就是，少数特别拔尖人才能否回到国内？会不会有的人长期定居在美国？这种拔尖人才，为数不多，美国一年也才有几个人，所以美国官方、学者都会十分注意并争取这些人。美国法律虽然规定，拿J—I签证的人取得学位后只能再居留18个月，实际上只要认为美国需要这个人，就可以给他换成H—I签证。一般水平的外国人想在美国谋得正式职位（如助教授）并不容易，但水平特别高的人会有几个大学和研究机构同时争聘为教授。所以对于这些同志必须采取特殊的政策和措施以保证他们能够达到高水平，并能为国服务。我们作如下建议：

(1)要选准。主要依靠爱国的美国华裔学者提供信息及推荐以及时发现这些人才的苗子，早做工作。但确定他为拔尖人才时必须经过一些专家讨论，不要只凭少数人的意见决定。国内应有一个专家组成的工作班子来管此事。要看准，主要是看博士后阶段的表现，做博士论文时有时也可以发现一些苗子。

(2)对拔尖人才，在他回国前就应请他多回国参加在国内召开的国际学术会议，和全国性学术会议，给来回机票，顺便参观国内单位。在领导人接见参加会议人员时要有意地对他们做点工作。

(3)拔尖人才在国外时，国内高等学校或研究机构即可正式向他发出邀请、发聘书、在职称上允许各单位破格，聘为副教授或教授。这方面要给学校以自主权，不要统得过死。各个学校的标准可以有所不同，不搞统一平衡。这样就能把一批水平不尽相同的尖子人才都复盖起来。学校也能主动地发掘与延聘人才。

(4)争取这些人回国的关键在于提供回国后工作的条件，如科研经费、仪器设备购置、工作助手、进行国际交流的便利等等都要有所保证。应该给他们经常出国的机会，以使我们始终与国际科学界的前沿工作保持接触，同时扩大我国科学技术在国际上的影响。有条件和可能的，应允许他们在国外兼职或定期到国外工作一段时间。在这方面，我们的思想似应更解放一些，以有利于这些人才的成长，并为祖国服务。

(5)在回国后的生活待遇上要使他们无后顾之忧，能全力投入科研和教育工作。

(6)要充分发挥他们在学术决策方面的作用，但不要给他们很多行政职务，更不要一出名，就当"官"，化很多时间去开会或参加礼仪活动。尊重他们，首先要表现在对他们工作的实质性的充分支持，而不在于形式。

(7)李政道先生建议，对这些人，也不要进行不适当的宣传。

4、留学人员回国后的工作条件与待遇问题。这批学生经过严格选拔（CUSPEA试题相当于美国攻读博士学位资格考试题），是一批质量较高的学生，在美国又接触到现代物理学发展的前沿，他们中的大多数（为数几百人）将成为能独立开展科研工作的人。学成归国只要工作安排使用得当，对我国物理学，包括应用物理学的发展将是一支极为重要的骨干力量。对他们的安排应该充分予以重视，最好能有个专家小组关注此事逐个进行安排，使每个人都能充分发挥作用。对最近一、二年内回国的首先要安排好。我们对此有以下建议：

(1)对回国人员要量才使用，按实际水平与才能安排适当工作，评定职称，给予恰当待遇，不要一刀切，不要不加区别地作一些死板的统一规定。这是留学生中所普遍关心的一个主要问题。要给各个聘人单位以自主权，不要从上面给以限制。有些急需人才的单位或新建单位就可以给较高的职称和待遇，到校后也可依靠本单位的力量重点保证其工作条件。

(2)在评定职称中要打破论资排辈，在生活待遇上希望能解决两地分居及住房，努力解除他们的后顾之忧。

(3)在工作上既要发挥他们在科研工作上的作用，又要发挥他们在培养学生方面的作用，对能指导研究生者要及早办理手续，使之一回国就能指导研究生论文。当他们在国外时就要向他们提出这一任务。

因此，对导师的批准权，最好能下发给学校。对他们的科研工作要给以必要的经费支持和仪器设备条件。这批学生中大多数是从事基础研究和应用基础研究工作的，他们十分关心国内对基础研究和应用基础研究的政策，如果我们在大力加强开发研究、产品研究的同时重视对中、长期科技发展具有重要意义的应用基础研究和基础研究，他们回国后的工作安排才能有条件解决好，这是前提。我们认为，要让他们有可能申请国家的科研基金（而不是论资排辈），参与竞争，使他们切身感到对待他们是公平的。也要允许有些学校给他们以特别的支持。

(4)在进行国际学术交流方面今后要给予回国留学生以方便，使他们能及时了解国际上本门学科发展情况并与学术界保持直接接触。

(5)留学生普遍要求在人事制度上允许人才流动，包括户口、家属问题等。

我们认为，CUSPEA这个项目，是我国近年来有组织有计划派出留学生的一个重大项目，全部完成将达九百人。今后的工作重点，应该放到如何安排使用和发挥他们的作用方面来，要及时研究这方面的政策和措施。在安排使用方面，要着眼大多数，他们将会同国内毕业的博士生共同形成各大学和研究机构的一批重要骨干力量。同时，应有少数专家，十分关注拔尖人才的成长和政策，这些人虽为数不多，但对国内和国际物理学的发展会产生重要影响。一定要十分谨慎处理好。我们认为CUSPEA学生中，对社会主义祖国抱有成见，决心长期滞留美国的，只是个别人或极少数。

四、其他建议

1、做好留学生回国探亲的接待工作。利用留学生回国探亲的机会组织参观、座谈、谈心及学术报告等活动，对于加强联系，增进相互了解，特别是增进留学生对国内教育、科技发展情况与需要的了解，从而增强他们对国家建设事业的感情，都有很大作用。这项工作主要靠留学生的母校或派出单位来做，但需要有联络点来做点牵线组织工作。在他们回来的第一站（上海和北京），最好能协助安排食宿的地方，使他们立即感到祖国的温暖，也便于以后的组织工作。国家在这方面投点资，花点力量是值得的，是事半功倍的好事。过去有欧美同学会的组织，以后是否也可以搞一个群众性的组织来负责此事，请领导考虑。

2、为了使留学生了解国内情况，可以出版一本小册子，介绍国内物理学方面的高等学校和科研机构的教学、科研情况。此事可由北大、复旦两校轮流负责编纂，各单位按统一规格提供资料。每两年更新一次。另外，国内出版的物理学术刊物最好能送每个学校物理系一份，用谁的名义，由谁出钱，可以研究。

3、出版《CUSPEA通讯》，由在美国CUSPEA学生和国内的物理教学和科研单位提供稿件，国内印刷，以加强CUSPEA学生间的联系交流和国内对这些学生的联系和了解。

4、如何加强学生出国前的教育是一个要研究的问题。现在学生年纪都较轻，在国内又多半属于家长、老师十分宠爱的对象，政治思想方面比较幼稚，缺少待人接物方面的经验，因此出国后有这样那样的问题，有的对T·A·工作不负责任，有的与导师关系闹僵，有的在恋爱问 题 上 出 问 题 等 等。　除了在日常教育工作中要注意思想意识与生活能力的锻炼与培养外，出国前要从多方面进行教育。出国留学生的婚姻问题也是一个较大的问题，但目前似无妥善办法，只能靠家长的关心适当解决。

5、改进有关研究生出国的规定。我国科学事业的发展、人才的培养固然应加强国际交流、争取外援，但必须立足国内。只有国内科研工作上去了，才能吸收更多的留学生回国发挥作用。目前，研究生在学习中途纷纷出国，思想不稳定，对国内研究生培养工作冲击很大。建议改为在获得学位前不准出国，但在获得学位后即允许出国深造，允许研究生在最后一年与国外联系，所有出国手续由培养单位办理。如在校学习不努力，论文工作做得不好，届时不能毕业，即不准出国。如想退学出国，则出国手续按自费出国由所在街道或工作单位办理。在国内获得硕士、博士的学生对国内情况比较了解，各方面更成熟一些，我们对他们有无培养前途也看得更准一些，婚姻问题上也有一定基础，所以国家应该主动地选择一些派遣出国深造。这有利于鼓励他们在研究生阶段努力学好。读完博士，出国作博士后是最好的办法。读完硕士，到美国还要念课程和通过资格考试，时间很长。所以应给有权培养博士的单位以批准优秀学生直接攻读博士方面更大的自主权，这样有利于学生安心学习、出国后节约时间取得更高效益。

研究生在我国科研工作中是一支不可忽视的新生力量。国外也把研究生当作科研力量对待，所以研究生资助都由科研项目经费中支出。所以稳定研究生队伍对于各单位科研工作也是极为重要的事。

6、CUSPEA学生对自己是属于"公派"、"自费生"、"自费公派"不明确。我们认为，"自费公派"的说法不明确，留学生应该只分"公派"与"自费"两种，公派中经费来源可以是国家资助，对方资助或其他。对于这些人在政策上应该一样对待，自费出国留学者则完全由公安部门审批。对于CUSPEA学生的待遇，他们希教育部有个正式文件予以明确，如中途回国机票、出国时借的$500要否归还等。

7、一些华裔教授和学生都谈到国内的宣传工作上要注意实事求是，恰如其分。得博士学位不宜过分宣传，课程考试中成绩第一更不要宣传。科研成果的评价也不能以个别外国学者的评论为准，有些非正式谈话更不宜公开引用。

附：中国CUSPEA代表团名单

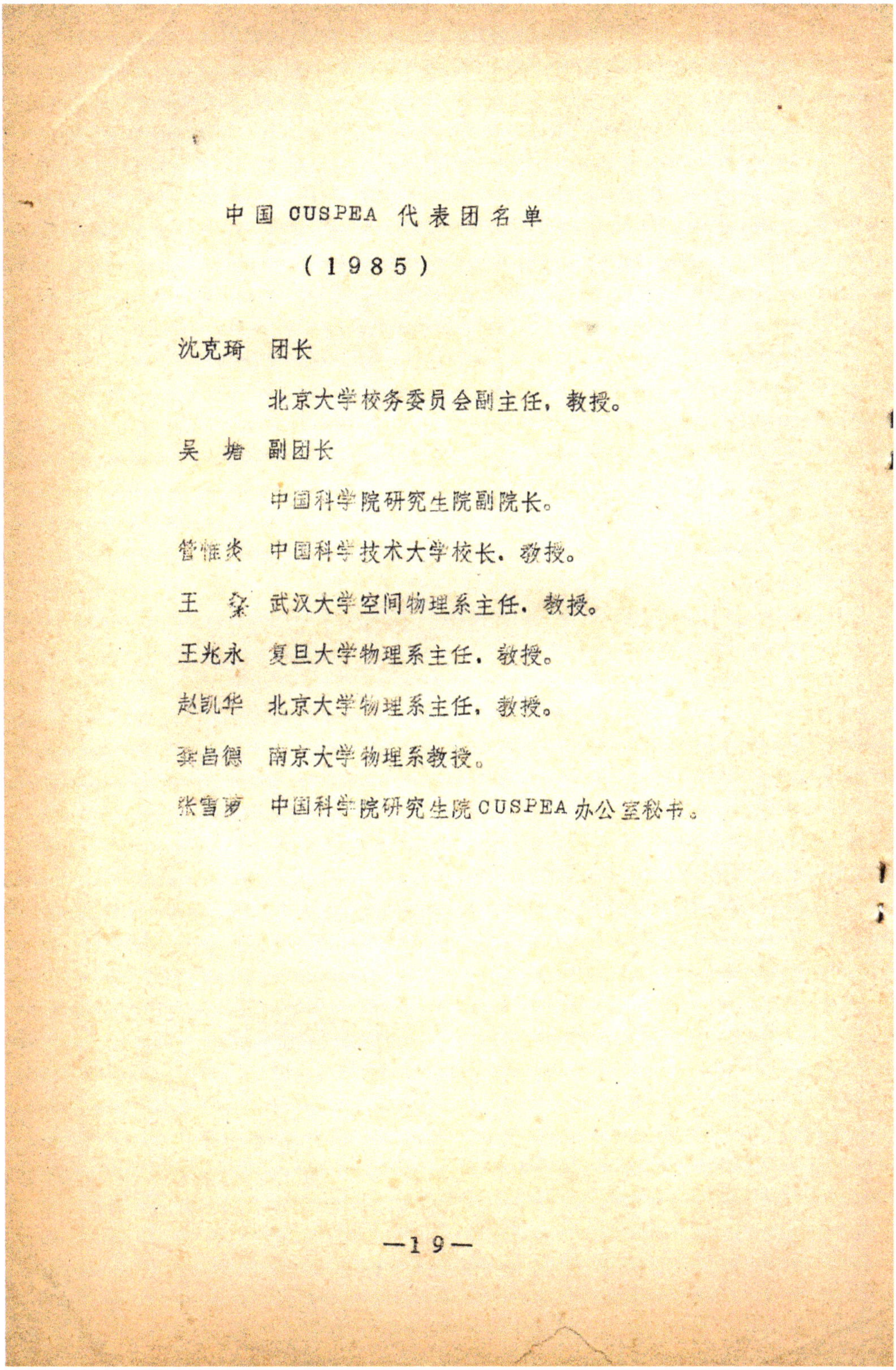

中国 CUSPEA 代表团名单

（1985）

沈克琦　团长

北京大学校务委员会副主任，教授。

吴　塘　副团长

中国科学院研究生院副院长。

管惟炎　中国科学技术大学校长，教授。

王　燊　武汉大学空间物理系主任，教授。

王光永　复旦大学物理系主任，教授。

赵凯华　北京大学物理系主任，教授。

龚昌德　南京大学物理系教授。

张雪萝　中国科学院研究生院 CUSPEA 办公室秘书。

—19—

CUSPEA 计划考察报告所附关于其他工作的报告提纲

王曦按（2016 年 9 月 4 日）：

以下是父亲的手稿，附在 1982 年赴美参加 CUSPEA 计划考察的报告之后，应当是他回校报告考察工作时顺便报告的几项其他对外交流工作。其中有一项是将武汉大学环境法研究所所长韩德培、副所长肖隆安和我推荐给美籍华人、环境科学学者郑均华先生和沈铎先生，以冀拓展武汉大学环境法研究所的国际学术交流。

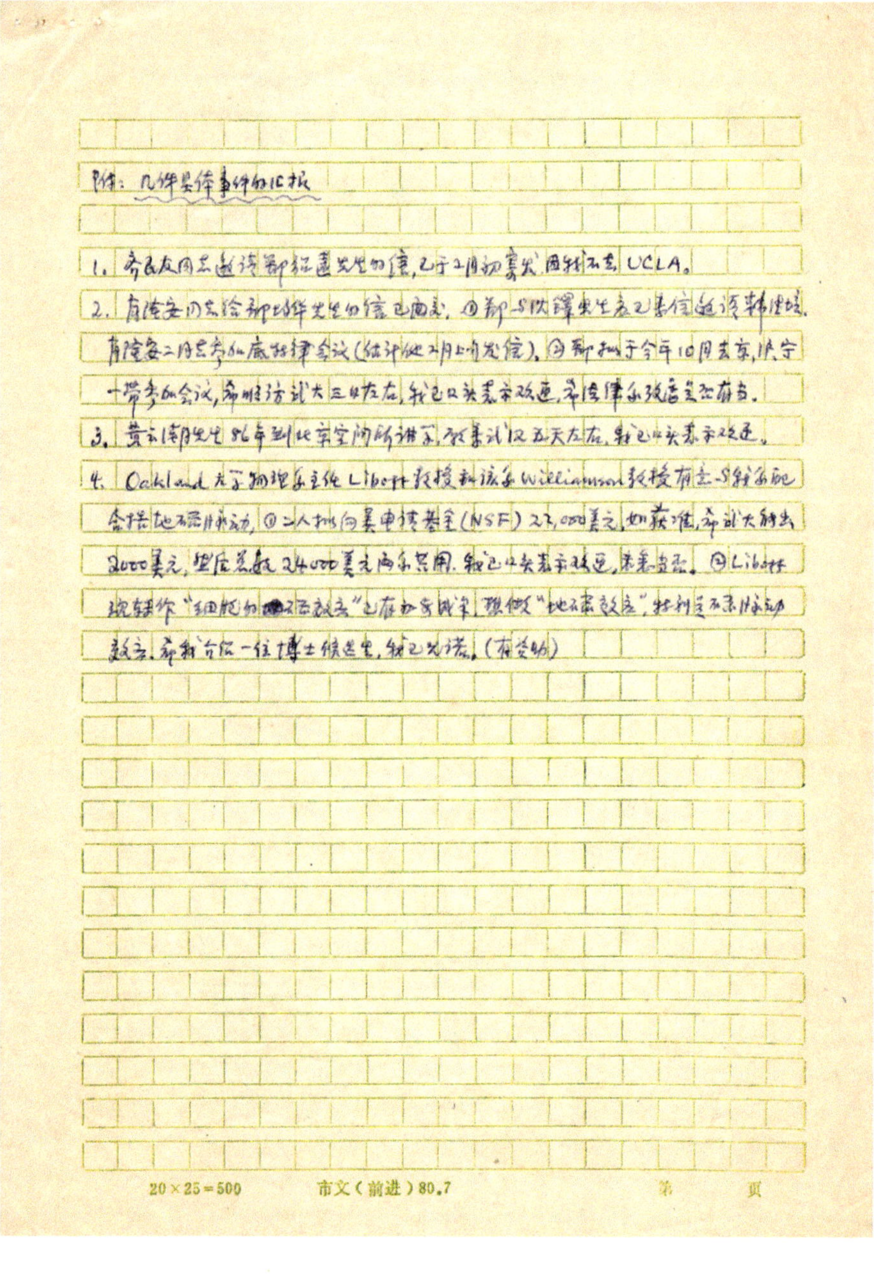
附：几件其他事情的汇报

1. 齐民友同志邀请郑绍远先生的信，已于2月初寄出，因我不去UCLA。
2. 肖隆安同志给郑均华先生的信已面交。①郑与沈铎先生表示要去信邀请韩德培、肖隆安二月去参加底特律会议（估计他2月上旬发信）。②郑拟于今年10月来京、沪、宁一带参加会议，希望访武大三日左右，我已口头表示欢迎，希法律系及早落实安排。
3. 黄永潮先生86年到北京空间所讲学，愿来武汉五天左右，我已口头表示欢迎。
4. Oakland大学物理系主任Liboff教授和该系Williamson教授有意与我系合作搞地磁脉动。①二人拟向美申请基金（NSF）22,000美元，如获准，希武大解出2000美元，凑成总数24000美元两系共用。我已口头表示赞同，未表态。②Liboff现在搞作"细胞的磁场效应"已有成效，想做"地磁效应"，特别是地磁脉动效应，希我系派一位博士候选生，我已允诺。（有资助）

20×25=500　　市文（前进）80.7　　第　　页

寄走①寄民友信. ②借补信. ③保主书.

带去①汪康文给U.M.的信. ②郑钧(钧陵)的信和礼品

黄文熙明年86年访华. 空间所(郑重. 刘永全. 周文炜), 拟另访问R S夫太太(欢迎)

Williamson拟申请NSF (22000元), 实际用于样本分析. 希望大家2000元(欢迎)

Libhoff 希望搭细胞地磁(pulsation especially)欢迎的研究生.(Try)

郑均华10月将来京. 希望访问大主日太太(欢迎)

郑均华与沈锋通话, 即去邀请信. 给许东. 商.

郑均华希望请李加6月Detroit会(Air Pollution)(已寄去)

郑均华介绍认识Kim. 搞pulsation, 有钱. Kim欢迎中国学生(王144?)

Montana S.U. 今年为访问学人申请: Swenton处索取申请.

U. Washington Geballe 问候水体淡水组(四洲). (还有一位 Schmidt? Wilets?)

郑均华送来的东西

Oregon 退休教授陈尚文(物理)问候许仪芳(成都郭宗).

核物, 研究, 技, 钟, 外, 人, 物, 空, 校.

20×25=500　　市文(前进)80.7　　第　　页

飞机、火车、公交、公共都无人让座。常有空座。(100人乘飞机，剩4人；一节地铁5-6人)

千岁冰水、冰水与炸鸡同食

简化字

爱地打滚

20×25=500 市文（前进）80.7 第 页

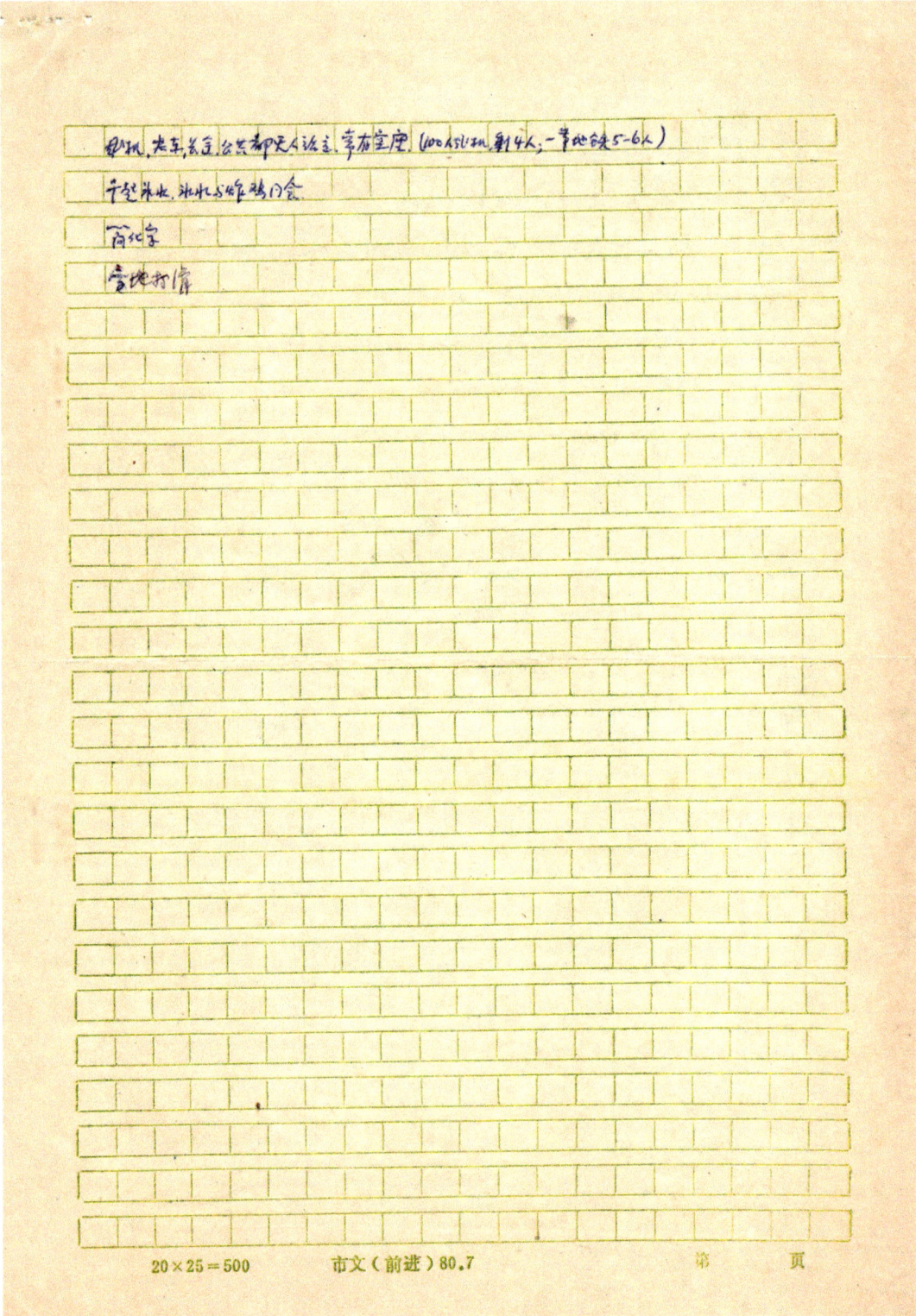

（编号：家史·吴·3.24）

关于改进国家自然科学基金工作的意见

王曦按(2016 年 9 月 11 日):

以下材料是父亲的手迹,原无标题,内容有关国家自然科学基金工作的改进。作为一名资深专家,父亲不仅亲自从事国家自然科学基金项目申请,而且担任国家自然科学基金项目的评审,对国家自然科学基金的工作深有体会。这份材料可能是他在某次国家自然科学基金的会议上所作发言的提纲。以下为这份材料的文字和图片。

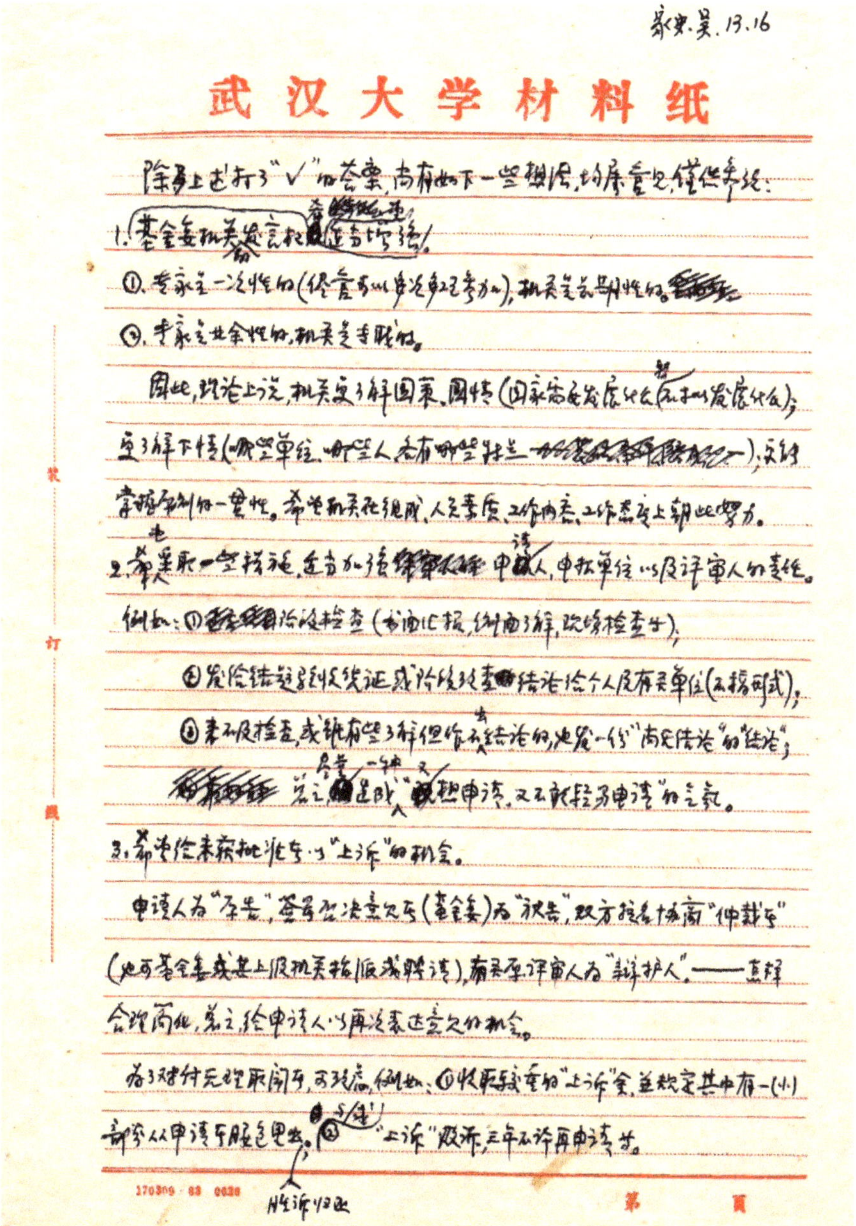
武汉大学材料纸

除了上述打了"√"的答案,尚有如下一些想法,均属意见,仅供参考:

1. 基金委机关的发言权应适当加强。

①、专家是一次性的(经常可以更换和轮流参加),机关是长期性的。

②、专家是业余性的,机关是专职的。

因此,理论上说,机关应了解国策、国情(国家需要发展什么,能够发展什么);应了解下情(哪些单位、哪些人,各有哪些特点……),并保持[illegible]的一贯性。希望机关在组成、人员素质、工作内容、工作态度上朝此努力。

2. 希望也采取一些措施,适当加强申请人、申报单位以及评审人的责任。

例如:①[illegible]阶段检查(书面汇报,侧面了解,现场检查等),

②发给结题验收凭证或阶段检查结论给个人及有关单位(不搞形式);

③来不及检查,或虽有些了解但作不出结论的,也发一份"尚无结论"的结论;

总之,要造成一种"又想申请,又不敢轻易申请"的空气。

3. 希望给未获批准者以"上诉"的机会。

申请人为"原告",基金委决策者(基金委)为"被告",双方推举协商"仲裁者"(也可基金委或其上级机关指派或聘请),有关原评审人为"辩护人"。——这样会[illegible],总之,给申请人以再次表达意见的机会。

为了对付无理取闹者,可规定,例如:①收取较重的"上诉"金,并规定其中有一(小)部分从申请者所在单位出。②"上诉"败诉,三年不许再申请等。

胜诉归还

170309 · 83 0638 第 页

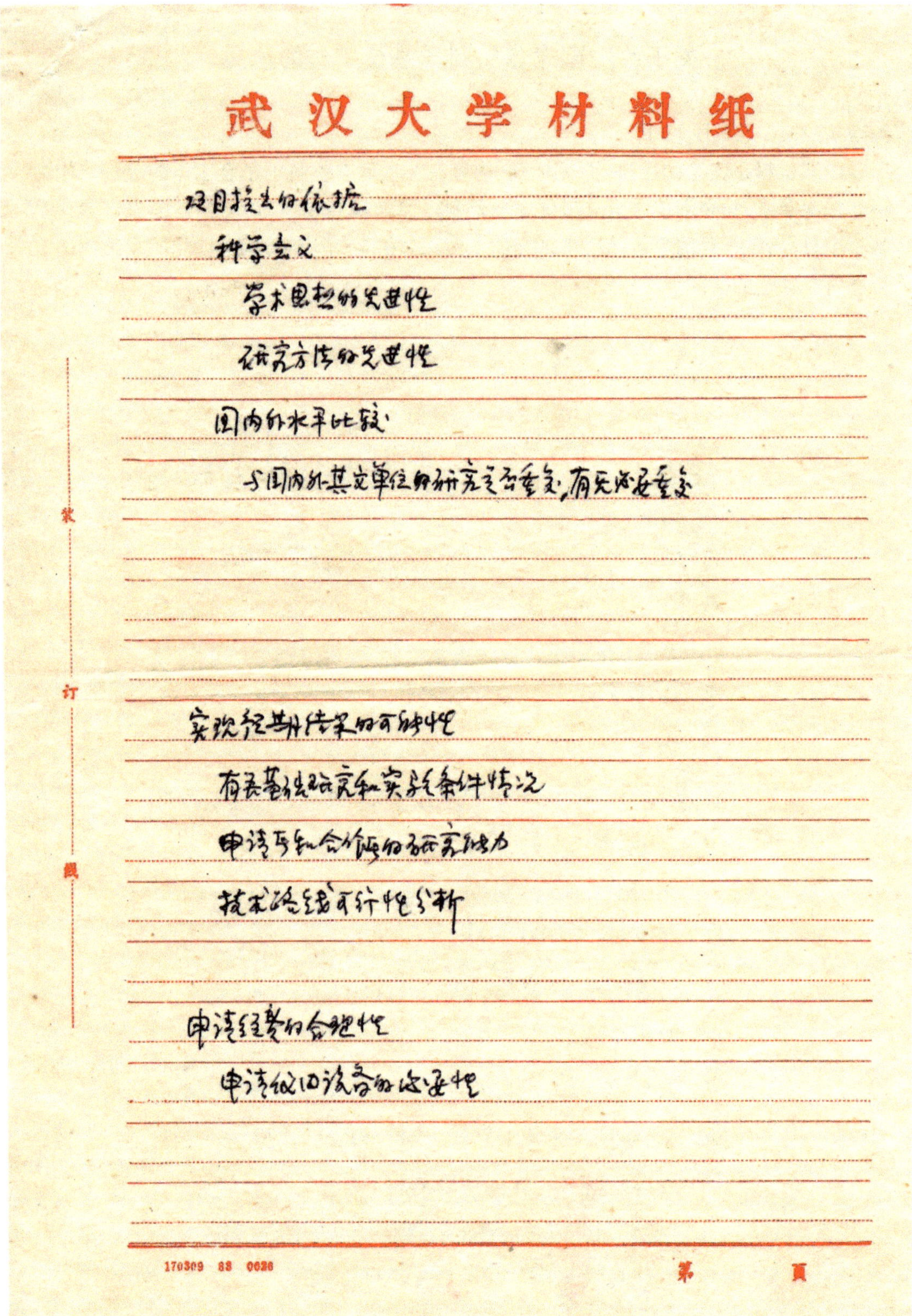

武汉大学材料纸

项目提出的依据

科学意义

学术思想的先进性

研究方法的先进性

国内外水平比较

与国内外其它单位的研究是否重复，有无必要重复

实现预期结果的可能性

有关基础研究和实验条件情况

申请者和合作者的研究能力

技术路线可行性分析

申请经费的合理性

申请购置设备的必要性

装 订 线

170309 83 0026 第 页

四点建议

王曦按(2016 年 9 月 11 日)：

此材料为父亲有关改善国家自然科学科学基金工作的另一份发言提纲。

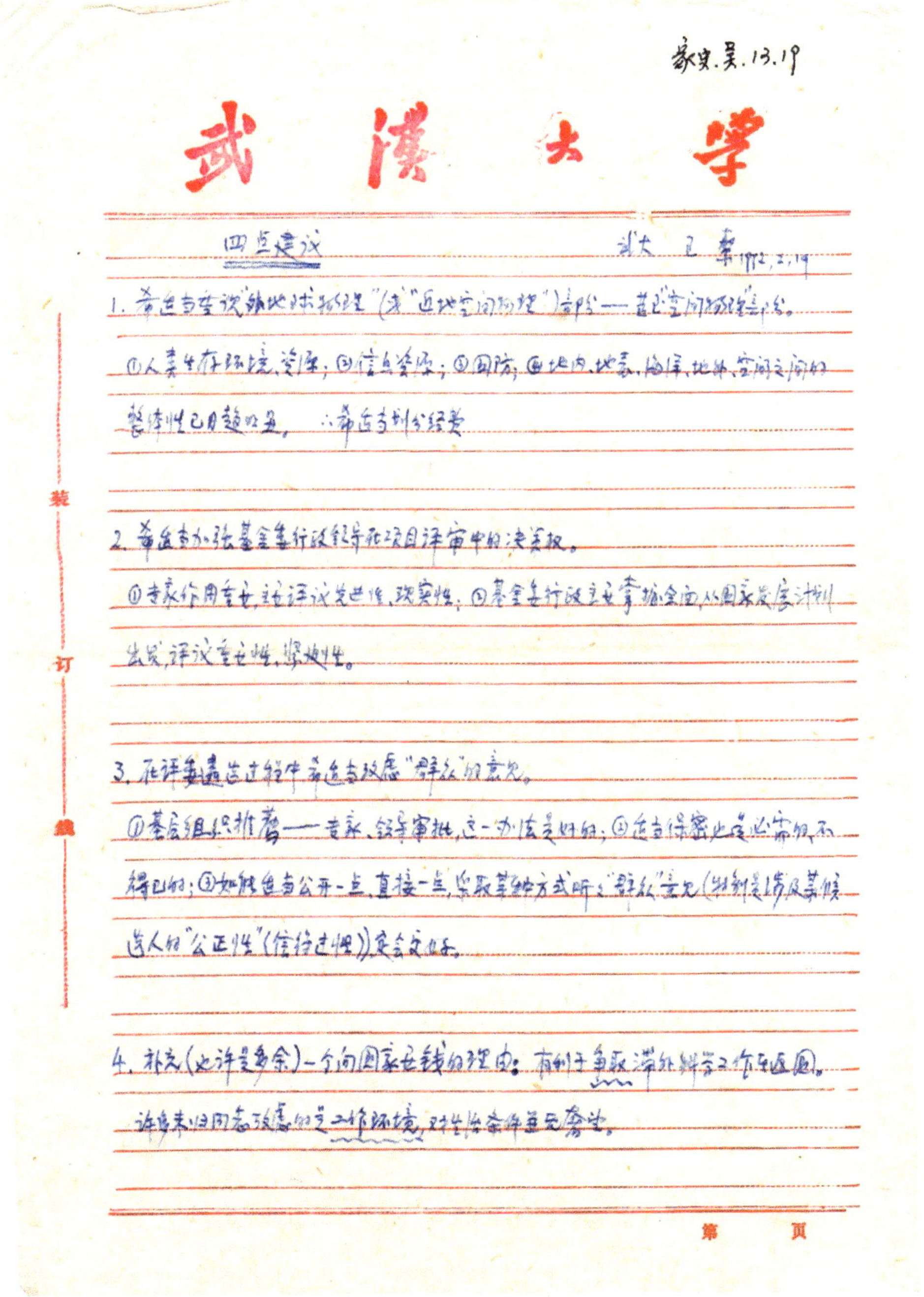

家史.吴.13.19

武漢大學

四点建议 武大 王燊 1992,2,19

1. 希望尽量支持"日地物理"(或"近地空间物理")部分——甚至空间物理学部分。

①人类生存环境、资源；②信息资源；③国防；④地内、地表、海洋、地外、空间之间的整体性已日趋明显。∴希望尽量划分经费

2. 希望加强基金委行政领导在项目评审中的决策权。

①专家作用重要，主要评议先进性、现实性；②基金委行政主要掌握全面，从国家发展计划出发，评议重要性、紧迫性。

3. 在评审遴选过程中希望尽量考虑"群众"的意见。

①基层组织推荐——专家、领导审批，这一办法是好的；②适当保密也是必需的、不得已的；③如能适当公开一点、直接一点，采取某种方式听听"群众"意见（特别是涉及某候选人的"公正性"（信任过程））定会更好。

4. 补充（也许是多余）一个向国家要钱的理由：有利于争取海外科学工作者返回。许多未归国者考虑的是工作环境，对生活条件并不苛求。

第 页

蒙德极小期的中国极光报道

王曦按(2017 年 2 月 7 日):

1996 年 2 月 21 日,父亲的老朋友、德国 Wilfried Schroder 教授来信,请父亲给《德国地球物理科学学会历史委员会通讯》特刊投稿。父亲提交了以下这篇题为"蒙德极小期的中国极光报道"的文章。以下为 Schroder 教授的约稿信、父亲的文章及其英文手稿、文章所使用的资料、数据统计及分析等。父亲做这项研究时已年届 75 岁。对十多年的老朋友和科研合作伙伴 Schroder 教授的约稿,父亲欣然应允。他亲自查找中国古代文献(《清史稿》、《古今图书集成》、《管窥辑要》、《中国古天象集》等),用颤抖的手书写文稿并打印英文稿。父亲在 Schroder 教授所做欧洲研究和自己所做中国研究的基础上,对中欧蒙德极小期的极光报道做了个比较研究并画出了相应的对比图。

蒙德极小期(Maunder minimum)指的是公元 1645—1715 年太阳活动非常衰微的时期,持续时间长达 70 年,此时也恰好是地球的小冰河期。

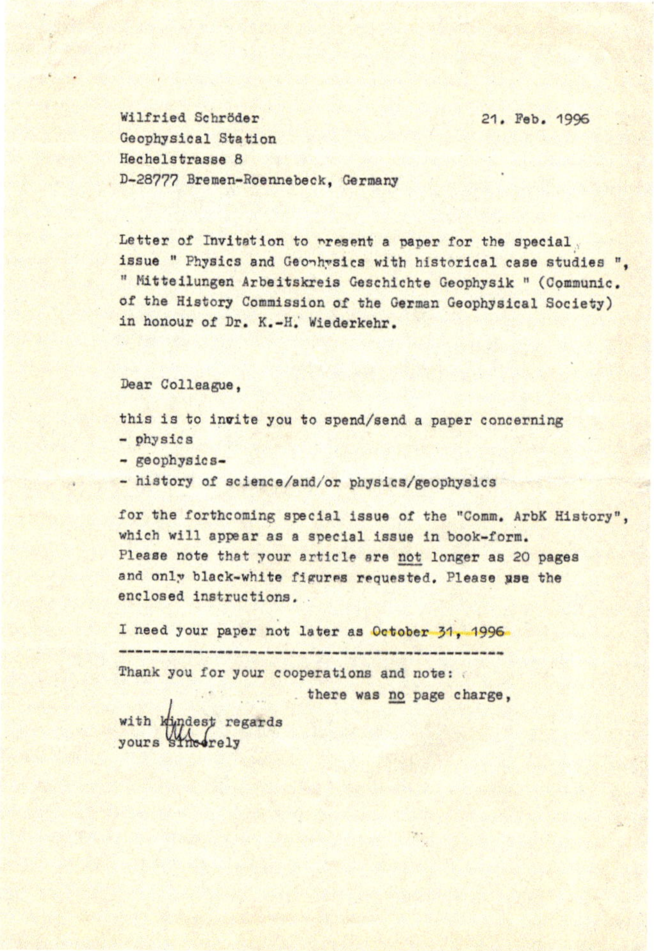

Wilfried Schröder　　21. Feb. 1996
Geophysical Station
Hechelstrasse 8
D-28777 Bremen-Roennebeck, Germany

Letter of Invitation to present a paper for the special issue " Physics and Geophysics with historical case studies ", " Mitteilungen Arbeitskreis Geschichte Geophysik " (Communic. of the History Commission of the German Geophysical Society) in honour of Dr. K.-H. Wiederkehr.

Dear Colleague,

this is to invite you to spend/send a paper concerning
- physics
- geophysics-
- history of science/and/or physics/geophysics

for the forthcoming special issue of the "Comm. ArbK History", which will appear as a special issue in book-form.
Please note that your article are not longer as 20 pages and only black-white figures requested. Please use the enclosed instructions.

I need your paper not later as October 31, 1996

Thank you for your cooperations and note:
there was no page charge,

with kindest regards
yours sincerely

Chinese Auroral Reports During Maunder Minimum

THE RECORDS

According to authors like Wilfried Schröder[1], auroral records can be used as an indicator for the investigations of solar activity during Maunder Minimum. In this respect, the author would like to submit here some Chinese auroral records ~~scattered~~ found in various books [2–5]. As the records are all in a form of depiction by words and, what is more, ~~they~~ are mixed with such heavenly phenomena as meteors, noctilucent clouds, etc, an accurate identification is not strictly possible. For the author's judgement, the following points are considered for discrimination: (1) at night, (2) on northern sky, (3) luminous and variable, (4) coloured, (5) proper forms. For example, for the ~~a~~ aurora on March. 1, 1646, reference [2] described as "red light in northern clouds, like flames". For the aurora on Sept. 7, 1679, the same book described as "a ~~long star~~ band of cloud, on the northern sky, a few decameters in length and more than a meter in width, ~~its~~ colour changed from dark yellow ~~into~~ to reddish yellow". As a result, ~~a collection of~~ upon the author's judgement, the number of aurora records collected from [2~5] in each year from 1645 to 1715 is shown in column A in Table 1, the figures in brackets means relatively doubtful. Besides, for ~~the~~ readers' visual appreciation, sketches of some heavenly ~~celestial~~ phenomena in [3] are reprinted in Fig. 1.

Wang Shan (Wuhan University, China)

58

74

AN INTERESTING GUESTIMATE

In Table I, column B gives the European data from [1], column C shows the sums of each pair of A and B. From these data, an interesting "guestimate" has been done. Taking the solar maximum 1957 as starting point and tracing back 28 cycles with 11.1 years per cycle, the year 1646.2 should be a year of solar maximum. The successive years of solar maximum within the period of Maunder Minimum thus deduced are shown in column A in Table 2. Column B shows A in their corresponding nearest whole number. Now, a comparison between Bs in Table II and Cs in Table I, will immediately reveal that except the year 1691, all the other seven extrapolated years of solar maximum agree with the years of auroral maximum fairly well. What an encouraging coincidence!

[1] Schroder, W.: SUNSPOT CYCLES AND AURORAL ACTIVITY, Bremen-Roennebeck, Germany (1996)

[2] Manuscript of the History of Qing Dynasty (1644-1911) (in Chinese)

[3] Essentials of Astronomical Observation, (in Chinese)

[4] Extracts from Ancient and Modern Books, (in Chinese)

[5] A Collection of Ancient Chinese Astronomical Reports (in Chinese)

1645 3(2)

宋Y.王·3·74

CHINESE AURORAL REPORTS DURING MAUNDER MINIMUM

Wang Shen (Wuhan University, China)

THE RECORDS

According to authors like Wilfried Schroder/1/, auroral records can be used as an indicator for the investigation of solar activity during Maunder Minimum. In this respect, the present author would like to submit here some Chinese auroral records found in various books/2,3,4,5/. As the records are all in a form of depiction by words and, what is more, are mixed with such heavenly phenomena as meteors, noctilucent clouds, etc., a strictly accurate identification can hardly be made. For the author's judgement, the following points are considered: (1) at night, (2) on northern sky, (3) luminous and variable, (4) Colored, and (5) in proper forms. For example, for the aurora on March 1, 1646, reference /2/ described as "red light in northern clouds, like flames". As to the aurora on September 7, 1679, the same book described it as "a band of clouds on the northern sky, a few decameters in length and more than a meter in width, color changed from dark yellow to reddish yellow". Upon the above judgement, as a result, the number of aurora records found in /2,3,4,5/ for each year from 1645 to 1715 is shown in column A in Table I, the figure in brackets means relatively doubtful. Besides, for the readers' visual appreciation, sketches of some heavenly phenomena in /3/ are reprinted in Fig.1.

AN INTERESTING GUESTIMATE

In Table I, column B gives the European data from /1/, and column C shows the sum of each pair of A and B. From these data, an interesting GUESTIMATE has been done.

Taking the 1957 solar maximum as the starting point and tracing back 28 cycles with 11.1 years per cycle, the year 1646.2 should be a year of solar maximum. The successive

Table I

YEAR	A	B	C	YEAR	A	B	C
1645	1(3)	2	3(5)	1681	2	3	5
46	2(3)	3(4)	5(7)	82	0	4(5?)	4(5)
47	(1)	0	(1)	83	(1)	2(3?)	2(4)
48	(1)	5(6)	5(7)	84	1	1	2
49	0	2	2	85	0	1	1
50	1	1	2	86	0	5	5
51	1	2	3	87	0	1(2?)	1(2)
52	3	1(3?)	4(6)	88	(1)	1(2?)	1(3)
53	1	2	3	89	0	0	0
54	(1)	4	4(5)	90	(1)	?	(1)
55	1	1	2	91	0	0	0
56	0	1	1	92	0	1(3?)	1(3)
57	0	4	4	93	0	?	0
58	2	2	4	94	0	?	0
59	1	0	1	95	2	2(3?)	4(5)
60	0	2	2	96	0	1	1
61	0	4	4	97	0	1	1
62	0	3	3	98	0	(2?)	(2)
63	1(2)	3	4(6)	99	0	?	0
64	0	3	3	1700	0	0	0
65	(2)	4	4(6)	01	0	0	0
66	1	3	4	02	0	2	2
67	1	0	1	03	0	0	0
68	(2)	1(2?)	1(4)	04	0	4	4
69	(1)	0	(1)	05	0	2	2
70	(1)	2(3?)	2(4)	06	0	1?	1
71	1	1(2?)	2(3)	07	0	15	15
72	0	1(2?)	1(2)	08	(1)	2	2(3)
73	1	1	2	09	0	1(2?)	2(3)
74	2	0	2	10	0	1	1
75	0	0	0	11	0	?	0
76	(1)	3	3(4)	12	1	?	1
77	1	3	4	13	1	1	2
78	(3)	1	1(4)	14	0	?	0
79	1	0	1	15	1	1	2
80	1	3(3?)	4(4)				

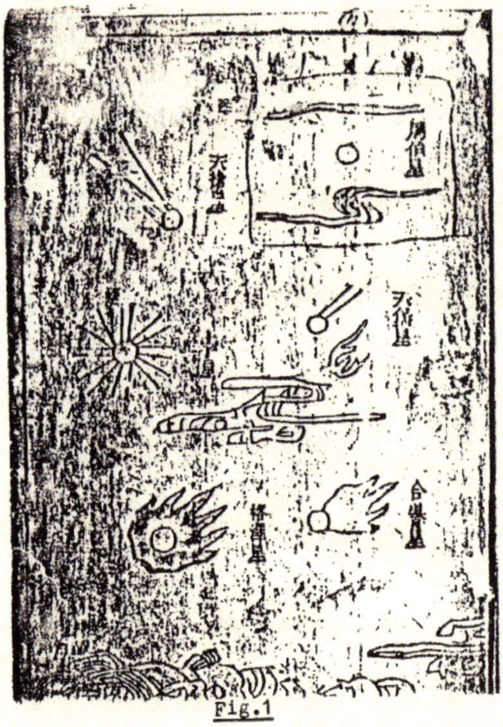
Fig.1

Table II

A	B
1646.2	1646
1657.3	1657
1668.4	1668
1679.5	1680
1690.6	1691
1701.7	1702
1712.8	1713

years of solar maximum thus deduced within the period of Maunder Minimum are shown in column A in Table II. Column B in the Table shows the nearest whole number of each year in column A.

Now, a comparison between the Bs in Table II and Cs in Table I will immediately reveal that EXCEPT THE YEAR 1691, ALL THE OTHER SEVEN EXTRAPOLATED YEARS OF SOLAR MAXIMUM AGREE FAIRLY WELL WITH THE YEARS OF AURORAL MAXIMUM. What an encouraging coincidence!

REFERENCES

/1/ Schroder,W.: SUNSPOT CYCLES AND AURORAL ACTIVITY, Bremen-Roennebeck, Germany (1996)

/2/ Manuscript of the History of Qing Dynasty (in Chinese)

/3/ Essentials of Astronomical Observations (in Chinese)

/4/ Extracts from Ancient and Modern Books (in Chinese)

/5/ A Collection of Ancient Chinese Astronomical Reports (in Chinese)

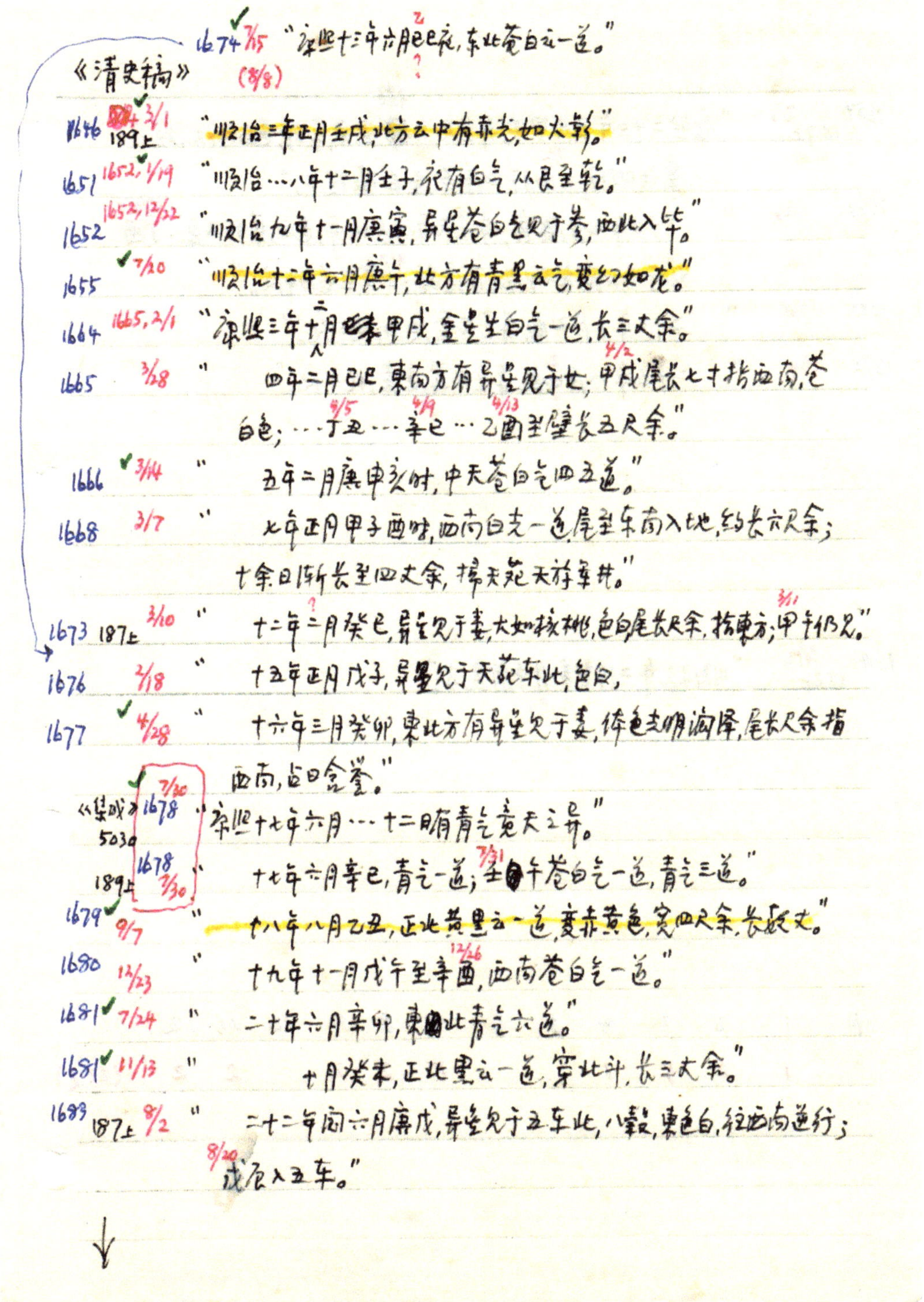

1674 ✓ 7/15 (8/8) "康熙十三年六月乙巳夜，东北苍白云一道。"

《清史稿》

1646 ✓ 3/1 189上 "顺治三年正月壬戌，北方云中有赤光，如火影。"

1651 1652, 1/19 ✓ "顺治……八年十二月壬子，夜有白气，从艮至乾。"

1652 1652, 12/22 "顺治九年十一月庚寅，异星苍白色见于参，西北入毕。"

1655 ✓ 7/20 "顺治十二年六月庚午，北方有青黑云气，变幻如龙。"

1664 1665, 2/1 "康熙三年十二月甲戌，金星生白气一道，长三丈余。"

1665 3/28 " 四年二月己巳，东南方有异星见于女；甲戌(4/2)尾长七寸指西南，苍白色；……丁丑(4/5)……辛巳(4/9)……乙酉(4/13)至壁长五尺余。"

1666 ✓ 3/14 " 五年二月庚申亥时，中天苍白气四五道。"

1668 3/7 " 七年正月甲子酉时，西南白光一道尾至东南入地，约长六尺余；十余日渐长至四丈余，扫天苑天存军井。"

1673 187上 3/10 " 十二年二月(?)癸巳，异星见于娄，大如核桃，色白尾长尺余，指东方；甲午(3/11)仍见。"

1676 2/18 " 十五年正月戊子，异星见于天苑东北，色白，

1677 ✓ 4/28 " 十六年三月癸卯，东北方有异星见于娄，体色光明润泽，尾长尺余指西南，昼日含蓄。"

《集成》503. ✓ 1678 7/30 "康熙十七年六月……十二日有青气竟天之异。"

189上 1678 7/30 " 十七年六月辛巳，青气一道；壬午(7/31)苍白气一道，青气三道。"

1679 ✓ 9/7 " 十八年八月乙丑，正北黄黑云一道，变赤黄色，宽四尺余，长数丈。"

1680 12/23 " 十九年十一月戊午至辛酉(12/26)，西南苍白气一道。"

1681 ✓ 7/24 " 二十年六月辛卯，东北青气六道。"

1681 ✓ 11/13 " 十月癸未，正北黑云一道，穿北斗，长三丈余。"

1683 187上 8/2 " 二十二年闰六月庚戌，异星见于五车北，八榖，东色白，往西南逆行；戊辰(8/20)入五车。"

↓

- Aurora Europe (Schröder)
- 中国古代天象纪录

NUMBER OF AURORA SIGHTINGS IN NORTH CHINA

1645 -- 1715

1645	2	0	1669,07/20		(1)	1692	1(3)	0
1646,03/01	3(4)	1	1670	2(3)	0	1693		0
1647,06/12		(1)	1671	1(2)	0	1694		0
1648	5(6)	0	1672	1(2)	0	1695	2(3)	0
1649	2	0	1673,02/25	1	1	1696	1(3)	0
1650	1	0	~~(03/10-11)(1)~~			1697	1	0
1651	2	0	1674,08/08		1	1698	(2)	0
1652,01/19	1(3)	1	1675		0	1699		0
12/22		1	1676,02/18	3	(1)	1700		0
1653	2	0	1677,04/28	3	1	1701		0
1654	4	0	1678,07/30	1	(1)	1702	2	0
1655,07/20	1	1	07/31		(1)	1703		0
1656	1	0	08/01		(1)	1704	4	0
1657	4	0	1679,09/07		1	1705	2	0
1658	2	0	1680,~~12/23-27 (1)~~			1706	(1)	0
1659		0	1681,07/24	3	1	1707	15	0
1660	2	0	11/13		1	1708	2	0
1661	4	0	1682	4(5)	0	1709	1(2)	0
1662	3	0	1683,08/02	2(3)	(1)	1710	1	0
1663	3	0	1684,07/01	1	1	1711		0
1664	3	0	1685	1	0	1712		0
1665,02/01	4	(1)	1686,~~08/26 09/07 (1)~~			1713	1	0
03/28		(1)	1687	1(2)	0	1714		0
~~04/02-13 (1)~~			1688,11/02	1(2)	(1)	1715	1	0
1666,03/14	3	1	1689		0			
1667		0	1690,09/29		(1)			
1668,03/07	1(2)	(1)	1691		0			
~~03/18-30 (1)~~								

Wolf's no peaks

— 描绘生动

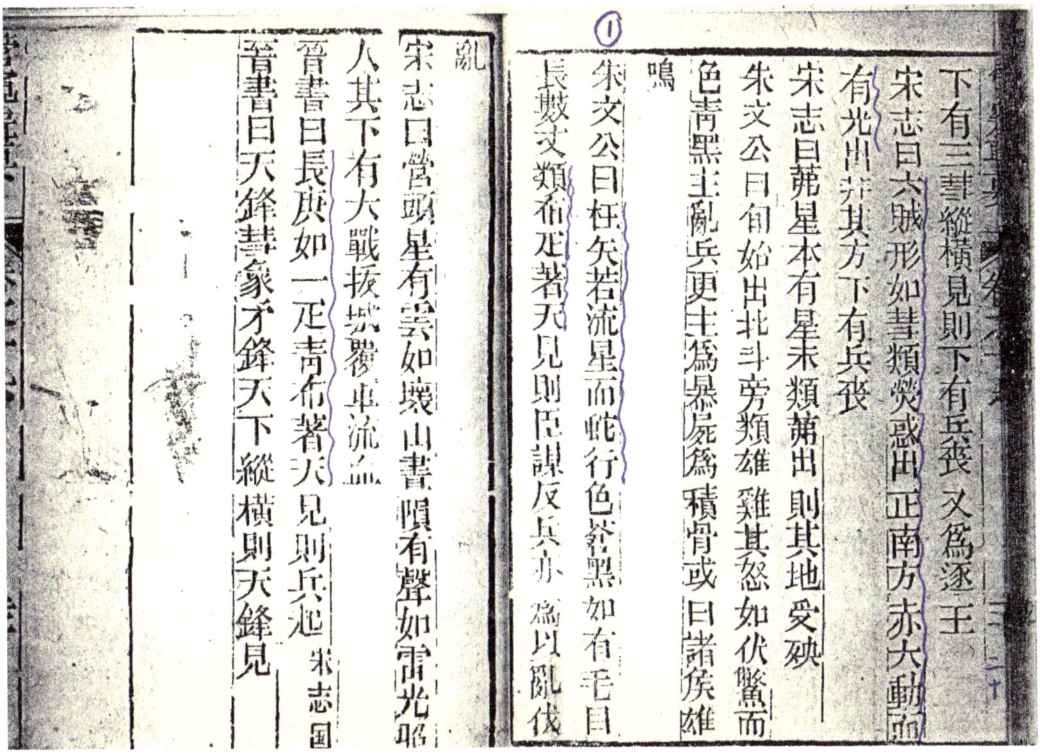

下有三彗縱橫見則下有兵喪 又爲逐王

宋志曰大賊形如彗類熒惑出正南方赤大動有

有光出若其方下有兵喪

宋志曰茀星本有星末類茀出 則其地受殃

朱文公曰旬始出北斗旁類雄雞其怒如伏鱉而

色青黑主亂兵更主爲暴戾爲積骨或曰諸侯雄

鳴

朱文公曰枉矢若流星而蛇行色蒼黑如有毛目

長數丈類布疋著天見則臣謀反兵亦 爲以亂伐

亂

宋志曰營頭星有雲如壞山書隕有聲如雷光照

人其下有大戰援壞轡車流血

晉書曰長庚如一疋布著天見則兵起 宋志同

晉書曰天鋒彗象矛鋒天下縱橫則天鋒見

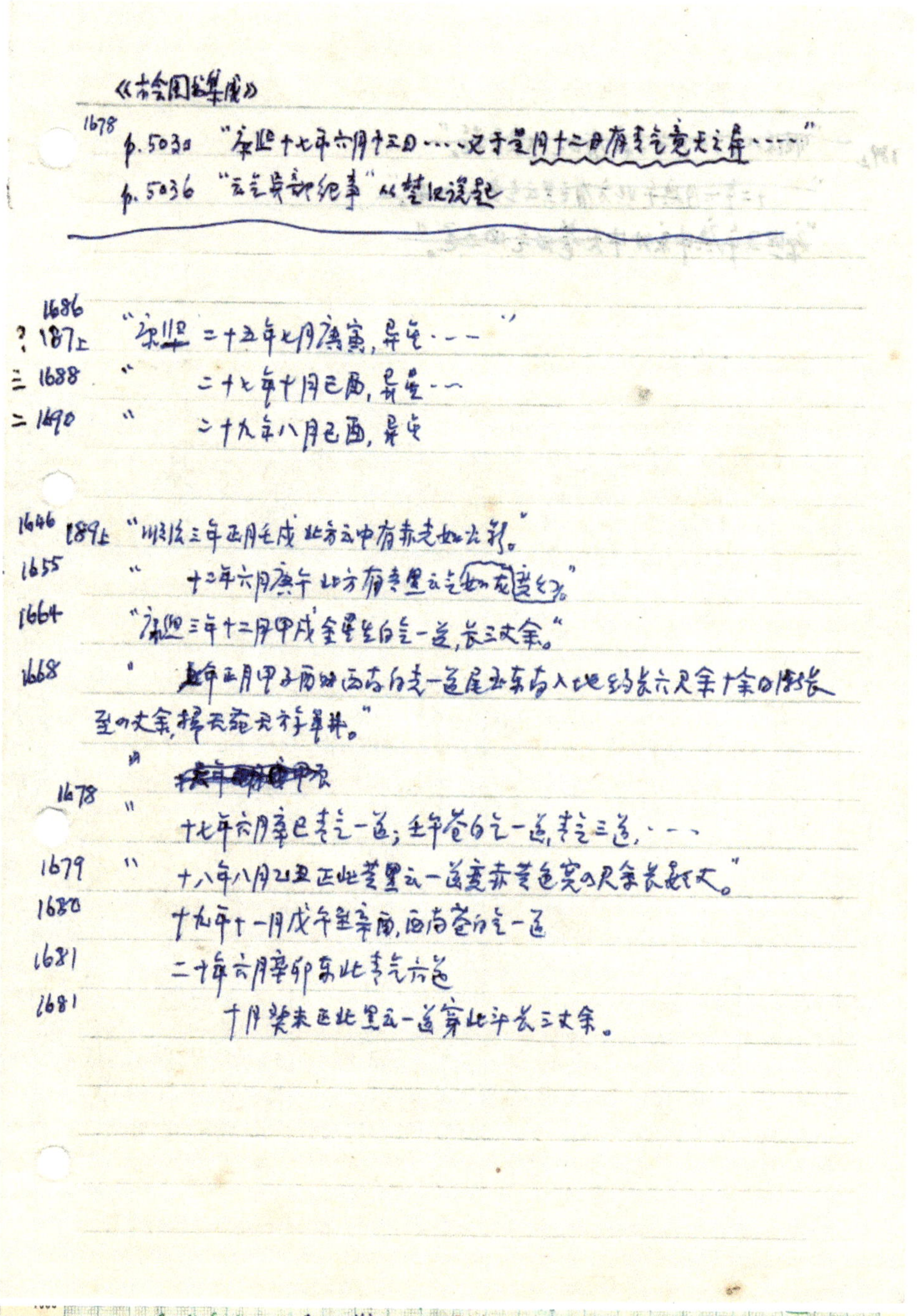

《古今图书集成》

1678 p.5030 "康熙十七年六月十三日……见于星月十二日有青气竟天之异……"

p.5036 "云气异祥纪事"从楚纪说起

1686

?187上 "康熙二十五年七月庚寅，异气……"

=1688 " 二十七年十月己酉，异气……

=1690 " 二十九年八月己酉，异气

1646 189上 "顺治三年正月壬戌北方云中有赤光如火影。"

1655 " 十二年六月庚午北方有青黑云气如龙蛇之形。"

1664 "康熙三年十二月甲戌金星生白气一道，长三丈余。"

1668 " 七年正月甲子酉时西南白气一道尾出东南入地约长六尺余十余日渐长至四丈余，扫天苑天将军。"

" ~~[illegible]~~

1678 " 十七年六月辛巳青气一道；壬午苍白气一道，青气三道，……

1679 " 十八年八月乙丑正北苍黑云一道变赤黄色宽四尺余长数丈。"

1680 十九年十一月戊午至辛酉，西南苍白气一道

1681 二十年六月辛卯东北青气六道

1681 十月癸未正北黑云一道穿北斗长三丈余。

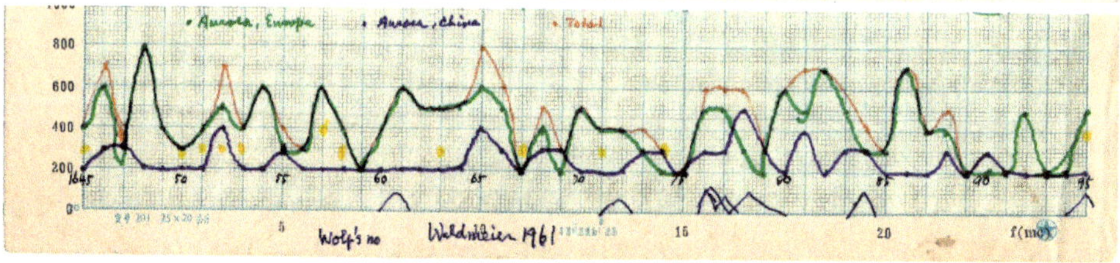

1997 年德国地球物理学家 Wilfred Schroder 教授的来信

王曦按(2017 年 2 月 7 日):

一代先驱梁百先先生已于此信年前去世,不胜唏嘘!

梁百先先生既是我父亲的恩师,对他培养、提携有加,又是我在中国民主建国会武汉大学支部的老领导(支部主委)。忆当年(1988 年),我曾询问父亲加入武汉大学的哪个民主党派支部为好。父亲毫不犹豫地回答:民建(中国民主建国会)!这也许是他对梁先生的高度信任和深厚感情所致吧。

D-28777

Geophysical Station
282 Bremen-Roennebeck
Hechelstrasse 8
Fed. Rep. of Germany

Prof.Dr.Wang Shen
Space Res Dept
Wuan University
Wuhan, Hubei, 430072

31.1.97

Dear Prof. Wang Shen,
following points:

1) I am happy if I can present your paper from the "Festschrift" on auroras, Maunder, etc. during the IAGA Assembly in Uppsala, 1997. It is very important investigation. I hope you will be agree.

2) We ask you and colleagues to spend papers during the IAGA assembly in Uppsala, session 6.03, also as poster.

3) Various books and journals are underway to you. I hope they will be arrive you soon.

4) I have no newsyear card by Prof. Liang; I hope he is very well, best wishes and greetings to him and to your staff,

yours sincerely

Schröder

1997.2.18 收到
2.20 复

第二节　学科建设

武汉大学的电波传播与空间物理学科

王曦按(2016 年 9 月 11 日)：

经过父亲整理并遗留的材料中，有以下一张印刷品。我后来发现它是武汉大学电子信息学院的宣传手册中的一页。这个宣传品的时间大约在 20 世纪 90 年代前期。这一页材料以精炼的文字，记录了武汉大学电波传播与空间物理专业的历史。从中可以看到这个专业如何在桂质廷先生开辟的武汉大学电离层实验室的基础上一步一步发展起来的。现将该材料的两面刊登于此。

桂质廷

梁百先

龙咸灵

王　燊

1945年—1949年　游离层实验室

电子信息学院源于1945年建立的国立武汉大学游离层实验室，桂质廷教授是最早的奠基人和创始人。1945年，时任武汉大学理学院院长的桂质廷教授，从美国引进了一套电离层垂直探测仪，并于当年创建了我国第一个电离层与电波传播实验室——武汉大学游离层实验室。1946年元旦，该室开始对四川乐山的电离层进行常规观测，同年8月，该室迁返武汉进行电离层长期正规观测，由此揭开了武汉大学空间物理和无线电物理研究的历史。

在桂质廷教授的领导下，一起在游离层实验室工作的有理学院的梁百先、龙咸灵、王燊、周玮、舒卢、莫纪华和工学院电机系的许宗岳、叶允竞、杨恩泽、阚克定、陈锦江、张肃文等先生。

游离层实验室从建立的第一天起，就开始了卓有成效的研究和人才培养（王燊是该实验室培养的第一位研究生），取得了不少成果，在国际上产生了较大影响，使该实验室成为世界知名的科研机构，桂质廷教授被遴选为美国著名的《JOURNAL OF GEOPHYSICAL RESEARCH》编委。

1946年，游离层实验室天线

1946年，游离层实验室所用发电机

1949年—1958年　电离层与电波传播专业

1949年武汉解放以后，人民政府极为重视并拨专款资助游离层实验室的建设，从此，武汉大学的空间物理和无线电物理研究掀开了新的一页。

1953年，全国进行“院系调整”，武汉大学以“游离层实验室”为基础，在物理系设置了“电离层与电波传播”专业，继续开展科学研究和本科生、研究生培养。

1956年，“电离层与电波传播”专业被高等教育部确认为“重点专业”。

1958年—1966年　无线电专业

1958年，武汉大学物理系正式设立无线电专业，同年开始招收研究生。其后，无线电专业迅速发展，取了多项科研成果。

自1957年至1965年，无线电专业每年招生人数增至近100人，分学无线电技术和电波传播，学制为5年。从“游离层实验室”到1966年，本学科共培养了10名研究生。

1980年10月，美国电离层研究前辈A.R.Piggot来校讲学

1966年—1976年　文化大革命时期

1966年至1969年，因“文革”爆发而停收新生。从1970年开始，物理系又开始招生，其中有无线电技术和电波传播与天线两个专业。文化大革命时期，科研工作从未间断，特别是围绕我国核武器的研制，在电离层探测、电波传播等方面作出了突出贡献。先后有70余人次参加过我国核爆炸实验。

1977年—1984年　空间物理系、空间物理学博士学位授权点

1977年恢复高考后，经教育部认定，无线电电子学、电波传播专业，继续招收本科生。1978年从物理系分出有关专业成立空间物理系，设有无线电电子学、无线电波传播与天线、空间物理学三个专业和无线电电子学、无线电波与传播、空间物理和基础理论四个教研室，在无线电物理、空间物理、无线电电子学三个专业重新招收硕士研究生。同年，武汉大学成立空间物理系和电波传播与空间物理研究所，前生源于物理系的无线电电子学和电波传播与天线两个专业，龙咸灵教授为第一任系主任，兼任研究所所长。1981年，空间物理系建立空间物理学专业博士学位授权点，梁百先教授为博士生导师，开始培养博士研究生。

1984年—1991年　无线电信息工程系

1984年，为适应电子信息科学的发展，武汉大学成立无线电信息工程系，其师生大部分源于空间物理系的无线电电子学专业，张肃文教授、王延平教授先后任系主任。无线电信息工程系设有无线电电子学（硕士）、无线电电子学、无线电技术（本科）三个专业。1990年，无线电信息工程系的电路与系统专业获硕士学位授权点。

1989年，前苏联专家Lyrobenko来学院讲学

1984年—1991年　空间物理系

空间物理系设有空间物理学（博士、硕士）、无线电物理（硕士）和电波传播与天线（本科）三个专业。王宗、候杰昌先后任系主任。

1991年—1994年　空间物理与电子信息学系

1991年底，学校为集中学科力量，形成更大优势，成立了空间物理与电子信息学系，候杰昌教授任系主任。

（家史·吴·13.2）

电波传播及近地空间物理实验室

王曦按(2016年12月12日)：

以下这份材料是父亲留下的手稿。从中可见武汉大学电波传播和空间物理学科从开科直到20世纪80年代的发展情况。

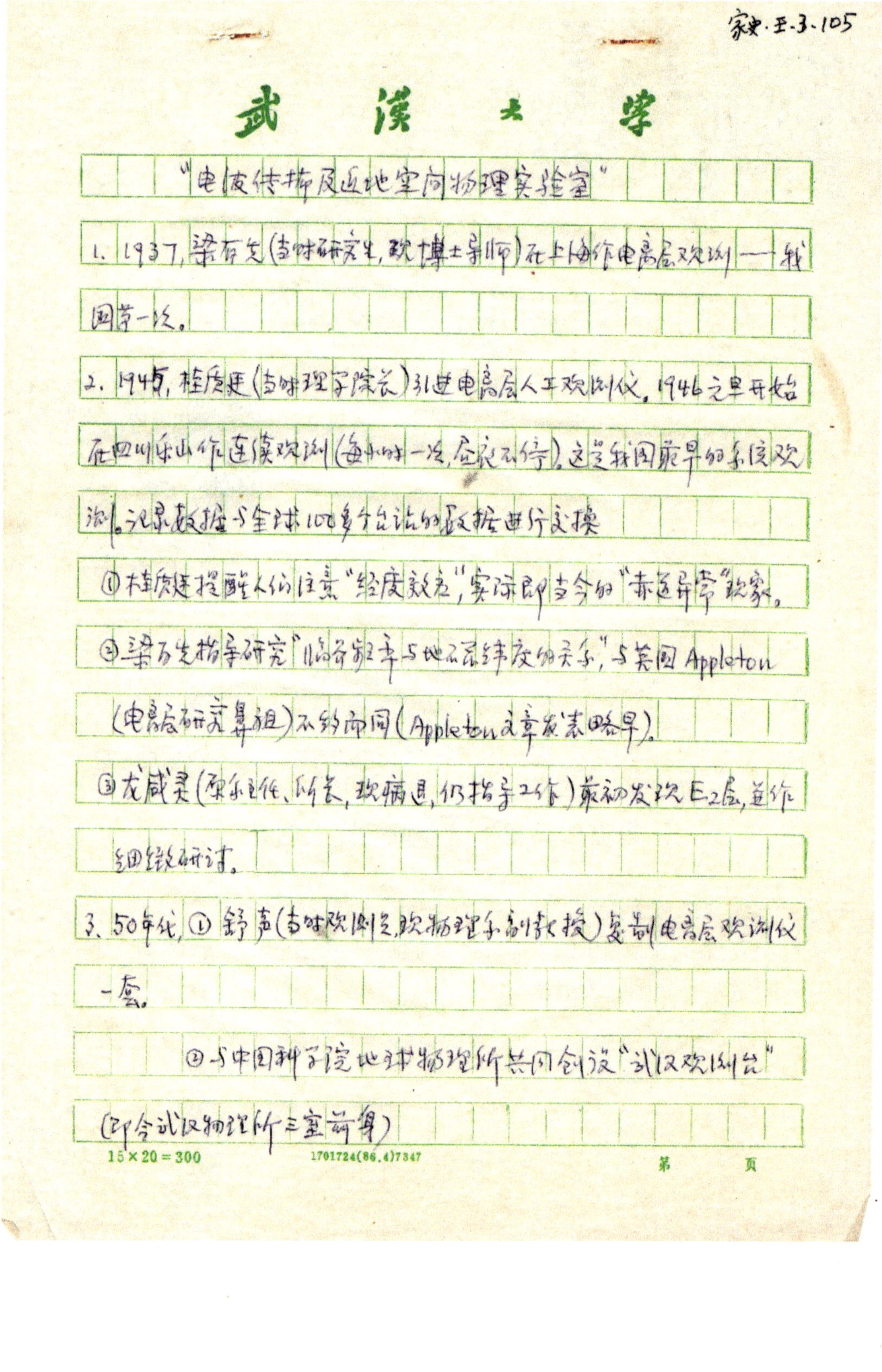

家史·五·3·105

武漢大學

“电波传播及近地空间物理实验室”

1. 1937，梁百先（当时研究生，欧博士导师）在上海作电离层观测——我国第一次。

2. 1945，桂质廷（当时理学院长）引进电离层人工观测仪，1946元旦开始在四川乐山作连续观测（每小时一次，昼夜不停），这是我国最早的系统观测。记录数据与全球100多个台站的数据进行交换

①桂质廷提醒人们注意“经度效应”，实际即当今的“赤道异常”现象。

②梁百先指导研究“临界频率与地磁纬度的关系”，与英国Appleton（电离层研究鼻祖）不约而同（Appleton文章发表略早）。

③龙咸灵（原系主任、所长，现病退，仍指导工作）最初发现E_2层，并作细致研讨。

3. 50年代，①舒声（当时观测员，现物理系副教授）复制电离层观测仪一套。

②与中国科学院地球物理所共同创设“武汉观测台”（即今武汉物理所三室前身）

15×20=300　　1701724(86.4)7347　　第　页

武汉大学

③ 从莫斯科大学请来了yeeb教授，指导科研（吸收、偏振、不均匀体等）。

④ 设置专业、专门化，培养本科生、研究生——国内唯一。

4. 60年代（70年代）：① 研制成斜向返回探测仪——国内领先，自制大型设备。

② 研制闪烁探测设备——既发展为实时选频系统（与电子部信道技术研究所）获科学大会奖（由教育部、总参通讯部、四机部联合主持并通过鉴定，作为成果申报）。

③ 开始参加核试验监测，以后次次参加，由一项到七项，为此，主要负责人去年获国防科工委奖。目前协议会作整理资料、编写手册。

④ 参加718工程远洋攻关

⑤ 设立黄陂试验站

⑥ 创办电子厂（研制短波线电台及工程），生产多种仪器设备。

⑦ 成立"空间物理系"及"电波传播及空间物理研究所"。

⑧ 开始培养硕士生。

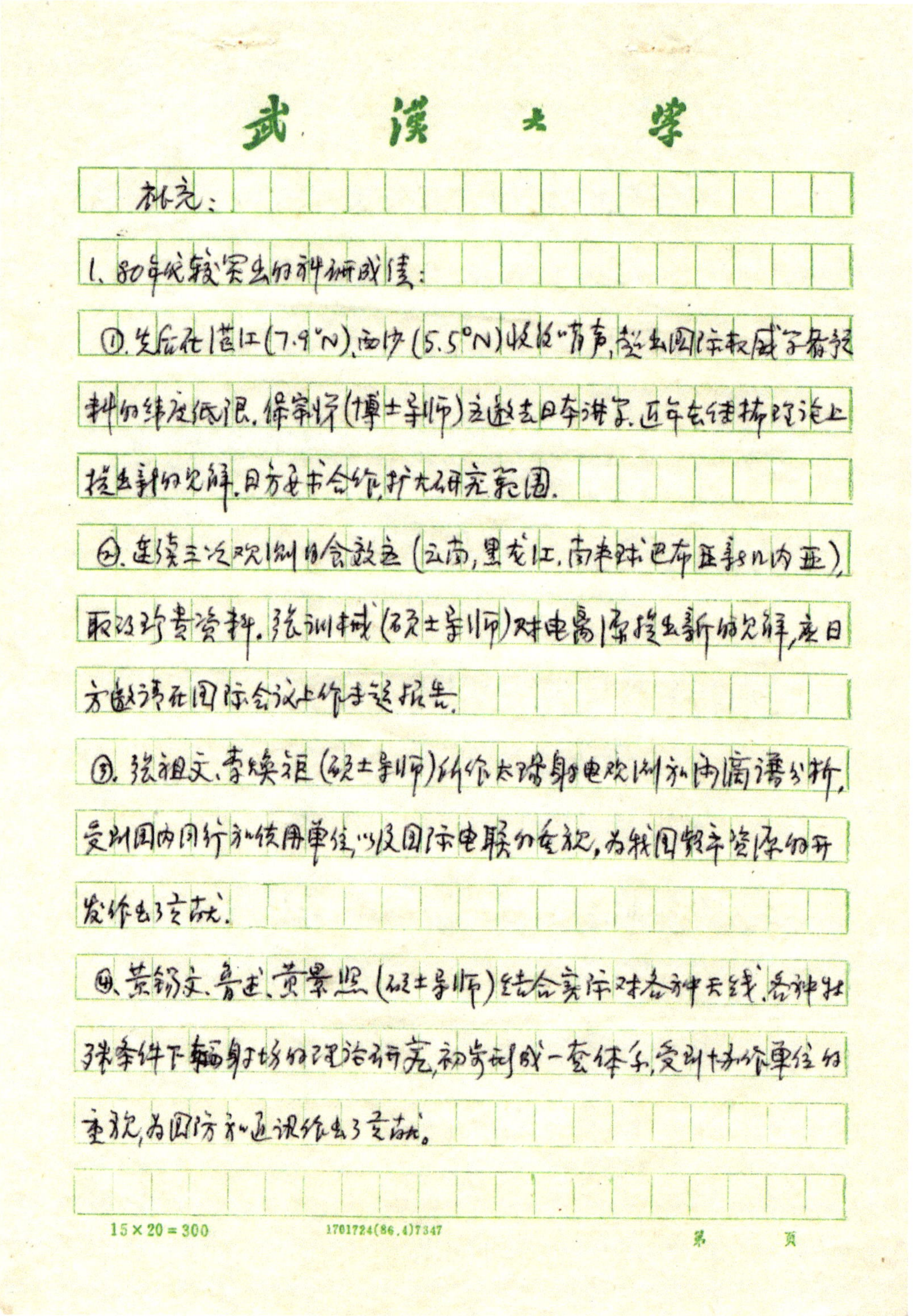

武漢大學

桃元：

1、80年代较突出的科研成绩：

①.先后在湛江(7.9°N)、西沙(5.5°N)收到哨声，超出国际权威学者预料的纬度低限。保宗悌(博士导师)应邀去日本讲学。近年在传播理论上提出新的见解。日方要求合作，扩大研究范围。

②.连续三次观测日全食(云南，黑龙江，南太平洋巴布亚新几内亚)，取得珍贵资料。张训械(硕士导师)对电离层提出新的见解，应日方邀请在国际会议上作专题报告。

③.张祖文、李焕祖(硕士导师)所作太阳射电观测和[illegible]谱分析，受到国内同行和使用单位以及国际电联的重视，为我国频率资源的开发作出了贡献。

④.黄铭文、鲁述、黄景熙(硕士导师)结合实际对各种天线、各种特殊条件下辐射场的理论研究，初步形成一套体系，受到协作单位的重视，为国防和通讯作出了贡献。

15×20＝300　1701724(86.4)7347　第　頁

武漢大学

5，80年代：①建立电波综合观测站（校内）

②研究范围从以电离层为主，发展到上至磁层，下至对流层；频段从短波向上扩展到毫米波，向下到极低频；实验手段由人工操作发展到计算机化。

③形成两个重点学科，一个博士点，三个硕士点；已有二十余个较稳定研究课题（86年入学硕士生15名，博士生3名）。

④目前研究重点：从地域上，重点在武昌以南的电离层赤道异常区（从全球布局看，有大片陆地，最便于经常观测）；从时域上，抓紧第22国际太阳峰年（世界各国重视，有联合观测计划）；86年第四季度拟组织约10个[illegible]南方联合观测。基础研究侧重磁层—电离层—大气层的耦合过程（包含潮汐流）；应用方向拟发展海洋探测，电磁波生物效应等新领域，目前已有一些基础。

⑤现有教授6人，副教授18人，讲师34人，工程师3人

空间物理系 王燊
詹华生

电话 812712（总机）—980（系办）
348（王家）

15×20＝300 170 第 页

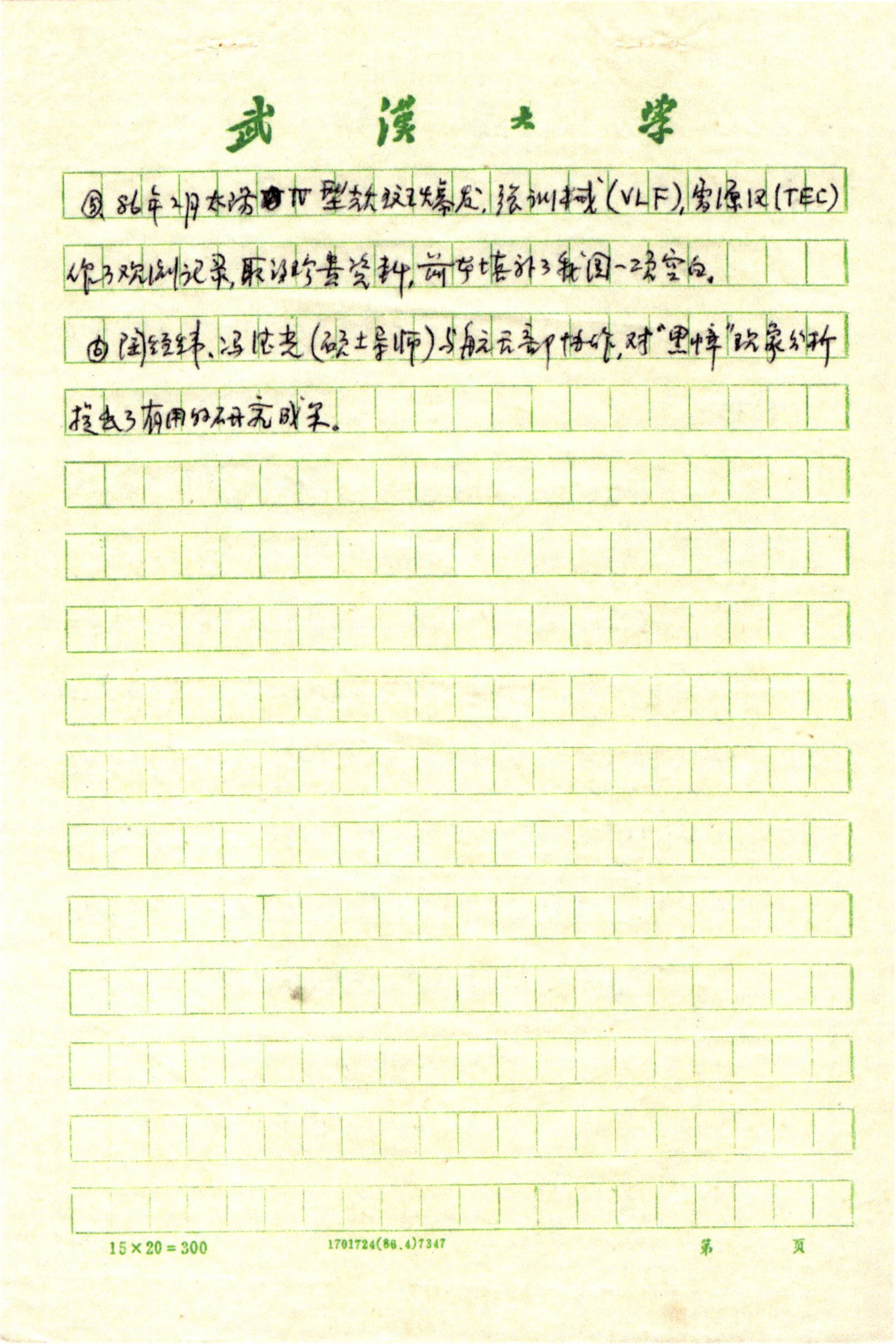

武漢大学

⑤ 86年2月太阳IV型射电大爆发，甚低频（VLF），电离层（TEC）作了观测记录，取得珍贵资料，前者填补了我国一项空白。

⑥ 陶经纬、冯德光（硕士导师）与航天部协作，对"黑障"现象分析提出了有用的研究成果。

15×20＝300　1701724(86.4)7347　第　页

武大游离层实验室的头 10 年

王曦按(2016 年 12 月 12 日)：

以下这份材料没有标题。以上标题是我取的。这份材料是父亲的手稿，以提纲的形式记载了武汉大学游离层实验室头 10 年的活动。从中可以感受到游离层实验室先驱们当时的精神状态。从这份材料所用的纸和字迹的颤抖来看，它应当是父亲退休后写的回忆文字。其中最后一页上的“徐懋庸”系当时武汉大学副校长。父亲记载了徐懋庸先生对坚持科研值班还是去听大报告问题的回答：前者。这个记载含有父亲的赞许之意。“徐懋庸”这个名字，我记得很清楚。记得清楚的原因，不是我认识徐懋庸先生，而是因为它是文革期间武汉大学的大字报上常常出现的一个被批判和打倒者的名字。

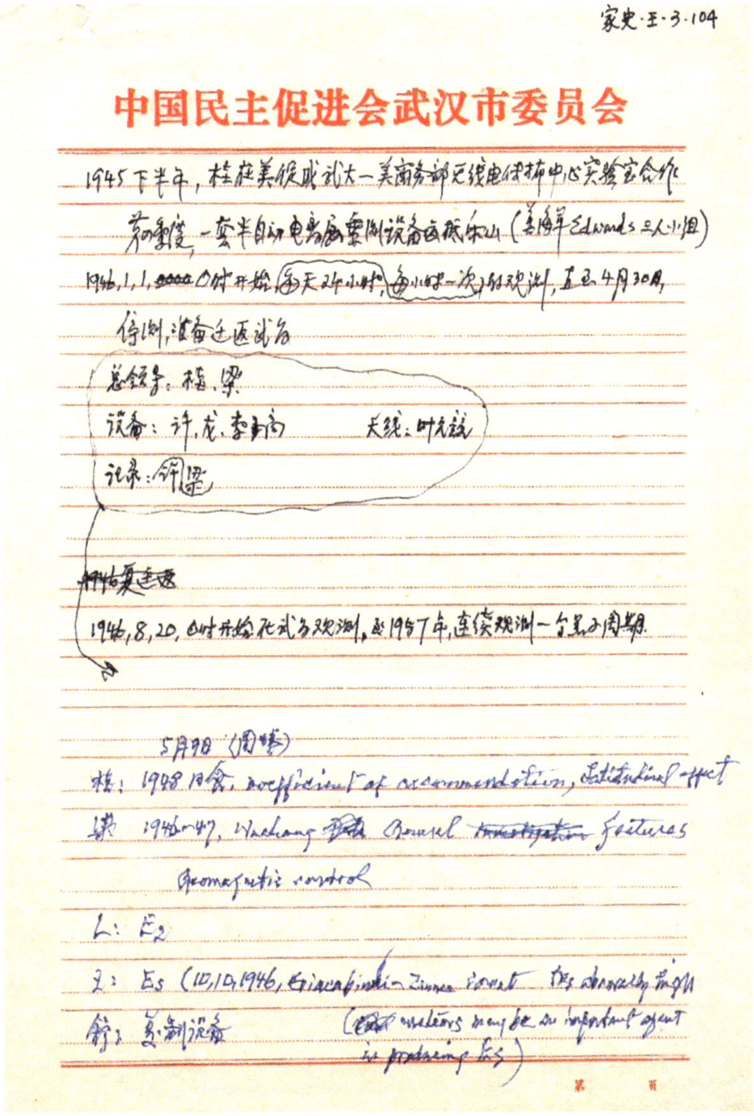
家史·王·3·104

中国民主促进会武汉市委员会

1945下半年，桂在美促成武大—美商务部无线电传播中心实验室合作

[illegible]，一套半自动电离层测设备运抵乐山（桂梁Edwards三人小组）

1946,1,1,0时开始（每天24小时，每小时一次）的观测，直至4月30日，

停测，准备迁返武昌

总领导：桂、梁

设备：许、龙、李[illegible]　　天线：叶[illegible]

记录：许、梁

~~1946夏迁返~~

1946,8,20,0时开始在武昌观测，至1957年，连续观测一个太阳周期.

5月9日（[illegible]）

桂：1948日食，coefficient of recombination, latitudinal effect

梁：1946—47，Wuchang ~~[illegible]~~ seasonal ~~investigation~~ features geomagnetic control

L：E2

王：Es (10,10,1946, Giacobini-Zinner comet　Es abnormally high

许：复制设备　　(meteors may be an important agent in producing Es)

第　页

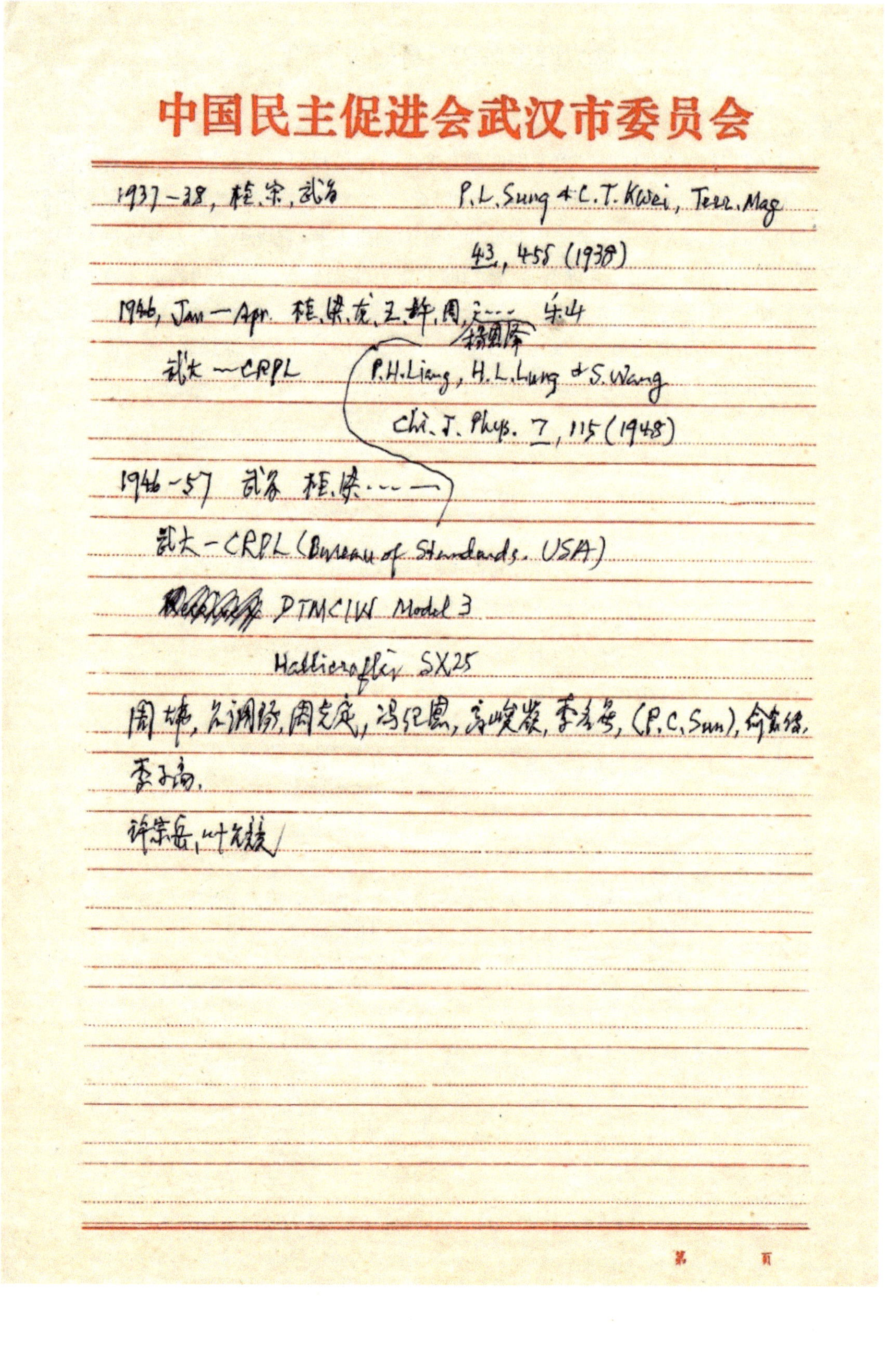

中国民主促进会武汉市委员会

1937-38，桂、宋，武昌　　P. L. Sung & C. T. Kwei, Terr. Mag 43, 455 (1938)

1946, Jan — Apr. 桂、梁、龙、王、许、周、…… 乐山 移回珞

武大 — CRPL　　P. H. Liang, H. L. Lung & S. Wang Chi. J. Phys. 7, 115 (1948)

1946-57 武昌 桂、梁……

武大 - CRPL (Bureau of Standards. USA)

~~[illegible]~~ DTMCIW Model 3

Hallicrafter SX25

周坤，吕调阳，周光庆，冯纪岳，高峻岚，李孝每，(P. C. Sun)，何振伦，李子高，

许宗岳，叶光毅

第　　页

中国民主促进会武汉市委员会

严肃的工作作风

1. 分工负责　总领导　桂、梁

小事分承　设备　许、龙、李飞雨

天线　（叶光毅），

记录　许、梁

观测　轮流值班，记录，日志（后记追读）

杂　王、周、程桂青

浓厚的学术气氛　每星期（三）一次讨论会（记录现象，[illegible]阅读心得，研究进度）

正派的思想作风：五风（桂、梁、王）

反刚愎 拾金不昧

记录佳木斯广播（梁毓光）

中国民主促进会武汉市委员会

可喜的劳动成果：

小资提案 → 乐院，香兰Lab.

单一课题 → 下及海洋，上达太阳（全程）

人才辈出 → 各兄弟单位

前辈的艰苦奋斗　　龙讯E_2（每15分一次 每次10~15分）

党和政府的重视　　值班？/听大报告？（徐懋庸签：前5）

国家重点实验室——电离层实验室研究方向总体设计

王曦按(2016 年 9 月 11 日)：

2010 年 12 月 8 日，父亲的同事吴世才教授在武汉大学电子信息学院举行的王燊先生 90 大寿庆祝会上呈献了下列图片。吴教授在发言时，从座位上站立起来，举起这张图片，满怀深情地进行了讲解。图片上是父亲为国家重点实验室——武汉大学电离层实验室亲笔绘制的研究方向总体设计。把已有的电离层实验室建设成国家重点实验室，是父亲担任系主任期间启动并实现的一项重要工作。看到自己亲手绘制的蓝图得到实现，父亲一定十分欣慰。

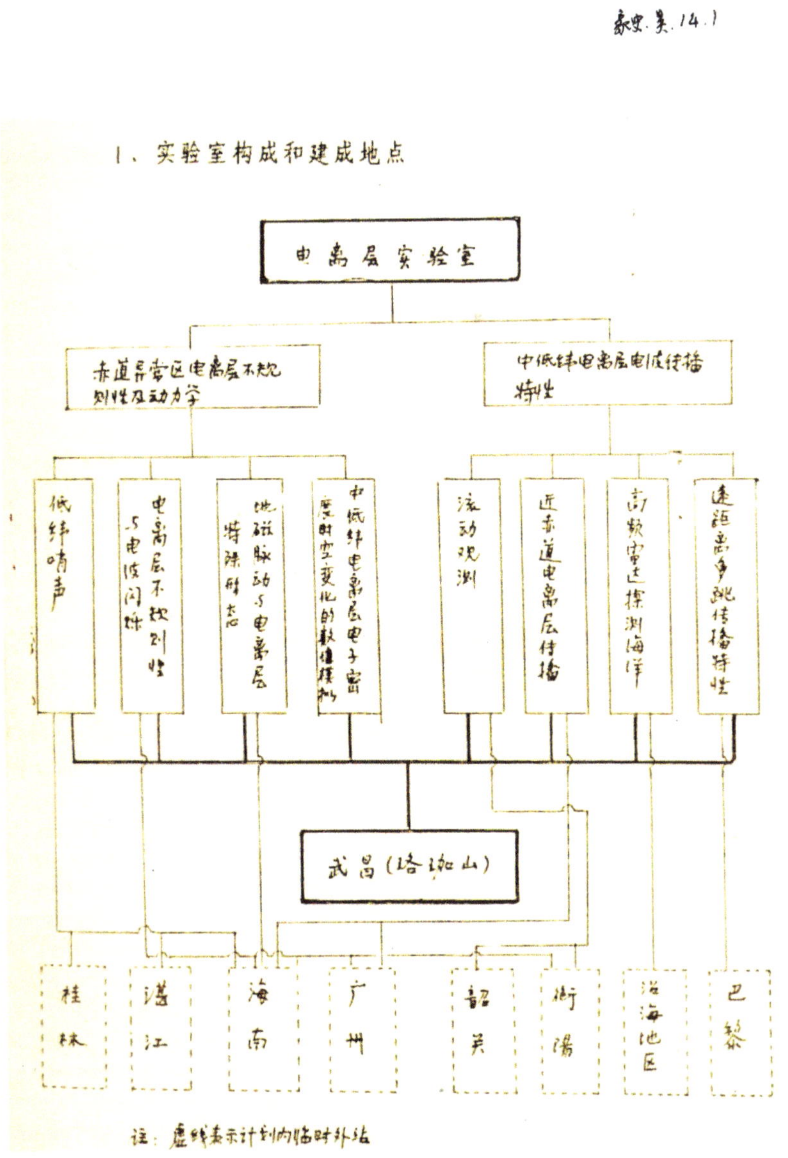

担任系主任初期的问卷调查

王曦按（2017 年 2 月 7 日）：

以下是父亲担任武汉大学空间物理系主任初期所起草的一份问卷调查。目的在于了解情况，搞好系里的工作。问题的设计十分详细，可见父亲为做好工作而做出的巨大努力。

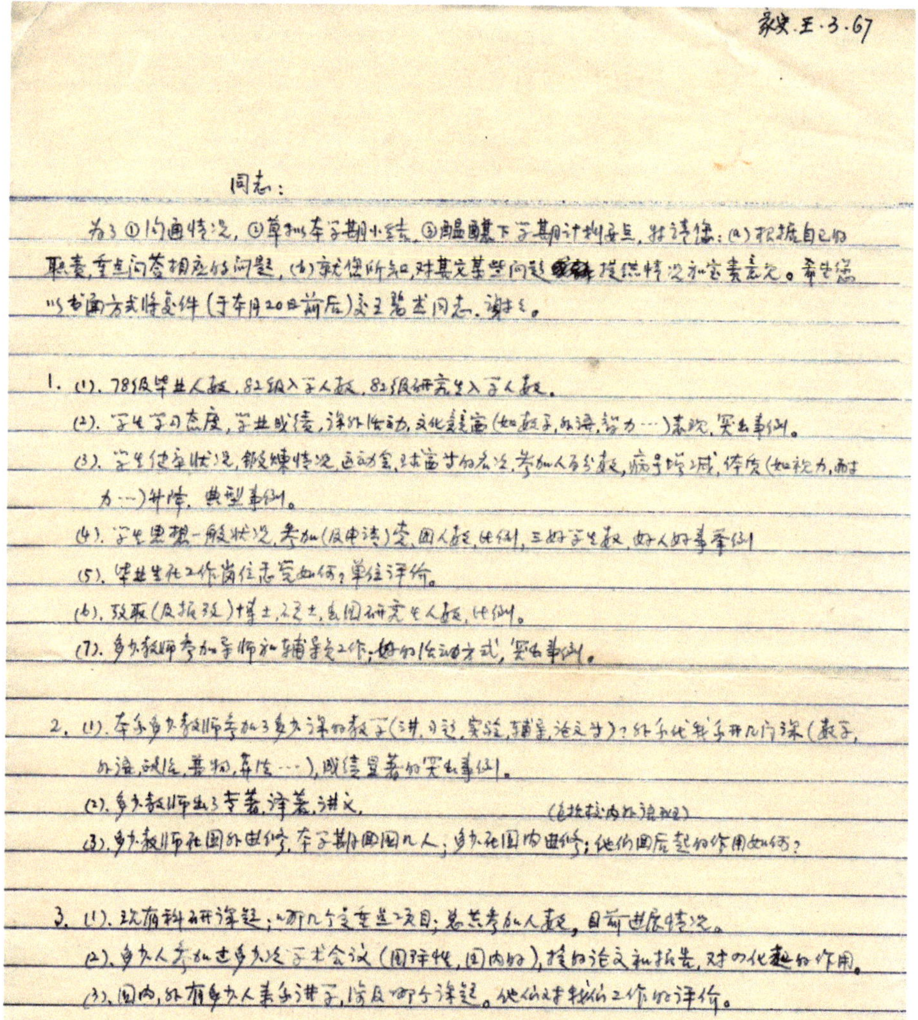

家史·王·3·67

同志：

为了①了解情况，②草拟本学期小结，③酝酿下学期计划要点，特请您：(a)根据自己的职责，重点回答相应的问题，(b)就您所知，对其它某些问题提供情况和宝贵意见。希望您以书面方式将复件（于本月20日前后）交王[illegible]同志。谢谢。

1. (1). 78级毕业人数，82级入学人数，82级研究生入学人数。
(2). 学生学习态度，学业成绩，课外活动，文化生活（如数学，外语，智力……）表现，突出事例。
(3). 学生健康状况，锻炼情况，运动会，球赛等的名次，参加人员多少数，病号增减，体质（如视力，耐力……）升降，典型事例。
(4). 学生思想一般状况，参加（及申请）党、团人数，比例，三好学生数，好人好事举例
(5). 毕业生在工作岗位表现如何？单位评价。
(6). 考取（及报考）博士，硕士，出国研究生人数，比例。
(7). 多少教师参加导师和辅导员工作；好的活动方式，突出事例。

2. (1). 本系多少教师参加了多少课的教学（讲习题，实验，辅导，论文等）？外系代我系开几门课（数学，外语，政治，普物，体育……），成绩显著的突出事例。
(2). 多少教师出了专著，译著，讲义，（包括校内外讲义）
(3). 多少教师在国外进修，本学期回国几人；多少在国内进修；他们回后起的作用如何？

3. (1). 现有科研课题；哪几个是重点项目；总共参加人数，目前进展情况。
(2). 多少人参加过多少次学术会议（国际性，国内的），提的论文和报告，对四化起的作用。
(3). 国内，外有多少人来系讲学，涉及哪个课题。他们对我们工作的评价。

4. (1). 本学期经费总数，用于教学、科研、行政各约多少。
(2). 增添大、新设备，增添图书杂志，起的作用。
(3). 工厂产品品种，质量，数量；产值，利润；对教学、科研起的作用。
(4). 多少教职工晋级，多少人评为各类先进人物（卫生，体育，计划生育，年终评比……）。
(5). 多少家调了住房；系里做了哪些较大的服务（买煤，订报，订杂志，收发信件……）。

(6)、我系对外服务（走读班，进修生，电大，各种修理，外出讲课，……）。

5. (1)、本学期在教学、科研、学生德智体育方面有哪些效果较好的措施？

(2)、下学期应注意哪些方面？采取哪些措施为宜。

6. 其他。

王 燊 1983,1,10

武汉大学空间物理系简介(1983年)

王曦按(2017年2月7日)：

以下是父亲亲手所写武汉大学空间物理系简介。

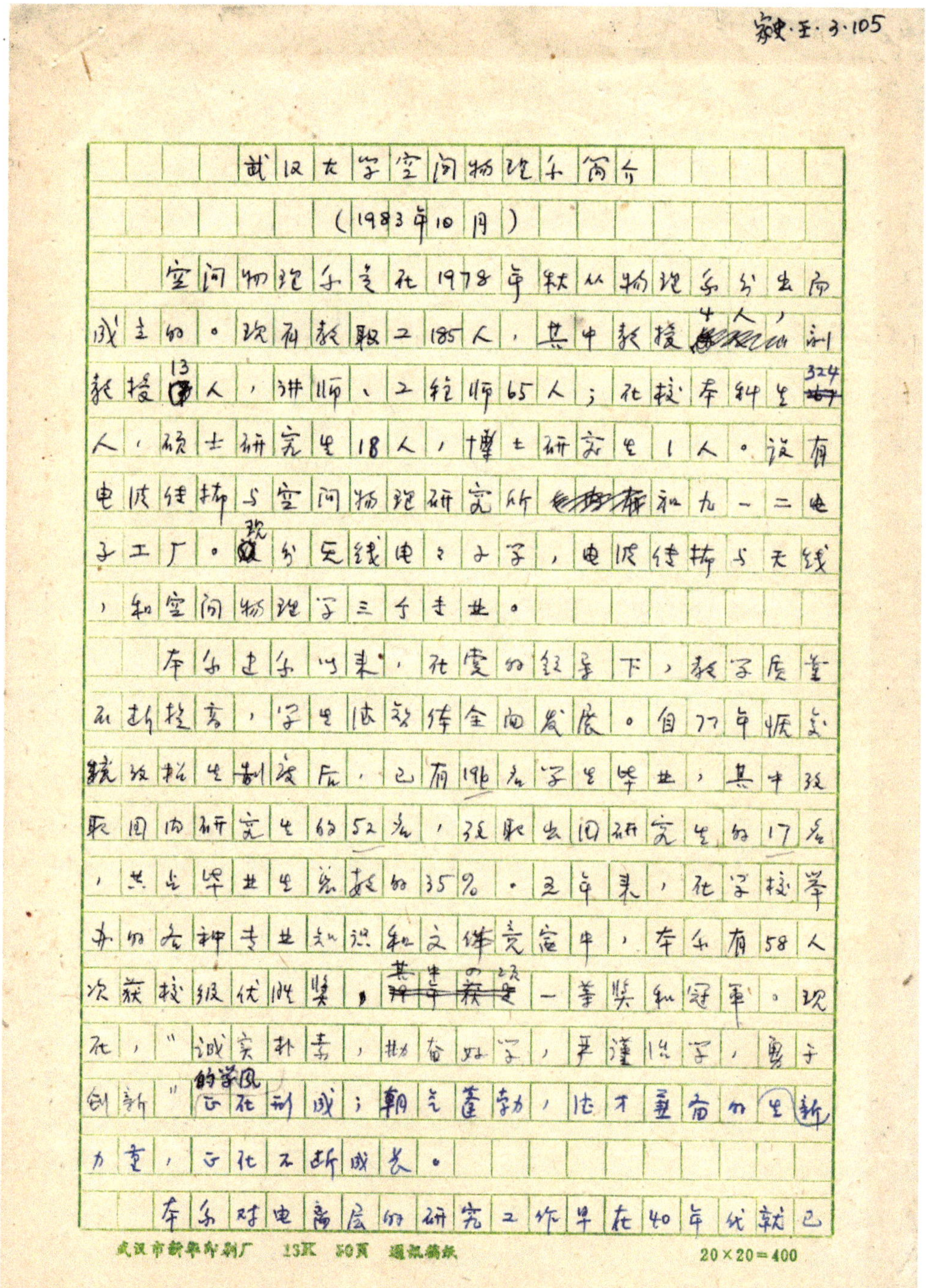

武汉大学空间物理系简介

（1983年10月）

空间物理系是在1978年秋从物理系分出而成立的。现有教职工185人，其中教授4人，副教授13人，讲师、工程师65人；在校本科生324人，硕士研究生18人，博士研究生1人。设有电波传播与空间物理研究所和九一二电子工厂。现分无线电电子学，电波传播与天线，和空间物理学三个专业。

本系建系以来，在党的领导下，教学质量不断提高，学生德智体全面发展。自77年恢复统一招生制度后，已有196名学生毕业，其中考取国内研究生的52名，考取出国研究生的17名，共占毕业生总数的35%。五年来，在学校举办的各种专业知识和文体竞赛中，本系有58人次获校级优胜奖，其中的一些一等奖和冠军。现在，"诚实朴素，勤奋好学，严谨治学，勇于创新"的学风正在形成；朝气蓬勃，德才兼备的新生力量，正在不断成长。

本系对电离层的研究工作早在40年代就已

武汉市新华印刷厂 13K 50页 通讯稿纸 20×20=400

开始。30年代首次在我国进行大范围地磁巡测
的桂质廷先生，1946年在我校建立了一个电离
层观测站。当时对F_2层临界频率随地磁纬度变
化的研究，对E_2层的分析研究，对日食效应的
观测分析等多项工作，甚受国内外注意。50年
代，在党和政府的关怀下，与中国科学院地球
物理研究所合作，在武昌新建了一个电离层自
动观测站（现属武汉物理研究所）和一个地磁
台（现属国家地震局）。同时，在苏联专家的
帮助下，对电离层开展了漂移、吸收等多方面
的理论研究，有的达到或接近当时国际先进水
平。从60年代初开始研制的FXZ实时选频系统
设备，为通讯事业作出了贡献。当时研制的毫
微秒脉冲发生器，也在莱比锡国际博览会上展
出，受到好评。

近几年来，科研工作不断发展，一方面以
电离层为基础，研究范围向日地空间和中层大
气双向延伸；一方面又在注重基础理论的同时
，强调为国民经济服务。在短波实时选频与预
报系统，核爆炸电波传播效应，低电离层物理

武汉市新华印刷厂　16K　50页　通讯稿纸　20×20=400

，电磁波在等离子鞘套中的传播，10GHz以上电波的传播，低纬哨声研究，卫星信标闪烁，圆锥导体上开槽天线研究，太阳活动对电离层和磁层的影响，地磁脉动，以及图象信息处理，信源编码，模糊函数，微处理机在生产中的应用，工业电机系统等方面的工作，都取得了可喜的成果。其中，实时遥感系统，低纬哨声，低电离层物理，10GHz以上电波传播，电磁场理论与天线，微处理机应用，以及工业电机系统等项研究，均有一些特色，较受有关方面的重视。

本系国际交往亦较频繁，78年以来，先后有十余名教师出国考察、进修和参加学术会议，邀请了H.G.Booker等数十名外国学者来校进行学术交流。这些活动对提高教学科研水平和活跃学术空气起到了很大的促进作用。

在校党委的领导下，本系师生正进一步振奋精神，埋头苦干，力争为四化建设作出新的应有的贡献。

武汉市新华印刷厂 16K 50页 通讯稿纸 20×20=400

为迎接新的技术革命空物系拟采取的若干措施报告

王曦按(2017 年 2 月 7 日)：

此手稿是父亲为推动空间物理系的工作更好地与新的技术革命相结合而起草。它提出了一系列具体措施，涵盖了教学、科研、管理、社会服务等方面。

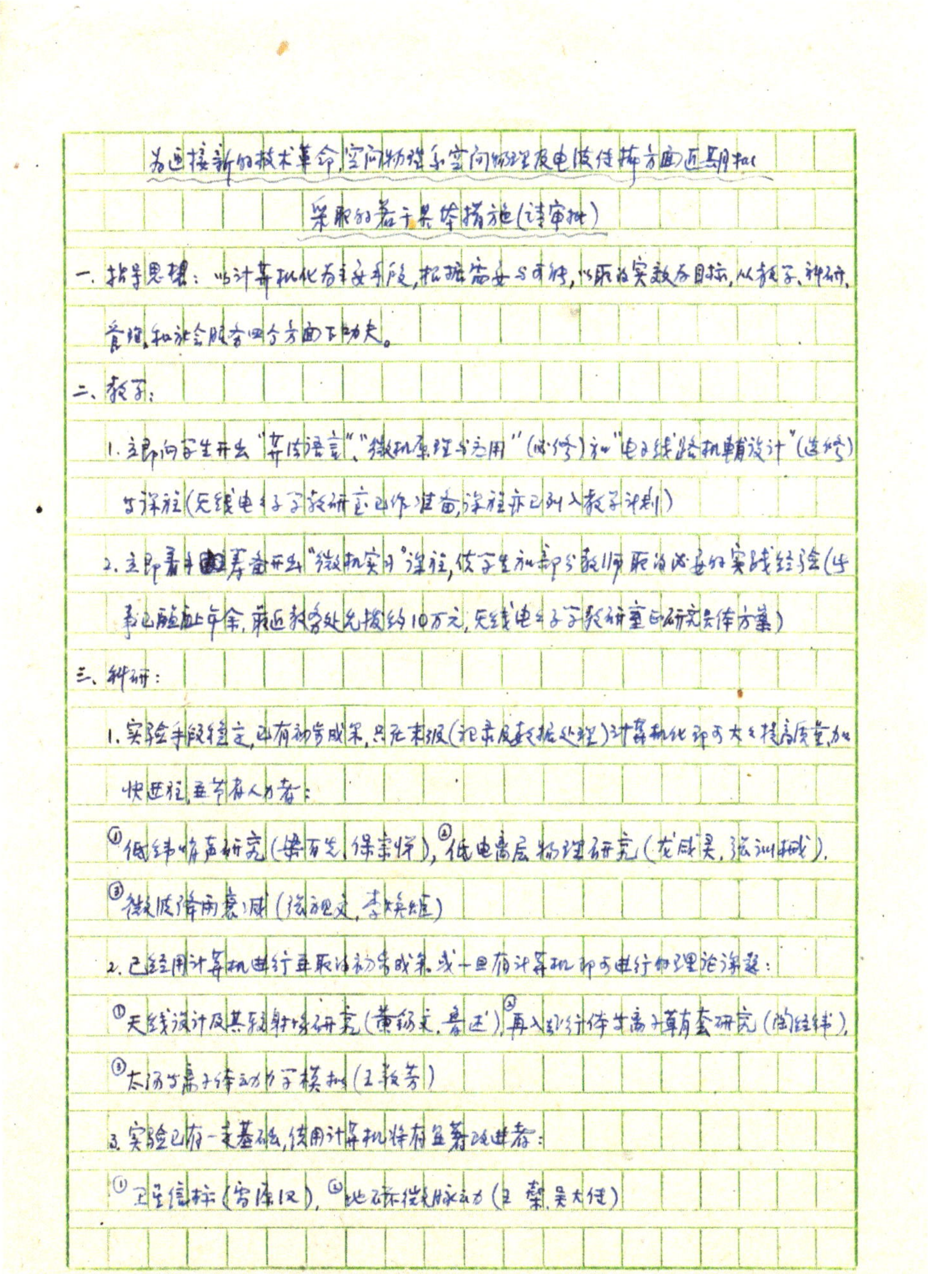
为迎接新的技术革命，空间物理系（空间物理及电波传播方面）近期拟采取的若干具体措施（请审批）

一、指导思想：以计算机化为主要手段，根据需要与可能，以取得实效为目标，从教学、科研、管理和社会服务四个方面下功夫。

二、教学：

1. 立即向学生开出"算法语言"、"微机原理与应用"（必修）和"电子线路机辅设计"（选修）等课程（无线电电子学教研室已作准备，课程亦已列入教学计划）

2. 立即着手筹备开出"微机实习"课程，使学生和部分教师取得必要的实践经验（此事已酝酿年余，最近教务处允拨约10万元，无线电电子学教研室正研究具体方案）

三、科研：

1. 实验手段稳定，已有初步成果，只在末级（记录及数据处理）计算机化即可大大提高质量，加快进程，並节省人力者：

①低纬电离层研究（梁百先、保宗悌），②低电离层物理研究（龙咸灵、张训械），③微波降雨衰减（张忆文、李焕瑛）

2. 已经用计算机进行並取得初步成果或一旦有计算机即可进行的理论课题：

①天线设计及其辐射场研究（黄绍文、鲁述），②再入飞行体等离子鞘套研究（陶继伟），③太阳等离子体动力学模拟（王敏芳）

3. 实验已有一定基础，使用计算机将有显著改进者：

①卫星信标（肖庆汉），②地磁微脉动（王荣、吴大健）

武汉市群华印刷厂 16K 50页 通讯稿纸 20×20=400

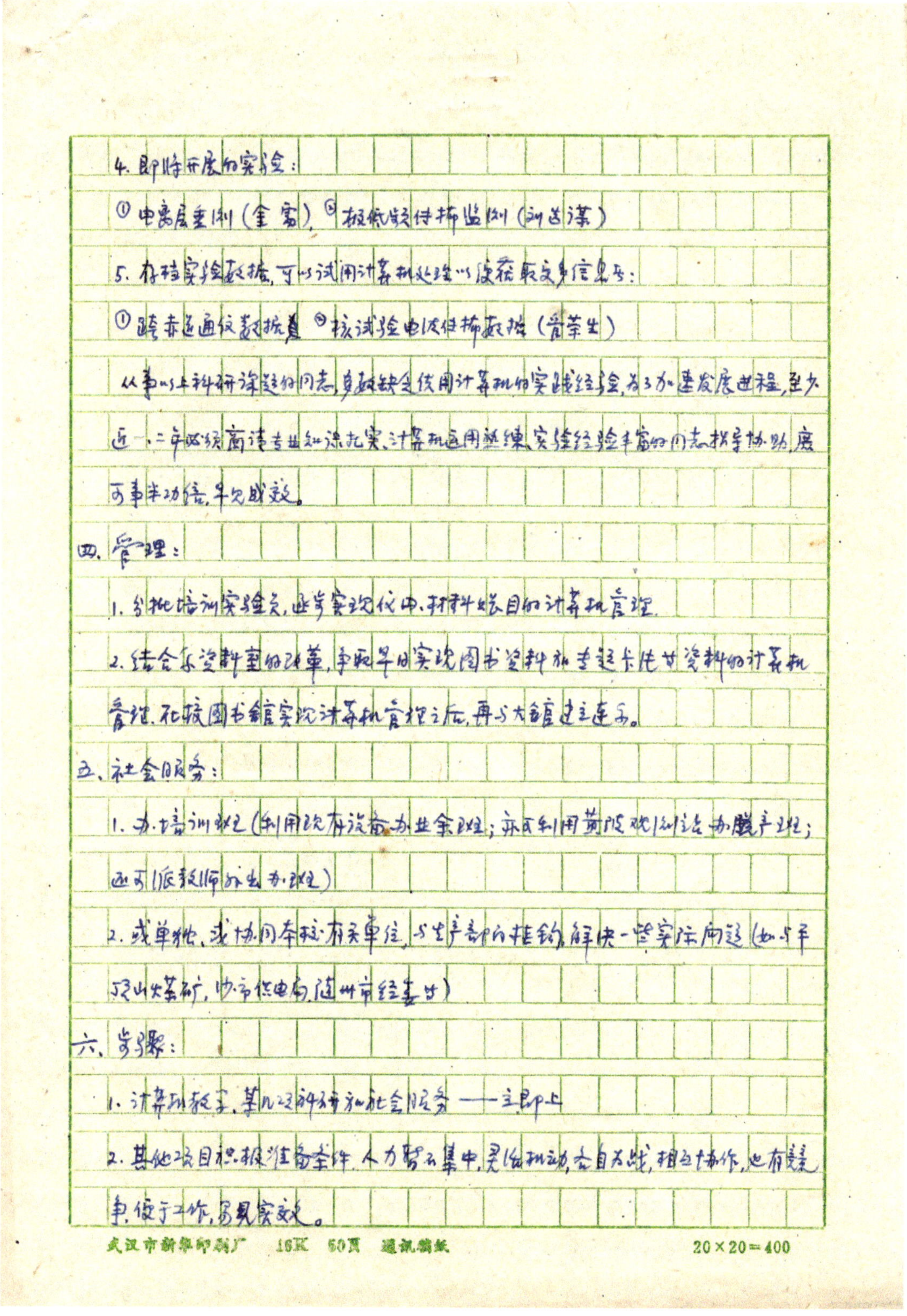

4. 即将开展的实验：

① 电离层垂测（金富），② 极低频传播监测（刘选谋）

5. 存档实验数据，可以试用计算机处理以获取更多信息者：

① 跨赤道通信数据处理 ② 核试验电波传播数据（肖荣生）

从事以上科研课题的同志，多数缺乏使用计算机的实践经验，为了加速发展进程，至少近一、二年必须商请专业知识充实、计算机运用熟练、实验经验丰富的同志指导协助，庶可事半功倍，早见成效。

四、管理：

1. 分批培训实验员，逐步实现仪器、材料帐目的计算机管理。

2. 结合系资料室的改革，争取早日实现图书资料和专题卡片等资料的计算机管理，在校图书馆实现计算机管理之后，再与大馆建立连系。

五、社会服务：

1. 办培训班（利用现有设备办业余班；亦可利用暑假或寒假办脱产班；还可派教师外出办班）

2. 或单独，或协同本校有关单位，与生产部门挂钩，解决一些实际问题（如与平顶山煤矿、沙市供电局、随州市经委等）

六、步骤：

1. 计算机教学、某几项科研和社会服务——立即上

2. 其他项目积极准备条件，人力暂不集中，灵活机动，各自为战，相互协作，也有竞争，便于工作，易见实效。

武汉市新华印刷厂 16K 50页 通讯稿纸 20×20=400

空物系82级研究生分配问题

王曦按(2017年2月7日):

这是父亲保留的当年为解决82级研究生的毕业分配问题而提出的方案的手稿。从这个材料的最后一部分(感想)可见,对这个问题在校内和系内有不同意见甚至指责,父亲的两点感想凸显其光明磊落的风骨和敢于担当的精神。这也许是王家家风的显露吧。

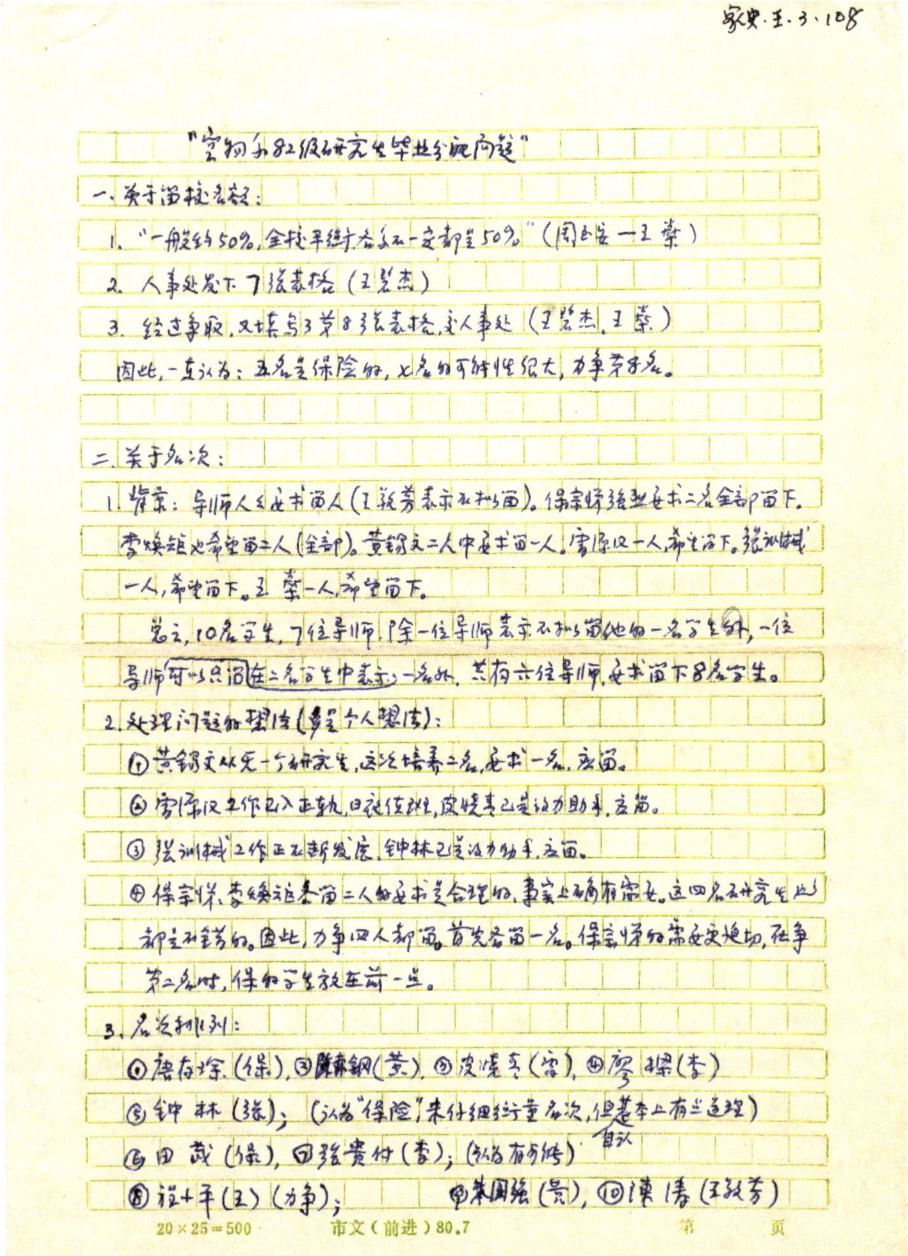
家史·王·3·108

"空物系82级研究生毕业分配问题"

一、关于留校名额:

1. "一般约50%,全校平衡后不一定都是50%"(周以良—王棨)

2. 人事处发下7张表格(王岩杰)

3. 经过争取,又填写了第8张表格,交人事处(王岩杰,王棨)

因此,一直认为:五名是保险的,七名的可能性很大,力争第八名。

二、关于名次:

1. 背景:导师人人要求留人(王敬芳表示不打算留)。保宗悌张烈要求二名全部留下。李焕铭也希望留二人(全部)。黄锡文二人中要求留一人。雷际汉一人,希望留下。张训械一人,希望留下。王棨一人,希望留下。

总之,10名学生,7位导师。除一位导师表示不打算留他的一名学生外,一位导师可以只留在二名学生中表示一名外,其余六位导师,要求留下8名学生。

2. 处理问题的想法(多是个人想法):

①黄锡文从无一个研究生,这次培养二名,要求一名,应留。

②雷际汉工作已入正轨,日夜值班,皮晓亭已是得力助手,应留。

③张训械工作正在新发展,钟林已是得力助手,应留。

④保宗悌、李焕铭各留二人的要求是合理的,事实上确有需要。这四名研究生也都是很优秀的。因此,力争四人都留,首先各留一名。保宗悌的需要更迫切,在争第二名时,保的学生放在前一些。

3. 名次排列:

①唐有棕(保),②聂素钢(黄),③皮晓亭(雷),④廖操(李)

⑤钟林(张);(认为"保险",未仔细衡量名次,但基本上有些道理)自认

⑥田戟(保),⑦张贵付(李);(认为有可能)

⑧祖十平(王)(力争); ⑨朱国强(黄),⑩陈倩(王敬芳)

20×25=500 市文(前进)80.7 第 页

三、现状：

1. 上述各位各导师早已知道（有的参加了会，有的会后告知），单以为可留五名，除保宗烨仍有意见外，别人并无强烈意见。

2. 前此通知"四名"后，立即向学校提出要求增加一名，未得结论。

四、建议是：

1. 增留一名。

2. 由学校决定留哪四名。（本人认为，不要再继续更改原决定。）

五、思想：

1. 对于原决定，本人认为，不存在"不正之风"，不存在"派性"。

2. 如果有人提出这类指摘，最好请他们以书面方式提出。

王棻 1985.3.16

关于开展国际学术交流的几点想法

王曦按(2016 年 9 月 11 日):

以下这份材料没有标题。母亲在清理父亲留下的文字资料时,在这份材料标注“1985 年”。因此这份材料应该是父亲在 1985 年写的一份发言提纲。它体现了父亲一贯实事求是的风格,其中不乏真知灼见。

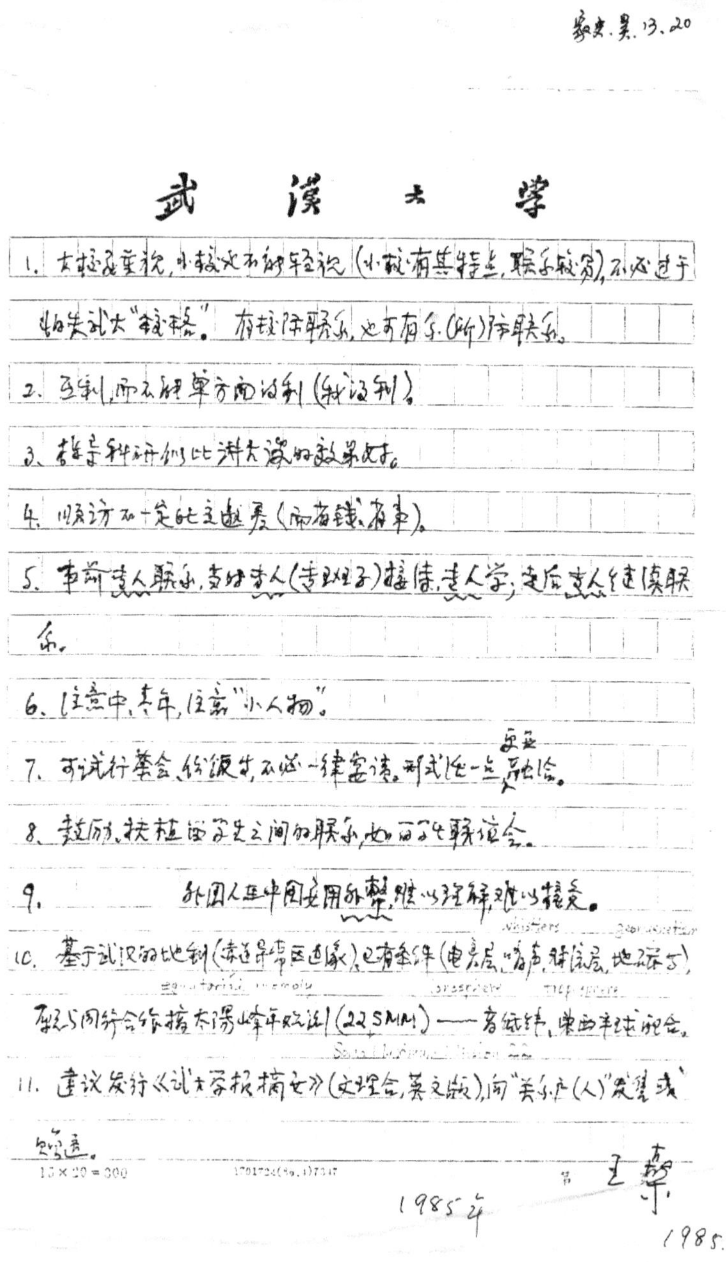
武汉大学

1. 大校应重视,小校也不能轻视(小校有其特点,联系较易),不必过于拘泥于大“校格”。有校际联系,也可有系(所)际联系。

2. 互利,而不是单方面的利(我们得利)。

3. 指导科研例比讲大课的效果好。

4. 回访不一定比主邀差(而省钱、省事)。

5. 事前专人联系,专门专人(专班子)接待,专人学,走后专人继续联系。

6. 注意中、青年,注意“小人物”。

7. 可试行茶会、冷餐会,不必一律宴请。形式随便一点,要显融洽。

8. 鼓励、扶植留学生之间的联系,如留学生联谊会。

9. 外国人在中国受用外汇,难以理解,难以接受。

10. 基于武汉的地利(赤道异常区边缘),已有条件(电离层、啸声、对流层、地磁等),召开国际会议结合太阳峰年的活动(22 SMY)——有组织、有计划地配合。

11. 建议发行《武大学报摘要》(文理合,英文版),向“关系户(人)”发赠或交换。

15×20=300 1701724(89.4)7347

王燊

1985年

1985

空物系(所)近期科研工作汇报(提要)

王曦按(2017年2月7日):

父亲起草的这份工作汇报,反映了当时空间物理系的各项工作欣欣向荣,发展态势很好。

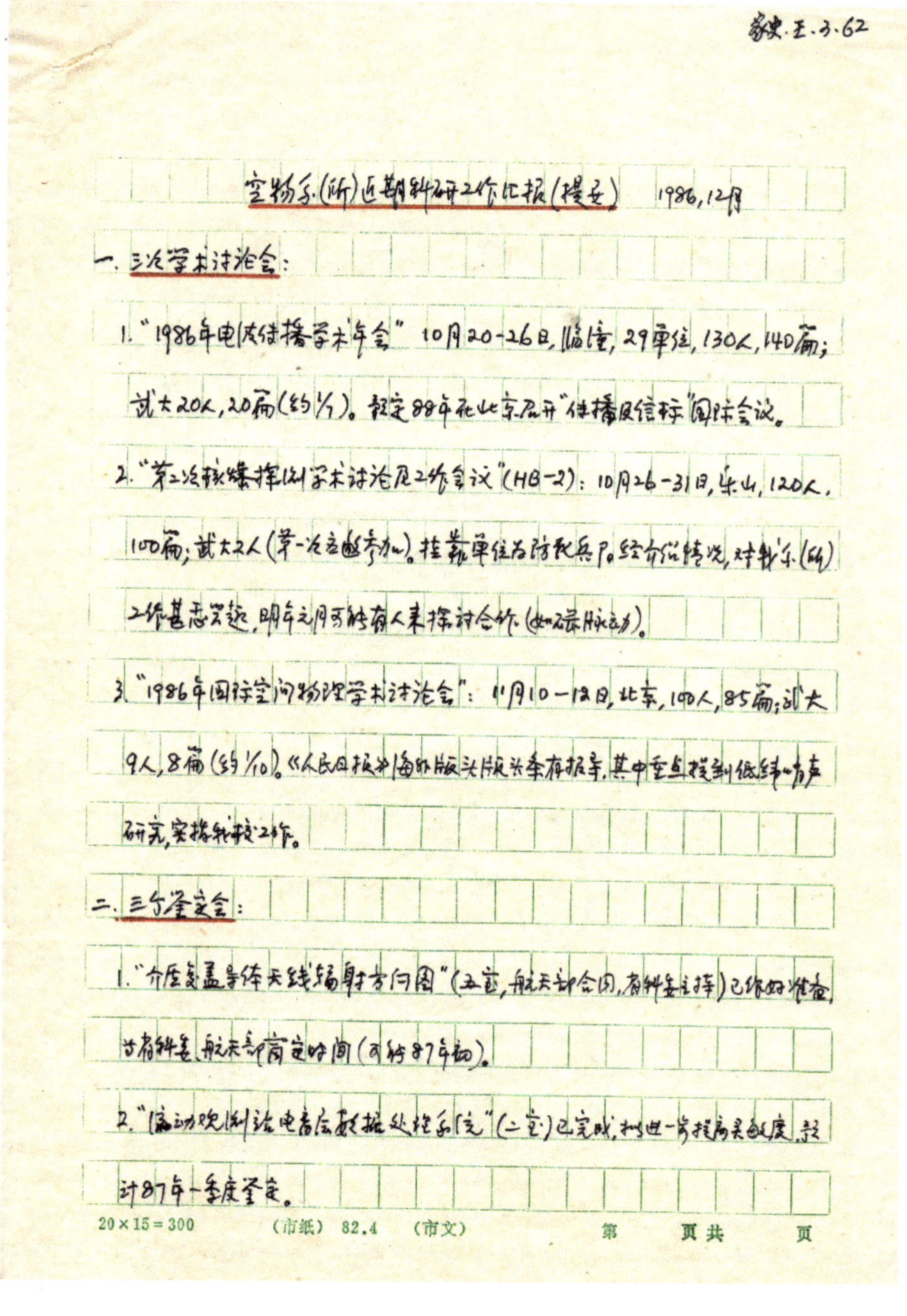

家史·王·3·62

空物系(所)近期科研工作汇报(提要)　1986,12月

一、三次学术讨论会:

1."1986年电波传播学术年会"10月20-26日,临潼,29单位,130人,140篇;武大20人,20篇(约1/7)。拟定88年在北京召开"传播及信标"国际会议。

2."第二次核爆探测学术讨论及工作会议"(HB-2):10月26-31日,乐山,120人,100篇;武大2人(第一次应邀参加)。挂靠单位为防化兵部。经介绍情况,对我系(所)工作甚感兴趣,明年元月可能有人来探讨合作(如次声脉动)。

3."1986年国际空间物理学术讨论会":11月10-12日,北京,100人,85篇;武大9人,8篇(约1/10)。《人民日报》海外版头版头条有报道,其中重点提到低纬电离层研究,实验和教学工作。

二、三个鉴定会:

1."介质复盖导体天线辐射方向图"(五室,航天部合同,省科委主持)已作好准备,正等省科委、航天部商定时间(可能87年初)。

2."流动观测站电离层数据处理系统"(二室)已完成,拟进一步提高灵敏度,预计87年一季度鉴定。

20×15=300　(市纸) 82.4　(市文)　第　页共　页

3."地磁脉动数据实时处理系统"（六室），已完成，正试用，同时进行硬件组装和鉴定材料准备。预计87年第一季度鉴定。

三、一项大型综合观测（"低纬度地空间物理综合观测"）：太阳22峰年全国（国际）合作的一部分（预测87年2月为黑子极大期，即22周起点）。5—10天，争取1/15—3/15（其中包括2月全月，但不包括春节），广州/湛江/海口/江门未定。各课题自愿参加，人员、费用自理（"大锅"象征性补助，聊示鼓励）。统一观测时间，记录交系（所）整理印发。

四、两项国际合作：

1."低纬哨声研究"（与京都大学合作，Hayakawa；六室）：合作科研，共同培养博士生。对方赠送哨声接收设备，我方派二名博士生到该校进修，对方派人到我校进修。

2."武汉—巴黎电离层信道特性研究"（与巴黎11大合作，Gouteland；二室）：原已签署初步协议（据说教委已批）。交换电离层传播情况，学术交流，学者交流，对方以优惠价提供先进设备，数据共享。Gouteland教授本月28日到校，讲学、谈判，系（所）正在校领导和有关单位支持下进行各项准备；并拟建议以中法合作名义向欧洲共同体申请科技开发资助。

20×15=300　（市纸）82.4　（市文）　第　页共　页

五、关于"863计划"：

1. 中科院召开"空间站应用"讨论会（咨询性、权威性），我系（所）有一位著名专家，决定由保宗悌老师出席（87年元月，北京）。

2. 根据国防科工委函（李焕祖老师曾去联系），我系（所）推荐（梁、龙二老署名）黄锡文、保宗悌、侯杰昌、李焕祖等分别作为"航天"和"先进防御系统"专家委之候选人。

3. 向系（所）研究室主任、课题负责人传达了文件精神，讨论热烈，初步认为在生物工程、航天、信息、防御系统方面均可效劳。

六、申报自然科学奖：

拟报"电离层及电波传播"和"低纬哨声"两项，正收集材料和编写初稿。

以上全係个人意见，未经系（所）讨论，谨供参考指正。

20×15=300　（市纸） 82.4　（市文）　第　页共　页

三封日本学者的来信

王曦按(2016 年 12 月 27 日)：

父亲保留了一些外国学者的来信。以下是三封日本学者的来信。从信中可见在父亲的领导下，武汉大学空间物理系的国际学术交流活动十分活跃。

家史·王·3.41

KAKIOKA MAGNETIC OBSERVATORY
KAKIOKA, YASATO-MACHI,
NIIHARI-GUN, IBARAKI-KEN, 315-01, JAPAN

March 9 1987

Dr. Wang Shen
Space Physics Department
Wuhan University
Wuhan China

Dear Wang Shen

It was very pleasure to meet you at IAGA assembly at Hamburg in 1983.
Now we are going to have the next IAGA assembly at Vancouver in Canada on this August. I am looking forward to meet you again and to discuss with our research direction. We intend to build up a study based on the middle- and low-latitudes stations , as Japan and China. Enclosed manuscript is an example of such a study(sfe is one of the representative phenomena at middle- and low-latitudes). If possible , we wish to promote such the study in cooperation with your group.
I intend to discuss with you or with your colleague about that problem , a method of data exchange for example ,at IAGA.
We (Kakioka Magnetic Observatory) believe that we must perform cooperation of the middle- and low-latitude stations(Japan and China) for the development of the magnetoshperic physics and aeronomy.

I am looking forward to your response to our proposal.
Also I am looking forward to meet you again at Vancouver.

Sincerey Yours
桑島正幸
Masayuki Kuwashima

家史·王·3·50

RESEARCH INSTITUTE OF ATMOSPHERICS

NAGOYA UNIVERSITY
TOYOKAWA, 442, JAPAN

YOUR REFERENCE:
OUR REFERENCE:

GEOGRAPHIC COORDINATES: N34 50, E137 22
GEOMAGNETIC COORDINATES: 24.1 203.2

22nd April, 1987

Prof.Shen Wang

Head,Department of
Space Physics
Wuhan University
Wuchang, Hubei
The Peoples' Republic of China

Dear Prof.Wang,

Thank you very much for your letter of 18th March.

I will write to you in this letter on our collaboration on low-latitude whistlers with Prof.Liang's group. First of all,two young scientists from your department,Messrs Tian and Tang,are working very hard so that I believe that each of them will be able to publish at least one paper on the direction finding for low-latitude whistlers at the end of their stay in Japan. Secondly,we are now discussing the observational plan on low-latitude VLF waves in your country next January. Also,we will have the detailed communication on this topic with Prof.Liang shortly.

I hope that you could give us your greatest support to our collaboration so as to result in our fruitful contribution to the magnetospheric physics. Personally,I have just begun to extend my study so as to include other frequency ranges such as ULF and HF. In the ULF,we are going to start the direction finding for micropulsations,which would be of some interest to you.

With best regards,

Sincerely yours,

早川正士

Dr.Masashi HAYAKAWA

Telephone : 05338—6—3154   Telex : 4322311

档史·王·3·42

RADIO ATMOSPHERIC SCIENCE CENTER
KYOTO UNIVERSITY
UJI, KYOTO 611, JAPAN

PHONE 774-32-3111
TELEX 5453665 RASCKU J
TELEGRAM RASCKU

December 11, 1987

Professor Wang Shen
Institute of Radio Propagation
and Space Physics
Wuhan university
Wuhan
China

Dear Professor Wang:

Please accept my apologies for delaying so long in writing to you. Many things have intervined as my trips domestic and abroad (to Boston, USA) after I returned home from China. I would like to take this opportunity to thank you for the greatest hospitality extended to me for my visit to Wuhan.

I was very much impressed by the scientific activity on space physics at your Department. Also, discussions with the faculty members on various scientific subjects were indeed pleasant and exciting for me, as was the wonderful Chinese style dinner specially prepared for me at the University Guest House, all of which I shall long remember. All people of your group whom I met in the Department were earnest and well educated. I hope your Department will be as prosperous as it has been.

Please extend my sincere thanks to all of your staff whom I met at your Department. Especially, I would like to thank Mrs. Chuo Shao Chin for her perfect arrangement for my visit to Wuhan. Once again, many thanks for making my visit to Wuhan so remarkable.

With best regards,

Sincerely yours,

Shoichiro Fukao

Enclosures

P.S. I would very much appreciate it if you could tell Dr. Lei Yuan-han on future operation of ETS-II. According to Dr. H. Minakoshi of Radio Research Laboratory, Tokyo, ETS-II will be operated 4-5 years from now while the fuel is expected to be available. However, it may well be that the satellite cannot survive until the end of the term since it has already become so old and obsolete.

我个人的想法

王曦按(2016 年 9 月 11 日)：

以下这份材料是父亲的手稿，内容为关于研究工作的一些想法和建议。其中“提到电层传播想到武大，提到武大想到电离传播”一句，包含着他对为之奉献一生的武汉大学及其电离层研究的深情。

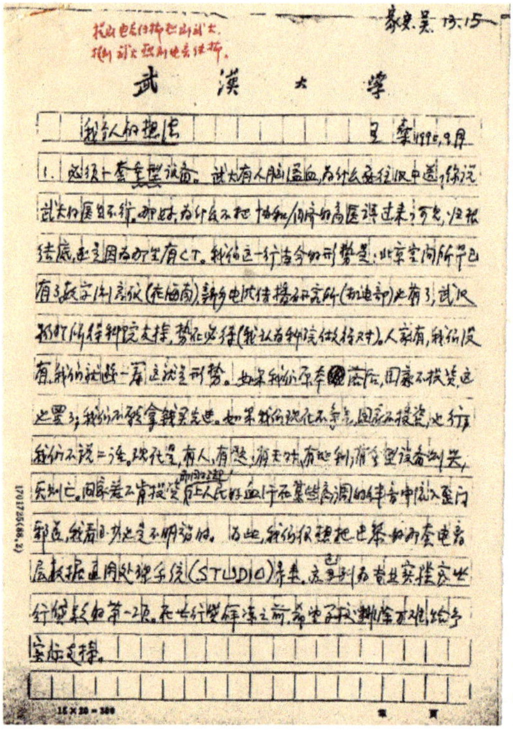

提到电层传播想到武大，提到武大想到电离传播。

武汉大学

我个人的想法　王燊 1990.9月

1. 必须上一套完整设备。武大有人脑溢血，为什么要往汉中送？你说武大的医生不行，那好，为什么不把协和/同济的高医请过来？可见，归根结底，主要因为那里有CT。我们这一行当今的形势是：北京空间所早已有了数字测高仪(在海南)，新乡电波传播研究所(机电部)也有了，武汉物理所得科院支持，势在必得(我认为科院做得对)。人家有，我们没有，我们就退一步，这就是形势。如果我们原来落后，国家不投资，这也罢了；我们不能拿钱买先进。如果我们现在不争气，国家不投资，也行，我们不说二话。现在是有人，有题，有天时，有地利，有宇空设备测试，条件已。国家若不肯投资而让人民好血汗在某些高调的体育中心入室门部运，我看目前也是不明智的。为此，我们很想把这笔钱争取一套电离层数据处理系统(STUDIO)引来。这是列为专业实践实验行发展的第一项。在此行发展之前，希望学校方面给予实际支持。

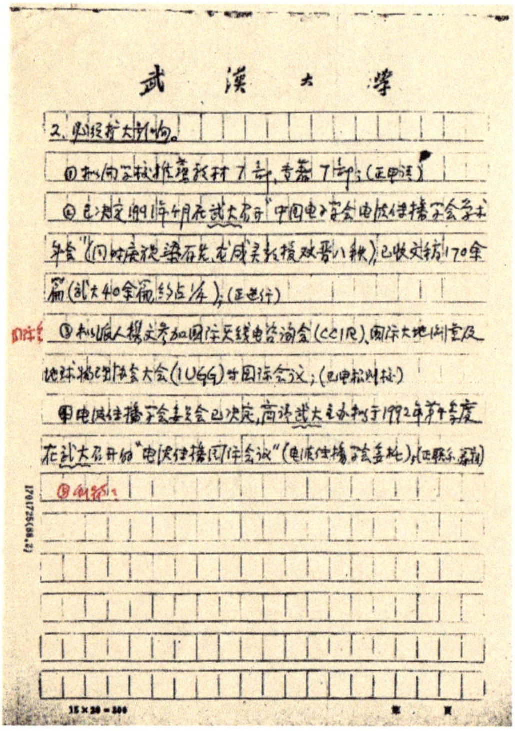

武汉大学

2. 必须扩大影响。

①拟向学校推荐教材7部，专著7部；(正申请)

②已决定1991年4月在武大召开“中国电子学会电波传播学会学术年会”(同时庆祝梁百先、李咸吴教授双寿八秩)，已收文稿170余篇(武大40余篇，约占1/4)；(正进行)

国际：③拟派人赴美参加国际无线电咨询会(CCIR)、国际大地测量及地球物理协会大会(IUGG)等国际会议；(已申报外批)

④电波传播学会委员会已决定，商请武大主办将于1992年第4季度在武大召开的“电波传播国际会议”(电波传播学会主办)，(正联系筹备)

⑤创新：

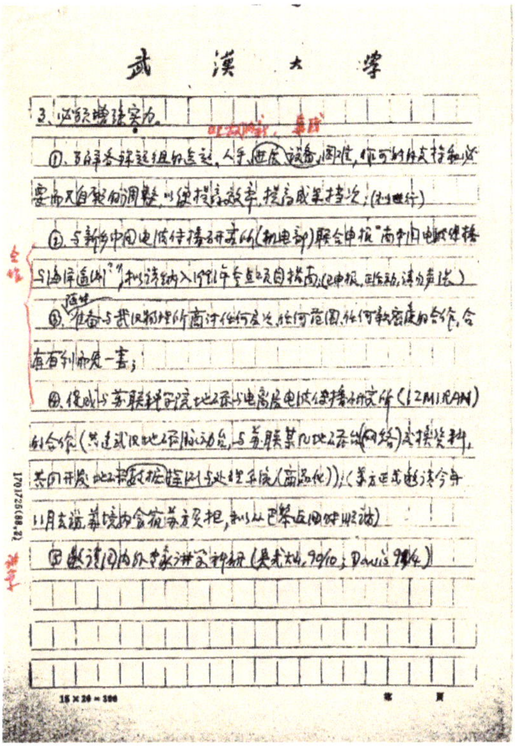
武汉大学

3、必须增强实力。

①、目前本系科研组织分散，人手、（经费）设备困难，很可能要有支持和必要而又自愿的调整，以便提高效率，提高成果档次；（正在进行）

②、与新乡中国电波传播研究所（机电部）联合申报"南中国电波传播与海洋通讯"，拟请纳入"八五"重点项目指南；（已申报，正在活动，请多声援）

③、准备与武汉物理所商讨任何层次、任何范围、任何程度的合作，合并有利而无一害；

④、促成与苏联科学院地磁与电离层电波传播研究所（IZMIRAN）的合作（共建武汉地磁台站，与苏联某几地磁台站（网络）交换资料，共同开发地磁数据处理手段（商品化））；

⑤、邀请国内外专家讲学和研究（吴式如，90/10；Davis 90/4）

15×20=300 第 页

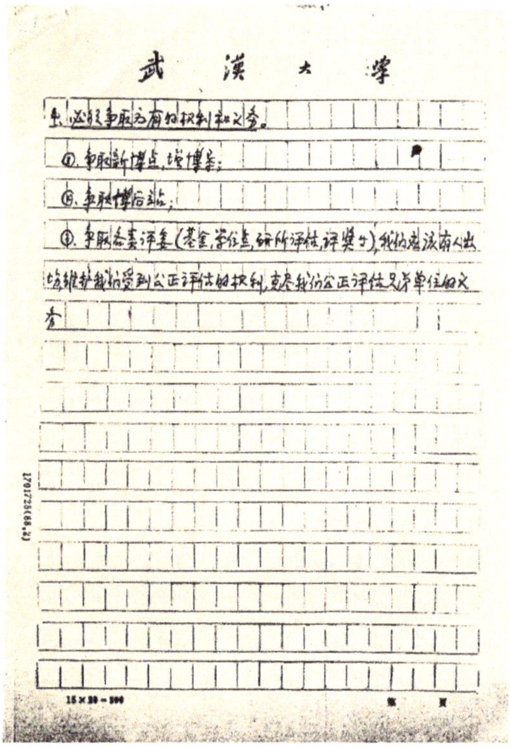
武汉大学

5、必须争取应有的权利和义务。

①、争取新博士点、增博导；

②、争取博士后站；

③、争取各类评比（基金、学位点、院所评估、评奖等），我们应该有人出场维护我们受到公正评估的权利，克尽我们公正评估兄弟单位的义务

15×20=300 第 页

汇报摘要

王曦按（2016年9月11日）：

作为系、所领导，父亲一贯高度重视争取资金，改善科研条件和提出重大研究项目建议。以下这份材料，从内容上看，是一份发言提纲，其核心内容有两点：一是争取从法国引进电离层数据通用处理系统，二是提出电波频率资源开发重大课题。

父亲在这个发言中提出了一些重要的观点，如"电波传播与空间物理既有区别又不可分。电波是认识空间的手段，空间是电波传播和发挥作用的场所。'就是一件事'或'完全两码事'的观点，都不对"、"电离层是电波传播和空间物理研究的关键。它是地球的一层软外壳。内外联系从它穿过，受它调制。名称老，内容不断出新。空间时代、地外能源问题的解决，它是关键"、"有好窝才会来好鸟，有好的工作环境，国内和滞留国外的志愿者才肯光临，事业才会兴旺发达"。

[illegible] 12.10

武汉大学

汇报提要　　王燊 1990,5,14

欢迎，感谢；希望批评、指导、支持。

1. 电波传播与空间物理既有区别又不可分。电波是认识空间的手段，空间是电波传播和发挥作用的场所。（就是一件事／完全两码事 }都不对。）

2. 电离层是电波传播和空间物理研究的关键。它是地球的一层较外壳。内外联系从它穿过，受它调制。（名称老，内容不断在翻新。空间物理、日地空间整个领域，它是关键。）

3. 电离层研究始于二十年代中期。我国从三十年代中期开始。桂质廷、梁百先二位先生在我校；四十年代发展壮大，研究人员最多、持续时间最长的单位是我校；桂、梁、龙咸灵是重要带头人。桂师1961去世，梁、龙明年双双八旬大庆。（[illegible]）

系（所）现有教职工共101人，其中高级35人（60以上4人，50/60 18人，40/50 13人），中级30人

在校本科生134人，硕士生29人，博士生7人。学生分配情况尚好，经过努力，人人有去处（有些单位需要，学生还不愿去），单位反应良好，认为"老实，肯干，有后劲"。到国外攻博的不少。（教学、科研 > 两个主战场。前者主要靠教委重视。）

1706032　　15×20=300

武 漢 大 學

4. 每年同时分头约进行20多个课题。资助来源有：自然科学基金（按课题数计，约25%），博士点（约20%），部委或其他横向（约20%），学校（约20%）。

申请基金的困难{分工会 / 一个小组（数理、地、信、多 通信部 / 航天部 / 机电部

研究内容归于三大类：空间物理，电波传播，电磁场理论及应用。参加人员有重叠。

5. ① 1986，电波传播会（临潼）：29单位，130人，140篇；武大20人，20篇（约1/7）（14.2%）

② 1986，空间物理国际会（北京）：100人，85篇；武大9人，8篇（约1/10）9.4%

③ 1987，9/23日环食：武大出动约50人，11项观测，武昌、黄陂、上海、广州四地13个测点（国内一单位测项、测点最多者）

④ 1988，传播国际会（北京）：国内77篇；武大14篇（18.2%）；参加会议19人，6人参加会议工作（包括副主席一人）；二人获优秀青年科学家资助（占1/6）。在婉言辞谢的条件下（因无钱接待），仍有6—7位外国同行来校顺访。

武 汉 大 学

……可是，在自然科学基金、博士点、重点学科、重点实验室、专业实验室、科技进步奖、自然科学奖等各种各样的评审委员会中，系（所）竟无一名委员。特呼请关注。

6. 设备亟待充实、更新。在老师带动下，系（所）有自制设备的传统（和优势），40年代的垂测仪，50年代的编码仪、吸收仪，60年代的返回斜测仪、自动返回斜测仪，70年代的哨声接收仪，80年代的卫星信标接收仪，哨声定向仪等等，都是自己动手研制或仿制的。现在各项观测都已配上微机，采集及处理数据。 学校出了大力。投资（空间物理资助了大力。） （因附材料2套）

但这跟不上形势和任务的需要，象个只有听诊器和X光机的医院。如果连胃镜、B超之类也不赶紧配置，真是无法过日子。

这次拟从巴黎引进"电离层数据通用处理系统"（STUDIO）（1987已草签协议，并已列为专业实验室第一项，18.5万美元），务希领导大力促成。

有好窝才会来好鸟，有好的工作条件，国内和海外的英杰良才肯光临，事业才能兴旺发达。

7. 想提出"电波环境资源开发"作为1991的一项重大课题。电视、电话、

1708032 15×20=300

武 汉 大 学

广播、电视、导航、卫星通信、遥测遥控、交通、经济、国防各方面事业，只要用到电波，就涉及"用哪个波段"的问题。要稳、要准、要多、要快，又要不互相干扰，这就要搞清楚传播介质的状况。这既涉及电离层，又涉及空间物理。正与我们多年来的工作对口。可以厚着脸说一句，就单一的一个单位而论，国内目前我们的基础和实力恐怕稍强一点。我们还有新乡22所（机电部），武汉物理所（科院），西安电信工程学院（机电部），北大（教委）也有关部分合作，我们有信心，希指点、支持。

另、标题要指正、补充。
回答问题。

介绍武大空间物理系和桂质廷先生的演讲胶片(英文)

王曦按(2016 年 12 月 12 日):

以下两张照片中,一是父亲保存的三扎演讲用胶片和文字底稿,皆为英文。文字底稿皆为父亲亲手用英文打字机打写。另一是从这三扎文件中抽出三页的照片,内容分别是桂质廷先生与宋百廉先生于 1938 年在武昌测得的电离层数据、1946 年 3 月和 8 月测得的地磁数据、桂质廷年谱(简,英文)的一部分(父亲起草并打字)。

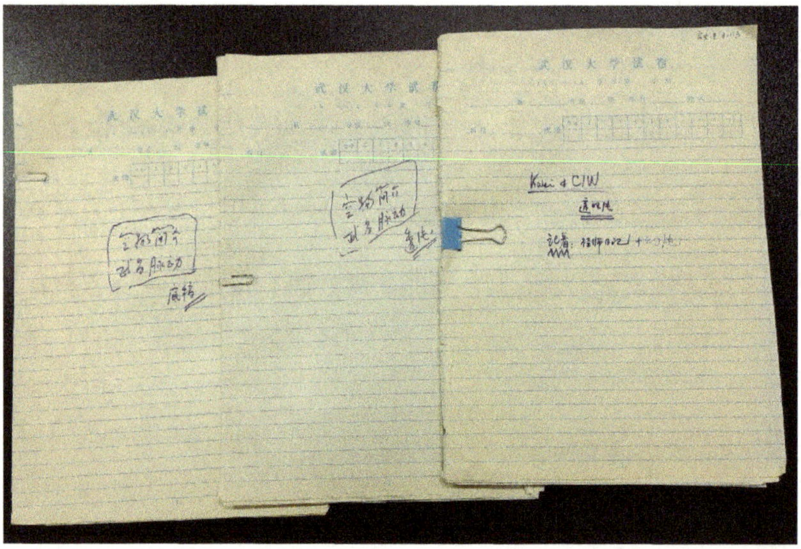

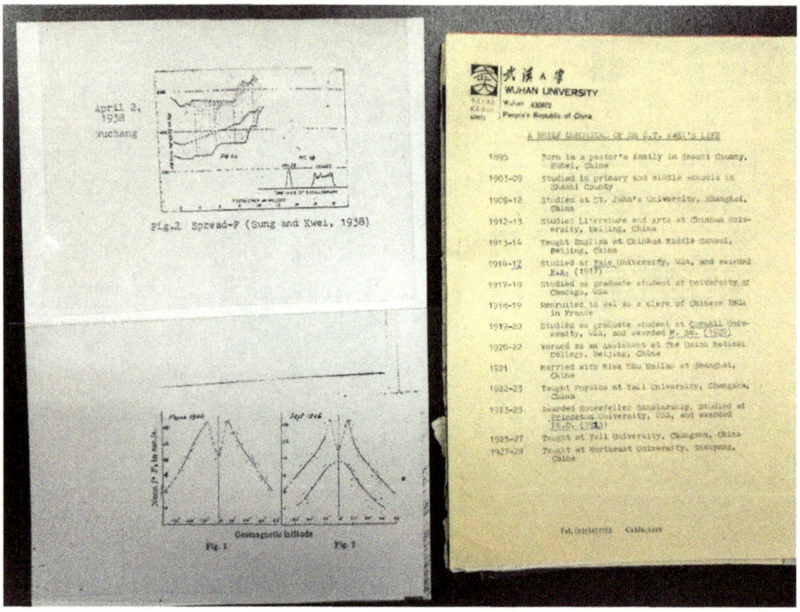

武汉大学电波传播及空间物理研究所及其所长王燊教授

王曦按(2016 年 9 月 12 日):

以下这份材料是父亲保存的一份用老式中文打字机打印的材料，内容是关于武汉大学电波传播及空间物理研究所和他本人的简介。这份材料简要记载了这个研究所的历史和父亲在学科建设方面做的工作。

武汉大学电波传播及空间物理研究所

及其所长王 燊教授

武汉大学电波传播及空间物理研究所是一个理论与实践并重、科研与教学并举的学术集体。这个所成立于1978年，而它的实际诞生却应追溯到1945年。当时，桂质廷教授访美归国，带回一项与美国标准局合作的前沿科研——电离层研究，同时带回了该项研究的主要设备——电离层观测仪。"武汉大学游离层实验室"就此诞生，并于1946年1月1日在四川乐山校内（1946年迁返武汉）投入正式观测。作为桂质廷、梁百先二位教授的研究生，王 燊当时参加了这项观测和研究。在这期间，梁百先探讨了"地磁控制"现象，龙咸灵观测总结了E_2层规律，桂质廷分析了1948年5月8日的日全食，这些都是具有开创性的成果。

新中国成立，这项工作备受重视和支持，设置无线电物理专业，培养本科生和研究生；邀请苏联专家V.D.Gusev博士来校讲学；与中科院地球物理研究所合作筹建武汉观象台和武汉地磁台。王燊作为专业秘书，在前辈的带领下作了不少工作。在这期间，这一研究集体自制设备，进行了偏振和吸收的实验，并开展了相关的理论研究。

50年代后期至70年代后期，这一集体在进行基础理论和实验观测的同时，着重发展了应用研究。他们自行设计和制作设备，开展了高频多卜勒探测、斜向返回探测等多种实验。据此总结的理论性和技术性成果，为电波传播科学和实际应用作出了有意义的贡献。在这期间，王　燊离开了这一集体，一段时间从事了公共英语教学，参加了一些外文文件、书籍和辞典的译校和编审。

１９７８年正式建立空间物理系和电波传播及空间物理研究所。王　燊这时重新回到这个集体。一方面熟悉业务，一方面准备教学和科研。他于１９８０年为研究生开了"日地关系"课程，随后又到美国Oakland大学进行了８个月的地面γ射线和地磁脉动方面的研究。１９８１年回国后组建了地磁脉动研究小组，进行了武昌地区地磁脉动特性的观测和理论探讨。参加了１９８７年９月２３日我国日环食这个所的１０个项目的联测，最近并与苏联科学院地磁电离层电波传播研究所（IZMIRAN）签订了合作协议。

王　燊１９８４年被任命担任这个所的所长。随着改革开放的深入，这个所的工作得到了较大的发展。设立了空间物理专业的硕士点和博士点，设立了无线电物理专业硕士点，空间物理专业并被定为重点学科。科研范围以电离层向下延伸到中性大气和海洋，向上延伸到磁层和日地空间，研究手段也较往时有所增加和改进。全所５０多位教师，在任教的同时，还以我国中、低纬为侧重点，每年大约进行前述范围以及电磁理论及应用等方面互有联系的２０多项课题的研究。只以这个所所承办的１９９１年４月中国电波传播学会学术年会为例，在《论文集》的200篇文章中，就有60篇出自这个所的作者。这个所的多年科研成果——"中、低纬电离层及电离层电波传播的研究"获得了1987年国家自然科学奖三等奖和国家教委科技进步奖一等奖。这个所目前与日本、法国、美国、加拿大、苏联、英国和西德等国的有关组织和同行专家有的有合作关系，有的有经常性的学术交往。例如与法国合作的"武汉——巴黎高频信道特性研究"便即将开始进行。近来，经过有关组织的评审，已获准成立重点专业实验室——电离室实验室。这样，研究内容和实验设备都将进一步充实和更新，这个所也将对我国的学术和社会发展作出更大的贡献。

武汉大学空间物理系暨电波传播及空间物理研究所简介

王曦按(2016 年 9 月 11 日):

父亲留下了一份一九九一年九月的《武汉大学空间物理系暨电波传播与空间物理研究所简介》。它比较详细地介绍了武汉大学空间物理系暨电波传播与空间物理研究所的历史和现状。其中提到 1990 年建立国家重点实验室——电离层实验室。它是在父亲担任空间物理系主任期间实现的。这份材料可以看作父亲担任系主任工作的答卷。他殚精竭虑,鞠躬尽瘁,团结同仁,圆满地完成了他的前辈交给他的学科建设重任,巩固和大大发展了武汉大学的空间物理和电波传播学科。以下是这份材料的图片。

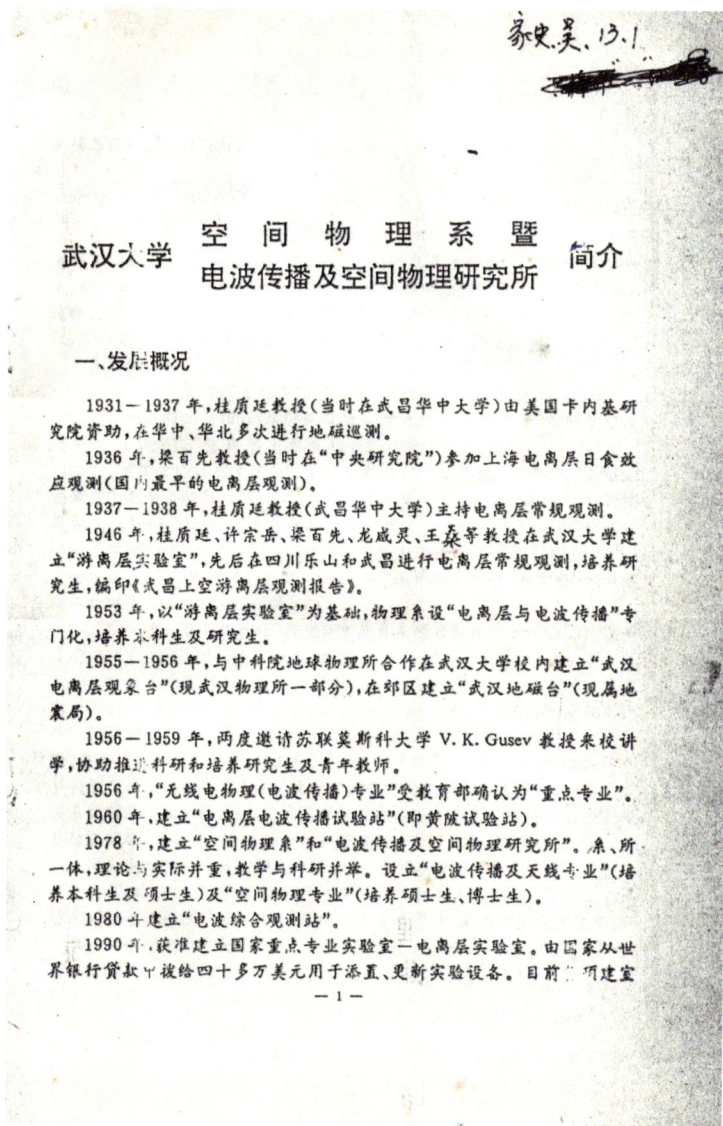

家史、吴、13.1

[redacted]

武汉大学 空间物理系暨 电波传播及空间物理研究所 简介

一、发展概况

1931—1937 年,桂质廷教授(当时在武昌华中大学)由美国卡内基研究院资助,在华中、华北多次进行地磁巡测。

1936 年,梁百先教授(当时在"中央研究院")参加上海电离层日食效应观测(国内最早的电离层观测)。

1937—1938 年,桂质廷教授(武昌华中大学)主持电离层常规观测。

1946 年,桂质廷、许宗岳、梁百先、龙咸灵、王燊等教授在武汉大学建立"游离层实验室",先后在四川乐山和武昌进行电离层常规观测,培养研究生,编印《武昌上空游离层观测报告》。

1953 年,以"游离层实验室"为基础,物理系设"电离层与电波传播"专门化,培养本科生及研究生。

1955—1956 年,与中科院地球物理所合作在武汉大学校内建立"武汉电离层观象台"(现武汉物理所一部分),在郊区建立"武汉地磁台"(现属地震局)。

1956—1959 年,两度邀请苏联莫斯科大学 V. K. Gusev 教授来校讲学,协助推进科研和培养研究生及青年教师。

1956 年,"无线电物理(电波传播)专业"受教育部确认为"重点专业"。

1960 年,建立"电离层电波传播试验站"(即黄陂试验站)。

1978 年,建立"空间物理系"和"电波传播及空间物理研究所"。系、所一体,理论与实际并重,教学与科研并举。设立"电波传播及天线专业"(培养本科生及硕士生)及"空间物理专业"(培养硕士生、博士生)。

1980 年建立"电波综合观测站"。

1990 年,获准建立国家重点专业实验室—电离层实验室。由国家从世界银行贷款中拨给四十多万美元用于添置、更新实验设备。目前[illegible]项建室

— 1 —

工作正按计划积极进行。

二、工作内容及成果

由于"系、所一体，教学与科研并举"，所以四十余年来，培养了1200多名有一定数理基础和无线电实验技能、以电离层电波传播为特长的本科生，约一百多名硕士、博士研究生，为有关的教学、科研、航天、广播、电视、通信、国防单位不断输送后继生力军。例如在"第四届全国电波学术会议"上，有在读本科生、研究生的29篇论文被录用。(会议论文总共120余篇)

在科研方面：

1. 有在艰苦条件下自制各项观测设备的传统：例如仿制成功"DTM—3型电离层垂测仪"(1952，后供武汉观象台使用)，研制成功"电离层电波偏振仪"(1957)，"电离层高频吸收仪"(1958)，"电离层返回斜测仪"(1962)，卫星信标接收系统(1969)，"电离层同步斜测仪"(1978)，"电离层高频多卜勒测量仪"(1979)，"FXZ实时选频系统"(1980)，"便携式VLF宽带接收机"(1983)，仿制"卫星信标偏振测量仪"(1983)，研制成功"地磁脉动信号实时处理系统"(1987)，"电离层垂测数据处理系统"(1987)和"VLF定向接收系统"(1989)等。目前，正在研制"高频海态雷达"和引进"电离层诊断处理系统"(STUDIO)等等。

2. 积累了大量实测资料：各项目有其自身的日常观测资料。此外，有一些有特点的观测，例如日食观测，1936年6月19日(上海)，1944年7月20日(四川乐山)，1948年5月9日(武昌)，1980年2月16日(云南瑞丽)，1981年7月31日(黑龙江漠河)，1983年6月11日(巴布亚新几内亚)，1987年9月23日(上海，武昌，黄陂，广州)都进行了单项或多项观测。例如1987年9月23日便进行了10个项目11个点的联合观测。另一个例子是核爆炸电离层效应及电波传播效应的观测和研究。从六十年代我国第二颗原子弹试爆开始，便在总参通信部的统一布置下参加了历次大气层核爆试验，先后有100多人次参加了该项工作。例如1980年的一次，本所就有七个项目按时进入预定地点，达到了预期目的。再如，1978年参加了我国第四次远洋科学考察，用同步斜测仪和返回斜测仪在8060公里电路内进行电波传播和通信试验，取得了珍贵的资料，圆满地完成了任务。

3. 在国内外学术刊物、学术会议上发表论文400余篇，主要揭示了中、低纬电离层的某些特性。例如，与H. G. Booker异地同时观察、报导了扩展

F 层现象(1938),与 E. V. Appleton 异地同时用不同方法研究了电离层的"地磁控制现象"(即电离层赤道异常,1947)。首次系统观测总结了 E_2 层的规律(1947)。较早提出对于 Es、极光、地磁活动的研究以分高、中、低纬进行为宜的观点(1948)。较系统地总结了电离层电波折射、吸收、偏振的规律(50 年代)。总结了电离层不均匀性对高频波散射的规律(60 年代)。揭示了太阳活动区对低电离层的控制作用(60—80 年代)。在比人们预计地面接收哨声的截止纬度低得多的纬度上实测得哨声并对其传播机制作出了合理解释(80 年代)。总结了柱电子总量的全球分布和变化规律,探讨了 F_2 层峰上、下电子总量的相关(80 年代)。弄清了低空核爆炸产生的电离效应和电离层扰动效应,以及它们对无线电通信的影响规律,得出了核环境中电路抗毁性的某些方法(80 年代)。提出了空间磁流体力学模拟的组合格式,首次实现了五矩二流太阳风的数值求解,提出了 ESF 强散射的共振反射等模型,发现了一个新的波模(80 年代)。提出了我国雨滴谱分布模式,揭示了 10 千兆赫以上电波传播的某些规律(80 年代)。提出了园锥散射问题的一般解,提出了用数值解 Legendre 方程以计算园锥本征值的方法,完整地解决了园锥问题的数值方法。将 K. K. Mei 提出的单矩法由二维推广到三维,并解决了计算方法(80 年代)。提出并解决了用 GTD 计算导弹上天线方向性图的理论和方法等等。

4. 从事了一些有意义的实际工作。首先要指出,不断为国家培养和输送专业人材,是这个系、所的一项最有意义、有特色的实际工作。至于直接解决实际问题的科研,由于本系、所隶属于教育系统,传统和条件局限了与实际的联系。尽管如此,除了上节列举的有关项目,还特别为通信、航天、广播、国防等部门作过一些有益的工作。例如:远距离短波通信选频(60 年代),154 工程(与原 1022 所合作,60 年代),核爆炸电离层效应与通信(与总参通信部合作,60—80 年代),再入飞行器等离子体鞘套(70—80 年代),我国雨滴谱分布模式(80 年代),雷达伪装技术及埋入体探测(80 年代),任意形状的电磁散射、辐射特性(80 年代),某些特殊天线(80 年代),激光在大气中的传输(80 年代),高频海态遥测(80 年代),电磁生物效应(80 年代)等。

5. 通过省部级鉴定的成果 15 项,例如:FXZ 实时选频系统,便携式甚低频接收机,电离层频高图自动处理系统,地磁微脉动微机处理系统,哨声定向接收系统,10 千兆赫以上电波传播理论与实验研究,低空核爆炸电离层效应及其对无线电通信的影响,某种天线设计理论、方法及 CAD 系统,园锥导体边界电磁边值问题解析方法等。

6. 撰写的专著有《地磁及电离层电波传播》、《近代无线电波传播》、《电磁波传播原理》等6部。

7. 获部级以上成果奖10余项，例如："中、低纬电离层及电离层电波传播的研究"，1987年获国家自然科学奖三等奖；"电离层返回斜测"、"电离层信道特性的研究"等两项获1978年全国科学大会奖；"低空核爆炸电离层效应及其对无线电通信的影响"等三项获国家教委（其中一项获军委）科技进步奖一等奖；"FXZ实时选频自适应通信系统"等两项获国家教委科技进步奖二等奖。

三、现状

1. 机构：系、所一体，分设以下室站："教学研究室"，"电离层电波传播研究室"，"微波传播研究室"，"信息处理研究室"，"电磁理论及天线研究室"，"空间物理研究室"，"图书情报室"，"黄陂试验站"，"电波综合观测站"，"系、所行政办公室"等。

2. 学科：无线电物理（硕士点）、空间物理（博士点）。

3. 专业：电波传播及天线（招收本科生、硕士生）、空间物理（试办，招收硕士生、博士生）。

4. 研究方向：电波传播及其工程应用、微波、毫米波传播及技术、电磁场理论与天线、空间物理。

5. 人员组成：系、所一体，兼负教学与科研任务。教授12人（其中3位博士导师），副教授26人，高工1人，讲师23人，工程师8人，助教13人，助工11人，实验技术和行政工作人员12人，总数为106人。1990年获准的国家重点专业实验室一电离层实验室正在组建，由上述单位和人员中调配。

这支队伍具有一定马列主义理论水平，品德优良，学术造诣深、理论基础扎实，经验丰富、学术思想活跃的学术带头人；具有政治素质良好、专业基础扎实、实践经验丰富、勇于创新、协调攻关、教书育人，能承上启下的学术骨干；具有政治思想好、业务精良、上进心和事业心较强、善于思考、刻苦钻研、学术思想较敏捷，有奉献精神，身体健康的青年教师。教学、科研、培养三位一体化，基本上形成了有一定马列主义理论水平、数量较适应、结构较合理、理论基础较扎实，实践经验较丰富、团结协作、配合默契、苦干、实

— 4 —

干的一支教师队伍。

6. 目前承担的任务

(1)6 名博士生、23 名硕士生、142 名本科生和 157 名大专生的培养和教学工作。

(2)国家重点专业实验室——电离层实验室的建设工作，并力争建设成为国家重点实验室。

(3)科学研究项目：

国家自然科学基金 12 项，例如：日地系统能量传输过程研究（重大基金项目）、电离层远东赤道异常区电波传播特性的研究、赤道异常区电离层夜间变化与低纬哨声出现特性、无线电短波横越欧亚大陆传播特性的研究（中法合作）、任意形状导体表面电流分布及复杂目标雷达截面研究以及复合随机媒复中波的传输与散射（青年基金项目）等。90 年前已完成 13 项。

博士学科点专项基金 5 项，例如：甚低频信号定向探测与低纬电离层夜间特性研究、电离层析成象技术的研究等。90 年前已完成 8 项。

部委级项目 4 项，例如：单站全方位大范围电离层状态的监视和高频传播特性的研究、仅用近场振幅重建远场、10 千兆赫以上电波传播特性等。

国际合作项目 5 项，例如：大尺度范围的电离层动力学及形态学的研究（中、法合作）、电离层特性与地磁脉动研究（中、苏合作）、低纬哨声传播特性的研究（中、日合作）、全球电离层、热层研究（多国合作）等。

国内协作项目 3 项，例如：南中国高频远程通信和海态探测的电波传播问题（与 22 所合作）、毫米波叠层微带天线阵的研究等。

国家重点专业实验室——电离层实验室的研究项目 8 项，例如：中国中低纬电离层电子密度时空变化的数值模拟、高频电波经电离层多跳远程传播特性、中低纬电离层不规则性与电波闪烁、利用高频雷达探测海洋、随机媒质中波的传播等。

此外，今年首次申请军事电子预研基金 16 项，例如：实用短波电离层信道预报专家系统、自适应高频通信系统、复杂目标 RCS 数模预测及反隐身技术等。

(4)观测项目有电离层垂直探测、电离层斜向探测、电离层返回斜测、电离层高频多卜勒观测、电离层无线电波吸收观测、电离层等离子体层哨声观测、卫星信标微分多卜勒频移观测、地磁微脉动观测、12 千兆赫太阳射电观测、12 和 35 千兆赫降雨衰减观测等 12 项。

总之，这个系、所在党和政府的重视和兄弟单位的配合与支持下，经过集体努力，从小到大发展了起来。回顾过去，所作的工作和取得的成绩还远不及人民的期望和形势的需要。审视现状，有了一支配合默契，结构合理的教学和研究队伍，有了一套可用（虽然有待更新和充实）的实验基础设备。展望将来，随着党和政府对科技与教育的日益重视，这个系、所也必将承担更多、更重的任务并竭尽全力加以完成，为我国四化作出更大贡献。

一九九一年九月

梁百先、龙咸灵先生百年诞辰纪念会暨空间物理-无线电物理学术报告会照片

王曦按(2016 年 9 月 11 日)：

以下照片拍摄于 2011 年 12 月 23 日梁百先、龙咸灵先生百年诞辰纪念会暨空间物理-无线电物理学术报告会。父亲以 90 岁高龄出席了这次会议。父亲在青年时代开始科学研究之初就遇见了桂质廷、梁百先、龙咸灵这样的好老师并终身伴随他们从事电离层研究。他是幸运的。

与恩师和同事的工作照

王曦按(2016 年 9 月 12 日)：

以下是武汉大学电子信息学院电波传播与空间物理研究所吴世才教授在武汉大学电子信息学院王燊先生九十寿辰庆祝会(2011 年)上提供的。吴教授在会上手举这张照片深情地回顾了 20 世纪 80 年代后期梁百先、父亲及其团队在研究室的工作。

照片上的人物前排从左到右依次为汤建新、吴世才、梁百先；后排从左到右依次为黄天锡、彭光明、冯德光、王燊。

梁百先(中坐老者)、王燊(后排右一)和电离层实验室的同事们。——王曦注

与空间物理系同事合影

王曦按(2017 年 2 月 7 日):

以下这个场景我在现场。照片上的人物,前排是父亲和母亲;后排从左至右依次为王敬芳、赵修冼、管荣生、吴世才、金雷、赵正予。那场庆祝会开得温馨、热烈。学校的副校长谢红星代表学校给父亲祝寿。电信学院的领导、父亲的同事、武汉民主党派的代表、电信学院的学生和家属代表(我)作了发言。父亲也发了言。他很高兴。他的发言,除了感谢,特别提到了 1946 年元旦零时以桂质廷先生为首的武汉大学游离层实验室在四川乐山开通对游离层的连续观测。我代表家属感谢武汉大学,感谢电信学院。

空间物理系同事与王燊夫妇合影,2010.12.8

我与武大电离层与空间物理研究

王曦按(2016 年 10 月 4 日):

父亲保留的这份手稿,是经过缩小复印的。原文共六页。下面附有最后两页的扫描件。原文无标题。此标题是我加的。这份材料简述了父亲与武汉大学电离层和空间物理学科一辈子的联系。对于我国和武汉大学的电离层研究而言,此文具有重要的史料价值。从文中可见父亲对这项研究的热爱。文末“朽木”之叹,意味深长!

1945 年下半年,作为桂质廷老师的(第一位)硕士研究生,开始进入“武汉大学游离层实验室”,在桂、梁、龙诸师的指导下,学习有关电离层的知识,熟悉观测设备。1946 年元旦在乐山开始重点探测后,参加一部分值班观测。

1946 年 3 月前后,桂师指导我从各台站的记录数据中分析他老当时称为“经度效应”,即在纬度大致相同的各台站,在同一当地地方时的电子浓度(以临界频率表征)不尽相同,有的差别显著(这实际就是后来人们称为“地磁控制”的现象)。可惜当时可利用的资料太少太少,再加上四月底停止观测,忙着拆迁回武汉,所以这一工作便不了了之了。

1946 年武大迁回武昌,同年 8 月 20 日电离层重测工作在校区内恢复观测。我作为搞这项课题的研究生,担任专职的观测工作,在梁老师的指导下,兴趣一度集中在偶发 E 层(Es)上。从当时美国中央电波传播实验室交流来的资料看,武昌 Es 出现频度较大。当时较为注意流星的作用,记得当时 Jiacobini 流星群出现时,我们还作了数小时几乎连续不断的观测。从当时的资料看,Es(不分类型)的出现频度和截止频率也有纬度差异的迹象。记得在 1947 年国际无线电联(URSI)年会时,我还提交了一份书面建议,建议分高、中、低纬三片对 Es 进行观测分析。

我的硕士论文是在桂、梁师指导下探索磁控现象。所得结论是:F2 层明显,F1 层有,不明显;E 层无;午夜无此现象。文章由华中师范大学卞彭老师主审,1948 年获当时教育部颁发的硕士证书。

50 年代初期,学校在物理系设立无线电物理(电波传播)专业,我的工作重点逐渐转向教学。较长时间是担任“普通物理”教学、上课、批改作业、指导实验,全程跟学生打交道。1957 年自编讲义开出了“高空大气概论”一课,可惜只上了两周课就被当时的政治运动冲掉了。

1963 年到物理系资料室工作,为收到的外文期刊及时编写部分文章的中文摘要。于此同时,自学了法文,勉勉强强地为《原子能译丛》翻译过若干篇有关核辐射检测的文章。

60 年代后期，我从物理系被调到外文系资料室，在随英语专业一年级学生一起上课学完了国际音标以后，很快转入公共外语教研室，担任非英语专业（文、理科）的公共英语教学。在那些年里，我编了一些教材和词汇小册子，后来又先后参加了联合国文件（外交部任务）和两部历史、地理著作的翻译，以及两部辞典的部分译校工作。

1978 年学校设立空间物理系，我又从外文系被调了回来。这完全出我意料，因为当初调出时，系里一位权威人士明确告诉我，叫我“改行”。当时，我一面担任本科生和研究生的专业英语课，一面重新熟悉阔别二十年的专业，滥竽充数地为研究生开了门“日地关系”课。

1980—81 年我被派往美国 Oakland 大学进修，跟物理系主任 A. R. Liboff 教授作宇宙射线方面的工作，主要是用一套光电闪烁装置观测 γ 射线。这套设备当时就由我和一位助教、一位四年级学生使用。我们在某些地点和大湖水面作了一些观测；我在脉冲高度分析仪(PHA)的读数与 γ 强度之间找到了一个实用的换算关系，给工作带来了一定的方便。由于我去该校的任务是熟悉地磁脉冲的工作（梁师指导），所以也在该校地磁台熟悉过一些设备。当我 1981 年返回武大时，该校赠送了我一台半自动的磁通门式磁力计（上交学校）。在科研经费异常困难的当时，它对我校地磁脉动工作的开展，起到了不可缺少的作用。

过了一段时间，组织上安排我在龙师的领导和指导下协助他老照管一下系里的事。我想，作为龙师的学生和晚辈，在龙师年老事繁的情况下，帮他老跑跑腿，虽有困难，但责无旁贷。再说，跟着若干年青有为、朝气蓬勃的同志一同工作，也是一件幸事。事实证明，确实如此。

80 年代中期，龙师身体欠安，不能全日主持系务，组织上叫我接下系和所的重任。这下我可紧张起来，我想，桂、梁、龙诸师开创并经许多同志苦心运转并逐步发展的这一专业，千万不可在我的肩上萎缩甚至中断！想来想去，出路在于两个字——团结。对内，加强师生员工的团结，工作意见容许不一致，但不要互相倾轧。对外，加强与兄弟单位的团结，积极地对待竞争，谁跑到前头都是对社会主义祖国和伟大中华民族的贡献。就这样，在全国改革开放大好形势的保证下，经过上下左右各方的共同努力，系所的教科研不断进步：空间物理专业被教育部认定为重点专业；较早获准设立空间物理专业博士点；总结前辈成果的“中、低纬电离层及电离层电波传播的研究”获得自然科学奖；电离层实验室获批为国家重点实验室并获得世界银行贷款支持；如此等等。更令人欣慰的是，每年有一批充满潜力的后起之秀走上本校和兄弟单位的教学科研第一线，为我国这门学科的持续发展提供了保证。

我 1991 年退休，由于还有一位研究生，所以 1993 年才真正离岗。回顾起来，既兴奋，又惭愧。我自己好有一比：在我之前，老一辈开创了一块美丽的园地；在我之后，更多精英增辟了更大更美的园地；我和我的同辈是连接这两园地的一座桥梁，他们一个个都是起重要作用的钢筋水泥构件，而我却是夹在他们中间的一根朽木！

王燊 2000.11.21

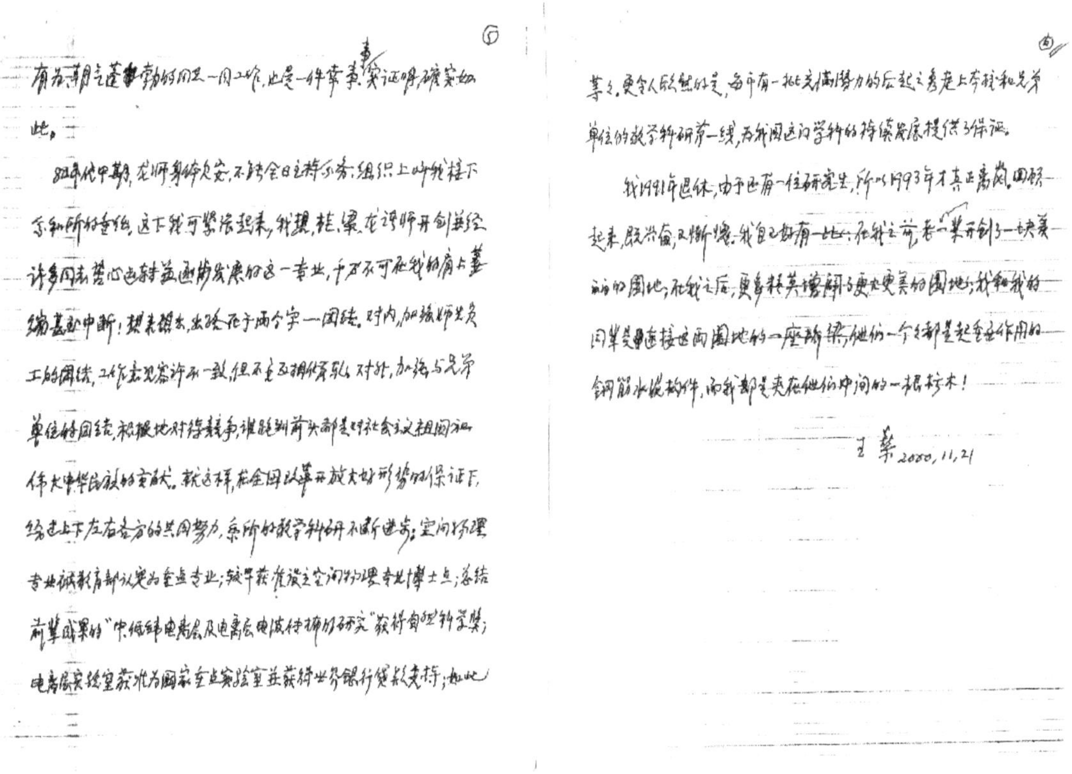
有为、朝气蓬勃的同志一同工作，也是一件幸事。事实证明，确实如此。

80年代中期，老师身体欠安，不能全日主持系务；组织上要我接下系和所的重担。这下我可紧张起来，我想，桂、梁、龙诸师开创并经许多同志苦心经营并逐步发展的这一专业，千万不可在我的肩上萎缩或中断！想来想去，出路在于两个字——团结。对内，加强师生员工的团结，工作意见容许不一致，但不至互相损伤感情。对外，加强与兄弟单位的团结，积极地对待竞争，谁能到前头都是对社会主义祖国和伟大中华民族的贡献。就这样，在全国改革开放大好形势的保证下，经过上下左右各方的共同努力，系所的教学科研不断进步：空间物理专业被教育部认定为重点专业；较早获准设立空间物理专业博士点；总结前辈成果的"中低纬电离层及电离层电波传播的研究"获得自然科学奖；电离层实验室获准为国家重点实验室并获得世界银行贷款支持；如此等等。更令人欣慰的是，每年有一批充满活力的后起之秀走上本校和兄弟单位的教学科研第一线，为我国这门学科的持续发展提供了保证。

我1991年退休，由于还有一位研究生，所以1993年才真正离岗。回顾起来，既兴奋，又惭愧。我自己好有一比：在我之前，老一辈开创了一块美丽的园地；在我之后，更多精英开辟了更大更美的园地；我和我的同辈是连接这两园地的一座桥梁，他们一个个都是起重要作用的钢筋水泥构件，而我却是夹在他们中间的一根朽木！

王燊 2000，11，21

（编号：家史·吴·1.1）

武汉大学民主评议干部意见表

王曦按：（2016年9月14日）：

以下这个表格是父亲保留的。它很有意思。一方面，它是现行干部管理制度的一种体现。作为一个研究所的所长，父亲的履职情况，要接受研究所全体人员的评议。这种评议的结果是学校党组织对干部工作考核的一部分依据。另一方面，同事们对父亲的评价是很高的。评语虽然只有两句话，却是实实在在的，"含金量"很高。

家安.吴.1.7

武汉大学民主评议干部意见表

被评者姓名	王荣	所在单位	空间物理系	职务	所长	参加工作时间	1949.5.
						入党时间	1984.3.

评议内容	1988年的工作	评议方法		评议时间	1988.12.9	评议人数	20

评议意见：

王荣同志认真履行所长之职责，顾全大局，团结协作，成功地协调了系与所的关系与工作，特别是在科研工作方面，为重点学科建设、实验室和研究室建设做了大量工作。虽然年过花甲，仍然保持了旺盛的精力，有"老黄牛"的精神。

中低纬电离层及电离层电波传播的研究

王曦按(2016年12月20日):

以下这篇文章是父亲的手迹,仅存复写件。我之所以把这篇文章放在本节的末尾,是因为从内容看,它是一份重要的总结。

它是对武汉大学电离层研究团队在20世纪40年代至80年代所取得的科学成就和学科建设的一个精辟总结。父亲亲身经历了这个学科的诞生和成长,为它付出了一辈子的心血。当父亲写这篇文章的时候,他已接近退休时刻。回首往事,他感到的是巨大的快慰。从这篇文章的开头和结尾,读者能够感受到父亲的自豪:“只有认识自然,才能利用自然、改造自然。在此意义上,应该说,人类的明天,取决于他们今天对大自然的认识;而他们的今天,则恰好反映着他们昨天和前天的基础研究”、“现在,这个集体仍在紧张而活跃的工作,课题还没有结束。‘电离层’跟他们打了四十年的交道,确实‘老’了。然而,在立意进取刻苦求知者的眼里,它却时时闪耀着引人入胜的新的光辉。这应该说是‘基础研究’的一个本质特征。”

作为一个终身从事基础研究的物理学家和一个亲自参与了我国电离层研究的创始阶段和改革开放后的发展阶段的一位老人,父亲在写这篇文章时一定会感叹:在他这一代人手上,尽管中间因政治的原因而遭受过挫折,但最终这个学科和科学的进步是不可阻挡的。

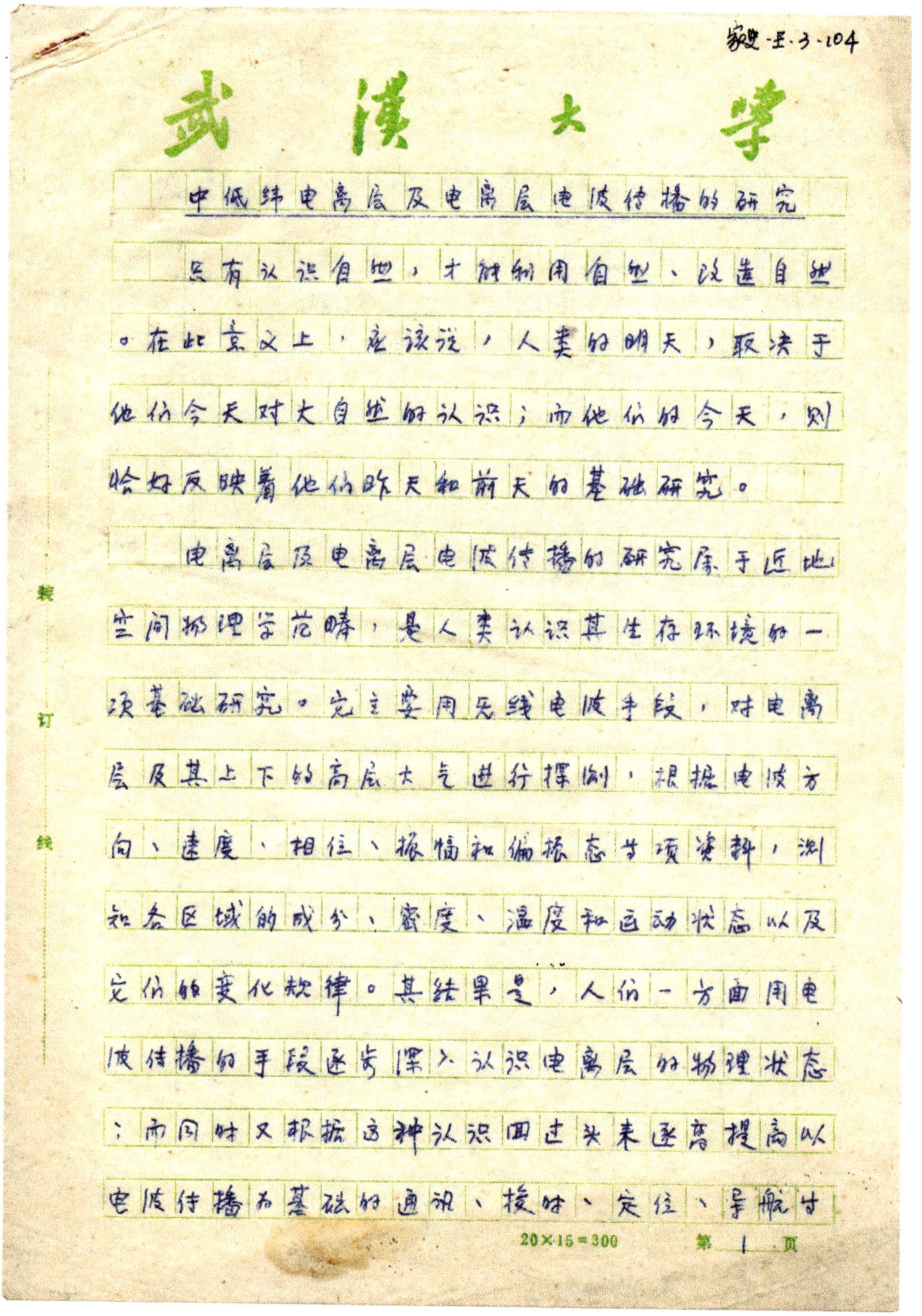

家史-王·3·104

武漢大學

中低纬电离层及电离层电波传播的研究

只有认识自然，才能利用自然、改造自然。在此意义上，应该说，人类的明天，取决于他们今天对大自然的认识；而他们的今天，则恰好反映着他们昨天和前天的基础研究。

电离层及电离层电波传播的研究属于近地空间物理学范畴，是人类认识其生存环境的一项基础研究。它主要用无线电波手段，对电离层及其上下的高层大气进行探测，根据电波方向、速度、相位、振幅和偏振态等项资料，测知各区域的成分、密度、温度和运动状态以及它们的变化规律。其结果是，人们一方面用电波传播的手段逐步深入认识电离层的物理状态；而同时又根据这种认识回过头来逐步提高以电波传播为基础的通讯、授时、定位、导航等

装 订 线

20×15=300 第 1 页

武汉大学

多方面的实际应用。

武汉大学的电离层研究是1945年开始的，由桂质廷领导，以梁百先、许宗岳、龙咸灵为主要辅佐，当时，电离层的发现只约20年；在我国，它更是一个崭新的课题（虽然30年代后期桂、梁等人作过一些研究）。由于亚洲发现中低纬电离层确有许多特点，而且这个研究集体的主要活动占有地利，所以势所必然地将中低纬电离层及电离层电波传播归结为他们研究的重点。现在，日本、印度、美、苏等许多外国学者，也从全球观点出发，把目光投向中低纬，并特别注意中国部分的中低纬

这个坚持工作四十余年，先后参加百余人，相对稳定约六十人的研究集体，群策群力，锲而不舍，对近地空间大自然现象的认识，取

20×15＝300　第 2 页

武漢大學

得了许多达到国际水平的成果。例如：

一、发现并证实电离层赤道异常现象和E_2层。

1.分析武汉和全球F_2层临界频率的观测资料，得出了F_2层临界频率与地磁纬度的关系，证实了"电离层赤道异常"现象。这与Appleton的结论几乎是同时而独立得出的。

2.以五分钟一次的观测，最先发现E_2层，并阐明了它的特性及变化规律。

二、对电离层及电离层电波传播提出了一些新的观点和方法。

3.指出从空间缓变电离层反射的回波的多卜勒频移由电波路径上折射指数随时间的变化所决定，是积分效应。等效反射面的高度不一定在偏区。指出了在使用多卜勒频移时存在的

装订线

20×15=300　第3页

武漢大學

问题。提出了一种同时用寻常波和非常波的多卜勒数据反演出折射指数和运动速度剖面的方法。

4.理论上算出了电离层二次回波的分布律，和一、二次回波自相关函数间的关系式。得出了用一、二次回波振幅平方的时间平均值之比来确定电离层反射系数时所需的修正因子。提出了用实验确定电离层一、二两次作用间相关系数的方法。

5.指出了用相关精法来确定电离层不均匀结构参量应注意的几个问题。

6.指出了中、低纬电离层吸收既具有本地区特性，又具有高纬区冬季反常的特性。发现高纬冬季平流层增温，低纬地区有热中层现象。理论计算与实验结果相符，与印度八年多火

武漢大學

前次测结果一致。

7.进行了电离层斜向返回探测及电离层短波信道特性研究。在我国首次提出用斜向返回探测实时诊断电离层异常状态下的短波通信频率。求出了球面分层电离层中最小群路径仰角的解析解。求出了确定地面散射源距离的一种精度较高的方法。

8.求出了不均匀各向异性电离层耦合方程的级数形精确解，物理意义更为明确。

9.提出了电波在高速运行体等离子体鞘套中的传播模型，算出的反射系数、穿透系数等参数值与实测值相当吻合。

10.利用改进的电离层模型，研究对F区的不均匀性对高频波的衍射性散射和折射性散射，计算了白天高穿透频率和黄昏低穿透频率的

装 订 线

武漢大學

电离层闪烁参量，得到1—4千公里F层传输一跳的最高可用频率。在F区大范围扰动情况下，估算了衰落的准周期、到达方向偏移角及频率相关宽度等参数。

11.得出了武昌地区电离层F_2峰以上和峰以下电子含量之间的关系，可借以由底部电离层电子含量估测顶部电离层电子含量，并获取不同高度上电离层扰动的信息。得出了武昌Es的某些变化规律。

12.得到了武昌地区电离层闪烁的闪烁指数参量、功率谱等特征，以及闪烁与电离层扩展F和TEC波状扰动的相关性。

13.认定武昌地区电离层反射波振幅起伏状态具有磁离子理论所证实的各种基本特征，提出了描述振幅起伏的统计分析理论。从理论和

武漢大學

实验证实，就电离层反射波的偏振而言，尺度远大于波长的山地并不影响观测结果。

三、抓紧每一时机研究日食引起的电离层效应。

14.我国第一张电离层记录是1936年日食时在梁百先的参加下取得的。此后，1948年5月9日在武昌，1958年4月19日在武昌，1980年2月16日在云南，1981年7月31日在黑龙江，1983年6月11日到南半球的巴布亚、新几内亚，取得了珍贵的实测数据。1987年9月23日更在武昌、上海、广州进行了十个项目、12个点的观测。

15.根据上述实测，计算了F_2层的复合系数；发现了日光引起的不规则E层；揭示了太阳表面活动区对低电离层的强烈控制作用；发现

武漢大學

日食后F_2层有长周期的扰动现象。

四、参加核爆通信效应的实验和理论工作。

16、首次利用返回斜测法探测核爆环境中离子体，给出了低空核爆附加电离区的尺度及运动状态，计算了电波吸收的公式，总结了对短波通信影响的某些规律。

17、揭示了低空核爆大气声重力波的一些特性，如出现时间、持续时间、扰动轨迹、扰动周期等。根据声重力波与附加电离区的相互作用提出了波源的机制。

18、较系统地研究了时域和频域核电磁脉冲的贯穿问题，获得了在任意孔缝下最大贯穿的条件以及电磁脉冲在腔体内的分布。

五、对低纬哨声传播作了开创性的研究。

武漢大學

19. 提出了赤道电离区不均匀结构和不稳定过程对低纬哨声导管结构或部分导管结构的形成有利这一新观点，阐明了在条件具备时低纬哨声能够传播而且与中、高纬哨声有不同的特征，为研究赤道异常区电离层特性和跨赤道电波传播提供了新的途径。

20. 发现我国磁纬10°N附近有稳定的哨声传播路径；先后在武昌、湛江、西沙等地实验证实了上述论断，使地面收得哨声的纬度推低到磁纬5.5°N。

还须指出，上述若干课题是在自制设备的情况下进行的。例如，仿制了电离层垂测仪，研制了偏振仪、吸收仪、返回斜测仪、同步斜测仪、高频多卜勒仪、实时选频系统、哨声接收仪、哨声定向系统等等。目前，各项实验的

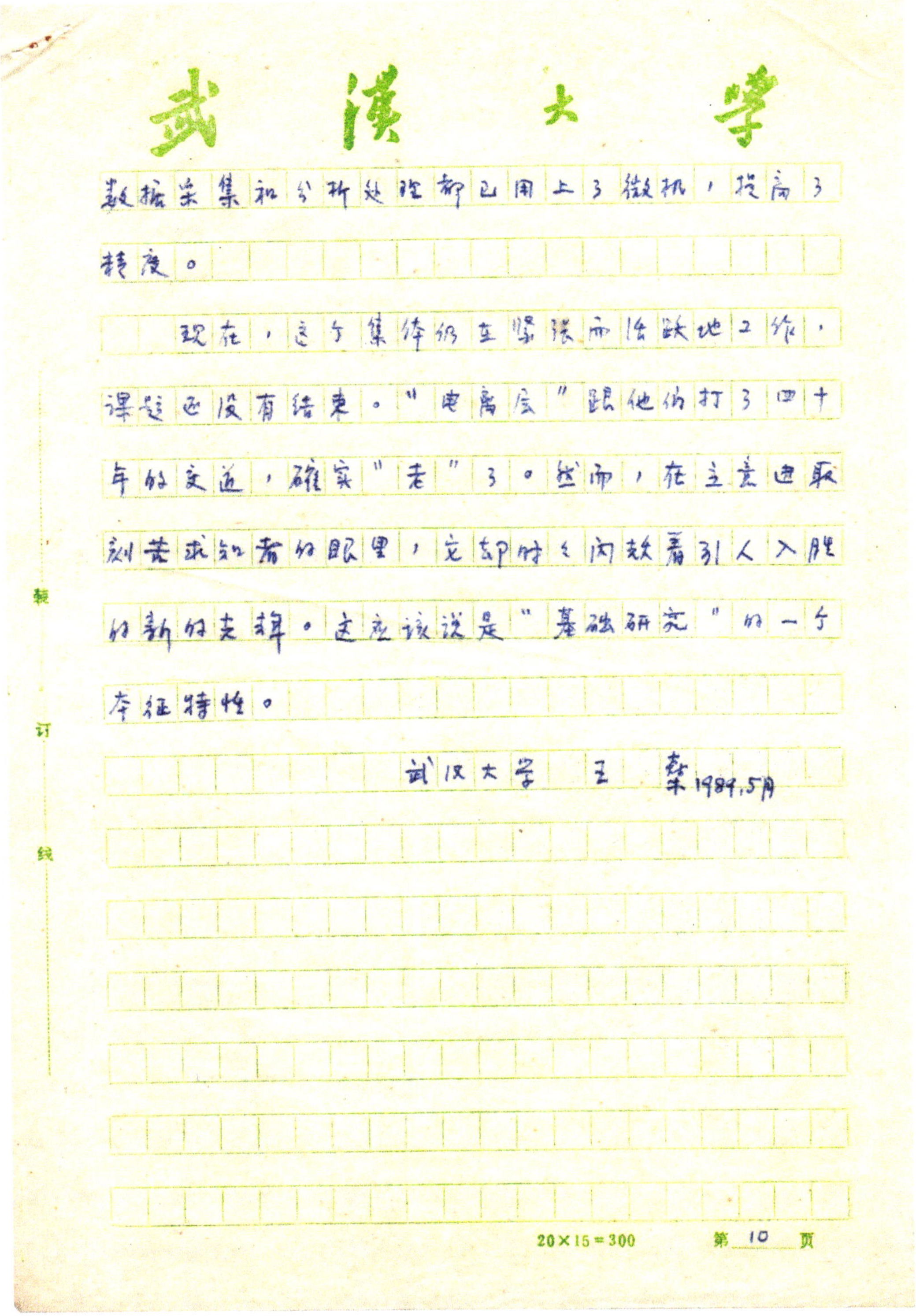

武漢大學

数据采集和分析处理都已用上了微机，提高了精度。

现在，这个集体仍在紧张而活跃地工作，课题还没有结束。"电离层"跟他们打了四十年的交道，确实"老"了。然而，在立意进取、刻苦求知者的眼里，它却时时闪放着引人入胜的新的光辉。这应该说是"基础研究"的一个本征特性。

武汉大学　王　燊 1984.5月

20×15＝300　第 10 页

第三节 议政立言

民进武汉市委员会剪报

王曦按(2016年9月14日):

父亲在20世纪50年代初期加入中国民主建国会，是一位老民进会员，对民进有深厚的感情。在二十世纪八十年代和九十年代，父亲曾经长期担任中国民主建国会武汉市委员会的副主委。由于主委长期身体不好，父亲承担了民进武汉市委员会的很多领导工作。那段时间正是文化大革命之后各民主党派恢复工作的时期，党务工作也是百废待兴，很忙。在那段时间里，父亲或跑汉口，或在珞珈山，经常与民进武汉市委员会的同事们商量民进的工作。在因年老退出民进武汉市委员会的领导工作以后，父亲仍然十分关心和支持武汉民进的工作。他晚年为武汉民进的会刊《武汉民讯》撰写了很多短小精干的、耐人寻味的稿件，很受读者欢迎。

以下是父亲保留的几张有关他参与民进武汉市委员会工作的剪报和其他资料。其中“八代会”指中国民主促进会武汉市委员会第八届代表大会。

民进省市委领导与当选的六位委员合影
《武汉民进》1999,n2
八代会
图片资料
上图：基层工作会议于九四年底在华工大举行
右图：王燊副主委在闭幕式上讲话
《武汉民进》1995,n1
市民进七届副主委王燊在主持大会
王燊，中国民主促进会工作。（王曦注）

长江日报

1988年2月26日 星期五 第二版

政协武汉市第七届

中　共

马逢元 王千弓 王功安 王兆庭 王绍明 王哲南
刘秀庭 刘学德 刘建国 李 刚 李文水（女）
李少云 吴子英 谷延寿 沈学发 宋子官 范守方
金邦和 金敬涛 孟庆春 胡照洲 柴文彬 徐运林
韩银柱 傅敬山

民　革

王晨鹏 龙从启 史达林 白汉贞（女） 刘兴华（女）
杨时展 杨松珊 李昌远 李家友 何元恺
江 敏 张 葱（女） 胡昌民 郝慧英（女）
桂广庆 高国斌 凌婉如（女） 喻育之
雷仲康 魏顺章

民　盟

王伯威 王建昌 安天荣 杨 晟 李 冰（女） 李诗敦
吴书麟 沈文达 张子宣 林宪章 金月楼（女）
金以立 周天六 周复昌 胡和颜（女） 钱文光
蒋皖然 喻 旭 程生达 戴今生

民　建

方秀英（女） 方家厚 厉无咎 左运朝 白贤祥
华楚珩（女） 江华林 江海清 李子超 李崇淮
肖国金 何国栋 陈世勋 胡起麟 赵 蓉（女）
姚梅镇 聂天德 陶尧阶 曹立堯 康健秋（女）
裴泽修

无党派民主人士

宋瑞贤 陈务笃 徐自学 陶春晖（女） 黄邦和

民　进

王 燊 王右明（女） 邓敏华（女） 石明俊
朱全维 刘永福 刘章仁（女） 杨先翌 杨葆焜
李泽乾 李恺玲（女） 李家声 李逸芬（女）
林洪才 姜乐仁 翁柏年 章仁楷 蔡运琴（女）

农　工

万文熙 庄忠英（女） 江国梅（女） 孙多玛
杨汉林 杨德懋 李植权 严亦宽 肖鼎昌 张天军
张玉生 张昌贤 张淑祥（女） 周泰康 梁希杰
傅志尧 瞿望南

致　公

邓先荫 许金钧 余锡晖（女） 陈俊华（女） 梁载琪
蒋惟朴

九　三

王世锵 王丽华（女） 王德骥 吕承彦 许海兰（女）
李 昶 何本极 沈良祥 张 驹 张万刚
张雄鹤 陈文奎 徐逢源 高时浏 曾兆民
谭定九 戴世琛

共 青 团

王赤斌 方 鹰（女） 杨德华 张家奇 梁燕春（女）

工　会

叶平章 叶代虹 朱 玫（女） 许素琴（女） 李宗昌
李望英（女） 吴东明 余维民 余翠琴（女）
张传鑫 张明达 张敦自 黄远华 彭 军
戴和清

妇　联

万慕慧（女） 王静瑄（女） 刘 萍（女） 刘圣均（女）
刘碧瑞（女） 杨祥慧（女） 李雨青（女） 岑佩贤（女）
邹 玲（女） 张 湉（女） 陈 敏（女） 陈爱娥（女）
郑有筠（女） 屈焕英（女） 赵薇薇（女） 徐祥梅（女）
席淑珍（女） 崔瑞珍（女） 添文婉（女） 廖美英（女）

青　联

李光溪 张国清 张觉人 涂汉桥 章国祁

工 商 联

于志安 毛炎松 艾森阶 田平卿 宁灼夫 江佐荣
苏先勤 李佩芬（女） 李敬忠 张 斌 张沛霖
邵之中 周秉臣 胡延福 胡秉璋 侯金培 徐义生
徐效先 徐雪轩 黄德甫 曹马俞 曹国钧 程香甫

台　联

朱福龙 江中联（女） 江水生 吴秀凤（女）
张梦麟（女） 廖献祥

文 化 艺 术

万 军 王婉华（女） 古远清 任秀霞（女）
安志柏 花碧兰（女） 李 柯 李志高 李泽芝（女）
冷少鸣 莎 莱（女） 陈伯华（女） 陈国权
罗慕磊 赵 兰（女） 徐大树 谢 中 鲍昭夺
端木梦锡 戴敏福（女）

武昌南湖机场，是武汉市的空中大门。每天都有十几条航线的飞机从这里飞往全国各地。据统计，去年在南湖机场集

市委召开党外人士协商会议

就市人大市政协有关人事安排进行民主协商和协商提名

钱运录主持会议并讲话 各界人士表示要共同努力开好两会

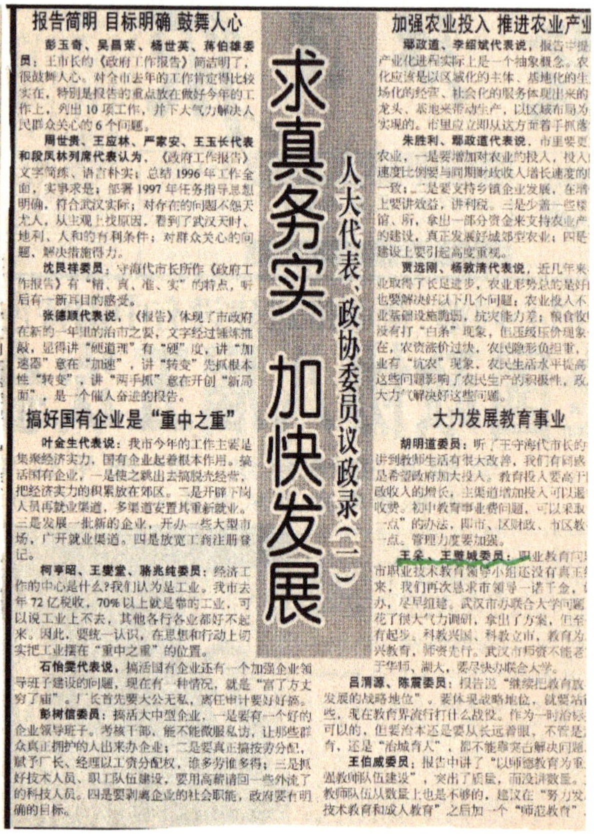

求真务实 加快发展

人大代表、政协委员议政录（二）

报告简明 目标明确 鼓舞人心

彭玉奇、吴昌荣、杨世英、蒋伯雄委员：王市长的《政府工作报告》简洁明了，很鼓舞人心。对全市去年的工作肯定得比较实在，特别是报告的重点放在做好今年的工作上，列出10项工作，并下大气力解决人民群众关心的6个问题。

周世贵、王应林、严家安、王玉长代表和段凤林列席代表认为，《政府工作报告》文字简练、语言朴实；总结1996年工作全面，实事求是；部署1997年任务指导思想明确，符合武汉实际；对存在的问题不怨天尤人，从主观上找原因，看到了武汉天时、地利、人和的有利条件；对群众关心的问题、解决措施得力。

沈民祥委员：守海代市长所作《政府工作报告》有"精、真、准、实"的特点，听后有一新耳目的感受。

张德顺代表说，《报告》体现了市政府在新的一年里的治市之要，文字经过锤炼推敲，显得讲"硬道理"有"硬"度，讲"加速器"意在"加速"，讲"转变"先抓根本性"转变"，讲"两手抓"意在开创"新局面"，是一个催人奋进的报告。

搞好国有企业是"重中之重"

叶金生代表说：我市今年的工作主要是集聚经济实力，国有企业起着根本作用。搞活国有企业，一是使之跳出去搞脱壳经营，把经济实力的积累放在郊区。二是开辟下岗人员再就业渠道，多渠道安置其重新就业。三是发展一批新的企业，开办一些大型市场，广开就业渠道。四是放宽工商注册登记。

柯亭昭、王燮堂、骆兆纯委员：经济工作的中心是什么?我们认为是工业。我市去年72亿税收，70%以上就是靠的工业，可以说工业上不去，其他各行各业都好不起来。因此，要统一认识，在思想和行动上切实把工业摆在"重中之重"的位置。

石怡雯代表说，搞活国有企业还有一个加强企业领导班子建设的问题，现在有一种情况，就是"富了方丈穷了庙"。厂长首先要大公无私，离任审计要好好搞。

彭树信委员：搞活大中型企业，一是要有一个好的企业领导班子。考核干部，能不能微服私访，让那些群众真正拥护的人出来办企业；二是要真正搞按劳分配，赋予厂长、经理以工资分配权，谁多劳谁多得；三是抓好技术人员、职工队伍建设，要用高薪请回一些外流了的科技人员。四是要剥离企业的社会职能，政府要有明确的目标。

加强农业投入 推进农业产业

鄢政道、李绍斌代表说，报告中提
产业化进程实际上是一个抽象概念。农
化应该是以区域化的主体、基地化的生
场化的经营、社会化的服务体现出来的
龙头、基地来带动生产，以区域布局为
实现的。市里应立即从这方面着手抓落

朱胜利、鄢政道代表说，市里要更
农业，一是要增加对农业的投入，投入
速度比例要与同期财政收入增长速度的
一致；二是要支持乡镇企业发展，在增
上要讲效益，讲利税。三是少盖一些楼
馆、所，拿出一部分资金来支持农业产
的建设，真正发展好城郊型农业；四是
建设上要引起高度重视。

贾远刚、杨敦清代表说，近几年来
业取得了长足进步，农业形势总的是好
也要解决好以下几个问题：农业投入不
业基础设施脆弱，抗灾能力差；粮食收
没有打"白条"现象，但压级压价现象
在，农资涨价过快，农民隐形负担重，
业有"坑农"现象，农民生活水平提高
这些问题影响了农民生产的积极性，政
大力气解决好这些问题。

大力发展教育事业

胡明道委员：听了王守海代市长的
讲到教师生活有很大改善，我们有同感
是希望政府加大投入。教育投入要高于
政收入的增长，主渠道增加投入可以通
收费。初中教育事业费问题，可以采取
一点"的办法，即市、区财政、市区教
一点。管理力度要加强。

王采、王暸城委员：职业教育问
市职业技术教育领导小组还没有真正
来，我们再次恳求市领导一诺千金，
办，尽早组建。武汉市办联合大学问题
花了很大气力调研，拿出了方案，但至
有起步。科教兴国、科教立市，教育为
兴教育，师资先行。武汉市师资不能老
于华师、湖大，要尽快办联合大学。

吕渭源、陈震委员：报告说"继续把教育放
发展的战略地位"。要体现战略地位，就要站
些，现在教育界流行打什么战役。作为一时治标
可以的，但要治本还是要从长远着眼，不管是
育，还是"治城育人"，都不能靠突击解决问题

王伯威委员：报告中讲了"以师德教育为重
强教师队伍建设"，突出了质量，而没讲数量。
教师队伍从数量上也是不够的，建议在"努力发
技术教育和成人教育"之后加一个"师范教育"

政协武汉市委员会关于表彰市政协先进专门委员会先进区县政协和先进政协委员的决定

（1997年1月24日政协武汉市第八届委员会第二十二次常委会议通过）

本届政协成立以来，市政协各专门委员会，各区、县政协和市、区、县政协委员，坚持以邓小平建设有中国特色社会主义理论和党的基本路线、基本方针为指导，围绕党和政府中心工作，选准角度，发挥优势，认真履行政治协商、民主监督、参政议政的主要职能，深入开展调查研究，积极提出意见和建议，反映社情民意，为"三引进"牵线搭桥，为促进我市的改革开放、经济建设和社会稳定作出了贡献，涌现出了一批先进集体和先进个人，促进了全市政协工作的发展。

为了总结本届政协成立以来全市政协组织和广大政协委员认真履行职能，积极参政议政，推动我市两个文明建设的经验，表彰先进，促进工作，经协商决定对市政协社会法制委员会（法制）、提案委员会、东西湖区政协、武昌区政协、江夏区政协、青山区政协6个先进集体和杨世英等68名先进委员予以表彰，对贺锡俭等51名委员予以表扬。

希望受表彰的集体和委员发扬成绩，再接再厉，争取更大的光荣。同时，希望市政协各专门委员会、各区、县政协和市、区、县政协委员以他们为榜样，进一步增强荣誉感、责任感，把握大局，再接再厉，同心同德，开拓前进，切实履行职责，为实现我市1997年的奋斗目标，迎接党的十五大的胜利召开作出新的贡献。

先进专门委员会：社会法制委员会（法制）
提案委员会

先进区县政协：东西湖区政协　武昌区政协
江夏区政协　青山区政协

先进政协委员

杨世英	高佛荅	周升金	刘志正	萧国金
叶代虹	徐海艇	夏杨国	葛　霖	吴恒钦
许其贞	王　燊	龚　皓	王德骧	杨汉林
李杏元	沈文达	周天六	鲍昭寿	戴志鸿
冯雪芬	丛德滋	刘圣均	刘荣庭	黄德炎
万慕惠	昌　明	潘瑾篇	叶子健	明道信
李鑫炎	华楚珩	王永超	古远清	连　绅
江水生	程鸿仪	吴少华	张少文	余兴仁
杨红卫	祝　福	方克东	林洪才	刘永秀
滕树茂	朱尚武	陈义广	张成明	马振骧
胡庆瑞	孟庆坤	陈　鹰	陈本德	伍荣华
黄诗武	潘正林	萧世元	何正益	阮仕贵
吴思宏	李开榜	吴洪平	周功堂	余显振
王旭林	张剑南	王安咏		

《长江日报》
1994.9.8.一版

市政协召开座谈会
为发展教育事业献计献策

本报讯（记者何志武）"我做了31年教师，有一个不必花钱即可实现的愿望：解决片面追求升学率的思路。希望市政协在武汉市作些调查，提出可行性方案，向国家教委报告。"昨天，市政协教文委主任、武汉大学王燊教授在市政协庆祝教师节十周年座谈会上带头提建议。

市政协主席王哲南、副主席胡照洲、陈伯华、李崇淮、李家友、李涌泉、原七届政协副主席韩银柱等参加了座谈会，听取教师们对我市发展教育事业提出的建议。

市政协委员、省实验中学特级教师张庆丰谈了一个热点问题。他说，学校乱收费是一个值得研究的问题，仅从禁止方面处理还不够，要分析产生这种现象的原因，针对不同的情况采取具体对策。他希望政协研究和讨论学生就近入学所带来的选校标准问题，如由分数多少转为交钱多少等。

全国教育系统劳模、省实验小学校长江荣生老师希望市委、市政府，采取切实可行的措施，减轻学校负担。

市政协委员、武汉六中校长周天六认为，教育在呼唤市场，教育如何与日益发展的市场接轨，值得研究。

长江日报 1996.7.23.

省市政协及各民主党派工商联负责人慰问抗洪大军

本报讯（记者赵学龙 实习生陶然）21、22日，省市政协及各民主党派、工商联负责人到我市抗洪一线，勘察水情，捐赠物资，慰问抗洪军民。

21日下午，省政协常务副主席张怀念，副主席蒙美路、刘建康，市政协副主席王炳炎、郭友中、李家友、李涌泉、肖谷欣、单大年等一行先后查看了龙王庙、汉口电力设备厂、东风造纸厂、武昌月亮湾等险段水情，向抗洪抢险人员表示亲切慰问。

22日，市民革主委李家友、市民建主委肖国金、市致公党主委崔光杰、市台盟主委江水生等，带着市各民主党派和工商联捐赠的2000条毛巾，送到市防汛指挥部。他们寄语抗洪大军：万众一心团结奋斗，夺取抗洪抢险的胜利。

市政协副主席、市委统战部部长胡照洲向我市党外人士传达了李鹏总理21日视察我省我市汛情时的重要讲话精神，市防汛办负责人介绍了当前我市防汛情况。

市各民主党派和工商联负责人胡昌民、张志雄、华楚珩、王燊、明道信、李家声、徐宜厚、李宝海、沈良祥、吴秀凤、聂天德、曹国钧、邵之中等参加了慰问。

2006，9. 20—21日

中国民主促进会武汉市第十次代表大会专刊

民进武汉市第十次代表大会
主席团、秘书长名单

主席团成员：（按姓氏笔划排列）

马立良	马　骥	文建东	王　艺
王　燊	王树忠	王树根	边　苏（女）
刘　勇（女）	刘兆宁	刘和金	吴　俊
吴承斌	张忠华	张承艺	李长安
李宗双	周洪宇	周益保	明道信
胡本善	赵　群（女）	钟　伟	袁云光
郭建敏（女）	陶冬严	梁守恕	彭志敏
曾艳红（女）			

大会秘书长：　张忠华

中国民主促进会武汉市第十一次代表大会座次表

2011，9月

第一排				
第二排	袁茉佳	任伟中	赵　群	王树忠
第三排	黄昌其	涂圣富	陈　洋	林　艳
第四排	邵　芳	刘家宁	胡传麦	赵　涛
第五排	童庆国	董继恩	柴　进	郭全孝
第六排	袁言勇	肖小明	黄慧荣	鲁前国
第七排	甘红枝	李彩云	解惠芬	胡本善
第八排	王汉芝	魏益琨	刘　胜	边　苏
第九排	王文彦	钮心莉	程　洪	李汉先
第十排	刘绪高	鄢烈文	袁云光	王　艺
第十一排	肖　舸	李国庆	贾五权	彭代虎
第十二排				

明道信	王　燊	计苾华	来宾席				
艾　燕	杨德红	万芳华	蒋志耕	田辉林	钟　伟	郑传递	居　凌
吴　伟	宁秋菊	吴　娜	张为民	刘　磊	张　伟	杨竹英	闵桂春
张家安	李　杰	李武锋	李厚群	郭志祥	高光进	卢　明	牛福利
沈　峰	喻　铮	廖翠薇	戴汉桂	韩传荣	阙　莎	许　焰	张　静
郭建敏	胡祖刚	杨秀霞	陈荣华	肖九红	罗建平	姚　红	胡晓松
朱法海	刘丽华	何　浩	张　文	傅幼玲	熊丽邦	何兴楚	陶冬严
陈宗旺	陈　慧	雷智强	彭才跃	赖从容	周益保	翟立君	江金芳
吴承斌	彭敏九	金　绅	方立新	王　红	满桂莉	吴建和	张圣礼
叶迎春	刘永慧	江国明	张汉东	杨友生	李　立	姚小平	胡京艳
陈玲玲	胡　林	梅　波	黄自力	黄　琳	黄祥军	程建生	童建华

李宗双	吴荣侠	吴　俊	邱启翠
李方东	杨守学	赵卉琴	熊娟娟
常金文	刘　勇	朱其敬	马　骥
刘和金	刘竞业	李远兵	简基松
张建武	项中华	陈晓芳	李小萍
张忠华	胡　蓉	罗　明	周兆兴
孙晓辉	刘冬梅	鲍胜桓	
吴象南	马芳鑫	刘晓芳	

民进武汉市第十一届三次全委会座位安排

（2013年2月2日）

第八排														第八排
第七排														第七排
第六排			鲍胜桓	李小萍	童庆国	宋　锐	崔　艳	邵　芳	汪继泉	胡　蓉	刘冬梅			第六排
第五排			李堂荣	王　艺	胡祖刚	赖从容	田辉林	李远兵	魏益琨	刘家宁	涂圣富			第五排
第四排			钮心莉	李彩云	肖小明	刘　胜	肖　舸	程　洪	居　凌	满桂莉	金　绅			第四排
第三排			袁茉佳	杨德红	鄢烈文	李宗双	吴　俊	阙　莎	韩传荣	江金芳	刘绪高			第三排
第二排			陈晓芳	孙晓辉	赵　群	钟　伟	吴承斌	任伟中	周益保	简基松	刘和金			第二排
第一排			郭建敏	袁云光	党派处	张承艺	王　燊	计苾华	周兆兴	张忠华	王树忠			第一排

主　席　台

说明：

1. 请与会人员按照座位安排就坐。
2. 机关工作人员在第七、八排就坐。
3. 请与会人员把通讯工具设置为静音状态。

"天"——武汉民进 1988 妇女节

王曦按(2016 年 10 月 2 日)：

这篇手稿是父亲保留的一份发言稿。其中包含父亲对妇女的尊重和特有的幽默。

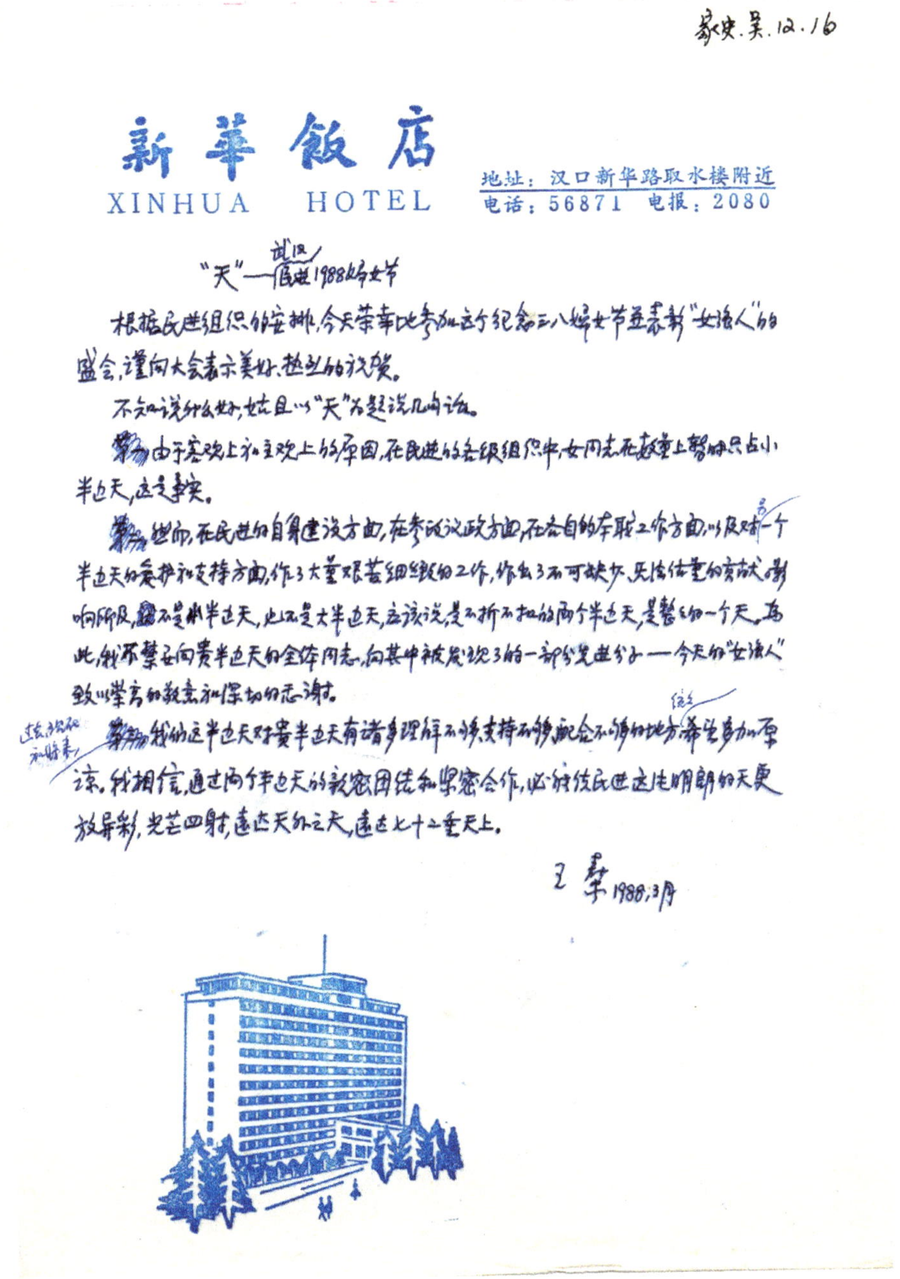

家史.吴.12.16

新華飯店

XINHUA HOTEL

地址：汉口新华路取水楼附近

电话：56871 电报：2080

"天"——武汉民进1988妇女节

根据民进组织的安排，今天荣幸地参加这个纪念三八妇女节并表彰"女强人"的盛会，谨向大会表示美好、热烈的祝贺。

不知说什么好，姑且以"天"为题说几句话。

由于客观上和主观上的原因，在民进的各级组织中，女同志在数量上暂时只占小半边天，这是事实。

然而，在民进的自身建设方面，在参政议政方面，在各自的本职工作方面，以及对另一个半边天的爱护和支持方面，作了大量艰苦细致的工作，作出了不可缺少、无法估量的贡献，影响所及，不是小半边天，也不是大半边天，应该说，是不折不扣的两个半边天，是整整的一个天。为此，我不禁要向贵半边天的全体同志，向其中被发现了的一部分先进分子——今天的"女强人"致以崇高的敬意和深切的感谢。

过去、现在和将来，我们这半边天对贵半边天有诸多理解不够、支持不够、配合不够的地方，往往希望多加原谅。我相信，通过两个半边天的亲密团结和紧密合作，必将使民进这片晴朗的天更放异彩，光芒四射，远达天外之天，远达七十二重天上。

王檠 1988.3月

(编号：家史·吴·12.16)

来个“节时”“节食”活动，如何？——市七届政协委员王燊一席谈

王曦按（2016 年 10 月 2 日）：

这是父亲保留的 1988 年 3 月 2 日的一份《长江日报》剪报和题为“JIESHI”的两篇短文。JIESHI 是“节时”与“节食”的谐音。长江日报记者李栋在当时武汉市政协会议期间采访了父亲。父亲对他谈了在那次会议提出的关于领导带头节约时间和带头刹住大吃大喝之风的建议。其中这段记载引起我的注意：“1956 年，王燊参加了我市培养知识分子入党的一次会议，唱主角的领导届时迟迟不来。王燊给会议主持人递了个条子，上面说：“没料想如此庄严的会居然不能准时，我退席了！”算起来他当时 35 岁，可谓年轻气盛且不谙官场厚黑之学啊！三十年后，他再次提出这个意见，可见官场的习气改起来真难啊！他当时呼吁禁止的大吃大喝之风，在二十多年后的当下，终于由于中央的《八项规定》而开始有所收敛。父亲若在世，定会为之而宽慰。

顺便说一句。父亲和当时的有识之士在 20 世纪 80 年代大声反对的大吃大喝之风，到二十多年之后才因执政党的《八项规定》得到遏止。这是否暴露执政体制有上下隔阻，下情难以上达和反应迟缓之缺陷？倘若拖得更久，党员干部大吃大喝之风恐怕就积重难返了！

来个“节时”、“节食”活动，如何？

——市七届政协委员王燊一席谈

本报记者 李栋 《长江日报》1988，3，2

王燊教授在政协会上。
本报记者 郑俊员 摄

王燊外表随和、幽默，内心严肃、深沉。在政协会上，这位武汉大学空间物理学教授却谈论“时间社会学”。他提议，今年我市能不能兴起两个活动，一个是“节时”，另一个是“节食”。

他说，“文明的进步，人脑的进化，什么是最好的标志？我以为，是人们的时间概念。”

“古时候，日出而作，日入而息，是‘日’的概念。有了日晷，1根针，是‘时’的概念。钟表问世了，2根针、3根针，有了‘分’、‘秒’的概念。现在这个时代，分秒又觉太长，人们已在跟‘毫秒’、‘微秒’、‘微微秒’打交道了。”

“然而在我们这儿，上层、基层，官家、百姓，到处流行着‘通知8点开会，实际开会8点半，甚至9点’的现象。”

1956年，王燊参加了我市培养知识分子入党的一次会议，唱主角的领导届时迟迟不来。王燊给会议主持人递了个条子，上面说：“没料想如此庄严的会居然不能准时，我退席了！”30多年过去了，“不准时”仍在社会上滋蔓、繁殖，这更是王燊始料所不及的。

王燊教授说了好几件近期亲身经历的事，都是一群“非要人”焦急等候一、两位“要人”。“要人”来了，心安理得，一段不道歉。他叹嗬道：“我也习惯了，不再递条子了，只是心里为人们难过。另外，我也采取了一点个人措施，把事先预备好的纸、笔或书本取出来。”

他说“先不要求人人准时到会，先只要求领导准时到会、开会，如何？”

“领导开会、办事、讲课等等，少说废话行不行？已发讲稿，会上只作重点说明，莫要从头照念好不好？”

“一次能办的事，不要让人跑两次，怎么样？”

“这个事首先由市委、市政府、市人大、市政协带起头来，行吗？”

“还有，能不能每年在我市搞一次‘节约时间月’，可以结合推行‘夏时制’进行。”

教授的第2项建议是“节食”。

“开了许多招待会，每会必食，公款补助。每食必饱，亦必有余。这时，我觉得国家真富。”

“也跑了不少腿，为了讨一点科研经费，到处爱莫能助。这时，我又觉得国家好穷。”

“现在大吃大喝之风太盛，化为酒肉的经费知多少！能不能把这些经费压缩一下，挤几个铜板办教育？”

“哪位领导愿意抓它一下？！”

人大代表政协委员政见录

来个“节时”“节食”活动，如何？——市七届政协委员王燊一席谈

本报记者 李 栋

王燊外表随和、幽默，内心严肃、深沉。在政协会上，这位武汉大学空间物理学教授却谈论“时间社会学”。他提议，今年我市能不能兴起两个活动，一个是“节时”，另一个是“节食”。

他说，“文明的进步，人脑的进化，什么是最好的标志？我以为，是人们的时间概念。”

“古时候，日出而作，日入而息，是‘日’的概念。有了日晷，1 根针，是‘时’的概念。钟表问世了，2 根针、3 根针，有了‘分’、‘秒’的概念。现在这个时代，分秒又觉太长，人们已在跟‘毫秒’、‘微秒’、‘微微秒’打交道了。”

“然而在我们这儿，上层、基层，官家、百姓，到处流行着‘通知 8 点开会，实际开会 8 点半，甚至 9 点’的现象。”

1956 年，王燊参加了我市培养知识分子入党的一次会议，唱主角的领导届时迟迟不来。王燊给会议主持人递了个条子，上面说：“没料想如此庄严的会居然不能准时，我退席了！”30 多年过去了，“不准时”仍在社会上滋蔓、繁殖，这更是王燊始料不及的。

王燊教授说了好几件近期亲身经历的事，都是一群“非要人”交际等候一、两位“要人”。“要人”来了，心安理得，一般不道歉。他叹喟道：“我也习惯了，不再递条子了，只是心里为人们难过。另外，我也采取了一点个人措施：把事先预备好的纸、笔或书本取出来。”

他说：“先不要求人人准时到会，先只要求领导准时到会、开会，如何？”

“领导开会、办事、讲课等等，少说废话行不行？已发讲稿，会上只作重点说明，莫要从头照念好不好？”

“一次能办的事，不要让人跑两次，怎么样？”

“这个事首先由市委、市政府、市人大、市政协带起头来，行吗？”

“还有，能不能每年在我市搞一次‘节约时间月’，可以结合推行‘夏时制’进行。”

教授的第 2 项建议是“节食”。

“开了许多招待会，每会必食，公款补助。每食必饱，亦必有余。这时，我觉得国家真富。”

“也跑了不少腿，为了讨一点科研经费，到处爱莫能助。这时，我又觉得国家好穷。”

“现在大吃大喝之风太盛，化为酒肉的经费知多少！能不能把这些经费压缩一下，挤几个铜板办教育？”

“哪位领导愿意抓它一下？！”

（编号：家史·吴·12·57·5；家史·王·3·129·14）

家史·王·3·132

JIESHI

王蒙 1988

文明的进步，人脑的进化，什么是最好的标志？

我以为，是人们的时间概念。

古时候，日出而作，日入而息，是"日"的概念。有了日晷，一根针，是"时"的概念。钟表问世了，两根针，三根针，有了"分"、"秒"的概念。现在这个时代，分秒都觉太长，人们已在跟"毫秒"、"微秒"、"微微秒"打交道了。

然而，就在这时，在这块东方乐土上，竟然普遍流行着"通知八点开会，实际开会八点半"的现象。置身此境，真觉心里难受，脸上无光。

改革开放以来，武汉颇多贡献。一则领导有方，二则群众得力。值兹岁首，何不来一个JIESHI（节时）运动？例如说，先不要求人人准时到会，先只要求主持人准时到会，准时开会，如何？要是哪个单位连会都不能准时开，要说那个单位工效会高，那个单位的头头会负责任，谁会相信？

我想，有朝一日，活动准时了，废话少了，繁文简化了，那时将不仅我这个老武汉心里舒服，三镇也必然气象一新，大放异彩。

哪位领导敢去抓它一把？

20×25=500　　市文（前进）80.7　　页

政协提案表两份

王曦按(2016年10月2日)：

以下为父亲保留的关于“节时”与“节食”的政协提案复印件。

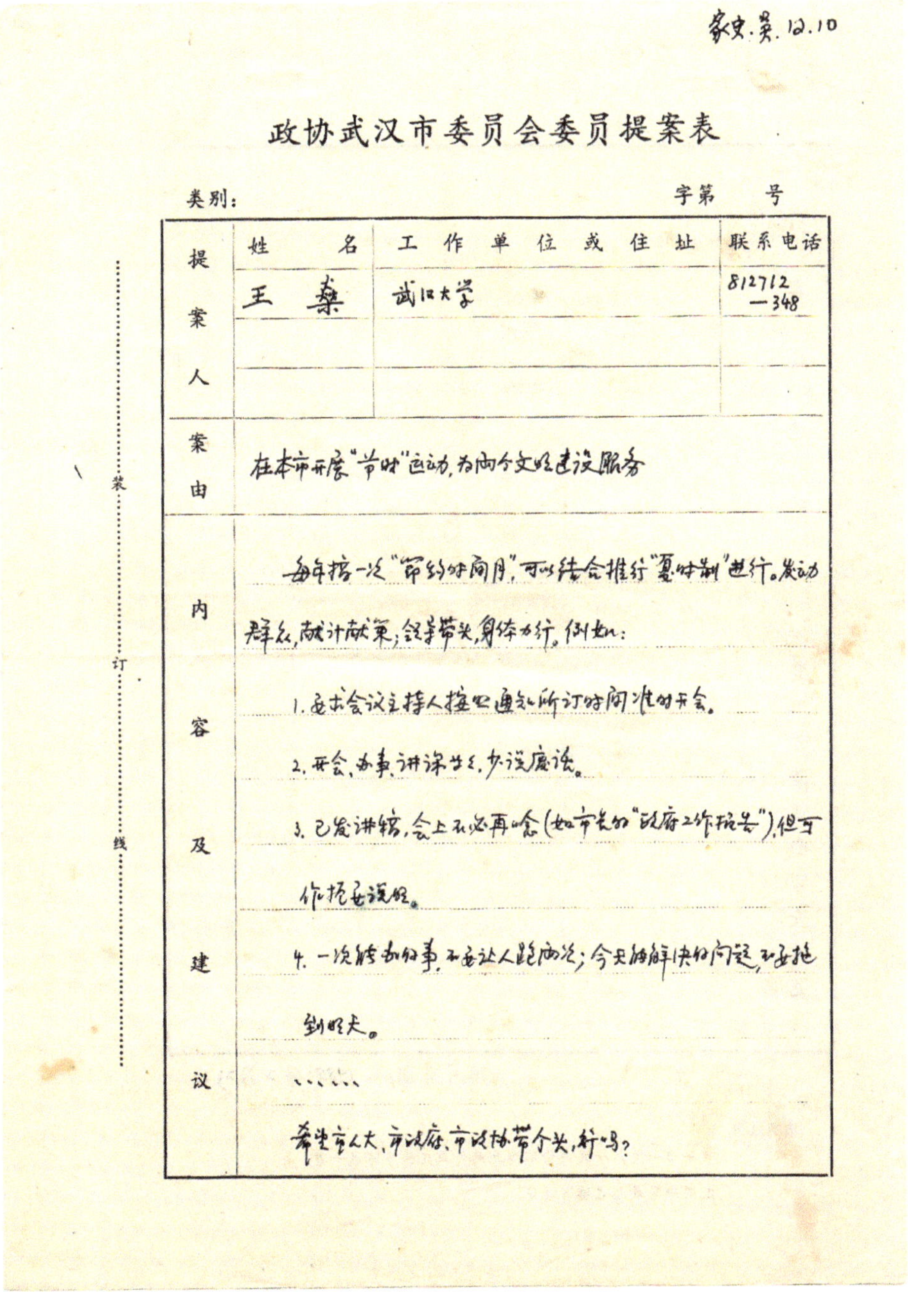

家史.吴.12.10

政协武汉市委员会委员提案表

类别：　　　　字第　　号

提案人	姓名	工作单位或住址	联系电话
	王燊	武汉大学	812712—348
案由	在本市开展“节时”运动，为两个文明建设服务		
内容及建议	每年搞一次“节约时间月”，可以结合推行“夏时制”进行。发动群众，献计献策；领导带头，身体力行。例如： 1. 要求会议主持人按照通知所订时间准时开会。 2. 开会、办事，讲话要简要，少说废话。 3. 已发讲稿，会上不必再念(如市长的“政府工作报告”)，但可作扼要说明。 4. 一次能办的事，不要让人跑两次；今天能解决的问题，不要拖到明天。 …… 希望市人大、市政府、市政协带个头，行吗？		

装订线

内容及建议	
提案工作委员会审查意见	

填写日期：1988年2月23日

填表说明：

1.一事一案，一式两份不要把两件或几件事写成一案。

2.用钢笔或毛笔填写清楚。

家史.类.12.11

政协武汉市委员会委员提案表

类别：　　　　　　　　　　　　　　字第　　号

提案人	姓　名	工作单位或住址	联系电话
	王　燊	武汉大学	812712—348
案由	在本市开展"节食"运动，挤一点钱办教育		
内容及建议	切实纠一纠用公款请客（请自己）的风，挤钱办教育。例如： 1. 领导带头，吃的次数少一点，规模小一点，丰盛度低一点，节省公款。 2. 组成"节食济教基金会"，组织学生、军人到酒楼服务（"社会调查"、"勤工俭学"、"军民共建"），送菜斟酒，擦地抹桌，洗碗刷盘。同时，向酒楼和宴会主人宣传"节食济教"，将规定酒菜降格（例如，从200元/桌降到100元/桌），将节约下来的钱（即100元/桌），以30%归东主，30%让酒楼（补偿经济损失），30%作为基金（资助教育），10%归服务人员。每月（或每季度）印发一份"简报"，公布帐目，表扬、批评。此事可请市教工会或市学联主持。 3. 此次人代、政协大会不知能否带个头？		

装　订　线

建议：人大、政协大会时期尽量节约用车

王曦按（2016 年 10 月 2 日）：

此为父亲保留的一份手稿。依我看，这个建议出发点是好的，但要政府做到，尚需时日。它的实行之日恐怕就是社会主义民主成熟之时。然而提出这种建议是知识分子的责任和使命。

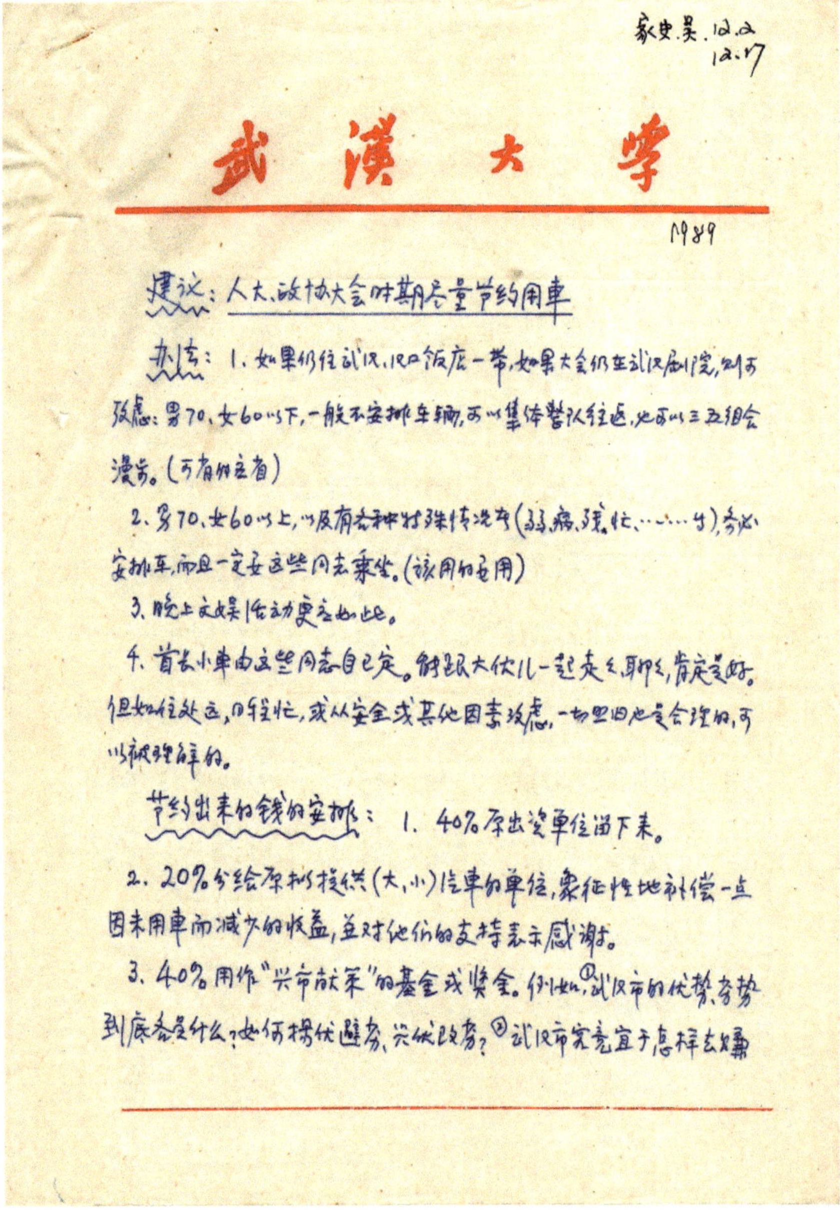

家史吴.12.2
12.17

武漢大學

1989

建议：人大、政协大会时期尽量节约用車

办法：1. 如果仍住武汉、汉口饭店一带，如果大会仍在武汉剧院，则可考虑：男70、女60以下，一般不安排车辆，可以集体整队往返，也可以三五相会漫步。（可有例外者）

2. 男70、女60以上，以及有各种特殊情况者（弱、病、残、忙……等），务必安排车，而且一定要这些同志乘坐。（该用的要用）

3. 晚上文娱活动更应如此。

4. 首长小車由这些同志自己定。能跟大伙儿一起走走、聊聊，肯定更好。但如住处远，日程忙，或从安全或其他因素考虑，一切照旧也是合理的，可以被理解的。

节约出来的钱的安排：1. 40%原出资单位留下来。

2. 20%分给原来提供（大、小）汽車的单位，象征性地补偿一点因未用車而减少的收益，并对他们的支持表示感谢。

3. 40%用作"兴市献策"的基金或奖金。例如：①武汉市的优势、劣势到底各是什么？如何扬优避劣、兴优改劣？②武汉市究竟宜于怎样去赚

武漢大學

外国人的钱(赚自己中国人的钱算不得好汉)?③武汉市有没有可能率先走出"传统追求升学率"的死胡同?怎样办?有没有试一试的希望?……当问题的解决,无疑是政府有关领导官员的责任。但是,事实上,我看,他们恐怕哪个板凳都难得坐热,更使他们解这类难题,不依靠一伙固定的(专职)或不固定的(业余)人们出出主意行吗?用这点钱补贴一下这些人作调查的交通费、集资料的复印费、动脑筋的劳务费,完全应该,肯定有好处。

形象和影响:1.每年那几天,30多辆大車,浩浩荡荡,还有警察,不鸣锣而开道,来往于住地/会场、住地/娱乐场之间。从党和政府看,是给代表、委员们的"待遇",以示尊重,完全是一片好心。(正因为如此,所以我以前始终不好意思说今天这样的话)。从代表、委员们自己看,为了集体行动的整齐、节约时间和体力(何况还有很多很多老人),主要为了做好工作开好会,坐坐车也无不可,何必因小失大?但是,广大群众恐怕未必都这么想。更重要的,主要在尊重这些人的意见和热情。这些人的点滴合理成分如果被采纳了,见了实效,他们会比坐车、看戏不知要高兴多少倍。至于对

武漢大學

问和体力的顾虑，我前面说了。本来就为这些同志安排了車。

2、30几辆車中，不少是日本货"日野"。中国人，在中国土地上，为中国的事开会，坐不是非坐不可的洋车，像什么样子？我每年都不想坐，但每年、每次都坐了——因为两条腿确实跟不上那么多轮子。坐在那里不敢多看窗外——无面见江東父老！

3、丢了車，走去走回，自己心情舒畅，也给江城人民一点新的感觉，这一无形的效益，只怕也是不可忽视的——何况多少还有那么一点点有形效益。

可能不切合实际，可能给有关部门、有关同志造成不少麻烦。能行我自然高兴、感谢；不能行则只好作罢，但我感谢之情一点也不会少，而且还要加上因为麻烦而应有的歉意。

王荣 1989，12，10

（编号：家史・吴・12.2）

政协对话发言提纲二则

王曦按(2016年10月2日):

以下为父亲保留的两份政协对话发言提纲手稿。它们应当是父亲参加武汉市政协组织的与中共武汉市委领导人的协商对话的发言提纲。这种对话反映了当时武汉市的中共与民主党派基于“长期共存,互相监督、肝胆相照、荣誉与共”的共同信念而产生的融洽关系。父亲的发言不仅言之有物,而且水平很高,充分体现了他作为诤友的责任意识和担当。他的这些观点到现在仍然具有重要的指导意义。

另外,第一份提纲中所说的“两通”,指的是在改革开放初期,中国民主建国会中央副主席、民建武汉市委员会的创始人之一、武汉大学经济系李崇淮教授向中共武汉市委员会提出的改革开放建议——“‘两通’战略”(又称“两通起飞”战略)。这里的“两通”指的是交通和流通。这个战略提出后,很快被武汉市党政所接受并确定为武汉市改革开放的基本市策。我于1988年在武汉大学加入中国民主建国会,亲见当时武汉市的党政领导对李老这个建议的高度重视和赞扬。

崇淮老和他的夫人武汉大学外语学院许慎安教授都是武汉大学受人尊敬的老人,也是我父母的老朋友。在民建武汉大学支部这个温馨的团体中,李老和他的夫人给予我许多关怀、指导和培养。在1999年,我曾经辅佐李老提出关于修改《中华人民共和国宪法》的建议。对于这个史实,1999年7月5日的光明日报有比较详细的报道:“今年3月18日,全国人大九届二次会议审议并表决通过了《中华人民共和国宪法修正案》。消息传到武汉东湖之滨,83岁的民建中央名誉副主席、武汉大学教授李崇淮的心情格外激动,因为《宪法修正案》中的6条建议有3条是他最早提出的。1997年10月16日,武汉市政协召开八届二十五次常委会,学习贯彻中共十五大精神。当时任武汉政协副主席的李崇淮在交流发言中建议:一、把邓小平理论作为全党全国的指导思想写进宪法;二、把‘依法治国,建设社会主义法治国家’在宪法中肯定下来;三、宪法应写入‘以公有制为主体,各种所有制经济共同发展是我国社会主义初级阶段的一项基本经济制度’。他还提议在次年召开全国人大九届一次会议时进行修宪。会后,他又约请民建中央委员辜胜阻和王曦,共同研讨并进一步完善了修宪的想法,最后由王曦执笔、三人共同署名,形成建议书呈报民建中央,并建议民建中央转呈中共中央。民建中央采纳了他们的建议,形成了《关于依据中共十五大精神修改宪法的几点建议》,呈送中共中央。中共中央办公厅回函称此《建议》‘具有重要的参考价值’,‘已将《建议》转送全国人大常委会党组,请他们在修改《宪法》时参考采择。’1998年初,李崇淮又请王曦、辜胜阻在全国政协九届一次会议上再提修宪建议。王、辜共联合了五位全国政协委员,向全国政协送交了‘关于修改宪法的建议’的提案。同年8月,全国人大法律工作委员会正式回函答复:‘将予以认真研究’。”尔后,这三条建议被吸纳到《中华人民共和国宪法修正案(草案)》中,提交给全国人大九届二次会议审议。(作者:刘力,http://www. gmw. cn/01gmrb/1999-07/05/GB/18108%5EGM7-0511. htm,2009-6-29 访问)"另外,对这段史实,《中国民主建国会简史》记载如下:"1997 年 10 月,在武汉市政协八届二十五次常委会交流发言中,李崇淮建议,把'依法治国,建设社会主义法治国家'在宪法中肯定下来,宪法应写入'以公有制为主体,各种所有制经济共同发展是我国社会主义初级阶段的一项基本经济制度。'随后李崇淮约请辜胜阻、王曦共同研讨并进一步完善修宪的想法,形成建议书呈报民建中央。民建中央采纳了他们的建议,形成了《关于依据中共十五大精神修改宪法的几点建议》,送中共中央。中共中央办公厅复函认为,建议'具有重要的参考价值','已将建议报全国人大常委会党组,请他们在修改宪法时参考采择'。1999 年 3 月 18 日,九届全国人大二次会议审议通过的《中华人民共和国宪法修正案》采纳了民建提出的上述建议。"(参见《中国民主建国会简史》,中国民主建国会中央宣传部编,民主与建设出版社,2010 年 12 月第 1 版,第 252 页。另见《政党与立法问题研究——借鉴与超越》,陈俊著,人民出版社,2008 年 9 月第 1 版,第 309 页)不论是在民建中央,还是在民建武汉市委员会民建武汉大学支部的各种参政议政活动中,李老和许老都为我做出了极好的榜样,给我以很多的教诲和帮助。他们是我政治生活中最重要的恩师。对此我永远铭记并感恩。

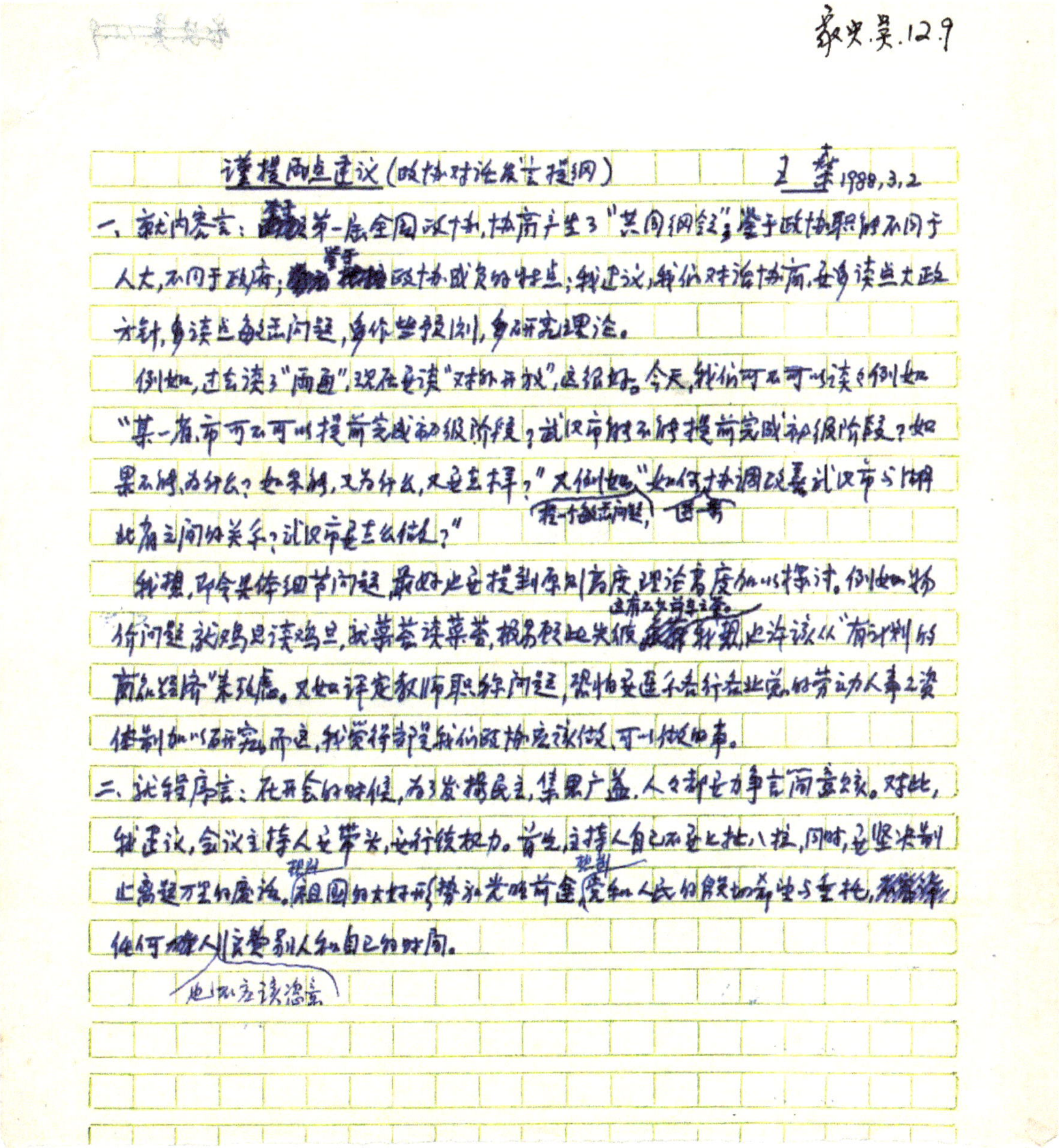

家史·吴.12.9

谨提两点建议（政协讨论发言提纲） 王檠 1988,3,2

一、就内容言：第一届全国政协，协商产生了"共同纲领"；鉴于政协职能不同于人大，不同于政府，掌握政协职责的特点；我建议，我们讨论协商，要多谈些大政方针，多谈些全局问题，多作些预测，多研究理论。

例如，过去谈了"两通"，现在要谈"对外开放"，这很好。今天，我们可不可以谈谈例如"某一省、市可不可以提前完成初级阶段？武汉市能不能提前完成初级阶段？如果不能，为什么？如果能，又为什么，又要怎样？"又例如"如何协调改善武汉市与湖北省之间的关系？武汉市要怎么做？"

我想，即令具体细节问题，最好也要提到原则高度、理论高度加以探讨。例如物价问题，就鸡蛋谈鸡蛋，就蔬菜谈蔬菜，很易顾此失彼，还有工资问题等等。我想也许该从"有计划的商品经济"来考虑。又如评定教师职称问题，恐怕要连系各行各业党的劳动人事工资体制加以研究。而这，我觉得都是我们政协应该做、可以做的事。

二、就程序言：在开会的时候，为了发扬民主，集思广益，人人都要力争言简意赅。对此，我建议，会议主持人要带头，要行使权力。首先主持人自己不要七扯八拉，同时，要坚决制止离题万里的废话。议论祖国的大好形势和光明前途，议论党和人民的殷切希望与重托，任何人也不应该浪费别人和自己的时间。

正文系王檠亲笔。（王曦注）

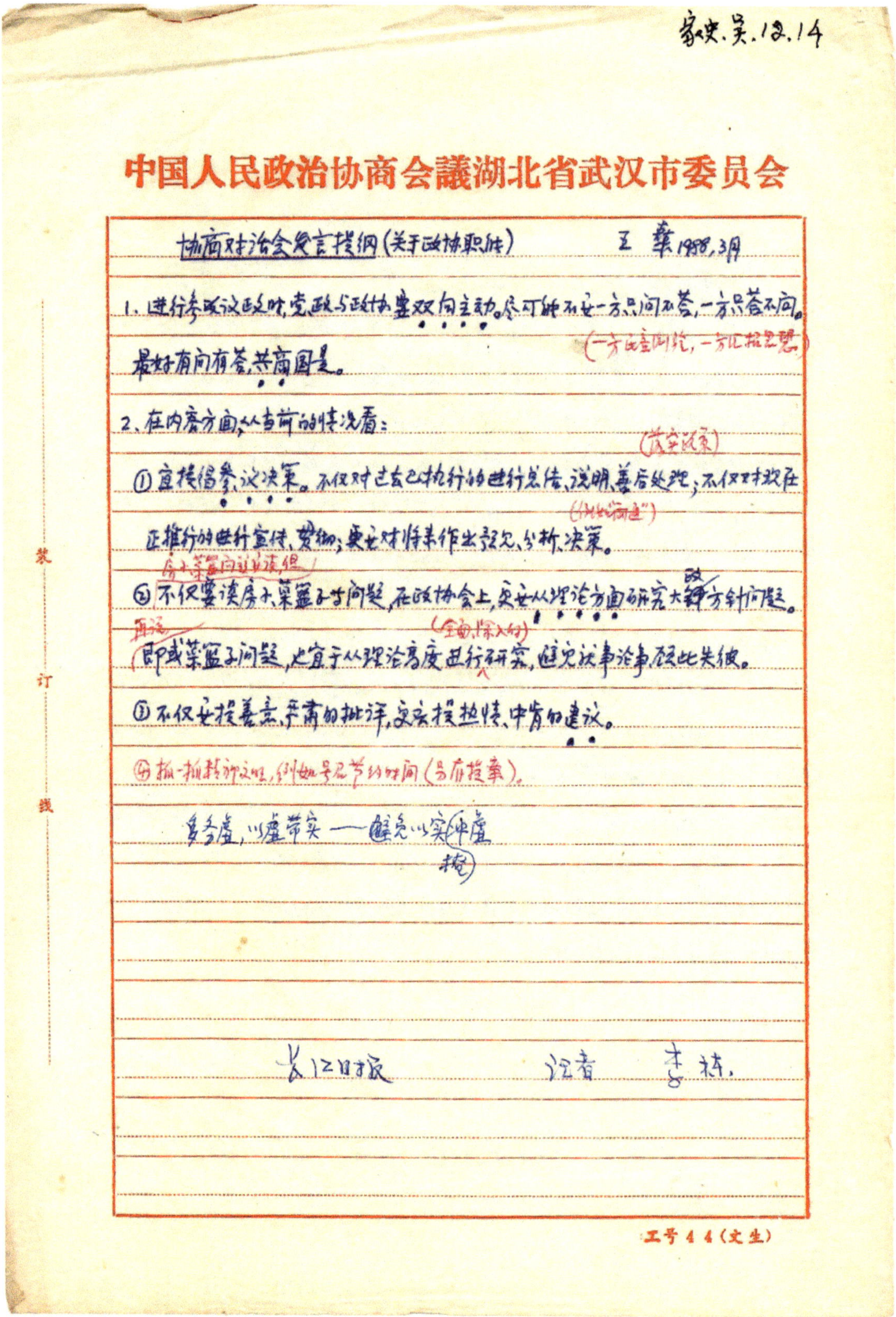

家史.吴.12.14

中国人民政治协商会議湖北省武汉市委员会

协商对话会发言提纲（关于政协职能） 王燊 1988，3月

1、进行参政议政时，党、政与政协要双向主动。尽可能不要一方只问不答，一方只答不问。最好有问有答，共商国是。

2、在内容方面，从当前的情况看：

①直接参与议决策。不仅对过去已执行的进行总结、说明、善后处理；不仅对现在正推行的进行宣传、贯彻；更要对将来作出研究、分析、决策。（落实政策）

②不仅要谈房子、菜篮子等问题，在政协会上，更要从理论方面研究大政方针问题。（再说）即或菜篮子问题，也宜于从理论高度进行（全面、深入的）研究，避免就事论事，顾此失彼。

③不仅要提善意、严肃的批评，更应提热情、中肯的建议。

④抓一抓精神文明，例如号召节约时间（另有提案）。

务实虚，以虚带实——避免以实冲虚

长江日报 记者 李梓。

工号44（文生）

正文手稿。（王曦注）

在中国民主促进会武汉市委员会全会(座谈会)上的发言提纲

王曦按(2016 年 12 月 14 日):

父亲保留着一抬台头为“中国民主促进会武汉市委员会”的公函纸,它是父亲做的会议记录,记录着从 1990 年 7 月 15 至 18 日武汉市民进的一次全会期间父亲所在小组的代表的发言。其中不乏我所熟悉的名字,例如,陈泽群先生,我大学本科(武汉师范学院汉口分院)的文学教师,著名的杂文家。以下这张图片是父亲作为一个小组代表向那次全会所作发言的要点。

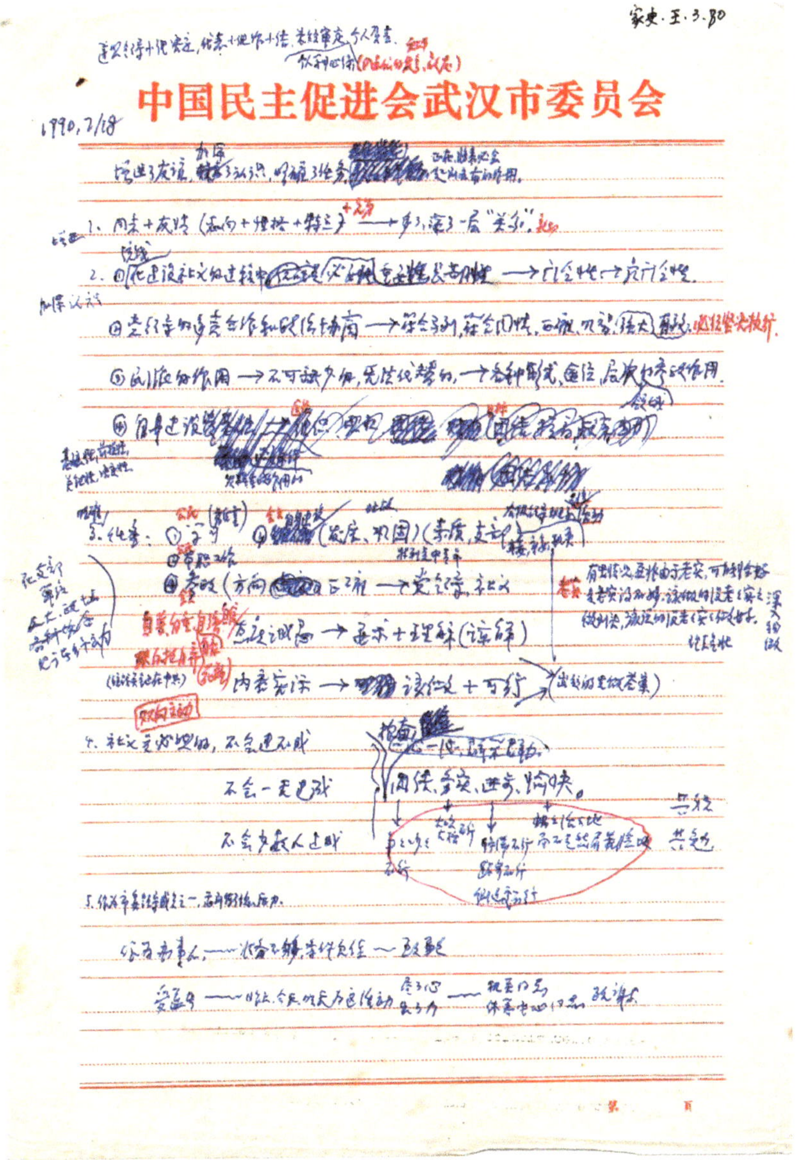

王燊手稿。(王曦注)

组织工作要有"提前量"(提纲)

王曦按(2016 年 9 月 14 日):

以下是父亲保留的一份发言提纲的手稿复写件,原件估计呈送民进武汉市委员会。由此件可见父亲对民进武汉市委员会工作之用心。

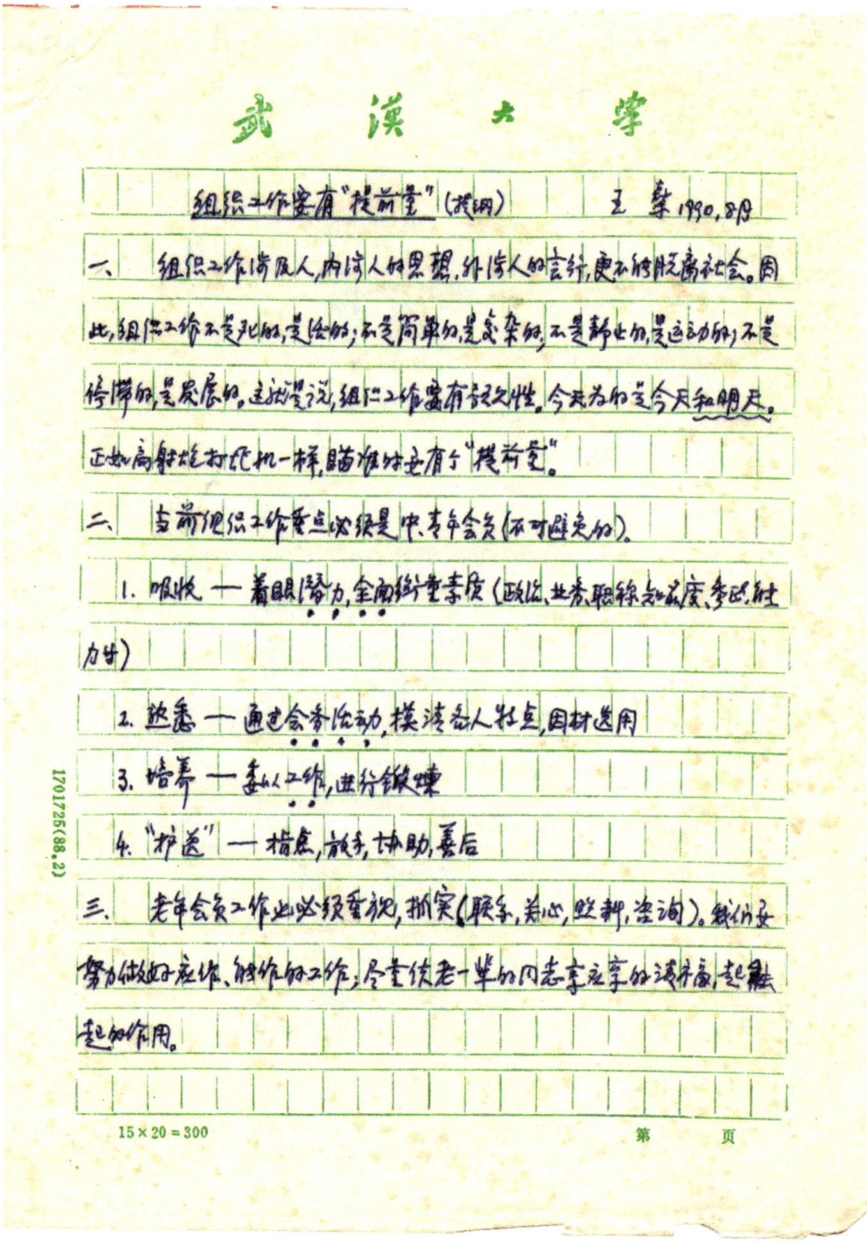
武漢大學

组织工作要有"提前量"(提纲)　王燊 1990.8月

一、组织工作涉及人,内涉人的思想,外涉人的言行,更不能脱离社会。因此,组织工作不是死的,是活的;不是简单的,是复杂的;不是静止的,是运动的;不是停滞的,是发展的。这就是说,组织工作要有预见性。今天为的是今天和明天。正如高射炮打飞机一样,瞄准时要有个"提前量"。

二、当前组织工作重点必须是中、青年会员(不可避免的)。

1. 吸收——着眼潜力,全面衡量素质(政治、业务、职称、知名度、参政能力)

2. 熟悉——通过会务活动,摸清各人特点,因材选用

3. 培养——委以工作,进行锻炼

4. "护送"——指点,放手,协助,善后

三、老年会员工作也必须重视,抓实(联系,关心,照料,咨询)。我们要努力做好应作、能作的工作;尽量使老一辈的同志享受应享的待遇,起能起的作用。

1701725(88.2)

15×20=300　第　页

(编号:家史·吴·12.37-2)

繁荣社会主义教育事业值得探讨的几个问题

王曦按(2016年10月2日):

这是父亲保留的一篇文章,留有手稿复印件。它发表于中国民主促进会武汉市委员会的会刊《武汉民进》1991年第1期上。父亲出生于书香之家,他的父亲和祖父都是书生。他的父亲更是在襄阳一带有名的教书先生。他自己也当了一辈子的老师(包括年轻时在四川乐山武汉大学读大学时,在当地东山小学当兼职老师)。在这篇文章中父亲坦陈对办教育的看法。他是一位自然科学家。但这篇朴实的短文却处处散发着深刻的经济学思想。他对教育的领悟与经济学家的领悟异曲同工,殊途同归。他的观点深刻,精辟,值得办教育者好好领会和记取。

繁荣社会主义教育事业值得探讨的几个问题

王 燊 1990.12月

思想这玩意,看不见,摸不着,一旦成了动力,万里长城也挡它不住,要是成了阻力,原子弹也炸它不开。化阻力为动力,或化动力为阻力,没有别的办法,只有探讨。

为繁荣社会主义教育事业,作者敢陈以下四点浅见,愿乞读者指正。

一、越穷越要办学

办学就得花钱,没钱办不了学,这是尽人皆知的事,也是谁都没有办法的事。于是,越穷越该少办学。这不难理解。

但是,是否也该看到,在今天和明天这样的世界上,如果文化、科技上不去,你就别想翻身,别想富起来。

所以说,事实上是没钱不好办学,思想上则应是越穷越要办学。

吃饭当然比办学要紧——人都饿死了、饿垮了,还有什么学好办!所以不能把吃饭的钱拿来办学。但是,大把的钱换作了终成粪土的美味佳肴,大把大把的钱花到了难掩真颜的涂脂抹粉上面,恐怕就宜三思了。

二、不存在人材"过剩"

货架上的商品有畅销、滞销,滞销的多了就过剩,剩久了就发霉、报废。所以,商人要作市场调查,哪种商品的需求看降,哪种商品的生产就要放慢。

人材呢?从道理上讲,从理想情况看,从计划性要求,自然最好也能像货架上的商品那样,要几个教师就培养几个教师,要几个干部就培养几个干部;一个坑一个萝卜。但是,偌大个国家,即令不说一定做不到,起码也知道是极难极难的。从这个意义上说,人材会出现“滞销”“积压”，是合理的、难免的，也是可以而且应该被接受的。

但是，人材却不存在“过剩”。这是因为人材与货架上的商品有着本质上的不同。货架上的商品是生产的结果，是消费物品；而人材是知识和能力的载体，是创造价值的生产力。商品过剩，可以以商品适应市场；而人材“过剩”时，只能以“市场”适应人材。换句话说，商品过剩现象，本质是商品不能适应市场；而人材“过剩”现象，本质却是“市场”不能适应人材。“英雄无用武之地”，难道能怪到英雄们的头上？所以说，人材“过剩”是假象，不存在真的“过剩”。

像我们现在这个文化、科技还暂时相当落后的国家，文盲尚且不少，哪能谈得上人材“过剩”呢？

三、别担心文明“过高”

这跟前节本是一回事，只不过前节侧重“量”，本节则侧重“质”。

大学毕业生到大学当了助教，大家都没什么意见。大学毕业生到中学教书了，一般异议也不大，要是让大学毕业生去教了小学，那就不一样了。“屈材”“大材小用”“高射炮打苍蝇”之类的反应就来了。这些说法是对还是不对呢？

耐心分析一下也许是值得的。真的用高射炮打苍蝇，肯定是不可取的，也没这样的事。至于大学毕业生教小学算不算“高射炮打苍蝇”，恐怕就得动动脑筋了。一方面，用大学毕业生去做本来中师毕业生就能做的事，从他本人说，没能充分发挥实力；从有关组织来说，没扣准计划；真的很像在用高射炮打苍蝇。然而仔细一想，它与“高射炮打苍蝇”又有着本质上的不同。高射炮打苍蝇有明显的坏处，起码，它浪费了物质财富，而大学毕业生干了中师毕业生就能干的活，坏处到底在哪里呢？也许有人说，它浪费了人才，浪费了培养大学生的经费，可是只要再多想一步就会看到：只要每个岗位都有了胜任的人选（这前提很重要），它就没有浪费：因为它在提高全民族、全社会的文明！

让我们作一个好像荒唐的设想：如果每个岗位都有了胜任人选，而这个社会连扫厕所的都是大学毕业生；这个社会是“悲惨世界”，还是“乌托邦”？所以说，要操心的，是每个岗位上的人选是否都称职；至于担心“文明过高”，完全没有必要。

四、兴邦先兴教育

在旧社会，许多前辈为“教育救国”劳苦了一辈子。有的抱憾终生而与世长辞了。有的到了新社会才恍然大悟：那在旧社会只能是空想。

到新社会，“教育兴邦”的确可以说已成许多人的共识。至少没见过正面反对的意见。但是，提到“兴邦先兴教育”，问题可就来了。“没有钱怎么办？”“毕业生多少往哪儿放？”……所以，似乎得多说几句。首先，困难客观存在。认识困难，是正确的、必要的；但这属于中性。认识之后要克服它，是积极的；这种认识是动力。认识之后逆来顺受地接受它，则是消极的；这种认识就成了阻力。今年萝卜丰收，都是挖坑种出来的，恐怕没有等坑种萝卜的事。要是不挖，而坦然泰然地按照“无坑不种萝卜”的逻辑办事，那就连萝卜叶子也见不到一片了。因此，可以说，首先要点真正的主动性；要承认这个“先”字。

其次，是要适度。教育涉及面广，见效又慢，所以急不得。然而，它既占了个“先”，那就也缓不得。搞教育的人恐怕跟长跑运动员有相同的难处。那就是：既不能冲，又不能松。

最后，是不必大吹大擂，大做文章，说什么“全民总动员”“人人办教育”。大吹大擂往往只是震动耳鼓，而真理都得深触灵魂。有些地方一声不响地把兴建楼堂馆所的钱用来盖了校舍，真值得钦佩、感谢。

以上妄发了一通议论，谨作结语如下：明显的是非，容易分辨；只有细心识别似是之非，寻求似非之是，才有趣味和益处。未悉当否？

（编号：家史・吴・12・7；家史・王・3・129・12）

论“刹”字——致长江日报“求知”栏目编辑的一封信

王曦按（2016 年 10 日 2 日）：

以下是父亲写给长江日报的一封信。我认为，从表面上看，这封信是为了纠正用词不当，实际上是表达了对作为地方党报的长江日报刊用这种用词不当的文章的社会后果的担心。它是一个善意的提醒。从另一个角度看，他反映了父亲经过多年的政治运动所形成的某种敏感。人们应当为它而幸还是哀？

家史.吴.12.6

《吴江日报》"求知"编辑同志： 1991.2.17

刚才读了二月十七日"正确看待简化字，制住繁体风"一文，受益不小。

我是赞成用简化字的。除了极个别一时想不起来的、自己不喜欢的和自己不认为恰当的简化字只好不用而外，一般我不用繁体字。我觉得，书信文章里夹带几个繁体字，写者信手拈来，阅者望而知之，大家都不费劲。所以我一直这么干着，不以为有什么问题。

可是读了"制"文以后就嘀咕了起来。要"制"，要"制止"，我这样不能那么样？

我再三再四地读了那篇文章，始终没弄清楚："制"是无条件的还是有条件的？

很象是有条件的。例如最后一段只有四句话，其中三句都指的"滥用"；而全文又没一处说到只要用繁体就该制的事。以"滥"为条件，完全正确。天下哪有"滥"而不该制的事？

作为一个读者，不免又想出另一个问题：既然有该"制"的"滥用"繁体字，似乎也应有不该"制"或不必"制"的"非滥用"繁体字。到底有没有？我并不明白。

因此，我只好带着上面的问题向"求知"求知，希望编辑部或"制"文作者把条件（或界限）说清楚一点，把相应的根据摆出来，使读者有个好确可靠的依从，幸甚，幸甚。

敬祝

春节愉快！

读者

王檠 1991.2.17

〈430072〉 武昌 武汉大学 北三区 8栋 161号

并非校稿，但希鉴之。

关于兴办私立大学的若干杂想

王曦按(2016年10月2日)：

这篇文章中的观点，不仅对兴办私立大学很有指导意义，而且适用于公立大学。我尤其欣赏其中“对办学人(全体教职工)则必须以‘师表’为标准，严选礼聘”一句。

关于兴办私立大学的若干杂想

王　燊

1. 从提高人的素质，促进社会发展来看，大学生的质量和数量怎么样也不会过高过多：因此，不宜对大学教育施加限制。

2. 私立大学的特点恰在于“私”。办学费用统统来自热心于教者和有志于学者的私囊。不动公家分文，而对公家有利的事情，不宜反对。

3. 考分不高、表现欠好，不等于不可造就；关键在于老一辈的精心培养。年青人求学上进的道路，不宜阻塞。

4. 公立大学生。入学必经统考，在校大多读统编教材，就业大部分服从统一分配——统，的确有统的好处。然而，社会需求千行百业，一个模式是统不了，统不好的。因此，有规模小一些，模式多样的私立大学作为辅佐和补充，显然不但具有好处，而且有必要。

5. 既然重在精心培养，对办学人(全体教职工)则必须以“师表”为标准，严选礼聘。

6. 入学条件灵活掌握(为有志于学者提供机会)——看成绩，看本质，看环境，看志趣，看决心，看特点，看发展……

毕业标准坚定不移(对社会、对学生本人严肃负责)——德智体全面合格。

7. 对学生的要求是：基础训练人人过关，专业技能各有所长。

8. 大学退离休教职工兴办私立大学，驾轻就熟。一方是老有所事，一方是免遭辍学；至少也是一举两得，不但不宜否定，而且更应提倡。

(发表于《武汉民进》1992年第3期)

(家史・吴・12.1.2)

对市政协工作的评价

王曦按(2016年10月2日)：

以下是父亲保留的一份手稿复写件，内容是对武汉市政协工作的评价。原件应当交给了武汉市政协。我自己也曾长期担任政协委员(武汉市的、湖北省的、全国政协的)，对父亲关于政协工作要“实”的意见深有同感。不仅我，恐怕所有的政协委员都有同感。由此可见我国的政协工作有很大的改进余地。

市政协办公厅调研处：

11 月 16 日征求意见的通知收到，谢谢。

现根据本人体会简要汇报，供参考，难免错漏，乞谅。

总的来说，本人对本届政协工作是满意的。给我印象较深的有：

中央精神传达学习及时。例如有关《关于坚持和完善中国共产党领导的多党合作和政治协商制度的意见》、有关中央统战工作会议精神、有关邓小平同志南巡重要讲话以及近期有关党的 14 大的精神的传达学习等。

为使政协委员对市委、市政府重大决策和重点工作“知情”所作的工作比较细致、具体。例如有关“十六字市策”，黄孝河、新站、新港、新机场、沌口小区、杂技节等的多途径征求意见，组织参观、动员协作配合等。

在提高参政议政效率方面，花了许多心血，作了不少工作，甚有成效。例如各专门委员会都组织了若干座谈、调查，提出了很多质量较高的议案、建议和意见，对促进我市工作和进一步发挥委员的潜力都起了好的作用。

每次大会都安排得周周到到，开得井井有条。

使我最感兴趣的是政协(也有统战部)组织的学习。在传达、领会的同时，往往穿插有说明和各种意见的交流。不是录音机或电脑在工作，而是真正的人脑在活动。我觉得效果很好，本人也受益匪浅。

当然也有使我感到遗憾，或者说颇感遗憾的地方。那就是，我觉得，在实字上下的功夫还不到家。为了说明，恕我举一实例，供参考。

不记得是哪一年的 8 月 6 日或者 6 月 8 日，《长江日报》首次公布“十六字市策”和赵宝江市长向武汉人民公开征求意见的《信》。我读后当即写了一信给长江日报，建议为支援教育经费向到餐馆吃喝(不是小吃)者们征收一点附加费。遗憾的是，石沉“长江”，就此无声无息。不久，政协开会，我又提出了“节食”之议，惹得记者前来采访，还登了报。又过了一些时，我收到“议案答复”，说决定 300 元以上收百分之多少，300 元以下免收。现在呢？遗憾的是，恐怕又只能说一声“‘黄鹤’去也”了吧！

你说领导不重视？不确切。你说没人管？也不对。我看，谁都是一片好心，只不过对“实”字的理解可能不怎么一致吧了。意见变成了议案，议案又有了答案，本来的确该划上句号，不必老纠缠的，然而事实上，如果真要追根到实的话，恐怕不少还大有文章可做。就拿上述这个具体事情来说吧，我至今仍以为那个建议是合理的、可行的(当然不那么简单，或者说很不简单)。为了下一代、下二代的成长，奉献点滴“牙慧”，我看谁都不会反对。恐怕问题还在于：①谁该去做？②该谁去做？③谁该回答上述问题？

总之，政协在进步，社会要求在深化，前景可喜，但要继续努力；本人工作没做好，有负众望，深感内疚。

致

敬礼

王燊 1992.11.22(编号：家史·吴·12.5)

雅汇乐教育基金建议

王曦按(2016年10月3日)：

以下为父亲保留的一份提交中共武汉市委与民主党派双月座谈会和武汉市政协的建议。

亲爱的市领导：

我市近年朝气蓬勃，各方面大有进展，教育事业更已受到格外重视，前景可喜。诸公为此百般操心，成绩斐然，谨向您们致贺，致敬、致谢。

在您们日理万机之际，本不应插进这一小小建议；不奈此意存胸多年，难再隐压，乃敢直陈，希谅。如获诸公认可，并能通过党代会——人代会——市政府——有关部门付诸实施，则感恩戴德者，岂止区区老汉一人也。

敬礼并贺新年

王 燊

1992.12.15

建议

教育乃立国之本，教育乃强国之道。经济建设节节兴盛，中华文化代代繁荣，追本溯源，关键在于教育。对此，古今贤达，多有精辟论述；中外历史，亦不乏正反实例。

兴教端赖国家拨款，此是正理，也是大道。敢问：作为配合与补充，我市可否为筹资另辟蹊径，以收相辅相成、殊途同归之效？

为此，谨进如下建议：

一、登酒楼，入饭店，有口腹之快。听弦歌，游胜地，有耳目之娱。与此同时，如能通过餐费、门券，向我市万千孩童的求学成长凑集若干资助，遐望江楼花朵繁茂、栋梁辈出之美势，则必更添心神之悦。

以高雅之涓滴，汇育才之江河，己乐、人乐、世世乐。因拟将此建议所收之款项名之为“雅汇乐教育基金”。

二、这即是说，在餐馆、舞厅、剧场、影院和旅游景点收费时酌增百分或千分之几的

“雅汇乐教育基金”，用以补贴我市教育经费，专款专用。

三、此事面广事烦，开头难，坚持更难，请市领导慎重考虑。此举顺民心，合实情，有功效，更有意义，请市领导英明决断。

（刊登于《武汉民进》，1993 年第 1 期。）

（编号：家史 · 吴 · 12 · 13、12 · 57 · 15、12 · 23；家史 · 王 · 3.129 · 8）

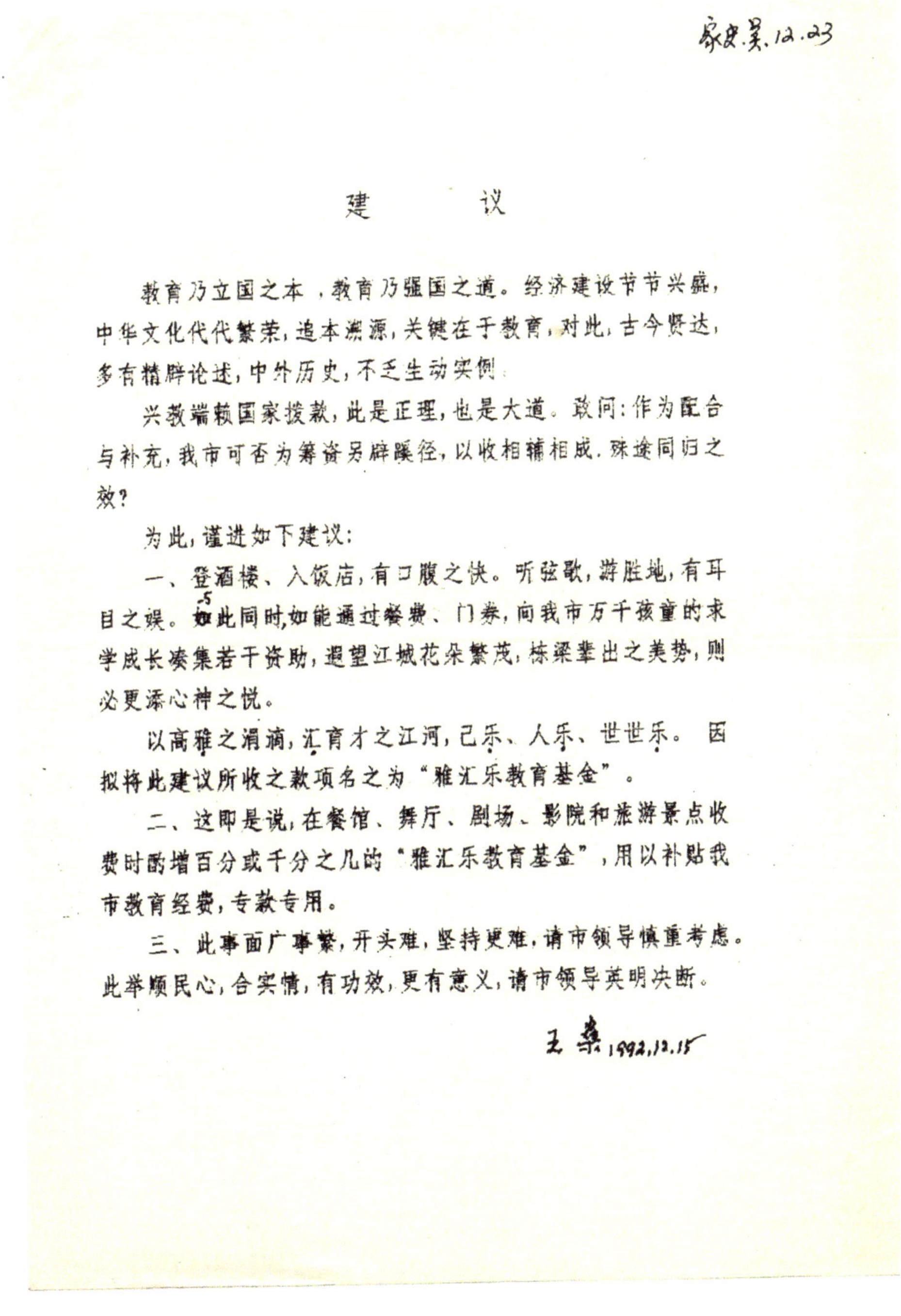
家史.吴.12.23

建　　议

教育乃立国之本，教育乃强国之道。经济建设节节兴盛，中华文化代代繁荣，追本溯源，关键在于教育，对此，古今贤达，多有精辟论述，中外历史，不乏生动实例。

兴教端赖国家拨款，此是正理，也是大道。敢问：作为配合与补充，我市可否为筹资另辟蹊径，以收相辅相成、殊途同归之效？

为此，谨进如下建议：

一、登酒楼、入饭店，有口腹之快。听弦歌，游胜地，有耳目之娱。如此同时，如能通过餐费、门券，向我市万千孩童的求学成长凑集若干资助，遐望江城花朵繁茂，栋梁辈出之美势，则必更添心神之悦。

以高雅之涓滴，汇育才之江河，己乐、人乐、世世乐。因拟将此建议所收之款项名之为“雅汇乐教育基金”。

二、这即是说，在餐馆、舞厅、剧场、影院和旅游景点收费时酌增百分或千分之几的“雅汇乐教育基金”，用以补贴我市教育经费，专款专用。

三、此事面广事繁，开头难，坚持更难，请市领导慎重考虑。此举顺民心，合实情，有功效，更有意义，请市领导英明决断。

王粲 1992.12.15

可否以中教研究为重点

王曦按(2017年2月7日):

这是父亲给中国民主促进会武汉市委员会写的一篇参政议政建议。中国民主促进会的会员大都为中小学教师。父亲这个建议旨在发挥民进的这个特点,在中教改革方面为政府提出建议。

为了搞好议政和参政,我们武汉市民进抓什么比较合适呢?我说,可不可以"以贯彻素质教育为目标,以研究中教改革为重点,以扭转片面追求升学率为突破口",大伙儿齐心协力,作点实实在在的工作?

为什么以中教为重点?我的想法是:(1)中学阶段是素质发展的极重要阶段。一个学生,从小学升入中学,再经中学进入大学,这六年经历着极重要的转变。在学习内容的侧重上,是从感性事物逐步转向理性知识;从定性的认知逐步提高到定量的分析。在学习过程上,是从以记忆为主逐步深入到以理解为主;从以被动接受为主逐步发展到以主动判断为主。怎么样帮助他们经历好这个阶段,我们是大有文章该做的。(2)在我市1025位会员中,从事中教的有529位,其中很多是长期,甚至终身从事中教的。还有现在虽然不在中教岗位,但多少有些中教经历的——这人数也不会少。所以,若按人数和教龄算个总账,恐怕马上可以看出:论经验、论实力,我们武汉市的会员,对这个问题也是大有文章可做的。(3)再加上,我们还有许多从事小教、幼教和高教的同志;就是那些从未从事教育工作的同志,也没有一位不曾受过学校教育,或不关心学校教育的。所以若抓这一课题,恐怕我们这千名会员同志个个都有兴趣,人人都有话说,可以真正做到集思广益。

为什么以扭转片面追求升学率为突破口呢?我是这么考虑的:(1)它必须加以扭转。尽人皆知,它对贯彻素质教育起着严重的阻碍作用和致命的破坏作用。不扭转这个怪圈,谁也别想真的能实施素质教育。(2)它可以扭转。不错,"片追"的确是个老大难问题。然而,老也好,大也好,难也好,甚至很难很难也好,它终究还不是个根本无解的悖题。这个怪圈是人的行为造成的,它必然也能通过人的行为加以扭转。当然,它存在的历史长,范围广;涉及的方面多,影响大;不可能一下子就一劳永逸地加以扭转。但是,也要看到,它早已是"过街老鼠",只要拿得出切实可行的方法,肯定会得到广泛的支持。一旦群起而攻之,难道这个突破口还会打不开?

怎么样?亲爱的同志们,咱们干不干一下?

(发表于《武汉民进》,1996年第3期)

(编号:家史·吴·12·57·12、12·8;家史·王·3·129·12)

知识分子进入市场经济领域

王曦按(2016 年 10 月 2 日)：

这是父亲保留的一份手稿，似乎是一份发言提纲，谈知识与市场的关系。它在一定程度上反映了我国从计划经济走向市场经济的背景下，知识分子的困惑和思考。

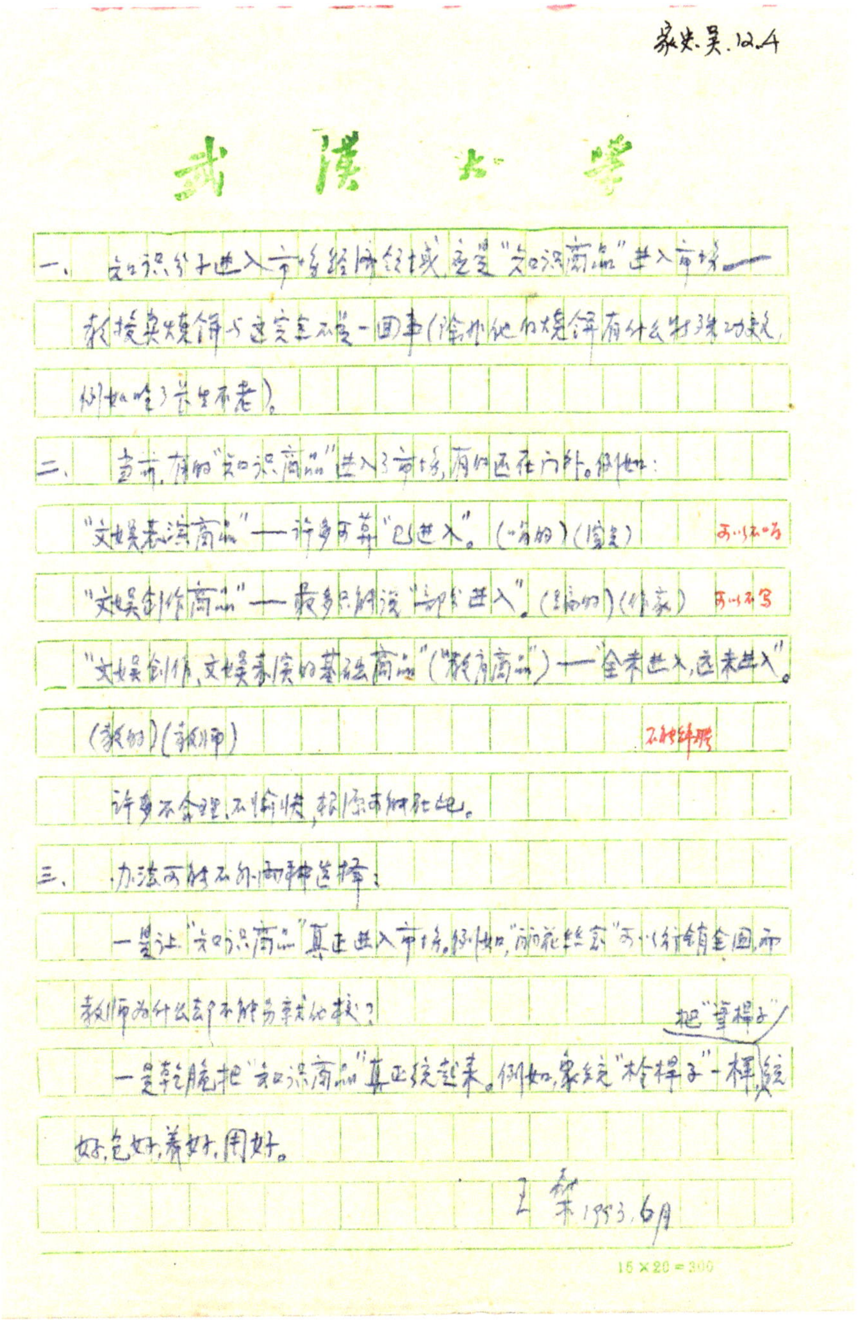

武漢大學

一、知识分子进入市场经济领域，意即"知识商品"进入市场——教授卖烧饼与这完全不是一回事（除非他的烧饼有什么特殊功效，例如吃了长生不老）。

二、当前，有的"知识商品"进入了市场，有的还在门外。例如：

"文娱表演商品"——许多可算"已进入"。（有的）（演员）　可以不写

"文娱创作商品"——最多只能说"部分进入"。（编的）（作家）　可以不写

"文娱创作、文娱表演的基础商品"（"教育商品"）——全未进入，远未进入。（教的）（教师）　不能销售

许多不合理、不愉快，根源亦即在此。

三、办法可能不外两种选择：

一是让"知识商品"真正进入市场。例如，"丽花丝宝"可以行销全国，而教师为什么却不能另就他校？

一是干脆把"知识商品"真正统起来。例如，象统"枪杆子"一样，把"笔杆子"统好、包好、养好、用好。

王粲 1993.6月

15×20=300

高校统考似可微调

王　燊　1996.4.21

王曦按(2017年2月7日)：

这是父亲有关高考改革的一点思考和建议。

一、考试，应该是检验教育、教学阶段性效果的一个有一定可靠性但又有相当局限性的手段。要求学生应试并取得好的成绩与要求学生全面发展并达到高的素质这二之间并不存在先天性的对抗性矛盾。这就是说，在当前，考试、应试本身不应该被看作是干扰素质教育的因素。

二、问题在于，试题内容和考试方式的严重片面性，才是对素质教育的一个重要的干扰和束缚。我们要求小、中学进行全面的素质教育；而同时，高等学校入学统考的试题又仅仅、紧紧地局限于某五门课的大纲以内；这一片面性难道还不明显，难道还能容其长期不变？例如：我们要培养的是篮球运动员，而只考他们的弹跳；有这样的事吗？

三、素质教育涉及品德、知识、能力、健康、仪态等等许多方面，大都不易量化，所以，寻求与之相应的全面而准确的考试内容和方法，是不切实际的。兼顾需要与可能，作者谨就高考内容与方法提出若干微调的设想：

1. 九门课程全考，文、理各有侧重。高考六种试题：文科——语、数、英、政、史、地、理、化、生。理科——语、数、英、理、化、生、政、史、地。

2. 适当拓宽命题范围。例如，大纲内80%，大纲外20%。

3. 适当提高一点“活题”和“半死半活题”的比重。

4. 对书写、表达特好、特坏的，适当增加、扣减幅度极小的一点点“卷面分”“印象分”。

这样，慢慢来，向稍长远推断，或许会对扭转诸如文、理过早偏废，知识过窄、过死，极少课外活动与爱好等现象起到不同程度的作用，对实施素质教育，稍有促进。

四、当然，说易行难，施教、命题、评分等一系列环节都要调整，都要动脑筋、花气力。“微调”不微，人们都说高考是指挥棒。不错，同一乐曲往往有不同的演奏效果，究其原因，难道不都在于乐曲指挥对其指挥棒动作的见仁见智的“微调”？高考这根指挥棒的动作，现在恐怕应该而且可以“微调”了。

(家史·吴·12.12、12.3)

市政协召开座谈会为发展教育事业献计献策

王曦按(2016 年 10 月 3 日):

这是长江日报对武汉市政协一次座谈会的报道。其中提到的人士都是当时武汉市参与政治协商与民主监督的知名人物。从报道中可见当时中共与民主党派的关系很融洽。

报讯(记者何志武):"我做了 51 年教师,有一个不必花钱即可实现的愿望:解决片面追求升学率的思路。希望市政协在武汉市作些调查,提出可行性方案,向国家教委报告。"昨日,市政协教文委主任、武汉大学王燊教授在市政协庆祝教师节十周年座谈会上带头提建议。

市政协主席王哲南、副主席胡照洲、陈伯华、李崇淮、李家友、李涌泉,原七届政协副主席韩银柱等参加了座谈会,听取教师们对我市发展教育事业提出的建议。

市政协委员、省实验中学特级教师张庆圭谈了一个热点问题。他说,学校乱收费是一个值得研究的问题,仅从禁止方面处理还不够。要分析产生这种现象的原因,针对不同的情况采取具体对策。他希望政协研究和讨论学生就近入学所带来的选校标准问题,如分数多少转为交钱多少等。

全国教育系统劳模、省实验小学校长江荣生老师希望市委、市政府,采取切实可行的措施,减轻学校负担。

市政协委员、武汉六中校长周天六认为,教育在呼唤市场,教育如何与日益发展的市场接轨,值得研究。

《长江日报》1994.9.8

(编号:家史·吴·12·57·10;家史·王·3·129·15)

"民主监督"作用不明显

王曦按(2016 年 10 月 3 日):

以下为父亲手迹,写在一张会议通知的背面。标题为我所加。该会议通知的内容是:"定于 1994 年 2 月 16 日(星期三)下午 3 时,在楚天大厦十二楼会议室,召开政协武汉市八届二次会议预备会,请常委和各小组召集人届时参会。"父亲这里写的应当是他的发言要点。他指出的这个问题是个国家政治体制改革中的一个深层次问题。敢于提出这个问题,令人钦佩!

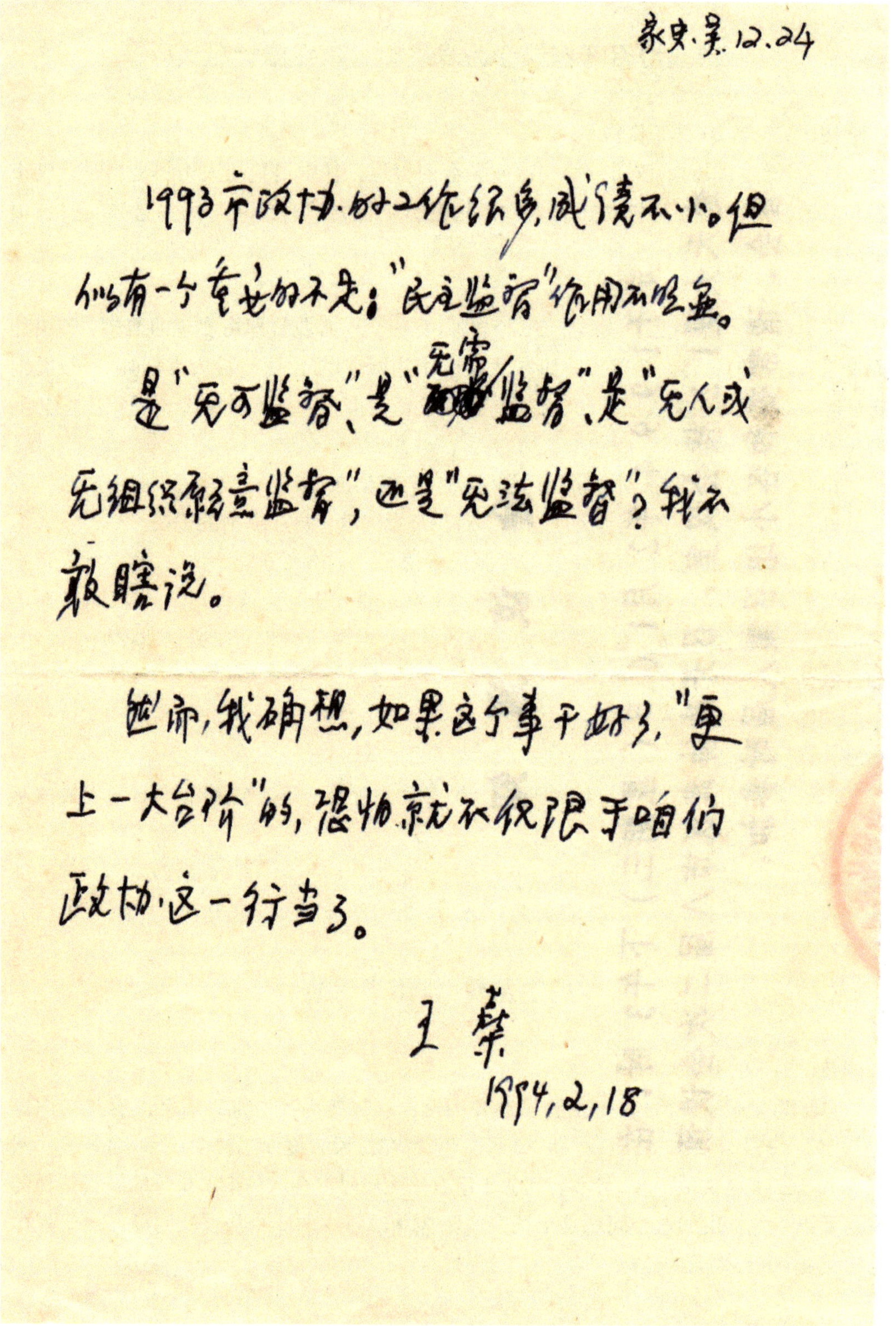
家史·吴 12.24

1993市政协的工作很多，成绩不小。但仍有一个重要的不足：“民主监督”作用不明显。

是“无可监督”、是“无需监督”、是“无人或无组织愿意监督”，还是“无法监督”？我不敢瞎说。

然而，我确想，如果这个事干好了，“更上一大台阶”的，恐怕就不仅限于咱们政协这一行当了。

王桀
1994.2.18

王桀手稿。（王曦注）

市政协常委专题座谈会呼吁转变观念重视发展技校

王曦按(2017 年 2 月 7 日):

以下为《长江日报》1995 年的一则报道,报道了父亲等人关于重视技校的呼吁。这项工作直到现在才真正得到政府的重视。技术工人现在成为市场上的紧缺资源。父亲他们的呼吁,可谓有先见之明!

本报讯(记者何志武):昨日召开的市政协常委专题座谈会上,委员们一致呼吁:重视技校,抢救技校,发展技校。

为了解我市技校情况,市政协教育文化委员会、市劳动局、市教委等单位联合组成调查组,前不久对我市技校状况进行了一次调查。委员们在昨日的座谈会上指出,我市技校严重不足。武汉市这样一个拥有 700 万人的大城市,市属技校只有 36 所。这样少的技校,培养的技术工人不能满足武汉的需要,也不能满足青年人进修、学习技术走上建设岗位的需要,而在仅有的技校中,能充分发挥培养技术工人的功能的不多,多数技校由于种种原因难以为继,有的若没有"急救"措施,就面临关门,有的甚至已关门。

武汉大学王燊教授剖析了我市技校发展困难的原因:一是体制明显欠优,有的技校归劳动局管,有的归行业部门管,有的归企业管,多渠道办学有其优势,但彼此协调不够,致使专业、课程设置重复,造成浪费;二是办学经费严重不足;三是师生"身份"不明确,尤其是企业技校的教师没有教师证,普通中小学教师的待遇,他们享受不到;同时,技校毕业的学生在职称评审中既不被视同高中,又不被视同中专学历,只相当初中学历,影响了技校招生。

委员们认为,发展技工教育当前最迫切的问题是各级领导应转变观念,像对待普通中学那样抓技校,提高全民族素质不能仅靠发展升学教育来完成,劳动部门应规定企业用工必须从接收技校培养中录取。委员们建议,将全市技校发展纳入一个整体来考虑。

市领导李昌禄、郭友中、李涌泉等参加了座谈会。(《长江日报》1995.11.17)

(编号:家史・吴・12・57・9;家史・王・3・129・15)

关于技工学校

王曦按(2016 年 10 月 3 日):

这是父亲写于 1996 年 6 月的一份发言提纲。十多年之后,政府到现在才真正开始着手解决这个问题。

一、几点看法：

1. 是一个不得不解决的问题：发展经济——发展生产——提高产品质量——提高生产者素质——发展技工教育。

2. 是一个迫在眉睫的问题：多数学校难以为继。

3. 是一个决不是一个三言两语就能一下子解决的问题。

4. 难归难，但还不像是一个无论如何也解决不了的问题。

5. 要解决问题得具备一些必要条件，例如：领导要下决心，有关各方要互谅互助，这两点最重要。

二、几点建议：

1. 抹掉“中专”和“技校”的区分，统称“中等职业学校”。

① 初中毕业报考，学制三年；

② 毕业生可工、可干、可考高校；

③ 收一点学费；

④ 向农村招生；

⑤ 不包分配。

2. 组织上由劳动局总管。

① 由各行业委、局、公司根据各自情况决定：办不办，专业，人数等；

② 可以单独办（如交通技校），可以依靠企业办（如733厂技校），也可以以其他方式（如联合）办；

③ 教职工待遇由主办单位根据自身情况定，或比照企业，或比照普教，或自定模式；

④ 教职工干合同聘用，双向选择。

3. 经费按“谁收益，谁出钱”的原则共同负担。

① 财政局，主办单位（局、委、公司、企业等）按人头拨给一部分；

② 适当收一点学费——公费生学费和自费生学费；

③ 地方教育基金中分割一部分；

④ 校办产业收入；

⑤ 社会捐赠。

4. 严格落实“持证上岗”的规定。

5. 市政府牵头组织专班，任务是：

① 寻求合理可行的较长期方案；

② 对重危的技校提出紧急处理措施。

（编号：家史·吴·12.27）

重视技校、抢救技校、发展技校

王曦按（2016 年 10 月 3 日）：

这份材料是父亲的手稿复写件。从父亲的插语中可见父亲和武汉市政协科教文卫委员会（父亲时任其副主任）对这个问题做过多次认真的调研。

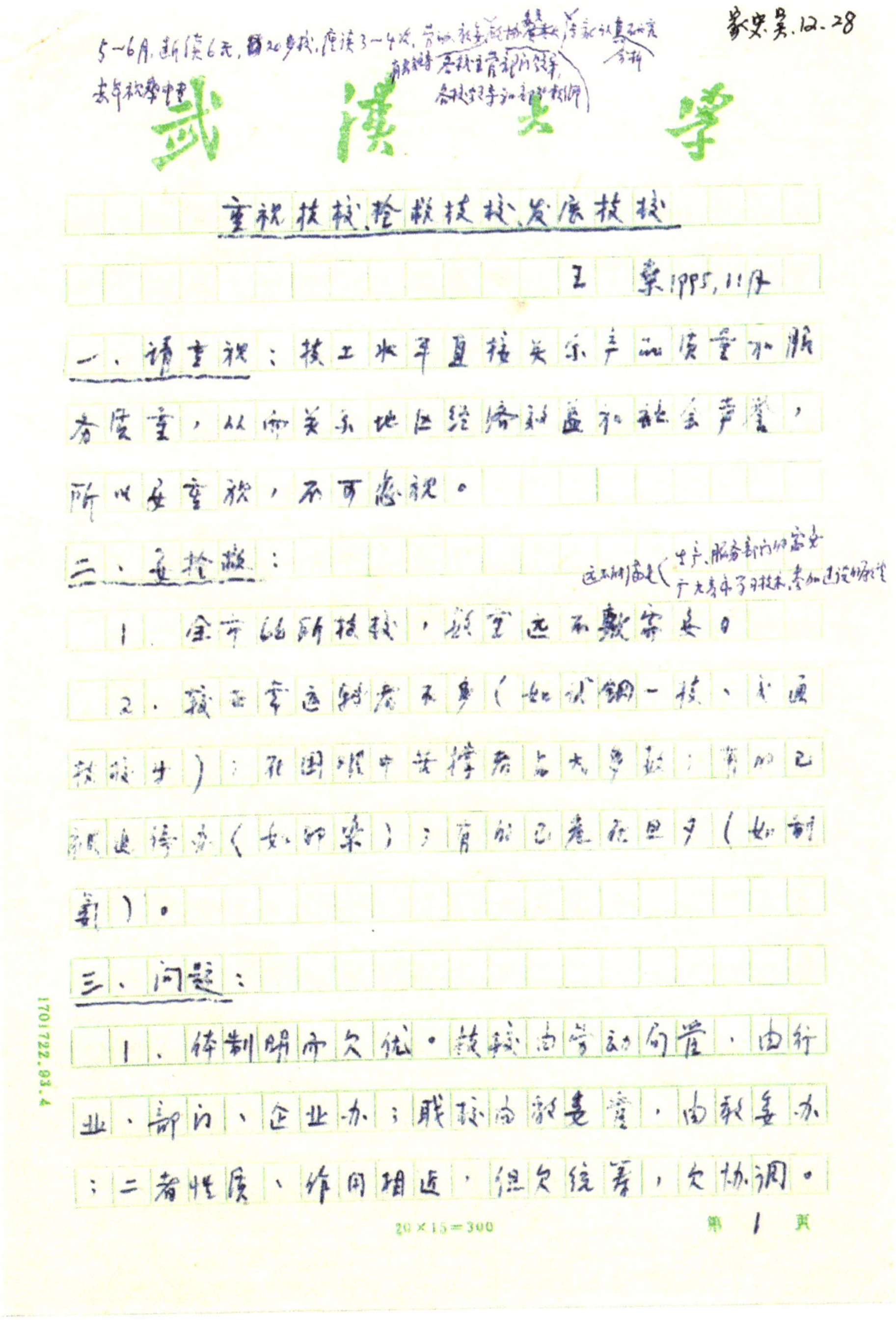
武汉大学

重视技校、抢救技校、发展技校

王 燊 1995，11月

一、请重视：技工水平直接关系产品质量和服务质量，从而关系地区经济利益和社会声誉，所以要重视，不可忽视。

二、要抢救：

1. 全市的所有技校，设置还不敷需要。

2. 较正常运转者不多（如武钢一校、武汉铁路校等）；在困境中苦撑者占大多数；有的已被迫停办（如印染）；有的已危在旦夕（如针织）。

三、问题：

1. 体制不明而欠优。技校由劳动局管，由行业、部门、企业办；职校由教委管，由教委办；二者性质、作用相近，但欠统筹，欠协调。

20×15=300 第 1 页

武漢大學

2、经费"有渠缺水"。县办技校经费来源于县财政，行业、企业办技校经费来源于经营效益。目前，这些水源均有困难，所以渠里缺水，要从"开源"找出路。

3、待遇政策值得推敲。

学生：　初中＋高中＝高中。　✓

初中＋中专＝中专。　✓

初中＋技校＝初中。　？

教师：　技校教师＝普校教师。？

技校教师＝工程技术人员。？

由于涉及职称、工资、福利等的待遇政策不尽合情合理，以致师生不愿来技校，已来的不够安心。

许多好建议，学得面广　　体制理顺，政策调整，经费开源，建校规划，专业配置，争取实习，生源开拓，师资稳定，信誉提高……

四、建议：

市政府尽早在适当时机召开一次旨在改革、

1701722.83.4

武漢大學

振兴我市职业技术教育的会议。会议由市教委、经委、劳动局、财政局、人事局等有关单位的有关负责人组成，统一认识，周密规划，集中力量，分担困难，协调措施，认真地、切实地、及时地扭转我市职业技术教育的这一暂时颓势。

三、有基础、有希望：

此次调查所到之处，各技校、各主办单位、各主管部门的领导和有幸接触到的教师们都怀着革命乐观主义精神担当并克服着眼前的各种困难，都以认真负责的态度提出了各样的意见和建议，上下热情高涨；万望我市党政领导因势利导，早作英明决策。

1701722.83.4

对片面追求升学率问题的几点浅见

王曦按(2016年10月3日)：

以下是父亲保留的材料。他当时已经退休，在民办九州大学当校长。文中所提楚庄先生时任中国民主促进会中央副主席。文章反映了父亲关于片面追求升学率问题的意见和建议。

祖心同志：

我是民进一名老会员，在武大任教一辈子，退休后在九州大学做校长。九州大学是民进的，我只好听从湖北省民进的安排，到那儿充数。上次您和楚庄同志来汉，有幸短暂谋面，惜未畅谈，怅甚。

对片面追求升学率问题，民进许多前辈极为关注，披肝沥胆的呼吁，使我深为感佩。近年这一现象每下愈况，更令人们忧虑。我自知才疏学浅，情况不明，本不该冒昧冗言，但焦虑之心，实难排遣，只好将千言万语压缩成附上的那篇短文。希望借《民进》一角，起一点敲钟和引玉的作用。文责自负，请编辑部裁夺，不胜感激。

随信附有楚庄同志视察九州大学的照片，劳烦便中转交，并向他老问好，谢谢。

敬礼

王　燊

1996.5.22

通信处：〈430072〉湖北　武汉市　武汉大学　北三区8栋161号

电话：(027)7882712－2348(家)

对片面追求升学率问题的几点浅见

王　燊　1996.5月

1. 此举贻害无穷，对谁都不好。

2. 此举完全出自良好动机，谁都怪不上。

3. 这一现象必须加以扭转，再不能谁都不管。

4. 解决问题确有很大难度，但不是完全没有办法，更不是谁都管不了。

5. 解决问题只能实事求是，既要合理，又要可行；切不可搞概念游戏，文字游戏，自欺欺人。

6. 例如，有一种主张：以合格率或成才率取代升学率。窃以为不妥。据悉，中学的任务之一就是向大学输送学生——升学。请问：追求升学率又错在哪里呢？我看，问题只处在“片面”二字，“升学率”没错。

7. 例如，有一种主张：从应试教育向素质教育转变。窃以为，这意见完全正确。可是，如果有人把素质教育与考试对立起来，甚或试图以素质教育鉴定来取代考试，那就未免欠妥了。教什么，学什么，考什么，哪点不对？所以，考试不可以否定，也很难被合理地取代。我看，问题只出在，培养的是德智体素质，而考的（指大学入学统考）只是其五门课大纲以内的那点知识，过偏、过窄、过死。

8. 十全十美、一步到位的解决办法，本人想不出来。

9. 大学毕业生不包分配，双向选择就业，这为解决问题提供了极重要的条件。

10. 本人愿提出如下建议：(1)将衡量中学教育水平的标准，从只看升学率改为兼看升学率与进步率。所谓进步率，指的是该校参加统考学生平均一门课的考分相对于这些学生进校的平均一门课的考分的增长率；用于说明学生在该校培养下的进步情况。有的中学，学生入学时分数不理想；但学生进步不小。这种情况，应予鼓励，不可忽略。(2)将高校入学总分的组成增添一项德育分，此分由其原所在学校给定。(3)试题内容，大纲内约 80%，大纲外约 18%，卷面分或印象分 2%。

万里长征，始于足下，望有关领导，勇移尊步！

（编号：家史·吴·12.54）

参政议政情况和意见

王曦按(2016 年 10 月 3 日)：

这份发言提纲写于 1996 年 5 月，颇有诤友风范。

1. 本人从 1988 年起担任了两届市政协委员，水平有限，工作不力，有负组织重托。

2. 市党政领导对政协工作颇为重视，重视程度也不断提高；但涉及不同事例，落实效果并不一致。例如：

(1) 1988 年，个人提出“节时”“节食”。对于“节时”，当时郑云飞书记便在大会提出号召，会风有明显改进。而对于“节食”，则未见采取任何有效措施。

(2) 1992 年，个人提出在到餐馆吃喝的消费者所付餐费上附加一项极小百分数的“雅汇乐援教基金”的建议。对此，市里采取过一段措施，不久“无疾而终”。

(3) 市政协文教委(本人为一副主委)对“薄弱学校”的改善和振兴中专、挽救技校等作过调查，提过建议，受到市里重视，部分有改善，现仍着力研究。

(4) 许多重大事项，市领导都通过双月座谈会或其它形式与民主党派协商通气，效果良好。

(5) 市委、市政协、市委统战部、市民进等单位机关工作同志，对民主党派成员尊重、关心、热情，在工作上多有指导和帮助。这对民主党派成员参政议政积极性的提高很起作用。

3. 有亟待改进和颇可改进的方面。例如：

(1)“民主监督”真已千呼万唤，下面要“等”是可以理解的；然而“不促”则是不敢苟同的。

(2) 双月座谈会上传达的事，对已形成的方案征询意见的多，这是需要的。然而，如果有时也交出某些重要而又尚未形成什么解决方案的问题，向民主党派“求教”，我想，收效可能更好。

(3) 政协委员“持证视察”，10 年来，本人没搞过一次；不是不想搞，而是不知怎么搞。

（编号：家史·吴·12.53）

武汉市第八届政协委员个人小结

王曦按（2017 年 2 月 7 日）：

这是父亲保留的一份政协工作小结，写于 1996 年 12 月 17 日。

我作为一名政协委员，在这任期即将届满的时候，回顾自己这段工作表现，深感惭疚。

组织上交给我三项任务：小组召集人之一，祖统委会委员，科教文卫委会副主任。

说到小组会，我的认识是：在全会期间，小组活动是最根本、最重要的一环。只有搞好小组活动，才能真正做到集思广益，民主协商。我担任召集人时，主观上总是力图照顾发言面，注意发言内容，掌握时间，调节气氛，希望尽可能做到虚实结合、严肃与活跃结合。——说是这么说，实际上做的不怎样。

记得一件事，在 1993 年的小组会上，我再次提出了我在 1992 年某次双月座谈会上直接向市领导提出过的“雅汇乐援教基金”的建议。这建议的内容，主要是想从在大餐馆吃喝的费用中，提取百分之几或千分之几的钱，用以支援教育。这建议一下子就有 18 位委员附议，后来形成八届一次第 41 号提案。遗憾的是，提案交到了市教委！我后来虽然又写了一些信，作了若干呼吁，但结果极不理想，这就不说了。

说到祖统委会，我参加会议活动的次数很少，会外也没做多少事。在这方面，现在且汇报三点：一是 1992 年夏天，我应邀参加了在美国召开的名为“天地和华盛顿卡内基研究院”的学术讨论会。先师桂质廷教授在 30/40 年代曾获得该研究院资助，在国内作了地磁及电离层方面的开创性科研工作。我在会上宣报了桂师的工作成果，文章编入了专集。到会的外国科学家听课很感兴趣，知道中国不是一直落后、事事落后的。二是多次接待在台学者周光斗教授。他是先父的学生，我妹妹的同班同学。我们过去虽未某面，但却一见如故，交谈亲挚。他原为台湾《新生报》副社长、副主编，现又在两个大学任教，在台湾知识界甚有影响。他听说我在民办九州大学的工作上困难重重，极力设法给我帮助。他曾到九州大学作学术报告，受到师生欢迎；去年从台湾空运图书 600 册赠给图书馆;前不久从北京开会路过武汉,又在设法为九州大学筹措资助。三是今年上半年,应老朋友、德国学者施罗德(Schhroder)教授约稿,从《大清史稿》和我国古天文文献中整理了我国十七世纪的极光现象的记载,补充了太阳黑子周期的参考数据,受到欢迎,文集即将出版。

再说科教文卫委会,相对地说,我参加这方面的活动较多一点,但也没做出什么成绩。根据回忆,在此想汇报如下三点:一是关于"微型学校"的事。当时教文委组织了大量调查,录了像,做了统计,提了建议。在政协常委扩大会上,我被指派扼要地作了口头汇报,提了要求。这些年来,一些学校的处境有所缓解,值得欣慰,应该向市领导表示感谢。二是关于技工学校的事,教文委又做了大量调查。我基本上按计划参加了各项活动,深受教育。这是一个重要、复杂而又紧迫的问题,许多事需待研究、协调。在市有关领导参加的汇报会上,又叫我作了简短的重点发言。市有关领导当场表示同情和重视,目前看来,后续工作尚待抓紧。三是贯彻素质教育的事。从长远看,这是一件关于民族兴衰存亡的大事。我想,从上边来说,再不能光打雷,不下雨;而从我们来说,恐怕也不能老是你看我、我看你。一定要有点决心,有点动作,很希望科教文卫委抓一把。

最后要说的是,尽管自己没做多少事,而整个市政协的成绩确实有口皆碑的。成绩的取得,有领导的重视、真抓,有广大委员的积极活动,我以为,机关专职同志们的主动、辛勤是十分重要的,带关键的因素。为此,借此机会,特向这些同志们致敬、致谢。

(编号:家史·吴·12.30、家史·王·3·141)

三个"异口同声"

王曦按(2017年2月7日):

这是父亲写于1997年2月的一份材料。

现就我市职业技术教育问题,向敬爱的我市领导汇报三个异口同声的反映:

一、近四年,市政协教文委对我市200多所职业高中和技工学校中的三十多所进行了实地考察,会见了三十多所技校的部分领导和教师。所到之处,我们听到了一个异口同声的反映是:"技校办得好。上岗职工,经过培训的跟没经过培训的就是不一样。"

二、技校目前情况不妙,困难重重,多数难以为继。市政协邀请市劳动局、市教委,以及一些有关的政府部门和大型企业的有关领导和专家,进行了几次座谈研究。大家异口同声的反映是:"技校必须抢救,必须发展;难度虽然不大,但涉及面广;只有市里成立一个由各有关方面组建的统筹协调机构,才好劲往一处使,有步骤地开展实际工作。"

三、1996年6月,中央颁布《中华人民共和国职业教育法》还没到一个月,市政协办公厅就发布了《关于加快我市技工教育发展步伐的通知》(武政办[1996]115号),将"统筹规划全市职业技术教育"的工作,明确地交给了当时可能即将成立的"市职业技术教育领导小组”。今天,三镇风和日暖,百业向荣;我们各处听到异口同声的反映是:“希望市领导一诺千钧,好事快办,早点把这小组组建起来!”

(编号:家史·吴·12.32)

“持证上岗”——一个被遗忘的多功能处方

民进市委政研室同志们:您们好!

上次全委会对我市技术职工短缺现象给予重视,并拟就加强职业技术教育,扭转前述现象做些调研、提出提案。受此启发,我这些天作了些回顾和思考。据我所知,对于振兴技校,市政协文教委至少作过了五年以上的调研和努力,有关提案也受到市党政领导的重视和好评。事态未见明显好转的原因很多,一言难尽。但从参政议政者一方自我检查,恐怕当时的提案缺少明确的可操作方案是一个重要原因。为此,我写了这份短文,明确建议持证上岗,以此带动有关的全局,现将该文送上,供参考。如觉不行,我想,第一,对技术职工短缺的现象,要做调查,哪个厂,哪些技术岗位,合格在岗者多少;造成影响如何,如此等等。如能拟一参考性提纲,发动各基层组织就近就便做些调查,提出建议,工作量不小,但结果肯定会不错的。到时候,经过集思广益,向政协拿出个代表市民进的提案,必然有好效果。当然,如果您们觉得也不妨将这些短文送给《武汉民进》或《民进简报》给更多会员参考、批评,那您们就与宣传部的同志们研究决定。麻烦了,谨致谢!

王　燊

1999.3.30

“持证上岗”——一个被遗忘的多功能处方

王　燊　1999.3.30

“持证上岗”这个处方,指的是工业、农业、交通、电信、医药、财会等许多行业的技术职工岗位,必须只允许持有相应的学历证书者上岗。据我所知,或者是本市,或者是中央,许多年以前就已作过这样的明文规定,只是至今并未认真加以执行,甚至已被遗忘。因此,我这里不过是旧话重提。

“持证上岗”有这么一些功能:首先,从各有关行业来看,不断有具备新知识、新技能的青年职工上岗,有利于推进产品和服务的革新;这是行业发展的必要条件。其次,从培养这类人才的技校、中专、高职来看,学校定会更加受到重视和支持;报考的学生也会增多。这类学校长期以来“应该发展而又发展不起来”的局面得以开始扭转。再说,这样一来,大批初、高中毕业生极力拥向普通高中、普通高校现象得以适当缓解。这样也会在一定程度上有利于素质教育的实施。这样还会使青年失学、待业的现象多少有些减轻。当然,这样必然还有某些横向的社会影响和纵向的历史效应,这里就不说了。

“持证上岗”这一处方还有一个特点，就是不用花多少钱。

不过，我们尊敬的党领导如果真的有意再次启用这个处方的话，我恳切希望他们注意两点。一是“严”。就是严格按规定办事，不开口子；不因“权”“钱”或“关系”的冲击而搞“例外”。二是“实”。就是从实际出发，到实际落脚。“新的新办法，老的老办法”。事实上，不少“无证在岗”的老职工，现在已是他那一行的能手、骨干。他们还应该继续受到重用。“持证上岗”的新手，还得向他们学习，新老团结，共同搞好工作。

（编号：家史·吴·12.36）

民进王楘想说的话

王曦按（2016 年 10 月 3 日）：

这份材料是父亲在中共武汉市委统战部召开的双月座谈会上的发言提纲复写件，原件应于会上面呈会议主持人。

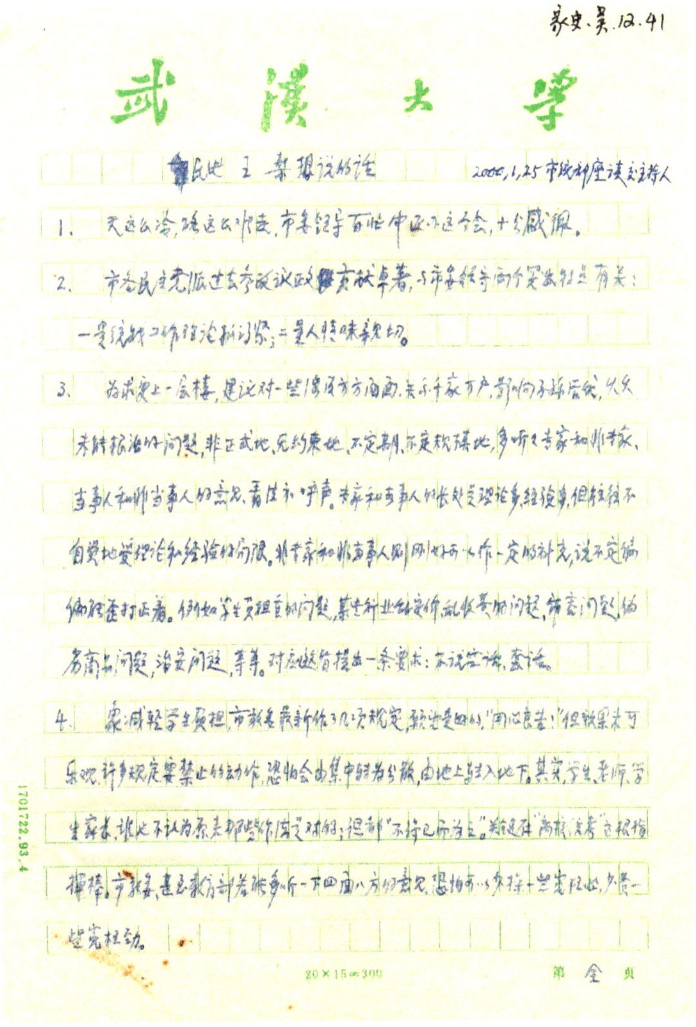

家史·吴·12.41

武漢大學

民进 王楘想说的话　　2000，1，25 市统战部座谈会主持人

1. 天这么冷，路这么难走，市委领导百忙中还来这个会，十分感佩。

2. 市各民主党派过去参政议政贡献卓著，与市委领导同志的两个突出特点有关：一是统战工作理论研究深；二是人情味亲切。

3. 为求更上一层楼，建议对一些涉及方方面面、关系千家万户、影响子孙后代，久久未能根治的问题，非正式地、无约束地、不定期、不定题地，多听听专家和非专家、当事人和非当事人的意见，尤其是呼声。专家和当事人的长处是理论多、经验多，但往往不自觉地受理论和经验的局限。非专家和非当事人则刚好可以作一定的补充，说不定偏偏能歪打正着。例如学生负担重的问题，某些行业乱定价乱收费的问题，噪音问题，伪劣商品问题，治安问题，等等。对座谈者提出一条要求：不说空话、套话。

4. 为减轻学生负担，市教委最新作了几项规定，意图是好的，“用心良苦！”但效果未可乐观。许多规定要禁止的活动，恐怕会由集中转为分散，由地上转入地下。其实，学生、老师、学生家长，谁也不认为原来那些作法是对的；但都“不得已而为之”。关键在“高校统考”这根指挥棒。市教委、[illegible]部署能多听一下四面八方的意见，恐怕[illegible]一些[illegible]，才[illegible]一些实在行动。

20×15=300　　第 全 页

1701722.93.4

改革大学统考为素质教育开路

王 燊 2000.2.24

一、几点粗浅的看法

1. 以素质教育取代应试教育,正确,刻不容缓。

2. 兹事沿袭时间长,涉及方面广,未必存在简单易行、立即见效的解决方案。

3. 各方作出多种努力,成效不理想;关键在于指挥棒(大学统考)改动不大,难逃朝改夕返、明改暗仍的局面。

4. 大学统考作些改动,只是为素质教育开路。此路不开,素质教育寸步难行。

二、几点粗糙的设想

1. 试题内容广一点、活一点。例如,语、数、外、史地政、理化生,还是五单元;凡是学过的课程,一门也不免考;而且,大纲内只约占 75%,另 25%是活的,考察考生知识的广度、深度、

2. 试题分量重一点,让多数考生答不完,以利检测考生广、熟、敏、创的水平。

3. 答案唯一正确的,给标准答案;其他只给参考答案,甚或连参考答案也不给,由阅卷老师评定,以检测考生创新和应变的能力。

4. 拿出约 10%的指标,用于录取语、数、外的分数达到一定水平而另某一门成绩特别突出的考生,以利培养较早(或过早)显露专长(或偏长)的青年。

三、几点粗略的预期效果

1. 学生取得了一些主动,可以而且必须主动地学些什么,而不是完完全全地等着老师来灌了。学的东西不一定少了,恐怕反而多了;但"负担"感却减轻了,劲头反而大了。

2 教师也取得了一些主动,他面对的不再是一批"会说话的知识存储器",而是一群各有特点的小青年。他的任务不再唯一地是将大纲内容灌进那些"存储器",而是在一定程度上可以因学生"材"和自己的"才"而施教了。

3. 社会上"参考资料"、模拟试题、补课、家教之类不会绝迹,也不应绝迹,因为确有一定的正面作用。但其内容和形式必有所更新,学生对其依赖的程度和负担感会有所减弱;处理得好,还能使其转化为开展素质教育的助力。

4. 最后,也是相当值得重视的,就是那些没考上大学的,由于各自都有某种程度的自主学习、独立工作的经验,有的还可能具备了某方面的特长;这一切,都会为其日后的自修、参加工作和进一步成人成材提供必要的基础。这对减轻学生、老师、学生家长以及

学校的压力，缓解独木桥现象，也有好处。

（编号：家史·吴·12.44、12.44、家史·王·3.140）

“广言厅百花讲座”建议稿

（供参考修正）

王 燊 2002.3

I. 讲座活动 每次主讲人讲演90分钟，回答问题30分钟。

1. 深入浅出，让有高中水平的人能听懂。

2. 具体内容由主讲人自定，例如，学科的主要知识、发展沿革、现时意义、主讲人的心得体会、听众宜如何从事研习，等等。总之，主讲人愿讲什么，就讲什么。

II. 背景情况

1. 在知识技能领域，“专”与“博”的对立程度正趋缓和，而其内容与互补程度则正在提升。进行基础知识的教学，诚须作诸如文、法、理、工、农、医之分；而一旦涉及应用和提高，则其相关知识的广度与深度，即将对其发展历程，甚至其最终成效，起着决定性的作用。这说明，时代呼唤这类讲座，社会需要这类讲座。

2. 用掉几个钟头，花费几张钞票，活动活动，散散心，充充电，恐怕谁都愿意一试，对谁都不会造成负担。所以，按常理判断，听的人应不会少。当然，当前各种培训、讲座、咨询服务，五花八门，铺天盖地；因此，实际能来多少，值得关注。

3. 本市主讲人资源丰富。

III. 有关实践的若干设想

1. 找几位熟悉武汉市人才情况的人（最初可就近找本校某些知情人，如教务、科研、人事、院系的某些领导），请他们推荐主讲人（姓名、性别、大致年龄、工作单位、职务、专长、预计讲演内容以及推荐人可否担任联系等）。

邀请预计主讲人座谈，交流意见和情况，或分头联系，请他们大力支持，承担任务。同时备好表格，请他们当场或日后填明讲题、预计日期、需要设施等各项细节，还可请他们推荐主讲人并担任联系工作等。

根据落实情况拟定半年（至少三个月）的细致日程安排。

2. 落实配套的各项工作。例如，与主讲人有关的（通知、接送人、车、助手、休息处、用餐、红包等）；与讲演有关的（主持人、黑板、屏幕、扩音器、投影仪、多媒体、摄影、摄像等）；与听众有关的（饮料、点心、医药、急救、意见反馈、散场用车等）；与工作人员有关的（职责、衣着、熟悉情况、仪态等）；刊登广告，张贴海报；制票、售票；等等。

IV. 可以考虑的若干细节

1. 向预定主讲人、潜在主讲人、可以引荐主讲人的人等各类有影响的、有利于工作发展的人致送邀请函，请他们临场指导以扩大影响。

2. 如果听众太少，临时可让工作人员和附近可动员的人员进场“凑热闹”，一则免使主讲人感到冷落，同时亦可给听众造成“听之者众”的印象。

3．稍后可以考虑组成“小分队”外出巡讲。

（编号：家史·吴·12.48）

主辅结合，多管齐下，化独促统

老委员　王　燊

纵向看，台湾自古就是中国的一部分；横向看，国际公认台湾是中国的一部分；所以，统必成，独必败，只是迟早的事。

然而，在宝岛上，却有为数不少的少数同胞，有的奔走呼嚎，力主台独；有的唱和相随，紧跟左右；有的从旁捧扬，虚张声势；有的不即不离，待机谋利；如此等等；都给祖国的早日统一形成了障碍。

如何清除这些障碍？我以为，最好在“化”字上下功夫。首先，他们是我们的骨肉同胞，可不打，则不打。再说，他们的内心深处，也都藏埋有化独为统的可能。因为，很明显，如果统，他们便是东方大国古国的公民；如果独，他们就成了作为美日附庸的岛奴。所以，不难理解，他们本意是愿统不愿独的。这同时也说明，他们现在宁独不统，一定是另有打算和顾虑。帮助他们加以“化”解，必将有利于祖国的早日统一。

那么，这些弟儿妹儿们究竟有些什么打算和顾虑呢？可惜我没有特异功能，不能准确地知道他们心里想些什么；好在跟他们同文同种，所以推己及人，恐怕也可以猜出个“七八不离九”（不敢说“八九不离十”）。

下面就谈谈我对他们各种想法的猜想，并说说“化”解这些想法的拙见：

为了方便，我把他们分为两类、一类是极少数、甚至只是极个别有权有势当大官的。姑且让我把阿扁、阿辉作为实例来说吧。他们在想什么？我想，不外两个方面。首先，如果独了，一个是开国“元勋”，一个极可能当“国父”，何等过瘾。何等威风?！一旦统了，什么都没了，怎能甘心?！这是一方面。另一方面，就算他们真的想通了，“识时务者是英雄”，“放下屠刀，立地成佛”，愿意弃独从统了，恐怕他们也怕会被有些人指骂为出卖“中华民国”的叛徒。所以，论实论虚，他们都是不会甘心弃独从统的。对此，我想，我们可以用批拉两手来做“化”的工作。在狠批台独的同时并指明台独的不可能性。对他们任何一点一滴的趋统的言行，是真的当然好，即使是假的，我们也不妨假戏真做，对其加以肯定，表示欢迎。例如，他们说想到大陆来看看，我想我们不必拒绝；谁也不会认为我们让他们来就表示我们赞成“台独”了。来了，我想可以让他们先到港澳，亲眼看看特区的“特”，还可跟两位特首谈谈心；然后再让他们上内地走走，想上哪儿都欢迎，想见什么人都热情接待；让他们体验一下血亲胞情，衡量一下究竟应该选择遗臭万年的过眼虚荣，还是应该选择流芳万世的民族大义。

第二类是为数较多的中层和中上层群体。在那个社会里，这些人整个牵挂的是老三样(职位、钱包、安乐窝)。就这些人来说,独了虽然也不见得有多大好处,但是统了的话,却深怕老三样会被统掉了档次。这些人中,有的对我们六七十年代一些极“左”的作法念念不忘;有的对我们的治安状况提心吊胆;有的对有些不文明行为看不惯;有的对某些不卫生环境受不了;如此等等。于是,他们采取了观望等待、容独畏统、甚至宁独勿统的态度。有鉴于此,我想,我们可以做三件事:第一,说明独的不可能,让他们死心。第二,强调一个“特”字,大凡他们优于大陆同类情况的待遇,只要合法,一律受到特保,让他们放心。第三,继续我们自己的拨乱反正,改革创新,励精图治,做到民富国强,日新月异,让他们倾心。这部分人的工作很重要,把他们“化”好了,将来那边真要搞什么全民公决,统派就会占上风。这给前面所说的阿扁、阿辉那号人物,既是一个非统不可的压力,也是一个让他们弃独就统的台阶。

总之,我的体会是,我们党和政府的对台工作是英明正确、成就显著的,这是基础,这是前导,这是主体。我这里只是想提请注意一些辅助性的工作,以便主辅结合,多管齐下,收到化“独”为统的效果。

(刊登于《老委联会讯》,第39期,“祖统大家谈专辑”,2002年8月8日)

(编号:家史·吴·12.52)

建议组织一次“中学教育(系列)”座谈会

王　燊　030122

一、理由:

1. 中学是学生德智体成长成型的关键阶段。

2. 中教是从小教到高教、职教承前启后的重要环节。

3. 我会有中教经验的成员极多(按比例计,远高于各兄弟党派),研究这一问题,既幸有条件,又责无旁贷。

二、议题举例(请指正、补充):

1. 素质教育与应试教育
2. 中学的作用
3. 学校、家庭、社会与学生
4. 德育与智育
5. 教与学
6. 课内与课外
7. 言教与身教
8. 知识与能力
9. 平均发展与偏长、偏短

10. 快、慢班
11. 教育、教学模式的统与放
12. 教育局与学校

三、与会成员(15—25人):

1. 中学校长、主任、教师(多数)
2. 小学、大专教师、教育学专家(少数)
3. 教育局有关干部(个别)

四、会议:

1. 利用星期天断续进行,总约五六次,延时1½—2个月
2. 每一次,讨论2—4议题
3. 聘请2人主持座谈,2人作记录,3人总结成果(论文、建议)
4. 欢迎文稿、发言稿或提纲
5. 至少提前一个月发出通知,让与会者好作准备
6. 求俭务实,不乱花纳税人的血汗钱

(编号:家史·吴·12.51)

武汉民进第十一大出席证

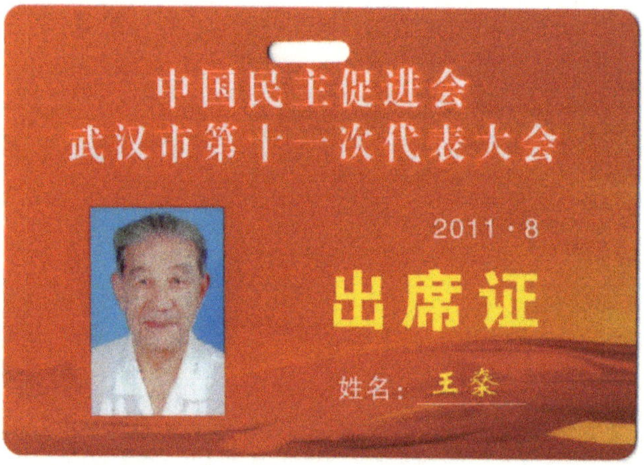

百年梅香

家史钩沉

下卷

下

王曦◎编著

上海三联书店

目 录

下卷（下）

第四节 九州大学

王曦按(2016年10月3日):

父亲1991年从武汉大学退休之后,被学校延聘两年,到1993年(时年72岁)才正式退出武汉大学的工作。完全退休之后,他受命于中国民主促进会湖北省委员会,全身心地投入创办一个民办大学——九州大学,担任首任校长并分管教学。在资金、土地、人员等都为零的条件下,父亲凭着一颗赤子之心,以70高龄披挂上阵,为他热爱的教育事业做人生的最后一搏。直到最后有一天因过度疲劳晕倒在九州大学的大会讲台上,被救护车送回家中才罢。记得当时母亲常怪他"把老命都拼了"。

九州大学是由中国民主促进会湖北省委员会与武汉数控机械股份有限公司联合主办的全日制高等专科学校,有四个系(财经、法商、机电、美术),主要专业有实用美术、计算机及应用、金融证券、财务会计、应用英语、市场营销、法商房地产经营管理、机械设备与制造,招收了五届学生(93—97级,共900人。1998年,因资助方经济困难等原因,民进湖北省委员会决定退出九州大学。父亲随即退出了九州大学的领导工作。该校后来整体并入武汉某公立高校(武汉科技大学?)。

纯从教学和培养人才的角度看,九州大学是成功的,父亲实现了办学理想。例如,父亲1998年所写"从九州大学看我国民办高校"一文中曾介绍该校"每年都有可观的超过其计划数的学生投考"、"九州大学九六年第一届毕业生173人,他们的品德和三年学业成绩,经过省教委严格审查,全部合格;九七年第二届毕业生132人,131人参加省自考委组织的统一抽考,结果130人合格"、"至于这些毕业生的就业情况,学校一时还没有力量做全面的跟踪调查,从各个渠道获取的有限信息得知,他们大多数都有了这样那样的一个工作岗位,有的还开始崭露了头角"。父亲认为九州大学头两届300多名毕业生的成绩证明了九州大学师生的一个共同信念:"一个青年,在某一次五门考试的笔试中成绩欠佳,绝不等于这个青年今后终身不可造就。按照这个信念办学,就能体现民办高校对社会所应该而且能够作出的贡献"。父亲就是秉持这个信念投身于九州大学的创办。

九州大学的人才培养成绩为湖北省当时五所民办大学之冠。在那个时代,九州大学犹如"昙花一现",她在短暂的生命期中有绚丽的绽放。这个绽放由父亲及全校师生员工的心血浇灌而来。

对于父亲为九州大学所做的奋斗,我有另外两个直接印象。一是他打电话,邀请武大和民进武汉市委员会的退休老教师到九州大学去讲课。二是他动员我姑妈少时的朋友、台湾的周光斗先生给九州大学图书馆捐书。我曾看到该赠书清单,其中很多是当时在大陆买不到的书。

从本书收录的资料中，我们可以感受到他的一颗赤子之心和九州大学跳动的脉搏。父亲以 70 高龄，奋不顾身，投入九州大学的创办，为莘莘学子的成长唱响了他人生中最后一曲英雄主义凯歌！他留下的关于九州大学的各科文字，堪为办学者启。

九州大学校印

关于九州大学的初步设想

王曦按(2016 年 12 月 16 日)：

以下这份材料是父亲手迹，标题为我所加。写作日期不详，应在 1993 年九州大学成立之前。

家史.美.12.26

武漢大學

1. 办学:①利国利民的好事。

②不以盈利为目的。但若办学诸君经理得体,我估计,不出5—8年,即可做到:学生学习好,家庭负担合理,社会反应不错,学校经济上甚宽裕;初步达到"皆大欢喜"的境界。

2. 具体要求:①校舍:教室、宿舍、图书室、实验室、办公室、服务性用房、运动场…

②设施:图书、仪器、各类教具、微机、车辆、电话、…

③教职工:德(奉献精神)、才(学术水平、教学经验)兼备,志同道合,有组织的集体。

④基金:多多益善。最好是各方捐献;也可集股(承担风险);切不可靠贷款。

3. 实践步骤:①推出数人,为"2"的要求各方奔走,特别是"2④"。基本落实了再走下一步,切不可超越。

②组成董事会(监事会)、建校筹备会。

③向有关部门(相应教委)申报。

1701722.93.4

打响第一炮

王　燊　1993年10月

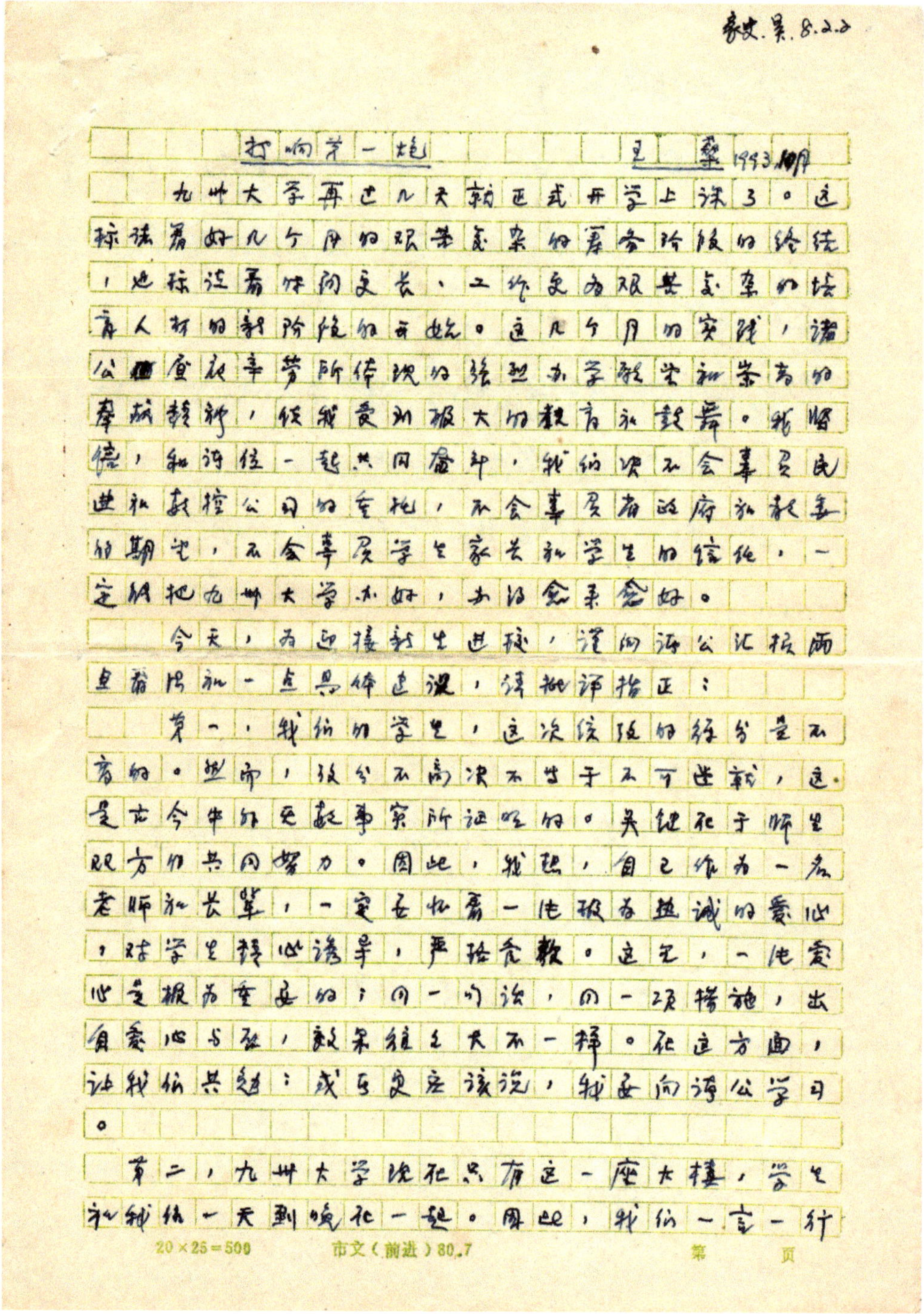

校史.吴.8.2.2

打响第一炮　　王燊 1993.10月

　　九州大学再过几天就正式开学上课了。这标志着好几个月的艰苦紧张的筹备阶段的终结，也标志着学校向更长、更为艰巨繁杂的培育人材的新阶段的开始。这几个月的实践，诸公宜夜辛劳所体现的强烈办学热望和崇高的奉献精神，使我受到极大的教育和鼓舞。我坚信，和诸位一起共同奋斗，我们决不会辜负民进和数控公司的重托，不会辜负省政府和教委的期望，不会辜负学生家长和学生的信任，一定能把九州大学办好，而且愈来愈好。

　　今天，为迎接新生进校，谨向诸公汇报两点看法和一点具体建议，请批评指正：

　　第一，我们的学生，这次统招的分数是不高的。然而，分数不高决不等于不可造就，这是古今中外无数事实所证明的。关键在于师生双方的共同努力。因此，我想，自己作为一名老师和长辈，一定要怀着一股极为热诚的爱心，对学生循循善诱，严格管教。这里，一股爱心是极为重要的；同一句话，同一项措施，出自爱心与否，效果往往大不一样。在这方面，让我们共勉；或者更应该说，我要向诸公学习。

　　第二，九州大学现在只有这一座大楼，学生和我们一天到晚在一起。因此，我们一言一行

20×25=500　市文（前进）80.7　第　页

、一举一动，都不可能不对学生产生影响。这也就是所谓"身教"。我想，如果要求学生安静，而我们却大声喧哗；要求学生彬彬有礼，而我们却言行不检；要求学生勤俭节约，而我们却挥霍浪费；如此等等；请问，九州大学还能混得下去吗？所以，在身教问题上，我们都得高度自觉，高度注意。我更希望诸公随时提醒我、帮助我。

最后，联系到这次新生报到，我想我们要给学生和学生家长一个好的第一印象。我设想：

[1]校长门口迎接——→[2]休息处就座（九州大学简介，报到手续流程表，轻音乐，茶水）——→[3]按顺序办手续（报到、缴费，注册，分班，分房，餐券）——→其他咨询服务（陪送人食宿，武汉市交通简介，银行，邮电等）——→寝室休息。

这个咱们不怎么习惯的比喻，要能象"遗体告别仪式"那样，安安静静，斯斯文文，有节有拍地进行三天，那就妙极了！

就靠各同志们，让我们齐心协力，准备好九州大学这不同凡响的第一炮，如何？

关于九州大学办学的思考

王曦按(2016 年 12 月 13 日)：

这份材料是父亲的手稿。它记录了父亲对九州大学的一些思考。我认为这些思考，不仅对九州大学的创办有用，而且对所有其他大学都有参考价值。

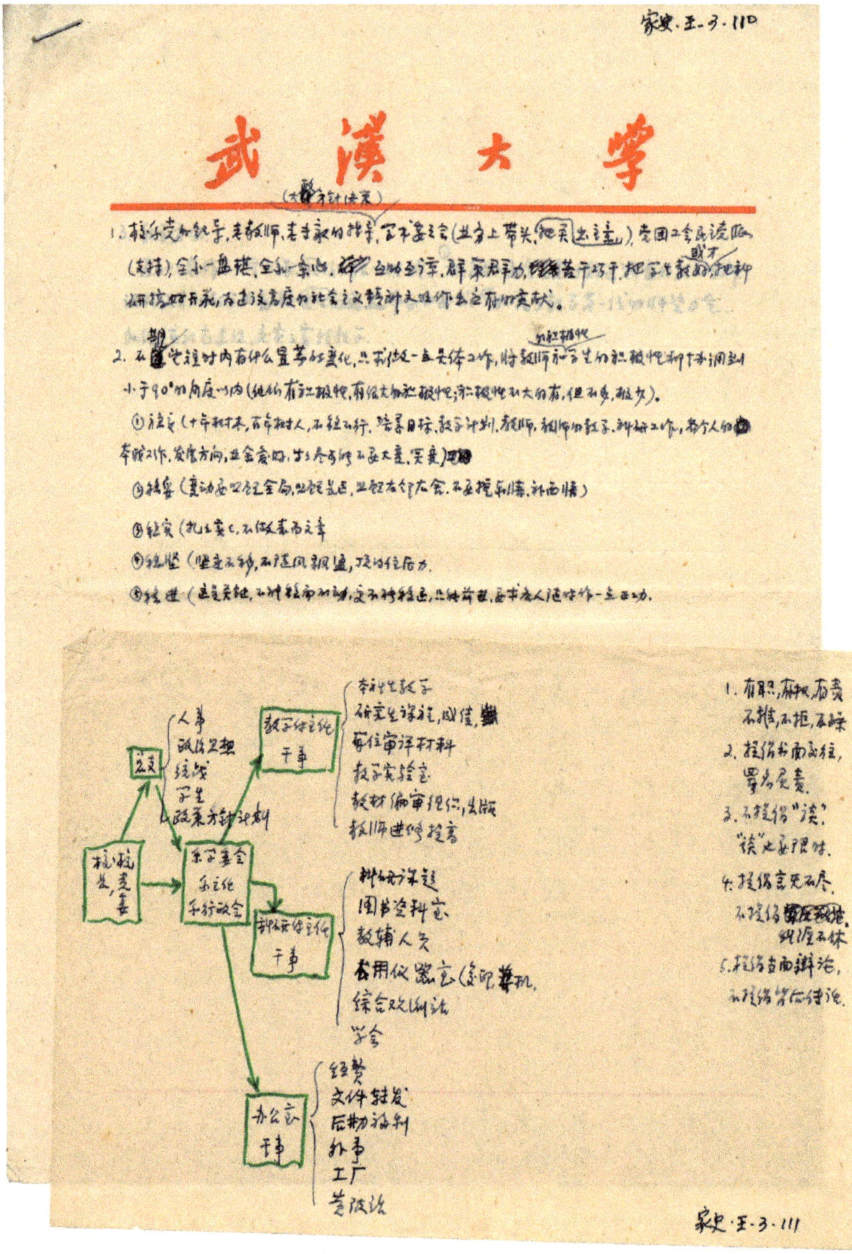

两份九州大学成立之初的讲话提纲

王曦按(2017 年 2 月 7 日):

以下是父亲保留的两个讲话提纲的手稿。一是 1993 年 10 月 8 日他以校长身份在新成立的九州大学第一次全校专职教工大会上的讲话。二是 1993 年 10 月 9 日他以校长身份在九州大学第一次全校客座教师大会上的讲话。这两个讲话,虽然对象不同,但有两点是相同的,一是父亲对新成立的九州大学的专职教职员工和客座教师的殷切期望,二是父亲对办学的细致考虑。(原件存于编号为"家史·王·3.98"的信封中)

九州大学授课教师、1996/97 学年度第二学期工作小结

王曦按(2017 年 2 月 7 日):

以下是父亲保留的两张纸片。左边的一张是九州大学的数控、法商和市场三个专业的各种课程的授课教师名单。上面有不少名字是我熟悉的。例如许慎安(武汉大学外语系退休资深教授,著名经济学家和社会活动家李崇淮先生的夫人、民建会员)、欧阳鑫(武汉大学环境法研究所退休资深教授)、陈佩荃(武汉大学外语系退休教授)、陆蓉秀(江汉大学中文系退休教授,民进会员,我的大学老师)、陈泽群(江汉大学中文系退休资深教授、杂文家,我的大学老师,民进会员)。这些人,有的是武汉大学退休教师,有的是其他学校的退休教师,因同校工作或同为民进会员之故,父亲把他们都联络到九州大学,请他们在九州大学发挥余热。有这些资深教师的教育,难怪九州大学头几届毕业生的质量得到社会和广大家长的认可。右边的一张是关于学期工作的小结,从中可见父亲为办好九州大学而花费的心血。(原件存于编号为“家史・王・3.98”的信封中。)

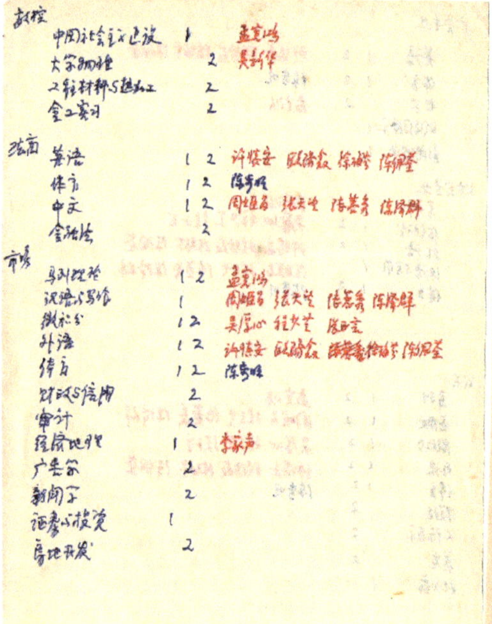

数控			
中国社会主义建设	1		[illegible]
大学物理		2	[illegible]
工程材料与热加工		2	
金工实习		2	
法商			
英语	1	2	许慎安 欧阳鑫 [illegible] 陈佩荃
体育	1	2	[illegible]
中文	1	2	[illegible] 陆蓉秀 陈泽群
金融法		2	
市场			
马列理论	1	2	[illegible]
阅读与写作	1		[illegible] 陆蓉秀 陈泽群
微积分	1	2	[illegible]
外语	1	2	许慎安 欧阳鑫 [illegible] 陈佩荃
体育	1	2	[illegible]
财政与信用		2	
审计		2	
经济地理	1		[illegible]
广告学		2	
新闻学		2	
证券与投资	1		
房地开发		2	

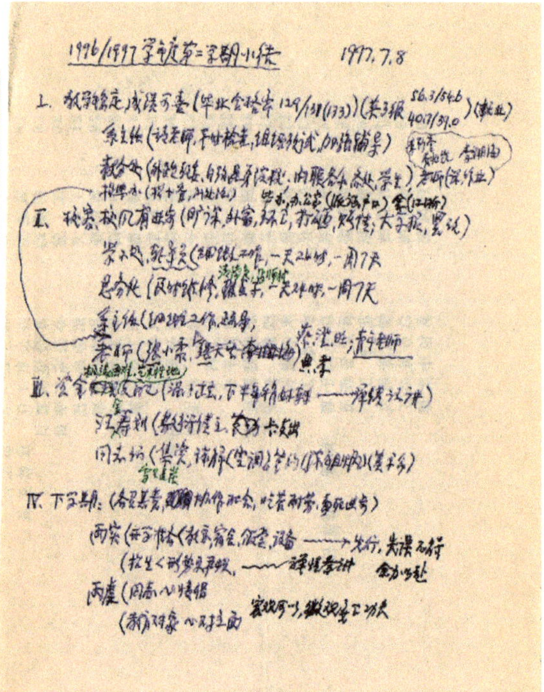

1996/1997 学年度第二学期小结 1997.7.8

[illegible]

学生会成立大会讲话

王曦按：（2016 年 12 月 19 日）：

以下是父亲保留的一张讲话提纲。其中包含对学生会的期望和建议。

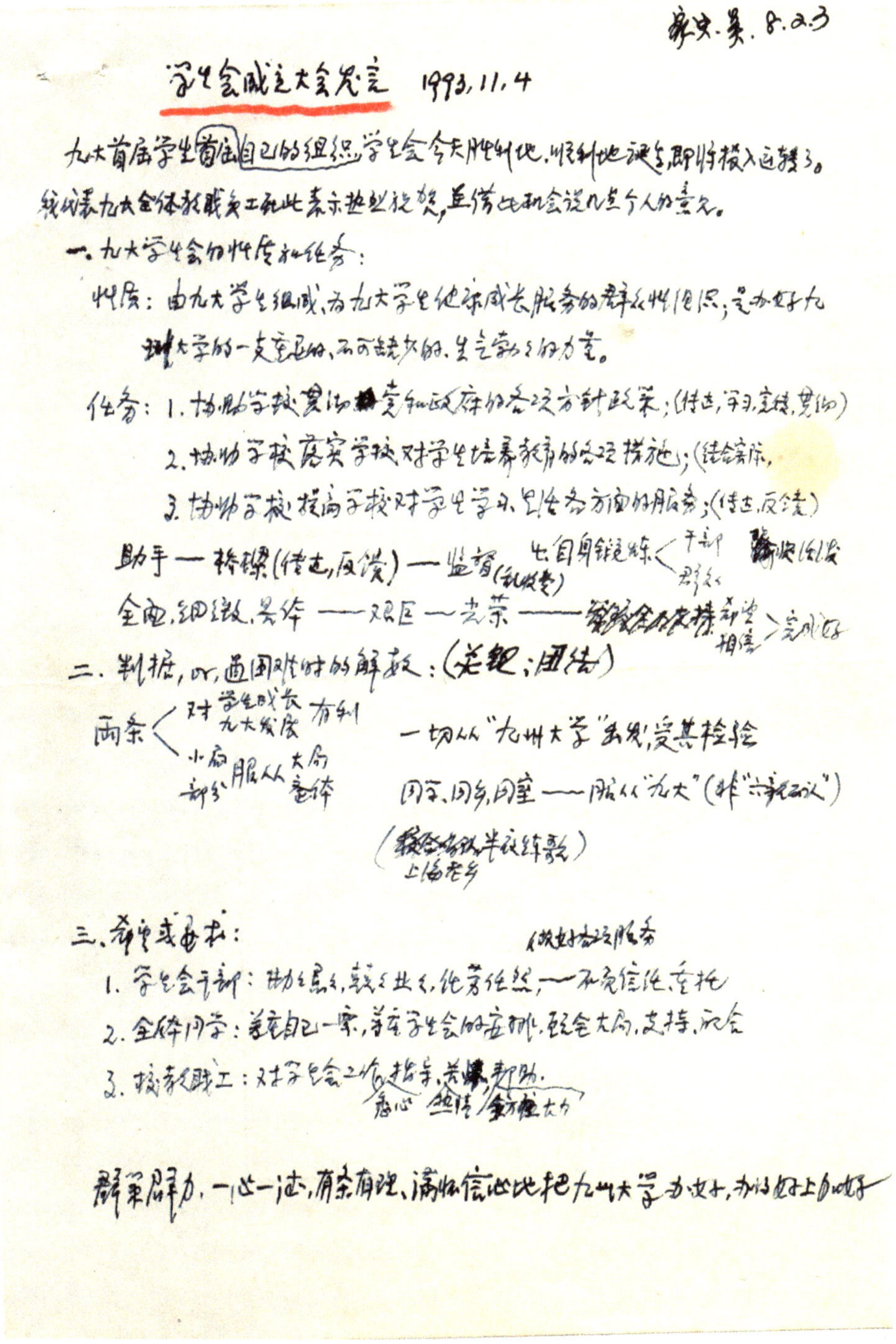
学生会成立大会发言 1993.11.4

九大首届学生自己的组织，学生会今天胜利地、顺利地诞生，即将投入运转了。

我代表九大全体教职员工在此表示热烈祝贺，并借此机会谈几点个人的意见。

一、九大学生会的性质和任务：

性质：由九大学生组成，为九大学生健康成长服务的群众性组织，是办好九州大学的一支重要的、不可缺少的、生气勃勃的力量。

任务：1. 协助学校贯彻党和政府的各项方针政策；（传达，学习，宣传，贯彻）

2. 协助学校落实学校对学生培养教育的各项措施；（结合实际，

3. 协助学校搞好学校对学生学习、生活各方面的服务；（传达，反馈）

助手——桥梁（传达，反馈）——监督 也自身锻炼 干部 群众 [illegible]

全面，细致，具体——艰巨——光荣——[illegible] 希望 相信 完成好

二、判据，以，面困难时的解救：（关键；团结）

两条：对学生成长、九大发展有利；小局部分服从大局整体

一切从"九州大学"出发，实事检验

同学、同乡、同室——服从"九大"（[illegible]）

（[illegible] 上海老乡）

三、希望和要求： 做好各项服务

1. 学生会干部：勤勤恳恳，兢兢业业，任劳任怨，——不负信任、重托

2. 全体同学：当成自己一家，尊重学生会的安排，配合大局，支持、配合

3. 校教职工：对学生会工作指导、关心、帮助。虚心 热情 [illegible] 大力

[illegible]，一心一德，有条有理，满怀信心地把九州大学办好，办得好上加好

“民办大学不以营利为目的”——民办九州大学校长王燊作如是说

本报讯(记者李皖)民办九州大学在11月28日的成立仪式上鲜明地提出：民办大学不以营利为目的，教育为本是学校的生命。

九州大学是武汉地区首批4所实施学历教育的全日制民办高校之一，由中国民主促进会湖北省委员会和武汉数控机械股份有限公司共同创建。今年该校通过高考招收自费生200余名，收取学费60多万元，而投入的启动资金却达到近百万元，除了租用教学楼外，仅投入图书馆、语音室和微机室等项教学设施建设的资金即达20万元。

“不以营利为目的，并不是不考虑经济的投入和产出。”王燊校长对记者说，民办大学只有民间投入，没有任何拨款，他更注重投入的效果，以获得不断地、长久地发展。他展示了一幅九州大学发展蓝图：“3年内建起自己的校舍和各类教学设施；10年内办成一所在国内有影响的民办大学。”

(载于《长江日报》，1993年12月1日)

(编号：家史·吴·8.2.1)

在校庆一周年庆祝大会上的讲话提纲

王曦按(2016 年 12 月 16 日)：

以下是父亲为九州大学校庆一周年庆祝大会所写的讲话提纲。在九州大学创校一周年之际，看到学校基本走上正轨，发展顺利，父亲的这篇讲话洋溢着高兴的心情。

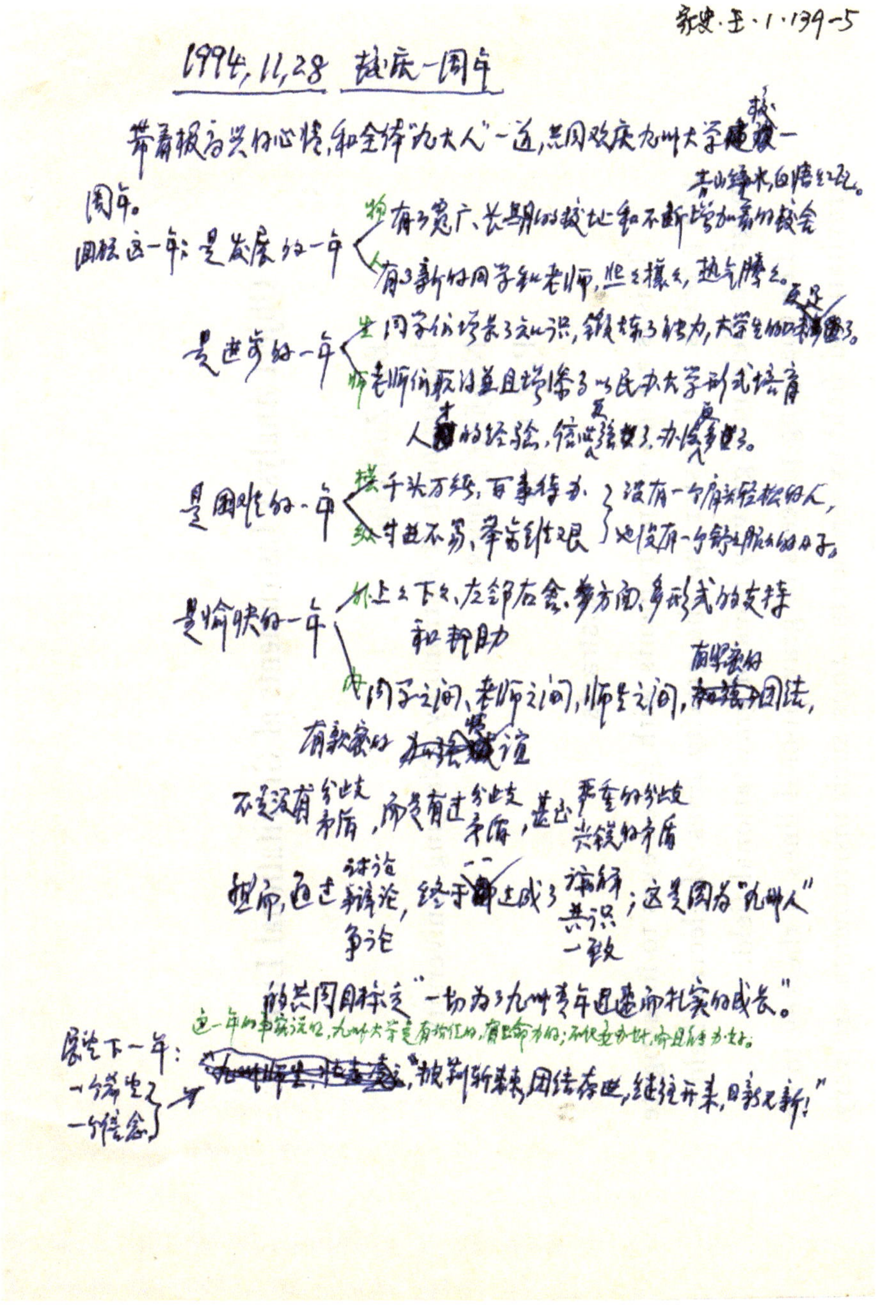
家史·王·1·139-5

1994,11,28 校庆一周年

带着极为高兴的心情，和全体"九大人"一道，共同欢庆九州大学校一周年。青山绿水，白墙红瓦。

回顾这一年：是发展的一年
物 有了宽广、长期的校址和不断增加新的校舍
人 有了新的同学和老师，熙熙攘攘，热气腾腾。

是进步的一年
生 同学们增长了知识，锻炼了能力，大学生的素质提高了。
师 老师们积累并且增添了以民办大学形式培育人才的经验，信心更足了，办校更好了。

是困难的一年
校 千头万绪，百事待办
教 [illegible]
没有一个肩头轻松的人，也没有一个舒舒服服的日子。

是愉快的一年
外 上上下下、左邻右舍、多方面、多形式的支持和帮助
内 同学之间、老师之间、师生之间，有紧密的团结，有热烈的友谊

不是没有分歧矛盾，而是有过分歧矛盾，甚至严重的分歧尖锐的矛盾

但是，通过讨论、辩论、争论，终于达成了谅解、共识、一致；这是因为"九州人"的共同目标是"一切为了九州青年迅速而扎实的成长"。

这一年的事实说明，九州大学是有活力的，有生命力的；不仅要办好，而且能办好。

展望下一年：一个希望、一个信念 → "披荆斩棘，团结奋进，继往开来，日新又新！"

九州大学的第一年——向董事会汇报

王 燊 1994年7月

首先感谢董事会这一年来对九州大学明智的领导和多方面、多形式的关怀和支持。这一年,九州大学经历了酝酿、申报、组建、招生、开学上课等一系列建校阶段,每一步都倾注了董事会和全校师生的心血和热情。

根据董事会的要求,九州大学视教育质量为生命。在这建校初期,一切从无到有,内外工作千头万绪,有时甚至面临严重困难,而全校师生始终全神贯注,严肃认真,按部就班地进行了各环节的正常教学,秩序井然。与此同时,师生们还以革命乐观主义精神,通过学生会和团组织,想方设法开展了多彩多姿的许多课外活动(例如,墙报、校报、球赛、舞会、军学联欢会、文艺晚会、演讲比赛、辩论会、模拟法庭、前辈专家训话、外籍教师英语报告会、兄弟院校高材生经验报告会等等)。老师教得愉快,学生学得带劲,学校一片团结奋进、欣欣向荣的景象。

我们是按照这样两条认识做的:一是不分课内课外,随时随地、一举一动,无不落脚于对学生的培养;二是只要可做,尽量让学生亲身参与管理和各种活动,使他们从中得到第一手的锻炼。一年来的事实说明,九州大学这一思想和实践是符合教育规律的。

所以,可以这样说:九州大学的这第一年是艰苦的,是有成效的,是健康的,是可喜的。

从现在的具体情况出发,九州大学的目标有三个层次:永恒的目标是培养人才,近期的目标是争取获得国家教委正式批准,当前的目标是妥善迁校,搞好新学年的各项准备。对于达到这些目标,尽管困难重重,我们的信心是坚定的,我们的态度是乐观的——没有不能从荆棘中践踏出来的道路。

至于说到困难,最难解决而且绝对不能不解决的,就是校舍。眼下招生要校舍,明、后年过教委评议关要校舍,今后发展更离不了校舍。龙副校长近几个月为此东奔西走,昼夜操劳,得出的结论是:可供选择的好校舍颇有几处,只是我们没有进门的钥匙——钱。买也好,租也好,都得要钱。

我们选择这里,是经过多方协商和反复衡量所作的判断。这里可以赶得上下学年开学,此是天时;这里天青水碧,绿园广阔,有办学和开发的潜力,此是地利;更重要的是,农科院也早有办学之意,与我们志同道合,步履十分协调,此是人和。诸位可以看到,现在正在建教学楼,平操场,提增水、电供量等等;四路八方夜以继日地为迎接新学年而奋战着。他们都作好了安排,立下了军令状,争取提前,绝不延后,请董事先生们放心。

再说钱,我们东寻西找,左冲右突,最后只有一条"骑驴找马"的出路。那就是说,先贷款动工(时不待我!),再寻求捐助或新的贷款——这样循环往复,螺旋式前进;这样争取时间,随时谋求飞跃性机遇。这显然不是一个好主意。然而,朝夕面对这一百八十多个可爱的青年学生,就是火海,也只能往下跳呀!我们就是在这样万般无奈的情况下,才不得不出此下策的。此情此理,尚望诸位董事鉴谅。

我们做了个估算,如果有500名学生,则每学年的学费即可平衡当年的全部运转支出。换句话说,只要有多于500名的学生,学校账上即有盈余。当然许多固定资产如车辆、微机、家俱等等都有损耗;然而学校的房地产业也在增值,再搞点开发,出路还是有的。所以,照我看,是否可以认为:在经济问题上,董事会所担的责任是重大的,但风险都是不高的。

最后,我谨代表九州大学二百多位师生向尊敬的董事们热切呼吁:请你们在对九州大学办学大致方针加强领导和指导的同时,时刻运用你们的智慧和影响,卓有成效地为九州大学的发展谋取更多的内外援助,俾供董事先生们亲手开创的这项事业得以发展,日新又新。

(编号:家史·吴·8.1、家史·王·1.139-4)

烛光长明　造福一方——访九州大学校长王燊教授

吴　思

1994年6月22日上午,我们到坐落在武汉东湖之滨的九州大学专程采访校长、著名的空间物理学家王燊教授。

德高望重、年逾古稀的王老是我们民进五十年代的老会员、民进武汉地区组织的老领导。一九九三年受民进湖北省委会和武汉市委会的重托,担任了我省第一所由民主党派与企业合办的民办九州大学校长之职。

王老作为一位在电离层学界享有国际声誉的学者和深受武汉大学物理系后学们爱戴的导师,几十年来走过了漫长的求索之路,纵观王老的一生,不管是在隆中故里,还是在幽幽燕山;不管是在巴山蜀水,还是在西北边陲;不管是幼年负笈从师,还是少年"打工"求学;不管是青年进军著名学府武汉大学,还是硕士毕业留校任教四十余年,都是在对客观真理的执着追求,都是在对无愧人生的潜心实践。

王老自参加工作都是在校园这块圣土中辛勤耕耘,从满头青丝干到如今的白发苍苍,可谓"烛光长明,造福一方"。我们曾听王老的学生如是说:

教师是一支特殊的蜡烛
尽管没有太阳那样熠熠生辉
却不会时晴时阴
尽管没有月亮的皎洁明媚

却不会时圆时缺
每当学生们需要的时候
他就会默默地将自己点燃
照亮别人在学海中遨游
他燃烧的不是有限的矿物
而是无限智慧的闪光
他的生命之火永远不灭……

王先生不愧是这样特殊的蜡烛，王老大名“燊”，一把火能把冻僵的人暖活，何况王先生有三把火哩！数十年来先生桃李满天下，有多少学生从他身上得到知识，得到情谊，得到温暖是文字难以表述的。

听到王老学生这一番充满诗情画意、幽默风趣的侃谈，我们一行采访者似乎跟王老靠得更近更近。

在九州大学校长办公室，我们如约见到了王老。

王老一九二一年生于北平一个知识分子家庭，老家是湖北襄阳。后随当教员的父亲搬迁至武汉，青少年求学阶段基本上是在武汉度过的。

如果是初次见面，你绝对不会相信坐在你眼前的是一个七十三岁高龄的老人。王老虽然满头华发但矍铄精干；虽然骨架不是那么伟岸但身板特别结实硬朗，给人一种站如青松坐如钟的神韵。尤其是听王老开口说话，不仅显出儒雅，听那满口京腔京调，一会如银珠落盘铿铿锵锵；一会如丝弦清拨轻柔荡漾，难怪王老的学生说：“听王先生授课，不仅接受了知识的启迪，而且深受艺术的熏陶。”据说，王老在武大是有名的文艺骨干，曾主管武大工会的宣传工作，即使现在也是我们民进的“活跃分子”呢！

王老跟我们说，不要以为他一生走的是从家门到学校门这两点连成一线的直道，一生囿于校园，但还是历尽坎坷：峥嵘岁月的“逃学”，反“右”时期的劫难，文革风雨的“洗礼”，几十年来几多蹉跎，几多迷惑，幸好心底无私，有着对真知的执着追求，因为能直面人生，期盼光明。

光明终于来临了。

中国共产党十一届三中全会以来，拨乱反正，王老思想上的禁锢得到解脱，精神上的羁绊彻底剪断，虽然进入晚秋，但红霞仍可染满天宇。

王老深情地对我们说，一个伟大的党之所以战无不胜，是因为它能不断战胜自己，像我们这样一代从旧中国走过来的知识分子，有什么理由不爱中国共产党不接受党的领导呢？有什么理由不爱新中国不走社会主义道路呢？特别是党提出建设具有中国特色的社会主义，我举双手赞成，并且身体力行。

的确是这样，王老早年从师我国著名物理学家桂质廷教授，是桂先生的高足。王老获得彻底“解放”之后，致力于空间物理——电离层的研究，对于王老来说，失去的时间太多太多，而今必须以“只争朝夕”的精神投入研究，因而硕果累累，虽说不上著述等身，但不少科研论文在国内外权威刊物陆续发表。由于学术上的成就和影响，王老仅一九九一年就访欧两次，一次是以空间物理研究及电波传播所的名义到巴黎与南巴黎大学商谈科研合作，合作项目涉及远程无线电通讯。一次是到维也纳，参加第20届国际测地与地球物理联合会大会。这是一个有70多年历史的大型国际学术组织。王老在大会期间宣读了一篇论文，用事实说明当前电离层学界热门课题之一的扩展现象，应该被认为是由美国学者H. G. BOOKer和桂质廷先生各自的研究小组分别在南美的Huan-cayo和中国的武昌于1938年春同时发现的。这一结论受到与会者的承认。王老在此大会上还被选为共同主席之一，分管1991—1995年期间的事务。

尽管科研成绩卓著，王老却认为，作为教授应以教为主，因而王老与我们津津乐道的更多的是他的教学之道和教学之乐，他认为教师既然被誉为园丁，就应该在教苑中勤耕不辍，既然被誉为红烛，就应该做到烛光长明。

他回忆起十多年前，武汉大学原任校长刘道玉曾提出这样一个问题：教学是灌输知识为主还是培养能力为主。王老认为两者不能对立、不能排斥。学生在学校应既学知识又学本领，最终是要有本领。因为有知识的人不等于就有本领，而有本领的人一定要有知识，对于学生来说各种知识要做到兼容包举、融会贯通。

对于做学问，王老认为要做学而思之，学而不思则罔，思而不学则殆。亲聆王老这一番教诲，我们大有茅塞顿开之感，真的是“听君一席话，胜读十年书”。

“老骥伏枥，壮心不已”，王老现在更忙了，除了本身的社会工作外，兼任了九州大学校长之职。在九州大学他提出“为人务诚、为学务勤、立意务新、立业务实”的十六字方针。

尽管王老年届古稀，自担任校长以来，每天上班总是来得早，下班回去迟。王老对我们说：“有人说身教重于言教，我不敢苟同，书本知识是重要的，老师的一言一行也很重要，要学生文明礼貌，自己表现粗俗岂能为人师表！”

谈到九州大学，王老认为这是历史的必然，是顺应历史潮流，完全符合李鹏总理在国务院召开的全国教育工作会议中所说的“要改革办学体制，逐步建立起以政府办学为主体，社会各界多方筹集资金办学的体制”的精神。王老谈及九州大学的兴办，兴致盎然，他说，我们民进算是当了一回改革大潮的弄潮儿。为此，他感慨万千，特别提到九州大学的合办者武汉数控（集团）股份有限公司董事长程云辉先生。他说，眼前国内集体性质的企业，发展成一个股份制集团公司该经历了多少艰辛，然而程先生却敢于动辄数百万元投入到九州大学，造福桑梓，不图名、不图利，该要多大的胆识和博大的胸怀。另一方面作为民主党派既无财力，又无实权，毅然决然投入大量人力、精力、财力办学，真正实践着与共产党同舟共济，该是多么令人感佩！说到此，王老几乎动容，我们也为他这一番肺腑之言所感动。

现在九州大学虽然办起来了，数百名学生在老师的教导之下，正沿着九州大学的目标一步一个脚印、扎扎实实地向前迈进。然而，它毕竟是一个才一岁多的蹒跚学步的婴儿，前进的路上困难重重，它企盼着社会各界的支持，希望得到一份理解，特别是不要把社会办学当开一家个体商店那样，以盈利为目的。应要真正实现李鹏总理的讲话精神，除了我们自己的不断努力外，政府有关部门对办学政策应有的放矢、大力扶持，不要让此类学校自生自灭。

王老最后不无感慨地说，做什么事开头总是难的，只要攀过十八盘自然会到泰山极顶，太阳就在眼前！

（刊登于《湖北民进》，1994 年第 5 期，“人物专访”栏目）

（编号：家史・吴・8・13；家史・王・3.129・7）

我对九州大学发展的粗略设想

王曦按(2016年12月16日):

以下提纲(中英文各一份)是父亲的九州大学发展构想。从它有英文稿可见,父亲当时曾想到海外募资的问题。

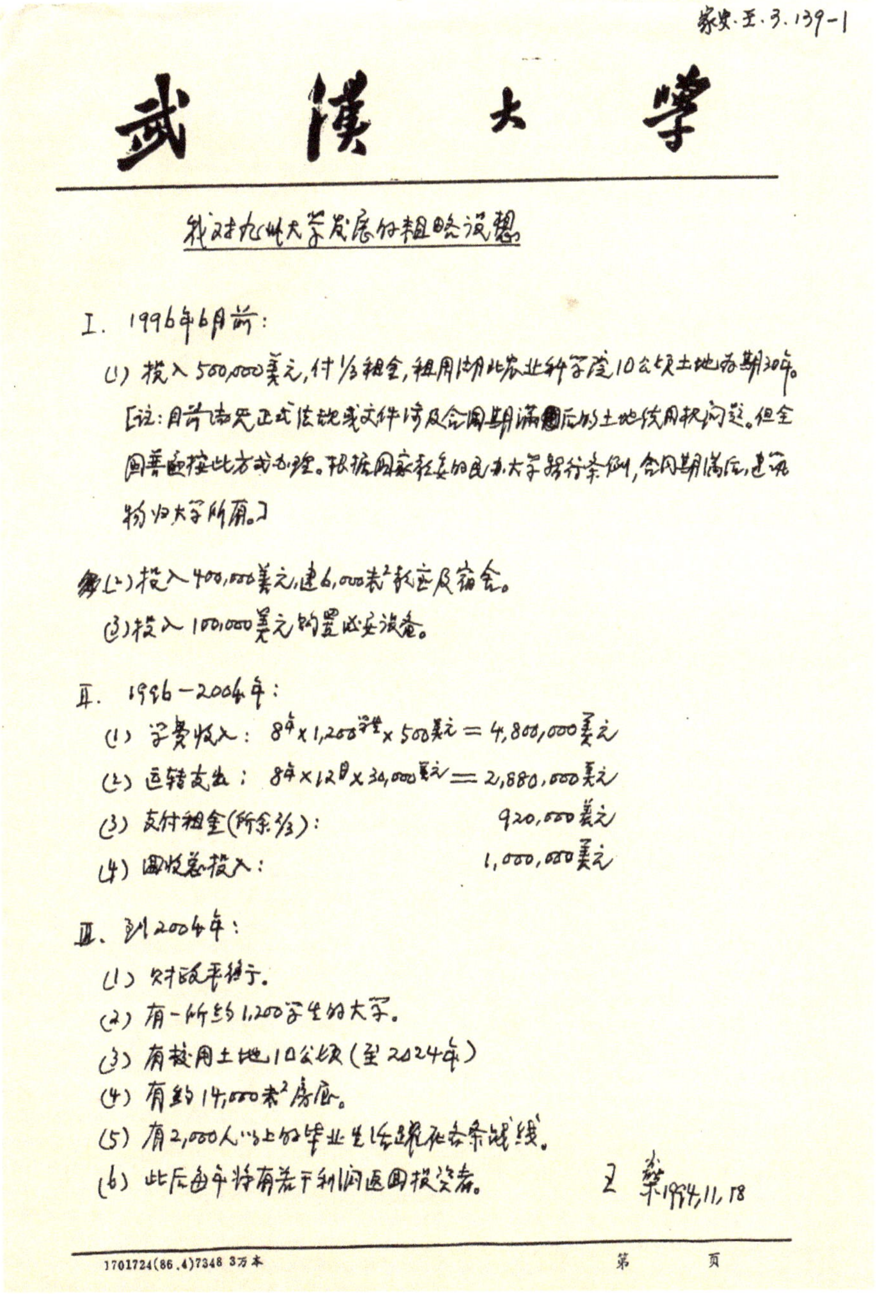

家史·王·3.139-1

武漢大學

我对九州大学发展的粗略设想

I. 1996年6月前:

(1) 投入500,000美元,付1/3租金,租用湖北农业科学院10公顷土地为期30年。

[注:目前尚无正式法规或文件涉及合同期满后的土地使用权问题。但全国普遍按此方式办理。根据国家教委的民办大学部分条例,合同期满后,建筑物归大学所有。]

(2) 投入400,000美元,建6,000米²教室及宿舍。

(3) 投入100,000美元购置必要设备。

II. 1996—2004年:

(1) 学费收入: 8年×1,200学生×500美元=4,800,000美元

(2) 运转支出: 8年×12月×30,000美元=2,880,000美元

(3) 支付租金(所余2/3): 920,000美元

(4) 回收总投入: 1,000,000美元

III. 到2004年:

(1) 财政平衡。

(2) 有一所约1,200学生的大学。

(3) 有校用土地10公顷(至2024年)

(4) 有约14,000米²房屋。

(5) 有2,000人以上的毕业生活跃在各条战线。

(6) 此后每年将有若干利润返回投资者。

王燊 1994,11,18

1701724(86.4)7348 3万本 第 页

校友·王-3.139-2

武漢大學

MY ROUGH IDEA FOR ITS DEVELOPMENT

I. Before June 1996:

(1) An investment of $500,000 to pay for 1/3 of the rent to obtain the right of using for 30 years the campus land of 10 hectares now owned by the Hubei Provincial Academy of Agricultural Sciences*.

(2) An investment of $400,000 for 6,000m^2 buildings, mainly classrooms and dormitories, occupying a land area of about 4 hectares.

(3) An investment of $100,000 for necessary equipment.

II. 1996--2004:

(1) Tuition income:
8years X 1,200students X $500 =$4,800,000

(2) Running expenditure:
8years X 12months X $30,000 = $2,880,000

(3) Pay for the remaining 2/3 of the rent: $920,000

(4) Recover the total investment: $1,000,000

III. By 2004:

(1) Financially balanced.

(2) A university of about 1,200 students.

(3) A campus of 10hectares(to 2024).

(4) A construction area of about 14,000m^2.

(5) No less than 2,000 graduates working actively in various fields.

(6) Then on, there should be some financial interest returning to the invester each year.

----

* There is no formal lawful regulation or other literary statement about the status of the right of land-use after the termination of a proper contract. However, it is now a nation-wide general practice. According to our contract and the regulation issued by the National Committee of Education concerning private universities, the buildings should be owned by the university after the termination of the relevant contract.

王梁 1994,11,18

在九州大学校庆两周年庆祝大会上的讲话

王曦按(2016 年 12 月 19 日)：

以下是父亲保留的一份讲话提纲。在这个讲话中，父亲指出："事实证明，我们的同学在进步，在不断地进步；在成长，在扎实的成长，这就是我们校庆日的最大的欢快。"这份提纲表达了父亲的办学理念。

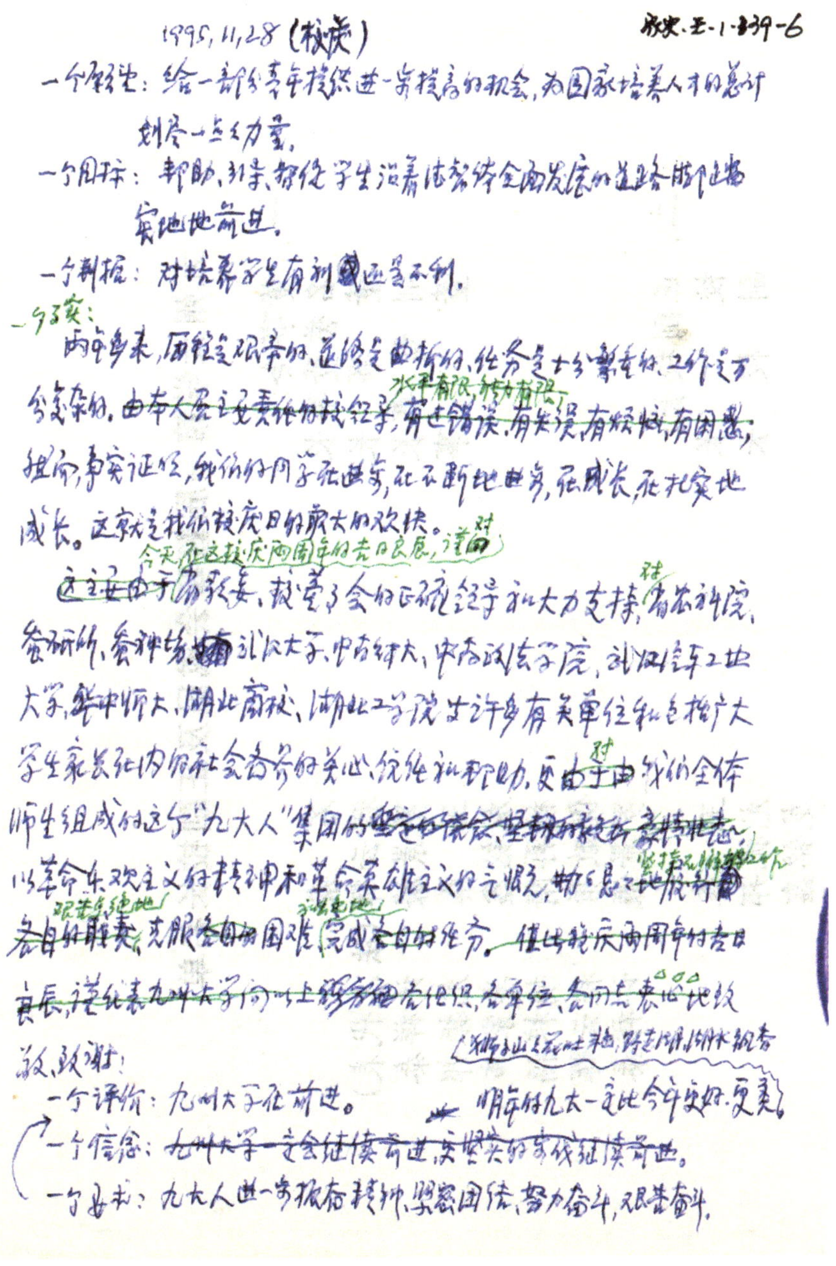
1995.11.28（校庆）　档案·王-1-339-6

一个创造：给一部分青年提供进一步提高的机会，为国家培养人才的总计划尽一点点力量。

一个目标：帮助、引导、督促学生沿着德智体全面发展的道路踏踏实实地前进。

一个判据：对培养学生有利，否则不利。

一个事实：

两年多来，历程是艰辛的，道路是曲折的，任务是十分繁重的，工作是十分杂的。由本人为主要负责的领导者，水平有限，能力有限，有过错误，有失误，有疏忽，有困惑，但是，事实证明，我们的同学在进步，在不断地进步，在成长，在扎实地成长。这就是我们校庆日的最大的欢快。

今天，在这校庆两周年的吉日良辰，谨向对省教委、教委会的正确领导和大力支持，对省农科院、蚕研所、蚕种场、武汉大学、中南财大、中南政法学院、武汉汽车工业大学、华中师大、湖北商校、湖北工学院等许多有关单位和广大学生家长和内外社会各界的关心、统筹和帮助，更对由我们全体师生组成的这个"九大人"集团的坚持不懈的工作，以革命乐观主义的精神和革命英雄主义的气慨，艰苦卓绝地克服困难、扎扎实实地完成任务，表示衷心的敬意，致谢！

一个评价：九州大学在前进。明年的九大一定比今年更好、更美。

一个信念：九州大学一定会继续前进，实实在在地继续前进。

一个要求：九大人进一步振奋精神，紧密团结，努力奋斗，艰苦奋斗。

1996年新生入学教育

王曦按（2016年12月16日）：

以下这份手稿是父亲1996年在九州大学新生入学教育大会上的讲话。它鲜明地表达了父亲的学生成才标准。

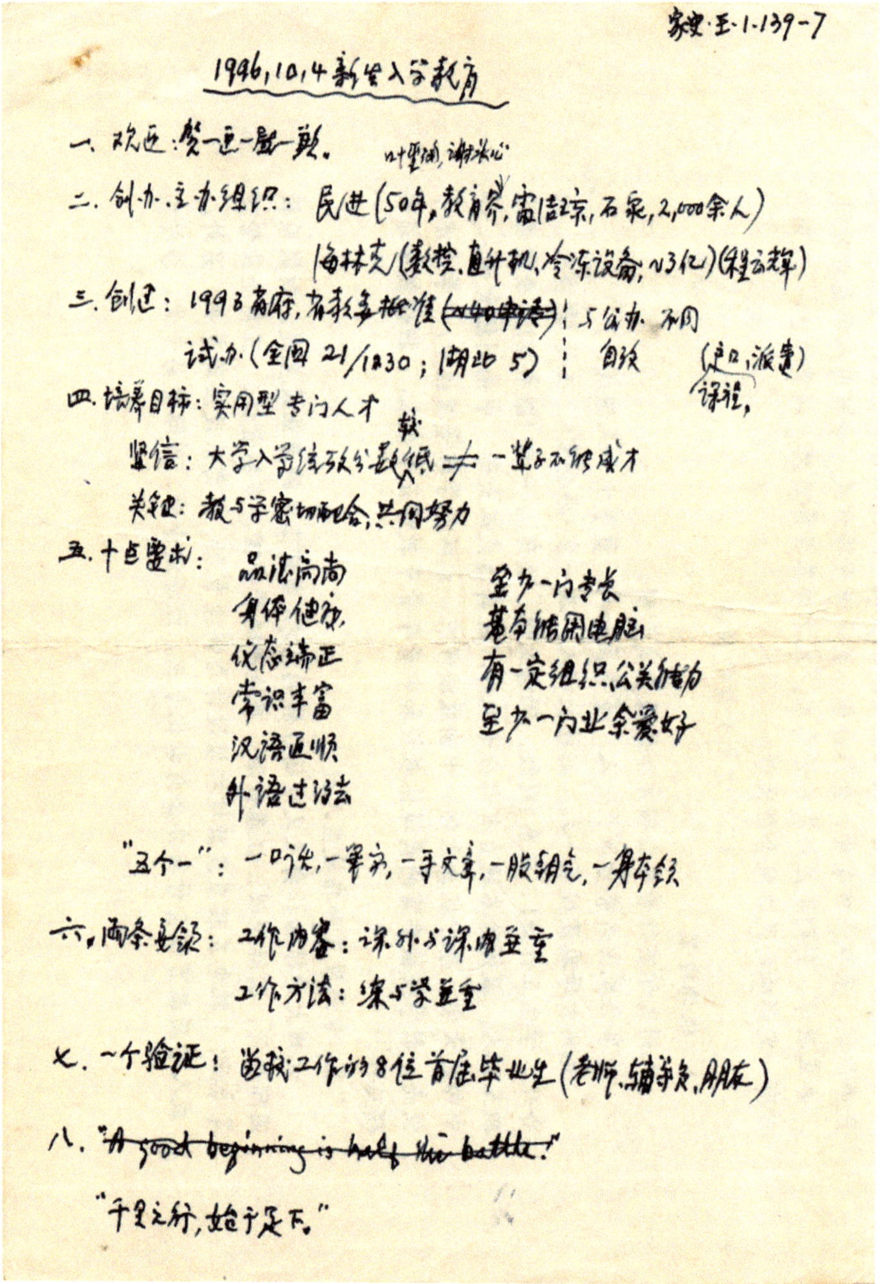
家史·王·1·139-7

1996，10，4 新生入学教育

一、欢迎：赞一查一鼓一鼓。 叶圣陶，谢冰心

二、创办、主办组织：民进（50年，教育界，雷洁琼，石泉，2,000余人）

海林克（数控、直升机、冷冻设备，~3亿）（程云辉）

三、创建：1993省府，省教委批准（~~……~~） ┆ 与公办不同

试办（全国21/1230；湖北5） ┆ 自筹 （户口，派遣）课程，

四、培养目标：实用型专门人才

坚信：大学入学统考分数较低 ≠ 一辈子不能成才

关键：教与学密切配合，共同努力

五、十点要求：

品德高尚

身体健康

仪态端正

常识丰富

汉语通顺

外语过关

至少一门专长

基本能用电脑

有一定组织、公关能力

至少一门业余爱好

“五个一”：一口话，一笔字，一手文章，一股朝气，一身本领

六、两条要领：工作内容：课外与课内并重

工作方法：练与学并重

七、一个验证：当我工作的8位首届毕业生（老师、辅导员、朋友）

八、~~“A good beginning is half the battle!”~~

“千里之行，始于足下。”

民办九州大学1993—95

校长 王 燊 1995.6月

民主党派与大型企业联合兴办高等学校——这是改革开放大好形势向纵深发展的新生事物。民办九州大学的出现，一方面说明湖北省民进和武汉市数控(集团)公司[现为武汉市海林克(集团)公司]作为申办者的高度爱国责任感和社会义务感；另一方面更说明，省委、省府、省教委、省计委作为审批者和领导上级对振兴中华文化的远见卓识和对申办者的高度信任。九州大学两年来的实践，有力地证实了申办者和审批者当初的判断正确，决策英明。

承办九州大学的我们这一伙，来自四面八方，大多数而且起主力作用的，都是学有专长、经验丰富而且精力充沛、吃苦耐劳的教授、专家和教育、行政管理工作者。这些人说起话来南腔北调，但都异口同声地一致认为：办学必定要以教育质量为奋斗目标。学校任何一项工作的好坏，只有一个唯一的判据，那就是看是否有效地促进了学生扎实而迅速地成长。

现谨从教育教学和办学条件两个方面说说实际情况和个人体会。

在教育教学方面，我们尽量下力做好两个系列的工作。一是"课堂教学—作业—实验—实习—独立研习—考试考查"系列。这方面我们紧扣一个"严"字。例如在选聘教师时，我们东挑西拣，力求找业务好、表达能力强而又认真负责的。英语老师，一字一句地批改作业；制图老师一笔一划地指导作图；语文老师一本一本地发作文练习，当面讲评；证券专业课老师把国内外市场实拍的幻灯片一张一张地向同学放映等等。我们现在体会到，教务常常提醒我们的严格考风考纪，的确是培养良好学风校风的关键环节；所以每当考试时间，每一考场我们要请二至四位老师从头到尾监考。现在考风有好转，学风也有好转。

第二个系列是"课外活动—日常生活"系列。这方面我们立足一个"爱"字。这些孩子以前大都没有离开过家，所以我们要培养他们独立生活、工作和集体生活、工作的意识和能力。这就需要把提高认识和实际锻炼同步进行。我们请了当年爬雪山、过草地的长征老干部张焕潮老向他们讲革命传统，请省民进主委、历史学家石泉教授向他们讲读书和做人的道理，请中南民院英籍女教师 Brabender 用英语向他们讲求职诀窍，请狮子山派出所李所长宣传法治等等。与此同时，同学们从早到晚的各方面活动，都在老师的指导和帮助下，由学生会和团组织关心、服务和管理。个人仪表、校区整洁、作息纪律、班报、校报、球赛、棋赛、讲演赛、电脑赛、珠算赛、模拟会计、模拟法庭、党章学习组、青年志愿者协会等等各种活动，都让他们自己组织，自己动手。又如学校搬迁、假期安全保卫、暑期招生、开学接待等等，也让一些同学参加。这既锻炼了他们，又激励了他们的爱国爱校感情。现在我们的同学，动不动就自称是"九大人"，动不动就拿"野芷湖"来炫耀一番。

我发现，这群孩子，高考都没考好，但其中不乏人才。写的、画的、跳的、唱的、能吃苦的、会公关的、办事牢靠的、头脑灵活的，各种各样的好苗子都有。说句玩笑话，哪个单位要，我们马上可以推荐。

当然，我们也明白，我们所做到的与我们所应该做到的还相差甚远。例如，专业设置是否符合社会需要，我们还拿不准；课程的衔接和配合，还得推敲；特别是实际操作的技术性训练，还得进一步加强；少数后进同学的转化，更需想办法，下功夫等等。这都要领导部门和专家们指点，要向兄弟学校取经。

再说办学条件方面，目前 9 个班 300 多学生的教室和宿舍条件已经具备。正在加紧修建一座 4500m^2 的大楼，秋季 800 位学生上课和住宿基本不成问题。食堂采取集中加工、分散进食的方法，也可解决。5 个正规篮球场，也可打排球、玩足球，乡间大路可以练长跑，野芷湖里可以学游泳，在大片绿荫的校园，我们做了些水泥桌凳，应该说，锻炼和活动的场地也算不错的。图书数千册，报刊近百种，微机 20 多台，语言设备 20 多套，还有录音机、扩音机、录像机、投影仪等等，都嫌过少；目前还能勉强应付，秋后必须重新添置。

这自然而然地归结到了一个“钱”字上。我们的情况是：第一，学校从无到有，需要一笔开办费；第二，学费收入还不够运转支出，需要少量的经费补贴；第三，租用校址、修建校舍，更需要大笔投入。不难看出，需要的不是一个小数目，这是一方面。另一方面，今天的事实是：九州大学办起来了；房子一幢幢地盖起来了；“钱”从哪儿来的呢？我们的体会是：归根结底，来源于党的政策和当前的大好形势。“科教兴国”的信念深入人心，“鼓励社会力量办学”的号召广为流传，社会主义市场经济对人才的日益迫切的要求，给九州大学向四面八方求援奠定了基础，开辟了道路。数控公司一次就主动拨来近百万元的开办费；省农科院谢绝了多起办工厂、办医院的高价计划，将大片园林和房屋以低价长期租给我们办学；金融单位愿意给我们贷款；工程单位愿意为我们垫资建房；有关单位纷纷愿意给我们力所能及的优惠；民进会员踊跃集资赠书；我们的师生也是精打细算，处处节约等等。这一切，都出于一个共同的理由：为了兴办教育，为了振兴中华。

当然，我们也反复地算过账：第一，企业投的资，各方贷的款，几乎都没有真的消耗掉，不是盖了房子，就是买了设备。第二，从今年开始，收取的学费就能略大于运转支出。粗略的估计是，在 2005 年以前，总投入的“钱”就能全部回收，还得了个中等规模的大学。再说，这些年还向社会输送了数千名青年专门人才。这一社会效益要是能用“钱”来表示的话，恐怕也不是个小数目。

以上就是个人的一些认识，大概基本上也是我们这伙人的共识。总而言之，对九州大学的前景，我们是信心十足的；对办九州大学的努力，我们是百折不挠的。“有志者，事竟成”这一古语的正确有力，必将在民办九州大学的校史上又一次得到证实。

（编号：家史・吴・8.12）

九州大学公文

王曦按(2016 年 10 月 5 日)：

这份材料十分宝贵。他是父亲保留的文字材料中唯一的一份九州大学公文复印件。上面有九州大学的校徽和九州大学办公室的公章。“九州大学”四个字是从毛泽东的书法作品中选取的。

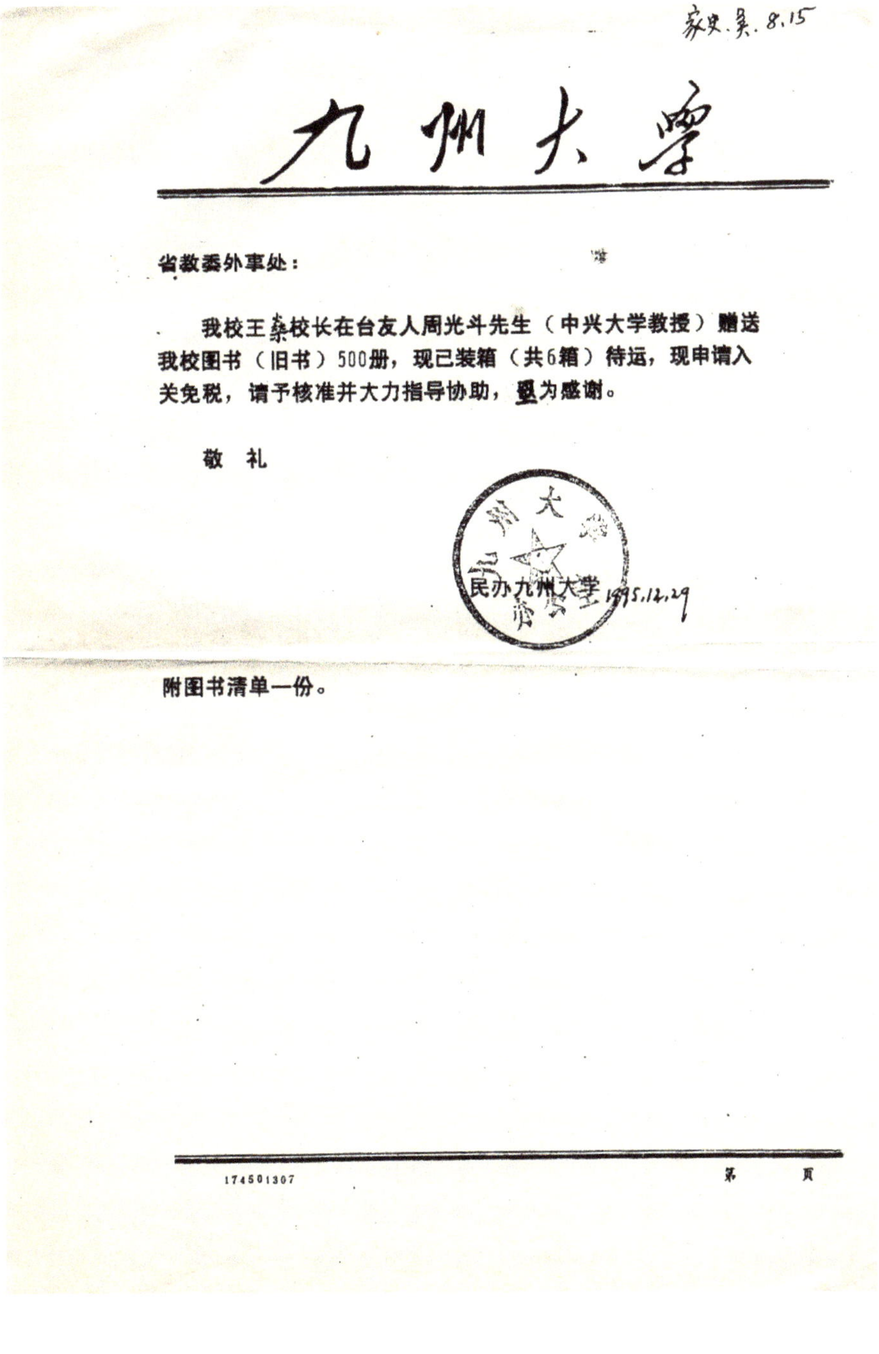

家史.吴.8.15

九州大學

省教委外事处：

我校王燊校长在台友人周光斗先生（中兴大学教授）赠送我校图书（旧书）500册，现已装箱（共6箱）待运，现申请入关免税，请予核准并大力指导协助，至为感谢。

敬 礼

民办九州大学 1995.12.29

附图书清单一份。

174501307 第 页

周光斗先生赠书

王曦按(2016 年 10 月 6 日):

以下是父亲的朋友、我姑妈王霖小时候的同学、台湾周光斗先生 1996 年 5 月给九州大学赠书的货运单和所赠 6 箱 500 多册书的清单(第一页)。在那个时期,这些书大都在市面上买不到。

周先生是襄阳人,曾回襄阳老家探访。有一次他来我家做客,见到我侄女王夏(当时在上幼儿园)学国画所画螃蟹,大为惊奇,索该画带回台湾裱装后寄来。该画至今悬挂在父亲家中。

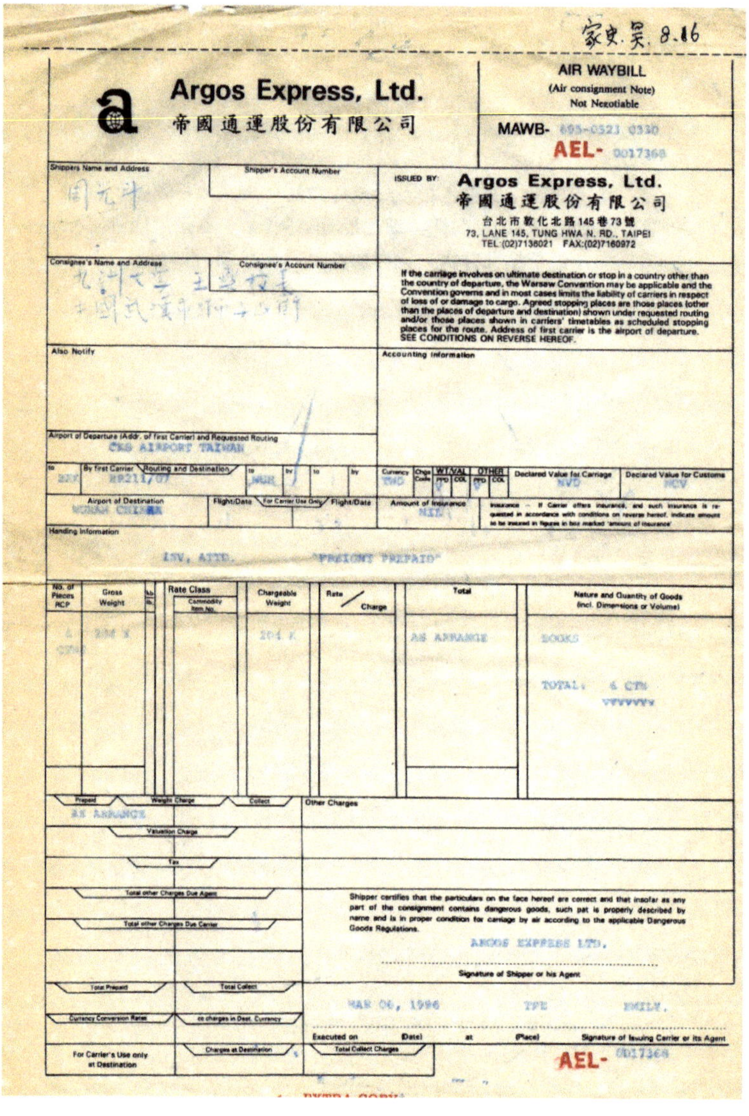

家史.吴.8.16

Argos Express, Ltd.
帝國通運股份有限公司

AIR WAYBILL
(Air consignment Note)
Not Negotiable

MAWB-
AEL- 0017368

Shippers Name and Address: 周光斗

Shipper's Account Number

ISSUED BY: Argos Express, Ltd.
帝國通運股份有限公司
台北市敦化北路145巷73號
73, LANE 145, TUNG HWA N. RD., TAIPEI
TEL:(02)7136021 FAX:(02)7160972

Consignee's Name and Address: 九州大学 王燮校长

Consignee's Account Number

If the carriage involves on ultimate destination or stop in a country other than the country of departure, the Warsaw Convention may be applicable and the Convention governs and in most cases limits the liability of carriers in respect of loss of or damage to cargo. Agreed stopping places are those places (other than the places of departure and destination) shown under requested routing and/or those places shown in carriers' timetables as scheduled stopping places for the route. Address of first carrier is the airport of departure. SEE CONDITIONS ON REVERSE HEREOF.

Also Notify

Accounting Information

Airport of Departure (Addr. of first Carrier) and Requested Routing: CKS AIRPORT TAIWAN

to | By first Carrier | Routing and Destination | to | by | to | by | Currency | Chgs Code | WT/VAL PPD COL | OTHER PPD COL | Declared Value for Carriage: NVD | Declared Value for Customs: NCV

Airport of Destination: WUHAN CHINA | Flight/Date | For Carrier Use Only | Flight/Date | Amount of Insurance: NIL

Insurance — If Carrier offers insurance, and such insurance is requested in accordance with conditions on reverse hereof, indicate amount to be insured in figures in box marked 'amount of insurance'

Handing Information: INV, ATTD. "FREIGHT PREPAID"

No. of Pieces RCP	Gross Weight	kg lb	Rate Class Commodity Item No.	Chargeable Weight	Rate / Charge	Total	Nature and Quantity of Goods (incl. Dimensions or Volume)
6 CTNS	204 K			204 K		AS ARRANGE	BOOKS TOTAL: 6 CTN

Prepaid | Weight Charge | Collect: AS ARRANGE

Other Charges

Valuation Charge

Tax

Total other Charges Due Agent

Total other Charges Due Carrier

Shipper certifies that the particulars on the face hereof are correct and that insofar as any part of the consignment contains dangerous goods, such pat is properly described by name and is in proper condition for carriage by air according to the applicable Dangerous Goods Regulations.

ARGOS EXPRESS LTD.

Signature of Shipper or his Agent

Total Prepaid | Total Collect

Currency Conversion Rates | cc charges in Dest. Currency

MAR 06, 1996 TPE EMILY.

Executed on (Date) at (Place) Signature of Issuing Carrier or its Agent

For Carrier's Use only at Destination | Charges at Destination | Total Collect Charges

AEL- 0017368

第 一 箱　合計67本

書名	著者	出版者
人口論	周憲文譯	臺灣銀行經濟研究室編印
產業結構經濟學	陳振長譯（上册）	臺灣銀行經濟研究室編印
計量經濟學方法	王友釗譯	臺灣銀行經濟研究室編印
價格與生產	許大川譯	臺灣銀行經濟研究室編印
國富論	張漢裕譯	臺灣銀行經濟研究室編印
經濟發展與農業政策	林英彥譯	臺灣銀行經濟研究室編印
產業結構經濟學	陳振長譯（下册）	臺灣銀行經濟研究室編印
管制經濟學	高凱譯	臺灣銀行經濟研究室編印
財務決策理論	邱靖博譯	臺灣銀行經濟研究室編印
工業發展政策與方法	杜文田譯	臺灣銀行經濟研究室編印
生產與分配的新古典理論	林華德譯	臺灣銀行經濟研究室編印
財富分配論	陸年青、許冀湯譯	臺灣銀行經濟研究室編印
應用時間數列分析	張金裕譯	臺灣銀行經濟研究室編印
貨幣理論	梁發進	臺灣銀行經濟研究室編印
戰後西歐經濟史	周憲文	臺灣銀行經濟研究室編印
經濟成長論文集	張溫波、施敏雄	臺灣銀行經濟研究室編印
資本與成長	鄭東榮	臺灣銀行經濟研究室編印
國際貿易與經濟成長	白俊男	臺灣銀行經濟研究室編印
印尼經濟史	周憲文	臺灣銀行經濟研究室編印
自由社會的經濟學	夏道平	臺灣銀行經濟研究室編印
發展經濟學（上）	張茂修	臺灣銀行經濟研究室編印
發展經濟學（下）	張茂修	臺灣銀行經濟研究室編印
經濟分析（個體經濟學）（中册）	鄧東濱	臺灣銀行經濟研究室編印
財政學（公共部門經濟學）（下册）	劉永憲	臺灣銀行經濟研究室編印
開發中國家之貨幣與資本	林文秀、簡濟民、徐彩委	臺灣銀行經濟研究室編印
國際交易之貨幣（兌換通貨體制）	徐義雄	臺灣銀行經濟研究室編印
國際貨幣制度	張秀蓮	臺灣銀行經濟研究室編印
國民所得分析與預測	李朝賢	臺灣銀行經濟研究室編印
發展中國家經濟學	吳榮義	臺灣銀行經濟研究室編印
人的行爲	夏道平	臺灣銀行經濟研究室編印
富裕國家與貧窮國家	許大川	臺灣銀行經濟研究室編印
十九世紀產業革命史	周憲文	臺灣銀行經濟研究室編印
景氣循環調查論文集	張果爲譯	臺灣銀行經濟研究室編印
西方經濟文化史	陸年青譯	臺灣銀行經濟研究室編印
世界貿易與國際收支	白俊男譯	臺灣銀行經濟研究室編印
財政學（公共部門經濟學）（下册）	劉永憲譯	臺灣銀行經濟研究室編印
個體經濟的理論與應用	林昇平譯	臺灣銀行經濟研究室編印
利率結構	賴德良譯	臺灣銀行經濟研究室編印
一般均衡理論與福利經濟學導論	葉秋南譯	臺灣銀行經濟研究室編印
貨幣經濟學：理論、實證與政策	徐義雄	臺灣銀行經濟研究室編印
現代個體經濟學導論	吳惠林、劉鶯釧譯	臺灣銀行經濟研究室編印
現代經濟成長理論	林元興譯	臺灣銀行經濟研究室編印
經濟分析（個體經濟學）（上册）	鄧東濱譯	臺灣銀行經濟研究室編印
經濟發展與農業政策（上册）	林英彥譯	臺灣銀行經濟研究室編印
個體經濟理論與問題	劉紹輔譯	臺灣銀行經濟研究室編印
貨幣、就業與通貨膨脹	梁發進譯	臺灣銀行經濟研究室編印
現代股份公司與私有財產	陸年青、許冀湯合譯	臺灣銀行經濟研究室編印
莎氏經濟學（下册）	夏道平譯	臺灣銀行經濟研究室編印
國際貿易（方法與理論導論）	陳上程譯	臺灣銀行經濟研究室編印
計量經濟學（下册）	吳惠林譯	臺灣銀行經濟研究室編印
莎氏經濟學（上册）	夏道平譯	臺灣銀行經濟研究室編印
消費者理論	林大侯譯	臺灣銀行經濟研究室編印
計量經濟學	鍾寶梅譯	臺灣銀行經濟研究室編印
戰後日本經濟史（下册）	周憲文譯	臺灣銀行經濟研究室編印
戰後日本經濟史（上册）	周憲文譯	臺灣銀行經濟研究室編印
時間數列分析	葉秋南譯	臺灣銀行經濟研究室編印
計量經濟學（上册）	吳惠林譯	臺灣銀行經濟研究室編印
經濟發展理論（下册）	陸年青、許冀湯譯	臺灣銀行經濟研究室編印
國際貨幣理論與政策	侯家駒譯	臺灣銀行經濟研究室編印
數理經濟學基本論（上册）	鍾寶海譯	臺灣銀行經濟研究室編印
數理經濟學基本論（下册）	鍾寶梅譯	臺灣銀行經濟研究室編印
國際經濟學（上册）	賴榮仁、白蓮合譯	臺灣銀行經濟研究室編印
國際經濟學（下册）	賴榮仁、白蓮合譯	臺灣銀行經濟研究室編印
簡易計量經濟學	葉秋南譯	臺灣銀行經濟研究室編印
數理經濟學（上册）	湯慎之譯	臺灣銀行經濟研究室編印
數理經濟學（下册）	湯慎之譯	臺灣銀行經濟研究室編印
國民經濟學之基本問題	蔡啓恆譯	臺灣銀行經濟研究室編印

民办九州大学简介

王曦按(2016 年 10 月 6 日):

这是父亲保留的一份九州大学简介。

家史.吴.8.14

民办九州大学

王燊 1995.10

一、由中国民主促进会湖北省委员会和武汉海林克集团公司（注）共同主办。经湖北省人民政府、湖北省教委1993年6月批准试办（在二十余份申请中，批准试办四所）。

二、校址在武汉市洪山区狮子山张吴村（邮编430070）。

校园面积约150亩，南濒野芷湖，绿树成荫。

现有校舍约8,000m²，一座六层的教学楼（约4,500m²）正修建中。

三、现有三个系（财经、法商、机电），六个专业（国际会计、证券金融、市场营销、房地产经营管理、法商、数控机械设计与制造），三个年级学生共５７０人。

四、现有专职教师和管理工勤人员共34人；现有从武汉大学、中南财经大学、武汉汽车工业大学、中南政法学院、湖北工学院等院校兼职教师四十余人。

五、1996年7月将有第一届学生毕业，共180人。其中数控专业73人均将由海林克集团公司录用，其余毕业生亦将由学校推荐就业。

注：海林克集团公司是武汉市排名第九的一个大型企业，总资产2.9亿元，预计97年销售额50亿，其三项主要产品为数控机床、直升飞机和汽车。董事长程云辉也是九州大学董事长，副董事长兼总经理汪厚棣也是九州大学董事。

民办九州大学简介手稿

王曦按（2016年10月6日）：

这是父亲为九州大学起草的简介手稿。

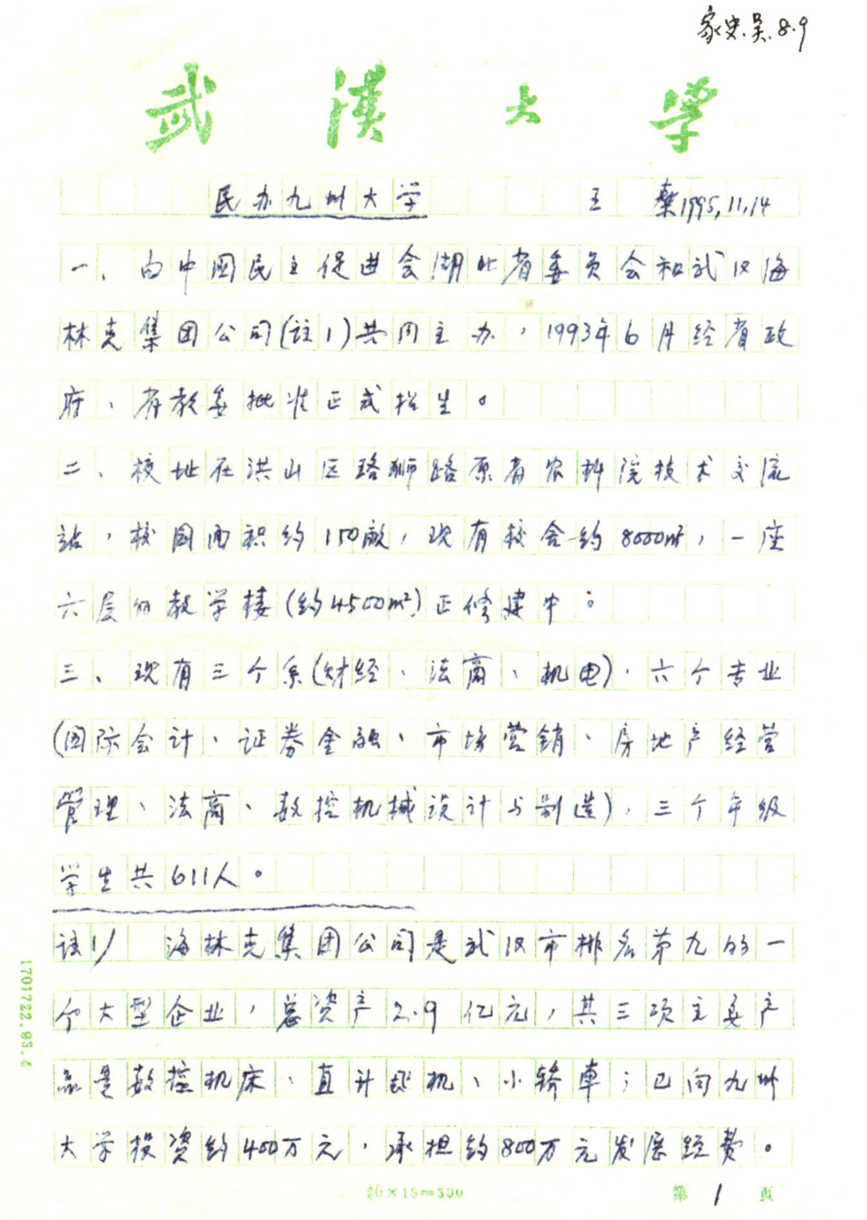

家安.吴.8.9

武漢大学

民办九州大学　　　王燊 1995,11,14

一、由中国民主促进会湖北省委员会和武汉海林克集团公司（注1）共同主办，1993年6月经省政府、省教委批准正式招生。

二、校址在洪山区珞狮路原省农科院技术交流站，校园面积约150亩，现有校舍约8000m²，一座六层的教学楼（约4500m²）正修建中；

三、现有三个系（财经、法商、机电），六个专业（国际会计、证券金融、市场营销、房地产经营管理、法商、数控机械设计与制造），三个年级学生共611人。

注1/　海林克集团公司是武汉市排名第九的一个大型企业，总资产2.9亿元，其三项主要产品是数控机床、直升飞机、小轿车；已向九州大学投资约400万元，承担约800万元发展经费。

1701722.95.4　　20×15=300　　第1页

武漢大學

四、现有专职教师和管理、工勤人员34人，有从武大、财大、武工、中南政法、华农、湖工等院校来校兼课的教师60多人。

五、教育、教学思路主要两条：一是"课堂教学—作业—实验—实习—独立研习—考试考查"系列，充实学生知识；二是"课外活动—日常生活"系列，锻炼学生能力。

六、1996年7月第一届学生毕业，共180人。其中数控专业73人均将由海林克公司录用。该公司亦将录用若干其他专业毕业生。

1701722.93.4

20×15=300　　第2页

JIUZHOU UNIVERSITY

王曦按(2016 年 10 月 6 日):

为了把九州大学推向世界,父亲起草并亲手用英文打字机打了这份英文版的九州大学简介。

家史.吴.8.7

武漢大學

JIUZHOU UNIVERSITY (1996)

1. A private university in Wuhan

2. Under the approval of the Hubei Provincial People's Government, started running in 1993

3. Located near the northern edge of Yezhi Lake

4. A campus of about 10 hectares

5. Total construction area of various buildings about 10,000m^2

6. Specialties: Design and manufacture of numerical control machines
   Computer application and maintenance
   Accounting
   Security and finance
   Marketing
   Management of real estates
   Commerce and law
   Practical arts

7. Total enrollment: 600+

8. Fulltime faculty and staff: 45

9. Its president: Mr Wang Shen, a retired proffessor of geophysics

----

Address: Jiuzhou University
Zhang-Wu Village, Lionhill Street
Wuhan, Hubei 430070
P.R.C.

Telephone: (027)7398728

1701724(86.4)7348 3万本 第 页

九州大学三年总结

王曦按(2016 年 10 月 6 日)：

这是父亲写的一份九州大学三年总结提纲。办学三年，九州大学已走上正轨，但面临很多挑战。

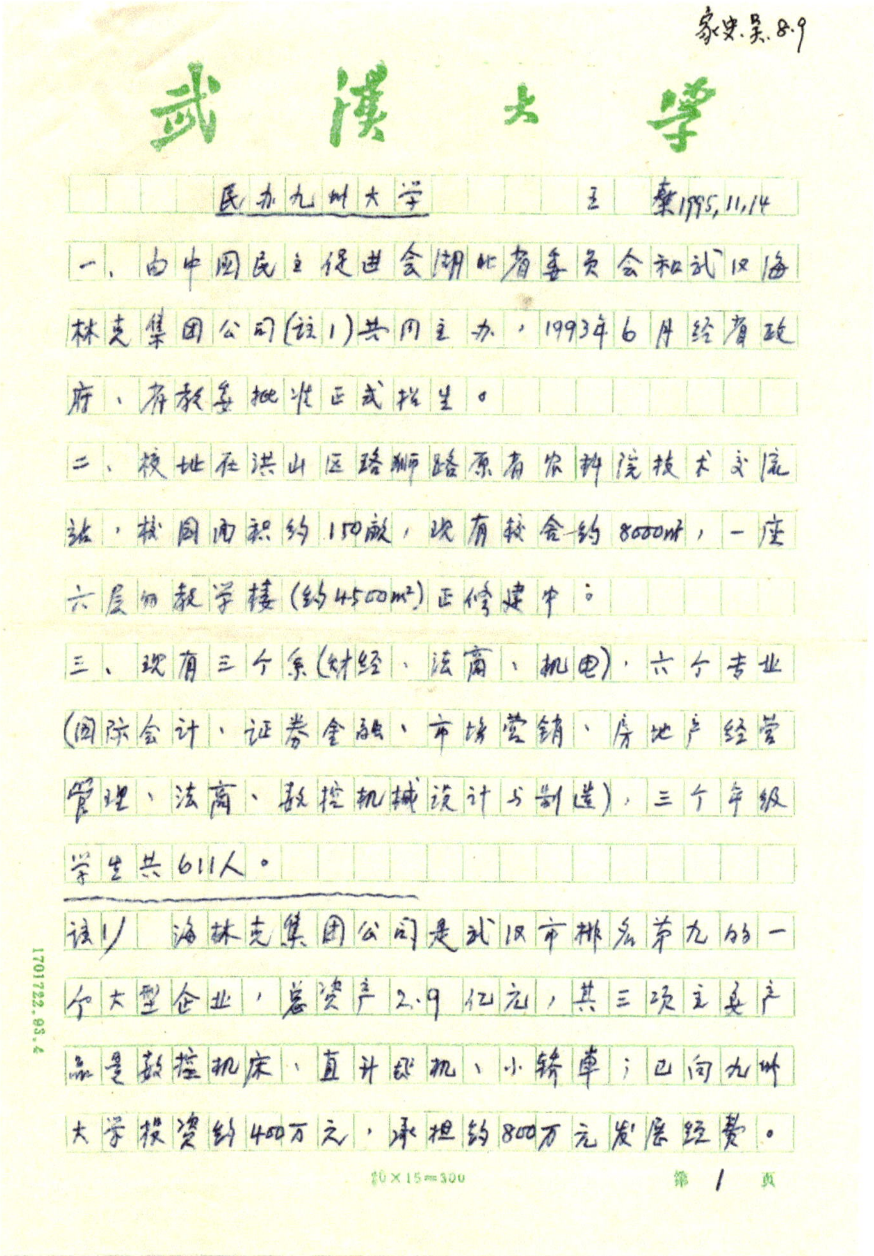
家史.吴.8.9

武漢大学

民办九州大学　王棻1995,11,14

一、由中国民主促进会湖北省委员会和武汉海林克集团公司(注1)共同主办，1993年6月经省政府、省教委批准正式招生。

二、校址在洪山区珞狮路原省农科院技术交流站，校园面积约150亩，现有校舍约8000m²，一座六层的教学楼(约4500m²)正修建中；

三、现有三个系(财经、法商、机电)，六个专业(国际会计、证券金融、市场营销、房地产经营管理、法商、数控机械设计与制造)，三个年级学生共611人。

注1/ 海林克集团公司是武汉市排名第九的一个大型企业，总资产2.9亿元，其三项主要产品是数控机床、直升飞机、小轿车；已向九州大学投资约400万元，承担约800万元发展经费。

1701722.93.4

20×15=300　第 1 页

武漢大学

4. 随时总结经验教训，逐步建立、完善各项制度，提高工作效率。

5. 尽力充实、改善各项物质条件。

当前概况： 1. 教学稳定，教师负责，学生成绩有提高，良好校风正在形成。

2. 教职工办学思想较端正，勤奋刻苦，有奉献精神。

3. 学校的党、团、学生会、教工会等组织均已建立，学生的科技组、英语组、诗社、画社、校报社、书法社、球队、青年志愿者协会等各种课外活动团体也正发展，对教育、教学中心工作起着保证、配合、促进的作用。

当前主要困扰和预期出路：

1. 新教学楼亟待恢复施工。董事会正多方筹款。

2. 微机、图书亟需添置。已订入96/97学年度计划。

3. 专业计划、培养目标应进一步适应人才市场的需求。拟根据毕业生就业情况和省、市“九五”规划，逐步调整。

4. 学生实际操作环节应加强、落实，独立工作能力的培养还要力辟新路。

1701722.93.4

1996 年 10 月 4 日新生入学教育讲话

王曦按(2016 年 12 月 19 日)：

以下是父亲保留的一份讲话提纲，内容为新生入学教育。其中既有对学生思想素质的要求，又有对学习方法的建议。其中“十点要求”和“五个一”集中表达了父亲的学生成才标准。

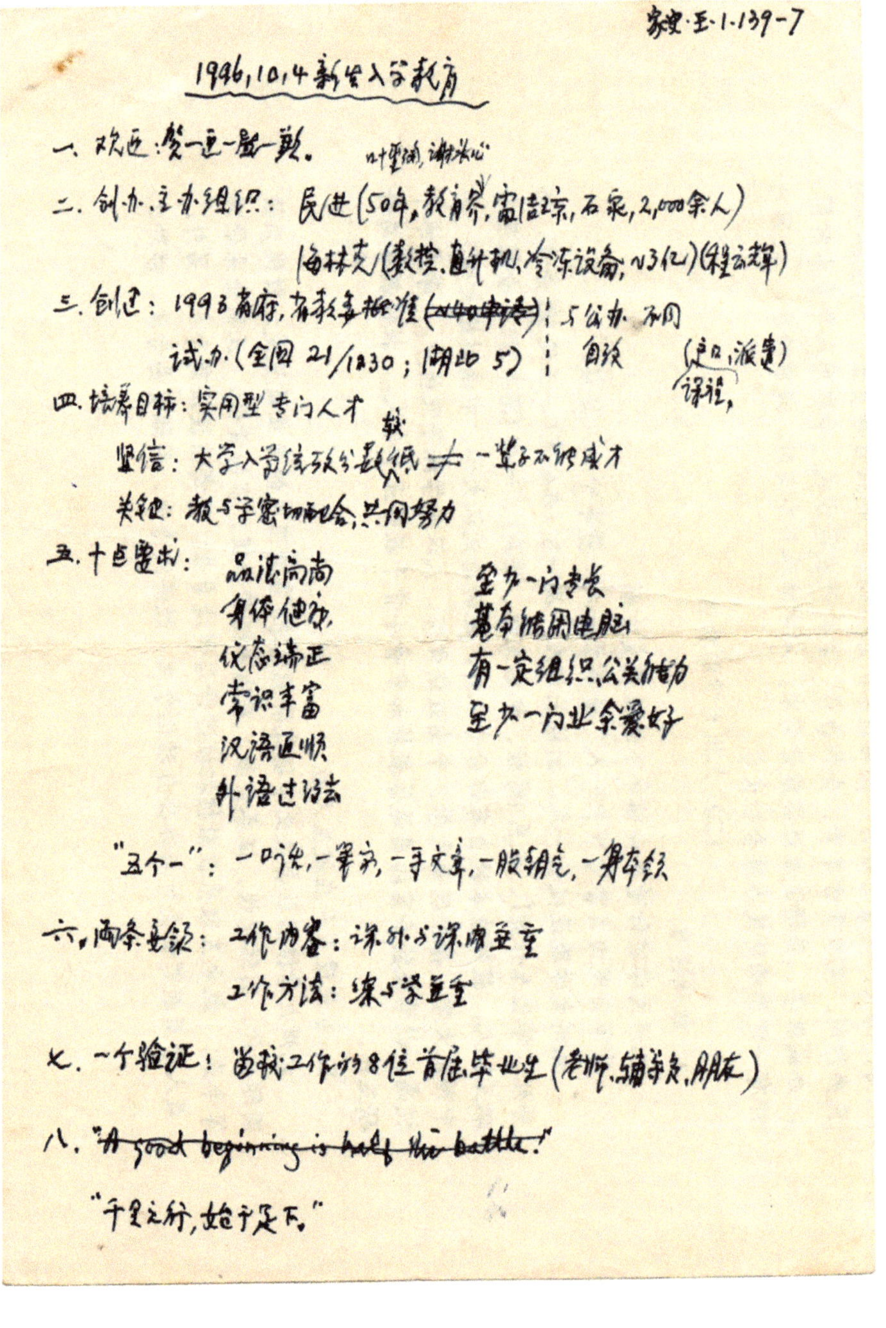

家史·王·1·139-7

1996,10,4 新生入学教育

一、欢迎：贺一迎一鼓一励。 叶圣陶、谢冰心

二、创办、主办组织：民进（50年，教育界，富法琮，石泉，2,000余人）

海林克（数控、直升机、冷冻设备，~3亿）（朱宝辉）

三、创建：1993 省府，省教委批准 ~~（……）~~ ｜ 5公办 不同 自筹 （定向、派遣） 课程，

试办（全国 21/1030；湖北 5）

四、培养目标：实用型专门人才

坚信：大学入学时成绩分数较低 ≠ 一辈子不能成才

关键：教与学密切配合，共同努力

五、十点要求：品德高尚 身体健康 仪态端正 常识丰富 汉语通顺 外语过关 至少一门专长 基本能用电脑 有一定组织、公关能力 至少一门业余爱好

“五个一”：一口话，一笔字，一手文章，一股朝气，一身本领

六、两条要领：工作内容：课外与课内并重

工作方法：练与学并重

七、一个验证：当我工作的8位首届毕业生（老师、辅导员、朋友）

八、~~“A good beginning is half the battle!”~~

“千里之行，始于足下。”

民办九州大学的希望

王曦按(2016 年 12 月 17 日)：

以下是父亲保留的 1996 年 10 月 17 日在九州大学全校大会上的讲话提纲。筚路蓝缕,办学三年;走上正轨,初见成效。此时父亲的心中充满喜悦和信心。他在讲话的结尾喊出:“用我们的双手,每天从野芷湖上共同推出一个崭新的太阳!”真是充满了英雄主义和浪漫主义!

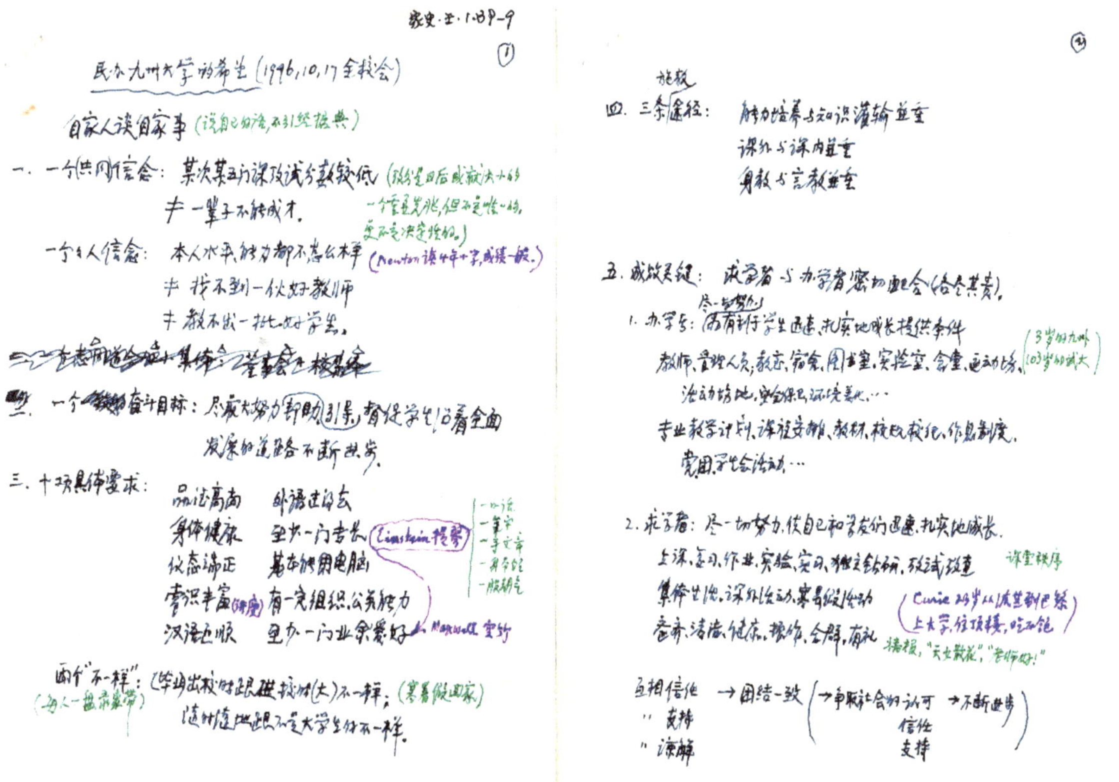

家史·王·1·89-9

①

民办九州大学的希望(1996,10,17 全校会)

自家人谈自家事(说自己的话,不引经据典)

一、一个共同信念:某次某门课考试分数较低(期终是因后或献决小的

≠一辈子不能成才。一个重要学生,但不是唯一的,更不是决定性的。)

一个个人信念:本人水平、能力都不怎么样(Newton 读中学,成绩一般。)

≠找不到一伙好教师

≠教不出一批好学生。

[illegible]、一个奋斗目标:尽最大努力帮助、引导,督促学生沿着全面发展的道路不断进步。

三、十项具体要求:

品德高尚　外语过四会

身体健康　至少一门专长(Einstein 提琴)

仪态端正　基本能用电脑

学识丰富(评度)　有一定组织、公关能力

汉语通顺　至少一门业余爱好 Maxwell 画竹

两个“不一样”:(每人一盘录象带)毕业出校时跟进校时(大)不一样;(寒暑假回家)随时随地跟不是大学生的不一样。

[illegible]

四、三条途径(施教):能力培养与知识灌输并重

课外与课内并重

身教与言教并重

五、成败关键:求学者与办学者密切配合(各尽其责)。

1. 办学者:(尽一切努力)为有利于学生迅速、扎实地成长提供条件

教师、管理人员;教室、宿舍、图书室、实验室、食堂、运动场、(3 岁的九州 103 岁的武大)活动场地、安全保卫、环境美化……

专业教学计划、课程安排、教材、校风校纪、作息制度、

党团学生会活动……

2. 求学者:尽一切努力使自己和学友们迅速、扎实地成长。

上课、复习、作业、实验、实习、撰文钻研、考试考查　课堂秩序

集体生活、课外活动、寒暑假活动(Curie 24 岁从波兰到巴黎上大学,住顶楼,吃不饱)

卫生、清洁、健康、服饰、合群、有礼　情报,“天女散花”,“老师好!”

互相信任→团结一致(→争取社会的认可→不断进步)

”支持　信任

”谅解　支持

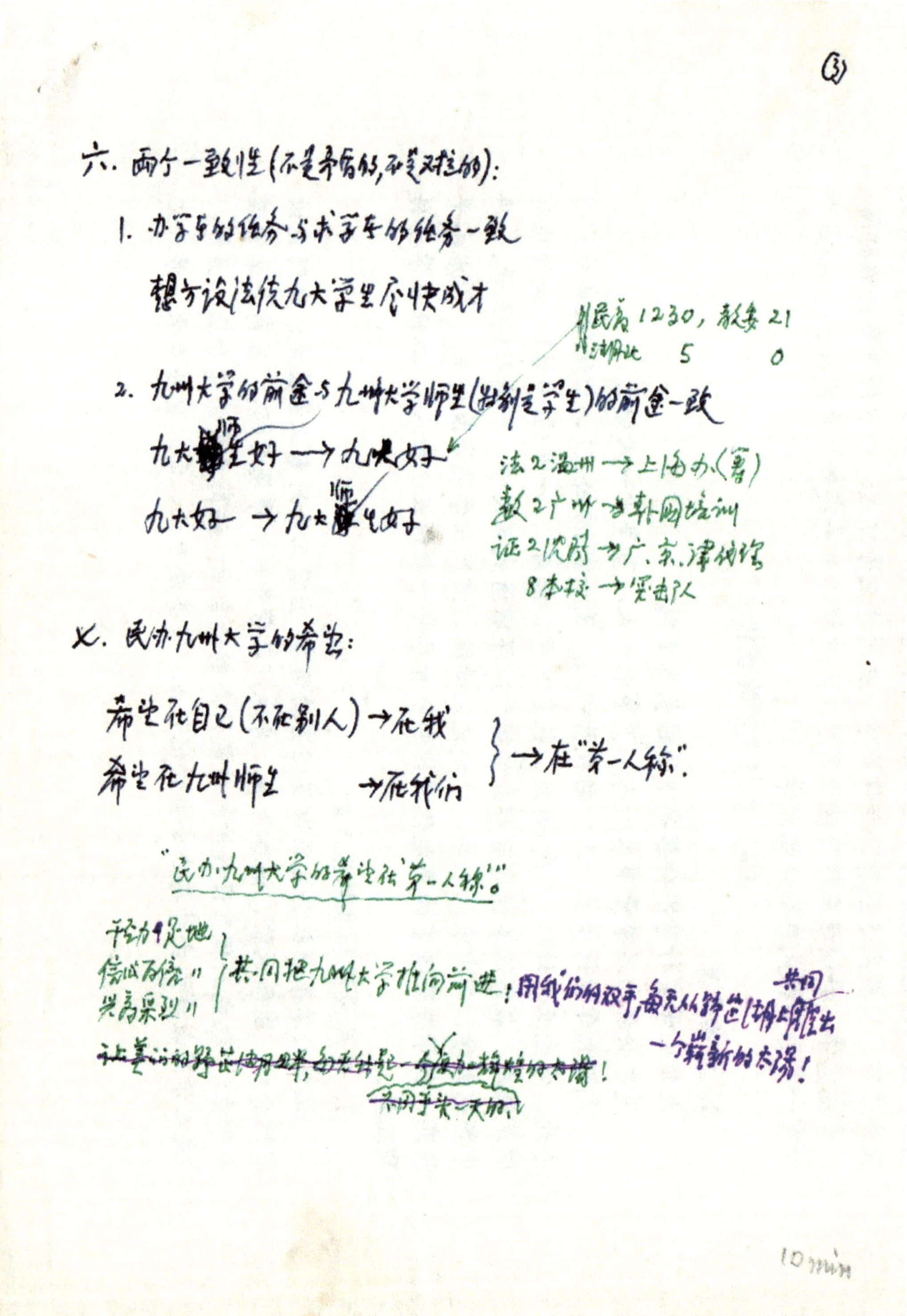

③

六. 两个一致性(不是矛盾的,而是对接的):

1. 办学者的任务与求学者的任务一致

想方设法使九大学生尽快成才

民商 1230, 教委 21
湖北 5 0

2. 九州大学的前途与九州大学师生(特别是学生)的前途一致

九大师生好 → 九大好

九大好 → 九大师生好

法 2 温州 → 上海办(署)
数 2 广州 → 新闻培训
证 2 沈阳 → 广东、津地区
8 本校 → 突击队

七. 民办九州大学的希望:

希望在自己(不靠别人) → 在我
希望在九州师生 → 在我们
} → 在"第一人称"。

"民办九州大学的希望在'第一人称'"。

干劲十足地
信心百倍〃
兴高采烈〃
} 共同把九州大学推向前进!用我们的双手,每天从黄浦江上共同托出一个崭新的太阳!

~~让美丽的黄浦江畔,每天升起一个辉煌的太阳!~~

10 min

关于九州大学(个人意见,未与任何其他人商量)

王 燊 97.4.20

王曦按(2016年12月19日):

以下是父亲保留的一份手稿的复写件。原件应当上报了民进湖北省委员会。这份材料透露了九州大学办学过程中的种种苦恼。这些苦恼,既有来自办学主体内部的,也有来自学校以外的,都是一些难以应对的问题。其中不乏对九州大学具有致命性的难题。

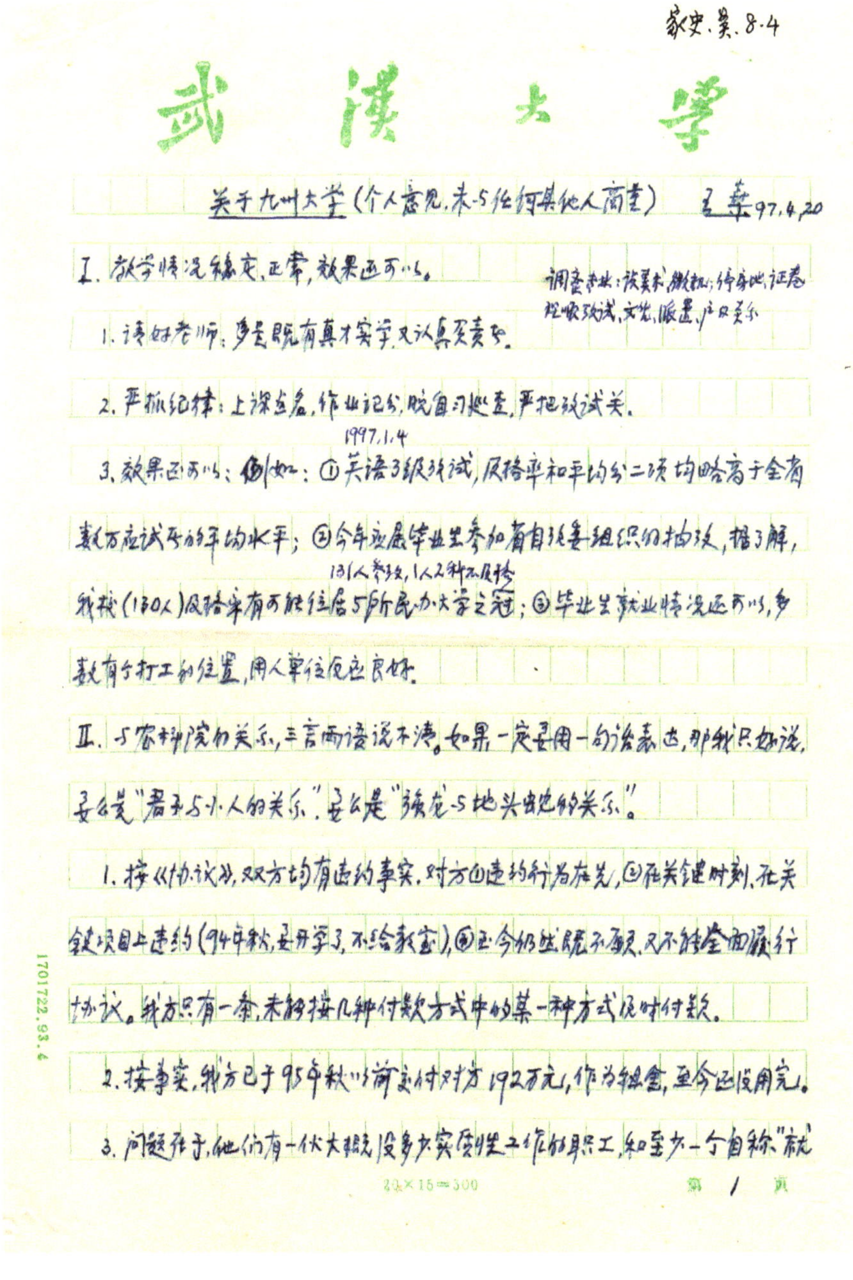
家史.类.8.4

武漢大學

关于九州大学(个人意见,未与任何其他人商量) 王燊 97.4.20

I. 教学情况稳定、正常,效果还可以。

调查专业:装美术、微机;待分配、证券、报检考试、文秘、服装、户口关系

1. 请好老师:多是既有真才实学又认真负责的。

2. 严抓纪律:上课点名,作业记分,晚自习巡查,严把考试关。

3. 效果还可以:例如:①英语3级考试(1997.1.4),及格率和平均分二项均略高于全省数万应试者的平均水平;②今年应届毕业生参加省自考委组织的抽考,据了解,我校(130人)(131人参考,1人1科不及格)及格率有可能位居5所民办大学之冠;③毕业生就业情况还可以,多数有个打工的位置,用人单位反应良好。

II. 与容柳院的关系,三言两语说不清。如果一定要用一句话表达,那我只好说,要么是"君子与小人的关系",要么是"强龙与地头蛇的关系"。

1. 按《协议》,双方均有违约事实。对方①违约行为在先,②在关键时刻、在关键项目上违约(94年秋,要开学了,不给教室),③至今仍然既不履约,又不能全面履行协议。我方只有一条,未能按几种付款方式中的某一种方式及时付款。

2. 按事实,我方已于95年秋以前支付对方192万元,作为租金,至今还没用完。

3. 问题在于,他们有一伙大概没多少实质性工作的职工,和至少一个自称"执

1701722.93.4

20×15=300 第 1 页

武漢大學

是要钱"的陵舍主，三天两头来拜访我们，给我出些这样那样的题目；而我们，真是连陪他们友好交谈的时间都难腾出来，更不用说还得向他们耐心细致地讲道理了。

4. 目前，他们找了街政府出面调解。可是，一看街政府真的主持公道，他们就连事先约定的会都不来开了。——下一幕是什么把戏，还不知道。

5. 去年此时，他们向省长助理处告了我们一状，助理一个电话就削减了我校200名招生指标。

Ⅲ. 财务有困难，有前途，要努力找办法。

1. 教控公司资助现金240万元，承担债务280万元；学校欠债110万元；现有资产450万元。（以上数字说不定有±10%的误差。）

2. 现有学生600人，如果学生数逐年有所增长，如果教控公司情况好转，则据保守估计，3—5年应能还清债务（如今已可不增负新的债务）。

3. 但是，这3—5年间，每年的3—8月均将有一段"青黄不接"，需要50—80万元的周转，9月收学费即可偿还。需金额将逐年减少，周转期将逐年缩短。——今年，此时此刻，尚缺30万元。

1701722.83.4

20×15=300　　第 2 页

武漢大學

Ⅳ. 几点杂想.

1. 请　　做校长(我可劝说)，我做个顾问，三不知地到校做点力所能及的事。请　　做一个副校长(他本人有此想法)，密切与民进的关系。　有来的愿望。我也曾与　　谈过，未明确表态。

2. 截至96年底，全国共1230所民办高校，其中只有21所获得国家教委正式批准，湖北的五所都不在内。据说，李岚清说了，2000年以前不再考虑审批。鉴于此，已有3所民办大学的个别校领导，在跟我私下谈话时表示希望或愿意联合起来。省教委高教处也有个别领导提过这种看法。若能加强"民进"（乃至民进中央），则今了以后获得批准的可能性肯定大大增强。

3. 请若干位有识的、有名的、有钱的、有权的组成一个"民办九州大学教育指导委员会"。

△. 1997/98，指标460(名)，学费稍提(2750→3200)

1701722.93.4

关于九州大学当前困难的报告

王曦按（2016 年 12 月 19 日）：

这份材料是父亲起草的一份上报民进中央的报告提纲的提纲。从中可见，九州大学在创办三年之后，尽管教学质量是好的，但却遇到了一些来自九州大学以外的一些重大困难。这些困难，给发展顺利的九州大学的前景蒙上了乌云。

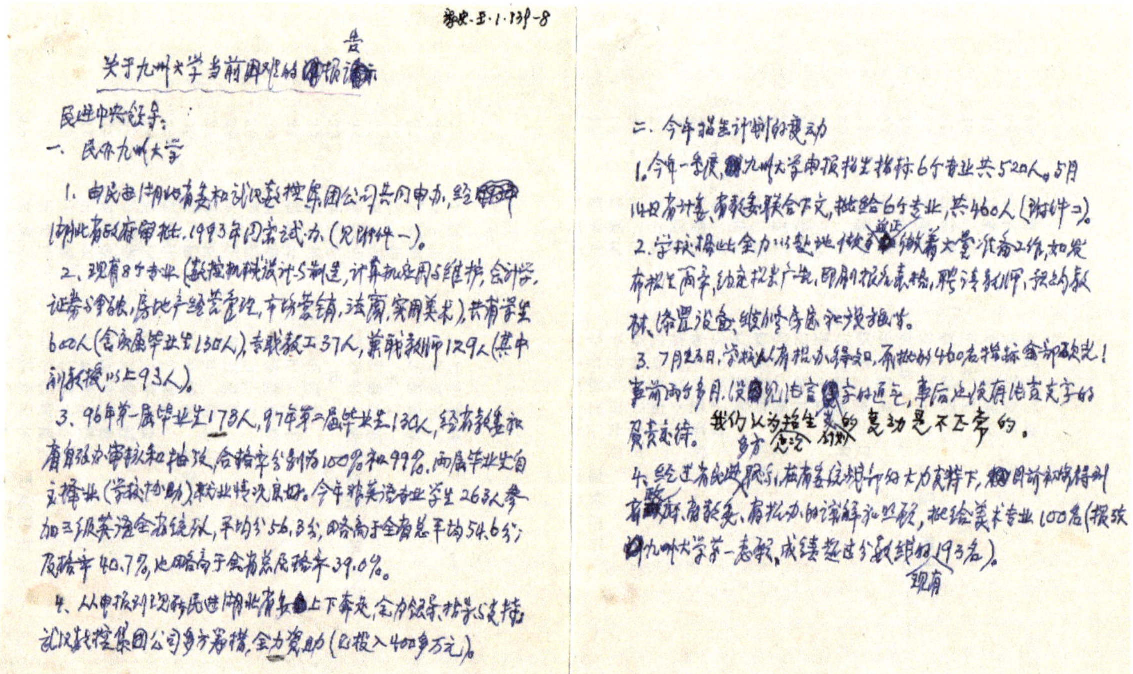

档史-五·1·139-8

关于九州大学当前困难的报告

民进中央领导：

一、民办九州大学

1. 由民进湖北省委和武汉数控集团公司共同申办，经湖北省政府审批，1993年国家试办（见附件一）。

2. 现有8个专业（数控机械设计与制造，计算机应用与维护，会计学，证券与金融，房地产经营管理，市场营销，法商，实用美术），共有学生600人（含应届毕业生130人），专职教工37人，兼职教师129人（其中副教授以上93人）。

3. 96年第一届毕业生178人，97年第二届毕业生130人，经省教委和省自考办审核和抽考，合格率分别为100%和99%。两届毕业生自主择业（学校协助），就业情况良好。今年非英语专业学生263人参加三级英语全省统考，平均分56.3分，略高于全省总平均54.6分；及格率40.7%，也略高于全省总及格率39.0%。

4、从申报到筹办，民进湖北省委上下奔走，全力以赴，武汉数控集团公司多方筹措，全力资助（已投入400多万元）。

二、今年招生计划的变动

1. 今年一季度，九州大学申报招生指标6个专业共520人。5月14日省计委、省教委联合下文，批给6个专业，共460人（附件二）。

2. 学校据此全力以赴地做了大量准备工作，如发布招生简章，编定招生广告，印制报名表格，聘请教师，订购教材，添置设备，维修房屋和校舍等。

3. 7月23日，学校从省招办得知，所批的460名指标全部砍光！事前两个多月，没见任何文字的通知，事后也没有任何文字的负责答复。我们认为招生的变动是不正常的。多方奔走

4、经过省民进联系，在省委统战部的大力支持下，得到省计委、省教委、省招办的谅解和照顾，批给美术专业100名（报考九州大学第一志愿，成绩超过分数线的现有193名）。

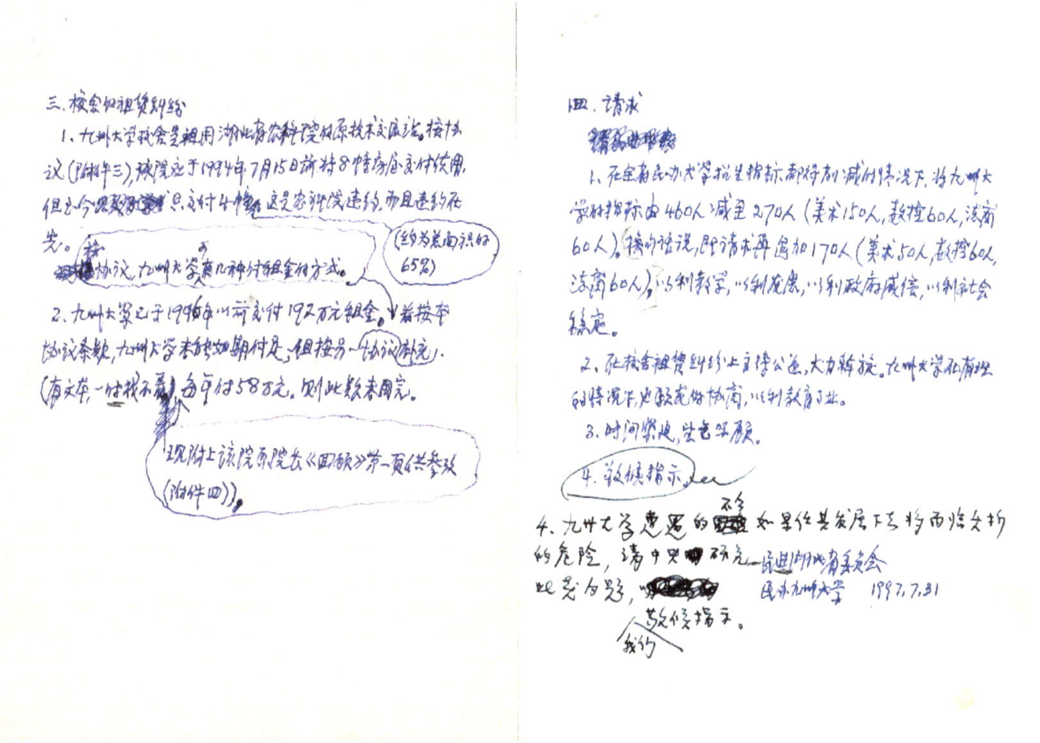
三、校舍的租赁纠纷

1、九州大学校舍是租用湖北省农科院的原技术交流站。按协议（附件三），该院应于1994年7月15日前将8幢房屋交付使用，但至今只交付4幢（约为总面积的65%）。这是农科院违约，而且违约在先。按协议，九州大学有几种付租金的方式。

2、九州大学已于1996年以前交付192万元租金。若按本协议条款，九州大学未能如期付足，但按另一协议补充（有文本，一份找不到了），每年付58万元，则此数未用完。现附上该院原院长《回顾》第一页供参考（附件四）。

四、请求

1、在全省民办大学招生指标都将削减的情况下，将九州大学的指标由460人减至270人（美术150人，数控60人，法商60人）。换句话说，即请求再增加170人（美术50人，数控60人，法商60人），以利教学，以利发展，以利政府威信，以利社会稳定。

2、在校舍租赁纠纷上主持公道，大力斡旋。九州大学在有理的情况下也愿意协商，以利教育事业。

3、时间紧迫，望尽早解决。

4、敬候指示。

4、九州大学遭遇的不幸如果任其发展下去将面临夭折的危险，请中央研究此类问题，敬候指示。

民进湖北省委员会
民办九州大学 1997.7.31

从九州大学看我国民办高校

王 燊 1998.4.17

[摘 要]文章结合九州大学五年来的实践，对我国民办高校提出了四点看法：民办高校符合社情民意；民办高校有社会贡献；在今天，民办高校道路尚不平坦；看明天，民办高校前程宽阔。

一、九州大学

九州大学是中国民主促进会湖北省委员会和武汉数控机械股份有限公司联合主办的一所全日制高等专科学校。校址在武汉市洪山区野芷湖。校园占地约 90 亩，绿树成荫，有各类房屋约 9,000m^2。学校于 1993 年经湖北省人民政府批准试办并开始招生，已向社会输送了两届共 304 位毕业生。目前，学校共有四个系（机电系、财经系、法商系、美术系），八个专业（机电一体化、微机应用与维护、会计学、金融与证券、房地产经营管理、市场营销、法商、实用美术），共有在校生 560 人，学校现有专职教职工 37 人，有从市内有关大专院校聘请的兼课教师 80 余人。

九州大学就是由若干愿为教育捐资出力的人自发创办的这样一所小小的民办高等

学校，这样的民办高校湖北省有5所，全国有多少现在一时还不清楚。就作者所见闻和自己的体会，这些学校条件确有差别，历程也不尽相同；但有些带共性的情况，应该也会从九州大学的实践中反映出来。

二、从九州大学看我国民办高校

1. 民办高校符合社情民意

国家富强，根本在于全民素质的提高，这就需要大力发展教育。这样，民办高等学校早就被国家教委认定“是我国高等教育事业的组成部分”[①]。五年来的事实也正如此，这样一所无名的小小学校，每年都有可观地超过其计划数的学生报考（见表一）；这说明，广大青年普遍抱有上大学深造的强烈愿望。因此可以看出，发展民办高校是正确的，是符合当前社情民意的。

表一

年级	招生计划数/人	报名数/人	录取数/人	到校数/人	毕业数/人
93级	200	约260	约200	186	173(93%)
94级	240	400	424	149	130(87%)
95级	350	800	504	278	
96级	400	700	369	176	
97级	115	1200	158	111	
合计	1303	约3360	1655	900	

2. 民办高校有社会贡献

多一所民办高校，就可以为社会多培养若干较高层次的专门人才；也就是说多让若干有志继续深造的青年得到进一步学习的机会。九州大学时间不长的实践说明，这些如果不进民办大学也许就上不了大学的青年，在进了民办大学以后，经过师生的共同努力，是可以被培养成合格的大专毕业生的。九州大学1996年第一届毕业生173人，他们的品德和三年学业成绩经过省教委严格审查，全部合格（见表二）。1997年第二届毕业生132人，131人参加省自考委组织的统一抽考，结果130人合格（见表二）。

表二

届别	毕业时间	送审/应考人数	合格人数	合格率
一	1996	173	173	100%
二	1997	131	130	99%

---

① 国家教育委员会《民办高等学校设置暂行条件》，第一条。1993年。

至于这些毕业生的就业情况，学校一时还没有力量作全面的跟踪调查，从各渠道获取的有限信息得知，他们大多数都有了这样那样的一个工作岗位，有的还开始崭露了头角。例如有的考上了政府公开招聘的公务员，有的在三百多名同场竞争人中唯一被某台资企业录用；有的到厂不久就担任了技术办公室主任。有一位女毕业生，领导让她为流水线设计一台控制装置，没想到她三天就交出了图纸，并且立即通过了审核，给予拨款加工。还有几位毕业生，他们从工作中琢磨出了一种改进型的大功率自控整流电源，现已找到了投资者，正准备设厂投产。

以上点滴情况，证实了九州大学师生的一个共同信念，那就是：一个青年，在某一次五门课程的笔试中成绩欠佳，决不等于这个青年今后终生不可造就。按照这个信念办，就能体现民办高校对社会所应该而且能够作出的贡献。

3. 在今天，民办高校道路尚不平坦

办一所学校，要紧的是人和物两大方面。这两大方面的具体内容尽管千差万别，而归根结底，最终总是落在一个“钱”字上。办一所高校，要的钱是不少的，民办高校的钱，只能来自民间，可想而知其中困难是不小的。事实上也正是这样。在当前，愿意而且能够作民办高校后台支柱的殷实而且稳定的民间大财团是极难寻觅的，所以民办高校的创建和发展极不容易。

九州大学在1993年创办时，是武汉数控集团公司拿出了约一百万元，就这样考试招了生，上了课。那时的打算是，数控公司第一年拿出一百万元，第二年拿出二百万元，第三年拿三百万元，学校便可以初具规模；如果还能找到新的赞助，日子就更加好过了。然而，谁也没有料到，在那以后数控公司本身的营运就不再那么理想，对学校大笔的资助一时之间就没有可能了。这几年学校草建、改建了少量教室、宿舍，添置了少量的微机、图书和设备，都是民进省委会和数控公司千方百计共同想办法勉力实现的。此间酸甜苦辣，真是一言难尽。

4. 看明天，民办高校前程宽阔

首先有国策保证。政府对民办学校的方针是“积极鼓励、大力支持、正确引导、加强管理”①。

第二，有群众基础。前已提到，群众上学的积极性很高。现在要说的是，群众办学的积极性也很高。在九州大学这几年的实践中，仅就作者本人所接触的，愿意为九州大学出力的人，可以说比比皆是；愿意为九州大学出钱的人，虽然相对较少，但潜力值得重视。实际情况是，这两三年，在不同深度上跟作者议论过参与承办九州大学的单位和个人就有十来起。他们多少有些经济实力，又有办学的愿望；但终因这样那样的缘故未能实现愿望。

第三，灵活求实，促进民办高校的发展。

---

① 新华社北京电《社会力量办学条例》第四条。1997年。

现在的民办学校，都必定要依靠一个能一次拿出一大笔钱的主要投资者。前已说过，这样的对象，当前是极难寻觅的。跟作者接触过的若干单位和个人，之所以最终不能成为现实，往往在一定程度上就是考虑到拿出多了不放心，拿出少了不起作用的缘故。

根据这一情况，作者在想，如果不一定必须认定一个主要投资者，而是采取多元凑集的方式，不论投多投少，都作为兴校捐献者而记入校史。如果有某某有信誉的组织或个人负责发起和筹划，募集到一项可观数目的基金，应该是颇有希望的。

总之，有社会的迫切需要，有政府的鼓励和支持，有较实的民间潜力，有甚强的群众热情，谁都不难得出这样的结论：民办高校的蓬勃发展，不但可望，而且可及。

（编号：家史·吴·8.6）

给马立良同志的信及附件

王曦按（2016年12月19日）：

以下为父亲写给民进湖北省委会马立良同志的信和随信附上的两篇材料。标题为我所加。这两篇材料比较详细地介绍了九州大学的发展现状、面临的困难和相关对策建议。

立良同志：

刚才收到你的电话，很高兴，很感动，很感谢。

对后面将提供的情况和意见，想先作以下说明：1.从学校开办到今天，五个年头，我一直担任校长，差不多天天上班。在这个意义上，我提供的情况和申述的意见，应该说是有权威性的。2.然而，学校涉及方方面面，有民进、数控，有省府、教委，有农科院，可能还有另一家有兴趣参与联办的RB公司（因未征得当事人同意，恕我暂不说明）。而我，哪一方也不能代表，此其一；其次，我始终未曾具体地管理学校财务，此其二。在这意义上，我提供的情况、数字和意见，只能说有一定的参考作用，达不到正式文件的水平。

为了抓紧时间和时机，下面就想到哪写到哪，有不明之处，将随问随答，如何？

王　燊　1998.2.8

关于九州大学

王　燊　1998.2.9

1. 由中国民进促进会湖北省委员会和武汉数控集团有限公司于1993年申报创办，

并于同年六月经湖北省人民政府和省教委批准试办①,同年开始招生。

2. 现有8个专业(数控机械设计与制造、微机应用与维护、会计、市场营销、金融与证券、房地产经营管理、法商、实用美术),在校生560人。只在湖北省内招生。学生入学须经当年高校统考,有分数线(400分上下),学杂费约4000元/人/年,可转户粮关系到学校(洪山区)。三年期满,由省考试院统一抽考,合格后由该院发给文凭。自谋职业,由省毕办发给“派遣证”。已有两届毕业生。1996年毕业173人,经省教委组织审查,全部合格。1997年毕业生132人,131人参加抽考,130人合格。1998年将有约260人毕业。

3. 在校全体教职工37人,向外校、外单位聘请兼课老师80人上下。

4. 毕业生就业情况一般,有的到外地,有的回老家,大多有一份工作。

5. 今年申报招生580人,批给多少、实招多少未卜。能到校300人就不错了。

6. 校址原为(A)湖北省农科院技术交流站,在洪山区,南濒野芷湖,北临未来的“三环”大道,有土地80^+亩,房屋$6000^+ m^2$,满园林木。此处一次买断,约13,000,000元,租用约500,000元/年。学校在这片地上已改建、扩建宿舍共$1200^+ m^2$。

上述土地以北(B),另有25亩,年租金50,000元,我校建有教室$1000^+ m^2$,篮球场4个。再往北,租用农科院蚕种场土地若干亩(C),房屋$1300^+ m^2$,年租金140,000元。学校在此地自建教室$600^+ m^2$。以上三处,可供约700学生住宿学习。

7. 财务概况:

(1) 数控投入约1,300,000元

负债(信用社)本金2,200,000元

负债(私人贷)本金700,000元

(2) 现有房屋、操场、道路、校园设施、教学设备、图书、生活设备等共约4,500,000元。

(3) 按600名学生计,年收支大致为:

学杂费收入	240万元
运转支出	120万元
租金	70万元
机动	50万元

有关九州大学的若干想法

王 燊 1998.2.9

1. 五年实践说明:兴办九州大学是正确的、有效的、有益的。愿各方爱国爱民的有识之士,献策出力,推动九州大学不断发展。

2. 最好:

---

① 试办三年后,由国家教委组织审查、验收。据说,2000年以前,即不组织审查,也不新批试办。湖北省这类学校共5所。

(1) 用1300万元将校址A买断；

(2) 用500万元将A范围内的未完成教学楼(预计6层，4500m^2)建成；

(3) 用100万元添置设备。

如此，学校就站稳了。教学质量好，校园美，校舍新，设备足；招生有人愿来，毕业有人愿用；当前日子好过，今后通过国家教委审批有望。所投资金全部变成了实物，没有消耗，有的还会增值。

3. 最好采取民进、数控、RB、九州、Ⅰ(马立良同志联系方)五方共同兴办的模式。各方按(有形投入＋无形贡献)经评估协商分摊九州大学校产主权。

这么一来，从现在起，每年就多少有些余留，可以机动使用。

4. 在秋季开学之前，学校尚需约70万元的运转费(工资、水电、维修、添置、招生等)，若有贷款，开学即可归还。

5. 最好抓紧时间，来一些双边或多边的面谈，增进了解，提高效率。由于我对有关各方的实力和意图不很了解或很不了解，所以提供的情况和意见很难落到点子上。我想，总而言之可以这么说：只要各方真心愿意办学，经过友好协商、互敬互谅，总可以找出一条使任何一方都适当满意而又不使任何一方吃亏的办学最佳途径。鲁迅先生说得好，“路是从荆棘中践踏出来的。”让我们卷起裤管，满怀豪情地踏上前去，怎么样？

6. 向各位祝福！

(编号：家史·吴·8.5)

在校庆四周年大会上的讲话

王曦按(2016年12月19日)：

以下是父亲在九州大学校庆四周年大会上的讲话提纲的手稿。由于是三年制，建校四周年时，九州大学已经有了两届毕业生。从父亲报告的情况看，前两届毕业生的质量很好，在当时湖北省所有的民办大学中位列前茅。这足以安慰父亲和参与九州大学的教学和管理的所有教职员工。父亲以“负笈九州，品学兼求，团结进步，芬芳长留”勉励九州大学的学子。

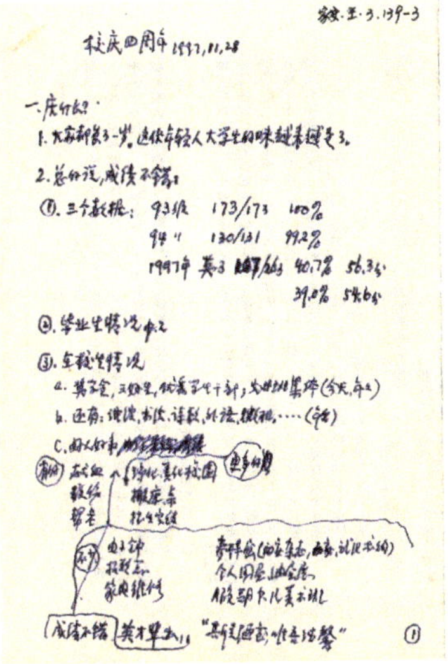
档案·王·3.139-3

校庆四周年 1997.11.28

一、庆什么？

1. 大家都长了一岁。这代年轻人大学生的味越来越足了。

2. 总的说，成绩不错：

①. 三个数据： 93级 173/173 100%

94〃 130/131 99.2%

1997年 英3 40.7% 56.3分

39.0% 54.6分

②. 毕业生情况 p.2

③. 在校生情况

a. 奖学金，三好生，优秀学生干部；

b. 还有：演讲，书法，诗歌，外语，……(合唱)

成绩不错 英才辈出，"新芽破土，竹笋待发"

①

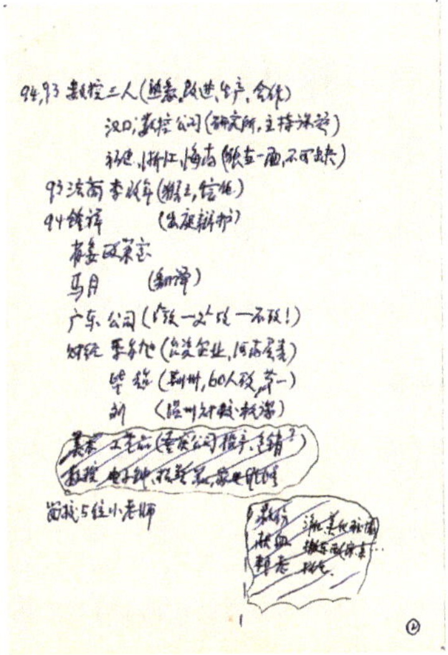
94，93 数控二人(进去，改进，生产，合作)

汉口：数控公司(研究所，主持课题)

福建，浙江，海南(独当一面，不可缺)

93涉商 李 (……)

94 (出庭翻译)

马月 (翻译)

广东公司(……)

财统 (……)

(……，60人取，第一)

(……)

留校5位小老师

②

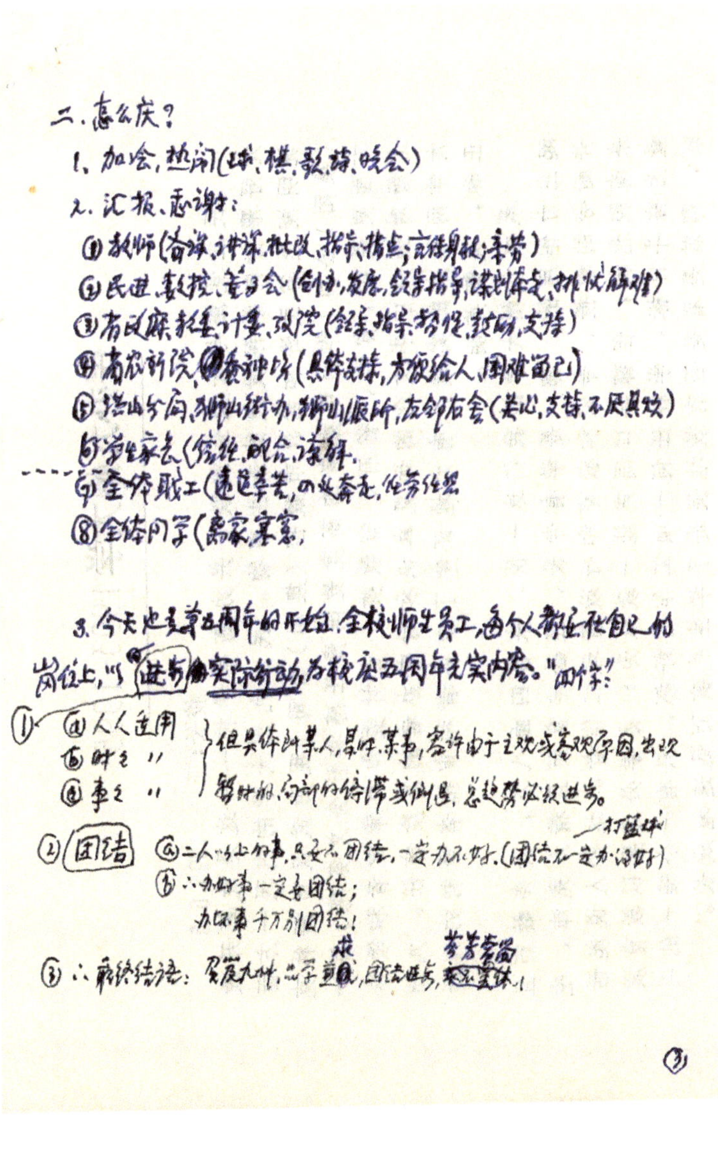
二、怎么庆？

1、加会，热闹(球、棋、歌、舞、晚会)

2、汇报、感谢：

①教师(备课、讲课、批改、指导、指点；言传身教；辛劳)

②民进、数控、董事会(创办、发展、领导指导、谋划奉献、排忧解难)

③市民族教委、计委、政院(领导、指导、帮促、鼓励、支持)

④市农行、…(具体支持，方便给人，困难留己)

⑤…山分局、狮山街办，狮山派所，左邻右舍(关心、支持、不厌其烦)

⑥学生家长(信任、配合、谅解

⑦全体职工(远道辛苦，以校为家，任劳任怨

⑧全体同学(离家来家，

3. 今天也是第五周年的开始。全校师生员工，每个人都在在自己的岗位上，以"进步"实际行动为校庆五周年充实内容。"四个字"

① ⓐ人人进用

ⓑ时时 〃

ⓒ事事 〃

但具体到某人，某时，某事，容许由于主观或客观原因，出现暂时的、局部的停滞或倒退，总趋势必须进步。

② 团结 ⓐ二人以上的事，只要不团结，一定办不好。(团结不一定办得好)

ⓑ办好事一定要团结；

办坏事千万别团结！

③ 最终结语：……，团结进步，……！

③

民进湖北省委关于退出九州大学的函

王曦按：(2016 年 12 月 19 日)：

以下是父亲保留的一份公文。这份公文无疑让父亲感到难过。父亲不得不服从组织的命令，退出为之奋斗了 5 年多并取得了社会认可的九州大学。

中国民主促进会湖北省委员会关于民进会员退出九州大学致九州大学校务委员会的函

九州大学并王燊同志：

中国民主促进会湖北省委员会与湖北莽原书画艺术有限公司关于九州大学办学资格的协议开始生效。根据协议精神，请通知在九州大学工作的民进会员退出九州大学，并做好工作交接。

由于协议开始生效，并未终结，我们将仍然关注九州大学的进程。我们将继续根据协议履行的实际性原则、全面性原则、协作性原则，努力实现协议合理终结。

祝愿九州大学越办越好。

中国民主促进会湖北省委员会
一九九八年四月二十九日

抄报：中共湖北省委统战部
抄送：湖北莽原书画艺术股份有限公司

我的几点看法

王曦按（2016 年 12 月 19 日）：

由于招生名额、办学经费等方面遇到的困难，九州大学遇到了巨大的困难。民进湖北省委会不得不退出九州大学。以下这份材料表达了父亲对资金善后工作的看法和建议。

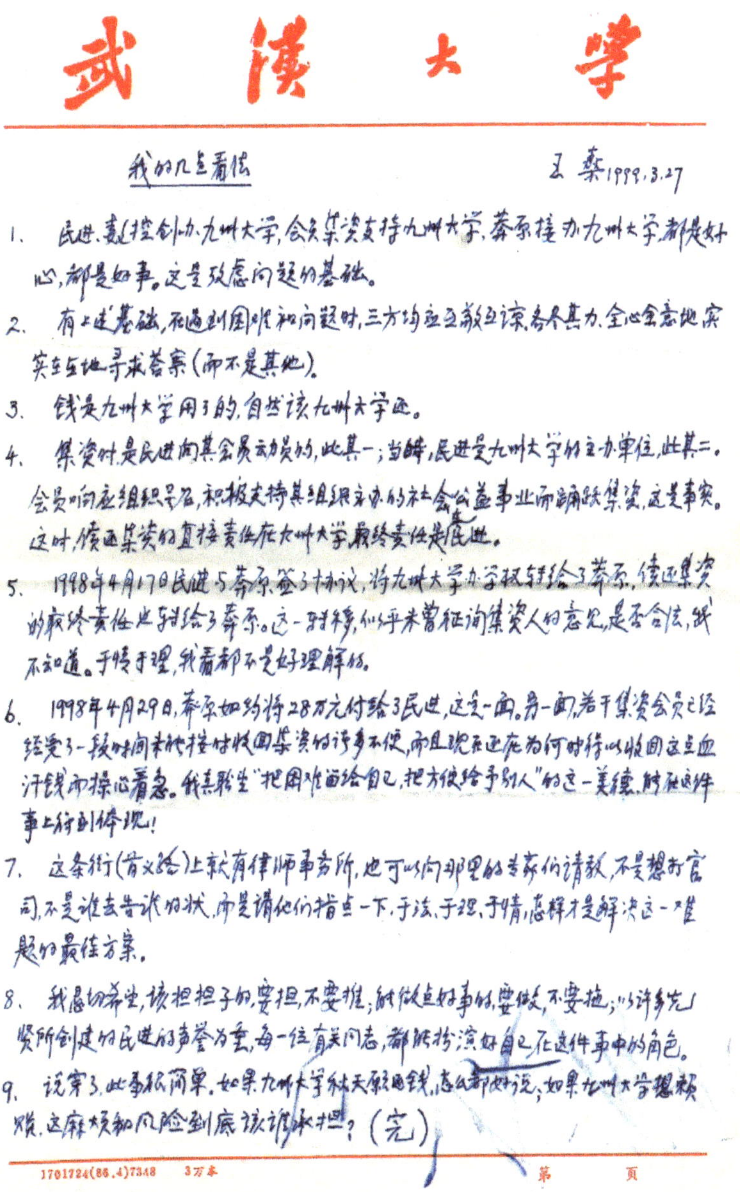

武漢大學

我的几点看法　　　　王築 1999.3.27

1. 民进、袁控创办九州大学，会员集资支持九州大学，蔡原接办九州大学，都是好心，都是好事。这是考虑问题的基础。

2. 有上述基础，在遇到困难和问题时，三方均应互敬互谅，各尽其力，全心全意地实实在在地寻求答案（而不是其他）。

3. 钱是九州大学用了的，自然该九州大学还。

4. 集资时是民进向其会员动员的，此其一；当时，民进是九州大学的主办单位，此其二。会员响应组织号召，积极支持其组织主办的社会公益事业而踊跃集资，这是事实。这时，偿还集资的直接责任在九州大学，最终责任是民进。

5. 1998年4月17日民进与蔡原签了协议，将九州大学办学权转给了蔡原，偿还集资的最终责任也转给了蔡原。这一转移，似乎未曾征询集资人的意见，是否合法，我不知道。于情于理，我看都不是好理解的。

6. 1998年4月29日，蔡原如约将28万元付给了民进，这是一面。另一面，若干集资会员已经经受了一段时间未能按时收回集资的诸多不便，而且现在还在为何时得以收回这点血汗钱而操心着急。我真盼望"把困难留给自己，把方便给予别人"的这一美德，能在这件事上得到体现！

7. 这条街（青义路）上就有律师事务所，也可以向那里的专家们请教，不是想打官司，不是谁去告谁的状，而是请他们指点一下，于法、于理、于情，怎样才是解决这一难题的最佳方案。

8. 我恳切希望，该担担子的，要担，不要推；能做点好事的，要做，不要拖；以许多先贤所创建的民进的声誉为重，每一位有关同志，都能扮演好自己在这件事中的角色。

9. 说穿了，此事很简单。如果九州大学秋天能还钱，怎么都好说；如果九州大学想赖账，这麻烦和风险到底该谁承担？（完）

1701724(86.4)7348　3万本　　第　页

九州大学工作日志(1995—1998)

王曦按(2016 年 12 月 19 日):

父亲保留着两本九州大学工作日志,其中一本是从 1993 年创校到 1994 年的工作随记。另一本则是规整的工作日志,几乎逐日记录当日要事。

工作随记片段

王曦按(2016 年 12 月 19 日)：

以下图片取自父亲 1993—1994 年九州大学工作随记。从中可以看到很多东西，例如，对自己和对教职员工的严格要求和对学生的期望。

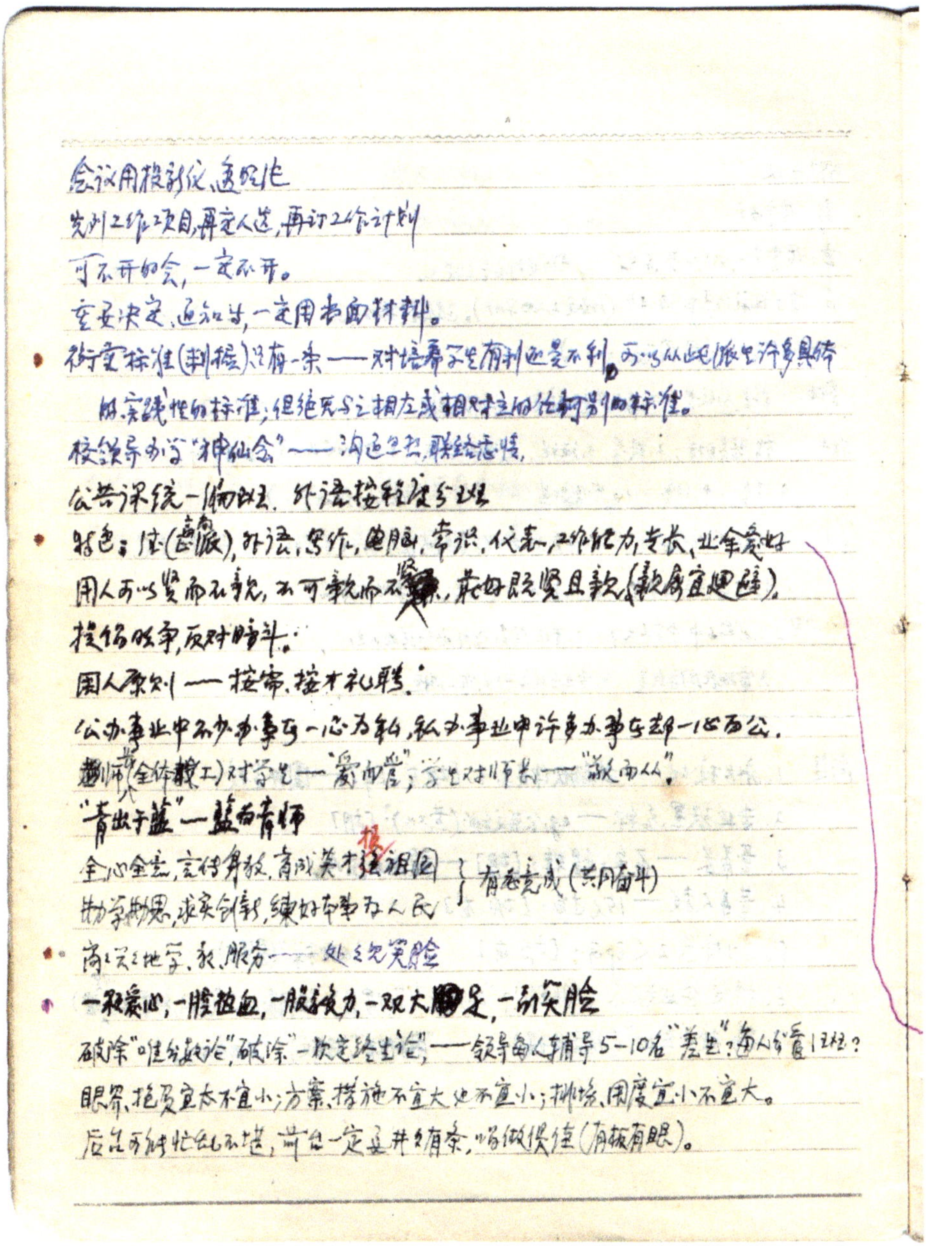

会议用投影仪、透明片

先列工作项目，再定人选，再订工作计划

可不开的会，一定不开。

重要决定、通知等，一定用书面材料。

衡量标准(判据)只有一条——对培养学生有利还是不利。可以从此派生许多具体的实践性的标准；但绝不与之相左或相对立的任何别的标准。

校领导办公"神仙会"——沟通思想，联络感情。

公共课统一编班，外语按程度分班

特色：德(高尚)，外语，写作，电脑，常识，仪表，工作能力，专长，业余爱好

用人可以贤而不亲，不可亲而不贤，最好既贤且亲(亲属宜回避)。

提倡竞争，反对暗斗。

用人原则——按需、按才礼聘。

公办事业中不少办事者一心为私，私办事业中许多办事者都一心为公。

教师(全体教职工)对学生——"爱而严"；学生对师长——"敬而从"。

"青出于蓝"——蓝而青师

全心全意，言传身教，育成英才报祖国 } 有志竟成(共同奋斗)

勤学勤思，求实创新，练好本事为人民

高高兴兴地学、教、服务——处处见笑脸

一颗爱心，一腔热血，一股干劲，一双大脚，一副笑脸

破除"唯分数论"，破除"一次定终生论"——领导每人辅导5–10名"差生"？每人分管1班？

眼界、抱负宜大不宜小；方案、措施不宜大也不宜小；排场、用度宜小不宜大。

后台可能忙乱不堪，前台一定要井井有条，唱做俱佳(有板有眼)。

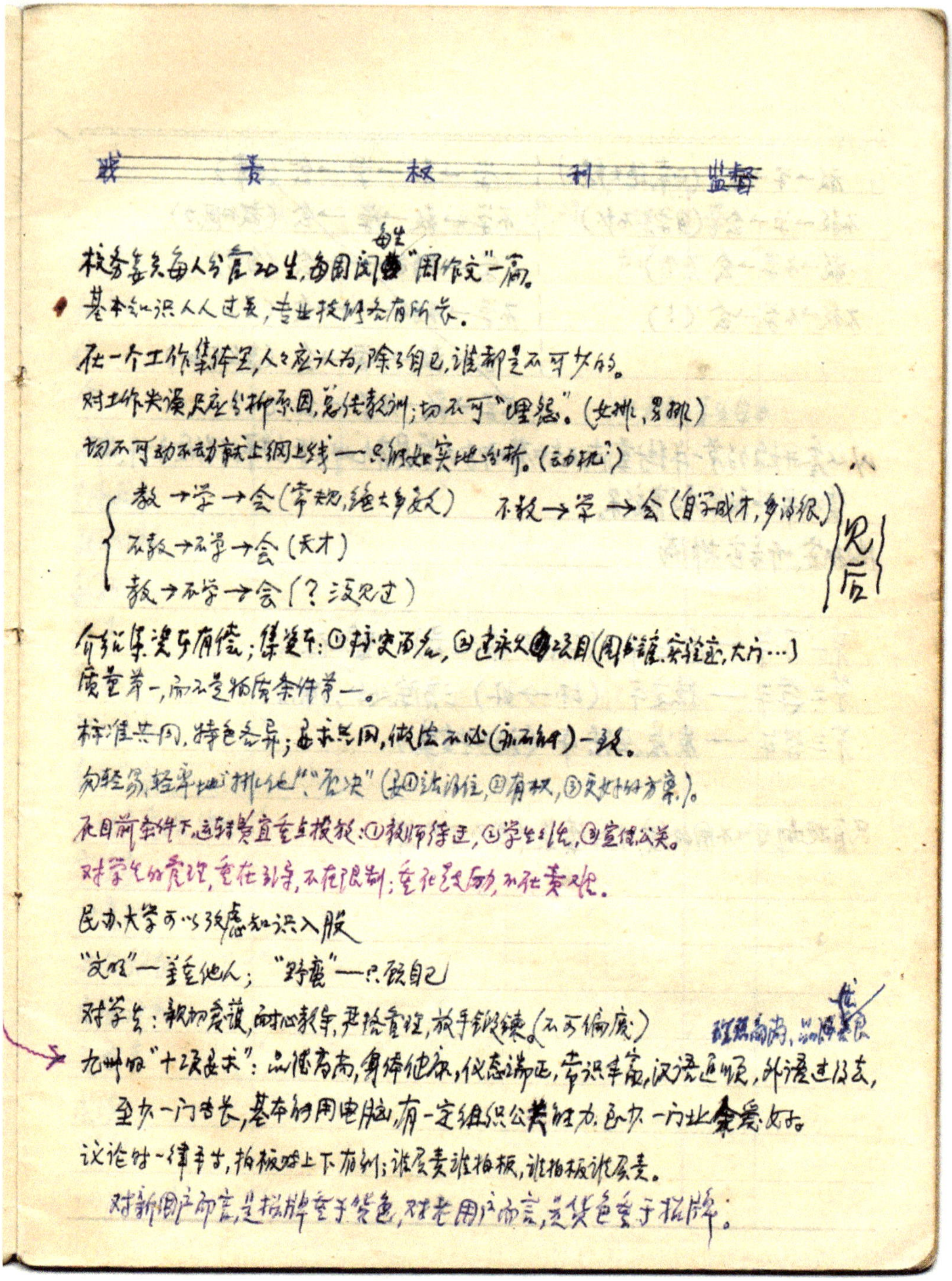

~~职 责 权 利 监督~~

校务委员每人分管20生，每周阅每生“周作文”一篇。

基本知识人人过关，专业技能各有所长。

在一个工作集体里，人人应认为，除了自己，谁都是不可少的。

对工作失误只应分析原因，总结教训；切不可“埋怨”。（女排，男排）

切不可动不动就上纲上线——只能如实地分析。（动机？）

教→学→会（常规，绝大多数） 不教→学→会（自学成才，[illegible]）

不教→不学→会（天才）

教→不学→会（？没见过）

见后

介绍集资要有偿；集资于：①科研开发，②建永久性项目（图书馆、实验室、大厅…）

质量第一，而不是物质条件第一。

标准共同，特色各异；要求共同，做法不必（亦不能）一致。

勿轻易、轻率地“排他”、“否决”（要①论证，②有权，③更好的方案）。

在目前条件下，近期我宜重点提倡：①教师待遇，②学生纪律，③宣传公关。

对学生的管理，重在引导，不在限制；重在鼓励，不在责难。

民办大学可以考虑知识入股

“文明”——关心他人；“野蛮”——只顾自己

对学生：亲切爱护，耐心教导，严格管理，放手锻炼。（不可偏废）　理想高尚，品德优良

九州的“十项要求”：品德高尚，身体健康，仪态端正，常识丰富，汉语通顺，外语过得去，至少一门专长，基本能用电脑，有一定组织公关能力，至少一项业余爱好。

议论时一律平等，拍板时上下有别；谁负责谁拍板，谁拍板谁负责。

对新用户而言，是招牌重于货色，对老用户而言，是货色重于招牌。

工作日志片段

王曦按(2016 年 12 月 19 日)：

从父亲的工作日志中可见他对九州大学的工作有多投入。

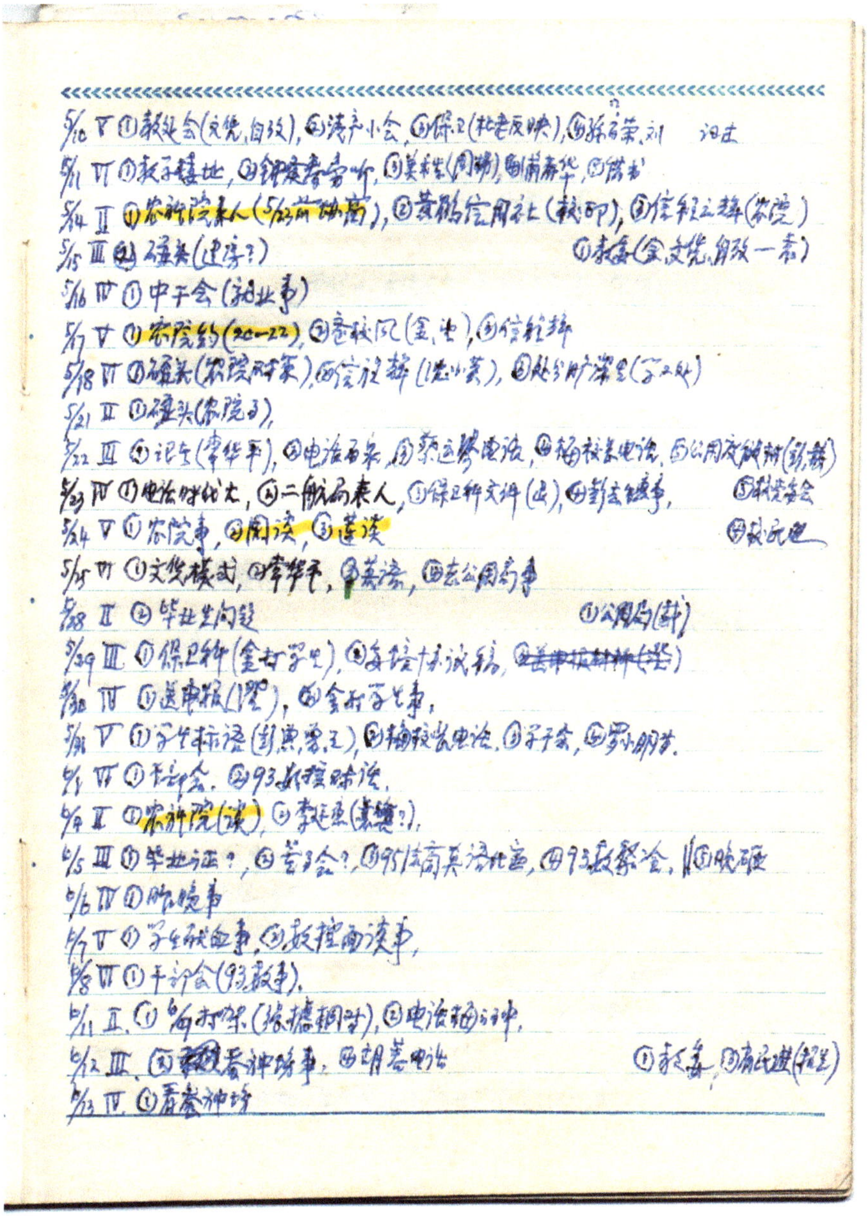

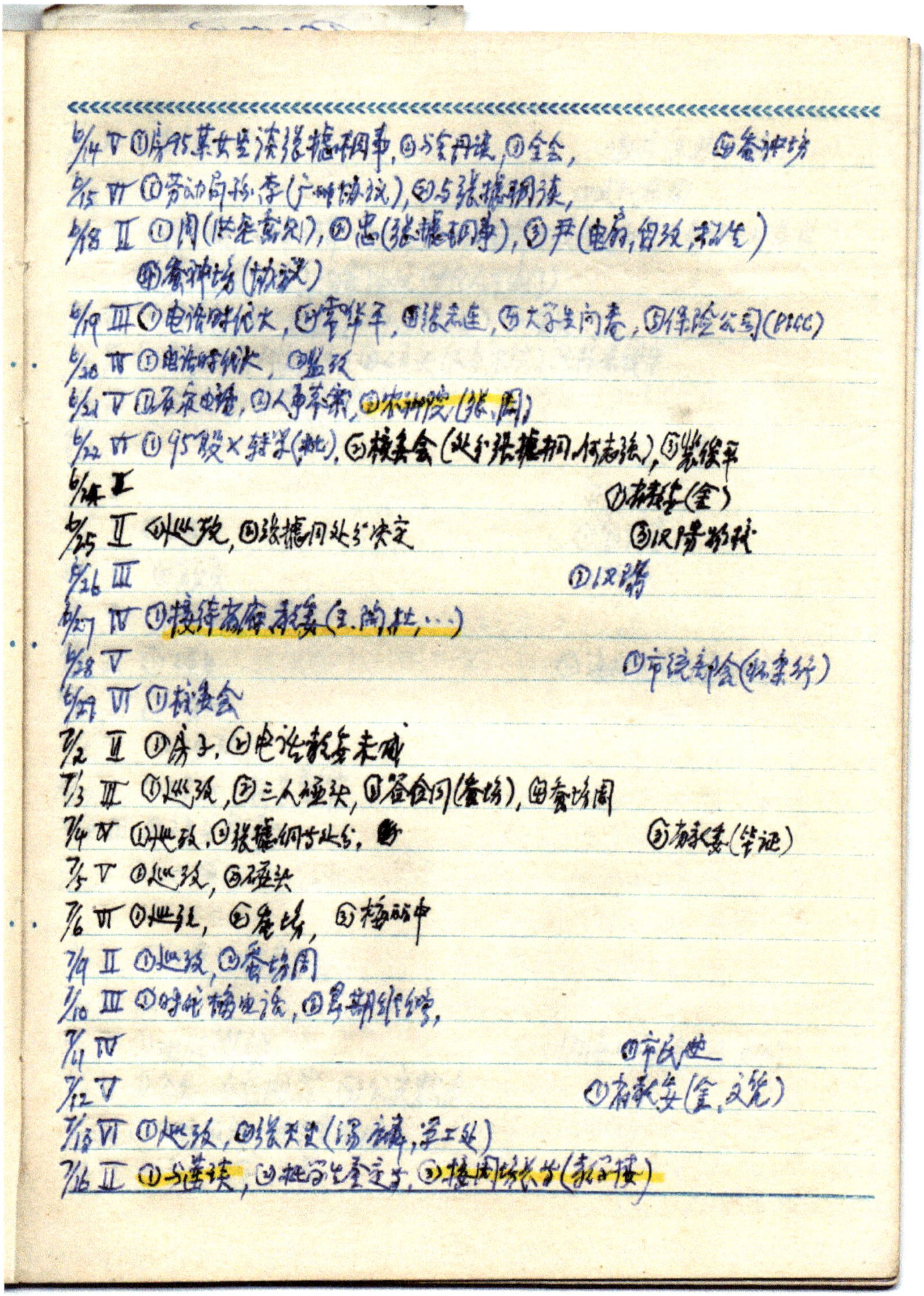
6/14 V ①与95某女生谈张振钢事，②与金丹谈，③全会， ④畲神坊
6/15 VI ①劳动局孙、李（广州协议），②与张振钢谈，
6/18 II ①周（洪老赛欠），②忠（张振钢事），③尹（电扇，留级，书记室）
④畲神坊（协议）
6/19 III ①电话时代大，②李华平，③张志连，④大学生问卷，⑤保险公司（PICC）
6/20 IV ①电话时代大，②监考
6/21 V ①石家电话，②人事方案，③农科院（张，周）
6/22 VI ①95级×转学（批），②校委会（处分张振钢，付志强），③崇俊平
6/24 I ①校教委（全）
6/25 II ①巡考，②张振钢处分决定 ③汉阳郊校
6/26 III ①汉阳
6/27 IV ①接待高雄教委（王，陶，杜，……）
6/28 V ①市统战部会（林秉行）
6/29 VI ①校委会
7/2 II ①房子，②电话教委未成
7/3 III ①巡考，②三人碰头，③签合同（畲坊），④畲坊周
7/4 IV ①巡考，②张振钢处分， ③校教委（笔记）
7/5 V ①巡考，②碰头
7/6 VI ①巡考，②畲坊，③杨副市长
7/9 II ①巡考，②畲坊周
7/10 III ①时代杨电话，②暑期维修，
7/11 IV ①市民进
7/12 V ①校教委（全，文艺）
7/13 VI ①巡考，②张大使（汤，祷，学工处）
7/16 II ①与汤谈，②批学生登记表，③接周坊长等（校门楼）

母亲的纸条

王曦按(2016 年 10 月 6 日)：

2016 年 5 月，我起草了家史材料的总序和各编导言的初稿，送母亲(91 岁)审阅。7 月，她将此纸条用大头针别在材料中有关九州大学的段落处。其中“从此便早出，晚归，很辛苦，很辛苦”一句，道出了父亲当时的工作状态。在那些年里，母亲一直在为父亲的健康担心。

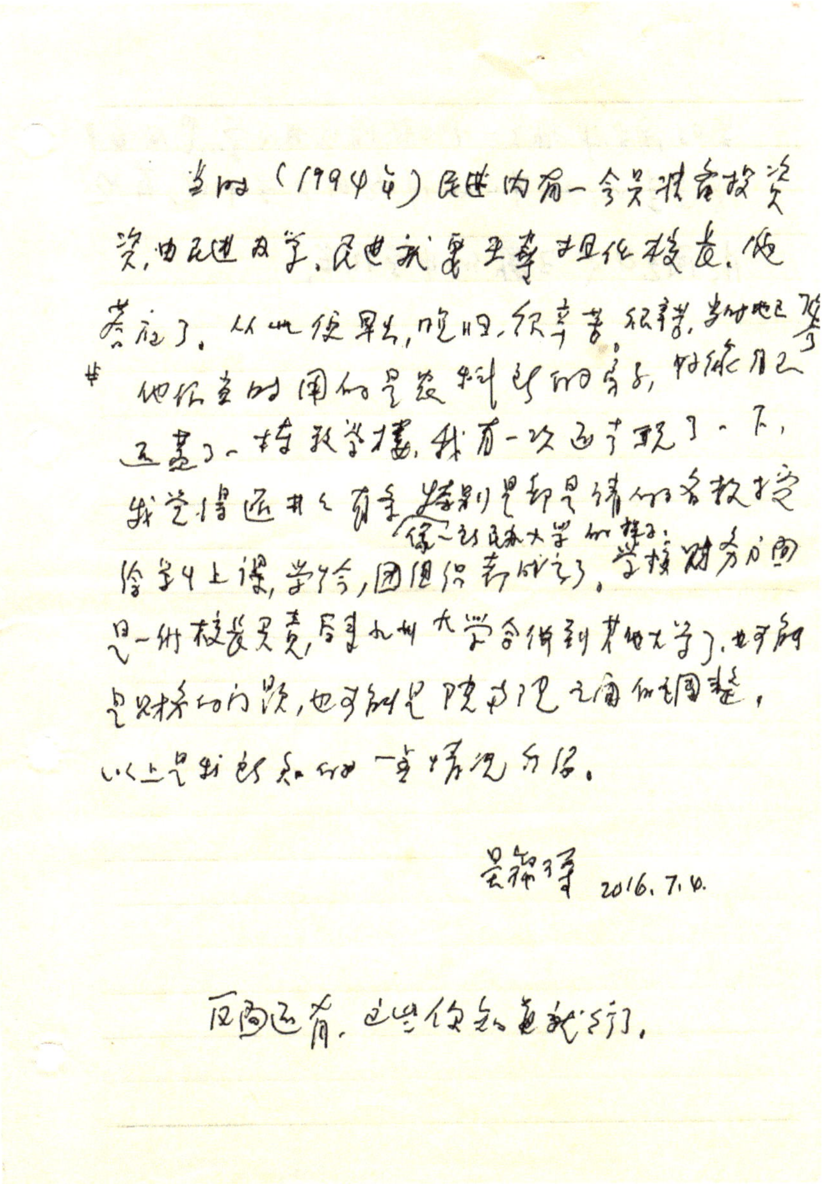
当时(1994年)民进内有一个吴兴富投资，由民进办学。民进就要王燊担任校长。他答应了。从此便早出，晚归，很辛苦，很辛苦。当时他已73岁。
#他经常时用他的资料给同学，他能用已
这建了一栋教学楼。我有一次去看了一下，
我觉得这样很有条理，特别是部长请他的老教授(像一个民办大学的样子)给学生上课，学生会，团组织都成立了。学校财务方面是一个校长负责，后来九州大学合并到其他大学了，也可能是财务的问题，也可能是院系调整之后的调整，
以上是我所知的一点情况介绍。

吴靖珍 2016.7.6.

反面还有，这些便知道就行了。

第五节　武汉大学老年人协会

王曦按(2016 年 2 月 7 日)：

父亲退休后，曾担任武汉大学老年人协会主席。此材料是他为组织该协会的外文翻译工作写的材料。

武汉大学外语翻译力量简介

一、在职、在读部分：

1. 外语学院有英语系、法语系及外语系(俄、法、日)，师生均可以部分时间从事翻译工作。

2. 数学系有中法数学班，师生可以部分时间从事翻译工作。

3. 全校三十多个系、近十个研究所，部分教师及科研人员可以部分时间从事翻译工作。

二、退休部分：

1. 在全校数百位离退休教职工，经初步调查和与各有关同志本人商谈，约有 40—50 位同志胜任并愿意从事翻译工作，涉及英、俄、法、德、日各语种，以英语为主；以笔译为多；专业则涉及理、工、文、法等许多方面。

2. 经初步了解，大都不愿(或不能)移居、定居海南，但愿意(并可能)中、短期留驻海南，从事翻译任务。

三、设想：

1. 至少有 1 人常年处于翻译工作岗位(例如，实际每年由 4 人接力)，从事即时的口译和笔译。

2. 大量笔译在武大进行，因为内容可能涉及甚广，在武大易于觅取专业对口译者。

3. 较集中的口译和笔译可以根据任务预约译员。

四、希望：告知任务的具体情况，例如：

1. 笔译：语种，文件性质，涉及专业，数量，时限等。

2. 口译：语种，任务性质，涉及专业，时间、地点等。

总之，希望体现一个“实”字，互通实际情况，作出实际安排，争取实际效果。

谨供参考。不足、不当之处，请予指正。

王燊

一九九一年九月二十九日

(编号：家史・吴・6.7)

王燊学长自汉来信有感而作“公祷”

名相学长：

此前先后收到《珞珈》一一〇、一一一期，至谢！

今又收到一一二期，如此之快，更是欣喜与感激。

母校离退休教职工已逾千人，都是“武汉大学老年人协会”(“湖北省高校老协”的基层组织之一)的成员。承校方关照，在学校房屋奇紧的条件下，拨给了约四〇平米的“文娱室”。每天三桌方城(不分男女)，再无其他立足之处。近年有修建一六〇〇平米“活动中心”的决议，但至今引而未发。我最近被选为武大老协第二届主席，粗知老人们的酸甜苦辣，深感善事老人的责任重大。恰好读到校友总会募捐重修校门的倡议，引发了“门”与“人”的考虑，写下了这点好像是论证一个平面几何定理的东西。我想了想，泛泛说来，既不是也不能特别怪谁，又不想也不必特别求谁；所以命之曰“祷”，而且是“公祷”。只求尽一片诚意，如此而已。

知《珞珈》稿挤，不敢以臭排香。加之此“祷”虚虚实实，恐不符“砥砺学行、联络感情”之主旨。无奈与师友通通心曲之意甚难压抑，所以仍冒昧送陈。一切请老兄裁定，至盼、至托、至感。

敬颂

康安！

王燊上一九九二年七月七日

公 祷

王 燊 一九九二年七月七日

街道口，有一座武大老门；
珞珈山，有许多武大老人。
多少学子，进出于武大老门；
多少人材，受益于武大老人。
老门一直作武大前卫；
老人大都为武大功臣。
忆往昔，实难忘武大老门；
看今朝，更感激武大老人。
几历沧桑，武大老门依旧巍然耸立；
岁月更迭，武大老人不免渐次凋零。
重修老门，确期群策群力；

善事老人，切勿抛入霄云！
不难理解：有人才会有门。
尚望深思：门存未必人存。
无门有人，武大还是武大；
有门无人，枉负水秀山明。
似可门半斤而人八两；
但莫重门而轻人。
千祷万祷，愿老门永立清风常照明月；
万祷千祷，祝老人福寿康宁松柏长青。
阿弥陀佛！
善哉，阿门！

适读一二二期校友总会倡议，有感而祷。

（刊登于《珞珈》第一一三期）

（家史・吴・2.1.1）

“公祷”诗手稿

王曦按（2016 年 12 月 14 日）：

以下图片是父亲“公祷”诗的手稿。从手稿底部的注文可见，这首诗因有感于武汉大学缺乏老年人活动场所而发。这个问题，虽然现在有所改善，但远远不够，尤其是缺乏从历史价值的角度看待老教授。

家史·王·3.8

公　祷*　　王　燊　1992.7.7

街道口，有一座武大老门；
珞珈山，有许多武大老人。
多少学子，进出于武大老门；
多少人材，受业于武大老人。
老门一直作武大前卫；
老人大都为武大功臣。
忆往昔，实难忘武大老门；
看今朝，更感激武大老人。
几经沧桑，武大老门依旧巍然耸立；
岁月更迭，武大老人不免渐次凋零。
重修老门，确应群策群力；
善事老人，切勿抛入霄云！
不难理解：有人才会有门；
尚望深思：门存未必人存。
无门有人，武大还是武大；
有门无人，林广水秀山明。
似可门半斤而人八两；
但莫重门而轻人。
千祷万祷，愿老门永立清风常照明月；
万祷千祷，祝老人福寿康宁松柏长青。
阿弥陀佛，善哉，阿门。

---

* 珞珈山千余离退休老人，至今无聚首活动场所，近读《珞珈》112期校友总会倡议，有感而祷。

20×25=500　市文（龍进）80.7　第　页

为武汉大学老年人协会争取活动场所

王曦按（2007 年 2 月 7 日）：

从九州大学校长的岗位上退下来之后，父亲接过了武汉大学老年人协会会长的重任，继续为社会服务。从以下这份文件可见父亲在退休之后，为做好武汉大学老年人的工作而做的努力。文件的正文是父亲的手迹。抬头上两个批示者，“齐”是齐民友，武汉大学校长，数学教授。戴礼彬，是武汉大学副校长，老全国劳模。

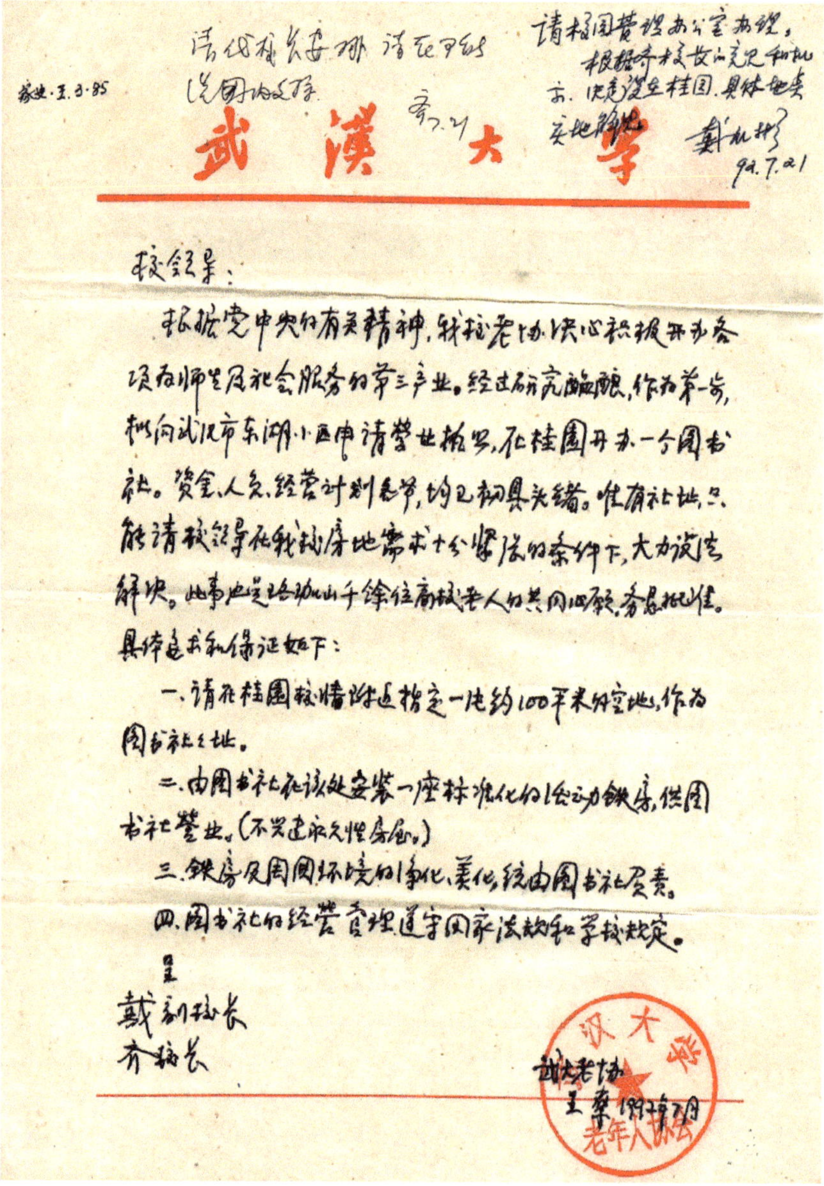

请代校长安排，请在9月份
[illegible]
齐 7.21

请校园管理办公室办理，
根据齐校长的意见和批示，决定设在桂园，具体地点实地解决。
戴礼彬
93.7.21

武漢大學

校领导：

根据党中央的有关精神，我校老协决心积极开办各项为师生及社会服务的第三产业。经过研究酝酿，作为第一步，拟向武汉市东湖小区申请营业执照，在桂园开办一个图书社。资金、人员、经营计划等等，均已初具头绪。惟有社址只能请校领导在我校房地需求十分紧张的条件下，大力设法解决。此事也是珞珈山千余位离校老人的共同心愿，务恳批准。具体要求和保证如下：

一、请在桂园校墙附近指定一块约100平米的空地，作为图书社社址。

二、由图书社在该处安装一座标准化的活动铁房，供图书社营业。（不兴建永久性房屋。）

三、铁房及周围环境的净化、美化，统由图书社负责。

四、图书社的经营管理遵守国家法规和学校规定。

呈

戴副校长

齐校长

武大老协

王栗 1993年7月

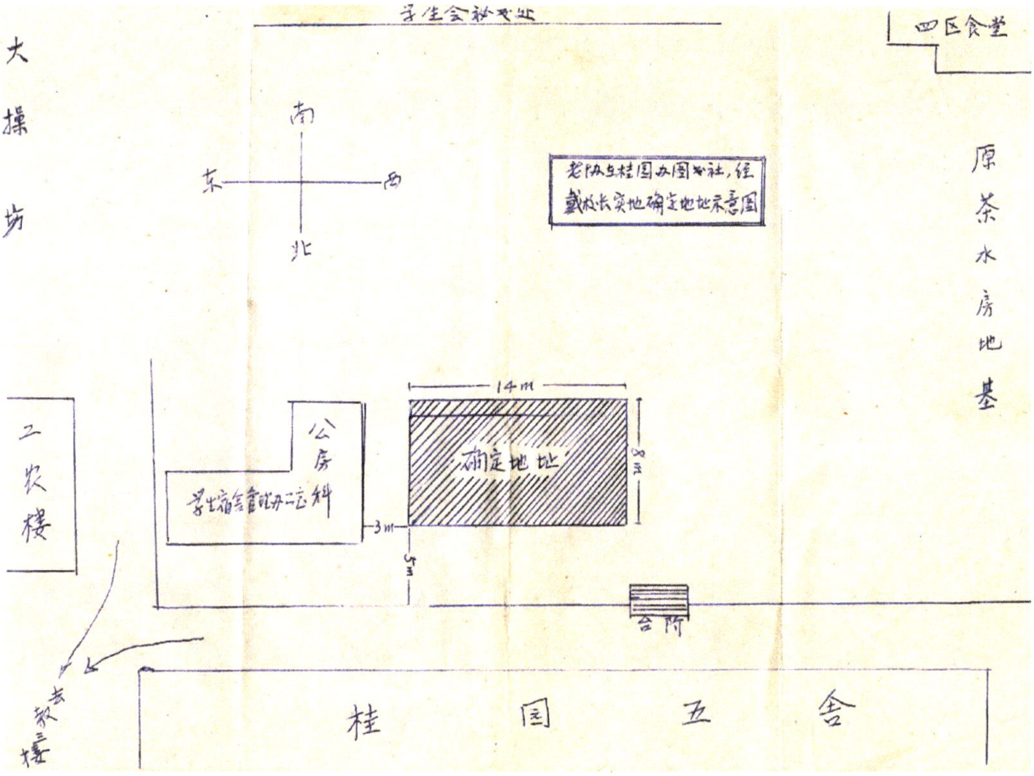

组织武大老年人协会参与社会办学

王曦按(2007年2月7日):

这是父亲保留的参与武大老年人协会举办的英语GRE教学的材料。上面为父亲的字迹。

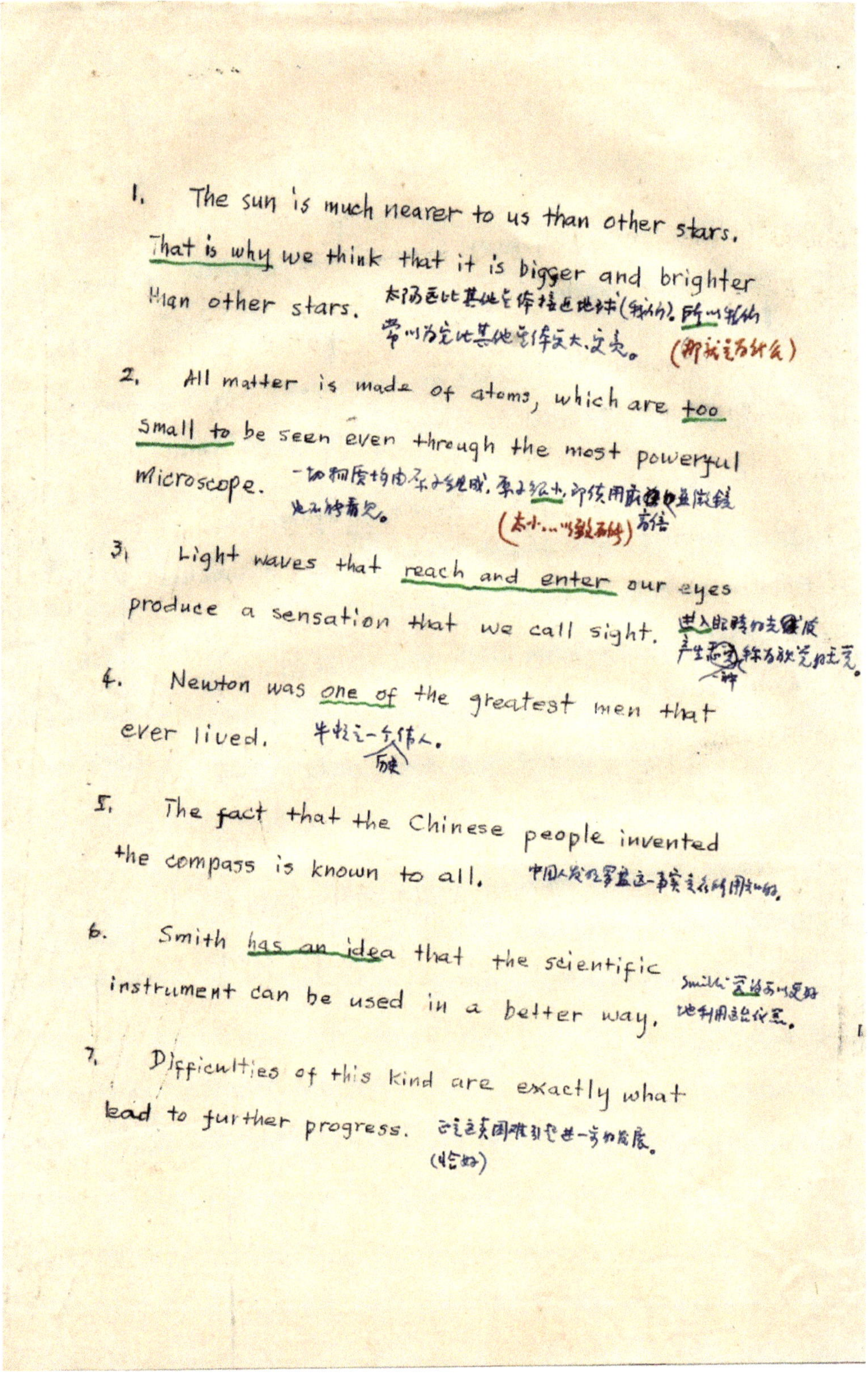

1. The sun is much nearer to us than other stars. That is why we think that it is bigger and brighter than other stars. 太阳远比其他星体接近地球(我们)。所以我们常以为它比其他星体更大、更亮。(那就是为什么)

2. All matter is made of atoms, which are too small to be seen even through the most powerful microscope. 一切物质均由原子组成，原子很小，即使用最强大(高倍)显微镜也不能看见。(太小……以致不能)

3. Light waves that reach and enter our eyes produce a sensation that we call sight. 进入眼睛的光波产生一种称为视觉的感觉。

4. Newton was one of the greatest men that ever lived. 牛顿是(历史上)一个伟人。

5. The fact that the Chinese people invented the compass is known to all. 中国人发明罗盘这一事实是众所周知的。

6. Smith has an idea that the scientific instrument can be used in a better way. Smith觉得可以更好地利用这台仪器。

7. Difficulties of this kind are exactly what lead to further progress. 这类困难引起进一步的发展。(恰好)

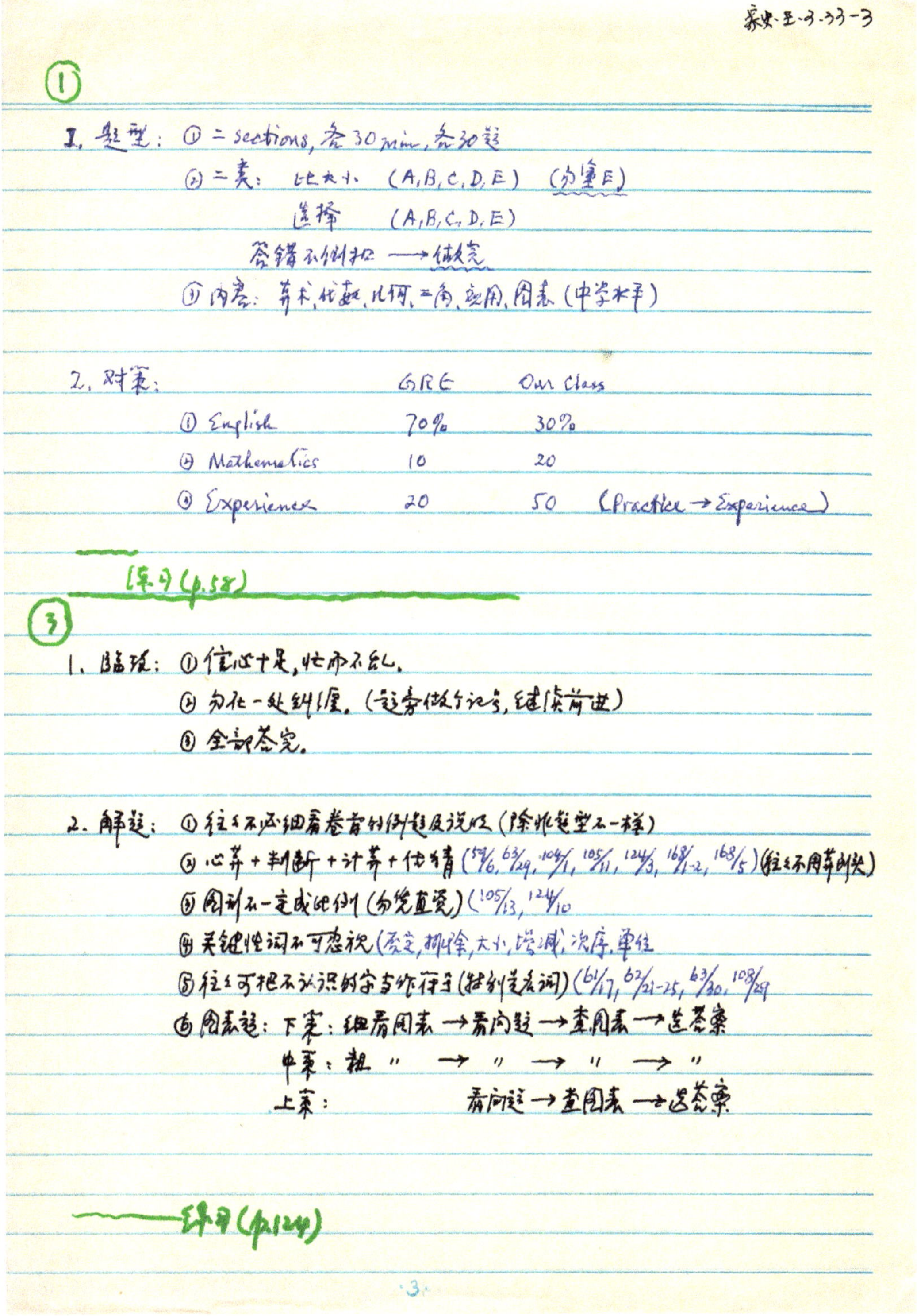

家史·王-3-33-3

①

1. 题型：① 二 sections，各 30 min，各 30 题

② 二类：比大小　(A, B, C, D, E)　(少量 E)

选择　(A, B, C, D, E)

答错不倒扣 ⟶ 做完

③ 内容：算术、代数、几何、三角、应用、图表（中学水平）

2. 对策：

	GRE	Our Class	
① English	70%	30%	
② Mathematics	10	20	
③ Experience	20	50	(Practice → Experience)

[练习 (p.58)]

③

1. 临场：① 信心十足，忙而不乱。

② 勿在一处纠缠。（题旁做个记号，继续前进）

③ 全部答完。

2. 解题：① 往往不必细看卷首的例题及说明（除非题型不一样）

② 心算 + 判断 + 计算 + 估猜 (59/6, 63/29, 104/1, 105/11, 124/3, 168/1-2, 168/5)（往往不用算到头）

③ 图形不一定成比例（勿凭直觉）(105/13, 124/10

④ 关键性词不可忽视（否定，排除，大小，增减，次序，单位

⑤ 往往可把不认识的字当作符号（特别是名词）(61/17, 62/21-25, 63/30, 108/29

⑥ 图表题：下策：细看图表 → 看问题 → 查图表 → 选答案

中策：粗 〃 → 〃 → 〃 → 〃

上策：看问题 → 查图表 → 选答案

练习 (p.124)

·3·

武大老年人协会活动集资名单

王曦按（2017 年 2 月 7 日）：

这份名单上有很多我熟悉的名字，例如亢康（武大外语系副教授、中国民主建国会武汉大学支部原主委，我的前任）、罗曼芳（亢康夫人，武汉大学医院护士）、周新民（经济学教授、我国著名经济学家陈岱孙教授的弟子、中国民主建国会武汉大学支部原主委、我的忘年之交。他曾推荐我接替他担任美籍华人、他早年的清华同学萧人存奖学金项目的中国代表。在我任代表期间，从国内推荐并全额资助了中国科学院水生生物研究所等单位两名青年学生赴美国留学）、周光亚（武汉大学印刷厂工人、我家在武汉大学九区[主要居民为武大印刷厂工人]居住时的邻居）、郑纪铨（父亲的终生同事和好友舒声教授的夫人）、周如松（武汉大学前校长、著名国际法学家周鲠生先生的女儿、金属物理学家、中国民主建国会会员）、刘涤源（经济学家、中国民主建国会会员）、李崇淮（经济学家、中国民主建国会前中央副主席、中国民主建国会武汉大学支部的创始人[1950 年]，对我有很多教诲与提携）、张涣朝（武汉大学的老红军）、王佩兰（原武汉大学附小老师）等。

家史.王.3.10

武漢大學

集资名单

姓名	集资金额	姓名	集资金额
方惠泽	500	郑现铨	500
李倩文	500	钱灏	500
娄光浩	500	王燊	1000
姚庆水	500	程少星	2000
元张	500	吴厚心	1000
罗曼芳	500	张任言	1000
周新民	500	童懋林	2000
周光五	1500	周新民	500
莫書珍	1000	周如松	1000
田光光	500	刘涤元	500
项敬忠	1000	周海春	500
张芝贵	500	梁燊	500
李洪汉	500	梁瑞琦	500
袁秀芳	1000	胡继	500
叶望元	500	张淑英	500

1701534 "90"　10,000　地址：武昌珞珈山　电话：812712　12,500

武漢大学

集资名单

姓名	金额	姓名	金额
张鸿	3000	林鸿恩	500
程静华	500	许晓慧	500
汪国训	500	沈铭培	500
曾振芳	500	俞力强	500
陈慧芳	1000	吴明芳	3000
李崇淮	500	刘文芳	500
余开健	1000	邹以光	500
叶德娴	6000	曹育南	1000
张焕湘	500	贾淑琼	1000
张正信	1000	陈慧娟	500
何波	500	谢平反	500
周淑坤	500	王佩兰	2,000
蔡兆华	500	詹道衍	2,500
贾明	500	李志新	1000
刘宸芳	500	周启祥	500
吴兆芳	500	黄文湘	1000
	17,500		16,000

1701534 "90"　地址：武昌珞珈山　电话：812712

武大老年人协会康乐舞蹈队

王曦按(2007 年 2 月 7 日)：

父亲保留着这份节目单。节目单上面有一个节目是“请王燊老师表演节目”。可见当时父亲精神状态很好。

家史·王·3·3

康乐舞蹈队汇报演出节目单

2004 年 1 月 9 日

1　舞蹈 <纳西篝火>　　表演者　何萍清、严云英等

2　~~秧歌~~舞蹈“蒙古人”　　表演者　~~任　玲~~李明春等

7 3　女声独唱　　表演者　魏桂芬

3 4　太极功夫扇　　表演者　苏祥芳等

6　新疆舞　　表演者　杨根娣等

5　请王燊老师表演节目

8　现代京剧清唱　《沙家浜选段》　表演者　李明春、冯元信

4　蒙古筷子舞　　表演者　彭杏芳等

9　请田老师表演节目

10　时装表演　　表演者　姜静

11　西藏舞　《 旋子》　　表演者　杨林立、严云英等

12　女声独唱　《雪绒花》　　表演者　鲍秀芝

13　~~扇子舞~~　　表演者　任　玲

14　现代舞《同一首歌》　　表演者　李明春、彭杏芳等

15　女声独唱　《我爱你塞北的雪》　　表演者　陈春华

16　待定

17　健美操《北京的金山上》　表演者　全体

写给老教授协会（筹）的参考意见

王曦按（2016 年 10 月 3 日）：

以下这份材料，抬头部分写有“老授协（筹）字样，估计是父亲写给武大退休人员中有创办民办大学想法的人。他将创办九州大学的经验和教训贡献了出来。

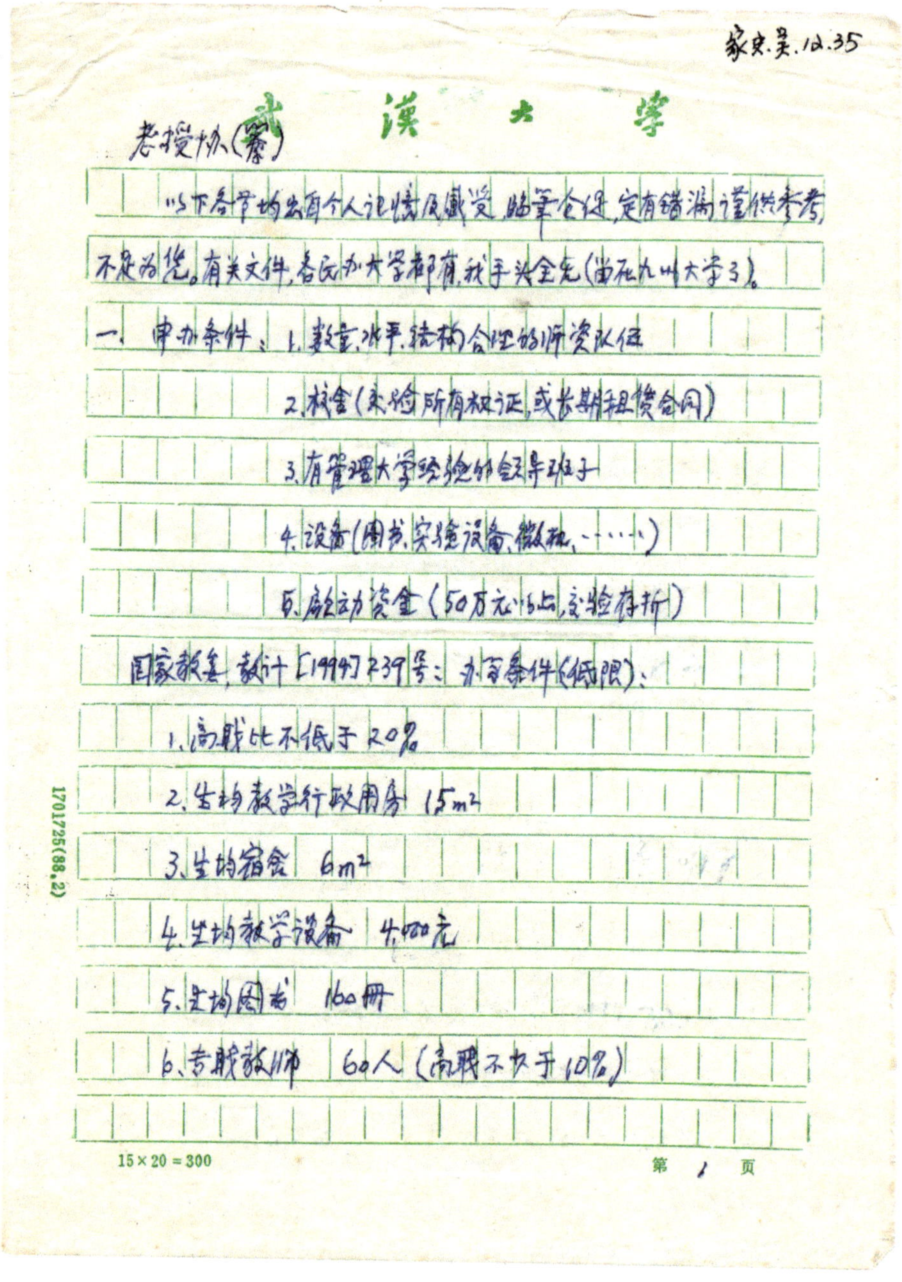

家史.吴.12.35

武漢大学

老授协（筹）

以下各节均出自个人记忆及感觉，临笔仓促，定有错漏，谨供参考，不足为凭。有关文件，各民办大学都有，我手头全无（均在九州大学了）。

一、申办条件：1. 数量、水平、结构合理的师资队伍

2. 校舍（产权所有权证，或长期租赁合同）

3. 有管理大学经验的领导班子

4. 设备（图书、实验设备、微机、……）

5. 启动资金（50万元以上，交验存折）

国家教委，教计[1994]239号：办学条件（低限）：

1、高职比不低于20%

2、生均教学行政用房 15m²

3、生均宿舍 6m²

4、生均教学设备 4000元

5、生均图书 160册

6、专职教师 60人（高职不少于10%）

1701725(88.2)

15×20=300 第 1 页

武漢大學

二、个人感觉：1.应该办、值得办、可以办、极不容易办。

2.办学者把教育、教学质量作为第一奋斗目标；而投资者往往想抓钱；而主管（个别领导？）往往着重看校舍、微机等硬件；学生和学生家长则看毕业生就业情况。

3.在校生有600人，即可"自力更生"，但谈不上收回投入或赚钱。

4."不以赢利为目的"不错；但从长远看，自然而然地会赚钱。但如果没有一个既有实力又有耐心的后台老板，千万不要轻率上马。

三、民办高校方针："积极鼓励，大力支持，正确引导，加强管理。"

王燊 1999.7.26

1701725(88.2)

15×20=300　　第 2 页

第六节　杂文

王曦按(2016 年 10 月 2 日)：

本节的标题是“杂文”。需要指出的是，这里所称“杂文”，不光指严格的文学意义上的“杂文”，还包括其他各类体裁分类不明的文章。例如，退休之余父亲随兴而写的一些短小精悍的短文。这些短文融哲理于幽默与戏谑之中，耐人寻味。其中饱含他从父辈、师长和曲折的人生中获得的宝贵认识。这些短文多为重昭在扭曲、浮躁的社会中被人们遗忘了的常识。至于本节包含的“思想汇报”一类的文字材料就不在文学作品的范围以内了。

书生管见

王曦按(2016 年 10 月 2 日)：

对于当时社会上流行的“权大还是法大”之争，父亲在下面这篇稿件中鲜明地提出“唯有理大”。

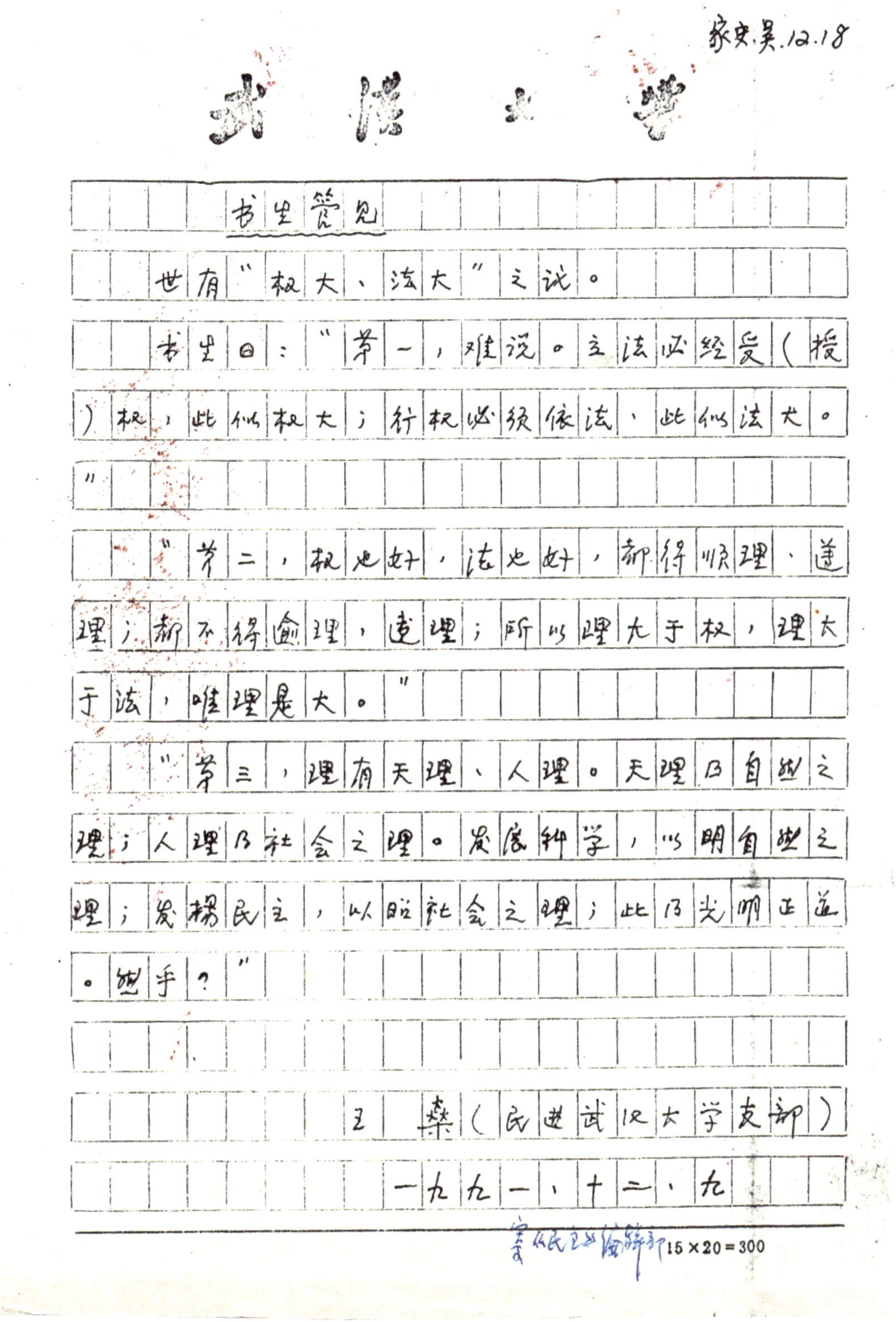
家安吴.12.18

武汉大学

书生管见

世有"权大、法大"之说。

书生曰："第一，难说。立法必经受（授）权，此似权大；行权必须依法，此似法大。"

"第二，权也好，法也好，都得顺理、遵理；都不得逾理，违理；所以理大于权，理大于法，唯理是大。"

"第三，理有天理、人理。天理乃自然之理；人理乃社会之理。发展科学，以明自然之理；发扬民主，以昭社会之理；此乃光明正道。然乎？"

王燊（民进武汉大学支部）

一九九一、十二、九

15×20=300

王燊手稿。（王曦注）

对“节俭并非永远是美德”的异议

王曦按(2017年2月7日):

此文的标题是我加的。此文涉及一个重要的经济学基本问题即储蓄与消费关系问题和一个重要的伦理学问题——节俭。在对“节俭并非永远是美德”表示反对的同时,父亲也对《长江日报》表示了委婉的批评。

《长江日报》“求知”专版编辑部:

刚刚读了几遍1999年3月1日“节俭并非永远是美德”的文章,实在找不出一点叫我接受这一论点的理由。

该文作者提到“增加内需”“刺激消费”。这是对的。依本人的理解,不言而喻,这都要以“节俭”为前提;丝毫没有叫人“不节俭”的意思。

该文作者对消费者提出“能现在消费的就不要延迟到将来消费;可消费和不可消费的,就去消费;计划未来消费的就提前到现在消费”这三点要求。依本人理解,就是叫人现在立刻把钱花个一干二净! 试问:连不可消费的(或可不消费)你都得消费,你口袋里怎么还能留下一分钱?

贵报发表上述文章,本人深表赞许:因为作者、读者都在“求知”,报纸提供交流园地,文责作者自负。

请贵报向该文作者转达本人的敬意,其忧国忧民、求知求进、献计献策的精神,深令本人钦佩。

最后,这封信只在反映本人对该文的极不成熟的“读后感”和对党报的一贯热爱;请无论如何,不以任何形式公开发表。与此同时,如有批评指教,请按下址惠交,不胜感激。

读者　王燊

1993.3.1发出

《430072》武昌　武汉大学北三区　29栋3号;87682348(家)

(编号:家史·吴·12.34)

学生学得不好到底怪谁——一份莫须有的闲谈记录

王　燊

甲:学生学得不好到底怪谁:怪学生,还是怪老师?

乙:当然怪老师。

丙:你才怪得巧;你学得不好,怪我? 你吃鱼卡了刺,怎么不怪你妈呀?

丁:我看,莫把话说死了,要分析:有的情况怪老师,有的情况怪学生,有的情况老师、学生都有责任,有的情况说不定谁也怪不上。

丙:这还差不多。班上三十个学生,二十五个学得不好,当然怪我。要是二十五个学得不错,就那五个没学好,难道也怪我?

乙:是。不怪你,怪谁?

丁:要分析:学生自己就没一点责任?学生家庭、社会,就没一点影响?

乙:不。学生自己不是没有责任;学生家庭、社会也不一定没有影响。但我认为,归根到底,责任还在老师身上。因为不仅学生本人,就连学生家庭、社会、各方面的配合,也都要靠老师去做工作。

丁:那你就是说,不管班上是三十人,还是五十人,反正老师全包了。

乙:一点不错。

丙:好大口气!谁包得了?你包得了?孔夫子弟子三千,不也才只七十二贤人吗?

…… …… ……

旁白:朋友,您的高见呢?

(《武汉民进》,1994 年第 2 期)

(编号:家史·吴·12.25、12.1.3)

以"虾"为笔名发表的几篇杂议

王曦按(2007 年 2 月 7 日):

父亲退休后,常以"虾"等笔名在中国民主建国会武汉市委员会的会刊《武汉民进》上发表杂文和杂议。这里是父亲保留的一些这类文字。这些文字大都无题,短小精悍,含义深刻,耐人寻味。

△ 某一高度,甲跳得过,乙跳不过,甲比乙跳得高;有一个字,甲认得,乙不认得,甲认得的字是不是一定比乙认得的多呢?

△ 上帝真聪敏、真能干、真辛苦,因为他一年 365 天,一天 24 小时随时都要听清、听懂那么多语言、腔调的祈祷,并作出反应。

△ "团结就是力量"。不团结难道就不是力量?其实,只怕是更大的力量——破坏。

(虾)(刊角短语,《武汉民进》1999 年第 1 期)

(编号:家史·吴·12·57·1;家史·王·3·129·13)

△ 人恐怕必须认识其存在的社会性,否则就将自己等同于飞禽走兽;人恐怕又必须尊重其存在的独立性,否则就将自己等同于鹰犬玩物。

△ 请问笑人家"坐井观天"的先生:"阁下是怎么观天的?"

△ 商店既可以"买一(大)赠二(小)",顾客能不能"价一(元)付十(分)"呢?

△ “理直气壮”，未必然也！君不见：公共汽车上的气壮者，却往往恰好是理不直的一方？

（虾）（刊角短语，《武汉民进》1999 年第 2 期）

（编号：家史·吴·12·57·11；家史·王·3·129·15）

△ 失败是成功之母，不错；奇怪的是，成功却又往往成了失败之母。

△ 世界上只要有某一种物质是不变，世界最终必然只剩下这种物质——什么别的都变成了它。

△ 走弯路往往是为了想抄近路；上当往往是为了想占便宜。

△ 最敢说“不”的人，也许就是最少说“不”的人。

△ 尊重别人，就是文明；只顾自己，终必野蛮。

△ 在提倡“洋为中用”的同时，只怕也该在“中为洋用”上下一番功夫。

△ 求知过程好像是一个有趣而又可悲的怪圈：在你懂得的多了的同时，你不懂的也多了。

△ “学用一致”，好。但只怕没人真的经历过：不是学的多，用的少了；就是用的多，而学的不够。

△ 对于挨炮者，自然该欢迎“马后炮”；对于开炮者，恐怕该提倡“马前炮”。

（虾）（刊角短语，《武汉民进》1999 年第 3 期）

（编号：家史·吴·12·57·2、12·1；家史·王·3·129·13）

△ 生物工程的确很重要：如果人人都长了翅膀，而且只要吃泥土就可以过得很好的话，打砸抢的事一定会少多了。

△ 在研究“公有”、“私有”的同时，恐怕最好还得研究研究“公用”、“私用”的问题。

（虾）（刊角短语，《武汉民进》1999 年第 4 期）

（编号：家史·吴·12·57·3；家史·王·3·129·13）

九品官型（按拼音序）：

1. 扳手型　先卡紧，然后歪掰。
2. 阀门型　开则通，关则不通。
3. 夯机型　一步一步，步步扎实。
4. 扩音器型　台上人怎么说，它怎么叫。
5. 轮胎型　憋着一肚子气，负重运转。
6. 刨刀型　专工表面光。
7. 铅锤型　保证不歪不斜。
8. 千斤顶型　对上，抬；对下，压。
9. 熨斗型　所到之处，又热又平。

（虾）（刊角短语，《武汉民进》，2000 年第 1 期）

（编号：家史·吴·12·57·6；家史·王·3·129·14）

△ 树木为什么比人活得长？显而易见，它们的生活，远比人们简朴。

△ 演戏的最大好处也许是：借此可以学着理解别人。

△ 放牛、放羊、放鸭子，牛壮、羊肥、鸭子活；该不该、能不能、敢不敢也放一放学生？

(虾)(刊角短语，《武汉民进》，2000 年第 3 期)

(编号：家史・吴・12・57・4；家史・王・3・129・13)

△ 温饱有困难时，人是钱的主人；温饱不困难了，有的人往往成了钱的奴隶。

△ 医生最清楚：口号治不了病。要是有多一点的人明白这个道理该多好。

△ 逻辑表达：人们“看”电视、“听”唱歌；现实生活：人们往往“听”电视、“看”唱歌；未悉然否？

△ 人乃万物之灵；灵在何处？从生态环境看，灵就灵在他们自掘坟墓。其他虫鱼鸟兽，恐怕无一有此特长。

(虾)(刊角短语，《武汉民进》，2000 年第 4 期)

(编号：家史・吴・12・57・8；家史・王・3・129・14)

也许可以说，素质教育就是启发式教育；因为不管变换多少花样去“灌”，恐怕终难灌出好的素质。

有人爱吃辣椒，有人不爱吃辣椒；这很正常。既然如此，有人爱捧热屁，那又何足为奇?!

因为棺材是装死人的，所以只要是在棺材里的，必定都是死人。

(虾)(刊角短语，《武汉民进》，2000 年第 6 期)

(编号：家史・吴・12.43)

1. “少数服从多数”可否改为“少数从多数”——因为应该容许“从而不服”的情况？

2. “有罪者言者有罪”；这真是一句最深刻、最简练的自我批评。

3. 姓“岳”的人中，有人会想查查自己是不是岳飞的后代；而姓“秦”的人中，恐怕谁也不想证明自己是秦桧的后代；嗯？

(虾)(刊角短语，《武汉民进》，2001 年 1 月 16 日)

(编号：家史・吴・12.46)

“正确”三型

“正确，加分!”这是某电视节目的常用语。我虽然极少观看这一节目，但对这四个字却极感兴趣。受其启发，想到“正确”三型。

显至高官、大腕，隐到贩夫、乞丐，都有作出决策和行使权威的时候。决策的作出是否正确，权威的行使是否恰当，必然都会产生与之相应的后果。依据鄙见，如果人人、时时、处处、事事都作一下“正确”三型分析，于事于人恐怕都会有益。

三型者何？请看下例：爸爸给孩子一元钱——

1. 叫他“买白菜”。他只能买白菜，买任何别的东西都不行。这问题的答案的正确，是“排它型”的。执行者无决策权。

2. 叫他“买菜”。他可以买白菜，也可以买萝卜、豆芽，但不能买书、买饼干。这问题的答案的正确，是“部分排它型”的。执行者有一定决策权。

3. 叫他“买点什么”。他可以买白菜，可以买书，可以买烟，连买狗屎都行。这问题的答案的正确，是“非排它型”的。执行者有充分决策权。

（编号：家史・吴・12.22）

读《……发人深省》后的浅省

王曦按(2017年2月7日)：

这是父亲保留的一篇文稿，是其读《长江日报》之后的一点感想。

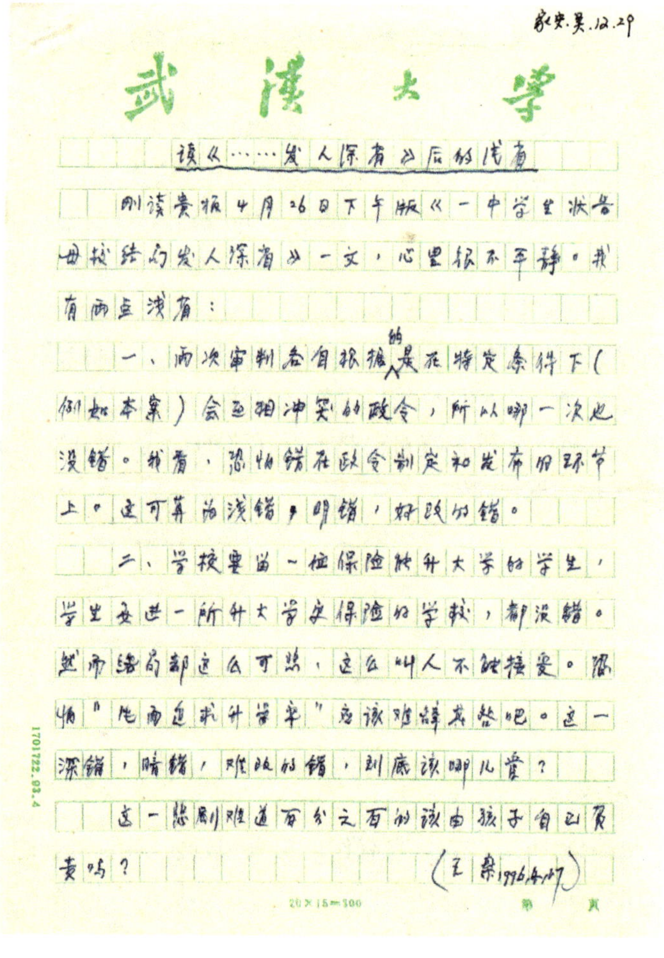
家史·吴.12.29

武漢大學

读《……发人深省》后的浅省

刚读贵报4月26日下午版《一中学生状告母校结局发人深省》一文，心里很不平静。我有两点浅省：

一、两次审判各自根据的是在特定条件下（例如本案）会互相冲突的政令，所以哪一次也没错。我看，恐怕错在政令制定和发布的环节上。这可算为浅错，明错，好改的错。

二、学校要留一位保险能升大学的学生，学生要进一所升大学更保险的学校，都没错。然而结局都这么可悲，这么叫人不能接受。恐怕“片面追求升学率”应该难辞其咎吧。这一深错，暗错，难改的错，到底该哪儿管？

这一悲剧难道百分之百的该由孩子自己负责吗？

（王乘1996.4.27）

1701722.93.4

20×15=300　第　页

可否试办这样的大学

本文题目用了疑问口气，旨在请教。看法是否站得住，办法是否行得通，都得请教。

一、几点看法：

1. 国家现在还比较穷，拿不出多少钱办教育，这是事实。但是，要想等到发了财再多拿点钱，只怕也未必保险。倒不如，越穷越要办教育，想办法办教育，千方百计想办法办教育。

2. 学用力求一致，这是对的。学为了用，则未必全对。不用则不学，这就错得更远了。每年有人统计"长线"、"短线"，这在给定学生总数的条件下为求切合实际的培养，是必要的。但是，有时由此便说某种人才过多，很容易造成错觉。其实，真正先进的社会，知识分子（无论哪一行的）是永远也不会太多、太高、太大的。

3. 大学入学要考试，要通过一定形式的竞争，这是有道理的。但是，对于那些一次失败便被拒于大学门外的孩子来说，则有失公允；国家因此少了一些本可深造的年轻人，也是一项损失。因为有的一时失误，有的素有偏长，有的觉悟较迟，这都是事实。本可争取的要争取，本可教育的要教育，何必可为而不为呢？

4. 毕业分配，特别是推荐协商分配，是有好处的。但不要包；既不必要，也无可能，这样就可大敞校门，广为培养，真正提高全民的素质。这样也就可将竞争基点从"为入学考分拼搏"转移到"为人民争做贡献"的正确位置上。

5. 国家有义务让所有的孩子都受若干年的基础教育（例如九年），这是应该的。但是，国家恐怕没有义务保证每一个愿意上大学的都上得了大学。这是一方面。另一方面，国家恐怕也没有多少理由和必要去限制人们上大学进修——只要不求国家资助。

6. 现用的教学计划、大纲、教材、教法，是经过多年实践逐步改进而来的，无疑是较好、较妥的。但是，也得承认，它不是唯一的、最好的。所以，用现行的一套大面积保收；同时又有意义地搞少量试验田，从招生到培养都来点不拘一格探索，想来会有好处。至少也乱不了套。

二、几条办法：（王曦注：此文没有写完，原稿如此）

（编号：家史·吴·12.21）

为这个"停"字叫好

王 燊 1997.1

市教委签发指令，限三天停止学校的乱收费、乱办班。我要为这个"停"字高声叫好！

这个"停"，一下子减轻了许许多多学生家庭的不合理经济负担，立竿见影，自不待言。

更叫人高兴的是，它为把教师、学生从硬教死学的怪圈中解放出来走出了可喜的第一步。教师要研究教学，要更新知识；学生要温故求新，要自主追求个人特长和爱好；这都需要时间和精力。这个"停"，把这两个有钱也买不到的宝源部分地交还了教师和学生。稍假时日，它的功效，就会有事实加以证明。

再看远一点，这个"停"，是在为实施素质教育鸣锣开道。只有摆脱了书山题海的重压，学生才能自觉、自如地去观察和理解周围的自然环境和人际社会，从而自主、自信地认准自己的地位，定准自己的方向。

想到这些，我已经情不自禁地为这个"停"字叫好了。但稍加思索，又不免产生了某种顾虑：会不会出现"停而不止"的现象？因为我以为，如果学校"被"乱收费、乱摊派，如果老师"被"求着给学生办班、补课，而且，如果学校和老师在一定程度上又处在既不便谢绝又不能抗拒的境地时，恐怕停而不止或止而复动的情况，谁都不敢说不会出现吧。因此，在叫好的同时，我不得不请求除市教委以外的某些部门和上级，请求社会各界的父老乡亲，趁热打铁，把好事帮到底！我更诚恳地希望，那些无意中扮演着逼良为娼或诱良为娼这种角色的演员，就此鞠躬谢幕，在掌声中离场，好让一幕幕真正精彩的节目，相继出台。

（编号：家史·吴·12.31）

简议应试教育与素质教育

王　燊

素质教育是对的，应试教育是错了；然而，这不等于说，既要进行素质教育，就应取消考试，或者降低考试的作用。学生要学，老师要教；学了教了，就得考。不考，谁知道你学得怎么样，你教得怎么样。当然，不排除可能有比考试更科学、更简便的检验手段。但在它问世之前，考试肯定是取消不得的。

考试这玩意，不但取消不得，而且还小看不得。一方面，教什么，学什么，到时候就考什么，这是天经地义的事。另一方面，也要看到，反过来，你考什么，我就教什么，我就学什么，这也是天经地义的事。所以，考试既是培养效果的检验器，又是左右培养的指挥棒。

我们这些年的现实是，老师想教的，学生要学的，本来是德智体全面素质；而拿最具权威的大学入学统考来说，考的却只是某五门课大纲以内的知识！由此可见，一些人动不动就怪老师教得太偏，怪学生学得太窄，那真是活天冤枉。由此更可想到，要真的进行素质教育，就得下功夫掌握好这根指挥棒。

怎么办？答案很简单，既然培养的素质，只要考素质就得了。可是，本人孤陋寡闻，至今还不知道有没有可操作的考素质的办法。要是有，拿出来就行了；一切万事大吉。

要是暂时还没有，或者暂时还拿不出来，我想，以可操作为前提，作为逐步趋近的第一步,恐怕只好从扩大考试覆盖面上找出路了。

例如:1.可不可以将考试内容覆盖面适当扩大?不分文理科,都考五门:语、数、外、理化生,史地政。文理科试题可以分开,各有侧重。2.可不可以将评分覆盖面适当扩大?例如说,每门仍以150分为满分,这样分配:大纲以内110分,超出大纲30分,卷面(书写,整洁)5分,综合印象(逻辑,个性)5分。3.更有甚者,还可以不可以把全国统考这根独木桥适当拓宽?例如说,有全国统考,有要求相近的学校自愿联考,还有各校单独招考等等。录取方式也不妨多样化一点。例如,有的学校,可以笔试预录120%,口试再淘汰一些,留一些作为候补等等。

总之,我以为,把考试面拓宽了,方式搞活了,教的,学的,就会跟着活了。当然,我也知道,最最要紧的,还是决策先生、女生们的头脑要先放活,否则什么都是废话。

(刊登于《武汉民进》,1997年第1期)

(编号:家史·吴·12·57·13;家史·王·3·129·11)

水 与 火

那还是1980年的事,当时我在美国密执安州奥克兰大学做访问学者。有一次,我应邀作有关国内物理教学的演讲,演讲完后,下面听众可以提各种各样的问题,其中有一位问道"现在中国有多少文盲"?

"没有!"我肯定地回答,他不相信,追问了一句"really?"我还是十分肯定地说"certainly"。

其实,我也没有撒谎,因为当时国内报纸一直在宣传"社社有学校,村村有学校",哪里会有小孩没学上呢?并且,对这问题我马上想到的是小孩却没有想过大人。遗憾就这么留下了,人家还以为我不实事求是呢,唉,我也没有办法再去解释了。

在美国,我还参加了一个十分有趣的婚礼。

也是在奥克兰大学,当时的物理系副主任威廉请我参加他的婚礼。我请教在美国的妹妹,她告诉我,按照当地习惯,参加婚礼的人要准备一份菜带去。我带上她为我准备的一大盆中国菜,来到婚礼地点——威廉家的后花园。

参加婚礼的大概有六七十人的样子,大家端着酒杯三三两两地站着聊天,等待着婚礼的开始。一会儿,音乐响起来,新娘从门口进来了,手里捧着一个金鱼缸,里面有一条小金鱼游来游去。她走到牧师面前,把金鱼缸放在桌子上,我正惊讶呢,新郎拿着一支点燃的蜡烛也进来了,两个人都站在牧师面前,牧师说:"威廉和玛莉今天结为夫妻。他们的结合,是水与火的结合。水与火的结合是最紧密的结合,是最牢固的结合,也是最富成果的结合。"我直犯嘀咕,在咱们中国可是水火不容啊,谁要在婚礼上说这话,不遭骂才怪。牧师说完,大家就开始唱祝福的歌,我也跟着轻声哼。

简单的仪式完后,大家就开车去吃饭。威廉借了一个当地的教堂,大家把自己准备的菜都带去了。菜很丰富，好吃的一会儿就完了，当然，也包括我的菜。在吃饭过程中，新郎新娘挨个向来宾道谢。

事后，一位美国朋友问我参加婚礼有什么感想，我说，我看了许多西方电影，威廉的婚礼怎么和电影上的不一样呢？他吭哧吭哧了半天也说不出个所以然来，我代他说，是不是 revolutionary(革命的)婚礼？他连忙点头表示同意。

像这样的婚礼，热闹有趣，气氛又好，还别出心裁，主人没有很大的经济负担，客人也不用为送礼发愁，大家都轻松自在，很不错。

1981 年回国前，奥克兰大学物理系主任问我，来美国感受东西方人有什么差别？我说，东方人、西方人都是人，都有人性中共同的优点和缺点。不要以为西方人一律都大方、慷慨。其实我们有的一些毛病他们都有。记得那次系里借了一艘艇到湖上做试验，汽油的问题没办法解决，咋办呢？系主任向学校申请了一辆大卡车，把车上的油放掉在艇上用，卡车就在那里停了整整一天。

（刊登于《武汉晨报》，1999 年 12 月 24 日，"口述实录 · 出国"栏目。口述：王燊；采写：郭俐胜）

（编号：家史 · 吴 · 3 · 29；家史 · 王 · 3 · 129 · 5）

改革大学统考迎接素质教育

王　燊　2000.2

必须以素质教育取代应试教育，这是对的，一点也不错。但是，说也有趣，当前实施素质教育，恐怕却偏偏要以改革大学统考为突破口。道理很简单，很明显，因为它是关卡，是独木桥，是指挥棒。

先说什么是素质教育，怎样才算做到了素质教育。非常抱歉，作者孤陋寡闻，至今还不知什么是标准答案。想了半天，作者以为，素质教育搞好了，恐怕要在学生的学习上体现以下几个字：

第一，学得"活"。活学、学活，不是死背。第二，学得"广"。大纲以内的，经典的，要学扎实；大纲以外的，科目以外的，要涉猎，可钻研。第三，学出"个性"，学出"特色"。个人根据自己的主、客观情况，有侧重地学、钻。梁山一百单八将，个个有特色，个个是英雄。第四，学得"带劲"。是在细嚼慢咽地品尝、消化，而不是愁眉苦脸地死啃、硬吞。

再说怎么样小改高校统考，迎接素质教育。非常抱歉，作者才疏学浅，实在拿不出什么锦囊妙计。想来想去，大胆提出以下几条：

第一，试题内容不妨广一点、活一点。例如，语、数、外、史地政、理化生，考五个单元，凡是学过的课程，一门也不免考；而且大纲外的还约占 20%。第二，试题分量不妨重一点，让多数考生都做不完。以利检测考生广、熟、敏、快的水平。第三，对有的题，给标准答案；有的题，只给参考答案，甚至连参考答案都不给，由阅卷老师判分。第四，拿出一部分名额(例如15%)，用于录取总分略低而单科成绩突出的学生。

可以想象，"指挥棒"作了以上动作以后，学生们就会或正如夙愿地，或迫于形势地学"活"、学"广"了；"个性"得以发挥时，"劲头"也就来了。只有这样掀开上场门帘，素质教育才能稳步登台亮相；不知读者以为然否。

也许会有这样的想法：光学大纲以内的，学生已累得要命，还能要他们学大纲以外的？是的，有此想法是不难理解的；只是有一个字用得未必符合实际。就是那个"学"字。现在学生累，不是因"学"而累，而是因"被灌"而累的！

还可以看出，如果教、学、考基本按照这一思路进行，考上了大学的，当然有了便于自己深造的环境；就是没考上的，也都有某一程度的自主学习、独立工作的经验，为日后自修、参加工作和进一步成人成材都提供了必要的基础。这恐怕也正是素质教育的一个重要的预期效果吧？

(编号：家史・吴・12.38)

教改出路在于"放"

王　燊　2000.3.17

素质教育为什么这么难以落实？谁都知道，原因很多，一言难尽。鄙人以为，长话短说，关键只怕是这么几点：学习内容让统一的大纲和教材给框死了；学生升学率在统一高考的独木桥上给挤死了；青年就业的希望让唯学历是问的高门坎给限死了。这三个"死"字说明什么？两方面：不改，素质教育就会"死"；只有改，才能"活"。

怎么会"死"？前人总结得很好，"一统就死"。怎么才能"活"？好办，既然一统就死，自然不统就活。不统，就是"放"，所以放才能活。可是前人也说过，"一放就乱"。能"放"吗？敢"放"吗？我的答案是："能"，而且必须"放"；"敢"，没什么可怕的。有事实为证：自从小平先生"改革开放"以来，这一革一放的成效难道还少吗？"农"的改革，放了，好了，没乱；"工"的改革，放了，好了，没乱起来；"对外"的改革，放了，好了，有些乱，正在治。至于"教"，这么多年，统的多，放的少。好不容易，到这新的千年好像才在向放的方向投石问路。我诚恳希望：步子再大一点，快一点。

那么，放些什么？怎么放？我看，原则上说，只要不是非统不可的，都放；能放到什么程度，就放到什么程度。具体地说，当然不可能立即全面开花，一步到位，只能根据实际情况，积极稳妥地逐步放开、放活，下面举几个例子，供参考：

1. 把教与学的自主权，放还给老师和学生。让校长自主办学，教师自主教学，学生自主学习，形成学校有特色，教师有特点，学生有特长的局面。道理很简单，只要想想我们办学的预期效果就明白了。一种预期效果是，到头来学生什么都会，这是做不到的；另一种预期效果是，学生什么也不会，这是可悲的；唯一合理的预期效果只能是学生既不是什么都会，也不是什么都不会，而是较明显的各有长短，而这正是我们人才市场所需要的。显而易见,“统”是统不出这局面的。在这方面,教育主管部门的任务是,选聘好校长、教师;对教育、教学各环节进行督导。

2. 提高入学录取率。一是各校增收学生,这不多说;而是增办学校,国家或社会投资用于基础设施;收取学费维持运转。不要舍不得花钱,这钱不但没白花,而且还一本万利。

3. 增加投考机会。有统考,有联考,有各校自考;暑假考,寒假也考;应届生可以考,往届生也可以考。青年想求学深造,我们只应千方百计提供条件。邓老不早就说,要“不拘一格”嘛!

4. 把高校统考试题内容放广一点,评分放活一点,录取条件放宽一点。这是因为,九年义务教育以上的各级学校的入学都是择优录取的。要考察的是谁对某学科的知识掌握得最广、最深、最活;而不是看谁把课本内容背得最熟。说到这,也许有人会指出:这会不会跟“减负”背道而驰?作者的回答是:谢谢您的好意提醒;不会。作者有以下几点看法,不知对不对:第一,最要紧的,减负,什么是“负”?窃以为,“被灌”是“负”;主动“学”,不是“负”。所以,减负,不是要少学或不学;而是要少灌或不灌。这就要求老师善于启发、引导和辅助;而不是拿分数和名词去压、去逼。古人“头悬梁,锥刺股”传为勤学典范,就因为他为了学,自己在悬、在刺;要是人家来悬他、刺他,那就不单是“负担”,而是不折不扣的“酷刑”了。主动学,是满足求知欲,有人兴趣广,见什么想学什么;有人爱好专一,越钻越起劲。这都好,所以,也不是门类多少的问题。至于有的学生或流于偏废,或擂过了头,以至有碍德智体全面发展,这就有待老师和学生家长多加指点和关爱了。第二,随之而来的,那些复习资料、模拟试题、家教、培优等等,窃以为,也许不必硬性禁止。跟药品一样,用得好,有正作用,用得不好,有副作用。让老师、学生家长,特别是学生自己视情况而定——一句话,由市场定。第三,前面说,录取条件宽一点,意思是说,总分够线的,自然要录取;而总分略低而某些单科成绩较突出的,也可以录取到对口的专业,加以培养。

5. 至于教育主管部门,在下冒昧进言两点:第一,切切实实遴选一批愿苦心耕耘、能言传身教的好老师走上讲台;第二,千方百计不断地把各校办学的物质条件步步提高。一句话,把各级各类学校的数量和质量不断地促上去。

好啦!啰啰嗦嗦的简答到此为止吧。刚才把上面那几条又读了一遍,一面读,一面想到个“难”字;读了五条,这个字至少出现了一二十次。还提不提?猛省到我们社会主义大中国到处都有遇难争进的好人,在下就这么满怀信心地写完这最后几个字,谢谢!

☆试题内容广一点,就是说,凡是中学学过的课程,门门都有题(例如:语、数、外、史地政、理化生五单元),大纲内有题,大纲外也有题。评分活一点,就是说,答案正确而且排它,是标准答案;答案正确但不排它,只是参考答案,评分由阅卷老师作主。录取条件宽一点,就是说,总分上线的要取,总分略低而某单科成绩较突出的,也对口录取。这就要求学生，各科的基础知识都要掌握，而又有若干科课的知识比较广、比较深、比较活。应该说，这要求是合理、可行的，是符合素质教育目标的。

写到这里，我想说明，在酝酿这篇短文的相当长的过程中，(原文无下文。——王曦注)

(编号：家史·吴·12.55)

也谈“减负”

王　燊

“减负”减了好半天，没怎么减下来。此时此刻，在下不揣冒昧，禁不住也想就这话题唠叨几句，以求自己内心的平衡，并希民进诸公赐教。

一、什么是“负”？窃以为，有两种：生理上的，也就是物质的“负”，和心理上的，也就是精神的“负”。此二者，有时是并行一致的，有时则不然。例如，解放前，佃农把一家人千辛万苦种出的粮食，重担远行送给地主。这时，他的心理负担和生理负担是一致的，既苦且怨。解放后，他把自己的收成往家里挑，也是重担远行，腰酸腿疼，生理负担不轻，但却一路唱着笑着，欢甜无比。学生也是这样，“学”他想学的，越学越起劲，向他硬“灌”他不想学或不怎么学的，就成了他的负担。所以我以为，所谓“负”，不能只看学生在桌旁“搐”了多少小时，更要看他这时是在主动地“学”，还是在被动地受“灌”。当然，这也不是说没有个限度。农民往家里挑粮食，不能重得把自己压垮；学生主动自觉地学，也不能一个劲地废寝忘食，把自己累垮。

二、要教出什么样的学生？当然，最好是一百个学生，个个万事精通；但这太乐观，做不到。要么，一百个学生，个个一窍不通；这又太悲观，不致如此。此外，还有两种可能。一种是，一百个学生，会什么，个个都会；不会什么，个个都不会。张三李四，一模一样。这，不容易做到，做到了也没多大好处。另一种是，一百个学生，基础知识都还扎实，而兴趣、专长彼此不尽相同。张三李四，有同有异。这才是最合理的、最可实现的，最适合社会需要的。

三、怎么“减”？这，我说不清楚。办法肯定不少。但我却颇自信地认为：要减负，又要出人才，关键的关键，必须把各级各类学校的入学考试放活。例如：把试题范围放活一点，凡是以前学习过的课，哪一门也不说不考；大纲以内有题，大纲以外也有不多的题。把题目的类型放活一点。有测熟练程度的死题，有测逻辑思维的推演题，有测创新见解的议论题、设计题，有测专长或偏长的选择题等等。把录取条件放活一点，总分上线的录取；总分略低而某单科成绩优异的，也录取。总之，凡不是非抓死不可得，统统放活。这样一来，学生会是怎么反应呢？我想，如果我是学生，我就会首先，不管愿不愿意，把各科的主要内容掌握好；其次，对于适合自己兴趣和条件的某某学科，自主地多钻一下。这样做，客观上，可能对应考高一级学校有好处，说不定能多得几分或少失几分；主观上，满足了个人兴趣，也为今后能有一技之长打下基础。我想，学生的工作量也许不会怎么减轻，说不定还加重了；但学生的负担感肯定轻了，学习劲头肯定增大了，学习效率肯定提高了。这就是说，也许加了码，肯定减了负。

最后，把话说到底：在优胜劣汰的人才竞争面前，要把学习内容的负担量和学习心情的负担感同时减轻是不可能的。因为谁也没有本事让谁不经拼搏而舒舒服服地取得优势。

（刊登于《武汉民进》，2000 年第 2 期）

（编号：家史・吴・12・57・10；家史・王・3・129・16）

向学生朋友们说几句话

王　燊

素质教育这一课题，影响千秋万代，涉及方方面面，议论比比皆是，高见层出不穷。美中不足的是，作为受教主体的学生到底该怎么办，好像没出现多少金玉良言。为此，谨以向学生朋友说几句话的方式，抛砖如下：

一、"一个人一辈子及不及格的标准，在'德'，不在'才'。"这标准不但合理、重要，而且不难达到、超过。因为，只要你不害人，你就不是坏人，你就及格了。再说，一辈子没害人的人，多少总做了些益于人的事，所以高于及格的水平，也不难达到。因此，朋友，你若是有什么功课不及格，请你一方面要恰当地加以重视，如实地分析原因，力求赶上；而同时，千万不要夸大了它的危害，垂头丧气，大背包袱。

二、"今天学的和明天要用的，二者并不全同。"朋友，在你休闲的时候，请你想想，首先，社会上有没有哪种行业要全部用上在学校学的每一门课？恐怕没有。其次，有没有哪种行业任何一门课也用不上的呢？恐怕没有。所以说，二者不全同，也不全异。如此，你可能暂时处于下面的某一种情况：一种是，门门课都还可以，平衡发展。这时，你可以考虑，将来用什么，再着重学什么。一种是，某门课有偏长、偏爱。这时，你可以就在这方面多学一点，将来尽量往相关的行业靠。一种是，某门课出现偏弱，兴趣偏低。这时，请先仔细回顾一下，找找原因，想办法提高兴趣和信心，下功夫改变这种局面。在一般情况下，多半会取得效果。如果实在难以扭转，将来在更高阶段学习或就业时，避开这一行业也是可以的。再一种是，门门课都弱，都没兴趣。这应该是，若加仔细分析，往往都是暂时的假象，是潜力没有发挥的表现。这是请你千万不要意气勇气，灰心消沉。你一定要认真发现、发掘、培养和珍爱自己某些方面的潜能。请你坚信，做个诚实的人，人人都会有赖以自立并服务于社会的某种本领。

三、"分数只在一定程度上说明'昨天'、预示'明天'，但它既不能全面准确地说明'昨天'，更不能权威性地主宰'明天'。"不知你知不知道，大名鼎鼎的牛顿，小时上学的成绩平平，因而他妈妈让他停学回家种了一阵子田，后来还是他叔叔又把他送去上学的。再说一个情况，统计资料显示，诺贝尔奖获奖人中，大多数在学校时并不是班上的第一名。有人音乐考试不及格(不会五线谱)，可他的歌唱得蛮好。有人体育考试不及格(铅球、跳远不过关)，可他八十岁还有说有笑。这样的事例多的是，总之一句话：朋友，分数要受到重视，但不可被它牵着鼻子走。

四、“不必两眼死盯着高等院校的那块招牌。”一方面，国家鼓励学生进高校，想方设法让更多的学生能进高校，这很好，这样可以提高整个社会的文化水平，而与此同时，作为学生，也要看到，不管怎样，能进高校的，至少在可预见的期间内恐怕过不了半数。所以，一般地说，你必须作两手准备。再说，从古至今，社会需要千花万门(何止五花八门)，行行出状元，你面前有各种各样许多道路可供选择；所以从这个意义说，两眼死盯着高校不放，实在没有必要。当然，请别误会，这不是说不应把高校作为奋斗目标；恰好相反，朋友们应该尽量向它奋斗，普通高中不就是冲着它办的吗？要紧的是，它不应是唯一而排它的目标。朋友，请你敞开胸怀，放宽视野，灵山之路，就在你的脚下。

五、“做好一个‘化’字。”说到这个“化”字，它的内涵真是无比丰富，从古到今，从中到外，无时无处不存在这个“化”字。在这里，朋友，我们不要搞得那么玄；这里只说两个“化”。一是化被动的受教为主动的钻研，二是化死的知识为活的能力。这就是说，既要动脑，又要动手，不过，依我说，朋友，在你这样做的时候，可以不必硬要像书本上说的那样严肃认真，一板一眼；你完全可以像猜谜语、做游戏那样，轻松愉快地去推敲、去探索、去尝试，怎么样？

好啦，就说到这里，我知道你们最讨厌噜嗦的。

(刊登于《民进武汉》，2001 年第 1 期)

(编号：家史・吴・12.57.18)

尊重评分者的判断——老太一文读后

王曦按(2016 年 10 月 3 日)：

这是父亲写给《长江日报》的一封信和读后感。笔名“小翁”。

编辑同志：

及时奉上今日 6 版老太一文的读后感，请予批评、指正。

并候

暑祺

王燊(小翁)上

2001.7.29

〈430072〉武汉大学　北三区　19 栋 201 号

87682348

尊重评分者的判断——老太一文读后

小　翁

刚才扇不离手地一遍遍拜读了老太的文章，很受启发；谨此致谢，并即时汇报本人的学习体会。

一句话：作文给满分，不必提倡，也不必反对。

理由和结论，老太都说清楚了："作文是主观题，在写作者是主观，在评分者也是主观，什么东西一主观，就可以见仁见智……"既如此，同一篇文章，甲评之为满分，乙评之为0分；有何不可？

所以，我赞同老太文章的最后一句（"还是不给满分的好"），不赞同它的标题（"作文不应该给满分"）；见仁见智，尊重评分者的判断。

（编号：家史·吴·12.45）

"九九重阳"，久久不忘

市政协老委员王燊

王曦按（2016年10月3日）：

文中"功安"，系王功安先生，曾任中共武汉市委统战部部长，武汉市政协副主席。

"九九重阳"，掐指算来，我已经历了七十九次。前面的七十八次都是稀里糊涂混过去的；只有这新世纪的第一个"九九"过得特别带劲，"久久不忘"。

车游三镇，百年旧楼，顿披新装，千顷平地，突耸广厦，人力天工，令我这老武汉惊叹不已……"九九重阳，久久不忘"。

环视建设中的新江大，今日，工人们正在忙碌地安装支撑厅室的栋梁；明朝，老师们将辛勤地培育治国安邦的栋梁，此景此情，令我这老学生浮想联翩……"九九重阳，久久不忘"。

众多老友欢聚一堂，一个个步履矫健，精神焕发，看看他们的笑容，握握他们的手，令我这老哥儿们欣慰无比……"九九重阳，久久不忘"。

功安同志的热情祝寿，有溢美，有矜抚，有鞭策，有启示，令我这老顽童既惭愧，又激动……"九九重阳，久久不忘"。

一大束鲜花，看不完的美，一大盘蛋糕，品不尽的甜，一大阵掌声，说不出的温暖，令我这老小兄弟全身心地高兴和感谢……"九九重阳，久久不忘"。

好啦，"久久不忘"可以，"没完没了"可不行，谨就此扭开"红灯"，谢谢！

（刊登于《武汉市政协老联会讯》，2001年11月26日）

(编号：家史·吴·12·57·14;家史·王·3·129·10)

会议怎么开?

王 燊

会议怎么开?

古往今来,开过的会数不胜数;此时此刻,正在开着的会数不胜数。人家怎么开,我照样怎么开;昨天怎么开,今天照样怎么开。哪还有什么可说的?

然而,按照在下的愚见和狂想,只要增作一项安排,会议效率便应有所提高。这项安排是：事前分别委托两组各若干位与会者,不管他们自己对议案持什么观点,一组人专门为会议寻找议案的优点;另一组人则专找缺点。

现具体设想某次会议的全过程：会议前,先将议案草案发给与会者,同时委托几位专找优点和专找缺点的人。到时候开会(例如一次150分钟的会)：1.主持者对“草案”作说明(20分钟);2.以委托者为主,大家客观地、超脱地专说优点(25分钟);3.专说缺点(25分钟);4.讨论,各抒“己见”,平等地、平和地进行辩论、讨论和协商(45分钟);5.作结论(20分钟)。大功告成,还有15分钟的机动时间。

这办法的优点何在?缺点何在?是否可行?有没有实际作用?在下看来,哪位(或哪几位)有兴趣、有胆识、有条件的仁人君子,如能以此方案为主题,按此方案组织一次(或几次)会议试它一试,那才真是善莫大焉、趣莫大焉!

(刊登于《武汉民进》,2002年第2期)

(编号：家史·吴·12.47)

德与智——2002年教师节刍感

王　燊

王曦按（2016年10月3日）：

父亲这段感言，堪称经典，可作为王家的传家之训。

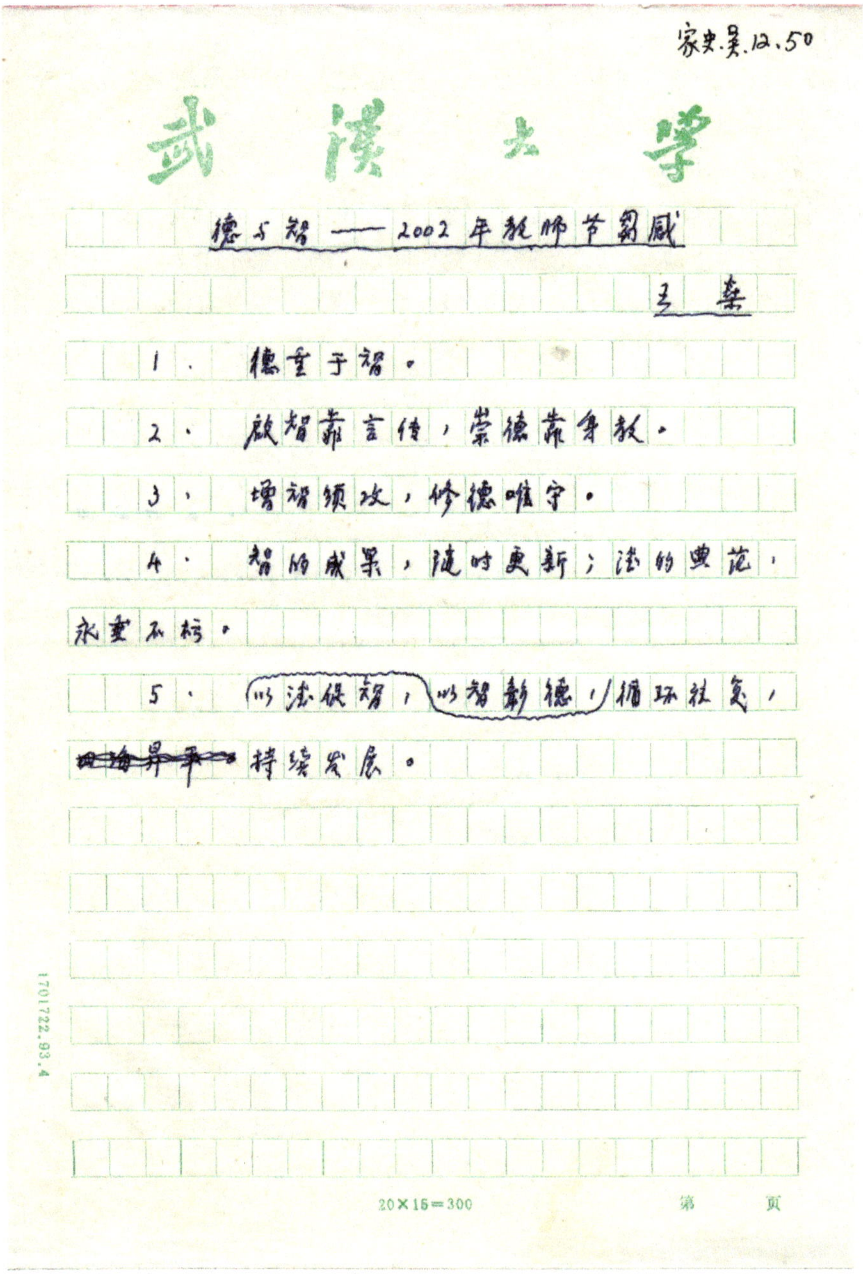
家史.吴.12.50

武漢大學

德与智——2002年教师节留感

王燊

1．德重于智。

2．启智靠言传，崇德靠身教。

3．增智须攻，修德唯守。

4．智的成果，随时更新；德的典范，永垂不朽。

5．以德促智，以智彰德，循环往复，持续发展。

1701722.93.4

20×15=300　第　页

王燊手稿。（王曦注）

关于国歌的演奏

王 燊(草) 2003.3.11

国歌取自上世纪三十年代的《义勇军进行曲》,数十年来,家喻户晓,老少同歌。它那跌宕的旋律和明快的节奏,在反侵略、反压迫和建立新中国的长期斗争中,起到了极为有力而有效的激励和推动作用。

目前,例如在大会的开幕式上,或在迎接外宾的礼仪上,乐队演奏这支曲子让听众立即感到庄重祥和、繁荣光明;体现了文明古邦和泱泱大国的风范。这很好,这奏出了全国同胞的心声,也奏出了世界人民对中华民族的认识。

现在,我们要反映的一点粗浅的感觉和不成熟的想法是:在世界远没有达到"大同"和国家还要为"全面小康"而艰苦奋斗的今天,我们的演奏家同志们能不能巧妙地将原曲中"进行曲"和"警醒曲"的意愿也适当地传达给广大听众?

我们都是外行。我们知道,一个外行,很容易让三个内行忙得团团转!添麻烦了,谨此致歉。

(编号:家史·吴·12.49)

追忆师教——关于教师节活动的一点建议

王 燊

有幸度过了若干次教师节。那几天,组织上,或发红包,或办茶会,或设筵席,以示慰勉;社会上,特别是广大学子,往往在教师聚集地段摆摊设点,潜心为教师修理录音机、电视机、煤气灶、自行车等等生活用具;某些公交工具和旅游景点给教师减费的优惠,如此等等,以申敬谢。忝为一名教师的我,感愧之余,客观地说,对于举办这些活动,既发自内心,又力所能及,而其效果,必将对形成"尊师重教"的社会风气,起到积极的推动的作用。

也就在那几天,我往往自然而然地想起了自己的某些老师。他们的音容举止,有的历历在目,有的则已模糊难忆;然而他们的许多教诲,却是记忆犹新,体味再三,感佩不已的。当然,这种回忆完全是随机偶发的,既不是教师节期间必然出现,也不是平时绝不出现。我想,亲爱的读者一定也常常有这样的回忆吧!

现在,请让我把话说远一点。我觉得,夸张一点说,老师有两种类型:一类是灯塔型的,他的一举一动,都是典范;他的只言片语,都有教益,就像一座灯塔,随时随刻都在照耀众生的航向。一类是火石型的,他一般情况下并不闪烁光芒,但"碰"到某些节骨眼时,都会火星迸发,照亮学生的心灵。

(家史·吴·2.9)

为“智育第一”说几句话

王 燊

“智育第一”受批判不知道有多少年了。学生们一时之间政治观点模糊、道德水平不高、身体素质下降、一古脑儿都怪在“智育第一”的头上。在民进的一些会上，特别是在谈到“片面追求升学率”的时候，我恐怕没有哪一次不说几句“智育第一”的坏话，有时候甚至还很激动。

现在看来，那样的批判，尽管动机未可厚非，然而立论的确有失公允。所以我要回过头来，为“智育第一”说几句话。

我现在的认识是：“智育第一”是对的，没有错，错在自己当初把不同的两类问题混淆在一起了。

一类问题是学生本身的“德”、“智”、“体”。大致可以说，“德”管方向，“智”管质量，“体”管数量(时间)。三者之间，显然“德”最重要。人可以有“德”而缺“智”、“体”；却千万不可以有“智”、“体”而缺“德”；不是吗？所以，在这个意义上，要批判的该是“智第一”或“智唯一”。

第二类问题是以教师为主，辅以社会和学生本人对学生施加的“德育”、“智育”、“体育”。这时，从育人育才的角度看问题，“智育”的重要性就突出了。这是因为，“德育”所要解决的世界观和人生观问题，是一个高度科学、高度理智的问题，要经过观察、分析和推断，作出认定，不能瞎碰，也不能盲从；“体育”也是一个高度科学、高度技术性的问题，要根据各人自己的特点，按部就班地养护和锻炼，不能自流，也不能胡来。换句话说，抓“德育”也好，抓“体育”也好，正确有效的途径，都是讲科学、讲道理，以智悟德，德才正确、才牢固；以智促体，体才健康、才坚实。这不就是“智育第一”了吗?

所以说，“智育第一”是对的，是好的，应予正确解决和运用。一个智力低下的愚昧者，对真正的“德”与“体”也会绝缘的。如果说德智体是一个连乘式，这连乘式中的智如果是零，它乘以任何数也是零的。

(家史·吴·2.6)

与众不同的反应

武大 王 燊

抗日战争期间，我是一个中学教师的家庭成员。在那可歌可泣的八年，我的经历是从一个快要毕业的中学生到一个毕业不久的大学生。这就是说，在那段正发生着一个极不寻常事件的社会里，我是最大数的最普通成员中的一员。这伙最大多数有一个特点，那就是，虽然具体的生活水平和生活方式并不相同，但对于周遭事物的反应却很一致：

闻胜皆喜，闻败皆忧；见善皆爱，见恶皆恨。

然而，实际上，独特的、与众不同的反应却也不是没有的。这里举两个例子。

第一个例子发生在 1945 年 8 月 15 日。当时我在陕西南郑（即今汉中），是我从老家湖北襄阳去四川乐山到武汉大学作研究生的途中。那天下午，我正在电影院坐着看个什么影片，忽然外面鞭炮声此起彼伏，一阵大过一阵，观众左顾右盼正想弄清楚是怎么回事的时候，银幕上出现了“日寇宣布无条件投降”的大字幕。一下子，观众都从座位上跳了起来，欢呼雀跃，涌向大街。

就在此时，旁边有一个人却扶着椅背失声痛哭起来。从那哭声，从那动作，人们知道这不是因为过度高兴而激发的正常反应，而是一个在当时与众不同的反应。原来，他是一个小商人，刚买了点土布和生铁，待价而沽；这下子，鞭炮惊碎了他的美梦，所以痛心疾首。

这个例子说的是别人，说的是过去。下面的例子说的是我自己，说的是现在。

不过，我还是得从 1945 年说起。日本投降了，而我们那些在四川的“下江人”要回老家却很不容易。我 1946 年 7 月 4 日回到珞珈山，那就是很早、很幸运的事。那时，强占我们校园的“皇军”大部队已经撤走，只有电机系楼（今法学院楼）里还有几个日本兵，大概是留下来守“他们的”物资的。那时，工学院五座楼里都有“他们的”东西，是些什么我也不知道。但是，一定有黄豆，只要鼻子功能没有完全丧失，谁都闻得出它那腐烂后的气味。一所书香四溢的高等学府，就这样被它的“善邻”糟蹋成了臭气熏天的垃圾场！

与此同时，山边路旁却也出现了前所未有的一株株樱树，这就是他们载过来的“国花”。

现在，树长大了，每逢三月下旬，繁花联成一片，煞是好看。“上珞珈山看樱花”，年年轰动江城。我身居此山，每年也要陪同新老亲友们到樱林走走。看一看那摩肩接踵来自四方的众多赏花人，一个个人面樱花，无不显露着陶醉于这一天然美景的反应。而我，我的反应却总与众不同，因为我无论如何也免不了联想起当年工学院大楼里那股腐烂黄豆的臭气！

（此文以“想起了珞珈山上的樱花”为题，做了几处小改动，发表于《武汉春秋》? 年（原文年代不详）第 4 期）

（编号家史 · 吴 · 12 · 57 · 17；家史 · 王 · 3.129 · 6）

关于教育政策的两点浅见

王 燊

常常听说:"我们国家还穷,拿不出多少钱办教育。"这话听起来有理,因为"穷"是事实。

然而,仔细一想,到底越穷越不该办教育呢,还是越穷越应该办教育的?

我看,答案只能是后者。

又常常听说:"许多大学毕业生都分不出去,招多了徒增人才浪费。"这话前半也是事实,只是后半不敢苟同。

我在想:知识分子多了,文化水平高了,如何能算浪费?我又想:许多小、中、大学的师资尚不合格。连自身延续的能力都不具备,难道就真的"多"了!

持上述观点是有害的,前者在说"不可能",后者在喊"不必要"。(恕我上纲)

持这类观点的人又是值得同情的,因为他们或许恰好是这些观点的受害者。

(编号:家史・吴・12.33)

谈贪污与浪费

王 燊

一、愚见:从可持续发展的角度衡量,浪费对社会的危害甚于贪污;贪污要治,浪费也要赶快堵。

二、怎说?贪污是用不合法的手段取得不属于自己的财富(资源),是违法的。浪费是通过无效(或低效)的过程耗掉属于自己的财富,并不违法。这么看,贪污的过错重于浪费。然而,贪污的结局是财富的所有权的转移,财富本身并无损耗;而浪费的结局却是财富的无效耗失,所以,从可持续发展的角度衡量,浪费对社会的危害甚于贪污。

三、怎办?贪污违法,依法惩治,这好办。

浪费损德,要办,只能以德感召,这虽不怎么好办,但也不多么难办。例如:榜样组织、榜样人带头做出抑制浪费的榜样;舆论传媒弃虚务实、抑奢从俭的善行多加倡导,我相信,这不会太难。

四、结语:俭朴乃我中华民族传统美德,也是我国社会的主流。遏制当前那股奢侈浪费之风,既属急需,又孚众望;一朝有所动作,必能迅速雷厉风行,大大加快我们奔向小康的步伐。

(刊登于《武汉民进》,2004年第1期)

(编号:家史・吴・12・57・11;家史・王・3・129・13)

谈“试”与“应试”

王 燊

餐馆需要厨师，它考烧饭做菜，志愿者也下苦工研习烧饭做菜，应试通过进店以后，果然能烧饭做菜，不用说，老板和他都很满意。

餐馆需要厨师，它却考唱歌，志愿者想进餐馆，只好打擂唱歌，应试通过进店以后，歌唱得不错，而烧饭做菜却不高明。这时，如果老板责怪那位老兄不顾自身“素质”而只顾“应试”，这合理吗？

古今中外，只要有考试，考试就是指挥棒。在“试”与“应试”的一对矛盾中，“试”始终占主导地位，从上面的例子可以看出，我们要有实效地贯彻“素质”教育，就该在各阶段对学生“试”之以“素质”，而不是其他。

然而，我也知道，“素质”这玩意儿既实且虚，到底怎么去考“试”或测“试”，很难说清楚。我现在衷心恳求的是，请敬爱的诸多教界高手赶快在“试”字上下点功夫，让学生意气风发地“应试”吧！

（刊登于《武汉民进》，2004 年第 1 期）

（编号：家史・吴・12・57・18；家史・王・3・129・13）

杂想

王曦按（2016 年 10 月 18 日）：

下面这张纸上，写着父亲的一些有关做人的杂想。

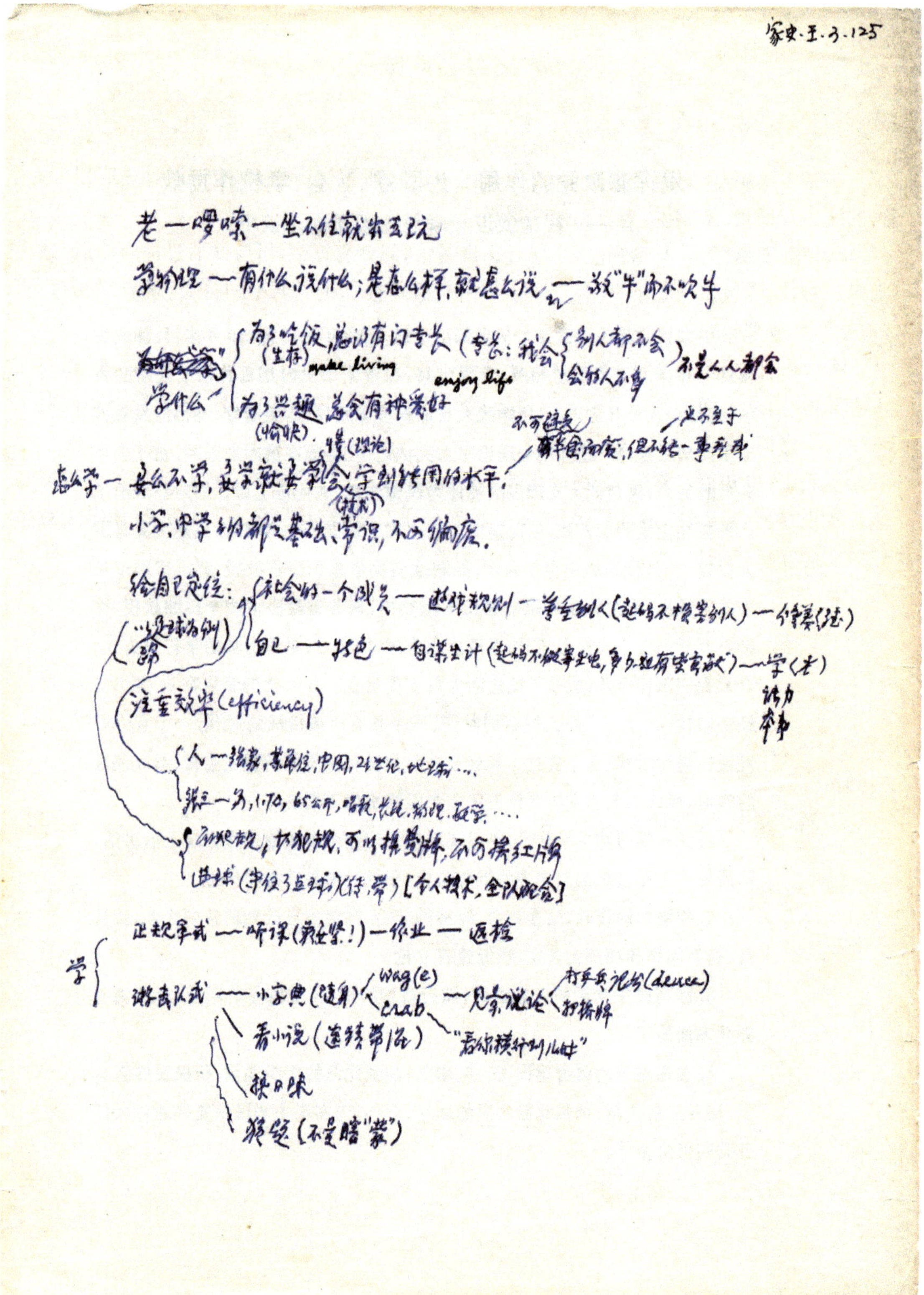
家史·王·3·125

老一啰嗦一坐不住就出去玩

学物理 —— 有什么说什么；是怎么样，就怎么说 —— 说"牛"而不吹牛

学什么 — 为了吃饭（生存）make living，总得有门专长（专长：我会{别人都不会 / 会的人不多}）不是人人都会

为了兴趣（愉快）enjoy life，总会有种爱好

怎么学 — 要么不学，要学就要学会 懂（理论）会（技术），学到能用的水平。

小学、中学学的都是基础、常识，不可偏废。

给自己定位：{社会的一个成员 —— 遵守规则 —— 尊重别人（起码不损害别人）—— 做人（德）
自己 —— 特色 —— 自谋生计（起码不做寄生虫，多少能有些贡献）—— 学（才）}

能力 本事

（以足球为例）踢

注重效率（efficiency）

{人 — 张家，某单位，中国，21世纪，地球……
张三 — 男，1.70，65公斤，唱歌，长跑，钓鱼，数学……}

{不犯规，少犯规，可以挨黄牌，不可挨红牌
进球（守住了进球）（传、带）[个人技术、全队配合]}

学 {正规军式 —— 听课（要专心!）—— 作业 —— 复检
游击队式 —— 小字典（随身）{wag(e) / crab} —— 见景说话 {打乒乓记分（deuce）/ 打桥牌}
"看你横行到几时"
看小说（连猜带估）
换口味
猜题（不是瞎"蒙"）}

第七节 忆他与他忆

王曦按(2016 年 10 月 4 日):

这一节集中了两类文字资料。一类是父亲回忆、感怀他人的文字资料,其中大部分是他追忆和感怀恩师和其他师友的文章,另一类是他人回忆和感怀他的文章。这些文字资料的价值,除了史料价值以外,更重要的是它们所饱含的真挚之情。

我国空间物理学先驱桂质廷

——纪念桂质廷教授 100 周年华诞

王曦按(2007 年 2 月 7 日):

以下这篇文章是父亲和另外两位同事合写的纪念恩师桂质廷教授诞辰 100 周年的文章,发表在《武汉大学学报》上。

家史·王·3·57
家史·吴·9·7

第41卷 第5期 武汉大学学报(自然科学版) Vol.41 No.5
1995年10月 J. Wuhan Univ. (Natural Science Edition) Oct. 1995

我国空间物理学先驱桂质廷
——纪念桂质廷教授100周年华诞

王桀 胡心如 赵修诜
(武汉大学电子信息学学院,武汉,430072)

摘要 桂质廷(1895~1961),我国著名的地球物理学家.他是建国初期中国科学院地球物理组专门委员,第一个巡测了我国境内地磁常量的中国人.他最先和学生一道在国内进行了高空电离层的常规观测.他所创建的武汉大学游离层实验室,50年来未曾间断电离层的观测研究.本文着重介绍他的生平简历、教学态度、学术成就和爱国主义思想.

关键词 自然科学史,空间物理,桂质廷
中图法分类号 N 09

桂质廷老师离开我们已经34年了,今年是他诞生100周年.作为他的学生,我们收集了一些资料,阅读了他的部分日记,谨以本文,作为对他的纪念.

1 青少年时代

桂质廷祖籍湖北江夏县,辛亥革命后江夏改称武昌,所以一般都说他是湖北武昌人[1].该地现属武汉市青山区,1995年初,原武汉市属武昌县,又改为江夏区,但已不包含青山.1895年1月9日,他出生在湖北江陵县沙市镇(今荆沙市)一个基督教神职人员家庭,父亲桂美鹏是沙市基督教圣公会会长兼该会小学校长.他有三个姐姐(月华、质玉、德华),三个妹妹(质良、质义、醒华),是父母唯一的儿子.他幼年时就受过基督教的洗礼,教名保罗(Paul).1903年8岁,他在沙市读小学,1905年至1909年,到宜昌美华书院上学,该院相当于现今的小学高年级至初中.1909年进入上海圣约翰大学中学部,卒业后又在该校大学读到二年级.在这段时间内他父亲去世了,当时他15岁①,家庭境遇困难.他原想停学就业,可是他母亲坚决不同意,于是变卖家中部分衣物,并得到在上海作家庭教师的姐姐的一些接济,学习得以继续下来.

1911年,清朝政府在北京开办了留美预备学校——清华学堂,桂质廷于1912年以优异

收稿日期:1995-05-12. 王桀:男,74岁,武汉大学教授,民办九州大学校长

① 桂父亲去世时的年份有3个说法,我们推证认为以桂15岁时较为合理,所以采用

的成绩考取该校高等科,1913年毕业.由于他英文很好,学校留他当了一年的中等科英语教员.1914年他被保送到美国耶鲁大学学习,原来主修文科,由于有科学救国的思想,毅然决定改学理科.1917年获得物理学学士学位,随即进入芝加哥大学读研究生.

当时正值第一次世界大战,美国参战后,芝加哥大学许多物理系教师转而从事与战争有关的工作,原有的研究项目多已无法进行,适逢国际青年会征集志愿者到法国为参加军事工程的华工服务,桂质廷应召于1918年到达法国.这一批从中国国内和美国应征的学生共60余人,在法国教华工识字,代写书信,还做了一些生活福利工作.战争结束后,他于1919年6月再回到美国学习.

这次他进入了康奈尔大学,研究无线电,1920年获硕士学位.在康奈尔他结识了美籍华人姑娘许海兰.1920年桂先期回国,次年许也毅然放弃美国国籍,来到上海与桂结婚.从此他们互助互勉共同献身祖国的教育与科学事业,度过了相濡以沫的40年生涯.

1923年桂质廷在长沙雅礼大学任教时,得到了洛克菲勒基金奖学金资助,再次到美国普林斯顿大学深造.在该校,他曾随著名物理学家K.T.康普顿研究气体放电和紫外光谱,于1925年获得博士学位.其学位论文发表在1925年美国《物理评论》上[2].这年,他正好30岁.

2 半生教学为祖国培育人才

在桂质廷有生的66年中,有41年是在国内多所高等院校从事教学.1920年第一次回国,先后在北京协和医学院和长沙雅礼大学任教.1925年第二次回国后,先回雅礼大学,以后又辗转到沈阳东北大学、上海沪江大学、武昌华中大学等校教学.在沪江还担任物理学系主任,到华中是理学院院长兼物理学系系主任.1939年受聘到武汉大学直到1961年因病去世.曾担任理学院院长和物理学系系主任.他32岁受聘为教授,33岁主持系的工作,40年代初期被推荐为当时教育部部聘教授.在几十年的教学工作中,为国家培育了一代又一代的专门人才.他的学生现在有大专院校的主要领导、科学院院士、博士导师,在各自的岗位上肩负着重任.无论是年逾八旬的老专家,或正当中年的骨干,大家回忆他当年的教诲,都感到受益极深.

他教过高等数学、普通物理、电磁学、光学、无线电、近代物理等课程,备课认真,讲授生动亲切.即使在50多岁后手抖的时期,每堂课也先将讲授大纲在卡片上逐条列出,然后亲自和助手准备演示实验与图表,仔细认真,一丝不苟.

他对学生和霭可亲,平易近人.他提倡自学,鼓励深入思考钻研,在课堂宣布:如果有谁感到讲授内容不能满足需要,可以退席.建国初期,我国高等学校采用前苏联的教学大纲与教材,基础理论课程比前加重,一些青年教师反映过去学的不够,要求专门为他们补课.他耐心地现身说法开导这些同志,鼓励他们在工作中学习,边干边学.自己以近60岁的高龄,参加俄文学习,和学生一道听苏联专家讲学,从不缺席,为青年教师作出榜样.

桂质廷是一位实验物理学家,他一生主要成就与实验观测分不开.他对实验工作很有感情,即使担任院长、系主任,有繁忙的教学行政任务,仍经常进实验室工作.动手做实验是他的乐趣,家中书桌后,有一块工具板,整整齐齐地摆放着一套常用工具.他对自己的助手和学生,特别注意实验技能的培养,亲自指导新型设备的试制安装和调整.在他当年的日记上,可以找到实验进展的一些情况.他曾经说过:"我和系内一些同事的感情,是在实验室修仪器中建立的."他经常强调用仪器设备不能一味贪新、贪精、贪洋,要物尽其用,要学会正确选择与使用仪器.

桂质廷见多识广、胸怀坦荡.他是地球物理专家,学术带头人,在为学上却鼓励学生不必跟着自己的脚步走.40年代他招收了自己的第一个研究生,为学生指出两个可供选择的研究方向:一个是他本人从事研究的电离层物理;另一个却是生物物理.当时,生物物理还处于萌芽阶段,但他高瞻远瞩,预见到将会来临的蓬勃发展.另外,在50年代,他就指出应该注意哨声传播问题,当时对这个问题尚未引起重视,30年后,在他学生中,有的在这个领域中做出了举世公认的成就[3,4].

1961年,桂质廷曾提出:根据自己几十年教学经验,对普通物理内容结构有一套系统的看法,因为手抖不能多写,希望物理系能为他配备助手,整理出一套大学物理教材来.可惜不久之后他就因病住院,这一个心愿来不及完成.

3 我国电离层物理的开拓者

我国古代对于地磁知识处于世界领先地位,史书上有不少记载.然而对于地磁常量的测量,却落在外国人之后.从清朝末年起,陆续有俄国人、日本人、德国人、美国人及法国人在我国境内作过地磁普查[5],唯独没有中国人主持过这项工作.1931年,桂质廷获得卡内基研究院地磁部的资助,利用学校假期,在华北、华南、华西等地进行地磁巡测,到1935年,共测了95个点.华北地区的测量结果,发表在1933年出版的《中国物理学报》第1卷第1期上[6].这是中国人首次巡测自己的地磁常量.

地磁场的变化与电离层的电流密切相关,桂质廷1935~1936年在卡内基研究院作短期研究时,就考虑在中国进行电离层探测的计划[7].1936年,原中央研究院物理研究所观测了电离层电子浓度对日偏食的依赖关系,这是我国最早的电离层研究成果.这次的三位观测者之一,就是桂质廷的学生梁百先[8].稍后,桂质廷与他的学生宋百廉一道,在武昌华中大学校园内,开始进行常规的电离层探测.当时正是抗日战争时期,武汉时遭空袭,工作条件十分困难.他们尽最大努力,取得了从1937年10月至1938年6月共9个月的探测记录.这是我国首次对电离层的常规观测研究[9].这项研究取得了两项突破性成果:一是桂质廷与Henry G. Booker几乎同时注意并报导的扩展F层的重要现象;另一是桂质廷发现武汉地区F_2层临界频率明显超过了按纬度分布的预期值.后来他将这一现象归结为"经度效应",实际上即是E.V.爱泼顿和梁百先在1947年所总结的电离层赤道异常现象[10].

1943年,桂质廷作为中国知名学者被派出访美国.在美期间,经他联系促成武汉大学与美国标准局合作研究电离层的计划,并于1945年回国时与许宗岳教授一道带回一台DTM-CIW_3型半自动电离层垂测仪.1946年元旦零时在四川乐山武汉大学战时校址开始正式观测,武汉大学游离层实验室由此成立.

抗日战争胜利后,武汉大学由乐山迁回武昌.1946年8月20日,游离层实验室在武昌恢复观测.桂质廷带领梁百先、许宗岳等物理系、电机系的教师与研究生做了大量的观测、分析、研究工作,并与全球数十个观测台(站)进行资料和成果的交流.从此,我国早期研究电离层的一支基本队伍得以形成.在桂质廷的领导下,短短几年,游离层实验室在F_2层临界频率的地磁控制现象[11,12]，E_2层的出现规律[13,14]，日食的电离层效应等方面的研究[15]，都处于当时国际前沿．1949年，桂质廷受聘为《Journal of Geophysical Research》这一国际著名学术期刊的编辑，是该刊编辑中的第一位中国学者．

新中国成立后，桂质廷在武汉大学开创的电离层研究工作不断得到发展．建国前后，观测一直坚持没有停止．1952年1月，桂质廷由中国科学院聘为地球物理组专门委员，参加全国该学科的科研管理和学术指导工作[16]．1955年，武汉大学物理系设立电离层及电波传播专业，并恢复招收研究生．1956年武汉大学与中国科学院地球物理所合作，在武汉大学校园内建立了地球物理观象台(现属中国科学院武汉物理所)，桂和梁百先受聘为地球物理所兼职研究员，梁百先兼观象台第一任台长[17]．1960年，武汉大学又建立了黄陂试验站．1978年发展成为空间物理系和电波传播及空间物理研究所[18]．1994年，更进一步发展成为电子信息学学院，该院设有4个系2个研究所和一个中心．从这里人才辈出，硕果累累，无不凝聚着桂质廷等前辈昔日创业的艰辛．

4 热爱祖国矢志不移

桂质廷生长在满目疮痍的旧中国，他的家庭、社会关系、学习环境、工作经历都与海外尤其是美国有密切的联系．他一生之中无论在怎样的情况下，显露出的是爱国之心与报国之志．

他留学时弃文就理，以期"科学救国"．在法国以一参战国公民的身分，为广大华工热心服务．1919年五四运动的热潮传到美国，康奈尔大学的中国留学生召开了座谈会，桂质廷在会上含泪慷慨陈词，提出挽救祖国责无旁贷的誓言．一次，他的研究工作获得成果，一位白种人朋友称赞他的才能"象白种人一样的白"，他立即声称自己是"象黄种人一样的黄"[19]．

他从事科研，选题注意中国的特点：地磁和电离层的研究，体现了中国的地域特征；他还一度从事过介质常数的测定，选定的物质为当时中国的大宗出口土特产——桐油[20,21]．

根据美国法律，许海兰和桂质廷结婚后，就算自动放弃了美国国籍，然而经过一定的程序，是可以申请恢复美国国籍的．但是他们夫妇相互勉励，无论经受什么样的困苦与坎坷，决不动摇作为中国人的尊严．解放战争后期，有桂质廷的美国朋友动员他出国，并为他找到了工作．他回信谢绝，坚持留在国内迎接新中国的诞生．抗美援朝时期，他们两人支持在国内的女儿参军．1978年许海兰出国探亲，不顾海外四代93位亲属的挽留，以八旬高龄，毅然返国．1995年春，这位全国三八红旗手，几十个不同肤色不同国籍儿孙的老妈妈老祖母，以96岁的高龄，病逝于武昌．

桂质廷在解放前，从未参加过任何政治团体，即使当年国民党施加压力要大学各院院长加入国民党，他也予以拒绝．新中国成立后，1956年他愉快地加入九三学社，并担任过该社武汉市委的副主任委员．

1985年1月9～15日，武汉大学和九三学社武汉市委隆重纪念他的90诞辰，举办了学术报告，设立了武汉大学桂质廷奖学金(现为桂质廷-许海兰奖学金)，出版了他的遗著《地磁及电离层电波传播》．

今年是桂质廷诞生100周年，中国有古语说"十年树木，百年树人"．桂质廷的百年过去了，他的学生和学生的学生们正在迅速成长，沿着中国共产党所指引的科教兴国的道路前进．

(致谢:在本文撰写过程中,桂湘云、桂庐音、桂稀恩、桂嘉年、车桂等同志提供了资料,核对了年谱,在此一并致谢)

参 考 文 献

1 梁百先,王燊. 桂质廷先生传略. 物理通报,1984(4):46～47

2 Kwei C T. Characteristics and spectra of low voltage arcs in H_2, N_2, and in mixtures of H_2 with Hg and N_2. Phys Rev,1925,**26**:535～560

3 Bao Zongti,Wang Tingzhu,Xu Jisheng,*et al*. Characteristics of low-latitude whistlers and their relation with f_0F_2 and magnetic activity. Adv Space Res, 1983,**2**:223

4 Liang B X,Bao Z T,Xu J S. Propagation characteristics of night-time whistlers in the region of equatorial anomaly. J Atmos Terr Phys,1985,**42**:999

5 桂质廷. 地磁及电离层电波传播. 武汉:武汉大学出版社,1986. 10

6 Brown F C,Kwei C T. Results of magnetic observation in North China. 中国物理学报,1933,**1**(1):91～94

7 Wang Shen,Liang Baixian,Hu Xinru. Dr C T Kwei and the Carnegie in China in 1930s and 1940s. In: The earth,the hcaucns and the Carnegie Institution of Washington,History of Geophysics. Washington:American Geophysical Union,1994,**5**:171～172

8 Tsen Mong-Kang(陈茂康),Chu En-Lung(朱恩隆),Liang Pe-Hsien(梁百先). Measurements of ionization in the ionospheric layers during the partial solar eclipse of June 19,1936 at Shanghai. Chinese J Phys,1936,**2**:169

9 Sung P L,Kwei C T. Ionospheric measurement at Central China College Wuchang China October 1937 to June 1938. Terr Mag and Atm Elec,1938,**43**(4):453～461

10 Liang P H. F2 ionization and geomagnetic latitudes. Nature,1947,**160**:642

11 王燊. 游离层游离量之地磁控制现象. 中国科学与建设,1949,**2**(1):页码不详

12 桂质廷,王燊. 地磁极光及电离层. 北京:科学出版社,1957

13 Lung H L. The existence of E_2-layer in the ionosphere near sunrise. 国立武汉大学理科季刊. 1948,**9**(1):35

14 桂质廷. 磁静日 Sq 电流系统对电离层 E 层的影响. 武汉大学自然科学学报,1960(4):1～8

15 桂质廷,梁百先,莫纪华,周炜. 一九四八年五月九日日食与武昌上空 F-2层所受之影响. 中国物理学报,1951,**8**(3):195～206

16 宋振能. 中国科学院建立专门委员制度的回顾. 中国科技史料,1991,**12**(4):38～52

17 武汉大学学报编辑部. 空间物理学家——梁百先教授. 武汉大学学报(自然科学版),1987(1):123

18 吴贻谷. 武汉大学校史. 武汉:武汉大学出版社,1993

19 许海兰. 矢志不渝爱中华. 中学生,1984(1):48～50

20 Kwei C T,Tao S C(陶士珍). Experiment on the dielectric constants of Tung oil. 岭南大学自然科学学报,1933(12):93～100

21 Hsu T Y(许宗岳),Kwei C T. The polarization and electric moment of Tung oil. 中国化学学报,1936(4):105～106

654 武汉大学学报(自然科学版) 第41卷

PROFESSOR C. T. KWEI A CHINESE PIONEER IN SPACE PHYSICS

——For the centenary of Prof Kwei's birth

Wang Shen, Hu Xinru, Zhao xiuxin

(College of Electronic Information, Wuhan University, Wuhan 430072, China)

Abstract Professor C. T. Kwei (1895～1961) was born in Shashi, Hubei, China. He received education there until 1909, when he went to Shanghai, entering the middle school attached to St. John's University. In 1912, he was admitted into Qinghua School in Beijing. He was sent to Yale University in 1914 and became a graduate student at the University of Chicago in 1917. In 1918, as a volunteer, he went to Europe doing rear services organized by the International YMCA. He entered Cornell University in 1919 and got his MSc. in 1920. At Cornell, he fell in love with Miss Helen Hsu, an American girl with Chinese origin. They got married in Shanghai in 1921 and then went to Changsha. Kwei resumed teaching until 1923 when he got a scholarship from the Rockfeller Foundation and they sailed to the U. S. again. This time, Kwei entered Princeton University and did research under the direction of Prof. K. T. Compton. He got Ph. D. degree in 1925, and they returned China in the same year. Since then, Kwei had been a professor successively at various universities. In 1939, he finally came to Wuhan University and worked there until his last breath.

Prof. Kwei's lectures were always organized with great care. Attending his lectures was like listening to stories, very inspiring and very impressive. In research work, Prof. Kwei attached profound importance to observation and experiment. Many a record-setting accomplishments had been made. Among them: 1931～1935, with the support from the Carnegie Institution of Washington, Prof. Kwei had made patrol geomagnetic survey over China during his vacations, the first Chinese making such experiments. 1937～1938, Prof. Kwei and Mr. P. L. Sung recorded, and reported the spreading of the F_2-layer in 1938, a discovery simultaneous to Drs. H. G. Booker and H. W. Wells'. 1943～1945, during Prof. Kwei's sabetical leave at the U. S., a coorperative project was contracted between Wuhan University, and the Bureau of Standards, with Kwei as the project director. An ionospheric lab was thus founded in Wuhan University in 1946. Through half a century's collective effort, this scientific seed laid down by Prof. Kwei has now been growing up into a tree with prosperity and vitality. The College of Electronic Information has been established composed of 4 departments and 2 research institutions related to near-Earth space physics and radiowave propagation.

Key words history of natural science, space physics, Kwei C T

敬忆桂质廷老师

王 燊

王曦按(2007年2月7日):

这是父亲所写回忆恩师桂质廷先生的文章。文章通过一些细节,生动地描绘了桂先生的为人和做事,具有重要的史料价值。文章中流淌着父亲对恩师的崇敬和感谢之情。

刊登此文的《北京珞嘉》,应为武汉大学在北京的校友办的刊物。

桂质廷老师离开我们倏忽已四十个春秋,他的音容德行,仍时时受到他的受业学生的景仰和追忆。

桂老身材魁梧,金丝眼镜后面的双目炯炯有神,面容和蔼,举止斯文,说话轻言细语,循循善诱;只要一见面,谁都立刻感到他是一位可亲可敬的好师长。

人们都知道,物理学方面的课,总跟实验操作和公式推导打交道,听起来难免感到枯燥。可是,桂老讲授的《近代物理》却不是这样。例如:讲到气体放电时,他就讲起了他当年跟康普顿先生一起做著名的"康普顿实验"的情况。讲到X射线时,他就讲到第一次世界大战时,他作为一名志愿者在欧洲用这项设备为伤员服务的情况。讲油滴实验,讲云雾室等等,他都用自己的亲身经历来讲述,非常生动亲切,以致一些同学说,上他的课,就像"听电影"。

桂老和我第一次单独的面对面谈话,很巧,也很有趣,我一辈子忘不了。那是1941年下半年,在乐山,同室的一位同学病了,我们几个人把他弄到了医务室。天虽然亮了,但还没到上班时间,进不了门。清晨有些冷,为了不使他进一步着凉,我们把锁拧开了,到里面坐等。这显然闯了个祸。果然,大概一两天后桂老便叫人通知我去见他。我按时诚惶诚恐地走进他的办公室,准备挨训,哪知他却慈祥关爱地跟我谈起了家常。等我平静下来以后,他才谈到两件正事。一是拧锁,我承认了错误。他没有再追究,只是郑重地提醒我说:"要知道,这是犯法啊!"二是叫我不要私拆别人的信件。我说我没干这样的事。他说:"那就好。私拆别人信件也是犯法的,那叫侵犯别人的隐私权。"接着又微笑地问我"隐私"的英语是怎么说的。我说:"是不是secret?"他高兴地说:"差不多。还有个更恰当的词叫privacy。"短短的谈话就此结束,而这几分钟的谈话却教育、鼓励了我几十年。

桂老喜欢抽烟,但在实验室往往需要两手同时操作;他又经常要用打字机,更要求十指不闲。为了工作、吸烟两不误,他练就了一套独特的吸烟功夫:把烟粘在上唇边,这样,闭口可以吸烟,张口可以说笑,连烟灰都掉不下来!同学们都想学这一招(我的好友中有烟瘾很大的),可谁都没有学到手。

1945年,桂老在美国代表武汉大学与美国标准局订立了一个合作观测和研究电离层的协议。桂老返校时,一箱箱观测设备也运到了乐山。经过物理系和电机系一些老师与负责运送及安装的几位美国海军人员共同协作，一整套半自动式电离层垂直观测仪很快建立，并于1946年1月1日零时正式开始了每小时一次的常规观测工作。乐山上空电离层的第一份正规的频高图，正是桂老亲手观测描绘的。

电离层这一自然现象，无论是对当初马可尼的越洋电报，还是对当今信息时代满天飞的各式各样的电波，都有这样那样的正面或负面的影响，对人们的生产、生活关系重大。对这一重要现象的研究，在国际上是英国的爱泼登先生在1925年前后开始的。在我国，1936年陈茂康、朱恩隆、梁百先几位先生观测了一次日蚀效应；1937—1938年，桂老和他的学生宋百康先生作了几个月的常规观测（在武昌华中大学）；1940年，吕保维先生在美国做过电离层吸收作用的研究；40年代中期，也有一组人在重庆作过垂直观测。但从设备的先进性和观测数据的密度看，桂老的这一项目却是甚具优势的。自那时起，经过桂老和梁百先、许宗岳、龙咸灵等老师接力式地辛勤培育，特别是新中国成立以来党和政府的大力领导、指导和支持，原来那个单一的“游离层实验室”已发展成面对空、地、海进行多项目研究的国家重点“游离层实验室”；从以此为特色的院系走出来的一批批生力军，不仅在国内外教学科研战线上起着重要作用，甚至深入到人迹罕到的极地，进行艰苦而出色的工作。

也刚好是1945年下半年，我开始成为桂老的研究生。我那时自然要选择“电离层”作为学习和研究的方向；可是桂老跟我谈话时，却提示我还可考虑搞“生物物理”。那时的“生物物理”还处于用X射线照射鸡蛋的阶段，我对它没多大兴趣；加之我的生物学知识太差，所以终于选择了前者。时至今日，生物科学已蓬勃发展起来，这充分说明桂老关心学术动态并有极敏锐的学术预见本领。

1946年初，电离层观测在乐山正式开始，不久，桂老就指导我做他称为“经度效应”的观测。原来，1937—1938年，桂老曾在武昌作过几个月的电离层观测。当时，他发现在同一地方时，武昌F2层的临界频率，往往明显高于接近同一纬度而经度不同的其他台站的数值。这时，桂老叫我找找其他台站是否也有这种现象，然后总结规律，追寻原因。遗憾的是，当时能弄到的数据太少，加之不久实验室迁返武昌，这项工作没能继续进行下去，直到1947年才又在梁百先老师的指导下重新开展起来。就在这段时间，英国的爱泼登先生也做了这项工作，而且文章发表在先；所以这一现象后来就按爱泼登先生的说法，叫做“电磁控制现象”。如果追根溯源，最早觉察这一重要现象的，其实是桂老。

还有一件事也是这样，那就是扩展F层的观测与报道。美国的布克和威尔斯先生在美国的《地磁与天电》杂志1938年第3期上发表了他们该年2月14日和23日在南半球秘鲁观测的扩展F层的记录，因而被认为是这一现象的最先发现者。其实，桂老在1937—1938年在武昌也观测并注意到了这一现象，并且也向《地磁与天电》投送了文稿；只可惜所用的观测记录（4月2日）和出版时间（该刊第6期）均略晚于前者。两组科学家，一在南半球，一在北半球。平心而论，从当时的信息条件看，自然应该是两组科学家同时独立地认定了这一现象。这件事我于1991年在维也纳召开的“地磁学与高空大气学国际联盟”讨论会上作了报道，在一定范围里为桂老、为中国人舒了一口气。

桂老一生温良恭俭让，从未听说他争名争利，也从未听说他在什么场合吹嘘自己。他的很多事迹都是在他去世以后，从文献里或他的亲友处得知的。桂老 1895 年出生于湖北江陵。1914 年刚满 19 岁就因成绩优异而由北京清华学堂（清华大学前身）保送到美国耶鲁大学学习，于 1917 年取得理学士学位，随即转入芝加哥大学作研究生。1918 年应征由美国去法国作第一次世界大战的志愿服务工作。1919 年进美国康奈尔大学研究无线电，1920 年获得洛克菲勒奖学金而到美国普林斯顿大学继续深造，并于 1925 年获得博士学位，那时才 30 岁。

桂老 1925 年回国后，先后在长沙雅礼大学、沈阳东北大学、上海沪江大学、武昌华中大学和武汉大学等校任教，教过高等数学、普通物理、电磁学、光学、无线电、近代物理等课程，并担任物理系主任、理学院院长等职。1931 年到 1935 年间，他在美国卡内基研究院的资助下，还多次利用寒暑假的时间，带着仪器、跋山涉水，先后在华北、华南、华西的 95 个点仔细进行了地磁常量的巡查工作。这是我们中国人在自己国土上所作的第一次系统性的地磁巡查，是一项开创性的科学劳动。我记得他还跟我谈起当时曾有过的一个想法：利用各地墓碑的取向，追溯我国境内磁偏角的历史变迁。可惜，由于种种原因，这一想法未能付诸实施。桂老还先后受聘为教育部部聘教授、中科院地球物理组专门委员，以及美国《地球物理研究》这一国际权威性期刊第一届编辑部的编辑，而这也是担任这一职务的第一位中国学者。

桂老的一生，是辛劳的一生，光辉的一生，影响深远的一生。他开创的事业像一粒种子，在 40 年后的今天，已成为一株枝叶繁茂的“参天桂树”，馨香四射地巍然挺立在中华大地上。

2001 年 11 月 5 日

作者简介：王燊，武汉大学教授；湖北襄阳人；1921 年生；1944 年武大物理系毕业，理学士；1948 年武大理科研究所毕业，理硕士；随即在武大任教，1991 年退休，享受国务院特殊津贴。

（刊登于《《北京珞嘉》，2002 年第 1 期）

（家史・吴・2.1、9.9；家史・王・3・129・4）

敬赞桂质廷先生遗著《地磁及电离层电波传播》

王　燊

王曦按（2017 年 2 月 7 日）：

这是父亲在 1988 年为桂质廷先生晚年遗著《地磁及电离层电波传播》所写的书评。文中接近末尾处提到的“经度效应和磁控现象”，就是在 1946 年以后父亲作为观测员在桂师的指导下亲身参与的一项重要的开创性研究。

先师桂质廷先生毕生从事地磁及其电离层研究，30年代初期在华北进行地磁巡测，30年代后期又在武昌进行电离层常规观测，为我国近代科学发展开创了新的篇章。他环顾书海，深感需要一本适合我国国情、具有我国特色的地磁及其电离层专著，所以尽管教学、科研和行政工作异常繁重，仍然勤记敏思，坚持积累资料。《地磁及电离层电波传播》便是桂老师从前人、同辈和他本人大量成果中一次又一次地去粗取精，最后在他老临终病榻上草成的。篇幅不长，意义深远，本书确实起了、并正起着传播新知、激励读者的作用。

窃以为，此书至少有如下特点：

1. 极其简明扼要　如此大的题目，在本书之先，有如 Chapman 和 Bartels 的数千页巨著《地磁学》；在本书之后，有如 Mafsushita 和 Campbell 的《地磁现象物理学》和 Akasofu 的《日地物理学》，也都不下千页。若经版面换算，本书不过百页，而主要问题，说得清清楚楚。例如"地磁场的变化"一章，便将长期变化、静日变化、扰日变化及其在日地关系中的作用概括无遗。

2. 鲜明的中国特色　例如在章节 1—2 中朴质地列举了我国古代地磁记载，图 1－6 展示了内蒙地区地磁图，表 2－1 标明了我国的部分地磁台站，这都是前述外人诸书中无法找到的。这本书，向世界显示了中国的存在和实力。

3. 倾注有作者及其同事的成果　例如章节 4—12"经度效应和磁控现象"，作者虽未提名，实际都是作者本人，以及梁百先、龙咸灵等先生的研究成果，也都是当时国际前沿的成果。

在当时，这是我国第一本，也是唯一的一本这类著作；在今天，许多那个时代以后的新进展自然是见不到。然而，每读此书，顿时肃然起敬，腰杆也觉硬了起来，这倒是事实。

（1988 年 5 月）

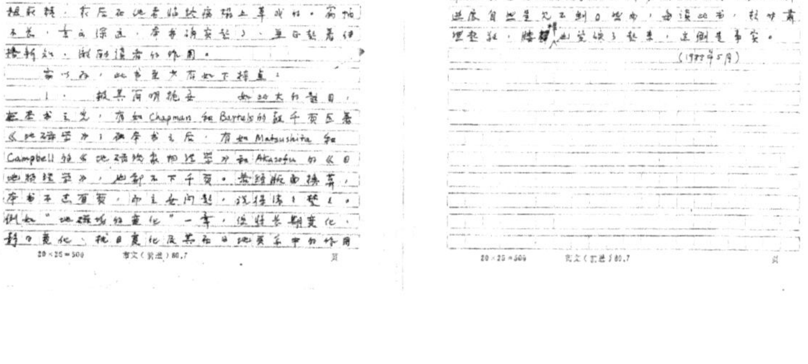

(编号·家史·吴·9.3)

桂质廷先生传略

梁百先　王　燊
(武汉大学空间物理系)

我国著名的老一辈物理学及地球物理学家桂质廷教授,1895年元月出生于湖北沙市,青年时代曾在上海圣约翰大学学习,1914年由清华留美预备学校报送美国留学,先后在耶鲁大学获理学学士,康奈尔大学获理学硕士,普林斯顿大学获哲学博士学位,并在普林斯顿大学从事光谱学研究。20年代初,桂先生由美返国,先后在北京协和医学院、长沙雅礼大学、沈阳东北大学、上海沪江大学任教,并兼任主任职务;1930年到武昌华中大学任理学院长兼物理系主任任;1939年就武汉大学之聘,从事教学、科研和行政工作,直到1961年10月因病去世。

桂教授的青年时代,正当中国人民内受剥削压迫、外遭欺凌侮辱的困苦年月。他出于对祖国、对人民的满腔热爱,怀着"科学救国"的信念和科学工作者的献身精神,从那时起,每到一个学校,就为那里物理系的师资培养、实验室建设和科学研究的发展呕心沥血,做出了影响深远的开创性的工作,业绩遍神州,桃李满天下。

桂教授初到华中大学(即今华中师范学院前身)担任物理系主任时,一方面努力做好教学及实验室建设工作,一方面抓科学研究。在那时,他就意识到在我国开展地球物理科学研究的重要意义,从1931年开始,他在美国华盛顿卡内基研究院地磁学部的资助下,利用每个寒暑假,不辞辛苦地到国内各地进行地磁巡测,成为我国最早从事这项工作的先驱。他的这一工作,为我国地磁学研究和自然资源的探测打下了基础,作出了贡献。1935年他学术休假时,应邀去卡内基研究院参加短期工作,对极区磁扰日变化与经度的依赖关系,发表了分析研究结果。1937年他在华中大学校园所作对武昌上空电离层的常规垂直探测,又是我国这方面的首创性工作。所得结果表明,武昌F2区的电子浓度,大大高于根据纬度效应所预计的数值。这一现象当即受到电离层科学界的广泛重视,其中包括首先确认电离层存在的科学家之一的M. A. Tuve博士,从此他们建立了合作和友谊。

桂教授1939年受聘武汉大学,当时正值抗日战争的艰苦年代,武汉大学迁校四川乐山,在桂教授的领导和苦心经营下,在一个祠堂里与理化两系教师合力重建了许多实验室,基本上适应了教学和某些科研的需要。我们记得很清楚,当时做电子衍射实验所用的真空玻璃罩,就是一个截掉了底的酒瓶。桂教授还十分注意学术动态,每一、二周必定组织一次报告会或讨论会,使师生在当时消息比较闭塞的情况下,仍能尽量开扩眼界,基本跟上时代。

抗日战争一胜利结束,桂教授就通过合作关系,很快弄回一套当时最新的电离层垂测设备,从1946年起,先在乐山、后在武昌进行了全日24小时的连续观测,培养了一批从事这方面研究的教师和学生，指导并鼓励他们在国内外学术刊物上发表了一系列研究成果。例如关于F2层临界频率因受地磁控制而形成赤道异常的一批论文和通讯，就是在他的启发之下写出来的。他本人还撰写了关于1948年5月9日日全食对武昌电离层的影响，以及有关Sq电流系的论文。

桂教授所从事的各项科研活动，都很注重联系实际。除了上述与短波通讯有关的项目外，他在30年代还曾多次测量我国主要出口产品之一——桐油的介电常数及其他电学性质，为商品检验部门提供了产品质量规格的依据。

由于桂教授在地磁及电离层科学方面的贡献，国际性著名期刊《地球物理研究学报》(Journal of Geophysical Research)1949年特聘他担任编辑，与各国权威学者共同组成编辑部。

尽管桂教授在国内外享有盛誉，但他从不以此自满。1956年武汉大学延请莫斯科大学电离层电波传播专家古谢夫副教授到校讲学时，桂教授虽已年逾花甲，却仍和中青年教师一样参加听讲，从不缺席。这种好学不厌的精神令人十分感佩。

桂教授非常注意地球物理基本数据的积累。在党和人民政府的支持下，他在50年代倡议并亲自筹建的武昌电离层观测台(现属武汉物理研究所)和武昌地磁台(现属地震局)至今均已连续做出了三个太阳活动周期的正规记录，为国内研究和国际合作做出了重大的贡献。

桂教授是一位热爱祖国、拥护中国共产党的科学家。他留美多年，岳母又是美国人，在美亲友很多。在抗战期间和解放前夕，屡有亲友劝他全家迁居美国，但他一概婉言谢绝，毫不动摇。解放后的某些运动中，桂教授虽曾蒙受不白之冤，但他拥护党、拥护社会主义的态度始终不渝。他于1956年加入了九三学社，认真学习马列主义、毛泽东思想，努力改造世界观，为后辈树立了典范。

桂教授就是这样一位学识渊博、道德高尚、爱国爱民的杰出科学家和教育家。他数十年如一日，言传身教，为我国科学人才的培养和科学事业的发展，付出了毕生精力，作出了不可磨灭的贡献。现在他虽已离开我们二十多年，然而他治学严谨的作风，诲人不倦的态度，乐于助人的风格和慈祥谦虚的音容，却永远留在我们的心中，永远激励着我们努力前进。

(刊登于《物理通报》，1984年，47，4)

(编号・家史・吴・9.4)

桂质廷老师的“先”

王曦按（2016 年 10 月 4 日）：

这是父亲保留的一份手稿的复写件。

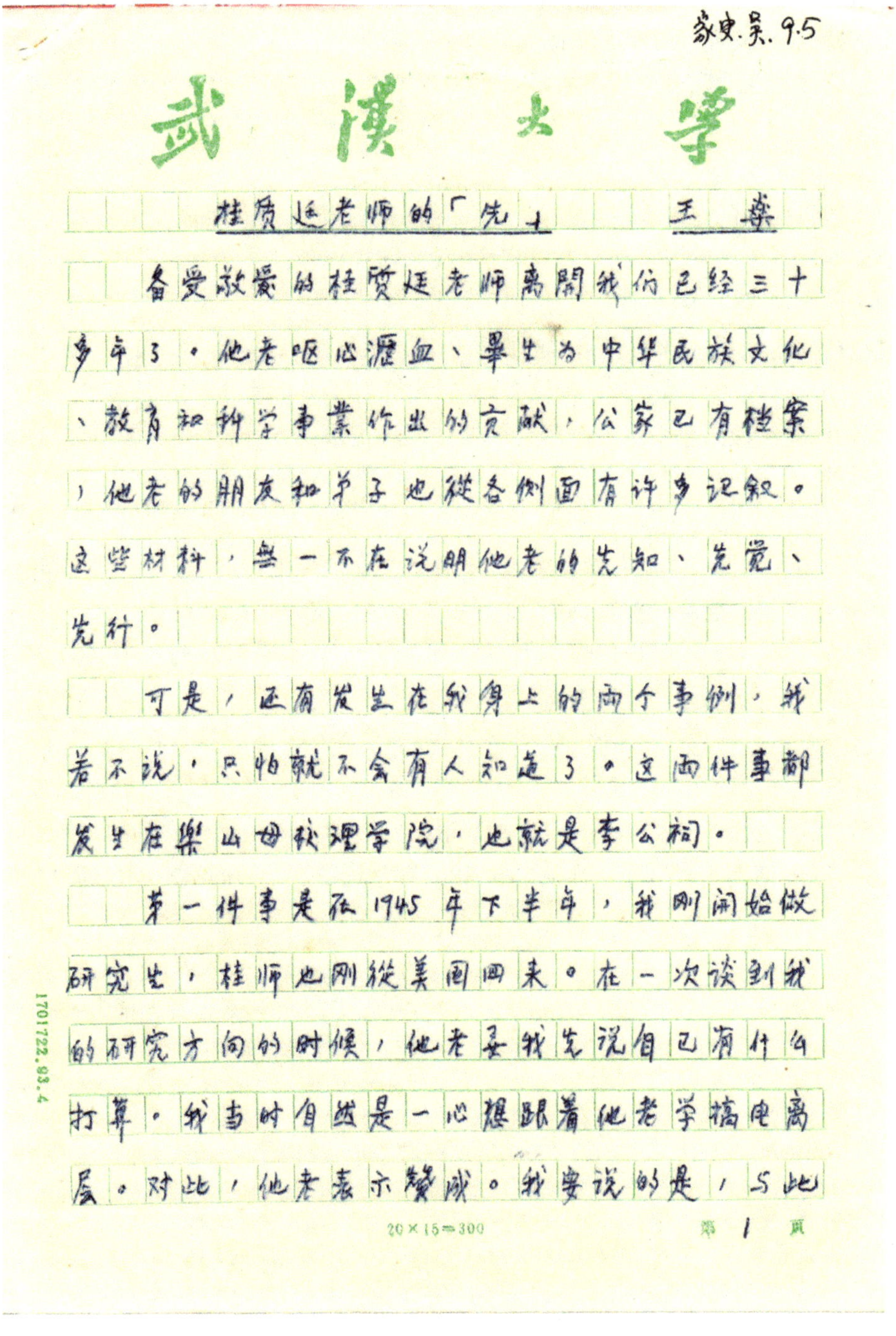

家史.吴.9.5

武漢大學

桂质廷老师的「先」　王燊

备受敬爱的桂质廷老师离開我们已经三十多年了。他老呕心瀝血、畢生为中华民族文化、教育和科学事業作出的贡献，公家已有档案，他老的朋友和弟子也從各侧面有许多记叙。这些材料，無一不在说明他老的先知、先觉、先行。

可是，还有发生在我身上的两个事例，我若不说，只怕就不会有人知道了。这两件事都发生在樂山母校理学院，也就是李公祠。

第一件事是在 1945 年下半年，我刚開始做研究生，桂师也刚從美国回来。在一次谈到我的研究方向的时候，他老要我先说自己有什么打算。我当时自然是一心想跟着他老学搞电离层。对此，他老表示贊成。我要说的是，与此

1701722.83.4

20×15=300　第 1 頁

武漢大學

同时，他老还非常郑重其事地要我考虑，愿不愿意投身从事"生物物理学"。那时生物物理学搞的还只不过是用X光照射鸡蛋的那些事。可是他老当时就跟我说，那不是一个什么小玩意，"它一定会很快地发展起来。"时至今日，事实是多么令人信服地证实了他老的预断！

第二件事是在1946年上半年，那时"武汉大学游离层实验室"已开始正式观测。当时他老叫我跟他做一个叫做"经度效应"的课题。他老教我设计表格，整理数据，还把他的一支"398"算尺交给我，教我如何使用。遗憾的是，囿于当时的环境条件，所能得到的记录资料太少，这工作没做多久就停了下来。我要说的是，桂师所说的"经度效应"，实际上是他老早在1937年，在武昌华中大学作电离层观测时

1701722.93.4

武漢大學

就注意到的"武昌F_2层临界频率明显高于华盛顿的"这一现象。而这一现象，恰好反映了现在人们认识到的电离层赤道异常带两侧的"驼峰"效应！

由于自己的迟钝无能，两件好事都没能做。此时此刻，诚敬肃穆地回顾这段往事，歉悔之馀，眼前不禁又一次闪耀出梅师慈祥睿智的"先"的光辉。谨愿借《珞珈》一角，作此追忆；俾与珞珈师友共同默享这又一份的珞珈骄傲。

1701722.83.4

20×15=300　　第 3 页

我国地磁学和电离层物理学的先驱——桂质廷教授

王 燊

(武汉大学电子信息学院,湖北武汉,730079)

中国地球物理学会创立至今已整整走过了60年的不平凡历程。回望过去,眼前时常浮起一代学术大师们离去的背影,在他们中间有我的恩师,著名空间物理学家和地球物理学家、我国地磁与电离层研究领域的奠基人之一,桂质廷教授。

桂质廷先生1895年1月9日出生于湖北江陵县沙市镇(今沙市市)。父亲是沙市圣公会会长兼教会小学校长。桂质廷先生在沙市读小学,后到宜昌华美书院学习。1909年到上海,在圣约翰读中学。1911年进入圣约翰大学学习。1912年,他以总分第一的成绩考入北京清华学校高等文科。1914年被保送到美国耶鲁大学学习,1917年获耶鲁大学学士学位,1920年获康奈尔大学硕士学位。回国后就职于北京协和医学院,2年后到长沙雅礼大学,先后受聘为讲师、副教授,其间曾于1923年至1925年赴普林斯顿学习,获博士学位。1927年到沈阳任东北大学教授。1928年到上海沪江大学任教授和物理系系主任。1930年到武昌华中大学,任教授、理学院院长兼物理系系主任。1939年受聘于武汉大学,曾任教授、理学院院长、物理系系主任等职,至1961年10月24日去世。为我国地球物理学事业奉献了毕生的精力。

地磁研究早在我国古代就开始了,在当时的技术条件下已达到世界领先水平。到了近代,我国对地磁常量的测量,却落后于国外。从清朝末期开始,在我国境内主持地磁普测工作的没有一个是中国人。直到1931年,时任华中大学(华中师范大学的前身之一)理学院院长兼物理系系主任的桂质廷先生,在美国卡内基研究院地磁部的资助下,利用学校的假期,在华北、华南、华西等地区开展了地磁巡测工作,成为了首个巡测自己国境内地磁常量的中国人。《中国物理学报》1933年第1卷第1期还发表了他在华北地区测量的结果。到1935年,共测量了94个点,并于同年发表了他对极区磁扰日变化与经度的关系的分析结果,为中国地磁学研究打下了基础。

桂质廷先生在地磁学和电离层研究方面均做出了重要贡献,被公认为我国从事该领域研究的先驱。除了地磁常量的巡测以外,他还在我国进行电离层的探测。1936年桂质廷先生与华盛顿的卡内基研究所取得联系,从美国带回一批新仪器,在华中大学里正式成立中国第一个地磁和电离层研究所,同年开展了上海地区电离层日食效应观测。1937—1938年间在武汉地区开展了电离层常规垂直探测,当时正是抗日战争时期,武汉经常遭到空袭,他们克服重重困难,在极其艰苦的条件下,取得了1937年10月至1938年6月共9个月的探测记录。这是我国首次对电离层的常规观测和研究,并取得了两项突破性的成功:一是桂质廷先生几乎与美国科学家同时注意并报道了“扩展F层”的重要现象;二是桂质廷先生发现武汉地区F2层临界频率明显超过了按纬度分布的预期值,他把这种现象归结为“纬度效应”,也就是电离层赤道异常现象。

1945年，时任武汉大学理学院院长的桂质廷教授，从美国引进了一套电离层垂直探测仪，并于当年主持创建了我国第一个电离层与电波传播实验室——武汉大学游离层实验室。1946年元旦，该室开始对四川乐山的电离层进行常规观测，并几乎同时开始系统积累国内首批电离层观测资料。同年8月，该室迁返武汉进行电离层长期正规观测，由此揭开了武汉大学空间物理和无线电物理研究的序幕。桂先生在组织对武昌电离层继续进行常规观测的基础上，指导研究人员写出了关于F2层临界频率受地磁控制而形成赤道异常的一系列论文。他还撰写了关于1948年5月9日日全食对武昌电离层的影响，以及有关Sq电流系的论文。

在桂质廷先生领导下，一起在游离层实验室工作的有理学院的梁百先、龙咸灵、王燊、周玮、舒声、莫纪华和工学院电机系的许宗岳、叶允竞、杨恩泽、周克定、陈锦江、张肃文等人，他们卓有成效的工作取得了多项在当时处于国际先进水平的成果，在国际上产生了较大影响，使该实验室成为世界知名的科研机构，桂质廷教授也由此被遴选为美国著名的《JOURNAL OF GEOPYSICAL RESEARCH》编委。如发现武昌电离层最大电子浓度大大高于同纬度其他地方上空电离层的数值，这导致梁百先先生的"赤道异常"现象发现、龙咸灵先生的发现等。其中梁百先先生关于"赤道异常"现象的发现与诺贝尔奖得主英国著名学者阿普顿同时，他们的工作都发表在国际权威杂志《自然》上。电离层的探测研究促进了武汉大学电波科学和空间物理学的发展，同时也带动了无线电技术、电磁场理论和信号处理等学科的进步。

中华人民共和国成立后，国家极为重视并拨专款资助游离层实验室的建设。在这种形势下，桂先生在武汉大学以"游离层实验室"为基础创办了"电离层电波传播"专业。1955年，高教部批准武汉设立无线电物理专业（电离层与电波传播专门化），这是当时我国16个重点学科之一，武汉大学由此成为了我国培养无线电物理专门人才的重要基地。其间，在桂质廷先生的倡议和指导下，又筹建了武昌电离层自动垂直探测站和武昌地磁台，取得了一批重要成果。从此，武汉大学的空间物理和无线电物理研究掀开了新的一页。

桂质廷先生有许多研究成果，除了发表研究论文以外，还出版了《地磁极光及电离层》、《地磁及电离层电波传播》等专著。

桂质廷先生不仅开创了我国地磁学和电离层研究，同时也培养了一批本领域的杰出人才。他严谨的治学态度和不畏艰难的实践精神深深感染和影响了他的同事和学生。1926年桂质廷先生从湖南长沙中国雅礼大学带着几名希望继续受教育的学生和许多自然科学仪器加入华中大学物理系。在他的指导和策划下，建立了一所机械厂，为理学院各系制作了大量简易实验仪器设备。1934年全国举行理科物理系毕业论文评比，第一名和第三名分别被该校物理系学生梁百先、许宗岳获得。对于学校的重大工作，桂质廷先生也是身体力行。抗日战争爆发后，华中大学校董会决定西迁云南，桂质廷先生组织了一个由留在武汉的教职工组成的委员会，选择应带走的仪器和图书，并将它们装箱。

他借卡车，租轮船，在他和另外两位先生的安排和组织下，一切都有条不紊。一个知名教授，为学校的迁滇默默地做了许多具体事务。

桂质廷先生作为一位实验物理学家，不管担任多么繁重的教学和管理工作，他都坚持到实验室做实验，而且还指导新型设备的试制、安装和调整。在40年的教学生涯中，他先后主讲普通物理学、电磁学、光学、无线电、近代物理等课程，每堂课他都将讲授大纲一字一句地写在卡片上，然后亲自和助手准备演示实验和讲解图表。他在课堂上宣布：如果有谁感到讲授内容不能满足需要，可以从后面退出。先生那种言传身教、求真务实的态度和开拓进取、忠诚爱国的精神，时至今日仍为他的学生所铭记，成为激励后人不断忠诚教育事业、探求科学真谛的动力。

桂质廷先生在国家三年自然灾害期间过早地离开了我们，在给我国地磁学和电离层物理学研究留下巨大遗憾的同时，也给我们留下丰厚精神和学术遗产。值此中国地球物理学会创立60周年之际，喜见学科蓬勃发展、繁荣兴旺，谨以此文缅怀告慰恩师。

（编号·家史·吴·9.6）

缅怀戴春洲先生

王曦按(2017年2月7日)：

此文为父亲年轻时的朋友、武汉大学校友熊传铭先生所写。其中有一段谈到父亲年轻时在武汉大学的经历。

戴春洲(1907—1972)先生，武汉大学物理系教授，半导体物理学家，曾三度任武汉大学物理系主任。丁亥年是他诞辰100周年、逝世35周年。

春洲先生，江苏省邳县人，自幼生长在农家，小时身体很健康，天资聪颖，学习很用功。1917年，父亲带他进县城以同等学力报考县立第一高等小学，发榜时名列第一，年仅10岁。小学毕业考入江苏省立第六师范学校。当时校规异样严格，功课甚紧。师范学习前期不分科，课外他读过老庄、荀卿的著作，对他以后的思想发展有一定的影响。他当时认为祖国贫弱是由于科学不发达，产生了专心攻习科学的想法，到师范分科时选修理科。1926年6月师范毕业，清华大学招生，因战乱未能参加考试。那年秋季，他应聘于邳县县立第一高小任教员，教算术、地理、自然等课。1928年7月，大学入学考试分布两场进行。他不单报考南京的中央大学，还到上海劳动大学考了一场。考完后，得悉两校都考取了。怀抱着科学救国的朦胧想法，进入中央大学后，他刻苦努力，勤勉学习，不但勤于读，而且善于记，终于一口气读完了大学，最终连他自己也感到惊奇。1932年底，春洲先生25岁毕业于南京中央大学物理系。为了谋生，他先后就职南京私立安徽中学、河南开封女子师范学校教员。1936年8月调入武汉大学物理系任助教。1938年春随武大迁去四川乐山。当时生活条件十分艰苦。在乐山任教期间，春洲先生尽职尽责，以及他后来的工作业绩和人格魅力为查谦和桂质廷先生所赏识。现在物理科学与技术学院二楼厅廊悬挂有五张照片，分别是查谦、桂质廷、戴春洲、周如松和梁百先，他们都曾为武大物理系的建设和发展做出过突出的贡献。

1958年，春洲先生加入中国共产党。他担任系主任期间，团结周如松教授、梁百先教授、毕长林教授、刘云山教授、李鼎初教授等一道工作。他十分重视引进人才，重视物理系的理论与实验室建设，十分重视专门化的建设和发展。1954年，桂质廷教授和梁百先教授筹建中国高校第一个"电离层与电波传播"专门化实验室；周如松教授领导创建中国高校第一个金属物理专门化实验室；他经手引荐王治梁教授和张承修教授来武大，组织筹办了理论物理专业；1958年他亲自领导创建了半导体专业。物理系自1953年到1956年，新增或加强四大力学授课的师资力量：理论力学由毕长林教授或熊吟涛教授讲授，电动力学由梁百先教授讲授，数学物理方法由林应茂教授讲授，热力学与统计物理由周如松、张承修教授讲授，量子力学由戴春洲、王治梁教授讲授。戴春洲先生严谨、认真的学风影响了物理系一代青年。王燊教授1940—1944年在四川乐山读武大物理系，戴先生教他"无线电"课，用的是英文教材。戴先生先让同学们自学一段内容，弄清书上的疑点和难点后，再来听老师讲解。他很注意学生的接受程度，培养学生自学能力。王燊教授毕业后留校教普通物理，他同毕长林、戴春洲一道钻研如何教好普通物理，留意改进教学方法。那时同事们见面，十有八九大家都是讨论如何把课教好。1953年院校调整，王燊教授等三人被调到武汉水利电力学院，影响到"电离层与电波传播"方面的工作。戴春洲当时任系主任，教育部部长来校视察，他从工作出发，直接提出意见，把王燊教授调回来。这对桂质廷教授领导创立的"游离层实验室"工作是一个有力的支持。

我们几个青年人是武大物理系1958届的毕业生，毕业后就在春洲先生的直接领导下，一起创建半导体专业。春洲教授请王治梁先生担任物理系主任，他本人任半导体教研室主任。半导体教研室的实验、教学、科研各个方面，一切从零开始，事无巨细，他都亲自过问，取得了可喜的成绩。他还兼任湖北省暨武汉市物理学会理事长，湖北省第四届、第五届政协委员等职。这些社会工作，不论份内份外他都兢兢业业，一丝不苟，努力做好。他是一位旧中国贫苦家庭出身高级知识分子的典型。不幸的是，在他第三次担任物理系主任期间突发重病，医治无效，于1972年11月21日与世长辞。

2007年12月12日，物理学院举行了"隆重纪念戴春洲先生诞辰100周年"座谈会，大家回忆他为物理系所做的历史性贡献，表达对这位博学多识、德高望重的老师的追思与敬仰。他严谨的治学精神、人格魅力和音容笑貌永远留驻我们心中，他的敬业精神永远值得我们学习和发扬。

（编号·家史·吴·9.1）

忆四川乐山时期——爱好京剧的良师益友

王 燊

王曦按(2016年10月4日):

此文发表于台北《珞珈》。该刊由解放前去台湾的武汉大学校友创办。

名相学长:

百年一瞬的校庆就那么过去了,我竟无缘与学长共享那百分之一瞬的把晤,何其憾事也!那时我知道您们回来了,但我又知您的日程安排得天衣无缝,不便亦不忍干扰。适得《珞珈》一二〇期,得悉诸学长那次在母校"不亦乐乎"的情景,也就觉得于欣慰了。

在《珞珈》的启发下,我一九九二年写了一点在乐山玩京剧的回忆,并将手写稿案奉学长。不久,得学长复示,拟将该文挤入《珞珈》,但至今仍不见出来。我现在将稿的复印件奉上,供斧正、审选。不为别的,一则为怀念那段趣味生活,二则为怀念那个特定圈子里的良师益友。目前大陆京剧刚从低谷回升,自然也想起一点加油打气的作用。更何况还梦想着是否有朝一日还能与那许多老板再敲打弹唱一番呢!

敬颂

暑祺

王燊上

题目第一个字用了个"忆",看来不太确切,因为我在乐山学京剧、演京剧的那一段几乎随时都会呈现在眼前,用不着去记忆。不过,这几天确实也狠狠地忆了一番,力图把脑子里那些正在消逝中的往事重新召唤回来。下面就是这两部分的混合体,有的自信是千真万确的,有的则不免似是而非,牛头马嘴。

我大概是一九四二年开始学习京剧的,是在"课余平剧社"。当时这个社的生、旦、净、丑、文场武场总教练兼主持是全匋(婴白)老板。我第一次学身段是在"黄师长"家院的草坪上,学的是"打渔杀家",老师是余毅远(燕生)。此后,大部分时间都是在公园进门左侧一间大房子里聚会。几乎每晚有人:敲的、打的、拉的、弹的、唱的、做的、说的、笑的、抽烟的、饮茶的,煞是热闹。那地方的好处是没有左邻右舍,所以天天都闹到街上没有人影的时候,才一人一根千藤杆(火把)各回各的宿舍。这个班子的组成大致是:全匋(班主、总教练、老生)、安承尧(板鼓)、赖顺昌(京剧)、张钟祺(二胡、小生)、李宝联(大锣)、熊子良(小锣)、韩慕康(水查)、李格非(老生)、姚芝璞(老生)、徐善为(老生)、吴祖绳(老生、武生)、朱济川(老生、板鼓)、罗警华(旦)、余毅远(旦)、丁和教授夫人(旦)、何君超教授夫人夏云(老旦)、汪培琨(净)、郑执信(丑)师友和在下。演出过的剧目有:

捉放曹、珠帘寨、文昭关、空城计、二进宫、打渔杀家、贺后骂殿、红鸾禧、乌龙院、钓金龟;四郎探母(全)、红鬃烈马(全)、御碑亭(全)、黄鹤楼(全)、岳飞收杨再兴(全)、玉堂春(全)等等。

那时候还有个"珞珈平剧社"。我记得的有:陈道宏(琴、小生?)、储宝昌(琴)、舒声(琴、老生)、王学舟(琴)、舒翼(老生)、陈锡怀(小生)、王安和(旦)、毛于榕(旦?)、杨希枚(净)、郑德信(丑)。

这两大剧社的存在给京剧在校内外造成了极大的影响。声势最大的一次活动大概是一九四三年的对台戏。两大剧社,一在玉堂街东端,一在西端,同时公演一个星期(也许是五天),每天的压轴戏目不同。街上各有各的大海报,台上各有各的桌披椅披,好不神气!

我在台上出过丑有:贺后骂殿(贺后)、坐宫(公主)、起解(苏三)、乌龙院(惜姣)、御碑亭(妹妹)等。我过去极少看戏、听戏,连唱片都没有怎么听,全无"戏感"。一腔一字,一式一招,都是从前面诸良师益友学的。惭愧的是,我不但根底浅,而且"消化不良",荒腔走板,时而有之,甚至忘了词,转错方向,现在回想起来,那时我在台上,与其说是让观众看我表演,倒不如说是观众让我考验他们的度量。

京剧是中华民族"族粹",它的流传发展,珞珈人有过贡献;继往开来,今天珞珈人又将何为?

(刊登于台北《珞珈》,第一二五期)

(家史・吴・2・1・2;家史・王・3・129・2)

迎新会受教

王 燊

王曦按(2016 年 10 月 4 日):

此文系父亲手稿。文中毕长林教授系我儿时好友毕兴无(后改名"毕无")的祖父。毕兴无的父亲毕达先生也是武大物理系教授,改革开放后转至中南民族大学物理系。毕达先生在 1957 年被打成"右派"。从文中父亲对毕长林先生的描述,我不禁想起了具有同样幽默感的毕达教授。

家史.吴.2.4

武漢大学

青蔡老楓

迎新会受教

王 燊

1999,11,1

1940年秋，作为物理系12名新生之一，我参加了系学生会主办的迎新会，地点在李公祠（理学院）。大半個世紀悄然流逝，许多细節已不能確切回憶。唯独两位老师的教益，时刻銘记在心；现乞借《珞珈》一角，轉致於校友诸公。

鬚髮蒼々、慈祥可親的吴南薰老师說：“從今天起，我们走到一条路上了。现奉赠四個字，我们时刻共勉——‘安贫樂道’。”

高個子、大塊頭、文质彬々的畢長林老师說：“你们来到物理系，大概都想做牛頓吧？（歡笑，掌声）我勸你们分两步走：先做‘牛’，埋頭苦幹；不這樣，誰也‘頓’不起来！”

为了及格

王曦按(2017 年 2 月 8 日):

以下这篇文字是父亲写给武大台湾校友办的刊物《珞珈》的。它透露父亲内心顽皮而幽默的一面。文中所提叶峤老师,是中国民主建国会武汉大学支部老会员,曾担任支部主委。

我一九四〇至一九四四在乐山上物理系。那时,有张文凭对就业多少有些好处;而肚子里真有多少墨水,反而关系不怎么大。所以,我那时,对于学习成绩,只求及格,不务高分。而通向及格的,既有光明磊落的前门正道,也有曲径通幽的歪门邪道。下面向校友们说说几则后者,就算从侧面或反面砥砺学行吧。

一、发挥　一年级第一学期,在老霄顶考"中国通史",六道题,任答五题。三下五除二,我很快就答完交了卷,十行纸的卷子,写了一面多一点。下得山来,碰见王功品学长(中文系),他问我怎么还不去考;我说我已交了卷。他一听就说:"完了,肯定及不了格!记住,光答对了不行,还得发挥。"果然,那次 58 分。第二学期,我照他说的,东扯西拉地"发挥"了一大篇,得分 78;平均及格。

二、青出于蓝　张鸿老师教"微积分",他老规定,平时作业占总成绩的百分之四十。我的作业,绝大多数是照吴定睦(化学系)的抄的。有一次,几个"抄公"的总分竟然超过了他的;他抱怨说:"你们二版、三版倒超过了我的原版!"我们说:"这叫'青出于蓝'嘛!"

三、佛脚　"普通化学"是叶峤老师教的,他老极认真,是一个不好过的关。我从高班同学那儿收集了他老几年来月考、期考的试题,共有七十多道;再将其中三十多道比较麻烦的做出答案,汇编成一本小册。果然,平时不用"烧香",考时靠抱这只"佛脚"就过了关。据说,那只"佛脚"还传给低班同学抱过。

四、别抬头　"德语"是杨安妮老师教的,据说她老是瑞典人,一句中国话也不说。那天考试,有一大段翻译,译文就在书上;坐在后面的张筱(物理系,同班)知道地方,但不敢看。我请她把书翻开递给我,我把抄好的卷子高高举起,让她再抄。这时,站在讲台上的杨老师看见了,远远地冲着我们"sie! sie!"地喊话。我跟张学长说:"别抬头!"就这样,在杨老师无可奈何地喊声中,我们的大功就告成了!

五、倒打一耙　四年级下学期,体育组贴了张布告,叫有关同学即到体育组听候处理。名单分两类,第二类几十人,因多次旷课,要补课、补考;第一类三个人,有我,因旷课太多,不及格。在那时,体育不及格就不能毕业,所以事关重大。我赶紧跑到体育组。老师一听说我是第一类的,他便一口咬定:不能及格。然后把手一挥,说:"没什么说的,你走吧!"嗬,没想到,这下却给了我救命稻草;我立即倒打一耙,说:"我是你们的布告叫来的,没什么说的,叫我来干什么?"他老一时语塞,紧接着我又说了些好话,软硬兼施,终于蒙他老高抬贵手，答应让我补课：每天打一个小时篮球。我老老实实地连打了若干天，及了格。

（家史·吴·2·3；家史·王·3·129·3）

为沙踪“敬忆恩师查谦教授”文所写的“查谦教授简介”

王曦按(2016年10月5日)：

以上标题为我所取。以下三份文件，都是父亲复写下来保留着的。一是父亲给王云以先生的信。二是父亲给沙踪先生的信。沙踪是查谦先生的学生，我父亲的学弟，研究员，曾在电子工业部第22所工作，后在北京中国电子学会总部工作。这两封信谈的都是沙踪写回忆查谦教授文章一事。三是短文“查谦教授简介”。父亲从学生时代到工作都在武大物理系，是查谦教授的学生和查全性教授的好友。该简介由父亲执笔，综合了查全性(武大化学系教授，查谦教授之子)、石展之(女，查谦教授的学生，武大物理系教授)和父亲本人对查谦教授的回忆。“查谦教授简介”作为沙踪“敬忆恩师查谦教授”文的首部，对查谦教授作了简单介绍。从给王云以先生的信，可知这两篇文章都是应王云以先生之邀，为回忆查谦教授而写。

第一封信中所提“刊物”，可能是台北《珞珈》或北京《珞嘉》。

云以学友，你好！

现在“交卷”，及不及格，如何处置，全由阁下酌裁。

石展之出了大力，她访问了许多物理系老同学；远处用e-mail，近处靠两条腿。再就是查全性，或深锁双眉追忆往事，或翻箱倒柜查找资料。当然，最要紧的是沙踪，他百忙之中写了这篇短文；如同一支“小夜曲”，不落俗套，娓娓动人。

我根据查全性提供的情况，冒充“编者”对查老作了点介绍，对查老不太熟悉的读者或许有些帮助。但，第一，夹在文中，不太自然；第二，有的内容正文已所及，似不必重复；第三，最要紧的，查老在学界声望卓著，“简介”未必真有必要。反正，一句话，由真编者裁定！

谢谢寄来的刊物，我当细品珍藏，并适度传阅。

另邮汇100元给刊物，聊表心意。

此文另一份复写件今同时寄沙踪，因为他是作者，我要他与你联系，也请你与他联系，烦劳了，歉甚。

我家住址：〈4300727〉武汉市　武汉大学　北三区29栋3号，电话：(027)87682348(家)

祝

新年快乐，阖家幸福！

王燊

2001.1.21

此信内容(或部分内容)切勿见刊,至恳!!!

沙踪同志:你好!

多的不说,先连说三声:感谢,感谢,感谢!

奉上经过石展之和我(以我为主)大胆修理了一下的大作,请最后作决定性的改动润色!同样复印件也给王云以寄了一份,并请她与你联系。现在,也请你定稿后与她联系,好不好?

查师简介是我根据查全性兄提供的情况写的,冒充编者。这部分由查全性作了审定。

我眼睛无法适应荧屏闪烁,手指按键也有颤抖,上不了电脑,所以仍用复写的古老手段,奈何?!

祝

新春快乐,阖家幸福!

王燊

2001.1.21

〈4300727〉武汉市　武汉大学

北三区29栋3号

(027)87682348(家)

敬忆恩师查谦教授

沙　踪

查谦教授简介(编者)

查谦(啸仙)教授(1896—1976)是我国物理学界的重量级前辈,安徽泾县人,早期毕业于南京金陵大学,多次赴美从事研究工作,曾在因油滴实验而获诺贝尔奖的A. R. Millikan教授指导下获博士学位,美国物理学界人都知道这位从中国去的查博士(Dr. Cha)。1946年武大回珞珈山复校,时任武大教授的查先生再次由美返校,肩负起物理系主任的重任。在那种百废待兴的极端困难的条件下,他老团结全系师生,合理安排课程,充实实验设备,使学生能在德与才、脑与手诸方面得到全面发展,全系一派熙熙融融、奋发向上的景象。1953年院系调整,查老受命出任华中工学院(今华中科技大学前身)第一任院长;他老在党的领导下,经过多年苦心经营,在该校创立了严谨高效的管理体制,形成了淳厚活泼的教风学风,使该校当前得以发展为一所英才辈出、硕果累累、蜚声中外的高等学府。

第一次见面　1946年下半年,我从湖南农村到武汉来上学,到武昌后直接就到珞珈山报到。注册手续很复杂,几乎要忙一天,其中选课一项,需要系主任签字,所以我就有幸头一天就见到查先生。

选课表是一张粉红色印好的卡片，上面列出了各门必修课和选修课。你选好课程后，要经过系主任审核，同意并签了字，才能算数。我好不容易找到了物理系的楼房：查先生正在开会。我敲敲门，说明是请查先生签字，查先生就出来了，在走廊和我谈话。我一个刚从农村出来的毛头小伙子，一身土气，平生第一次见到像查先生这样的人物，心里很紧张；当查先生以他那亲切和蔼的语调和我讲话以后，我的紧张心情一下子就平静了下来。他比较详细地询问了我的情况，同时还问我为什么要选"立体解析几何"而不是"数学概论"。我向他说了我的想法，他就没再多问，同意了我的选择，在表上签了字。事情虽已过去50多年，但当时的情景却还深深留在我的脑海里。

家庭气氛的集体 当时的物理系是一个不大的集体：查先生就是我们这个大家庭的家长。当时物理系；流行一句颇具骄傲色彩的话，说物理系 Home-like，全系就像一家人。这种温馨亲和的气氛，就是查先生倡导起来的。全系人员不多，教师大约十来位，四个年级的同学总共也就三四十人。系里的房屋却不少，在理学院那个建筑群里，它占有西南部分的两座楼房。实验室很多，仪器设备也不少；没有专门管理实验室的人员，各室均由主持实验的老师兼管。例如，无线电实验就由当时任讲师的龙咸灵先生管理；光学实验室就由当时任副教授的戴春洲先生管理。系里设备的安排和修理，统统由金工室的李子高师傅负责：他带着一两位徒弟，无论仪器设备出了什么问题，他都能给你解决。

我们入学后，老同学们开了一个欢迎我们的茶话会，老少一堂，亲亲热热，我一下子就切身体会到了这个系 Home-like 的气氛。

蜚声全校的授课水平 肩负全系繁重任务的查先生，本来只教四年级的"理论物理"；由于一直教"光学"的吴南薰老先生年事已高，1948年查先生又开始担起了这个新担子。我们年级只有四名女生，三名男生，由于查先生的课讲得好，好多本系其他年级的学生也来听课，有些外系的学生，还有些青年教师也来，教室总是塞得满满的。

查先生讲课，概念清楚，条理性强，语言简洁，引人入胜；其所讲授的内容，不但不照本宣科，而是还常常引进许多崭新的知识。给我印象最深的是讲到量子理论的波、粒现象那几课。在这之前，我们只学过牛顿的机械物理概念，老师要没有查先生那样渊博的学识、巧妙的讲课艺术和深入浅出的诱导，要我们较巩固地建立起这样一个全新的量子物理概念可真不容易。后来我在工作中经常用到这个概念：它就是50多年前查先生向我们传授的。我一用到这一概念，立刻就敬忆起了查先生。

精心为国育才 查先生为国家培育人才的良苦用心是使我非常感动的。就以我们这个年纪的课程安排来说，查先生就费尽了心思。我们是抗日战争胜利后第一次面向全国招生考入武大的。一下子招收了20来名质量不算低的学生，查先生心里是十分高兴的。只从课程安排方面就可以看出查先生对我们的亲切爱护和精心培养。例如，为了一开始就给我们打好基础，我们的"普通物理"不是照惯例跟工科同学一起上，而是由物理系一位有名的周如松教授专门为我们讲授。同理，我们的"微积分"也不跟工科同学一起上课，而是跟数学系同学一起上课。又如前面说过的，吴老先生不能教课时，为了保证质量，查先生亲自担任了“光学”的任务。对于实验教学，查先生也非常关心，尽管系里工作千头万绪，他动不动还常往实验室了解情况，指点工作。这一切都具体地体现了查先生对青年学生关心爱护和为国家培育人才的高度责任感。

勤俭朴素的家风 查先生是武汉大学的名教授，住在校内有名的“十八栋”教授住宅区。当时受有关组织的委派，我到查先生家里去家访过几次。我非常清楚地记得，有一次我到他家时，查师母黄孟姒先生正在擦地板——不是用拖把，而是蹲在地上用手拿着一块布在擦！这是一件非常小的事，半个多世纪过去了，这件事还深深地印在我的脑海里，因为它生动地体现了我这位大学者恩师勤俭高尚的家风。查先生的长子查全性教授是和我们同届的化学系的同学，他现在是一位知名的化学家，中科院院士。不难想象，这位院士的成长，肯定是和他从小到大在家里所受的教育和熏陶分不开的。

赤诚的爱国热忱 查先生是一位正直的物理学家，他热爱祖国、热爱人民；如前所述，我曾到他家拜访若干次。谈话的具体内容已记不清了，但他那知识分子的正义感，却给我留下了深刻的印象和教育。他非常反对国民党的反动统治，反对内战，反对镇压学生，支持同学们的进步活动。例如我班张菊生同学是学生会成员，为了挤出时间营救受国民党迫害的同学，她请求退选“高等数学二”这门课。查先生问清缘由，当时就在她的注册证上批了“准退”二字。（张菊生同志至今还珍藏着有查先生用毛笔签字的数张注册证）在解放前夕，我们在学生中广泛地进行了保校护校的活动，反对国民党将学校迁往台湾，要求将学校完整地交还给人民。由于查先生在师生中的崇高威望，他的表率对武大的平稳回归，起到了极其有影响的实际作用。也正因此，武汉一解放组织上便又让查先生挑起了武大校务委员会副主任的重担。

（编号：家史·王·3.130；家史·吴·9·2）

回忆峨眉剧社

王曦按（2007年2月8日）：

这篇材料是父亲的同窗田林先生所写的回忆文章。其中提到父亲和他的同学、同事和老朋友舒声。我和我的弟弟们都称呼舒先生为“舒叔叔”。他和他夫人郑纪铨从小就很喜欢我们。记得郑阿姨每每做得好米酒，就拿来与我们分享。舒叔叔的两个孩子，舒展和舒云，小时候与我们玩的很好。可惜文革开始后，因为父母到武大沙洋分校和孩子们上山下山的缘故，我们失去联系很多年。

峨眉剧社是武大迁校到四川乐山后成立的，约在一九四〇年左右，当时聚集了文法理工各系爱好话剧的同学，为宣传抗日，寓教于乐，演出过许多名剧，不仅在校内、在乐山，还到外地演出过，在五通桥演过曹禺的《雷雨》。社长陈颢侗、导演范围瑛；陈颢侗饰周朴园，丁景云饰蘩漪，朱以珑饰周冲，叶琦饰四凤，朱士烈饰鲁大海……。也演出过《原野》，冼德琇饰金子，赵家瑞仇虎，丁景云饰焦大妈……。两次演出都轰动一方，传为佳话，成为同学坐茶馆兴趣最浓的谈话资料。又在成都演出过《日出》，社长魏炳，导演石坚白，鲁巧珍饰陈白露，沈昌平饰方达生，翟一我饰八奶奶，刘年美饰潘月亭，郑德信饰小书记，演出更成功，誉满锦官城。华西壩上齐鲁、金陵、华西、川大等校学生看过剧的，无不交口称赞，说比专业剧团演的还好，峨眉剧社为此驰名校外。可是光阴荏苒，随着一届一届同学的毕业，有艺术才华、擅长演剧的同学相继离校，到一九四四年暑假、我考进武大经济系作新生时，带头的只有郑德信了，他是读完三年数学系又转读经济系的，现念二年级，资深见广，老大哥式的任务，任峨眉剧社社长，成员还有土木系秦同潞、化学系何泽人等。

一九四四年冬，经济学会为募集基金在嘉州公园内租场演出了话剧《情之所钟》，剧本说是根据英国爱米莉·朗蒂《呼啸山庄》改编的。主持人是经济学会会长经四同学萧芳谷，导演是外文系的徐闻达。演出很叫座，票房收入不错。我应邀参与了演出，管道具布景，我是新毛头，在老大哥们手下听候差遣，还认真负责，勤快肯干，被郑德信看中，演出结束后，邀我到公园坐茶馆，介绍我加入峨眉剧社，还封了我个总务头衔，我在中学也接触过话剧、也都是跟着跑龙套。一九三七年十月在泰安、在平津流亡同学会的指导下，在岱庙前演出《放下你的鞭子》，我男扮女装、演香姐唱："高粱叶子青又青，九月十八来了日本兵，先占火药库，后占北大营，杀人放火真是凶，中国的军队有好几十万，恭恭敬敬让出沈阳城。"后来到湖北郧阳，参加过《塞上风云》的演出，到四川绵阳，学校更名为国立六中，在川西北公园内演出过《上海屋檐下》。郑兄对此颇赞赏，和我很谈得来，我们成了好朋友。到第二年我就从月洱塘搬入叮咚街三宿舍来与郑兄同住，屋角有闲着的双层床，就堆放浅蓝色大幕、帷幕、眉幕、聚光灯、小道具等等，类似小仓库，到复员时装了三大木箱，郑兄人熟交际广，交情好，托给学校，编上号，如同仪器设备一样，运回珞珈山，这是剧社多年演出积攒家底，也是以后演出话剧和京剧老本。

在三宿舍，我们对面一排朝阳的房子，住的是经济系研究生，有朱馨远，万典武，曾启贤等。唯一常到宿舍来的女生是丁塋，因她个子小，年纪轻，小巧玲珑，我们都爱喊她小丁塋，是曾启贤的女朋友，后来喜结连理。因为要复员了。剧社在乐山就没有再有演出活动，可与我、郑德信玩的人不少，有毕业后留校任教的李格非、路见可等，有演京剧出名的如陈锡怀、张绍仪、王燊、舒声、邓春阳、赵荣威等。郑德信除成功地在《日出》等话剧中扮色演角色外，演京剧也有名，在《凤还巢》中饰九千岁，《打渔杀家》中饰教师爷等等。以他的学有根底、博闻强识，对全校人最熟，事情知道得最多，笑料趣闻最齐全，上台演出又能自编台词，诙谐风趣，褒贬有度，对扮演的角色琢磨得又深又透，能传达出战时师生处境的困窘、激发对好人的钦敬，对坏人的鄙视，又不伤大雅，自然流畅，水到渠成，带给人们开怀大笑与无比的快乐，尊为名嘴，理所当然。在台下郑兄是大好人，老大哥，持重厚道，宽容大度，仗义耿直，和蔼可亲。遇有经济上的困难，精神上烦闷，喜欢用右手捂住耳朵喊几口："船行到半江中儿要掌稳了舵啊！为甚磨桂英儿反落蓬索……"刹那间烦恼就会烟消云散。秦同潞、我们都喊他小潞潞，他个子矮、人缘好，会逗乐子，与郑德信最好，他在京剧中演《天霸拜山》饰黄天霸，镖打窦尔墩，一招一式，还真是那样，很有“义气”味道。他是土木系的，常从城外来找我们坐茶馆，我们曾编些唱词取乐，如“秦同潞，好大胆，您竟敢单人独骑逛乐山，捉您一次还不算，今天您得付茶钱。”“么师洎几碗茶来。”秦会不紧不慢的接白：“正是学得文武艺，卖与帝王家”，大台、仓、才仓，一抱拳说：“诸位兄长，不嫌小弟破喉咙哑嗓，那茶资，对不起，我忘带了！”一叫板还要唱一段似的，顿时引起哄堂大笑，满座风生，大家快乐一阵子。

坐起茶馆来就深聊话剧、京剧的事，郑兄常说演戏可不容易，演京剧唱、念、做、打，都要有基本功。如演鲁智深的方法和技巧，稍加变化，便可以用于演李逵。可话剧表演就没有严格的程式，要创造一个角色，从零做起，去找适合这一角色的内心和外部动作，既要有体会角色真情实感的内功，又要有富于表现力的外功，他最赞赏的话剧男演员是魏鹤令，说他就有内功与外功，演什么像什么，真可谓炉火纯青。

复员到武昌珞珈山后，我和郑兄同住元字斋十七号，他开始忙写毕业论文了，没有搞演出，转眼到一九四七年暑期他毕业，去了台湾，任数学教师数十年。听说今日台湾很多部长级官员都是他任教“师大附中”的学生。郑兄走后，我负责剧社的事，舒声搬来同住，一九四七年冬我们演出了《万世师表》，是为祝贺生物系张铤(镜澄)老师执教三十周年演出的。该剧主要内容是力图通过三代教育工作者自甘淡泊、谨于守成的清苦生活，来歌颂那些足以永世为人师表的社会中坚。由田雯介饰方义逵，王燊饰林桐，舒声饰管声洪。演女主角是物理系的吴明惠。

吴明惠是女同学中佼佼者，较高的身材、俊美的面貌、清楚的谈吐、灵敏的动作，艺术气质优越，一经导演调理，会很快进入角色，演女主角绰绰有余。

导演是田雯介，历史系毕业的，曾导演很多话剧，都很成功。他认为话剧是直接模仿生活的，语言和动作都和生活中所见所闻差不多，要使人们爱看，就要抓住戏剧冲突，如他导演的《雷雨》，最终集中到周萍和四凤的毁灭结束，从而产生令人震撼的艺术效果。现在他导演《万世师表》，只是如实地描绘了“五四”和“抗战”两个动荡时期的一些普通人的平凡经历。他把重点放在抗战时期的迁校上，他突出林桐颠沛流离，吃尽千辛万苦，家财丧尽，爱子病故，所遭遇的牺牲，与到昆明后物价飞涨，入不敷出，许多大学教授改行另谋生路，他却执着坚守在岗位、培养后一代所作的奉献。用这种牺牲奉献精神来感染人、教育人，演出效果极佳。

王燊和舒声都是物理系研究生、毕业留校任教的，年青有为，受到桂质廷院长的器重、梁百先教授的赞赏、与在校同学的尊敬。两人都有英俊的外表、潇洒的风度，学者的气质，都爱好戏剧的爱好。两人都是武大平剧社的，形影不离，一对搭档，配合默契。王燊性情稳健沉着、幽默风趣，擅长扮旦角，曾扮演过受苦受难、端庄善良的青衣，如《玉堂春》里苏三；曾扮演雍容华贵身份显赫的正旦，如《乌龙院》的阎惜娇；曾扮演过《坐宫》的铁镜公主，做工细致，扮相漂亮，嗓音圆润，不仅能演人物，而且能唱，深受观众欢迎。这次他饰演林桐，表演准确细密，注重刻画内心思想感情，演出爱情、亲情、师生情的底蕴，生动感人。加上吴明惠的珠联璧合，相得益彰，吴明惠能用表情和动作，有层次、有深度的表现出志同道合、体贴入微、患难与共亲密无间，给人留下深刻的印象。舒声性情温和，自然洒脱、多才多艺，耳音极好，善操琴师。他在文艺活动中有两大特色：一是音乐素养丰厚，二是台词功夫极深。演话剧，舒声的台词功夫极深，表现在他能把每一个字、每一句话送到最后一排观众的耳朵里，使您听得清清楚楚。舒声饰演的管声洪，青春活力充沛，表情丰富，动作优美，魅力无穷，不是偶然的。

话剧是综合艺术的表现，演出更是大家齐心努力的结果，参与的人都有一份功劳，剧本是抄的、道具、服装是借的，布景灯光、配音、题词、司幕等都是请同学们一起动手完成的。

一九四八年冬我们演出了《复活》，剧本是夏衍根据托尔斯泰的小说改编的。导演是田雯介，王燊饰聂赫留道夫，张悟铭饰玛丝洛娃，舒声饰政治犯西蒙松。演出了男女主人公精神上的《复活》。

玛丝洛娃受骗失身被遗弃后，堕入底层，蒙冤下狱，流放西伯利亚，选择了和政治犯西蒙松结合的道路，精神上得到了新生，生活上也找到了归宿。聂赫留道夫受良心的谴责，决心为玛丝洛娃的冤案奔走上诉，并打算和她结婚，以弥补过错，赎回罪恶。在忏悔了自己罪行之后，又遵从上帝的意旨在“福音书”中找到“宽恕”“博爱”的精神支柱，道德上也得到了“净化”和“更新”。

张悟铭是化学系的女同学，大胆、开朗、活泼、清新、悟性极高，有健美的体型，青春的活力。她饰演玛丝洛娃，演出了少女时的纯真，堕入底层的愤恨，流放中的觉醒，与走向新生的坚定。整个精神历程都表演的恰如其分，启人深思，加上王燊、舒声的配合，她能够紧紧抓住观众，使人们的情感随着剧情的进展而一齐达到高峰。

演出《复活》后，峨眉剧社与丛丛剧社合并成立了峨丛剧联。就这样，我没有赶上峨眉剧社的开始，却经历了它的变更。参与峨眉剧社活动的同学很多很多，有的已去世，有的还健在。对去世的，深致悼念，他(她)们仍活在我们心里；对健在的老同学，我衷心地祝福他们健康长寿，生活得愉快、幸福，我们永远不会忘记那在校时风华正茂的岁月。

（刊登于台北《珞珈》，一三〇期）

（编号：家史・吴・11.1）

田林给王燊的信

燊兄：

您的信收到很久了，几次提笔回信，未能成书。后我又去疗养一个暑期，到现在才回信，祈谅。

万万没有想到，声兄①先我们而去。失去了知心，悠悠苍天，滔滔江水，你我之心，悲痛广深！

回想珞珈山上的岁月，历历如在目前：有一次，我们三人急急渡江，去看电影“一曲难忘”，看到肖邦去国带上一把波兰的泥土，辛勤的创作、往返巴黎、维也纳的演奏，直到雪白的琴键上滴下殷红的鲜血。我们都被这爱国深情和肖邦的艺术的执着追求与成就感动了。回山后，在宿舍，在杨家湾茶馆长时期地谈论着。声兄那爽快温和的谈吐，倜傥潇洒的风度，热情开朗的性格，质朴淳厚的面容，至今还呈现在我的眼前。他在武大学习与工作近四十年，热爱祖国，追求进步，热爱专业，埋头苦干，赶上了苦，没赶上甜，终于没享受到改革开放的成果，过早地去世了。熟悉他的人都感到惋惜，至亲好友皆感到心酸。唯愿他那双儿女，能像他那样，以高尚的品德、丰富的学识、纯熟的技能，在事业中作出新贡献。纪铨虽未见过面，但深信舒声喜爱的人，不会错。远致慰问与敬爱之意，如有机会，定来致祭与一聚。

我是经历了冤案平反的，那是一九六〇年底，反右倾时，我与崔明三(当时他是大连起重机器厂厂长)同时被捕，关押 3 年和管制 5 年，把我送回我父亲的原籍河南商丘。文革时期，又迁送虞城县安家落户。直到一九八〇年初才冤案平反，整整折腾了二十年。这期间，我打过力工，做过泥水匠、木匠、农村社员、民办教师、中学教员，生活得丰富多彩，经历了不少苦难，咬咬牙，挺挺背，走过来了。过来山地觉地平。但把一段年富力强的时光给搭上了，不无感慨！恢复工作，迅猛前进了一段。一九八四年得了胸膜炎病，住院疗养了近一年，体力大减。今年也已 63 岁，就要退休了，也是力不从心，只希望能在健康允许情况下，对人民有点滴贡献，以慰晚年。

从来信上知道，你已经点亮了全家，曦、曙、照都已成材。您和锦琛在坎坷中的劬劳，艰苦备尝，使他们长成人不容易，应有幸福的晚年。曾扮演《万世师表》中的林桐和《复活》中的德末特里的您，仍会持重风趣，英发豪爽，不减当年。望兄把健康放在首位，继续发挥优势，“虽然桑榆晚，为霞尚满天”，愿您我共勉。

田雯玠在北京吗？一想起这位导演，我深为怀念。有他的通讯处可告我，书不尽意。

祝兄健康愉快与全家安好。

附照片一帧，祈收。

田林
1987 年 11 月 17 日
(家史・吴・11・4)

---

① 指舒声先生。他也是武汉大学游离层实验室的初期骨干研究员，并一直在武大物理系工作，是我父亲的终身好友。

蝶 念 花

王曦按(2016 年 12 月 13 日)：

以下是 1991 年华中师范大学伍文教授给父亲七十诞辰的贺信和贺词“蝶念花”。信末所提“李国老”指著名数学家李国平教授，“石老”指著名历史学家石泉教授，“学英老”指著名英语专家张学英教授，“吴于老”指著名世界史学家吴于廑教授。这些学者基本上都年长于父亲，但都是父亲的经年好友。

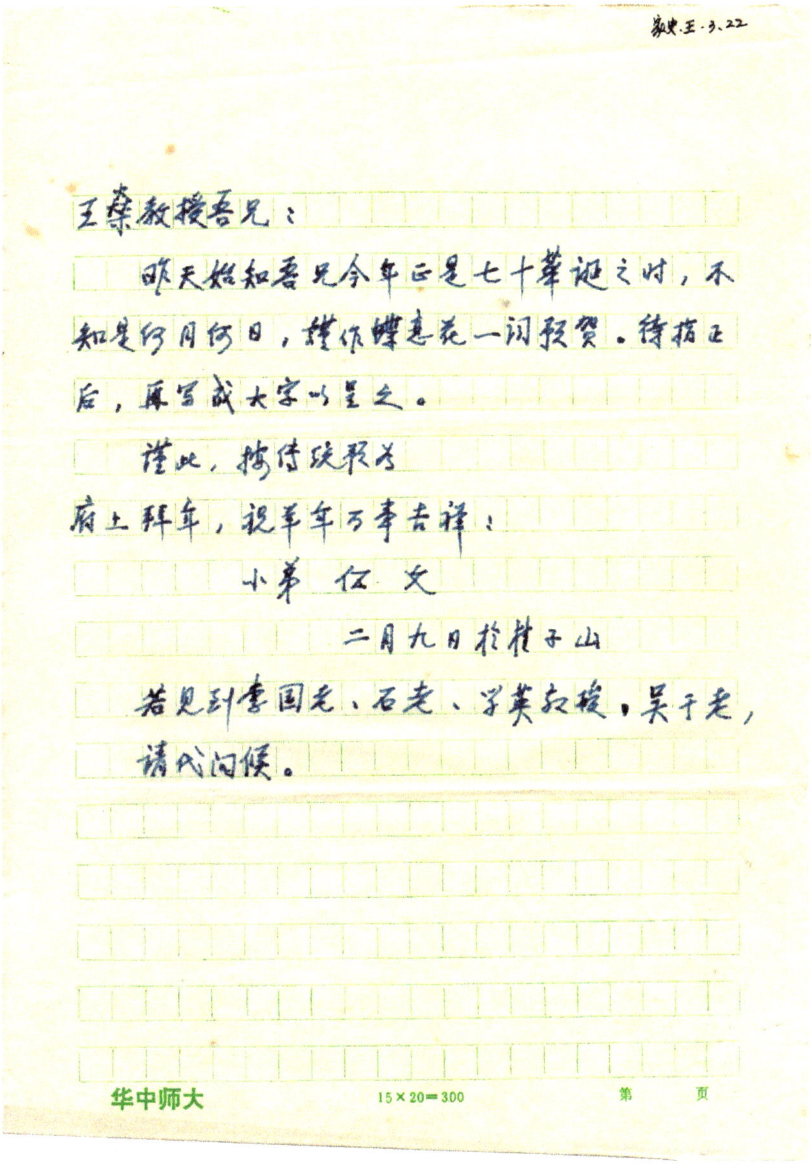
数史·王·3.22

王燊教授吾兄：

昨天始知吾兄今年正是七十華诞之时，不知是何月何日，謹作蝶恋花一词祝贺。待指正后，再写成大字以呈之。

謹此，按传统预为

府上拜年，祝羊年万事吉祥！

小弟 伍文

二月九日于桂子山

若见到李国老、石老、学英教授，吴于老，请代问候。

华中师大 15×20=300 第 页

七十從心心不老，春滿珞珈，山色湖光好。傳列時人探秘奧，精培桃李知多少。六八春秋霊度了，教讀之餘，常被詩情擾，奉獻何愁才力小，思齊喜有公為表。調寄蝶戀花，謹呈古稀壽翁王棨教授。

弟保文

羊年初春撰

書於桂子山

四川乐山时期的武大京戏活动

俞大光于北京

读《珞珈》一二五期上王燊学长的一文《忆四川乐山时期爱好京剧的良师益友》，激起了我的回忆，因为我也爱好京剧。我虽在幼年听过些老京剧艺人谭鑫培、陈德霖……等的唱片，在中学时代学过胡琴，但均因无师指点，不得要领。一九四〇年到武大以后，我住在一宿舍，常听到该舍模范楼(该楼一九四一年暑期被日机炸毁)内拉胡琴唱戏，其音和谐悦耳，我很想挤身进去学学，无奈乏人引介。直到二年级(一九四一年秋)我搬到六宿舍(斑竹湾)后，得到同寝室的一位京剧票友徐镇恶学长(矿冶系的)指点，使我逐渐入门懂得板眼，并被介绍参加到"珞珈平剧社"，有了活动的机会。但我没有王燊学长肯下功夫，也不敢枉想登台演出，只满足于拉胡琴吊嗓子而已。

当时在"珞珈平剧社"的人，我也回忆不全。除王燊学长外，还有个积极分子王余厚(土木系)校友，可能是社长，能打板鼓和唱老旦、老生。徐镇恶学长是唱老生的。另外还有唱青衣的舒翼、林翼，操琴的彭士彰等校友，还有常一起活动、在演出时跑过龙套的翁嗣超校友。后来参加剧社活动的还有张式仪(青衣)、刘柯隆(操琴)等校友。活动的地点有时就在工学院院舍(三育)下面的四七教室，有时是到白塔街靠近县街的一间民房(是一位社员租住的)。

当时曾演出的剧目也很不少，也难以分辨出哪些是课余平剧社演过的，哪些是"珞珈平剧社"演过的。除王燊学长文中已点出的外，我记得还有群英会借东风、梅龙镇、五花洞、三娘教子、宇宙锋、拾玉镯、法门寺、孔雀东南飞、审头刺汤、托兆碰碑、乌盆记、甘露寺、凤还巢、春秋配、铁弓缘、花田错等，可能还有回忆不出的。有这么多剧目，有些还是全本的大戏，足见当时武大京剧在业余界是有相当功底和水平的。我虽不能粉墨登场，也曾偶尔在台上配拉过二胡。

确如王燊学长文中所说："两大(平)剧社的存在给京剧在校内外造成了极大的影响"。特别是校内，在各种联谊会(如系会的迎新送旧，各省同乡会等)上常有京剧清唱作为文娱节目。课余时间(晚饭后到晚自习前和节假日)在各自宿舍都经常可以听到胡琴伴唱着京剧。京剧已成为众多爱好者的一种经常的业余活动和友谊交往中的娱乐内容。在我住过的六宿舍第十斋就有徐镇恶、王学周、彭士彰等校友和我在一起经常拉拉唱唱，我的琴艺也因得到王学周学长的指点而有所提高。同寝室的翁嗣超、赵克宽、冯维麟、冯汉民等学长有时也唱几句。在我的同班中有廖吉铭学长善拉京胡，徐韵华学长能唱青衣、彭慧生学长能唱小生、宋石哲学长能唱老生。我一九四四年毕业留电机系任助教，住电机楼外小平房，常就近到电机楼内张锺祺学长房间一起拉胡琴唱戏，当时电机楼二楼有个业余无线电台，在俞宝傅、班冀超(都爱好京剧)两学长的主持下，曾邀请李格非、陈锡怀、舒声、季禾(丁变和教授夫人)……等名票友到电台广播京剧两次，张锺祺学长和我自然也都参加了。从这些情况看，京剧确实是当时武大师生中一项相当普及的业余活动项目。

时间已过半个多世纪，虽说由于兴趣所在，我对当时某些事情记忆犹新；但毕竟太久，难免记错，遗漏更属难免。希望爱好京剧的老校友们看到这篇回忆后予以纠正补充，继续写出这类回忆史实，理清在当时武大师生业余文化生活中占有重要地位的京戏活动史，对我国弘扬民族文化。振兴并发展京剧艺术起一点促进作用。

（刊登于台北《珞珈》，一三四期）

（编号：家史·吴·11.2）

暗夜里的一缕光：乐山八年——绝版的历史记忆

王曦按(2017 年 2 月 8 日)：

以下是父亲保留的一份讲座广告。“暗夜里的一缕光：乐山八年——绝版的历史记忆”是武汉大学百年校庆时由大学生举办的一个系列专题讲座的名称。在其中的一期讲座中，父亲讲述了他于 1940 年 8 月至 1946 年 7 月在乐山的求学和研究经历。父亲在这份材料的尾页上亲手标注“1940. 8——1946. 7”。其字迹颤抖的厉害，应当是父亲在 2010 年以后写的。

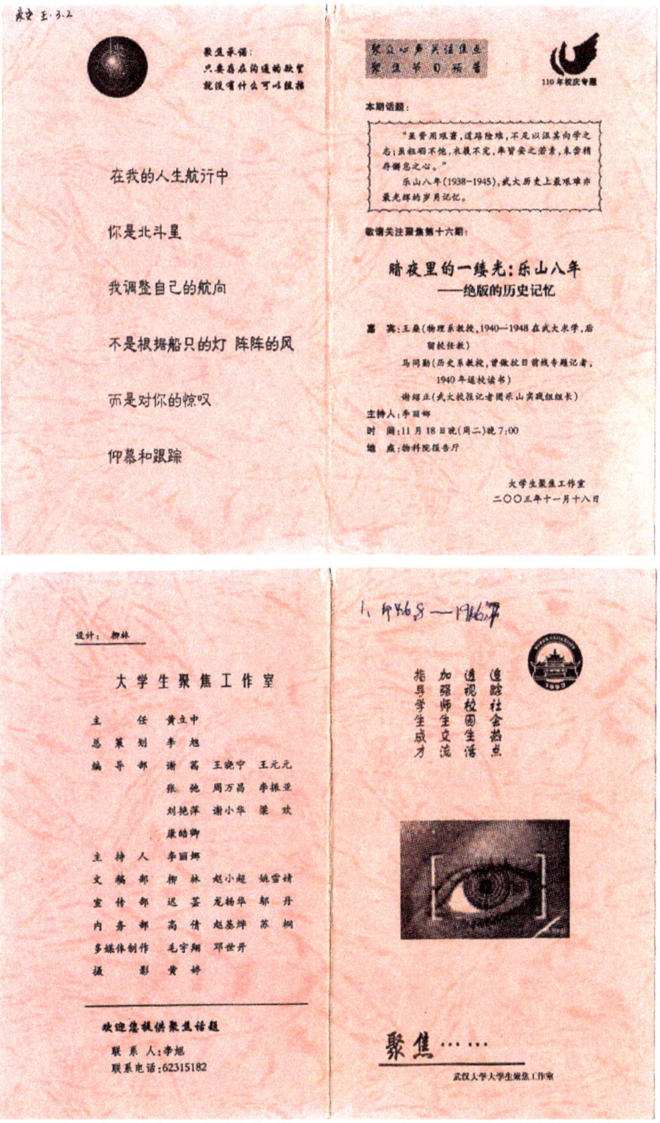

聚焦承诺：
只要存在沟通的欲望
就没有什么可以阻挡

在我的人生航行中
你是北斗星
我调整自己的航向
不是根据船只的灯 阵阵的风
而是对你的惊叹
仰慕和跟踪

聚众心声 关注焦点
聚焦节目预告

110 年校庆专题

本期话题：

“虽贵用艰窘，道路险难，不足以沮其向学之志；虽粗粝不饱，衣履不完，卑脊安之若素，未尝稍存懈怠之心。”

乐山八年(1938–1945)，武大历史上最艰难亦最光辉的岁月记忆。

敬请关注聚焦第十六期：

暗夜里的一缕光：乐山八年
——绝版的历史记忆

嘉　宾：王燊(物理系教授，1940—1948 在武大求学，后留校任教)
马同勋(历史系教授，曾做抗日前线专题记者，1940 年进校读书)
谢绍正(武大校报记者团乐山实践组组长)
主持人：李丽娜
时　间：11 月 18 日晚(周二)晚 7:00
地　点：物科院报告厅

大学生聚焦工作室
二〇〇三年十一月十八日

设计：柳林

大学生聚焦工作室

主　　任	黄立中
总 策 划	李　旭
编 导 部	谢　苗　王晓宁　王元元　张　弛　周万昌　李振亚　刘艳萍　谢小华　梁　欢　康皓卿
主 持 人	李丽娜
文 编 部	柳　林　赵小超　姚雪婧
宣 传 部	迟　荟　龙杨华　郝　丹
内 务 部	高　倩　赵基烨　苏　桐
多媒体制作	毛宇翔　邓世开
摄　　影	黄　婷

欢迎您提供聚焦话题
联 系 人：李旭
联系电话：62315182

1940.8——1946.7

追踪社会热点
透视校园生活
加强师生交流
指导学生成才

聚焦……
武汉大学大学生聚焦工作室

谢红星副校长在王燊先生九十寿辰庆贺会上的讲话

王曦按(2016 年 10 月 5 日)：

谢红星先生时任武汉大学副校长，代表武汉大学党委和行政出席这个庆贺会。

尊敬的王燊先生和王夫人：
各位来宾，各位朋友：
上午好！

非常高兴来参加电子信息学院举办的王燊先生九十寿辰庆贺会。首先，我谨代表学校向王燊九十华诞致以热烈的祝贺和崇高的敬意！

王燊教授，著名空间物理学家。湖北襄阳人，1921 年 1 月 9 日出生。1940 年考入武汉大学物理学系，1944 年获武汉大学理学学士学位，随即留校任教，从事空间物理与电波科学领域的教学与科研工作。1948 年获武汉大学理科研究所理学硕士学位。历任武汉大学空间物理学系系主任、武汉大学电波传播与空间物理研究所所长，兼任国际地磁及高空物理协会历史分会共同主席、国际测地和地球物理联合会(IUGG)地磁与高空物理委员会委员、中国空间科学学会理事、中国电子学会电波传播学会副主任、中国民主促进会武汉市委员会副主任、武汉市人大代表、武汉市政协委员，享受国务院政府特殊津贴。

1945 年，他作为我国著名空间物理学家桂质廷教授的第一位硕士研究生和主要助手，辅佐桂质廷教授筹建并于 1946 年 1 月创立了“国立武汉大学游离层实验室”。开展了电离层长期而正规的观测和锲而不舍的研究工作。

王燊教授治学严谨，教书育人。50 年代初期，王教授逐渐以教学为重点，担任《普通物理》课程的教学工作，并为新成立的无线电物理(电波传播)专业的学生首先开设了专业课程《高空大气概论》(自编讲义)。他在教学工作中，治学严谨，教书育人；条理分明，深入浅出；循循善诱，注重实际，充分发挥学生自身的智慧和才能，深得学生的信赖。

王燊教授追求科学，勇于探索。1984 年，他担任空间物理系系主任和电波传播与空间物理研究所所长。在他主持系、所工作期间，正确地分析和估量了国内外、校内外的形势和系、所的实际，在原有的基础上，提出了符合系、所实际的发展思路。在他的带领下，系、所出现了蓬勃向上、欣欣向荣的景象，教学和科研不断得以进步。例如：空间物理专业获准设立博士点(第一批)和被认定为国家重点学科；“中、低纬电离层及电离层电波传播的研究”等多项成果获国家自然科学或国家教委等科技进步奖；“电离层实验室”获准为国家重点专业实验室，并得到世界银行贷款的支持；招生和分配均居全校前列，每年都有一批高质量、高层次的、充满潜力的后起之秀走上本校和兄弟单位的教学、科研第一线，为保持这门科学的发展提供了保证，为现代化建设提供了急需的人才等等。他先后在国内外学术刊物和学术会议上发表文章70余篇。

王燊教授忠诚教育,淡泊名利。他将为党的事业、为国家民族的振兴作为终生的任务和最大的光荣!在长达近60年的科研与教学实践中,形成了忠诚科教事业的高贵思想品德,积累了丰富的知识,造就了精深的专门才能,形成了广泛的社会联系。1957年的那场政治运动,王先生被迫中断科研工作。尽管在不同寻常的岁月中,他仍未放弃业务工作,自学法文,为“原子能译丛”翻译了有关核辐射检测的论文;讲授文理科学生的“公共英语”课程;编著了教材和词汇;参加外交部交给翻译联合国文件等。1978年,王先生重回空间物理学习,从事阔别了二十年的空间物理与电波传播专业教学和科研工作。

王燊教授几十年如一日,追求科学,忠诚教育,严谨治学,诲人不倦,提携后生,在空间物理与电波科学领域里以其辛勤耕耘换来了绿树成荫,桃李芬芳,他在科学、科研、学科建设、人才培养以及系、所建设和发展等方面做出了杰出贡献,硕果累累,业绩丰伟。他渊博的知识,精深的才能、高贵的品德和高尚的情操等都是值得大家永远学习的。

最后,预祝今天的庆贺大会圆满成功!祝王先生及夫人健康长寿!为我国的空间物理事业继续做出新的、更大的贡献!

(编号:家史·吴·10·5、家史·王·3.138)

热爱科学,忠诚教育——敬祝王燊教授九十华诞

管荣生 赵正予

(武汉大学电离层实验室,武汉 430072)

王曦按(2016年10月5日):

本文作者管荣生先生和赵正予先生都是武汉大学空间物理系教授,父亲生前的亲密同事。

敬爱的老师王燊教授于明年元月荣晋九十华诞,这是我国空间物理与电波科学学术界的一大喜事。作为王老师的学生,谨此恭祝王老师福如东海,寿比南山!

王燊教授,著名空间物理学家。湖北襄阳人,1921年1月9日出生。1940年考入武汉大学物理学系,1944年获武汉大学理学学士学位,随即留校任教,从事空间物理与电波科学领域的教学与科研工作。1948年获武汉大学理科研究所理学硕士学位。历任武汉大学空间物理学系系主任、武汉大学电波传播与空间物理研究所所长,兼任国际地磁及高空物理协会历史分会共同主席、国际测地和地球物理联合会(IUGG)中国地磁与高空地磁与高空物理委员会委员、中国空间科学学会理事、中国电子学会电波传播学会副主任、中国民主促进会武汉市委员会副主任、武汉市人大代表、武汉市政协委员,享受国务院政府特殊津贴。

1945年,他作为我国著名空间物理学家桂质廷教授的第一位硕士生和主要助手,辅

佐桂质廷教授筹建并于 1946 年 1 月创立了“国立武汉大学游离层实验室”。开展了电离层长期而正规的观测和锲而不舍的研究工作。

只有认识自然，才能利用自然、改造自然。他说：“在此意义上，应该说，人类的明天，取决于他们今天对大自然的认识；而他们的今天，则恰好反映着他们昨天和前天的基础研究。”这就是他在空间物理与电波科学领域锐意进取、刻苦求知的原动力。

1946 年武汉大学由四川乐山迁回武昌后的 8 月 20 日，电离层垂直探测工作在校区恢复，并开展了电离层长期正规的扫频观测和研究。王老师勤于实践，勇于探索，他在参加电离层垂直观测的基础上，利用各电离层垂直探测台站的数据资料，分析研究桂先生当时称为的“经度效应”，发现在纬度大致相同的各站台在同一当地地方时的电离层电子密度（以临界频率表征）不尽相同，有的差别显著。这实际上就是后来人们称为的“地磁控制”现象。

随后，他在“地磁控制”现象的研究中，进一步得出了如下结论：F_1层有但不明显；E 层无此现象，午夜也无此现象。与此同时，他在偶发 E 层（E_S）的观测研究中，着重探讨了 E_S层游离量、极光和地磁纬度的关系。发现武昌 E_S层出现率较高；E_S层出现率和截止率也有纬度差异，并于 1947 年向国际无线电科学联盟（URSI）提交了一份书面建议，建议“分高、中、低纬三片对 E_S层进行观测分析”。这实际上提出了电离层电子密度极大值随磁纬分布的新思想。在日食电离层效应研究中，得出了 F_2层电子密度复合系数为 $4\times10^{-10}\mathrm{cm}^{-3}/\mathrm{s}$，发现日食时 ES 层为日光所产生。

以上研究成果作为“中、低纬电离层和电离层电波传播的研究”的重要部分，获 1987 年国家教委科技进步一等奖和 1988 年国家自然科学三等奖。

50 年代初期，王老师逐渐以教学为重点，担任《普通物理》课程的教学工作，并为新成立的无线电物理（电波传播）专业的学生首先开设了专业课程《高空大气概论》（自编讲义）。他在教学工作中，治学严谨，教书育人，条理分明。深入浅出，循循善诱，注重实际，充分发挥学生自身的智慧和才能，深得学生的信赖。

由于 57 年那场政治运动，王老师被迫中断科研工作。尽管在这种不正常的岁月中，他仍未放弃业务工作。自学法文，为“原子能译丛”翻译了有关核辐射监测的论文；讲授文理科学生的“公共英语”课程；编著了教材和词汇；参加了联合国文件（外交部任务）和《齐亚诺日记》《福克兰群岛》等两部历史和地理著作的翻译以及《英语惯用短语辞典》《英语习语大词典》等两部辞典和《电离层五十年》的部分译校工作。

十年动乱结束后的 1978 年，王老师从外文系调回到刚建立的空间物理学系，一方面担任本科生和研究生的专业英语课，一方面从事阔别了二十年的空间物理与电波传播专业教学和科研工作，为本系研究生首先开设了《日地关系》学位课程。

1980—1981 年期间，王老师被派往美国 Oakland 大学进修访问，与该校物理系主任 A. R. Liboff 教授等合作开展宇宙射线、地磁脉动等课题的实验研究。王老师通过观察、研究，发现脉冲高度分析仪（PHA）的读数和 γ 射线强度之间有一种实用的换算关系，给该项研究的开展提供了方便;还与该校地磁台合作进行地磁脉动的实验研究。为此,该校特意赠送给王老师一台半自动的磁通式磁力计。王老师于1981年回国时,将该仪器带回学校,组建并主持地磁脉动课题组,利用该磁力计开展了地磁脉动的实验研究工作。这在当时科研经费十分短缺的情况下,对我校地磁脉动研究的开展起到了重要作用。

80年代初期,王老师受命协助主任、所长龙咸灵主持系、所工作,84年担任空间物理系系主任和电波传播与空间物理研究所所长。在他主持系、所工作期间,正确地分析和估量了国内外、校内外的形势和系、所的实际,在原有的基础上,提出了符合系、所实际的发展思路。他说:“桂、梁、龙诸位先生开创并经许多同志苦心运转且逐步发展的这一事业,千万不能在我的肩上萎缩甚至中断!出路在于两个字——团结。对内,加强师生员工的团结,工作意见容许不一致,但不要互相倾轧。对外,加强与兄弟单位的团结,积极地对待竞争,谁跑到前头都是对社会主义祖国和伟大中华民族的贡献。只有这样,才能发展;只有发展,才能生存;只有加快发展,才能缩短与同行的差距。历史的经验告诉我们,加快发展才是解决所有矛盾和问题的关键。”系、所在他的带领下,出现了蓬勃向上、欣欣向荣的景象,教学和科研不断得以进步。例如:空间物理专业获准设立博士点(第一批)和被认定为国家重点学科;“中、低纬电离层及电离层电波传播的研究”等多项成果获国家自然科学或国家教委等科技进步奖;“电离层实验室”获准为国家重点专业实验室,并得到世界银行贷款的支持;招生和分配均居全校前列,每一年都有一批高质量、高层次的、充满潜力的后起之秀走上本校和兄弟单位的教学、科研第一线,为保持这门科学的发展提供了保证,为现代化建设提供了急需的人才等等。王老师在回顾系、所发展这一事业时十分谦虚地说:“在我之前,老一辈开创了一块美丽的园地;在我之后,更多地精英增扩了更大更美的园地;我和我的同辈是连接这两块园地的一座桥梁,同辈们一个个都是起重要作用的钢筋水泥构建,而我是夹在他们中间的一根朽木!”确切地说,他不是“夹在他们中间的一根朽木”而是支撑他们的一根坚固的顶梁柱。他在教学、科研、学科建设、人才培养以及系、所建设和发展等方面发挥了“顶梁柱”作用,作出了杰出贡献。

对王老师来说,为党的事业,为国家民族的振兴作贡献,是他终生的任务和最大的光荣!根本不存在分内分外、在职不在职、在岗不在岗的区别,在长达近60年的科研与教学实践中,他陶冶了忠诚科教事业的高贵思想品德,积累了丰富的知识,造就了精深的专门才能,形成了广泛的社会联系。他的这些品德、知识、才能和社会联系,并没有因为年龄的增长而随之消失,相反,他更加珍惜工作的机遇与实践,一如既往地为科教事业做贡献。72岁高龄的他在1993年离岗后,认真贯彻国家关于社会力量办学的指导方针,积极探索办好民办高等学校的新途径,在湖北武汉市创建了“九州大学”,并亲任该校的第一任校长。他的办学的指导思想是:把培养高层次人才作为办学重点,以培养具有创新精神,品学兼优的高素质人才为目标,按照市场需要,以质量求生存,以特色求发展。在办学的实践中,逐步摸索并形成了一套自主办学的民办高等学校的新体制,努力争取成为我国高级人才学校提高的民间培训基地,为我国民办高等教育作出了重要贡献。

王老师几十年如一日，追求科学，忠诚教育，勇于探索，严谨治学，诲人不倦，提携后生，淡泊名利，默默奉献，在空间物理与电波科学领域里以其辛勤耕耘换来了绿树成荫，桃李芬芳，硕果累累，业绩丰伟，贡献重大。王老师渊博的知识、精深的才能、高贵的品德和高尚的情操等都是值得我们永远学习的。值此，让我们再一次恭祝王老师多福多寿。

（家史・吴・10・5、家史・王・3・138）

我院隆重举行王燊九十寿辰庆祝会

王曦按（2016 年 10 月 5 日）：

这是武大电信学院的相关新闻报道。

2010 年 12 月 8 日，电子信息学院报告厅花团锦簇，高朋满座，我院退休教师、前空间物理学系系主任、前电波传播与空间物理研究所所长王燊先生九十寿辰庆祝大会在这里隆重举行。武汉大学谢红星副校长，武汉大学原校长侯杰昌教授，国家海洋局中国极地研究中心张北辰研究员，中南民族大学电子信息工程学院院长陈少平教授，武汉大学党委统战部李物让部长、王临平主任，民进武汉大学委员会主委杨正教授、副主委王天麟教授等领导和来宾，王燊先生家属，以及全体学院领导和部分教师、学生代表齐聚一堂，共同为王燊先生祝寿。

庆祝会由学院党委书记蒋锁奋主持，谢红星副校长代表学校首先对王燊先生的寿辰表示祝福，充分肯定了王燊先生在科研、教育事业上所取得的成绩和对学校空间物理学科做出的贡献。随后，张绍东院长宣读了贺词，对王燊先生对我院做出的巨大贡献表示了感谢。国家海洋局中国极地研究中心研究员张北辰宣读了该中心杨慧根主任发来的贺电，并表达了该单位对王燊先生多年来的帮助与指导的感激之情；中南民族大学电子信息工程学院院长陈少平代表毕业学生表达了对导师的敬意；学生代表青海银同学代表在校学生表达了对老师的热爱。最后，王燊先生及其家属向学校和学院表示了感谢，在鲜花的簇拥下，王燊先生吹灭蜡烛，全场同唱生日歌，场面温馨感人。

王燊，1921 年 1 月出生，1940 年至 1944 年就读于武汉大学乐山校区物理系，本科毕业后成为武汉大学空间物理学开创者之一桂质廷教授的首位研究生。在他的带领下，我院空间物理专业首批获准设立博士点专业并被认定为国家重点学科，其“中、低纬电离层及电离层电波传播的研究”等多项成果获得国家教委科技进步一等奖和国家自然科学三等奖，“电离层实验室”获准为国家重点专业实验室。王燊严谨治学，数十载投身一线教学，为空间物理和电波传播学科建设和人才培养作出了突出贡献；他提携后生，严慈相济，循循善诱，如今桃李芬芳，硕果累累，许多受过他教诲的学子已经成为所在领域的学术科研中坚力量。

此次庆祝大会是学院十周年院庆活动的系列之一，尊重学者，弘扬学术，继承传统，激励师生是我们院庆的主题，退休教师是我院发展的宝贵财富，为王燊先生举行九十寿辰庆祝会，是将王老对教育事业的执着精神更好地继承和发扬，更多地为我国培养出一大批奋斗在科研前沿的高尖专业人才。

（编号：家史·吴·10·3、家史·王·3·138）

鹤发童颜的寿星——记王燊教授

怀 俊

王曦按（2016 年 1 月 23 日）：

本文作者刘怀俊先生是父亲的好友，系我的祖父王毅立先生的学生，武汉大学数学系教授。

王燊，武汉大学电子信息学院教授，1921－1－9 出生于湖北襄阳，祖父王纳川为晚清秀才；父亲王寿刚，北大农学系毕业，襄阳中学教师、襄阳农校校长。

王燊自幼祖父便教识字、学《三字经》《论语》，逐篇读背，记忆至今不忘。1932 年夏王燊中华大学附小毕业，随父亲去黄冈读初中，散步“东坡赤壁”，最有趣事为亭子间墙缝塞进一物留纪念。1933 年秋，王燊转学武昌私立荆南中学插班初二，当时武昌教育发达，就连荆中也名师济济，英语老师张金光每课必问，答不上就站着。经他一逼，王燊英语基础语法初中就基本过关。1935 年夏王燊考入汉口江汉中学读高中，原来这江汉中学与上海同文书院都是利用对日庚子赔款兴办的，学校校舍宏伟，学生一律住校，功课安排很紧，国文、数学、英语、日语都是每周六节，晚自习有教师轮流巡视。教导主任王知生要求极严，他兼教国文课，讲古文，许多文章都要求背。每两周一篇作文，他说：“对于议论文，重在‘自圆其说’，不管前人什么观点，你只要能自圆其说，而不自相矛盾，就是篇好文章。”即不迷信古人，要独立思考，使王燊深受教益。1937 年夏王燊回到老家襄阳当日，卢沟桥事变发生，中日战争爆发，那时学校与社会到处融入于抗日救国热忱气氛中。王燊与韩世明同学、他哥哥韩世耀、姐姐韩世英都持进步人士观点，唱歌、演戏，对当时抗日救亡歌曲两本《大家唱》差不多全都会唱。大家满腔热情投入国家民族的救亡事业中，不约而同都有一种共同信念：“国家兴亡，匹夫有责”！1937 年 12 月中旬，“一二・九”大游行刚过，韩世明、周铭忠、王燊与曾堃四人从江岸扒车到孝感，分别到孝感、长江埠、隔蒲潭（云梦）等三处进行抗日宣传活动，演出剧目《放下你的鞭子》，韩演老头，周演青年工人，王演香姑娘，演到高潮，观众中好多人都哭了。王燊积极参加活动，王知生竟把他当成了“左倾分子”，还让他向“必武兄”问好。寒假期间（1938 年初）王燊回到襄阳，他和当地中学生自发组织了“民声歌咏队”，后称“民声宣传队”。演出独幕话剧“夜光杯”，演着演着，突然有人哭了起来，台下、台上哭成一片，弄得无法演下去了。当时王燊出场要去“扭转局面”，然而当他一进入那哭的场面，顿时也情不自禁地跟着一起哭了，他没有报考大学，继续留在“民声宣传队”，当时襄（阳）枣（阳）随（县）一带抗日宣传活动异常活跃，有陈荒煤（1913 年出生，襄阳人，1932 年加入中国共产党，1936 年赴延安鲁迅艺术学校任教，曾创作《打鬼子去》《长江上》等）、张光年（即光未然，襄阳老河口人，1913 年出生，自学考取中华大学中文系，“九・一八”事变后组织“拓荒剧团”宣传抗日，曾创作大量诗歌戏剧，如《街头剧创作集》《黄河大合唱》等），以及洪深、臧克家在鄂北一带组织抗日宣传队并对当地文艺宣传活动进行组织领导工作，王燊他们的“民声宣传队”即是党领导下抗日宣传活动的一个组成部分。

王燊 1940 年来到四川成都参加高考，一连填报三所大学：武汉大学（乐山）物理系，金陵大学（成都）电机系，中法文理学院（昆明）物理系。其中武大是全国联考，另二校是自招自考，结果三校全录取了。于是王燊就从成都乘小木船沿岷江顺流而下，直达乐山，进入国立武汉大学理学院物理系。

王燊入学后，结识使他终生受益的导师、理学院院长兼物理系系主任桂质廷（1895—1961）教授。他在乐山武大做过北极光、宇宙射线、太阳黑子等专题学术讲演，听者如云。他讲授过《普通物理学》、《电磁学》、《光学》、《近代物理》等课程。王燊 1944 年毕业留校任助教。这年王燊考取桂质廷（第一位）研究生，他与梁百先、龙咸灵等师友一起辅佐桂质廷先生创建“武汉大学游离层实验室”，1946 年 1 月 1 日零时开始开展电离层观测和研究工作。1946 年武汉大学从四川乐山迁回武昌珞珈山并于 8 月 20 日就在校区恢复“电离层垂直探测工作”，展开长期正规观测研究。他于 1947 年向国际无线电科学联盟（URSI）提交了一份书面报告，建议“分高、中、低纬三片对 Es 层进行观测分析”，提出“电离层电子密度极大值随磁纬分布”的新思想。1948 年王燊获得理学硕士学位，随之晋升讲师。他的研究成果于 40 年后作为“中、低纬电离层和电离层电波传播的研究”的重要组成部分，荣获 1987 年国家教委科技进步一等奖。王燊作为桂质廷教授的学术助手，精心整理编撰桂质廷先生研究成果，写成专著《地磁极光及电离层》（桂质廷、王燊著，科学出版社，1957）；《地磁及电离层电波传波》（桂质廷、王燊著，武汉大学出版社，1986）已进入我国科学、教育事业的珍贵文献宝库。

1957 年“反右”运动，王燊被迫中断科研工作，不许他再接触无线电，还把他从物理系调到外语系去教英语。他为理科学生讲授科技英语却从另一方面扬其所长，英语课仍受欢迎。然他终未放弃本专业，“偷”时间自学法文，从《原子能译丛》翻译有关核辐射监测的论文。他讲授英语课，边教边写讲义发给学生。他还编撰“专业英语”教材和词汇，方便学生复习。他还参加由外交部转来的《联合国文件》、《齐亚诺日记》、《福克兰群岛》等政、史、地著作的翻译工作，以及《英语惯用短语辞典》、《英语习语大词典》等辞书和《电离层五十年》部分译校工作。

1977 年冬全国恢复高考，王燊老师从外文系调回刚建立的空间物理学系，他在从事 30 年讲师之后，于 1978 年晋升副教授。立即担负起阔别二十年的《空间物理与电波传播》专业教学与科研工作！他要抢时间为国家培养急需专业人才，本科生、研究生一齐上，并为本系研究生开设了《日地关系》学位课程。1984 年起王燊教授历任武汉大学空间物理学系教授、系主任；武汉大学电波传播与空间物理研究所所长；并兼任国际地磁及高空物理协会历史分会共同主席、国际测地和地球物理联合会（IUGG）中国地磁与高空物理委员会委员、中国空间科学学会理事、中国电子学会电波传播学会副主任。也就在 1984 年 3 月王燊同志光荣加入中国共产党。1991 年王燊教授被遴选享受国务院政府特殊津贴。

王燊还积极参加社会活动，被举担任中国民主促进会武汉市委员会副主委、武汉市人大代表、武汉市政协委员。他在任期间积极为政府献策，提出大量建设性意见。王燊先生是一位幽默、风趣的学者，他在《长江日报》、《武汉春秋》、《武汉民进》、《湖北民进》等刊物上发表大量短文。他用诗的语言表述自身感悟：

> 教师是支特殊蜡烛，
> 尽管没有太阳那样熠熠生辉，却不会时晴时阴。
> 尽管没有月亮那样皎洁明媚，却不会时圆时缺。
> 每当学子需要的时候，他就默默将自己点燃。
> 燃烧的不单是有限矿物质，更有无限智慧在放射光芒。
> 他的生命之火千秋不灭，谱写道德文章常盛永昌！

这也道出了他的肺腑之言，充分体现了他本人所具有的高尚道德情操，也正是他一生所谱写的一首平凡而光辉的园丁之歌！

《武汉大学报》报道：“电子信息学院庆祝空间物理系前系主任、电波传播与空间物理研究所前所长王燊教授 90 华诞。在他的带领下，我校空间物理专业首批获准设立博士点专业，并被认定为国家重点学科，多项成果获奖，‘电离层实验室’获准为国家重点专业实验室。”报道用十分优美而又恰如其分的语言称赞王燊教授为“意气风发的学子、睿智儒雅的学者、鹤发童颜的寿星。”

（家史·吴·10.2、1.13）

平凡光辉一园丁——记王燊教授九十华诞

刘怀俊

王燊，原籍湖北省襄阳市，老家在襄阳城南60里“下王家集”，祖辈以务农为生，勤俭节约。到了曾祖父王泰和时，开始经营店铺，经济状况明显改善。泰和先生十分精明，他信奉儒家“万般皆下品，唯有读书高”教旨，着意培养其子王源海（纳川）攻读儒学经典，企望有朝一日能进入仕途。果然功夫不负有心人！

书香门第

王燊祖父王源海（1876—1928），字纳川，幼入私塾，专心朗背四书五经，尽显其才，十年寒窗，熟读“经史子集”，俨然一名少年饱学之士。1892年参加童子试，一举得中秀才，年方十六岁。王纳川天生一副爱读书品性，中秀才后，依然好学不倦，养成“黎明即起”乘晨曦光照勤读诗文的良好习惯。平时总见他手不释卷，细声朗读古典史籍，他认定“经不离口”为学之道也，有时走路也念念有词地哼着，他能背诵的诗文很多，在襄南一带闻名遐迩。1903年大比之年（癸卯科）“秋闱”，王纳川来到省城参加选拔“举人”的乡试，这也是中国历史上最后一届科举考试（次年“春闱”殿试选拔最后一届进士之后，1905年光绪皇帝下诏颁布废除千年“科举”制度）。正所谓“艺高人胆大”，原本以为这举人头衔如探囊取物一般“手到擒来”，却不曾料到因遭遇“有向主考官行贿者偷梁换柱挤占名额”而落选，顿时觉得受到莫大屈辱，愤而“离家出走”！当下王纳川匆匆返回襄阳，便向家人表明要出外“闯荡世界”的决心，并向家人告别，然后携带妻子唐氏、四岁女儿爱云和两岁儿子毅立（寿刚）一行四口来到武昌，在位于阅马场旁的“陆军小学堂”担任教职，教地理、文史等科目。因其博学多识，讲课内涵丰富多彩，工作有声有色，极受学生和家长欢迎。加上他擅长书法，尤精魏体，自成一家，在武昌任教十余年间，请索墨宝者络绎不绝，名动江城，与武汉另一位书法家杨守敬先生齐名。

辛亥革命后，段祺瑞统领北洋军第二军南下武昌，署湖广总督，见“陆军小学堂”校匾苍劲非凡，听督学赞赏介绍得知王纳川先生大名。原来这段大人爱附风雅，一次便宴武汉名士，王纳川先生遂与段有一面之缘。段祺瑞执政（1912—1916年间，升任袁世凯政府陆军总长、代理国务总理）时期，王纳川曾被选任法官。然而在一次审案之前，有人往他家递送“红包”（红纸卷包裹银元），纳川断然拒绝，坚持秉公办案。这时纳川自知“此地并非留人处”，于是便毅然辞去官职，决意携家北上，来到当时北洋政府首都北京谋生，在交通部机要室担任科员，负责有关礼仪方面的文件撰稿与书写。在此期间恰是人尽其才之际，他行文规范、简洁明晰，书写雅致，婉若版刻；科长傅子如（字润章，满族）对其才华倍加赞赏，遂对纳川先生格外亲近倚重，工作上多有支持和帮助。

王燊父亲王毅立（1901—1976），字寿刚，幼年随父从故乡襄阳来到武昌，入私塾学堂读经，在纳川先生精心培育下读诵大量文史典籍，并做书法基本功练习，他勤奋好学，自幼奠定文史书画基础。1911 年发生推翻满清政府的辛亥革命武昌首义，建立了中华民国。次年（1912 年 1 月 1 日，民国纪元之始）他转入张之洞兴办的新式学堂；武昌商业学堂、汉阳工业学堂就读，由于他性格文静，既勤奋用功，又耐心细致，以至其学业建树广博而扎实。1916 年寿刚随父来到北京，此时姐姐爱云已于年前早殇，仅享年一十六岁。王寿刚这年考取北京大学农学系，在大学期间他书法不断提高，笔记、作业的行楷小字益发清秀。他擅长隶书，班级出壁报常有他的书写墨迹。他还对工笔画渐渐发生了兴趣，也许因其所学农艺专业的关系吧！他爱画花鸟、昆虫，以及各种农作物、动植物。他性格斯文，写字作画都认真仔细，有模有样。后来他在湖北郧阳中学、襄阳中学教生物学和在襄阳农业学校担任校长期间仍不离讲坛，一直兼任植物学、农艺学课程，所用课堂挂图，皆其亲手绘制，件件堪称弥足珍贵的艺术品。王寿刚先生还曾为鄂北地区他任教过的郧阳中学或襄阳中学题写过《校政厅》匾额。1951 年 1 月襄阳中学同学参加军干校时，王寿刚先生为参干同学题词："国家干城"，苍劲挺拔、尽显书法艺术魅力，令人赏心悦目，散发鼓舞士气之神韵。1952 年王寿刚先生调入湖北省襄阳农业学校担任校长。此后他对农校教学发展建设做出了"功不可没"的重要贡献。他为人谦和，备受广大师生爱戴。在襄阳农校期间，最是发挥所长、报效国家的大好时机，他意气风发、精心敬业，满腔热情地为学校教学及各项工作可说是"一心扑在工作上"，全心全意贡献所学！成为襄阳地区生物学界、教育界屈指可数的"翘楚"。与曾任鄂北中学校长的数学、物理学者刘应光（叔远），原汉沔中学校长、文史学者陆云龙，襄阳中学原校长、数学教育家阎平章齐名。

王寿刚 1919 年和大家闺秀、贤惠淑女郑定芳喜结良缘。定芳（1901—1921）女士出身南京名门望族，其父郑倬甫早年在汉口大夹街经营"货栈"、生意兴隆。倬甫夫妇信奉基督教，自幼就让女儿受了洗礼，进入教会学校接受西方教育。定芳姑娘性情温和，聪慧娴雅，在校学习成绩上佳，又是"唱诗班"主角，深得同学们钦羡。左邻右舍长辈们都很喜欢她，赞道：谁家能娶这贤惠姑娘才真有福！1919 年"五四"运动发生，提倡"科学"和"民主"的新文化运动，这年十八岁郑定芳女士与同龄王寿刚先生结为伉俪，堪称"门当户对、才子佳人"天作之合！当时寿刚还在北大求学，他们当时已属"男大当婚、女大当嫁"典型的晚婚了！新婚燕尔，心意相随，相互关爱，夫妻和睦。1920 年王寿刚自北大农学系毕业，即便在北京京汉铁路局供职，年方 19 岁，意气风发，踌躇满志，前途不可限量！生长书香世家，现有贤妻在堂，家庭幸福美满，实在让人羡慕不已。

次年春节过后，定芳女士身怀六甲，反应十分强烈，饮食难进，身体虚弱，带"病"妊娠，备受艰辛。婆婆唐氏（1881—1948，樊城人）对儿子视若生命，对媳妇亦疼爱有加，为她煲制“桂圆红枣莲子羹”，以稀饭流质维持“母子二人”生命，命家人时刻服侍在旁，只盼媳妇平安无恙！全家人无不关注少夫人健康状况，祈福她早日平安康复，王老先生更是殷切盼望孙儿顺利降生。直待到这年（庚申）腊月初一（1921 年 1 月 9 日），怀胎十月瓜熟蒂落。真是历尽千难万险的坚强女性，好不容易让她第一个也是最后一个婴儿出生在北京西四元宝胡同 4 号的一所四合院内。欢天喜地！分娩那天真是个极不平凡的日子，恰值三九首日，天寒地冻，“准”母亲定芳发着高烧，忍受剧痛刚刚产下胎儿便昏迷过去，良久过后方始苏醒过来，便问产婆“是男是女？”回答是儿子，并向她道喜！她开心地笑了，一句话也没说。她此时身体已极其虚弱，一阵阵昏迷过去，难以接受种种饮食进补，家人十分焦虑。全家就这样耐心地默默守护等待，盼望出现转机与奇迹。岂料，刚刚当上母亲的定芳女士于分娩后八个小时即撒手人寰，令人悲恸不已。

幸福成长

王纳川先生年逾半百今得长孙，自是喜不自胜，只是十分痛惜如此贤淑儿媳早逝，不禁怅然。他为心爱长孙取名王燊，由他自身“海纳百川”，希望孙儿星火旺盛、永放光辉。爷爷视王燊如掌中至宝，因燊儿得不到生母哺乳，急需雇乳母喂养，同时设法购买当时北京市面各种婴幼儿营养品，作为辅助食品饮用。好在有全家人悉心关爱，使他在甜蜜温馨的环境中得以健康成长。一年后的一天，春光明媚，祖父带孙儿去照相馆照了一张童年纪念像。小王燊穿着长袍外罩马褂，头戴瓜皮帽儿，手里还拿着一本（与小人不大相称的）“大”书，站在假山（布景）前，天真烂漫、煞是可爱。整日忙于公务的伯伯王寿刚先生此时正躲在假山后边扶护着儿子。照片旁边写着祖父王纳川先生亲笔题款：“此燊孙照片也，孙庚申年腊月生，甫坠地而母逝，因雇乳以养之。今孙已两岁，而孙母之死亦逾两载矣。念尔身世不胜惘然。——倦翁识”。这张珍贵照片一直完好无损地保存到上世纪八十年代，一天托人拿到汉口影楼进行复制，不料照片一去不复返、迄今杳无音信，甚是可惜。

王寿刚先生弱冠丧妻，家无主妇，备受亲友关注，只是碍于发妻新逝，不便提及。待到 1924 年，适有名门杨家女儿杨紫英，经人说合，幸运成就一双（后来证明）美满姻缘。岳父杨公曾经任职刑事法官，家住北京太平桥，朱漆门楼，画栋雕梁，四合大院，整肃庄严。杨公原籍亦是襄阳人，育二女一子，长女紫英行二，桃李年华，待字闺中；其兄远志（1901 年出生，长紫英二岁，曾在阎锡山麾下做事，后来走南闯北四处谋生，到过武汉、莆田，后定居西安）、小妹紫玉（中学毕业，花儿年华过早凋零）。

杨公得知名宿王纳川之子、19 岁北京大学毕业的襄阳才俊王毅立弱冠丧偶，便欣然同意这门婚事。王寿刚甲子（1924）年续弦再取，妻杨紫英虽是大家闺秀，生性却极其温柔贤惠，为人十分忠厚善良，毫无千金小姐架子。她不但特别能吃苦，而且能够任劳任怨。人说她是后娘，她却自始至终对王燊极好，视如己出，有时兄妹俩闹别扭，她竟总是护着小哥，这倒不是她怕婆婆，而是出于真情实意地痛爱！除夕守岁，一家老小一起掷骰子，只要燊儿输了，她便把自己的钱悄悄塞给燊儿；再不就是娘儿俩"碰蚕豆"而故意输给儿子！于此即可见其匆忙贤惠品德高尚之"一斑"。王燊亲切地喊她"妈"而不像传统那样叫"娘"。紫英妈这种"非亲生犹是亲生"的舐犊之行，在王燊的幼小心灵留下了极为深刻的美好记忆。王燊对父亲王寿刚的称呼亦与众不同，不叫"爸爸"而称"伯伯"，这是因为祖母和长辈们认为：燊母去世得早，喊"伯伯"可以"躲过灾难"。

王燊祖母唐氏(1881—1948)，襄阳人，没上过学，但知道的事理却很多。王燊是奶奶一手带大的，出生后生母过世，即四处托人请得"奶"妈专门喂奶。王燊的婴幼年时期生活的方方面面皆由祖母照管，吃喝拉撒，起穿洗漱，营养卫生，全天陪同孙儿；哇哇习语，鸭鸭学步，烂漫玩耍，喜乐随性，寸步不离，日复一日，照顾无微不至。祖母方临四十盛年，得与孙儿共享天伦，不仅不觉辛苦、反而感受到极大的天伦之乐，十分欣慰和满足。

祖父纳川先生对孙儿更是钟爱有加，经常逗孙儿玩耍，让他在自己腿上"骑马"，稍大便让孙骑在背上"放牛"，时而还突发"少年狂"，趴在地上慢慢地爬，孙儿骑着"牛"，揪一下爷爷耳朵，爷爷就"哞，哞"地叫着，乐此不疲。王燊三岁时祖父便教识字，把厚实的白色吸墨纸裁成小方块，在两面写上毛笔字：一面写"一"，另一面写大写的"壹"等；有的一面写"大"，另一面写"小"等。纳川先生常穿一件灰色长袍，大袖口，教孙儿认字时往往先在袖筒里藏一根香蕉，认字完毕，只见他举手向空中挥动，口中念念有词："琵琶哥，琵琶哥，孙儿认字认得好！"然后就在手中一"变"，变出一只香蕉来奖赏孙儿。那些字块王燊一直珍藏在身边(北京——武昌——襄阳——乐山——武汉)数十年，新中国成立初期住在珞珈山一区(十八栋)时还在，后来经过史无前例的十年浩劫以后就不知所终，再也找不见了。通过一年的教导，小王燊已经认识了数百个常见的汉字，祖父就开始教他读书，先"读"《三字经》，认、读、背，直到从头到尾流利地背了下来。接着读《论语》，由祖父教认、讲解，朗读，背诵，逐篇读背，从首篇"学而第一"，一直背到"宪问第十四"，毕竟已背熟了三百多章(段)，以后就没有再读了，但幼时记忆至今不忘。

纳川先生个子不高，圆脸、小胡子，精明干练。他严肃认真，慈祥和蔼，平易近人，口碑甚好。由于常年累月勤劳节俭、精业诗文书画，数十年如一日，五十岁就用上了拐杖，此时王燊刚刚开始上小学，由于父亲任职的铁路局属于半军事化性质单位，平时很少有时间陪同儿子玩耍嬉戏，便自然由爷爷代劳了。在爷爷亲切关怀教导、循循善诱培育之下，王燊学习识字兴趣很浓，他每天能自觉完成爷爷要求的作业，成了一名认真学习、识字读书的好孩子。

谁料"天有不测风云、人有旦夕祸福"，就在1928年的一天早上，祖父王纳川突然"中风"，那天早起床后他站在凳子上卷窗帘，一不小心摔了下来，即刻便昏了过去，从此卧床不起，时而清醒、时而昏迷，虽经多方救治，还请了一位名叫"迪波耳"的德国医生，都没能治好，于四五日之内即溘然长逝，享年五十二岁。其灵柩在龙泉寺暂厝，数日后在西直门外白石桥买了一小块墓地，纳川先生灵柩就葬在此处一株大松树旁，墓前还竖立了一块石碑，当时还有一位看坟人叫于得水。解放后，王燊和二妹王霖还去寻找过祖父当年的墓地，地方倒是找到了，是在当时中央民族学院围墙的南边，但棺木和墓碑已因城市发展建设征地的需要由政府移往他处，无从查找，看墓的于得水先生也不知去向。如今那里已是高楼林立，一派繁华景象，旧址再也找不到了。

王寿刚先生安葬父亲王纳川后，便安排母亲唐氏、夫人杨紫英领着未满八岁的儿子王燊与两岁的女儿王雯，老小四人一行离开北京返回襄阳，寿刚暂时还需留京工作。奶孙、娘儿四人先是从北京到汉口乘火车走了三天三夜，过黄河大桥时开得特别慢，过河南、湖北交界处的武胜关隧道的时间也相当漫长，而且当出了洞口后，每个人都让煤烟熏成了“黑”人了，相顾十分好笑。

从汉口到襄阳——樊城码头乘坐的是由汽船(俗称“汽划子”)拖带的木船(木船绑在汽船边上)，逆流而上，白天行船，夜晚停靠码头，大约走了“七天七夜”的时间，方才到达。回到襄阳后，没有回老家王家集，而是居住在襄阳城大北门内中山街早年购置的一所房屋里。王燊作为三年级插班生，进入襄阳县中心小学(是襄阳县当时最好的一所完全小学，即襄阳昭明小学前身)，他一口京腔，同学都对这位京城来的小同学很好奇，和他交往的同学并不多，由于时间不长，没有交上要好的朋友，他后来回忆那段时间同学的名字一个也说不上来。学校放假期间，奶奶带他回王家集住了一段短时间，见到二叔(敬立)、二婶，五姑(德立)。由于大多时间生活在襄阳城内，以后大约在1938年又回过一次老家，但对老家的亲人们因接触不多一直是很不熟悉的。

1929年父亲王寿刚先生从北京回到武昌，由当时在湖北省建设厅任航政处长的姨夫雷韵午先生介绍，在武汉轮渡事务所任庶务员(大概相当于采购员吧)。王燊回忆说：“这年冬，奶奶、妈和大妹和我四个人一起来到武昌，与父亲团聚，一家五口住在察院坡(司门口东北厢近旁)”。王燊进了中华大学附小，因为“地县学校到省城学校插班必须要降一级”不成文的霸王条款，使得本应上四年级的王燊却只得屈就又上了一回三年级！由于家离学校太远，父亲为了儿子的安全起见，特地搬家到候补街高家巷，租住了一处两间房的套间，房东叫张宅森，当时是法国领事馆的职员。一学期过后，王燊期末成绩非常出色，得了个“全优”。1930年秋升入四上，月考成绩再次“特优”。按当时学校规定，完全符合“跳班”条件，便立即晋升到五上。王燊以自己的学业实力回到原来的学历进程，同时也显示出一位少年优材生的质朴本色。中大附小的教学管理十分严格，对小学生赏罚分明。有一天下午，王燊跟几个大一点的同学去游洪山宝塔，到了洪山脚下还一起吃了甘蔗。不料此事让老师知道了，王燊记忆犹新地回忆道：“第二天班主任田天柱老师便叫我们四个人在大厅里跪着，一个人挨了好几板子。”这次挨罚，王燊印象极为深刻，他清楚记得是三月二十八，此事让他记了一辈子！犹如昨日，历历在目，此后也就再也“不逾矩”了。

这年(1930年，庚午)四月十三，家中添了二妹，取名王霖，抗日战争期间随父亲返乡，在襄阳读书，从小学、初中，直至襄阳“五高”(湖北省第五高级中学——号称鄂北“最高学府”)。1948年夏，王霖五高毕业，恰值刘邓大军解放襄阳，她随即参加了中国人民解放军，当时部队中学生极少，更不用说高中毕业生了，不久后她被调入总参三部，从而和家人中断了联系。五十年代，由部队选送到北京外国语学院学俄语，毕业后跟随苏联专家做翻译，来到祖国大西北，苏联专家撤离后，她到兰州大学外语系任教，后来偕夫君洛风(李盛志，一位 16 岁就到了延安的“红小鬼”，后来在中国人民军事政治学院担任后勤部长)离休后在北京复兴路学校家属大院居住。

王燊在中大附小学习期间，经常到同班同学陈家琰(后来金陵大学毕业，在省农垦厅工作，1999 年去世)、陈家瑞兄弟和他们表弟李祖智(都是附小同学)一起做功课，看《小朋友》《儿童世界》等图书，跳房子、打珠子、踢毽子等多种有趣的玩意儿，有时还一同到汉口看电影，现在回忆起来，怡然有回到童年时代的感觉，就像昨天，耐人寻味，妙趣无穷。何况那段“经历”还真体验到一种“独立生活”和“社交活动”的经历，十分珍贵，如诗如梦，天真烂漫。居然在他的童年记忆里留下了刻骨铭心的印象，终生难忘。

战乱中学

1932 年夏，王燊从中大附小毕业，报考了(武昌)湖北省一中，答卷自觉不理想，等到发榜那天上午去看结果，果然，真的“名落孙山”！这也罢了。然而他发现同班的女同学陶纯蓉的大名却赫然高居榜上。他可就想不明白了：在班上，我王燊总是第一、二名，她却总是倒数一、二名。现在我没考上而她居然考上了，岂不是奇闻一桩？不久后才听说，原来这位女士是省一中校长未来的儿媳妇。王燊在儿童时代便亲眼目睹到有如此不公平的事情发生，实在感到迷惑不解，然而此事给予他极深刻的印象，直到后来他才逐渐明白，那原来是“关系学”在发挥巨大威力呢。

恰在这年，父亲应聘到黄冈中学(时称湖北省第六中学)任教，王燊二话没说，干脆再报考省六中，跟随伯伯一道去黄岗上学。现在回想起来上初中那时的住校生活可真有趣得很：吃包伙，八人一“桌”，席地而“坐”，只听哨音一响，全体小同学一起开抢，吃饭要抢，吃菜也要抢，先抢一块切开的咸鸭蛋，舔上唾沫，放在面前，赶紧再抢别的菜。那么文体活动时间上操场打球就更需要抢了，王燊个子小，沾不到边，只能钻空子跑龙套；他因此在午后课余时间里更多兴趣转向玩乒乓球或玩小皮球。星期天也常跟同学到学校附近散步，不一会就走到了“东坡赤壁”，这所四海闻名的国家级千年名胜也不知他去了多少次，对其重大意义却未领悟几许，而是他最有趣的一件事则是在亭子间的墙缝里塞进一样东西，以留作纪念，觉得要比“到此一游”文明得多。可是五十年后，王燊再去黄州“旧地重游”时，那墙壁缝中藏有他的儿时何等物事，却一点也记不起来了。

学期末王燊以学业丰收的充实心情，回家度寒假，这年(壬申)腊月初一，刚好是他十二岁“本命年”，全家为他做了喜庆生日。转瞬新年来到，癸酉元辰(1933 年 1 月 26 日)新年吉祥欢乐之中，正月初二又添三妹王震，真是双喜盈门、锦上添花！王燊在黄冈中学上了一学年，由于奶奶不放心孙儿远离省城，时刻挂念唠叨，嘱咐伯伯寿刚为他办了转学手续，因此 1933 年秋季，王燊便在武昌私利荆南中学(位于今荆南街)读初二了。每天放学回家，总要到妈那里抱抱刚半岁的小妹妹王震，也爱逗活泼天真的二妹妹王霖玩耍，此时大妹妹王雯已经上了小学，王燊对三个妹妹十分喜爱。一家人天天欢聚一堂，其乐融融。到底是省城，经清末张之洞倡导兴学，武昌教育之发达，全国闻名，就连这荆南中学也是名师济济，教学质量"非同寻常"。这里老师很负责任，英语老师张金光（"文革"时期在华中师大作为"反动学术权威"挨过斗）每堂课都提问，答不上来就站着。经他这么一逼，王燊的英语基础语法在初中时就基本过了关。在荆中学习的初二、初三两年，王燊还在课外学到了好几样"本领"呢：一是向同班同学（郑芳馨）学会了修理钟表，居然能够修理小钟、大表了，当然谁家钟坏了也不会找这么个"会修表"的小毛孩给修理的。其二是跟同班同学刘国栋学会装矿石收音机，上街买零件、上房去架天线、从不响到弄响、响了又要弄得更好。这事很热了一阵子，妈总爱笑着说王燊："看你忙得满头大汗，只怕还没有安下心来听一个钟头吧。"第三，偷偷地学会了骑自行车，奶奶知道后自然一百个不放心。有一次王燊借了车，把大妹王雯带在后座上到司门口跑了个来回，然后叫妹妹向站在门口盼望孙孙的奶奶说明："哥哥骑自行车还真的有水平呢！"看他们兄妹俩那高兴劲儿，奶奶笑笑也就默许了。

1935 年夏王燊从荆中初中毕业，考到汉口江汉中学读高中，原来这江汉中学与上海同文书院都是利用对日庚子赔款兴办的，该校历届前三名毕业生可获得奖学金到日本留学。学校在古德寺附近，校舍宏伟漂亮，学生一律住校，功课安排得很紧，国文、数学、英语、日语都是每周六节，晚自习常有教师轮流巡视，因此学生自觉不自觉地都必须抓紧学习，否则就跟不上。江汉中学的校长是日本人，不常在学校，主要事务由教导主任王知生（沔阳人，五十来岁，留八字胡）先生主持管理，要求极严，学生个个都怕他。他和王燊爷爷有过交往，但他却也不徇私情，动不动就对王燊说："你爸爸都挨过我的打，你还敢调皮！"语气中亦不乏关爱之情和严格要求之意。王知生主任还兼教国文课，专讲古文，许多文章都要求背。每两周一篇作文，他老先生批改作文时，还特意把王燊叫到他身边去，当面为之批改、讲评，有时还让他重写一篇交来再给改。他说："对于议论文，重在'自圆其说'，不管前人什么观点，你只要能自圆其说，而不自相矛盾，就是篇好文章。"这其实是在教他要独立思考、独立为人！使王燊深受启发，经久不忘，终生受益。

1937 年夏，王燊二下肄业，王知生主任告诉他："根据你的成绩（第二名）表现和日语水平，学校决定明年一毕业就送你去日本留学"，并嘱咐他暑假回襄阳把这好消息告诉家里，并向他们辞行。可是就在王燊回到襄阳当天，就发生了卢沟桥事变，中日战争爆发，留日之事即像肥皂泡一样破灭，就连江汉中学能否存在也成了问题。果然，秋季开学时，日本人全撤走了，学校由当时的汉口市政府接管，日语课已经取消，其他课程设置照常。王燊一人离开襄阳老家回到江汉中学上高三，这次他没有住校，而是住在同班同学韩世明（现在美国定居）家里。韩家在长堤街，离学校很远，王燊借用了陈保罗（今居台湾）同学家的自行车，一用就是一学期！王燊天天与韩世明一道骑自行车上学，早出晚归。那时学校与社会到处融汇在一片抗日救国热忱气氛之中，王燊发现韩世明同学真"不简单”,他懂得的道理相当多,他哥哥韩世耀、姐姐韩世英都持进步人士观点(即“左倾”),动不动就是:《群众》怎么说,《解放》怎么讲,他们与外面常有联系,唱歌、演戏、游行、喊口号等,王燊当时似懂非懂,但总是明确坚定地跟着他(们)走,干得很起劲,他对那时的抗日救亡歌曲——两本《大家唱》里面的歌差不多全部都会唱。在那一段时间可以说完全没有规规矩矩地读书上课,成天价参与各式各样的活动,而且大家都是满腔热情地投入,深感正在为国家民族做着理所当然的、正大光明的事业!大家不约而同地都有一种共同信念:“国家兴亡,匹夫有责”!王燊跟韩世明一起搞的最大一次活动,就是1937年12月,“一二·九”大游行刚过,韩世明、周铭忠、王燊与曾堃四人从江岸扒车到孝感,分别在孝感、长江埠、云梦的隔蒲潭等三处,进行好几天的抗日宣传活动。演出的主要剧目是《放下你的鞭子》,韩演老头,周演进步青年工人,王演香姑娘,演到高潮时,观众中还真有人哭呢。王燊参加这些活动,完全出于自觉自愿,满怀抗日救国的热情!以致王知生主任竟把他也当成了“左倾分子”,说他是“丹霜团”的一号头头,其实王燊对那个什么“团”毫无所知;而有时又让他向“必武兄”问好,而他根本就没见过董必武。

襄阳情结

寒假期间(1938年初)王燊回到襄阳,他和从武汉回襄阳的同学和当地一些中学生自发地凑到一起,组织了个“民声歌咏队”,后称“民声宣传队”,为首的是博文中学的王荣宝。他还请来了东北的包崇山夫妇(一对颇有才华的青年“地下工作者”)作指导,教唱歌、演戏。每天就在襄阳城“东巷子”王荣宝家里,唱啊、闹啊,还真表演得惟妙惟肖,尤其王燊更是全身心地投入,“演啥像啥”,还总饰演主要角色呢。有一次为募捐寒衣义演,王燊客串了一次演日本鬼子,王雯妹妹演“东三省”(她背上贴着“东三省”三个大字),当日本鬼子狞笑着把东三省抢在手里时,真的把王雯吓哭了。王燊赶紧低声用武汉口音悄悄跟她说:“莫怕,莫怕,我是你哥!”(好在台下还没有看出破绽来)寒假结束返回武汉途中又应邀在枣阳小礼堂演出了独幕话剧“夜光杯”,这天下午演着演着不知怎么突然间有人哭了起来,台下、台上哭成一片,弄得无法演下去了。当时王燊在后台,同学让他出场去“扭转局面”!只见王燊“当仁不让”,急忙上得台来,然而当他一进入那哭的场面,顿时也就情不自禁地跟着一起哭了起来,这场戏就这样哭着散了场。王燊同学生得一表人才,英俊潇洒,戏又演得真切感人,尤其在《放下你的鞭子》中饰演的香姑娘,十分清丽娴雅,楚楚动人。他演过的诸多抗日青年光辉形象,给人们特别是青年学生留下了美好难忘的深刻印象。王燊同学一时间成了众所周知的“明星”,轰动襄阳城。谁知此刻却有一位千金小姐,出身襄阳第一大绅杨吉六先生家,芳名惠棠,是杨家大院的三小姐,花季年华,看了演出后,竟像着了迷似的,每场演出必到,她对王燊的表演尤其欣赏,留下了十分美好的印象念念不忘,在杨惠棠心目中王燊就如同电影里才华横溢的翩翩少年、对敌斗争的英雄!此后他们在学校活动中相互认识,并在宣传抗日活动中有交往,建立了纯真友谊。时间虽然不长,在襄阳一段演出生活却给王燊留下了一生难以忘怀的经历和美好回忆。

影响所及还有一位少年即惠棠小弟弟有唐年八岁，他幼小心灵里已经牢记王燊大哥哥的“英雄形象”。总模仿他的榜样。后来他与王燊小妹王震成为小学和高中同学，并在一起演戏，参加了襄阳中学土改宣传队，扮演过《白毛女》中的黄世仁、《小二黑结婚》中的坏小子兴旺等，成了襄阳中学、鄂北地区一带的“明星”，也算是名噪一时的“角儿”。

1938 年夏王燊高中毕业，襄阳、武汉也相继告急，他没有报考大学，继续留在“民声宣传队”。一次为了赈济黄河水灾，排演了大型话剧《李秀成之死》，在推销剧票时，闯进了“122 师”司令部，由一位副官张步蟾（山东邹县人，文化水平颇高，为人也很和善）接待。听说“民宣队”演李秀成，张副官大为赞赏，他对太平天国故事和任务非常熟悉，讲述起来滔滔不绝，头头是道，比王燊他们知道的多得多。张副官买了几乎全场的票，看了演出，还提出许多建设性意见。他对宣传队和王燊印象很好，同时王燊对他有极好、极深的印象。后来他们之间保持着联系，张副官也因此认识了他父亲王寿刚先生。

1938 年秋战局发展湖北十分紧张，王燊和与他们宣传队交情极好的挚友吴锦衡商量，打算一起到锦衡家乡竹山县暂住，“不但吃住不成问题，还可以一同温习功课，准备来年考大学。”锦衡认真地对他说。同时亦征得伯伯和奶奶同意，家人亦为王燊能避开日本鬼子而欣慰。大约 1938 年 9—10 月间的一个上午，王燊已经整理好简单的行李准备离家西行，吴锦衡来约他一同上船去竹山，并说他全家都已在船上等候。有趣的是，当他俩经过新街时，迎面碰见了 122 师的张副官，他坚决让王燊留下来跟他到师部做些“抄抄写写”的工作，在襄阳城内做事还可以常回家看看。他让王燊向后转，并同他一起来到王家，向王燊伯伯和奶奶说明他的意见和安排，寿刚先生全家都表示同意。当天王燊就跟随他去师部报到上班，做了“文书上士”工作。由于工作关系，张步蟾、靳竹亭（军需处长，河北人）和王燊的关系十分融洽、交往频繁，并与其父王寿刚先生三人相识，因其志趣相投而成为挚友，后来张步蟾、靳竹亭和王寿刚三人结拜为情同手足的金兰兄弟。此后王燊便称步蟾张叔，他们之间的关系真真切切称得上是“叔侄亲情”。

1939 年初，王燊上班不到半年时间，他的中学同学王震宙告诉他：“报纸上公布名单，你被分配到东北大学（西迁四川三台）借读。”此消息对他来说有些突然，却也事出有因：原来他们在江汉中学读“高三”最后一学期时，政府有个政策：从沦陷区来的学生（时称“流亡学生”）可以到后方学校“借读”。恰好他们班上同学王震宙有个哥哥在上海沪江大学管理印鉴，到武汉来办事，由此关系，他们班上约二十来个同学都趁机假造了“沪江大学肄业证”，申请借读，报给了教育部。结果，填了、报了，大家一笑了之，无人放在心上。如今事隔一学期之后，那张假证件起了作用，可以到四川去读“东北大学”了。王燊便同张叔一起到家里和伯伯商量，最后接受张叔的建议：与其上东北大学，倒不如到西北联合大学（1937 年抗日战争爆发后，北平大学、北平师范大学、天津北洋工学院和北平研究院等单位组成西安临时大学，翌年临时大学西安搬迁到汉中地区一座小城——素有“西北小江南”之誉的城固县，改名为国立西北联合大学）去借读。因为张步蟾家在汉中南郑，他于是就派了个少尉，以回家探亲为名，于 1939 年春陪伴王燊一起由襄阳（出发)——老河口——西陕口——龙驹寨——西安——秦岭＋汉中,一路长途跋涉,最后终于到了西北著名大学城——城固。来到西北联大,王燊便向学校申请办理“借读”手续,可他什么证件也没有,只凭一张嘴,自称是沪江大学物理系一年级的学生,已被教育部分配到四川三台东北大学借读,因路途遥远不便,希望改在西北联大就读,特提出申请云云。当时是物理学院院长刘拓教授接待,偏他对沪江大学很熟悉,左问右问,“我现在也不知道当时是怎么回答的!”王燊回忆说,“大概他老也察觉我是个冒牌货,出于关心青年后生,还是将我收下了,在物理系一年级借读”。

1940 年春季开学后问题来了,西北联大管注册的老师找王燊谈话,问他:“怎么在教育部发下的借读生名单中找不到你的名字?”这一声惊雷乍使王燊顿时感到大祸临头,他豁然猛醒:假证件上使用的名字是“王少刚”,而现在联大却仍然用名“王燊”,这回算是完了,在联大肯定再混不下去了。怎么办?只有重新报考!好在乘学校尚未“立即除名”之前,一方面随班听课,一方面悄悄擂起高中的功课。就这样 1940 年暑假,在张叔资助下,王燊来到成都正式报考大学,他“一连气儿”考了三所大学:武汉大学(乐山)物理系,金陵大学(成都)电机系,中法文理学院(昆明)物理系。其中武大是全国(名牌大学)联考,另二校是自招自考,结果三校全都录取了。如此,王燊就从成都乘坐小木船沿岷江顺流而下,直达乐山,这才正正规规地进入了国立武汉大学理学院,攻读他所喜爱的、并终生从事的物理专业。回顾这两年“提心吊胆,不知如何是好”的生活,总算是“告一段落”。而这前前后后的运作过程都多亏了张叔的关怀、照顾、鼓励与资助,他老这份情谊、恩惠和风范,至今铭记,永不忘怀。

名师启导

王燊入学后,便有缘结识使他终生受益的导师桂质廷(1895—1961)先生,桂先生时任理学院院长、物理系教授、系主任。他于 1914 年由清华学堂选送留学美国,1917 年获得耶鲁大学理学学士学位,随即进入芝加哥大学读研究生,翌年美国参战(即欧洲第一次“世界大战”),他应征来到法国欧战前线接受枪林弹雨的洗礼。年底(1918 年 11 月 11 日)“一战”结束,他重回美国,转而进入纽约州康奈尔大学,1919 年初夏在该校举行的中国“五四运动”演讲会上发表主旨讲演,以其热情洋溢的爱国主义精神感动每一位在场的听众,从而结识了正在读大三的美国姑娘许海兰,后来喜结连理,成为风雨同舟、患难与共的终生伴侣。1920 年桂质廷获得理学硕士学位,随即回到祖国效力。1923 年受洛克菲勒基金资助再度留美,来到普林斯顿大学深造,师从物理学家康普顿(以发明“康普顿效应”享誉国际科学界)教授,两年后获得哲学博士学位。他是我国地磁与电离层研究奠基人之一,对我国无线电物理与空间物理学做出了无可替代的宝贵贡献。桂质廷教授于 1939 年偕夫人许海兰(1899—1995,生于美国纽约)来到乐山武汉大学,从此他便一直在理学院物理系为祖国的科学教育事业贡献终生。许海兰女士后来成为武汉大学外语系教授、博士生导师,她以其对英美语言文学的高深造诣为武汉大学外语学院的教学科研做出了成绩卓著的奉献，她以75年教龄始终“耕耘”在教学第一线，而为武大女学者中所仅见。桂质廷先生身兼院、系领导，却一直不离教学岗位，他是我国著名实验物理学家，一生从未脱离实验室，是一位德高望重的空间物理与无线电专家。王燊在1940年进入物理系以来，有幸经常聆听桂先生的讲课，亲身感受桂先生的实验指导，他对桂教授渊博的学识、对实验物理的精深造诣，和对科研教学工作严肃认真的敬业精神，为人宽厚而乐于提携后学的崇高品德，有着极深切的感受，对他的高尚情操和人格魅力十分尊敬。1944年王燊以优秀成绩从物理系毕业，获武汉大学理学学士学位，随即留校任助教，从事空间物理与电波科学领域的教学辅导工作。1945年，王燊考取了桂质廷教授的（第一位）硕士研究生，他与梁百先、龙咸灵等师友一起辅佐导师桂质廷先生筹建创立了“武汉大学游离层实验室”，并于1946年1月1日零时正式开始开展电离层长期而正规的观测和锲而不舍的研究工作。

1946年武汉大学从四川乐山迁回武昌珞珈山后，桂质廷、梁百先、龙咸灵、王燊这组堪称精悍的老中青结合科研梯队，立即着手进行观测研究前的恢复工作，师生一起动手，雷厉风行，8月20日就在校区迅速恢复了“电离层垂直探测工作”，并即时展开电离层长期正规的扫频观测和研究。王燊在工作与学习中继承了导师桂质廷“勤于实践，勇于探索”精神，在参加电离层垂直观测的同时，利用各种电离层垂直探测台站的数据资料，分析研究桂先生当时称为“经度效应”的现象，发现在纬度大致相同的各站台，在当地同一地方时的电离层电子密度（以临界频率表征）不尽相同，有的差别显著。——这实际上就是后来人们称为的“地磁控制”现象。

随后，王燊对“地磁控制现象”进行长期试验观测和深入研究，进一步得出了如下结论：F_2层有明显的“地磁控制”现象；F_1层有，但不明显，E层无此现象，午夜也无此现象。与此同时，他还在E_S层的观测研究中，着重探讨了E_S层游离量、极光和地磁纬度的关系。发现武昌E_S层出现频率较高；E_S层出现率和截止频率也有纬度差异。1947年王燊向国际无线电科学联盟（URSI）提交了一份书面报告，建议“分高、中、低纬三片对E_S层进行观测分析”，这实际上提出的是“电离层电子密度极大值随磁纬分布”的新思想，当时他正在攻读桂老师的研究生。经过三年的学习研究生活，王燊于1948年以优秀毕业论文答辩成绩获得武汉大学理科研究所理学硕士学位。随之在学校教师职称评定中，晋升为讲师。他在攻读研究生时期所做的研究成果于40年后作为“中、低纬电离层和电离层电波传播的研究”的重要组成部分，荣获1987年国家教委科技进步一等奖和1988年国家自然科学三等奖。

王燊教授历任武汉大学空间物理系教授、系主任；武汉大学电波传播与空间物理研究所所长；并兼任国际地磁及高空物理协会理事分会共同主席、国际测地和地球物理联合会（IUGG）中国地磁与高空地磁与高空物理委员会委员、中国空间科学学会理事、中国电子学会电波传播学会副主任。1991年王燊教授被遴选享受国务院政府特殊津贴。

王燊先生还积极参与社会活动,曾被推举担任中国民主促进会武汉市委员会副主席、武汉市人大代表、武汉市政协委员。在任期间积极为政府献策,提出大量十分中肯的建设性意见。王燊先生是一位十分幽默、很有风趣的学者,又是一位坦诚直爽、谦虚和善的长者,他在《长江日报》《武汉春秋》《武汉民进》《湖北民进》等刊物上发表大量短文,尽显他坦荡谦和、风趣幽默风格,他曾用诗的语言表述他的自身感悟:

教师是支特殊蜡烛
尽管没有太阳那样熠熠生辉,却不会时晴时阴。
尽管没有月亮那样皎洁明媚,却不会时圆时缺。
每当学子需要的时候,他就默默将自己点燃。
燃烧的不单是有限矿物质,更有无限智慧在放射光芒。
他的生命之火千秋不灭,谱写道德文章常盛永昌!

这也道出了他的肺腑之言,充分体现了他本人所具有的高尚道德情操,也正代表他一生所谱写的一首平凡而光辉的园丁之歌!

良缘佳偶

1950年,王燊和他相识相知多年的吴锦琛女士喜结良缘。吴锦琛出身书香门庭,祖籍湖北麻城,她曾祖湘泉公(1840—1902)于咸丰年间由麻城县中驿王集上夹洲迁来湖北竹山县至今已历六世。湘泉公在竹山从事经商贸易,创办"聚安和"商号,其商贸业务发展十分兴旺:"上至陕、川,下至汉口",并沿江汉水路通江达海,生意茂盛,资金雄厚,成为鄂西北竹山一带第一商贾,声名远播。湘泉公育有四子:吴复初(育子均芳)、吴子钊(育二子:均化、均赋)、吴复良(育二子:均泽、均惠)、吴复信(字幼林,无子女。1904年留学日本,成为首批加入同盟会会员,因其矮胖,孙中山戏称为肉蛋)。

湘泉公之孙(长房复初之子)吴孟颖(1896—1937,字均芳)即锦琛父亲,吴均芳于光绪卅四(1908)年考入武昌一中学读书,受革命影响,励志"实业救国",民国三年(1914)他们兄弟五人(依排行序)均泽、均化、均芳、均赋、均惠一起东渡日本自费留学,吴家一家有六位学子先后留学东瀛,在湖北留学史上堪称空前"壮举"。吴均芳(锦琛之父)入日本东京高等工业学校电机系,1920年学成回国,先后在武汉泰安纱厂任工程师、武汉电厂(该电厂为当时武汉同行业唯一国营工厂)任厂长,因管理有方、业绩卓著,深受同行业界好评。吴均芳先生任职期间对工作兢兢业业,恪尽职守,长期以来积劳成疾,加上1937年日寇疯狂轰炸武汉市区时受到强烈刺激,病情日重,医治无效,不久便怅然逝世。当时汉口市(今武汉市)政府举行盛大追悼会,湖北省主席何成睿送了挽联。吴均化(锦琛二伯)入日本早稻田大学经济学系,归国后担任日资三井洋行高级职务业务经理。锦琛五叔均惠进入东京帝国大学学习机械工程,回国后在汉阳兵工厂担任工程师,抗日战争时期兵工厂内迁，成为重庆21兵工厂，吴均惠曾担任总工程师、厂长。

吴均芳自归国在武汉泰安纱厂任职以来，便在武汉安家，育有二子一女，长子吴锦衡(1921年出生)在襄阳“民声宣传队”和王燊成了十分要好的挚友；女儿吴锦琛(1925年9月16日出生于武汉)，是家中唯一一位“千金”；次子吴锦桓(1932年出生)一直在武汉求学、长大成人。锦琛女士幼年在湖北省第九小学读书，在这里度过天真烂漫的金色童年，1937年小学毕业，正值抗日战争爆发，由于世道兵荒马乱，锦琛姑娘学业暂停；1937年父亲病逝后，锦琛母亲吴严氏带着锦衡、锦琛、锦桓兄妹将父亲灵柩装船沿汉江逆流而上，直达襄阳严宪章(锦衡外祖父)家，将父亲吴均芳灵柩安葬在襄阳。母子四人就在外祖父家住了下来。一年后母子四人又租一木船沿襄江西行，进入老河口，一路逆水行舟，直达故乡竹山县。吴锦琛姑娘在中断两年学业后，1939年夏，考取郧阳第八联合中学(此校后来分办成为郧阳八女高，郧阳第八高级中学即著名的省八高)读初中，学校属公费，学生全部都住读。时值八年抗战的艰苦岁月，吃的是苞谷糁，住的是统仓，用的桐油灯盏，穿着粗布连衣裙，走着泥泞路。当时国难时期学生(只要有书读)都不觉得苦，反而成了一段终生难忘的经历。六年中学生活结束，1945年夏回到竹山老家，受家庭教育影响的锦琛女士，志存高远，性格刚强，她约了几位同学一起翻山越岭到重庆去参加大学统考，然而到达重庆时，已经误了考期，只得进了四川白沙大学“先修班”，好在也是公费，读了一年，参加高考失利，便跟随一批失学青年一起乘船南下，向南京政府请愿：要学习、要工作。遇到国民政府发放遣散费，把他们打发走了。

当时吴锦衡(锦琛胞兄)在南京任职，他要妹妹回到武汉找他的挚友、武汉大学物理系的王燊，希望求得他的帮助。从此吴锦琛女士便与以后成为她终生伴侣的他相识、相知、相爱。这是1946年秋，武汉大学刚从四川乐山搬迁回到武昌珞珈山，王燊已留校担任助教工作，并考取桂质廷教授的研究生，肩负工作学习双重任务。这天王燊到汉口船码头热情迎接吴锦琛同学，将她安排在湖滨女生宿舍“白宫”暂住，并为她联系了湖北大学先修班就读(一年)，1947年经联系推荐，考入重庆北碚相辉学院外文系，在该校学习两年半英文，直到1949年冬全国解放。由于当时“一切向苏联老大哥学习”的政策，吴锦琛所学英语已经不时兴了。

1950年4月王燊来信让她到武汉，并为她联系了湖北教育学院俄语专修班学习，此时已达“而立”之年的王燊和比他小五岁的吴锦琛女士经过四年的相知、相恋的漫长岁月，经历相互联系、相处、相互关心、爱慕的考验，终于瓜熟蒂落，有情人终于结成风雨同舟患难与共的金玉良缘。

1952年吴锦琛从教育学院毕业分配到华中农学院(武昌宝积庵)担任俄语教师。这年正月初三，她的大儿子王曦出生，正值壬辰大年新春之际喜添贵子，真是双喜临门！家里更增吉祥喜庆气氛。1953年5月15日，她的第二个儿子王曙出生，让她喜出望外之余，亦确为她家住武大而在华农上班增加了诸多不便，为照顾她家庭生活关系，1953年9月，吴锦琛女士由华中农学院调入刚由武汉大学分出、独立建校的武汉水利学院任俄语教师。1954年6月17日她的第三个儿子出生，使她的生活更加丰富多彩、增添无穷乐趣！吴锦琛女士十分乐观地说："那时教学任务重，政治活动多，三个儿子都很小，但我年轻，也不觉得累，只是默默无闻地、毫无怨言地尽自己最大的努力干着，干着。"她真是一位中华民族典型的贤妻良母！一位令人敬佩的知识女性——一位称职的人类灵魂工程师。

经过三年自然灾害，国家采取"调整、巩固、充实、提高"的八字方针，1962年，吴锦琛奉调来到武昌马房山中学任教，又教俄语，又教英语，70年代后就只教英语了，从初一教到高三，还担任了学校外语教研组组长，直到1983年底退休。

如今王燊、锦琛伉俪已经携手并肩走过了整整一个甲子的"钻石婚"，两位慈祥长者仍然精神矍铄，愉快健康，经常漫步校园，和蔼可亲，让人羡慕！他们家庭生活十分温馨，三个儿子分别在各自的专业领域中做出成绩：王曦现在上海交通大学法学院任教授、博士生导师，1997年起担任全国政协委员，最近被遴选担任上海市政府参事；王曙在荆州建筑总公司担任会计工作；王照在武汉三特索道工程公司任总工程师。他们目前都在各自岗位上做出新贡献，使两位老人感到巨大慰藉。

教学·科研

1953年王燊讲师迁居珞珈山半山腰的一区11号，与中文系五老之一、章（太炎）黄（季刚）学派传人刘赜（1891—1978，字博平，湖北广济人，文字声韵学家）教授毗邻，博老居楼上，王燊住楼下。一天有位老学者徐行可先生来访刘博平教授，听说楼下住着故人王纳川之孙，当即表现出十分惊喜之情，特意下楼来见王燊，交谈问讯之余，感到巨大欣慰，对其祖父为人风范十分赞赏，对纳川先生道德文章备加称颂，临别情犹未尽。

新中国成立初期的50年代，全国高等学校掀起学习苏联风潮，大量采用苏联教材，王燊讲师担任《普通物理》课程教学，所用教材是福里斯、季莫列娃著《普通物理学》，内容既博且深，他以教学工作为中心，教书育人，教学相长。同时还为新成立的无线电物理（电波传播）专业的学生开设专业课《高空大气概论》，当时并无教材，便从当时国内所能见到的"最新"资料中摘译、选编而成自编讲义。他治学严谨，讲义中融入自己的学习研究心得，写得深入浅出、条理分明。他在教学中注重从学生实际出发，由浅入深，因势利导，充分发挥学生的主动积极性，课堂讲解思路清晰，理论分析简明扼要，教学取得令人满意的效果，深受学生欢迎。当时无线电物理教研室师资队伍整齐、力量比较强大，有桂质廷、梁百先、龙咸灵、王燊等教授、讲师等老中青结合，在全国高校同类专业中应当说是名列前茅的。当时学校对教学、科研工作都很重视，尤其是1956年国务院号召"向科学进军"的时间区段，全系师生意气风发，信心倍增，科研创新，跃跃欲试。

1957年那场"反右"运动，王燊受到不公正待遇，被迫中断科研工作，不许他再接触无线电，以免"里通外国"?！从而亦不能再为本专业学生讲课。还把他从物理系调到外语系去教英语。他在外语系为全校理科学生教授科技英语却正好从另一方面扬其所长。由于他对专业英语之谙熟，讲起课来得心应手，对课文中的词句往往有准确透彻的理解，从而时常引起学生共鸣，他的英语课依然备受学生欢迎。然而在当时仍处于极“左”思潮环境干扰中，即使在那令人窒息的岁月，他仍未放弃自身专业，“偷”时间自学法文，并为《原子能译丛》翻译了有关核辐射检测的论文。他为理科学生讲授“公共英语”课时，没有教材，他边教边写，尽心尽责，还编撰了“专业英语”教材和词汇，方便学生复习，受到学生好评。他还参加了由外交部转来《联合国文件》《齐亚诺日记》《福克兰群岛》等政、史、地著作的翻译工作，以及《英语惯用短语辞典》《英语习语大词典》等辞书和《电离层五十年》的部分译校工作，其中仅最后一部是属于本专业的。王燊老师能够承担这些重大任务并圆满完成，足见其学术素养方面博学多能。王老就是这样殚精竭虑专致教学，呕心沥血服务科研，唯独对个人得失毫无萦怀，更是难能可贵，益发令人敬佩。

1977 年冬全国恢复高考，王燊老师从外文系调回刚建立的空间物理学系，他在从事 30 年讲师之后，于 1978 年职称评定时获得一致通过，晋升为副教授。他一方面继续担任本科生和研究生的专业英语课，另一方面更重要的是立即担负起阔别二十年的《空间物理与电波传播》专业教学与科研工作！他要抢时间，为国家培养急需专业人才，本科生、研究生一齐上，并率先为本系研究生开设了《日地关系》学位课程。

1980 年王燊教授作为访问学者派往美国 Oakland 大学做访问研究，与该校物理系主任 A. R. Liboff 教授等合作开展宇宙射线、地磁脉动等课题的实验研究。王燊通过观测研究，发现脉冲高度分析仪(PHA)的读数和 γ(伽玛)射线强度之间有一种实用的换算关系，给该项研究的开展提供了方便。他充分利用访问研究的机会与时间，还与该校地磁台合作进行地磁脉动实验研究，该校为此还特意赠送给他一台半自动磁通门式磁力计。为期一年的访美历程，他无意观光游览名山大川，情系科学实验课题研究，获得丰硕成果，取得圆满成功。1981 年王燊回国时，将该仪器带回学校，立即组建并主持地磁脉动课题组，利用该磁力计开展了地磁脉动实验研究工作。在当时科研经费十分短缺情况下，因地制宜、因陋就简地创造条件开展科研工作的精神，对我校地磁脉动研究的开展起到了重要作用。

1981 年，王燊老师以其教学和科研工作多方面的突出成绩而被评为教授，并受命由他协助系主任、所长龙咸灵教授主持系、所工作，积极主动在百废待举中成为龙老师的得力助手，使系、所的教学科研工作大有起色。1984 年王燊教授担任空间物理系系主任和电波传播与空间物理研究所所长。在他主持系、所工作期间，正确地分析和估量了校内、外的形势和系、所的当前实际情况，团结全系教职员工和全所研究人员，在原有的工作基础上，提出了符合系、所实际的发展思路：团结一致、发奋图强，为建设空间物理、电波传播成为国家重点学科专业而贡献力量！

王燊曾说：“桂(质廷)、梁(百先)、龙(咸灵)诸位先生开创并经许多同志苦心运转且逐步发展的这一事业，千万不能在我的肩上萎缩甚至中断！”他衷心告诫全系所教师同事说：出路在于“团结”二字。对内，加强师生员工的团结，工作意见容许不一致，但不要互相倾轧。对外，加强与兄弟单位的团结，积极地对待竞争，谁跑到前头都是对社会主义祖国和伟大中华民族的贡献。“只有团结，才能发展；只有发展，才能生存；只有加快发展，才能缩短与同行的差距。”

经验表明：加强团结、加快发展才是解决矛盾和问题的关键。系、所在他的带领下，出现了蓬勃向上、欣欣向荣的景象，教学和科研不断取得进步。果然，在他主持工作期间，空间物理专业获准设立(第一批)博士点和被认定为国家重点学科；他主持的重大科研项目“中、低纬电离层电波传播的研究”等多项成果获“国家自然科学奖”“国家教委科技进步奖”等；同样，在他的主持下，电离层实验室获准为“国家重点专业实验室”并得到世界银行贷款的支持；特别是空间物理系、电子信息工程等各专业，招生质量之高、分配单位之优均居全校前列，与生物系并进，成为武汉大学理科中最为青年学子钦羡的专业学科之一！每年都有一批高质量、高层次、充满活力潜质的后起之秀走上全国各部门各单位的教学、科研前线，为这门学科的发展做贡献，成为祖国现代化建设不可或缺的组成部分。

王燊教授在回顾系、所发展历程时，十分谦虚地说：“在我之前，老一辈开创了一块美丽的园地；在我之后，更多的精英增扩了更大更美的园地；我和我的同辈是连接这两块园地的一座桥梁，同辈们一个个都是起重要作用的钢筋水泥构建，而我是夹在其中的一根朽木而已。”事实上，“他才是支撑这座桥梁建筑的一根中流砥柱”。在空间物理系、电波传播与空间物理研究所，人所共知：王燊教授在教学科研、学科建设、人才培养以及系、所建设和发展等方面发挥了“顶梁柱”作用，作出了力所能及的贡献。

王燊认为：“能为党的事业，为国家民族的振兴做贡献，是他终生的最大光荣，不存在分内分外、在岗不在岗的区别。”在他长达近 60 年的科研与教学工作实践中，陶冶了忠诚科教事业的高尚情操，积累了丰富的教学与科研经验，建立了广泛的社会联系，他的这些才能品行和社会联系，不仅没有因为年龄的增长而随之消失，相反，随着岁月增长将成为弥足珍贵的精神财富，他会一如既往地通过各种方式继续为国家科学教育事业发展做贡献。

1993 年王燊退休离岗后，他以 73 岁高龄在国家关于“鼓励和支持社会力量办学”的方针指导下，在武汉市创建了“九州大学”，并亲自担任该校的第一任校长。他积极主动地探索办好民办高等学校新的途径与模式，这方面他积累了不少经验，也有一些切身体会。王燊的办学指导思想是：对于民办大学来讲必须实行“宽进严出”的原则。把培养高层次人才作为办学基本宗旨——以培养具有创新精神、品学兼优的高素质人才为目标——按照市场需要，以质量求生存，以特色求发展。在办学实践中，逐步摸索并形成了一套自主办学的民办高等学校的新体制，努力争取成为我国高级人才学校巩固的“民间培训基地”。他以“老骥伏枥，志在千里”精神为我国民办高等教育事业忘我工作，发挥余热，为蓬勃发展的社会主义建设添砖加瓦乐在其中。

王燊教授数十年如一日，忠诚科学教育事业，勇于探索培养高级人才规律；他治学严谨，教书育人，提携后学，诲人不倦；他平易近人，团结友善，他以事业为重，不计个人得失，真正做到了“淡泊名利”，默默奉献。在空间物理与电波科学领域用“以身作则”的领导才能、辛勤耕耘的榜样力量，促进了人才培养方面的“绿树成荫，桃李芬芳”；迎来了科研成果方面的“硕果累累，业绩辉煌”，他对院系作出了人所共知的重要贡献。

王燊教授渊博的知识和才能、高尚的品德和情操，都是值得我们学习的榜样。如今先生已逾九旬高龄，而精神矍铄，步履稳健，经常散步校园左近；他思维缜密、记忆清晰，往昔如昨、历历在目，他为人谦和，幽默风趣，堪为吾侪良师益友！王燊老师温文儒雅，心境宽宏，与之交往如沐春风，与之交流谈笑风生，王燊先生之业绩风度、道德风范，深受广大师生敬爱。2010 年 12 月 8 日电子信息学院为他举行了《庆祝王燊教授 90 华诞》大会。《武汉大学报》(总 1218 期)第二版(2101 - 12 - 17)报道：“电子信息学院庆祝空间物理系前系主任、电波传播与空间物理研究所前所长王燊教授 90 华诞。在他的带领下，我校空间物理专业首批获准设立博士点专业，并被认定为国家重点学科，多项成果获奖，‘电离层实验室’获准为国家重点实验室。”报道用十分优美而又恰如其分的语言称赞王燊教授为：“意气风发的学子、睿智儒雅的学者、鹤发童颜的寿星。”

我们恭祝这位平凡光辉辛勤耕耘的园丁王燊教授生活愉快、身体健康，家庭幸福。

2011 - 4 - 21 稿

(家史 · 吴 · 10.6)

修手表

王曦按：(2016 年 12 月 13 日)：

今日在网上偶见武汉大学学报编辑部原编辑车英老师的博客。上有关于张学英教授负责主编的《汉英习语大词典》首发式的照片。

车英在这张照片的注释中对父亲有以下一段回忆。王燊教授(第 3 排第 2 位[应为第 3 排左起第 3 位。——王曦更正]，文革中曾在外文系做过教辅工作，负责管理录音机的器材，平反后任武汉大学空间物理系系主任、教授。补记：车英还记得，大约是在 1973 年夏天，因为车英到大二上学期时其父才给他买了一块上海牌手表，有一次在外语系开会时，车英突然发现手表坏了，正坐在车英旁边的王燊拿过来，打开手表，三下五除二，一下子把表摆弄好了。这是车英第一次接触王燊老师，给车英留下了非常深刻的印象：他很能干！当时他还是所谓“专政对象”：监督改造！

信息来源：武汉大学车英的博客，http：//blog.sina.com.cn/s/blog_4c03c5970102dv8y.html，2016.12.13 访问。

英语词典审校

王曦按(2016年12月14日):

以下这张图片是父亲保留的两扎表格。上面详细记载了父亲对《汉英习语大词典》全书稿所提的校正意见。我记得,在上个世纪80年代的一段较长时间里,父亲的书桌上经常堆放着一扎一扎的卡片,上面写的都是英语词条。我经常看到他利用空闲时间一条一条地审阅词条文本,最终积少成多,完成了对这这部词典的审校工作。对500页的书稿,从标点符号到拼写错误,从英文习语到正确的汉语表达,父亲逐页审改,一丝不苟,持之以恒,其科学精神令人感佩。前人栽树,后人乘凉,当后人使用《汉英习语大词典》时,他们何曾想到前辈们为这部词典花费了多少心血!

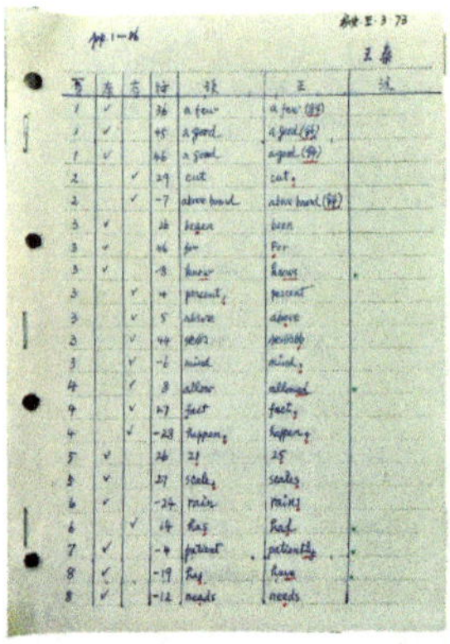

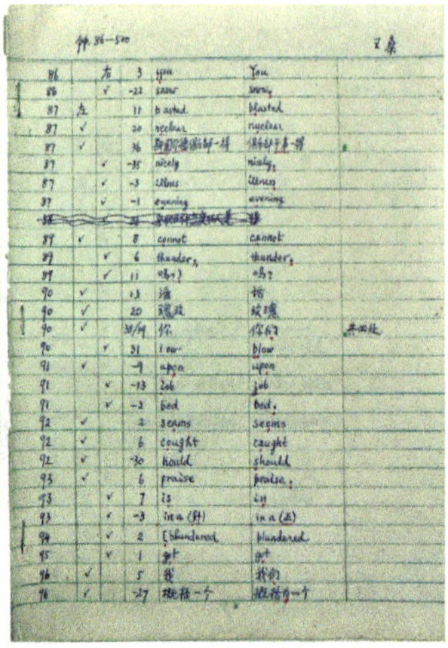

怀念王燊老师

王曦按(2018.1.8):

以下这篇文章的作者余品绶先生于1962年考入武汉大学物理系,后任武汉大学物理系教授、改革开放后曾任武汉大学科技开发部部长,退休后任中华辛亥文化促进会秘书长。他是辛亥革命志士和学者余祖言先生(1873—1938)之嫡孙。余祖言先生晚年任武昌中华大学文学院教授。我父亲小学读的是中华大学附属小学,因此晚年曾任中华大学校友会会长。我父亲是余品绶先生与其夫人陈家益女士的"月老",陈家益女士是中华大学校长陈时先生的孙女,陈时先生是晚清进士、辛亥革命志士、中国第一所私立大学——武昌中华大学的校长。武昌中华大学由陈宣恺(陈时之父)创办于1912年。

怀念王燊老师

余品绶

不论我相不相信,不论我接不接受,总之,我知道了,从2013年10月22日起,我原来在珞珈山上必有的一个功课——和敬爱的王燊(音 xīn[新])老师执手交谈——不再有了。永远,不再有了。

一纸《讣告》[图1],惊呆了所有站在它面前的人——"王燊(xīn)老师?怎么可能!"

是啊,昨天,就是昨天!我端着一杯热豆浆,在小观园对面的坡道上,还和老师很聊了一会儿。当时,老师很精神、很精神啊!

怎么?今天就——

然而,不信不行啊,"黑色三岔口"那儿(指武汉大学南三区武大幼儿园大门东侧那个三岔路口,路口常设一布告栏,校内讣告常张贴于斯。——王曦注),白纸黑字,清清楚楚啊……

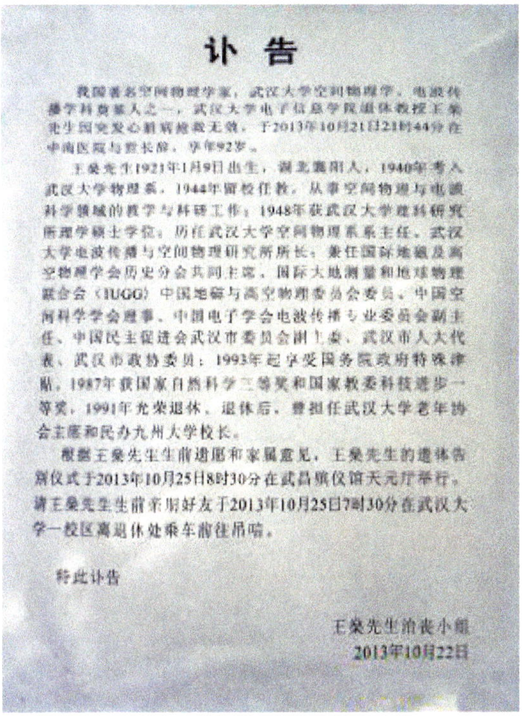

讣 告

我国著名空间物理学家，武汉大学空间物理学、电波传播学科奠基人之一，武汉大学电子信息学院退休教授王燊先生因突发心脏病抢救无效，于2013年10月21日21时44分在中南医院与世长辞，享年92岁。

王燊先生1921年1月9日出生，湖北襄阳人，1940年考入武汉大学物理系，1944年留校任教，从事空间物理与电波科学领域的教学与科研工作；1948年获武汉大学理科研究所理学硕士学位；历任武汉大学空间物理系系主任、武汉大学电波传播与空间物理研究所所长；兼任国际地磁及高空物理学会历史分会共同主席、国际大地测量和地球物理联合会（IUGG）中国地磁与高空物理委员会委员、中国空间科学学会理事、中国电子学会电波传播专业委员会副主任、中国民主促进会武汉市委员会副主委、武汉市人大代表、武汉市政协委员；1993年起享受国务院政府特殊津贴，1987年获国家自然科学三等奖和国家教委科技进步一等奖，1991年光荣退休，退休后，曾担任武汉大学老年协会主席和民办九州大学校长。

根据王燊先生生前遗愿和家属意见，王燊先生的遗体告别仪式于2013年10月25日8时30分在武昌殡仪馆天元厅举行。请王燊先生生前亲朋好友于2013年10月25日7时30分在武汉大学一校区离退休处乘车前往吊唁。

特此讣告

王燊先生治丧小组

2013年10月22日

[图 1]王燊(xīn)教授治丧小组发布的《讣告》

讣　　告

我国著名空间物理学家，武汉大学空间物理学、电波传播学科奠基人之一，武汉大学电子信息学院退休教授王燊先生因突发心脏病抢救无效，于 2013 年 10 月 21 日 21 时 44 分在中南医院与世长辞，享年 92 岁。

王燊先生 1921 年 1 月 9 日出生，湖北襄阳人，1940 年考入武汉大学物理系，1944 年留校任教，从事空间物理与电波科学领域的教学与科研工作：1948 年获武汉大学理科研究所理学硕士学位；历任武汉大学空间物理系系主任、武汉大学电波传播与空间物理研究所所长；兼任国际地磁及高空物理学会历史分会共同主席、国际测地和地球物理联合会(IUGG)中国地磁与高空物理委员会委员、中国空间科学学会理事、中国电子学会电波传播专业委员会副主任、中国民主促进会武汉市委员会副主委、武汉市人大代表、武汉市政协委员；1993 年起享受国务院政府特殊津贴。1987 年获国家自然科学三等奖和国家教委科技进步一等奖，1991 年光荣退休。退休后，曾担任武汉大学老年协会主席和民办九州大学校长。

根据王燊先生生前遗愿和家属意见，王燊先生的遗体告别仪式于 2013 年 10 月 25 日 8 时 30 分在武昌殡仪馆天元厅举行。请王燊先生生前亲朋好友于 2013 年 10 月 25

日 7 时 30 分在武汉大学一校区离退休处乘车前往吊唁。

特此讣告。

王燊先生治丧小组

2013 年 10 月 22 日

[图 2]我国著名的空间物理学家王燊(xīn)教授

[图 3]敬爱的王燊(xīn)老师安详地躺在鲜花丛中

[图 4]廖孟扬教授、徐约黄教授、曹连欣教授、刘道玉教授(前排左起第四位、第五位、第六位、第七位)在王燊(xīn)老师的遗体告别仪式上

(老)武汉大学家属区有一条主干道，大体上与珞珈山平行，是家属区的政治文化金

融商业医疗休闲的中心，人称“武汉大学的中山大道”，也是北三区与南三区、东中区等宿舍区的分界线。往北的山坡上，也有一条与山平行（为简化叙述，姑且只取其中段而言吧）的干道，稍短稍窄。在“中山大道”小观园餐厅的正对面，一条向北的坡道连接着这两条平行干道，两横一竖三条路，恰如一个躺在山坡上的“工”字。我和王燊老师都住在北三区，都在“工”字的首笔附近。

只要天气允许，王燊老师和他的夫人吴老师是一定要出来走走的，路线就在“工”字上。而我和他们交谈的地方，又以“工”字的“T”部位为多，因为“中山大道”上车水马龙，讲话的、听话的，都费劲。

我们什么都谈，想到什么就谈什么（倒是天气，我们反而谈得不多）——王老师的睿智、深刻，豁达、刚毅，就在这每次的谈话之中浸润着我、开悟着我，这就是我说的，我在珞珈山上的必修课。天气好，每周至少两三次；运气好，可以连着几天，天天有。

一 王燊的“燊”，念“xīn[新]”。不念“shēn[申]”。

老师告诉我，按过去的行政区划，他是襄阳县人。但后来老家被划到宜城县去了。所以，“现在如果问我，我也说不好。反正都属于一个大襄阳市，随它去吧！——这种事，不是很要紧。”

但是说到他名字，老师就很认真了。“名字是长辈起的，好像还是爷爷起的。”

“燊”，木在下，木生火，火在上，旺盛，很自然，很平常。

有的字，就不平常。比方说，“杰”，是火在下，木在上，这就不一般。所以才是“杰”啊。

我问：“您的名字，为什么读‘xīn 新’呢？字典上标的，可是读‘shēn 申’啊。”

老师说，这我不知道。但有一条，家里只准念“xīn 新”，不能念“shēn 申”。所以我每到一个新的环境，都要说明，“我叫王燊（xīn），（读）新旧的‘xīn 新’。”

后来，我联想到陈寅恪先生的“恪”字读“què（确）”，而不读“恪守”的“恪（kè）”，于是拿这两个例子，问过不少中文系的人，但似乎都不能给出一个肯定可靠的答案。

然而事实是，王燊（xīn[新]）被叫了九十几年，陈寅恪（què[确]）被叫了一百二十多年，我们不能不依从、不能不尊重啊。

我不厌其烦地将老师名字中的“燊”字的读音标注出来，又郑重其事地写在这里，没有别的意思，纯粹是一种怀念，一种追思：我的老师叫王燊（xīn），而不叫王燊（shēn）。

几十年了，我们都这样叫。您若说“武汉大学空间物理系有个王燊（shēn）教授如何如何”，不仅老师在天上不高兴，我们也会很不习惯，甚至有人一时还“会不过神”来，不知道您说的是谁。

至于“王燊（xīn）”的读法究竟还能延续多久，我真没有信心，因为遗体告别仪式上就已经有人读的是王“shēn[申]”了。

我的老师叫王燊（xīn）。

二 小时候最怕不叫的狗。后来长大了，就不怕了。

老师说："小时候在家乡，最怕的就是不叫唤的狗。

"说是不叫，但不等于不出声。你可以听得到从牠喉咙管里发出来的那种低沉的声音，不仅空气在跟着振动，连脚下的土地好像也在颤抖……确实怕人！"

听着听着，我感同身受，脊梁骨都在发紧。老师的话真是逼真传神哪！

停了一会儿，老师笑着又说："后来，长大了，就不怕了。毕竟，只是一条狗罢了——不是狼，更不是老虎、鳄鱼——牠靠的还是人。"

这后面的话就使我很惭愧了。因为我生性怯懦无能，六七十岁了，还是非常害怕"不叫唤的狗"，还是非常害怕牠们"从喉咙管里发出的那种低沉的声音"！

——"空气在跟着振动，脚下的土地也在颤抖……"

所以我傍晚散步，必拄一杖。理由很简单：防着那"不叫的狗"。

因为一旦被牠咬了，后果不堪设想！

畜生一个，您能跟牠去讲道理？

虽说现在好像也有与牠主人去讲理的地方，但一是"程序"复杂漫长得可怕，或许不等那"程序"走完，您的小老命就先已走完。二是，若那狗乃丧家之物，您又如之奈何？

三 理论上，我应该见过你的祖父。

老师很小就来到了省城武昌，小学读的是中华大学附属小学。因此，老师晚年就被推举担任了"中华大学校友会"的会长。

非常巧的是，也正是老师读中华大学附小那些年，我的爷爷正在中华大学教书——缘！

因此，正是靠了会长老师的联系和介绍，我得以认识了中华大学校长陈时先生的孙女陈家益女士——缘！

老师说，中华大学附小是中华大学校园里的一部分，但校门开在粮道大巷（与中华大学大门所在的粮道街相垂直），平时进出不和大学部"打搅"。但一有什么活动举行，我们也会和大学部的先生学生们在一起。

"所以，"老师笑着说，"从'理论上'讲，我应该见过你的祖父。可惜时光不能倒流，我也不能再'穿越'回去，要不然，我就可以告诉余祖言他老人家，您有个孙子叫品绶，我们是同事啊，都住在珞珈山哪……呵呵呵呵！"

呵呵呵呵！老师真不愧是空间物理学家，时空穿越的话儿，用得多妙！

四 什么时候也不会戴帽子的。习惯了。

老师一年四季不戴帽子，三九天，照样不戴。问他，回答是：不戴。习惯了。

每次握着老师的手，都感觉着是凉凉的，就是暖和天气，也是如此。看嘴唇，不是很红。建议老师买一台制氧机，老师说，现在还用不着吧！

在这方面我也很想向老师学习，不戴帽子不用制氧机，但我的身体确实不争气，一年到头离不了制氧机，一到天凉就要戴帽子。

五 我的老师告诉我，写文章，首先要“自圆其说”。

有一年，空物系招研究生，阅卷时，我和几位老师发现了一份作弊的试卷。在老师家里，从这份试卷谈到了作假，谈到了老实和不老实，一直谈到了写文章。老师说——

我的老师（品绥案：那就是我辈的太老师、抗日战争时期武汉大学在四川乐山时的老前辈了）最痛恨作假。

我的老师告诉我，写文章，说“难”也难；说“不难”，也不难。

“难”，是要真实。理工科，实验、试验要真实，观测数据要真实；文科，调查、引证要真实，观点想法要真实。

“不难”，也是要真实，只要真实，就不难。

无论如何、无论如何，不能作假！

假东西是很难“编”到底、“凑”到底的。你的话首先要能自圆其说。如果连这都做不到，就不要写了！自欺都欺不了，还想去欺人？

王燊老师和我们的太老师嫉假如仇的“天性”，给我留下了极为深刻的印象。

徒子徒孙竟敢作假，山门难容啊。

六 “先生”不能乱叫。

一次，在老师的家里，不知怎么就说起了“称呼”。老师说：“中国人的称呼太复杂，恐怕是世界上最复杂的了！有些称呼，像爸爸妈妈、哥哥姐姐，这都好说。是就是，不是就不是。而有一些称呼，听起来很雅，但是，不能随便叫的，更不能乱叫的。譬如像‘先生’‘小姐’等等，在很多场合，就不大好办。一定要先想好了再叫……”

这时，我脑子里忽然一闪，马上就非常不礼貌地插嘴道：“对对对！确实有不好办的时候。我想起了个故事——石瑛和黄季刚，两个大人物之间的一个小故事——关于‘阁下’的故事。”

“哦？阁下也有故事？”

“对。——啊，不对！我可不是‘阁下’，老师您真会开玩笑啊。呵呵！——那是一九二五年吧，石瑛是国立武昌大学（品绥案：1924 年 12 月，石瑛呈准教育部，改武昌师范大学为国立武昌大学，亦即国立武汉大学的前身）的校长，黄季刚是教员。一次开会时，黄季刚喊石瑛为‘阁下’。石瑛说，现在已是民国了，不要用过去的旧称呼了。黄季刚一听火就上来了，声调也高了：‘不让喊阁下，那就喊你叫王八蛋怎么样？’闹得很不愉快。”

老师说，只是闹得“很不愉快”，那就是说，还不至于因此而影响了一生的命运吧。可我知道，有一个青年人，就因为他们单位的书记喊他叫“先生”，他年轻，反过来也喊了书

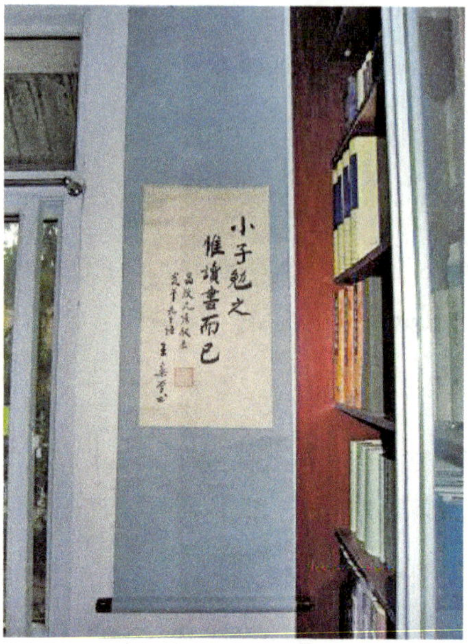

[图5]王燊老师写给余品绶的题字

记一声“先生”，结果成了右派，倒了一辈子的霉。

如果说过去，我没有逢着恰当的场合或者机会称呼王燊老师为“先生”，那么，自从听了老师讲的这个年轻人的故事以后，直到今天，二三十年了，即使有再恰当不过的场合或者机会，我也不称呼王燊老师为“先生”……

并且，我想，直到我死，也不会的。

七　真东西永远是珍贵的！

2013年10月21日上午，我端着一杯热豆浆，沿着“工”字的第二笔往坡上走，碰到了王老师和吴老师，于是就聊了起来。我举起豆浆给他们看：“热乎乎的，很好。而且，是真东西，现打现卖的哦。就是贵了点儿——两块五啊！”

王老师马上说：“哦，不贵不贵。——真东西，值得啊！”

我说：“那倒是！特别是，您看，现在，造假的技术越来越高超，假东西一天比一天多！真东西反倒不多了。”

王老师笑着说：“所以我说值得啊。不仅这个值得，其实所有的真东西，永远都是珍贵的！”

“真东西，永远都是珍贵的！”这，就是王老师，我敬爱的王燊老师，那天对我重复说了两遍的一句话。

没想到啊，没想到！这竟然是他对我说的最后一句话！

这一天，是2013年10月21日。

※

王燊老师，您请走好，走好，……

下辈子，我们再相聚，我还做您的学生，只希望，更早一些，时间更长一些。因为我们还有很多很多的话，要说啊，要说啊……

王燊老师，您请走好，走好……

【注】：

① (老)武汉大学有一个小三岔路口，旁边立有一牌，平日上面糊满了各色各样的广告、小条。然而据说，它的设计和安置，主要是用来张贴《讣告》的。因此，这里就成了大多数教职员工了解获取丧事信息的来源地。本文[图1]《讣告》即拍摄于那牌上。

② 事见马勇编《章太炎书信集》，河北人民出版社，2003年1月第一版，第346页，章太炎与吴承仕书：“絸斋足下：……悉季刚在鄂，乃与校长石瑛冲突，其实不过口舌之争。

(季刚呼石为阁下,石云不应作此腐败口吻,季刚云如称汝为王八弹如何?)……章炳麟顿首六月二十一日”

［说明］：文中照片均为余品绥所摄。

2013 年 10 月 22 日——31 日

於武昌　珞珈山南坡　黄月斋

辛亥革命网，http：//www. xhgmw. org/html/xinhaijinian/wenzhang/2014/0716/9959_7. html，2014 年 9 月 30 日访问。

武汉大学电离层实验室老同事赵修冼先生送来的挽联

王曦按(2016 年 9 月 12 日)：

以下这副挽联是武汉大学空间物理系的赵修冼先生到父亲家里吊唁父亲时所送。我认为这副挽联对父亲的评价相当中肯。它包含着对父亲的深情，并传达了相当丰富的信息。在此我再次感谢赵修冼先生。

王燊教授千古

寡欲则刚身体力行亦师亦友谆谆教导　耀祖光宗担正道俯首研究磁脉动

知足常乐宽人律己无怨无悔耿耿丹心　淡名泊利谢神州哀声直达电离层

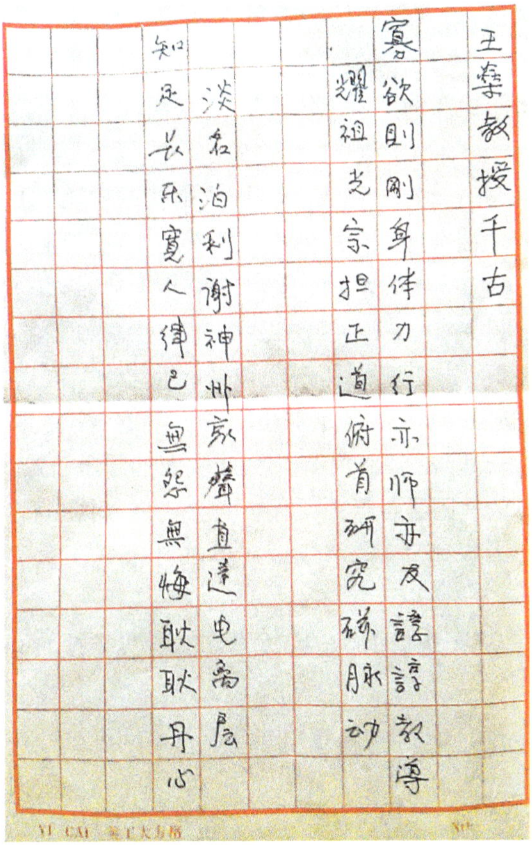

第八节　家世与家庭

家世回忆

王曦按(2016年1月18日):

原文无题,此标题是我取的。此文由父亲亲笔撰写。写作时间较长,大约从1991年他退休后开始,直至去世前二年(2011年),因右手颤抖,难以执笔作罢。此文是记载父亲家世最为详细的一份文字资料,其中包含着大量宝贵的历史信息。父亲写到他考入武汉大学为止。至于为何不写在武大参加工作以后的情况,他一定有他的理由,只不过我们不得而知。父亲十分珍惜这份材料,将它复印了三份,分发给我们兄弟三人。父亲在这份材料的复印件上做了少许修改,因此这份材料以复印件为准。

据查,文中"傅子如"(名润章),满族人,清末任邮传部郎中、邮政司司长、通阜科科长等职,民国后任交通部机要科科长、胶济铁路局长等职,是我国晚清民初年间政坛上旧、新"交通系"的中层骨干人物之一,对发展我国交通事业有贡献。

文中"刘博平"先生即刘赜(字博平,1891—1978),我国著名国学大师,武汉大学中文系教授,师从章太炎、黄侃,章黄学派的嫡系传人。1929年经黄侃推荐转武汉大学中文系执教,自此在武汉大学工作凡五十年,直到1978年病逝。讲授文字、声韵、训诂、毛诗、周易研究等课程。曾多年担任中文系主任。1956年被教育部评定为一级教授。第三届全国政协特邀委员。

文中"雷炳焜",字韵午,1875—1956,襄阳人,是我的曾祖父的连襟,我的祖父的姨爹。据《襄樊市志》和相关档案记载,清末时他考入湖北武备学堂、武昌高等学堂学习。1905年官费赴德国留学,学习陆军兵工专业。1909年毕业回国,入陆军部任职。后参加留学生考试,被赐为工兵科举人,任军制司工兵科长、参事、顾问。1923年,雷炳焜被段祺瑞授陆军少将加中将衔,派驻汉阳兵工厂。1926年北伐期间,曾促使驻防襄(阳)、郧(阳)的襄郧镇守使张联升易帜。1929年退出军界。1933年,雷炳焜回到襄樊任中国红十字会襄阳分会名誉会长,曾在1935年襄阳大水灾时倡导救济难民。新中国成立后,雷以开明绅士被聘为当时的襄阳县各界人民代表大会代表,后在湖北文史馆襄阳工作组工作,负责整理文物古籍,并译著了《要塞战术》《爆破教范》《工兵突击教范》《工兵辑要》等书。

文中所说"敢死队",应当是指1937年10月年阎锡山指挥的忻口战役中晋绥军的敢死队。

文后附有图片四张,分别是父亲为写作此文而写下的提示词和此文手稿复印件的前两页。

家世回忆

1. 曾祖父王泰和,弟兄数人,在襄阳城南60里的下王家集开个什么店铺。

2. 祖父王源海,字纳川(1876—1928),晚清秀才,在家乡考举人时,被向主考官行贿者挤占名额而落第,一气之下,携妻唐氏、子毅立、女爱云离家到武昌,曾在“陆军小学堂”(阅马场附近)教过地理等课。段祺瑞当政时,祖父被选任法官(祖父与段曾同寝室);第一次审案前即有人往家里送红纸包的银元,祖父拒收以后,立即坚辞此职,并为此携家北上,到北京谋生。

3. 祖父工书法,尤长于魏体,当时在武汉与一位名杨守敬的前辈齐名;据说“陆军小学堂”校匾即祖父亲笔。我1956年与刘博平老前辈共住一区十一号时,一位徐行可老前辈来访博老,听说我是“纳川先生”的孙子,大惊大喜,对祖父的道德文章倍加赞誉和追思。

4. 爱云姑在武昌病逝,当时只16岁。

5. 祖父在京任“交通部”机要室科员,主要担任寿幛挽联之类礼仪性文字的撰稿与书写。科长傅子如(润章,满族)对祖父非常尊重,多有照顾。

6. 祖父正直刚傲,爱憎分明,凡知友求书,无不尽心尽力;每次作书,都是祖母研墨引纸。权贵倚势送来的纸墨皆被弃置。我听说,有一次,纸墨和“红包”全被祖父从墙头抛到了紧闭的大门外面。

7. 祖父身材不高,圆脸,小胡子,慈祥而严肃,五十岁就用了拐杖,每天天刚亮就起来,在微弱的晨光下读古书,能背诵的诗文很多,有时走路也在哼着。

8. 我小时住在北京元宝胡同四号(西四,今仍在)。当时买米,由米店包送。祖父总把撒在地上的米粒一颗颗地捡起,从屋里一直捡到胡同口;吃饭时掉在桌上的饭菜,也都捡了喂到嘴里。

9. 祖父兼精中医。继母杨紫英(雯、霖、震妹亲母)有轻度羊癫疯病,有一次带我到西山去玩,回时病发从人力车上摔了下来。听说,祖父开了个处方就治好了,以后再没发过。继母的中耳炎据说也是经祖父治过便不流脓了,当然听觉还是不好。没听说他给别人看过病;他的医道大概别人也不知道。

10. 祖父不抽烟,不喝酒,不打麻将,也不许家人打麻将;不信教,但不干涉家人信教。祖母信观音菩萨,他不参加,也不管。母亲郑定芳信基督教,吃饭时先做祷告,他也不管,当然更不参加。他喜欢吃猪脑、甲鱼和“窝骨筋”(牛膝部位的筋),那时这些东西好买,三天两头就吃一次,主要是他和我两人,一人一小碗。我现在七八十了,脑、腿都还可以,说不定跟这有关——上了“底肥”。

11. 大概因为我是长孙,而且出生当天就失去了母亲,所以祖父非常喜欢我。常常让我坐在他腿上“骑马”不说,还往往让我骑在他背上“放牛”;他趴在地上爬,我揪一揪他的耳朵，他就“Muang, Muang!”地叫。冬天家里生着铁火炉，祖父常常教我把火柴头贴在炉上，火一燃即吹灭。这样，一支支火柴贴了一大片。他说，这叫“孔明借箭”。

12. 我三岁时，祖父就教我认字。他把白色的厚吸墨纸裁成小方块，用毛笔在两面写上字；有的一面写“一”，另一面写“壹”；有的一面写“大”，另一面写“小”。祖父经常穿一件灰色长袍，大袖口。教我认字时，先在袖筒里藏一根香蕉，等我认字完毕，便举手向空中挥动，说“琵琶哥，琵琶哥，大狗子(我的小名)认字认得好。”然后就“招”来了香蕉。一部分字块我一直带着(北京—武昌—襄阳—乐山—武汉)，住一区时还在，后来不知下落了。

13. 我一岁时(按旧算法为两岁)祖父把我弄去照了一张像。我穿长袍马褂，戴瓜皮帽，手里拿一本书，“站”在假山布景前面，父亲躲在假山后面扶着我。祖父在照片边缘亲笔题有“此燊孙照片也，孙庚申年生甫坠地而母逝因雇乳以养之今孙已两岁而孙母之死亦两载念尔身世不胜惘然——倦翁识”(文字记忆容有误)。此照片八十年代托韩怡君拿到汉口复制，现已无处追寻，实堪痛惜。

14. 祖父还为雷炳坤(韵午，留德学工兵，中将，祖父的连襟)家题写过一块一人多高的大石碑，“贞孝之门”四个大字，原立在襄阳南门处一座小桥旁，我三十年代曾经看过；据父亲说，人民政府已将此碑作为文物保存，现不知是何情况。

15. 我认了一些字块以后，祖父就教我念书。那时我大概是三到四岁。先读《三字经》，认、读、背，接着读《论语》。我1927年上小学时背到了“宪问第十四”，以后就没再读了。

16. 祖父是1928年“中风”病逝的，那天早上，他站在凳子上卷窗帘纸，一下摔了下来，大约3—5天就去世了。那时条件较好的雷(韵午)家，傅(子如)家都多方关心，帮助，还请过一位叫迪波尔的德国医生，都没能治好。

17. 祖父的灵柩在龙泉寺暂厝了一些时(母亲灵柩原也厝此)，家里后来在西直门外白石桥买了一小块墓地，就将祖父和母亲的灵柩都移葬在这里的一棵大松树旁，各立了一面石碑。当时看坟人叫于得水。50年代初期，我和霖妹还去过，地方找到了，在当时中央民族学院围墙南边，棺木已由政府移往别处，无从查找；于得水及其家人也不知去了何处。时至今日，那一带高楼林立，连旧址也找不着了。

18. 祖母唐氏(1881—1948)，我不知道她的名字，也不知她家的情况，只知道是樊城人，仅此而已。她没上过学，认得的字不多；但是，脑子里的真东西却不少：一些名言成语，随时可以很恰切的说出来。29年前后，我给父亲写信“父亲大人膝下，敬禀者：……”，从头到尾都是她念着我写的。

19. 祖母一直主持家务，这可不是个好挑的担子，因为就我所知，几十年来，这个家一直是在一个“紧”字下面捱过的。她白天前前后后地干活，夜里内内外外地操心，用她自己的话说，“无论如何要把王家的门户撑住”。亲戚朋友异口同声地称赞她“能干”“傲强”。我受教育最深的，就是她总在为人着想。家里来了客人，她总是拿最好的东西招待人家；自家有什么困难，从不轻易地麻烦别人。受了人家的好处，她总记在心上，念念不忘。雷（韵午）家、傅（子如）家、郑（倬甫，我的外祖父）家给我家的帮助，很多都是她说给我们听的。

20. 我是祖母一手带大的。母亲去世后，请了位奶妈，主要是喂奶，洗洗衣物。我的其他一切，统统由祖母亲手照管。除了上学，或上同学家玩（如陈家琰家），简直就是她上哪儿我跟到哪儿，我上哪儿她也跟到哪儿。我在荆南中学上初二、初三时，晚上要到学校上自习，9—10 点回来路上已没多少人，我就大声唱歌壮胆，她老早站在门口喊我，二人有问有答，都放了心。

21. 祖母也是非常爱惜粮食的，饭里边的米虫，别人都挑出来放到桌上，她却不挑，也不让别人帮她挑；她说“这些虫不也是吃米长大的吗?”饭里的谷子，她总是一颗颗的“搕”出来。她很讲究整洁，尽管一天到晚忙出忙进，衣服总是整整齐齐，头发、髻子总是梳理得光光的。

22. 由于操劳过度，祖母后来得了青光眼或白内障，正式医生和江湖医生都试过，没能治好。记得有一个和尚，说用珍珠磨粉可以治疗。那时便去雷家要了珍珠给他，他把珍珠往口袋里一装，从此就去云游天下了。

23. 父亲王毅立（寿刚，1901—1976），幼年在武昌时曾进过商校和汉阳的工校，后来在北京农业大学农学系毕业，真正是一专多能。他的字也写得很好，也是隶书，襄中（或均中）的“校政厅”大匾就是他题写的。他还画工笔画，画花鸟，画昆虫，他教植物学、生物学、农艺学的挂图，许多都是他自己画的。说不定有些学校还保存得有。他看书真是仔细认真，随处可见他的改正和诠释。本本书都用牛皮纸包了封面，破损的修补的平平整整的。我“线装”的手艺就是从他那儿学来的。

24. 父亲是属牛的，真的跟牛一样，忍辱负重，四方奔走，劳累了一辈子。最初在北京京汉铁路局，大概是当会计，因为我见过一些又大又厚的账本。后来经傅（子如）老先生举荐，当过短时的广安门税务局局长。在武汉时，先在武汉轮渡事务所当庶务员（采购员），后来在农科所的宝积庵农场（今湖北大学校址）当场长，中间的几年都在中学任教（如黄冈六中）。此外，向北跑过承德，向东到过莆田，为了一家人的生活，只要有点工资，什么都干，哪里都跑。最后是在鄂北各校教书（均中、五师等）直到担任襄阳农高校长。反右时因说了“外行不能领导内行”而被打成“右派”（后“改正”）。1976 年在襄阳因肝病去世。

25. 父亲为人正直，刚毅不阿，与家人、朋友和学生相处，谦和融洽，而对待权贵，则既不趋奉，又不屈从。在那个不平的社会，要不是有老一辈的照顾，尤其他过硬的本事和吃苦耐劳的工作态度，恐怕很难找到谋生的门路。

26. 父亲和母亲郑定芳（1901—1921）结婚大概是 1919 或 1920 年，那时父亲还在上大学。外祖父郑倬甫，南京人，在汉口小夹街经营“同复公号栈”，为人善良，讲义气，讲信用，所以生意兴隆。母亲出生在汉口，由于外祖父、外祖母都信基督教，所以母亲很小就受过了洗礼。听外祖母说，母亲的性情极好，斯斯文文，在大夹街一带某一教会学校上过学，成绩极好，又是唱诗班的主角，老一辈人都喜欢她。

27. 听祖母说，母亲身体比较弱，怀着我的时候，长期生病，临产前一两个月就已卧床不起，靠稀饭、米汤、莲子、桂元、红枣等煮的水维持生命。我是在家里，也就是在元宝胡同四号出生的，按旧历说是庚申年腊月初一，也就是 1921 年 1 月 9 日。那天母亲还在发烧，生下我就昏了过去。隔一段时间醒来后，她问产婆是男是女，产婆向她道喜，说是个儿子，她笑了笑，一句话也没说，产后八小时就去世了。

28. 父亲和继母杨紫英结婚大概是 1922 年或 1923 年。外祖父的名字我不知道，他是什么样子我也没一点印象，很可能我从未见过。外祖父也是襄阳人，到北京的时间比我家早得多，所以没听说襄阳有什么人。外祖父是位法官，有一定的地位，家在太平桥，自己有一栋房子，朱漆门楼，颇有点气派。1987 年跟震、霖妹一起去找过一次，有一家有点像，不能确认。后来和霖妹又找过，我每经太平桥都留心，迄无收获。

29. 舅舅叫杨志远(守庸)，跟父亲同龄，弄不清是学什么的，也是东奔西走，为谋生而到处跑，来过武汉，去过莆田。1945 年在西安，雯妹曾在他那儿住了些时，那时外祖母也在那儿。舅舅有两个女儿，都比我略小几岁，大的叫杨如瑾，小的叫杨如琼，名字都是父亲给她们取的。杨如琼 1943 年在兰州某银行工作，和我通过一次信，以后就失去了联系。舅舅还有个妹妹，比继母小，叫杨紫玉，听说中学毕业以后就早逝了。舅舅曾到山西，在阎锡山的势力圈里干过事；还听说他参加过什么“敢死队”，搞不清楚。

30. 继母大概没上过学，识字不多，为人极其忠厚善良，不但极能吃苦，而且极能受气。人们都说他是我的后娘，但她待我极好；我跟妹妹们有矛盾时(主要是雯妹)；她总是护着我。这倒不是她怕祖母，而真是出于真情实感，可以看得出。除夕守岁，一家老小一起掷骰子，只要我输了，她就悄悄把自己的钱塞给我，或者叫我跟她“碰蚕豆”而故意“输”给我。我喊她“妈”，而不是像流行的那样叫“娘”。顺便说一句：我以“伯伯”称呼父亲(而不是叫“爸爸”)，那是因为祖母和她的老朋友们以为，我生母去世得早，喊“伯伯”可以躲过灾难。

31. 我们这个家，三个老的，四个小的(都在上学)，撑下来可真不容易。父亲一年四季在外面东奔西走，挣一点工资，维持家用。祖母里里外外，千思百虑，精打细算，既要家人不挨冻饿，又要整个王家不落人后。而妈则是具体执行人，七个人的饭菜，由她亲手做；七个人的衣被，由她亲手洗，还有屋里屋外的清洁。妈总是一声不吭地一天忙到晚。有时祖母要求高，嘀咕几句，妈也不予计较。总之，三位老人都是我们敬重和缅怀的先人，都是我们终生崇仰和学习的榜样。

32. 我 1927 年开始上小学，当时家在元宝胡同，由邻居刘家骧大哥带我上 22 小。入学考试就在老师书桌旁即时完成。老师将杯子里的茶倒了一点在桌上，用手指沾了写个“一”，我说“一”；他在旁边写个“人”，我说“人”。他说“把‘一’架到‘人’的肩膀上”，我说“大”。他说“‘大’字下面加一点”我说“太”。他说“把‘太’字那一点搬到角上”，我说

“犬”。就这么过了关。他知道我一直能背到“宪问第十四”时，一下子就叫我上二年级。

33. 上22小，“国语”不在话下；可是，“算术”要用洋码字，1、2、3；唱歌要学“do、re、mi”；这都是新鲜事，跟不上班。这套玩艺，爷爷不会，奶奶也不会，伯伯没工夫，只好由妈来辅导。她有困难，就找刘家骧。那时，还有一样新鲜事，就是开始自己用钱了。每天上学，奶奶给我一两个铜板，一个铜板可以在校门口的担子上买1—2颗糖水煮的花红果，但我很少买它，因为家里总有甘蔗、菱角、球糖之类的东西；一放学就赶快回家。

34. 1928年，祖父去世；将祖父和母亲的灵柩安葬了以后，祖母就带着妈、我、大妹一同返回湖北，父亲一人留京工作。从北京到汉口是坐火车，三天三夜，过黄河铁桥开得特别慢，半中腰还停车一次；过武胜关隧道的时间也很长，出了洞口，许多人都让煤烟熏成了黑人。从汉口到樊城是汽船拖的木船，逆流而上，大概是七天七夜，白天行船，夜晚停靠码头。

35. 在襄阳，我进了县完小，上三年级，我满口京腔京调，同学们都把我看作外人，不怎么跟我打交道。我后来虽然也基本上学会了襄阳话，但在那一个多学期的时间里，仍然没交到什么朋友；那段时间同学的名字，我一个也说不上来。这期间，奶奶带我到下王家集住了一个短时间，见到二叔（敬立），二婶，三叔（斌立），五孃（德立）。后来1938或1939年又回过一次。总而言之，我对老家很不熟悉。

36. 1929年伯伯从北京回到武昌，在武汉轮渡事务所当庶务员（采购员）。这工作是当时在湖北省建设厅当航政处长的雷姨祖父（韵午）谋得的。这么一来，奶奶、妈、我、大妹，四人在1929或1930年便又从襄阳来到了武昌，一家五口，住在察院坡（今司门口东北）。我进了中华大学附小，上三年级。由于离学校太远，所以后来就搬家到候补街高家巷对门，租了两间房的一个套间；房东叫张宅森，当时是法国领事馆的职员。

37. 在上中华附小时，四年级上学期的第一次月考我考得很好，按当时的规定，立即“跳班”进了五年级。老师管得很严，或者说赏罚分明；成绩好的，听话的，可以跳班，可以全免或半免学费；成绩差的，可以“留级”“降级”；犯了规的，可以罚站、罚跪、打手心、打屁股。有一天下午，我跟几个大一点的同学到洪山宝塔一带玩了一趟（“三月二十八，到洪山吃甘蔗”）。第二天田天柱老师就叫我们四个人在大厅里跪着，一个人挨了好几板子。

38. 在上中华附小时，常到同班同学陈家琰（后来金陵大学毕业，在省农垦厅工作，1999年去世）家，和他弟弟陈家瑞、表弟李祖智（都是附小同学）一起做功课，看《小朋友》《儿童世界》和各种各样的图书；我们还跳房子，打珠子，踢毽子，掷骰子，推牌九；有时一同到汉口看电影。现在回想，那一段既学了独立生活，也体验了一下社交和群体生活。

39. 1932年中华附小毕业，当即报考了省一中，答卷自觉不理想，过了几天到那儿去看榜，果然榜上无名。然而，同班女同学陶纯蓉的大名，却在红榜上赫然高悬。在附小的班上，我是第一名，她大概是倒数的冠、亚军，怎么说呢？不久才知道，原来她是省一中校长先生未过门的儿媳。所以，事实上，早在那时我就亲身体验了“关系学”的威力。

40. 当时伯伯正好应聘到黄州省六中(即今黄冈中学)任教,所以二话不说,干脆再报考省六中,跟伯伯一道到黄冈上学。住读,吃包伙,八人一桌,吃菜要抢;先抢一块切开的咸鸭蛋,舔上唾沫,放在面前;赶紧再抢别的菜。上操场打球也要抢,我又矮又小,休想沾边,只能钻空子打乒乓球,玩玩小皮球。较多的时间是跟同学到学校附近散步,所以“东坡赤壁”我早就去过,而且不知去了多少次。我记得很清楚,曾在亭子间墙缝里塞了一样东西,留作纪念,代替那些俗不可耐的“某某到此一游”;可是,八十年代我又去了,哪个墙缝,藏的什么,统统想不起来了。

41. 在黄冈上了一年学,很可能奶奶不放心,所以第二年就转学到私立武昌荆南中学(在今荆南街)。老师很负责;英语老师张金光(文革时在华师作为“反动学术权威”挨斗),每堂课都要提问,答不上来就站着。经他这么一逼,我的英语基本语法,初中时基本上过了关了。

42. 在荆南中学的两年,我课外学了三样:一是同班同学郑芳馨教我修钟表。我基本上能修“小钟大表”了,不过谁也没来找过我。二是跟同班同学刘国栋学装矿石收音机。这件事热了一阵子,上街买零件,上房子架天线,过过就没劲了。妈总为这笑我,“看你忙得满头大汗,只怕从来没安下心来听一个钟头。”(不响了要弄响,响了又要弄得更好,一直弄到又不响为止)三是偷偷地学会了自行车。奶奶自然是一百个不放心。有一天,我借了车,把雯妹带在车上,到司门口跑了个来回,叫她向站在门口的奶奶说明我骑车的水平。

43. 1935 年荆中毕业,到汉口江汉中学上高中。江汉中学和上海同文书院都是中国对日本的庚子赔款办的,毕业时,前三名可得奖学金到日本留学。学校在古德寺附近,房子漂亮,功课重。国文、数学、英语、日语每周都是六节,老师都是有点名气的。学生一律住校(后来有极少数走读生)。晚自习几乎不停地有老师巡视,所以,不管你自觉不自觉,功课必定要抓紧。

44. 江汉中学校长是日本人,不大来学校,我一点印象也没有。学校的事统统由教务主任王知生老师(沔阳人)负责。他管得极严,留个“八字胡”,学生个个怕他。他跟爷爷有过交往,动不动就对我说“你爸爸都挨过我的打,你还敢调皮!”他教国文,专讲古文,许多文章都要求背。每两周一篇作文,他老往往把我叫去,当面批改,有时还叫我重写一篇,再给改。关于议论文,他说,重在“自圆其说”,不管前人什么观点,你只要能自圆其说,而不自相矛盾,就是篇好文章。这实际教了我们独立思考,独立为人,真是终生受益。

45. 在那个时候,教师是由学校一年聘任一次,所以每年暑假教师流动性很大。我上江汉的时候,伯伯原来在湖北农科所任宝积庵农场(现湖北大学校址)场长,后来转回到襄阳第五师范任教。所以我上高二时,奶奶、妈、大妹等都跟伯伯回到襄阳,只我一人在汉口上学,周末就到外公家,许多零用钱都是外公、外婆给的。

46. 读完高二临放暑假时,王知生老师告诉我,根据我的成绩(第二名,第一名是日本学生马殿辛太郎)、表现和日语水平,学校决定第二年一毕业就送我去日本留学。他叫我暑假回襄阳把这好消息告诉家里,并向他们辞行。可是就在我到家的当天或第二天,卢沟桥事变就发生了。这么一来,不但去日留学成了泡影,就连江汉中学还能否存在也成了问题。

47. 后来得知,日本人撤走了,江汉中学由汉口市接管,王知生老师当校长,取消了日语课,其他照旧。因此,到秋季开学,我一个人又回江汉上高三。这回,我没住校,而是住到同班同学韩世明(现在美)的家里。他家在长堤街,离校很远,我借用陈保罗(现在台)的自行车,每天和韩世明一道骑车上学,早出晚归。

48. 学校和社会到处一片抗日保国的激愤。当时我的看法很简单:日本人多地少,中国地大物博,他们有困难,我们帮帮他们是可以的,也是应该的,但应该跟我们好好商量,不能硬抢,更不能杀人放火。现在,既然你不讲理,那当然我也不客气,我们四万万同胞,就得给你们一点颜色看看。韩世明懂的事却比我多,他的哥哥韩世耀、姐姐韩世英,都是"左倾"人物,动不动就是《群众》怎么说,《解放》怎么讲的。我听不懂,也不感兴趣。但他跟校外很有联系,唱歌、演习、游行、喊口号等等,都是我跟他走。干得很起劲。那时的两本《大家唱》,里面的歌差不多我们都能唱。

49. 那时候,可以说,完全没有规规矩矩的上课读书,成天的搞各式各样的活动,以至于王知生老师竟把我也看成了"左倾分子",一会儿说我是"丹霜团"的一号头头(其实,我对那个团毫无所知),一会儿又叫我代他向"必武兄"问好(其实,董必武我根本没见过)。

50. 跟韩世明一起搞的最大的一次活动,就是1937年12月,在"12.9"大游行刚过,韩世明、周铭忠、曾堃、我四人便从江岸扒货车到孝感。在孝感,长江埠和云梦的隔蒲潭三处搞了几天抗日宣传,主要是演"放下你的鞭子"。韩演老头,周演青年工人,我演香姑娘,演到高潮时,观众里还真有人哭哩。

51. 寒假(1938年初),我又回到襄阳,一些武汉回去的中学生和当地的一些中学生,不知怎的凑了起来,搞了个"民声歌咏队"(后改"民声宣传队")。为首的是王荣宝(博文中学),请了东北来的包崇山夫妇作指导,教唱歌,教演戏,每天就在王荣宝家里(东巷子)唱、闹。一次为募集寒衣义演,我演日本鬼子,雯妹演"东三省"(背上贴着"东三省"三个大字)。当我嘿嘿狞笑着把她抢在手里时,真的把她吓得大哭大叫。我赶紧悄悄跟他说"莫怕莫怕,我是你哥哥"(用武汉口音)。

52. 寒假结束返回武汉时,我们中途又在枣阳小学演了个独幕剧"夜光杯"。是个下午,演着演着不知怎的台上台下哭成了一片,搞得演不下去了。我那场没有演,在后台。当时他们叫我赶紧出场,去"扭转局面"。我自然是当仁不让,匆匆忙忙的就上了前台。可没想到,一走进那个哭的场面,我顿时也情不自禁的跟着哭了起来!这场戏大概也就是这样哭着散了场。

53. 在江汉读最后一学期时,政府有个政策,从沦陷区来的学生("流亡学生")可以到后方学校"借读"。班上同学王震宙,有个哥哥在上海沪江大学管印鉴。到了武汉,由于这个关系，班上大约二十个学生趁机假造了"沪江大学肆业证"，报给了教育部，申请借读。我自然也弄了一张，用了"王少刚"这个名字，填的是"物理系一年级"。填了，报了，大家一笑了之，谁也没再把它放在心上。

54. 1938年暑假高中毕了业，回到襄阳。由于战事和家里的经济情况，我没能报考大学，就在"民声宣传队"唱歌、演戏。那时跟吴锦衡的交情特好。他正派厚道，笑口常开，从来未见他发过脾气。1938年下半年，战局不妙，武汉、襄樊渐紧。锦衡全家决定迁回竹山。他约我跟他们一起到竹山。不但吃住不成问题，而且可以一同温习功课，准备来年考大学。这，我当然愿意，家里也为我能避开日本鬼子而高兴。

55. 大概九、十月的一个上午，锦衡来约我上船去竹山(他家已上船)。我整好简单的行李跟他离了家。有趣的是，当我俩经过新街时，迎面碰见了"一二二师"的张副官长(张步蟾，山东邹县人)，他坚决要我到他师部里搞点抄抄写写的工作，仍然留在襄阳。他叫我们立即向后转，他跟我们一起到我家。他跟伯伯、奶奶一说，他们也同意了。所以我就没去竹山，而且当天就去122师上了班，做了个"文书上士"。不久以后，他、军需处长靳竹亭(河北人)和伯伯结拜为金兰兄弟，从此我就称他为"张叔"。

56. 与张叔相识是起缘于"民声宣传队"的一项活动。为了救济黄河水灾，我们演出大型话剧"李秀成之死"。在推销票的时候，我们闯进了"122师司令部"，由他接待。一听我们演李秀成，他大为赞赏。他对太平天国的故事和人物非常熟悉，非常崇拜，说起来滔滔不绝，头头是道，比我们知道的多得多。他买了票，看了演出，还提了些意见，他对我们，我们对他，都有极好、极深的印象。张叔为人正直善良，办事果断灵活。当兵的有时犯了错要挨打，他常常为他们说情，或事后给以抚慰，跟电影里公式化的兵痞子毫无共同之处。

57. 1938年尾或1939年初，我还在122师上班的时候，王震宙(重庆医学院)告诉我，那张沪江大学的假证件起了作用，报纸上公布名单，我被分配到东北大学(四川三台)借读。对此，家里拿不定主意。张叔建议，我不妨到西北联大去(陕西城固)试试，因为他家在南郑(汉中)。于是，1939年上半年，他就派了个少尉，以探亲(家在洋县)为名，陪我一起经老河口—西峡口—龙驹寨—西安—秦岭，长途跋涉到了汉中。

58. 到西北联大申请借读，我什么证件也没有，只凭一张嘴，自称沪江大学物理系一年级学生，已被教育部分配到四川三台东北大学借读，因路远不便，希望改在西北联大上学。接待我的是理学院长刘拓先生。他偏偏对沪江大学很熟，问这问那，我现在真不知道当时是怎么混的，大概他老已察觉我是个冒牌货，出于善心，还是将我收下了，在物理系一年级借读。

59. 1940年上半年，问题来了。西北联大注册组的老师在一次谈话中告诉我：怎么在教育部发下的"借读生名单"中查不到你的名字？这一声惊雷使我顿然猛省：假证件上我用的名字"王少刚"，而在联大，我却仍然在用"王燊"！完了，在联大肯定再混不过去了，怎么办？只有重新投考。所以我一面跟班上大学的课，混；一面背地里播高中的东西。

60. 就这样，1940 年暑假，在张叔的资助下，我到成都考大学。考了三个学校：武汉大学（乐山）物理系，金陵大学（成都）电机系，中法文理学院（昆明）物理系。武大是大学联考，另二校各校自招自考。还好，三个学校都考上了。这样，我就从成都乘小木船在岷江上顺流而下，到乐山，正正规规地进了武汉大学。两年来“不知如何是好的生活”总算告一段落，而这前前后后一直都多亏有张叔的关心、鼓励和资助，他老的这种风范和恩惠，必须永志、世代不忘。

（编号：家史 · 吴 · 1.14）

“家世回忆”笔记纸片

王曦按（2017 年 4 月 20）：

以下是父亲保留的一些用于写作“家世回忆”文的笔记纸片。

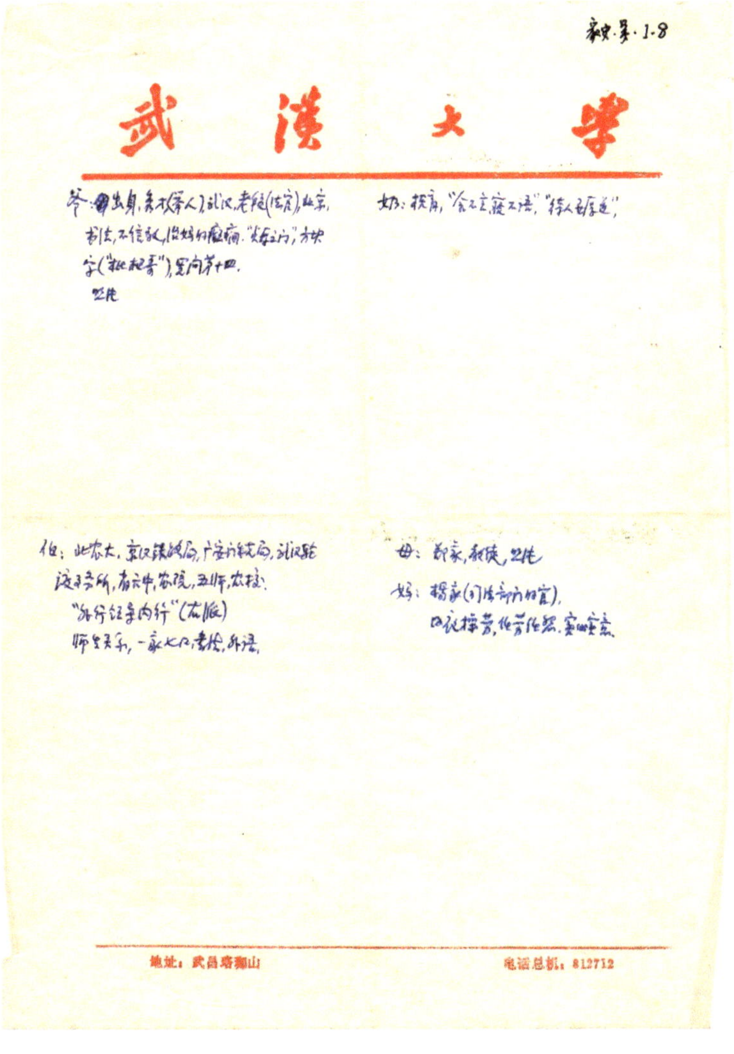

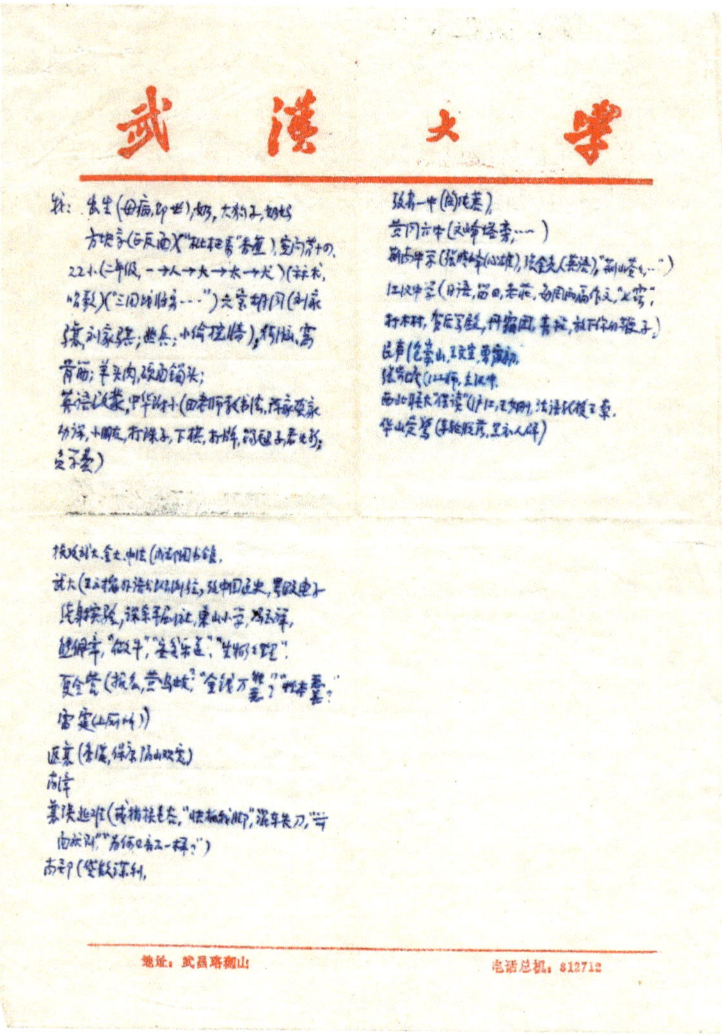
武漢大學

我：出生（母病，即世），奶，大狗子，奶妈

方块字（正反面）（"琵琶哥"香蕉），空间第十四，

22小（二年级，一→人→大→太→犬）（[illegible]，唱歌）（"三回[illegible]……"）文家胡同（[illegible]，刘家[illegible]；[illegible]；小伦搭桥），[illegible]

[illegible]；羊头肉，[illegible]；

英语[illegible]，中华[illegible]（田老师教书法，[illegible]……）

张嘉一中（[illegible]），

[illegible]六中（[illegible]……）

[illegible]中学（[illegible]，张金光（英语），"[illegible]……"）

江汉中学（日语，[illegible]，作文，[illegible]，[illegible]，放下你的鞭子，）

[illegible]

华山[illegible]（[illegible]）

[illegible]

[illegible]

返京（[illegible]）

[illegible]

[illegible]

地址：武昌珞珈山　　电话总机：812712

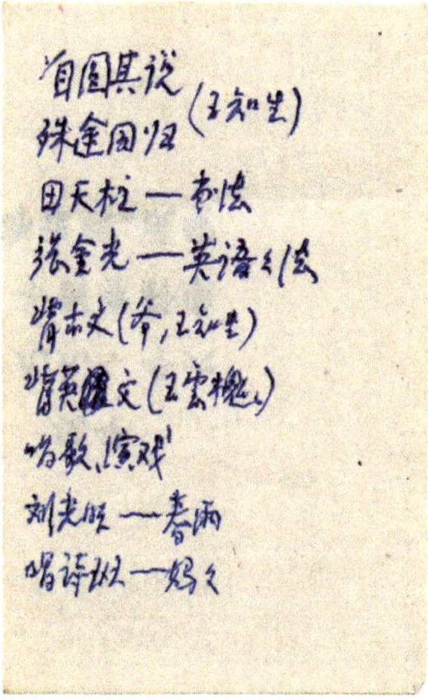
自圆其说
殊途同归（王知生）
田天柱——书法
张金光——英语[illegible]
背古文（爷，王知生）
背英文（王宏[illegible]）
唱歌、演戏
刘光照——春雨
唱诗班——妈妈

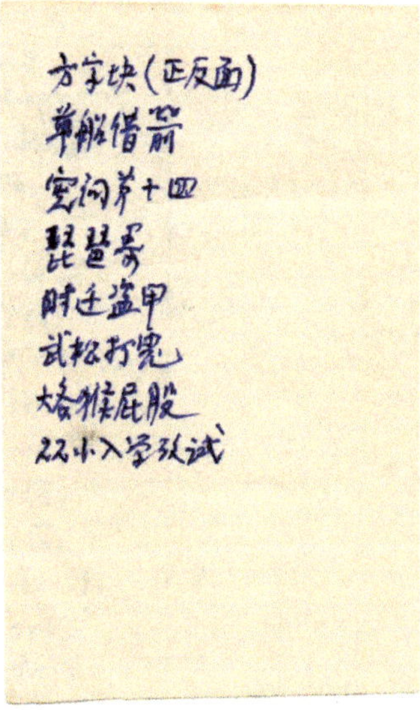
方字块（正反面）
草船借箭
空间第十四
琵琶哥
时迁盗甲
武松打虎
大猴屁股
22小入学考试

"家世回忆"文手稿复印件前两页

王桊在此复印件上有修改，因此此件比较优于原件。王曜注
2017.5.3.

家史·吴·1.14

1. 曾祖父王泰和，弟兄数人，在襄阳城南60里的下王家集开个什么店铺。

2. 祖父王源海，字纳川（1876-1928），晚清秀才，在家乡考举人时，被向主考官行贿者挤占名额而落第；一气之下，携妻康氏、子毓玄、女爱云离家到武昌，曾在"陆军小学堂"（阅马场附近）教书地理等课。段祺瑞当政时祖父被选任法官（祖父与段曾同窗室）；第一次审案前即有人往家里送红纸包的银元，祖父拒收以后，立即坚辞此职，并为此携家北上，到北京谋生。

3. 祖父工书法，尤长于魏体，当时在武汉与一位名楼宇敏的前辈齐名；据说"陆军小学堂"校匾即祖父亲笔。我于1956年与刘博平老前辈共住一区十一号时，一位徐行可老前辈来访博老，听说我是"纳川先生"的孙子，大惊大喜，对祖父的道德文章备加赞誉和追思。

4. 爱云姑在武昌病逝，当时只（16）岁。

5. 祖父在京任"交通部"机要室科员，主要担任寿幛挽联之类礼仪性文字的撰稿与书写。科长傅子如（润生，满族）对祖父非常尊重，多有照顾。

6. 祖父正直刚傲，爱憎分明，凡知友求书，无不尽心尽力；每次作书，都是祖母研墨引纸。权贵倚势送来的纸墨皆被拒置。我听说，有一次，纸墨和"红包"全被祖父从墙头抛到了紧闭的大门外面。

7. 祖父身材不高，圆脸，小胡子，慈祥而严肃，五十岁就用了拐杖，每天天刚刚亮就起来，在微弱的晨光下读古书，能背诵的诗文很多，有时走路也在哼着。

8. 我小时住北京元宝胡同四号（西四，今仍在）。当时买米，由米店包送。祖父总把撒在地上的米粒一颗颗地拣起，从院里一直拣到胡同口；吃饭时掉在桌上的饭菜，也都拣了喂到嘴里。

1

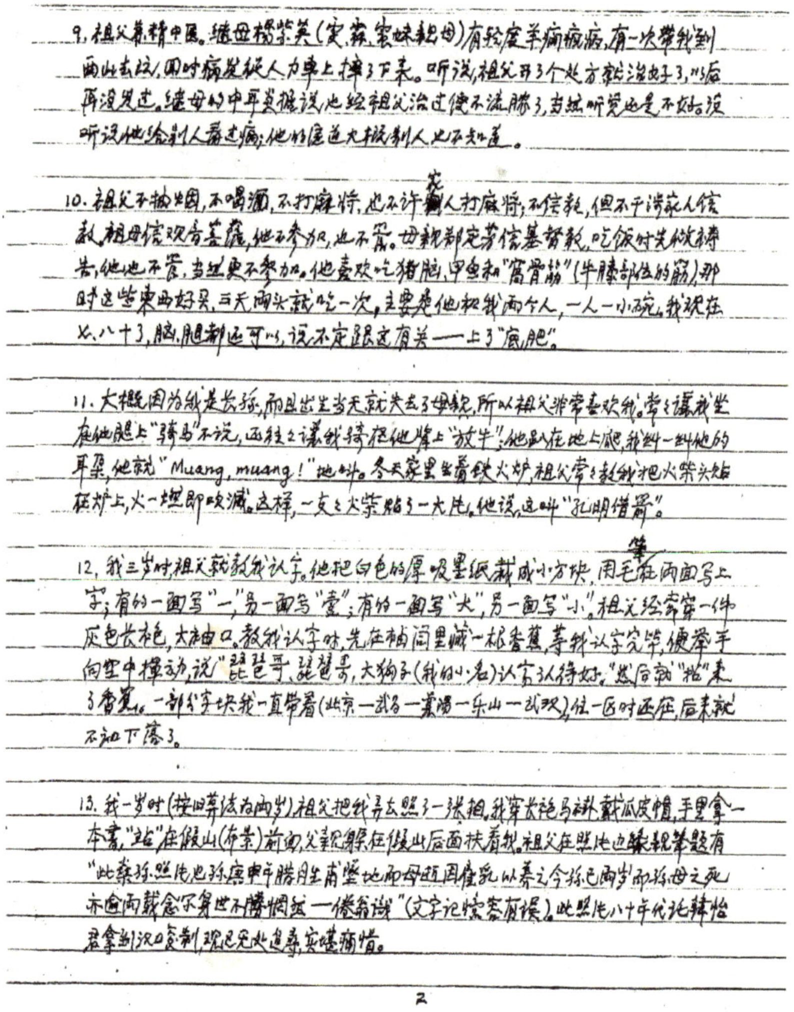

9. 祖父兼精中医。继母杨紫英（灵霖、灵妹亲母）有较严重癫痫病，有一次带我到西山去玩，回时病发从人力车上摔了下来。听说，祖父开了个处方就治好了，以后再没发过。继母的中耳炎据说也经祖父治过便不流脓了，当然听觉还是不好。没听说他给别人看过病；他的医道大概别人也不知道。

10. 祖父不抽烟，不喝酒，不打麻将，也不许家人打麻将；不信教，但不干涉家人信教。祖母信观音菩萨，他不参加，也不管。母亲都是笃信基督教，吃饭时先做祷告，他也不管，当然更不参加。他喜欢吃猪脑、甲鱼和"窝骨筋"（牛膝部位的筋），那时这些东西好买，三天两头就吃一次，主要是他和我两个人，一人一小碗。我现在七、八十了，脑、腿都还可以，说不定跟这有关——上了"底肥"。

11. 大概因为我是长孙，而且出生当天就失去了母亲，所以祖父非常喜欢我。常常让我坐在他腿上"骑马"不说，还往往让我骑在他背上"放牛"：他趴在地上爬，我扯一扯他的耳朵，他就"Muang, muang！"地叫。冬天家里生着铁火炉，祖父常常教我把火柴头贴在炉上，火一燃即吹灭。这样，一支支火柴贴了一大片。他说，这叫"孔明借箭"。

12. 我三岁时，祖父就教我认字。他把白色的厚吸墨纸裁成小方块，用毛笔在两面写上字：有的一面写"一"，另一面写"壹"；有的一面写"大"，另一面写"小"。祖父经常穿一件灰色长袍，大袖口。教我认字时，先在袖筒里藏一根香蕉，等我认字完毕，便举手向空中挥动，说"琵琶哥、琵琶哥，大狗子（我的小名）认字认得好。"然后就"抓"来了香蕉。一部分字块我一直带着（北京—武昌—襄阳—乐山—武汉），住一医时还在，后来就不知下落了。

13. 我一岁时（按旧算法为两岁）祖父把我弄去照了一张相。我穿长袍马褂，戴瓜皮帽，手里拿一本书，"站"在假山（布景）前面，父亲躲在假山后面扶着我。祖父在照片边缘亲笔题有"此桑孙照片也孙庚申年腊月生甫坠地而母亡因雇乳以养之今孙已两岁而孙母之死亦逾两载念尔身世不胜惆怅 一僧翁识"（文字记忆容有误）。此照片八十年代托韩怡君拿到汉口复制，现已无处追寻，实堪痛惜。

2

王家三代与黄冈中学

王曦按（2018 年 8 月 15 日）：

父亲留下的文字材料中，有一张他亲笔写给王宣（我的儿子，他的孙子）的纸条。纸条上有两部分内容。其一是记载他和祖父王寿刚与黄冈中学的关系。其文字为"黄岗，一字门外，文峰塔北（?）方。1933 年，湖北省立第六中学，校长陆云龙（夔 kui 九）。你的太爷，王毅立（寿刚），生物学教员。你的爷爷（我），王燊，初一学生。"这段文字首先介绍了当时黄冈中学的地点；然后指出在 1933 年的时候，他的父亲王毅立在该校任生物学教员，而他在该校初一年级上学。没想到，68 年之后，他的孙子王宣也到黄冈中学高中部复读一年，为后来考取上海交通大学奠定了基础。

其二是父亲王燊回忆他读黄冈中学（1933 年）时的校长陆云龙先生写的"送别毕业

同学歌”。该词写得质朴、感人而朗朗上口。父亲到老都记得这首词。该词全文如下：

送别毕业同学歌

文峰塔旁，几载同窗，情盛深切长。今朝赋别，心中无限惆怅；借问后会在何方？费尽思量！从此诸君壮游他乡，层楼更上。但愿彼此勿相忘，示我周行，语我情况，慰我别后望。送行，送行，何以送行？祝诸君学业深造，前途无量！行矣，诸君：但愿为母校增荣光！

这个纸条系用圆珠笔写的，并用复写纸复写了一份。纸条写作时间不详，应当写于王宣 2002 年考取上海交通大学之后。原件应当送给王宣了。

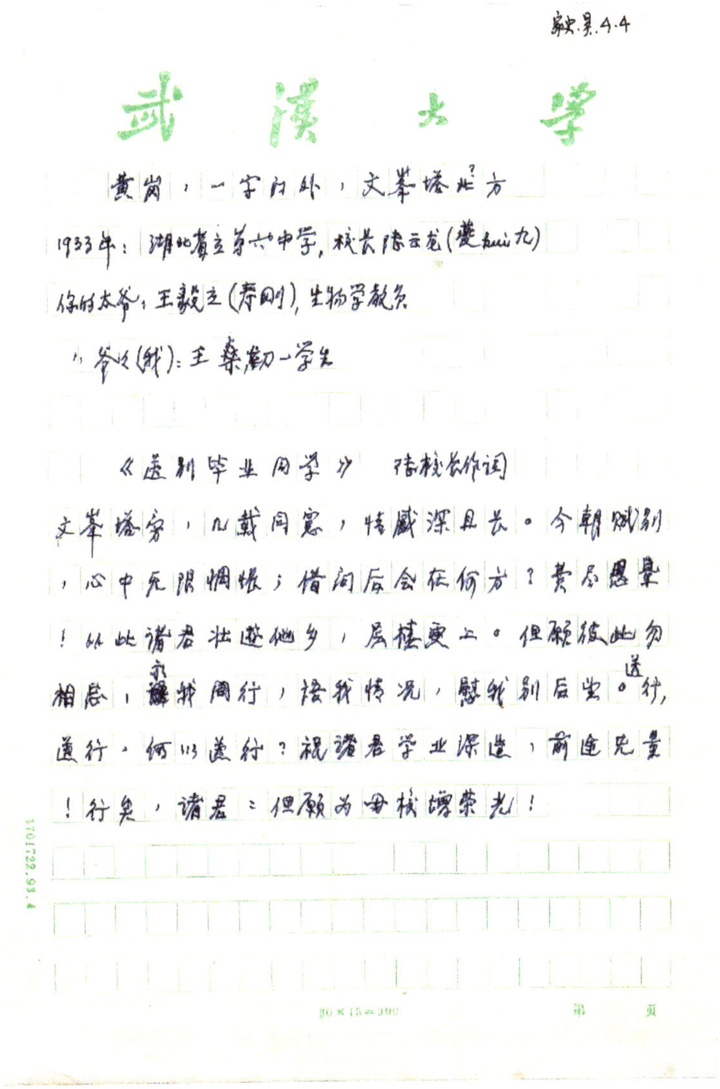
武汉大学

黄岗，一字内外，文峰塔北方

1933年：湖北省立第六中学，校长陈云龙（楚仙九）

你的太爷：王毅立（寿刚），生物学教员

小爷爷（我）：王燊勤一学生

《送别毕业同学》 陈校长作词

文峰塔旁，几载同窗，情盛深且长。今朝赋别，心中无限惆怅；借问后会在何方？费尽思量！从此诸君壮游他乡，层楼更上。但愿彼此勿相忘，示我周行，语我情况，慰我别后望。送行，送行，何以送行？祝诸君学业深造，前途无量！行矣，诸君：但愿为母校增荣光！

此为父亲王燊手迹，写给儿子王宣。王宣高考在黄冈中学复读一年（2001 年），后考入上海交通大学机械工程与动力学院。——王曦注，2016.8.15

给王曙、赵华的信

王曦按(2017 年 11 月 6 日)：

以下是大弟王曙近日提供的父亲写给他和他的妻子赵华的一封信。大弟王曙自 1969 年年初与我一道到湖北省公安县玉湖区大同公社红旗大队第 11 生产队插队，在那里待到 1976 年。我于 1975 年被招工到湖北沙市的湖北省沙市棉纺织印染厂，在细纱车间当搬运工(人称“推老板”)，1977 年从那里参加恢复高考后的首届高考，考取到武汉师范学院汉口分院，得以回到武汉。王曙于 1976 年从乡下被招工到湖北省沙市第三建筑公司，先当油漆工，后通过参加自学考试，获得大专文凭，当上公司会计，直到退休。

以下这封信写于 2000 年 2 月，时值王曙、赵华之女王沙参加高考之前。王沙不负爷爷所望，以高分考取武汉大学生命科学学院。后接着攻读武汉大学生命科学学院的研究生和中国科学院的博士生。她是我们三兄弟的子女中学历最高的。父亲这封信，既是对王沙的勉励，也是对她的“传经送宝”。

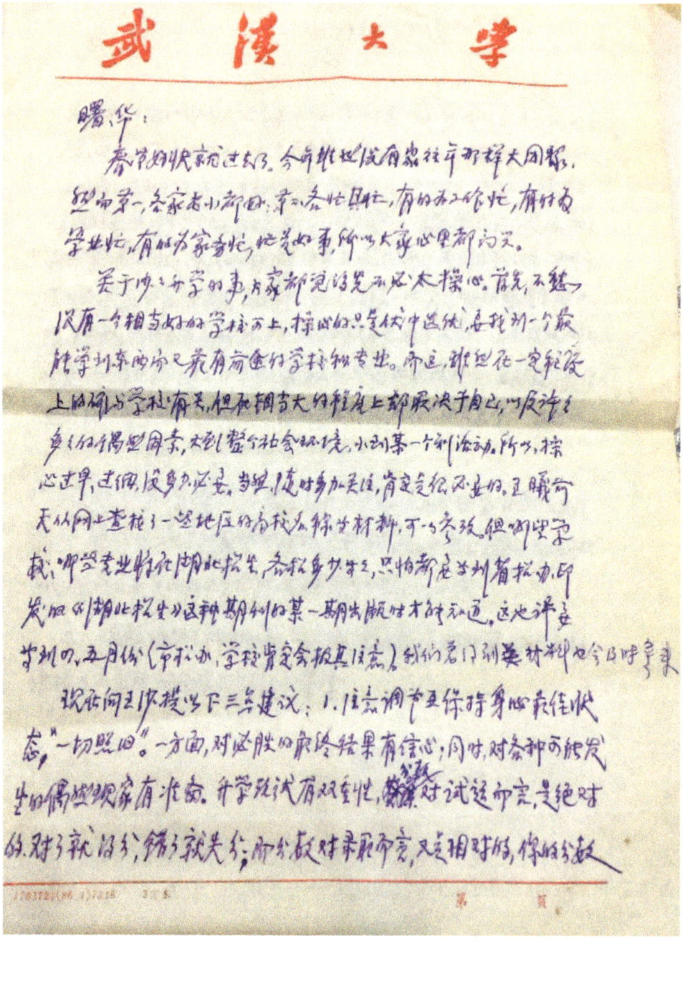
武漢大學

曙、华：

春节好快就过去了。今年虽然没有象往年那样大团聚，然而第一，各家老小都团圆；第二，各忙其忙，有的为工作忙，有的为学业忙，有的为家务忙，忙着好事，所以大家心里都高兴。

关于沙沙升学的事，大家都说得是不必太操心。首先，不能只有一个相当好的学校可上，操心的只是从中选优，要找到一个最能学到东西而又最有前途的学校和专业。而这，虽然在一定程度上的确与学校有关，但在相当大的程度上都取决于自己，以及许多的偶然因素，大到整个社会环境，小到某一个别活动。所以，操心过早，过细，没多大必要。当然，随时多加关注，肯定是很必要的。王曦前天从网上查找了一些地区的高校在招生材料，可以参考。但哪些学校、哪些专业将在湖北招生，各招多少学生，只怕都要等到省招办印发的《湖北招生》这种期刊的某一期出版时才能知道。这也许要等到四、五月份(市招办、学校肯定会报其信息)，我们看到别类材料也会及时寄来。

现在向沙沙提出以下三点建议：1.注意调节并保持身心最佳状态，“一切照旧”。一方面，对必胜的最终结果有信心；同时，对各种可能发生的偶然现象有准备。升学考试有双重性，分数对试题而言，是绝对的。对了就得分，错了就失分；而分数对录取而言，又是相对的，你的分数

第 页

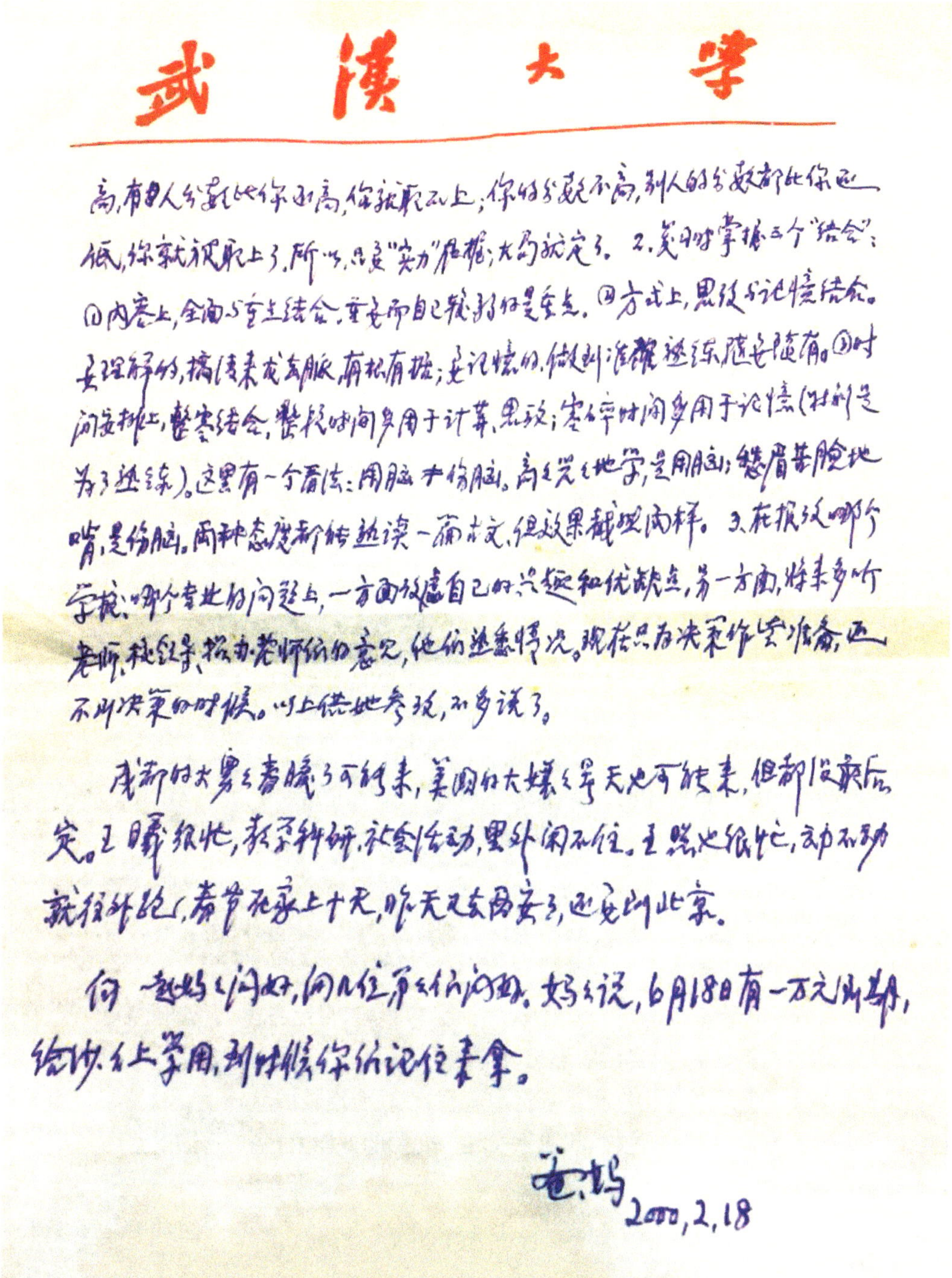
武漢大學

高，有些人分数比你还高，你就取不上；你的分数不高，别人的分数都比你还低，你就被取上了。所以，只是"实力"相拼，大局就定了。2. 复习时掌握三个"结合"：①内容上，全面与重点结合，重要而自己较弱的是重点。②方式上，思考与记忆结合。要理解的，搞清来龙去脉，有根有据；要记忆的，做到准确熟练，随要随有。③时间安排上，整零结合，整段时间多用于计算、思考；零碎时间多用于记忆（特别是为了熟练）。这里有一个看法：用脑≠伤脑。高高兴兴地学，是用脑；愁眉苦脸地啃，是伤脑。两种态度都能熟读一篇古文，但效果截然两样。3. 在报考哪个学校、哪个专业的问题上，一方面考虑自己的兴趣和优缺点，另一方面，将来多听老师、班主任、招办老师们的意见，他们熟悉情况。现在只有为决策作些准备，还不到决策的时候。以上供你参考，不多说了。

成都的大舅舅暑假可能来，美国的大姨姨夏天也可能来，但都没最后定。王曦很忙，教学科研、社会活动，里外闲不住。王照也很忙，动不动就往外跑，春节在家上十天，昨天又去西安了，还要到北京。

向赵妈妈问好，向几位弟弟们问好。妈妈说，6月18日有一万元到期，给沙沙上学用，到时候你们记住来拿。

爸妈
2000,2,18

第九节　自传

申请参加中国共产党

王曦按(2016年10月4日)：

这份材料是父亲保留的入党申请书及其附件“王燊自传”和“王燊个人、家庭和社会关系”。父亲于1984年加入中国共产党。(依据:“武汉大学民主评议干部意见表”,编号:家史·吴·1·7)

就目前所知,具有思维,而且有能力主动改造世界的,只有地球上的人。因此,人应该怎样生活,应该怎样改造世界,这就成了每一个人所不得不考虑的问题。这既是一个不断深入的自然科学问题,也是一个不断发展的社会科学问题。从社会科学的角度看,前辈哲人对这一问题的研究,往往皆从个体的人出发;只有马克思主义,才把人纳入阶级的范畴,用阶级观念处理社会问题,从而提出了消灭剥削、消灭阶级、各尽所能、按需分配的共产主义理想。这是一个美好而崇高的理想。

就如何实现这一理想而言,目前还没有一个现成的统一模式。中国共产党根据国内外数十年的革命经验,提出马克思主义理论与中国实际相结合、走中国式社会主义、共产主义道路的这一总的指导思想,是正确的,英明的,也是切实可行的。

根据以上认识,更根据在各种环境条件下我对中国共产党的观察,经过长期考虑,我深信自己应该为共产主义理想的实现贡献力量。为此,现在特向武大空间物理系党组织郑重申请参加中国共产党。我在此表示,承认党的纲领和章程,愿意按照规定参加党的一个组织并在其中积极工作、执行党的决议和按期交纳党费;同时,在党的教育下全心全意为人民服务,不惜牺牲个人的一切,为共产主义奋斗终身。

我也认识到,由于受旧中国家庭、学校和社会的影响,自己各方面带有很深的封建、资产阶级的烙印。在新社会,对自己的思想改造和学习提高又没有狠下功夫。自己与一个共产主义先锋战士的起码条件仍然相距甚远。我想,在一个漫长的航程上,目标很远,重要而且现实的是选择方向;我也是这样,我愿意在这一光明的方向上,坚持不懈的努力。

谨请党组织指导帮助。

空间物理系　王燊

1984.5月

王燊自传

我出生于一知识分子家庭，祖籍湖北襄阳，中农成分。祖父王源海(纳川)，晚清秀才，旧政府交通部科员，为人刚正好学，长书法。父王毅立(寿刚)，北京农大毕业，终身从教，为人诚朴善良，1957 年被划右派，1976 年去世，1979 年得改正。

我 1921 年生于北京，八小时而母逝，由祖母抚养成人。1932 年我在武昌中华大学附小毕业后投考中学时，名落孙山，而成绩远不及我的一位女同学却高踞榜首。事后得悉，该同学乃校长之预定儿媳。我弄清了这件事，也开始弄清了当时的社会。中学时全家七人，全靠父亲一人工资，祖母、继母操持家务，克勤克俭，勉维生计。1940 年考入武大，希望取得一纸文凭和一技之长，以便藉以安身立足。对当时社会强烈不满，但无革命之志；对政治视若畏途，敬而远之；只求洁身自好，自食其力。我之所以选学理科，主要就是这个道理。1942 年暑假因贪玩而报名参加三青团灌县夏令营，入营后被迫加入三青团，回校后又被派作分队长；虽未参加一次活动，但对此终身污点，内疚极深。此外，在整个大学和研究生期间，我还参加过“课余”“未名”“鹏鹏”“扶风”“中国自然科学社”“峨丛”等许多文艺、联谊或学术团体。如今回顾，各团体宗旨不一，成员良莠不齐，容或各有政治色彩，但正、反两方面的作用都不显著；而本人跻身其中，并无政治动机。1946 年研究生期间参加“游离层实验室”，兼任观测员，从此在桂质廷、梁百先两位老师指导下，开始从事电离层方面的学习和工作，1948 年忝受硕士学位，学生生活至此结束。二十七年过去，德智体各方面的发展均属一般。

1949 年武汉解放，我仍留校工作，对新旧社会生活和国共两党的作为，自不免有一番比较。一方面我看到，解放后物价稳定，干群关系融合，政府清廉，言而有信；而同时，自己全家生活也大有改善。例如 1951 年我与吴锦琛结婚，不久分得住房，并由学校供得成套家具；而父亲在旧社会任教数十年，到头来全家只有一床、二桌、数椅而已。1953 年院系调整，全面学习苏联。我觉得作风大胆，方向正确，效果良好。从学习中，我逐渐懂得了个人与社会的关系和历史发展的进程。从此，在感情上和理智上对新社会和共产党的好感日益加深。1955 年在党组织的鼓励下参加了中国民主促进会，并在 1956 年向当时物理系党组织提出了参加共产党的申请。一个长期坚决不问政治的人，开始作出了他严肃的政治选择。

1957 年，我第一次兴高采烈地投入一项政治运动时被划为“右派分子”。这样，我便在一个特殊的处境下生活了二十年，业务上大大荒疏了，政治上可能稍微清醒了一点。

1976 年，“四人帮”一小撮悲惨地倒台，亿万人兴奋地站了起来。随着一系列拨乱反正的措施，1979 年党组织对 1957 年给我的结论作了改正。与此同时，工作关系也由外文系转到了空间物理系。我想，一个人也好，一个组织也好，保持不犯错误固然不容易，也很值得人们敬佩；但是相比之下，犯了错误而又勇于自觉改正，则更不容易，也更值得人们敬佩。二十多年的曲折，在纷纭变化的各种条件下，党考验了我，教育了我；我也从各个侧面进一步观察了党，认识了党。我再次更有力地肯定了自己1956年所作的政治选择，虽然知道条件远远不够，还是在党组织的帮助下，于1981年向党组织重申了自己的志愿。

这些年，党组织对我的关怀备至，政治上信任，业务上培养，工作上委以重任。我深觉力不从心，愧无建树；决心加倍努力，为办好党的教育事业而奋斗。

一九八五年五月

王燊个人、家庭和社会关系

一、个人简历：

1921	出生于北京
1932	武昌中华大学附小毕业
1935	武昌荆南中学毕业
1938(1)	汉口江汉中学毕业
1939(2)	襄阳，国民党军122师文书上士
1940—44(3)	乐山，武汉大学物理系(1944毕业)
1945	南漳，南漳县中教员
1945—48(4)	乐山—武汉，武大理科研究所(1948毕业，理硕士)
1946—49	武大游离层实验室观测员
1949—52	武大物理系助教
1952—57(5)	武大物理系讲师(其中调往武汉水利电力学院一年余)
1957—63	“右派分子”“历史反革命”
1963—64	武大物理系资料员
1964—78	武大外文系资料员
1979—80	武大空间物理系讲师
1980(6)	武大空间物理系副教授

注：(1) 参加“青年救国团”所组织的演出队，作抗日宣传

(2) 参加“民声歌咏队”，作抗日宣传

(3) 1942参加“三青团灌县夏令营”，在营中入团；返校被派作分队长，无活动

1943年	参加“扶风社”，无政治活动
1941—43	参加“未名(话)剧社”“课余平剧社”
1944	参加“新中国自然科学社”
1942—44	兼乐山东山小学教员、教务主任

1945—46	兼乐山乐嘉中学教员
1946	参加“鹏鹏剧社”，演“雷雨”
1947—49	兼东湖中学教员
1947	参加“峨丛剧联”，演出“复活”、“万世师表”
1955	参加中国民主促进会
1980—81	赴美奥克兰大学进修八个月

二、家庭和社会关系：

祖父	王源海	旧政府科员，已故
祖母	唐 氏	家务，已故
父	王毅立	襄阳农校教员，已故
母	郑定芳	家务，已故
继母	杨紫英	家务，已故
继母	程冬青	幼儿教师，退休，在襄阳
妻	吴锦琛	马房山中学教员，退休
大妹	王 雯	家务，已入美籍
妹夫	李小方	美国人，绿化工人
二妹	王 霖	北京，解放军政治学院干部
妹夫	洛 风	解放军政治学院干部，离休
三妹	王 震	吉林，商业局干部，退休
妹夫	叶思莼	吉林农校教师
长子	王 曦	武大法律系研究生
媳	史苏玉	武昌肿瘤医院化验员
次子	王 曙	沙市二建公司出纳
媳	赵 华	沙市，中学教员
三子	王 照	武汉轮渡公司技术员
媳	雷小欣	武汉公共汽车公司售票员

（在此材料（家史·吴·1.12）封面上，母亲吴锦琛注：“王曦：此内容是否可纳入？好不好，你考虑。反正我都寄给你。2014.12.7.吴”。——王曦注，2015.1.24）

（编号：家史·吴·1.12）

认定方向，克服困难，努力学习，努力工作

——武汉大学空间物理系王燊

王曦按（2016年10月4日）：

这份材料是用老式中文打字机（“机子啄米”式那种）打印的。最后一页缺，由父亲亲笔写在稿纸上补齐。它的写作目的不明，似乎是给武汉大学空间物理系党总支写的思想汇报。根据这份材料所称“去年冬天，组织上又叫我赴美进修一段时间”，这份材料应当写于 1981 年 8 月父亲从美国奥克兰大学做访问学者回国之后。看了这份材料，我的心情难以名状。

我出身于旧社会的一个中学教师的家庭，读书时学物理，毕业后教物理，对政治一是不懂，二是不感兴趣，抱着“决不沾边”的态度。解放初期，经过观察衡量，发现共产党的目标高尚，作风高尚，自然而然地产生了好感，内心决定：做人依靠党，做事依靠物理。也就是在这一思想的指导下，我一九五五年经党的鼓励参加了民进，得到不少帮助，受到不少教育。

正当我五七年兴高采烈地参加帮党整风的时候，没料到一下子被打成了右派。我感到莫名其妙，感到冤枉，感到委屈。我有时沮丧，有时激怒，真理何在？正义何在？方向何在？

经过若干不眠的清夜，我逐渐明白，就个人跟党的关系而言，这只是一场不幸的误会。我想，党的历史上不少实例说明，党内可以混进这样那样的坏人，党也可以犯这样那样的错误，但坏人终将被清除，错误终将被纠正，党的威信因而不断提高，党的事业因而更加发展。想到这里，顿觉眼前一片光明。我有冤枉，有委屈，但我有了方向，有了信心。我相信，海清河晏，终有那么一天。那时，我想，我不该真的做一个灰溜溜的右派，我应该是一个戴着右派分子帽子的革命同路人。我应该满怀希望地生活，我应该理直气壮地做事。正是基于这种想法，对于交给我的各式各样的工作，我都力图搞好。叫我到食堂做饭，我就把菜摘洗干净，把米量准给足，让大家吃好；叫我搞机修，我就一样样向工人师傅学，把各种农具修好备好。记得在管理饲料时有一妇女偷了我们的大麦，我当时赶了过去，她骂我臭右派，说我竟敢跟她这个“社员”作对，要把我送到公安局去。我对她说，我是个右派，但我要保护公家财产；你是小偷，要到公安局去，正好。大概她自知理亏，只好把大麦还了回来。一九六四年调我到外文系去教公共英语。老实说，叫我翻翻本专业的书还可以，叫我教，那就难了。我只好抓紧学习国际音标，学习语法，在其他老师的帮助下上了讲台。从那个时候起到文化大革命，武大当时十个系，除外文系而外，其余文理科九个系的英语我都教过，还编了一些结合专业的教材。有一阵提倡教书教人，我想“教人”谈不上，交朋友是可以的。所以在下宿舍辅导时常常跟青年们谈谈心，互学互勉，建立了友谊。那时我觉得，大多数人民受着欺蒙，受着压力，可以以外待我，但我绝不可妄自菲薄，绝不可自外于人民。

十年浩劫像一场噩梦过去了。在民进组织的协助下，校党委改正了对我的错划。海清河晏，来得如此之快，真是没有想到。另一个没有想到的，是调我到空间物理系磁层研究室。我跟这一行阔别二十年，简直生疏到了“相见不相识”的程度。“磁层”这个名词，当时还是第一次听见。三年来，根据系里交下的任务，我起初帮助部分中、青年教师学习了专业英语，协助老教师校阅了《电离层研究的发展》十几万字的译稿，拜读并整理了桂质廷教授《地磁及电离层电波传播》一书的遗稿。系里对我作这样的安排是费了心血的，让我有机会从工作中温故习新。去年春天，美国斯坦福大学一位教授来我系讲学，系里叫我担任翻译。我想，这位来者是客人，要以礼相待；是老师，要虚心学习；是朋友，要以诚相交；但又是外国人，要内外有别。这位教授很友好，他照顾我的要求，讲课时吐词清楚，说得慢，说得短。有时我没懂就请他重讲或换个讲法；有时他不自觉地说快了，说长了，我就中途打断他；有时他出现这样那样的差错，我就提醒一下或干脆给他纠正；这一切他都非常欢迎，非常满意。有一天，他忽然在上课时送我一件斯坦福大学的球衣，说代表他的学校向我致谢。他的讲稿和录音都留了下来，我们准备把它整理发展成一门课。这位教授至今还与我们保持着联系，给我们寄些资料来。他在给我们研究室主任的信中说，他为交上了我这个好友而感到高兴。我想，这不仅仅是他与我个人之间的友谊，这也是中、美、巴（他是长期在美任教的巴西人）三国人民友谊的一个小小组成部分。

去年冬天，组织上又叫我赴美进修一段时间，任务更重，关系更大，困难更多。我想。有党的领导，有民进的扶持，有同志们的督促和帮助，我一定要加倍努力，克服困难，争取完成任务。光阴似箭，8 个月一下子就过去了，我于 8 月中旬回到了学校。在那 8 个月期间，我作了两个有关地面伽玛射线强度的实验（可用于宇宙线、环境监测、建筑材料鉴定、某些天气现象等方面的研究），作了一些初步的地磁测量实验，也听了一些课。同时，我交了一些朋友，有美国人，有美籍华人，也有台湾去的同胞。向他们介绍了我国各方面的实况，加深了他们对我国的认识和好感。临走的时候，他们有的要求学校向我校赠送仪器，有的向我个人赠送书籍、纪念品，有的表示愿为我们去人进修提供奖学金，有的愿与我们合作进行科研、翻译中美书籍，有的海外同胞更愿为协助我国政府修建住房而奔走效劳。虽说我兢兢业业、不敢稍懈地在海外度过了二百四十个昼夜，但实际上我成绩太少，收获太少，真是“无面见江东父老”。最近，学校又将我“借”到物理研究所去做科研业务翻译（同时校内有教学和科研任务），来者是一位第一流的美国老专家。我认识到，这项任务，也和过去的每项任务一样，都是四化的一个组成部分，都具有业务与政治相结合、脑力与体力相结合，工作与学习相结合的几项特点。激流勇进，力争上游，我一定要加倍努力学习，提高觉悟，加倍努力工作，完成这一新的任务。

（家史・吴・2.8）

汇报（1990 干部考核用）

王 燊

王曦按（2016 年 10 月 4 日）：

父亲保留着这份材料。在那场政治风波之后，作为党员和系主任，父亲必须表态。作为一个“老运动员”，父亲在那场政治风波中显得很谨慎。希望国家安定、发展，这是他一贯的愿望。

I.“56 天”

1. 行动：对游行学生们的一套，没有支持的行动，也没有反对的行动。

2. 思想及言论：亲身经历过 50 年代的所谓“整风运动”和 60—70 年代的“文化大革命”，自己中过“阴谋”，看见许许多多人受过蒙蔽，深信“运动”都是有来头的。所以这次从一开始我就告诫自己，切忌头脑发热，不要乱说乱动。

① 4/26 以前：党风世风欠无好转，认为责任主要在上面，学生们促一促，大有好处。

② 4/26—5/20：党内高层和社会上两方面的“来头”都渐明朗，预感到一场政治风暴的必然来临。我心里希望大家都压压火气，有话好好说；但也明白，恐怕已经不能以人的意志为转移。(在大楼门外课间休息时夜大班学生问我游不游行，我说，我决不会去。他们问为什么。我说，我只跟你们说，搞理科的往往受搞文科人的蒙蔽。)

③ 5/20—6/3：事情闹得越来越大，越来越僵。我不希望闹到这一步。我觉得，党、政府和广大学生本来都是不想闹大闹僵的。社会动乱越演越烈，我觉得，政府采取有效措施，保持社会秩序，保障人民生活，是完全必要的。我希望学生就此罢休，我害怕他们上当吃亏。那时，不知谁提了个“空校”的主张，我觉得很不错。在双方头脑过热的条件下，不能硬顶，硬顶定会两败俱伤。(研究生陈少平向我请假回家，我说我赞成，要他找找张朝喜老师商量。)

④ 6/3 以后：事情就此告一段落。一付重药，止住了一场大病。我觉得，告一段落就是告一段落，不必过多地作“当初如果怎么样，也许就会怎么样”的种种纯虚拟的讨论。要紧的是抓紧今天、明天和后天。(系里叫我在学习动员会上向学生讲几句话，我说的大致就是这个意思。)

在那些日子里，我还有三件事动了些脑筋：

一是关于“签名”。五七年以来的许多事例告诉我，千万不要糊里糊涂地跟着别人联名表态。前两年谢冰心那次签名的教训，更给我上了难忘的一课。所以，这一次，我早就下定了决心：“至亲好友，签名免言”。事实上没一人来找我。

二是关于“捐款”。我想好了，也准备好了，找上门来的，一张 10 元，二话不说。事实上也没一人上门。

三是关于“民进”。我是民进武汉市委的一个副主委，还兼秘书长；又是民进省委的一个常委。在这样、那样的节骨眼上，民进要不要表态？怎么表态？“民进是个政党，在这样的政治事件上，不表态行不行，好不好？”“你是个头头，还是秘书长，不表态行不行，好不好？”同志们有时这么问，我也常常在这么想，怎么办？经过一番考虑，我自己觉得把问题想清楚了。第一，民进是“中国民主促进会”，不是“湖北民主促进会”或“武汉民主促进会”。省民进也好，市民进也好，武大民进也好，都是个部分组织。全局性的大事，作为组织表态，自然是民进中央的事，我们既没有这义务，也没有这权利。第二，作为一个公民，你对什么事都可以表态。但那只代表你自己，不代表任何更多的人；而其责任和后果也只由你自己承担，与任何更多的人无关。（在会上，在个别交谈时，我就是这么说的。）

II. 宣扬资产阶级自由化的文章和言论

1. 文章：无

2. 言论：自己尚未发现

III. “两清”的表现

主动性得分为零。在总支和支部的领导下，自己参加各种活动的态度还是比较认真的，也许可以说，勉强跟上形势，如此而已。

IV. 关于“廉政”

行动幸未越轨，思想在走下坡。后者主要来自对“创收”和“无钱难办事”两种压力的不够清醒和无可奈何地反应。多的话就不说了。

最后，总的认识是：论过去，除掉上面和下面的两个极少数，上上下下的绝大多数都是对的，是好的。看现在，必须最大限度地限制并消除那伙“极少数”的恶劣影响，上面要打好主意，拿出办法，下面要说一不二，密切配合，在安定的条件下，齐心协力，真正按照绝大多数人的意愿，把国家大事办好。

1990.3.23

（家史·吴·2.2）

第十节　王燊年谱

王曦按(2017 年 4 月 29 日)：

以下是我综合各种材料整理而成的“王燊年谱”。

王燊年谱

1921 年

1 月 9 日出生于北京。出生后八小时生母郑定芳逝世。由父亲王毅立、祖父王源海、祖母唐氏、继母杨紫英等长辈抚养成人。

1925 年

在祖父王源海的教导下开始识字。

1927 年

六岁，家住北京西四元宝胡同四号。上北京市第 22 小学，入学考试识字突出，直接上二年级。

1928 年

祖父王源海逝世。祖母携全家迁往襄阳，上襄阳县实验完全小学三年级。父亲王毅立留京工作。

1929 年

父亲王毅立经任湖北省建设厅航政处长的姨祖父雷韵午介绍，任职于武汉轮渡事务所当庶务员。举家迁往武昌，住察院坡(今司门口东北)。上中华大学附小，住校生。四年级时，由于月考成绩好，跳班上五年级。

1930 年

妹妹王霖出生。

1932 年

武昌中华大学附小毕业。随父亲王毅立赴黄冈，上湖北省第六中学(黄冈中学)。

1933 年

武昌，上私立荆南中学。课外跟同学学会修钟表，装矿石收音机、骑自行车。妹妹王震出生。

1934 年

荆南中学读高二时，父亲王毅立从湖北农科所宝积庵农场（现湖北大学校址）场长任上转到襄阳第五师范任教，举家迁回襄阳。

1935 年

武昌，荆南中学毕业。独自在武汉上位于汉口古德寺附近的江汉中学。

1937 年

因成绩优异，且日语好，学校推荐赴日留学。但因“七七事变”而未成行。后日语达到借助字典能够阅读专业书刊水平。

1938 年

江汉中学毕业。毕业前，班上一批同学利用当时对流亡学生的政策，借一位同学的哥哥管理上海沪江大学印鉴的关系，办理了沪江大学肄业证，上报教育部，试图以流亡学生身份到后方大学借读。在江汉中学期间受同班同学韩世明的影响，参加“青年救国团”，参加唱歌、游行等各种抗日宣传活动，出演“放下你的鞭子”。年初寒假期间回襄阳，没考大学，参加“民生宣传队”（原“民声歌咏队”）的抗日宣传唱歌、演出。在襄阳与吴锦衡结为好友。因战事紧，为避日寇，同时备考大学，下半年随他迁往其老家竹山县。途中遇国军第 122 师张副官长（张步蟾，山东邹县人）。当日经张取得父亲王毅立的同意，留其部中任文书上士。后张与王毅立及靳竹亭（河北人）结为金兰之好。此前张因“民声宣传队”演出话剧“李秀成之死”而结识王燊。

1939 年

从报上获知被教育部批准到迁往四川三台的东北大学借读。张步蟾建议王燊去位于汉中的西北联大借读并派人送之去迁往汉中城固县的西北联大。在西北联大期间，恐沪江大学流亡学生假证明有暴露之虞，遂自习备考。

1940 年

夏天同时考取因战事内迁的武汉大学（乐山）物理系，金陵大学（成都）电机系，中法文理学院（昆明）物理系。因学费相对便宜，择武汉大学（乐山）物理系，赴乐山。武汉大学物理系该届录取 12 人，只有 6 人报到。

1941 年

在武汉大学参加“未名话剧社”“课余评剧社”。

1942 年

由于家庭经济困难，利用课余时间到当地进步乡绅集资兴办的私立东山小学兼职小学教师，教自然、美术、兼任教务主任，直至 1944 年。参加“三青团灌县夏令营”，在营中入团，返校被派做分队长，无活动。

1943 年

参加“扶风社”，无活动。

1944 年

武汉大学（乐山）物理系毕业，获理学学士学位。同时考取武汉大学理科研究所理科研究生。申请推迟报到（休学）一年，一面与久别的家人团聚，一面在湖北南漳中学担任数学和物理教员（1944—1945）。参加“新中国自然科学社”。由于初中时打下的英文底子较好，所以在读武大本科时可以同乐山电离层实验室的美军人员交流。20 多年后，在文化大革命中，当年的武汉大学游离层实验室人员皆被打为“美蒋特务”。后因周恩来总理说游离层实验室“仅是一个科研机构”，当年的游离层实验室人员才幸免于难。

1945 年

考取武汉大学研究生，在乐山就读武汉大学理科研究所。在桂质廷、梁百先教授的指导下，学习有关电离层的基础理论和实验技能，并在物理系、电机系多位老师的指导下，参加了电离层垂直探测实验设备的安装和从 1946 年元月一日零时起的正式垂直常规观测。由于经济原因，同时兼任乐嘉中学（“珞珈”二字谐音，指武大附中）的物理、数学教学，直至 1946 年。

1946 年

7 月份随武汉大学迁回武昌珞珈山，继续研究生学习并担任国立武汉大学游离层实验室观测员（1946—1949），参加了在珞珈山恢复电离层垂直观测的工作。兼任东湖中学物理教员（1946—1948）。参加“鹏鹏”剧社，演《雷雨》。

在导师桂质廷、梁百先先生指导下，在参加武昌电离层垂直观测的基础上，分析了武昌和通过与美国中央电波传播实验室（CRPL）交流而获得世界若干地区的电离层记录。分析结果在后来有的发表在《中国地球物理学报》上，有的为硕士学位论文“游离层游离量之地磁控制现象”所使用。分析研究桂质廷先生当时所称的“经度效应”，发现在纬度大致相同的各站台在同一当地地方时的电离层电子密度（以临界频率表征）不尽相同，有的差别显著。

1947 年

在“地磁控制”现象的研究中，进一步得出了如下结论：F_1层有但不明显；E 层无此现象，午夜也无此现象。与此同时，在偶发 E 层（E_S）的观测研究中，着重探讨了 E_S层游离量、极光和地磁纬度的关系。发现武昌 E_S层出现率较高；E_S层出现率和截止率也有纬度差异，并于 1947 年向国际无线电科学联盟（URSI）提交了一份书面建议，建议“分高、中、低纬三片对 E_S层进行观测分析”。这实际上提出了电离层电子密度极大值随磁纬分布的新思想。在日食电离层效应研究中，得出了 F_2 层电子密度复合系数为 $4\times10^{-10}\,cm^{-3}/s$，发现日食时 ES 层为日光所产生。兼东湖中学教员，直至 1949 年。参加“峨丛”剧社，演出《复活》《万世师表》

1948 年

获武汉大学理学硕士学位。学位论文：IONOSPHERIC IONIZATION AND GEOMAGNETIC LATITUDE，《电离层的电离和地磁纬度》。担任武汉大学理科研究所助教。论文：梁百先、王燊：“一九四六年九月至一九四七年十二月武汉游离层记录之研讨”（英文），《中国物理学报》，1948 年，第七卷，第三期。该文系统地分析了武昌上空电离层各层的正常变化和在某些特殊情况下（如流星群出现、日出前和磁暴期）的不正常变化，是我国关于电离层最早和较系统的分析报道。奶奶唐氏去世。大妹王雯随夫陈明辉（国军空军军官）去台湾。

1949 年

5 月，武汉解放。任物理系助教。继续担任游离层实验室观测员兼作改善普通物理练习和指导普通物理实验的工作。发表“不规则游离层、极光与地磁纬度”（英文），《国际无线电科学协会（URSI）会刊》，1949 年，第 7 卷，第 249 页，比利时出版。该文初步分析了不规则 E 层极光现象对地磁纬度的依赖关系。论文：王燊：“游离层、游离量之地磁控制现象（英文），《中国科学与建设》，1949 年，第二卷，第一期，该文继梁百先提出地磁控制现象之后，对该现象进行了范围较广的初步探讨。建议分三个区域（极区、中纬区、赤道区）做进一步研究。

1950 年

论文：王燊：“太阳表面的黑子”，《新科学》，1950 年，第一卷，第三期，文章对太阳黑子进行了综合性介绍。

1951 年

与吴锦琛结婚。到南京中科院地球物理所短期进修,在朱岗崐研究员指导下,作了电离层数据的月潮分析。

1952 年

晋级讲师。担任外系普通物理课程教员,讲授物理学、数学、普通物理学、普通物理学实验等课程。得长子王曦。

1953 年

论文:朱岗崐、王燊:“武昌电离层 F_2 层的月潮现象”,《气象月刊》。在此期间(1953—1954)因院系调整,一度调至武汉水利电力学院,1954 年返回武大物理系。得次子王曙。

1954 年

得三子王照。

1955 年

武汉大学设立电离层电波传播专业,担任教研室秘书。在武汉大学加入中国民主促进会。

1956 年

向武汉大学物理系中共基层组织提出入党申请,并获准参加入党积极分子学习班。任武汉大学工会宣传部长。

1957 年

为新成立的无线电物理(电波传播)专业的学生首先开设了专业课程《高空大气概论》(自编讲义)。后因反右运动停开。父亲王毅立被打成“右派分子”。

1958 年

在反右运动中被划为“右派分子”,工资降三级,调离专业教学和研究岗位,去武汉大学农场劳动,直至 1962 年。其间被下放到武昌流芳岭劳动一年。在被划为“右派分子”之前的若干年里,协助桂质廷等先生,筹建武汉大学电离层实验室、武汉观象台、豹子澥地磁台。专著:《地磁、极光与电离层》,与桂质廷合编,署名武汉大学无线电教研组,科学普及出版社,1958 年出版。

1959 年

武汉大学农场劳动。

1960 年

武汉大学农场劳动。

1961 年

武汉大学农场劳动。

1962 年

被摘去“右派分子”帽子。回到物理系作资料员，编写外文期刊部分文章的中文摘要和期刊文献分类卡片，供有关教研室使用。自学法语。为《原子能译丛》翻译若干有关和辐射监测的文章。

1963 年

调到武汉大学外文系工作，任外文系资料员。承担全校非英语专业(文、理科)公共英语教学、电化教学设备管理、翻译、编字典等工作。在此期间，自编了文、理科公共英语教材如《文科公共英语》《理科公共英语》。译文：王燊：“化学工厂设计中的几个临界性问题”(英译中)，《原子能译丛》，1963 年第 7 期，第 602 页。

1964 年

译文：王燊译：“更新理论与中子慢化”(英译中)，《原子能译丛》，1964 年第 5 期，第 441 页。译文：王燊译：“精确测量γ射线吸收系数的方法”(法译中)，《原子能译丛》，1964 年第 7 期，第 602 页。译文：王燊译：“快速核电子学的最新发展”(法译中)，《原子能译丛》，1964 年第 12 期，第 1184 页。

1965 年

编译工具书：王燊译：《英汉物理学专业常用词汇》(署名“公共英语教研室”)，武汉大学印刷厂印刷出版，1965 年。译文：王燊译：“各类加速器的比较”(英译中)，《原子能译丛》，1964 年第 3 期，第 172 页。译文：王燊译：“测定核分析γ射线的方法”(法译中)，《原子能译丛》，1965 年第　期，第 615 页。译文：王燊译：“贝克莱 88 吋回旋加速器所用静电偏转器的计算”(英译中)，《原子能译丛》，1965 年第 12 期，第 929 页。

1966 年

文化大革命爆发。译文：中国科学院原子核科学委员会编辑委员会编辑(实际译者王燊):"光电倍增管疲劳效应的控制",内部出版,书号:核仪——4007,1966 年 4 月出版。自学法语、俄语,达到借助字典能够阅读专业书刊的水平。

1969 年

长子王曦、次子王曙下乡插队到湖北省公安县玉湖区大同公社红旗大队 11 小队。

1970 年

三子王照下乡插队到湖北省江陵县弥市区某公社。

1971 年

到武汉大学沙洋分校劳动,大约直到 1974 年才返回武大。其间的工作主要有农田管理、伙房做饭、开拖拉机。后期作为骨干教师,参加武汉大学与荆州师范学院联合举办的教师短期培训班的英语教师培训工作。

1972 年

美国尼克松总统访华。接武汉大学转来的从台湾定居美国的大妹王雯给武汉大学校长的来信,与她恢复书信联系。

1974 年

从沙洋分校回武汉大学。1974 年至 1977 年间,承担外交部下达的联合国文件翻译任务,约 20 万字。

1975 年

与人合译《福克兰群岛》,署名武汉大学外语系研究组,湖北人民出版社,1975 年出版。王雯首次回国,到武汉与父亲王毅立、哥哥王燊等团聚。从 1948 年到 1975 年,整整 27 年彼此了无音信。

1976 年

文化大革命结束。父亲王毅立逝世于襄阳。

1977 年

恢复高考制度,长子王曦考取武汉师范学院汉口分院中文系。

1978 年

获得中共武汉大学党委关于划为右派分子的错误的"改正"决定。调回武汉大学物理系。晋级讲师。次子王曙、三子王照分别考取湖北省沙市市电视大学和武汉市电视大学。父亲王毅立于1978年被落实政策，得到平反、改正。

1979年

中美复交。

1980年

晋升副教授。赴美国奥克兰大学访问。与美国教授合作研究γ射线并按照梁百先教授的建议开展地磁脉动研究。配合龙咸灵、梁百先先生创建武汉大学空间物理系。

1981年

从美国奥克兰大学回国。带回一台半自动磁通门式磁力计，并在武汉大学开展地磁脉动研究，研制成功“地磁微脉动数据实时处理系统”。这项研究在1987年9月23日我国日环食联测发挥了作用。

1982年

论文：王燊、A. R. Liboff:“1.12—2.20兆电子伏室内γ辐射本地的日变化”，《武汉大学学报》(自然科学版)，1982年，第一期，第36页。文章分析了作者在美国奥克兰大学所测试室内γ辐射底的日变化，结果与匈牙利的报告相符，而与纽约的情况相反。论文：王燊、C. N. Vogeli、A. R. Liboff:“1.46MeV附近地面γ辐射的初步研究”，《武汉大学学报》(自然科学版)，1982年，第二期，第37页。文章分析了1.46MeV附近地面峰值的辐射源。认为主要由K40和Bi214引起，而不是通常公认的由单纯K40所致，并提出了快速粗略分析某些叠合源的方法。论文：黄信榆、谭子勋、王燊:“高地磁活动与fmin”，《地球物理学报》，1982年，第25卷，第4期，第379页。工具书:《英语惯用短语词典》(参加编写、校对)，湖北人民出版社，1982年出版。

1983年

访问德国、法国等国。论文：王燊、黄信榆、谭子勋:“武昌上空Es-形态与出现规律”，《空间科学学报》，1983年，第3卷，第1期，第44页。论文：谭子勋、黄信榆、王燊：“武昌上空电离层Es-s的发展及其相关因素”，《空间科学学报》，1983年，第3卷，第4期，第305页。论文：Tan Zixun，Huang Xinyu，Wang Shen：“Ionospheric Es-s over Wuchang，China”，IAGA Bulletin，No. 48，245(1983)。论文：Wang Shen：“An experiment for rapid estimation of K40 in building materials”，(Poster)，APCA International Specialty Conference Chicago，U. S. A. (1983)。译著：J. A. 拉特克利夫主编，梁百先、王燊(校)：《电离层研究五十年》，科学出版社，1983年出版。论文：梁百

先、王燊:“桂质建先生传略”,《物理通报》,1983 年,第 4 期,第 46 页。论文: P. H. Liang, Wang Shen: “Radiowave propagation and ionosphere studies at Wuhan University, China”, IAGA Bulletin, No. 48. 475(1983)。文章介绍了武汉大学研究电离层四十年的情况。论文: 谭子勋、黄信榆、王燊:“武昌上空电离层 E_S-S 初探”,《武汉物理所集刊》,1983 年,第 1 期,第 1 页。论文: Wang Shen: “An experiment for rapid estimation of K40 in building materials”, (poster), APCA, International Specialty Conference, Chicago, U. S. A. ,(1983)。参加译校的《齐亚诺日记》于 1983 年由商务印书馆出版。担任武汉市第七届人民代表大会代表。

1984 年

担任空间物理系主任兼电波传播与空间物理研究所所长,直到 1987 年。为研究生开始“日地关系”课程。其间空间物理系快速发展,空间物理学专业被国家教委认定为重点专业和重点学科,经国家教委批准设立空间物理专业博士点,总结前辈成果的“中、低纬电离层和电离层电波传播的研究”获得国家教委国家教委科技进步一等奖(1987)和国家自然科学三等奖(1988),电离层实验室被批准为国家重点实验室并获得世界银行贷款支持。文: 王燊:“IUGG/IAGA 第十八届全会在西德举行”,《国际学术动态》,1984 年,第 2 期,第 86 页。文: 梁百先、王燊:“桂质廷先生传略”,《物理通报》,1984 年,第 4 期,第 46 页。加入中国共产党。

1985 年

论文: 王燊、吴大传、陈松柏、王洲:“武昌地区快速地磁记录中的一个现象”,《武汉大学学报》(自然科学版),1985 年,第一期,第 127 页。文章阐述了在地方时 05: 00、17: 00、23: 30 附近常出现极其相似的描迹,指出这一现象可能与 Sg 电位有关。论文: Tan Zixun, Huang Xinyu, Wang Shen: “A preliminary investigation of ionospheric $E_{S\text{-}S}$ over Wuchang, China”, JATP, 47, 959, (1985)。文章对电离层 Es-S 的特性及其控制因素进行了探讨。论文: P. H. Liang, Wang Shen: “Radiowave propagation and ionosphere studies at Wuhan University, China”, p. 29, in “Historical events and people in geosciences”, W. Schroder (ed.), Peter Lang, FRG, (1985)。译著: 梁百先、王燊(校, 50%):《冷等离子体波》(译著),科学出版社,1985 年出版。受教育部委派,参加教育部代表团赴美国考察李政道博士发起的 CUSPEA 项目中国留美学生情况。

1986 年

晋升教授。专著: 桂质廷、王燊:《地磁及电离层电波传播》,武汉大学出版社,1986 年出版。译著: 梁百先、王燊《电离层不稳定性和非线性效应》(王燊校 50%),科学出版社,1986 年出版。Min Qilong, Wu Dachuan, Wang Shen: “Magnetospheric wave-particle behavior and the effect of finite lamer radius”, Proc. ISSP, 4-109(1986)。论文：吴大传、闵起龙、王燊：“磁层中 ULF 波与粒子相互作用的不对称性研究”,《武汉大学学报・应用学科专刊》,1986 年第 12 期。论文：吴大传、赵正予、闵起龙、王燊：“武昌 P_C3-5 地磁脉动夏季统计特征”,《武汉大学学报・应用学科专刊》,36,1986。赴北京中日友好医院住院手术治疗三叉神经痛,效果好。

1987 年

国家报告(英文)：China National Committee for the IUGG, Wang Shen: Division II: Aeronomy,载于 National Report on Geomagnetism and Aeronomy for the XIXth General Assembly of IUGG, 1987,第 24—34 页。参加编译的《英汉辞海》于 1987 年由国防工业出版社出版。大妹王雯从美国来武汉、北京、广州。“中、低纬电离层和电离层电波传播的研究”获得国家自然科学研究三等奖(10 位共同获奖人之一)和国家教委科技进步一等奖。

1988 年

论文：Wu Dachuan, Zhao Zhengyu, Chen Songbai, Wang Shen: “Greomagnetic pulsations in Febriary 1987 observed at Wuchang, China”, Proc. ISRP, 66(1988)。论文：王燊、邓兴惠、刘传薪、孙枋友、周国成：“地磁与高空物理研究的进展”,地球物理学报,1988 年,第 31 卷,专辑,第 17—41 页。获湖北省总工会优秀工会积极分子奖。

1989 年

“空间物理专业博士点的建设及硕士生、博士生的培养”(参加人)获湖北省普通高等学校优秀教学成果二等奖、武汉大学优秀教学成果特等奖(1990 年)。1988—1989 年度武汉大学优秀教师(1989 年)。担任第七届武汉市人民代表。担任中国人民政治协商会议武汉市第七届、第八届委员会委员。担任中国民主促进会武汉市委员会副主委兼秘书长,市委委员,后担任顾问。担任中国民主促进会湖北省委员会常务委员会委员,中国民主促进会武大支部副主任。“中、低纬电离层和电离层电波传播的研究”获武汉大学优秀科研成果一等奖(1989 年)。

1990 年

论文：王燊、管荣生：“电离层前哨侦查”,载于《中国基础研究百例》,能源出版社,1990 年出版,第 466 页。1990 年 9 月至 1998 年,担任武汉大学校务委员会、校学术委员会、校学位评定委员会、校学衔评定委员会委员,《武汉大学学报(自然科学版)》编委,《武汉大学学术丛书》编委,校联络委员会主任,珞珈科协副理事长,校三胞(港澳台同胞)委员会主任;中国人民政治协商会议武汉市第八届委员会委员;中国地球物理学会理事;中国电子学会会士；湖北省地球物理学会荣誉理事、中国电子学会电波传播学会副主任；《电波科学》编委。

1991 年

论文：赵正予、杨惠根、吴大传、王燊："1989 年 3 月武昌地区的耀斑地球物理效应"，《武汉大学学报(自然科学版)》，1991 年第 1 期，第 35 页。国家报告：Chen Bofang, Sun Fangyou, Zhang Gongliang, Li Pu, Wang Shen, Zhou Guocheng, Advances on Geomagnetism and Aeronomy,（Wang Shen 负责 II Aeronomy 部分的撰写），载于 China National Report (1987－1990) on Geomagnetism and Aeronomy for the XXth General Assembley of IUGG, Vienna, Aaustria, 1991), by Chinese National Committee for the Intrnational Union of Geodesy and Geohpysics, Beijing, China。王燊、管荣生："梁百先、龙咸灵二教授电离层科学开创性贡献"，载于《第四届电波学会年会》，上册，第 1 页，1991 年。退休。由于指导研究生，返聘到 1993 年。访问法国、苏联、奥地利等国。担任国际测地和地球物理联合会(IUGG)中国委员会委员，国际地磁及高空物理学会(IAGA)地球科学史专业组联席主席，1991 年获国家教委从事科技工作 40 年荣誉证书。

1992 年

3 月 26 日至 4 月 1 日，大妹王雯、二妹王霖、三妹王震来武汉、北京团聚。访问美国。

1993 年

文章：王燊、黄锡文、保宗悌、胡心如、顾诚、陶经纬、黄天锡、鲁述、侯杰昌、李永俊、管荣生、王敬芳："深切怀念龙咸灵教授"，《武汉大学学报(自然科学版)》，1993 年第 4 期，第 107 页。论文：赵正予、吴大传、雷源汉、王燊："低纬 P_C3-4 磁流波的聚类分析"，《武汉大学学报(自然科学版)》，1993 年第 4 期，第 113 页。论文：吴大传、赵正予、雷源汉、王燊："磁暴期间低纬地磁脉动予电离层扰动"，《武汉大学学报(空间物理专刊)》，增刊，1993 年 12 月，第 61 页。担任民办九州大学校长。担任中国人民政治协商会议武汉市第八届委员会委员。获国务院政府特殊津贴。

1995 年

文章：王燊、胡心如、赵修洗："我国空间物理学先驱桂质廷——纪念桂质廷教授 100 周年华诞"(英文)，《武汉大学学报(自然科学版)》，1995 年，第 41 卷，第 5 期，第 653—654 页。

1996 年

论文：Wang Shen, Liang Baixian and Hu Xinru, Dr. C. T. Kwei and the Carnegie In China in 1930s and 1940s,载于 The Earth, The Heavens and the Carnegie Institute of Washington, History of Geophysics, Vol. 5, 1994, pp. 171－172.参加中共武汉市委统战部组织的访问团,访问香港、澳门。

1998 年

辞去九州大学校长职务。4 月 2—5 日,襄阳扫墓。

1999 年

参加编校的《汉英习语大辞典》由商务印书馆出版。

2000 年

与王雯在京团聚。

2004 年

与王雯、王霖、王震在京团聚。

2007 年

与王雯、王霖在京团聚。

2013 年

10 月 21 日,逝世于武昌珞珈山武汉大学寓所(北三区 29 栋 201 号),享年 92 岁。安葬于武昌九峰寿安林苑颐林三区一排 12 号。

王燊手绘简历表

王曦按(2017 年 4 月 27 日)：

以下表格系父亲手绘。它比较详细地记录了父亲的一生。有趣的是，这个表格的形式和使用的符号，与父亲的电离层观测数据统计表颇有相似之处。

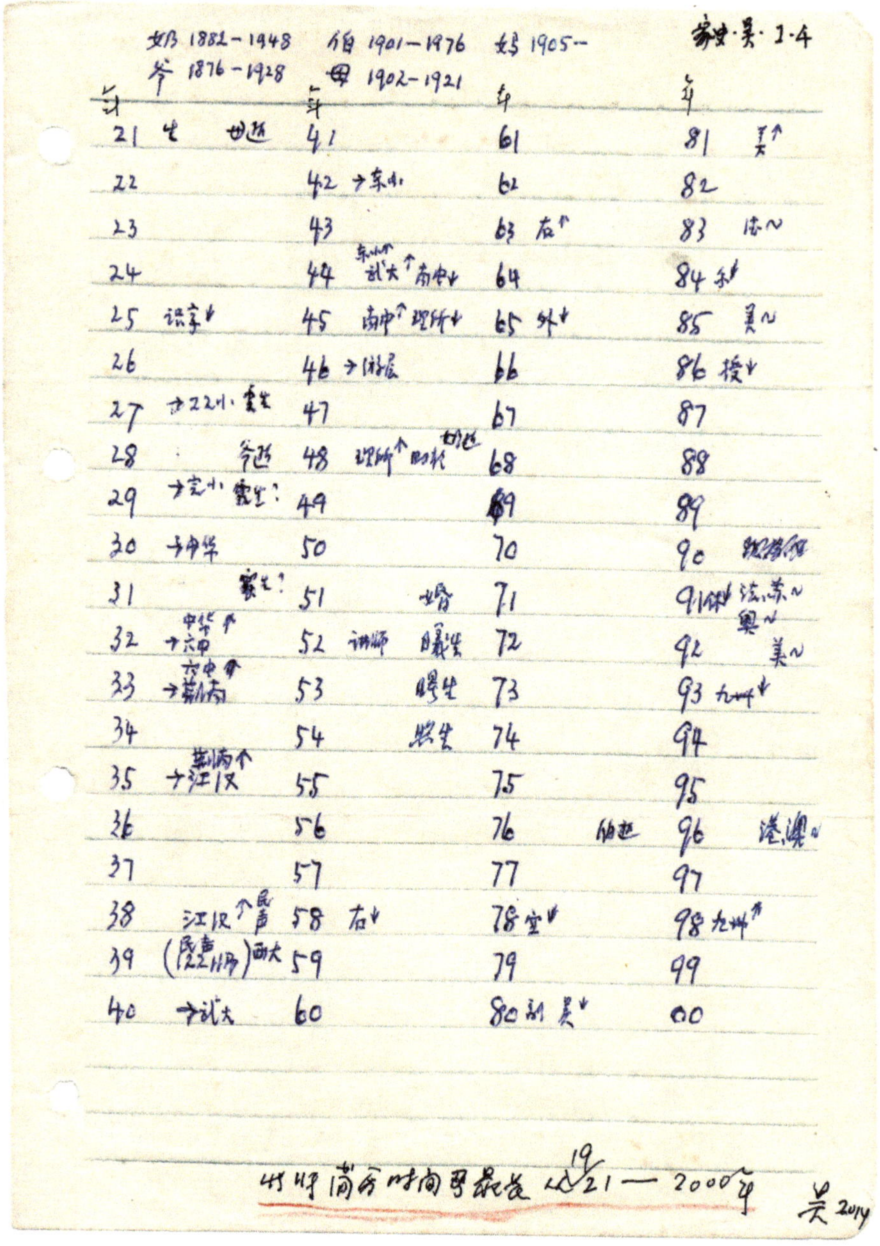

奶 1882–1948　伯 1901–1976　妈 1905–　家史·吴·1.4

爷 1876–1928　母 1902–1921

年		年		年		年	
21	生　母逝	41		61		81	美↑
22		42	→东北	62		82	
23		43		63	右↑	83	法~
24		44	东北↑ 武大↑ 南中↓	64		84	[illegible]↓
25	识字↓	45	南中↑ 理所↓	65	外↓	85	美~
26		46	→电离层	66		86	授↓
27	→22小 [illegible]	47		67		87	
28	爷逝	48	理所↑ [illegible] 母逝	68		88	
29	→宗小 [illegible]	49		69		89	
30	→中华	50		70		90	[illegible]
31	[illegible]	51	婚	71		91	[illegible]↓ 法、苏~ 奥~
32	中华↑ →六中	52	讲师　曦生	72		92	美~
33	六中↑ →荆南	53	曙生	73		93	九州↓
34		54	照生	74		94	
35	荆南↑ →江汉	55		75		95	
36		56		76	伯逝	96	港澳~
37		57		77		97	
38	江汉↑ 民声	58	右↓	78	室↓	98	九州↑
39	(民声 22师) 西大	59		79		99	
40	→武大	60		80	副 吴↓	00	

[illegible] 从 1921—2000 年　吴 2014

正文系王燊亲笔。下指、上指箭头分别代表起、止(王曦注)

王燊手书简历之一

1940 考入四川乐山武汉大学物理系

1942—44 由于处于抗日战争艰苦时期，家庭经济困难，利用课余时间到当地潘家乡绅集资兴办的私立乐山小学兼教自然、算术，后作教务主任。

1944 武大物理系毕业，同时考取理科研究生，申请推迟报到（休学）一年，一面与久别的家人团聚，一面在南津中学担任数学和物理教员

1945 就读四川乐山武汉大学理科研究所，在桂质廷、梁百先教授的指导下，学习有关电离层的基础理论和实验技术，并在物理系、电机系多位老师的指导下，作为学习，参加了电离层垂直探测实验设备的安装，从1946年元月一日零时起正式常规观测。

也是由于经济原因，这期间仍然同时兼任了乐嘉中学（“嘉乐”二字谐音，暗示为武大附中）的物理、数学教学。

1946 7月份随学校迁回武昌珞珈山，参加了电离层垂测在珞珈山恢复工作观测的，兼任国立武汉大学电离层实验室观测员。后来又兼任了东湖中学的物理教员。（也可以说，从1942年起一直边读书边教书）。

一面作研究生
一面又兼

在这期间，在桂、梁、友行老师指导下，整理、分析了武昌和通过美国中央电波传播实验室（CRPL）交换而来的世界若干地区的电离层记录，有的发表在《中国地球物理学报》，有的作为自己的硕士论文“电离层电离度地磁控制现象的初步研究”。1948年获理科硕士学位。这段时间，在国际无线电联（URSI）年会上发表了两篇文摘，从分析初步电离层Es、极光和地磁指数的分布情况，提出了“电离层（及有关现象）的研究，可从低、中、高纬三个范围进行”的设想。

1949 武汉解放，继续担任电离层实验室观测员，当物理系助教身份兼作改善近物理实习和指导近物理实验的工作。

正文系王燊亲笔。（王曦注）

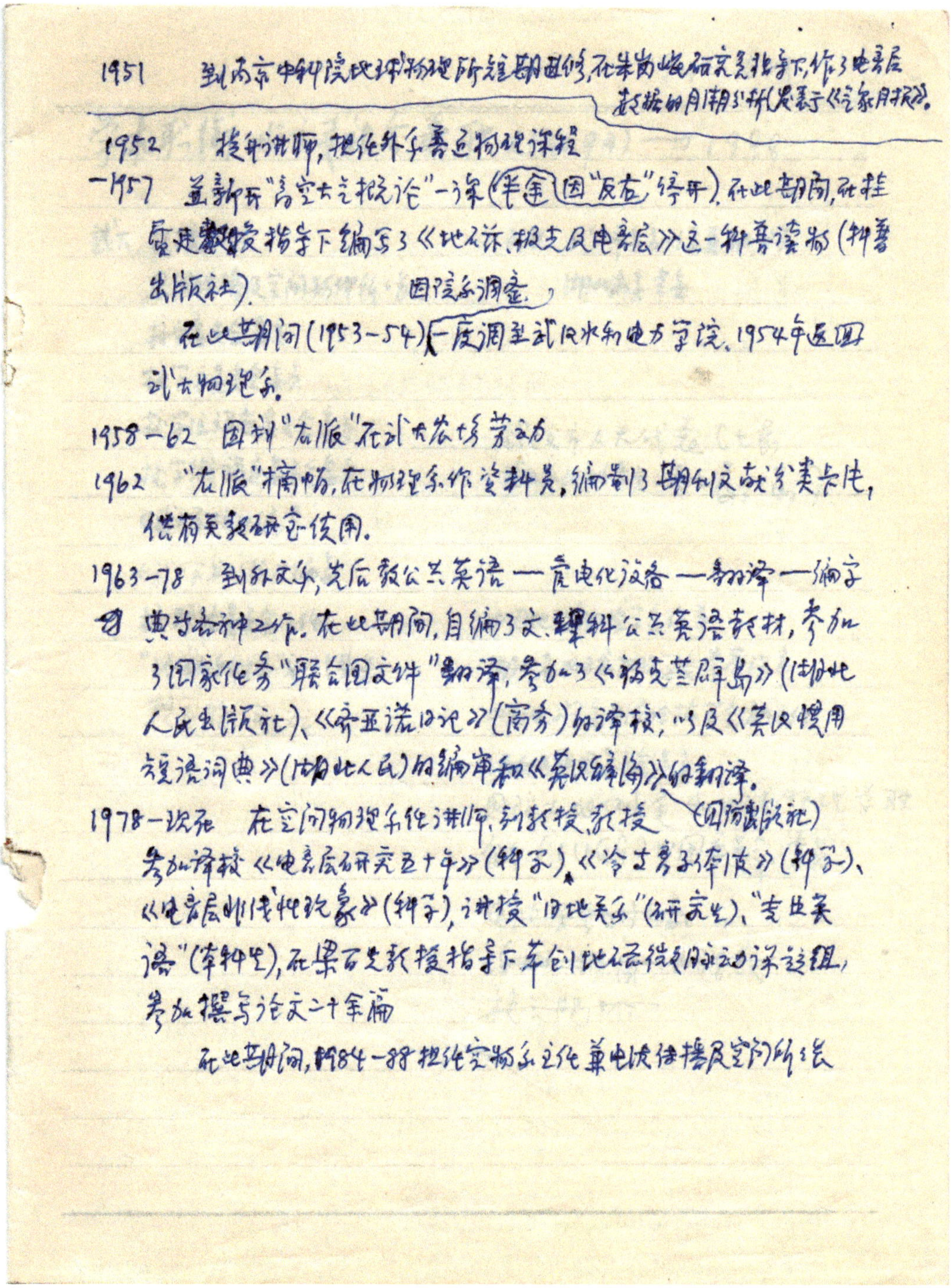

1951 到南京中科院地球物理所短期进修，在朱岗崐研究员指导下，作了电离层数据的月期分析（发表于《气象月报》）。

1952 提升讲师，担任外系普通物理课程

-1957 并新开"高空大气概论"一课（半途因"反右"停开）。在此期间，在桂质廷教授指导下编写了《地磁、极光及电离层》这一科普读物（科普出版社）。

在此期间（1953-54）因院系调整一度调至武汉水利电力学院，1954年返回武大物理系。

1958-62 因划"右派"在武大农场劳动

1962 "右派"摘帽，在物理系作资料员，编制了期刊文献分类卡片，供有关教研室使用。

1963-78 到外文系，先后教公共英语—电化设备—翻译—编字典等各种工作。在此期间，自编了文、理科公共英语教材，参加了国家任务"联合国文件"翻译，参加了《福克兰群岛》（湖北人民出版社）、《索亚诺日记》（商务）的译校，以及《英汉惯用短语词典》（湖北人民）的编审和《英汉辞海》（国防出版社）的翻译。

1978-现在 在空间物理系任讲师、副教授、教授

参加译校《电离层研究五十年》（科学）、《冷等离子体波》（科学）、《电离层非线性效应》（科学），讲授"日地关系"（研究生）、"专业英语"（本科生），在梁百先教授指导下率创地磁微脉动课题组，参加撰写论文二十余篇

在此期间，1984-88担任空物系主任兼电波传播及空间所所长

正文系王燊亲笔。（王曦注）

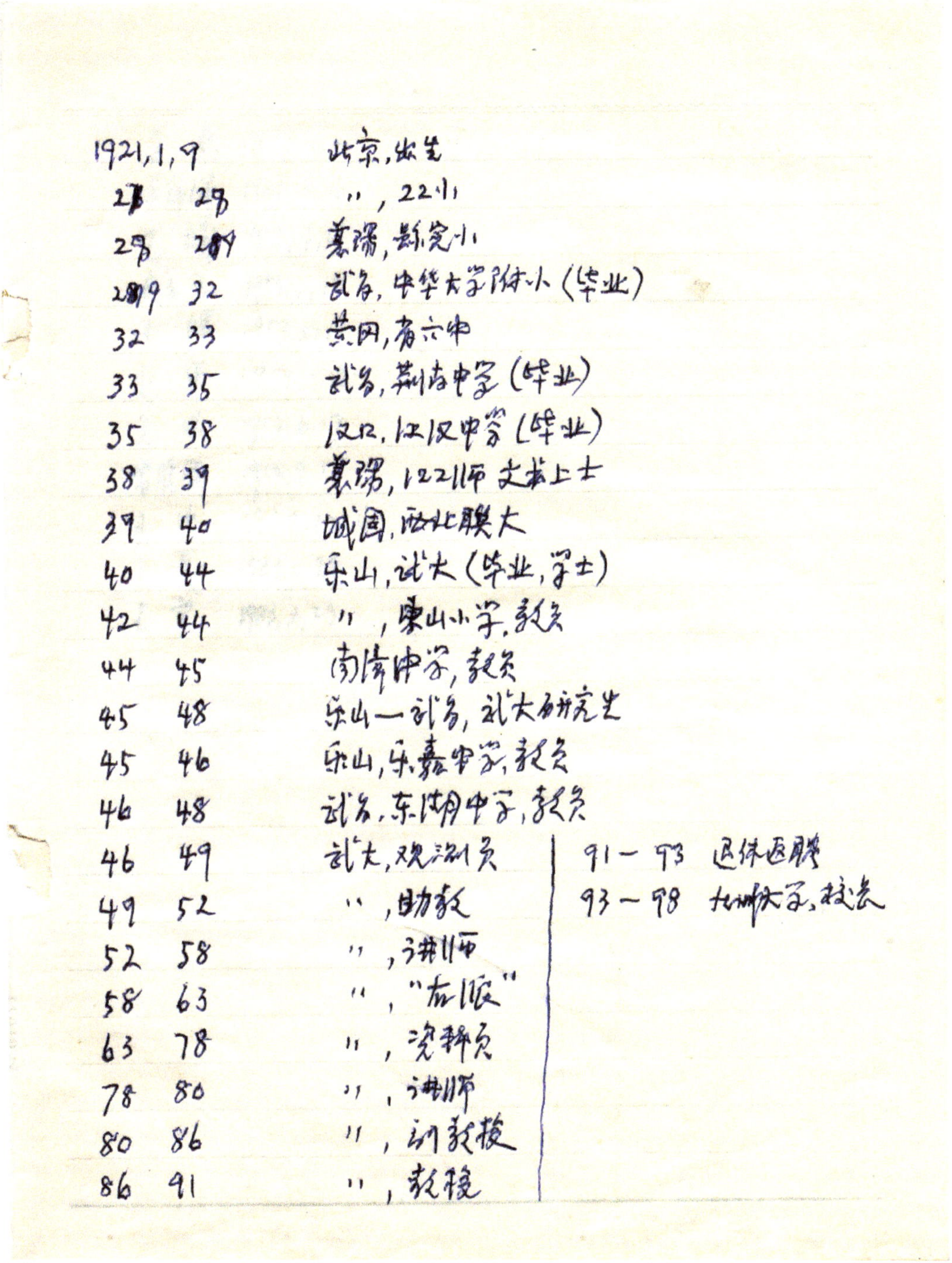

1921,1,9		北京，出生
27	28	〃，22小
28	29	襄阳，县完小
29	32	武昌，中华大学附小（毕业）
32	33	黄冈，省六中
33	35	武昌，荆南中学（毕业）
35	38	汉口，江汉中学（毕业）
38	39	襄阳，122师 文书上士
39	40	城固，西北联大
40	44	乐山，武大（毕业，学士）
42	44	〃，东山小学，教员
44	45	南滨中学，教员
45	48	乐山—武昌，武大研究生
45	46	乐山，乐嘉中学，教员
46	48	武昌，东湖中学，教员
46	49	武大，观测员
49	52	〃，助教
52	58	〃，讲师
58	63	〃，"右派"
63	78	〃，资料员
78	80	〃，讲师
80	86	〃，副教授
86	91	〃，教授

91—93　退休返聘

93—98　九州大学，校长

正文系王燊亲笔。（王曦注）

燊纪事(1984—05年—07年)

王曦按(2016年1月25日)：

以下表格为父亲亲笔所写。此材料的标题是母亲在清理父亲遗物时加上去的。从这份材料中可见父亲复出科研以后和退休以后的忙碌。

84,10/23—11/2	沪、杭	电波会
11/20	黄陂	
12/26—851/2	京	教部会
85,1/18—1/22	京	
1/23—2/24	美	CUSPIA
5/10—5/20	京	频管会
7/6—7/7	黄陂	无线电班
8/2—8/12	黄陂	无线电班
9/25—9/29	新乡	22所20周年
86,2/28—4/5	京	三叉神经
7/27—7/29	京	
7/29—8/6	大连	海院合作
8/7—8/15	京	计委
10/10—10/24	临潼	电波会
10/25—11/7	成都、乐山、峨眉	电波会
87,1/5—1/10	京	IUGG
2/3—2/10	广州	广师合作
4/28	免去系主任	
5/29—5/31	沙市	民进沙市委筹
6/5	雯妹来	
6/23—7/5	伴震去京,雯去广州返美	
9/29—10/2	襄阳	襄师专鉴定会
10/13—10/18	京、鲁谷	ISRP审稿
10/27	黄陂	干训班毕业会
88,1/4—1/10	京	9/23日食总结
2/4—2/7	京	科技司
4/17—4/23	京	ISRP'88
5/11—5/16	京	通讯兵部会

7/30—8/3	纸坊	民进
8/6—8/12	武当山	民进
10/13—10/15	黄石	民进
11/14—11/23	张家界	核爆监测会
89,2/21—2/23	黄石	铜录山矿
10/29—11/3	郑州	电波委会
11/20—11/21	黄石	黄棉
12/10	黄陂	木兰山
90,1/23—1/29	沙市	曙家
1/18—1/19	潜江	钻头厂
4/15	黄陂	木兰山(民进)
5/20	龙泉山	民进
8/1—8/11	昆明	电波委会
8/12—8/18	张家界	电波委会
11/6—11/11	京	军标审定
91,1/11—1/14	京	
1/14—2/21	巴黎	合作?
1/21—1/26	莫斯科	
1/27—2/1	西伯利亚火车	
2/1—2/2	京	
4/4—4/9	京	与法合作?
5/6—5/19	京	鉴定会(超视雷达)
7/4—7/10	京	
7/10—7/24	维也纳	IUGG
7/24—7/27	京	
9/29—10/8	海南	
10/17—10/22	京	电波委会
92,2/23—3/4	海南	空科会
3/26—4/1	雯妹来	
3/27—4/5	震、进来	
4/24—5/16	琛骨折住陆军医院	
6/2—6/12	京	
6/12—6/25	华盛顿	CIW
6/22—6/25	京	
8/3—8/8	京	电波会

8/9—8/12	新乡	评审
8/17—8/22	鸡公山	市统战部
9/15—9/24	张家界	
10/27	阳逻	市民进
11/3—11/9	京	评审会
93,2/8—2/11	新乡	ISRP'93 筹备
6/18—6/21	九宫山	
8/14—8/22	京	ISRP'93
10/24—10/31	宜昌	核监测会
12/14—12/19	京	STEP 会
94,9/19—9/27	桂林	空科会
95,5/31	黄陂	协老
10/20	江夏	协老
96,8/15—8/26	京(长城)	市统战部
12/5—12/12	港澳	市统战部
98,4/2—4/5	襄樊	扫墓
6/2—6/5	京	评审(空物)
9/18—9/21	京	鲁述课题
00,5/23—6/20	京	雯妹
9/8—9/17(琛)无锡	常青团	
01,2/12—3/22(琛)	颈椎住院	
02,1/5—1/9(琛)颈椎住院		
04,2/21—2/22	九江	市民进
3/30—4/27	京	兄妹聚
05,5/21	潜江	校民进
9/14	赤壁	8 老
10/11(琛)	木兰湖	马中
10/28	乌林	省进
11/2	蔡甸	院老
06,4/7	江夏	8 老
4/22	归元寺	7 老
4/25	二江滩	协老
4/27	梁子湖	院老
11/5	张公山寨	校侨
11/8	黄石,东方山	院老

07,4/18	植物园,江滩	院老
5/10	江夏鲁湖	10 老
5/14—27	京(雯返)霖家	

(家史·吴·13.12)

以十年为单元的年谱表格和往事杂忆

王曦按(2017 年 1 月 8 日):

记得在 2012 年春节期间,我建议父亲做个简单的年谱,以十年为一个单元,把一生的大事记下来。为此我设计了这个表格,由父亲口授,我填写。

此外,在表格的空白处,我还记录了父亲的几段话,附在此表格之后。

年份	年龄	地点	工作	备注
1921.1.—1931	10	北京、武昌	武昌中华大学附小 武汉荆南中学初中	
1931—1941	20	武昌、乐山	武汉江汉中学高中;武汉大学本科生,1940—1944 年。读本科生期间在物理系游离层实验室兼职,后留武大物理系工作。	初中英文好,所以在本科时可以同乐山游离层实验室的美军人员交流。 文革中,游离层实验室人员皆被打为"美蒋特务"。后周恩来说其是一个科研机构,才无事。
1941—1951	30	乐山、武昌	武汉大学研究生,1944—1948 年,导师桂质廷(留美)、梁百先(伦敦大学)	
1951—1961	40	武昌,武汉大学	1951—1956 年,武大物理系助教、讲师;1957 年右派,工资降三级,到武昌流芳岭劳动改造一年;1958 年摘帽;1958 年物理系资料员;在外文系担任理科公共英语教学。	
1961—1971	50	武昌,武汉大学	文革中到武大沙洋分校劳动三年,期间负责田间管水,食堂烧火做饭,自学开拖拉机;与韩德培等到荆州师范办英语师资培训班。	

续 表

年份	年龄	地点	工作	备注
1971—1981	60	武昌,武汉大学	1978 年“改正”,回物理系。1980 年与龙咸灵、梁百先一起建空间物理系,后任空间物理系系主任。	
1981—1991	70	武昌,武汉大学	1991 年退休(70 岁),退休前任空间物理系系主任。	
1991—2001	80	武昌,武汉大学	武大老协下一公司挂名副总,总经理陈一中。受民进湖北省委之命,创办民办九州大学,任校长。极其认真负责。有一次由于劳累过度,讲话时晕倒,被救护车送回家。	
2001—2011	90	武昌,武汉大学		
2011—2013.10.21	92	武昌,武汉大学		

我这一辈子“工农兵学商“都当过。“兵”,高中时,在襄阳参加学生演戏(演话剧“李秀成之死”),得国军 122 师副官处处长张步蟾欣赏,被其纳入部下,做副官处上士文书,可便装,事不多,做假名册,骗军饷。

高中时,同学的哥哥是上海沪江大学掌印人。全班同学通过他办了流亡学生证,被分到东北大学(四川)借读。张步蟾系父亲的拜把兄弟,愿资助我去东北大学(四川)借读,我没去。后在汉中的西北联大借读,假名王少刚。后假名事泄,离开西北联大,在成都考大学,被武汉大学(乐山、学费便宜)、金陵大学(南京,学费贵)、中法文理学院同时录取。后去了武汉大学。武大物理系该届录取 12 人,只有 6 人报到。

初中英文好,所以在本科可以同乐山游离层的美军人员交流。文革中,原游离层实验室研究人员被打成”美蒋特务“,后周恩来说其是个科研机构,才无事。

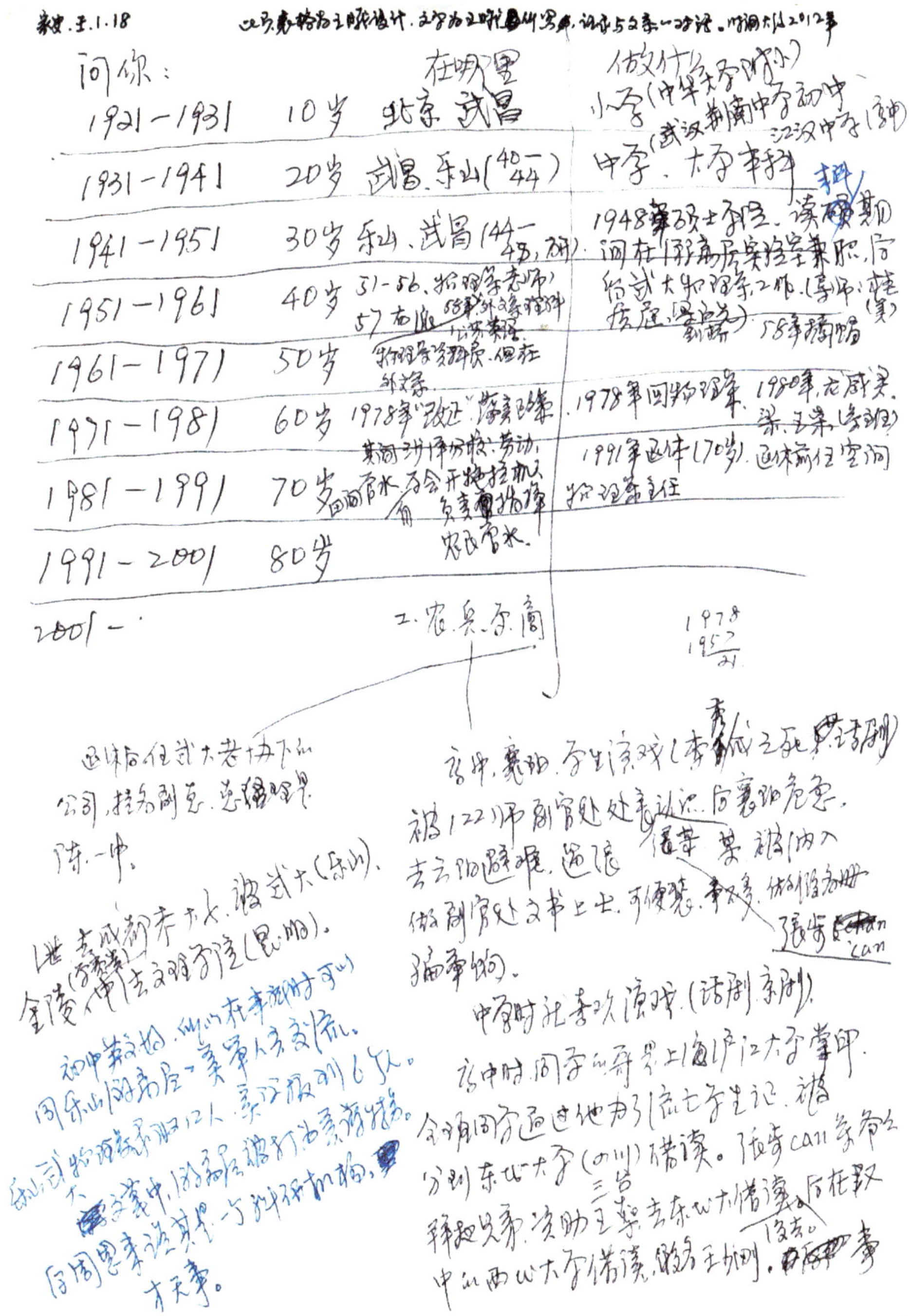

2013.1.18

问你：

		在哪里	做什么
1921—1931	10岁	北京 武昌	小学（中华大学附小）（武汉新闻中学初中）江汉中学（高中）
1931—1941	20岁	武昌、乐山（40—44）	中学、大学本科
1941—1951	30岁	乐山、武昌（44—48，研）	1948年硕士毕业。[illegible]
1951—1961	40岁	51—56、物理系老师 57右派 [illegible]	[illegible] 58年摘帽
1961—1971	50岁	[illegible]	
1971—1981	60岁	1978年改正 [illegible]	1978年回物理系。1980年[illegible]
1981—1991	70岁	[illegible]	1991年退休（70岁）。退休前任[illegible]物理系主任
1991—2001	80岁	农民[illegible]	
2001—		工、农、兵、学、商	

1978
1957
21

退休后任武大[illegible]公司，[illegible]陈一中。

[illegible]武大（乐山）。金陵（[illegible]）[illegible]（昆明）。

[illegible]

高中，襄阳，学生演戏（[illegible]）[illegible]

中学时社团吹演讲（话剧、京剧）。

高中时[illegible]上海沪江大学[illegible]。[illegible]东北大学（四川）借读。[illegible]资助王燊去东北大借读，后在[illegible]中的西北大学借读，[illegible]

王燊手书简历之二

家史·吴·J·2

王燊 男 1921,1,9 湖北省襄阳县

1955 民进会员 1984 中共党员

1944	武汉大学	物理系	理学士
1948	〃	理科研究所	理硕士
1946/49	〃	游离层实验室	观测员
1949/52	〃	物理系	助教
1952/58	〃	〃	讲师
1958/62	〃		"右派分子"
1962/78	〃	物理系	资料员
		外语系	教师
1978/80	〃	空间物理系	讲师
1980	〃	〃	副教授
1984	〃	〃	系主任
	〃	电波传播及空间物理研究所	所长
1986	〃		教授
1991	〃		退休

1993 国务院 政府特殊津贴

1987 国家自然科学奖 三等奖(10位共同获奖人)

国家教委科技进步一等奖

正文系王燊亲笔。(王曦注)

第二章

吴锦琛

吴锦琛(1925.9.16,中华民国十四年—　　)

吴锦琛,珞珈山家中,2015 年 10 月 3 日

第一节　嘱托

王曦按(2017 年 2 月 9 日):

2013 年 10 月 21 日父亲去世之后,在很长一段时间里,母亲沉浸在痛苦之中,常常默默地思念和流泪。与此同时,她开始清理父亲留下的遗物。父亲一生清贫,除了工资,没有别的收入。因此父亲留下的物品,除了文字资料,几乎没有别的什么值钱的东西。母亲花了一年的时间从父亲留下的各种文字材料中,筛选出一批她认为值得保留和流传的,并对我表示了她的这个愿望。她的这个愿望与我的想法不谋而合。在编辑了这份家世材料的初稿后,我把母亲筛选过的材料又仔细筛选了一遍,发现了不少值得保留和流传的资料,并把它们补充进初稿。在这一节里,我展示了在父亲去世之后,母亲在清理父亲留下的文字资料时给我写下的各种纸条。这些纸条文字虽短,但内容情深意长。

2014 年 12 月 11 日纸条

吴锦琛

曦：

你爸爸留下来的一些材料文件等，大概有四五十袋，我于今年六月份初步清了一遍，因为要给你寄去，我于今年 11 月份又开始较仔细的清查它们，将其抽调出来，分为了九袋，每袋前面都有说明。另外还有吴均芳的事迹一份，相片数件，现一并给你寄来。

我觉得你爸爸有个特点，凡是他碰到的和接触到的方方面面，他都爱动脑筋，满腔热情地、与人为善的提出他的建议和看法，他的建言献策，加起来恐怕不少于百篇(条)。还有他七次出国回来后认识、情况介绍、汇报等。还有他写别人的文章，写的家史、自传等。至于专业著作和翻译方面的文章，也只能写目录了。这统统加起来就是一本书了。以上只是我提供的情况，至于到底写不写，值不值整成一本书，最后还是由你来定夺，来安排。

你现在工作头绪多，工作又很忙，要做这件事还是很麻烦的，要不以后慢慢来，这也无妨，这也由你决定。

如果要写的话，经费问题完全由我负责，没有问题，千万不要动用其他什么经费。

像你爸爸这一生，辛辛苦苦，坎坎坷坷，起起伏伏，可也丰富多彩。近几十年来都过着幸福美满的生活，特别是子孙后代个个都非常优秀，都工作顺利，事业有成，身体健康，家庭美满幸福，现已是四世同堂了。

王曦，这一切你都看着办吧！

冬安　　　　祝

代问候

小史及

宣孙一家都好！

妈妈，写于

2014.12.11

后面还有相片要保留好。你选择用，前面太老的两张，不用也可，你看吧！

(编号：家史・吴・16.3.4)

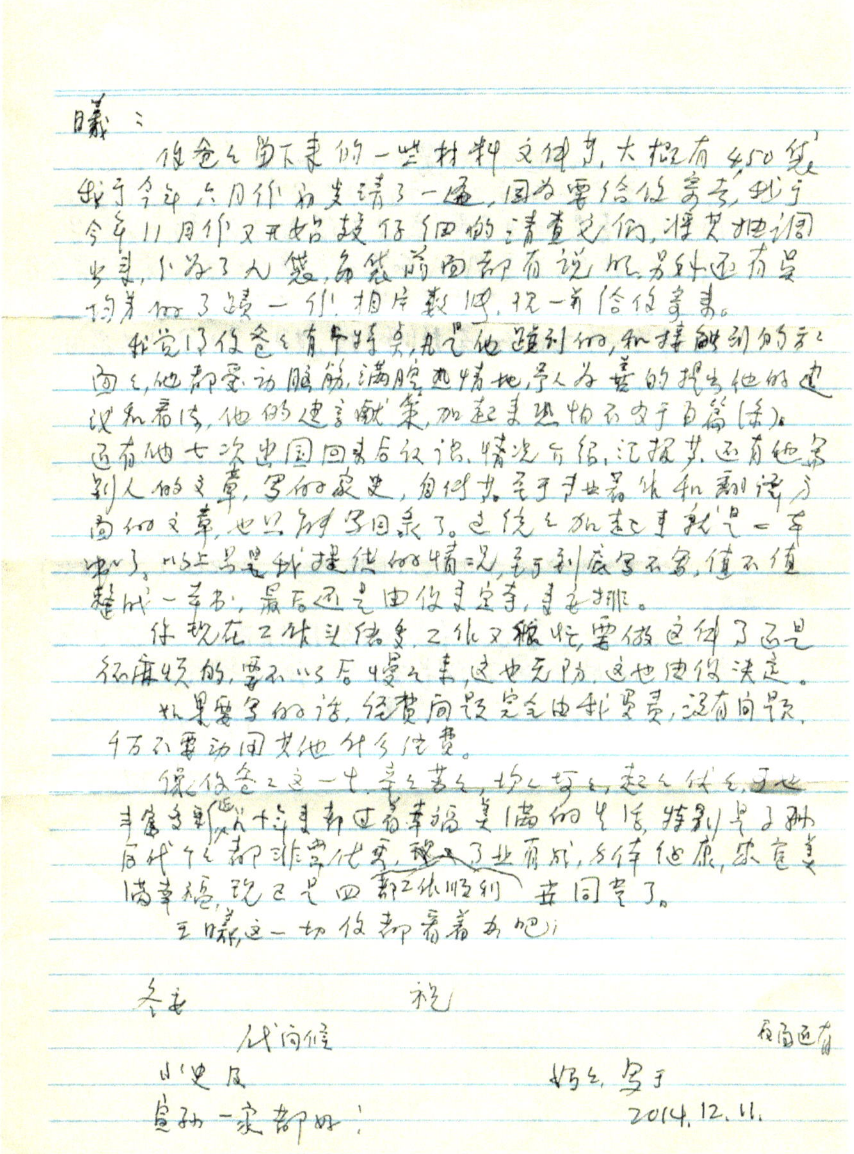

曦：

你爸爸留下来的一些材料文件等，大概有450篇，我于今年六月份前先读了一遍，因为要给你寄去，我于今年11月份又开始较仔细的清查它们，将其抽调出来，分为了九签，每签前面都有说明。另外还有些均为做了复印件，相片数张，统一并给你寄来。

我觉得你爸爸有个特点，凡是他碰到的，和接触到的方方面面，他都要动脑筋，满腔热情地，争分夺秒的提出他的建议和看法，他的建言献策，加起来恐怕不少于百篇(条)。还有他七次出国回来后的汇报、情况介绍、汇报等，还有他写别人的文章，写的家史，自传等。至于专业著作和翻译方面的文章，也只能写目录了。这统统加起来就是一本书了。以上是我提供的情况，至于到底写不写，值不值整成一本书，最后还是由你来定夺，来安排。

你现在工作头绪多，工作又很忙，要做这件事还是很麻烦的，要不以后慢慢来，这也无妨，这也由你决定。

如果要写的话，经费问题完全由我负责，没有问题，千万不要动用其他什么经费。

你爸爸这一生，辛辛苦苦，坎坎坷坷，起起伏伏，可也丰富多彩，近八十年来都过着幸福美满的生活，特别是子孙后代个个都非常优秀，现在了业有成，个个健康，家庭美满幸福，现已是四世都工作顺利共同堂了。

至曦，这一切你都看着办吧！

祝
冬安

代问候
小燕及
意孙一家都好！

反面还有

妈妈 写于
2014.12.11.

相片要保留好。你选择用，前面太老的两张，不用也可，你看吧！

2014 年 12 月 13 日和 2015 年 2 月 27 日的纸条

吴锦琛

再说几句：

像你爸爸受过这么大冤屈的人，而他总是无怨无悔地拼命的去干好每样工作，而且都干得很出色。他还不停地向各方面善意地进言献策，这正体现了他多么的热爱我们的祖国，热爱我们的具有特色的社会主义国家，热爱人民，热爱亲朋好友，热爱青年学生等。我倒觉得真应该把他评为一个先进的老教(师)授，他这些优良品德扬名全中国，让大家向他学习。

这些我只是随便写写而已。

妈妈又写点

2014.12.13

又及：

将爸爸的一生整成一本书，也很难，很麻烦，如家史，某个部分，编成小册子，倒是容易些，由你决定，反正是慢慢来，不影响你的工作。

妈妈又及

2015.2.27

(编号：家史・吴・16.3.5)

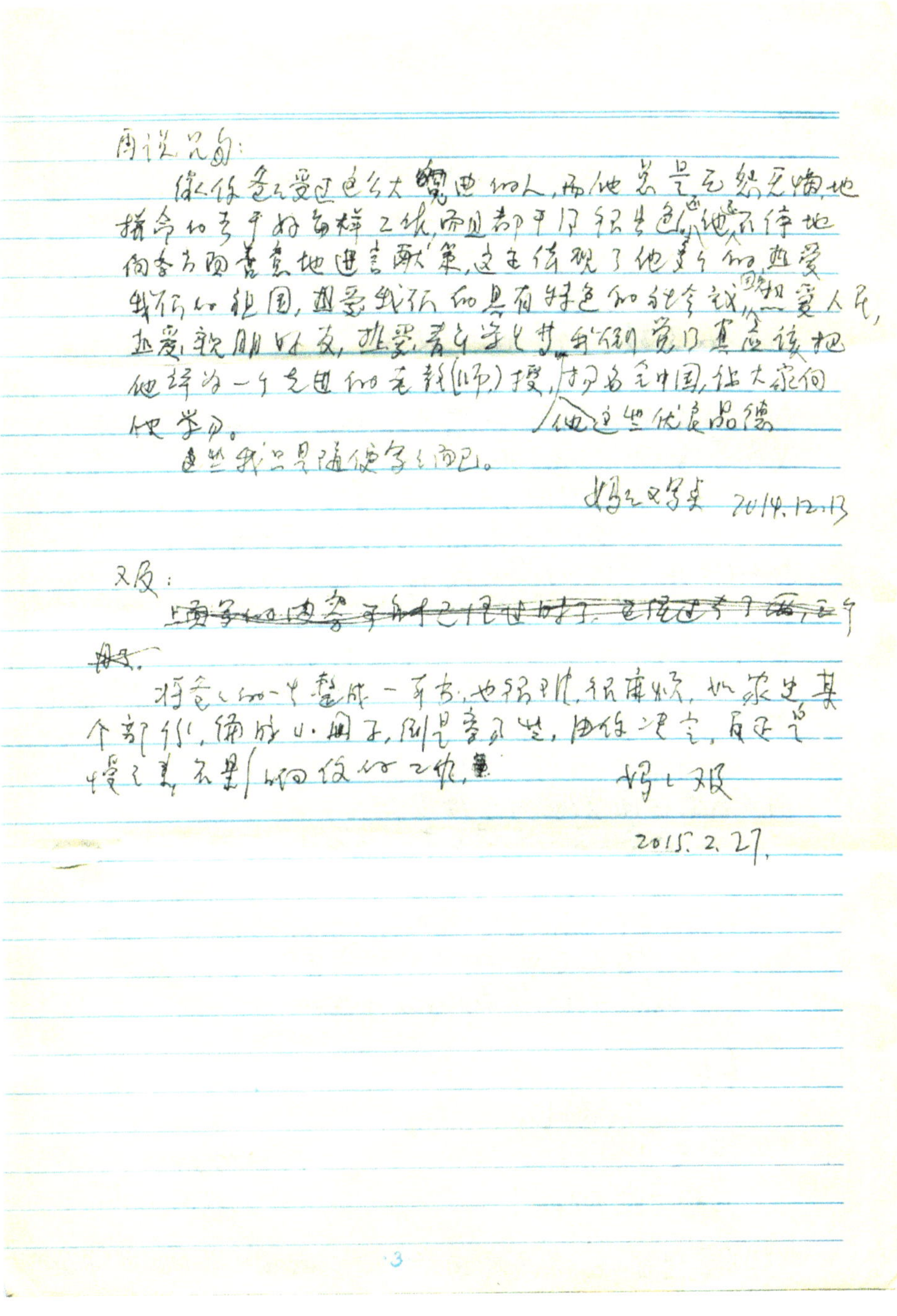
雨谈兄弟:
　　像你爸爸受过这么大冤曲的人，而他总是无怨无悔地拼命的去干好各样工作，而且都干得很出色，他还不停地向各方面善意地进言献策，这充分体现了他真心的热爱我们的祖国，热爱我们的具有特色的社会主义国家，热爱人民，热爱亲朋好友，热爱青年学生。我们觉得真应该把他树为一个先进的老教(师)授，把他这些优良品德推向全中国，让大家向他学习。
　　这些我只是随便写写而已。
妈妈又写来　2014.12.13

又及:
　　~~上面写的内容早就已经过时了，已经过去了两个月。~~
　　将爸爸的一生整成一本书，也很好，很有价值，如家史某个部份，编成小册子，则是容易些，由你决定，反正是慢慢来，不影响你的工作。
妈妈
2015.2.27

2014年11月25日和12月1日的纸条

吴锦琛

王燊，他不顾年事已高，身体病弱，工作多繁忙，只要是他碰到的，提到的，有关文教、政经、人文、文艺等方面的事宜，他都赤胆忠心、满腔热情、与人为善地，提出自己的建言和意见，由此可见，他是多么热爱我们的祖国，热爱我们有特色的社会主义国家，热爱我们的人民，热爱我们的亲朋好友和青年学生们！

琛　随笔

2014.11.25

他提出的方式有：长、短文章，诗歌，打油诗，对话等幽默形式提出。这里大概有80几篇，其他业务方面的，教学方面，系工作方面的，政务方面的等等，还有很多。起码有百余条篇。

吴　2014.12.1

（编号：家史・吴・16.3.4）

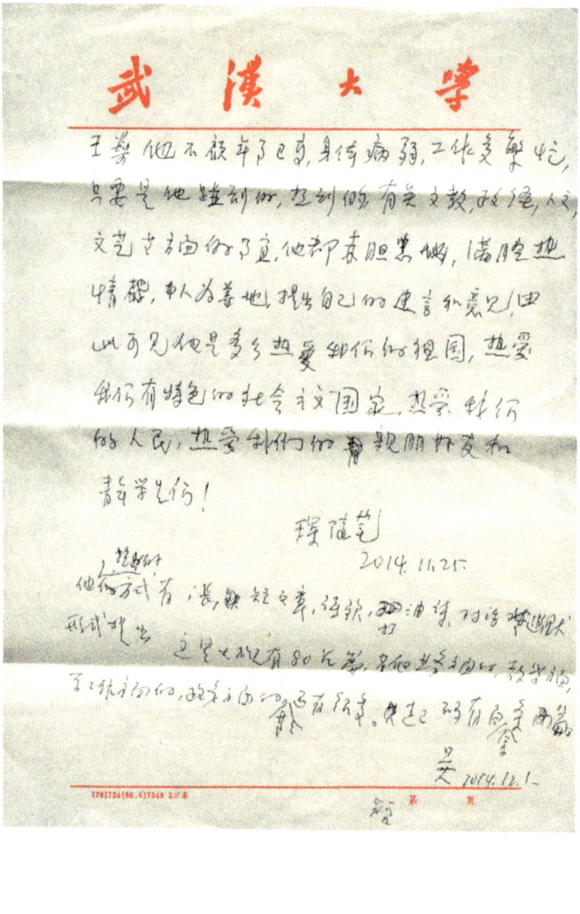
武漢大學

2014 年 3 月 1 日的纸条

吴锦琛

他作为一名民进的老会员，本着会员的职责，他热爱祖国，祈盼着祖国繁荣富强，在百忙中不断地向政府，向党以及各方面进言献策。现将他的发言归集如下：

他的一些看法，很富有哲理，现也收集如下：

2014.3.1

（编号：家史·吴·16.3.1）

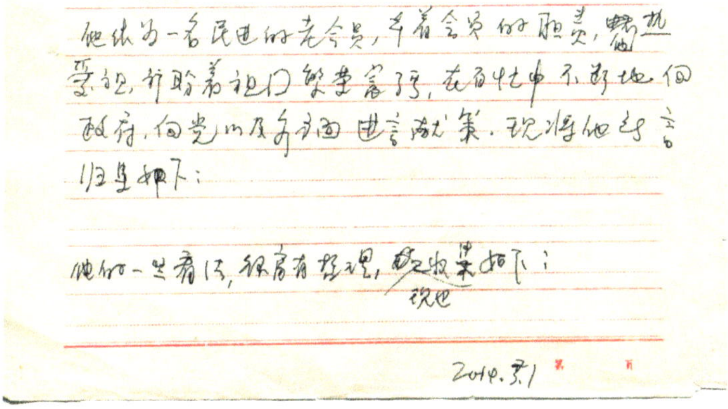
他作为一名民进的老会员，本着会员的职责，他热爱祖国，祈盼着祖国繁荣富强，在百忙中不断地向政府，向党以及各方面进言献策。现将他的发言归集如下：

他的一些看法，很富有哲理，现也收集如下：

2014.3.1

2015 年 1 月 3 日的纸条

吴锦琛

曦：

要写家史的话，各方面的相片，我都选了几张，以后如果还需要，我再找。

这些相片，你特别将它们保存好。特别那几张古老的，你爸爸视它们为珍宝。将来再传给王宣，一代代传下去。

妈妈又及

2015.1.3

全家福的相片，我想你那里会有的。

（家史·吴·15.2）

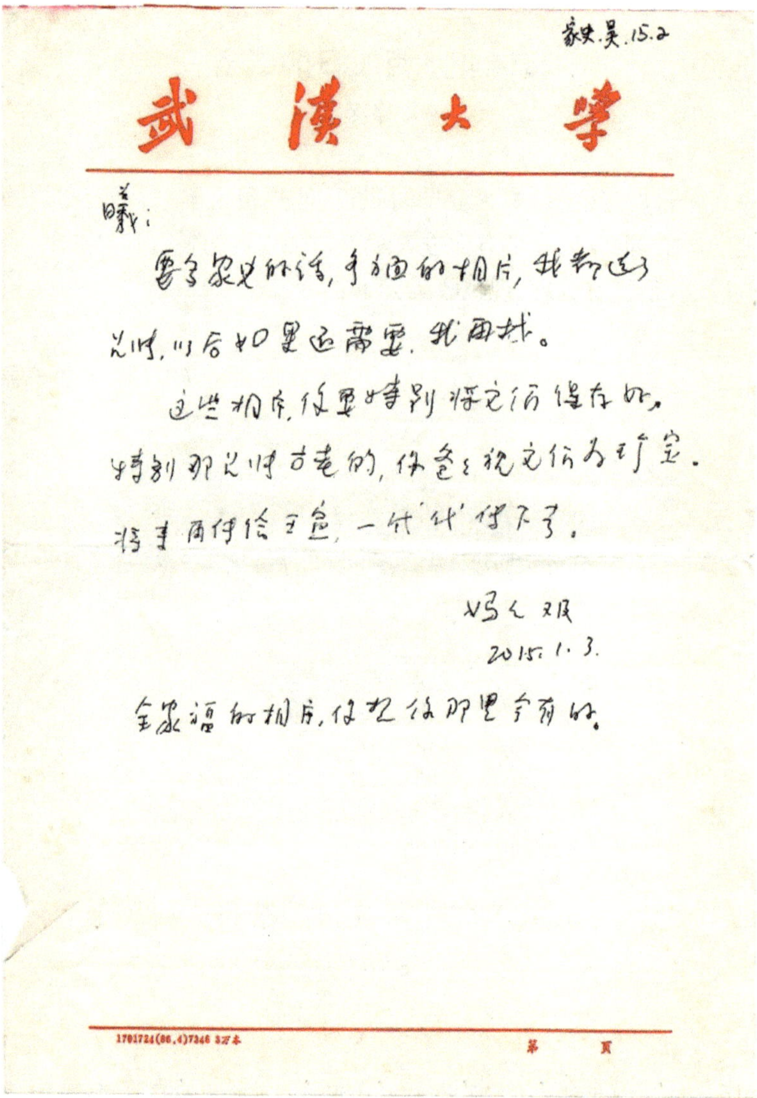
家史.吴.15.2

武漢大學

曦曦：

要写家史的话，手头的相片，我都选了几张，以后如果还需要，我再找。

这些相片，你要特别将它们保存好。特别那几张古老的，你爸爸视它们为珍宝。将来再传给王逸，一代一代传下去。

妈妈

2015.1.3.

全家福的相片，你和你那里会有的。

1701724(86,4)7346 3万本　　第　页

母亲吴锦琛亲笔嘱咐。王曦注，2016 年 2 月 14 日。

未标明日期的纸条

吴锦琛

王曦按（2017 年 10 月 5 日）：

以下两张纸条为我母亲在整理父亲遗物时亲手所写。她对父亲最为了解。她的评价十分中肯。

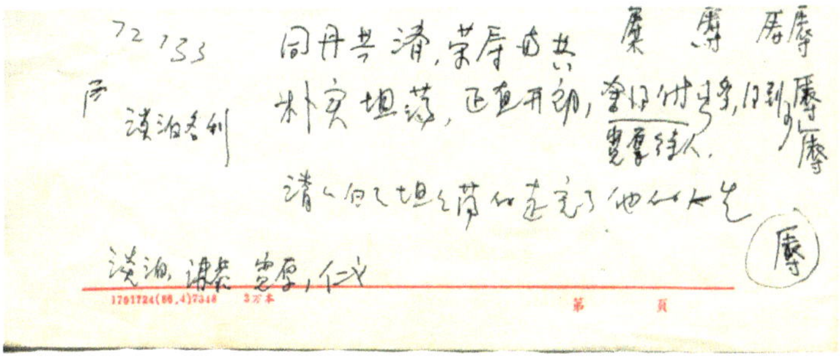

72 133

同舟共济，荣辱与共

淡泊名利　朴实坦荡，正直开朗，付出多，得到少　宽厚待人

清清白白坦坦荡荡的走完了他的一生

淡泊，谦恭　宽厚，仁义

这个纸条上的文字如下：

“同舟共济，荣辱与共

淡泊名利　朴实坦荡，正直开朗，宽厚待人，付出多，得到少

清清白白坦坦荡荡的走完了他的一生

淡泊，谦恭　宽厚，仁义”

（编号：家史·吴·16.3.2）

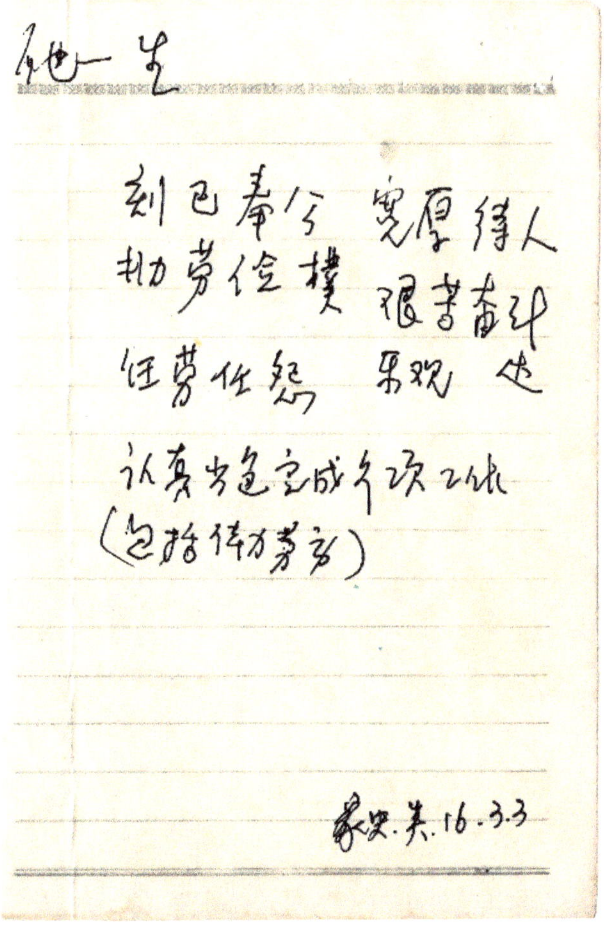

在他一生

刻己奉公　宽厚待人

勤劳俭朴　艰苦奋斗

任劳任怨　乐观　达

认真出色完成各项工作

（包括体力劳动）

家史.吴.16.3.3

这个纸条上的文字如下：

“他一生

克己奉公　宽厚待人

勤劳俭朴　艰苦奋斗

任劳任怨　乐观豁达

认真出色完成各项工作(包括体力劳动)”

(编号：家史·吴·16.3.3)

母亲做的分类标签

王曦按(2018 年 2 月 9 日)：

以下为母亲为筛选留下的资料所做的标签和经母亲筛选、打包的资料。母亲的分类为我编辑此家史材料打下了很好的基础。

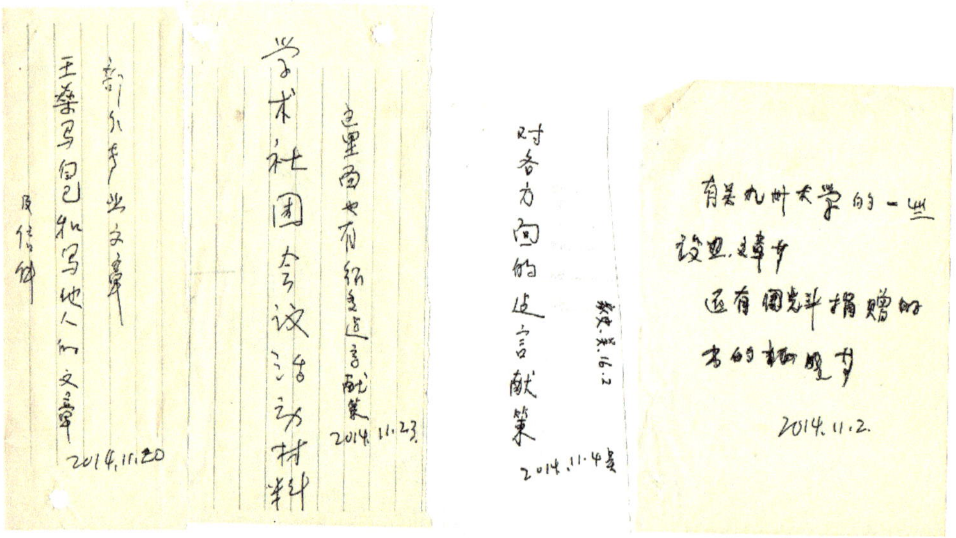

吴锦琛写的王桨遗文分类标签之一

吴锦琛 2015 年整理并交给王曦的六包王燊遗留的资料。

王曦进一步整理分类的资料

王曦按(2017 年 4 月 30 日)：

以下是母亲和我整理出来的拟纳入本家史的各种材料的照片。

《家史拾遗》第一稿所用素材。王曦,2016. 10. 7

待筛选纳入《家史拾遗》第二稿的素材。王曦，2016.10.7

第二节　吴锦琛简历

王曦按（2017 年 2 月 9 日）：

母亲这一生，年轻时在战乱中颠沛流离，四处求学。解放后在湖北省教育学院受训俄语后，在华中农学院、武汉水利学院当俄语教师。后转至武昌马房山中学先教俄语后教英语。她一生与世无争，工作勤勤恳恳，持家兢兢业业。最为难能可贵的是，尽管在她 32 岁的时候丈夫（我的父亲）被打成"右派分子"，但她始终与丈夫站在一起，支持丈夫的工作，直到终老。她抚养了三个儿子，个个都成才，为她带来欢乐和骄傲。

以下是母亲所写的个人简历。这篇简历文字虽短，但包含着她所经历的时代的印记，读来令人感叹。

吴锦琛简历与自述

2016.1.19

1925.9.16　　生于武昌

1937.4　　武昌　省立第九小学毕业

1945.9　　湖北郧阳　省立第八高级中学

1945—1946　　重庆　白沙大学先修班　学生

1946—1947　武昌　湖北大学先修班　学生
1947—1950　重庆北碚　复旦大学相辉学院外文系肄业
1950—1952　武昌　湖北省教育学院俄文班甲班毕业
1952—1954　武汉市　华中农学院　教师
1954—1962　武汉市　武汉水利电力学院　教师
1962—1983　武汉市　武汉市马房山中学　教师
1983—　退休

自述

我，吴锦琛，于1925年9月16日出生在武昌，老家是湖北竹山县(老家之史见另页)，当时因父亲留日归国后就在武汉市工作，举家在武汉市定居(关于我父亲、母亲的生平见另页)。幼年时读湖北省立第九小学，在这里度过了天真无邪的金色童年。小学毕业时正值抗日战争爆发，1937年10月父亲因工作劳累过度，英年早逝。那时他大概只有40岁左右。父亲去世后，大约在11月份，母亲携带我们兄妹五人，租了一条木船，将父亲灵柩沿汉江而上，运到襄樊市，落脚在我外祖父严献章家(关于外祖父的生平见另纸)，将父亲安葬在襄阳。在襄阳外祖父家大概住了一年，于1938年8月份左右又租了一条木船沿堵河(汉江支流)而上，回老家竹山，全家靠点薄租生活，回老家后随即开始了我的中学生活。

1939年考入了郧阳第八联合中学，后此校改为郧阳八女高，后又改为郧阳第八高级中学，此校属于公费学校。当时正值八年抗战的艰苦时期，我们吃的是苞谷糁，用的是桐油灯盏，睡的是统仓，穿的是粗布连衣裙，走的是泥泞路。现在看来确实是很艰苦，但当时我们这批青年并不觉得艰苦，而只是如饥似渴地学习各科知识，接受老师的教导，轻松愉快地生活。6年中学生活于1945年结束。

1945年回竹山，约了几位同学一起翻山越岭到重庆去参加大学统考，因为未赶上考期，就进了四川白沙大学专修班(公费)，读了一年，参加高考失利，后又跟随一批失学的青年一起，乘船东下，向南京政府请愿，要工作、要学习。我记不太清楚了，好像当时的国民政府发了一点遣散费把我们这批青年打发了。那时我哥哥在南京工作，他要我回武汉找王燊，从此便认识了他(我现在的老伴)。

1946年在武汉又读了一年湖北大学先修班，参加统考未考取理想的学校。后经华师外文系主任薛诚之推荐，我又返回四川，考进了重庆北碚相辉学院外文系。相辉学院是上海复旦大学复员上海后，留下来了一批教职员工，就原校址、图书、仪器等接着办的一个学校。袁隆平院士曾在这里读过书(农学系)，现在复旦大学及相辉学院、登辉堂及相辉学院的旧址纪念碑等在当地政府的支持下，都作为市文物保留了下来。另外相辉学院命名于为了纪念马相白与李登辉这二位复旦大学的创始人。当时这里师资力量雄厚，名师众多，留学美、英、日、比等国学者占授课教师总人数40%以上，如吴宓、白秀眉、高敬等。解放后院系调整，此学院各系分别并入其他院校。我在这里外文系学了两年半，近三年。

重庆解放后，学院组织我们学生到重庆磁器口参观了“中美合作所”，使我们亲眼目睹了国民党逃跑时对革命人士惨无人道的屠杀，真悲惨至极。

后不久王燊来信要我到武汉来学俄语，我便立即顺江而下，于1950年4月进了湖北教育学院俄语专修班学习(两年)，毕业后被分配在华中农学院(宝积庵)担任俄语老师，此时我的大儿王曦已出生了。

后因照顾家庭关系，我被调至武汉水利电力学院。当时院系调整，水利学院是由武大分出来的，在这里经历了数次运动(如肃反、反右、三面红旗、反右倾、下乡、下厂等)，还有向苏联学习劳工制、超英赶美等活动。那时教学任务重，活动多，三个儿子都很小，但我年轻，也不觉得劳累，只是默默无闻地、毫无怨言地尽自己最大的努力干着，干着。

后来1963年八字方针“调整、巩固、充实、提高”，水利学院将我调至马房山中学，当时我毫无条件地接受了组织上的分配。

1962年来到马房山中学开始又教俄语又教英语。70年代后就专教英语，从初一教到高三，并担任了几年马房山中学外语组组长，直至1983年底退休至今。

退休后参加了老人大学，学习迪士科、舞剑、太极拳保健知识、唱歌等，子孙们也都健康发展，事业有成、家庭和好，这给予了我和王燊极大的慰藉，如今我们的生活真是无比美满和幸福。

2010年2月

(编号：家史·王·2.2)

复旦大学湖北校友名单

王曦按(2017年2月9日)：

因母亲年轻时在重庆北碚复旦大学相辉学院外文系学习过三年，故被纳入复旦大学湖北校友会。

復旦大學湖北校友名單

30 年代

沈建斗　谢德滋　胡琬元　李新民　王廷栋　平光汉　于　江　（俞礼干）
庄　果　杨家瑞　马公瑾　陈维光　余泽芳　徐时澍　蒲金厚　胡　铎　向家焜
许藻澜　盛衍恺　朱从伟

40 年代

商国镜　孙宗仁　杨可飞　严敦煃　熊正百　王务襄　方善述　邓兴都　洪随生
朱兴德　周宏松　李曙光　鲍国光　王博文　顾箴吉　徐洪亮　陆弘章　裘　淳
黎怡琛　黄启知　吴松樵　李开曙　倪奎正　鄢曾绶　乐燕臣　周绍馥　吴之茂
张国权　杨辅民　张耀纶　李仲英　万立丰　王　风　徐世农　郝孚逸　王伯威
刘娴德　熊映飞　张则谦　金本富　王瑞明　张靖琳　李光慈　刘建康　吴方仁
周瑞珍　杜子才　丁兰惠　盛　亚　（晟亚）　黄懋京　庞名述　谢静玄　金玉湘
郑　漪　侯金榜　周永顺　肖德章　肖振声　（鸿图）　陈长新　吕佩英　程应镛
陈厉晖　（昌风）　陈北辛　郭网瑚　李德彝　姚昌明　傅治棠　杜履和　张立娟
汪傅祥　李国治　穆家鼎　乔九如　王灼开　周礼斌　李泽恭　许慎安　张汉勋
康　涛　（厉冰）　胡　泽　彭治光　韩继海　马家来　刘植楠　邓先荫　穆静芬
刘文浪　陈友和　（陈昭）　蔡森严　王杏卿　万　鹏　周　炽　刘克静　文上光
徐　奔　（徐世剑）　凌实载　杨云实　卢静安　林　莹　向庆翔　孙定瑜
张文钰　程应瑜　吴明思　钱　台　周革非　王兴槐　姚治舞　顾乃文　燕寿阁
汪福珍　庄　正　赖曾绶　周如松　李鼎之　吴锦琛　周竞芳

50 年代

全家祯　陈养正　齐希敏　孙鸿慈　朱邦杰　张文彬　陈涑年　程叙耀　俞康哉
戚文莘　金咸枞　胡邦豪　汪志达　卓仁禧　翟幼华　李延荣　马少安　翁柏年
周姬昌　中　权　何修君　舒代清　伍惠生　范修容　陈棣华　张立人　李南华
郁雪芳　王光适　胡传林　应观道　奚鹤文　马祥云　汪新源　陈东华　武希勋
孙兰田　许敦义　高昭瑞　陶金陵　燕寿仁　蔡肇青　罗妙姬　王竹筠　李养达
陈尊显　陈济民　孙宝瑾　惠加玉　余妙悦　沈雨生　乐佩琦　吴天惠　朱蕙忠
郑心礼　徐　同　施克俭　龚樟有　陆平煌　于澄建　严震南　周惠宏　郭慧珍
熊应瑞　韦启文　蔡来书　赵德演　胡菊生　吴承钧　李　嘉　徐大汗　邵清宁

60 年代

奚沛荣　夏天安　邵可振　欧阳春荣　潘宏根　沈长云　刘文亮　黄春泰
吴福煦　金关莲　张长定　张国夫　鲍信泽　姚凯伦　倪土宏　肖昌雄　周荣聂
龙正身　岳曼丽　陈义群　周济洋　褚佩瑜　周季胜　俞汝捷　熊守海、吴　江
陈朵梅　黄锦文　朱玲玉　陶福铭　陈正明　戴子秋　朱明达　朱长缨　郭絮文

11

第三章

家庭照片与家谱

第一节　家庭照片

王曦按(2017 年 3 月 5 日)：

本节包含的家庭照片分为两组。第一组是母亲交给我的一些照片。这些照片都是有关我的祖父和曾祖父那些前辈的照片。这些照片大都由父亲生前以纸质较厚的卡片衬底外加塑封保护。可见父亲对这些照片的珍爱。第二组照片是我保留的或者从母亲处选取的一些照片。它们主要是父母和我们兄弟三人等的照片。

第一组照片

王曦按(2017 年 4 月 29 日)：

这组照片是父亲晚年亲自挑选并塑封保存的照片。母亲曾经对我们兄弟三人说过，家里曾经保留着很多有关家庭成员、亲友的照片，装了几大盒子。可惜的是，在“文化大革命”期间，由于恐怕这些照片给家庭带来无妄之灾，父亲烧掉了其中的绝大部分并上交给学校有关部门一些照片(文革后返还无几)。母亲说这些塑封的照片被父亲看做传家之宝留了下来。

此照片由王棨塑封于卡片上。照片上的字迹系王棨所写。——王曦注，2016.2.14

照片由王燊塑封于卡片上。照片上的字迹系王燊所写。——王曦注，2016 年 2 月 14 日

在这张照片背后，王燊亲笔注：
“此照片可能于 1922 年摄于北京。从左起，依次为：我祖母、我父亲、我、我舅母、我外祖母。王燊，2003.2.9”
（据吴锦琛说，王燊身左座位空，系留给已故亲母郑定芳之故。——王曦注，2016 年 2 月 14 日）

此照片由王燊塑封保存。——王曦注，2016 年 2 月 14 日

此照片由王燊塑封保存，照片上的字迹系王燊所写。——王曦注，2016 年 2 月 14 日

左上：前排：王燊、王曙、王寿刚
　　　后排：王震、王曦、吴锦琛、王照
右上：从上往下：王曦、王照、吴锦琛、王曙、王燊、王寿刚
左下：前：王照、王曦、王曙；后：吴锦琛、程冬青、王寿刚、王燊（此照片由王燊塑封于卡片上。——王曦注）

前排：王进、吴锦琛、王寿刚、王桑
后排：王霖、王震、王照、王曦、王曙、洛路（此照片由王桑塑封卡片上。——王曦注）

第二组照片

王曦按（2017 年 5 月 5 日）：

这一组照片的信息量很大。照片按年代顺序排列。年代不同，照片传递的信息不同。20 世纪 50 和 60 年代的照片既反映了父母新婚得子的欢乐和三个儿子的快乐童

20 世纪 50 年代

吴锦琛、王曦、王桑，1953 年

王曦周年，1953年

年，又含有父亲被打成“右派”的痛苦和阴影。20世纪60年代和70年代的照片既反映了家庭被迫四分五裂，三个儿子下乡插队的痛苦，又有1977年国家恢复高考制度和我考上大学给父母带来的欢乐。其中还有1975年10月那张祖父与姑妈王雯和我们全家的合影。由于美国尼克松总统1972年代访华并签署《中美联合公报》，旅居美国的姑妈终于于1975年10月回到阔别27年的祖国，与他的父亲（我的祖父）和哥哥（我的父亲）团圆。这是这个家庭的一大喜事，给三代人带来了无比的欢乐。在20世纪80年代及其以后的照片上，人们充满笑容。这既是因为父亲在政治上得到平反，在工作上得以重操旧业并被学校和前辈委以承前启后之重任；又是因为子女们都学业有成，成家立业，还带来了第三代甚至第四代家庭成员。真可谓历尽磨难，苦尽甘来！

前排左起：
王燊、王曙、王寿刚
后排左起：
王震、王曦、吴锦琛、王照
1954年

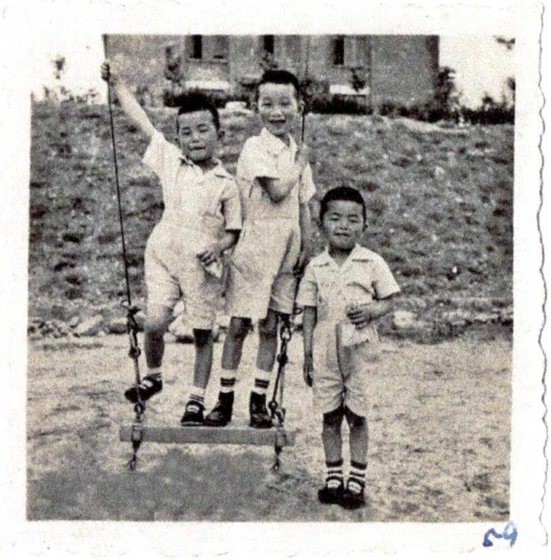

左至右
1959 年六一儿童节
摄于武汉水利电力学院

20 世纪 60 年代

王曙、王照，1960 年

曦曙照，珞珈山，1964 年 1 月。

曦曙照，武昌东湖公园，1967 年 6 月。

曦曙照　武昌蛇山公园抱冰堂下，1968 年

前排左起：王照、吴锦琛、王曦
后排：王曙、王燊
武昌蛇山公园，1968 年

前排为继祖母程冬青的两个孙女（大的叫谭明）
后排左起：王照、王寿刚、王曙
摄于襄阳，1968 年 2 月

王曙、王曦、王照　1968 年 3 月

20 世纪 70 年代

从公安县毛家港镇眺望大同公社红旗(永红)大队的丁堤拐(王曦、王曙下乡插队处)。王曦、王曙摄于 1971 年 2 月。

左起:王燊、王照、吴锦琛、王曦,武汉大学大操场,1971 年 6 月 20 日

左四照片：王曦，公安县玉湖区大同公社红旗大队 11 小队知青茅屋前
右上照片：王曙，知青茅屋后
右下照片：王曦，11 小队(鲁家岗)前
王曙、王曦互摄，1972 年 11 月

王曦，湖北公安县玉湖区大同公社红旗大队第六生产队(后改为永红大队第 11 队)知青茅屋后通往东港的大路旁，1972 年，王曦摄

王曙，湖北公安县玉湖大同公社红旗大队第六生产队(后改为永红大队第 11 小队)知青茅屋门前，王曦摄。

王曙　湖北公安县玉湖区大同公社红旗大队第六生产队(后改为永红大队第11队)知青茅屋后通往东港的大路旁，1972年，王曦摄

王曙　湖北公安县玉湖区大同公社红旗大队第六生产队(后改为永红大队第11队)知青茅屋后通往东港的大路上，1972年，王曦摄

王曦、王曙、王照与来访的洛路

珞珈山东山头.1972 年 2 月春节

王曦、王寿刚、王曙　武大一区 28 号凉台上 1974 年春节

王曙、洛军、王曦、王寿刚　武汉,东湖,1974 年春节

王寿刚王雯父女分离27年后重逢于珞珈山一区28号楼下
前排左起：吴锦琛、王雯、王寿刚、王震
后排左起：王燊、王曦、王照
摄影：王曙，用王雯即拍即洗相机照。1975年10月

前排左起：吴锦琛、王燊；后排左起：王照、王曦、王曙
1976年自拍于武大一区28号

前排左起：吴锦琛、王燊；后排左起：王曦、王曙、王照
1976年自拍于武大一区28号凉台上

王曦　湖北省沙市棉纺织印染厂，大门，1976年12月

吴建海、王曦、王曙　湖北沙市，1976 年 3 月 10 日

曦曙照　武大一区 28 号凉台，1976 年春节

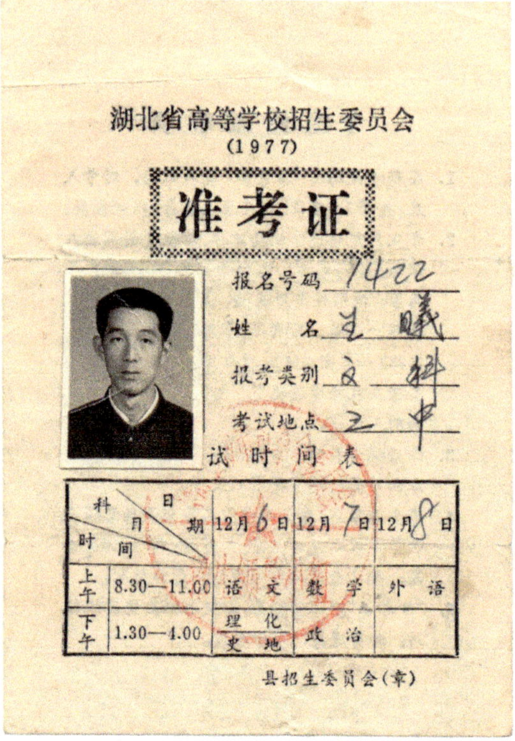

湖北省高等学校招生委员会
(1977)

准考证

报名号码 1422
姓　名 王曦
报考类别 文科
考试地点 三中

试时间表

科目 / 时间 / 日期		12月6日	12月7日	12月8日
上午	8.30—11.00	语文	数学	外语
下午	1.30—4.00	理化 / 史地	政治	

县招生委员会(章)

20世纪80年代

王曦　武汉师院汉口分院中文系毕业留念，1982年1月16日，汉口赵家条

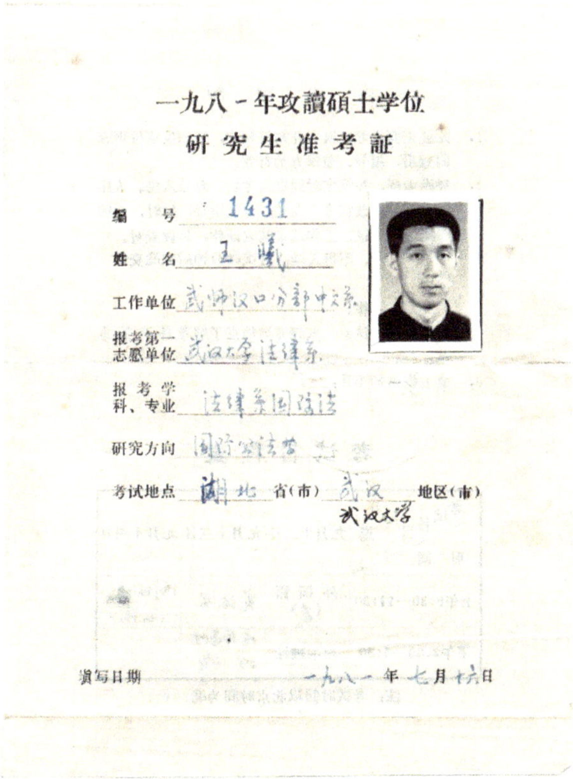

一九八一年攻讀碩士学位
研究生准考証

编　号　1431
姓　名　王曦
工作单位　武师汉口分部中文系
报考第一志愿单位　武汉大学法律系
报考学科、专业　法律系国际法
研究方向　国际公法学
考试地点　湖北 省（市） 武汉 地区（市）
武汉大学
填写日期　一九八一年七月十六日

全家福，1988年春节，武大北三区8栋161号
左起：王曙、吴锦琛、王燊、王曦、王照、王沙、王夏

全家福，1988年春节，武大北三区8栋161号
左起：王曙、吴锦琛、王燊、王曦、王照、王沙、王宣

20 世纪 90 年代

王曦、徐耀贵　武汉大学小操场，1993 年 11 月 29 日

三代同堂全家福，1997 年春节
前排左起：王曦、王宣、王燊、吴锦琛、王沙、王夏
中排左起：史苏豫、雷晓欣、赵华
后排左起：王照、王曙

王夏、王沙、王宣　1997 年春节，武汉大学北三区 29 栋 201 室

前排：王燊、吴锦琛；后排：王宣、史苏豫、王曦　1997 年春节，武汉大学北三区 29 栋 201 室

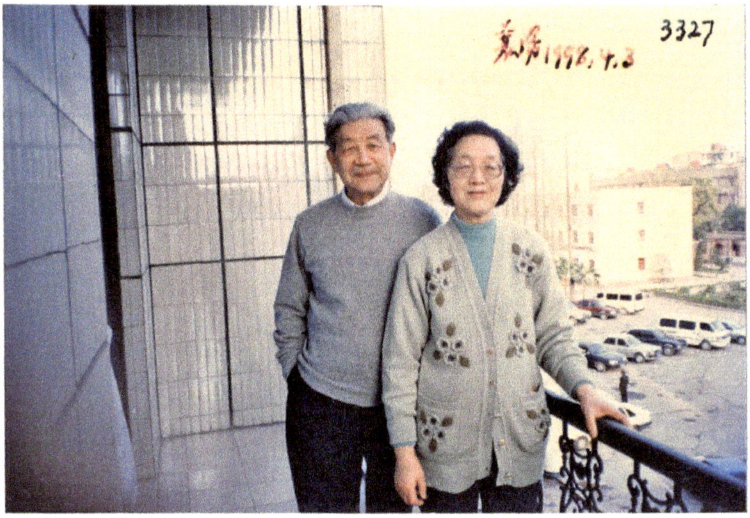

王椝、吴锦琛

21 世纪 10 年代

吴锦琛、王椝(2007 年 8 月洛军摄于北京)

21 世纪 20 年代

全家福，2010 年 12 月 8 日

左起：雷晓欣、王照、吴锦琛、王燊、王夏、王扬　珞珈山，2012 年

王宣、王燊、吴锦琛、陈玲　武汉大学

王沙、王宣、王夏　北京，2012 年 2 月 23 日

王桀、吴锦琛、王照，2012 年 10 月珞珈山

王桀、吴锦琛，2012 年 10 月珞珈山

王桀、吴锦琛、王曦，2012 年 10 月珞珈山

王宣(左一)　西昌卫星发射中心,2012 年 3 月 8 日

吴锦琛、王檠在凉台上，2011 年

焦延延、吴锦琛、王檠、焦泽辰、王沙

王曙、吴锦琛、王燊、赵华

史苏豫、王馨晨、王曦，2015 年，无锡

史苏豫、王曦、吴锦琛、王宣，2015 年 10 月 3 日

前排：陈玲、王馨晨、王宣
后排、史苏豫、王曦、吴锦琛、王榮、王曙、王照
2015 年 10 月 3 日

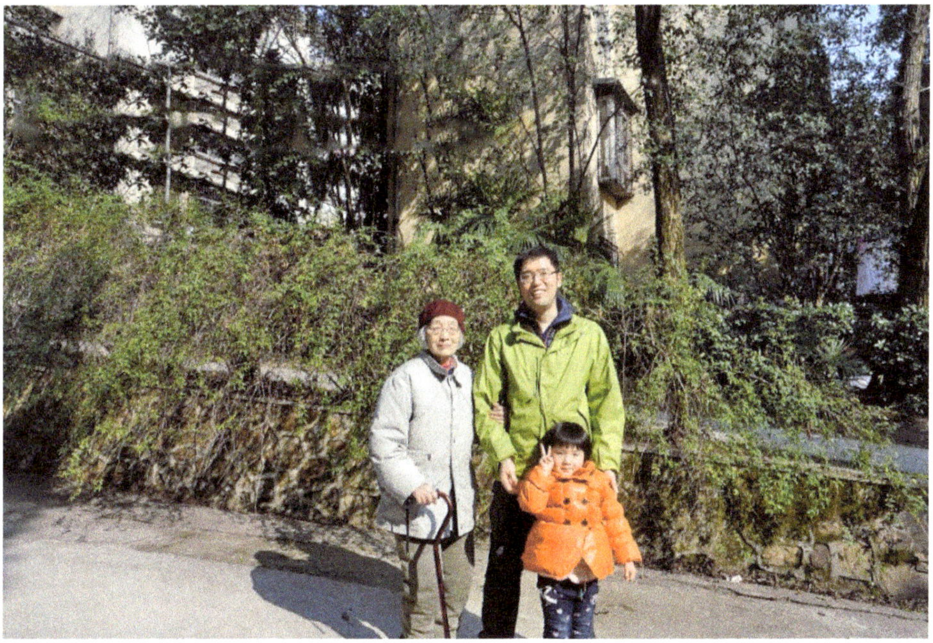

太奶奶吴锦琛、孙子王宣、曾孙女王馨晨合影于武大北三区 29 栋 201 室楼下穿山通道南出口，2017 年元旦

太奶奶吴锦琛(92岁)、曾孙女王馨晨(4岁)合影于武大北三区29栋201室楼下穿山通道南出口。王宣摄,2017年元旦

王思睿、王照、吴锦琛、雷晓欣
武汉大学北三区29栋201室,2017年4月

王夏、吴锦琛、王扬　珞珈山，2017 年 4 月

王思睿、吴锦琛，2017 年 4 月

吴锦琛(92岁)与其所养君子兰(2017年3月27日第二次开花)

92岁高龄吴锦琛，
2017年6月22日

武汉大学老职工“80 后”合唱团联欢，2017 年 6 月 22 日

92 岁高龄吴锦琛，
2017 年 6 月 22 日

左起：焦延延、焦泽辰、焦泽宇、王沙
2017 年 10 月

前排左起：王曙、焦泽辰、焦泽宇、赵华
后排左起：王沙、焦延延
2017 年 10 月

王曦、史苏豫、王馨晨、陈玲、王宣，
2018 年春节，海南东郊椰林

第二节　家谱

王燊家谱

王泰和(生卒年月不详,大约生于1856年),襄阳人。子王源海。

王源海(字纳川,1876—1928),襄阳人。书法家、文史学者。妻唐氏(1881—1948),樊城人。有一女一子。女王爱云、子王毅立(寿刚)

王爱云,早逝。

王毅立(字寿刚,1901—1976),襄阳人。妻郑定芳(1902—1921),有一子王燊。1923年续妻杨紫英(1902—大约1948),南京人。与王毅立有三女:王雯、王霖、王震,王燊养母)。1956年续妻程冬青(1917—1995),与王毅立无子女。程冬青与前夫谭文峰(1955年因病去世)有子谭运筹。

王燊(王毅立长子,1921.1.9—2013.10.21),妻吴锦琛,1925.9.16。有子王曦、王曙、王照。

王雯(王毅立长女,1926,原配夫陈明辉,国军空军军官,1948年王雯、陈明辉随军去台。后离婚,陈于1960年以前病故于台湾。1960年王雯经欧洲辗转去美国。后与“小方”(Lee Schowan, 1931.6.27 - 2000)结婚,小方系美国韩战退伍军人,密西根州Oakland大学校园绿化管理部门负责人)。

王震(王毅立次女,1930—2012,又名王振,夫王新山、叶思莼)。

王霖(王毅立三女,1933—2013,夫洛风,又名李盛志)。

王曦(王燊长子,1952.1.29),妻史苏豫,1954.5.17,有子王宣。

王曙(王燊次子,1953.5.15),妻赵华,1954.2.18,有女王沙。

王照(王燊三子,1954.6.17),妻雷晓欣,1954.9.15,有女王夏。

王宣(王曦子,1983.2.23),妻陈玲,1981.4.29,有女王馨晨(2013.1.29)。

王沙(王曙女,1982.12.4),夫焦延延,1982.1.1,有女焦泽辰(2012.10.10)、子焦泽宇,2017.6.5)

王夏(王照女,1983.1.24),夫王杨,1983.2.22,有子王思睿(2013.4.19)

吴锦琛家谱

吴湘泉(吴永隆,1840—1902,清咸丰年间(公元1851—1861年)从黄州迁竹山,聚安和商号创始人,妻郑氏。有子吴复初、吴复信、吴复良、吴幼林。

吴复初(吴湘泉长子),有子吴均芳,有二女,一女适王氏无后;一女适唐氏,有女唐明兰)。

吴复信(又名吴子钊,吴湘泉次子),有二儿三女。长子吴均化,次子吴均赋;三女不详。吴均化大女儿吴锦琇(现(2016年)健在,住重庆北碚新村三号(北碚区政府附近)。与吴锦琛偶有电话联系。吴均化之子吴锦海("百年'聚安和'"的作者)、二女儿吴锦竹。

吴复良(吴湘泉三子,"聚安和"商号继承人,1875,清光绪元年—1908,清光绪34年),正房有二子(吴均泽、吴均惠)、五女(不详),妾王氏有二子(吴均泰、吴均安)。送四弟吴幼林、侄儿吴均芳、吴均化、吴均赋(吴禹九)、吴均泽、吴均惠赴日留学。成才者吴均芳、吴均惠。吴均泽有三子——吴锦斌、吴锦堂、吴锦荣。吴均惠有子吴锦涛、吴锦略,女吴锦文。

吴幼林(吴湘泉四子,无子女,将吴复良之子吴均泰过继为子。参加同盟会,与孙中山、黄兴有往来。孙当选临时大总统时曾电召其到南京共事。因个小、胖,孙中山戏称其"肉蛋"。吴均泰之子吴锦华(参见"家史·王·2.6。王曦注")

吴均芳(子孟颖,1896,清光绪22年—1937.10,中华民国26年),妻严溪云(1898,清光绪24年——中华人民共和国28年,严猷章之女)。有三子(吴锦衡[小名泉子]、吴锦震、吴锦桓);三女(秋子[早亡]、吴锦琛[小名彩芹]、吴锦琳[早亡])。

吴锦衡(有三女一子),长女吴建安、次女吴建文、三女吴建海、子吴建平

吴锦琛(夫王燊,有三子)长子王曦,次子王曙,三子王照

吴锦桓(妻谢碧霞,有一子一女),长子吴亚平,女吴建芳。吴亚平有二子(双胞胎)。

王曦妻史苏豫,子王宣,媳陈玲

王曙妻赵华,女王沙,婿焦延延

王照妻雷晓欣,女王夏,婿王杨

王宣妻陈玲,女王馨晨

王沙夫焦延延,女焦泽辰,子焦泽宇

王夏夫王杨，子王思睿。

竹山县吴锦海绘吴氏家谱

王曦按（2016 年 10 月 5 日）：

此件是我的堂舅、湖北竹山县中学教师吴锦海手绘吴氏家谱，写于 1987 年元旦。它比较全面地反映了我母亲以上三代和她同辈人的关系。图中黑色字系我所加。

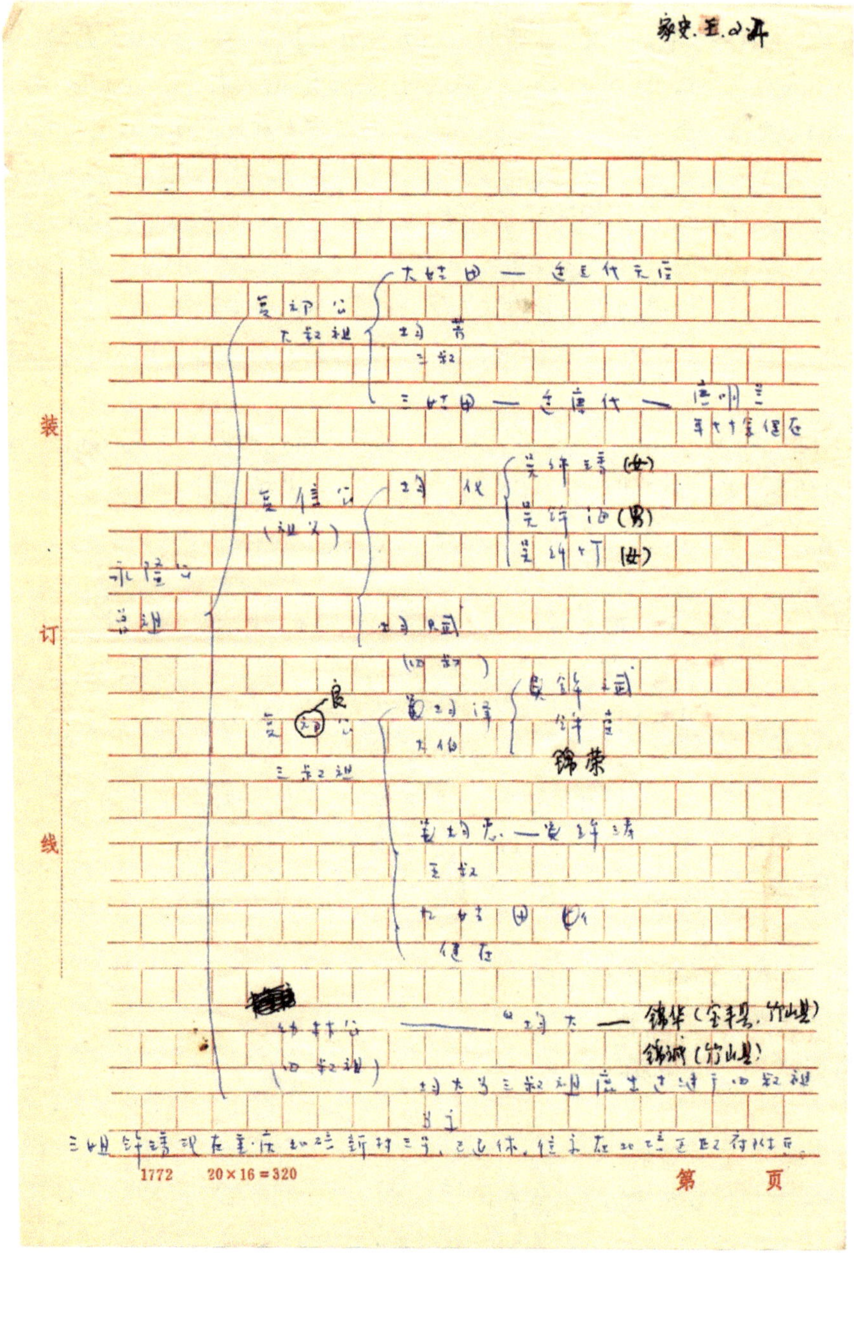

王桀吴锦琛家谱简图

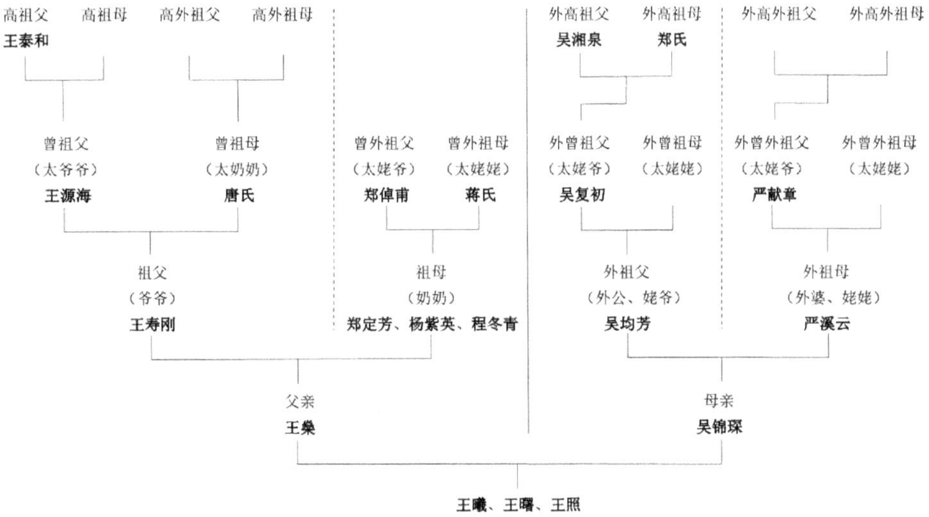
高祖父
王泰和
高祖母
高外祖父
高外祖母
外高祖父
吴湘泉
外高祖母
郑氏
外高外祖父
外高外祖母
曾祖父
（太爷爷）
王源海
曾祖母
（太奶奶）
唐氏
曾外祖父
（太姥爷）
郑倬甫
曾外祖母
（太姥姥）
蒋氏
外曾祖父
（太姥爷）
吴复初
外曾祖母
（太姥姥）
外曾外祖父
（太姥爷）
严献章
外曾外祖母
（太姥姥）
祖父
（爷爷）
王寿刚
祖母
（奶奶）
郑定芳、杨紫英、程冬青
外祖父
（外公、姥爷）
吴均芳
外祖母
（外婆、姥姥）
严溪云
父亲
王桀
母亲
吴锦琛
王曦、王曙、王照

王桀吴锦琛家谱详图

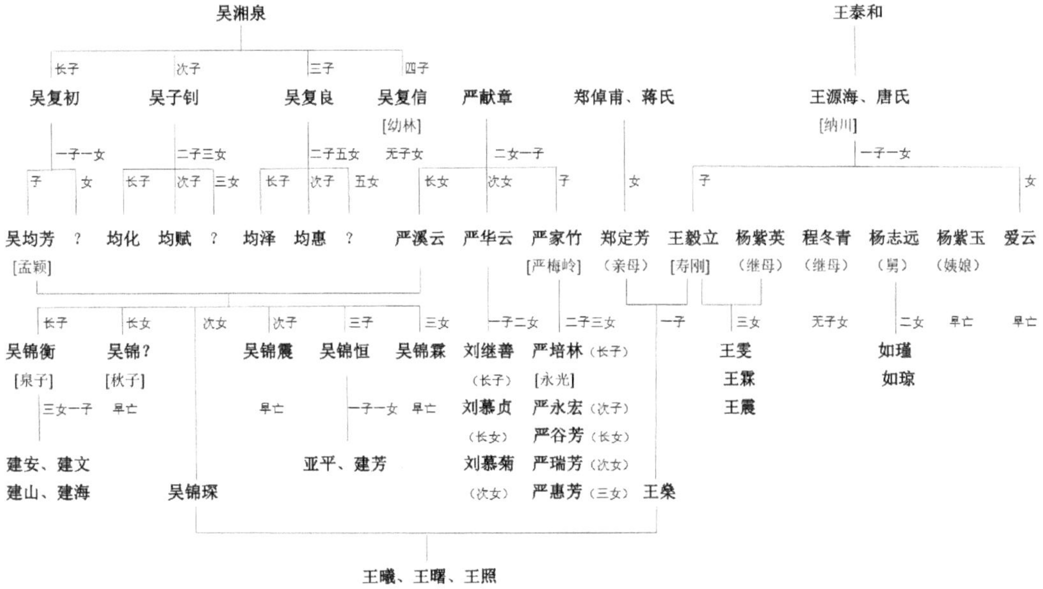
吴湘泉
长子
次子
三子
四子
吴复初
吴子钊
吴复良
吴复信
[幼林]
严献章
郑倬甫、蒋氏
王泰和
王源海、唐氏
[纳川]
一子一女
二子三女
二子五女
无子女
二女一子
一子一女
子
女
长子
次子
三女
长女
次子
五女
长女
次女
子
女
子
女
吴均芳
[孟颖]
？
均化
均赋
？
均泽
均惠
？
严溪云
严华云
严家竹
[严梅岭]
郑定芳
（亲母）
王毅立
[寿刚]
杨紫英
（继母）
程冬青
（继母）
杨志远
（舅）
杨紫玉
（姨娘）
爱云
长子
长女
次女
次子
三子
三女
一子二女
二子三女
一子
三女
无子女
二女
早亡
早亡
吴锦衡
[泉子]
吴锦？
[秋子]
吴锦震
吴锦恒
吴锦霖
刘继善
（长子）
严培林（长子）
[永光]
王雯
王霖
王震
如瑾
如琼
三女一子
早亡
早亡
一子一女
早亡
刘慕贞
（长女）
严永宏（次子）
严谷芳（长女）
刘慕菊
（次女）
严瑞芳（次女）
严惠芳（三女）
建安、建文
建山、建海
亚平、建芳
吴锦琛
王桀
王曦、王曙、王照

严献章家谱

严献章(字尺生,号汉岘、山民、1876—1936),有二女(严溪云、严华云)一子(严家竹[又名严梅岭])。

严溪云(1898,清光绪24年—1976.4.3),夫吴均芳(1896—1937)。

严华云,夫刘凤池(刘凤池之父刘德全[刘心斋1858—1936]是湖北谷城县大户,《谷城县志》撰稿人,光绪21年[1895年]进士,历任陕西旬阳、咸宁、富平、渭南等县的县令。有女刘慕珍)。刘慕珍夫文伏波(长江流域规划办公室总工、中国工程院院士)。

严家竹(严梅岭)有一子严培林(建筑设计师,从襄阳市建筑设计院退休。王曦的表叔)。

吴锦衡家谱

吴锦衡(1922.1.5—2013.7.10),妻林郁清(1924.10.30—1998.7.5)(有三女一子)
长女吴建安(1950.5.29),夫周存忠(1948.4.20)(有一子,周志铭)
次女吴建文(1951.10.15—2014.11.23),夫谈福清(1945.8.13)(有一女,谈芳)
三女吴建山(1955.10.7),夫戚志(1955.8.13)(有一子,戚庆)
子吴建海(1957.8.7),妻王彬(1963.3.19)(有一子,吴一林)

周志铭(1976.10.14),妻刘丽那(1981.9.12)(有一子,周子峰)
谈芳(1980.10.8),夫王成(1978.11.5)(有一女,王丽芋)
戚庆(1985.9.29),妻王婷婷(1983.10.18)(有一女,戚天钰)
吴一林(1987.4.30),妻李婧雯(1987.4.21)

周子峰(2009.10.5)
王丽芋(2009.11.14)
戚天钰(2012.12.15)

王雯家谱

王雯(1926—)与原配陈明辉无子女,陈病逝台湾后,王雯于1960年移居美国,后与美国人Lee(小方)结婚并有二养女,皆为在美认领的韩国女婴,一小名阿容,另一小名阿米。

阿容，Teri，1973.9.15

阿米，Kristy，1975.9.7(美国军人)

王霖家谱

王霖(1930.5.14—2013.11.10，夫洛风[曾名李盛志]1923；有二子一女)

长子洛路(1954，妻任晓萍，1954；女洛瑶，1982)

次女洛红(1955，夫王宏，1954；女婿王辉，1974，女儿王迪，1981；孙女王宝珞，2012、孙子王小可，2014)

次子洛军(1957，妻孙莉，1960；子洛晓铭，1992)

王震家谱

王震(又名王振，1933.2.20—2012.10.31)，夫王新山(1928.3.18—1977.7；有一子一女)

子王建，1956.11.12

女王进，1958.7.11

王建有一子一女，子为原配所生，女为后妻所生，后与后妻离异，现独过。

王建子王宏志，1981.10.30

王建女王宏菲，1992.9.14

王进有一女一子

王进女韩笑，1981.11.24

王进子韩玉达，1987.9.12

王建子王宏志有一女，王玉瑶，2006.7.28

王进女韩笑有一女，名李晗钰，2006.1.5

图书在版编目(CIP)数据

百年梅香：家史钩沉/王曦编著.—上海：上海三联书店，2019.2
ISBN 978-7-5426-6352-8

Ⅰ.①百… Ⅱ.①王… Ⅲ.①家族—史料—湖北
Ⅳ.①K820.9

中国版本图书馆CIP数据核字(2018)第132200号

百年梅香——家史钩沉

编　　著 / 王　曦

责任编辑 / 郑秀艳
装帧设计 / 一本好书
监　　制 / 姚　军
责任校对 / 张大伟

出版发行 / 上海三联书店
(200030)中国上海市漕溪北路331号A座6楼
邮购电话 / 021-22895540
印　　刷 / 北京虎彩文化传播有限公司

版　　次 / 2019年2月第1版
印　　次 / 2019年2月第1次印刷
开　　本 / 787×1092　1/16
字　　数 / 600千字
印　　张 / 68.75
书　　号 / ISBN 978-7-5426-6352-8/K·473
定　　价 / 388.00元

敬启读者，如发现本书有印装质量问题，请与印刷厂联系 010-84720900